KONRAD ADENAUER UND SEINE ZEIT
BEITRÄGE VON WEG- UND ZEITGENOSSEN

Veröffentlichung der Konrad-Adenauer-Stiftung
– Archiv für Christlich-Demokratische Politik –

Deutsche Verlags-Anstalt Stuttgart

Konrad Adenauer und seine Zeit

Politik und Persönlichkeit des ersten Bundeskanzlers

Beiträge von Weg- und Zeitgenossen

Herausgegeben von
Dieter Blumenwitz · Klaus Gotto · Hans Maier
Konrad Repgen · Hans-Peter Schwarz

Deutsche Verlags-Anstalt Stuttgart

ISBN 3-421-01752-2

Satz: Fotosatz Schönthaler, Ludwigsburg
Druck: Süddeutsche Verlagsanstalt, Ludwigsburg
Bindung: G. Lachenmaier, Reutlingen
Printed in Germany

Inhalt

INNENPOLITIK

AUSSENPOLITIK

Vorwort

Wenn Politiker des hundertsten Geburtstags eines großen Staatsmannes gedenken, so verbindet sie in der Regel mit dem Gefeierten wenig oder nichts Persönliches. Anders bei Konrad Adenauer, dem ersten Kanzler der Bundesrepublik Deutschland, dessen Name zu Recht über der Ära seiner Regierungszeit steht.

Konrad Adenauer wäre am 5. Januar 1976 hundert Jahre alt geworden. Ihm war eine ganz und gar ungewöhnliche Lebenskurve beschieden. In einem Alter, da andere sich zur Ruhe setzen müssen, erreichte er Höhepunkt und Vollendung seines politischen Lebens. Dies gibt uns im Centenarjahr seiner Geburt den Vorzug und die einzigartige Möglichkeit, den Staatsmann und sein Werk von seinen ehemaligen politischen Mitstreitern und Gegnern, seinen Mitarbeitern und ausländischen Partnern, kurz von seinen Weg- und Zeitgenossen beurteilt sehen zu können.

Die Herausgeber haben sich bemüht, möglichst viele jener Persönlichkeiten zur Mitarbeit zu gewinnen, die in der Adenauer-Ära in Politik, Wirtschaft, Verwaltung oder in anderen Bereichen des öffentlichen Lebens zu dem Kanzler in direkter Beziehung standen und maßgebende Positionen bekleideten oder heute noch einnehmen. Die Beiträge sollten bedeutsame Aspekte der Politik oder der Person Adenauers behandeln mit zeitlicher Eingrenzung auf die Jahre nach 1945. Sie sollten – so sahen die den Autoren übermittelten Leitlinien weiter vor – möglichst auf persönlicher Erfahrung beruhen, neue Gesichtspunkte aufzeigen und gegebenenfalls bisher unbekanntes Quellenmaterial oder neue Informationen enthalten.

Fast alle der Angesprochenen haben diese Anregung aufgegriffen und zum erbetenen Problemkreis oder zu einem Thema ihrer Wahl einen Beitrag verfaßt. Jeder dieser 55 Autoren, der für den Band einen Beitrag geschrieben hat, konnte dabei auf einer Fülle persönlicher Erlebnisse, Erfahrungen und auch Empfindungen fußen. Mancher hat sich auch die Mühe gemacht, seine eigenen Eindrücke mit dem inzwischen erschienenen wissenschaftlichen Schrifttum zu vergleichen. Schon jetzt wird man feststellen dürfen, daß diese Beiträge für die geschichtlich interessierte Öffentlichkeit und für die künftige Geschichtsforschung eine aufschlußreiche Quelle darstellen. Der Leser erfährt hier, wie repräsentative Persönlichkeiten der Adenauer-Ära knapp neun Jahre nach dem Tode des ersten Bundeskanzlers und gut zwölf Jahre nach seinem Rücktritt als Regierungschef sein Werk und seine Persönlichkeit beurteilen. Und da jede Auseinandersetzung mit der jüngsten Vergangenheit auch ein Stück politische Auseinandersetzung mit der Gegenwart ist, sind diese Essays gleichzeitig auch symptomatisch für das politische Bewußtsein der Autoren in der Mitte der siebziger Jahre.

In den wechselnden Perspektiven dieser politischen Freunde und politischen Gegner des Kanzlers, von Deutschen und Ausländern, von Mitarbeitern und Angehörigen erwächst aus einer Vielzahl von Einzelimpressionen und Reflexionen ein Bild, das unsere Kenntnis seiner Person und seiner Zeit erweitert und bereichert.
Dabei hat der zeitliche Abstand, aus dem die Berichte und Betrachtungen der Zeitgenossen verfaßt sind, auch schon ein gewisses Maß an leidenschaftsloser Objektivierung ermöglicht – trotz aller nicht nur unvermeidlichen, sondern im Interesse der historischen Wahrhaftigkeit auch erwünschten Subjektivität jedes Beitrags.
Die Autoren sind zumeist keine Historiker. Indessen hat mancher von ihnen auch schon an anderem Ort seinen Beitrag zur Aufarbeitung erlebter Geschichte geleistet. Und jeder dieser Politiker, Diplomaten, Spitzenbeamten, Geistlichen, Wirtschaftler, Gewerkschaftler und Publizisten hat die Herausforderung verspürt, hier ein Stück Geschichte zu schreiben und sich dabei über eine Schlüsselpersönlichkeit deutscher Nachkriegsgeschichte Rechenschaft zu geben. Jeder hat die Aufgabe auf seine eigene Art und Weise gelöst, und es ist den Herausgebern ein aufrichtiges Anliegen, ihnen für die spontane Bereitschaft zur Mitarbeit und für die Erfüllung der freiwillig übernommenen Aufgabe aufs herzlichste zu danken. Manches Manuskript mußte einem überfüllten Terminkalender abgerungen werden, und für manchen hat das Drängen der Herausgeber auch eine merkliche Störung des Privatlebens im Ruhestand bedeutet.
An dieser Stelle sei auch Frau Augusta Globke gedankt, die das Abdrucksrecht für den Beitrag ihres verstorbenen Mannes gab, und zu gedenken ist auch Staatssekretär a. D. Dr. Walter Strauß, der seinen Beitrag noch vor seinem Tod am 1. Januar 1976 vollenden konnte.
Die Porträtstudie zu Beginn des Bandes stammt von Ernst Günter Hansing. Sie ist bisher unveröffentlicht und als Vorstudie zu den bekannten Adenauer-Porträts des Künstlers entstanden. Herrn Hansing ist zu danken, daß er sie für diesen Band zur Verfügung gestellt hat.
Der Band gliedert sich in drei Teile. Der erste enthält Würdigungen der Persönlichkeit und des politischen Werkes Adenauers. Für die hier versammelten Beiträge konnte naturgemäß keine durchgehende sachliche Gliederung gefunden werden – es ist nicht zuletzt der Blick auf die heutige oder seinerzeitige Position der Autoren, der diese Essays zur reizvollen Lektüre macht.
In den beiden übrigen Teilen war demgegenüber eine Gliederung nach Sachgruppen möglich. Der Komplex Innenpolitik beginnt mit Studien über die Beziehungen des Bundeskanzlers zu zwei Schlüsselpersönlichkeiten der Ära Adenauer: Ludwig Erhard und Hans Globke. Es folgt eine Untersuchung über den CDU-Vorsitzenden Adenauer. Die nächste Gruppe gilt einem von der Forschung bisher kaum behandelten Gebiet, der Tätigkeit Adenauers in den Bereichen Wirtschafts- und Sozialpolitik. Dem schließen sich Studien zu Einzelthemen an: Die Verwaltung in den Anfängen der Bundesrepublik; Adenauers Verhältnis zur Presse und zum Föderalismus. Analysen der Regierungsbildung 1961 und zum Thema Adenauer und Berlin bzw. Adenauer und die Fragen der Reichseinheit runden diesen Teil ab.
Der Teil Außenpolitik beginnt ebenfalls mit Studien über das Verhältnis Ade-

nauers zu herausragenden ausländischen Staatsmännern seiner Zeit, zu Charles de Gaulle, John Foster Dulles, Alcide de Gasperi und Robert Schuman. Gerade Adenauer berücksichtigte in seiner Außenpolitik die Tatsache, daß Politik auch im Lichte dessen zu sehen ist, der sie entscheidend trägt. Und so hatten die persönlichen Beziehungen zu den Staatsmännern seiner Zeit für ihn eine nicht unwesentliche Bedeutung.

Die weitere Abfolge der Artikel dieses Komplexes ist teils chronologisch, teils sachthematisch geordnet. Dabei ist versucht worden, die Adenauersche Politik sowohl aus deutscher wie auch aus der Sicht der Partner zu beleuchten.

Die Beiträge beginnen mit Darstellungen der Adenauerschen Politik in der Besatzungszeit und seiner Aussöhnungsbemühungen mit dem jüdischen Volk und dem Staate Israel.

Es folgen Themengruppen, die dem Verhältnis des Bundeskanzlers zu den drei großen westlichen Verbündeten und seiner Europapolitik gewidmet sind. Ein weiterer Themenkreis befaßt sich mit der Deutschland- und Ostpolitik. Der Teil Außenpolitik wird abgeschlossen mit Untersuchungen, die die innere Kontinuität und die langfristige Wirkkraft der Adenauerschen Politik zum Gegenstand haben.

Es ist selbstverständlich, daß jeder Autor für Inhalt und Form seines Beitrags allein verantwortlich ist. Die Beiträge wurden jedoch für den Druck formal vereinheitlicht. Diese Aufgabe lag in den Händen von Herrn Dr. Rainer Salzmann, Archiv für Christlich-Demokratische Politik der Konrad-Adenauer-Stiftung e. V. in Bonn. Er hat weiterhin wörtliche Zitate aus öffentlich zugänglichen Publikationen, die von den Autoren nicht belegt worden waren, soweit wie möglich überprüft und verifiziert. Für nicht belegte wörtliche Zitate tragen die jeweiligen Autoren die Verantwortung. Diese Zitate konnten z. T. nicht identifiziert werden, stammen jedoch meist – wie sich aus dem Kontext ergibt – aus den persönlichen, nicht öffentlich zugänglichen Unterlagen des Autors. Das Register wurde von Herrn Dr. Salzmann und von Frau Zimmermann erstellt.

Die ausländischen Beiträge sind – mit Ausnahme der deutsch verfaßten von Dirk U. Stikker und Nahum Goldmann – in der jeweiligen Muttersprache geschrieben worden. Die Übersetzungen der Beiträge von Lucius D. Clay, Eleanor Dulles und François Seydoux verfertigte Herr Hermann Kusterer, Bonn, des Beitrags von John J. McCloy Herr Heinz Weber, Bonn, und des Beitrags von Giulio Andreotti Herr Dr. Horst Hohendorf, Mailand. Vorarbeiten zu diesen Übersetzungen leisteten Frau Isabelle Steimle, Bonn, und Herr Wolfgang Rittmeister, Hamburg. Allen sei verbindlichst gedankt.

Die vorliegende Publikation ist eine Veröffentlichung der Konrad-Adenauer-Stiftung. Es ist den Herausgebern ein besonderes Anliegen, den maßgebenden Persönlichkeiten und Organen der Konrad-Adenauer-Stiftung für die verständnisvolle Förderung eines Werkes zu danken, das in erster Linie dazu bestimmt ist, dem geschichtlichen Verständnis zu dienen. Hier ist vor allem der Vorsitzende der Stiftung, Herr Dr. Bruno Heck, MdB, zu nennen, der die Publikation von Anfang an gefördert hat, sich von der Konzeption überzeugen ließ und stets bereit war, auftretende Schwierigkeiten aus dem Wege zu räumen. Die

Stiftung hat überdies die Drucklegung finanziell unterstützt.
Die gesamte Publikation aus Anlaß des hundertsten Geburtstags Konrad Adenauers ist auf zwei Bände angelegt. In einem folgenden Band werden Wissenschaftler aus verschiedenen Disziplinen versuchen, eine Zwischenbilanz der Ära Adenauer aus ihrer Sicht zu ziehen.

Im Januar 1976	Dieter Blumenwitz	(Augsburg)
	Klaus Gotto	(Bonn)
	Hans Maier	(München)
	Konrad Repgen	(z. Zt. Oxford)
	Hans-Peter Schwarz	(z. Zt. Washington)

E Hansing
1963

Vorstudie 9 (1963) zum Adenauer-Porträt von Ernst Günter Hansing

BRUNO HECK

Einleitung

Einem Großen in der Geschichte zu begegnen, ist nicht leichter, als dem Lebenden gegenüberzutreten, ihn zu erleben und in seiner Bedeutung zu erkennen. Wer seine Zeit überragte, erhebt sich auch über die bloße Historie. Ihm geht nichts dadurch verloren, daß die Zeit, in der er wirkte, die er geprägt hat, nun eine Zeit der Vergangenheit ist. Was sich ändert, ist nicht seine Gestalt, sondern die Art und Weise, in der seine ihn überlebenden Zeitgenossen und die nachgeborenen ihn sehen und erfahren.

Mancher, der aus einigem Abstand das abgeschlossene Werk erst als Ganzes sieht, erkennt im Nachhinein die Größe des Geschaffenen; sein Respekt verstärkt sich vor dem nunmehr sichtbar gewordenen Geist, der da zu seiner Zeit diese Zeit gestaltet hat. Anderen, die nur im Augenblick leben, ist leicht alles Vergangene einfach vergangen; sie sind leichtfertig mit schnellen Analysen und Schlußfolgerungen zur Hand. Es gibt auch Menschen, die den überlegenen Weggefährten zu Lebzeiten nicht ertragen haben und über das Herummäkeln an diesen oder jenen Nebensächlichkeiten nicht hinausgekommen sind. Sie stutzen ihn noch hinterher auf ihre Mittelmäßigkeit und ihre Einäugigkeit zurecht. Nein, dem Mann in der Geschichte zu begegnen, erfordert in gleichem Maße innere Freiheit und starken Charakter wie die Konfrontation mit der überlegenen Persönlichkeit im Einklang wie im Widerspruch gemeinsamen politischen Handelns. Die eigentümliche Kraft großer Persönlichkeiten, das Mittelmäßige vom Bedeutenden, das Wesentliche vom Pompösen und den Boshaften vom Gegner zu scheiden, verliert sich nicht, wenn sich wirkende in nachwirkende Gegenwart verwandelt; die Geister, die er in seinem Werk geschieden hat, scheiden sich danach an seinem Werk. Wer heute meint, er sei mit Konrad Adenauer schon fertig, dem fehlt das Gespür für geschichtliche Größe in demokratischen Zeiten, denen das spektakulär Genialische nicht zugeordnet ist.

Die Generationen, die jetzt leben, stehen geschichtlich in Adenauers Gegenwart: Konrad Adenauer wirkt mit uns, mit seiner Republik, mit Deutschland für Europa und für eine freie Gestaltung der Welt weiter. Der Bundeskanzler – und Adenauer ist der Bundeskanzler geblieben, so wie Bismarck der Reichskanzler war und blieb – hat die Bundesrepublik nicht zu einem Gebilde aus Doktrinen der Stunde gemacht, das den tektonischen Bewegungen der Geschichte nur auf Zeit, für seine Zeit, standzuhalten vermocht hätte. Er verlieh vielmehr, da er den Umfang der Veränderungen ahnte, die uns bevorstanden, seinem Werk jene hohe Elastizität, die es befähigte, neuen Verhältnissen sich anpassend wie sie formend zu begegnen. Auf diese Weise konnte das, was unveränderbar bleiben sollte, bis heute und für die Zukunft gesichert werden, während der Staat mit seinen vielfältigen Beziehungen sich neuen

Fragestellungen ohne weiteres öffnen konnte.

Adenauer ist auch heute noch wirkmächtig, mächtiger und bestimmender als der regierende Kanzler. Wenn sich die beiden vorerst letzten seiner Nachfolger auf ihn berufen, so haben sie damit insofern recht, als die von Adenauer gegossenen Grundfesten der Bundesrepublik Deutschland standhielten. Die Bundesrepublik blieb ein Staat auf Recht und Verfassung gegründet; Versuche, unsere liberale Demokratie mit Sozialismus zu erfüllen, vermochten unseren Rechtsstaat nicht sozialistisch zu unterspülen. Die Soziale Marktwirtschaft, von Ludwig Erhard konzipiert und mit Konrad Adenauer durchgesetzt, war stark und frisch genug, sowohl die heimlichen Gefährdungen, die ihr durch Überinstrumentierung des staatlichen Einflusses drohten, wie die offenen Angriffe dirigistischer Planwirtschaftler abzuweisen. Wenn die jüngste und bis jetzt schwerste Wirtschaftskrise einmal hinter uns liegen wird, werden wir erkennen, daß uns weder Globalsteuerung noch Konzertierte Aktionen oder Konjunkturprogramme aus der tiefen Depression herausgetragen haben, sondern allein die ursprüngliche Kraft, die in der Idee der Sozialen Marktwirtschaft ruht; in ihr wirken seit 1949 soziale Verantwortung und die produktive Kraft der Freiheit, sich gegenseitig integrierend, zum Wohle des Ganzen zusammen; in dieser Erfahrung wurzelt das Vertrauen, das die Bevölkerung ungeachtet aller theoretischen Verfremdungen in diese Wirtschaftsform setzt. Es ist dies nach wie vor das Vertrauen zu Ludwig Erhards und Konrad Adenauers Werk.

Unsere Sicherheit wird noch immer allein durch das Atlantische Bündnis gewährleistet, in das Konrad Adenauer die Bundesrepublik führte, und nicht durch kollektive Sicherheitssysteme oder durch ostpolitische Verträge. Europa gruppiert sich um die ureuropäische Idee der liberalen Demokratie, wie dies Adenauer, vertrauend auf den deutsch-französischen Kristallisationskern als Fundament des Friedens gewollt hat; nicht in geopolitischen Grenzen vom Atlantik bis zum Ural, wie dies de Gaulle in geschichtlicher Projektion vorschwebte; auch nicht in Grenzen, die durch ein deutsches ideologisches Mißverständnis auf das pansozialistische Lager eines pluralsozialistisch transformierten West-Ost-Konfliktes reduziert wurden. Allen offiziellen und publizistischen Verdrängungen zum Trotz hat sich auch der Gedanke der deutschen Nation auf deren Freiheit hin erhalten. Er lebt nicht als offensives, wenn nicht gar aggressives politisches Konzept fort, wie ihn Adenauers innenpolitische Gegner in der Frühzeit der Republik verlangten, sondern als historische Grundierung des nationalen Bewußtseins, als Hoffnung, die sich auf Pflicht und Verantwortung unserer Geschichte gegenüber und auf das, was Adenauer in ihr festmachte, stützt.

Vor allem aber blieb die Bundesrepublik ein Staat der bürgerlichen Freiheit, die sich kollektiven Übermächtigungen widersetzt, weil sie der Würde der Person entspringt, einer Würde, für die Adenauer in seiner christlichen Liberalität zum Vorbild wurde.

Selbst die Mißverständnisse, zu denen Adenauer Anlaß geworden war, wirkten noch nachhaltiger als vieles, was nach ihm als Reform in Gang gesetzt worden ist. In seinem bürgerlichen Habitus voll innerer Harmonie machte er sich die Gesellschaftspolitik nicht zum Problem. Nicht, weil er es so wollte, sondern weil er anderes im Vertrauen auf die überkommenen Werte unterließ, konnte das Ökonomische zur prägenden Kraft der gesellschaftlichen Verfassung werden. Der Staat aber, wie Adenauer ihn meinte, ist weder als bloße Arena des Wettbewerbs der Interessengruppen, noch als Instrument gesellschaftlicher Zielplanung zu realisieren. Die Wohlfahrt des Gemeinwesens errechnet sich nicht aus dem Abwägen von Kosten und Nutzen staatlicher Investitionen. Der Geist unseres Staates ist der Geist des liberalen und des sozialen Rechtsstaates, der Geist Konrad Adenauers, der diesen Staat geprägt hat. Dieser Staat muß sich auf diesem Felde gegen eine ökonomistische Gesellschaftspolitik durchsetzen. In jüngster Zeit gewinnt der Staat in der Bundesrepublik Deutschland wieder mehr an Ansehen – in später Erinnerung daran, daß dieser Staat, solange Adenauer sein Kanzler war, die Sicherheit seiner Bürger selbstverständlich einfach garantiert hat. Auch in dieser Erinnerung wird die tiefenwirksame Macht des Adenauerschen Erbes erkennbar.

Konrad Adenauer war durchdrungen von der Idee des Friedens. Sein außenpolitisches Konzept – das wird deutlich vor allem, wenn man es mit den Ratschlägen vergleicht, die seine innenpolitischen Gegner ihm gaben – war geprägt von dem Wunsch, Deutschlands Ziele mit friedlichen Mitteln zu erreichen. Was heute verächtlich „Kalter Krieg" genannt wird, war in Wirklichkeit die hohe staatsmännische Leistung, einen Konflikt, der auf einen unfriedlichen Austrag drängte, in einen behandelbaren Zustand der Spannung zu mäßigen. Wo Unfreiheit droht, ist Spannung das geringere Übel, solange sie politisch beherrschbar bleibt. Adenauers Festigkeit in dieser Frage wurde von manchen, die zwar vermochten, ihm zu folgen, ohne ihn zu verstehen, in Formelhaftigkeit umgesetzt. Diese Formeln sind zerbrochen. Um so klarer offenbart sich nun erneut die Wahrheit dessen, was Adenauer in der Außenpolitik angelegt hat.

In diesem Buch wird Adenauer durch die gegenwärtig, die ihn als Freunde wie als Gegner, als Helfer wie als Widersacher, bewundernd oder mißtrauisch begleitet haben. Es ist nicht Adenauer, der hier sichtbar wird, sondern seine Gestalt, wie sie in den subjektiven Brechungen der ihn umgebenden Persönlichkeiten skizziert erscheint. Auch das ist Geschichte, fortwirkende Geschichte, die sich als Deuterin und Mißdeuterin, als Enthüllerin wie als mythologische Kraft schließlich auch dessen bemächtigt, der sie eine Zeitlang beherrschte. Wer sich in ihr, wie Adenauer, umfassend objektivierte, braucht ihre Subjektivierungen nicht zu fürchten.

PERSÖNLICHKEIT – POLITISCHE WÜRDIGUNG

WALTER SCHEEL

Die geistigen Grundlagen des Menschen und Politikers Konrad Adenauer*

Bis auf Theodor Heuss waren alle Bundespräsidenten einmal Mitglieder von Regierungen unter Vorsitz von Konrad Adenauer. Heuss konnte es nicht sein. Er wurde drei Tage vor der ersten Kanzlerwahl Bundespräsident – nicht ohne die höchst aktive Mitwirkung Adenauers.

Der Einfluß, den Adenauer auf das Werden der Bundesrepublik Deutschland gehabt hat, kann nicht bildhafter als an diesem Sachverhalt dargestellt werden. Der Mann, dessen 100. Geburtstag wir feiern, war nicht unumstritten. Er ist es heute noch nicht.

Heuss, der seine Mitarbeit bei den Arbeiten zum Grundgesetz später einmal mit dem einen Satz kritisch wertete: „Kein Komma stammt von Adenauer", ist aber in seiner eigenen Wirksamkeit in unserem Staat als erster Bundespräsident gar nicht denkbar ohne den von ihm zwar nicht geliebten, aber geachteten Kanzler. Beide Männer beeinflußten einander, wie denn auch der große Sozialdemokrat Kurt Schumacher in einer für ihn fast tragischen Weise an dem Phänomen Adenauer nicht vorbeikam.

Bei dem Staatsakt am 25. April 1967, mit dem die Bundesrepublik Deutschland Konrad Adenauer die letzte Ehre erwies, hat der damalige Bundespräsident Heinrich Lübke seine Ansprache mit den Worten beendet: Glücklich ein Volk, in dessen Erinnerung Menschen wie Konrad Adenauer fortleben.

Die Frauen und Männer, die sich heute hier versammelt haben, repräsentieren alle Bürger der Bundesrepublik Deutschland. Unter uns sind Vertreter aller demokratischen Parteien, von Gewerkschaften und Unternehmern, Repräsentanten des geistigen und des kulturellen Lebens, der Kirchen und Verbände und der Jugend.

Dieser 5. Januar 1976 zeigt: Konrad Adenauer ist nicht vergessen. Die Bürger der Bundesrepublik Deutschland, wie immer sie zu seiner Politik gestanden haben, erinnern sich, daß er 14 Jahre lang unseren Staat regiert hat, daß er ihn gefestigt und ihm seinen Platz in Europa und in der Welt gesichert hat. Es war und ist nicht sein Staat, aber er hat ihn in mancher Hinsicht geprägt und seine politische Entwicklung bestimmt.

Daran denken wir, und da Person und Werk nicht zu trennen sind, tritt uns sein Bild vor Augen. Die hochaufgerichtete Gestalt, schon zu Beginn seiner Amtszeit vom Alter gezeichnet, aber voll Kraft und Disziplin. Unvergeßlich

---

* Nachstehender Beitrag ist der Text der Ansprache, die beim Festakt im Plenarsaal des Deutschen Bundestages anläßlich der 100. Wiederkehr des Geburtstages von Konrad Adenauer am 5. Januar 1976 gehalten wurde. Abgedruckt in: Bulletin des Presse- und Informationsamtes, Nr. 2 vom 6. Januar 1976, S. 16ff. Der Text wurde durch Zitatbelege ergänzt.

für jeden, der ihn gesehen hat, aber auch für den, der seine Fotografie betrachtet hat, dies von Falten und Fältchen durchzogene Gesicht, der rhombusartig geformte Schädel, der hartgeschnittene Mund, die meist kühl blickenden, in Ärger oder Freude, in Spott und Lachen aber aufblitzenden Augen.
Für jemanden, der wie ich Jahre mit ihm zusammengearbeitet hat, drängt sich eine Fülle von persönlichen Erinnerungen auf. Zu dem, was ich aus eigener Beobachtung und als unverdächtiger Zeuge glaube richtigstellen zu sollen, gehört dies: Konrad Adenauer war bei aller zielstrebigen Entschlossenheit, mit der er seinen Weg ging, keineswegs unempfänglich für andere Meinungen, für begründete Alternativvorschläge. Gewiß, er war sich bewußt, daß es vorteilhaft ist, wenn der Bundeskanzler in der Öffentlichkeit wie ein Rocher de Bronce erscheint. Aber es gab auch den um Lösungen ringenden, den abwägenden, von inneren Skrupeln geplagten, nachdenklichen, an sich und der Welt zweifelnden Konrad Adenauer.
Es ist an der Zeit, so meine ich, in der Öffentlichkeit ein allzu primitives, allzu einfaches Bild dieses Mannes zu berichtigen. Man wird ihm nicht gerecht, wenn man ihn als listenreichen Praktiker, aber als geistig unbeweglichen, auf wenige Grundideen eingeschworenen Politiker sieht, dem alles Problematische fernlag, der seine Freizeit damit verbrachte, Kriminalromane zu lesen und Boccia zu spielen. Gewiß, Konrad Adenauer hat selbst wenig unternommen, um dieses vielverbreitete Image zu korrigieren. Zum einen widersprach es seiner Natur, der Öffentlichkeit Einblick in sein Innenleben zu geben. Zum anderen kannte er das Verlangen der Menschen, sich mit dem, der oben ist, zu identifizieren. Darum vermied er es, sein Angefochtensein öffentlich zur Schau zu tragen.
Dem gedemütigten, schwer unter der Last und der Schuld der jüngsten Vergangenheit tragenden Volk wollte er als einer vorangehen, der sich und seines Weges sicher war. Nichts von dem Schrecklichen, das geschehen war, sollte geleugnet oder beschönigt werden. Eine Zukunft in der Völkergemeinschaft erschien ihm aber nur erreichbar, wenn die Deutschen dem, was geschehen war, ins Auge blickten, um daraus Lehren für heute und morgen zu ziehen. Er wußte, daß es keinen Urlaub von der Geschichte gibt.
Ihm kam es darauf an, die beschränkte Handlungsfreiheit politisch zu nutzen. Er wollte den freien Teil Deutschlands für immer an den Westen binden, die Aussöhnung mit Frankreich erreichen, um damit die Voraussetzung für ein geeintes Europa zu schaffen. Dabei wußte er, daß dies nur zu leisten war, wenn es in harter Arbeit und gemeinsamer Anstrengung gelang, die deutsche Gesellschaft aus der Apathie der Nachkriegsjahre herauszureißen und ihren Willen zur Leistung zu stärken. Daß dabei der innere, der soziale Frieden eine unverzichtbare Voraussetzung war, das hat er gewußt, und danach hat er gehandelt.
Aus Handeln und Wagen sollte die Wiedergutmachung bestehen, die Deutschland der Welt zu leisten hatte. An dieser Einstellung wird die Doppelnatur Adenauers deutlich. Er war ein Idealist und Realist, ein Machtpolitiker und ein von moralischen Grundsätzen bestimmter Staatsmann.
„Nur Adenauers Politik und seiner geistig moralischen Persönlichkeit hat Deutschland zu verdanken, daß es so bald wieder in die Familie der Nationen

gleichberechtigt aufgenommen wurde."[1] So hat es der Europäer Robert Schuman gesagt.

Freilich wird man hinzufügen müssen, daß Adenauer es seinen Landsleuten, die innen- und außenpolitisch anderer Meinung waren, nicht leichtgemacht hat, in ihm den Moralisten zu sehen. Wenn es galt, seine Auffassung durchzusetzen, scheute er vor keinem taktischen Zug zurück, er konnte verletzen und schloß den persönlichen Angriff als politische Waffe nicht aus. Er hat auch nie Verständnis für jene gezeigt, die meinten, das geteilte, außenpolitisch ohnehin zur Ohnmacht verdammte Deutschland sollte die wiedererlangte Selbstbestimmung zuerst und vor allem zu innen- und zu gesellschaftspolitischen Reformen nutzen. Nur damit könnte es vor der Welt und vor der Geschichte beweisen, daß nach allem Schrecklichen, was in seinem Namen geschehen war, es nun zu einer wirklichen inneren Wandlung im Sinne des biblischen „Abkehr und Neubeginn" bereit war.

So ist es zu erklären, daß er von manchen seiner Gegner als Typ des skrupellosen Politikers gesehen wurde. Vor allem für solche, die die Politik ohnehin für eine höchst fragwürdige Sache halten, und das sind in Deutschland nicht wenige, wurde er zum Inbegriff dieser Fragwürdigkeit. Nur so kann man es verstehen, daß ein berühmter rheinischer Landsmann ihm „den geringsten Sinn für Ethos" bestritten hat und meinte, zu Adenauers Charakterisierung fielen ihm nur die Eigenschaften „Materialismus, Opportunismus, Pragmatismus und Zynismus" ein[2]. Adenauer selbst hätte da viel nüchterner von kraftvoller Führung unter Nutzung aller demokratischen Mittel gesprochen.

Immer wieder liest man – auch in den Betrachtungen zu seinem 100. Geburtstag – Adenauer sei ein Zyniker, ein Menschenverächter gewesen. Dazu hat er mir einmal, als ich ihn eines Abends bei einer guten Flasche Rheinwein, die er von Zeit zu Zeit mit seinen Kabinettsmitgliedern zu trinken pflegte, danach fragte, gesagt: Wissen Sie, Herr Kollege, das mit der Menschenverachtung ist so eine Sache. Wenn Sie einmal, wie ich 1933, erlebt haben, daß Menschen, die bis dahin sich meine Freunde zu sein rühmten, schnell in eine Nebenstraße einbogen, wenn sie mich auf dem Ring sahen, um mich nicht öffentlich grüßen zu müssen, dann werden Sie zwar nicht unbedingt zum Menschenverächter, aber Sie gewinnen ein, sagen wir mal, kritisches Verhältnis zu ihnen.

Einem Volk, das, wie Thomas Mann es ausdrückte, von der Höhe wüster Triumphe hinabgestürzt, sich von Verzweiflung zu Verzweiflung treiben ließ, wollte Adenauer innen- und außenpolitische Ziele geben, für die es zu arbeiten sich lohnte. Die Soziale Marktwirtschaft, die nach außen zu vertreten er weitgehend seinem Wirtschaftsminister Ludwig Erhard überließ, setzte wirtschaftliche Initiativen frei, der europäische Gedanke fand breite Zustimmung und das Wissen, militärischen Schutz im NATO-Bündnis zu finden, vermittelte das Gefühl einer relativen Sicherheit auch im Zeitalter der Atomwaffen. Freilich, das letzte und schwierigste Ziel, die Wiedervereinigung Deutschlands in Einheit und Freiheit, war nicht zu erreichen. Dennoch, das Erreichte war mehr, als die größten Optimisten es nach Kriegsende hatten erwarten können.

Ben Gurion, der Mann, mit dem Konrad Adenauer gemeinsam die Grundlage für eine deutsch-israelische und damit auch für eine deutsch-jüdische Aussöhnung schuf, hat ihm dieses Zeugnis ausgestellt: „Trotz Teilung Deutschlands machte Adenauer es in 14 Jahren seiner Amtsführung zu einem der reichsten und höchst entwickeltsten Länder der Erde."[3]

Solche Leistung ist kein Zufallsprodukt. Rückwärts gesehen mag das, was er angestrebt hat, fast als selbstverständlich erscheinen, sich als die einzig mögliche, aus der Situation ergebende Lösung ausnehmen. In Wahrheit mußte alles gegen oft leidenschaftlichen Widerstand und widrigste Umstände durchgesetzt werden. Selbst gegen die Grundentscheidung seiner Politik, die enge Bindung der Bundesrepublik an den Westen, sprachen viele plausible Bedenken, die von seinen Gegenspielern wirkungsvoll vorgetragen und ausgespielt wurden.

Das Argument, die einseitige Zuwendung zum Westen müsse die Sowjetunion veranlassen, das in ihrer Hand befindliche Mitteldeutschland zum unlösbaren Bestandteil des Ostblocks zu machen, war nicht zu entkräften. Adenauer wird das nicht anders gewertet haben. Er sah jedoch keine greifbare Chance für eine Wiedervereinigung unter annehmbaren Umständen. Andererseits sah er die Zeit dahinrinnen; die Entscheidung für Europa duldete nach seiner Ansicht keinen Aufschub.

Aus dieser Entscheidung ergab sich als zwingende Logik: nach der Eingliederung der Bundesrepublik in den Westen den Versuch zu machen, mit dem Osten auf der Basis eines vertraglich geregelten „modus vivendi" einen Ausgleich zu finden.

Der erste Schritt mußte getan werden. Es gibt keine Politik ohne Wagnis, sagte Adenauer, und zeigte sich bereit, dieses Wagnis auch zu tragen.

Ähnliches gilt für andere Entscheidungen, für das Ja zur Sozialen Marktwirtschaft, für die Zustimmung zum Schuman-Plan und vor allem für die Bereitschaft, einen deutschen Wehrbeitrag zu liefern. Weitblick, Mut, Zähigkeit, Verantwortungsbereitschaft und Kämpfergeist, Eigenschaften, die nach Max Weber den Politiker ausmachen, werden hier deutlich. Aber ist der erfolgreiche Politiker eine Spezies Mensch für sich? Die genannten Charakterzüge – sind sie nicht in Wahrheit Voraussetzungen für Leistungen in allen Bereichen? „Man muß etwas sein, um etwas zu machen", das ist eine Erkenntnis, die Goethe nie müde wurde, bei vielen Gelegenheiten und in immer neuen Formulierungen auszusprechen. Kern dieser Aussage ist: Wer das Werk beurteilen will, muß auf die Substanz blicken, die es hervorgebracht hat. Nur Außergewöhnliches kann Außergewöhnliches schaffen. Das „etwas sein" ist Voraussetzung dafür, etwas schaffen und bewirken zu können. Ich glaube, daß diese tiefergehende Betrachtungsweise bei der Beurteilung Konrad Adenauers bisweilen zu kurz gekommen ist.

Der Grund dafür dürfte in erster Linie bei ihm selbst zu suchen sein. Einblicke in sein Inneres zu geben war nicht seine Sache. Arnulf Baring hat diese Zurückhaltung als Unvermögen gedeutet und gemeint, Adenauer habe sein Lebensgefühl, seine Weltsicht, die geistigen Grundlagen seiner Politik Außenstehenden nicht recht verständlich machen können. Ich meine: Wer wie Adenauer Nüchternheit und Sachlichkeit als erste und wichtigste Voraussetzungen für die Politik ansieht, wird immer bemüht sein, auch um den Preis, als vordergründig zu erscheinen, mehr von den Tatsachen als von den inneren Triebkräften zu sprechen. Adenauer selbst hat das so ausgedrückt: die praktische Arbeit zwinge oft „unerbittlich, das Rößlein der Theorie ruhig im Stalle stehen zu lassen“[4].

Welches sind nun die inneren Triebkräfte gewesen, über die er zwar wenig sprach, die ihn aber befähigt haben, in die Tiefe zu blicken, das Wesentliche zu erkennen.

Seine vielgerühmte Beharrlichkeit, seine Gabe, abwarten zu können, Geduld zu zeigen und die Dinge reifen zu lassen, seine Art, sich einem Ziel schrittweise zu nähern, das alles hat er gewiß im Umgang mit der Natur gelernt. Auch in seiner Art zu reden gibt es dafür Hinweise. In der Politik setzte er auf Evolution. Bezeichnenderweise sprach er von ihr als „dem Weg der organischen Natur“. Kriege und Revolutionen verglich er mit Naturkatastrophen, „sie seien mörderisch und zerstörend“. Dagegen seien die von Natur notwendig eintretenden Veränderungen – die Wege organischer Natur – „zwar langsamer, aber erfolgreicher“[5].

Die enge Verbundenheit mit der Natur schloß eine weltgewandte Urbanität nicht aus. Aber seine Liebe zur Gärtnerei, die Sorgfalt, die er allem, was in seinem Garten wuchs, angedeihen ließ, bedeutete ihm mehr als eine Freizeitbeschäftigung. Wie alles, was er anfaßte, war seine Gartenarbeit auf Gründlichkeit, Genauigkeit und Kenntnis der Einzelheiten gestellt. Unsentimental wie er im Umgang mit Menschen war, war auch sein Verhältnis zur Natur.

Auch hier lag ihm die Praxis mehr als die Theorie. Um das Ungeziefer in den Obstbäumen wirkungsvoll, ohne chemische Mittel, bekämpfen zu können, konstruierte er eine Drahtbürste, die mit Strom geladen war. Sie selbst zu besitzen, reichte ihm nicht aus, er drang darauf, seine Erfindung patentieren zu lassen, und führte deshalb, wie wir wissen, einen ausgedehnten Schriftwechsel.

Als Gestalter und Bewahrer der Natur hat er auch im großen gewirkt. Die Anlage des Grüngürtels in und um Köln ist eine Großtat weitsichtiger Städteplanung, und in einer für ihn typischen Weise wird sie ergänzt durch die Gründung der Universität und den Bau der ersten Autobahn von Köln nach Bonn.

Ästhetische Geister mögen es ihm als Provinzialismus angekreidet haben, daß er die rheinische Art wie sein Erkennungszeichen zur Schau trug. Ich gestehe, daß mich die bei Adenauer stets greifbare Identität zwischen Person und Umwelt beeindruckt hat.

Ungebrochen war auch sein Sinn für Familie und Heim. Mitschüler und Kommilitonen bestätigen, daß er sich schon in seiner Jugendzeit Freunden und Bekannten nie vorbehaltlos anvertrauen konnte. Wohlgefühlt hat er sich nur in der Familie, und das erstrebenswerteste Amt war ihm das des Familienoberhauptes.

Was immer er war, Oberbürgermeister, Parteivorsitzender oder Bundeskanzler, immer schimmerte in der Art, wie er mit seiner Umgebung umging, die Rolle des Familienoberhauptes durch. Wenn eine Rolle, so war ihm diese angeboren, und kein einzelnes Wort kann sein ganzes Wesen so kennzeichnen wie dies: er war ein Patriarch.

Familiensinn und Sinn fürs Häusliche gehören zusammen. Das Haus in Rhöndorf, als Alterssitz geplant, wurde nie zur Kanzlerresidenz. Er hütete es als sein Privatissimum, es war ihm zu einem Stück seiner selbst geworden. Es wurde für ihn zum Sinnbild einer strengen Trennung von Amt und Privatsphäre. Wer den Menschen Konrad Adenauer sucht, dort in diesem Haus kann er ihn finden. Es verrät den geschulten Geschmack eines Großbürgers. Zuallererst aber war es Selbstdarstellung eines Kenners und leidenschaftlichen Sammlers der alten Malerei.

Aus dem Familienbesitz seiner ersten Frau hatte er einige wertvolle Stücke geerbt. Sie waren Ausgangspunkt für eine Sammlung, die über seine innere Entwicklung manchen Aufschluß gibt. Zunächst waren es die Bilder der holländischen Meister des 17. Jahrhunderts, die er bevorzugte. Sie trugen Merkmale einer bürgerlichen Kunst. Später hat er sich auf die gotische Malerei konzentriert.

Es gibt Berichte von Fachleuten, die über seine Detailkenntnisse und seinen höchst eigenwilligen, aber gediegenen Geschmack erstaunt waren. Bilder waren für ihn keine Schaustücke. Er lebte mit ihnen. Nach seinen Angaben wurden im Haus Beleuchtungsanlagen konstruiert, die es ihm gestatteten, wahlweise durch Punktstrahler jedes Gemälde einzeln oder alle zusammen anzuleuchten.

Die immer stärkere Hinwendung zur gotischen Malerei zeigt, daß er sich mit Motiven umgab und umgeben wollte, bei denen das Schöne sich mit dem Erhabenen vereinte.

Das Katholische bei Adenauer ist unbestritten, und er selbst hat sich dazu freimütig bekannt. Der sonntägliche Kirchgang gehörte zum festen Lebensrhythmus. Sein Verhältnis zur kirchlichen Hierarchie war jedoch von Selbstbewußtsein geprägt.

„Daß sich auch in dieser Welt die von Gott gewollte Ordnung durchsetzt“[6] war, wie er immer wieder betont hat, erstes Ziel seiner politischen Arbeit. Aber freimütig konnte er auch hinzufügen, daß Politiker nach seinen Erfahrungen schlechte Christen seien. „Ich schließe mich ein“, so sagte er, „ich schließe mich ein und schließe keinen von uns aus“, belehrte er seine Parteifreunde im Bundesvorstand der CDU[7].

Nach der Teilnahme an einer Sitzung eines örtlichen Vorstandes der CDU notierte er, er habe den Herren klargemacht, daß die mehrmalige Nennung des Namens Gottes oder Christus im Parteiprogramm nicht angebracht erscheine. Als er sich mit dem amerikanischen Evangelisten Billy Graham über den Auferstehungsglauben unterhalten hatte, sagte er freundlich lächelnd: Ich bin froh, daß ich katholisch bin. Da genügt es, wenn man den aufrichtigen Wunsch hat, glauben zu können. Denn Glauben ist eine Gnade, die man nicht erzwingen kann[8].

Es liegt mir daran, den ganzen Konrad Adenauer ins Blickfeld zu rücken. Einzelheiten seiner Politik aus dem Rückblick zu analysieren, wäre gewiß reizvoll. Noch lohnender könnte es erscheinen, Parallelen zur Gegenwart zu ziehen. Man könnte zeigen, daß die seit den späten sechziger Jahren begonnene Ostpolitik der nüchternen Analyse folgt, die Adenauer dazu bestimmte, wenn nötig mit großen Opfern, die Aussöhnung mit den ehemaligen Kriegsgegnern zu erreichen. In diesem Zusammenhang sei auch daran erinnert, daß in seiner ersten Regierungserklärung die Aussöhnung mit der Sowjetunion und mit

Polen noch vor der mit Frankreich genannt wurde.
Es könnte auch davon gesprochen werden, daß Fehler, die Adenauer in der Innenpolitik, vor allem im Umgang mit den Parteien, machte, bis heute weiterwirken.
Es könnte aber auch leicht nachgewiesen werden, daß die Mitbestimmung für ihn kein Bruch mit der Sozialen Marktwirtschaft war. Der soziale Frieden besaß für ihn hinter der Freiheit den höchsten Stellenwert im Staat. Er war ihm mehr als ein Wert an sich, schon darum, weil er ihn als Voraussetzung für jede erfolgreiche Außenpolitik betrachtete.
Ein Wort freilich möchte ich zu dem Vorwurf sagen, daß Adenauer mit seinem Verhalten in der „Präsidentenkrise" des Jahres 1959 dem Staat und vor allem dem Amt des Bundespräsidenten schweren Schaden zugefügt habe.
Für ganz unglaubwürdig halte ich die Annahme, Adenauer habe sich in den Kompetenzen, die das Grundgesetz dem Amt des Bundeskanzlers und dem des Bundespräsidenten einräumt, nicht recht ausgekannt. Es sei daran erinnert, daß er als Vorsitzender des Parlamentarischen Rates selbst daran mitgewirkt hat, daß kein neuer „Hindenburg" die Regierung und das Parlament lahmlegen könnte. Er wußte genau, daß aus der Villa Hammerschmidt kein Elysee-Palast zu machen war. Er hat seinen Entschluß revidiert, als er feststellen mußte, daß die Wahl seines Nachfolgers ihm aus der Hand zu gleiten drohte. Die Vorstellung, im Palais Schaumburg einen Mann einziehen zu sehen, der nicht „sein Mann" war, fiel ihm um so schwerer, als er es versäumt hatte, rechtzeitig seinen Nachfolger heranzubilden. Dieses hat Adenauer übrigens mit anderen Einsamen der Macht gemeinsam. Schaden hätte er dem Amt zugefügt, wenn er als Bundespräsident sich auf Machtproben mit seinem Nachfolger eingelassen hätte, bei denen er schließlich natürlich hätte unterliegen müssen.
Aber ich meine, wir sollten seinen 100. Geburtstag zum Anlaß nehmen, sein Werk auch unter dem Aspekt zu betrachten, unter dem er es vor allem in den letzten Jahren nach seinem Rücktritt gesehen hat.
Er war ein selbstkritischer Betrachter. Er wußte, daß das, was er geschaffen hatte, so sehr mit seiner Person, seinem Arbeits- und Regierungsstil verbunden war, daß sein Erbe nur schwer weitergeführt werden konnte. Er ahnte, daß die Ära, die nach ihm kam, weit stärker als die Zeit seiner Kanzlerschaft von der Frage nach der politischen Theorie bestimmt sein würde. In der praktischen Politik war er unbestritten ein Meister gewesen. Sein Sinn für Tatsachen, seine Fähigkeit, in der Demokratie mit Autorität zu führen, hatten ihm große Erfolge gesichert.
Aber war das geistige Rüstzeug, das er hinterließ, geeignet, die theoretische Auseinandersetzung mit dem Andersdenkenden zu bestehen? Am Ende seiner Amtszeit wäre es höchste Zeit gewesen, das, was ihm die Kraft zum Handeln gegeben hatte, in den Bezugsrahmen eines modernen Denkens zu übertragen, um es den Menschen, für die es nicht selbstverständlich sein konnte, verständlich zu machen. Er spürte die größerwerdende Kluft vor allem zu den Intellektuellen und jenem Teil der Jugend, der sich mit Antworten der praktischen Vernunft nicht zufriedengeben wollte, sondern vornehmlich die Frage nach den geistigen Grundlagen einer Politik stellte.
Er war immer davon ausgegangen, daß die Menschen die moralischen Kräfte

aus sich selbst schöpften: aus ihrer religiösen Bindung, aus der Verantwortung für die Gemeinschaft. Sinnfragen zu beantworten, war für ihn nicht Aufgabe der Politiker. Erst als er die Last der Verantwortung an andere abgeben sollte, wurde ihm deutlich, daß die geistigen Orientierungspunkte seiner Politik von der Mehrheit der Bevölkerung nicht mehr als selbstverständliche Wegweisung verstanden wurden. Hier war ein Vakuum entstanden, das er nicht ausfüllen konnte. Er sah auch keinen, dem er es zutraute. Hier war er an die Grenze seiner Möglichkeiten gestoßen, hier blieb für ihn eine nicht zu bewältigende Aufgabe liegen.

Diese Einsicht hat Adenauers letzte Jahre überschattet. Der Gedanke, die Zeit sei reif für einen politischen Machtwechsel, schreckte ihn zutiefst. Zwar gab es Liberale, Sozialdemokraten, ja im ersten Bundestag auch Kommunisten, die er als Menschen achtete, aber die Vorstellung, daß der politische Liberalismus oder die Sozialdemokratie einmal bestimmende Kräfte in der Bundesrepublik Deutschland werden könnten, hätte ihn zutiefst beunruhigt. Sie waren und blieben für ihn feindliche und zerstörende Ideologien, die es mit aller Kraft zu bekämpfen galt.

Eine Persönlichkeit wie Konrad Adenauer macht es deutlich: Auch im 20. Jahrhundert bestimmen nicht allein die Verhältnisse, nicht allein die wirtschaftlichen, sozialen und politischen Gegebenheiten den Ablauf der Geschichte. Auch heute noch gilt die dialektische Aussage, große Männer schaffen ihre Zeiten nicht, aber sie werden auch nicht von ihnen geschaffen. Kann das bedeuten, daß wir ihm im Sinne Jakob Burckhardts historische Größe zusprechen sollten?

In Konrad Adenauers Selbsteinschätzung hat die überkommene Kategorie von „historischer Größe" keine Rolle gespielt. Er war ein von Grund auf ziviler Mensch. Gewiß, er besaß ein ausgesprochenes Gefühl für Würde und ein hohes Maß an Selbstbewußtsein. Aber er war auch erfüllt von einer tiefen Abneigung gegen alles Theatralische und gegen jede Art von Pathos. Er war ein Bürger und ein Demokrat und wollte nichts anderes als seine Pflicht tun.

In einer Untersuchung über die Gründe, die Adenauer veranlaßt haben, 1926 das Amt des Reichskanzlers auszuschlagen, schreibt Golo Mann, Adenauer habe wohl die eigene Pflicht sehr ernst genommen, aber nicht die eigene Größe[9].

Adenauer selbst hat im Blick auf die Zeit nach seinem Tod gesagt, er wünsche sich, daß später einmal, „wenn die Menschen über den Nebel und Staub dieser Zeit hinwegsehen", von ihm gesagt werde, er habe seine Pflicht getan[10]. Das reichte ihm!

1 Zitiert nach Otto Kopp, Adenauer. Eine biographische und politische Dokumentation, Stuttgart 1963, S. 157.

2 Vgl. Anneliese Poppinga, Konrad Adenauer. Geschichtsverständnis, Weltanschauung und politische Praxis, Stuttgart 1975, S. 31.

3 Vgl. Horst Osterheld, Konrad Adenauer. Ein Charakterbild, Bonn 1973, S. 100.

4 Vgl. Poppinga, S. 33.

5 Vgl. Poppinga, S. 39.

6 Vgl. Osterheld, S. 101.

7 Vgl. Poppinga, S. 32.

8 Vgl. Osterheld, S. 102.

9 Vgl. Osterheld, S. 100.

10 Vgl. Golo Mann, Zwölf Versuche, Frankfurt am Main 1973, S. 108.

EUGEN GERSTENMAIER

Adenauer und die Macht

I.

Als er an die Macht kam, stand Konrad Adenauer hoch in seinem 74. Lebensjahr. Der Umgang mit ihr war ihm zuvor jahrzehntelang vertraut und so zur Gewohnheit geworden, daß seine Entlassung aus dem Kölner Stadtregiment für ihn zur Existenzbedrohung wurde. Er fürchtete zwar auch die Gefährdung seiner materiellen Existenzgrundlagen – seine große Familie wollte ernährt sein –, aber tiefer und bedrohlicher traf ihn die Verjagung aus der gewohnten Arbeit, die ihm zum Thema seines Lebens geworden war, die Verstoßung seiner Gedanken, Einfälle, kommunalpolitischen Einsichten und Absichten in den Leerlauf. Sein Leben hatte sich vollzogen in der Gestaltung des von ihm für realisierbar, vernünftig und nützlich Erkannten in der Entfaltung einer großen Stadt mit alter Kultur und ausgreifender Wirtschaft.
Natürlich gab es für den Kölner Oberbürgermeister Adenauer auch noch anderes, was ihn beschäftigte und interessierte. Seine Familie vorab, der sichere Blick für ein gutes Bild, das Auf und Ab der Wertpapierbörse und auch die große Politik. Sein Hang zum unmittelbar Überschaubaren, zum konkret Gegebenen und von ihm selbst zu Bewegenden war offensichtlich so groß, daß die ihm mehrfach gebotenen Möglichkeiten, in die große Politik zu gehen, ihn nicht bewegen konnten, auf das ihm vertraute, sehr viel begrenztere Gebiet seines öffentlichen Wirkens und Gestaltens zu verzichten.
Gewiß, er saß im Preußischen Staatsrat, war viele Jahre dessen Präsident, aber mir scheint, daß die Einsichten in die Möglichkeiten und Grenzen dieses und ähnlicher politischer Ämter ihn bewußt oder unbewußt eher davon abhielten, seinen kommunalen Herrschaftsbereich zu verlassen. Das stolze alte Köln war eine mächtige Stadt und Adenauers Herrschaft stand auf tradiertem, solidem Fundament. Aber sie war lokal begrenzt, auch wenn sie weit über den Stadtbereich hinaus Eindruck machte und Wirkung zeigte.
War Adenauers Machtbewußtsein und Machtbedürfnis – ganz im Gegensatz zu dem, was dem späteren Bundeskanzler auf der Höhe seines Wirkens bis in die eigene Partei hinein nachgesagt wurde – so gering, um nicht zu sagen so minimal, daß es ihm den Weg aus der kommunalen Enge in die Weite der Reichspolitik schlichtweg nicht erlaubte?
Man kann darauf natürlich antworten, daß Adenauers spätere Regierungszeit die Frage kategorisch verneine. Aber diese Antwort ist unzureichend, wenn sie sich nicht mit der Tatsache auseinandergesetzt hat, daß der aus dem KZ nach Rhöndorf Zurückgekehrte für sich selbst offenbar nichts anderes als seine Rehabilitierung als Kölner Oberbürgermeister ins Auge faßte. Das ist immerhin schon deshalb bemerkenswert, weil die damalige Lage einem Mann

seines Schicksals mehr bot. Krieg und Denazifizierung hatten eine große Zahl leitender Positionen freigemacht. In der Rhöndorfer inneren Emigration hatte er sich Haus und Garten zugewandt. Des Papierbeschreibens – der ultima ratio der Intellektuellen – hatte er sich offensichtlich nicht nur aus Gründen des damit verbundenen politisch-polizeilichen Risikos enthalten. Es erschien ihm auch nicht sinnvoll genug. Die Pflege seines großen Gartens, das Spintisieren und Herumprobieren an allen möglichen Erfindungen zog Konrad Adenauer offenbar bei weitem dem vor, was in den gleichen Jahren die zum Sturz Hitlers entschlossene Fronde des anderen Deutschland bei Tag und Nacht beschäftigt hat. War es Resignation, Vorsicht, Ängstlichkeit, Desinteresse? Ich lasse es dahingestellt. Aus Adenauers Mund habe ich kaum je ein Wort dazu gehört. Es mag sein, daß er seinen ehemaligen Leipziger Kollegen Karl Goerdeler so wenig schätzte, daß er sich auch angesichts des Risikos der von dem unermüdlichen Goerdeler angeblich angestrebten Fühlungnahme entzog. Mir gegenüber hat sich Adenauer, auch wenn wir in Ruhe über Vergangenes meditierten, über Goerdeler niemals abfällig geäußert. Ich habe aber auch – abgesehen von amtlichen Würdigungen bei offiziellen Gelegenheiten – niemals ein persönliches Wort von ihm über „den deutschen Widerstand" (wir haben das Wort nicht erfunden) gehört.

Das lag gewiß nicht daran, daß Adenauer in seinem Rhöndorfer Exil sich inzwischen in die resignierte Indifferenz gegenüber Hitler und seiner Herrschaft verloren hätte. Er, der Nüchterne, der Realist, war sich jedoch von Anfang an darüber klar, daß auch die besten Entwürfe für die Zeit nach Hitler, wie sie bei den Ahnen der heutigen Sozialausschüsse der CDU, bei Jakob Kaiser, Letterhaus, Groß und Albers ebenso fabriziert wurden wie im Kreisauer Kreis oder bei Goerdeler und Leuschner, samt und sonders ins Wasser geschrieben seien, solange allen diesen tapferen Leuten eines fehle, nämlich die Macht, die große durchgreifende Macht, um Hitler und sein System zu vernichten.

Die Stadt Köln war groß genug, um dem überzeugungskräftigen Konrad Adenauer eine nachdrückliche Erfahrung davon zu vermitteln, wieviel eben Traum und Wunsch bleibe, wenn nicht einsetzbare Macht dahinterstehe. Adenauer glaubte offenbar nie daran, daß die wehr- und waffenlosen Gegner Hitlers zu einem halbwegs angemessenen Machtpotential kommen würden, um die sicher auch von ihm gewünschten Ergebnisse zustande zu bringen. Es ist blühender Unsinn, anzunehmen, daß Adenauers tatsächliche Distanz zum deutschen Widerstand einer Differenz in der politisch-geistigen Grund- und Zielstellung beider entsprungen sei. Sie entsprang Adenauers hartem, klarem Weltrealismus. Sie war eine Funktion seines eigenen Verständnisses und Verhältnisses zur Macht.

Es mag sein, daß Adenauer nicht aus sentimentalen Gründen die neue Berufung nach Köln sogleich annahm. Er sah die Lage, wie sie war. Sein alter Herrschaftsbereich war ihm nie zu klein erschienen. Sollte er ihn ausgerechnet jetzt in Erwartung eines größeren, ungewissen ausschlagen? Und wenn, auf welche Qualität von Macht hätte er in einem solchen größeren Bereich rechnen können? Nein, es reizte ihn, die Trümmerlandschaft rund um den Kölner Dom zu beseitigen und an die Stätte der Schutthaufen wieder menschenwürdige Behausungen zu stellen. Wie ernst es ihm damit war, und wie sehr er sich mit seinem alten OB-Amt identifizierte, zeigt seine innere Reaktion auf die erneute Entlassung durch jenen simplen englischen Besatzungsgeneral. Die Sache ist meist als wenig ernster Zwischenfall verharmlost, wenn nicht verjuxt worden. Ganz zu Unrecht. Für Adenauer selbst, für sein Selbstbewußtsein, für sein Gerechtigkeitsbedürfnis, sein Ehrgefühl und sein aufgestautes Wirkungsbedürfnis war diese zweite Entlassung eine Katastrophe, die ihn innerlich ähnlich tief verletzte wie der Sturz von 1933.

Um die öffentliche Erinnerung daran für den Achtzigjährigen erträglich zu machen, deutete ich jenes bittere Ereignis in einer Geburtstagsrede auf Adenauer vor dem Plenum des Deutschen Bundestages nach Hegel als eine List der Geschichte. Dem geschichtlichen Sinn jenes Vorgangs denke ich damit noch am ehesten gerecht geworden zu sein. Denn die mir bislang zur Verfügung stehenden Quellen lassen keine andere Deutung zu als jene, daß Konrad Adenauer bis zu seiner zweiten erzwungenen Rückkehr in sein Haus unter dem Drachenfels auf nichts anderes aus war, als seine Stadt Köln wieder zu regieren, aufzubauen und ihr den alten Rang wiederzugeben. Offenbar befriedigte ihn diese Vorstellung so sehr, daß er die durch das Besatzungsregime geschmälerte Kölner Herrschaft keineswegs nur für eine Zwischenstation auf dem Weg zu einer erhabeneren Zielstation hielt. Ich finde jedenfalls keine beweiskräftige Unterlage dafür, daß der rehabilitierte Oberbürgermeister Adenauer nach einem reichs- oder bundesweiten Herrschaftsbereich Ausschau gehalten habe. Das heißt nicht, daß Konrad Adenauer an der deutschen Frage uninteressiert gewesen wäre. Im Gegenteil. Er sah das Schicksal seiner Stadt damals wie früher durchaus im Rahmen und Zusammenhang der preußischen und der gesamtdeutschen Politik und Geschichte.

Aber das ihm anbefohlene Stück deutscher Geschichte sah er in Köln, und demgemäß setzte er seine Akzente.

Schon aus einer Vergegenwärtigung dieser Art lassen sich, wie ich meine, zwei Schlüsse ziehen. Beide sind für Adenauers Individualität im ganzen und für sein Verhältnis zur Macht im besonderen von Bedeutung.

1. Adenauer war kein Intellektueller.

Das Wort ist zwielichtig, aber dennoch verwendbar. Es kennzeichnet einen Mann, der – wenn oft auch nur mit unzulänglichem Ergebnis – meditiert und reflektiert und der am Ziel zu sein glaubt, wenn er das Ergebnis seines denkerischen Bemühens formuliert hat. Der Weg vom Gedanken zum Wort kennzeichnet und begrenzt im allgemeinen den Aktionsradius des Intellektuellen. „Was nicht zur Tat wird, hat keinen Wert." Ich weiß nicht, ob Adenauer die alte Parole kannte. Ich habe sie nie von ihm gehört. Dennoch, sie hätte zu ihm gepaßt. Er war zwar in seiner Weise ein Meister der Reflexion bis hin zum großen Cunctator. Aber alle seine skeptischen Erwägungen und sein mißtrauisches Kalkül liefen eben, anders als bei dem Nur-Intellektuellen, darauf hinaus, das von ihm für richtig erkannte Ergebnis seines Überlegens durchzusetzen und in die Tat zu verwandeln.

Zu den stillschweigenden Prämissen der parlamentarischen Demokratie gehört der Glaube an den Sinn und Wert der Diskussion. Einen erheblichen Teil seiner Lebenszeit hat Adenauer in Sitzungen verbracht. Aber abgesehen von dem Gespräch im persönlichen, vertrauten Kreis vermißte ich an ihm die

Lust an der völlig offenen Diskussion und die spontane Bereitschaft, sich ihrem freien Ergebnis zu überlassen. In der Regel hatte er sich allein oder zusammen mit seinen vertrauten Ratgebern den Verhandlungsgegenstand ziemlich gründlich vor Beginn der Sitzung angeeignet und wußte auch, worauf er hinauswollte. Die anlaufende Diskussion diente ihm selbst dann, wenn er das nicht erkennen ließ, weniger zur Kontrolle seiner eigenen Argumente als der Taktik, diese möglichst einleuchtend an den Mann zu bringen.

Sehe ich von Gremien mit feststehenden Fronten wie dem Plenum des Bundestages ab, so muß ich sagen, daß mir in meinem Leben kein Mann begegnet ist, der, wenn er wollte, mit derselben unermüdlichen Wendigkeit, Ausdauer, Geduld und Überredungskraft wie Adenauer selbst eine ihm zunächst hartnäkkig widerstrebende Mehrheit in eine Minderheit zu verwandeln wußte. Sein intellektueller Aufwand war dabei oft sehr beträchtlich, und unter seinen intellektuellen Widersachern gab es nur ganz wenige, die seiner offensiven Kraft eine hinreichende Resistenz oder eine gleichwertige Offensive entgegenzusetzen hatten. Seine wachsende Autorität kam ihm dabei innerparteilich oft in einem von mir zuweilen bedauerten hohen Maß zu Hilfe. Ich zog die Kraft seiner Argumente dem Aufgebot seiner Autorität jederzeit vor.

2. Adenauer war kein Imperialist.

In den meisten Epochen der Menschheitsgeschichte sahen die Mächtigen die Bestätigung ihrer Macht in der quantitativen Ausdehnung ihrer Herrschaft. Adenauers langjährige Beschränkung auf Köln zeigt, daß er an einer quantitativen Ausweitung seines Herrschaftsbereichs kaum oder gar nicht interessiert war. Wohl aber interessierte ihn ihre intensive Handhabung. Dieses Verhältnis zur Macht blieb auch für den späteren Bundeskanzler charakteristisch. Er hielt nicht viel von vorwiegend repräsentativen Positionen. Mit der von den Engländern in ihrer deutschen Besatzungszone eingeführten und sinnloserweise bis heute aufrechterhaltenen Ämterteilung zwischen einem repräsentierenden Oberbürgermeister und einem regierenden Oberstadtdirektor wäre Adenauer sicher nicht glücklich geworden. Sein späterer Verzicht auf die Bundespräsidentenkandidatur bereitete uns erheblichen Verdruß. Sie entsprach aber durchaus seinem eigenen Wesen und war insofern auch stilecht, als der erste Mann in unserem Staat weniger Macht hat, als diesem Amt zukommt. Adenauer hatte sich darüber zunächst etwas vormachen lassen. Als er erkannte, daß meine Kritik an dieser Illusion zutraf, verzichtete er. Er wollte nicht etwas darstellen, was er nicht oder nicht ganz war. Einen denkbar großen Herrschaftsbereich in unsicheren Besitz zu nehmen, war seine Sache nicht. Er wollte den ihm zugefallenen Amtsbereich unter Aufbietung qualifizierter Macht regieren.

In der Ära Adenauer gab es auch in den von der CDU regierten Ländern zuweilen Klagen und Ängste, daß der mächtige Bundeskanzler in die Länder hineinregieren wolle. Was daran wahr sein könnte, ging indessen nicht auf eine imperiale Machtausdehnung des Bundeskanzlers zurück. Es ging dabei in der Regel um die unvermeidbare Korrektur föderalistischer Überspitzungen im Grundgesetz. Selbst der von seiten der Bundesregierung nicht gut geführte Fernsehstreit vor dem Bundesverfassungsgericht entstammte nicht dem Bedürfnis des Bundeskanzlers, eine quantitative Ausdehnung seiner Macht zu erzwingen. Es ging ihm vielmehr um die Qualifizierung der Macht, die ihm verfassungsmäßig zustand und die er in der Balance zu dem wachsenden Einfluß der Massenmedien halten wollte.

Es ist nicht zu bestreiten, daß Adenauers Aufstieg in die Führung der CDU seinem Plan und Willen entsprang, über diese damals neue Partei Macht und Einfluß auf die Neugestaltung Deutschlands zu gewinnen. Nach einigem Zögern wandte er sich der Durchgestaltung der CDU in der britischen Zone zu. Obwohl sich die CDU gleichzeitig und oft unabhängig voneinander in allen vier Besatzungszonen schon bald nach dem Krieg zu entfalten begann, waren für ihre programmatische Entwicklung nur zwei oder, wenn man die CSU Bayerns mit einbezieht, drei Schwerpunkte bedeutsam.

Da war zunächst die Berliner CDU, die einen großen Kreis erfahrener politischer Köpfe umfaßte. Sie kamen zum großen Teil aus den Kerkern des Dritten Reichs, waren höchst geschichtsbewußt und strebten eine nationale Neuordnung an, die aus einer geistig-religiösen Erneuerung des Volksganzen geradewegs in ein neues Europa führen sollte. Diese Berliner CDU verstand sich durchaus nicht nur als regionale Partei, sondern als Vorhut, ja als Treuhänderin der Reichseinheit. Sie verfocht sie gegen die Folgen der Vierteilung in Besatzungszonen. Die Prärogativen der Reichshauptstadt nahm sie zunächst wie selbstverständlich auch für die von ihr angestrebte Organisation einer reichsdeutschen (=gesamtdeutschen) CDU in Anspruch.

Spätestens mit dem Scheitern des Alliierten Kontrollrats – des von Anfang an illusionären gemeinsamen Besatzungsregimes der vier Siegermächte – war diesem Führungsanspruch der Berliner CDU der Boden entzogen. Hätte das gemeinsame Besatzungsregime funktioniert, wäre die politische Entwicklung Deutschlands anders verlaufen. Dann wäre auch nicht auszuschließen gewesen, daß Adenauer aus dem Berliner Kreis ernsthafte Konkurrenten erstanden wären. Der ehemalige Reichsminister aus der Weimarer Zeit, Andreas Hermes, zumindest hatte zeitweilig beachtliche Chancen. Die Isolierung Berlins erdrückte sie.

Die CDU der britischen Zone genoß im Vergleich dazu weit mehr Entfaltungsmöglichkeit, wennschon sich auch hier eine gewisse Einflußnahme der Besatzungsmacht auf die parteipolitische Entwicklung bemerkbar machte. Die britische Labour-Regierung förderte besonders die SPD, was die CDU ihrer Zone, zu deren Sprecher Adenauer bestellt worden war, zu immer härteren Vorwürfen und Protesten veranlaßte.

Der Wille zu einer durchgreifenden Erneuerung artikulierte sich in der CDU der britischen Zone unter der Federführung alter katholischer Sozialpolitiker hauptsächlich wirtschafts- und sozialpolitisch. Am markantesten – wenn auch wirkungslosesten – im Ahlener Programm von 1947. In den Differenzen, die sich mit den Bayern bei der Bemühung um eine einheitliche CDU/CSU ergaben, erwies sich Adenauer ebenso als der Sprecher einer formell noch gar nicht existenten einheitlichen CDU wie bei den Auseinandersetzungen um dic Durchgestaltung des Grundgesetzes. Diese Differenzen führten zu einer harten Konfrontation zwischen Adenauer und dem damaligen Vorsitzenden der CSU, Josef Müller, dem „Ochsensepp". Die kürzlich erschienenen Memoiren Müllers vermitteln den Eindruck, daß Adenauer die vollständige

Unterwerfung der CSU – Müller spricht von „absoluter Unterordnung" – verlangt habe[1]. Aus den CDU-Archiven ist das nicht nachweisbar.

Das Gespräch mit Adenauer, das er in seinem Buch wiedergibt, ist für unser Thema deshalb von Bedeutung, weil es den Eindruck vermittelt, als ob Adenauer seinen persönlichen Machtbereich auch durch die Unterwerfung der CSU unter seine Führung auszudehnen wünschte. Nun ist nicht zu bestreiten – und die kürzlich veröffentlichte Dokumentation der Konrad-Adenauer-Stiftung über die CDU der britischen Besatzungszone[2] bestätigt das in allen Phasen –, daß Adenauer nicht nur als überlegener Taktiker, sondern auch als politischer Ideenspender ersten Ranges verhältnismäßig schnell die unbestrittene Führung der CDU in der britischen Zone erlangte. Es ist auch nicht zu bestreiten, daß er es darauf angelegt hat. Das führte keineswegs nur zu gelegentlichen mehr oder weniger diskret ausgetragenen Kraftproben mit der Berliner CDU um Hermes und Jakob Kaiser, sondern es sollte im weiteren Verlauf auch zu Auseinandersetzungen mit der CSU führen. Adenauers Verlangen nach einer zwar föderativ gegliederten, in ihrer Programmatik und möglichst auch in ihrer Führung bundeseinheitlichen CDU entspringt jedoch weit weniger einem persönlichen Machtbedürfnis, als einer von ihm zu Recht für notwendig gehaltenen Entwicklungsstufe deutscher Politik. Wenn die neue Partei eine halbwegs reale Chance zur Führung Deutschlands erlangen sollte, mußte sie auf Zusammenhalt, Schlagkraft und programmatische Klarheit dringen.

Es gab auch in der CDU dieserhalb programmatische Kontroversen. Je näher die ersten Bundestagswahlen rückten, desto dringender mußten sie überwunden werden. Die Entwicklung im Frankfurter Wirtschaftsrat und in der süddeutschen CDU/CSU hatte gezeigt, daß das Ahlener Programm der CDU – britische Zone keine Chance hatte, bundeseinheitlich von der CDU/CSU akzeptiert zu werden. Die Aufnahme eines Referats von grundlegender Bedeutung, das Ludwig Erhard am 25. Februar 1949 vor dem Zonenausschuß der CDU – britische Zone gehalten hat, beweist das. Adenauer reagierte auf dieses brillante Referat höchst positiv. Jakob Kaiser und Johannes Albers aber erkannten sofort, daß die von Ludwig Erhard vorgetragenen Grundsätze sich mit dem Ahlener Programm nicht vereinbaren ließen. Adenauer hingegen scheint diese in die Tiefe gehende programmatische Differenz in jenem Augenblick gar nicht erfaßt zu haben, denn er versicherte Albers noch während er Erhards Referat lobte, daß er „restlos" zu dem Ahlener Programm stehe. Dieser Trost für Albers hinderte ihn aber keineswegs daran, einige Monate später, nämlich am 15. Juli 1949, Erhard treu zu bleiben und den Düsseldorfer Leitsätzen der CDU uneingeschränkt zuzustimmen. Sie gelten mit Recht als die noch immer verbindliche programmatische Festlegung der CDU/CSU auf die von Ludwig Erhard formulierte und formierte Soziale Marktwirtschaft.

Wer sich mit der inneren Situation und der damaligen Entwicklung der CDU und der deutschen Politik befaßt, wird sich hüten, in dieser Wandlung Adenauers ein bloßes machttaktisches Manöver zu seinen Gunsten zu sehen. Diese Wandlung beweist vielmehr die offene Situation und das Ringen um die bessere und schärfere Erkenntnis dessen, was für Deutschland und seine Zukunft einleuchtender erschien. Während Adenauer von seiner schon damals in den Grundzügen entwickelten außen- und sicherheitspolitischen Konzeption niemals in nennenswerter Weise abgegangen ist, hat er sich in wirtschafts- und sozialpolitischen Fragen neuen und besseren Erkenntnissen niemals verschlossen. Sein in der Tat durchaus widersprüchliches Verhalten in Sachen Ahlener Programm zeigt allerdings auch, daß er in diesen Fragen weit weniger persönlich engagiert war als in den Fragen der Außen- oder auch der Verfassungspolitik. Er war zudem ein Mann, der wußte, daß Kompromisse in der Politik, jedenfalls in der Politik parlamentarischer Staaten, unvermeidlich sind, und er hielt die Bereitschaft zu solchen Kompromissen nicht für kompromittierend. Daß er im Interesse seiner eigenen persönlichen Machtposition dabei die Grenze des sachlich Vertretbaren überschritten hätte, ist nicht nachweisbar.

Daß er andererseits als Regierungschef wie als Parteivorsitzender nicht selten auch nächsten Mitarbeitern gegenüber einen bedauerlichen Mangel an Konzilianz gezeigt hat, steht auf einem anderen Blatt.

In den von Arnulf Baring veröffentlichten Briefen Heinrich von Brentanos mit Adenauer finden sich Beispiele einer zuweilen penetranten Strenge und Unnachgiebigkeit des Bundeskanzlers gegen seinen Außenminister[3]. Sie erinnern mich an Gespräche und Briefe zwischen Adenauer als Parteivorsitzendem und Josef Hermann Dufhues, den ihm ein Parteitag sehr gegen seinen Willen als Geschäftsführenden Vorsitzenden der Partei aufgezwungen hatte. Ob das weise war, steht auf einem anderen Blatt. Adenauer jedenfalls empfand diese Hilfe als Beschränkung der ihm als Parteivorsitzendem zustehenden Befugnisse. Darauf reagierte er allergisch.

Politische Niederlagen, auch wenn sie nach außen nicht in Erscheinung traten, empfand oder erlitt er tiefer als er sich in der Regel anmerken ließ. Als Jakob Kaiser, unterstützt von mir und einigen anderen im engeren Kreis die ursprüngliche Fassung des Art. 7 des Deutschland-Vertrages verwarf, weil sie im Vertragstext die Bindung auch des wiedervereinigten Deutschland an die westliche Verteidigungsgemeinschaft vorsah, erregte er sich auch deshalb darüber, weil den Vertragspartnern damit ein Beispiel dafür geliefert wurde, daß seiner Macht auch im Führungskreis seiner Partei Grenzen gesetzt waren. Da half kein Art. 65 des Grundgesetzes.

Während Adenauer den großen Parteitagen mit Gelassenheit entgegenging – seine Reden wurden oft erst Minuten vor Beginn fertig – und auch vor den Sitzungen anderer Parteigremien niemals Nervosität zeigte, ging er vielen Fraktionssitzungen mit gemischten Gefühlen entgegen. Auf dem Weg zu einer solchen Sitzung, die nach meiner Erinnerung ohne aufregende Tagesordnung war, begegneten wir uns im Bundeshaus. „Wissen Sie, was das Fegefeuer ist?", fragte mich Adenauer. Ich antwortete, daß dies kein Lehrstück evangelischer Theologie sei. Darauf Konrad Adenauer: „Für mich ist das Fegefeuer, wenn ich in die Fraktion muß." Trotz ihrer scherzhaften Form läßt diese Bemerkung zweierlei erkennen: Adenauers Sensibilität gegenüber der Kritik und sein durchaus nicht unangefochtenes Machtbewußtsein. Es war alles andere als gußeisern. Es war immer von einer tiefen wenn auch streng verhaltenen Skepsis begleitet.

II.

Die Tatsache, daß Adenauer nach einigem Zögern in der CDU aktiv wurde, braucht nicht dafür zu sprechen, daß der Siebzigjährige nicht ohne Macht sein konnte. Weit mehr spricht es für die Kraft eines Mannes, dessen Erfahrung, Vitalität, Patriotismus und lange zurückgestaute Aktivität nach Einsatz verlangten. Daß Konrad Adenauer es außerdem liebte, Macht zu handhaben, steht dabei außer Zweifel. Er machte daraus kein Hehl und verzichtete auf Verbrämung. Ich habe von ihm nie, auch im Krankenbett nicht, jemals ein Wort der Klage gehört über die ihm aus seinen Zuständigkeiten erwachsenden Pflichten oder Anstrengungen. Das larmoyante Geschwätz war dem an eiserne Disziplin Gewöhnten auch dann verhaßt, wenn das Amt seine schwindenden Kräfte überforderte. Das war zumindest in seinen letzten zwei oder drei Regierungsjahren der Fall. Die Tatsache, sorgfältig geheimgehalten, war für den Näherstehenden und Scharfsichtigen unverkennbar, auch wenn Adenauer selbst es nicht wahrhaben wollte. Daß seine volle Regierungsfähigkeit bis zu seinem Rücktritt in Staat und Partei nahezu unbestritten blieb, lag hauptsächlich daran, daß sein Griff um das Zepter seiner Macht sich auch in den letzten Jahren nicht gelockert hatte.

Es ist wahr, Konrad Adenauer hat sich schwer, viel zu schwer von der Macht getrennt. Aber das war keine Folge von Machtgier und Machtgenuß – obwohl der letztere ihm nicht fremd war –, sondern das Widerstreben einer ungewöhnlich vitalen Lebenskraft gegen das auch ihr gesetzte kreatürliche Ende. Tatsächlich ist seine Energie langsamer geschwunden als die Breite seines Sehfeldes. Ihm selber unbewußt wurde es langsam enger und enger, aber sein erstklassiger Mitarbeiterstab – Globke voran – verhinderte erkennbar werdende Sehfehler oder verfehlte Lagebeurteilungen.

Das ursprünglich kleine Parteipräsidium trat – zumindest als policy-making board – hinter diesem Mitarbeiterstab zurück. Auch politische Ideen von möglicherweise weittragender Bedeutung blieben dem Parteipräsidium solange verborgen, solange Adenauer noch im Vorfeld seiner Erwägungen stand. Ein Beispiel dafür sind die auf Weisung Adenauers und nach seinen Ideen von Globke ausgearbeiteten Entwürfe zur Neugestaltung der deutsch-russischen Beziehungen. Sie wurden im Parteipräsidium noch nicht einmal andeutungsweise besprochen. Erst Jahre nach Adenauers Tod wurden sie bekannt, nachdem Heinrich Krone, der langjährige Vertraute des Bundeskanzlers, darüber einige Bemerkungen gemacht hatte. Adenauer hat auch sein Parteipräsidium nicht eigentlich als ein politisches Führungsteam betrachtet, sondern eher als die erste Etappe bei der parteiinternen Abstimmung seiner fertigen Pläne oder Entschlüsse. Bei dieser immer wieder umstrittenen Praxis kam Adenauer zustatten, daß sich die CDU von Anfang an als eine verhältnismäßig strenge Verfassungspartei begriff. Das hat ihm den Umgang mit der Macht – wie er ihn als dem Bundeskanzler zustehend ansah – wesentlich erleichtert. Was mit zumeist mißbilligendem Unterton seine „Kanzlerdemokratie" genannt wurde, hielt der Bundeskanzler Konrad Adenauer für durchaus legitim, weil von der Verfassung gedeckt. Ich erinnere mich nicht, von ihm je Reflexionen oder Theorien über den Art. 65 des Grundgesetzes gehört zu haben. Der erste Satz dieses Artikels – „Der Bundeskanzler bestimmt die Richtlinien der Politik und trägt dafür die Verantwortung" – zusammen mit dem sogenannten konstruktiven Mißtrauensvotum gaben ihm stets das Bewußtsein, seine Macht in Übereinstimmung mit dem Grundgesetz auszuüben.

Natürlich wird das verfassungsrechtliche Reglement einschließlich des Art. 65 am Kabinettstisch überdeckt von parteipolitischen Interessen und von Sachzwängen, deren Kompromissen sich die Koalitionspartner, die Ressortminister und schließlich auch die politischen Individualisten am Kabinettstisch in der Regel unterwerfen. Diese Bedürfnisse sind im täglichen Geschäft vitaler und gegenwärtiger als die Verfassungsstruktur. Dennoch bleibt sie von großer Bedeutung für die etablierte Macht des Bundeskanzlers. Sie gibt seiner Autorität zwar keine letzte Garantie, aber sie gibt ihr einen rechtlichen Rahmen und eine letzte Rückgriffsmöglichkeit. Adenauer hat davon kaum einmal formell Gebrauch gemacht, aber jeder seiner Minister wußte, daß er der Mann wäre, es notfalls zu tun.

Auch wenn es in der Führungsriege der CDU zuweilen mehr als Stirnrunzeln gab, offene Proteste in der Fraktion über diesen oder jenen „einsamen Entschluß des Herrn Bundeskanzlers" waren sehr selten. Auch die Fraktion blieb sich der Richtlinienkompetenz und der darin beruhenden verfassungsmäßigen Macht des Kanzlers stets bewußt. Sie verstand sich deshalb zwar nicht als Zustimmungsorgan der Bundesregierung und ihrer Vorlagen, aber so etwas wie eine Fronde gegen die von ihr getragene Regierung gab es in der Fraktion oder in der Partei in der Ära Adenauer nicht. Der Respekt vor dem Bundeskanzler blieb auch dann unversehrt, wenn er mit einer seiner Absichten nicht durchkam.

Wenn die Bundesregierung mit einer ihrer Vorlagen, die die Zustimmung der Fraktion und des Parlaments brauchten, hängenblieb, so lag es gewöhnlich daran, daß die vorbereitenden Absprachen nicht hinreichend betrieben worden waren oder daß fraktionsinterne Widerstände von Anfang an nicht erkannt oder unterschätzt wurden. Es kam aber auch vor, daß der Bundeskanzler seinen Ressortminister vor der widerstrebenden Fraktion allein ließ. Solche Niederlagen zeichneten sich gewöhnlich schon in der Fraktionsvorstandssitzung ab.

Ich erinnere mich an das Debakel, das Fritz Schäffer als Justizminister mit seinen Ehrenschutzentwürfen erlitt. Sie blieben schon im Fraktionsvorstand hängen, obwohl sie in einer überarbeiteten Gestalt nicht nur verabschiedungsreif, sondern notwendig waren. Eine beträchtliche Mehrheit in dem großen Fraktionsvorstand hatte es unter dem Trommelfeuer eines erheblichen Teils der Presse aber so mit der Angst bekommen, daß sie nicht nur von Brentanos in der Tat problematischen Lex-Soraya-Vorstellungen nichts mehr wissen wollte, sondern auch Schäffers seriöse Vorlagen ablehnte. Konrad Adenauer paßte dabei. Die Vorlage Schäffers gefiel ihm zwar, aber schlagen wollte er sich nicht für sie. Eine einigermaßen riskante Parlamentsschlacht war sie ihm offensichtlich nicht wert.

Ich will mit dieser Erinnerung sagen, daß Adenauer im Umgang mit der Macht weit weniger als häufig angenommen ein Draufgänger war. Er wog in der Regel sorgfälig ab, er kalkulierte zuweilen solange, daß er mir nicht selten eher als Zauderer erschien, denn als der Kanzler der einsamen Entschlüsse. Seinen persönlichen Beratern kam deshalb eine noch höhere Bedeutung zu als – von einer Ausnahme abgesehen – bislang erkannt. Die Ausnahme ist Hans Globke. Fast vergessen ist leider der sehr bedeutende Einfluß, den Herbert Blankenhorn als nächster täglicher Mitarbeiter Konrad Adenauers schon in jenen Jahren vor der ersten Bundestagswahl ausübte, in denen sich Adenauers außenpolitische Grundkonzeption ausbildete. Der aus dem Auswärtigen Amt stammende Diplomat war dabei für den aus einem anderen Gewerbe kommenden Adenauer eine wesentliche Hilfe.

Man versteht Konrad Adenauers Umgang mit der Macht und die Entwürfe seiner Politik nur dann, wenn man sich vergegenwärtigt, wie er fremde und eigene politische Vorstellungen und Einfälle im Gespräch mit Männern seines Vertrauens reflektierte und aufarbeitete.

Wenn ich recht sehe, spielten dabei jedenfalls in den ersten Phasen des Entstehens neben den nächsten beamteten Mitarbeitern seines Stabes anerkannte Fachleute der Wirtschaft, des Militärs, der Wissenschaft eine meist große Rolle.

Auch wenn die Parlamentarier der verschiedenen Stufen und Funktionen selten an der Produktion seiner Konzeptionen beteiligt wurden, legte der Bundeskanzler meist doch Wert darauf, seine Ideen und Vorstellungen frühzeitig im Gespräch mit ihnen zu testen und ihre Realisierungsmöglichkeit zu erkunden.

Die wichtigsten Gestalten in diesen kleinen Parlamentariergruppen waren meistens die Fraktionschefs der Koalitionsparteien. In der Regel pflegte er den Koalitionszusammenhalt durch vertrauliche Gespräche mit ihnen und den von ihnen für Sachgespräche Entsandten. Die mit Abstand idealste Verbindung dieser Art entwickelte sich zwischen Konrad Adenauer und Heinrich Krone. Der Niedersachse mit alter parlamentarischer Erfahrung – Krone war schon in jungen Jahren Reichstagsabgeordneter des Zentrums – und ohne eigenen Ehrgeiz, verstand sich mit Adenauer ohne viele Worte. Er nahm rasch auf, reagierte ohne Eile, ließ sich Adenauers Vorstellungen durch den eigenen Kopf gehen und scheute sich nicht, wenn ihm Zweifel oder Bedenken kamen, diese zur Geltung zu bringen. Er tat das in der Regel so taktvoll und mit so sparsamem Wort, daß er Adenauers Sympathie auch dann sicher sein konnte, wenn er ihm widersprach.

In diesen vertraulichen Gesprächen im engeren Kreis entfaltete Konrad Adenauer, wie ich glaube, am eindrucksvollsten seine meisterhafte taktische Begabung und die Kunst, seinen Argumenten Geltung zu verschaffen. Dabei kam ihm zustatten, daß er nicht kleinlich war und nicht selten auch Wünsche konzedierte, die seinen Finanzminister Fritz Schäffer mit Sorge, zuweilen sogar mit Erbitterung erfüllten. Umgekehrt war er wütend, wenn sich seine Macht und Autorität zu Zugeständnissen verstehen sollte, die er für sachlich unvertretbar hielt oder die seine Konzilianz überforderten.

III.

Die Vereinigung des Amtes des Bundeskanzlers und des Parteivorsitzenden in einer Hand stellt zwar noch höhere Ansprüche an den Bundeskanzler, ist aber weniger aus Gründen der Machtmehrung als der Ausschließung von Störungen an der Spitze von Bedeutung. Die Machtkonzentration, die in der Vereinigung beider Ämter liegt, ist risikoloser als ihre Trennung. Bei einem Mann wie Adenauer wäre die Trennung kaum vorstellbar und sicher nicht realisierbar gewesen. Die von Adenauer geleiteten Parteitage der CDU waren in den ersten zehn Jahren seiner Bundeskanzlerschaft auf ihn und seine politischen Bedürfnisse abgestellt. Sie glichen eher plebiszitären Akklamationen zu seiner Politik als Veranstaltungen von kritischen Kontrolleuren der von ihm betriebenen Politik.

Die programmatischen Gegensätze, die es auch in der noch jungen CDU gab, waren, als Adenauer Bundeskanzler wurde, parteiintern im großen und ganzen entschieden. Das gilt jedenfalls für die allgemeine Linie der Wirtschafts- und Sozialpolitik. Die erste Regierungserklärung, die Adenauer im Herbst 1949 vor dem Bundestag abgab[4], läßt jedenfalls keinen Rückschluß mehr auf die Programmdiskussion innerhalb der CDU zu, die zwischen 1946 und Frühjahr 1949 stattgefunden hat. So ist in dieser Regierungserklärung zwar von dem „beständigen Ausgleich sozialer Spannungen" die Rede, aber „er müsse durch die Sozialpartner selbst herbeigeführt werden". Eine Neuordnung der Besitzverhältnisse in den Grundindustrien wird zwar für „notwendig" erklärt. Über die Grundsätze dieser Neuordnung wird jedoch nichts gesagt. Die Vokabel Mitbestimmung kommt in der Regierungserklärung nicht vor, obwohl gewisse Auflagen des Besatzungsstatuts im Blick auf die Montan-Industrie und lebhafte Diskussionen und Forderungen von Gewerkschaftsseite das Problem schon damals aktualisierten.

Ein knappes Jahr nach dieser Regierungserklärung seien sich – so berichtet die IG Metall – Adenauer und Böckler, der Vorsitzende des DGB, „weitgehend" darin einig gewesen, „daß in der Bundesrepublik Deutschland eine neue Wirtschaftsordnung zu schaffen sei"[5]. Was verstanden die beiden Herren darunter? Offenbar sehr verschiedenes. Adenauer vielleicht das künftige Betriebsverfassungsgesetz und irgendeine Art von Mitbestimmung bei Kohle und Stahl. Der gemäßigte Sozialist Hans Böckler aber doch wohl ein qualitativ anderes Wirtschaftssystem.

Wen wundert es, daß darüber Sturm aufkam? Die IG Metall machte sich streikbereit. Daß der vermutlich verheerende Streik vermieden wurde, ist Hans Böckler und Konrad Adenauer ungefähr zu gleichen Teilen gutgeschrieben worden. In diesem Zusammenhang kommt es nicht auf den Verlauf der Auseinandersetzung an, sondern auf die Tatsache, daß Adenauer dabei weit mehr als Moderator, als Schlichter und Kompromißmacher in Erscheinung trat denn als Machtträger und Staatsautorität. Zwar vertrat er gerade in seiner ausgleichenden Funktion die vitalen Interessen der Nation. Sie bedurfte im Wiederaufbau vor allem der Freistellung von Kampf- und Kraftproben. Sie bedurfte einer Einheitsfront gegen die noch immer nicht ganz beseitigten destruktiven Absichten insbesondere der Labour-Briten, die ihr „Entflechtungs"-Programm

weiterzukurbeln versuchten.
Sie bedurfte einer innenpolitischen Friedensatmosphäre aber auch deshalb, weil spätestens seit dem Hochsommer 1950 Konrad Adenauer und einige seiner Vertrauten mit der Grundlegung seines großen Lebenswerkes beschäftigt waren: der politisch-militärischen Sicherung des aus der Konkursmasse des Deutschen Reiches uns verbliebenen Volksbodens. Das fast totale Scheitern der unter Deutschlands Kriegsgegnern vereinbarten Friedensordnung ging nicht allein, aber in hohem Maße zu Lasten Deutschlands. Seit dem Sommer 1950 war für die Wissenden klar, daß ohne die Wiederbewaffnung der Deutschen und ohne ihre Einbeziehung in eine europäische Verteidigungsgemeinschaft bzw. in die NATO diese Sicherung nicht zu gewinnen sei. Die politisch-psychologischen Widerstände, die dabei zunächst mehr noch in Deutschland als im Ausland zu überwinden waren, blieben auch für einen Mann von der Führungskraft Adenauers eine bitterschwere Aufgabe. Streiks hätten uns dabei gerade noch gefehlt. Adenauer gab – zu Recht – der Sicherung der Bundesrepublik Deutschland den unbedingten Vorrang.
Hans Böckler konnte einen bedeutenden Erfolg vorweisen. Aber er blieb auf die Montan-Industrie begrenzt, und er war zudem zeitlich beschränkt. Die Beschränkung war zwar – schon damals erkennbar – eine reine Theorie. Denn an eine Wiederaufgabe der vom DGB damit errungenen Rechte war gar nicht zu denken. Aber auch Böcklers Wort vom Anfang, dem eine baldige Ausdehnung der paritätischen Mitbestimmung über die Montan-Industrie hinaus folgen müsse, erwies sich für die nächsten 25 Jahre trotz der Erfolge im Betriebsverfassungsgesetz als nicht viel mehr denn als eine Absichtserklärung.
Als die Ära Adenauer sich in wirtschaftlicher Hinsicht theoretisch und praktisch voll mit Ludwig Erhard identifiziert hatte, vergaßen die Konzerne, die angesichts der drohenden „Entflechtung" ihr Handtuch einst angstvoll in den Ring der paritätischen Mitbestimmung geworfen hatten, mit ihren Ängsten auch ihre Bereitschaft von damals. Adenauer hat, wenn ihm später Vorwürfe wegen seiner in der Tat hohen Konzessionsbereitschaft in der Montan-Mitbestimmung gemacht wurden, mit Recht auf jene Unternehmer verwiesen, die angesichts der – zugegeben hohen – Gefahren sich nicht gerade heroisch geschlagen hatten.
Daß ihm selbst die Mitbestimmungsfrage an sich besonders wichtig gewesen wäre, daß er sie etwa aus Einsicht in ihre politische, soziale, wirtschaftliche Bedeutung initiativ angegangen hätte, habe ich niemals erlebt. Ich schätze, daß er sich ihr gegenüber auch heute schon allein deshalb restriktiv verhielte, weil er sie als Auftakt zu einer schließlich durchgreifenden Systemänderung verstünde. Dafür aber war Konrad Adenauer in Wirklichkeit nicht zu haben. Man muß das aussprechen, um seine nicht immer befriedigend definierte grundsätzliche und zuweilen auch überaus kämpferische Ablehnung des Sozialismus zu verstehen.
War Adenauer in der Frage der Montan-Mitbestimmung eher als Moderator in Erscheinung getreten, so erwies er sich im Ringen um das sogenannte Petersberg-Abkommen durchaus als machtbewußter Regierungschef. Zwar ging es auch hier um einen Kompromiß. Aber er wurde auf einem anderen Boden ausgetragen. Das Abkommen brachte den grundsätzlichen Beschluß

zur Eingliederung der Bundesrepublik in die europäische Gemeinschaft, zu ihrem Beitritt als Mitglied der Internationalen Ruhrbehörde, vor allem aber zur praktischen Einstellung der Demontagen. In diesem parlamentarisch schwer umkämpften Abkommen ging es also um die Grundlagen und Kernfragen der Adenauerschen Außenpolitik. Die von Kurt Schumacher geführte Opposition lehnte die Zustimmung zu dem Abkommen ab mit der fatalen Folge, daß sie in den folgenden Jahren sich der damit eingeschlagenen Orientierung weiter verpflichtet fühlte und damit weitere politische Fehlentscheidungen von Bedeutung produzierte.

Für Adenauer und die CDU hat das Petersberg-Abkommen auch deshalb eine symbolische, ja demonstrative Bedeutung, weil der in dem Abkommen festgestellte Kompromiß bewies, daß es sachlich und methodisch geboten war, mit den westlichen Besatzungsmächten grundsätzlich, soweit es die Sache zuließ, ad hominem und nicht contra hominem zu sprechen.

Adenauer war sowohl als Parteivorsitzender wie als Bundeskanzler zuweilen nicht nur offensiv, sondern auch aggressiv. Im zusammenfassenden Rückblick aber scheint mir, daß er, von Parlamentsdebatten – und Wahlreden natürlich – abgesehen, dem argumentativen ad hominem den Vorzug gab. Ich glaube, daß sich seine Eigentlichkeit darin auch eher darstellte als in der polemischen Diskussion, in der er hin und wieder auch in Nebensachen eine Hartnäckigkeit an den Tag legte, die langweilte. Derlei Züge sagen indessen über sein persönliches Verhältnis zur Macht wenig aus. Darüber nachzudenken ist biographisch, charakterologisch und psychologisch reizvoll. Unvergleichlich wichtiger aber ist seine persönliche Funktion im Ringen um die Wiedergewinnung einer handlungsfähigen und gesicherten deutschen Staatsmacht. Es gab und gibt genug Leute, denen Adenauer seines Willens zur Macht wegen charakterlich und politisch verdächtig war. Sie unterstellten ihm Machtgier zur Befriedigung eigener Herrschaftsbedürfnisse oder zur Wiederherstellung alter, geschichtlich verbrauchter Zustände.

In Wirklichkeit lebte Adenauer in dem Bewußtsein, daß für das geordnete menschliche Zusammenleben Machtelemente schon allein deshalb unerläßlich sind, weil ohne sie der permanenten Bedrohung aus dem Chaos nicht hinreichend zu begegnen ist. Sein persönliches Verhältnis zur Macht entsprang letztlich seiner Anthropologie, seiner Kenntnis und Erfahrung des Menschen. Sie war skeptisch, aber sie war nicht zynisch. Ihre Basis war das im Vergleich mit dem strengen Luthertum und Calvinismus etwas aufgehelltere Menschenbild des praktizierenden Katholiken der rheinischen Landschaft. Im Unterschied zur lutherischen und calvinistischen Tradition ließ es dem Synergismus der katholischen Überlieferung einen freieren Raum. Es heißt Adenauers Spiritualität unterschätzen, wenn man aus seinem Verzicht auf öffentliche Meditation und intellektuelle Redeweise den Schluß zieht, daß ihm Meditation und Reflexion in und jenseits der Politik überhaupt fremd gewesen seien. Diese arrogante Mißdeutung seiner Innerlichkeit hat zu jenem kantig-banalen Machtverständnis beigetragen, das ihm oft unterstellt wurde.

Konrad Adenauer erfuhr im Laufe eines langen Lebens und intensiven öffentlichen Wirkens einiges von der Größe und noch mehr vom Elend des Menschen. Auch von seinem eigenen. Auch darum besaß er eine ernste und zutreffende

Einsicht in die Grenzen seiner eigenen Macht. Seine Nüchternheit war nicht nur eine Folge seiner unsentimentalen und unpoetischen Gemütsverfassung, sondern mehr noch ein Ergebnis seiner Einsicht in die Grenzen dessen, was ihm möglich erschien und was überhaupt machbar war.

Hier liegen auch die Prämissen seiner Ostpolitik. Der Bundeskanzler hielt es für möglich, mit den Machthabern im Kreml sich von Fall zu Fall partiell politisch und auch menschlich zu verständigen. An eine auch nur halbwegs hinreichende Verständigung mit dem kommunistischen System hat er niemals geglaubt. Die Macht, die optimale Macht zur Abwehr jeden Angriffs, ja schon jeden Überfremdungsversuchs zu erlangen, war ihm deshalb mehr als nur ein politisches, es war ihm ein sittlich-religiöses Gebot erster Ordnung. Dennoch wurde ihm die Staatsmacht mehr als nur die ultima ratio für die Abwehr des Angriffs auf Gut und Leben. Polizei und Armee waren ihm nicht der letzte Sinn dieser Macht. Wesentlicher noch erschien ihm die Staatsmacht als integrierende Kraft der nur als Gemeinwesen existenzfähigen Menschheit. Die souveräne Staatsmacht galt ihm ihrer Bestimmung nach als das ordnende, friedenstiftende Element, als die Voraussetzung alles soliden, kulturellen, wirtschaftlichen und sozialen Wirkens. Adenauer verband damit ganz und gar nicht die Vorstellung früherer Jahrhunderte, die sich im Staatsabsolutismus und im sacro egoismo des souveränen Nationalstaats einen hybriden Ausdruck geschaffen hatten. Ihm war die Staatssouveränität ein notwendiges Attribut, eine Voraussetzung der Selbstbestimmung eines Volkes.

Daß auch sie sich nicht absolut setzen darf, hat Adenauer meines Wissens nie ausgesprochen. Aber er hat jederzeit meinem Satz zugestimmt, daß wir auf das Selbstbestimmungsrecht aller Deutscher zwar nie verzichten, es aber immer nur im Rahmen der Menschenrechtscharta der Vereinten Nationen in Anspruch zu nehmen gedächten. Wie weit und grundsätzlich Adenauer den herkömmlichen Souveränitätsbegriff der Nationalstaaten zur Disposition zu stellen bereit war, hat er mit seiner Europapolitik bewiesen.

Es kam Deutschland zustatten, daß Konrad Adenauers persönliches Verhältnis zur Macht im allgemeinen von der Art war, daß er zufaßte, wenn er der Überzeugung war, daß die Lage es erfordere. Ob das, was dabei notwendig wurde, ihm persönlich lag oder nicht lag, war ihm schließlich unwichtig. Zeitlebens war er ein Zivilist gewesen, ein Mann mit zivilem bürgerlichen Habitus. Jetzt, als Korea in Not und die freie Welt auch den letzten Hauch der fatalen Euphorie ihrer Siegerjahre verloren hatte, jetzt mußten Dämme gezogen und Soldaten dahintergestellt werden. Die CDU/CSU war – trotz Gustav Heinemann und seiner Sympathisanten – mit Adenauer völlig darin einig, daß wir von anderen Nationen anständigerweise nichts verlangen oder erwarten könnten, was wir für uns selbst nicht zu tun bereit seien. Deshalb seien wir – erklärte ich in der ersten deutschen Rede vor dem Europarat in Straßburg am 9. August 1950[6] – auch bereit, unseren angemessenen Beitrag zur Verteidigung der freien Welt und unseres Landes zu leisten. Die Erklärung wurde für die CDU-Delegierten in Straßburg und im Einvernehmen mit ihnen abgegeben.

Ich erinnere mich nicht, darüber verbis expressis mit dem Bundeskanzler vorher gesprochen zu haben. Aber ich war mir sicher, für diese Erklärung auch seine Zustimmung zu haben. Tatsächlich hatte Konrad Adenauer dasselbe dem amerikanischen Hohen Kommissar, Mr. McCloy, etwa zur gleichen Zeit oder etwas früher gesagt. Freilich dachten wir in jenem Sommer 1950 noch nicht daran, daß die Realisierung unserer Verteidigungsbereitschaft in der Gemeinschaft der freien Welt uns den Entschluß abverlangen werde, die allgemeine Wehrpflicht wieder einzuführen. Ich hatte mich auf dem Essener Evangelischen Kirchentag im Sommer 1950 in einem Vortrag zur Verteidigungsfrage geäußert[7]. Ich hatte mich dabei entschieden für die Wiederbewaffnung ausgesprochen, von einer allgemeinen Wehrpflicht aber nicht geredet. Dennoch war die Folge ein Schock bei vielen Kirchentagsbesuchern.

Eines Abends bat mich der Bundeskanzler zu sich. Ich traf Robert Pferdmenges bei ihm. Adenauer legte dar, daß wir gezwungen sein würden, zur Erfüllung unserer Zusagen in Sachen Verteidigungsbeitrag die allgemeine Wehrpflicht einzuführen. Was ich davon hielte? Und ob von evangelischer kirchlicher Seite mit erheblichen Widerständen zu rechnen sei? Ich gestehe, daß ich nicht gern auf die von dem Bundeskanzler geschilderte Notwendigkeit eintrat. Wir erörterten noch einmal was der Bundeskanzler mit seinen Beratern alles schon geprüft hatte. Eine Berufsarmee? Sie könnten wir nicht bezahlen. Milizähnliche Verbände? Sie seien für die neuen Waffensysteme unzureichend. Robert Pferdmenges hörte zu. Schließlich sagte ich, daß die Proteste, die bei der Verkündigung der allgemeinen Wehrpflicht zu erwarten seien, auch in den evangelischen Kirchen Deutschlands spürbar würden. Wenn es jedoch unerläßlich sei, würde ich ohne Bedenken darüber weggehen. Etwas anders erscheine mir die Sache aber unter dem allgemeinen politischen Aspekt. Noch stecke eine Art Urangst vor dem Krieg und allem, was damit zusammenhänge, im deutschen Volk. Es sei deshalb durchaus möglich, daß uns diese Sache über kurz oder lang die parlamentarische Mehrheit koste und aus der Macht trage. Das Wagnis sei nicht gering.

Konrad Adenauer sah mich nachdenklich an. Dann sagte er ruhig: Möglich, aber es muß sein. Robert Pferdmenges nickte stumm. Es war ein großer Augenblick für mich. Konrad Adenauer wußte, was Macht war, was sie bedeutet, wie schwer sie errungen wird. Nun war er bereit, sie daran zu wagen. Sie war kein Letztes für ihn. Vielleicht besaß sie weniger Eigenwert für ihn als selbst seine Freunde, seine nahen Freunde angenommen haben. Jedenfalls wagte er sie gelassen an das, was er als Bundeskanzler für geschichtlich fällig hielt. Dieser geschichtlichen Notwendigkeit unterwarf er seine Macht wie seine Person.

1 Vgl. Dr. Josef Müller, Bis zur letzten Konsequenz. Ein Leben für Frieden und Freiheit, München 1975, S. 356.

2 Vgl. Konrad Adenauer und die CDU der britischen Besatzungszone 1946–1949. Dokumente zur Gründungsgeschichte der CDU Deutschlands. Hrsg. von der Konrad-Adenauer-Stiftung. Eingeleitet und bearbeitet von Helmut Pütz, Bonn 1975.

3 Vgl. Arnulf Baring, Sehr verehrter Herr Bundeskanzler! Heinrich von Brentano im Briefwechsel mit Konrad Adenauer 1949–1964, Hamburg 1974.

4 Vgl. Verhandlungen des Deutschen Bundestages. 1. Wahlperiode 1949. Stenographische Berichte. Bd. 1, S. 22ff.

5 Vgl. Fünfundsiebzig Jahre Industriegewerkschaft. 1891 bis 1966. Vom Deutschen Metallarbeiter-Verband zur Industriegewerkschaft Metall. Ein Bericht in Wort und Bild. Hrsg. von der Industriegewerkschaft Metall für die Bundesrepublik Deutschland, Frankfurt am Main 1966, S. 379.

6 Vgl. Council of Europe. Consultative Assembly. Second Session. Reports. Part I, S. 71ff.

7 Vgl. Eugen Gerstenmaier, Reden und Aufsätze. Zusammengestellt anläßlich seines 50. Geburtstages am 25. 8. 1956. Hrsg. vom Evangelischen Verlagswerk, Stuttgart 1956, S. 162ff.

HELMUT SCHMIDT

Die Mitbestimmung der Arbeitnehmer – Von Adenauer als eine der großen Aufgaben unserer Zeit verstanden

Es liegt nahe, daß der jetzige Bundeskanzler dem Andenken an den 100. Geburtstag des ersten Bundeskanzlers einige Gedanken zur Mitbestimmung widmet, einem Problem, dem schon die Sorge Konrad Adenauers gegolten hat und für dessen Lösung ich mich mit allen Kräften einsetze.

Konrad Adenauer gehört zu denjenigen, die nicht nur frühzeitig die Bedeutung der Mitbestimmung erkannt, sondern auch ihre Notwendigkeit begriffen haben. Er hat das Zustandekommen der ersten bundesgesetzlichen Regelung einer paritätischen Mitbestimmung, des Montan-Mitbestimmungsgesetzes von 1951, entscheidend beeinflußt.

Sicher ahnte er 1924 nicht, als er Hans Böckler das erstemal begegnete, daß sie beide einmal an hervorragender Stelle für den Wiederaufbau ihres durch den nächsten Krieg verwüsteten Landes arbeiten würden. Konrad Adenauer war Oberbürgermeister der Stadt Köln, Hans Böckler Bevollmächtigter der Verwaltungsstelle Köln des Deutschen Metallarbeiter-Verbandes und Mitglied der sozialdemokratischen Fraktion des Kölner Stadtparlaments. Beide führten in der Kölner Stadtverordnetenversammlung zahlreiche heftige und kernige Auseinandersetzungen.

Zu jener Zeit war es Hans Böckler, und mit ihm zahlreichen anderen Gewerkschaftern, bereits klar, daß die nach dem Zusammenbruch des Kaiserreiches im Jahre 1918 begonnene Zusammenarbeit mit den Unternehmern gescheitert war und daß die von der Arbeitnehmerschaft gegründete und zunächst getragene Republik dieser Arbeitnehmerschaft den ihr gebührenden Platz nicht einräumen würde. Die im November 1918 zwischen Gewerkschaften und Unternehmern gebildete „Zentralarbeitsgemeinschaft" war schon auseinandergebrochen. Ziel dieser Zentralarbeitsgemeinschaft, deren Sekretär Hans Böckler wurde, war, „die gemeinsame Lösung aller die Industrie und das Gewerbe berührenden wirtschafts- und sozialpolitischen Fragen sowie alle sie betreffenden Gesetzgebungs- und Verwaltungsangelegenheiten herbeizuführen"[1]. Die Zentralarbeitsgemeinschaft setzte sich zusammen aus Zentralausschuß, Zentralvorstand und 14 Reichsarbeitsgemeinschaften für die verschiedenen Industriezweige. Alle Gremien waren paritätisch mit Arbeitgeber- und Arbeitnehmervertretern besetzt.

Die Gewerkschaften hatten sich 1918 ebenso wie die Führer der Mehrheitssozialdemokratie an die Spitze der revolutionären Bewegung in der Arbeiterschaft gestellt. Sie erhofften sich von der Zusammenarbeit mit den Unternehmern und der gesellschaftlichen Anerkennung einen Machtzuwachs und damit die Möglichkeit einer allmählichen und besser vorbereiteten Transformation von Wirtschaft und Gesellschaft.

Aber bereits 1923 versuchten vor allem die Unternehmer der Schwerindustrie, die 1918 herbeigeführten sozialpolitischen Errungenschaften der Arbeitnehmer wieder abzubauen. Der Kampf gegen den Achtstundentag begann. Dazu kamen außenpolitische Schwierigkeiten der Republik, kamen wirtschaftliche Krisen, die Folgen der Inflation, kamen Kurzarbeit und Arbeitslosigkeit. Hans Böckler, er war 1928 Reichstagsabgeordneter und ein Jahr zuvor Bezirkssekretär des Allgemeinen Deutschen Gewerkschaftsbundes für Rheinland und Westfalen/Lippe geworden, sagte damals: „Alles, was gegen die Interessen der Arbeitnehmerschaft gerichtet war, hat seinen Ausgang von der Ruhr genommen, und fast die gesamte Unternehmerschaft folgte willig den Weisungen, die von dorther in die Lande gesandt wurden.“[2]

Wie Konrad Adenauer in jener Zeit zur Arbeitnehmerschaft und ihren berechtigten Interessen stand, ist mir nicht bekannt. Anzunehmen ist jedoch, daß er mit diesen Interessen durch seine Bekanntschaft mit den Repräsentanten der christlichen Arbeiterbewegung wie Jakob Kaiser und Johannes Albers, die beide auch im Kölner Raum wirkten, vertraut wurde.

Einsicht der ersten Stunde

Daß Konrad Adenauer jedenfalls nach dem Zusammenbruch des Hitlerreiches die soziale Frage erkannt hatte, macht seine Tätigkeit nach 1945 deutlich. Die soziale Frage, die von der Weimarer Republik nicht bewältigt werden konnte und die diese Republik schließlich mit zum Scheitern brachte, nämlich die völlige Integration der Arbeitnehmerschaft in die Gesellschaft und ihre gleichberechtigte Mitbestimmung in Staat, Wirtschaft und Gesellschaft, hatte und hat wenig zu tun mit der von Adenauers Nachfolgern 1975 erfundenen sogenannten „Neuen sozialen Frage“, die von der wirklichen nur ablenken soll.

Konrad Adenauer und Hans Böckler trafen sich 1945 wiederum in Köln. Adenauer war wieder Oberbürgermeister, Böckler Mitglied der Stadtverordneten-Versammlung.

In seiner Grundsatzrede vor dem Gründungskongreß des Deutschen Gewerkschaftsbundes im Oktober 1949 in München sagte Hans Böckler: „Es sollte niemals vergessen werden, daß wir es vor allem der Pflichttreue, der Disziplin und dem Anstand unserer deutschen Arbeitnehmerschaft zu verdanken haben, wenn Westdeutschland nach dem Zusammenbruch des Dritten Reiches nicht im Chaos versank.“[3] Die Vergangenheit sollte sich nicht wiederholen können. Nach übereinstimmender Meinung der damals den Ton angebenden politischen Kräfte mußte die Neuorganisation der Wirtschaft eine der wichtigsten Aufgaben sein: „Die privatkapitalistische deutsche Monopolwirtschaft ist den staatlichen und sozialen Lebensinteressen des deutschen Volkes nicht gerecht geworden. Ein unerhörter wirtschaftlicher und sozialer Zusammenbruch war die Folge der betriebenen Machtpolitik. Nach der so geschaffenen Lage kann die deutsche Wirtschaft nicht repariert werden. Sie muß von Grund auf neu geordnet werden.“[4] Diese Worte, mit denen Konrad Adenauer 1947 im Landtag von Nordrhein-Westfalen das kurz darauf beschlossene Ahlener Programm der CDU ankündigte, geben die allgemeine Meinung treffend wieder.

Auch als erster Kanzler der Bundesrepublik Deutschland hat Konrad Adenauer nicht vergessen, wem vor allem es zu verdanken war, daß nach dem Zusammenbruch des Hitlerreiches Westdeutschland nicht im Chaos versunken war. Nach dem Tode Konrad Adenauers würdigte ihn der Deutsche Gewerkschaftsbund mit den Worten: „Der Deutsche Gewerkschaftsbund gedenkt des Mannes, der in der Phase des Wiederaufbaus über 14 Jahre die politischen Geschicke der Bundesrepublik Deutschland und ihrer Menschen verantwortlich leitete. Konrad Adenauer gehörte zu den Männern der ersten Stunde, die mit Mut, Klugheit und Verantwortung es unternahmen, den zusammengebrochenen Staat für die Menschen neu zu gestalten. Dankbar erinnert sich der Deutsche Gewerkschaftsbund und seine Gewerkschaften des Jahres 1951, als es um die Sicherung der Mitbestimmung in Kohle und Stahl ging. Auf dem Höhepunkt der Auseinandersetzung übernahm der damalige Bundeskanzler Dr. Adenauer in persönlicher Verantwortung die Verhandlungsführung. Es gelang ihm, in Zusammenarbeit mit den führenden Männern der Gewerkschaften im Parlament eine gesetzliche Regelung zu sichern, die dem Mitbestimmungsrecht der Arbeitnehmer in der Montan-Industrie die Grundlage gab. Bundeskanzler Dr. Adenauer hat sich den berechtigten Anliegen der Arbeitnehmer und ihrer Gewerkschaften nicht verschlossen und war stets bereit, mit den Gewerkschaften über soziale und wirtschaftliche Probleme offen zu sprechen. Konrad Adenauer hat die von ihm übernommenen Aufgaben in dem tiefen Gefühl der Verantwortung gegenüber dem gesamten deutschen Volk gesehen. Dem Verstorbenen verdankt die Bundesrepublik vor allem die Wiederherstellung der politischen Souveränität, die Eingliederung in die Europäische Gemeinschaft und die Wiederherstellung des Vertrauens der Welt zum demokratischen Deutschland. Die deutschen Arbeitnehmer werden das Andenken dieses bedeutenden Staatsmannes und Politikers in Ehren bewahren."[5]

Die Rolle Konrad Adenauers bei der Sicherung der Mitbestimmungsrechte der Arbeiter im Bergbau und in den Unternehmen der eisen- und stahlerzeugenden Industrie war bereits ein Jahr vor seinem Tode in der Festschrift „Fünfundsiebzig Jahre Industriegewerkschaft – Vom Deutschen Metallarbeiter-Verband zur Industriegewerkschaft Metall"[6] gewürdigt worden. Wörtlich heißt es dort: „Am 28. August 1950 hatte Böckler mit dem Bundeskanzler konferiert, um die gewerkschaftlichen Vorstellungen noch einmal ernst und eindringlich darzulegen. Konrad Adenauer teilte weitgehend die Auffassung des DGB-Vorsitzenden, daß in der Bundesrepublik Deutschland eine neue Wirtschaftsordnung zu schaffen sei. Die Verhandlungen der Gewerkschaften mit Regierungs- und Unternehmervertretern dagegen waren um diese Zeit längst in ein Stadium getreten, in dem die Sicherung und der Ausbau der Mitbestimmung fraglich erschienen. Dem Wunsch der Gewerkschaften nach einer möglichst schnellen gesetzlichen Regelung mindestens für den Bereich der Montan-Industrie stellten sich immer größere Widerstände entgegen."[7]

Es war der Kanzler, der diese Widerstände – vor allem diejenigen seines Wirtschaftsministers Ludwig Erhard – schließlich überwand. Der Bundestag beschloß am 10. April 1951 gegen nur knapp 50 Stimmen das „Gesetz über die Mitbestimmung der Arbeitnehmer in den Aufsichtsräten und Vorständen der Unternehmen des Bergbaus und der eisen- und stahlerzeugenden Industrie".

Damit war den Arbeitern und Angestellten der Montan-Industrie und ihren Gewerkschaften knapp sechs Jahre nach Kriegsende das gesetzlich garantiert worden, was sie nach dem Zusammenbruch erhofft hatten und was ihnen von den Managern der entflochtenen Stahlunternehmen schon Anfang 1947 zugestanden worden war: die paritätische Mitbestimmung in den Aufsichtsräten und die Bestellung eines von ihrem Vertrauen getragenen Arbeitsdirektors im Vorstand der Unternehmen.
Die in den Gesprächen zwischen Adenauer, den Gewerkschaften und den Unternehmern ebenfalls vereinbarte Bildung von paritätisch besetzten Senaten für die Wirtschaftszweige des Bergbaues und der Eisen- und Stahlindustrie war von der Mehrheit des Bundestages nicht gebilligt worden. Trotzdem war die gesetzliche Regelung der paritätischen Mitbestimmung in der Montan-Industrie – die zu jener Zeit noch als die Schlüsselindustrie galt – ein Ansatzpunkt für die nach 1945 erhoffte und angestrebte Demokratisierung der Wirtschaft.

Vorgeschichte der Montan-Mitbestimmung

Dieser Ansatzpunkt des Jahres 1951 blieb dann allerdings für viele lange Jahre ungenutzt – die paritätische Mitbestimmung kam nicht voran. Dabei hatte nach der bedingungslosen Kapitulation des Hitlerreiches und der Besetzung Deutschlands durch die Siegermächte des Zweiten Weltkrieges alles noch anders ausgesehen. Hans Böckler zum Beispiel erklärte auf der ersten Gewerkschaftskonferenz der britischen Zone im März 1946 in Hannover:
„Wir hatten uns gleich von Anbeginn des totalen Niederbruchs gesagt: Ein zweites Mal soll dem deutschen Arbeiter nicht passieren, was in den Jahren 1920/21 passiert ist, daß sie trotz ihres ehrlichen Strebens letzten Endes doch wiederum die Betrogenen sind. Wir müssen deshalb in der Wirtschaft selber als völlig gleichberechtigt vertreten sein, nicht nur in einzelnen Organen der Wirtschaft allein, sondern in der gesamten Wirtschaft. Also der Gedanke ist der: Vertretung in den Vorständen und Aufsichtsräten der Gesellschaften."[8]
Die Forderung nach Überführung der Schlüsselindustrien in Gemeineigentum war damals unter den nach und nach heimkehrenden Emigranten und unter den in der Heimat Überlebenden ebensowenig umstritten wie die gleichberechtigte Mitbestimmung der Arbeitnehmer in Staat, Gesellschaft und Wirtschaft. Man kann gewiß davon ausgehen, daß Konrad Adenauer und Hans Böckler Gespräche über eine neue Ordnung von Staat, Gesellschaft und Wirtschaft geführt haben; in Konrad Adenauers „Erinnerungen 1945–1953" findet sich der Hinweis, daß beide oft zusammen in einem Dienstwagen – was zu jener Zeit wegen fehlender Transportmittel keineswegs ungewöhnlich war – zu Konferenzen gefahren sind[9].
Neben den Gewerkschaften, die von der britischen Militärregierung im September 1945 auf örtlicher Ebene wieder zugelassen waren, gingen auch die sich wieder- oder neubildenden Parteien von einer notwendigen Neuordnung von Staat, Gesellschaft und Wirtschaft aus. Sozialdemokratische Funktionäre, die sich Anfang Oktober 1945 in Wennigsen bei Hannover trafen, diskutierten beispielsweise Leitsätze zu einem Wirtschaftsprogramm. In diesen Leitsätzen

wurde die Verstaatlichung einiger Wirtschaftszweige gefordert; für die übrige Wirtschaft wurde die „Wirtschaftsdemokratie“ gefordert, das heißt: die gleichberechtigte Mitbestimmung der Arbeitnehmer.
Das „Ahlener Programm“ der CDU von 1947 bewegte sich auf ähnlichen Gedankenbahnen. Der Bochumer Katholikentag 1949 forderte „das Mitbestimmungsrecht aller Mitarbeitenden bei sozialen, personalen und wirtschaftlichen Fragen“[10]. Der Rat der Evangelischen Kirche Deutschlands forderte in einer Erklärung auf dem Kirchentag in Essen im Jahre 1950 die Überwindung des bloßen Lohnarbeitsverhältnisses durch Mitbestimmung. Außerdem wurde ein überbetriebliches Mitbestimmungsrecht verlangt.

Unternehmer für Mitbestimmung

Mit den Fragen der Neuordnung aber befaßten sich nicht nur Gewerkschaften, Parteien und Kirchen, sondern auch die Unternehmer. Im Mai 1946 gab es in Düsseldorf eine erste Konferenz zwischen Vertretern von Ruhrunternehmern und der Gewerkschaften unter dem Vorsitz des damaligen Oberpräsidenten Dr. Lehr. Von seiten der Ruhrunternehmer waren u. a. der Aufsichtsratsvorsitzende der Klöckner-Werke AG, Dr. Jarres, von seiten der Gewerkschaften u. a. Hans Böckler anwesend. Die Gewerkschaften schlugen eine Sozialisierung der Montan-Industrie vor. Die Unternehmer lehnten diesen Vorschlag ab, machten jedoch unter anderem folgenden Gegenvorschlag: „Ein deutsches Gesellschaftsrecht, das den Mißbrauch der Wirtschaftskraft ausschließt und die verantwortliche Mitwirkung der Angehörigen des Betriebes an seiner Entwicklung sichert.“[11]
Der deutlich erkennbare Wille von Gewerkschaften und Parteien, eine grundlegende Neuordnung herbeizuführen, schlug sich auch in den Verfassungen der Länder nieder, die in der französischen, amerikanischen und britischen Besatzungszone gebildet worden waren. Die vorgesehenen Mitbestimmungsrechte der Arbeitnehmer und ihrer Gewerkschaften wurden von den Alliierten mit dem Hinweis auf das Kontrollratsgesetz Nr. 22 nicht gebilligt. Dieses Gesetz legte die Grundlagen für die Tätigkeit der Betriebsräte fest, setzte jedoch nur allgemeine Rahmen, die durch die zuständigen Partner selbst ausgefüllt werden sollten. Das Gesetz Nr. 22 wurde am 10. April 1946 erlassen. In der Praxis versuchten nun die Gewerkschaften und die Betriebsräte, über Betriebsvereinbarungen das geforderte Mitbestimmungsrecht festzulegen.
Am 14. Dezember 1946 gab die britische Besatzungsmacht in Düsseldorf ihr Entflechtungsprogramm für die Montan-Industrie bekannt. Das rief die Vertreter der großen Konzerne auf den Plan. Sie hielten die britischen Absichten für zu weitgehend, sahen in der Herausnahme der eisenschaffenden Betriebe aus den großen Werksgruppen eine lebensgefährliche Amputation. Hilfesuchend wandten sie sich daher an die Gewerkschaften, zu jener Zeit die alleinige deutsche Autorität. Am 18. Januar 1947 wandten sich Dr. Karl Jarres von Klöckner und die Vorstandsmitglieder der Gutehoffnungshütte, Dr. Reusch und Dr. Ernst Hilbert, in zwei inhaltlich weitgehend übereinstimmenden Briefen an die Einheitsgewerkschaft in Köln.

Unter dem Diktatzeichen „Reusch/D.“ heißt es in dessen Brief: „Um eine Entflechtung durchzuführen, welche die Wirtschaftlichkeit der Werke nicht gefährdet, halten wir es für geboten, daß die erforderlichen Maßnahmen von denjenigen Stellen beeinflußt werden, welche mit den Betriebsverhältnissen und den verwaltungsmäßigen Zusammenhängen vertraut sind, also von der Verwaltung und der Betriebsvertretung unter Mitwirkung der Gewerkschaft. Wir denken uns dies in der Weise, daß der Aufsichtsrat durch die Zuwahl von Vertretern der Arbeitnehmer beziehungsweise Gewerkschaft erweitert wird und daß von diesem Kreise die Vorschläge für eine zweckentsprechende Lösung ausgehen. Die Interessen aller Beteiligten können auf diesem Wege am besten gewahrt werden.“[12]

Das Schreiben der Klöckner-Werke ging noch einen Schritt weiter: „Der Aufsichtsrat der Klöckner-Werke wird nach dem Grundsatz der Gleichstellung von Kapital und Arbeit umgebildet. Die Vertreter der Arbeitnehmer sollen hierbei, zusammen mit der öffentlichen Hand, die Mehrheit der Sitze erhalten.“[13]

Die Manager der Stahlindustrie boten also freiwillig den Gewerkschaften die Mitbestimmung der Arbeitnehmer an. Und die Gewerkschaften nahmen an. Mit den im wesentlichen gleichlautenden Gesetzen Nr. 75 der amerikanischen und der britischen Militärregierung und Nr. 27 der Alliierten Hohen Kommission wurden dann die Vorschriften für die Entflechtung der Montan-Industrie erlassen. Von der danach geschaffenen Treuhandgesellschaft wurden die Aufsichtsräte der entflochtenen Unternehmen paritätisch besetzt, und in die Vorstände wurde ein Arbeitsdirektor gewählt, ein Mann des Vertrauens der Gewerkschaften. Man hat den Wert der Mitbestimmung später immer wieder mit dem Hinweis zu schmälern versucht, sie sei der deutschen Wirtschaft von außen her oktroyiert worden. Dieser angebliche Geburtsfehler ist vor kurzem sogar als Argument in die Diskussion um die verfassungsrechtliche Zulässigkeit der Mitbestimmung eingeführt worden. Diese Betrachtung lenkt indessen in unzulässiger Weise davon ab, daß damals in der Stahlindustrie sowohl auf Arbeitnehmer- als auch auf Unternehmerseite die Bereitschaft zur Mitbestimmung vorhanden war. Zwar liefen die Unternehmer gegen die beabsichtigte Entflechtung Sturm, aber die gleichgewichtige Mitbestimmung in der Stahlindustrie wurde von ihnen nicht nur hingenommen, sondern sogar den Gewerkschaften Anfang 1947 in aller Form angeboten. Es kann also keine Rede davon sein, daß die Mitbestimmung uns Deutschen von außen aufgezwungen worden wäre. Vielmehr war die Einsicht in die Notwendigkeit der Mitbestimmung der Arbeitnehmer in der Wirtschaft und insbesondere in der Ruhrindustrie nach dem Krieg Allgemeingut. Gerade heute, wo viele der Mitbestimmung wirtschaftsfeindliche Wirkungen nachsagen, erscheint der Hinweis angebracht, daß die Mitbestimmung seinerzeit den führenden Industriellen an der Ruhr als eine willkommene Hilfe zur Bewahrung privatwirtschaftlich organisierter Unternehmen erschienen ist.

Es gab zu jener Zeit keine Diskussion über die paritätische Mitbestimmung. Für alle verantwortlichen Deutschen war es klar, daß die Arbeitnehmerschaft und ihre Gewerkschaften das Schicksal der Wirtschaft gleichberechtigt mitbestimmen mußten. Auf der Grundlage dieser Einsichten konnte Kapitaleinsatz

nicht länger der einzige, die unternehmerische Leitungsmacht legitimierende Faktor bleiben. Man erkannte, daß das Unternehmen nur aus dem gleichgewichtigen Zusammenwirken von Kapital und Arbeit leben kann. So heißt es in einer von dem damaligen Kölner Erzbischof Kardinal Frings 1949 herausgegebenen Schrift: „Entgegen der liberal-privatkapitalistischen Irrlehre, derzufolge das Kapital bzw. der Kapitalgeber die unbedingte und unanfechtbare Vormachtstellung im Wirtschaftsleben zu beanspruchen habe, setzt sich mehr und mehr, nicht zuletzt durch die eindeutigen Verlautbarungen der Päpste veranlaßt, die einzig richtige Auffassung durch, daß Kapital und Arbeit die beiden gleichberechtigten Wirk- und Gestaltungskräfte der Wirtschaft sind.“[14]
Auch die Besatzungsmächte der drei Westzonen hielten das für selbstverständlich. Die gesetzliche Regelung der Mitbestimmung der Arbeitnehmer aber wollten die drei Westalliierten einer künftigen deutschen Regierung überlassen.

Die Rolle Konrad Adenauers

Nach umfangreichen Vorbereitungen und der Ausarbeitung eines Grundgesetzes durch den von den elf Landtagen gewählten Parlamentarischen Rat entstand 1949 die Bundesrepublik Deutschland. Das Grundgesetz trat am 24. Mai in Kraft. Die Wahl fand am 14. August 1949 statt. Am 20. September wählte der Bundestag Konrad Adenauer zum Bundeskanzler. Neben der CDU/CSU gehörten seinem Kabinett die FDP und die DP an.
In seiner ersten Regierungserklärung sagte Konrad Adenauer unter anderem: „Die Rechtsbeziehungen zwischen Arbeitnehmern und Arbeitgebern müssen zeitgemäß neu geändert werden. Die Selbstverwaltung der Sozialpartner muß an die Stelle der staatlichen Bevormundung treten. Die Bundesregierung steht auf dem Boden der Koalitionsfreiheit. Sie wird es den Verbänden überlassen, alles das in freier Selbstverwaltung zu tun, was den wirtschaftlichen und sozialen Interessen förderlich ist. Ein verständiger Ausgleich sozialer Spannungen ist eine unumgängliche Voraussetzung für den Aufstieg des Volkes. Dieser Ausgleich muß durch die Sozialpartner selbst herbeigeführt werden. Die soziale und wirtschaftspolitische Anerkennung der Arbeitnehmerschaft macht eine Neuordnung der Besitzverhältnisse in den Grundindustrien notwendig.“[15]
Schon im März 1947 hatte die CDU-Fraktion des Landtags von Nordrhein-Westfalen unter ihrem Landesvorsitzenden Konrad Adenauer einen „Antrag zur Neuordnung der Verhältnisse zwischen Arbeitnehmern und Arbeitgebern“ eingebracht, in dem es hieß: „In den Betrieben, in denen wegen ihrer Größe das Verhältnis zwischen Arbeitnehmer und Unternehmer nicht mehr auf einer persönlichen Grundlage beruht, ist ein Mitbestimmungsrecht der Arbeitnehmer an den grundlegenden Fragen der wirtschaftlichen Planung und sozialen Gestaltung sicherzustellen.“[16]
Als es aber 1950 um die Realisierung der bis dahin diskutierten Mitbestimmungspläne ging, legte die CDU/CSU-Fraktion dem Deutschen Bundestag einen Gesetzentwurf vor, der lediglich eine Drittel-Beteiligung der Arbeitnehmer in den Aufsichtsräten vorsah. Vergeblich hatten kurz zuvor die Sozialaus-

schüsse der CDU/CSU in Oberhausen noch die Überwindung der Ungleichheit der Rechtsstellung von Kapital und Arbeit in der Wirtschaft gefordert.
Am 22. Mai 1950 hatte der Deutsche Gewerkschaftsbund einen umfassenden Gesetzesvorschlag zur Neuordnung der deutschen Wirtschaft veröffentlicht. Leitgedanke war erneut die Gleichberechtigung von Kapital und Arbeit. Betriebliche und überbetriebliche Mitbestimmung sollten sich zu einem geschlossenen Gebäude der Wirtschaftsdemokratie ergänzen. Für alle Großunternehmen war eine paritätische Besetzung der Aufsichtsräte sowie die Bestellung eines Arbeitsdirektors vorgesehen.
Die inzwischen wieder gegründete Bundesvereinigung der Deutschen Arbeitgeberverbände und der Bundesvorstand der Deutschen Industrie lehnten in einer Denkschrift die gewerkschaftlichen Vorstellungen ab. Die Arbeitnehmer sollten nur ein Beratungsrecht erhalten. In den Aufsichtsräten sollte ihnen ein Drittel der Sitze zugestanden werden.
Ein am 31. August 1950 von der Bundesregierung vorgelegter Gesetzentwurf fand nicht die Zustimmung der Gewerkschaften. Unter der Arbeitnehmerschaft an Rhein und Ruhr wuchs die Unruhe. Neben dem Verlangen, die Wirtschaft neu zu ordnen, stand vor allem die Sorge um das bereits Errungene. In dieser Situation entschloß sich die IG Metall, ihre Mitglieder in der Montan-Industrie zu einer Urabstimmung aufzurufen.
Bundeskanzler Konrad Adenauer bestritt in einem Brief vom 14. Dezember 1950 an Hans Böckler den Gewerkschaften das Recht, für die Mitbestimmung zu streiken. Wörtlich schrieb er: „In einem demokratischen Staatswesen kann es einen Streik gegen die verfassungsmäßigen Gesetzgebungsorgane nicht geben. Das Koalitionsrecht, auf das Sie sich berufen, sichert nur das Recht, zur Wahrung und Förderung der Arbeits- und Wirtschaftsbedingungen Vereinigungen zu bilden. Es kann keine Rede davon sein, daß die verfassungsgesetzlich gewährleistete Koalitionsfreiheit einer organisatorischen Minderheit, die die Gewerkschaften vom Ganzen gesehen sind, das Recht gibt, durch Niederlegung der Arbeit die Wirtschaft lahmzulegen, um dadurch bestimmte Akte der Gesetzgebung zu erzwingen.“[17]
Hans Böckler antwortete am 29. Dezember: „Die Verfassung eines demokratischen Staates sichert jedem Bürger – also auch dem Arbeitnehmer – bestimmte Rechte und Freiheiten zu. Dazu gehört aber auch die Freiheit des Arbeitnehmers, die Arbeitsleistung unter einer Wirtschaftsordnung zu verweigern, die seiner Stellung als freiem Bürger eines demokratischen Staates nicht entspricht. Wenn also die Arbeitnehmerschaft durch ihre Gewerkschaften erklärt, daß sie nur noch einer Wirtschaft ihre Arbeitskraft zur Verfügung stellen will, in der an Stelle des oligarchischen Zustandes der Herrschaft einer Minderheit demokratische Verhältnisse eingeführt worden sind, dann macht sie lediglich von dem ihr zustehenden Recht Gebrauch. Sie leistet damit auch dem Gedanken der Demokratie eher einen Dienst als jene Kreise, die immer dann vorgeben, für die Demokratie zu kämpfen, wenn es gegen die Interessen der schaffenden Menschen geht.“[18]
Am 3. Januar 1951 legten Vorstand und Beirat der IG Metall in Bochum den Streikbeginn fest. Vom 1. Februar an sollte in der Eisen- und Stahlindustrie die Arbeit ruhen. Zwei Tage nach dem Streikbeschluß der IG Metall entschied

sich der Gesamtvorstand der IG Bergbau ebenfalls für eine Urabstimmung. Am 19. Januar begannen in Bonn Verhandlungen der Gewerkschaften mit Vertretern der Arbeitgeber von Eisen und Kohle. Die Verhandlungen wurden von Bundeskanzler Konrad Adenauer eröffnet. Am 22. Januar wurden die Verhandlungen fortgesetzt. Ernste Meinungsverschiedenheiten über die Stellung des Arbeitsdirektors und die Wahl des elften Mannes im Aufsichtsrat führten zum Abbruch. Einen Tag später hatten beide Seiten getrennte Aussprachen mit dem Bundeskanzler, die zu einer Entspannung führten.

Es ist das historische Verdienst Konrad Adenauers, die Zeichen der Zeit erkannt und sich für die Verwirklichung der Mitbestimmung in den Unternehmen der Montan-Industrie eingesetzt zu haben. Der Kanzler verhinderte nicht nur den Streik, sondern brachte die Vertreter der Unternehmerschaft und der Gewerkschaften an einen Tisch, und diese Gespräche führten nach kurzer Zeit zu einer Einigung über Richtlinien zur Mitbestimmung im Bergbau und in der eisenschaffenden Industrie.

Am 25. Januar 1951 fanden sich die Gewerkschafts- und Arbeitgebervertreter wieder zusammen und erzielten sehr schnell über alle wesentlichen Punkte Einigkeit. In den Abendstunden dieses Tages trat das Kabinett zusammen. IG Metall, IG Bergbau und der DGB billigten das Verhandlungsergebnis. Hans Böckler sprach am Abend des 30. Januar 1951 über die Rundfunksender der Bundesrepublik. Zwar hätten, so sagte der DGB-Vorsitzende, die Gewerkschaften eine große Kraftprobe bestanden. Er ließ jedoch keinen Zweifel daran, daß die Mitbestimmung bei Kohle und Stahl nur ein Anfang sei, der Anfang zu einer Neuordnung der Wirtschaftsverfassung, in der Menschen nicht mehr Untertanen seien.

Bundeskanzler Dr. Adenauer erklärte zur Begründung des Gesetzentwurfs über die Mitbestimmung in der Montan-Industrie im Deutschen Bundestag unter anderem: „Ich bin der letzte, der verkennt, daß gerade im Wirtschaftsleben die persönliche Verantwortung und die unternehmerische Initiative von sehr großer Bedeutung sind. Aber ich setze auch das Vertrauen in diejenigen Arbeitnehmer, die demnächst in die Aufsichtsräte dieser Unternehmungen entsandt werden, daß sie sich dessen bewußt sind und bleiben, daß sie in ihrer Stellung in erster Linie das Wohl des Unternehmens zu wahren haben.“[19]

Das Mitbestimmungsgesetz wurde vom Bundestag am 10. April 1951 gegen die Stimmen der FDP, der DP und der BP verabschiedet. Der Bundesrat gab dem Gesetz einstimmig seine Zustimmung. Es wurde am 21. Mai 1951 im Bundesgesetzblatt verkündet.

Hans Böckler, dem zusammen mit Konrad Adenauer am 4. Januar 1951 die Ehrenbürgerschaft der Stadt Köln übergeben worden war, starb am 16. Februar 1951. In der Trauerfeier sagte Bundeskanzler Konrad Adenauer, der Heimgegangene habe sich immer von dem Gefühl der tiefen Verantwortung gegenüber dem gesamten deutschen Volk leiten lassen, und das deutsche Volk schulde ihm dafür Dank. Noch einmal versuchte Konrad Adenauer, sich der wachsenden Restauration zu widersetzen und zu versuchen, die Gewerkschaften stärker an den Staat zu binden. Nachdem der Bundestag am 6. Juli 1951 gegen den erklärten Widerstand der Gewerkschaften das Bundesbahngesetz verabschiedet hatte, das nach Auffassung des DGB „eine Entrechtung der Gewerkschaften in der Vertretung der Arbeitnehmer bedeutete“[20], beschloß der DGB-Bundesvorstand, die Mitarbeit der Arbeitnehmerorganisationen in allen Gremien der Wirtschaftspolitik einzustellen. Mit dieser Entscheidung zog sich der DGB aus den paritätischen Ausschüssen für Investitionen, für Löhne und Preise sowie für Import und Export zurück.

Konrad Adenauer führte daraufhin am 8. und 9. August eine Aussprache mit Vertretern des DGB, die – wie es hieß – in „freundschaftlicher Atmosphäre“ verlief. Der Kanzler schloß sich dabei der Ansicht des DGB über die Durchführung der Mitbestimmung in der Montan-Industrie an und regte die Errichtung eines Bundeswirtschaftsrates an. Diesem Bundeswirtschaftsrat sollten höchstens 60 Personen angehören. Seine Bedeutung sollte der des ehemaligen Preußischen Staatsrats entsprechen. Er zeigte sich darüber hinaus geneigt, einer Mitbestimmung der Arbeitnehmer in den Kammern zuzustimmen. Schwierigkeiten sah er lediglich für die Beteiligung der Arbeitnehmer in den Betrieben der öffentlichen Hand und für die Ausgestaltung des geplanten Betriebsverfassungsgesetzes. In kurzen Zeitabständen fanden noch vier weitere Gespräche des Kanzlers mit dem DGB statt, wobei man sich über eine überbetriebliche Mitbestimmung grundsätzlich einig war. Gleichwohl blieb nach der Verabschiedung des Montan-Mitbestimmungsgesetzes auf Jahre hinaus in der mitbestimmungspolitischen Landschaft keine wesentliche Bewegung mehr zu verzeichnen.

So wurde 1952 die Beteiligung der Arbeitnehmer in den Aufsichtsräten im Betriebsverfassungsgesetz entsprechend den Vorstellungen der CDU auf ein Drittel der Aufsichtsratsmandate beschränkt. Damit waren der Verzicht der Bundesregierung und der sie tragenden Bundestagsmehrheit auf die ursprünglich angestrebte Mitbestimmung und die faktische Beschränkung der Arbeitnehmer auf ein Informations- und Mitberatungsrecht in wirtschaftlichen Fragen besiegelt. Außerdem kann selbst dieses Beteiligungsrecht in der Praxis, wie sich in der öffentlichen Sachverständigenanhörung des Bundestagsausschusses für Arbeit und Sozialordnung im Herbst 1974 zum Regierungsentwurf eines Mitbestimmungsgesetzes ergeben hat, durch Verlagerung von Entscheidungskompetenzen auf Ausschüsse, die allein von Kapitalvertretern besetzt werden, unterlaufen werden.

Mitbestimmung in Europa

Es ist interessant, an dieser Stelle einen Blick auf das Ausland zu tun, wo in den letzten Jahren eine stark von den deutschen Erfahrungen beeinflußte Entwicklung in Richtung auf die Mitbestimmung der Arbeitnehmer in Gang gekommen ist. Ihren Höhepunkt hat diese Entwicklung bisher in der am 11. Juli 1974 vom Europäischen Parlament gefaßten Entschließung zu dem Entwurf eines Statuts für Europäische Aktiengesellschaften gefunden. Darin hat sich das Europäische Parlament mit großer Mehrheit für diese noch zu schaffende Gesellschaftsform des europäischen Rechts für eine drittelparitätische Besetzung des Aufsichtsrats ausgesprochen: Er soll zu je einem Drittel aus Vertretern der Arbeitnehmer, der Anteilseigner sowie aus Vertretern des allgemeinen Interesses, die von den übrigen Mitgliedern zu kooptieren sind, bestehen. Dieses drittelparitätische Mitbestimmungsmodell hat sich mittlerweile die Kommission der Europäischen Gemeinschaften zu eigen gemacht. Es ist bemerkenswert, daß an dem Zustandekommen dieser mit den Stimmen der Sozialistischen und der Christlich-Demokratischen Fraktion angenommenen Entschließung deutsche CDU-Abgeordnete maßgeblichen Anteil hatten; im deutschen Parlament dagegen hat die CDU/CSU bisher jede Ausweitung der paritätischen Mitbestimmung über den Montan-Bereich hinaus inhibiert – so zuletzt in der großen Koalition einen Gesetzentwurf der SPD.

Adenauers Einsichten mißachten?

Ich habe hier nur einen Teil der in die öffentliche Diskussion eingebrachten Mitbestimmungsmodelle aufgezeigt. Trotz all dieser Vorschläge, trotz unablässiger Forderungen der Arbeitnehmerschaft und trotz des von allen Seiten immer wieder bekundeten guten Willens hat erst die Bundesregierung der sozial-liberalen Koalition den Willen und die Kraft gehabt, das „heiße Eisen" Mitbestimmung anzupacken.

Zunächst mußte unsere Aufmerksamkeit dem Ausbau der Mitwirkungs- und Mitbestimmungsrechte der Arbeitnehmer in den Betrieben und Verwaltungen gelten. Diese Aufgabe haben wir mit der Reform der Betriebsverfassung 1972 und des Personalvertretungsrechts 1974 erfüllt. Nunmehr hat die Bundesregierung mit der Vorlage des Regierungsentwurfs eines Mitbestimmungsgesetzes auch den versprochenen Schritt zur Verwirklichung einer verantwortlichen Teilhabe der Arbeitnehmer an den Willensbildungs- und Entscheidungsprozessen im Unternehmen getan. Es ist den Koalitionspartnern gelungen, von unterschiedlichen Ausgangspositionen aus einen Prinzipien-Kompromiß zu finden. Dieser Kompromiß ist naturgemäß kein „reinrassiges" Mitbestimmungsmodell im Sinne der Vorstellungen jedes einzelnen Koalitionspartners, er bedeutet auch keine eindeutige Parität, aber er hat den großen Vorzug, politisch realisierbar zu sein. Dies kann nicht hoch genug veranschlagt werden, denn frühere Bundesregierungen haben einen realisierbaren Vorschlag zur Verwirklichung der gleichgewichtigen Mitbestimmung nicht zustande gebracht, auch nicht die Bundesregierung der großen Koalition.

Grundlage für diese Einigung unter den Koalitionspartnern war die gemeinsame Einsicht in die Notwendigkeit der Mitbestimmung. Für diese Einsicht war maßgeblich, daß die Hauptgründe für die Mitbestimmung seit den ersten Anläufen zur Mitbestimmung in der Nachkriegszeit nichts an Aktualität verloren haben. Vielmehr haben sie sogar in mancher Hinsicht mit der Veränderung der Verhältnisse neue Bedeutung gewonnen.

Im Gegensatz zur Nachkriegszeit kann es heute nicht mehr darum gehen, die Arbeitnehmer und ihre Gewerkschaften als Bundesgenossen im Kampf um die Verteidigung wirtschaftlicher Strukturen gegen Eingriffe einer Besatzungsmacht zu gewinnen. Dennoch ist die Mitbestimmung auch heute als stabilisierendes Moment unserer Wirtschafts- und Gesellschaftsordnung notwendig. Wir erwarten von den deutschen Gewerkschaften, daß sie weiterhin die kooperative Haltung zeigen, die für die Vergangenheit bestimmend war und auf der ein guter Teil unseres heutigen Wohlstandes beruht. Damit verbietet es sich aber, die Gewerkschaften mit dem Argument, sie könnten die ihnen eingeräumten Befugnisse mißbrauchen, von der gleichberechtigten Partnerschaft fernzuhalten. Es erscheint mir daher widersprüchlich, wenn Unternehmervertreter einerseits die faire Zusammenarbeit mit der Arbeitnehmerschaft und den Gewerkschaften im Rahmen der Montan-Mitbestimmung loben und andererseits die Befürchtung aussprechen, die Ausdehnung der Mitbestimmung auf andere Wirtschaftsbereiche könnte zur Lähmung unternehmerischer Tätigkeit und zu Versuchen sachfremder Einflußnahme seitens der Gewerkschaften führen. Kooperation kann nur auf der Basis der Gleichberechtigung und Gleichgewichtigkeit funktionieren. Wer diese Basis nicht schaffen will, kann auf lange Sicht nur zur Konfrontation mit allen ihren zerstörerischen Folgen gelangen. Wie sich das im einzelnen auswirken kann, lehrt der Blick über unsere Grenzen. Dort gibt es ja bekanntlich auch Gewerkschaften, die gar keine Mitbestimmung wollen, weil sie sich nicht in eine systemstabilisierende Zusammenarbeit einbinden lassen wollen.

In letzter Zeit ist die Behauptung in Mode gekommen, die Mitbestimmung führe zu einem mit der Verfassung unverträglichen Übergewicht der Gewerkschaften, zur „Überparität". Ich kann mir schwer vorstellen, daß die von Adenauer herbeigeführte gleichgewichtige Mitbestimmung, die ja seit einem Vierteljahrhundert in der Montan-Industrie praktiziert wird, verfassungswidrig sein soll. Bis vor kurzem hat das auch kaum jemand ernsthaft behauptet. Es ist nicht vorstellbar, daß die Väter des Grundgesetzes, die sich doch als Parteipolitiker in ihrer großen Mehrheit auf eine Verwirklichung der gleichgewichtigen Mitbestimmung festgelegt hatten, mit der Verabschiedung des Grundgesetzes eben diese Mitbestimmung unmöglich machen wollten. Jahrzehntelang, seit den Anfängen der Weimarer Republik, hat man die Mitbestimmungsrechte und Einflußmöglichkeiten der Arbeitnehmer im Betrieb, auf Unternehmensebene und im Tarifbereich immer als notwendige, einander ergänzende Voraussetzungen zur Herbeiführung eines gesamtwirtschaftlichen Gleichgewichts von Kapital und Arbeit verstanden. Es überrascht, daß man daraus nun plötzlich ein Übergewicht der Arbeitnehmerseite zu konstruieren versucht. Mit den in der Praxis der Montan-Mitbestimmung gemachten Erfahrungen läßt sich diese These von der „Überparität" jedenfalls nicht vereinbaren.

Manche, die zu den Befürwortern der Mitbestimmung gezählt werden möchten, glaubten, Anlaß zur Schadenfreude über die zwischen den Partnern der Regierungskoalition stattfindenden Diskussionen über die Mitbestimmung zu haben. Ich halte eine solche Einstellung für kurzsichtig. Der Regierungsentwurf eines Mitbestimmungsgesetzes ist nämlich nach meiner Überzeugung nicht nur die erste politisch realisierbare Chance zur Einführung einer gleichgewichtigen Mitbestimmung für alle Bereiche unserer Wirtschaft, sondern auch die bisher einzige: Weit und breit ist keine Alternative in Sicht, die Aussicht auf Verwirklichung haben könnte.

Deshalb wäre ich froh gewesen, wenn sich die CDU/CSU-Opposition wenigstens zur Formulierung einer präzisen Gegenposition hätte durchringen können. Die Opposition hätte mit einer Konkretisierung ihrer Vorstellungen die weitere Erörterung fördern und der Sache der Mitbestimmung einen Dienst erweisen können. Auf diese Weise wäre auch der eigenartige Zustand beendet worden, daß die Verfechter des Regierungsentwurfs einen Zweifrontenkrieg gegen die Opposition führen müssen. So hat beispielsweise der CDU-Abgeordnete Blüm als Wortführer der CDU-Sozialausschüsse bei der ersten Lesung des Regierungsentwurfs der Bundesregierung vorgeworfen, der Entwurf gewähre den Arbeitnehmern gegenüber den Anteilseignern kein Gleichgewicht. Demgegenüber machten andere – und zwar maßgebliche – Abgeordnete der Unionsfraktion anläßlich der vom Bundestagsausschuß für Arbeit und Sozialordnung durchgeführten öffentlichen Sachverständigenanhörungen ganz deutlich, daß in der CDU/CSU gegen eine gleichgewichtige Mitbestimmung der Arbeitnehmer große Bedenken wirtschaftspolitischer und verfassungsrechtlicher Art bestehen.

Ohne stetigen Fortschritt der Integration der Arbeitnehmer und ihrer Gewerkschaften in die Organisation von Entscheidungen und Verantwortungen im Unternehmen aber werden weder unsere Industrie- und Handelsunternehmen ihren internationalen Wettbewerbsvorteil noch unsere Gesellschaft ihren sozialen und politischen Stabilitätsvorteil aufrechterhalten können. Die deutschen Arbeitnehmer sind nicht fleißiger als die Holländer; die deutschen Bankiers sind nicht geschickter als die Franzosen, die deutschen Ingenieure nicht besser als die Engländer und die deutschen Industriemanager sind nicht tüchtiger als die italienischen. Wenn gleichwohl bei uns viel weniger gestreikt wird als anderswo, wenn bei uns die Freiheit der Tarifpartner ohne Eingriff des Staates funktioniert, wenn bei uns über viele Jahre sich der Zuwachs der Exporte, die Zuverlässigkeit an Lieferung und Service, der Zuwachs der Realeinkommen höher ergeben hat als in vergleichbaren anderen Industriegesellschaften, so ist dies vielmehr primär der Verhaltens- und Kampfesweise der deutschen Arbeitnehmer und ihrem überlegenen Organisationsprinzip zu danken. Weil Pflichtgefühl und Verantwortungsbewußtsein die eigenen materiellen Ansprüche im Zaum gehalten haben, waren die deutschen Gewerkschaften im Ergebnis erfolgreicher als andere. Dies schlägt sich aber nicht nur in den realen Masseneinkommen nieder, sondern ebenso im Aufstieg der Bundesrepublik Deutschland zur zweitstärksten Industrienation des Westens.

Pflichtgefühl und Verantwortungsbewußtsein können austrocknen, wenn sie nicht honoriert werden. Wir haben sie über ein Vierteljahrhundert mit der Erschaffung und dem stetigen Ausbau eines vorbildlichen gesetzlichen Netzes sozialer Sicherheit honoriert. Wir haben auch bezüglich der Organisation von Entscheidung und Verantwortung in Betrieb und Unternehmen einen Vorsprung vor anderen Staaten; wir dürfen nun in Sachen Mitbestimmung den Weg nicht verlassen, der zur Regierungszeit Adenauers begonnen wurde und auf dem auch in Zukunft noch Entscheidendes zu tun bleibt.

1 Vgl. Vom Sozialistengesetz zur Mitbestimmung. Zum 100. Geburtstag von Hans Böckler. Hrsg. von Heinz Oskar Vetter, Köln 1975, S. 230.

2 Vgl. Protokoll. Gründungskongreß des Deutschen Gewerkschaftsbundes. München 12.–14. Oktober 1949, Köln 1950, S. 136.

3 Vgl. Protokoll. Gründungskongreß des Deutschen Gewerkschaftsbundes, S. 185.
4 Vgl. Stenographischer Bericht über die 4. Vollsitzung des Landtages Nordrhein-Westfalen am 23. und 24. Januar 1947, S. 11.
5 Vgl. Nachrichtendienste. Pressestelle des Deutschen Gewerkschaftsbundes. Bd. 23. 17. Jahrg. (1967), S. 52.
6 Frankfurt am Main 1966.
7 Vgl. Fünfundsiebzig Jahre Industriegewerkschaft, S. 379.
8 Vgl. Protokoll der ersten Gewerkschaftskonferenz der britischen Zone vom 12. bis 14. März 1946 im Kath. Vereinshaus in Hannover-Linden, o. O. und o. J., S. 19.
9 Vgl. Konrad Adenauer, Erinnerungen 1945–1953, Stuttgart 1965, S. 66.
10 Vgl. 73. Deutscher Katholikentag, Bochum 1949, S. 114.
11 Vgl. Erich Potthoff, Otto Blume, Helmut Duvernell, Zwischenbilanz der Mitbestimmung. Hrsg. von der Hans-Böckler-Gesellschaft, Tübingen 1962, S. 27.
12 Vgl. Fünfundsiebzig Jahre Industriegewerkschaft, S. 337.
13 Vgl. ebenda.
14 Vgl. Joseph Kardinal Frings, Verantwortung und Mitverantwortung in der Wirtschaft. Was sagt die katholische Gesellschaftslehre über Mitwirkung und Mitbestimmung? Köln 1949, S. 104f.
15 Vgl. Verhandlungen des Deutschen Bundestages. 1. Wahlperiode 1949. Stenographische Berichte. Bd. 1, S. 26.
16 Vgl. Landtag für Nordrhein-Westfalen. Verzeichnis der Landtagsdrucksachen. Ernennungs-Periode, S. 37.
17 Vgl. Fünfundsiebzig Jahre Industriegewerkschaft, S. 379f.
18 Vgl. Fünfundsiebzig Jahre Industriegewerkschaft, S. 380.
19 Vgl. Verhandlungen des Deutschen Bundestages. 1. Wahlperiode 1949. Stenographische Berichte. Bd. 6, S. 4432.
20 Vgl. Bernd Otto, Gewerkschaftsbewegung in Deutschland. Entwicklung, geistige Grundlagen, aktuelle Politik, Köln 1975, S. 121f.

KURT GEORG KIESINGER

Erlebnisse mit Konrad Adenauer

Die Schar der Weggefährten Konrad Adenauers aus der Zeit nach 1945 wird immer kleiner. Grund genug für mich, statt einer systematischen historischen Würdigung seiner Politik einige persönliche Erinnerungen niederzuschreiben.

Ich war Konrad Adenauer vor 1945 nur ein einziges Mal begegnet. Es muß im Jahre 1929 gewesen sein, als er unerwartet bei einem geselligen Abend meiner Studentenverbindung in Berlin erschien. Er saß damals als ein wortkarger Gast neben mir. Ein Neffe des damaligen Oberbürgermeisters von Köln und Präsidenten des Preußischen Staatsrates, Kurt Adenauer, der Mitglied meiner Studentenverbindung war, berichtete mir danach gelegentlich von seinem Onkel, insbesondere von den Schwierigkeiten und Gefährdungen, die ihm während der Zeit der nationalsozialistischen Machtübernahme widerfuhren.

Nach 1945 begegnete ich ihm einige Male bei Zusammenkünften führender Persönlichkeiten der CDU in Königswinter. Als ich dann mit den frisch gebakkenen Abgeordneten der ersten Bundestagswahl nach Bonn kam, war mir trotz diesen kurzen Begegnungen Konrad Adenauer noch fremd. Er war damals 73 Jahre alt, und niemand von uns konnte sich vorstellen, daß dieser Mann 14 Jahre lang die Politik der Bundesrepublik Deutschland mit großartigem Erfolg führen werde. In seinen „Erinnerungen" erzählt er, er habe in der bekannten Rhöndorfer Besprechung am 21. August 1949 den dort versammelten CDU-Leuten mitgeteilt, daß er mit seinem Arzt darüber gesprochen habe, ob er in seinem Alter das Amt des Bundeskanzlers noch für ein Jahr übernehmen könne. Dieser habe keine Bedenken geäußert: „Er meint, auch für zwei Jahre könne ich das Amt ausführen."[1]

Ich erinnere mich, wie ihn einer, der sich dazu berufen fühlte, überreden wollte, doch lieber das Amt des Bundespräsidenten zu übernehmen und ihm den Kanzlerstuhl zu überlassen.

Tatsächlich erwies sich Adenauers hohes Alter bis gegen das Ende seiner Kanzlerschaft nicht als Behinderung seines Wirkens, vielmehr als ein Vorteil. Einen nicht geringen Teil seiner Autorität verdankte er der Würde, die ihm seine Jahre verliehen, eine Würde, die mit Kraft gepaart, und eine preußisch anmutende Strenge, die durch rheinischen Humor gelockert war. Ich beobachtete dies nicht nur in seinem Umgang mit Landsleuten, sondern auch mit Ausländern. Vor allem erinnere ich mich an unseren Besuch in Moskau, im Herbst 1955. Dort hat diese Mischung aus Alter, Kraft, Würde, Schlagfertigkeit und Humor, die Adenauer übrigens sehr klug nutzte, die sowjetischen Verhandlungspartner sichtlich beeindruckt. Molotow, zum Beispiel, der auf dem Abschiedsempfang im Kreml neben mir saß, äußerte dabei seine Bewunderung unverhohlen.

Ich selber hatte bald Gelegenheit, die Geistesgegenwart und Schlagfertigkeit des alten Herrn kennenzulernen. Wir merkten, als wir zum ersten Mal im Haus des Bürgervereins in Bonn zusammenkamen, rasch, daß Konrad Adenauer alle wichtigen personellen Entscheidungen bereits getroffen hatte. Bundespräsident sollte Theodor Heuss werden. Ich hatte meine Vorbehalte gegen diesen Plan und meldete sie in der Diskussion mit der Unbekümmertheit des Neulings an. Ich stellte mir, so sagte ich, bei allem Respekt für meinen schwäbischen Landsmann, den Präsidenten der Bundesrepublik Deutschland als einen Mann anderen Schlages vor. Theodor Heuss – er hat mir später freundschaftlich Absolution erteilt – verkörpere doch, wenn auch liebenswürdiges, 19. Jahrhundert. Adenauer, der den Vorsitz führte, erwiderte mir, er hoffe, daß noch andere „Überbleibsel" aus dem 19. Jahrhundert am Aufbau Deutschlands kräftig mitwirken würden. Ich entgegnete lachend: „Sie waren ja nicht gemeint, Herr Adenauer." Blitzschnell kam es zurück: „Aha, Sie meinen, ich sei nicht liebenswürdig!" Ich nahm mir vor, in Zukunft vorsichtiger zu sein.

Viele, die damals in den Bundestag einzogen, werden sich später gefragt haben, was sie selber an politischen Überzeugungen und Konzeptionen mitbrachten, und wie stark die Persönlichkeit des Bundeskanzlers ihre politische Überzeugung mitprägte. Von mir darf ich sagen, daß die allgemeine Richtung der Außenpolitik Konrad Adenauers etwa mit meiner eigenen Vorstellung übereinstimmte. Ich hätte mich auch ohne seine Führung gegen eine neutralisierte Bundesrepublik und für ihren Anschluß an die westliche Welt entschieden. Ich war wie er davon überzeugt, daß ohne ein westliches Bündnis und ohne die politische Einigung Europas der freie Teil Deutschlands sich gegenüber der Übermacht der Sowjetunion nicht würde behaupten können. Dann wäre auch die Aussicht auf die Wiedererringung der Einheit Deutschlands in Freiheit geschwunden.

Man sagt oft von Konrad Adenauer, daß seine Europapolitik aus der Atmosphäre seiner rheinischen Heimat und deren Tradition zu verstehen sei. Daran ist sicher etwas Richtiges, vor allem, wenn man ihn mit seinem aus Westpreußen stammenden Gegenspieler Kurt Schumacher vergleicht. Aber solche Spekulationen haben auch ihr Gefährliches. Von ihnen ausgehend ist es nur ein Schritt, um Adenauer als „Karolinger" abzustempeln, als einen Mann, dem die deutsche Einheit nur Lippenbekenntnis gewesen sei, oder der gar diese Einheit deshalb nicht wünschte, weil sie ein Übergewicht der evangelischen Bevölkerung in Deutschland erbracht haben würde. Thomas Dehler schleuderte ihm in der Bundestagssitzung vom 23. Januar 1958 entgegen, ihm sei „diese katholisch bestimmte und gebundene Bundesrepublik" gerade recht[2].

Ich muß diesen Behauptungen mit aller Schärfe entgegentreten. Sie treffen nicht zu. In 18 Jahren der Zusammenarbeit mit Konrad Adenauer habe ich erfahren, daß er nie den Blick auf das ganze Deutschland verlor. Seine Politik der europäischen Integration und der Teilnahme am Nordatlantischen Bündnis sollte die deutsche Einheit nicht verhindern, sondern die Voraussetzungen für ihre Wiederherstellung schaffen. Das westliche Deutschland mußte frei bleiben und handlungsfähig werden; nur von da aus gab es Hoffnung für den unterdrückten Teil Deutschlands. Konrad Adenauer hat seinen „Erinne-

rungen“ die Widmung „Meinem Vaterland“ vorangestellt. Alle, die ihn kannten, wissen, daß er darunter nicht nur die Bundesrepublik verstand.
Das gilt übrigens auch für die Lösung der Saar-Frage. Der Kanzler hatte sich bei den Verhandlungen über das Saarstatut im Jahre 1954 vor allem in zwei Punkten gegenüber den Franzosen völlig fest gezeigt. Einmal in der Forderung nach politischer Bewegungsfreiheit der Parteien des Saarlandes während der provisorischen Übergangszeit und zweitens in der Forderung nach der Notwendigkeit der Billigung einer endgültigen Saarregelung im Friedensvertrag durch die Bevölkerung des Saarlandes. In den kritischen Wochen vor der Ratifizierung in den beiden Parlamenten bat mich der Kanzler, in Paris mit Robert Schuman zu sprechen, da die französische Seite das Saarstatut nach wie vor in dem Sinne einer endgültigen Abtrennung der Saar interpretierte. Ich traf an einem nebelgrauen Tag Robert Schuman, der seit Dezember 1952 aus der Regierung ausgeschieden war, im Palais Bourbon. Er zeigte sich verbittert und resigniert. „Sie sehen“, sagte er, „ich habe nicht einmal ein eigenes Zimmer für mich. Meine Zeit ist um.“ Schließlich konnten wir unser Gespräch in einem leeren Sitzungszimmer führen. Ich war tief befremdet darüber, daß auch Robert Schuman annahm, daß die Klausel des Saarstatuts über die endgültige Volksabstimmung nur eine „façon de parler“ und nicht ernst zu nehmen sei. Ich versicherte ihm aufs nachdrücklichste, daß der Kanzler völlig anderer Meinung sei, und daß in dieser Frage absolute Klarheit herrschen müsse. Kein deutscher Bundeskanzler könne es wagen und verantworten, sich für eine andere Regelung der Saar-Frage einzusetzen.
Mehr noch als die auch mir naheliegende außenpolitische Konzeption Konrad Adenauers war es deren Verwirklichung gegen Widerstände im In- und Ausland, auch gegen Widerstände in seiner eigenen Partei, die mir zunehmend Respekt abgewann. In den zeitgeschichtlichen Darstellungen der Politik des ersten Bundeskanzlers kommen die Schwierigkeiten, die er zu überwinden hatte, regelmäßig zu kurz. Aber gerade in der Überwindung dieser Schwierigkeiten erwies er sich als ein Staatsmann von hohem Rang.
Dieser Mann war wie wenige zum Regieren geschaffen. Ich habe mir gelegentlich überlegt, was geschehen wäre, wenn nicht er, sondern Kurt Schumacher Kanzler geworden wäre. Ich versuchte, mir Konrad Adenauer als parlamentarischen Oppositionsführer vorzustellen. Es wollte mir nicht recht gelingen.
Die Bundestagswahl des Jahres 1949 hatte für die Union 31%, für die SPD 29,2% Stimmen erbracht. Es war also ein Kopf-an-Kopf-Rennen gewesen. An dieses knappe Ergebnis mußte ich mich erst gewöhnen. Ich hatte in dem damaligen Land Württemberg-Hohenzollern neben meiner beruflichen Tätigkeit als Landesgeschäftsführer der CDU gewirkt. Dort hatte die CDU, den anderen Landesverbänden weit voraus, 59,1% Stimmen errungen. In meinem eigenen Wahlkreis hatten sich 75,2% der Wähler für die CDU entschieden. So sicher konnte man sich in Bonn nach der Wahl nicht fühlen.
Neben den beiden größten Parteien zogen weitere acht in den Bundestag ein. Bei der Kanzlerwahl erhielt Adenauer bekanntlich im ersten Wahlgang nur eine Stimme über die notwendige Mehrheit. Dieses Ergebnis entsprach zwar nicht genau den politischen Tendenzen im Bundestag. Der zweite Wahlgang, auf den man sich allgemein eingerichtet hatte, würde ohne Zweifel

ein erheblich besseres Ergebnis erbracht haben. Aber es wird doch deutlich, wie unsicher der Boden war, auf den Konrad Adenauer trat.

Auch seine eigene Partei, die CDU, garantierte ihm nicht von vornherein eine geschlossene politische Gefolgschaft. Davon abgesehen, hatte sich die CSU in Bayern als selbständige Partei konstituiert. Als Adenauer Bundeskanzler wurde, gab es, wie man weiß, noch keine einheitliche Bundespartei, sondern nur ein Konglomerat einzelner Landesverbände. Diese hatten sich allerdings in der britischen Zone schon zu einem Verband unter dem Vorsitz Konrad Adenauers zusammengeschlossen. Das gab ihm einen erheblichen Vorsprung vor den Vorsitzenden der anderen Landesverbände. Erst im Oktober 1950 wurde auf dem ersten Bundesparteitag in Goslar eine bundesweite CDU gegründet und Adenauer zu ihrem Vorsitzenden gewählt. Die CSU blieb selbständig. Nur im Bundestag bildeten die beiden Parteien von Anfang an eine gemeinsame Fraktion.

Man konnte ernsthaft daran zweifeln, ob die Existenz der CDU von Dauer sein könne. Josef Gockeln, der Landtagspräsident in Düsseldorf, sprach im Zusammenhang mit der Gesellschaftspolitik darüber auf dem Parteitag zu Goslar. Die Zweifler, so führte er aus, sagten, es sei unmöglich, alle sozialen Schichten in einer Partei zu vereinen und dann in den Entscheidungen über die schwerwiegenden sozialen Probleme zu einem einheitlichen Urteil zu kommen.

Schwierigkeiten solcher Art sind der CDU nicht erspart geblieben. Aber sie haben ihre Existenz niemals ernsthaft bedroht.

Das schwerste Problem, von dem das politische Schicksal der CDU und Konrad Adenauers abhing, war die Frage, ob es gelingen würde, im evangelischen Teil unseres Volkes stärker Fuß zu fassen, als es bei der ersten Bundestagswahl gelungen war. Noch war die Erinnerung an den vierhundertjährigen konfessionellen Hader nicht erloschen und noch gab es starke Vorbehalte gegenüber einer Partei, die viele doch nur als eine Fortsetzung der alten katholischen Zentrumspartei sehen wollten. Ich erinnere mich der witzigen Bemerkung eines evangelischen schwäbischen Bauern nach einer meiner Wahlreden: Er traue der Sache nicht. CDU müsse man von hintenherein lesen, dann heiße es: „Und Dennoch Centrum." Tatsächlich waren die Katholiken unter den Mitgliedern und den Wählern der CDU 1949 noch weit in der Überzahl. Unter den Mitgliedern befanden sich etwa drei Viertel Katholiken. Bei der Bundestagswahl hatten 39% der katholischen, aber nur 25% der evangelischen Wähler für die CDU gestimmt.

Ich hörte damals landauf landab viele sagen, dieses Bündnis, das noch unter dem Schock der Erinnerungen an die Hitlerzeit und den Zusammenbruch zustande gekommen sei, werde bald auseinanderbrechen.

Konrad Adenauer meinte 1959 im Zusammenhang mit der Frage der Konfession des künftigen Bundespräsidenten, der größere Teil der Wähler gehöre wahrscheinlich dem katholischen Bekenntnis an, genau lasse sich das nicht sagen. Tatsächlich hatte im Jahre 1957 die Union erheblich mehr von den evangelischen Wählerstimmen erringen können als die SPD (47 zu 35%). Von 1961 ab trat insofern ein Wandel ein, als der Anteil der evangelischen Wähler bei der SPD von Mal zu Mal stark wuchs, und zwar erheblich stärker als der Anteil ihrer katholischen Wähler, während er bei der Union mit gewissen Schwankungen konstant blieb. Bei der Bundestagswahl des Jahres 1972 haben schließlich 54% der evangelischen Wähler für die SPD gestimmt und nur 34% für die Union. Wenn man hinzunimmt, daß die FDP von Anfang an eine überwiegend von evangelischen Wählern getragene Partei war, dann wird deutlich, daß das konfessionelle Problem auch heute noch in der deutschen Parteienlandschaft von großer Bedeutung ist.

Ich wurde in dieses Problem auch persönlich früh verstrickt. Am 13. Oktober 1950 war der erste Präsident des Deutschen Bundestages, Dr. Köhler, von seinem Amt zurückgetreten. Die CDU/CSU als die stärkste Fraktion hatte den neuen Präsidenten vorzuschlagen. Mich lockte dieses Amt nicht sehr, aber ich folgte doch dem Drängen zahlreicher Freunde aus der Fraktion und stellte mich als Kandidat zur Verfügung. Noch während des Wahlvorgangs in der Fraktion ließ mich Konrad Adenauer herausbitten. Ich fand einen Kreis von führenden Unionsleuten vor, die mich alle beschworen, auf meine Kandidatur zu verzichten, da die Union um der konfessionellen Parität willen ein evangelisches Fraktionsmitglied vorschlagen müsse. Dies war vor allem die nachdrücklich vorgetragene Meinung Konrad Adenauers. Zu meinem Erstaunen gesellte sich der neue Innenminister Dr. Lehr zu diesem Chor der Abratenden, obwohl er mich vorher zu einer Kandidatur gedrängt hatte. Ich drückte ihm meine Verwunderung über den plötzlichen Meinungswandel aus, worauf er lachend erwiderte: „Herr Kiesinger, nehmen Sie mir's nicht krumm, ich habe Sie für evangelisch gehalten. Sie sehen so vertrauenerweckend evangelisch aus!"

Ich sah ein, daß der Kanzler recht hatte. So merkwürdig heute die Frage nach dem „Gesangbuch" erscheinen mag, damals hatte sie noch große Bedeutung. Es kam tatsächlich viel darauf an, die Zurückhaltung und das Mißtrauen vieler evangelischer Wähler auch dadurch zu überwinden, daß bekannte und überzeugende evangelische Persönlichkeiten in führenden Positionen der CDU erschienen.

Dies war um so wichtiger, als schon bald nach Adenauers Regierungsantritt führende evangelische Persönlichkeiten heftige Kritik an Adenauers außenpolitischem Kurs übten. Adenauers Innenminister Gustav Heinemann war aus Protest gegen eine deutsche Wiederbewaffnung am 9. Oktober 1950 zurückgetreten. Die schwersten Angriffe richtete der hessische Kirchenpräsident Niemöller gegen den Kanzler. Hinter diesen beiden führenden Männern der evangelischen Kirche bildete sich eine breite Front von Gleichgesinnten, die ihren Kampf gegen die Politik des Kanzlers in ungewöhnlich leidenschaftlicher Weise führten. Ich mußte den Eindruck gewinnen, daß dabei nicht nur sachliche politische Erwägungen, sondern auch konfessionelle Ressentiments eine bedeutende Rolle spielten.

Der Kanzler, dem nichts ferner lag, als eine neue katholische Partei zu führen, beobachtete diese Entwicklung mit großer Sorge. Er hat mir gerade diese Befürchtungen vor dem Parteitag in Goslar eindringlich dargelegt. In Goslar haben dann die evangelischen Delegierten eine gemeinsame Erklärung gegen Niemöller und für die Politik des Kanzlers veröffentlicht. Aber diese für die CDU gefährlichen Auseinandersetzungen und Kämpfe sollten noch lange

dauern. Bei den der Bundestagswahl von 1953 vorangehenden Landtagswahlen mußte die CDU fast in allen Ländern schwere Verluste hinnehmen. Um die Aussichten für die zweite Bundestagswahl schien es nicht gut bestellt zu sein.
Ich verzichtete also auf meine Kandidatur zum Bundestagspräsidenten, was mir einige meiner Freunde übelnahmen. Ich tat es nicht aus Gefügigkeit gegenüber dem Bundeskanzler, sondern aus der Einsicht in die Notwendigkeit dieses Entschlusses. Es wurde dann Hermann Ehlers gewählt, der sich in seinem Amt hervorragend bewährt hat. Leider wurde er uns durch einen frühen Tod entrissen.
Die Wahl hatte übrigens im Plenum des Bundestages noch ein unerwartetes Nachspiel. Obwohl ich nicht kandidiert hatte, erhielt ich zur allgemeinen Überraschung 55 Stimmen, die, wie man mir sagte, fast alle aus der Fraktion der FDP kamen.
Der Kanzler hatte mit mir etwas anderes vor. Am Tag nach der Wahl des Bundestagspräsidenten begann in Goslar der erste Bundesparteitag. Konrad Adenauer hatte mich für den Posten eines Generalsekretärs, genauer gesagt, eines Geschäftsführenden Vorstandsmitgliedes, vorgesehen. Ich war unvorsichtig genug, sein Angebot anzunehmen, obwohl mich der erfahrene enge Freund des Bundeskanzlers, Dr. Pferdmenges, unter vier Augen wohlmeinend und mit guten Gründen vor diesem Schritt gewarnt hatte. Ich schlug seinen Rat in den Wind und mußte dann in Goslar erleben, wie recht er gehabt hatte. Zwar bekam ich eine Mehrheit im Parteiausschuß (39 Ja, 18 Nein, 16 Enthaltungen, zwei ungültige Stimmen, eine für Ernst Lemmer). Dieses Ergebnis war die Folge eines massiven Widerstandes der Berliner CDU unter Jakob Kaiser und Ernst Lemmer und einer starken norddeutschen Gruppe unter Dr. Holzapfel. Kaiser und Holzapfel, die in Goslar zu Stellvertretern Konrad Adenauers gewählt wurden, erstrebten entweder selbst das mir zugedachte Amt eines Geschäftsführenden Vorsitzenden oder wünschten es für einen Mann ihrer Wahl, oder sie wollten überhaupt die Position eines Geschäftsführenden Vorstandsmitgliedes verhindern, welches der Bundeskanzler von Fall zu Fall gegen seine beiden Stellvertreter hätte ins Spiel bringen können.
Ich muß darauf verzichten zu schildern, wie turbulent es in Goslar zuging. Zwar steht in dem von der CDU herausgegebenen Bericht über den ersten Parteitag am Schluß meiner dort wiedergegebenen Rede: „Stürmische Ovation."[3] Aber denen, die mir damals begeistert zustimmten, stand nicht viel weniger stark eine scharf ablehnende oder doch zurückhaltende Gruppe gegenüber, die dabei weniger mich, als den Kanzler im Blick hatte.
Ich verzichtete daher auf das Amt. Konrad Adenauer wehrte sich nicht lange, als ich ihm auf einer gemeinsamen Fahrt in seinem Wagen meine Gründe vortrug. Auch wenn er es nicht offen zugab, so mußte er doch im Inneren meine Lage ähnlich beurteilen wie ich selbst. Ich hatte, damals wie später, keine irgendwie organisierte Gruppe hinter mir. Gegenüber den sich deutlich abzeichnenden Widerständen wäre ich daher in eine zu starke Abhängigkeit vom Bundeskanzler geraten. Bei allem Respekt vor Konrad Adenauer: Dazu fühlte ich mich doch auch wieder nicht schwach genug.
Ich wurde dann in Goslar in den damals noch kleinen Parteivorstand gewählt. Später wurde ich neben Robert Tillmanns und Franz Josef Wuermeling Mit-

glied des neugeschaffenen dreiköpfigen Geschäftsführenden Vorstandes der CDU. Daraus ergab sich ein ständiger Kontakt mit dem Kanzler und Parteivorsitzenden. Allerdings waren wir mit diesem Kontakt nie recht zufrieden, denn der Kanzler hielt uns auf Abstand. Wohl gab es vor und während den Wahlkämpfen aufmunternde Besprechungen und mahnende Karten- und Briefgrüße von ihm. Wenn wir dann mit geschwellter Brust nach einem Wahlsieg unserem Vorsitzenden eine intensivere Parteiarbeit und -organisation vorschlagen wollten, fanden wir nur kargen Zugang. Konrad Adenauer legte auf eine straffe Parteiorganisation zu wenig Wert. Dies erwies sich, was immer seine Motive gewesen sein mögen, in der Folge als ein schwerwiegender Fehler. Schon im Jahre 1951 war ich davon überzeugt, daß eine Persönlichkeit für den Posten des Bundesgeschäftsführers gefunden werden mußte, die den Anforderungen dieser Position gewachsen war und die die dringend notwendige Aufbauarbeit der CDU im Bund durchzuführen im Stande war. Ich bat Dr. Bruno Heck, diese Aufgabe zu übernehmen, ohne ihm die Schwierigkeiten zu verschweigen, die ihn erwarteten. Der Kanzler wehrte sich gegen den Plan. Erst nachdem der Vorstand sich geschlossen dafür ausgesprochen hatte, gab er schließlich nach.

Es fällt auf, daß Parteifreunde, die sich um die Partei viele Jahre lang gemüht und sich dort große Verdienste erworben haben, in den „Erinnerungen" Konrad Adenauers nicht mit einem Wort erwähnt werden. Vergeblich sucht man in den vier Bänden etwa nach Namen wie denen von Josef Hermann Dufhues, Robert Tillmanns oder Bruno Heck. Manche sind nur beiläufig einmal in anderem Zusammenhang erwähnt. Um so notwendiger ist es, dieses vom Kanzler ausgesparte Kapitel deutscher Nachkriegsgeschichte nicht im dunkeln zu lassen. Ich meine, daß die Union es sich selbst schuldig ist, diese ihre Geschichte bald verläßlich darzustellen.

Ohne Zweifel war Konrad Adenauer in der Nachkriegszeit die überragende Persönlichkeit innerhalb der Union. Aber es wäre ungerecht, das Verdienst seiner Partei und führender Parteifreunde, die ihrerseits zu den Wahlerfolgen beigetragen haben und damit auch Adenauers Wirken als Bundeskanzler ermöglichten oder stärkten, zu verschweigen.

Man hört immer wieder, Adenauer sei für die Unterstützung, die er von seinen Parteifreunden erfahren hat, oft den Dank schuldig geblieben. Man muß das cum grano salis nehmen. Er hat sicher dem, was er als politische Notwendigkeit oder als Forderung der Staatsräson erkannte, den Vorrang eingeräumt. Im persönlichen Umgang wußte er seinen Dank auf liebenswürdige und noble Art zu äußern. Wenn er auch im Gespräch zurückhaltender war, so äußerte er seinen Dank in den Briefen, die ich von ihm erhalten habe, unbefangener. Der erste dieser Briefe stammt aus dem Jahre 1953. Er wurde im Anschluß an eine der wichtigsten Debatten in der Beratenden Versammlung des Europarates geschrieben:

„Bonn, den 6. Oktober 1953

Sehr geehrter Herr Kiesinger!

Von verschiedenen Seiten werde ich auf die Interventionen angesprochen, die Sie während der letzten Tagung der Beratenden Versammlung des Europarates in Straßburg unternommen haben. Ich höre, daß Sie sowohl bei der Diskussion der Gedanken, die Herr Spaak dort zur Erörterung gestellt hat, in besonders eindrucksvoller Weise die Grundlinien der deutschen Außenpolitik maßvoll und überzeugend dargestellt haben, wie auch durch Ihr Eingreifen bei der Rede des irischen Delegierten Cowan dafür gesorgt haben, daß unnötige und schädliche Mißverständnisse über die Ziele meiner Außenpolitik ausgeräumt worden sind. Ich möchte nicht versäumen, Ihnen zu sagen, daß ich mich freue, mit Ihnen in der Interpretation wesentlicher Stücke unserer Außenpolitik im Einklang zu sein, und daß ich Ihnen für die erfolgreiche Art, wie Sie unseren Standpunkt zur Geltung gebracht haben, dankbar bin."

Die Straßburger Rede, auf die sich der Kanzler bezog, hatte ich unter außergewöhnlichen Umständen halten müssen. Am 6. September 1953 hatte die Bundestagswahl einen überraschend großen Erfolg für die CDU/CSU erbracht. Sie erhielt 45,2% der Stimmen gegenüber 31% im Jahre 1949. Die SPD hatte dagegen noch schlechter als 1949 abgeschnitten. Im Bundestag gewann die Union sogar die absolute Mehrheit der Sitze.

Noch bevor der Bundestag sich konstituiert hatte und eine Regierungserklärung abgegeben worden war, fand die Herbstsitzung der Beratenden Versammlung des Europarates mit dem Generalthema des Ost-West-Konfliktes statt. Ich spürte bei meiner Ankunft in Straßburg sofort eine kühle Zurückhaltung bei manchen Mitgliedern. Es war nicht zu verkennen, daß der große Wahlerfolg der Unionsparteien für eine Anzahl von Mitgliedern als eine unangenehme Überraschung gekommen war.

Paul-Henri Spaak hatte die wichtige Aufgabe des Berichterstatters. Über seinen Bericht fand dann die Aussprache im Plenum der Beratenden Versammlung statt. Spaak hatte sich durchaus in Übereinstimmung mit der Politik des Bundeskanzlers für eine Einbeziehung Deutschlands in die westliche Welt ausgesprochen, ja, er hatte als das wichtigste gemeinsame Ziel die deutsche Wiedervereinigung bezeichnet. In der darauf folgenden Aussprache wurden dann von einer Reihe von Rednern schwere Bedenken gegen einen deutschen Verteidigungsbeitrag, ja massive Angriffe gegen Konrad Adenauer vorgetragen, der unglücklicherweise kurz vorher statt von der Wiedervereinigung Deutschlands von der Befreiung der 18 Millionen Deutschen in der Sowjetzone gesprochen hatte.

Diese Äußerung des Bundeskanzlers, bei der er nicht bedacht hatte, welche Bedeutung das Wort „liberation" während des Krieges gegen Hitler gewonnen hatte, nämlich einer Befreiung mit Waffengewalt, wurde von einigen Rednern sehr kritisch aufgegriffen. Ich führe als Beispiel die Rede des englischen Labour-Abgeordneten Robens an[4]. Er kritisierte an dem Bericht Spaaks, daß er die Rolle der Sowjetunion in der damaligen Weltsituation überbewertet und die Gefahr eines wiederbewaffneten Deutschland unterschätzt habe. Man dürfe nicht vergessen, daß Deutschland territoriale Ansprüche im Osten geltend mache. Konrad Adenauer habe im Moment seines Wahltriumphes gesagt, es handele sich nicht um eine Frage der Wiedervereinigung Deutschlands, sondern um die Befreiung der versklavten Millionen deutscher Landsleute. Er erinnere sich an einen anderen Deutschen, der eine ähnliche Rede vor einer anderen begeisterten Menge gehalten habe, nur habe die Rede die Befreiung der versklavten Deutschen im Sudentenland gefordert, und man wisse, welche Folgen dies gehabt habe. Er fuhr dann wörtlich fort: „Ich sage ganz entschieden, daß es überhaupt keine Garantie dafür gibt, daß ein wiedervereinigtes bewaffnetes Deutschland nicht zu irgendeiner Zeit sein Los mit dem der Russen verbinden würde als Gegenleistung für die Rückkehr der verlorenen Gebiete." Deutschland, so sagte er, sollte daher für eine bestimmte Zahl von Jahren demilitarisiert werden.

Solche Töne waren, seitdem wir im Jahr 1950 in die Beratende Versammlung eingezogen waren, nicht gehört worden. Mir fiel die Aufgabe zu, am 19. September in dieser mit gefährlicher Spannung geladenen Atmosphäre für die CDU zu sprechen[5]. Und ich mußte es, sozusagen aus dem Stand, ohne vorherige Abklärung mit dem Kanzler tun. Es war die erste Stellungnahme eines Vertreters der in der Bundesrepublik regierenden Partei nach dem Erdrutsch der Bundestagswahlen. Ich kann meine damaligen Argumente an dieser Stelle nicht wiederholen. Die Versammlung hörte mich stillschweigend an. Ich konnte nicht spüren, wie sie meine Argumente aufnahm. Währenddem ich sprach, wurde mir klar, daß es mir gelingen mußte, nicht nur den kühlen Verstand, sondern auch das Gefühl meiner Zuhörer wirksam anzusprechen. Da fiel mir im letzten Augenblick ein Jugenderlebnis ein, das ich am Schluß meiner Rede erzählte. Dieser Schluß lautete so:

„Lassen Sie mich mit einem persönlichen Erlebnis schließen: Im Jahre 1919, nach dem Ende des Ersten Weltkrieges, stand ich mit meiner Schulklasse oben auf den Höhen des Schwarzwaldes. Zum ersten Mal blickten wir, die wir während des Krieges nicht hatten reisen können, hinunter in das Rheintal und sahen da im Abenddämmern die wundervolle Silhouette des Straßburger Münsters. Das packte unsere jungen Herzen. Wir sahen in diesem Münster das Symbol einer uns vermeintlich entrissenen Provinz, und wir schworen uns, nicht zu rasten und zu ruhen, bis dieses Land wieder deutsch sei. Es war ein unheilvoller Geist, aber so war es eben damals, und ich fürchte, es war nicht nur bei uns so. Seien Sie überzeugt, wenn heute eine Gruppe junger Menschen an derselben Stelle wieder herunterblickt in dieses Tal und die Silhouette des Münsters erblickt, dann sieht sie in ihm nicht mehr das Symbol einer verlorenen Provinz, sondern das große Zeichen der Hoffnung, der abendländischen Erneuerung, der abendländischen Rettung, der Einigung Europas. Ich bin überzeugt, wenn französische Jugend von den Höhen der Vogesen herunterblickt in dieses Tal, dann sieht sie nicht mit anderen Augen. Der Hoffnung dieser Jugend sollte, meine sehr verehrten Kollegen, auch unsere Politik gerecht werden. Das heißt aber wagen, hoffen, vertrauen, unser Schicksal zusammenwerfen, denn ohne dieses Vertrauen und ohne diesen Glauben zueinander schaffen wir das große Werk nicht."

Ich hatte den Eindruck, daß vor allem dieser Schluß meiner Rede den Durchbruch brachte. Sie erhielt großen Beifall. Viele Delegierte drückten mir auf herzliche Weise ihre Zustimmung aus, auch solche, die sich vorher zurückgehalten hatten. Die „Frankfurter Allgemeine Zeitung" vom 21. September 1953 schrieb damals über das Echo:

„Die Rede Kiesingers ist im Europarat und – nach Darstellung zahlreicher

Delegierter anderer Nationen – auch in den Hauptstädten des Westens stark beachtet und mit großer Genugtuung zur Kenntnis genommen worden. Seine Ausführungen wurden als die erste offizielle Erklärung der stärksten deutschen Partei nach den Bundestagswahlen vor einem internationalen Parlament gewertet."

Ich hatte den Kanzler von meiner Rede und meinen weiteren Interventionen gegen die maßlosen Angriffe einiger Delegierter nicht unterrichtet. Sein Brief zeigt aber, daß ihm die gefahrvolle Situation, die in Straßburg entstanden war, bewußt war. Von jenem Tag an zog mich dann Konrad Adenauer stärker und häufiger als vorher auch zu Beratungen über seinen außenpolitischen Kurs hinzu.

In der Folge erhielt ich dann immer wieder nach einer Rede im Bundestag einen mündlichen oder schriftlichen Dank des Kanzlers. Besonders herzlich war der folgende:

„Bonn, den 21. März 1958

Lieber Herr Kiesinger!

Den Dank, den ich Ihnen gestern mündlich ausgesprochen habe, möchte ich auch schriftlich zum Ausdruck bringen.

Die Rede, die Sie gestern gehalten haben, war wohl eine der besten, die je im Bundestag – nicht nur von Ihnen – gehalten wurden. Sie war ausgezeichnet nach Art, Form, Geschliffenheit und Schlagfertigkeit. Sie haben damit unserer Partei einen großen Dienst getan.

Die Worte, die Sie für mich fanden, haben mich – ich leugne es nicht – sehr bewegt. Auch für sie möchte ich Ihnen herzlich danken.

Mit vielen Grüßen
Ihr ergebener
Adenauer"

Der Kanzler versuchte übrigens nie, meine Reden zu beeinflussen. Ich habe kaum einmal über eine solche Rede vorher mit ihm gesprochen, und er hat nie darüber eine Kritik geäußert, auch dann nicht, wenn ich meine eigenen Vorstellungen entwickelt hatte, die von den seinen abwichen.

Die Würdigung meiner Reden im Bundestag veranlaßte den Kanzler, mich des öfteren, wenn er verhindert war, eine Zusage einzuhalten, als Ersatzredner zu schicken. Das war immer ein wenig peinlich, besonders, wenn seine Absage nicht angekündigt worden war. Da erschien dann vor den Tausenden, die begeistert auf ihren Kanzler warteten, meine Wenigkeit. Viel hing dann davon ab, daß ich schon mit meinen ersten Sätzen die enttäuschten Zuhörer für mich gewann. Einmal ließ der Kanzler mich am Bodensee aufspüren und holte mich mit seinen sich ablösenden Fahrern in einer wilden Fahrt nach Bremen, wo er eine Wahlkundgebung abgesagt hatte. Eine riesige Menge empfing mich. Jemand hatte mir noch empört zugeflüstert, die Bremer SPD habe, um Leute wegzulocken, zu einem großen Wasserfest mit Feuerwerk auf der Weser eingeladen. Mein rettendes Stichwort! Ich sei tief beeindruckt, begann ich, daß die SPD in Bremen selbst im Wahlkampf aus Anlaß des erwarteten Besuches des Bundeskanzlers ein Feuerwerk veranstalte. Die Auf-

merksamkeit meiner Hörer war gewonnen!
Bei anderer Gelegenheit lud mich der Kanzler ein, mit ihm zusammen zu reden. Es war eine Freude, mit dem vergnügten Kämpfer in die Schlacht zu fahren und nach Verlassen der Walstatt abends in fröhlichster Runde zu zechen. Einmal ging es aber schief. In Salzgitter hatten die Veranstalter sich und uns fast zwei Stunden lang im offenen Auto Schau gefahren. Bei der Ankunft in der überfüllten Halle wurde dem Kanzler erklärt, die Zeit sei nun doch knapp geworden, denn die Leute müßten bald zu ihren Zügen. Zorn in Adenauers Miene! Ich sagte ihm, er solle allein sprechen, denn ihn wollten ja die Menschen hören. Ablehnung. Adenauer konnte seinen Ärger nicht verbergen: Die Zeit sei leider knapp, bitte keine Zeitverluste durch Beifallsäußerungen! Die eingeschüchterten Leutchen taten ihm den Gefallen und blieben während seiner Rede stumm. Danach stach mich der Hafer. Bei mir könnten sie Beifall spenden, soviel sie wollten! Was sich dann an zurückgestauten Gefühlen Bahn brach: Beifallswoge um Beifallswoge, fast nach jedem Satz! Der Kanzler war erst ein wenig säuerlich. Aber dann mußte er lachen: „Sie haben mich hereingelegt."
So weit, so gut. Aber die Sache hatte einen Haken. Der Kanzler fand es prächtig, mich als Redner im Bundestag zu wissen. Dort war mein Platz, dort sollte ich bleiben: politisches Kalkül, Staatsräson!
Ich war zwar in der Fraktionshierarchie Stufe um Stufe aufgerückt: Vorsitzender des Vermittlungsausschusses, Vorsitzender des Arbeitskreises für auswärtige, gesamtdeutsche und Verteidigungsangelegenheiten, Vorsitzender des Auswärtigen Ausschusses, Vizepräsident der Beratenden Versammlung des Europarates; im übrigen war ich Mitglied des Geschäftsführenden Vorstandes der CDU. „Was wollen Sie eigentlich noch mehr?" fragte der Kanzler. Die Bürde der vielen Aufgaben brachte mir eine Fülle von Arbeit, ließ aber mich und meine Familie, da es noch keine Altersversorgung der Abgeordneten gab, völlig ungesichert für den Fall, daß mir etwas zustieß. An eine berufliche Tätigkeit als Rechtsanwalt neben der politischen war unter diesen Umständen nicht mehr zu denken. Davon abgesehen glaubte ich, daß die Zeit gekommen sei, auch einmal Mitglied des Kabinetts zu werden. Freilich wollte ich mich nicht mit einem Ministeramt ohne Portefeuille abspeisen lassen. Mit einem solchen verglichen, waren mir meine parlamentarischen Funktionen wichtiger und lieber. Der Posten des Außenministers war durch Heinrich von Brentano besetzt. Da bot sich 1957 die Möglichkeit, das Bundesjustizministerium zu übernehmen. Ich bat den Kanzler, mir dieses Ministerium anzuvertrauen. Er versuchte, mich davon abzubringen: Was ich denn bei der Justiz wolle, mein Gebiet sei doch die Außenpolitik. Er habe etwas anderes im Sinn. In Amerika vollziehe sich eine schwerwiegende Änderung des außenpolitischen Kurses. Er wünsche sich dort keinen Karrierebeamten als Botschafter, sondern einen politischen Kopf, ob ich nicht als Botschafter nach Washington gehen wolle. Ich sagte ihm, daß ich bei der Politik auf der Bonner Szene bleiben wolle. Nun ging es hin und her, bis wir schließlich einen Kompromiß schlossen. Der Kanzler bot mir das Justizministerium an, wogegen ich ihm versprechen mußte, wenn die Entwicklung es zwingend erfordere, nach Washington zu gehen. So war es abgemacht. Konrad Adenauer hatte die Kabinettsliste mit

Theodor Heuss besprochen und sagte mir, der Bundespräsident habe sich sehr gefreut, mich auf der Liste zu finden.

Aber dann ereignete sich etwas Unerwartetes. Der bisherige Finanzminister Fritz Schäffer, der in der neuen Regierung dieses Amt nicht mehr versehen sollte, und von dem allgemein erwartet worden war, daß er dann überhaupt nicht mehr im Kabinett bleiben wollte, war überraschenderweise bereit, sich mit dem Justizministerium zu begnügen. Die CSU unterstützte nachdrücklich diesen Wunsch ihres damals angesehensten Mitgliedes. Der Kanzler schickte Professor Erhard zu mir, um mir die Zwangslage zu schildern, in die er geraten war. Er könne Fritz Schäffers Wunsch nicht zurückweisen. Ob ich nicht bereit sei, sofort als Botschafter nach Washington zu gehen. „Der Kanzler windet sich in Qualen", sagte Ludwig Erhard etwas pathetisch. Ich lachte und meinte, das möchte ich doch gerne einmal sehen, und weigerte mich aufs neue, nach Washington zu gehen, ohne Mitglied des Kabinetts geworden zu sein. Franz Josef Strauß machte dann noch den Vorschlag, für mich ein Europaministerium zu schaffen. Der Kanzler schien nicht abgeneigt, aber Heinrich von Brentano lehnte brüsk ab, was ich an seiner Stelle auch getan hätte.

Der Kanzler hatte unsere Vereinbarung zweifellos ernst gemeint. Auch er war, wie wir alle, dadurch überrumpelt worden, daß Fritz Schäffer, der mächtige und selbstbewußte Finanzminister, mit dem bescheideneren Posten des Justizministers vorliebnahm. So blieb also vorläufig alles beim alten.

Natürlich gab es nicht nur ungetrübte Harmonie in den Beziehungen zwischen dem Kanzler und mir, auch wenn es sich nicht um persönliche Dinge, sondern um politische Sachfragen handelte. Ich greife ein Beispiel heraus. Im November 1955 hatte ich als Vorsitzender des Auswärtigen Ausschusses einen Appell an die Parteien gerichtet, die Streitaxt zu begraben und eine gemeinsame Außenpolitik zu versuchen. Jedenfalls sollte, soweit wie möglich, vermieden werden, daß die Außenpolitik wieder auf die Ebene der Wahlkämpfe gezogen wurde. Mit großer Sorge hatte ich die Entwicklung der weltpolitischen Szene beobachtet. Die Gefahr einer Aufweichung der amerikanischen Haltung in der Deutschland-Frage war auf der Genfer Gipfelkonferenz im Juni 1955 sichtbar geworden. Es zeichnete sich ab, daß das inzwischen hergestellte nukleare Patt die Amerikaner möglicherweise zu stillen oder offenen Zugeständnissen in der deutschen Frage bereit machen würde.

Angesichts einer solchen bedrohlichen Entwicklung schien es mir dringend nötig, daß die Parteien den Versuch machten, sich in der Wahrnehmung der deutschen Interessen besser als bisher zu verständigen, um wenigstens in entscheidenden Punkten Übereinstimmung zu erzielen. Adenauer sah die Gefahr gewiß ebenso wie ich; aber er erhoffte sich nichts von dem Verständigungsversuch der Parteien. Er sah im Gegenteil eine Gefährdung seiner Politik in einem solchen Versuch. Ich erhielt daher am 15. November 1955 einen sehr ungnädigen Brief:

„Ich bitte Sie, in einer so außenpolitisch und innenpolitisch schwierigen Situation wie der gegenwärtigen, nicht auf Ihren eigenen Kopf derartige Darlegungen zu machen, und zwar bitte ich Sie sowohl in meiner Eigenschaft als Bundeskanzler, der ja schließlich doch die Richtlinien der Politik bestimmt, wie auch als Vorsitzender der CDU."

Diesem Brief folgte auf dem Fuß ein längerer Exkurs Heinrich von Brentanos, den dieser auf Bitte des Bundeskanzlers geschrieben hatte.
Ich habe mich selbstverständlich dagegen gewehrt, so abgekanzelt zu werden, und warf dem Bundeskanzler seinerseits vor, daß er zu wenig Kontakt mit mir, dem Vorsitzenden des Auswärtigen Ausschusses, halte. Schließlich habe ja auch dieser eine eigene Verantwortung zu tragen. Wir einigten uns schließlich, in Zukunft einen engeren gegenseitigen Kontakt zu pflegen. Wir haben uns beide an diese Vereinbarung gehalten.
Im Rückblick glaube ich auch, daß mein damaliger Appell wohl erfolglos bleiben mußte, weil die Unterschiede der Konzeptionen in der Deutschlandpolitik doch weiter auseinanderklafften, als ich es zum Beispiel nach meinen häufigen Gesprächen mit dem klugen Kollegen Fritz Erler von der SPD glauben durfte.
Im Dezember 1958 entschied ich mich, einem Ruf nach Stuttgart zu folgen, um dort die Nachfolge Dr. Gebhard Müllers im Amt des Ministerpräsidenten von Baden-Württemberg anzutreten. Es war kein leichter Entschluß für mich, aber ich habe ihn nie bereut. Als ich dem Kanzler meine Entscheidung im Palais Schaumburg bekanntgab, sagte er mir: „Da bekomme ich Herzklopfen." Ich lächelte etwas ungläubig, aber er wurde sehr ernst und bat mich, mir diesen Schritt doch noch einmal genau zu überlegen. Wer solle mich im Bundestag ersetzen? Ich erwiderte ihm, auch ich sei nicht unersetzbar, und ich wollte nun endlich einmal selber regieren, wenn nicht in Bonn, dann eben in Stuttgart. Er wie ich gingen damals davon aus, daß dies ein endgültiger Abschied von Bonn war, wenn man von der Tätigkeit des Ministerpräsidenten im Bundesrat absah.
Als ich dann im Jahre 1966 doch als Bundeskanzler nach Bonn zurückkehrte, gab mir Konrad Adenauer seine loyale Unterstützung. Er hoffte, wie er mir in seinem Glückwunschbrief schrieb, mit mir zusammen noch die Bundestagswahl von 1969 gewinnen zu helfen. Wir hielten während der kurzen Zeitspanne, die ihm noch vergönnt war, miteinander Fühlung. Bei unserem letzten Gespräch am 3. April 1967 zogen wir noch einmal eine politische Bilanz. Ich habe darüber an anderer Stelle geschrieben[6]. Ich freue mich, daß nach allem Auf und Ab der 18 Jahre unseres gemeinsamen Weges sein Abschiedswort nach dieser letzten Unterhaltung, zwei Wochen vor seinem Tod, in seinem Brief vom 4. April 1967 so lautete:
„Ich danke Ihnen für den gestrigen Besuch und unsere Aussprache, über die ich sehr froh und glücklich bin."
Bei der Trauerfeier im Bundestag sagte ich über den Bundeskanzler[7]:
„Unter seiner Regierung gedieh das freie Deutschland wieder zu Ansehen und Wohlstand. Auch diejenigen, die ihm eine Neigung zum patriarchalischen Regiment und seine einsamen Entschlüsse vorwarfen, bezweifelten doch nie seine unerschütterliche demokratische Gesinnung; und wenn die freiheitliche Demokratie wieder tiefe Wurzeln in diesem Lande geschlagen hat, dann hat auch dazu seine Existenz und sein Vorbild entscheidend beigetragen, vielleicht gerade deshalb, weil er war, wie er war, weil er den Deutschen bewies, daß entschlossene politische Führung und Respekt vor der demokratischen politischen Ordnung durchaus vereinbar sind [...]

Ich werde nie mein letztes Gespräch mit ihm vergessen, auf dem der schwer Erkrankte bestanden hatte, als er mir, schon vom Tode gezeichnet, noch einmal sein großes Erbe ans Herz legte. Fast übermächtig, so mußte ich es empfinden, bewegte ihn in dieser letzten Frist die Sorge um die Zukunft, die Einigung Europas. Er, der so geduldig auszuharren verstand, wo menschliches Vermögen einen raschen Erfolg nicht erzwingen konnte, jetzt erschien er mir als ein Mahnender und Drängender, als wollte er, wie Moses, das gelobte Land noch mit eigenen Augen erblicken.
Er wußte, daß sich vieles in der Welt geändert hatte und daß die deutsche Politik diesen Änderungen Rechnung tragen mußte. Aber von der Richtigkeit seiner großen Ziele blieb er bis zum letzten Augenblick fest überzeugt."

1 Vgl. Konrad Adenauer, Erinnerungen 1945–1953, Stuttgart 1965, S. 228.
2 Für den Wortlaut der Rede Dehlers vgl. Verhandlungen des Deutschen Bundestages. 3. Wahlperiode. Stenographische Berichte. Bd. 39, S. 384ff., besonders S. 398.
3 Vgl. Erster Parteitag der Christlich-Demokratischen Union Deutschlands. Goslar, 20.–22. Oktober 1950. Hrsg. von der Christlich-Demokratischen Union Deutschlands. Bonn o. J., S. 44.
4 Vgl. Council of Europe. Consultative Assembly. Fifth Ordinary Session (Third Part). Official Report of Debates. Vol. III, S. 345ff.
5 Für den Wortlaut der Rede vgl. Council of Europe, S. 376ff.
6 Vgl. Bild am Sonntag vom 17. November bis 15. Dezember 1974.
7 Für den Wortlaut der Rede vgl. Bulletin des Presse- und Informationsamtes der Bundesregierung, Nr. 43 vom 26. April 1967, S. 361.

HELMUT KOHL

Das politische Erbe Konrad Adenauers

Was ist das politische Erbe Konrad Adenauers? Wer sind seine Erben?
Sein Erbe ist zunächst das, was er durch seine Politik für Deutschland getan und geschaffen hat; er hat es dem ganzen deutschen Volk als längst selbstverständlich gewordenen Besitz hinterlassen.
Erbin Adenauers in einem besonderen Sinn ist außerdem die CDU. Ihr Erbe ist die Verpflichtung, das, was er begonnen und schon weit vorangetrieben hat, nicht nur zu bewahren, sondern den neuen Umständen der Zeit entsprechend weiterzudenken und fortzuführen. Adenauers Name ist für unsere Partei nicht in erster Linie Symbol einer großen, aber vergangenen Zeit, sondern Orientierung für die Lösung der Aufgaben der Gegenwart und die Bewältigung der Herausforderungen der Zukunft. Die Grundsätze und Grundgedanken der Adenauerschen Politik hatten gerade deshalb die Kraft, die Folgen einer bösen Vergangenheit zu überwinden, weil sie weit über den Tag hinaus zielten und auf die Erfordernisse der Zukunft abgestellt waren.

Das dem deutschen Volk hinterlassene Erbe

Der Besitz, den Adenauer allen Deutschen hinterlassen hat, besteht aus grundlegenden Selbstverständlichkeiten des heutigen politischen Alltags der Bundesrepublik Deutschland, die jedoch, als Adenauer 1949 das Kanzleramt übernahm, alles andere als selbstverständlich waren: das Bündnis mit den Nationen der freien Welt, das Ansehen und Vertrauen, das unser Land als politischer Partner und wirtschaftliche Macht in der ganzen Welt genießt, die Freundschaft mit Frankreich, der Frieden mit Israel – um nur einige Stichworte zu nennen. Das alles hat es 1949 nicht gegeben, und es war sehr unwahrscheinlich, daß wir es erreichen würden, vor allem in der kurzen Zeit weniger Jahre. Denn glaubwürdig war nach der Wahnsinnspolitik Hitlers unser Land und unser Volk nur noch als Schrecken und Gefahr für die anderen Völker. Sie mußten damals in jedem Gewinn Deutschlands an Potential und Bewegungsspielraum ein neues Risiko für die eigene Sicherheit und den Frieden in der Welt sehen. Diese Vorstellung beherrschte 1949 noch das Denken unserer Nachbarn und die Meinung der Welt. Daß sich das grundlegend geändert hat, verdanken wir nicht einfach dem alles heilenden Einfluß der Zeit; sondern es war Adenauers Politik, die Schritt für Schritt nach ganz bestimmten Grundsätzen und durch zahllose wohlüberlegte Einzelentscheidungen die Szene allmählich zu verwandeln vermochte, die das Unwahrscheinliche zum Selbstverständlichen machte.
In den politischen Auseinandersetzungen der Jahre Adenauers schien vieles von dem, was heute Gemeingut unseres Volkes und gemeinsame Grundlage

der Politik aller Parteien ist, nur Sache der Regierungskoalition, ja zuweilen nur Sache des Eigensinns des Kanzlers zu sein. Adenauer mußte den Weg zum Selbstverständlichen gegen den erbitterten, immer wieder in Empörung ausbrechenden Widerstand der Opposition erkämpfen. Denn die Sozialdemokratie hatte unter Kurt Schumachers Führung mit einiger weltgeschichtlicher Verspätung den Nationalismus entdeckt. Sie verweigerte in den Verhandlungen mit den Siegermächten, die unsere Verbündeten und Freunde werden sollten, grundsätzlich jedes Entgegenkommen und jegliche Demonstration guten Willens. Sie lehnte konsequent jede Vereinbarung zwischen der Bundesrepublik und den Alliierten ab, solange diese nicht bedingungslos und uneingeschränkt die Souveränität Deutschlands wieder freigegeben und auf alle Rechte aus ihrem Sieg über Hitler-Deutschland verzichtet hätten. In den entscheidenden Jahren zwischen 1950 und 1955 wollten sie einer Isolierung Deutschlands und einem ungewissen, auf die Dauer unhaltbaren Schwebezustand der Neutralität zwischen Ost und West den Vorzug vor dem Zusammenschluß mit der freien Welt geben. Sie versteiften sich auf den Gedanken, der Weg nach Europa könne nur über die Einheit Deutschlands führen, während es Adenauer von Anfang an klar war, daß es ein freies Gesamtdeutschland nur in einem freien Gesamteuropa und daß es dieses nur geben könne, wenn der Einfluß Westeuropas gestärkt würde. Deshalb stand die Westintegration der Bundesrepublik niemals in Gegensatz zu unserem Wiedervereinigungswillen, sondern war Voraussetzung für dessen Erfüllung. Anderthalb Jahrzehnte später priesen die Sozialdemokraten die alte Einsicht Adenauers als ihre große neue Alternative für die Deutschland- und Ostpolitik an: Was der gesamteuropäischen Verständigung (die auch sie nur als eine Verständigung in Freiheit wollten) nütze, das diene auch der Lösung der deutschen Frage. Der Weg zu einem wiedervereinigten Deutschland führe über ein wiedervereinigtes Europa. Dafür brauche man einen „langen Atem". Als aber Adenauer den langen Atem bewies, nannten sie das eine einfallslose starre Politik und erweckten den Eindruck, die Wiedervereinigung sei schnell zu erreichen, wenn man nur wolle und sich etwas Neues einfallen ließe.

Kurt Schumacher wollte erst ganz Deutschland wiederhaben und sich dann Europa zuwenden. Auf die geographische Gestalt der Bundesrepublik anspielend hat er einmal gesagt, mit einem „Handtuch-Deutschland" könne man keine europäische Politik treiben. Außerdem hielt er europäische Politik nur dann für sinnvoll, wenn es eine sozialistische wäre. Die SPD bekämpfte mit allen denkbaren politischen Mitteln den Deutschland-Vertrag, der die außenpolitische Basis der Entwicklung unseres Staates war, so wie das Grundgesetz das innenpolitische Fundament darstellt. Die SPD opponierte gegen die Römischen Verträge, die bis zum heutigen Tag den Kerntatbestand der Europäischen Gemeinschaft bilden. Sie stimmte 1950 gegen den Beitritt zum Europarat. Sie trat dafür ein, den Wehrbeitrag zu verweigern, mit dem wir unseren Teil an der Last der Verteidigungsbereitschaft für die Freiheit tragen. Wäre es also nach der SPD gegangen, so gäbe es das alles und vieles andere heute nicht. Wir hätten die Institutionen und Realitäten nicht, in denen sich auch die Politiker der heutigen Regierung mit der größten Selbstverständlichkeit bewegen. Das alles hat nicht nur geschaffen, es hat erdacht und in unendlichen zermürbenden Auseinandersetzungen erkämpft werden müssen, ehe es als das politische Erbe Adenauers zum bleibenden Besitz des deutschen Volkes wurde.

Die größten Leistungen, die ein bedeutender Mensch erbringen kann, sind diejenigen, welche so selbstverständlich zum Allgemeingut aller werden, daß sich die meisten gar nicht mehr des Ursprungs bewußt sind. Es sind wissenschaftliche Entdeckungen, philosophische Gedanken, künstlerische Vorstellungen, die bestimmte Männer und Frauen der Welt geschenkt haben, von denen aber jedermann Gebrauch macht wie von einer ureigensten persönlichen Gewißheit. So ähnlich geht es den Deutschen mit dem politischen Erbe Adenauers; sie sind Erben, ohne sich noch als Erben zu verstehen. Man muß allerdings die Grenzen dieses Vergleiches beachten. Denn was ist die Leistung eines Staatsmannes? Es gibt keine Idee, die er allein erfunden hätte; er kann keine einzige eigene Vorstellung zur Wirkung bringen, die nicht hier und jetzt schon die Vorstellung vieler ist, weil nur dann sein Handeln den unentbehrlichen öffentlichen Rückhalt hat.

Der Staatsmann kann nichts ausrichten, ohne daß Mitarbeiter täglich mitdenken und viele Mitbürger helfen. Seine Leistung hängt davon ab, daß sich das Potential und der Einsatz eines ganzen Volkes entfalten. Aus diesem Blickwinkel gesehen kann und muß man sagen, daß unser Volk selbst sich das geschaffen hat, was es heute besitzt. Wie aber kann man dann doch von einem „Erbe Adenauers" sprechen? Was bleibt die Leistung, die wir zu Recht als die dieses bestimmten Menschen und Staatsmannes bezeichnen? Es ist die politische Führung, die zwar nichts bewirken kann, was nicht vom Wollen der Menschen in einem Staat getragen und von ihrer Tätigkeit realisiert wird, die aber die allgemeinen Vorstellungen aufnimmt, in ein Konzept bringt und durch tausend Situationen täglicher Auseinandersetzungen durchhält und durchsetzt. Der Politiker hat die Aufgabe, das sachlich Notwendige und das von einem Volk Erstrebte unter den gegebenen, täglich wechselnden Verhältnissen möglich zu machen. Diese Notwendigkeiten sind keine Notwendigkeiten, die sich letztlich von selbst erfüllen, sondern sie können versäumt und verfehlt werden. Die persönliche Leistung des großen Staatsmannes besteht darin, sie situationsgerecht zu erfassen und ihrer Verwirklichung den Weg zu öffnen. So hat Adenauer sich immer selbst verstanden: nicht als Schöpfer, sondern als einen, der das Notwendige und Gewollte möglich macht. Er wollte seinem Vaterlande dienen und dieser Dienst bestand in einer genialen praktischen Durchsetzung und politischen Gestaltung des von allen gemeinsam Gewollten und Geleisteten.

Das Erbe für die CDU

Erbin Adenauers in einem engeren und besonderen Sinn ist die CDU/CSU. Denn dieser große deutsche Staatsmann und Europäer war die hervorragende Persönlichkeit unserer Partei. Er hat sich auf diese Partei gestützt und aus ihrem Fundus geschöpft; er hat diese Partei geführt, ihr Impulse gegeben und den Weg gewiesen. Für uns aber ist sein Erbe nicht in erster Linie Besitz, sondern Verpflichtung und Vorbild. Seine Erben zu sein bedeutet für uns, das, was er geschaffen hat, nicht nur zu erhalten, sondern weiterzubauen und den Grundsätzen treu zu bleiben, nach denen er die christlich-demokratische Politik in Deutschland geprägt hat. Das kann nicht bedeuten, daß wir die einzelnen Formeln und Orientierungspunkte, weil sie damals Erfolg hatten, wie alte Rezepte aufbewahren und Jahr für Jahr in den altvertrauten Formen wieder ausbacken. Vielmehr behalten die Grundsätze nur dann ihre Werte und die Konzepte nur dann ihren Sinn, wenn man das tut, was Adenauer selbst getan hat: Tag für Tag die Lage überprüfen, sich immer wieder um die Verbesserung der politischen Diagnose bemühen, sich auf neue Gegebenheiten einstellen, die Anwendungsweise der Grundsätze, die praktische Durchführung des Konzeptes jeder Veränderung anpassen. Wer die Wirklichkeit im Sinne seiner Vorstellungen verändern will, muß sie gut kennen und sich nach ihr richten. Nur dann wird das, was er tut, sich so auswirken, wie er es will. Würden wir nicht so verfahren, sondern Adenauers Praxis zum Dogma machen und zur Manier werden lassen, dann wären wir nicht seine Erben, sondern seine Epigonen.

Bekenntnis zu Europa

Es war für Adenauer selbst und für Deutschland vom ersten Tage seiner Kanzlerschaft an ein großer Vorteil, daß er nicht nur unbezweifelbar als Gegner des Nationalsozialismus ausgewiesen war, sondern seit jeher eine geistige und politische Position besaß, die mit den Ideologien des Dritten Reiches überhaupt keine Berührungspunkte hatte. Adenauer hatte nicht nur subjektiv die Nationalsozialisten immer abgelehnt, sondern diese selbst hatten in ihm einen prominenten Gegner gesehen und ihn als solchen öffentlich angeprangert – und zwar, weil er schon immer das gewesen ist, was viele Deutsche erst nach den bitteren Erfahrungen der Jahre 1933 bis 1945 wurden: ein Europäer, ein Demokrat und ein Gegner des Nationalismus.

Europa war für Adenauer mehr als ein geographischer Begriff. Es war in seinem Verständnis ein Konzept humanen Lebens, welches durch die Wirren des 20. Jahrhunderts nicht nur nicht überholt ist, sondern im Gegenteil die einzige Chance darstellt, für die Probleme der modernen Welt menschenwürdige Lösungen zu finden. Deshalb war für ihn und ist für uns die europäische geistige und politische Tradition kein Ballast, den es abzuwerfen gilt, sondern die Grundorientierung einer auf die Zukunft gerichteten Politik. Voraussetzung dafür ist allerdings nach Adenauers Überzeugung, daß die europäischen Völker ihre gemeinsame Tradition aufgreifen, schützen und weiterführen. Sie müssen lernen, das, worin sie sich voneinander unterscheiden, nicht mehr als trennende Gegensätze zu verstehen, sondern als Vielfalt in der Einheit. Unter diesem Blickwinkel gesehen war und ist die Integration Deutschlands in die Gemeinschaft der europäischen und atlantischen Nationen kein Zweckbündnis, keine Rückversicherung, um spektakuläre außenpolitische Experimente ohne das nötige Mindestmaß diplomatischer Sorgfalt riskieren zu können. Es handelte sich für Adenauer auch nicht in erster Linie darum, eine wirksame Abwehr des Kommunismus zu organisieren, sondern Deutschland sollte dort seinen Platz einnehmen, wo es seiner Geschichte nach hingehört und wo es mit den anderen Staaten dafür wirken kann, die Welt des 20. Jahrhunderts im Geist der Freiheit und Menschenwürde mitzugestalten. Adenauer hat einmal gesagt, durch die europäische Integration komme Deutschland in gute Gesellschaft. Die innenpolitische Entscheidung unseres Volkes für politische Freiheit, rechtsstaatliche Verfassung und Demokratie wurde und bleibt dadurch außenpolitisch ergänzt und gesichert, daß die Bundesrepublik klar und unmißverständlich auf die Seite derjenigen Staaten trat, die diese Grundsätze weltweit repräsentieren. Diese Westintegration war jahrelang eine heftig umstrittene Frage, in der Adenauer kategorisch Partei ergreifen mußte, um das durchzusetzen, was heute allgemein als Selbstverständlichkeit anerkannt ist.

Das Konzept der europäischen Einigung setzt die Überwindung des Nationalismus voraus. Die Liebe zum Vaterland war eine der Energiequellen des Politikers Adenauer. Das ganze Deutschland wieder zu einem freien und angesehenen Mitglied der Völkergemeinschaft zu machen, war sein erstes Ziel; seine Memoiren widmete er „Meinem Vaterland“[1]. Aller Nationalismus aber, das heißt, wie Adenauer selbst es einmal definierte, die Entartung des Gedankens des Nationalstaates, war ihm seit je zuwider. Nationalismus entsteht, wenn das Prinzip der Nation verabsolutiert und über alle anderen menschlichen Werte gesetzt wird. Der Nationalismus verhält sich zur Vaterlandsliebe wie beim einzelnen Menschen der Egoismus zum legitimen Streben, auf sein persönliches Wohl und seine Sicherheit bedacht zu sein und im Zusammenleben mit anderen Menschen sein Glück zu suchen. Am eindrucksvollsten hat Adenauer in einer Rede vor der Auslandspresse im Jahre 1954 am Nationalismus Kritik geübt, wobei er auch unterstrich, wie unzeitgemäß dieses Übel ist: „Der Nationalismus verführt die Völker dazu zu vergessen, daß alle Völker ein Recht auf ihre Existenz haben und daß allein ein harmonisches Zusammenleben der Völker auch den Interessen des eigenen Volkes am besten dient [...] Die Zeit selbst, die Entwicklung der modernen Technik und der modernen Gesellschaft zwingt uns, Mauern, die früher zwischen den Völkern bestanden, niederzulegen [...] Wir müssen entschieden Schluß machen mit nationalistischen Ideen, mit überholten Vorstellungen der Vergangenheit, wir müssen entschlossen und kühn das Tor zu einer neuen Ära des Zusammenlebens der Völker aufstoßen.“[2]

Diese wenigen Sätze würden schon genügen, um zu beweisen, daß Adenauer kein in überholten Vorstellungen befangener alter Mann war, der die drängenden Probleme der Zeit nicht mehr sah. Sie lassen auch ganz deutlich werden, was wir unter dem politischen Erbe Adenauers verstehen. Es ist das Konzept einer Politik, die die Vergangenheit überwindet, indem sie die Zukunftsaufgaben in Angriff nimmt. Dieses Konzept reicht über Europa hinaus und betrifft die Weltpolitik der kommenden Jahrzehnte. Adenauer hatte nämlich erkannt, daß die tatsächliche Entwicklung der modernen Welt die Überwindung nationalstaatlicher Enge gebieterisch fordert. Denn zum ersten Male in der Geschichte wächst in unserem Jahrhundert die gesamte Weltbevölkerung gesellschaftlich und wirtschaftlich zu einer Einheit zusammen. Die einzelnen Volkswirtschaften werden immer spürbarer von weltwirtschaftlichen Zusammenhängen überlagert. Die moderne Nachrichtentechnik macht uns fast unmittelbar zu Zeugen des entferntesten Geschehens. So werden wir uns bewußt, daß alles, was auf der Welt geschieht, uns angeht, sei es, daß wir seine Auswirkungen zu spüren bekommen, sei es, daß wir es als Gewissensappell erfahren, uns dafür als mitverantwortlich zu verstehen. Solcher Verantwortung können die Europäer nur gerecht werden, wenn sie die überholten nationalistischen Ideen überwinden und „kühn das Tor zu einer neuen Ära des Zusammenlebens der Völker aufstoßen".

In Adenauers Europapolitik spielte der von ihm selbst schon nach dem Ersten Weltkrieg erwogene, 1950 aber von Robert Schuman in die Verhandlungen eingebrachte Plan eine wichtige Rolle, durch Verflechtungen der nationalen Wirtschaften und durch Schaffung einer supranationalen europäischen Instanz die Ausbildung eines Grundbestandes praktischer europäischer Gemeinsamkeit herbeizuführen. Niemals aber hat er sich eingebildet, daß auf diese Weise die politische Einheit Europas gewissermaßen technisch hergestellt werden könne. Er hat vielmehr immer wieder unterstrichen, daß die Automatik der wirtschaftlichen Integration nur eine unterstützende oder fördernde Maßnahme sei, die Substanz der Einheit aber allein aus dem politischen Willen der Beteiligten hervorgehen könne. Die wesentliche Bedingung der Europäischen Politischen Union war immer, daß das allgemeine Wollen der Europäer sich zu einem handlungsfähigen politischen Willen verdichtet und in gemeinsamen politischen Institutionen seinen Ausdruck findet. Schon beim Aushandeln der Römischen Verträge und dann in den Anfangsjahren ihrer Verwirklichung kritisierte Adenauer scharf den technischen Perfektionismus der Wirtschaftsfachleute, Juristen und Diplomaten. Indem sie alle Fragen bis ins einzelne zu regeln und eine glatt funktionierende Maschinerie zu konstruieren versuchten, würden sie die Verwirklichung eines politisch geeinten Europa nicht nur nicht fördern, sondern sogar behindern. Denn der bürokratische Funktionalismus drohe die freie Entfaltung des politischen Wollens zu ersticken und die Möglichkeiten politischer Gestaltung entscheidend einzuschränken. Ebenso energisch wandte Adenauer sich gegen diejenigen Kreise, die sich gar keine politischen europäischen Ziele setzten, sondern nur eine wirtschaftliche Einheit Europas ansteuerten. Hier hatten die Auseinandersetzungen über den Beitritt Englands zur Europäischen Gemeinschaft ihre Wurzel; denn dieser hätte damals bedeutet, das Ziel der politischen Einigung zugunsten einer umfassenderen wirtschaftlichen Zusammenarbeit zurückzustellen.

Wenn man sich diese Auffassungen Adenauers bewußt macht, dann erkennt man, daß es für ihn keine so grundlegende Umstellung erforderte, wie meist behauptet wird, ab 1958 auf de Gaulles Entwurf eines Europas der Vaterländer einzugehen. In der Abneigung gegen die Brüsseler „Funktionalisten" und die reinen Wirtschaftspolitiker waren sich die beiden Staatsmänner ebenso einig wie in der Überzeugung, daß die Staaten nicht mehr Einheit erzielen konnten, als das politische Wollen ihrer Völker zuließ. Der Unterschied zwischen Adenauer und de Gaulle lag vor allem in ihrer Einschätzung, welches Maß an Verzicht auf nationale Interessen zugunsten des gemeineuropäischen Interesses den einzelnen Staaten zuzumuten war.

Das Gewicht dieses gemeineuropäischen Interesses nimmt mit jedem Jahr zu, und es wird immer klarer, daß die einzelnen Staaten ihr besonderes Wohl nur noch dann erfüllen können, wenn sie eine politische Einheit bilden. Auch wenn es oft hoffnungslos zu sein scheint, dieses Ziel zu erreichen, so ist es doch ebenso ein sachliches Erfordernis wie eine Verpflichtung aus dem Erbe Adenauers, daß die CDU unbeirrt die politische Einheit Europas fordert und auf sie hinwirkt. Es hat gar nichts mit Realismus zu tun, wenn man sich für das als notwendig Erkannte nur deshalb nicht einsetzt, weil es im Augenblick keine Aussicht auf Verwirklichung hat. Allerdings haben wir von Adenauer auch zu lernen, daß in der Politik nur die Grundsätze und die großen Ziele unverzichtbar sind, daß man dagegen niemals der Versuchung nachgeben darf, auch die Mittel und Wege für unantastbar zu halten. Das supranationale Konzept ist kein Dogma. Es verstellt den Weg nach Europa anstatt ihn zu ebnen, wenn es uns zu der Illusion verführt, politische Einheit ließe sich mit einem System von Einzelvorschriften erzwingen. Bürokratische Reglementierung der Wirtschaft wird nicht dadurch richtig, daß man sie in europäischem Ausmaß praktiziert. Wir müssen heute vor allem danach streben, daß die tatsächlich vorhandene Gemeinsamkeit des Selbstverständnisses und Interesses aller Europäer ihr verbindliches politisches Konzept findet. Nur durch neue politische und ordnungspolitische Entscheidungen, die zu den Nationalstaaten nicht in Konkurrenz stehen, sondern diese ergänzen und übergreifen, ist die Europäische Politische Union zu schaffen. Die Aufgaben, welche die einzelnen Staaten nicht mehr allein lösen können, nehmen schnell zu; die Beziehungen zwischen den Menschen werden immer enger und intensiver. Das erfordert und ermöglicht neue institutionelle Formen wie die Direktwahl des Europäischen Parlaments und europäische politische Parteien. Auch die politische Kooperation in Regionen beiderseits nationalstaatlicher Grenzen läßt zusätzliche gemeineuropäische Wirklichkeit entstehen.

Ausgleich und wirklicher Friede mit dem Osten

Von seiten der seit 1969 in Bonn regierenden Koalition wird gern behauptet, es habe Adenauer am rechten Willen gefehlt, die Versöhnungspolitik, die er im Westen eingeleitet und vollendet hat, auch nach Osten hin zu treiben. Dort habe Brandt das Erbe Adenauers aufgenommen und mit seiner Ostpolitik erfüllt. Diese Behauptungen sind aus zwei Gründen falsch. Erstens wird nicht zur Kenntnis genommen, was Adenauer wirklich getan hat, zweitens wird die wesentliche Tatsache verdeckt, daß die Ostpolitik grundlegend anderen Bedingungen als die Westpolitik unterliegt, daß infolgedessen das dem äußeren Anschein nach selbe Ergebnis, was Brandt erreicht hat, in Wahrheit nicht mit dem zu vergleichen ist, was jedermann als Adenauers große Leistung anerkennt.

Adenauer hat während seiner ganzen Regierungszeit das Ziel, eine Verständigung auch mit der Sowjetunion und den osteuropäischen Staaten herbeizuführen, im Auge gehabt, und er hat es verfolgt, wo immer sich Möglichkeiten boten. Daß bei nüchterner Beurteilung der Lage diese Möglichkeiten nur gering waren, war nicht seine Schuld. Sein Verdienst aber war es, sich selbst und der Bevölkerung keine Illusionen gemacht und daher keine Scheinlösungen herbeigeführt zu haben. Als in den Jahren 1951/52 der Deutschland-Vertrag ausgehandelt wurde, machte Adenauer es u. a. zur Bedingung, daß dieses Dokument der Bundesrepublik nicht die Möglichkeit vorenthalten dürfe, allein und unmittelbar mit der Sowjetunion in der deutschen Frage einen gangbaren Weg zu suchen. Im Mai 1955 trat der Vertrag in Kraft und schon im Herbst des gleichen Jahres fuhr Adenauer nach Moskau, um die Aufnahme der diplomatischen Beziehungen zwischen den beiden Staaten zu erwirken. Schon 1953 hatte er sich öffentlich dafür ausgesprochen, den Streit über die deutschen Gebiete jenseits von Oder und Neiße durch die Schaffung eines deutsch-polnischen Kondominiums aus der Welt zu schaffen – eine Lösung, die voll seinem europäischen Konzept und der Forderung, die Enge nationalstaatlichen Denkens zu überwinden, entsprach. Als Voraussetzung nannte er allerdings, daß Polen wieder ein freier Staat würde. Das geschah nicht, weil er eine „aggressive" Roll-back-Politik gegenüber dem Osten befürwortet hätte, sondern weil die Freiheit der Partner die sachlich unabdingbare Voraussetzung einer solchen echten Friedenslösung ist. Vom Herbst 1957 bis zum Ende seiner Kanzlerschaft hat Adenauer dann ununterbrochen im direkten Kontakt mit dem Kreml eine für beide Seiten annehmbare Lösung der deutschen Frage gesucht und hat es dabei von der sogenannten „Österreich-Lösung" für die DDR bis zum kürzlich bekannt gewordenen „Globke-Plan" wahrhaftig nicht an neuen und kühnen Einfällen fehlen lassen. Aber die andere Seite wollte keine Lösung, die nicht nur ihre eigenen, sondern auch die deutschen Rechte und berechtigten Interessen berücksichtigt hätte.

Die fundamentale Schwierigkeit zwischen uns und der Sowjetunion besteht darin, daß es keine gemeinsamen Grundvorstellungen und verbindenden politischen Überzeugungen gibt. Eine Politik der Verständigung ist deshalb nicht weniger notwendig, aber sie muß völlig anders angelegt werden als die Politik der westeuropäischen Einigung. Denn sie kann nicht auf einer gemeinsamen Grundlage aufbauen und gemeinsame Vorstellungen entfalten, sondern muß gegensätzliche Wert- und Zielvorstellungen überbrücken. Wir dienen dem Frieden nicht, wenn wir die tiefgreifenden Gegensätze verschleiern, unsere eigenen Prinzipien verleugnen, indem wir uns angewöhnen, diskret darüber zu schweigen, und wenn wir so tun, als könnten sich beide Seiten einander angleichen. Denn das Trennende verschwindet nicht dadurch, daß man es nicht zur Kenntnis nimmt, es wird auf diese Weise lediglich der öffentlichen Kontrolle entzogen. Eine tragfähige und dauerhafte Verständigung kann es daher zwischen der Sowjetunion und uns nur dann geben, wenn man die Gegensätze in die Disziplin rationaler Auseinandersetzungen und offen geführter Verhandlungen nimmt. Die derzeit regierende Koalition dagegen hat gemeint, sie müsse sich die Verständigung dadurch erkaufen, daß sie darauf verzichtet, die grundlegenden Differenzen der politischen Einstellung klar zum Ausdruck zu bringen. Willy Brandt baute seine Ostpolitik darauf auf, daß er an die Stelle des Gegensatzes zwischen Freiheit und Unfreiheit den zwischen „fortschrittlichen und beharrenden Kräften" setzte und behauptete, die „Fortschrittlichen" auf beiden Seiten müßten gemeinsam die „Beharrenden" in beiden Lagern überwinden. Auch wenn eine so manipulierte Auslegung der tatsächlichen Verhältnisse am Ende zum Abschluß von Verträgen führt, kann man das schlechterdings nicht als eine Erfüllung des Erbes Adenauers in Anspruch nehmen.

Ein Frieden, der nur auf Sicherheit und „für beide Seiten vorteilhafter" Zusammenarbeit beruht, nicht aber auch auf Freiheit und gerechtem Ausgleich der berechtigten Interessen aller Beteiligten, ist nur ein halber Frieden. Ein Selbstbestimmungsrecht, das sich mit der „souveränen Gleichheit der Staaten" begnügt, nicht aber die Möglichkeit einschließt, daß jedes Volk frei seine Regierungsform wählt, ist nur ein halbes Selbstbestimmungsrecht. Auf solchen Halbheiten beruhen die ostpolitischen Erfolge der jetzigen Bundesregierung. Adenauers Versöhnungspolitik im Westen dagegen erreichte den ganzen Frieden unter dem vollen Selbstbestimmungsrecht, wie das Beispiel der Lösung der Saar-Frage beweist. Der halbe Frieden ist, wie wir täglich erfahren können, ein sehr unsicherer Frieden, denn jeder Konflikt wird von den Beteiligten als Sicherheitsrisiko empfunden, und ständig muß man vor einem Rückfall in die offene Konfrontation in Sorge sein. Zwischen den Staaten Westeuropas mangelt es wahrlich nicht an Gegensätzen und Konflikten. Weil hier aber ein ganzer, auf Freiheit und Gerechtigkeit gegründeter Frieden herrscht, kommt kein Mensch auf den Gedanken, die Konflikte könnten ein Sicherheitsrisiko mit sich bringen oder gar die Gefahr einer kriegerischen Auseinandersetzung heraufbeschwören.

Die CDU/CSU ist als politische Erbin Adenauers der Überzeugung, daß man sich in der Ostpolitik mit dem jetzt herrschenden halben Frieden nicht begnügen darf. Wenn es hier auch wesentlich schwerer ist, den wirklichen Frieden zu schaffen, wenn auch über viele Jahre hinweg keine Aussicht besteht, das unerläßlich Notwendige zu erreichen, so darf der Politiker doch nicht müde werden, es zu fordern und dafür tätig zu sein. Es hat weder Sinn noch gibt es eine Berechtigung, die eigenen Grundpositionen zu verleugnen. An ihnen festzuhalten ist weder ein Zeichen von „Starrheit" noch von „Einfallslosigkeit". Im Gegenteil: Adenauer hat oft bewiesen, daß gerade derjenige Politiker, der das Grundsätzliche mit Festigkeit vertritt, gewagte Wege einschlagen kann, um es zu verwirklichen; ebenso gewinnt man gerade dadurch, daß man an den eigenen Rechtspositionen unbeirrbar festhält, den erforderlichen sicheren Halt, um sehr flexibel verhandeln zu können.

Soziale Gerechtigkeit durch freie Wirtschaft

In der Wirtschaftspolitik vertrat Adenauer den Primat der Politik über die Wirtschaft, in der Sozialpolitik betrachtete er das Wohl und die Zufriedenheit der einzelnen Menschen als Kriterium der Qualität von Sozialgesetzen und staatlichen Maßnahmen. Daß die Wirtschaft ihre Kräfte nur in Freiheit entwikkeln könne, galt ihm als selbstverständlich; das setzt die freie unternehmerische Entscheidung ebenso voraus wie die Freiheit der Arbeitnehmer beim Aushandeln der Arbeitsbedingungen. Aber in Adenauers Augen war die Freiheit der Wirtschaft nur gerechtfertigt, wenn sie Dienerin der Menschen und des sozialen und politischen Lebens blieb. Wo immer im Namen sogenannter wirtschaftlicher Sachgesetzlichkeiten der Spielraum einer auf höhere Ziele gerichteten Politik eingeengt wurde oder die Freiheit der Wirtschaft die Bevölkerung ungerechtfertigtem Zwang zu unterwerfen drohte, griff Adenauer, soweit es die Kompetenz des Kanzleramtes erlaubte, ein. Was er in diesem Sinne getan hat, daß die Marktwirtschaft wirklich eine soziale wurde und unter seiner Regierung blieb, ist wenig ins öffentliche Bewußtsein gedrungen. Das hat seinen Grund darin, daß es sich in der Regel um Einzelentscheidungen der Regierungspolitik handelte, über die die Auseinandersetzungen im Kabinett ausgetragen werden mußten. Ungezählte Male hat sich Adenauer hier gegen die Argumente einer rein wirtschaftssystematischen Denkweise zur Wehr gesetzt, welche nicht aufmerksam genug die schädlichen politischen und sozialen Nebenwirkungen beachtete. Immer wieder prüfte er hier die sozialpolitischen Vorlagen daraufhin, was sie dem einzelnen Menschen an tatsächlichem Gewinn brächten, bzw. ob ihre Vorteile nicht etwa durch damit verbundene Nachteile aufgehoben würden. Es war seine ständige Sorge, daß die Entwicklung der Wirtschaft und die Organisationen staatlicher Sozialleistungen menschliches Maß behielten. Deshalb gab er in der Sozialpolitik der praktischen unmittelbaren Hilfe den Vorrang vor perfekten Plänen. Er war der Überzeugung, daß diese Einstellung aufs Ganze gesehen die politisch klügere und langfristig erfolgreichere sei. Die beiden vielleicht bedeutendsten sozialpolitischen Leistungen seiner Regierungszeit, nämlich der Lastenausgleich und die dynamische Rente, stammen aus dieser Grundhaltung, welche das, was den Menschen offenkundig dient, auch dann ins Werk setzt, wenn unter dem Gesichtspunkt abgesicherter Planung vielleicht größere Vorsicht geboten gewesen wäre.

Als im Frühjahr 1956 über die Rentenanpassung beraten wurde, äußerten mehrere Kabinettsmitglieder ihre Sorge, was geschehen solle, wenn das Sozialprodukt einmal zurückginge. Adenauer antwortete, man müsse nach vorwärts blicken und nicht nach rückwärts. Man könne bei einer so grundlegenden Regelung nicht jede wirtschaftspolitische Eventualität berücksichtigen. Entscheidend sei für die Rentner, daß im Gesetz eine Nachprüfung der Kaufkraft der Renten verankert würde. Ein solches Denken sei doch verständlich. Man müsse bei realistischer Betrachtung doch zugeben, daß der Prozeß der Kaufkraftentwertung seit 100 Jahren fast gesetzmäßig vor sich gegangen sei. Die Rentner dürften nicht die Leidtragenden dieser Entwicklung sein.

Aufs Ganze gesehen war Adenauer die soziale Komponente der Marktwirtschaft näher und sympathischer als die marktkonformen Prozesse. Nicht zuletzt wegen der schlechten Erfahrungen, die er als um das Wohl seiner Stadt besorgter Oberbürgermeister von Köln mit einem Elektrizitätskonzern hatte machen müssen, war er kritisch gegen übermäßige Konzentration wirtschaftlicher Macht. Er neigte dazu, dem mittelständischen Element den Vorzug zu geben. Dieser Grundeinstellung hat das wirtschaftspolitische Konzept der CDU immer entsprochen, wenn es auch nötig war und ist, unter verschiedenen Umständen und Bedingungen einmal die einen, einmal die anderen Elemente stärker zu berücksichtigen. Für uns steht fest: Die Marktwirtschaft ist nicht mehr sozial, wenn sie sich über die Anhäufung materieller Güter hinaus nicht auch an den nichtmateriellen und sozialen Bedürfnissen der Menschen orientiert. Ebensowenig ist Sozialpolitik noch sozial, wenn sie den Bürger bevormundet, anstatt ihm die allgemeinen Voraussetzungen eigenständiger Lebensführung zu sichern und ihm zu helfen, seine individuellen Kräfte zu entfalten.

Orientierungswerte christlicher Politik

Diese Auffassungen sind letztlich im christlichen Standpunkt begründet, auf den sich unsere Partei beruft und zu dem sie sich bekennt. Welcher der Ansprüche des christlichen Standpunktes in der Politik sinnvoll sein kann und wie ein Politiker sich als Christ zu verstehen hat, dafür kann uns Adenauer Vorbild sein. In einer Rede vor der Interparlamentarischen Union in Bern führte er im März 1949 aus: „Wir behaupten in der CDU/CSU nicht, daß wir allein Christen seien, geschweige denn, daß wir die guten Christen seien, aber wir wollen, daß die Werte des Christentums in der Wirtschaft und im öffentlichen Leben auch in der Außenpolitik bestimmend sein sollen. Die Freiheit und die Würde der Person sind unsere Grundforderungen. Wir sind der Auffassung, daß jeder Mensch unabdingbare Rechte gegenüber dem Staat und der Wirtschaft sein eigen nennt. Wir sind gegen jede gefährliche Häufung wirtschaftlicher und politischer Macht bei Einzelpersonen, bei Korporationen irgendwelcher Art, auch beim Staate."[3] Der christliche Standpunkt läßt sich weder zu einem bestimmten politischen Programm verarbeiten, noch ist es möglich, daraus blind anwendbare Regeln für die Tagespolitik abzuleiten. Aber er gibt uns ein bestimmtes Bild vom Menschen, nach dem wir unsere Ziele bestimmen und an dem wir unsere Praxis orientieren. Der Mensch besitzt als Person eine unverlierbare und unantastbare Würde, welche von der Gesellschaft anerkannt werden muß, ganz gleich, ob einer etwas leistet oder versagt. Der Mensch ist in die Verantwortung sittlicher Entscheidung gestellt, die er in dem Bewußtsein treffen muß, daß weder er sein Leben aus eigener Kraft vollenden, noch daß die Menschheit die Welt in ein Paradies verwandeln kann. Aus diesem Menschenbild ergeben sich Freiheit, Solidarität, Toleranz und Maß als Orientierungswerte christlicher Politik. Für Adenauer waren sie Bestandteile einer selbstverständlichen Lebenspraxis, die weder ausdrücklicher theoretischer Begründung noch betonter öffentlicher Darstellung bedurften.

Wilhelm Hausenstein schrieb in seinen „Pariser Erinnerungen" über Adenauer: „Sein Christentum war mir je und je um so deutlicher, als es nie aus einer jedes Mißtrauen ausschließenden Diskretion heraustrat. Der Kanzler bewegte sich in seinem Christentum ohne die geringste Auffälligkeit, vielmehr mit aller Zurückhaltung einer unmittelbaren Realität, die gar nicht auf den Gedanken kommt, sich zu beweisen."[4] So ist Adenauer nicht nur im inhaltlichen Anspruch, sondern auch in der persönlichen Haltung das Vorbild eines christlichen Politikers.

Politik der Verwirklichung sittlicher Ziele

Politik hat Adenauer einmal als die Kunst bezeichnet, das auf ethischer Grundlage als richtig Erkannte zu verwirklichen. Das bedeutet einerseits, daß Politik,

wenn sie menschlich sein und der Würde des Menschen entsprechen soll, sich nicht nur an sittlichen Grundsätzen orientieren, sondern sich auch sittlich begründete Ziele setzen muß. Andererseits aber muß der Politiker die Kunst der Verwirklichung beherrschen. Es ist kein Zeichen besonderer moralischer Qualität, wenn er versucht, sein Ziel durch einzelne moralische Kraftakte zu erreichen, und wenn er es, um moralisches Prestige zu gewinnen, an der nötigen Besonnenheit und Gewissenhaftigkeit fehlen läßt, die das Alltagsgeschäft der Politik erfordert. Vielmehr muß er sein sittlich begründetes Ziel geduldig und sachgerecht in die gegebenen wirklichen Verhältnisse gewissermaßen übersetzen; er muß es, wie Hellmut Thielicke einmal gesagt hat, einzeichnen in das Gesetz von Zug und Gegenzug. Diese Notwendigkeit, die Realitäten zu beachten und zu respektieren, ist allerdings etwas ganz anderes, als die Realitäten einfach anzuerkennen. Denn dieses heißt, daß man sie legitimiert, daß man vor ihnen kapituliert und darauf verzichtet, das sittlich Gebotene zu verwirklichen. Zur Sittlichkeit des Politikers gehören die Bereitschaft und der Mut, für seine als gut erkannte Sache hart zu kämpfen. In diesem Punkte war Adenauer sich immer mit Kurt Schumacher einig, der einmal gesagt hat: „Wir leben in einer Welt der Schwierigkeiten und unfreundlichen Tatsachen. Wir müssen wissen, daß von hundert Problemen neunzig oder mehr auf dem Kompromißweg gelöst werden müssen. Eines wollen wir dabei aber beachten: Ein Kompromiß kann immer nur am Ende eines Kampfes stehen. Derjenige, der mit Kompromißvorstellungen in den Kampf geht, muß unterliegen. Was hat die Zähigkeit in der Welt nicht schon alles verändert!“[5]
Man pflegt Adenauers Geschicklichkeit und Taktik zu rühmen. Doch hätte ihm seine Klugheit wenig genützt, wären seine Ziele nicht sittlich legitimiert und wäre er nicht bereit gewesen, unermüdlich dafür zu kämpfen. „Ich bin mehr für Kampf als für Werbung“, rief er einmal auf einem CDU-Parteitag[6]. Erben Adenauers müssen wir auch in diesem Punkt sein. Denn das Werk weitsichtiger christlich-demokratischer Politik, das er begonnen und weit vorangetrieben hat, können wir nur dann fortführen, wenn wir nicht nur seine Gedanken aufnehmen und weiterdenken, sondern zäh an den als richtig erkannten Zielen festhalten und keinen Kampf dafür scheuen.

1 Vgl. Konrad Adenauer, Erinnerungen 1945–1953; Erinnerungen 1953–1955; Erinnerungen 1955–1959; Erinnerungen 1959–1963. Fragmente; Stuttgart 1965, 1966, 1967 und 1968.

2 Für den Wortlaut der Rede vgl. Bulletin des Presse- und Informationsamtes der Bundesregierung, Nr. 67 vom 8. April 1954, S. 578f.

3 Für den Wortlaut der Rede vgl. Informationsdienst des Zonenausschusses der CDU für die britische Zone, 3. Jahrg., Nr. 14/15, Köln 12. April 1949, S. 1ff.

4 Vgl. Wilhelm Hausenstein, Pariser Erinnerungen. Aus fünf Jahren diplomatischen Dienstes 1950–1955, 3. Auflage, München 1961, S. 77.

5 Vgl. Fried Wesemann, Kurt Schumacher. Ein Leben für Deutschland, Frankfurt am Main 1952, S. 183f.

6 Vgl. 11. Bundesparteitag der CDU. Dortmund 2.–5. Juni 1962. Hrsg. von der Christlich Demokratischen Union Deutschlands, Bundesgeschäftsstelle Bonn, Hamburg o. J., S. 204.

FRANZ JOSEF STRAUSS

Konrad Adenauer und sein Werk

Konrad Adenauer war ein Mann, dessen Weltanschauung aus der christlichen Lehre, aus christlichem Denken und aus seiner christlichen Erziehung geformt war, dessen Welt- und Geschichtsbild jedoch von seiner rheinischen Heimat und ihrer Geschichte, also zeitlich gesehen von zwei Jahrhunderten, dem 19. und dem 20., geprägt war. Er wurde vor 100 Jahren geboren. Das Jahrhundert von 1876 bis 1976 wiegt schwer, nicht nur in der deutschen Geschichte mit ihren Höhen und Tiefen, mit ihren Aufstiegen und Zusammenbrüchen, mit ihrem Glanz, aber auch mit ihrem Elend. Es wiegt besonders schwer, weil Deutschland und Europa schicksalmäßig untrennbar verflochten sind. Es wiegt aber auch schwer im weltgeschichtlichen Maßstab, wenn man an die Veränderungen denkt, die sich in diesen 100 Jahren zugetragen haben.

Es ist hier nicht der Platz, den historischen Werdegang Konrad Adenauers nachzuzeichnen oder seinen Aufstieg in der Zeit von 1945 bis 1949 im einzelnen darzustellen. Einige Begebenheiten können jedoch erhellende Einblicke vermitteln.

Wenn man es genau nimmt, war Adenauer nicht Gründungsvater der CDU. Aber er stieß sehr bald zu ihr, nämlich am 31. August 1945: zu einer Zeit, als die britische Militärregierung die Gründung von Parteien noch nicht freigegeben hatte. Bezeichnend ist wie er damals die Zeit und die Lage einschätzte. Ein Brief vom 21. August 1945 – zehn Tage vor seinem formellen Eintritt in die CDU – an seinen Münchner Amtskollegen, Oberbürgermeister Scharnagl, gibt darüber Auskunft[1]. In diesem Brief unterrichtet er Scharnagl über die Gründung der CDP, der Christlich Demokratischen Partei in Köln. Er legte ihre Grundsätze dar und drängte darauf, sich dieser Entwicklung anzuschließen.

Dies ist deshalb bemerkenswert, weil Adenauer parteipolitisch aus dem Bereich des Zentrums kam und erst mit dessen Selbstauflösung als Mitglied dieser Partei ausschied. Wir haben diese Auseinandersetzung in allen Zonen – der amerikanischen, der britischen, der französischen Zone, in anderen Formen auch im sowjetisch besetzten Teil, erlebt: Sollen wir zu 1933, d. h. zu Zentrum und Bayerischer Volkspartei zurück? Auch in Bayern waren Überlegungen im Gange, die Bayerische Volkspartei wieder ins Leben zu rufen oder eine Bayerische Volksunion zu gründen. Konrad Adenauer hat sich für die Zusammenarbeit beider christlicher Konfessionen ausgesprochen, und zwar als Zentrumspolitiker von ehemals. Er wünschte keine Rückkehr zum alten Zentrum, und er hat auch, als das Zentrum wieder erstand, in dieser Partei keinen Ansatz für eine politische Lösung gesehen, die den gesteckten Aufgaben hätte gerecht werden können. Aber das war keine neue Erkenntnis. Ich weiß, und zwar auch aus Familienerinnerungen, daß er bereits auf dem Katholikentag

1922 in München – dessen Präsident Konrad Adenauer war – die Idee von einer Partei beider christlicher Konfessionen geäußert hat. Aber die Zeit nach dem Ersten Weltkrieg war offensichtlich noch nicht reif für die Umbildung der damaligen Parteien des Zentrums, der Bayerischen Volkspartei und anderer bürgerlicher Parteien in eine interkonfessionelle christliche Volkspartei.

Den Katholikentag 1922 habe ich, damals sechseinhalb Jahre alt, natürlich nicht selbst in Erinnerung, aber mein Vater hatte ihn als Gründungsmitglied der Bayerischen Volkspartei besucht. Auf dem Katholikentag trug sich eine Kontroverse zu, die viel über Konrad Adenauers taktische Gewandtheit, seine persönliche Schlagfertigkeit und seine Fähigkeit, jeder Situation gerecht zu werden, aussagt. Der Münchner Kardinal Faulhaber hatte davon gesprochen, daß Meineid und Hochverrat den neuen Staat, die Weimarer Republik, geschaffen hätten. Faulhaber war Monarchist und Legitimist; folglich betrachtete er die aus der Revolution hervorgegangene Staatsgewalt nicht als legitim. Natürlich dachte der rheinische Republikaner, der liberale Katholik und der Antipreuße Konrad Adenauer in dieser Frage ganz anders. Und er war entschlossen, Faulhaber bei der zweiten Kundgebung eine Antwort zu geben. Die Antwort lautete: Nicht Meineid und Hochverrat haben den neuen Staat geschaffen, sondern im Leben der Staaten ist es wie in der Natur: wenn die Bäume alt werden, und im Herbst der Sturm in sie fährt, dann fallen Blätter und Äste. Und so fiel auch das alte System. Kardinal Faulhaber wußte ganz genau, wer und was gemeint war. Er saß vorne in der ersten Reihe, ergriff seinen Kardinalshut, um erzürnt den Schauplatz zu verlassen. Adenauer, der noch lange nicht am Ende seiner Rede war, sagte: „Und nun, Eminenz, bitten wir Sie um Ihren oberhirtlichen Segen." Dies veranlaßte natürlich den Kardinal, seinen Hut wieder hinzulegen und hinaufzugehen, um dem Katholikentag den Segen zu erteilen. So jedenfalls war die Erinnerung meines Vaters an diese Begebenheit.

Es hat keinen Sinn, heute zu fragen, was geschehen wäre, wenn schon in der Weimarer Republik eine Partei oder Parteien, wie die CDU und CSU, als große Volksparteien mit weitem Einzugsbereich vorhanden gewesen wären. Aber die Chance, daß solche Parteien mit den damals gestellten Problemen eher hätten fertig werden können als die kurzatmigen Koalitionen der Weimarer Republik, ist immerhin überlegenswert. Bemerkenswert aber ist, daß Adenauer schon in dem erwähnten Brief an Scharnagl die politische Zusammenarbeit der Christen beider Konfessionen als Fundament der neuen Partei, der CDP, deren Übernahme er auch für die bayerischen Verhältnisse empfohlen hatte, als einzige Rettung vor den aus dem Osten drohenden Gefahren erklärte.

Ich habe Adenauer persönlich das erste Mal im Februar 1947 bei der Gründung der Arbeitsgemeinschaft der CDU/CSU in Kronberg erlebt. Die Umrisse seiner Politik traten für mich, den Lehrling, damals schon eindeutig zutage. Es war meine erste unmittelbare Begegnung. Mittelbar hatte ich ihn erlebt aus den Erzählungen von Dr. Josef Müller, der zu der Trias der Unionspolitiker gehörte, die vorübergehend auf der gleichen Stufe standen, bis sich dann natürliche Gewichte und Entwicklungen durchsetzten: Konrad Adenauer, Jakob Kaiser und, im bayerischen Bereich, Josef Müller. Die Umrisse seiner Politik, wenn ich an seine damalige Einleitungsrede denke, waren bestimmt vom christlichen Menschenbild, dem drängenden Wiederaufbau des Landes, der Versöhnung mit den Kriegsgegnern und der Warnung vor dem Kommunismus. Das waren nach meinen Erinnerungen und dürftigen Notizen die Schwerpunkte seiner Rede. In Erinnerung ist mir geblieben, daß die amerikanische Militärregierung bei dieser ersten vertraulichen Begegnung einen Aufpasser in den Saal abgeordnet hatte. Dieser Aufpasser saß dabei, weil es damals selbstverständlich war, daß politische Entwicklungen der Deutschen kontrolliert wurden. Mir ist diese Begebenheit sehr deutlich haften geblieben, weil der folgende Vorgang für die damalige Zeit außergewöhnlich war und weil auch in den eigenen Reihen manche besorgt schauten, ob er nicht Konsequenzen nach sich ziehen würde. Adenauer hat nämlich kurzerhand den Aufpasser der amerikanischen Militärregierung hinauskomplimentiert, indem er ihm erklärte, er habe hier nichts verloren, die Teilnehmer seien hier unter sich und er bitte ihn, den Saal zu verlassen. Nach einigem Sträuben kam der Aufpasser der Aufforderung nach, er kam nie wieder, und passiert ist nichts.

Bei eben dieser Tagung trat auch sein großes taktisches Geschick zutage, innerparteiliche Widersacher oder Gegenspieler auszumanövrieren, damals Jakob Kaiser. Adenauer war, als der Vorsitzende der CDU der britisch besetzten Zone, auch zum Vorsitzenden der Arbeitsgemeinschaft der CDU/CSU gewählt. Diese Arbeitsgemeinschaft verlor im übrigen bald an Bedeutung, weil die Bildung einer gemeinsamen Fraktion im Wirtschaftsrat, im Parlamentarischen Rat und im Deutschen Bundestag eine Pflege der Beziehungen und eine Koordinierung der Politik in Form einer Arbeitsgemeinschaft zwischen Unionsparteien praktisch überflüssig gemacht haben. Es gab jedoch noch einen zweiten wichtigen Posten zu vergeben – wie man damals dachte –, und zwar den des Vorsitzenden des Zwischenstaatlichen Ausschusses der beiden Unionsparteien. Der Begriff Außenpolitik war damals in Verbindung mit den Deutschen noch nicht lizenziert, daher hieß der Ausschuß „Ausschuß für Zwischenstaatliche Beziehungen". Weil Konrad Adenauer Vorsitzender der Arbeitsgemeinschaft geworden war, dachten viele Parteifreunde, es wäre im Sinne des inneren Gleichgewichts der Union das Richtige, wenn man Jakob Kaiser zum Vorsitzenden des Zwischenstaatlichen Ausschusses machen würde. Konrad Adenauer dachte in dieser Frage anders und wußte die vorgeschlagene Lösung zu verhindern. Er hatte zwei Tage kerzengerade dagestanden, ohne ein geringstes Zeichen der Ermüdung; mit seinen 71 Jahren hatte er die Verhandlungen souverän geführt, indem er das Wort gab, wann er wollte, und nicht jedem, der sich zu Wort meldete. Am Ende des zweiten Tages, als die Entscheidung bevorstand, sagte er, ich bin über 70 und die zwei Tage haben mich sehr strapaziert, ich wäre daher dankbar, wenn für den Rest unserer Verhandlungen ein anderer Tagungsvorsitzender gewählt würde. Alle waren gerührt und ergriffen, daß der alte Mann mit seinen 71 Jahren, der zwei Tage gestanden und vielfältig hatte eingreifen müssen, nun doch haushälterisch mit seinen Kräften umgehen müsse. Adenauer fuhr fort, er schlage vor, daß Jakob Kaiser für den Rest die Verhandlungen führe.

Mit diesem, mir jedenfalls als Anfänger damals neuen Mittel, hatte er Jakob Kaiser so neutralisiert, daß dieser in die Verhandlungen nicht mehr eingreifen

konnte. So wußte Konrad Adenauer auch unter dem Lichte seiner großen beherrschenden Grundsätze im taktischen Spielfeld der Politik seine Steine zu setzen. Auch wußte er sich seiner Umwelt zu bedienen; so standen ihm manche als nützliche Gehilfen zur Verfügung, auch wenn sie es häufig nicht wußten, daß sie es waren; diese Rolle hatte auch mich gelegentlich getroffen.
Konrad Adenauer hat kein Amt in der Landesregierung von Nordrhein-Westfalen angestrebt, obwohl es ihm mehrmals angeboten worden war, auch nicht das Amt des Ministerpräsidenten; er wollte auch keinen Sitz im Frankfurter Wirtschaftsrat. Ich weiß noch, daß damals – ich war der jüngste Abgeordnete im Frankfurter Wirtschaftsrat – auch davon die Rede war, ob man nicht an Adenauer als Oberdirektor denken sollte. Er ging in den Parlamentarischen Rat, dessen Präsident er wurde. Es ist bekannt, und auch ich erinnere mich, daß man lange Zeit fragte, ob er noch in seinem vorgerückten Alter das Amt eines Präsidenten ausüben könne, und zum Schluß hieß es, er müsse wohl Präsident werden, denn das sei eine ehrenvolle Abschiedsposition, mit der er seine politische Tätigkeit beenden könne. Adenauer dachte natürlich nicht daran, sondern er sah im Parlamentarischen Rat die Startbahn für den bedeutendsten Abschnitt seines politischen Lebens und auch den Beginn einer wesentlichen politischen Zukunft für Deutschland insgesamt, nicht nur für die drei westlichen Besatzungszonen. In jener Zeit, in der er in der CDU einen raschen Aufstieg nahm, gewann er mehr an Autorität als an Popularität. Dies war häufig sein Schicksal; er hat es aber nicht bedauert, weil er immer – und mit Recht – befürchtete, daß Popularität eine unzuverlässige Freundin und daher viel weniger wichtig als Autorität sei.
Es gibt drei elementare Bausteine politischer Überzeugung Adenauers, die folglich auch feste Elemente seiner Reden der damaligen Zeit sind. Den ersten dieser elementaren Bausteine umschrieb er so: „Die menschliche Person hat eine einzigartige Würde, und der Wert jedes einzelnen Menschen ist unersetzlich. Aus diesem Satz ergibt sich eine Staats-, Wirtschafts- und Kulturauffassung, die neu ist gegenüber der in Deutschland seit langem üblichen."[2] Diese Kritik bezog er nicht nur auf die Verhältnisse im Dritten Reich, sondern auch auf frühere Epochen der deutschen Geschichte. Dabei erläuterte er schon damals, auch in jenen Jahren, bevor Ludwig Erhard Direktor der Verwaltung für Wirtschaft wurde, die wirtschaftspolitische Zielsetzung der CDU in einer Weise, die man immerhin als Vorgriff auf die später sogenannte Soziale Marktwirtschaft bezeichnen kann. Das Wort selbst hat er nicht gebraucht, die Prinzipien seiner wirtschaftlichen Auffassung rechtfertigen jedoch dieses Urteil.
Als zweiten elementaren Baustein nannte er: „Wir wollen, daß Deutschland neu entsteht"; weiterhin: „Wir wollen, daß ein Bundesstaat geschaffen wird."[3] Auch diese Worte sprach er nicht nur als Reaktion auf das Dritte Reich. Er wollte eine in sich gefestigte parlamentarische Demokratie und einen wirklich föderativen Staat, in dem die Macht der Zentralregierung auf die Aufgaben beschränkt sein sollte, die nur von der Zentrale her gelöst werden können. Das machtverteilende Prinzip war für ihn im politischen Leben genauso wie im wirtschaftlichen Leben eine primäre Denkkategorie.
Beim dritten seiner elementaren Bausteine – seinem außenpolitischen Kredo – zeigt sich, daß bei ihm sich die außenpolitischen Überlegungen des Kölner

Oberbürgermeisters, die nur scheinbar verschüttet waren unter rein kommunalpolitischen Fragen, hindurchzogen durch einen langen Abschnitt der deutschen Geschichte und einen langen Abschnitt seines Lebens. Die Forderung nach der Einheit Europas – das „Problem der Vereinigten Staaten von Europa unter Einschluß Deutschlands"[4], wie er formulierte – ist von ihm erhoben worden, geraume Zeit bevor Winston Churchill seine aufsehenerregende Zürcher Europarede am 19. September 1946 gehalten hat. Adenauer sagte weiter, man müsse Verständnis für das westliche Sicherheitsbedürfnis aufbringen, die Versöhnung mit Frankreich sei unersetzliche und unerläßliche Voraussetzung für die europäische Einigung. Er hat es schließlich nicht öffentlich gesagt, aber er hat es geahnt und danach gehandelt, daß für Deutschland nach dem Zweiten Weltkrieg die Chance des Wiederaufstiegs im Zerfall der Kriegskoalition zwischen den USA und der Sowjetunion bestehe. Dies ist eben der durch nichts zu ersetzende Instinkt des Staatsmannes, bei dem sowohl ein hohes Maß an intellektueller Erfassung wie auch an intuitiver Bewältigung der Situation zu verzeichnen ist. Adenauer erwartete in globalem Ausmaße eine Situation, wie sie kontinental nach den napoleonischen Kriegen für Frankreich bestanden hat, als Talleyrand den Widerstreit der europäischen Großmächte für Frankreich zum Besten seines Landes auszunutzen verstand. Ich möchte nicht sagen, daß Konrad Adenauer eine Talleyrand-Figur war. Das ist keine Schmälerung seines historischen Ranges, sondern Ausdruck geschichtlicher Wahrheit. Talleyrand war ein Mann, der mehr Schichten und wechselndere Schichten als Konrad Adenauer hatte, bei dem Stetigkeit und Konstanz eine seiner elementaren Züge waren. Aber eines spürte Adenauer und nutzte es aus, daß seit dem Jahre 1946 der politische Gegensatz zwischen den Vereinigten Staaten und der Sowjetunion immer deutlicher und wirksamer wurde. Das galt besonders für den europäischen Bereich und für die Zielsetzungen der beiden Großmächte in diesem europäischen Bereich. Erinnert sei an die bekannte Rede des amerikanischen Außenministers Byrnes am 6. September 1946 in Stuttgart, in der dieser die sowjetische Obstruktionspolitik mit ihren furchtbaren wirtschaftlichen und menschlichen Folgen anprangerte und schon eine eigene westliche, jedenfalls amerikanische Europapolitik zwischen den Zeilen ankündigte. Dem folgte der Beschluß, die britische und amerikanische Zone wirtschaftlich zusammenzufassen, um wenigstens in diesem Bereiche das vorzunehmen, was eigentlich aus Potsdam hätte für ganz Deutschland erwachsen sollen, aber wegen der sowjetischen Auslegung der Potsdamer Beschlüsse – Auslegungsfragen sind oft wichtiger als Formulierungen – nicht möglich war.

Dies hat Konrad Adenauer noch lange beschäftigt und demgemäß hatte für ihn der Gedanke der Freiheit den Vorrang vor dem der Einheit um jeden Preis. So ist auch sein Ringen mit Jakob Kaiser zu verstehen. Nicht daß Jakob Kaiser ein Anhänger der Einheit Deutschlands um jeden Preis gewesen wäre; bei ihm, dem Berliner, als den man ihn bezeichnen muß, wenn er auch aus Unterfranken stammte, lagen jedoch die Akzente anders als bei Konrad Adenauer. Jakob Kaiser war mehr für ein Programm des christlichen Sozialismus und wollte in den damaligen Jahren die CDU als Reichspartei mit Hauptsitz in Berlin schaffen. Genau das wäre nach Konrad Adenauers mehrmals geäußerten Überlegungen ein kapitaler Fehler gewesen. Jakob Kaiser ging von der idealistischen Zielsetzung einer Synthese zwischen Ost und West aus, die durch die Deutschen herbeigeführt werden könnte. In dieser idealistischen Betrachtungsweise dachte er, Berlin eine Brückenfunktion zuzuweisen, und glaubte, daß in dem Zusammenhang auch die Möglichkeit einer Zusammenarbeit mit deutschen Kommunisten für die Rettung der Einheit des Reiches und für die Erfüllung der Berliner Brückenfunktion möglich sei. Die gewaltsame Ausschaltung Jakob Kaisers Ende 1947 durch die sowjetische Besatzungsmacht machte einen Strich durch alle diese Überlegungen. Sie verwies diese Politik in den Bereich der unrealistischen Wunschträume und sie festigte auch innerhalb der eigenen Reihen Adenauers politische Grundposition sowie seine persönliche und politische Autorität. Aus der Trias, Adenauer, Jakob Kaiser, Josef Müller, ging Adenauer zuerst als Primus und später als geschichtlicher Sieger hervor.

Bezeichnend für die Beurteilung Adenauers in dieser Zeit sind zwei Haltungen. Erstens war seine politische Tätigkeit ganz auf die Zukunft ausgerichtet, wie er sie ab 1949 dann gestalten sollte und wollte. Und zweitens tritt bei ihm sehr früh zutage, daß er trotz des Ahlener Programms, das zeitbedingt war und dann auch bald durch die Düsseldorfer Leitsätze abgelöst wurde, nichts von einem christlichen Sozialismus hielt. Er warf dessen Verfechtern vor, daß dieser Begriff eine unzutreffende Wertzusammenstellung darstelle. Sein Kronzeuge war Kurt Schumacher, der formuliert hatte, Sozialismus und Marxismus seien identisch. Es war weiterhin Adenauers Überzeugung, daß man mit dem Wort Sozialismus fünf Menschen gewinnen könne, daß aber gleichzeitig 20 weglaufen würden. Er erkannte sehr klar, daß es nicht um die gerechtestmögliche Verteilung der letzten Nähnadel und des letzten Hosenknopfes gehe, sondern um mehr Produktion durch mehr Leistung und mehr Leistung durch mehr Leistungsanreize. Hier lag auch der Berührungspunkt, von dem aus Konrad Adenauer und Ludwig Erhard, die nie in einer persönlichen politischen Zusammenarbeit gestanden hatten, den Weg zueinander gefunden haben. So war es für Adenauer gar nicht schwer, den Zugang zu dem auch in den eigenen Reihen als liberal gewerteten Wirtschaftspolitiker Ludwig Erhard zu finden und dessen Politik auch gegenüber innerparteilichen Widerständen zu vertreten. So verschieden die Struktur ihrer politischen Persönlichkeit war, so unterschiedlich ihre Bezugspunkte zur Geschichte und ihren wirkenden Kräften waren, in diesem praktischen Bereiche haben sie sich getroffen. Und so zogen Konrad Adenauer und Ludwig Erhard gemeinsam in den ersten Bundestagswahlkampf, und zwar für die Sache der Sozialen Marktwirtschaft.

Nach dem knappen Wahlsiege 1949 war es keine Frage, wer Kanzlerkandidat werden solle. Es gab auch keine sorgfältige Suche danach in einem schwierigen Ernennungsverfahren. Konrad Adenauer hat sich von vorneherein immer dafür betrachtet, und niemand hat es ihm ernstlich streitig gemacht. Die Frage, ob große oder kleine Koalition wurde auf der Rhöndorfer Konferenz vom 21. August 1949 entschieden, an einem Sonntagvormittag, dem ersten nach der ersten Bundestagswahl. Nach meiner Erinnerung und Notizen waren Adenauer, Erhard und wenige andere für eine kleine Koalition zwischen CDU/CSU, FDP, DP, d. h. für eine marktwirtschaftliche Koalition, denn die FDP hatte sowohl im Wirtschaftsrat bei der Durchsetzung der Marktwirtschaft wie später dann auch im Bundestag auf der Seite der CDU/CSU gegen alle sozialistischen Vorstellungen gekämpft. Dagegen stand eine starke Gegenfront, repräsentiert von Jakob Kaiser, Werner Hilpert, Gebhard Müller, Peter Altmeier und anderen Landesfürsten; alles alte, erfahrene Politiker. Sie waren mit dem beachtlichen Argument für eine große Koalition, das auch in der ersten Fraktionssitzung, die wir am 1. September 1949 in Bonn gehalten haben, eine Rolle spielte, nämlich mit dem Argument, daß die Folgen des Krieges und seine Lasten nicht von einer großen Partei in der Verantwortung gegen die andere große Partei in der Opposition verkraftet werden könne. Dieses Argument war politisch sicherlich klug und wohl überlegt, und es hatte auch eine gewisse Zugkraft. Ludwig Erhard focht dagegen am heftigsten, aber Konrad Adenauer am zähesten, und zwar mit einem Argument, das von mir als dem einzig anwesenden Vertreter der CSU stark unterstrichen wurde, nämlich, daß wir nicht den Wahlkampf für oder gegen die Soziale Marktwirtschaft führen könnten, um dann eine Koalition mit einer planwirtschaftlich orientierten Partei einzugehen. Zweitens mit einem Argument, das Ludwig Erhard auch sehr stark unterstrichen hat, nämlich, daß die Probe aufs Exempel nicht in einer großen Koalition gemacht werden könne, ob die Marktwirtschaft, so wie Erhard es versprochen hatte, wirklich die Lösung für die materielle Not, für die soziale Frage jener Jahre sein werde. Denn in einer großen Koalition mit einem marktwirtschaftlich orientierten Partner CDU/CSU und mit einer fast gleichstarken eindeutig planwirtschaftlich orientierten Sozialdemokratie werde es dahin kommen, daß alle unvermeidbaren Mißerfolge der Marktwirtschaft und der sie vertretenden Partei zugeschrieben würden und daß die geringen sich einstellenden Erfolge dann von den Sozialisten als Ergebnis ihrer planwirtschaftlichen Elemente in Anspruch genommen werden würden.

Schließlich siegten Argumente, die nicht zuletzt von mir, dem einzigen CSU-Vertreter, vorgebracht wurden. Auf Adenauers Aufforderung hin habe ich eine kurze Rede gehalten und die These unterstützt, daß das Thema Soziale Marktwirtschaft im Mittelpunkt des Wahlkampfes gestanden habe und daß die Politik der Sozialen Marktwirtschaft in einer großen Koalition nicht betrieben werden könne. Daher würde es wohl nicht möglich sein, daß die CSU sich an einer großen Koalition beteilige, und folglich wäre die Alternative, kleine Koalition CDU/CSU, FDP, DP oder große Koalition CDU/SPD und dann mit der CSU in der Opposition. Ich war in dieser Stunde hilfreiches Instrument. Konrad Adenauer begriff sofort, wie man dieses Argument verwenden muß. Er gab der ganzen Konferenz eine völlig neue Wendung, natürlich in seinem Sinne, was sein gutes Recht war. Er sagte, die Frage heiße nicht mehr große oder kleine Koalition, die Frage heiße, sollen die Unionsparteien zusammen in der Regierung sein oder nicht. Damit war die Frage entschieden, und er wurde danach mit dem denkbar knappsten Ergebnis zum ersten Bundeskanzler der Bundesrepublik Deutschland gewählt. Adenauers politischer Instinkt, ihm bei der Geburt mitgegeben und aus Erfahrung zugewachsen, hatte diese Entscheidung herbeigeführt. Wie damals bestimmte auch später eine klare Zielorientierung, entstanden aus der Summe eines schon sehr langen

Lebens, bestimmten Weisheit und Schlauheit ihn bei den personellen und sachlichen Entscheidungen, die er zu treffen hatte.
Der gegen Adenauer oft erhobene Vorwurf, der von ihm der Außenpolitik eingeräumte Vorrang habe eine Vernachlässigung der Innenpolitik bedeutet, zeugt von Oberflächlichkeit und Maßstablosigkeit politischen Denkens; er zeugt von der Unfähigkeit, die Probleme ihrer Bedeutung nach zu ordnen und einer Verkümmerung auch des geschichtlichen Denkens. Denn deutsches Schicksal wurde damals in erster Linie durch fremde Mächte, in zweiter Linie durch eigenes Bemühen entschieden und gestaltet. Wir hätten eine noch so gutgehende Politik treiben können, wenn der damalige Bundeskanzler sich nur auf die Innenpolitik konzentriert hätte, wäre das Ergebnis sehr fragwürdig gewesen. Zuerst ging es um die Ordnung unserer Dinge gegenüber den Mächten, von denen für uns Wohl und Wehe und Überleben in Freiheit oder Knechtschaft abhingen. Darum hielt er an seinen Zielmarkierungen, die er einmal als richtig erkannt hatte, unverrückbar fest. In den vielen Besprechungen, die wir damals hatten – ich in meiner Eigenschaft als stellvertretender Fraktionsvorsitzender –, sagte er uns stets, daß das erste, was wir wiedergewinnen müßten, ein beträchtliches Maß an Handlungsfähigkeit und deshalb weniger Abhängigkeit von den Besatzungsmächten sei. In der Richtung hat er gearbeitet, außen- wie auch innenpolitisch. Das, was er am zähesten verfolgte, war die Gleichberechtigung mit den europäischen Staaten sowie Sicherheit durch Vertrauenswürdigkeit und Zuverlässigkeit der eigenen Politik. Er sagte uns immer wieder, wir müssen Vertrauen gewinnen; wenn die Siegermächte kein Vertrauen zur deutschen Nachkriegspolitik haben, ist unser Bemühen eitel, wir werden wenig erreichen. Und deshalb müsse die deutsche Politik klar, durchschaubar und vertrauenswürdig sein, man müsse den roten Faden der geschichtlichen Orientierung in ihr erkennen. Und deshalb hat er jede Form der Schaukelpolitik zwischen Ost und West, den von vorneherein sinnlosen Versuch etwa, die einen gegen die anderen ausspielen zu wollen, mit einer Entschiedenheit abgelehnt, die ich beinahe als radikal bezeichnen möchte, obwohl er wahrlich kein Radikaler war.
Konrad Adenauers Politik war das Ergebnis seiner Bewertung der deutschen Lage; folgende Tatsachen sah er als grundlegend an:
1. Die verhängnisvolle Entwicklung der deutschen Geschichte im 20. Jahrhundert mit ihren beiden Kriegskatastrophen und den daraus entstandenen Folgen.
2. Der Niedergang Europas innerhalb einer Generation vom glanzvollen Mittelpunkt der Welt zu einem rauchenden Trümmerhaufen als Operationsfeld nichteuropäischer Großmächte.
3. Die Teilung der Welt zwischen den zwei Supermächten USA und Sowjetunion mit der Demarkationslinie mitten durch Deutschland, mitten durch Europa hindurch, einmal als Ergebnis der Kriegsführung Hitlers, zum anderen aber auch der Teilung der Welt in Jalta.
4. Die Eroberungs- und Ausdehnungspolitik der Sowjetunion, deren erste Stufe die Festigung und Sicherung ihrer Zwangsherrschaft in dem ihr überlassenen Teil Europas war, die Gleichschaltung der Satellitenstaaten auf Moskauer Zentralkurs; deren zweite Stufe nach seiner Befürchtung das Übergreifen der Sowjetunion auf die von ihr bisher militärisch nicht besetzten Teile Europas

sein sollte. Es war der Alptraum Konrad Adenauers, daß eine falsche Außenpolitik der Bundesrepublik Deutschland dazu führen würde, der Expansion der Sowjetunion Vorschub zu leisten.

5. Die daraus abzuleitende Auseinandersetzung zwischen Nordamerika und Westeuropa, der „freien Welt", diesem europäischen, atlantischen Kulturverbund und dem Ostblock, Sowjetunion mit ihren Zwangsverbündeten, führte zum sogenannten Kalten Krieg.

Das waren die fünf Tatsachen, von denen aus Adenauer die Möglichkeiten der deutschen Politik, nachdem er Kanzler geworden war, fixierte. Natürlich waren diese Überlegungen nicht geboren in der Nacht oder in der Woche nach seiner Wahl zum Kanzler. Hier findet man Gedankengut, das zurückreicht bis an das Ende des Ersten Weltkrieges und den Anfang der Weimarer Republik, in seine Zeit als Kölner Oberbürgermeister, als Präsident des Preußischen Staatsrates; hier findet man wohl auch Gedankengut, das sich bei ihm gebildet hatte in der Zeit des Dritten Reiches, in der Schweigsamkeit der inneren Emigration, und Gedankengut, das sich bei ihm gebildet hatte vor seiner großen Stunde in den Jahren 1945 bis 1949. Dabei war seine Sorge weniger eine militärische Aggression der Sowjetunion, als eine Expansionspolitik durch eine Kombination diplomatischer Manöver, politisch-militärischen Druckes und innerer Subversion. Er befürchtete, daß eine Kombination dieser drei Dinge zu einer Expansion der sowjetischen Macht mit den von ihm befürchteten Folgen führen würde. In seinen „Erinnerungen" umreißt er dann die Konstellation, die zu diesem von ihm gefürchteten Ergebnis führen könnte[5]:

1. Eine entscheidende Wiederbelebung des amerikanischen Isolationismus, die eine automatische Stärkung der sowjetischen Macht zur Folge haben würde; diese Befürchtung hat er in den neun Jahren, in denen ich bei ihm im Kabinett war, und in den übrigen Jahren, in denen wir im Parlament zusammenarbeiteten, häufig und fast wörtlich identisch wiederholt.
2. Nationale Rivalitäten zwischen den freien Staaten Westeuropas, die die sowjetische Gier anstacheln, die USA zum Rückzug aus dem abermals in sich zerstrittenen Kontinent veranlassen und der Moskauer Diplomatie vielfache und wirksame Hebel gegen Westeuropa in die Hand geben würden.
3. Ein Wiederaufleben des Mißtrauens gegen Deutschland, ausgelöst durch einen westdeutschen Nationalismus oder Neutralismus, wodurch die Kriegsallianz erneut zusammengeführt und damit wiederum die sowjetische Einwirkungsmöglichkeit vergrößert werden könnte.
4. Eine Verständigung der Supermächte zur Schaffung von kontrollierten oder neutralisierten Gebieten, aus der sich die Ausgliederung der Bundesrepublik aus dem Schutz des Bündnisses, die völkerrechtliche Anerkennung des Status quo und die Erpressungsfähigkeit der Bundesrepublik für sowjetischen Druck ergeben würde.

Aus dieser Konstellation ergaben sich für Adenauer die möglichen Optionen der Bundesrepublik Deutschland nach dem Zweiten Weltkrieg.

1. Eine langdauernde Fortsetzung der Besatzungsherrschaft mit allen Belastungen für die wirtschaftliche Erholung und für die innenpolitische Entwicklung.
2. Wiederherstellung der deutschen Einheit auf der Grundlage der sowjetischen Auslegung der Beschlüsse der Potsdamer Konferenz mit der Gefahr einer

„volksdemokratischen" Entwicklung im Innern und einer sowjetischen Hegemonie in Europa.

3. Westbindung der deutschen Politik mit zwei Orientierungszielen, die sich ergänzen, nicht gegenseitig ausschließen sollten: Einbau der Bundesrepublik in die Vereinigten Staaten Westeuropas und Mitgliedschaft in der Atlantischen Allianz, in der NATO.

Aus dieser seiner geschichtlichen Denkwelt und aus seiner aktuellen Konstellationsanalyse heraus entschloß er sich im Sommer 1950, den sensationellen und spektakulären Vorschlag zu machen, nämlich die Aufstellung deutscher Streitkräfte als Beitrag zur europäischen Verteidigung und als Gegenleistung für eine formelle, rechtliche Sicherheitsgarantie mit Verstärkung der westlichen Truppen. Vorausgegangen war wie ein Hammerschlag der Geschichte der Ausbruch des Koreakrieges, seine Vorgeschichte mit dem Abzug der amerikanischen Truppen aus Südkorea und der Rückkehr unter blutigen und verlustreichen Kämpfen sowie der allgemeine Schock, der damals auch in Europa eingetreten war. Ich erinnere mich, daß wenige Tage nach dem Ausbruch des Koreakrieges der damalige amerikanische Hochkommissar McCloy eine Reihe von Unionspolitikern – u.a. Heinrich von Brentano, Theodor Blank, Kurt Georg Kiesinger, Josef Arndgen und mich – eingeladen hatte. Wir alle hatten das Gefühl, daß etwas an diesem 28. Juni 1950 in der Luft liege. Es kam die Frage von McCloy, kurz und ohne Umschweife: „Welche Forderungen stellen Sie für die Wiederaufstellung deutscher Streitkräfte?" Es wäre überheblich zu sagen, daß wir so etwas geahnt hätten, wir waren auf diese Frage so kurze Zeit nach Beginn der Bundesrepublik nicht vorbereitet. In diese Situation hinein fügte sich die Überlegung Adenauers. Sie war natürlich kein einsamer Entschluß, sondern sehr wohl überlegt und mit einer Reihe seiner Freunde aus der damaligen Umgebung, zu der ich noch nicht gehörte, besprochen. Nachdem er sich dazu durchgerungen hatte, schickte er das Memorandum an die drei Hochkommissare mit dem Angebot, wieder eine deutsche Armee aufzustellen als Beitrag für eine integrierte europäische Verteidigung, wenn dafür die alliierten Truppen verstärkt und wenn dafür eine formelle verpflichtende Sicherheitsgarantie gegeben würde. Das Militär war dabei für Adenauer kein Instrument militärischer Planung oder politischer Aktion, sondern ein Attribut der Partnerschaftsfähigkeit und damit eine unentbehrliche Voraussetzung für gegenseitige Sicherheitspolitik. Für Adenauer war die Aufstellung der Bundeswehr ein Element seiner Außenpolitik und kein geplantes Aktionsinstrument für politische Ziele irgendwelcher Art.

Ohne Konrad Adenauer gäbe es keine Bundeswehr; ich wage zu sagen, daß ihre Aufstellung wesentlich später gar nicht mehr möglich gewesen wäre. Die Schatten Moskaus sind über Europa so lang geworden, daß Entscheidungen dieser Tragweite, wie Aufstellung einer deutschen Armee, heute nicht mehr möglich wären. Wahrscheinlich war das Jahr 1950 – es dauerte ohnehin fünf Jahre, bis die ersten Einheiten aufgestellt wurden – der geschichtlich richtige Zeitpunkt. Denn der zunehmende Druck, unter dem sich die Amerikaner wegen des Aufstiegs der Sowjetunion zur Atommacht mit der Folge des atomaren Patts fühlten, führte zu einem immer stärkeren amerikanisch-sowjetischen Dialog mit Verständigungszwang für die Amerikaner. Adenauer fürchtete nicht zu Unrecht, daß die Bundesrepublik Deutschland und ihre Sicherheit dabei Verhandlungsobjekt und auch Tauschobjekt werden könnten. Und genau das wollte er verhindern. Diese Behauptung stützt sich auf viele Gespräche, in denen er dieser konkreten Sorge Ausdruck gegeben hat.

Es entspricht derselben Grundhaltung Adenauers, daß er auch den sowjetischen Vorstößen im Jahre 1952 – vor Abschluß des Vertrages über die Europäische Verteidigungsgemeinschaft – und im Jahre 1954 – vor Abschluß der Pariser Verträge – zur Deutschlandpolitik keinen anderen Wert beimaß als den von Störmanövern, die den Anschluß der Bundesrepublik an den Westen verhindern, langfristige Verhandlungen mit unsicherem, ja negativem Ausgang heraufbeschwören und das westliche Anfangsvertrauen in die Bundesrepublik erschüttern sollten. Adenauer sah es als Ziel dieser sowjetischen Manöver an, daß die Amerikaner aus Europa hinausmanövriert, die Westeuropäer an ihrer Einigung gehindert, der deutsche Nationalismus und Neutralismus belebt und die sowjetische Einflußmöglichkeit auf Westeuropa verstärkt werden sollte. Adenauer sah auch völlig richtig, daß ein Eingehen auf die sowjetischen Vorschläge keine deutsche Einheit in gesicherter Freiheit und keinen beständigen Frieden ergeben würde.

Konrad Adenauer als Realpolitiker hatte nichts gegen Vorleistungen begrenzten Umfangs, wenn er glauben konnte, daß diese Vorleistungen Vertrauen erwecken und nicht als billige Geschenke eingestuft würden. Er war für deutsche Leistungen, wenn er davon ausgehen konnte, daß so Barrieren abgebaut, Versöhnung bewirkt und eine gemeinsame Zukunft sichergestellt werden könnten – dies aber nur dort, wo gemeinsame geistige und sittliche Grundwerte die Gewähr gemeinsamer menschlicher und politischer Verhaltensweisen boten.

In diesem Zusammenhang ist ein wichtiger Hinweis unerläßlich: Konrad Adenauer hat mehr über das Verhältnis zwischen einem demokratischen Deutschland und einem kommunistischen Rußland nach zwei Weltkriegen nachgedacht als seine Freunde wußten und als seine Gegner ihm zu unterstellen oder zuzutrauen bereit waren. Adenauer wußte, daß die Ordnung dieses Verhältnisses ein langwieriger politischer und geschichtlicher Vorgang sein würde. Er sah keine Patentlösungen. Im Vergleich mit den Zauberlehrlingen seit 1969 sind diese die wirklichen „terribles simplificateurs" und ist Konrad Adenauer ein differenzierter Denker, ein vorsichtiger und vorurteilsfreier Analytiker, ein instinktsicher Entscheidender und ein intellektueller Kritiker ohne Scheuklappen.

Adenauer wußte, daß es keinen sicheren Weg zu einer Wiedervereinigung in Frieden und Freiheit in berechenbarer Zeit geben könne. Er wußte, daß es kein unabhängiges, freies Deutschland als Insel der Glückseligen zwischen West und Ost geben würde. Er hielt es abwechselnd für mehr oder weniger gut möglich, durch Eingehen auf sowjetische Sicherheitsforderungen zu Verhandlungsmöglichkeiten über die Deutschland-Frage zu kommen – aber ohne Preisgabe der eigenen Sicherheit und ohne Schaukelpolitik zwischen Ost und West. Adenauer wollte stets Abrüstungs- und Rüstungskontrollmaßnahmen mit Fortschritten in der deutschen Frage verbinden, aber ohne eine Ausklammerung der Bundesrepublik aus dem westlichen Sicherheitsbereich und ohne völkerrechtliche Anerkennung des Status quo, mit der die Bonner Machthaber seit 1969 weder den Frieden gefestigt noch die Lösung der deutschen Frage erleichtert noch das Leben der Menschen drüben verbessert haben. Manches ist bekannt, vieles ist unbekannt und erst die Geschichtsschreibung wird es an den Tag bringen, was Konrad Adenauer an ostpolitischen Überlegungen, Vorschlägen und Vorstößen im einzelnen unternommen hat. Ehrliche Gegner und Kritiker würden ihm Abbitte leisten, wenn sie die Wahrheit wüßten – manche allerdings wollen sie gar nicht wissen. In diesen Zusammenhang gehören Adenauers Überlegungen, daß die Sowjetunion aus politischen Gründen und wirtschaftlichen Notwendigkeiten gegenüber dem Westen und im Zusammenhang mit der Entwicklung ihres Verhältnisses zur Volksrepublik China echte Verhandlungsbereitschaft zeigen werde, wenn der lange Atem der Geduld und die unerschütterliche Festigkeit in der Verteidigung der deutschen Rechtspositionen geschichtsmäßig sich auswirken würden. In diesen Zusammenhang gehören auch seine Reise nach Moskau, die Aufnahme diplomatischer Beziehungen; dann die Entsendung des eigenwilligen Hans Kroll als Botschafter nach Moskau, der bis heute weitgehend unbekannte Globke-Plan sowie das Angebot einer Art „Österreich-Lösung" für die „DDR" im Frühjahr 1958 und schließlich das Angebot eines zehnjährigen Stillhalteabkommens in der deutschen Frage bei gleichzeitigen menschlichen Erleichterungen für die Menschen jenseits von Mauer und Stacheldraht sowie sein Verzicht auf eine differenzierte Einwirkung in den sowjetischen Machtbereich und dessen Verbündete hinein, um jedes sowjetische Mißtrauen zu verhindern.

Das Thema „Österreich-Lösung" wurde im März 1958 auch im Bundestag behandelt. Ich habe damals, im Einvernehmen mit Adenauer, eine Rede gehalten, in der ich die Frage behandelt habe, worum es uns gehe, um die Freiheit oder um die Einheit[6]. Meine Antwort war, wenn wir beides erreichen können, beides. Wenn aber Freiheit zu Lasten der Einheit oder Einheit zu Lasten der Freiheit, dann stelle sich die Frage, was bedrückt uns? Die Antwort lautete: Uns bedrückt die Unfreiheit der Menschen im anderen Teil Deutschlands. Wenn die Folgen des Zweiten Weltkrieges es mit sich brächten, daß die Deutschen getrennt leben müßten, etwa bis zum Ende dieses Jahrhunderts, aber im anderen Teil Deutschlands ein Staat oder eine Gesellschaft wie in Österreich gebaut werde, so müßten wir das als Folge zweier verlorener Kriege, von denen wir den zweiten allein verschuldet und verloren haben, auf uns nehmen. Womit wir uns aber nicht abfinden könnten, das sei die Unfreiheit im anderen Teil Deutschlands.

Angesichts der zahlreichen außenpolitischen Leistungen Adenauers könnte man fragen, wo bleibt der Innenpolitiker, und gab es nicht doch einen Primat der Außenpolitik. In dem Sinne gab es diesen Primat, daß es keine gesicherte, zielstrebige und erfolgreiche Innenpolitik geben konnte, ohne Ordnung der außenpolitischen Bezüge, ohne Eingliederung in die europäische Gemeinschaft, ohne Zulassung zum atlantischen Sicherheitspakt und ohne Modus vivendi mit dem östlichen Machtsystem und ihrer Hegemonialmacht Sowjetunion.

In der Außenpolitik war Adenauer lange Zeit unentbehrlich, in der Innenpolitik konnte er sich darauf verlassen, daß sein gutes Gespür in der Auswahl seiner

Mitarbeiter die Dinge auf dem Hintergrund seiner Autorität richtig vorantreiben würde. Diese Mitarbeiter standen auf dem Boden gemeinsamer Wertvorstellungen und hatten ein Netz gemeinsamer Zielorientierungen. Stellvertretend seien Ludwig Erhard, Fritz Schäffer und Anton Storch genannt. Soziale Marktwirtschaft, solide Finanzen und soziale Sicherung ergaben zusammen Fortschritt und Frieden. Die Durchsetzung der Sozialen Marktwirtschaft ist die größte innenpolitische Reform in diesem Jahrhundert. Wirkliche Reformen sind der Lastenausgleich, die Finanzierung des sozialen Wohnungsbaues, durch den zwölf Millionen Ausgebombte, Flüchtlinge und Heimatvertriebene innerhalb einer für unmöglich gehaltenen kurzen Zeit wieder ein neues und menschenwürdiges Heim für sich in Anspruch nehmen konnten. Und schließlich war es eine geradezu säkulare Reform, mit Einführung der dynamischen Altersrente die aus dem Arbeitsprozeß Ausgeschiedenen – und zwar in einer nahezu inflationsfreien Zeit – an dem volkswirtschaftlichen Gesamtertrag des realen Wachstums zu beteiligen.

Konrad Adenauer war ein Mann des Wiederaufbaus und des Neubaus zugleich. Rekonstruktion und Reform in einem, so ist die Bundesrepublik geworden, was sie ist. Unter Adenauers Führung wurde die Bundesrepublik Deutschland aus einem der größten Trümmerhaufen der Geschichte in einer halben Generation zur stärksten Wirtschaftsmacht Europas, zum zweitgrößten Handelsstaat der Welt und zum Staat mit dem bestausgebauten sozialen Sicherheitssystem unter allen Industrieländern.

Konrad Adenauer war ein echter Bürger und ein Demokrat, ein Deutscher und ein Europäer, ein Vorkämpfer der Freiheit und ein Anwalt des Friedens. Er war ein christlicher Staatsmann, in dem sich liberale, konservative, nationale, demokratische und soziale Elemente zu einer Einmaligkeit verbunden hatten, die eben den Wert seiner Person ausmachen. Sein Werk ist zum Teil überschaubar und – das ist die Tragik eines jeden Staatsmannes – unvollendet. Aber seine Politik hat den Erben die Chance gegeben, sein Werk zu vollenden, wenn sie seinen Grundsätzen im Wandel der Zeiten treu bleiben.

Wenn man Konrad Adenauers Werk sine ira et studio sachlich-nüchtern würdigen will, muß man sich fragen: Was wäre aus Deutschland geworden, wenn 1949 die Sozialdemokraten mit ihren planwirtschaftlichen Vorstellungen und Neutralisierungsplänen die politische Führung übernommen hätten? Aus der Negativprojektion läßt sich die Originalprojektion seines Werkes in der geschichtlichen Konstellation und im geschichtlichen Koordinatensystem erst in voller Tragweite erahnen.

Auch heute stellt sich die Frage: Was soll aus Deutschland werden? Stabilitätsfaktor wirtschaftlicher, gesellschaftlicher, politischer, militärischer Art der freien Welt und besonders Europas oder gesellschaftspolitisches Manövergelände für Systemänderer und – ob gewollt oder ungewollt – Wegbereiter der sowjetischen Strategie der nächsten Phase, der wahrscheinlich vorletzten Europas im geschichtlichen Gezeitengang?

Reduziert auf den politischen Kern glaube ich – auch wenn man das für eine unzulässige Vereinfachung halten mag – sagen zu müssen: Die Zukunft Europas wird entweder marxistisch sein oder sie wird nach den geschichtlichen Ordnungskategorien und Wertvorstellungen Konrad Adenauers in ihrer zeitlosen Läuterungsform gestaltet werden. Das ist das Erbe und der Scheideweg zugleich. Und das ist sein Vermächtnis, aus dem die Verpflichtung und der Maßstab für seine Erben kommt.

1 Für den Wortlaut des Briefes vgl. Rudolf Morsey, Vom Kommunalpolitiker zum Kanzler, in: Konrad Adenauer. Ziele und Wege. Hrsg. von der Konrad-Adenauer-Stiftung, Mainz 1972, S. 76ff.
2 Für den Wortlaut der Rede vom 24. März 1946 vgl. Hans-Peter Schwarz (Hrsg.), Konrad Adenauer. Reden 1917–1967. Eine Auswahl, Stuttgart 1975, S. 82ff., besonders S. 86.
3 Vgl. Schwarz, Konrad Adenauer, S. 104.
4 Vgl. Schwarz, Konrad Adenauer, S. 105.
5 Vgl. für die Zusammenstellung aus den „Erinnerungen", der ich mich anschließe, Hans-Peter Schwarz, Das außenpolitische Konzept Konrad Adenauers, in: Rudolf Morsey und Konrad Repgen (Hrsg.), Adenauer-Studien I (= Veröffentlichungen der Kommission für Zeitgeschichte, Reihe B, Bd. 10), Mainz 1971, S. 81.
6 Für den Wortlaut der Rede vom 20. März 1958 vgl. Verhandlungen des Deutschen Bundestages. 3. Wahlperiode. Stenographische Berichte. Bd. 40, S. 861ff., besonders S. 868.

WILLY BRANDT

Konrad Adenauer – Ein schwieriges Erbe für die deutsche Politik

Man wird kaum erwarten, daß ich über Konrad Adenauer aus der Distanz völliger Unbefangenheit schreibe. Das wäre der Persönlichkeit des ersten Kanzlers der Bundesrepublik Deutschland auch nicht angemessen.

Manche Gegensätze, die uns in den zurückliegenden Jahren trennten, sind unerheblich geworden. Andere hat der zeitliche Abstand kaum gemildert. Bei unseren Begegnungen ist weder ihm noch mir verborgen geblieben, wie grundverschieden die Strukturen unseres Denkens waren. Die Erklärung dafür liegt nicht nur darin, daß uns mehr als nur eine Generation voneinander trennte.

Natürlich ist es ein schwieriges Unternehmen, die Markierungen des Generationswechsels genau zu setzen. Die historischen Zäsuren sind gerade in diesem Jahrhundert eng aneinander gerückt. Meine Jugend fiel in die erste deutsche Republik. Konrad Adenauer, fünf Jahre nach der Proklamation des Deutschen Reiches geboren, war noch durch die Epoche vor dem Ersten Weltkrieg geprägt worden. Doch es war wohl ein landschaftlich und konfessionell geformtes Mißtrauen gegen das protestantische Preußentum, das ihn historisch fast als eine verspätete Alternative zum Gründerkanzler des Wilhelminischen Reiches erscheinen läßt. Als Lübecker – man hat mit freundlicher, wenn auch überzeichnender Ironie bemerkt, bei ihm und mir habe das „hanseatische" Milieu seine Spuren hinterlassen – war es mir nicht schwer, des Kölners Aversion gegen die nachwirkenden Charakteristika der wilhelminischen Ära zu verstehen.

Konrad Adenauer war ein Bürger. Ich meine dies respektvoll und bin mir dabei natürlich bewußt, daß sein Verständnis von Bürgerlichkeit notwendig ein anderes sein mußte als das meine. Obwohl er aus kleinbürgerlichen Verhältnissen stammte, vertrat er in seinem Lebensstil und in der sozialen Verankerung seiner Politik eine großbürgerlich-patrizische Welt. Und so sehr er sich zu Frankreich hingezogen fühlte: Es war sicher nicht die revolutionäre Tradition, die ihn mit diesem Land verband. Freiheit verstand er wohl in erster Linie als mißtrauische Zurückweisung einer überspannten Staatsidee. Die Forderung nach Gleichheit hielt er vermutlich zeit seines Lebens für einen jakobinischen Anschlag auf die Würde der Person, wie er sie verstand. Und die Brüderlichkeit mochte für ihn eher das Ideal einer anderen Welt als das unserer irdischen sein. Seinen diesseitigen Gefährten begegnete er – mit wichtigen Ausnahmen – jedenfalls eher mit gezähmter Verachtung.

Zu seinem Erscheinungsbild gehörte freilich auch – wie es ein kritischer Beobachter formulierte – eine rheinische Art der Toleranz und eine spezifische kölnische Humanität. Die suggestive Wirkung, die in den ersten Nachkriegsjahren von ihm ausging, läßt sich zum Teil gerade aus seiner patrizischen Zeitferne erklären. Seine aufragende Gestalt schien die Stürme von Diktatur und Krieg unangefochten und unbeschädigt bestanden zu haben. Er repräsentierte für seine Wähler, neben der Autorität, die er aus verschiedenen Quellen gewann, eine in Wirklichkeit nur scheinbar heil gebliebene Welt, die sie sich aus den Wirren und Ängsten des Zusammenbruchs zu retten suchten. Als das Reich, die Städte, die soziale Ordnung, selbst die einfachsten Dinge des Alltags und fast alle moralischen Normen zusammenbrachen, verkörperte Adenauer eine Kontinuität, die über die nazistische Diktatur, die Weimarer Republik, ja selbst den Ersten Weltkrieg in eine Epoche zurückreichte, in der die Welt noch in Ordnung gewesen zu sein schien. Den Katastrophen, die an ihm anscheinend spurlos abgeglitten waren, setzte er den Eindruck einer sicheren Stetigkeit entgegen. Vor den Trümmern der Maßlosigkeit nahm sich sein Gegenbild des Ordnungssinns und der maßvollen Beschränkung besonders wirkungsvoll aus. Mitten im Chaos verkörperte er einen Ordnungssinn, der sich nicht damit aufhielt, was er für Kleinlichkeiten halten mochte. In der allgemeinen Erschütterung wies er auf Werte, die gültig geblieben waren – oder schienen.

Freilich darf nicht übersehen werden, daß Konrad Adenauer es manchen seiner Zeitgenossen zu einfach machte, den tiefen Schock der Niederlage und der Konfrontation mit der eigenen Verantwortung zu überwinden. Auch nahm man ihm gern eine gewisse Raffinesse ab, um damit eigene Verschlagenheit rechtfertigen zu können. In seinem schützenden Schatten haben sich viele einer geistigen und moralischen Auseinandersetzung mit individueller Schuld und kollektiver Verantwortlichkeit entzogen.

Er selbst hatte den Nazismus eher zurückgezogen beobachtet. Seine Gegnerschaft zum Dritten Reich hat ihm Ungelegenheiten bereitet. Doch ließ er seine Freunde damals auch wissen, daß er die Mobilisierung aktiven Widerstandes für vergeblich hielt. Er ließ sich nur zögernd mit jenen Kreisen ein, die den gewaltsamen Sturz des Diktators versuchen wollten. Er meinte, das braune Regime müsse sich selbst sein Ende bereiten, und der bittere Weg könne nicht durch aktiven Widerstand und Attentate abgekürzt werden. Offenbar war er geneigt, das „Dritte Reich" eher für einen Unglücksfall der Geschichte zu halten und suchte darum kaum nach den sozialen, moralischen und politischen Ursachen der Katastrophe. Mit anderen Worten: Er sah kaum, daß der Nazismus seine Entwicklungsmöglichkeiten neben anderem dem Umstand verdankte, daß die demokratische Revolution von 1918 in Deutschland nur halben Herzens oder gar nicht akzeptiert wurde. Daran hatte das Bürgertum, in dem er wurzelte, ein gerütteltes Maß an Mitschuld. Die Radikalität, die nach den Wurzeln der zeitgeschichtlichen Erscheinungen fragt und Zusammenhänge aufdeckt, war Konrad Adenauer in der Tat fremd.

Dies mindert weder seine Wirkung noch seine Leistung. Seine Persönlichkeit prägte sich der deutschen Nachkriegsgesellschaft entscheidend auf, gerade weil er so wenig mit ihr gemein hatte. Allerdings mit bloßer Zeitferne läßt sich sein politischer Erfolg nicht erklären. Er stieß auch in die Lücke, die durch die Korrumpierung von „Gemeinschaft" und „Idee" im Dritten Reich gerissen worden war. Es gab eine tiefe Skepsis gegenüber aller Politik, den bewußten Rückzug ins Private. Aber es gab auch den Wunsch – den Adenauer sich zu eigen machte und artikulierte – nach Wiederherstellung der Rechtsstaatlich-

keit und der bürgerlichen Freiheiten.
Konrad Adenauer verstand ferner, daß als Alternative zum Debakel von Weimar für die zweite Republik ein Höchstmaß von Stabilität gesucht werden müsse. Er erkannte sie zunächst nicht so sehr in der Chance einer sozialen Neu-Konsolidierung, sondern in der Festigung des Institutionellen. Obwohl er rechtsschöpferisch auf die Gestaltung des Grundgesetzes nicht allzuviel Einfluß nahm, hat er sich dafür eingesetzt, daß das Amt des Bundeskanzlers durch die Grundgesetzordnung des „Konstruktiven Mißtrauensvotums" eine ungewöhnliche Stärkung erfuhr, die den leichtfertigen Regierungssturz und raschen Wechsel der Verantwortung (nach dem Beispiel von Weimar oder der dritten und vierten Republiken Frankreichs) verhinderten und damit ein Element der Beständigkeit in unserem System verankerte.
Man hat gesagt, die neue Verfassung sei für einen Kanzler Adenauer maßgeschneidert worden. Die Sozialdemokraten waren jedoch auch für eine starke Stellung des Kanzlers eingetreten, und es ist kein Zweifel, daß Kurt Schumacher sie mit Entschiedenheit genutzt haben würde. Die Weisheit der Väter des Grundgesetzes war nicht an eine Partei gebunden, denn sie war von den Erfahrungen mit dem ersten unglücklichen Experiment der Deutschen mit einem demokratischen Staat geprägt. Der Alptraum des Endes von Weimar lastete schwer auf den beiden Männern, die den ersten Abschnitt der deutschen Nachkriegspolitik am auffälligsten bestimmten: Konrad Adenauer und Kurt Schumacher. So vieles sie sonst voneinander trennte – sie waren sich darin einig, daß sich das Versagen der parlamentarischen Demokratie nicht wiederholen dürfe. Doch ihre Antworten mußten – von der Grundverschiedenheit der Herkunft, der persönlichen Erfahrung, den politischen und sozialen Bindungen und schließlich des Charakters her – nahezu unvereinbar sein.
Schumacher – das reduziert ihn ganz gewiß nicht – wies deutlich preußische Züge auf. Er konnte und wollte nicht verbergen, daß er im Weltkrieg als Freiwilliger gedient hatte. Und mochte er als brillanter junger Abgeordneter im Reichstag noch so etwas wie ein Außenseiter seiner Partei gewesen sein, während des Martyriums einer mehr als zehnjährigen Haft in den Gefängnissen und Lagern der Nazis wurde er zur wahren Repräsentation des „anderen Deutschland", für das er litt. Trotz einer tiefen Passioniertheit war sein Zugang zu den Problemen von einer ausgeprägten Intellektualität gelenkt. Zum anderen lebte er in jener Solidarität, die man als ein emotionell-entscheidendes Element in der Geschichte der Arbeiterbewegung häufig unterschätzt hat.
Schumachers Antikommunismus wurde dadurch keineswegs gemildert; im Gegenteil, seine eigenen Qualen vergrößerten seine Sensibilität und schärften seinen Widerstand gegenüber jeder totalitären Gefahr. Überdies verzieh er den Kommunisten nicht, daß sie – objektiv – den Nazis oft genug zu linksextremen Partnern geworden waren, als die erste Republik geschädigt, ja zerstört werden sollte. Schumacher dachte und plante weit über die alte Verengung der Sozialdemokratie auf die „klassische" Arbeiterpartei hinaus. Er und auf seine Weise Ernst Reuter trugen die geistigen und politischen Barrikaden ab, die der Öffnung zu einer Volkspartei entgegenstanden – wie zum anderen Adenauer früh darum besorgt war, die konfessionellen Grenzpflöcke des alten Zentrums beiseite zu räumen. Das Selbstverständnis der SPD als Volkspartei,

das später im Godesberger Programm formuliert wurde, war bei Schumacher (wie bei Ernst Reuter) fest verwurzelt. In einer gewissen Entsprechung sah Konrad Adenauer die sich formende CDU als eine breite und umfassende Front bürgerlicher Kräfte, die auch in die Arbeiterschaft hineinreichen sollte. Doch eine entscheidende Lehre der Jahre vor 1933 hieß für Kurt Schumacher, daß die Vertretung der nationalen Interessen, um die man sich gewiß auch in der Weimarer Republik bemüht hatte, und im Zusammenhang damit, wenn man so will, das nationale Pathos nicht den antidemokratischen Kräften überlassen bleiben durfte. Er fürchtete nicht grundlos, daß die Heimatlosigkeit von neun (und später zwölf) Millionen Flüchtlingen, die Not der Massen in den zerstörten Städten, die Vernichtung der Arbeitsplätze, die wirtschaftliche und finanzielle Ausblutung, die Abtrennung von einem Drittel des alten Reichsgebietes und schließlich die immer tiefer einschneidende Teilung des Landes zwischen Ost und West eine Radikalisierung bewirken könne, in der die nationalistischen Ressentiments wieder triumphieren würden. Darum suchte er – auch in schroffer Konfrontation mit den westlichen Besatzungsmächten und kompromißlos gegenüber den sowjetischen Eroberern und ihren deutschen Parteigängern – eine volle Identifikation zwischen den recht verstandenen Ansprüchen seiner leidenden Landsleute und der deutschen Sozialdemokratie. Die Geschichte schien Schumacher unrecht zu geben, denn ein unkontrollierter Nationalismus hat bis heute die Fundamente der neuen Demokratie nicht ernstlich gefährdet. Doch könnte dies ein voreiliges Urteil sein: Vielmehr war es gerade die Zähmung der Ressentiments durch Schumacher und die wiedererstandene Sozialdemokratie, ihre Entschlossenheit, Lösungen der „deutschen Frage" nur auf friedlichem Wege zu suchen, die von Anfang an eine psychologische Konsolidierung ermöglichte. Trotz der Härte der Gegensätze – zu einem Teil sogar durch sie – hatte Schumacher damit das Terrain für die Außenpolitik Konrad Adenauers mit bestellt. Soviel ist ohnedies sicher: Der erste Vorsitzende der SPD nach dem Krieg verstand die Dialektik der Beziehungen zwischen Opposition und Regierung wesentlich besser als mancher auf der anderen Seite des Bundeshauses. Mit dieser Bemerkung soll die Enttäuschung Schumachers über den Ausgang der ersten Bundestagswahlen nicht bagatellisiert werden. Auch kann die Schärfe der konträren Positionen und der persönlichen Abneigung im Rückblick nicht verniedlicht werden. Noch Jahre nach Schumachers Tod vermochte Adenauer sein Verhältnis zu Schumacher nur so zu definieren: Wir waren politische Gegner.

Konrad Adenauer, das darf man voraussetzen, fürchtete die nationalistische Gefahr nicht weniger als Kurt Schumacher. Doch um sie zu bannen, bediente er sich einer anderen Strategie: Er versuchte, dieser Gefahr durch Kompromiß, gelegentlich durch eine Taktik der Umarmung, durch Integration und – dies war entscheidend – die frühe Umorientierung auf eine westeuropäische Zielsetzung Herr zu werden. Ob ihm sein skeptisches Weltbild tatsächlich erlaubte, an eine christliche Erneuerung des Abendlandes zu glauben, stelle ich dahin. Doch er nahm sich vor – wie mit ihm zahlreiche bürgerliche Politiker in vielen Städten und Winkeln des zerbrochenen Reiches –, daß der alte konfessionelle Hader nicht länger in die Politik hineingetragen werden sollte. Aus der gemeinsamen Erfahrung von Christen beider großen Kirchen im Dritten Reich war die Idee einer Union erwachsen. Hilfreiche Verbandsstrukturen kamen hinzu. Ob es gut war, dieser Zusammenfassung von Kräften den hohen Anspruch einer „christlichen" Partei im Titel der Union voranzustellen, ist im Laufe der Jahre nicht nur von Sozialdemokraten und Liberalen bezweifelt worden. Man wird eine Erklärung wohl vernünftigerweise in den hochgespannten, ja zum Teil überspannten weltanschaulichen Erwartungen und Hoffnungen der tiefen emotionellen Krise jener Jahre sehen müssen. Konrad Adenauers persönliches Verhältnis zu den Kirchen und zumal zum hohen katholischen Klerus war eher auf eine entspannte Weise distanziert. Taktische Erwägungen waren ihm in diesem Zusammenhang natürlich auch nicht fremd.

Die Gesetze christlicher Ethik minderten die politisch-taktische Fähigkeit des ersten Kanzlers – mit der geringsten aller möglichen Mehrheiten gewählt – jedenfalls durchaus nicht, wenn es sich darum handelte, seine Basis systematisch zu verbreitern. Sein Talent, Chancen des Augenblicks und Schwächen der Gegner auszubeuten, hatte ihn mit ein paar kühnen Manövern zuerst an die Spitze der CDU in der britischen Zone, dann in den Vorsitz der Gesamt-Union und in die Schlüsselstellung des Präsidenten des Parlamentarischen Rates geführt. Mit seiner unnachahmlichen Mischung von Zähigkeit, Schlauheit, Weitblick und einem ausgeprägten Instinkt für das gerade Opportune schuf er sich eine Autorität, die weit über seine Partei hinauswuchs. In seinen Koalitionen stellte er ohne viel Bedenken Abhängigkeiten her, aus denen sich niemand ohne Mühe und Mut zu befreien vermochte. So integrierte er Gruppierungen der rechten Landschaft der jungen Bundesrepublik: der Bund der Heimatvertriebenen und Entrechteten (BHE) war nicht anders als die Deutsche Partei Heinrich Hellweges oder schließlich der abgesplitterte rechte Flügel der FDP dazu verurteilt, in Adenauers Union aufzugehen.

Es ist deutlich genug und bis heute spürbar, daß damit auch die konservativen, ja weit nach rechts ausholenden Elemente in einer Partei gestärkt wurden, die am Anfang weit nach links ausgegriffen und in dem von Konrad Adenauer – jedenfalls nach außen – mitvertretenen Ahlener Programm noch die Vergesellschaftung der Grundindustrien gefordert hatte. Das ist lange her, und Konrad Adenauer hat es rasch vergessen – falls er diese Beschlüsse je ernst genommen und nicht nur als damals unvermeidliche Konzessionen an die Kräfte um Karl Arnold und Jakob Kaiser betrachtet hatte. Auch die schrillen nationalen Töne, die der alte Herr zu dämpfen und „europäisch" abzulenken versuchte, verstummten auf dem rechten Flügel seiner Partei niemals ganz: trotz oder wegen der Nüchternheit, mit der Adenauer die notwendigen Kompromisse mit den westlichen Siegermächten vollzog und, unter Opfern, die Bindung an die Nachbarn in Europa suchte. Fritz René Allemann hat in seinem Buch „Bonn ist nicht Weimar"[1] darauf hingewiesen, daß es Adenauer gelang, den Appell an das nationale Selbstbewußtsein mit einer Politik zu verbinden, die in Weimar der Anklage, „Erfüllungspolitik" zu sein, nicht hätte entgehen können (was Demagogen später nicht davon abhielt, die konsequente Weiterentwicklung der Westpolitik des ersten Bundeskanzlers durch die Ostpolitik als „Ausverkauf" zu denunzieren).

Adenauer war davon überzeugt, daß die deutsche Politik – in einem gespaltenen Europa nicht gegen, sondern nur mit den Siegermächten des Westens gemacht werden könne. Situationen und politische Führung entsprachen einander, wie es Allemann definierte: „Wäre er zu Weimarer Zeiten Reichskanzler geworden, so spricht wenig für die Annahme, daß er sich aus der Zahl der ehrenwerten, aber wenig inspirierenden Persönlichkeiten herausgehoben hätte, die damals den politischen Fundus des Reiches schlecht und recht verwalteten. Es bedurfte, mit anderen Worten, der außerordentlichen und einmaligen Lage von 1949, um einem Mann seines Schlages die Möglichkeit der breiten und tiefen Wirkung zu verschaffen. Diese sehr delikate, aber nichtsdestoweniger in ihren Grundzügen überraschend einfach gelagerte Situation war genau auf seinen Habitus zugeschnitten; in ihr konnten sich seine Qualitäten entfalten. Was sie verlangte, war nicht Subtilität, sondern Klarheit, Selbstsicherheit: nicht die intellektuelle Durchdringung eines komplizierten Geflechts von Kräften, sondern die Konzentration auf einige elementare, gerade in ihrer Simplizität allerdings nicht leicht zu erfassende und festzuhaltende Grund-Tatbestände."[2]

Seine Grundüberzeugung hat Konrad Adenauer in die deutsche Politik so eingebracht, wie er sie im Oktober 1945 in einem Brief formulierte, den Waldemar Besson in seiner Studie über „Die Außenpolitik der Bundesrepublik" zitierte: Er sprach damals schon von der Trennung Ost- und Westeuropas: Man müsse von der Tatsache ausgehen, daß die Sowjetunion einen neugewonnenen Einflußbereich konsolidiert habe. Die sowjetische Herrschaft bis zur Elbe mache den nicht von Rußland besetzten Teil Deutschlands zu einem „integrierenden Teil Westeuropas". Sei dieser krank, so würden auch England und Frankreich mit leiden. Deshalb müßten sie Westeuropa unter ihrer Führung einigen, was mit der Gesundung Westdeutschlands Hand in Hand gehen werde. „Eine Lostrennung des Rheinlands und Westfalens von Deutschland", so schrieb Adenauer weiter, „dient diesem Zweck nicht. Sie würde das Gegenteil herbeiführen. Man würde eine östliche politische Orientierung des nicht russisch besetzten Teiles Deutschlands herbeiführen. Dem Verlangen Frankreichs und Belgiens nach Sicherheit kann auf die Dauer nur durch wirtschaftliche Verflechtung von Westdeutschland, Frankreich, Belgien, Luxemburg, Holland, wirklich Genüge geschehen. Wenn England sich entschließen würde, auch an dieser wirtschaftlichen Verflechtung teilzunehmen, so würde man dem doch sehr wünschenswerten Endziele, Union der westeuropäischen Staaten, ein sehr großes Stück näherkommen."[3]

Dieses Ziel ist noch immer nicht erreicht. Doch man kam ihm in der Tat, trotz der vielen Rückschläge und Aufenthalte, ein gutes Stück näher. Wenn auch von einem integrierten Europa nicht die Rede sein kann, so erkennt man doch heute Elemente der wirtschaftlichen und politischen Gemeinschaft, die eine weltpolitische Tatsache geworden sind. An der Europäischen Union wird konkret gearbeitet, wenn auch die Deutlichkeit ihrer Konturen noch viel zu wünschen übrigläßt.

Richard Löwenthal nannte damals Adenauers Konzept eine „Politik der westlichen Selbstbeschränkung"[4]. Dies war auch der Ansatz von Ernst Reuters Kritik; weniger von Kurt Schumachers Einwänden, die sich – anders als Besson meinte – nicht auf den „Dreiklang von Sozialismus, Demokratie und Nation"[5] reduzieren ließen, denn der Zeitgeschichtler stellte selber fest, daß der „alte sozialdemokratische Gedanke der Vereinigten Staaten von Europa

[...] den preußisch-deutschen Willen Kurt Schumachers gemildert habe": „Europa wollte er (Schumacher, d. Verf.) nur, wenn es die Gleichberechtigung der Deutschen von vornherein verbürge."[6] Für Schumacher, schrieb Besson, führte der „Weg nach Europa [...] über Deutschland. Adenauer dagegen schritt nach Westeuropa, weil er unter den Bedingungen des Ost-West-Konfliktes nur dadurch glaubte, Deutscher bleiben zu können."[7]

Schumacher, nicht weniger „prowestlich", sah allerdings schärfer und sagte offen, was Adenauer nicht zu sagen wagte, daß – unter den Bedingungen der fünfziger Jahre – der Prozeß der Eingliederung der Bundesrepublik in westeuropäische Konstruktionen und schließlich die Bewaffnung im Atlantischen Bündnis jede konkrete Wiedervereinigungspolitik außer Kraft setzen mußte. Für ihn führte der Weg nach Europa über die Einheit Deutschlands, mindestens über einen ernsten Versuch, die Spaltung zu überwinden. Dem ersten Kanzler ist dieser tiefe Konflikt sicher nicht entgangen, doch er zog es vor, die für eine lange Frist geltende Unvereinbarkeit beider Ziele einfach aus der Welt zu reden. Mir geht es hier nicht darum, mit dem Realismus von Konrad Adenauers Entscheidung zu rechten. Ich will lediglich feststellen, daß er sich scheute, die gesetzten Prioritäten unmißverständlich beim Namen zu nennen. So zog in die deutsche Debatte jener Ungeist ein, in dem sich Ressentiments und Illusionen mischten – jene Kombination von Rechthaberei und Heuchelei, die ein Publizist damals die „deutsche Lebenslüge" nannte. Mit dieser Anmerkung stelle ich keineswegs in Frage, daß es in vernünftigem Rahmen immer wieder notwendig war, Rechtspositionen zu verankern, die über die Katastrophe von 1945 und die Teilung Europas hinweg eine historische Kontinuität verbürgen. Doch man darf nicht so tun als seien die außenpolitischen Entscheidungen Adenauers für die Deutschlandpolitik folgenlos geblieben.

Es ist für den Politiker unergiebig, darüber zu streiten, ob und welche Alternativen es gegeben haben könnte. Die Probe aufs Exempel wurde nicht gemacht und eine gegebene historische Situation läßt sich nicht festschreiben. Im übrigen gibt es Anhaltspunkte, daß Konrad Adenauer vor allem nach dem Abschied aus dem Kanzleramt Folgen und fällige Ergänzungen seiner Außenpolitik mit zunehmender Schärfe erkannte. Das Ziel der westeuropäischen Einheit blieb für ihn vorrangig. Er war hier immer zu realistischer Anpassung bereit – wie er überhaupt in der Politik nach Westen der erste war, der das Wort von der „Anerkennung der Realitäten" für sich in Anspruch nehmen durfte. Er kam General de Gaulles Formel vom „Europa der Vaterländer" schließlich weit entgegen und opferte ihm, wohl nicht ohne Bedauern, den Traum von einer Einheit durch umfassende Integration.

Er vergaß keinen Augenblick, daß der Kern und die Basis jeder Politik, die zur Vereinigung oder Zusammenfassung Westeuropas führen sollte, die deutsch-französische Partnerschaft sei, die ich später eine „Entente Elémentaire" genannt habe. Es war richtig, daß er de Gaulles Angebot einer engen Kooperation zwischen den Regierungen – neben und über dem Brüsseler Werk – mit ausgestreckten Händen akzeptierte. Der deutsch-französische Freundschaftsvertrag, in dem er selber für einen Augenblick die Krönung seiner Lebensarbeit sah, war zwar in seiner Entstehung durch de Gaulles

Vorbehalte gegen die „Angelsachsen" und, in logischer Konsequenz, durch die atlantische Absicherung in der deutschen Präambel belastet. Eine behutsamere Vorbereitung hätte gewiß einen harmonischeren Anfang erlaubt. Doch die Kooperation selbst war stark genug, nicht nur die Schöpfer des Vertragswerkes, sondern auch ihre taktischen Zielsetzungen zu überleben. Die Konsultationen, die regelmäßig die Regierungen zusammenführen, bewährten sich als das organisatorische Instrument einer eng gewordenen Zusammenarbeit. Das Einverständnis, zu dem der deutsche Kanzler und der General-Präsident gefunden hatten, war beiden nicht vorgezeichnet, doch es war ein Glücksfall der Geschichte. Ähnliches läßt sich davon sagen, daß sich diese Konstellation in harmonischer Weise auf jene Männer übertrug, die später in die Verantwortung traten. Trotz aller Mißverständnisse und Schwierigkeiten, die oft ein Produkt alltäglichen Zusammenlebens sind, bleibt jenes Bild, das Konrad Adenauer und Charles de Gaulle nebeneinander knieend in der Kathedrale von Reims zeigt, eines der unvergessenen Dokumente unserer Zeit. Niemand erkannte indessen genauer als de Gaulle, daß die deutsche Westpolitik notwendig nach einer konstruktiven Ordnung unserer Beziehungen zu den osteuropäischen Nachbarn verlangte. Auch Adenauer sah dies deutlicher als es viele seiner Parteigänger wahrgenommen haben. Ich hörte ihm aufmerksam zu, wenn er im Gespräch mit mir ebenso unbefangen wie unvermittelt das Tabu der Hallstein-Doktrin berührte oder davon sprach, daß man mit der Sowjetunion zu einem besseren Verhältnis gelangen müsse. Neuere Publikationen über die sogenannten „Globke-Pläne", in denen die staatliche Realität der DDR nicht länger angefochten wurde, haben mich nicht überrascht.

Adenauer zögerte nicht, auf einem Parteitag der Christlich-Demokratischen Union mit dem Hinweis auf die Moskauer Vermittlungsbemühungen zwischen Indien und Pakistan von der Sowjetunion als einer Friedensmacht zu sprechen. Ich behaupte nicht, daß er die Verträge von Moskau, Warschau, Prag und Berlin auf Punkt und Komma so formuliert haben würde, wie sie durch uns ausgehandelt werden konnten, doch ich habe keinen Zweifel, daß er im Konzept unserer sogenannten Ostpolitik die Grundelemente einer West-Ost- und Ost-West-Politik und insoweit die logische Ergänzung seines Bemühens um Ausgleich erkannt hätte.

Meine Freunde und ich fanden, als wir den Nachlaß Konrad Adenauers übernahmen, eine Konstellation vor, die zum Teil schon zu seinen Amtszeiten von de Gaulle, Kennedy, aber auch von Macmillan und Wilson vorgezeichnet war. So unterschiedlich die Positionen dieser Staatsmänner in einigen Fragen der inner-westlichen Beziehungen sein mochten: sie stimmten darin überein, daß die grundsätzliche „deutsche Frage" und die vielen konkreten „deutschen Fragen" der Strategie einer Entspannung nicht im Wege stehen durften. Es war eine Adenauersche Maxime, daß es für die Bundesrepublik Deutschland eine Lebensfrage sei, immer wieder von neuem die grundsätzliche Übereinstimmung mit den Westmächten herzustellen. Eine Isolierung unseres Staates innerhalb Westeuropas und des Atlantischen Bündnisses betrachtete er als eine tödliche Gefahr. Was dies angeht, blieb es mir und der sozialliberalen Koalition manchmal nicht erspart, das Vermächtnis Adenauers gegen seine parteipolitischen Erben zu verteidigen.

Jeder, der die Mühsal des harten politischen Alltags kennt, wird die Kraft des Willens, der in Konrad Adenauer wirksam war, respektieren. Der Stil, den er mit seiner Art der Kanzler-Demokratie prägte, konnte und sollte nicht jedermanns Sache sein. Doch er hat auf seine Weise gelehrt, daß Demokratie und Autorität einander nicht ausschließen dürfen. Wir haben inzwischen gelernt, daß es andere Arten legitimer Autorität gibt, die aus der lebendigen demokratischen Erfahrung herauswächst. Sie mag mühsamer als die Konrad Adenauers sein, so wie wir, nachdem die eigentliche Nachkriegszeit hinter uns liegt, alles in allem im nationalen wie internationalen Rahmen der Mühsal einer komplizierten sozialen und politischen Realität ausgesetzt sind.

Nicht Adenauers zuweilen schreckliche Vereinfachungen, die auch eine Stärke waren, sind in der Rückschau wichtig. Aber wenn politische Gegner von damals die Leistungen des ersten Bundeskanzlers deutlich machen, dann dürfen nicht die schwächsten Seiten des Mannes zurückgestellt werden, der keinen politischen Deutschen gleichgültig ließ. Nicht wenige seiner Angriffe zweifelten die Integrität des innenpolitischen Gegners an. Daß er in solchen Dingen nicht pingelig war, ist schon ziemlich schönfärberisch ausgedrückt. Und daß sich bei uns eine Atmosphäre von Feindseligkeit und Verdächtigung bilden konnte – daran war Adenauer gewiß nicht unschuldig. Er integrierte insoweit nicht, er zog an oder stieß ab und prägte mit diesem Stil Epigonen, ohne ihnen seine Größe geben zu können.

Wer diese in meinen Augen negative Stärke Adenauers für einen Augenblick außer acht läßt, muß darüber hinaus feststellen, daß seine innenpolitischen Leistungen ohne die Konturen waren, die seinem außenpolitischen Wirken eigen sind. Er überließ es Erhard, die Wirtschaft weitgehend sich selbst zu überlassen – und über eine Reihe von Jahren hinweg funktionierte das. Im übrigen ist eine große Leistung der Adenauerzeit kaum ins Bewußtsein gedrungen: Die Eingliederung der Vertriebenen war entscheidend für die Stabilität dieses Staates. Aber auf wichtigen Gebieten hat der Mangel an reformerischen Weichenstellungen langfristig nachteilige Auswirkungen gehabt.

Wenn manche Zeitgenossen spottend meinten, der Alte habe wie ein Relikt lang vergangener Zeiten bis ins Europa der Nachkriegsepoche überdauert, dann gaben sie damit zugleich unfreiwillig Aufschluß über seine Wirkung: Der Uralte hatte Werte bewahrt, die sich als unverbraucht erwiesen. Tiefe Verwirrungen unserer Zeit – mit ihnen auch viele ihrer Probleme und Herausforderungen – hat er sozusagen einfach ausgespart und ausgelassen. Und doch kann man im Abstand der Zeit ohne falsche Betonung sagen: Wir alle sind Erben dieses bedeutenden Mannes, der Aktiva und der Passiva seiner Bilanz.

1 Köln–Berlin 1956.
2 Vgl. Allemann, S. 331.
3 Vgl. Waldemar Besson, Die Außenpolitik der Bundesrepublik, München 1970, S. 56f.
4 Vgl. Besson, S. 62.
5 Vgl. ebenda.
6 Vgl. Besson, S. 66.
7 Vgl. Besson, S. 67.

HANS-DIETRICH GENSCHER

Adenauer und die Ost- und Deutschlandpolitik der Freien Demokraten

I.

Insgesamt achteinhalb Jahre saßen die Freien Demokraten in von Konrad Adenauer geführten Kabinetten: 1949 bis 1956 und dann noch einmal zwei Jahre nach den Bundestagswahlen von 1961. Dazwischen lag mehr als ein halbes Jahrzehnt Oppositionspolitik der Liberalen – vor allem gegen Adenauer und dessen Ost- und Deutschlandpolitik. Auch die letzten beiden Regierungsjahre des ersten Bundeskanzlers waren belastet von dem durchaus problematischen Verhältnis zwischen Adenauer und den Freien Demokraten, die nur schweren Herzens und nach langem Zögern einer neuen Kanzlerschaft des damals schon fast Sechsundachtzigjährigen zugestimmt hatten, eine Zustimmung, die ihnen damals den bis heute unvergessenen Vorwurf einer „Umfallpartei" eingetragen hat.

An sich hatte die Regierungszusammenarbeit zwischen den Christdemokraten und den Liberalen im Jahre 1949 vielversprechend begonnen. Der Vorrat an politischen Gemeinsamkeiten war groß, nachdem die CDU ihr Ahlener Programm hinter sich gelassen hatte. Die Koalitionspartner waren sich einig in ihrer marktwirtschaftlichen Zielsetzung, Adenauer und die FDP sogar in der beiderseitigen Abneigung gegen den linken Gewerkschaftsflügel der CDU. Übereinstimmung herrschte auch in der Bereitschaft, zur Verteidigung des Westens vor der sowjetischen Bedrohung einen deutschen militärischen Beitrag zu leisten, sowie in der Erkenntnis, daß das Besatzungsstatut nur durch eine Bündnispolitik mit den westlichen Besatzungsmächten überwunden werden konnte. Zu diesem Zeitpunkt verstand sich zudem die FDP als eine bürgerliche, mittelständische Partei, die zu einem Regierungsbündnis mit der ebenfalls unternehmerfreundlichen bürgerlichen CDU ohnehin keine koalitionspolitische Alternative sah. So schienen alle Voraussetzungen für ein dauerhaftes Bündnis zwischen CDU/CSU und FDP gegeben. Dennoch war der Keim der Kontroverse zwischen den Liberalen und dem CDU-Kanzler schon in der ersten Stunde der ersten kleinen Koalition der Bundesrepublik Deutschland angelegt. Denn während Adenauer von Anfang an fest entschlossen war, seinem Programm engster Zusammenarbeit, ja der Verschmelzung mit dem Westen jedes andere Ziel, auch das der Wiedervereinigung Deutschlands, zumindest in der zeitlichen Rangfolge, unterzuordnen, sahen die Freien Demokraten in der Überwindung der Spaltung Deutschlands die Hauptaufgabe jeder Regierungspolitik. Westliches Bündnis und Wiederbewaffnung waren für sie lediglich unabdingbare Voraussetzungen für Verhandlungen der Siegermächte über Deutschland, bei denen der Westen die nationalen Interessen des geteilten deutschen Volkes nachdrücklich und nicht aus einer Position der Schwäche heraus vertreten konnte. Mehr noch: Nach den Vorstellungen der Freien Demokraten sollte der Rückhalt der Bundesrepublik im Westen nicht zuletzt auch dafür genutzt werden, in der deutschen Frage selbst aktiv zu werden, einen eigenen deutschen Beitrag zur Lösung dieses wohl schwierigsten Nachkriegsproblems leisten zu können.

Adenauer sah die Dinge anders. Zumindest bedenklich erschienen dem Kanzler Ideen von eigenen deutschen Beiträgen zur Wiedervereinigung. Denn sie müßten – wie er fürchtete – im Westen das Mißtrauen gegenüber Deutschland neu beleben. Im übrigen waren nach seiner Auffassung solche Initiativen auch angesichts der Haltung Moskaus in der deutschen Frage völlig sinnlos. Dagegen erschien Konrad Adenauer die Einschmelzung der Bundesrepublik in den Westen für die Erhaltung des Friedens als unabdingbar, nachdem eine ungebundene Position Deutschlands zwischen Ost und West in diesem Jahrhundert zu einer Kette nationaler Katastrophen für Deutschland und Europa geführt hatten. So jedenfalls das Geschichtsverständnis des Kanzlers.

Über diese Gedankengänge Adenauers waren sich die Freien Demokraten zunächst durchaus nicht im klaren: Sie sahen zwar das gemeinsame Ziel in zahlreichen regierungsamtlichen Erklärungen, in ungezählten öffentlichen Bekenntnissen Adenauers und seiner CDU-Minister zur Wiedervereinigung Deutschlands, die so ganz ihren eigenen Vorstellungen zu entsprechen schienen, aber sie sahen nicht den schon von Anfang an bestehenden Dissens, wenn schon nicht in der Finalität in der Deutschlandpolitik so doch in der Methode.

Es dauerte nicht allzulange, und die Koalitionsehe zwischen Christdemokraten und Freien Demokraten war aus den Flitterwochen heraus. Schon das Verhalten Adenauers in der Frage der Bindungsklausel bei den Verhandlungen über den Generalvertrag hatte bei den Liberalen die Befürchtung ausgelöst, daß sie in der Beurteilung der Adenauerschen Außen- und Deutschlandpolitik möglicherweise einem Irrtum erlegen sein könnten. Ereignisse am Rande der Berliner Vier-Mächte-Konferenz im Jahre 1954 sollten, zumindest bei dem späteren FDP-Vorsitzenden Thomas Dehler, diesen Verdacht zur Gewißheit werden lassen. Auch bahnte sich in der ersten Hälfte der fünfziger Jahre ein Konflikt zwischen dem Kanzler und seinem freidemokratischen Koalitionspartner über das Saarproblem an, als Adenauer einer „Europäisierung" dieses deutschen Landes das Wort redete. Vor allem aber taten zu diesem Zeitpunkt in der FDP Überlegungen ihre Wirkung, die 1952 von dem FDP-Bundestagsabgeordneten Karl Georg Pfleiderer zur deutschen und europäischen Frage angestellt worden waren. Sie führten in der Folgezeit zu einer eigenständigen ostpolitischen Position der Freien Demokratischen Partei und damit unvermeidlich zum Konflikt mit dem Regierungschef.

II.

Am 6. Juni 1952, mitten in einer hitzigen Diskussion über die Vor- und Nachteile eines Vertrags über eine europäische Verteidigungsgemeinschaft für Deutschland und dessen Streben nach Einheit, legte der Liberale Pfleiderer

in dem schwäbischen Städtchen Waiblingen seine Vorstellungen zur Ost- und Wiedervereinigungspolitik dar.
Pfleiderer beleuchtete vor Parteifreunden den Hintergrund des heftigen innenpolitischen Streits über die Grundfragen der Außenpolitik der Bundesrepublik Deutschland. Der liberale Diplomat war übrigens kein Gegner der Verträge, aber er hatte doch ernste Zweifel, ob das „gehorsamste Besatzungsvolk der Welt" und vor allem dessen Regierung die Voraussetzungen einer realistischen Wiedervereinigungspolitik richtig einschätzten. Insbesondere hielt der FDP-Politiker den Standpunkt Adenauers für irreal, an den Anfang eines jeden Wiedervereinigungsprozesses freie Wahlen für Gesamtdeutschland zu stellen. Pfleiderer fragte seine Zuhörer, ob sie glaubten, „daß ein so riesengroßer, so übermächtiger Staat wie die Sowjetunion bereit ist, seine politische und wirtschaftliche Stellung in Deutschland, das heißt eine seiner wichtigsten Stellungen in der Welt überhaupt, von dem ungewissen Ausgang einer Wahl abhängig zu machen, das heißt davon abhängig zu machen, ob die Deutschen so herum oder anders herum abstimmen werden"[1]. Das Hauptziel sei doch die Räumung der „Sowjetzone durch die Russen". Aber wenn man das wünsche, dann laute doch die Frage so:
„Was kostet dies, wie hoch ist der politische Preis?"
Pfleiderer deutete diesen Preis im weiteren Verlauf seiner Rede an, wenn er erklärte, die Sowjetunion werde eine Ausgliederung der DDR aus dem sowjetischen Machtbereich „niemals, einfach niemals zubilligen [...], wenn diese Vereinigung dazu führen sollte, daß das Staatensystem der Europäischen Verteidigungsgemeinschaft und der NATO ohne Abwandlung bis zur Oder-Neiße-Grenze ausgedehnt wird".
Er fuhr dann fort:
„Stark werden, um weitere Angriffe im Kalten Krieg abzuwenden, d. h. den heute bestehenden Zustand erhalten wie er ist, das ist mit den Bonner und Pariser Verträgen sehr wohl möglich. Aber Deutschland in Freiheit wieder zu vereinigen, wie es der Vorspruch des Generalvertrages als Ziel westlicher Politik verlangt, kann man damit nicht. Das Staatensystem der NATO und das der EVG bedeuten entweder, den bestehenden Zustand aufrechterhalten und damit die Unfreiheit von 18 Millionen Deutschen verewigen, oder es bedeutet den offenen Kampf."
Es mag durchaus sein, daß Adenauer die Situation insgeheim ähnlich beurteilte. Nur schwieg er sich darüber aus. Auf jeden Fall waren die Äußerungen des FDP-Bundestagsabgeordneten eine offene Kampfansage an die Grundlagen der Adenauerschen Außen- und Deutschlandpolitik.
Sie fand noch im September desselben Jahres ihren konzeptionellen Niederschlag in der bekannten Denkschrift Pfleiderers „Vertragswerk und Ostpolitik". Dort bildete der damals – zu Lebzeiten Stalins – unerhörte Gedanke von einem sowjetischen Sicherheitsbedürfnis den Kern aller Überlegungen. Die Konsequenz Pfleiderers: zur Lösung der deutschen Frage nach einem Kompromiß zu suchen zwischen der Zugehörigkeit der Bundesrepublik Deutschland zur EVG und NATO und eben diesem sowjetischen Verlangen nach Sicherheit.
Dieser Gedankengang war für Adenauer völlig undiskutabel. Ihm schien es

zu genügen, eine schriftliche Verpflichtung der Westmächte zu besitzen, auch und gerade nach Abschluß der Verträge für eine Wiedervereinigung Deutschlands einzutreten. Wiederum ist es denkbar, daß der damalige Bundeskanzler Pfleiderers Skepsis hinsichtlich der Wiedervereinigungsbereitschaft etwa Großbritanniens oder Frankreichs teilte. Doch zu erkennen gab Adenauer solche Zweifel nicht. Für ihn stand die militärische Sicherheit der Bundesrepublik – so, wie er sie verstand – und die Gewinnung der Souveränität für das westliche Deutschland eindeutig im Vordergrund aller Überlegungen. Die damalige Bundesregierung blieb dabei: Freie Wahlen in Gesamtdeutschland hatten am Anfang eines jeden Wiedervereinigungsprozesses zu stehen, und Moskau müsse sich halt damit abfinden, falls im Zuge dieser Wiedervereinigung das westliche Bündnissystem – allenfalls mit ein paar rüstungspolitischen Modifizierungen – zumindest bis zur Oder-Neiße-Grenze hin ausgedehnt werde. Sollte die Sowjetunion dazu nicht bereit sein, so wisse die Welt dann wenigstens, wer dem deutschen Volk die Einheit vorenthalte.

Noch aber waren die Pfleidererschen Vorstöße für den Kanzler relativ unproblematisch. Zwar hat es damals bereits gewisse Anzeichen einer differenzierten Haltung der FDP gegenüber sowjetischen Vorstößen in der Deutschlandpolitik gegeben und z. B. der FDP-Pressedienst im März 1952 davor gewarnt, das kurz zuvor eingegangene Memorandum Stalins über eine Wiedervereinigung Deutschlands durch freie Wahlen ohne eine sorgfältige Prüfung kurzerhand beiseite zu schieben. Doch die Mehrheit der Freien Demokraten stand im Jahre 1952 den Gedankengängen Pfleiderers eher ablehnend gegenüber. Die Wirkung des Pfleiderer-Plans auf die ost- und deutschlandpolitische Konzeption der FDP stellte sich erst später ein, besonders nach der Berliner Konferenz von 1954.

III.

In seiner leidenschaftlichen Abrechnung mit der Adenauerschen Ost- und Deutschlandpolitik vor dem Deutschen Bundestag hatte Thomas Dehler am späten Abend des 23. Januar 1958 auch jenen Vorgang geschildert, der den damaligen FDP-Vorsitzenden offensichtlich endgültig an dem Willen Adenauers zweifeln ließ, alle Möglichkeiten zur Herbeiführung der deutschen Einheit auszuschöpfen. Dehler berichtete den atemlos lauschenden Abgeordneten: „Ich war nicht mehr im Kabinett, da kam die Berliner Konferenz, Januar bis Februar 1954. Sehr wichtig! Was hat die Bundesregierung getan, damit etwas zustande kam? Ich will Ihnen nur eine Szene schildern. Ich bin damals im Auftrage meiner Fraktion nach Berlin gefahren. Beobachter bei dieser Konferenz war der jetzige Botschafter Blankenhorn. Er empfing mich mit den Worten: ‚Herr Dehler, Sie brauchen keine Angst zu haben; es kommt nichts zustande.' Der Herr Bundeskanzler hat hinterher gesagt: ‚Da war nichts auszuhandeln, und da ist nichts einzuhandeln.' Auch hochinteressant, was der Herr Bundeskanzler nach der Berliner Konferenz sagt! Es zeigt, welcher Geist, welcher Wille in ihm stecken: ‚Es ist nichts auszuhandeln und nichts einzuhandeln.' ‚Die europäische Integration ist notwendiger denn je.' ‚Ich bin bereit, die Einführung einer gemeinsamen deutsch-französischen Staatsbürgerschaft zu erwägen.' – Das sind die Vorstellungen, in denen sich der Herr Bundeskanzler bewegt."[2]

Zum Zeitpunkt des von Dehler erwähnten Vorgangs gab es indessen noch immer keine spezifischen ostpolitischen Vorstellungen der FDP, die nicht im unmittelbaren Zusammenhang mit einem Prozeß zur Wiedervereinigung Deutschlands standen. Wieder war es Pfleiderer, der für die Weiterentwicklung der Ostpolitik der FDP den Anstoß gab. Bei den Haushaltsberatungen des Jahres 1954 sprach der FDP-Abgeordnete zum Einzelplan des Auswärtigen Amts. Am Schluß seiner Rede wies er auf die Pläne der Bundesregierung für die Errichtung diplomatischer Vertretungen in den nächsten Jahren hin und bemerkte fast beiläufig: „Ein riesiger weißer Fleck" sei ausgespart, eine rechte „terra incognita der auswärtigen Politik", über die die Bundesrepublik Deutschland nur vom Hörensagen und durch Dritte unterrichtet sei: „Ich meine die ganze Welt von Warschau, Prag, Budapest, Sofia, Bukarest über Moskau bis nach Peking im Fernen Osten."[3]

Zwei Jahre darauf besuchte Dehler als erster Bundestagsabgeordneter die Volksrepublik Polen, im gleichen Jahr auch Jugoslawien. In dieser Zeit begann sich ein ostpolitisches Konzept der FDP zu formen, das – noch immer weitgehend auf den Gedankengängen Pfleiderers fußend – seinen ersten sichtbaren Niederschlag im Berliner Programm der Partei von Januar 1957 fand. Die deutsche Außenpolitik sollte nach Auffassung der FDP „unserer Lage in Mitteleuropa Rechnung tragen, den entspannenden Ausgleich nach allen Seiten suchen und damit der Erhaltung des Friedens dienen"[4].

In den außenpolitischen Debatten der späten fünfziger Jahre gewann dann die Ostpolitik der Freien Demokraten schärfere Konturen. Damit verschärfte sich aber zugleich der Konflikt zwischen Adenauer und der FDP. Bei den sich ständig steigernden Auseinandersetzungen ging es im wesentlichen um folgende Fragen:

1. Ganz allgemein um die Beziehungen der Bundesrepublik Deutschland zu den Staaten des Warschauer Paktes, wobei die DDR zunächst noch ausgenommen war. Freie Demokraten und Sozialdemokraten plädierten nach dem polnischen Oktober 1956 für die Aufnahme diplomatischer Beziehungen vor allem zur Volksrepublik Polen sowie dafür, die seit dem Botschafteraustausch mit der Sowjetunion im Jahre 1955 bestehenden offiziellen Beziehungen zu Moskau politisch zu nutzen. Insbesondere die FDP drängte Adenauer, den deutschen Botschafter in Moskau zu „aktivieren". Der Kanzler und große Teile seiner Partei hingegen standen zunächst auf dem gegenteiligen Standpunkt: Beziehungen zur Volksrepublik Polen seien nicht aktuell, vor allem aber auch politisch nicht opportun. Die diplomatischen Verbindungen zur Sowjetunion waren aus der Sicht des Kanzlers ohnehin problematisch: Er fürchtete nicht nur das Mißtrauen der Verbündeten, sondern sah auch keine rechte Möglichkeit, diesen Draht für diplomatische Initiativen zu nutzen. Zudem hatte der Kanzler wohl nicht verwunden, daß er seiner ursprünglichen Absicht zum Trotz im September 1955 von den sowjetischen Führern in Moskau dazu gezwungen worden war, einem Botschafteraustausch mit Moskau zuzustimmen, um dafür die sowjetische Zusicherung einer Freigabe von zehntausend deutschen Kriegs-

gefangenen zu erhalten. Adenauer ließ seinen Unmut lange Zeit den sowjetischen Botschafter in Bonn entgelten, indem er den Diplomaten mit Mißachtung strafte.

2. Die FDP vertrat die Auffassung, daß die nach der Moskaureise Adenauers von Kanzlerberatern geborene sogenannte Hallstein-Doktrin (Alleinvertretungsanspruch der Bundesrepublik) nicht zur Aufgabe von diplomatischen Positionen der Bundesrepublik Deutschland führen dürfe. Als jedoch Tito im Oktober 1957 diplomatische Beziehungen zur DDR aufnahm, rief Adenauer den Botschafter der Bundesrepublik sofort aus Belgrad ab; es war Karl Georg Pfleiderer. Mit diesem Schritt überließ Bonn einen für die Bundesrepublik politisch besonders wichtigen Platz in Europa dem kommunistischen Deutschland, eine Haltung, die übrigens nicht nur die FDP als unangemessen und für die Bundesrepublik schädlich empfand.

3. Eine besonders harte Auseinandersetzung zwischen Adenauer und den Freien Demokraten entwickelte sich Ende der fünfziger Jahre über die Frage, ob durch Truppenreduktionen bzw. Rüstungsverminderung in Mitteleuropa die deutsche Frage leichter lösbar gemacht werden könne oder nicht. Angesichts des sowjetischen Sicherheitsinteresses und im Hinblick auf den massiven Aufmarsch mit modernen Waffen ausgerüsteter Streitkräfte beiderseits der Trennungslinie Deutschlands und Europas schien der FDP seinerzeit der Vorschlag des polnischen Außenministers Rapacki über die Bildung atomwaffenfreier Zonen in Europa zumindest diskutabel. Sie sah hierin eine Möglichkeit, den für eine Lösung der deutschen Frage unabdingbaren notwendigen entspannenden Ausgleich zwischen Ost und West zu fördern. Adenauer hingegen hielt von solchen Plänen nichts.

Den Vorstoß Rapackis, mit dem Polen nicht zuletzt auf eine größere außenpolitische Bewegungsfreiheit innerhalb des kommunistischen Blocks zielte, bezeichnete der Kanzler als zwecklos und äußerte die Sorge, eine atomwaffenfreie Zone könnte das Ende der NATO und damit der Freiheit bedeuten. Gleichzeitig aber setzten sich Adenauer und seine Partei für eine atomare Bewaffnung der Bundeswehr ein. Darin sah die FDP ein spannungsförderndes Element, das einer deutschen Wiedervereinigungs- und Friedenspolitik direkt zuwiderlief.

4. Ein weiterer Konflikt zwischen Adenauer und der FDP ergab sich aus der unterschiedlichen Bewertung des Komplexes „Friedensvertrag mit Deutschland“. Die Freien Demokraten forderten Jahre hindurch unablässig Verhandlungen über einen deutschen Friedensvertrag, Adenauer und die Mehrheit seiner Partei hingegen wiesen diesen Gedanken ebenso beharrlich zurück. Der Kanzler verlangte vor solchen Verhandlungen eine Wiedervereinigung Deutschlands nach westlichen Vorstellungen – also das totale Eingehen der Weltmacht Sowjetunion auf die westliche Position in der Deutschland-Frage. Die FDP dagegen ging davon aus, daß der Status eines wiedervereinigten Deutschlands natürlich festgelegt sein müßte, bevor die ersten gesamtdeutschen Wahlen stattfinden konnten. Doch diese sich aus den machtpolitischen Fakten Europas ergebende Logik wollte Konrad Adenauer wohl vor allem deshalb nicht einleuchten, weil dann seine Bündnispolitik und seine Europapolitik in Schwierigkeiten gekommen wäre.

5. Das führt uns zu dem 5. Punkt des außenpolitischen Streits zwischen Adenauer und den Freien Demokraten. Ich möchte annehmen, der Kanzler ist sich durchaus der Tatsache bewußt gewesen, daß eine Westintegration der Bundesrepublik Konsequenzen auch für die Lösung der deutschen Frage im Sinne der Wiederherstellung der deutschen Einheit haben müßte – und zwar negative. Dennoch suchte der Kanzler offensichtlich den Widerspruch zwischen der Einbindung Westdeutschlands in ein westliches Integrationssystem und einer deutschen Wiedervereinigungspolitik dadurch aufzulösen, daß er die Möglichkeit einer Integration des wiedervereinigten Deutschlands in die Europäische Wirtschaftsgemeinschaft betonte, woran die Liberalen wiederum zweifelten. Vor allem vertrat Konrad Adenauer nach außen hin die Auffassung, daß die Westintegration die Wiedervereinigung Deutschlands geradezu begünstigte, weil so der Westen aus einer Position der Stärke mit den Sowjets über die deutsche Frage verhandeln könne. „Mit aller Klarheit“, so erklärte Außenminister von Brentano am 31. Januar 1957 vor dem Deutschen Bundestag, „möchte ich betonen, daß nach Überzeugung der Bundesregierung diese Politik (der Römischen Verträge, d. Verf.) [...] einer erfolgreichen Bemühung um die Wiedervereinigung nicht im Wege steht, sondern sie fördert.“[5]

IV.

Es konnte somit eigentlich nicht die Ost- und Deutschlandpolitik Adenauers und seiner Partei sein, die die Freien Demokraten zu Beginn der sechziger Jahre zu einem neuerlichen Regierungsbündnis mit der CDU/CSU veranlaßte. Gewiß hatte die zweite große Berlinkrise in den Jahren von 1958 bis 1962 die außenpolitischen Gegensätze zwischen den früheren Koalitionspartnern zeitweilig gemildert; der eigentliche Methodenstreit blieb jedoch bestehen. Er offenbarte sich nach dem Bau der Berliner Mauer vor allem in der Berlinpolitik, und da sowohl im Hinblick auf die Passierscheinverhandlungen als auch bei der Beurteilung der sowjetisch-amerikanischen Berlingespräche. Hierbei brach die alte Kluft zwischen Konrad Adenauer und der FDP erneut auf. Wieder ging es um die Frage, ob eine Politik des Nichtverhandelns, des Abwartens und der prinzipiellen Ablehnung aller Vorschläge – so bewertete die FDP Adenauers Reaktionen – der Gegenseite nicht die Bundesrepublik auf die Dauer in eine internationale Isolierung führen, die Lage Berlins zusätzlich erschweren und die Aussichten auf eine befriedigende Lösung der deutschen Frage gänzlich zerstören müsse. Je älter Konrad Adenauer wurde, um so entschiedener verteidigte er den Status quo, um so prinzipieller wurde der Kanzler in der Ost- und Deutschlandpolitik.

V.

Diese wenigen Beispiele mögen genügen, um die tiefgreifende Meinungsverschiedenheit zu skizzieren, die sich in den fünfziger und frühen sechziger Jahren zwischen Adenauer und den Freien Demokraten in den nationalen und ostpolitischen Fragen aufgetan hat. Dabei habe ich durchaus nicht versucht, die unterschiedlichen Positionen des damaligen Bundeskanzlers und seines zeitweiligen Koalitionspartners FDP zu dramatisieren. Im Gegenteil: Die Kluft war eher noch tiefer als hier dargestellt. Wesentliche Konflikte sind in diesem Beitrag noch gar nicht erwähnt oder lediglich angedeutet: z. B. die Auseinandersetzungen über das von der FDP proklamierte europäische Sicherheitsbündnis unter Einschluß von UdSSR und USA oder der Streit um die sogenannte Bindungsklausel im Generalvertrag zu Beginn der fünfziger Jahre, durch die nach Ansicht der Freien Demokraten, der SPD sowie einer Reihe von Unionspolitikern schon zu diesem Zeitpunkt eine Wiedervereinigung Deutschlands zumindest für die Dauer dieses Vertrags gänzlich unmöglich gemacht worden wäre. Auch wäre hier noch manches hinzuzufügen über die Ostpolitik Adenauers während seiner beiden letzten Regierungsjahre, die eben nur auf den ersten Blick eine gewisse Annäherung der Standpunkte zwischen CDU/CSU und FDP durch Gerhard Schröders Kontaktpolitik gegenüber einzelnen Warschauer-Pakt-Staaten brachte. Denn auch hier erwies sich schon sehr bald, daß die hinter dieser Politik stehende These des „Auseinanderdividierens" im Ostblock mit prinzipiellen ostpolitischen Vorstellungen der Freien Demokraten nicht zu vereinbaren war. Ganz abgesehen davon, daß sogar noch diese Politik von einem starken Flügel der Unionsparteien als zu „konzessionsbereit" bekämpft wurde.

Dennoch gab es in den letzten Lebensjahren Adenauers auch einige Zeichen der Versöhnung zwischen ihm und den Liberalen. In einem bisher nicht veröffentlichten Briefwechsel zwischen Konrad Adenauer und Thomas Dehler aus den sechziger Jahren schlossen die beiden alten Widersacher einen respektvollen Frieden miteinander. Nicht daß sie ihre Überzeugung geändert, ihre politischen Auffassungen denen des anderen angenähert hätten: Nur waren beide des Kampfes wohl ein wenig müde geworden und begannen sich jetzt der einstmals vorhandenen gegenseitigen Sympathien zu erinnern. Es war dann auch nicht mehr der Konflikt zwischen Adenauer und der FDP ursächlich für eine neue Entwicklung, sondern andere Faktoren bewirkten, daß sich etwa zum gleichen Zeitpunkt die ostpolitischen Vorstellungen der Freien Demokraten von denen der Unionsparteien noch weiter zu entfernen begannen.

Die Freie Demokratische Partei zog in den sechziger Jahren die nun unvermeidlichen Konsequenzen: Sie entwickelte ein ostpolitisches Konzept, das angesichts der mittlerweile fast totalen Versteinerung des europäischen Status quo dennoch Chancen für mehr Frieden, Zusammenarbeit und Humanität auf deutschem und europäischem Boden eröffnen sollte. Konrad Adenauer kann für dieses Konzept und für die Politik, die sich später konkret daraus ableitete, wohl nicht in Anspruch genommen werden.

Eines muß man freilich sehen: Adenauer war in seiner Außen- und Deutschlandpolitik immer sehr darauf bedacht, in Übereinstimmung mit den Verbündeten zu bleiben.

Er hatte die Gefahr, die für die Bundesrepublik in jeder Form außenpolitischer Isolierung liegen mußte, sehr wohl erkannt.

Der Entspannungsprozeß war noch nicht richtig in Gang gekommen, als Adenauers Kanzlerschaft zu Ende ging. Wie er sich als Regierungschef darauf eingestellt hätte – wir können es nicht wissen, und es ist auch eine müßige Frage. Adenauers außenpolitisches Lebenswerk liegt heute klar vor uns, und es kann sich wohl sehen lassen:

1. Er hat der Bundesrepublik Deutschland außenpolitisch in der Welt Vertrauen geschaffen, er hat sie zu einem verläßlichen Partner in der NATO und in Europa gemacht.
2. Er hat die deutsch-französische Aussöhnung herbeigeführt und die Verständigungspolitik zwischen Deutschland und Israel in Gang gesetzt.
3. Er hat aber erkannt und nach dieser Einsicht gehandelt, daß nur das atlantische Bündnis die Sicherheit der Bundesrepublik Deutschland garantieren kann.
4. Er hat als ein überzeugter Europäer das Werk der europäischen Einigung mit aller Kraft vorangetrieben – und bei aller Europakritik, die sich heute ausbreitet, dabei auch große Fortschritte erzielt.

Für mich steht fest, daß Adenauer mit dieser Politik die Fundamente gelegt hat, die es den Regierungen nach ihm, besonders nach 1969, ermöglicht haben, den notwendigen deutschen Beitrag zur Entspannungspolitik zu leisten. Denn es ist ganz unbestreitbar, daß ohne das Verhältnis gegenseitigen Vertrauens zwischen der Bundesrepublik und den drei Westmächten, ohne die Entschlossenheit der Bundesrepublik, das Bündnis stark und funktionsfähig zu erhalten und ohne ihre gleichzeitigen Bemühungen, Europa weiter zu entwickeln, alles das nicht möglich gewesen wäre, was unter dem Namen „Ostpolitik" zu einem internationalen Begriff geworden ist.

Insofern ist die notwendige Kontinuität in der deutschen Außenpolitik gewahrt geblieben. Frühere Gegensätze erscheinen dadurch in einem anderen, versöhnlicheren Licht. Sie zu verschweigen besteht kein Grund.

1 Für den Wortlaut der Rede vgl. Karl Georg Pfleiderer, Politik für Deutschland. Reden und Aufsätze 1948–1956, Stuttgart 1961, S. 83ff.

2 Vgl. Verhandlungen des Deutschen Bundestages. 3. Wahlperiode. Stenographische Berichte. Bd. 39, S. 394.

3 Vgl. Verhandlungen des Deutschen Bundestages. 2. Wahlperiode 1953. Stenographische Berichte. Bd. 19, S. 823.

4 Vgl. Berliner Programm der Freien Demokratischen Partei. Beschlossen und verkündet durch den VIII. Ordentlichen Parteitag am 26. Januar 1957 in der Reichshauptstadt. Hrsg. von der Bundesparteileitung der FDP, Bonn o. J., S. 12.

5 Für den Wortlaut der Rede vgl. Verhandlungen des Deutschen Bundestages. 2. Wahlperiode 1953. Stenographische Berichte. Bd. 34, S. 10640ff., besonders S. 10647.

HEINRICH KRONE

Konrad Adenauer – Im Gespräch mit einem großen Politiker und tiefen Menschen

Im Gegensatz zu den Technikern in der Politik, von denen Konrad Adenauer nicht viel hielt, war er der für unsere Zeit antiquierten Meinung, daß die Politik, wenn sie Bestand haben solle, beim Wähler wie beim ausübenden Politiker schon auf einem festen Fundament aufgebaut sein müsse und daß so auch die Christlich-Demokratische Union ihren Namen nicht vergebens führen dürfe. So dachte derjenige, den in der Politik in seltenem Ausmaße der Blick für das Reale, für Beziehungen und für das Mögliche auszeichnete, so als ob Politik nichts anderes sei als ein Sichbehaupten im Kampfe der Interessen untereinander, eine amoralische, wertfreie Ebene, auf der sich die Kämpfer um die Macht zum Austrag ihrer Interessen treffen.

Und es könne, so meinte dieser Politiker weiter, einer hohen Zielen zustrebenden Politik dabei auch nichts schaden, wenn sie klug gemacht werde und den Blick frei habe für die Dinge, wie sie sind. Adenauer stand mit beiden Beinen auf dem Boden der Tatsachen, und auch vom Menschen machte er sich das gebotene nüchterne Bild. Da er es verstand, mit Menschen und Dingen umzugehen, nahm er es auch gelassen hin, wenn man ihn einen Fuchs nannte, so als ob in der Politik Taktik alles und Gerissenheit Trumpf sei. Er war zu klug und zu erfahren, um nicht zu wissen, daß er auch von dieser Gabe einen Teil mitbekommen hatte. Mag er im Reichtum der Erfahrung vom Menschen schon einmal gesagt haben, daß dieser, wenn er etwas klüger wäre, die Politik besser verstünde, wenn er aber etwas dümmer sei, er sich besser regieren lasse – ein Zyniker und Menschenverächter war dieser Mann nicht. Vom Menschen her war ihm alle wahre Politik geordnet und von jener Ordnung, in die der Mensch von Natur und Bestimmung her gestellt ist. Und auch die Macht, die er zu gebrauchen wußte – wie wäre er sonst der Politiker geworden, der er war –, war ihm nicht Spiel und Zügellosigkeit; sie war ihm ein Stück seiner selbst, seiner Sicherheit und Autorität, seiner Persönlichkeit. Und fragte man Adenauer in den Spannungen und Händeln der Politik und der Politiker nach den Motiven und Gründen, daß einer so und nicht anders handele, dann meinte er, man tue gut daran, immer vom Nächstliegenden auszugehen und sich Illusionen und Wunschdenken vom Leibe zu halten. Wer sich Illusionen hingebe, belüge sich selbst. Konrad Adenauer war bis ins letzte illusionslos. Auch vor sich selber. Das gab ihm die innere Sicherheit und den Blick für das Erreichbare. Dieses sein unkompliziertes und so dem Wahren nahekommendes Denken und Handeln war durchzogen von dem tiefen Wissen um Grenze und Tragik, die allem Menschlichen beigegeben ist. Bei aller seiner geladenen Energie wußte er um das nur Mögliche, in der Politik wie in allem menschlichen Handeln.

Die geschichtliche Leistung Konrad Adenauers, des ersten deutschen Bundeskanzlers nach den Jahren der Niederlage, des Zerfalls und des Chaos, besteht darin, daß der mit einer Stimme Mehrheit gewählte Staatschef den Siegermächten die ihnen mit ihrem Siege und unserer totalen Kapitulation zugefallene alleinige Hoheit Stück um Stück in harter Beständigkeit abrang, so daß das neue Deutschland zehn Jahre nach der Niederlage bis auf einen Rest von Vorbehaltsrechten wieder ein souveräner Staat war.

Diese Politik war von der Erkenntnis und dem Willen getragen, daß das neue Deutschland seine Selbständigkeit nicht mißbrauchen dürfe, sondern sich in bewußter Abkehr vom Nationalismus in die Gemeinschaft der freien Völker einordnen müsse. In dieser Überzeugung liegt auch der tiefere Grund für sein Verhältnis zu Preußen und dessen Geschichte. Nach dem CSU-Parteitag im Juli 1957 in Nürnberg kamen wir bei einem Abendgespräch im Zuge auch auf Preußen zu sprechen. Im Grunde liege ihm die preußische Welt nicht, obwohl er, so sagte ich ihm, verwandte Züge trage. Preußen, meinte er, habe es nicht verstanden, die bürgerliche Welt des Westens in sich aufzunehmen, und dazu sei noch das protestantisch-antikatholische Element mit dem Vorrang des Adels gekommen, und jedes Volk habe die Sozialdemokratie, die es sich selber schaffe.

Mit dem Namen dieses Mannes ist unsere Freundschaft mit der freien Welt verknüpft – daß die Sieger über Deutschland unsere Partner wurden. Wie er diesen Weg unbeirrt gegangen ist und sich weder durch Rückschläge noch durch die Opposition der Gegner von seinem Kurs abbringen ließ, das macht seinen historischen Rang aus.

Es wird noch immer gesagt, Konrad Adenauer sei in seiner Politik ein Mann einsamer Entschlüsse gewesen. Wer ihn kannte, kann dem nicht zustimmen. Vor der Verantwortung hat sich Adenauer nie gescheut, und der Entschluß, einen entscheidenden Schritt zu tun, will schon vom Verantwortlichen selber gefaßt sein. Doch einsam war dieser Politiker nicht, und er ist auch nicht in die Einsamkeit geflüchtet. Der Kreis derer, mit denen er sich beriet, mag meist klein gewesen sein. In diesem Kreise aber fand ein offener, oft auch harter Meinungsaustausch statt. Der Kanzler war nicht gerade ein Freund des Widerspruchs; er teilte diese Eigenschaft mit anderen seiner Art und Stellung; doch immer war er auf Gründe und Gegengründe bedacht. Er konnte zuhören, und die langen Jahre der Verantwortung haben ihn nicht zum Dozieren und zum Monolog in der Unterhaltung verleitet. Neues aus der Welt und von den Menschen in der Welt zu erfahren, war ihm immer wichtig. Mehr als von den Gegebenheiten sah er die Entwicklung vom Menschen her bestimmt, und daher fragte er stets nach dem Menschen, um den es in einer wichtigen Angelegenheit ging, nach dessen Wesen. Von daher sein Interesse an den Personen, die in der internationalen Politik am Steuer saßen, am Wechsel der Verantwortlichen im Spiel der Kräfte und an der Pflege persönlicher Beziehungen, die in der Freundschaft zwischen dem deutschen Bundeskanzler und dem amerikanischen Außenminister Dulles und in Frankreich mit de Gaulle Epochen gemeinsamer Politik kennzeichneten.

Politische Entscheidungen von größerer Bedeutung waren bei Konrad Adenauer, bevor er sie traf, gewöhnlich lange vorher herangereift. Es ist schwer zu beschreiben, was alles zu diesem Reifungsprozeß beitrug. Wichtige Informationen wurden gesammelt und verarbeitet. Immer wieder wurde darüber gesprochen. Manchmal gab eine Unterhaltung auf dem üblichen Spaziergang im Garten des Palais Schaumburg dann den Ausschlag.

Konrad Adenauer war kein Freund der Methode, bei anstehenden Fragen ein Expertengremium zu bestellen, dieses alles Für und Wider zusammentragen zu lassen, damit dann die politische Führung unter den gegebenen Alternativen auswählt und so oder so entscheidet. Von dieser Art, zu politischen Entschlüssen zu kommen, hielt er nichts, gar nichts. Nicht, daß er auf den Sachverstand der Experten verzichtet hätte – im Gegenteil, er hatte vorzügliche Beamte und Sachkenner um sich herum –, aber bei den großen politischen Entscheidungen ließ er sich nicht in vorgefertigte Bahnen und Handlungsanleitungen zwängen.

Von besonderer Bedeutung im Rahmen seiner Arbeitsmethode waren für Konrad Adenauer die Gespräche am Montagmorgen mit seinem Staatssekretär und der Fraktionsführung. Mit einer Handvoll Zettel, auf die die Fragen geschrieben waren, begann das Gespräch. Für besondere Fragen zuständige Personen wurden für diesen Teil des Gespräches hinzugezogen. Ausführlich legte der Kanzler seine Überlegungen dar. Er schätzte es nicht, wenn ihn dabei einer unterbrach. Das hatte meistens eine Zurechtweisung zur Folge, etwa mit der Bemerkung, diese Frage sei zu schwerwiegend, als daß die richtige Antwort so schnell zu finden sei. Überhaupt endete das Gespräch über wichtige Punkte oft mit der Aufforderung, sich das Ganze noch einmal zu überlegen und am nächsten Tage die Aussprache fortzusetzen.

Adenauers intimster Berater und Mitarbeiter war Hans Globke. In ihm hatte der Kanzler den Staatssekretär, wie er ihn sich wünschte, wie er ihn aber auch notwendig brauchte. Was Hans Globke mit seinem Wissen und der Fähigkeit, das Bundeskanzleramt in seiner zentralen Funktion zu leiten, mit dem Pflichtgefühl eines aus alter Schule kommenden Beamten und nicht zuletzt mit seiner politischen Begabung war, kann nicht hoch genug angesetzt werden. Dieser Staatssekretär stand dem Kanzler zur Verfügung, auch wenn er, ohne daß jener um die Erkrankung wußte, sich mit Fieber aus dem Bett holen ließ. Dabei wußte Globke, wer er war und auch was er dem Kanzler war. Es gab schon mehr als einmal ein Nein des Staatssekretärs, und der Kanzler gab nach. Nur wenige wissen hier Bescheid – und Globke konnte schweigen.

Der Fraktionsvorsitzende hatte in Globke einen Partner, mit dem er sich bestens verständigen konnte. Auch in den Fällen, wo eine Entscheidung gefordert war, die dem Kanzler nicht lag. Das Jahr 1959 ist hier Beweis.

Überlegungen im kleinsten Kreise des Kanzlers konnten sich, wo es um letzte Fragen einer sich neu anbahnenden Politik ging, über längere Zeiträume hinziehen. Was über die deutsche Ostpolitik unter Adenauer erst vor kurzem bekannt wurde, wußten nur wenige.

Dieser dem Kanzler schon liegende, doch auch von der Sache her gebotene politische Regierungsstil hat das Verhältnis des Regierungschefs zur Fraktion nicht beeinträchtigt. Auf beiden Seiten wurde das Recht wie die Pflicht des anderen anerkannt. An den Sitzungen der Fraktion wie des Fraktionsvorstandes nahm Adenauer so gut wie regelmäßig teil, und im Wissen um die Bedeutung von Partei und Fraktion betonte er schon in der ersten Fraktionssitzung nach einer Wahl den hohen Wert der Partei für die politische Meinungsbildung in der Öffentlichkeit.

Der erste deutsche Bundeskanzler hatte ein tiefes Verständnis dafür, daß der Deutsche von seiner Regierung ein hohes Maß an Festigkeit und Entschlossenheit erwartet. Diesem Verlangen trug er, zumal das in seinem Wesen lag, Rechnung. Dabei verfügte er über eine seltene, dem anderen entgegenkommende Überzeugungskraft. Ob er in einem kleinen Kreis sprach oder in einem größeren, vor Verbänden oder in der Fraktion, er hatte eine unnachahmliche Art, seinen Zuhörern den Eindruck zu vermitteln, daß die Entscheidung nur so und nicht anders ausfallen konnte, und das Eigentümliche und Besondere daran war, daß sich durchweg niemand übergangen oder überspielt fühlte. Wenn er in seiner einfachen, schmucklosen Redeweise eine Sache darlegte, hatte der Hörer den Eindruck, daß die Probleme, so schwierig sie sein mochten, sich entwirrten und daß Klarheit in die Sache kam. Eine Frage blieb bei ihm nie im Unbestimmten stecken. Selten kam es vor, daß seine Überzeugungskraft nicht ausreichte. Doch dann kannte das Register noch andere Züge, vom leichten Scherzwort bis zum Appell an den Eigennutz, mit denen er Widerstrebende auf seine Seite ziehen konnte. Mit der Flamme des Zornes ging er sparsam um. Es wäre ihm wie ein Verstoß gegen den gesunden Menschenverstand erschienen, wenn er die Mittel, die er anwandte, nicht genau dosiert und ein stärkeres gewählt hätte, als für den Zweck angemessen war.

In der Wohnung Konrad Adenauers in Rhöndorf hängt das Bildnis eines Papstes aus der Zeit der Renaissance. Der große alte Staatsmann hat einmal gesagt, daß er abends oft vor diesem Bild gestanden und dem großen Manne aus einem längst vergangenen Jahrhundert in die Augen geblickt habe.

Fernab von romantischer Schwärmerei hatte Konrad Adenauer sein eigenes Verhältnis zu den Großen der Vergangenheit und der Gegenwart. Aus der Geschichte hatte er die Überzeugung gewonnen, daß die Welt des politischen Geschehens weitblickender Persönlichkeiten bedarf. Auch die Demokratie und gerade die Demokratie. Wie Demokratie und Autorität sich zu fruchtbarer Einheit zusammenfinden können, hat der erste Kanzler des neuen deutschen Staates auf seine Weise demonstriert.

Konrad Adenauer verfügte über die großen, aber auch leidvollen Erfahrungen eines langen Lebens. Dieses Wissen um die Geschichte seines Volkes und das, was er seinem Wesen nach war, haben ihn zu dem gemacht, der er in der Geschichte des deutschen Volkes nach 1945 wurde, hellwachen Auges für die sich ihm bietende Stunde.

Wer Konrad Adenauer begegnet ist, wird kaum von ihm erfahren haben, was ihn im letzten und tiefsten trug. Es gab aber Stunden im Zusammensein mit ihm, spät am Abend nach einem langen und harten Tag, wo das alles abklang, was den Tag sonst füllt. Dann ging das Gespräch zu Fragen über, auf die meist scheues Schweigen die tiefste Antwort ist. Dann wurde dem anderen bewußt, daß ein gläubiger Mensch sein Gesprächspartner war.

So bleibt mir der Kölner Parteitag vom April 1961 in tiefer Erinnerung.

Der Bundeskanzler war von den Wirren, die Frankreich durch den Putschversuch der Generale in Algerien erschütterten, und von der bangen Frage, ob de Gaulle es schaffen werde, so aufgewühlt, daß er kaum dem folgte, was auf dem Parteitag vor sich ging. Was werde aus Frankreich werden, und was aus dem festen Zusammenhalt dieser beiden Völker, der für das Bestehen Europas so unerläßlich sei. Immer wieder ging es dem Kanzler in unserem Gespräch um diese sorgenvolle Frage. Am Abend in einem späten und langen Gespräch wieder unter vier Augen klang das Quälende des Tages ab und verfestigte sich zu der Frage nach dem Bösen und dem Leid in der Welt. Warum die Welt so sei, wie sie sei, und wie sie böse und schlecht sei. Und hier dann die Frage nach Gott. Das seien Fragen, die ihn nicht zur Ruhe kommen ließen, die ihn quälten.

Als ich dann, ich gebe zu, etwas unbeholfen, mit dem theologischen Hinweis auf den „Fürsten dieser Welt" antwortete, erwiderte er abwehrend, ich müsse doch einsehen, daß diese theologische Antwort ihn nicht beruhigen könne – es bleibe das Quälende, die Last ...

Nach längerem Schweigen und zögernd fragte ich Konrad Adenauer, wie er denn so den wahren Politiker sehe, ob dieser nicht ein Pessimist sei und gar nichts anderes sein könne als ein Pessimist. Der vermöge in der Politik nichts, antwortete er, der nicht um den Menschen in seiner Abgründigkeit wisse, und alle Politik sei nur ein Mühen und ein Versuch, mit der Welt fertig zu werden. Welchen Erfolg man habe, was werde – wer wisse das.

Es kam bei diesen Gesprächen nicht zu dem Deus semper maior, von dem wir beide überzeugt waren; nicht zu jener Zuversicht, die das Wissen um das Regiment Gottes in der Welt dem Menschen schenkt. Zu sehr bedrückten den alten Mann das Dunkel und Leidvolle des Daseins.

Ich sprach in diesen Stunden mit einem großen und tiefen Menschen und Christen, mit einem einsamen Menschen, der auf sich selber stand und vor Gott.

HANS-JOACHIM V. MERKATZ

Betrachtungen zu den Grundwerten und zum Stil Adenauerscher Politik

I.

Was hier aufzuzeichnen unternommen wird, ist ein Gesamtbild von Erinnerungen, kein Erlebnisbericht von Einzelheiten des komplexen Geschehens, dessen ich Zeuge sein durfte. Daher können meine Darlegungen nur einen von Subjektivität bedingten eingeschränkten Quellenwert haben.

Als Abgeordneter der Deutschen Partei von 1949 bis 1960, dann der CDU bis 1969 gehörte ich dem Deutschen Bundestag an. Bis 1953 war ich daneben mit der Wahrnehmung der Geschäfte des Staatssekretärs im Bundesministerium für Angelegenheiten des Bundesrates unter Bundesminister Heinrich Hellwege, Vorsitzender der DP, beauftragt; dann von 1953 bis 1955 Fraktionsvorsitzender der DP und von Juni 1955 bis Dezember 1962 Bundesminister für Angelegenheiten des Bundesrates und der Länder; daneben 1956 bis 1957 Bundesminister der Justiz und von 1960 bis 1961 zugleich Bundesminister für Vertriebene, Flüchtlinge und Kriegssachgeschädigte. Mir oblag außerdem unter Bundesminister Strauß im Falle seiner Verhinderung die Kabinettsvertretung für das Bundesverteidigungsministerium und unter Bundesminister von Brentano für das Auswärtige Amt.

Ich erwähne das, um eine gewisse Legitimation für meine Aussagen nachzuweisen.

Die geschichtliche Größe des ersten Bundeskanzlers Konrad Adenauer wird die Nachwelt wohl erst voll zu würdigen wissen, wenn die Erkenntnisquellen hinreichend erforscht sind und die Zeitspanne des Überganges und der Gärung, in der wir immer noch leben, Vergangenheit geworden ist. Wir, seine zeitweiligen Mitarbeiter, haben Konrad Adenauer von Anfang an geschichtliche Größe und darum überragende Autorität und Führungsgefolgschaft zuerkannt. Wir waren von seinem Geschichtsverständnis, seiner Weltanschauung und politischen Praxis[1] beeindruckt und wohl auch in die Schule genommen.

An dieser Stelle sei eine Bemerkung am Rande gestattet. Autorität ist nicht zwingende, überlegene Gewalt. Sie bedeutet bei dem Autoritätsempfänger nicht Unterwerfung, sondern freie Identifikation mit dem Träger der auctoritas. In ihm wird auf der Grundlage des Vertrauens ein überzeugendes Vorbild gesehen. Er ist kein Leittier eines Rudels, sondern Verkörperung dessen, was man aus eigener Einsicht, die der Autoritätsträger zu bilden vermag, schließlich selber will und in der Ausführung zu ergänzen bestrebt ist.

Nach dem Grundgesetz bestimmt der Kanzler die Richtlinien der Politik. Richtlinien sind Zielbestimmungen. Nur in Ausnahmefällen enthalten sie Detailregelungen. Sie bestimmten die Richtung und die Konkordanz gemeinsamen Handelns, das auf ein Ziel gerichtet ist. Ihnen liegt im idealen Falle die strategische Konzeption eines Planes zugrunde, ohne daß die Pragmatik taktischen Handelns im einzelnen schon festgelegt sein kann. Beides geht ineinander über und unterliegt den sich wandelnden Änderungen der Möglichkeiten in den Geschehensbedingungen. Das setzt Beharrlichkeit im Ziel und Flexibilität im taktisch-praktischen Handeln voraus. Gerade die notwendige Flexibilität im Verfolgen des Zieles erfordert ein hohes Maß an Kooperationsbereitschaft, um die Koordination der in einem Regierungskabinett zusammenwirkenden Kräfte, ihre personellen und sachlichen Gegensätze auch im Spannungs- und Konfliktsfall auszugleichen.

Darin war Konrad Adenauer ein Meister.

Man hat den Stil seiner Führung teils anerkennend, teils abschätzig Kanzlerdemokratie, auch Demokratur genannt. Ihr lag seine direkte Verbindung und Einwirkung zur demokratischen Basis zugrunde, die stark ins Kabinett zurückwirkte. Seine große Sensibilität gegenüber der Volksstimmung und ihrer potentiellen, auch gefährlichen Entwicklung legitimierte seine Überzeugungskraft im natürlichen Streit der Meinungen. Konflikten wich er nicht aus. In verworrenen Situationen erfühlte er die Grenzen des Möglichen, wobei er bei aller Wendigkeit doch stets „fest auf dem Sinne" beharrte, was ihm andererseits den Vorwurf der Starrheit eintrug.

Seine bedeutende Fähigkeit zur Vereinfachung verwickelter komplexer Lagen steigerte seine Fähigkeit zu überzeugen. Er gehörte keineswegs zu den „terribles simplificateurs", die die Gegebenheiten emotional verfälschen, die Volksmeinungen verführen und damit ihre Macht zu mehren versuchen.

Bezeichnend ist die Aussage Adenauers, die Anneliese Poppinga ihrem Werk voraussstellt[2]:

„... man muß die Dinge auch so tief sehen, daß sie einfach sind. Wenn man nur an der Oberfläche der Dinge bleibt, sind sie nicht einfach, aber wenn man in die Tiefe sieht, dann sieht man das Wirkliche, und das ist immer einfach."

Dieser Satz ist grundlegend für den Denk- und Führungsstil Konrad Adenauers. Er besagt das Gegenteil einer emotionalisierten „schrecklichen Vereinfachung", sondern gibt Sicherheit und damit Grundlage des Vertrauens.

Eine solche Denkrichtung setzt Konzentration auf das Wesentliche voraus, und dieses wiederum wird durch Distanz zu sich selbst sowie zu Personen und Dingen, gepaart mit eiserner Selbstdisziplin, gewonnen. Konrad Adenauer war eine zutiefst leidenschaftliche und gefühlsstarke Natur, die sich jedoch vollkommen in der Gewalt hatte und dadurch etwas Kühles, aber auch geheimnisvoll Unergründliches ausstrahlte, was seine Gegner unsicher machte.

Man könnte diese Eigenschaften der Selbstbändigung als spätpreußisches Erbe usurpieren, gepaart mit Schatten einer gewissen Melancholie und ausgeprägter, aber nicht lähmender Skepsis. Doch dieser Brückenschlag zum Preußischen, namentlich in der Spätgestalt dieses Staates, ist nicht zulässig. Adenauer war zu Preußen antipathisch eingestellt. Dies bezog sich nicht auf das geistige Erbe, sondern auf die Kastenbildung in der Gesellschaft, auf die Bevorzugung bestimmter Kasten im Staate, im Militär, in den Ämtern, also allgemein auf die Ungleichheit der Chancen in der Gesellschaft[3].

Sein Demokratieverständnis bezog sich wesentlich auf die Chancengleichheit

eines jeden unter der alles überragenden Priorität der Freiheit zur Selbstentfaltung, die durch die staatliche Ordnung und die sie tragenden Werte, namentlich durch das Recht, zu schützen war.
Aber der Mensch mußte auch gegen seine ihm naturgemäß eingeborenen Triebe zur Selbstgefährdung geschützt werden. Sein Menschenbild war realistisch und daher skeptisch, ohne daß Züge des Hochmutes oder gar der Menschenverachtung sein politisches Denken und Handeln trübten.
Konrad Adenauer wußte tief um die Problematik von Recht und Gerechtigkeit und deren stets neu zu suchenden Ausgleich in der Verwirklichung, um Freiheit und Frieden in den Widersprüchen des Daseins des einzelnen in der Gemeinschaft zu gewährleisten. Darin sah er auch das Kernproblem der völkerrechtlichen Ordnung und des internationalen Macht- und Interessenausgleichs, um den immer wieder zur Erhaltung des Friedens gerungen werden mußte.

II.

Damit ist ein wesentlicher Teil der geistigen Grundrichtung Konrad Adenauers schon vorweggenommen, die seine Führung des Regierungskabinetts bis in Einzelheiten der auftauchenden Probleme namentlich in der Periode des Wiederaufbaus prägten.
Sein Charakterbild und die ihn bestimmende Synthese seines Wertegefüges mit der politischen Praxis ist in einer jetzt schon umfangreichen Literatur im Für und Wider dargestellt worden, ohne daß die Forschung als abgeschlossen gelten kann.
„Von der Parteien Haß und Gunst verwirrt, schwankt sein Charakterbild in der Geschichte" (Friedrich Schiller über Wallenstein). Das gilt auch hier. Ich möchte aus den zahlreichen verdienstvollen Abhandlungen besonders die Arbeiten von Horst Osterheld[4], Anneliese Poppinga[5], die Aufzeichnungen von Heinrich Krone[6], die Beiträge von Klaus Gotto[7], Jürgen Schwarz[8] und Werner Weidenfeld[9] hervorheben.
Das Hauptziel Adenauers war im zerstörten Deutschland und moralisch gebrochenen deutschen Volke die Verwirklichung freiheitlicher Demokratie, beruhend auf alle verbindende Wertmaßstäbe des Staates und der Gesellschaft. Dazu gehörte die Wiedergewinnung der politischen, wirtschaftlichen und sozialen Handlungsfreiheit und ihre Sicherung nach außen und im Inneren des durch den „Schwarzen Markt" und Besatzungsumerziehung verseuchten Volkes sowie der Kampf gegen Rachepläne der Demontage und Wirtschaftsknebelung, vor allem aber gegen die Penetration durch den Kommunismus.
Demokratie war für Adenauer eine Methode der Legitimation der politischen Macht durch den einzelnen in seiner Gemeinschaftsbindung.
Drei Komplexe, die aufeinander angewiesen sind, nämlich Freiheit und Frieden, Freiheit und Recht, Freiheit und Demokratie mußten zu einer Synthese gebracht werden, wobei der Höchstwert der Freiheit, d. h. das Wohl des einzelnen mit dem der Gemeinschaft, im Einklang bleiben mußte.
Demokratie war für Adenauer, wie gesagt, eine Methode, die Dynamik der Entwicklung gegen die Verkrustung von Herrschaftsformen, sei es durch

Kastenbildung oder innergesellschaftliche Machtkonzentrationen zur Geltung zu bringen.

Adenauer sah die freiheitliche Demokratie stark auf den einzelnen bezogen und damit auch die Gefahr der Vermassung in den Formen totalitärer Demokratie bzw. der Tyrannis einer Mehrheit zur Unterdrückung von Minderheiten, tatsächlich ausgeübt durch Funktionärs- und Technokratenherrschaft.

In der Vermassung sah er die Erstickung der Demokratie, die dann nicht mehr auf den einzelnen, sondern allein auf das Kollektiv bezogen ist.

Politische Reife war für ihn das stets neu zu erringende Ziel: daß möglichst viele in der Lage sind, sich über wesentliche und fundamentale politische Angelegenheiten eine eigene, unabhängige, nicht allein von außen gelenkte Meinung zu bilden.

Das setzte eine Kultur der Vielfalt und der Toleranz voraus, d. h. Achtung vor dem ehrlichen Wollen und Streben des anderen.

Daraus ergibt sich die notwendige Auseinandersetzung unter den parteilichen Meinungsblöcken, bei aller Härte der Konflikte aber immer dominierend die Friedenspflicht im Zusammenleben. Feindseliger Polarisierung sind also Grenzen gesetzt. Niederbrüllen und Terrorisieren anderer Meinungen sind der Tod der Demokratie. Eine demokratische Führungspflicht gebietet immer wieder, den Grundkonsens der Zusammengehörigkeit herzustellen, ohne den eine politische Gemeinschaft nicht bestehen kann.

Grundwerte wie Gerechtigkeit, Toleranz, Ordnung und Sicherheit betrachtete Konrad Adenauer als sich ergänzende und sich gegenseitig regulierende Werte, um so den Frieden durch gerechte, soziale, wirtschaftliche und politische Lebensbedingungen herzustellen und zu gewährleisten.

Adenauer betonte oft warnend die Erkenntnis, daß allein mit der Befriedigung der materiellen Bedürfnisse „Zufriedenheit" in der Gesellschaft nicht zu erreichen sei.

Für ihn hatte der Staat über das Herrschaftliche hinaus eine dem Menschen dienende Funktion der rechten Gestaltung der Lebensbedingungen im nüchternen Blick auf das jeweils Mögliche und den schiedsrichterlichen Ausgleich. Staat war für Adenauer eine auf Recht und Freiheit ruhende Schicksalsgemeinschaft verantwortlicher Personen, die die verschiedenen Interessen, Weltanschauungen und Meinungen zusammenfaßt.

Seine ausgeglichene Struktur wurde durch das machtverteilende Prinzip und möglichst durch die Mehrheit eines starken selbständigen Mittelstandes oder ihm ähnliche soziale Existenzen herbeigeführt.

Im politischen Denken Konrad Adenauers stand für das staatliche und gesellschaftliche Handeln über allem das Freiheitsgebot der Selbstverwirklichung des Menschen. Bedingung dafür waren vier Grundprinzipien:

1. Das Recht auf Eigentum im sozialen Gebrauch
2. Der Schutz der Familie
3. Der Schutz des menschlichen Lebens
4. Das Offenhalten des Freiheitsraumes des Menschen innerhalb und für die Gemeinschaft.

Gegenüber Sozialismus, Rechtsradikalismus und der beiden in verschiedener Intensität innewohnenden Tendenz zum Nationalismus grenzte sich Adenauer, als im Grunde Konservativer, scharf ab. Vor allem in der konkreten Verwirklichung des Sozialismus sah er die Entwicklung zu einem die Eigeninitiative erstickenden Bürokratismus.

Adenauers Grundeinsichten hatten ihre Wurzeln in den abendländischen Wertbegriffen, wie sie aus der Verschmelzung der Antike mit dem Christentum hervorgegangen sind. Sie ruhten auf dem katholisch geprägten Glauben, daß Wert und Würde des Menschen von Gott herrühren.

Das C im Namen der CDU/CSU zielte auf die Forderung, die christlichen Grundsätze, wie sie sich im Zeitenwandel der Geschichte herausgebildet haben, zum Fundament der Politik zu machen.

Er fürchtete die Vermassung als Folge des einseitig betonten technisch-rationalen Fortschrittsdenkens. Den dominierenden Konflikt der Zeit sah er im Kampf zwischen der christlichen und der materialistischen Weltsicht und den Machtstrukturen, die sich aus diesem fundamentalen Gegensatz herausgebildet haben. Diese Sicht führte ihn zur Hinwendung zum Westen, wenn er sich auch zutiefst der Gefahren bewußt war, die aus der gegenseitigen Durchdringung beider Machteinflüsse hervorgehen.

Für Konrad Adenauer waren allerdings diese reinen Werte nur in bezug zur Wirklichkeit von konkreter Bedeutung. Seine Wertorientierung korrespondierte immer mit seiner politischen Realitätsbezogenheit und den in der Wirklichkeit enthaltenen Widersprüchen.

Politik war für ihn die Kunst, das auf ethischer Grundlage als richtig Erkannte zu verwirklichen.

Die Einsicht, daß Wandel, Veränderung und Spannung der Wirklichkeit wesensmäßig zugehörig sind durch die ständig sich ändernden geistigen und äußeren Lebensverhältnisse, war für ihn grundlegend.

Die Werte und die an der Geschichte und Weltanschauung sowie am Glauben orientierten Grundsätze gaben ihm nur die Richtung des politischen Handelns an, nicht das „Wie" der praktischen, zeitgebundenen Aktion. Adenauer dogmatisierte seine Wertvorstellungen nicht zu dann im politischen Geflecht scheiternden politischen Konzeptionen. Er war sich der Evolution in Permanenz bewußt. Bei dieser Evolution kam es Konrad Adenauer auf die Synthese von wertbezogener und realitätsbezogener Politik an.

Die politische Praxis läßt sich nicht kasuistisch aus den als dauernd erkannten Grundsätzen ableiten. Sie muß sich aus den Konstellationsbedingungen des gewordenen Geschehens in ihrer Möglichkeit und Richtigkeit ergeben.

Aber grundsatzlose Politik führt bei Mißachtung der freien Entfaltung des einzelnen, die Ausdruck von Wert und Würde des Menschen ist, zum Rückfall in Barbarei und in letzter Konsequenz zur Selbstvernichtung.

Über allem politischen Geschehen schwebt die Gefahr des Umschlags von Werten in ihr Gegenteil. Auch dessen war sich Adenauer bewußt.

Werte, zum Extrem gesteigert, können sich zum Unwert entwickeln: Freiheit zu Zügellosigkeit und Willkür, Frieden zu Sklaverei und Kirchhofsruhe, positives Recht in Gewaltherrschaft und Willkür, Demokratie zur Unterdrückung einer Minderheit.

Immer kommt es auf das rechte Maß an, also auf Augenmaß, vor allem in der Politik.

Die Hauptmaxime Konrad Adenauers war, den realen Weg zu finden, wie Freiheit und Würde des Menschen im Wandel des historischen Prozesses zu entfalten, zu erhalten und zu schützen seien.
Für Konrad Adenauer war Politik vor allem Praxis[10] und nicht Philosophieren oder Heilspredigen, gekräftigt, wie gesagt, durch Beharrlichkeit, Standfestigkeit, Geduld und das Erfassen des rechten Zeitpunktes.
Es gibt keine rational erklügelten Rezepte.
Bei aller aus der geschichtlichen Entwicklung gewonnenen Erkenntnis des Werdenden bleibt die Zukunft letzthin im dunkeln. Der politische Entschluß und die Marschrichtung erfordert bei allen Sicherungen den Mut zum Risiko und Durchhaltevermögen.
Diese Eigenschaften waren bei Adenauer entscheidende Elemente seines Charakters und Wurzeln seiner Autorität.

III.

Die Kabinettspraxis Konrad Adenauers war durch äußerst sorgfältige Vorbereitung der Entscheidungsfindung gekennzeichnet. Nichts wurde improvisiert und durch diffuse Diskussion zu einem Zufallsergebnis gebracht. In seiner umfassenden Information auch im Detail lag die Dominanz seiner Führung, die vor allem durch seinen Blick für das Wesentliche und seine Divinationsgabe, die ihn die Schwächen einer Gegenargumentation schnell erkennen ließ, geprägt wurde.
Nach offenbar eindringender einsamer Überlegung – Adenauer war ein Frühaufsteher, der in der Morgenstille der Natur seine Ruhe und Konzentration fand – wurde die Problemlage in allerengstem Kreise, zu dem vor allem als Berater Heinrich Krone, Walter Hallstein, Hans Globke, Herbert Blankenhorn, Josef Rust und später Felix von Eckardt gehörten – wir nannten es das Küchenkabinett – gründlich erörtert.
Globke hatte das Bundeskanzleramt zu einem allumfassenden, äußerst leistungsfähigen Arbeitsstab entwickelt. Trotz erheblicher Arbeitslast schien Globke immer Zeit zum vertraulichen Gespräch zu haben, das leise ohne Streß und Emotion verlief. Er war den Politikern, Ministern, Staatssekretären, Journalisten, Beamten und Verbandsvertretern ein stets hilfreicher und zuverlässiger Partner in schwierigen Situationen. In tiefer Loyalität dem Kanzler und der Sache des Staates ergeben, von vornehmer Gesinnung und ohne Eitelkeit, auch nicht die heimliche Macht einer „Grauen Eminenz" genießend, war er eine letzte eindrucksvolle Verkörperung des uneigennützigen Staatsdieners. Er war eine entscheidende Stütze des Regimes Konrad Adenauers. Nach allen Seiten hielt er Verbindung im Inneren, spürte die Schwierigkeiten im Getriebe auf und hatte ein unbestechliches Urteil über die agierenden Personen.
Von großer Bedeutung für das Ganze war die Beraterrolle Heinrich Krones. Seine Ruhe und Weisheit waren als langjähriger Reichstagsabgeordneter, voller Erfahrung hinsichtlich der Weimarer Zeit und ihrem Ende, politisch in besonderer Weise gereift. Er hielt die Verbindung zu den Parteien, namentlich zur CDU/CSU und den Koalitionspartnern. Er wirkte nicht faszinierend und

wortreich. Aber seine Lagebeurteilung war vor allem für Aufgeregte glättend und überzeugend.

Die Findung der Vorentscheidung in der beschriebenen Methode führte in der Koalition nicht selten zu Unzufriedenheit. Das Regierungskabinett war oft nur formelles Entscheidungszentrum, dessen Beratung häufig auf die vom Kanzler getroffene Vorentscheidung hinauslief. Daraus entstanden den Koalitionsministern nicht selten Schwierigkeiten in ihren Fraktionen, die sich bei der Mitwirkung ausgeschaltet fühlten. Doch wenn man die Gefährdungen der Bundesrepublik namentlich in den Anfangsjahren in Rechnung stellt, muß man diese straffe Handhabung der Richtlinienkompetenz und diese Zuordnung auf den Kanzler hin aus zwingender Notwendigkeit für gerechtfertigt halten, zumal Konrad Adenauer sich intensiv bemühte, die Fraktionsvorsitzenden und einzelne Abgeordnete unmittelbar ins Bild zu setzen.

Die Kabinettsitzungen begannen in der Regel mit einem allgemeinen Lagebericht, der kurz diskutiert wurde. Dann wurden die Ressortvorlagen der Tagesordnung nach tunlichst knappem Vortrag der Minister oder deren Staatssekretäre abgewickelt. Hierzu muß bemerkt werden, daß Konrad Adenauer den Ressortchefs weite Freiheit in den konkreten Angelegenheiten ihrer Verantwortlichkeit ließ.

Bei aller Straffheit seiner zentralen Führung waren die Minister keineswegs nur ausführende Organe.

Adenauer war kein Freund langer theoretisierender Diskussion. Die Meinungen und ihre Begründung mußten äußerst präzise vorgetragen werden, ohne Langschweifigkeit des Sowohl-Als-auch, in geistiger Disziplin zum Entweder-Oder. Auch bei den Ministern mußten die Entscheidungsvorschläge vorher gründlich ausgereift sein.

Namentlich die Beurteilung der außenpolitischen Implikationen der gemachten Vorlagen behielt sich allerdings der Kanzler vor, wie überhaupt sein Bemühen darauf gerichtet war, das politische Vorfeld im Inneren und in der Wirkung nach außen hin zu klären.

Adenauer legte auf konzentrierte Kürze der Kabinettsitzungen besonderen Wert. Sie dauerten in der Regel nicht länger als dreieinhalb Stunden. Nur bei besonderen Anlässen kam es zu längeren Gesprächsrunden. Auch von seinen Ministern verlangte er Standfestigkeit, die er allerdings mit schneidendem Witz, nicht selten mit tiefsinnigem Humor, wenn geboten aber auch verletzend zu testen und zu brechen versuchte. Sobald wie möglich war er jedoch bestrebt, solche Kränkungen wieder zu heilen.

IV.

Wie gesagt, nur durch straffe Führung auf demokratischer Grundlage und in gewisser Restauration immer gültiger Werte war der relativ rasche und erfolgreiche Wiederaufbau der Bundesrepublik, die sich mehr und mehr nicht nur als Provisorium, sondern als deutscher Kernstaat begriff, zu leisten.

Dabei ist das entscheidende Verdienst der Rückendeckung im Sozialen und Wirtschaftlichen durch Ludwig Erhard mit Nachdruck hervorzuheben. In

diese Bereiche wurde von Konrad Adenauer nur mit Zurückhaltung zur Wahrung der größeren politischen Zusammenhänge, wie z. B. der Montan-Mitbestimmung, hineinregiert.
Großes Verdienst hatten die gestandenen Finanzminister Schäffer und Etzel sowie der Sozial- und Arbeitsminister Anton Storch, um nur einige Persönlichkeiten der Ministerrunde hervorzuheben.
Adenauer konzentrierte sich auf die Rückgewinnung des Vertrauens im Ausland, um aus der Isolierung und Verfemung der Deutschen herauszukommen. Grundlegend war, wie gesagt, die Hinwendung zu den westlichen Siegermächten.
Die Vertrauensgrundlage, die mühsam zurückgewonnen werden mußte, war seine Zuverlässigkeit. Mit Würde und großem psychologischen Feingefühl ist er diesen schweren Weg geradlinig gegangen.
Das Volk folgte in seiner Mehrheit trotz aller parteipolitischen Kontroversen, die um die westeuropäische Integration, um die Wiedervereinigung auf dem Wege der Neutralisierung, um die Wiederbewaffnung und die Änderungen im Gesellschaftsgefüge entstanden, um nur einige der Nachkriegsprobleme zu nennen. Dabei spielte das Mitgehen der Vertriebenen und Flüchtlinge, die aller Radikalisierung widerstanden, eine entscheidende Rolle. Der Lastenausgleich war ein großes Werk der nationalen Solidarität.
Hingewiesen sei in diesem Zusammenhang auf die „Ohne-mich-Stimmung“, die „Kampf dem Atomtod“-Kampagne, aufflackernden Radikalismus und eine gewisse Apathie aus gekränktem Nationalgefühl namentlich bei der Frontgeneration. Schwer lastete die Spaltung des Vaterlandes auf den Deutschen, die sich in die private Sphäre zu flüchten suchten.
In der Summe entstand eine Libertinage, die das Geistesleben und die seelische Grundstimmung durch Ängste und Willkür zu gefährden begann und schließlich das Gespenst des Terrorismus hervorbrachte.
Das Ende der bürgerlich-liberalen Epoche kündete sich an. Konrad Adenauer hat diese Entwicklung in ihrem Ernst frühzeitig erkannt und mit allen Kräften bekämpft. Man hat seine häufigen Mahnungen und Warnungen in den Wind geschlagen und vielfach auch lächerlich gemacht. Jetzt ist vieles seit der Jugendrevolte 1968 offensichtlich geworden, was in der Periode des Wiederaufbaues noch verborgen blieb.
Konrad Adenauer war in sehr realistischer Weise von dem Ziel der politischen Einigung Westeuropas, die er mit seiner Deutschland- und Ostpolitik in einen Wirkzusammenhang setzte, überzeugt. Dabei standen eine enge Zusammenarbeit sowohl mit Frankreich als auch den USA im Mittelpunkt seines Handelns. Er war sich der problematischen Struktur Europas, vor allem Westeuropas bewußt. Die besondere Problematik der Eingliederung Frankreichs in eine politische Union Europas folgt vielleicht daraus, daß Frankreich eine zwischen einer Supermacht und einer Mittelmacht stehende Großmacht im alten Sinne ist. Es hat weitergehende, eigenständige Handlungs- und Einflußmöglichkeiten in der Weltpolitik als alle anderen europäischen Staaten.
Ähnlich ist das Gewicht Großbritanniens mit seiner weltweiten Geltung im Rahmen der engeren anglo-amerikanischen Beziehungen.
Die Bundesrepublik Deutschland ist wirtschaftlich im Weltmaßstab gewichtig,

aber durch den Status der Teilung Deutschlands und die Nähe des russischen Imperiums außenpolitisch eine nur bedingt unabhängig handlungsfähige Mittelmacht.

Dieser Lage muß eine besonders enge Zusammenarbeit mit Frankreich, die das Ziel der Europäischen Union zum Inhalt hat, Rechnung tragen.

Die Ostbeziehungen der Ära Adenauer waren geprägt vom Kalten Krieg und später vom Übergang zum Abbau der Konfrontation unter amerikanischer Führung, wobei sich widersprüchlich, gemessen besonders an der Berlin-Frage, die Penetrationspolitik Moskaus verstärkte.

Seit Ende der fünfziger Jahre spielte das Verhältnis Adenauers zu de Gaulle eine überragende Rolle. Zwei kongeniale Staatsmänner hatten sich zu vertrauensvollem Meinungsaustausch gefunden.

Der Ausgangspunkt beider war gewiß verschieden. De Gaulle erstrebte die Führungsrolle in Europa, namentlich die Rückgewinnung Ost- und Mitteleuropas für ein Gesamteuropa unter Mitwirkung des europäischen Teils Rußlands, während Adenauer eine Europäische Gemeinschaft der Freien und Gleichen zum Ziel hatte. Die außenpolitische Willensbildung sollte unter freier Mitwirkung der überkommenen Nationalstaaten auf übergeordneter europäischer Ebene erfolgen. Diese Verschiedenheit der Grundauffassungen wurde nicht allgemein ausgetragen, sondern in praktischen Schritten der Zusammenarbeit überbrückt.

Ich lasse den Konflikt zwischen „Atlantikern“ und „Gaullisten“ in der Bundesrepublik beiseite. Er führte leider dazu, daß der deutsch-französische Vertrag vom Januar 1963, den Adenauer vielleicht mit einiger Skepsis geschlossen hatte, nie recht ausgefüllt wurde.

Ich breche hier ab.

Die letzten Jahre Konrad Adenauers waren durch den Undank einiger „politischer Freunde“ getrübt.

War alles vergeblich? Zu diesem Pessimismus vermag ich mich, vielleicht wider besorgten Wissens um unübersehbare Gefahren, nicht zu bekennen. Heinrich Krone notierte am 19. April 1967[11]:

„Wir haben ihn nicht mehr. Konrad Adenauer ist tot.“

An Paul Adenauer schrieb er:

„Ruhe in Gott ist unser aller Ziel. Was wissen wir von Gott, in dem wir leben und weben, in dem wir sind, die Toten näher als wir Lebenden. Ich habe Konrad Adenauer in stillen Stunden des Abends erlebt, mit ihm gesprochen. Wir beide allein. Er war ein tiefer, gläubiger Mensch und Christ. Er war im Letzten einsam.“

1 Vgl. Anneliese Poppinga, Konrad Adenauer. Geschichtsverständnis, Weltanschauung und politische Praxis, Stuttgart 1975.

2 Vgl. Poppinga, S. 5.

3 Vgl. Poppinga, S. 285, Anm. 56.

4 Vgl. Horst Osterheld, Konrad Adenauer. Ein Charakterbild, Bonn 1974.

5 Vgl. Poppinga mit einer Fülle von Primärquellen.

6 Vgl. Heinrich Krone, Aufzeichnungen zur Deutschland- und Ostpolitik 1954–1969, in: Rudolf Morsey und Konrad Repgen (Hrsg.), Adenauer-Studien III: Untersuchungen und Dokumente zur Ostpolitik und Biographie (=Veröffentlichungen

der Kommission für Zeitgeschichte, Reihe B, Bd. 15), Mainz 1974, S. 129ff.; Der Globke-Plan zur Wiedervereinigung, in: Adenauer-Studien III, S. 202ff., bearbeitet und eingeleitet von Klaus Gotto.

7 Vgl. Klaus Gotto, Adenauers Deutschland- und Ostpolitik 1954–1963, in: Adenauer-Studien III, S. 3ff.

8 Vgl. Jürgen Schwarz, Grundzüge der Ostpolitik de Gaulles insbesondere in den Jahren 1958–1963, in: Adenauer-Studien III, S. 92ff.

9 Vgl. Werner Weidenfeld, Der Einfluß der Ostpolitik de Gaulles auf die Ostpolitik Adenauers, in: Adenauer-Studien III, S. 116ff.

10 Vgl. vor allem Osterheld und Poppinga mit einer Fülle von Belegen.

11 Vgl. Krone, S. 193.

WALTER HALLSTEIN

Mein Chef Adenauer

Es begann in großer Harmonie. Im Sommer 1950 trug mir Konrad Adenauer in einem Brief die Stellung des Staatssekretärs seines Bundeskanzleramts an, mit dem bemerkenswerten Zusatz, er pflege Männern, zu denen er nach Können und Charakter Zutrauen habe, ein großes Maß an Selbständigkeit zu gewähren. Als wir uns eine Woche später sahen, wünschte er, ich solle meinen Lehrstuhl an der Universität Frankfurt behalten, damit ich nicht gezwungen sei, nach seinem Ausscheiden bei einem mir unsympathischen neuen Herrn auszuharren. Ich wünschte dasselbe, aber – und das sagte ich – aus anderm Grund: damit der Bundeskanzler sich meiner entledigen könne, wenn er genug von mir habe.

Keiner der beiden Fälle trat jedoch ein. Ich verließ mein Amt Anfang 1958, um Präsident der Kommission der Europäischen Wirtschaftsgemeinschaft zu werden – nicht auf Vorschlag der Bundesregierung (ich hatte sie gebeten, diesen Vorschlag zu unterlassen), sondern auf Wunsch der andern Fünf.

Zwischen den beiden Daten lagen faszinierende Jahre. Einen formalen Einschnitt bedeutete die Errichtung des Auswärtigen Amts, in das ich aus dem Bundeskanzleramt übertrat.

An der Identität des „Chefs“ änderte sich nichts, da der Bundeskanzler die Stellung des Außenministers zusätzlich übernahm. Eine zweite Zäsur bedeutete die Ernennung Heinrich von Brentanos zum Außenminister. Aber unverändert blieben auch danach meine ständige Teilnahme an den Kabinettsitzungen und das Recht jederzeitigen direkten Vortrags beim Kanzler – beides ebenso sehr Zeugnisse von Brentanos Noblesse wie bei meinem Weggang seine öffentliche Einladung an mich, meinen Nachfolger vorzuschlagen – von mir mit der Benennung van Scherpenbergs beantwortet, die ich nie zu bereuen hatte.

Bis zur Errichtung des Baus des Auswärtigen Amts behielt ich auch mein Büro im Erdgeschoß des Palais Schaumburg unter den Räumen des Kanzlers, was die persönliche Zusammenarbeit außerordentlich erleichterte und verdichtete. Auch der Nachmittagsspaziergang zu zweien in dem schönen Park des Palais' wurde zur häufigen Übung. Das Gespräch war dabei besonders zwanglos und freimütig, auch und gerade in delikaten Angelegenheiten und nicht nur in solchen, die formal zur Zuständigkeit des Auswärtigen Amtes gehörten. Lebhaft ist – um nur ein Beispiel zu nennen – meine Erinnerung daran, daß Adenauer mich, als die Wahl eines neuen Bundespräsidenten anstand, nach meinem Kandidaten fragte. Ich sagte, ich hätte zwei. „Ich wollte, ich hätte einen“, war die lakonische Antwort.

Ich nannte zunächst Franz Böhm, wohl wissend, daß ich damit kaum auf Beifall rechnen konnte; denn Adenauer hielt ihn nach seinen Erfahrungen mit ihm als Delegationsführer bei den Israel-Verhandlungen für eigensinnig.

Ich nannte sodann Heinrich Lübke, an den noch niemand gedacht hatte. Er ließ mich das ausführlich begründen. Ich stehe noch heute zu dieser Anregung; nur Lübkes wiederholte Kandidatur war – wie bei Theodor Heuss, der für das Abraten seiner Mitarbeiter im gleichen Maße unzugänglich gewesen war – keine glückliche Entscheidung.

Mein persönliches Verhältnis zu Adenauer stand unter dem glücklichen Vorzeichen einer uneingeschränkten Übereinstimmung in allen grundlegenden Fragen unserer Außenpolitik und meiner Verehrung für den außergewöhnlichen Mann. Seine Höflichkeit war vorbildlich. Ich erinnere mich nur einer Rüge, aus der der Vorgesetzte sprach: Ich war über das Wochenende zur Kieler Woche gefahren. Währenddessen stürzte die französische Regierung. Ich wurde wegen meiner Abwesenheit getadelt. Ich replizierte, etwas zu rasch, die Regierung würde auch gestürzt sein, wenn ich in Bonn gewesen wäre. Der Kanzler fand diese Antwort „nicht angemessen" (womit er natürlich recht hatte). Ich hatte nicht bedacht, daß es Montagvormittag war, an dem der alte Herr zur Empfindlichkeit neigte und wir ihn mit Reizstoffen verschonten.

Adenauer war unsentimental. Aber er war sensibel – sonst wäre er nicht der Staatsmann und der Meister der Menschenbehandlung gewesen, der er war. Auf unserer ersten Amerikareise 1953 war er tief beeindruckt von der Zeremonie auf dem Friedhof von Arlington. Nach der Unterzeichnung des NATO-Beitritts gestand er mir, daß er mit Mühe die Tränen zurückgehalten habe. Über seinen Umgang mit Menschen wird schwerlich je Besseres gesagt werden können als das, was Horst Osterheld geschrieben hat[1]. Seine physische Leistungsfähigkeit war schier unbegrenzt. Sein vertrautester Arzt sagte mir einmal, daß er dissimuliere. Wenn das wahr ist, war seine Willenskraft außerordentlich. Die körperliche Überlegenheit kam besonders auf den vielen Reisen zur Geltung. In Moskau, wo es auch auf Trinkfestigkeit ankam, schlug er alle unsere Gastgeber (und die waren nicht zart). Er kam mit wenig Schlaf aus. Seine Schlagfertigkeit spiegelt sich in vielen hundert Anekdoten. Er war kein großer Redner, aber ein guter Unterhalter. Er war ein Freund des Gesprächs. Er konnte zuhören. Ein starkes Einfühlungsvermögen erlaubte ihm, Argumente zu entkräften, ehe sie ausgespielt wurden; dafür war er gefürchtet. Der Kanzler liebte ältere Malerei und Musik. Er las viel, selbst auf den Reisen, bei denen er doch durch Neues stark beansprucht war. Er war unpathetisch und ein Feind großer Worte. Treue wurde geschätzt und honoriert. Aber sie wurde nicht zum Mythos stilisiert.

Ganz ungewöhnlich war sein Gedächtnis. Nach einem Besuch bei ihm kam einmal ein angesehener amerikanischer Journalist zu mir, schier atemlos von dem, was er erlebt hatte. Er hatte Adenauer vor fünf oder sechs Jahren zuletzt gesehen. Dieser knüpfte an die damalige Unterhaltung an, wiederholte die Einzelheiten, Argument und Gegenargument und setzte sie fort. Er selbst sei ohne Erinnerung an den Ablauf des früheren Gesprächs gewesen. Er habe darauf in seinem Hotel die alten Aufzeichnungen, die er bei solchen hervorragenden Anlässen mitzunehmen pflegte, durchgesehen und Adenauers Erinnerung völlig bestätigt gefunden. Adenauer beobachtete scharf, oft überscharf – wie durch zu scharfe Gläser – so daß Überzeichnungen, bis zur Grenze der Karikatur, nicht ausblieben. Einmal bemerkte er beim Essen in Moskau, daß das Glas, das Bulganin gereicht wurde, keinen Alkohol, sondern Wasser enthielt. Er protestierte mit vergnügt gespielter Entrüstung und verlangte „gleiches Recht“. Die Heiterkeit, besonders der russischen Gäste, war anhaltend, mit einem Unterton von Anerkennung.

Adenauer war mutig und ein Mann mit Angriffslust. Vor allem hatte er – was zu vielen Politikern abgeht – den Mut, die Wirklichkeit zu erkennen, auch und gerade, wenn sie unerwünscht oder gar gefährlich war. Aber nichts Menschliches war ihm fremd, und so war er auch nicht völlig frei von Furcht; sein stets waches Mißtrauen deutet darauf.

Unschätzbar war sein Gewicht bei den großen Verhandlungen, durch die allein dazu zu gelangen war, daß ein souveräner deutscher Staat sich konstituierte, daß er demokratische Selbstbestimmung erwarb, daß er territorial definiert wurde, daß er eine sichere Stellung in der Staatenfamilie und insbesondere in kollektiven Verbindungen mit der näheren und ferneren Umwelt gewann. Rasch erwarb Adenauer als deutscher Sprecher eine beispiellose Autorität. Weithin verkörperte er dem Ausland gegenüber das deutsche Volk. Das lag kaum an formaler Legitimation. Es lag an dem Ernst und der Festigkeit, an der Überzeugungskraft seines Auftretens, an dem Eindruck der Vorurteilslosigkeit und Generosität der Gesinnung, den er ausstrahlte. Um ein viel mißbrauchtes Modewort unserer Zeit nicht preziös zu umgehen: Er war glaubwürdig oder – wie man früher einfacher und treffender zu sagen pflegte – er erwarb Vertrauen. Härte und Biegsamkeit waren ihm dabei gleichermaßen zur Hand. Ich gebe zwei Illustrationen aus meiner persönlichen Erfahrung:

1. Die am 28. September 1954 begonnenen Verhandlungen der Londoner Neun-Mächte-Konferenz (über die Souveränität der Bundesrepublik, die Westeuropäische Union und den Beitritt der Bundesrepublik zur NATO) waren dem Scheitern nahe, weil die Franzosen unnachgiebig den deutschen Verzicht auf die Herstellung einer Reihe von schweren Waffen (insbesondere Atomwaffen) forderten. Wir hatten uns dem mit äußerster Entschiedenheit widersetzt, um kein Präjudiz für die internationale Diskriminierung der Bundesrepublik zu schaffen (jeder weiß heute, daß das keine theoretische Sorge war). Die Situation schien ausweglos, als ich Adenauer, neben dem ich saß, zu bedenken gab, ob er nicht mit Rücksicht auf das, was auf dem Spiel stand, die persönliche Erklärung abgeben wolle, er sei bereit einzulenken. Er tat es, obwohl es zur Überlegung kaum Minuten gab. Die psychologische Wirkung war unbeschreiblich; ich habe bei keiner Verhandlung etwas Eindrucksvolleres erlebt. Die Konferenz war gerettet.

2. Die Sowjets hatten die Heimführung von knapp zehntausend deutschen Kriegsgefangenen kategorisch abgelehnt, die wir zur Bedingung der Aufnahme diplomatischer Beziehungen gemacht hatten. Wir bestellten unsere Flugzeuge vorzeitig zum Rückflug auf den Moskauer Flugplatz. Die Russen gaben nach. Diplomatische Beziehungen wurden aufgenommen. Die Gefangenen kehrten zurück.

In einer schwer überschaubaren Weite und Vielfalt stellen sich die Initiative und die Leistung des Staatsmanns Adenauer dar. Wer die Fülle der Gegenstände durchmustert, die sein reger Geist und seine kräftige Hand im Bereich der Außenpolitik bewegt haben, wird leicht davon abgelenkt, daß er zugleich die Gesamtverantwortung für die Politik des freien Deutschland trug und auch in allen Bereichen der Innenpolitik die Spuren seiner Aktion hinterlassen hat. In der Außenpolitik war er überall gegenwärtig, wo das Interesse des neuen Staates berührt war. Nur in der Außenpolitik aber gibt es einen Gegenstand, der ohne die Beteiligung der Bundesrepublik Deutschland nicht denkbar wäre, ein Werk, das Präsident Kennedy einmal die größte politische Leistung der Nachkriegszeit genannt hat, dem jedenfalls auch der nüchterne Betrachter weltpolitischen Rang nicht absprechen wird – gemessen sowohl an der Bedeutung des schon Geleisteten wie an der Bedeutung der Aufgabe, die es noch stellt –: die europäische Einigung.

Diese Beteiligung aber ist, soweit es auf die Deutschen ankam, wesentlich seiner Entscheidung, seinem Impuls, seiner Autorität zu danken. Der Erste Weltkrieg war kaum beendet, als er für die Aussöhnung mit Frankreich eintrat – die unerläßliche Bedingung für eine Politik der Einigung Europas. Im schwierigsten Jahr unmittelbar nach jenem Krieg (1923) trat er – angeregt auch durch Gespräche mit de Gasperi, der damals auf einer Deutschlandreise verwandte Pläne propagierte – für eine deutsch-französische Wirtschaftsgemeinschaft ein oder (1925) hilfsweise für eine Montanunion, zu der auch Luxemburg eingeladen werden sollte. Nach dem Zweiten Weltkrieg nahm er diese Gedanken wieder auf. Eine „Union der westeuropäischen Staaten" schwebte ihm vor. Noch im Frühjahr 1950, kurz vor der Verkündung des Schuman-Plans, schlug er eine „vollständige Union" zwischen Deutschland und Frankreich mit einem einzigen Parlament vor – in den wesentlichen Zügen stark verwandt mit der späteren Wirtschaftsgemeinschaft – und fand damit den lebhaften Beifall des Generals de Gaulle[2]. Immer aber war Adenauers Motiv politisch.

Früh war er also eingestimmt auf die Ziele einer europäischen Gemeinschaft. Als diese Unternehmung dann Gestalt annahm, als sie mit unerwarteter Dynamik fortschritt, als kühne neue Initiativen in den verteidigungspolitischen, außenpolitischen, gesamtpolitischen Raum ausgriffen, aber erst recht, als die unvermeidlichen Rückschläge abgewehrt werden mußten, sah man Adenauer stets in der vordersten Front. Tief war er beunruhigt, als das Tempo sich zu verlangsamen begann.

Mein gemütvollstes Zusammensein mit ihm war das Abschiedsessen. Adenauer hatte sich ausgedacht, daß es im „Hallstein-Zimmer" stattfinden solle (wie es der Hausdienst noch Jahre nach meinem Umzug daraus in das Auswärtige Amt nannte), an dem runden Tisch, der für 14 Stühle Platz bot – das Maximum, wenn man wollte, daß jeder Sitzende noch jeden andern verstand; ich hatte ihn selber einmal für intimere Treffen schreinern lassen. Jeder von uns beiden sollte, ohne jede Rücksicht auf das Protokoll, sechs Gäste nominieren; so waren alle Ränge vertreten, vom Bundesminister bis zum Referenten. Wir waren beide ein wenig gerührt, die Reden verbargen es nicht. Als der Kanzler die Tafel aufhob, gab er mir die Hand mit den Worten: „Und nun, Herr Präsident, bewahren Sie mir Ihre Gunst!" Ich erwiderte: „Herr Bundeskanzler, die Kunst des Umgangs mit Ministerpräsidenten der Länder habe ich bei Ihnen erlernt." So gingen wir heiter auseinander. Am nächsten Tag schickte er mir ein kleines Gemälde eines alten italienischen Meisters aus seiner ansehnlichen Privatsammlung. Ein Brief erläuterte seine Wahl: „Es stellt den heiligen Christophorus dar, mit dem Knaben Jesus. Heilig sind Sie noch nicht, aber eine große Last tragen Sie auch."

Als er für immer von uns ging – voll tiefer Sorge um das Schicksal seines Volkes und Europas – sagte ich über den Rundfunk: „Mit schmerzlicher Trauer nehme ich Abschied von Konrad Adenauer, dessen Gehilfe gewesen zu sein mir ein gutes Schicksal beschieden hat. Er wird in meinem Gedächtnis fortleben als ein ungewöhnlicher Mann, eine Persönlichkeit von starker Geschlossenheit ohne Enge, ganz geprägt von bürgerlicher Gesittung und starker Religiosität, voller Kraft, aber ohne Kraftmeierei, und von überlegener Unabhängigkeit. Unter den Zeitgenossen meines Lebens ist er der größte deutsche Politiker gewesen, ein gnadenloser Realist und von untrüglichem politischem Instinkt. Seine Leistungen für Deutschland, für Europa und den Frieden der Welt sind heute unbestritten und in die große Geschichtsschreibung eingegangen, nämlich die Wiedererrichtung einer staatlichen Ordnung im Deutschland der Nachkriegszeit, die Rehabilitierung seines Vaterlandes, die Einfügung der Bundesrepublik in die freie Welt und in Europa. Alle neigen sich im Gedenken an ihn voll Respekt, viele, die meisten, voll Bewunderung und herzlicher Verehrung."

1 Vgl. Horst Osterheld, Konrad Adenauer. Ein Charakterbild, Bonn 1973.
2 Vgl. Konrad Adenauer, Erinnerungen 1945–1953, Stuttgart 1965, S. 311ff.

FELIX V. ECKARDT

Konrad Adenauer – Eine Charakterstudie

Um Konrad Adenauer bildete sich schon zu seinen Lebzeiten eine Legende. Er galt für alle, die ihn nicht näher kannten, als halsstarrig, in den Vorstellungen längst vergangener Zeiten verhaftet, dazu bösartig, unbeweglich und als Gegner aller modernen Ideen, als Kämpfer gegen die evangelische Kirche, dabei klug, verschlagen und persönlich unzuverlässig. Nicht umsonst nannten ihn viele den „alten Fuchs".

Fast keine dieser Bezeichnungen trafen sein Wesen wirklich, mit Ausnahme der Klugheit und der Bezeichnung „Fuchs". Einen alten Fuchs ließ er sich allerdings ganz gerne titulieren, denn schließlich handelt es sich beim Fuchs um ein besonders kluges und tapferes Tier. Konrad Adenauer war im Grunde genommen bis in seine letzten Lebensjahre ein sehr moderner Mann, sowohl als Politiker als auch in seinen persönlichen Neigungen. Er liebte gute, schnelle Automobile, besonders wenn sie sich in rasender Fahrt bewegten. Im Auto konnte es ihm nie schnell genug vorwärts gehen. Ich habe es erlebt, daß er zu seinem Fahrer sagte: „Warum fahren Sie denn nicht wie sonst?" Der Fahrer antwortete: „Die Straße ist etwas vereist, Herr Bundeskanzler." „Wird schon nicht so schlimm sein", brummte der alte Herr. Diese Autoraserei war um so unverständlicher, als er zur Zeit seiner Tätigkeit als Oberbürgermeister der Stadt Köln einmal einen schweren Zusammenstoß mit einer Straßenbahn erlebt hatte, der sein ganzes Gesicht veränderte. Das berühmte „Indianergesicht" war nicht angeboren, sondern das Resultat dieses Unfalls. Er liebte auch Flugzeuge. Häufig saß er im Cockpit auf dem Kopilotensitz und ließ sich von dem Piloten über die Technik des Fliegens und der Kompliziertheit der Maschine allerlei erklären.

Aber schließlich sind das nur Äußerlichkeiten. Wenden wir uns lieber den tieferliegenden Charaktereigenschaften des Kanzlers zu. Da ist einmal der „verbohrte Katholik". Mehr als einmal hat man mir gesagt: „Der Kanzler? Der wird doch vom Vatikan und vom Kardinal in Köln gesteuert." Als ich ihm von diesen landläufigen Ansichten berichtete, antwortete er: „Den Kardinal? Den habe ich schon länger als ein Jahr gar nicht mehr gesehen."

Es ist richtig, daß er ein frommer Katholik war, aber bei anderer Gelegenheit sagte er zu mir: „Sehen Sie, Herr von Eckardt, der Glaube, das ist eine Sache. Und die Kirche ist eine ganz andere Sache. Und die kenne ich." Als ich den Kanzler zu einem Besuch beim Papst begleitete, konnte ich beobachten, daß sich bei allem Respekt vor dem Oberhaupt der katholischen Christenheit seine Sprache überhaupt nicht veränderte. Er gab sich höflich, beachtete das Zeremoniell, aber war sonst völlig gelassen, fast unbekümmert. Ich kann mir nicht vorstellen, daß es irgendeinem Kirchenfürsten gelungen wäre, den Kanzler in einer bestimmten Richtung politisch zu beeinflussen. Dabei war er im

Glauben wirklich fromm, versäumte es nie, am Sonntagvormittag in Rhöndorf zur Kirche zu gehen. Er liebte auch die kirchliche Kunst der vergangenen Jahrhunderte und ließ sich niemals auf Reisen davon abhalten, ein gutes Museum zu besuchen. Keine noch so prekäre politische Situation konnte ihn an diesen Besuchen hindern, und er hatte die Fähigkeit, ein oder zwei Stunden die Politik völlig aus seinem Bewußtsein zu verdrängen. Er sammelte auch selbst alte Bilder, doch leider hat man ihm auch einige Fälschungen – allerdings erstklassige Kopien – angehängt.

Nun zu seiner „Sturheit". Ich habe nur wenige Politiker gekannt und agieren sehen, die eine solche Flexibilität wie er aufwiesen. Dazu war er in keiner Weise der Mann der „einsamen Entschlüsse". Handelte es sich um etwas wirklich Wichtiges, so besprach er das Problem mit zahlreichen Menschen, auf deren Urteil er etwas gab, und nicht selten modifizierte er aufgrund dieser Gespräche mit Fachleuten seine anfängliche Einstellung.

Vor allem war er ein Mann, der zuhören konnte. Er ließ seine Gesprächspartner geduldig und ohne sie zu unterbrechen ihre Gedanken entwickeln, wägte die Argumente ab, die ihm vorgetragen wurden, und fällte seine Entscheidung fast nie sofort, sondern erst nach einigen Tagen. Für seine Mitarbeiter war es besonders wichtig, daß er sich Zeit ließ, sie anzuhören. Oft kam dann zwischendurch eine seiner Sekretärinnen und legte ihm einen Zettel, auf dem der Name eines neuen Besuchers stand, vor. Er ließ sich nicht in zeitliche Bedrängnis bringen und hörte zu, bis das Gespräch beendet war. Für mich war das keineswegs immer angenehm, denn der neue Besucher, den er zu bestimmter Stunde bestellt hatte, war häufig ein Minister oder sonst eine hochgestellte Persönlichkeit, die es natürlich nicht schätzte, meinetwegen längere Zeit warten zu müssen. Dann ließ mich der Kanzler durch den an sein Arbeitszimmer anschließenden Salon direkt auf den Korridor hinaus, so daß ich dem nächsten Besucher nicht begegnete.

Auf das Stichwort „Salon" fällt mir eine Geschichte ein, die mit der kürzlich Schlagzeilen produzierenden „Abhöraffäre" eine entfernte Ähnlichkeit hat. Der Kanzler und ich saßen in diesem kleinen Salon hinter seinem Arbeitszimmer, ein Mikrofon war für eine Ansprache Adenauers aufgebaut, aber die kleine rote Lampe, die anzeigt, daß das Mikrofon bereits eingeschaltet ist, brannte noch nicht. So plauderten wir über dieses und jenes. Der Kanzler erzählte mir, daß Heinrich von Brentano auf einer Pressekonferenz mehr oder weniger deutlich gesagt hätte, seine Ernennung zum Außenminister stünde jetzt bevor. Adenauer hatte Brentano zu sich kommen lassen und sich solche voreiligen Bemerkungen verbeten. Zu mir sagte er: „Brentano war wütend wie ein Stier!" Obwohl das rote Lämpchen erst jetzt aufleuchtete, war unser ganzes Gespräch bereits über die Zentralredaktion des Bundespresseamtes gelaufen. Als ich mich nach der Aufnahme in mein Büro zurückbegab, wurde mir der „Sozialdemokratische Pressedienst" vorgelegt, und siehe da, unser Privatgespräch fand sich in dem Dienst abgedruckt wieder. Ein unerhörter Vertrauensbruch eines Angestellten des Bundespresseamtes! Es dauerte Stunden, ehe ich den Missetäter ermitteln konnte.

Am nächsten Morgen berichtete ich dem Kanzler, der auf seinem Eckplatz in der Regierungsbank saß, über den Vorfall. „Was wollen Sie denn nun tun“, fragte Adenauer. Ich antwortete, immer noch ergrimmt: „Ich werde den jungen Mann vor die Tür setzen.“ Schließlich war es ein sehr ärgerlicher Vorfall. Zu meiner Verwunderung meinte der Kanzler: „Aber wie können Sie so hart sein. Ein junger Mensch macht eben Dummheiten.“ Irgend etwas mußte aber geschehen, und so einigten wir uns, daß ich den Täter versetzen würde. Der Kanzler war jungen Leuten gegenüber immer sehr nachsichtig, denn er liebte die Jugend. So „hart“ war also der Kanzler. Ich selbst ging zu Brentano, der verständlicherweise über diese Indiskretion sehr verärgert war. Aber wie immer zeigte er sich als Gentleman, und wir machten schnell wieder Frieden.

Nun zu seiner „Halsstarrigkeit“. Unter vier Augen konnte man dem Kanzler alles sagen. Ich bin in intimen Gesprächen oft bis an die Grenze des Zumutbaren gegangen. Adenauer setzte mir zum Beispiel die Taktik, die er in irgendeiner politischen Sache einzuschlagen gedachte, auseinander. Wenn ich dann kühl sagte: „Ich finde das gar nicht besonders gut“, so nahm er das völlig gelassen hin. Allerdings mußte man für die eigene Auffassung dann wirklich gute Argumente haben, sonst war das Gespräch sehr bald zu Ende. Kurz und uninteressiert zeigte sich Adenauer nur Menschen gegenüber, die er für dumm hielt. Dann konnte er sehr wenig freundlich sein. Einmal sagte er zu mir: „Ich bin ja mit dem lieben Gott soweit einverstanden, aber daß er der Klugheit Grenzen gesetzt hat und der Dummheit nicht, das nehme ich ihm wirklich übel.“

Der Kanzler war auch nicht unzuverlässig. Allerdings änderte er nach vielen eingehenden Gesprächen manchmal seine Auffassung, wenn ihm neue Überlegungen vorgetragen worden waren. Das galt dann als unzuverlässig. Hatte er sich aber einmal auf eine bestimmte Linie festgelegt, so hielt er sie unbeirrt trotz aller auftauchenden Schwierigkeiten durch. Er war der Ansicht, daß die Richtigkeit einer politischen Entscheidung sich sowieso erst nach Jahren oder Jahrzehnten herausstellt.

Eine Ausnahme allerdings, die ich miterlebt habe, will ich erzählen. Mit großer Mühe war der Kanzler bewogen worden, nach Ablauf der Dienstzeit des Bundespräsidenten Theodor Heuss als Bundespräsident zu kandidieren. Mich erreichte diese Nachricht in Glotterbad, wo ich eine Lungenentzündung auskurierte. Als ich zurückkam, rief mich der alte Herr sofort in sein Haus nach Rhöndorf und empfing mich mit den Worten: „Na, was sagen Sie nun, Herr von Eckardt, daß ich Bundespräsident werden soll?“ Mir gefiel diese Sache gar nicht, und so antwortete ich: „Wenn ich ganz offen sein soll, so glaube ich nicht, daß es eine ungeeignetere Persönlichkeit gibt für dieses Amt als Sie, Herr Bundeskanzler!“ Er schaute mich erstaunt an und fragte: „Wieso denn nicht?“ „Es mag sein, Herr Bundeskanzler, daß die Bevölkerung, die Sie nicht persönlich kennt, mit einer solchen Entscheidung ganz zufrieden wäre. Aber ich selbst kann Sie mir als über allen Parteien schwebende Person in diesem Amt nicht vorstellen.“ Adenauer meinte: „Sie kennen mich eben schon viel zu gut.“ Wochen vergingen, und wieder ließ mich der Kanzler zu sich nach Rhöndorf kommen. Er klopfte mir freundlich auf die Schulter und sagte: „Nun setzen Sie sich erstmal ruhig hin. Ich habe eine Neuigkeit für Sie. Ich habe meine Zusage, Bundespräsident zu werden, zurückgezogen.

Ich werde Kanzler bleiben." Etwas sehr salopp entfuhr mir der Ausspruch: „Das ist aber ein Ding! Wie soll ich das meinen Journalisten erklären?" Er lächelte mich schadenfroh an: „Das ist nun Ihre Sache, schließlich sind Sie der Sprecher der Regierung." Es ist mir übrigens nicht gelungen, den Sinneswandel des Kanzlers der Presse plausibel zu machen, und noch heute diskutiert man darüber, ob Adenauers Entscheidung richtig war.

Was die politische Taktik anbelangt, so hatte er tatsächlich den Instinkt eines alten Fuchses. Mehr als einmal fuhren wir zu einer Konferenz, zum Beispiel an den Quai d'Orsay. Auf der Fahrt dorthin erläuterte er mir die Taktik, die er in den Verhandlungen einzuschlagen gedachte. Die Konferenz dauerte Stunden, aber ich wartete vergeblich auf seinen taktischen Vorstoß. Auf der Rückfahrt fragte ich ihn: „Sie haben mir doch auf der Hinfahrt gesagt, Sie wollten dieses oder jenes vorbringen." Seine Antwort war eine Frage: „Haben Sie nicht bemerkt, daß die Atmosphäre heute nicht günstig dafür war?" Tatsächlich wäre ein Vorstoß in dieser bestimmten Frage auf keine günstige Resonanz gestoßen. Adenauer hatte die Fähigkeit, schon bei Betreten des Konferenzsaales die Atmosphäre wie durch ein Schnuppern richtig einzuschätzen. Er irrte sich darin fast niemals. Eines Tages belehrte er mich: „Bei günstiger Atmosphäre kann man oft die schwierigsten Dinge durchsetzen. Ist aber die ganze Konstellation nicht gut, so helfen auch die besten Argumente nichts. Merken Sie sich, Herr von Eckardt, ein ‚Nein' der Verhandlungspartner ist immer sehr schwer wieder aus der Welt zu schaffen. Es ist dann besser, gar nichts zu tun, als sich einem solchen ‚Nein' auszusetzen. Warten Sie dann immer lieber eine bessere Lage ab." Besonders beeindruckte mich diese seine Fähigkeit bei dem Besuch des Kanzlers gemeinsam mit dem Präsidenten der Vereinigten Staaten, John F. Kennedy, in Berlin. Der große Platz vor dem Rathaus Schöneberg war bis tief in die Querstraßen hinein von einer begeisterten Menschenmenge überfüllt. Kennedy wurde mit nicht enden wollenden Zurufen bedacht. Nun war das Programm so geplant worden, daß Adenauer vor Kennedy sprechen sollte. Ich hatte ihm „wie immer eine sehr schöne Rede" entworfen. Aber was tat er? Er trat vors Mikrofon und sagte: „Sie sind hier zusammengeströmt, nicht, um den deutschen Bundeskanzler zu hören, sondern den Präsidenten der Vereinigten Staaten. Präsident Kennedy hat das Wort." Meine Rede verschwand „ungehalten" in seiner Rocktasche.

Noch eine persönliche Eigenschaft des Kanzlers, die nur wenige kannten, war seine Dankbarkeit. Als ich nach fast zehnjähriger Tätigkeit als Bundespressechef vereinbarungsgemäß Bonn verließ, ging ich als „Bevollmächtigter der Bundesrepublik Deutschland" nach Berlin. Die Residenz des Bevollmächtigten war ein ziemlich großes Haus im Grunewald. Wenn der Kanzler nach Berlin kam, wohnte er stets bei uns. Er genoß es, sich von meiner Frau verwöhnen zu lassen. Morgens um 1/2 7 Uhr bekam er eine Tasse Tee. An seinem Bett standen immer etwas besonders gute Schokolade, einige Kekse, ein Stapel Kriminalromane und einige Bände deutscher Lyrik. Wer in Deutschland hätte gedacht, daß Adenauer ein so begeisterter Leser lyrischer Gedichte war? Eines Tages im Sonderzug erzählte er mir, daß er keine Nacht das Licht lösche, ohne ein lyrisches Gedicht gelesen zu haben. Er liebte u. a. Heine und Eichendorff, und so sorgte meine Frau eben auch für Lyrik. Die Steppdecke in seinem Bett sei die beste, die er je gehabt habe, behauptete er und wollte unbedingt eine gleiche kaufen. Auch der Kaffee sei viel besser als der, den er in Rhöndorf bekäme. Daraufhin schickte meine Frau ihm lange Zeit Kaffeepäckchen nach Rhöndorf. Um 1/2 9 Uhr wurde im Familienkreise gefrühstückt. Mindestens eine Stunde lang. Eines Tages machte meine Frau ihn darauf aufmerksam, daß er das Frühstücksei kalt werden ließe. Da erzählte Adenauer: „In meinem Elternhause ging es sehr sparsam zu, denn mein Vater hatte nur ein geringes Gehalt. So gab es für uns Kinder nur Sonntagfrüh ein Ei, und dies ließ ich immer bis zum Schluß übrig. Jetzt, mehr als siebzig Jahre später, bleibt das Ei immer noch als Krönung des Frühstücks bis zum Schluß." Wenn er nach Tagen wieder abreiste, versäumte er es nie, in die Küche zu gehen und sich mit Handschlag bei der Köchin für die vorzüglichen Mahlzeiten zu bedanken. Auch vom übrigen Personal verabschiedete er sich stets mit einem Händedruck. Meine Frau empfing einen Blumenstrauß, groß wie ein Wagenrad, wobei er die Zusammenstellung des Straußes selbst überwachte.

Man darf nicht glauben, Adenauer sei kein Feinschmecker gewesen. Einmal trafen wir in Paris ein, und der Kanzler war miserabler Laune. Ich klingelte dem Etagenkellner und bestellte eine Platte Austern und den besten Champagner. Er verzehrte die Delikatesse mit Genuß und seine Stimmung war wie umgewandelt. Ich habe diese Taktik noch häufiger angewandt. Manchmal beschlich mich das Gefühl, besonders in Paris, daß die schlechte Laune nicht ganz echt war, sondern darauf abzielte, mich zu der Bestellung „Austern und Champagner" zu animieren.

Noch einmal nach Berlin zurück. Immer wieder trifft man auf die Behauptung, im Grunde genommen habe der Kanzler an Berlin und der Wiedervereinigung kein wirkliches Interesse gehabt. Diese Behauptung ist absolut falsch. Ich kann nicht mehr sagen, wie viele unzählbare Stunden wir über diese Probleme gesprochen haben. Seine Gedanken kreisten unablässig um Berlin. Er kannte die alte Reichshauptstadt sehr gut, denn er war als Oberbürgermeister von Köln Präsident des Preußischen Staatsrats gewesen und hatte in Berlin eine Wohnung gehabt. Die Berliner selbst empfingen ihn übrigens immer sehr freundlich. Natürlich stand seinem Herzen das Rheinland näher, aber schließlich sind die Gefühle eines Ostpreußen für Königsberg auch intensiver als für Bonn. Daß er nicht sehr oft nach Berlin flog, hatte einen ganz anderen Grund. Er wußte, daß Berlin ohne das Engagement der Besatzungsmächte und ganz besonders der Amerikaner nicht zu halten war. Nun polemisierte die Sowjetunion bei Kanzlerbesuchen in Berlin immer besonders hart gegen die Bundesrepublik, aber auch sehr scharf gegen die USA als die mächtigste Schutzmacht. Die Amerikaner wurden häufig irritiert durch diese Polemiken und unruhig, wenn der Kanzler in Berlin war. Adenauer wollte unser Konto in den USA nicht überziehen. Aber es ist eine Tatsache, daß die Hilfe für Berlin oft auf Adenauers eigene Initiative zurückging, und niemals hat er den finanziellen oder anderen Hilfsmaßnahmen für Berlin widersprochen. Als die Mauer gebaut wurde, waren es gerade diejenigen Kreise in der Bundesrepublik und Berlin, die besonders an dieser Stadt interessiert waren, die ihm abrieten, sofort nach Berlin zu fliegen. Diese Politiker hatten Angst davor, daß, wenn der Kanzler vor dem Schöneberger Rathaus sprechen würde, Hunderttausende zusammenströmen würden und man nicht wissen könne, ob sie in ihrer Erregung zur Mauer marschieren würden. Dort standen sich aber die sowjetischen und die US-Panzer auf zehn Meter Entfernung gegenüber, und ein blutiger Konflikt, dessen Ausmaße nicht abzusehen gewesen wären, stand absolut im Bereich der Möglichkeiten. Den Konflikt hätten aber die amerikanischen Truppen austragen müssen. Ich selbst war nicht in Bonn, telefonierte aber zweimal mit dem Kanzler, denn ich war der Auffassung, daß Adenauer auf alle Fälle nach Berlin fliegen müsse. Ob die US-Luftwaffe ihm allerdings eine Maschine zur Verfügung gestellt hätte, weiß ich nicht. Denn noch heute haben deutsche Flugzeuge ja keine Möglichkeit, die Luftkorridore zu benutzen. Der Kanzler sagte mir am Telefon, nicht die deutsche Bundeswehr hätte den Konflikt auszutragen, sondern die Amerikaner: „Es ist leicht, auf Kosten anderer mutig zu sein." Ich beschwor ihn, dennoch zu fliegen, blieb aber mit meiner Auffassung ohne Erfolg.

Ähnliche Vorwürfe wie in der Berlin-Frage wurden dem Kanzler auch hinsichtlich des Problems der Wiedervereinigung gemacht. Man verstieg sich sogar soweit zu behaupten, er wünsche die Wiedervereinigung gar nicht, denn in einem Gesamtdeutschland würde die Parlamentsmehrheit der SPD zufallen. Diese Behauptung ist dumm und zugleich ehrenrührig. Wäre Adenauer die Wiedervereinigung gelungen, so hätte er in gesamtdeutschen Wahlen eine erdrückende Stimmenmehrheit bekommen und wäre als der bedeutendste deutsche Politiker in die Geschichte unseres Jahrhunderts eingegangen.

Zu diesem Fragenkomplex gehört noch ein anderer, und zwar die Note der Sowjetunion vom März 1952, in der unter bestimmten Bedingungen gesamtdeutsche Wahlen von der Sowjetunion angeboten wurden. Immer wieder kann man bis zum heutigen Tag auf die Ansicht stoßen, daß die Regierung Adenauer auf dieses Angebot hätte eingehen müssen. Wer das glaubt, kennt Sowjetnoten und ihre Bedeutung nicht. Die meisten Menschen, die das behaupten, haben die Note, die wie alle russischen Noten sehr lang war, entweder gar nicht gelesen oder nur sehr flüchtig. Um nur ein Beispiel aus dem langen Schriftstück herauszugreifen: In der Note hieß es, daß alle „demokratischen Kräfte" wahlberechtigt sein sollten. „Demokratische Kräfte" bedeutet im Klartext – Kommunisten. So wie die Note abgefaßt war, wären nicht einmal die Mitglieder der Sozialdemokratischen Partei wahlberechtigt gewesen. „Sozialdemokratismus" ist noch heute, wie man in der offiziellen Presse der Sowjetunion lesen kann, ein Schimpfwort. Dazu kommt aber noch etwas anderes. Die Note war nicht an die Bundesregierung gerichtet, sondern an die „Großen Drei", also an die USA, Großbritannien und Frankreich. Ich kann mit Sicherheit sagen, daß zumindest – ohne den beiden anderen Mächten etwas unterstellen zu wollen – die USA nicht bereit gewesen wären, auf der Basis der sowjetischen Note mit Moskau zu verhandeln. Die Bundesregierung selbst war aber zu jenem Zeitpunkt noch nicht souverän und nicht in der Lage, über das Problem selbständig zu entscheiden. Noch 1955 – zu dieser Zeit war die Bundesrepublik souverän –, als der Kanzler nach Moskau flog, ging eine Welle des Mißtrauens durch die Vereinigten Staaten. Man befürchtete ernsthaft, daß die Anknüpfung diplomatischer Beziehungen zwischen Bonn und Moskau den Anfang eines

Umfalls der Bundesregierung von West nach Ost bedeuten könnte. Überall, besonders in Amerika, tauchte das Wort „Rapallo“ auf. Einer der Vertrauten Konrad Adenauers, Botschafter Herbert Blankenhorn, wurde zum amerikanischen Botschafter in Moskau, Bohlen, geschickt, um ihm die Entscheidung des Bundeskanzlers, diplomatische Beziehungen mit Moskau aufzunehmen, mitzuteilen. Wie Blankenhorn mir anschließend berichtete, hätte Botschafter Bohlen geradezu einen Tobsuchtsanfall bekommen und die Begegnung hätte zu einer Auseinandersetzung geführt, wie sie unter geschulten Diplomaten völlig unüblich sei. Ich selbst war 1955 als Beobachter und Botschafter bei den Vereinten Nationen in New York. Der Kanzler bat mich aber, ihn auf der Reise nach Moskau zu begleiten, da etwa tausend Journalisten in Moskau erwartet wurden.

Es sei übrigens noch vermerkt, daß bei einer Besprechung, die der Kanzler mit der gesamten offiziellen Delegation abhielt, eine Majorität gegen die Aufnahme diplomatischer Beziehungen votierte. Meiner Ansicht nach zu Unrecht. Es wäre auf die Dauer nicht möglich gewesen, noch auf Jahre hinaus den Verkehr mit der Sowjetunion über eine der alliierten Botschaften durchzuführen. Der Kanzler entschied also gegen die Majorität für Aufnahme der diplomatischen Beziehungen. Diese Besprechung war überaus merkwürdig, denn sie zeigte, wie wenig wir deutschen Politiker und Diplomaten über die Sowjetunion wußten. Unmittelbar vor dieser Besprechung hatten Bulganin, der damals noch Ministerpräsident war, und Chruschtschow, der allerdings schon die erste Geige spielte, dem Kanzler ihr Ehrenwort gegeben, daß sie die deutschen Kriegsgefangenen sofort nach Hause schicken würden. Einige Mitglieder der Delegation meinten, die Russen müßten diese Zusage schriftlich geben. Dabei hatte in der „Prawda“ kurz vorher gestanden, daß es gar keine deutschen Kriegsgefangenen in der Sowjetunion mehr gäbe. Die Regierung in Moskau hätte sich mit einer solchen Publikation also selbst desavouiert. Wie recht diejenigen in unserer Delegation hatten, die dem Ehrenwort der beiden sowjetischen Politiker trauten, zeigte der sofort einsetzende Rücktransport der Kriegsgefangenen. Es kamen sogar weit mehr, als die Organisationen erwartet hatten. Daß in der Frage der Wiedervereinigung keine Fortschritte zu erwarten waren, war dem Kanzler klar, wie er mir vor der Abreise aus Bonn sagte. Die Sowjetunion war und ist noch heute der Ansicht, daß ihre Position quer durch Deutschland, abgesichert durch zahlreiche sowjetische Divisionen, die nur denkbar beste Gewähr für sie sei, denn nur mit der Sowjetmacht an der Elbe konnte der Ostblock – wie spätere Ereignisse zeigten – auf die Dauer aufrechterhalten werden.

Ich kehrte sofort nach Abschluß der Konferenz in Moskau auf meinen Posten nach New York zurück, und erst dort konnte ich feststellen, wie tief das Mißtrauen gegen die Bundesrepublik war. Man befürchtete, daß die Bundesregierung sich von den Vereinigten Staaten wieder hätte auf die Beine stellen lassen (Marshall-Plan), um dann allmählich zu einem Bündnis mit der Sowjetunion umzuschwenken. Es hat Monate gedauert, ehe die amerikanische Regierung und die Parlamentarier wirklich glaubten, daß die Bundesregierung fest im Atlantischen Bündnis stand. Mir selbst gelang es nicht, das Mißtrauen völlig auszuräumen, und so bat ich erst Außenminister von Brentano nach

Amerika zu kommen, und schließlich reiste Adenauer selbst in die USA, und erst dann gelang es, die alten freundschaftlichen Beziehungen mit Amerika wiederherzustellen. Das Mißtrauen der amerikanischen Politiker war auch nicht ganz unbegründet, denn die erwähnte Note vom März 1952 traf bei unseren Alliierten genau zu dem Zeitpunkt ein, in dem die Sowjetunion noch hoffte, einen Keil zwischen die drei westlichen Alliierten und die Bundesrepublik treiben zu können, ehe das Atlantische Bündnis unterschrieben und ratifiziert wurde.

Nach nur einem Jahr in New York rief mich der Kanzler nach Bonn auf meinen alten Posten als Bundespressechef zurück und empfing mich, als ob ich die Stadt am Rhein niemals verlassen hätte, mit den Worten: „Na, da sind Sie ja wieder."

Adenauer richtete sein ganzes Bemühen zu jener Zeit auf die Festigung des Atlantischen Bündnisses und auf die später gescheiterte Europäische Verteidigungsgemeinschaft. Dabei bewegten sich seine Gedanken unablässig darum, ob diese Politik nicht dem Gedanken der Wiedervereinigung schaden könnte. Doch er schätzte die Situation richtig ein. Die Sowjetunion dachte seit Ende des Krieges bis zum heutigen Tage niemals an die Aufgabe ihrer Stellung an der Elbe inmitten Deutschlands. Der Osteuropablock kommunistischer Staaten war für die sowjetische Regierung ein Ganzes, und aus dieser Auffassung wird das brutale Eingreifen Moskaus erst in Ungarn und später in der Tschechoslowakei verständlich. Die sowjetische Führung wußte, daß kein Stein aus diesem Machtgebilde herausgebrochen werden durfte, wenn nicht die ganze sowjetische Politik zusammenbrechen sollte. Trotzdem erinnere ich mich an zahllose Gespräche unter vier Augen mit dem Kanzler über Möglichkeiten für Fortschritte in der Wiedervereinigung. Wenn diese Gespräche Substanz hatten, pflegte Adenauer um ein Memorandum des Gesprächs zu bitten, und ich besitze zahlreiche solcher Memoranden, die er mir abzufassen den Auftrag gab. Das war oft keine einfache Aufgabe, denn der Bundeskanzler verfügte trotz seines hohen Alters über ein hervorragendes Gedächtnis, und so bekam ich hin und wieder ein Memorandum mit seinen Randbemerkungen zurück. Man konnte an diesen Randbemerkungen feststellen, mit welcher Aufmerksamkeit er ein solches Dokument studierte.

Bei den Vorwürfen gegen Adenauer, er hätte die Wiedervereinigung niemals ernstlich betrieben, wird vergessen, daß es während seiner ganzen Regierungszeit keinen genügend langen politisch ruhigen Zustand in Mitteleuropa gab. Nach dem Aufstand vom 17. Juni 1953 in Berlin und in der sowjetisch besetzten Zone war es natürlich undenkbar, Fühler nach Moskau auszustrecken, unter welchen Bedingungen die Sowjetunion die Einheit Deutschlands wiederherzustellen bereit sei. 1956 brach der Aufstand der freiheitsliebenden Ungarn aus und wurde mit unerhörter Brutalität und viel Blutvergießen niedergeschlagen. Wieder war es unmöglich, ein Gespräch über die Wiedervereinigung anzuknüpfen. 1958 erreichte unsere Allierten eine Note, in der Chruschtschow ein Ultimatum stellte, daß er, wenn die westlichen Alliierten der Sowjetunion in der Berlin-Frage nicht innerhalb von sechs Monaten entgegenkommen würden, entschlossen sei, die Frage allein – und das konnte nur heißen: mit Gewalt – zu bereinigen. Es gehört zu den bedeutendsten Leistungen der westlichen

Diplomatie, daß es gelang, dieses Ultimatum vom Tisch zu bekommen und schließlich 1959 in eine viele Wochen dauernde Außenministerkonferenz in Genf einmünden zu lassen. Nach der ersten Sitzung dieser Konferenz zeigte sich bereits klar, daß eine Einigung nicht zu erzielen war. Trotzdem hielt man endlose Reden mit immer dem gleichen Inhalt, um schließlich ergebnislos auseinanderzugehen. Das war für uns keineswegs günstig, denn wie immer ist es relativ einfach, eine Konferenz zusammenzubringen, aber wenn kein Resultat erzielbar ist, ist es schwer, ohne eine Verschärfung der Spannungen auseinanderzugehen. Diesmal hatten sich die Vereinigten Staaten etwas Besonderes ausgedacht. Das Ende der Konferenz bestand in der Einladung Chruschtschows nach Amerika (Camp David). Sicherlich ist man heute klüger als zu jener Zeit, denn aus heutiger Sicht begann damals schon die „Entspannungspolitik". Die Vereinigten Staaten hatten guten Grund, die beständig lauernde Kriegsgefahr abzubauen, denn im Laufe der Jahre hatte die Sowjetunion es verstanden, die absolute atomare Vorherrschaft der USA zu brechen und in ein Patt zu verwandeln, das seinen sichtbaren Ausdruck in dem gemeinsamen Weltraumunternehmen vom Juli 1975 fand.

Der Kanzler hegte eine Hoffnung. Er glaubte, daß, wenn die westliche Allianz wirklich stark und einig sei und die Sowjetunion keine Chance sehen würde, dieses Bündnis, zu dem später die Europäische Wirtschaftsgemeinschaft kam, zu sprengen, sie die Sinnlosigkeit einsehen würde, 18 Millionen Deutsche unter ihrer Gewaltherrschaft zu halten. Hierin hat sich Adenauer geirrt und die ungeheure Geduld, die die Sowjetunion in der Verfolgung ihrer politischen Ziele anzuwenden pflegt, unterschätzt. Zu jener Zeit dachte man auch noch nicht daran, daß die Moskauer Regierung eine große Flotte bauen würde mit Über- und Unterwasserschiffen, die es ihr ermöglicht, in allen Weltmeeren präsent zu sein und auch auf diesem Gebiet die absolute Vorherrschaft der USA und Großbritanniens zu brechen.

Das ungeheure staatspolitische Verdienst Konrad Adenauers liegt in der Einigung der wichtigsten Staaten Westeuropas und der Vereinigten Staaten von Amerika. Unsere jüngere Generation sieht das heute meist als selbstverständlich an und vergißt, sich die jahrhundertelangen kriegerischen Auseinandersetzungen zwischen den europäischen Staaten ins Gedächtnis zu rufen. Noch im vorigen Jahrhundert gab es die napoleonischen Kriege, den Krieg gegen Dänemark, den deutsch-französischen Krieg 1870/71 und am Anfang unseres Jahrhunderts den Ersten Weltkrieg und schließlich den Krieg, den Hitler vom Zaune brach. Briand und Stresemann versuchten in den zwanziger Jahren eine ähnliche europäische Politik wie Adenauer. Doch der Versuch scheiterte. Erst den Staatsmännern Konrad Adenauer, Robert Schuman, Jean Monnet und Alcide de Gasperi gelang es, in Westeuropa eine Atmosphäre zu schaffen, die einen Krieg zwischen den Staaten Westeuropas nicht einmal mehr denkbar erscheinen läßt. Es wurde die Westeuropäische Union, die noch eindeutig gegen Revanchegelüste Deutschlands gerichtet war, gegründet. Adenauer gelang es, den Sinn dieser Vereinigung umzukehren und die Bundesrepublik zu einem Mitglied dieses Paktes zu machen. Es entstand der Europarat, das Europäische Parlament und die Europäische Wirtschaftsgemeinschaft. Alles dies geschah unter der Kanzlerschaft Adenauers in einem Vierteljahrhundert.

Es gehört ein bißchen historisches Gespür dazu, diese enorme Leistung Konrad Adenauers zu würdigen sowie die Bereitschaft bedeutender Staatsmänner in Westeuropa und den USA, sich diesem Bündnisblock führend anzuschließen. Sicherlich sind alle diese und noch viele andere europäische Institutionen sehr entwicklungsbedürftig, und in der EG gibt es allzu häufig Mammutsitzungen über Getreide- und Fleischpreise. Aber welcher Staat hat bei diesen oft harten Verhandlungen je mit dem Säbel gerasselt. Man verhandelt eben, da es um Milliardenbeträge geht, aber niemand denkt daran, die Lösung der Probleme durch militärischen Druck zu lösen. Es ist richtig, daß die feindliche Haltung der Sowjetunion und der zu ihrem Machtbereich gehörenden osteuropäischen Staaten diese Entwicklung sehr gefördert hat, aber die Kunst des Staatsmannes besteht nun einmal darin, aus den gegebenen Verhältnissen ein Maximum an friedlichen Vorteilen zu erreichen.

Es ist auch unbestreitbar, daß anstelle der früheren außenpolitischen Sorgen sehr schwerwiegende Sorgen auf anderen Gebieten getreten sind. Zur Ost-West-Spannung sind neuerdings große Konflikte zwischen Nord und Süd, besser gesagt zwischen den relativ reichen Industriestaaten und den Völkern des Südens, die zum Teil in großer Armut leben, dazugekommen. Der Weltkommunismus bleibt nach wie vor eine bedrohliche Gefahr, weil er sowohl ideologisch als auch machtpolitisch motivierte imperialistische Politik betreibt. In zeitlichem Abstand erkennt man auch die Gefahr, die von China ausgeht, und es wäre ein schwerer Fehler zu glauben, daß die tiefen Differenzen zwischen der Sowjetunion und China Europa vor allen Gefahren bewahren, denn wer will voraussagen, ob sich diese beiden riesigen Mächte nicht doch eines Tages versöhnen und auch verbünden könnten. Nicht heute oder morgen, vielleicht in zehn oder zwanzig Jahren ständen wir in Europa dann einem kommunistischen Block von der Elbe bis zum Pazifischen Ozean gegenüber. Einem Block von dann weit über einer Milliarde Menschen, deren Industrialisierung viel schnellere Fortschritte macht, als man es für möglich hält.

Doch zurück zu Konrad Adenauer und seiner Taktik in den Kabinettsitzungen. Er pflegte am Anfang der Sitzung einen allgemeinen Überblick über die politische Situation zu geben, um dann auf die einzelnen Tagesordnungspunkte überzugehen. Ich erinnere mich an eine Kabinettsitzung, in der Finanzminister Fritz Schäffer besonders hartnäckig war. Es ging um eine Bagatelle von zwei- oder dreihunderttausend Mark. Nun hat der Finanzminister in allen Bewilligungen, die über den verabschiedeten Haushalt hinausgehen, ein Vetorecht. Schäffer sagte: „Nein, Herr Bundeskanzler, für diesen Betrag gibt es keine Dekkung." Etwa eine Stunde ging das Geplänkel zwischen dem Kanzler und Schäffer hin und her. Schließlich sagte Adenauer: „Also, Herr Schäffer, geben Sie Ihrem Herzen einen Stoß und machen für diese kleine Summe Schulden." Schäffer, der als einziger Minister genauso hartnäckig sein konnte wie der Kanzler, antwortete bissig: „Ich habe aber keinen preußischen Finanzminister hinter mir, der mir dann meine Schulden bezahlt." Er spielte mit diesen Worten auf Schulden der Stadt Köln an, die Oberbürgermeister Adenauer seinerzeit gemacht hatte, und denen zum Beispiel Köln seinen schönen Grüngürtel verdankt. Im übrigen ließ der Kanzler alle Minister, die sich zu Wort meldeten, ausführliche Erläuterungen machen, die seinen Vorschlägen häufig direkt widersprachen. Er sagte dann nach eingehender Diskussion: „Also, meine Herren, wir sind uns ja wieder einig." Das beweist, daß er einem wirklich schlagenden Argument auch nachzugeben wußte.

Ich habe eingangs davon gesprochen, daß der Bundeskanzler Adenauer ein besonders liebenswürdiger und dankbarer Hausgast war. Es ist richtig, daß er mit Belobigungen äußerst sparsam umging, mit kritischen Bemerkungen war es allerdings umgekehrt. Doch eines Tages nach meiner Rückkehr aus Amerika und einem langen, sehr intimen politischen Gespräch sagte er zu mir: „Kommen Sie mal mit mir ins Nebenzimmer!" Dort war ein wunderbares Bild „Madonna mit dem Christuskind" aufgestellt. „Ich bin noch in Ihrer Schuld, Herr von Eckardt. Es war sehr fair von Ihnen, nach einem kurzen Jahr als Botschafter in New York hierher zurückzukehren." Das Bild, das er mir als Geschenk präsentierte, war von Baldovenetti (15. Jahrhundert) aus Florenz und ist das schönste Stück meiner kleinen Sammlung antiker Bilder. Ein anderes Mal, und zwar kurz nach dem Wahlsieg von 1957, in dem die CDU/CSU die absolute Mehrheit erreichte, gingen wir im Park des Palais Schaumburg auf und ab. Plötzlich blieb er stehen und sagte: „Ich habe mich entschlossen, Sie zum Staatssekretär zu machen. Sie haben es verdient." Bis dahin war der Regierungssprecher und Leiter des Presse- und Informationsamtes als Ministerialdirektor eingestuft. Er wußte aber auch, daß ich ihn ohne diese Beförderung nicht im Stich gelassen hätte.

Es ist häufig gesagt worden, daß der „alte Herr", wie ich ihn immer genannt habe, keine Dankbarkeit kenne. Als Gegenbeweis gebe ich hier einen Brief wieder, den er mir einige Monate vor seinem Tode schrieb, also zu einer Zeit, da er schon lange nicht mehr im Amt war:

Bonn, den 8. Dezember 1966

Sehr geehrter Herr von Eckardt!

Vor einigen Tagen hatten wir Gelegenheit, uns über die gemeinsame Arbeit zu unterhalten, die uns über viele Jahre hinweg in der Bundesregierung verbunden hat. Mir liegt es am Herzen, Ihnen noch einmal zu sagen, wie sehr ich Ihre wichtige und erfolgreiche Tätigkeit als Chef des Presse- und Informationsamtes der Bundesregierung und später als Bevollmächtigter des Bundes in Berlin geschätzt habe. Ich bin Ihnen sehr dankbar für die Hilfe, die Sie mir in den schweren Jahren des Aufbaus an wichtiger und verantwortungsvoller Stelle gewährt haben. Sie haben es immer in ausgezeichneter Weise verstanden, die Politik der Bundesregierung der Öffentlichkeit verständlich zu machen und vor allem auch das Ausland über unsere Absichten und unser politisches Wollen aufzuklären.

Bitte nehmen Sie als Ausdruck meines Dankes und meiner Anerkennung das beigefügte Bild entgegen. Für Ihre Arbeit als Mitglied des Deutschen Bundestages wünsche ich Ihnen viel Glück und Erfolg.

Mit freundlichen Grüßen
Ihr
gez. Adenauer

Es wird noch viel über die ersten 20 Jahre Bundesrepublik geschrieben werden, und die Historiker werden sich fragen, wie es zum wirtschaftlichen und politischen Aufschwung nach dem Kriege kam, der in der Welt als das deutsche Wunder bezeichnet wurde. Für mich gibt es da eine ganz einfache Erklärung: Theodor Heuss als Präsident der neugegründeten Republik, Ludwig Erhard als Wirtschaftsfachmann und allen voran Konrad Adenauer waren eine einmalige Konstellation, die sich in der Geschichte kaum je wiederholt. Theodor Heuss stand für das geistige Deutschland, Ludwig Erhard für den wirtschaftlichen Sachverstand und Konrad Adenauer für die politische Gestaltung. Ihm fehlte es zwar am Genialischen, er war aber ein Realist ohne Demut vor den Siegermächten, mit untrüglichem Instinkt für die politischen Möglichkeiten begabt und trug die politische Verantwortung für das am Boden zerschmetterte Westdeutschland.
Dieses Dreigespann war in Verbindung mit dem überwältigenden Aufbauwillen der Bevölkerung: das deutsche Wunder.

JOSEF KARDINAL FRINGS

Erinnerungen an Konrad Adenauer

Als Konrad Adenauer im Jahre 1917 zur Oberbürgermeisterwahl in Köln anstand, erlitt er kurz vorher einen Autounfall. Er wurde in das nahegelegene Krankenhaus der Dominikanerinnen in Braunsfeld gebracht und dort behandelt. Als er genesen war, rieten ihm die Ärzte, einen Erholungsaufenthalt in St. Blasien zu nehmen. Er folgte diesem Rat. Aber die Abgeordneten des Zentrums, deren Kandidat er war, befürchteten, durch den Unfall und die Kopfwunden, die er dabei erlitten hatte, könnten seine geistigen Fähigkeiten gemindert worden sein. Darum schickten sie eine kleine Kommission unter Führung von Herrn Pferdmenges nach St. Blasien, um nach ihm zu sehen. Adenauer merkte sehr bald, wozu diese Prüfung stattfand, und als sie abreisten, schickte er ein Telegramm an die Gattin des Herrn Pferdmenges des Inhalts, er rate ihr, einen Arzt zuzuziehen, der die geistigen Fähigkeiten ihres Mannes untersuchen solle. Durch diesen Scherz rettete er seine Wahl, und so wurde er Oberbürgermeister von Köln.

Als solcher leistete er Großes: Er gab Köln die Universität zurück, die das ganze Mittelalter über dort bestanden hatte. Es bestand zunächst nur eine Fakultät für Handelswissenschaften, aber bald schlossen sich die übrigen Fakultäten an mit Ausnahme einer theologischen, da es unnötig schien, so nahe bei Bonn eine zweite theologische Fakultät einzurichten. Die Universität erfreut sich heute eines starken Zustroms von Studenten. Er förderte den Handel durch Wiedererrichtung einer Börse und den Aufbau des Messegeländes. Er baute die erste Autobahn von Köln nach Bonn. Er sanierte die verkommenen Stadtteile und verpflanzte die dortige Bevölkerung an den Rand der Stadt.

Adenauer lebte in zweiter Ehe, nachdem seine erste Frau, die er sehr geliebt hatte, gestorben war. Als nun das erste Kind aus dieser zweiten Ehe das Alter erreicht hatte, in dem die Kinder zur ersten Kommunion geführt werden, meldete er es an für den Kommunionunterricht. Er kam aber auch zu mir als dem Pfarrer, denn der Sohn besuchte die Schule in Braunsfeld, während er selbst in Lindenthal wohnte. Am Tage der Erstkommunion empfing auch er das allerheiligste Sakrament und tat alles, was man von einem gut katholischen Vater erwarten kann, wenn eines seiner Kinder zur Erstkommunion geht. Daß seine Kinder die Braunsfelder Schule besuchten, beruhte auf folgendem: Als der kleine Paul die erste Klasse der Schule besuchen sollte, wurden vorher die Grenzen der Schulbezirke Lindenthal und Braunsfeld verändert, und die Straße, in der Adenauer wohnte, wurde zum Bezirk Braunsfeld geschlagen, weil er diese Schule für besser hielt. Als Oberbürgermeister hatte er das Recht, solche Veränderungen vorzunehmen. Es haben wohl manche über diese Schlauheit gelacht, aber niemand hat eine Beschwerde dagegen eingelegt.

In das blühende Leben der Stadt Köln schlug im Jahre 1929 wie ein Donnerschlag die Stillegung der New Yorker Börse ein. Dieses Ereignis machte sich in der ganzen zivilisierten Welt bemerkbar und brachte die Bewertung der Gelder in Durcheinander. Brüning als Reichskanzler bemühte sich, die schlimmen Folgen nach Möglichkeit von Deutschland abzuwenden. Aber auch Adenauer suchte für die Stadt Köln Wege, um den Handel weiter in Bewegung zu halten. So gab er Geld aus auf die Stadt Köln.

Inzwischen war der Hauptfeind von Adenauer herangewachsen: Adolf Hitler ergriff im Jahre 1933 die Macht, und sogleich wurde Adenauer als Oberbürgermeister abgesetzt. Besonders schmerzlich für ihn war, daß die Mitteilung davon durch einen hohen katholischen Beamten geschah. Diese Wunde ist nie mehr ganz verheilt.

Adenauer mußte die Stadt Köln verlassen. Er mietete zunächst eine Villa im Siebengebirge und zog mit seiner Familie dorthin. Aber wie wenig er den Lebenswillen hatte sinken lassen, zeigte sich, als er nach einiger Zeit sich ein neues Haus baute in Rhöndorf am Hang, umgeben von einem Garten, nicht luxuriös, aber sehr geschmackvoll. Dort lebte er zurückgezogen, vielfach beschäftigt mit Gartenarbeiten, besonders mit Rosenzucht, die er immer geliebt hatte. Vorher war ein Prozeß gegen ihn gelaufen, den die Nationalsozialistische Partei angeregt hatte. Man suchte krampfhaft nach irgendwelchen Unordnungen in der Verwaltung der Stadt Köln, die man Adenauer anrechnen könne. Aber trotz allen Eifers hat sich nichts gefunden, woraus man Adenauer einen Strick hätte drehen können. So konnte er sich mit seiner Familie befassen. Er half seinen Kindern beim Erledigen der Schulaufgaben. Er verfolgte die hohe Politik des In- und Auslandes mit großem Interesse und hielt sich bereit für einen neuen Ruf in die Politik.

Nach dem mißglückten Attentat auf Hitler suchte man allenthalben nach Mitschuldigen. Auch nach Adenauer wurde gefahndet. Er ergriff die Flucht und versteckte sich in einem Hause. Daraufhin wurde seine Frau aufs Tiefste gequält, sie sollte verraten, wo ihr Mann sich aufhalte. Wenn sie sich weigere, drohte man ihr, würden ihre Töchter gefangengesetzt. Das war für das Mutterherz von Frau Adenauer zu viel. Sie verriet den Aufenthaltsort, den die anderen doch bald gefunden hätten. Adenauer wurde festgenommen und nach Brauweiler gebracht, von da in die Messehallen in Deutz. An beiden Stellen hatte er viele Schmähungen auszustehen. Nach Besetzung des linken Rheinufers durch die Amerikaner kam Adenauer wieder auf freien Fuß.

Gegen Ende des Krieges entwickelte sich ein gutes Verhältnis zwischen den amerikanischen Truppen und dem Hause Adenauer. Es saß dort ein Major, der erhebliche Vollmachten hatte; unter anderem konnte er die Erlaubnis erteilen, in die Stadt Köln zurückzuziehen. Ich hatte mich die letzte Zeit in Rhöndorf aufgehalten und ging jetzt in die Wohnung von Adenauer, um mir von dem Major einen Berechtigungsschein geben zu lassen. Ohne Schwierigkeiten bekam ich diesen Schein, so daß ich sehr bald in die Stadt Köln zurückkehren konnte. Es war ein trauriger Anblick: Es wohnten damals noch 40000 Menschen im linksrheinischen Köln, die rechte Rheinseite war noch nicht von den Amerikanern besetzt. Man begegnete auf den Straßen kaum jemandem, und wenn man einen traf, grüßte man sich, womöglich in der

Kölner Mundart.

Auch für Adenauer kamen bald bessere Tage. Er wurde zum Oberbürgermeister in Köln bestellt und wohnte im Krankenhaus Hohenlind, wo ich auch seit meiner Rückkehr nach Köln mich aufhielt. Eine ganze Reihe anderer, meist recht bedeutender Männer hatte sich ebenfalls dort versammelt. Es gab nur zwei Stellen in Köln, wo noch eine öffentliche Küche verwaltet wurde: bei den Schwestern in der Streitzeuggasse und in Hohenlind.

Die Amerikaner rückten nach einiger Zeit aus Köln ab und übergaben die Stadt den Engländern. Nach einigen Wochen traf Adenauer zum zweiten Mal die Absetzung als Oberbürgermeister. Die Engländer warfen ihm vor, er habe ihre Erwartungen für den Wiederaufbau der Stadt nicht erfüllt, und zählten in einem Brief mehrere Punkte auf, wo Adenauer hätte mehr erreichen müssen. Am Abend dieses Tages trafen wir in Hohenlind mit Adenauer zusammen. Er hatte den Brief in seiner Tasche, und als wir da waren, zog er ihn behutsam heraus, entfaltete ihn und las ihn vor, ohne irgendwie feindliche Betonung. Und als er ihn gelesen hatte, steckte er ihn wieder sorgfältig in seine Tasche. Das, was Adenauer am meisten ärgerte, war, daß die Absetzung auch ein Verbot jeglicher politischer Tätigkeit enthielt. Er zog sich wieder zurück in sein Haus in Rhöndorf.

Damals vollendete Adenauer sein 70. Lebensjahr. Es kamen seine alten Freunde bei ihm zusammen, und auch ich fühlte mich veranlaßt, ihm meinen Glückwunsch darzubringen. Das muß ihn sehr gefreut haben, denn er hielt mich auch zum Abendessen da, das er zusammen mit seiner Familie einnahm. Bei dieser Gelegenheit hielt er eine interessante Rede an seine Kinder und sagte ihnen, er habe in seinem Leben immer nach seinem Gewissen gehandelt, und er sei damit gut gefahren. Und er empfahl den Kindern, es im Leben ebenso zu halten.

Nach einiger Zeit wurde das Verbot gelockert, das ihm befahl, sich von der Politik fernzuhalten. Damals entstand die CDU. Der erste Gründer war nicht Adenauer, aber er war von Anfang an dabei, und als man daranging, einen Chef der ganzen Partei zu wählen, da wählte man Adenauer. Das war sicher eine glückliche Wahl, denn die Arbeitskraft Adenauers war noch so stark, daß er die beiden Dinge nebeneinander vorantreiben konnte, den Aufbau der Partei und den Aufbau des deutschen Staates. Die Partei machte gute Fortschritte. Das war peinlich für die alte Zentrumspartei. Aber nachdem Adenauer sich an die Spitze der CDU gestellt hatte, war es klar, wer von den beiden sich durchsetzen würde, und wer die beste Schlagkraft beweisen werde. So habe auch ich mich damals zur CDU bekannt, weil mir die Fähigkeiten Adenauers sehr imponierten. Besonders hatte mir Eindruck gemacht die Art, wie er den Brief des englischen Kommandeurs verlas, offenbar mit innerem Ingrimm, aber nach außen hin vollkommen beherrscht. Ein solcher Mann war im Stande, auch die schwierigsten Situationen zu überwinden.

Als im Jahre 1948 der Parlamentarische Rat gebildet wurde, wählte man Adenauer zum Vorsitzenden. Hier wurde beschlossen, einen neuen deutschen Bundesstaat aufzubauen, der aber nur die Fortsetzung des alten deutschen Reiches sein sollte. Als die Tätigkeit des Parlamentarischen Rates dem Ende zuging, besuchte mich Adenauer einmal, um mir eine familiäre Mitteilung zu machen, daß eine seiner Töchter sich mit einem Herrn Werhahn aus Neuß verlobt habe, der mit mir verwandt sei. Ich gratulierte ihm, und dann sagte ich: „Nun werden wir Sie wohl bald als Präsident des neuen Bundesstaates begrüßen können." Darauf sagte er: „Nein, ich habe mir was anderes ausgesucht. Ich möchte Bundeskanzler werden, da kann man sich besser entfalten."

Große Aufgaben warteten auf den Leiter der deutschen Regierung. Es galt zunächst, die Ehre des deutschen Volkes wiederherzustellen. Diese war durch Hitler, durch seinen mörderischen Krieg und alle Schandtaten seiner Regierung völlig wie am Boden zerstört. Adenauer ist es in den Jahren seiner Regierung gelungen, diesen Schandfleck auszuwischen und die deutsche Ehre wiederherzustellen. Er tat das vor allem durch die Kraft und die Sauberkeit seiner eigenen Persönlichkeit. Diese Wiederherstellung der Ehre fand ihren höchsten Ausdruck, als ein wirklicher Freundschaftsbund zwischen Charles de Gaulle und Adenauer zustande kam, der sich äußerte in gegenseitigen Besuchen, wo beide Politiker vom anderen Volk stürmisch begrüßt wurden. Das deutsche Volk kann Adenauer nicht genug danken für diese Ehrenrettung, denn sie war die Grundlage aller weiteren Zusammenarbeit mit den europäischen Staaten.

Die anderen großen Aufgaben leistete er in Zusammenarbeit mit seinen Mitarbeitern. So hatte er für das „Wirtschaftswunder" die beiden Helfer Erhard und Schäffer, der eine Wirtschaftsminister, der andere Finanzminister. In diesen Jahren fuhr ich einmal nach Japan und hielt dort vor der deutsch-japanischen Vereinigung einen Vortrag über das „Wirtschaftswunder". Ich nannte die drei Namen Adenauer, Erhard und Schäffer und konnte auch ziemlich genaue Zahlen angeben, die ich von Herrn Abs erhalten hatte. Die Japaner waren sehr beeindruckt von dem, was ich ihnen berichtete.

Eine weitere Aufgabe war der Wiederaufbau der Häuser, Kirchen, Fabriken. Es ist erstaunlich, wie schnell diese Aufgabe gelöst wurde. Das war zu verdanken einmal dem Fleiß der Deutschen, sowohl der Arbeiter wie der Unternehmer. Es kam ihnen zu Hilfe, daß durch die Demontage, die von England aus betrieben war, viele alte Maschinen nicht mehr an Ort und Stelle waren und neu beschafft werden mußten. So kam es, daß die deutsche Industrie die modernste in ganz Europa wurde. Sehr wichtig war dabei, daß die Gewerkschaften unter Führung von Herrn Böckler einen sehr gemäßigten Schritt einhielten. Böckler hatte ihnen gesagt, zuerst müssen wir die Werke wieder mitaufbauen, nachher wollen wir sehen, wie das gewonnene Geld verteilt wird. Auch der Wiederaufbau der Kirchen ging gut und schnell vonstatten. Es wurden in diesen Jahren allein in der Erzdiözese Köln etwa 300 neue Kirchen gebaut und ebenso viele von Grund auf restauriert.

Besonderen Wert legte der Kanzler auf die Außenpolitik. Es gelang ihm, die alte Erbfeindschaft zwischen Deutschen und Franzosen zunichte zu machen und eine wirkliche Freundschaft zwischen den zwei großen Nationen zu begründen. Am Ende des Krieges war die Souveränität Deutschlands zugrunde gegangen. Allmählich erstand sie wieder, zunächst mit verschiedenen Einschränkungen, so daß unter Umständen die Besatzungsmächte eingreifen und eine Maßnahme verbieten konnten. Aber Adenauer erreichte, daß diese Einschränkungen abgeschafft wurden; sie paßten einfach nicht mehr in die Lage.

Adenauer reiste auch nach Rußland, um die dort festgehaltenen Kriegsgefangenen zu befreien. Er fuhr mit einer großen Mannschaft nach Moskau, um dort zu verhandeln mit den russischen Führern. In den Verhandlungen gaben die Russen die Versicherung, daß die deutschen Gefangenen freigelassen werden sollten. Sie wollten es aber nicht schriftlich geben. Es war nun eine Entscheidung von großer Wichtigkeit, ob man dem Wort der Russen trauen könne ohne schriftliche Beurkundung, oder ob man sich nicht darauf einlassen solle. Nach Beratung mit der deutschen Delegation entschied Adenauer sich dafür, das Angebot anzunehmen. Dagegen verlangten die Russen, daß Deutschland diplomatische Verbindungen mit Rußland anknüpfen solle. Darauf ging Adenauer ein. Eine Kleinigkeit beleuchtet die Situation: Adenauer saß mit den Führern der Sowjets am Verhandlungstisch. Mit einem Mal bemerkte er, daß in seinem Glas, aus dem er trank, was anderes war als in dem der Russen. Er stellte die Frage, weshalb das geschehen sei, und bat darum, daß er dasselbe erhalte, was auch die Russen tranken. In Wirklichkeit war es wohl ein Trick der Russen. Man wollte Adenauer betrunken machen, während sie selbst klaren Kopf behielten. Aber Adenauer in seiner Klugheit und Schlauheit durchschaute diesen Trick und machte ihn zunichte. Man macht heute Adenauer den Vorwurf, daß er sich Rußland gegenüber nicht richtig benommen habe. Es habe einen Augenblick gegeben, wo die Russen wirklich bereit waren, Freundschaft mit Deutschland zu schließen. Adenauer aber hat dem Braten nicht getraut und sich nicht auf weitere Verhandlungen mit den Russen eingelassen. Ich glaube nicht, daß die Dinge wesentlich anders gelaufen wären, wenn er zugestimmt hätte. Was wir jetzt mit der DDR erleben, das hätte sich wahrscheinlich auch in Rußland abgespielt. Rußlands Ziel ist und bleibt die Gewinnung ganz Europas für den Sozialismus oder Kommunismus.

Über all diesen Arbeiten und Kämpfen vergaß Adenauer niemals seine Partei, die CDU. Alle vier Jahre wurde zum Bundestag gewählt, und das empfand Adenauer nicht als Last, sondern eher als eine Freude. Hinauszuziehen vor die Wählermassen und sich dort schutzlos preiszugeben den Zwischenrufen, machte ihm Freude. Wenn ein Gegner ihm einen Einwurf machte, dann griff er ihn meistens auf, zerpflückte ihn, und am Ende hatte er fast immer die Lacher auf seiner Seite. Bei diesen Gelegenheiten zeigte sich die Kampfnatur Adenauers und seine Schlagfertigkeit. Sein Wortschatz war nicht übermäßig groß, darin übertrafen ihn andere Redner bei weitem, aber er traf immer das richtige Wort, das beim Volke einschlug und ihm die Herzen eroberte. Man kann die Linie seiner politischen Erfolge im eigenen Lande ablesen an den Resultaten der Wahlen zum Bundestag. 1949 war die erste dieser Wahlen, und sie brachte ihm durch Verbindung mit der FDP, die auch den Präsidenten Heuss stellen sollte, eine knappe Mehrheit, so daß er nur mit einer Stimme die Wahl zum Bundeskanzler erreichte. In der nächsten Wahl 1953 hatte sich die Zahl der CDU-Wähler beträchtlich vergrößert, und wiederum vier Jahre später 1957 erreichte er die absolute Mehrheit.

Wenn Adenauer zu Hause in Köln-Lindenthal in der Max-Bruch-Straße war, kam er manchmal nach Braunsfeld, wo ich Pfarrer war. Der Weg führte ihn mitten durch den Stadtwald. Und er hörte dann die heilige Messe mitsamt der Predigt aufmerksam an. So gab er allen christlichen Männern ein leuchtendes Vorbild. Den Papst als Oberhaupt der Kirche respektierte er. Besonders gut verstand er es mit Papst Pius XII. Dessen klare Art gefiel ihm. Johannes XXIII. kam nicht so gut bei ihm an; er war ihm zu sehr Gemütsmensch, ohne ihn irgendwie abzulehnen. Bei den deutschen Katholikentagen suchte er immer teilzunehmen und brachte den religiösen Übungen und den Reden große Aufmerksamkeit entgegen. Bei der Schlußfeier des Katholikentages in Köln 1956 traf ich etwas verspätet ein. Adenauer war schon da. Ich wurde neben ihn gesetzt. Mit einem Mal sagte er: „Der Ring hat ja einen Stein verloren!" Es war der Ring, den Kaiserin Maria Theresia dem Stift Corvey geschenkt hatte, und den der preußische Staat nach Aufhebung des Klosters dem Erzbischof von Köln überlassen hatte, ein prachtvolles Stück, in dem vor allem Smaragde verarbeitet sind. Während ich noch suchte, sagte Adenauer: „Da liegt er ja auf Ihrem roten Mantel." Darauf sagte ich: „Da haben Sie einen Finderlohn verdient." Er bat mich um ein Gebet für ihn.

Gegenüber den anderen christlichen Gemeinschaften und gegenüber der jüdischen Gemeinde war Adenauer durchaus tolerant und sprach mit ihnen, als wäre er einer der Ihren. Das Land Israel erhielt von ihm eine nach damaligen Begriffen sehr große Entschädigungssumme. Auch darauf beruhte das gute Verhältnis, das er zu den Israelis hatte und die Israelis zu ihm.

Im Jahre 1961 war es soweit gekommen, daß auch innerhalb der CDU manche Stimmen der Unlust laut wurden. Es hieß: Der Alte muß weg. Adenauer mußte sich entschließen, zufrieden zu sein mit zwei weiteren Jahren als Bundeskanzler. Im Jahre 1963 nahm er dann Abschied von dem liebgewonnenen Amte, und an seine Stelle trat Ludwig Erhard, der aber nur drei Jahre das Amt führte.

Als Adenauer 1963 in den Ruhestand getreten war, beschäftigte er sich mit dem Schreiben seiner Memoiren über die Zeit, in der er Bundeskanzler gewesen war. Das Buch wuchs auf drei stattliche Bände, und er hielt darauf, daß er selbst das Ganze in der Hand behielt, und wollte nicht, daß ein anderer, sei es eine Sekretärin oder sei es ein Redakteur, ihm das Buch versalzte. In diesem Buch führt er scharfe Kritik mit der SPD und verteidigt die Politik, die er namentlich Rußland gegenüber eingehalten hatte. Diese Memoiren Adenauers wurden ein großer Bucherfolg, so daß er erhebliche Steuern daran zahlen mußte, auch Kirchensteuer. Er beklagte sich einmal halb scherzhaft darüber, daß er so viel Kirchensteuer bezahlen müsse.

Ich hatte mich während der Zeit seiner Kanzlerschaft immer ein wenig in der Entfernung gehalten, weil ich dachte, einem Mann, der so viel am Hals hat, dem soll man nicht die Zeit stehlen. Als er aber in den Ruhestand getreten war, dachte ich, es sei nun Zeit, ihn mit seinem Sohn Paul einmal einzuladen zu einem schlichten Abendessen. Er kam auch mit seinem Sohn. Es passierte ein kleines Malheur: Die Flasche Wein, die ich hatte aufsetzen lassen, entpuppte sich als umgegangen, und es mußte eine zweite geholt werden, da die erste nicht brauchbar war. Adenauer beantwortete das in sehr schöner Weise. Als er wegging, sagte er zu seinem Sohn: „Wir müssen doch mal sehen, ob wir dem Kardinal nicht bei seinem Weinkeller aushelfen können." Und wirklich kam nach einigen Tagen ein Korb mit ausgezeichneten Marken, die ihm wohl meist von Winzervereinen geschenkt worden waren.

An den Verhandlungen des Bundestages nahm Adenauer auch nach seinem Rücktritt weiterhin regen Anteil. Sein Ende im Jahre 1967 soll veranlaßt gewesen sein durch eine Kopfwunde, die er sich in der Eisenbahn zuzog, als er aussteigen wollte, und der Zug dann gerade einen starken Ruck machte. Von da ab war er nicht mehr der alte. Er starb am 19. April 1967. Ich hielt mich gerade am Gardasee auf und, als ich die Nachricht hörte, eilte ich nach Hause zurück, weil das Begräbnis vom Kölner Dom aus stattfinden sollte. Ich hatte die Ehre und Freude, ihm die Abschiedspredigt zu halten und ihn zu schildern als Mann des Glaubens, da es mir nicht zustehe, seine politischen Leistungen darzulegen. Das Begräbnis gestaltete sich zu einer gewaltigen Feier. Der Sarg wurde vom Dom aus, wo drei Staatsoberhäupter anwesend waren, unser deutscher Bundespräsident Lübke, der Franzose Charles de Gaulle und der Nordamerikaner Johnson, durch Militär zum Rhein gebracht und auf einem Schiff nach Rhöndorf überführt. Von dort ging der Zug weiter zum Rhöndorfer Waldfriedhof, wo die Familie Adenauer eine schlichte Grabstätte besaß. Diese Grabstätte war und ist das Ziel ungezählter Menschen, die sich bewogen fühlten, dem großen Staatsmann Ehre zu erweisen. Adenauer war, wie vor kurzem auch Bundeskanzler Schmidt gesagt hat, der größte unter den bisherigen deutschen Bundeskanzlern.

PAUL ADENAUER

Briefe Konrad Adenauers an einen Sohn im Reichsarbeitsdienst 1941/42

Einleitung

Ohne den Zwangsruhestand der NS-Zeit hätte ich meinen Vater Konrad Adenauer wohl kaum so gut als Menschen kennengelernt.
Bis 1933 – ich wurde zehn Jahre alt – erlebte ich ihn fast nur an Sonn- und Feiertagen sowie in den Ferien. Seine Tätigkeit im öffentlichen Leben, die Sprechchöre der roten und braunen Radikalen gegen ihn in unseren Garten hinein, die Besetzung unseres Hauses durch SA nach seiner Amtsenthebung, unsere Flucht in ein Krankenhaus, das Sichverstecken in Maria Laach 1933/34, seine Verhaftung beim Röhm-Putsch in Berlin, die Schüsse, mit denen zur gleichen Zeit in der Nachbarschaft von Schleicher und seine Frau kurzerhand umgebracht wurden – alle diese Eindrücke überschatteten das menschliche, familiäre Erleben. 1935 fuhr ich, 13 Jahre alt, täglich mit dem Fahrrad von der Schule in Godesberg nach Unkel ins Pax-Heim, um meinen Vater zu besuchen, der über ein halbes Jahr aus der Rheinprovinz ausgewiesen war.
Damals trat ich dem Gedanken ernsthaft näher, nicht Architekt oder Arzt, sondern Priester zu werden. Mein Vater stand diesem Plan wohlwollend, aber distanziert gegenüber. Ihm lag daran, daß sich in mir eine echte, freie Entscheidung bilden konnte, die nicht durch das Motiv des Kampfes gegen den Nationalsozialismus dominiert war. Als ich 1940 zwar das Abitur machte, aber zunächst keine Studiengenehmigung erhielt, weil unser Jahrgang zuerst zum Reichsarbeitsdienst und zur Wehrmacht sollte, riet mein Vater mir, erst andere Fächer zu hören, die mir auch als Seelsorger nützen könnten wie Psychologie und Kunstgeschichte. Außerdem könnte ich ihm in dem großen Garten am Berg helfen, wo er viel für die Ernährung der sechs- bis achtköpfigen Familie anbaute.
So lernte ich ihn allmählich viel besser kennen. Typisch war sein Ausspruch: „Du willst einen gefährlichen Beruf ergreifen; denn die Kleriker bekommen ja überhaupt keinen Widerspruch, und das ist gefährlich für einen Menschen." Ich habe an ihm schätzen gelernt, daß er unter vielem litt und dennoch eine ermutigende, alles praktisch Notwendige anpackende Art hatte, so daß wir Kinder – zwei Schwestern und ein Bruder kamen nach mir – doch trotz aller Befürchtungen unsere eigene Welt hatten. Die Eltern verstanden es großartig, uns nur soweit wie nötig mit zu belasten, und dann konstruktiv, d. h. mit Plänen und Arbeitsteilung.
Im Frühjahr 1941 konnte ich studieren und ging viel klarer auf den Priesterberuf zu als vorher. Zum 1. Oktober 1941 kam die Einberufung: Einzelfahrschein zu einer Arbeitsdienstabteilung auf Sylt, getrennt von meinen Heimatkameraden, weil ich „stud. theol." als Beruf angegeben hatte.

Meine Eltern begleiteten mich bis Köln, und für mich begann der „Ernst des Lebens". Ich war der jüngste der drei eingezogenen Söhne und der einzige Rheinländer in der Leipziger Arbeitsdienstabteilung, die schon drei Tage auf Sylt war und nicht wußte, wohin mit mir. Doch das ergab sich alles, und ich lernte von da an bis zur Heimkehr im Sommer 1945 vieles, was mir als Seelsorger heute unentbehrlich ist und nie aus einem Buch zu lernen wäre.
Mein Vater half mir dabei, vor allem durch seine Briefe (fast alle auf einer alten Adler-Maschine, einige mit der Hand geschrieben). Er, der sonst in religiösen Fragen wortkarg, scheu und ohne Phrase war, zeigte darin hinter allem Geschriebenen ein „inneres Gesicht", das mir erst allmählich deutlich wurde, gerade in der Auseinandersetzung mit der andersartigen Umgebung.
Was er schrieb, das war erlebt, das war Urgestein. Er war damals 65 Jahre alt, seit acht Jahren seines Amtes enthoben als national unzuverlässig. Erst 20 Jahre später, als ich von 1959 bis zu seinem Tod wieder mit ihm zusammen wohnte, kam mir außer der menschlich-fürsorglichen Art das Gewicht mancher Sätze der Arbeitsdienstbriefe zum Bewußtsein. Wenn ich sie mit Briefen meiner Mutter verglich, spürte ich, daß sich bestimmte Glaubenserfahrungen in schwerer Zeit bei den Eltern gebildet hatten, weil sie offenbar beide im stillen sozusagen religiöses Quellwasser schöpften und auch austauschten. Mein Vater ging damals fast jeden Tag in die Messe, so kritisch sonst sein Glaube sein mochte. Wenn er später Weihnachtsansprachen erarbeitete oder Grundsätze seiner Politik, wenn er so vielen Menschen als selten klar und verläßlich, als Mensch eindeutiger letzter Bindungen bei allem Realismus, aller Taktik erschien, dann dürfte die Erklärung hierfür kaum möglich sein ohne diesen Hintergrund.

Paul Adenauer

Rhöndorf, den 20. 10. 1941

[...] Hier hat sich natürlich nichts von Bedeutung ereignet, aber ich will Dir doch immer auch die Einzelheiten berichten, damit Du im Bilde bleibst. Wetter warm und sehr stürmisch. Diese Nacht war toller Sturm; dort auf Eurer Insel werdet Ihr wohl fast fortgeblasen sein. Ich bin froh, daß Ihr eine neue Kaserne habt. Ich dachte diese Nacht, wenn Ihr in Baracken läget, würdet Ihr wohl sehr durch den Sturm zu leiden haben [...] Es gibt sehr viel zu tun im Garten, namentlich ist die Pflanzung der Obstbäume vorzubereiten. Die Mauern habe ich jetzt fertig bepflanzt [...] Wir hatten die beiden letzten Nächte keinen Alarm; ich denke morgens in der Kirche sehr an Dich. – Mit Nelke ist noch nichts[1]. – Ich hoffe, daß wir doch noch so viel Äpfel zusammenbekommen, um auch Dir welche schicken zu können. Wenn Du mit Deinen Kameraden auf der Stube teilst, was Du ja sicher tun wirst, wird es aber nicht allzu viel für Dich sein [...]

Rhöndorf, den 21. 10. 1941

[...] Ob es möglich sein wird, Zahnpasta zu besorgen, ist sehr zweifelhaft, es gibt keine mehr. Sollen wir Dir evtl. Schlämmkreide besorgen? Oder sonst ein Zahnpulver? – Langsam wirst Du Dich jetzt dort eingewöhnen. Wenn die ersten sechs Wochen vorüber sind, liegt wohl der mühevollste Teil hinter Dir. Ich bin sehr froh, daß Du so guten Mutes bist, und ich denke auch, es wird wohl schon gehen, Du hast ja ausgezeichnete Kraftquellen. Etwas Sächsisch wirst Du inzwischen auch gelernt haben, so daß allmählich doch der Kontakt mit den andern kommt. Darunter werden sicher auch einige gute Kameraden sein. Natürlich muß man einen fremden Menschen erst sehr genau kennenlernen, ehe man ihn in der richtigen Weise bewerten kann. Daran wirst Du ja immer denken. Wenn ich nicht irre, habe ich Dir neulich als von Professor R.[2] stammend erzählt, daß das Sächsische als des deutschen Volkes unwürdig verschwinden soll, es darf nichts in der Mundart gedruckt werden, und es werden zunächst in den Fabriken Deutschkurse abgehalten [...] Froh bin ich, daß das Essen gut ist. Hast Du auch genug? Kannst Du nachhaben? Ich könnte mir denken, daß die Seeluft höllischen Hunger auslöst. Wieviel Mahlzeiten habt Ihr und wann? Wieviel Brot bekommt Ihr außerdem, auch Brotaufstrich? [...]

Rhöndorf, den 24. 10. 1941

[...] Ich glaube Dir, daß Du in eine so ganz andere Welt gekommen bist. Wenn man in aller Ruhe und Gelassenheit das wechselnde Leben sieht und betrachtet, kann man aus allem sehr viel Nutzen für sich und für seine charakterliche Bildung ziehen. Du wirst sicher auch Deine Menschenkenntnis sehr erweitern. Andere lernen das schon viel früher, wenn sie aus der Volksschule hinaus in das Leben und in die Arbeit müssen. Du hast den Vorteil, daß Du alles, was an Dich herantritt, schon kritischer und gereifter erfassen und das Gute vom Nichtguten trennen kannst. Nimm Dich nur vor einem in acht, lieber Junge! Werde niemandem gegenüber aufdringlich mit Deinen Ansichten, es ist weder die Zeit noch die Gelegenheit dazu. Auch wenn Dich andere Kameraden nach innern Dingen, so nach religiösen fragen, sei zurückhaltend, ja mißtrauisch, so lange Du den Betreffenden nicht wirklich lange und genau kennst. Ich empfehle Dir überhaupt allergrößte Vorsicht an. Es ist besser bei Dir, zu mißtrauisch als zu vertrauensvoll zu sein. Ich bitte Dich sehr, mir das zu glauben [...] Ich werde am Sonntag Deiner in besonderer Weise gedenken und für Dich gehen[3]. – Bist Du nach Deinem Vater gefragt worden[4]? Der Brief ist etwas kunterbunt und enthält viele Kleinigkeiten. Aber ich denke, auch sie interessieren Dich, und das Wissen um sie verbindet Dich mit uns [...]

Rhöndorf, den 28. 10. 1941

[...] Ihr exerziert wohl in Drillichanzügen, ich kann mir denken, daß da der Wind ordentlich durchfegt. Hoffentlich gewöhnst Du Dich daran. Was macht Deine Nase[5]? – Hier ist das Wetter sehr naß, bei Euch wird es wohl nicht anders sein? Kannst Du häufiger im Keller lesen[6]? [...] Kannst Du mir sagen, worin Eure Arbeit besteht? Es würde mich sehr interessieren. Auch, ob sie Dir sehr schwer fällt, oder ob die Arbeit in unserem Garten doch eine gute Vorbereitung war? Haltet Ihr gute Kameradschaft auf Eurer Stube? Ist der Keller zum Schlafen eingerichtet? [...] Am Sonntag bin ich für Dich gegangen. Schreibe bald, wenn auch kurz, sei herzlich gegrüßt! Immer Dein Vater.

Rhöndorf, den 30. 10. 1941

Lieber Paul! Hier hat der Winter angeklopft. Die Laacher Berge grüßen seit gestern morgen im tiefen Schnee, und auch hier war gestern ein richtiger Schneesturm – wenn man das sieht, kann man sich vorstellen, was ein solches Wetter für Flugzeuge bedeutet; der Drachenfels hat heute früh eine weiße Haube. Es ist schade, daß anscheinend der Winter so früh kommt, es ist doch noch manches auf den Feldern, und es ist noch viel in den Feldern zu tun. Auch im Garten kommt mir der Winter viel zu früh. Die neuen Obstbäume – kleine Spindel, insgesamt 37 – sind noch nicht geliefert, und es ist auch sonst noch wirklich viel zu schaffen. Die völlige Umarbeitung des Steingartens hat natürlich eine völlige Neubepflanzung, natürlich aus den vorhandenen Beständen, verlangt.

Ich denke oft mit Freude und mit Sehnsucht daran zurück, wie schön es doch war, als wir zusammen arbeiten konnten. Ich bin froh, aus Deinen Briefen ersehen zu können, daß es Dir relativ gut dort geht. Natürlich ist das Leben in der Kaserne nach militärischem Zuschnitt namentlich zuerst schwer, aber wie ich Dir schon schrieb, es wirkt auch nach mancher Richtung hin erzieherisch und insbesondere aufklärend über Art und Sein unserer Volksgenossen. Dadurch lernt man rückschließend ihre Umgebung, Erziehung usw. kennen und werten. Es weitet eine solche Erkenntnis außerordentlich den Blick und das Verständnis. Vielleicht wird Dir im Laufe der Zeit auch noch viel klarer werden, warum ich gerade der Lösung der Wohnungsfrage so, wie ich sie Dir und Deinen Freunden einmal geschildert habe[7], solchen Wert beilege. – Sind die Äpfel gut angekommen? Teilt Ihr den Stubenkameraden von dem, was geschickt wird, mit? [...] Ich war dieser Tage beim Zahnarzt. Dort war gerade ein Frontbrief von einem früheren Lehrer von Wolfgang aus St. Blasien eingelaufen. Er liegt seit längerer Zeit vor Moskau. Die tapferen Leute haben doch Außerordentliches auszuhalten an Kampf und Mühsal. Namentlich die große Kälte setze ihnen sehr stark zu. Du wirst ja aus den Heeresberichten lesen, wie lange das jetzt schon dauert. Es sind doch tapfere Männer, unsere Truppen! [...]

Rhöndorf, den 7. 11. 1941

[...] Wie ist Euer Trinkwasser? Gibt es dort Süßwasserquellen? Diese Nacht war hier starker Sturm und schwerer Regen, heute vorübergehend Sonnenschein, ich habe an Dich gedacht, was dort diese Nacht der Sturm gebraust haben wird! Wie ist denn das Wattenmeer, ich meine die Strecke zum Festland hin, wie bei Ebbe, wie bei Flut? Hier ist es diese Woche nachts sehr ruhig gewesen, ich denke, bei Dir auch. – Schläfst Du durch? Wie lange brauchen die Briefe? Ich möchte Dir immer gern zum Sonntag einen Brief schicken [...] Nelke werden wir zu Riese bringen; wie Dr. Colling sagt, genügt der dortige Bock, weil wir ja auf die Nachzucht keinen Wert legen [...] Die Tage der Besinnlichkeit werden Dir sehr gut getan haben. Die große Kunst, die man lernen muß, ist, das innere eigentliche Sein niemals vom Getriebe des Tages ersticken zu lassen. Das war auch die große Gefahr meiner früheren Tätigkeit, gegen die ich immer mit Gewalt ankämpfen mußte. Man lernt es aber, glaube mir, nur nie den Mut und auch nicht die Geduld mit sich selbst verlieren! [...]

Rhöndorf, den 13. 11. 1941

Lieber Paul! Deine 30 M – herzlichen Glückwunsch zu dem ersten verdienten Geld – sind angekommen und auf Dein Sparkassenbuch eingezahlt (insgesamt 128 RM). Vielen Dank für Deine l. Briefe, den vom 9. 11. und den vom 10. 11., der heute kam. Wir fühlen sehr mit Dir, und wir wissen, daß Du es oft nicht leicht haben wirst. Aber unsere Gedanken und unser Gebet reicht zu Dir hinüber, dessen kannst Du immer gewiß sein. Und dann trägst Du ja in Deinem Innern einen Quell der Kraft, der immerfort strömt, auch wenn man es zuweilen nicht fühlt und sich ganz verlassen vorkommt, wenn man sich ihm nur mit Vertrauen und Ergebung nähert [...] Am allermeisten machst Du Eindruck und wirbst Du für Deine Lebensauffassung, wenn Du wirklich dementsprechend lebst, das gilt insbesondere für Betätigung der Nächstenliebe auch bei kleinen Anlässen und in jeder Form [...] Am Sonntag war auch hier ein strahlender Tag, als wir hier 8 Uhr zur Kirche gingen, herrliches Morgenrot. Ich habe Deiner gedacht [...] Das Conviktsgebäude ist jetzt ganz vom Heer beschlagnahmt, das Convikt wohnt zur Miete in seinem eigenen Hause[8], das Priesterseminar muß fort, es geht nach Honnef-Selhof. Prof. Neuß rechnet mit 3 Hörern [...] Nelke war bei den Schafen von Riese, nach einer halben Stunde war sie wieder hier. Wir bekommen für sie Futterrüben, aber kein Heu [...] Der Wald hat noch immer ziemlich viel Laub. – Ich wünsche Dir von ganzem Herzen etwas Sonntagsruhe und Sonntagsfrieden. Sei herzlich gegrüßt! Wie immer Dein Vater.

Rhöndorf, den 20. 11. 1941

[...] Heute Nacht hat der strömende Regen wieder den Boden sehr naß gemacht. Ich habe den am Hügel stehenden Apfelbaum fällen lassen, er nahm zu viel Sonne weg und brachte nichts. Durch seinen Fortfall hat die ganze obere Partie des Steingartens geändert werden müssen. Es ist sehr schön geworden, er hat jetzt mehr einen geplanten Eindruck als bisher, bisher sah er mehr nach einem Conglomerat von Beeten aus. Es ist sehr viel mehr Pflanzfläche vorhanden als früher, ich habe aber Pflanzen genug, weil alles zu dicht geworden ist. Gestern sind dann auch die Obstbäume von Dahs gekommen. Morgen oder Montag kommen dann die Rosen usw. von Boehm, die ich allein pflanzen muß, das wird aber schon gehen [...] A. rief Sonntagabend telefonisch hier an. Der Übergang nach Hause, vor dem wir alle doch etwas Angst hatten, hat sich überraschend gut vollzogen. Ich sage aus ganzem Herzen Gott sei Dank[9]. Diese Angelegenheit hat mir doch sehr viel Leid und Kummer gemacht. Ich habe diese Woche sehr viel zu tun, weil ich meine technischen Gedanken bis Samstag ausführlich mit Zeichnungen zu Papier bringen muß, es werden wohl 35 Schreibmaschinenseiten geben. Am Samstag kommt nämlich der junge Thiess aus Aachen, der die Sache mit mir durchsprechen soll, damit gar keine Unklarheiten mehr vorhanden sind. Dann wird er meine Ausführungen mit nach Aachen zu seinem Vater nehmen, dieser wird sie dann auch prüfen. Ich werde wohl bis spät in den Abend hinein schreiben müssen, es ist nicht leicht[10] [...] Trotz der zweimaligen allerdings kurzen Frostperioden, die wir hatten, blüht noch allerhand im Garten, einige Rosen, Chrysanthemen, Veilchen, Stiefmütterchen und vor allem die schönen Christrosen. Ich denke sehr viel an Dich, wenn ich im Garten bin. Nun ich hoffe, daß wir doch noch einmal eine schöne und ruhige Zeit miteinander haben werden [...]

Rhöndorf, den 28. 11. 1941

[...] Weihnachtseinkäufe zu machen, ist dies Jahr sehr einfach: man kann keine machen, weil nichts da ist, auch keine Bücher. Ich werde versuchen, für Dich ein größeres Werk noch zu bekommen, aber ich weiß nicht, ob es gelingen wird [...] Im Garten ist noch viel zu tun, es ist mir zu kalt zum Arbeiten, man ist doch nicht mehr jung, und der kalte Wind geht durch. Heute steht in der Zeitung, daß vom 6.–24. 12. Sperre für Feldpostpäckchen eintritt. Das Wenige, das wir Dir zu Weihnachten geben können, muß also nächste Woche fortgehen. Wenn es früher ankommt, wirst Du es verwahren müssen. Mutter wird Kunsthonig – Apfelkraut gibt es leider nicht mehr – und Äpfel auch schon früher schicken [...] Ich bin sehr froh, daß Du Dein Inneres festhältst und Dein eigenes geistiges Leben lebst. Halte daran fest, lieber Junge. Das allein macht das Leben lebenswert und schön. Weißt Du, daß Mölders begeisterter Neudeutscher gewesen ist, sogar Führer darin[11]? Ich lege Dir ein Bild von seiner Aufbahrung bei, das Bild ist aus dem Völkischen Beobachter. Du siehst darin zu seinen Häupten das Cruzifix [...]

Rhöndorf, den 2. 12. 1941

[...] Für einen Vater ist es das schönste Geschenk, wenn er sieht, daß er die Liebe seiner Kinder hat und daß sie ihn und seine Ratschläge verstehen. Ich habe Dir ja schon geschrieben, wie wir den Tag verbracht haben. Hoffentlich kommt bald die Zeit, in der man an einem Familienfeste alle seine Kinder um sich sieht [...] Leb wohl für heute, lieber Junge, bleibe körperlich und geistig gesund und vergiß nie, daß der Geist doch auf die Dauer stärker ist als der Körper und daß das Ideelle immer siegen wird über das Materielle, wenn auch erst nach hartem Kampfe. Wir grüßen Dich alle herzlichst. Wie immer Dein Vater.

Rhöndorf, den 9. 12. 1941

Lieber Junge! Gestern kam Dein Brief vom 5./6. 12. an. Es tut uns sehr leid, daß Du Dich verletzt hast. Ich hatte von vornherein etwas Derartiges befürchtet, diese Loren sind vertrackte Dinger. Hoffentlich tut es nicht mehr sehr weh. Ein neuer Nagel braucht ziemlich lange Zeit zum Wachsen; inzwischen wirst Du wohl zum Schutze eine kleine lederne Kappe an dem Finger tragen müssen. Wie schade, daß am Nikolaustag die Päckchen nicht dort waren, sie sind zeitig genug abgegangen, inzwischen werden sie wohl angekommen sein [...] Nun kommt auch langsam Weihnachten heran. Wir werden sehr an Dich denken und Dich sehr vermissen. Im Geiste sind wir eng miteinander verbunden. Leider ist es auch nicht viel, was wir Dir schicken können, es gibt nichts mehr, die Verknappung hat sehr stark zugenommen. In den Läden gibt es nichts mehr. Auf dem Büchermarkt sieht es ganz besonders traurig aus. Nun, wir haben ja noch so viele schöne und gute Bücher, die wir noch nicht gelesen haben, daß wir es noch eine Zeitlang aushalten können. Wir wollen für Schorsch[12] das kleine Kino durch Anschaffung einer neuen

Lampe wieder gebrauchsfertig machen. Kleine Filme kann man nicht mehr bekommen, nur 45 m lange, die man zerschneiden müßte, um sie auf die kleinen Spulen, die wir haben, zu bekommen, sie sind sehr teuer, RM 15,—. Haben wir schlechte Filme, die wir von ihren Spulen abnehmen könnten, um Platz für diese neuen zu bekommen? [...]

Rhöndorf, den 11. 12. 1941

[...] Gestern haben wir zum ersten Male von dem von Dir gepflanzten Grünkohl gegessen, er war ganz ausgezeichnet, er ist auch ziemlich gewachsen, er bedeutet eine wertvolle Bereicherung unseres Tisches. Gestern kam auch die erste Karre Dünger aus dem Westerwald, weitere sollen folgen [...] Alles neue Obst ist gepflanzt, die großen Änderungen im Steingarten, die ich gemacht habe, sind auch fertig. Du wirst staunen! Dein Weihnachtspaket ist gestern abgegangen als gewöhnliches, d. h. als Wertpaket, nicht aber als Feldpostpaket, hoffentlich kommt es rechtzeitig und wohlbehalten an. Es ist schön, daß Ihr auf Eurer Stube einen Christbaum machen wollt, hoffentlich gerät es. In Deinem Weihnachtspaket ist auch etwas von der damals von Dir gemachten Krippe. Es wird Dich an die damaligen schönen Zeiten erinnern und Dir sicher Freude machen. – Nun ist auch Japan und USA im Krieg, er wird also noch länger dauern. Die arme Welt! – Was machen denn Deine Finger, schmerzen sie noch? So etwas braucht lange Zeit! [...]

Rhöndorf, den 18. 12. 1941

Lieber Paul! Nun ist schon wieder der Tag für den Sonntagsbrief an Dich gekommen, so fliegen die Wochen dahin – heute bist Du schon über zwei Monate dort, also kein Neuling mehr! Hoffentlich hat bei Eurer Besichtigung alles gut geklappt. – Wir nähern uns sehr den weihnachtlichen Arbeiten, bei denen Du uns sehr fehlst. Lotte will ja die Krippe machen, Libeth soll dann den Baum schmücken. Wir wollen die Krippe diesmal in der Sofanische aufbauen, hoffentlich geht das. Der Baum ist auch schon da, ich habe einen kleineren genommen als sonst, schon weil man nur wenige Kerzen hat. Für Schorsch haben wir eine neue Lampe für das kleine Kino besorgen können – es gibt keine mehr – jetzt wollen wir sehen, daß der kleine Spiraldraht, der schiebt, damit neue Bilder vorkommen, verstärkt wird, dann hat er ein recht schönes Geschenk zu Weihnachten, d. h. der Apparat bleibt im Familieneigentum[13]. Dir lasse ich noch als Weihnachtsgeschenk ein Buch über Hölderlin zugehen. Da Du Dich ja für ihn interessiert hast, macht es Dir hoffentlich Freude. In der Natur sieht es noch gar nicht weihnachtlich aus, es regnet fast ununterbrochen, und es blüht noch allerhand, wie ich Dir schon schrieb. Das Wetter, das übrigens viele Erkältungen zur Folge hat, hat den Vorteil, daß wir noch immer den kleinen Ofen brauchen, ich bin sehr froh darüber. – [...] Nach Weihnachten gehen die Gedanken auch schon zur Frühjahrsbestellung hin. Ich will wegen der zu erwartenden Not einen Teil Frühkartoffeln pflanzen und auch in den Garten, wo es nur eben geht, Winterkartoffeln [...] Die Pfarrmesse ist jetzt morgens um 7.45 Uhr; ich denke dabei Deiner. Christmette ist hier am 24. nachmittags 6 Uhr, in Honnef Mitternacht. Darüber wird Dir Lotte ausführlicher schreiben. Herr Busley ist schon in Urlaub;

er hat einen Puter für uns mitgebracht, teuer, weil in Frankreich eine noch größere Teuerung herrscht als hier, aber wir sind froh, das Tier zu haben. Mutter geht dann noch am Montag nach Birken, unsere Gans holen. So werden wir Weihnachten für alle hungrigen Mäuler etwas haben. Hoffentlich bekommt Ihr auch etwas Gutes. Wie seid Ihr dort mit Gemüse versorgt? Obst bekommt Ihr wohl nicht? Nun will ich mir alles andere für den Weihnachtsbrief aufsparen. Ich hoffe, daß es Dir gut geht, und gebe Dir einen recht väterlichen Kuß.

Rhöndorf, den 26. 12. 1941

Lieber Paul! Ich möchte nicht, daß Du infolge der Feiertage um den Sonntagsbrief kommst. Hoffentlich kommt er noch zur Zeit an. – Dein Brief mit Deinem Bilde kam rechtzeitig an [...] Auf dem Bilde siehst Du nicht schlecht aus, trügt es nicht? – Und nun, wie magst Du den ersten Tag verbracht haben, wie mag es Dir am zweiten gehen? Wir hoffen, daß Du durch die innere Einstellung, die ja stärker ist als äußere Umstände, doch ein gnaden- und darum freudenreiches Fest gehabt hast, dem auch einige äußere lichte Momente beschieden waren [...] Das Christkindchen hatte alles in allem mehr gebracht, als man erwarten konnte, es hatte ja auch schon im Januar angefangen zu sammeln. Bücher waren natürlich die Hauptsache, und es waren noch ganz schöne dabei. Dich wird interessieren, daß Reiners der ganzen Familie zum gemeinsamen Gebrauch drei Bände ausgewählter deutscher Literatur der verschiedenen Zeiten von von der Leyen geschenkt hatten. Für die Kinder ist natürlich der Hauptclou der wieder funktionierende kleine Kinoapparat. Er wird von Libeth für Schorsch und sie selbst stundenlang gedreht. Wir haben auch noch eine Reservelampe bekommen [...] Lotte, Libeth, Konrad und ich waren in der Mitternachtsmette in Honnef. Lotte wird Dir davon, auch von dem Krippenspiel, das vorherging – Gesang, Deklamation, Flötenspiel – und der Feier selbst berichten. Sie war sehr schön und stimmungsvoll. In der Kirche brannten nur am Altar Kerzen, da sie nicht verdunkelt werden kann. Immerhin war es ein Risiko, aber es kamen keine Flieger (am Abend vorher hatten sie in Oberwinter ein Schiff, das vor Anker lag und Licht zeigte, getroffen). Das Wetter in der Nacht war fürchterlich, Sturm und Regen. Gestern war auch noch Sturm, heute ist es kälter, es hat gefroren, der Himmel klar [...] Nun warten wir voll Spannung auf eine Schilderung Deiner Weihnachtstage dort. Sei herzlichst von uns allen gegrüßt [...]

Rhöndorf, den 29. 12. 1941

Lieber Junge! Nun schreibe ich Dir schon zu Neujahr 1942! Was doch die Zeit dahingeht! Wir wollen mit Vertrauen in die Fügungen Gottes in dies schicksalsschwere Jahr hineingehen. Er hat uns alle im Jahr 1941 gnädig in seinen Schutz genommen, auf Ihn wollen wir auch weiter vertrauen. Sicher wird es ein schweres Jahr werden. Aber wir wollen den Kopf obenhalten. – Heute kamen Deine beiden Briefe an, in denen Du schilderst, wie Du den ersten Weihnachtstag verbracht hast. Ich freue mich sehr, daß Du ihn bei diesem Herrn verbringen konntest und so doch Weihnachtsfreuden gehabt hast[14] [...] Übrigens werde ich am Montag, dem 5. 1., 66 Jahre alt; sende mir ein kleines Gedicht (wenn es geht) [...] Eigentlich müßtest Du zur Gartenbestellung einmal Urlaub bekommen [...] Der Schnaps war vergessen worden. Er geht heute morgen als Päckchen ab, vielleicht ist er dann Mittwoch dort. – Ich hoffe, daß Du Dich den weltlichen Freuden doch nicht zu sehr entziehst. Der Mensch, und namentlich ein junger wie Du es bist, braucht auch diese [...] Ich schließe mit dem herzlichen Wunsche, daß uns das Ende des Jahres 1942 alle vereint in Rhöndorf sehen möge! Mit einem herzlichen Kuß bin ich Dein Vater.

Rhöndorf, 1. 1. 1942

Mein lieber Junge! Gestern Nachmittag kamen Deine Briefe vom 29. und 30. 12. an. Wir alle im Hause haben sofort alles, was Du wünschtest[15], zusammengetragen, und dann ist es gelungen, die beiden Päckchen noch rechtzeitig in Honnef zur Post zu bringen, so daß Du sie wohl gleichzeitig mit diesem Brief bekommst. Die Schlaufen haben wir vergessen, sie liegen bei. Die Kamelhaarweste ist von Konrad, Jacke und Unterhose das Wärmste von meinen Sachen. Die Weste kannst Du auch auf bloßem Körper tragen [...]

Rhöndorf, 3. 1. 1942

[...] Über das tel. Gespräch habe ich mich sehr gefreut. Nun gehe guten Mutes mit Gott. Er ist bei Dir. – Ihr werdet wohl nicht so weit nach vorne kommen; dort kann man Euch zur Zeit nicht brauchen. Es geht ja aus den Heeresberichten hervor, daß dort hart gekämpft wird und daß wir planmäßig zurückgehen! Hier heißt es, daß der Arbeitsdienst zum Wegebau und zum Schneeschaufeln eingesetzt werde [...]

Rhöndorf, 8. 1. 1942

Mein lieber Junge! Langsam muß alles bei Dir eintreffen: 1) Sendung Lang hat Gisela am 6. 1. auf den Nachtzug nach Hamburg besorgt enthaltend: lange Pelzweste mit Baumwollfutter versehen, weil der Pelz – die Katzenjacke von Mutter – etwas Haare ließ, Ohrenschützer von Pelz, ein Paar große pelzgefütterte Fausthandschuhe und ein Paar ungefütterte (die letzteren zum Gebrauch bei der Arbeit). Ich hoffe, daß alles gut ist. Lang[16] hat sich sehr geeilt; schicke ihm gelegentlich eine Karte [...] Eben kommt Dein Brief vom 6. 1. Wir dachten, Ihr bekämt dort Wadenbinden. Wir wollen sehen, ob wir noch etwas aus Wolle machen können. Einen andern Schutz für die Beine wüßte ich nicht. Mehr Sorge machen mir Füße und Stiefel. Was könnte man da noch tun? [...] Deine Gefühle, lieber Paul, verstehe ich sehr gut. Es stürmt zu viel auf Dich ein. Alles muß sich erst setzen. Nimm aus meiner Erfahrung noch das entgegen: Man muß auch mit sich selbst Geduld haben können, und man muß stillhalten können, innerlich wie äußerlich. Die größte Kraftquelle – natürliche – des Menschen ist Geduld. – Ihr werdet es nicht leicht haben und viele Anstrengungen und Strapazen harren Eurer. Aber ich glaube nicht, daß man Euch vorne brauchen kann. Dort setzen unsere Truppen sich noch immer vom Feinde ab, um in Winterruhe zu kommen [...] Tue Deine Pflicht, nicht weniger, auch nicht mehr, da Du mit deinen Kräften haushalten mußt. Man soll sich nie zu stark verausgaben. „Eile mit Weile" ist ein kluges Wort.

Der Bauer hat nicht umsonst einen bedächtigen Schritt und ein bedächtiges Gehabe. Auf die Dauer kommt er damit am weitesten. Denke auch immer daran, daß die Aufbauarbeit nach dem Kriege für unser Volk das Allerwichtigste ist. Du hast ein starkes Gottvertrauen, das Dich trägt. Gott erhalte es Dir! Es ist eine große Gnade, bete um sie und danke für sie. – Gehe in die Strapazen hinein in der festen Überzeugung, daß hinter dem Krieg der Frieden steht, daß der Krieg ein Durchgangsstadium ist. – Sei in vernünftiger Weise auf Deinen Körper bedacht. Wenn Nase und Stirnhöhle es nicht mehr tun: Keine falsche Scheu, jeder kann krank werden. Wenn es der letzte Sonntag in Sylt sein sollte – beim Militär weiß man ja nie etwas Sicheres – so kannst Du ihn hoffentlich friedlich und schön verbringen; ein Rückblick auf die Zeit in Sylt wird Dich zufrieden stimmen. Gott befohlen, lieber Junge. Es gibt Dir einen Kuß Dein Vater.

Rhöndorf, 10. 1. 1942

Lieber Paul! Ria und Walter und Walters Mutter haben noch allerlei Gutes für Dich herausgesucht: Wadenbinden, Knieschoner, 1 Paar lange Strümpfe, alles Ia Wolle. Gestern sind die Sachen an Dich abgegangen, sie werden also noch rechtzeitig ankommen. Nun, denke ich, bist Du mit allem versorgt und kannst insofern die Fahrt in das unbekannte Land ruhig antreten. Da Du durch Gottes Gnade starken und ruhigen Herzens bist, reise getrost! – Zu Deinem Geburtstage wünsche ich Dir von ganzem Herzen alles Gute! Mögest Du in Deinem neuen Lebensjahr körperlich und seelisch weiter heranreifen und Kraft und Stärke und Erfahrungen – sie sind durch nichts zu ersetzen – ansammeln für Deinen Lebenslauf und Deine Lebensaufgabe. Ich hoffe sehr, und ich werde darin zuversichtlicher, daß Rückkehr zur Friedensarbeit für Dich möglich sein wird, ehe Du das neue Lebensjahr begonnen hast. – Du wirst sehr viel zu tun haben, und Eure Fahrt wird Dich oft müde machen: Schreibe uns aber doch zwischendurch einmal eine Karte. In herzlicher Liebe Dein Vater.

Rhöndorf, den 20. 1. 1942

Mein lieber Junge! Habe vielen Dank für Deinen ausführlichen Brief. Wir warten jetzt immer mit doppelter Spannung auf Nachricht von Dir. Dein Anruf kam neulich so überraschend; wiederhole ihn nur, wenn Du kannst. Pastor Suurmann habe ich inzwischen geschrieben. Diese Nächte dort wirst Du wohl nie vergessen: die Ruhe der Sterne und des Meeres und die Unruhe der Menschen [...] Augenblicklich sind von Petersburg bis zur Krim sehr harte Kämpfe im Gange. Die Stimmung hier ist sehr gut, ebenso an der Front[17]. – Man ist sich natürlich im Klaren darüber, daß die Russen sehr tapfere und vorzüglich ausgerüstete Gegner sind, deren Industrie auch ganz ausgezeichnet sein muß.

Ich lege Dir ein Gedicht von Geibel bei, das mir immer so sehr gut gefallen hat. Sage es Dir öfter vor im Stillen. Ich bin sehr froh, daß Du ein so starkes Gottvertrauen hast und darum auch so mutig bist. Es ist mir das ein wirklicher Trost. Max ist ja noch in Brüssel, aber er rechnet auch damit, dort fortzukommen, da ja so sehr viele eingezogen werden. Ich glaube, wenn er Offizier

wäre, wäre er schon fort nach dem Osten. Es ist ein sehr großer Bedarf dort, weil sehr viele ausgefallen sind [...]
Wie ist es nun mit Eurer Verpflegung? Können wir Dir evtl. etwas Brot schicken? Fritz Zinsser hat durch „feindliche Einwirkung", so hat er nach Hause geschrieben, sein ganzes Gepäck einschließlich der ungeöffneten Weihnachtspäckchen verloren [...] Sorge für Deine Nase! Soll ich Dir eine Abschrift des damals in der Universitätsklinik ausgestellten Attestes schicken? Ich lege es bei für den Fall, daß Du die Strapazen einmal nicht mehr aushalten kannst. Hast Du eigentlich genügend Schlaf? [...] Ich finde das Gedicht nicht mehr [...]

1 Nelke war ein Milchschaf, das Vater zu Kriegsbeginn aus Ostfriesland hatte kommen lassen. Pro Tag lieferte es ca. zwei Liter Milch, eine Kostbarkeit. Aber es mußte im Herbst zum Bock – der Erfolg wurde mit Spannung erwartet (vgl. Brief vom 7. November).

2 Prof. R. war ein befreundeter Germanist.

3 Mein Vater wußte, daß wir damals nur selten Gelegenheit zum Kirchgang hatten.

4 Er fürchtete Nachteile für mich seinetwegen. Daher auch die Mahnung zur Vorsicht.

5 Ich hatte häufiger Stirnhöhlenkatarrh.

6 Bei Fliegeralarm im Luftschutzkeller.

7 Als wir Studenten Pläne machten, wie die Menschen in den Städten wieder echte Christen werden könnten, meinte mein Vater, ohne menschenwürdiges Wohnen sei das illusionär.

8 Im Convikt, dem Collegium Leoninum Bonn, wohnten wir als Studenten der katholischen theologischen Fakultät.

9 Jemand aus dem Freundeskreis von uns Kindern, der, ernsthaft erkrankt, lange in einer Klinik sein mußte.

10 Es ging vor allem um die Konstruktion einer neuartigen Lokomotive, beruhend auf dem Rückstoßprinzip (vgl. die Rakete).

11 Ich war auch Mitglied des katholischen Jugendbundes „Neudeutschland" gewesen. Mölders war damals der berühmteste Jagdflieger.

12 Mein Bruder war damals neun Jahre alt; es ging um ein Heim-Kino mit Handbetrieb, Marke Pathé-Baby.

13 Wir Kinder waren alle versessen auf das „Kino"; es war „Gemeineigentum".

14 „Der Herr" war Pfarrer Hugo Suurmann in Westerland. Alle Bonner Theologiestudenten meines Jahrgangs waren nicht mit den Jahrgangskameraden des Heimatortes irgendwo in der Nähe zu Straßenbau-Abteilungen gekommen, sondern wir erhielten Einzelfahrscheine zu je verschiedenen Arbeitsdienst-Abteilungen aus Mitteldeutschland auf Sylt. Wir sollten also in jeder Hinsicht isoliert werden. Aber dann trafen wir uns alle wieder im gastlichen Sylter Pfarrhaus und stärkten uns dort an Leib und Seele.

15 Wir hatten Befehl erhalten, uns alles Mögliche an Kleidung für einen Einsatz im Osten schicken zu lassen. Es war bekannt, daß die Kleiderkammern in keiner Weise für den Winterkrieg vorbereitet waren.

16 Herr Lang war Vaters früherer Kölner Schneidermeister. Er hatte von der Familie zusammengetragene Pelzsachen für meine Länge zu einer Weste verarbeitet und mit Baumwollfutter versehen.

17 Der Satz ist typisch: eine Tarnung, um den vorhergehenden und den folgenden Satz ungefährdet mitteilen zu können und dadurch zu ermutigen.

INNENPOLITIK

LUDGER WESTRICK

Adenauer und Erhard

In einer Rede, die Konrad Adenauer 1957 zum 60. Geburtstag von Ludwig Erhard vor den versammelten Angehörigen des Bundeswirtschaftsministeriums hielt, pries er ohne Vorbehalt die Verdienste seines Wirtschaftsministers um den Aufbau der deutschen Wirtschaft. Er kam aber zugleich auch darauf zu sprechen, daß manche Meinungsverschiedenheiten zu Auseinandersetzungen zwischen ihnen beiden führten. Das bedauerte er jedoch gar nicht, sondern er meinte im Gegenteil: „Wenn zwei Politiker nicht mal hin und wieder aneinandergeraten, so taugen sie beide nichts." Wenn man die Politiker danach beurteilt, ob sie hin und wieder aneinandergeraten, dann bekommen die beiden, von denen hier die Rede sein soll, gewiß eine ganz erstklassige Qualifikation. Jedenfalls – das sei gleich zu Beginn dieser Ausführungen gesagt – für unser nach dem zweiten verlorenen Weltkrieg in unsägliches Elend versunkenes Land und für unser damals von aller Welt gemiedenes und verabscheutes Volk waren beide, Konrad Adenauer und Ludwig Erhard, ein Geschenk des Himmels. Ohne ihr segensreiches Wirken wäre der Wiedereintritt Deutschlands in die Familie der freien Völker, wie auch die Wiedergewinnung wirtschaftlicher und sozialer Ordnung und schließlich eines erfreulich breit gestreuten Wohlstandes, wenn nicht ganz unmöglich gewesen, so doch zumindest wesentlich verzögert worden. Bestimmte, für Deutschland katastrophale Pläne einiger Alliierten hätten, wenn sie nach ihrer ursprünglichen Konzeption verwirklicht worden wären, den industriellen Wiederaufbau Deutschlands, vielleicht auch die Wiedergewinnung seiner Freiheit, auf unabsehbare Zeit verhindert. Die Zeitschrift „Time" schreibt in dem Leitartikel ihrer Ausgabe vom 26. Mai 1975 unter der Überschrift: „Westdeutschland, Europas erfolgreichste Gesellschaft" in wörtlicher Übersetzung: „Als das prahlerische tausendjährige Reich zusammenbrach, wurden die Deutschen noch einmal ein Volk, das sich auf die Suche nach seiner Identität begab. Glücklicherweise gab es die in sich ruhenden Vaterfiguren Konrad Adenauer und Ludwig Erhard, die ihr großes Werk, ein verlorenes Volk auf einen neuen Weg zu bringen, beginnen konnten."

Bei uns verblaßt die dankbare Erinnerung an all das in der Zeit der fünfziger und sechziger Jahre unerwartet Vollbrachte mehr und mehr. Viele Menschen wollen nichts mehr hören von dem Elend und der Not, die mit dem Zweiten Weltkrieg und seinem Ausgang über unser Land gekommen waren. Die übermenschlichen Anstrengungen, deren es bedurfte, um aus dieser schier hoffnungslosen Lage zu einem menschenwürdigen Leben zurückzufinden, geraten mehr und mehr in Vergessenheit.

Wenn aber der Kalender den 100. Geburtstag des Mannes verzeichnet, mit dessen Namen in aller Zukunft die Rettung Deutschlands aus diesem Chaos verbunden bleiben muß und bleiben wird, sollte man sich auch seines ersten Mitstreiters erinnern, der, wie Adenauer, eine historische Figur geworden ist, und dessen Verdienste um Deutschlands soziale und ökonomische Wiederaufrichtung vor einem objektiven, von der Parteien Neid und Hader unbeeinflußten Urteil nicht verblassen können. Man könnte es als eine Laune des Schicksals interpretieren, daß ausgerechnet diese beiden großen Persönlichkeiten der deutschen Nachkriegsgeschichte, die mit ihrer ganzen Kraft und mit ihrer Dynamik dem gleichen Ziele dienten, persönlich zueinander in einem gespannten Verhältnis standen.

Nun hat es das Leben mit sich gebracht, daß der Verfasser dieses Beitrages, der bis zu seinem 57. Lebensjahr Industrieller war, 1951 von Adenauer gebeten wurde, den Posten des Staatssekretärs im Bundeswirtschaftsministerium zu übernehmen. Ich hatte Adenauer vorher niemals persönlich kennengelernt, hatte mich aber stets von seiner Persönlichkeit und den Grundzügen seiner Politik beeindrucken lassen. Welche Absichten er mit meiner Berufung hinsichtlich seines Verhältnisses zu Ludwig Erhard verfolgt hat, vermag ich nicht zu sagen. Jedenfalls aber habe ich vor der Übernahme dieses Auftrages Adenauer gegenüber deutlich zum Ausdruck gebracht, daß nach meiner Überzeugung zwischen Minister und Staatssekretär volles Vertrauen und eine absolute Loyalität herrschen müssen, wenn die Zusammenarbeit fruchtbar sein soll. Ob Adenauer selbst damals bei sich gedacht haben mag: „Nun, ganz so pingelig braucht man ja auch wieder nicht zu sein“, lasse ich dahingestellt. Ludwig Erhard habe ich vor Antritt meines Amtes die Erklärung gegeben, daß ich Bundeskanzler Adenauer hoch schätze, seiner Politik dienen und mit ihm Kontakt halten möchte. Gleichzeitig aber habe ich Ludwig Erhard meiner selbstverständlichen vollen Loyalität versichert, die in den knapp 16 Jahren unserer Zusammenarbeit niemals verletzt worden ist. Ich habe ihn stets verteidigt, wenn er in meiner Gegenwart von irgendeiner Seite kritisiert wurde – das gilt auch für meine Gespräche mit Adenauer –, und ich bin Ludwig Erhard dankbar für das große Vertrauen, das er in der langen Zeit unseres gemeinsamen Arbeitens in mich gesetzt hat.

Diese kurze Darstellung über mein persönliches Verhältnis zu den beiden sehr verdienstvollen, aber auch sehr unterschiedlichen Persönlichkeiten glaube ich dem Leser schuldig zu sein, wenn ich ihm anbiete, Äußerungen von mir zu lesen über das Verhältnis der beiden großen Politiker zueinander, und über ihr übereinstimmendes oder auch divergierendes Verhalten in einzelnen Situationen. Der, ungeachtet aller Differenzen, dominierende Gesamteindruck von diesen beiden Politikern war der, daß sie voll übereinstimmten, soweit es sich um die fundamentalen Fragen handelte, die für den Weg und die Richtung der Bundesrepublik Deutschland in den ersten Jahren nach dem Zweiten Weltkrieg bestimmend waren. Der Grundkonzeption des jungen Staates widmeten sie gemeinsam ihre ganze Kraft. Die enge Anlehnung an den Westen, die freiheitliche und soziale Gesellschafts- und Wirtschaftsordnung, die Schaffung und Erhaltung einer parlamentarischen Demokratie, das alles und vieles mehr waren große Ziele, denen beide gemeinsam, trotz aller Kritiken, beharrlich dienten. Große Gefahren drohten der jungen Bundesrepublik in den ersten Nachkriegsjahren; erinnern wir uns der Ambitionen einzelner

Siegermächte auf das Ruhrgebiet und das Saarland; denken wir an die Kassandra-Rufe von Professor Nölting und die zahlreichen Angriffe aus jener Zeit gegen die Soziale Marktwirtschaft. Alles das konnte durch einmütiges Zusammenstehen der Führungsmannschaft der ersten Nachkriegsjahre überstanden werden. Adenauer stand zu Erhard gegen utopische gesellschaftspolitische Reformideen, wie sie in diesen Jahren auch in den Kreisen der Union vertreten wurden. Er, der Kanzler, ließ seinen Wirtschaftsminister im wesentlichen gewähren bei dem Aufbau der neuen Wirtschaftsordnung, wenngleich vielfältige Warnungen gegen das wagemutige Konzept Erhards auch von befreundeter Seite an Adenauers Ohr drangen.

Über die Methoden, wie am wirksamsten Fortschritte erzielt werden konnten, bestanden – das muß zugegeben werden – häufig Meinungsverschiedenheiten, und nicht nur zwischen den beiden. Ich meine aber, über kleine, menschlich leicht erklärliche Dissonanzen, die hin und wieder aufblitzten, sollte man ohne Erwähnung hinweggehen. Nur das scheint mir der Größe dieser beiden Männer würdig zu sein, die auch ihrerseits allen Ärger vergaßen, wenn es ums Ganze ging. „Er ist mehr aus den Maßen der Gotik", hat Erhard einmal von Adenauer gesagt, während er selbst mehr zum Barock neige.

Aber natürlich gab es auch in wichtigen Einzelfragen Gegensätzlichkeiten, und dann war gewiß der Bundeskanzler nicht zimperlich bei der Auswahl seiner Waffen, mit denen er seinem Wirtschaftsminister seinen Willen aufzwingen wollte. Ein Beispiel dafür war das Kartellgesetz, um dessen Zustandekommen ein langer, heißer Kampf geführt wurde. Daß viele Industrielle sich mit Eifer gegen das Kartellgesetz zur Wehr setzten, war nicht verwunderlich; denn der lebhaftere Wettbewerb, dessen Herstellung oder Erhaltung das Gesetz im Interesse der Verbraucher dienen sollte, war für hohe Gewinne in Industrie und Handel gewiß nicht förderlich. So wurden viele offene und verborgene Kanäle zur Beeinflussung der Stimmung gegen das Gesetz gesucht. Auch der Kanzler war lange Zeit gegen dieses vom Wirtschaftsminister zur Erhaltung von Preisstabilität und zur Anregung höherer Leistung für unbedingt notwendig gehaltene Gesetz eingenommen. Im Kölner Gürzenich kam es dann bei einer Industriellenversammlung, bei der Adenauer eine Rede hielt, zu einer harten öffentlichen Kritik Adenauers an Erhard und Schäffer wegen deren Bestreben zur Durchsetzung dieses Kartellgesetzes. Doch auch der laute Beifall, den der Kanzler bei dieser Gelegenheit erntete, konnte Erhard in seiner Überzeugung von dem, was im Interesse der Allgemeinheit lag und was daher auch der Wirtschaft im ganzen frommte, nicht erschüttern. Im Gegenteil, er war für ihn nur noch eine zusätzliche Bestätigung für die Richtigkeit seines Weges. Die Auseinandersetzungen, die sich anschließend daran in erster Linie zwischen Adenauer und Erhard entwickelten, wurden von beiden Seiten mit erfrischender Offenheit, wenn auch oft mit schwerem Säbel ausgefochten. Aber Erhard setzte sich durch, das Gesetz wurde Wirklichkeit.

Bei der Beurteilung der Marshall-Plan-Hilfe, deren generöse Großzügigkeit von Ludwig Erhard oft anerkannt wurde, entstand eine erhebliche Diskrepanz zwischen Adenauer und Blücher einerseits und Ludwig Erhard andererseits. Das geschah, als Jean Cattier den bisherigen ECA-Chef ablöste und von der Bundesrepublik Deutschland nicht mehr und nicht weniger verlangte, als die

Wiedereinführung von Bewirtschaftungsmaßnahmen, deren Abschaffung erst gerade kurz vorher in mühsamen politischen Kämpfen durchgesetzt war. Interessante Einzelheiten hierüber kann man bei Karl Albrecht nachlesen[1]. Ludwig Erhard lehnte es in öffentlicher Rede hart ab, die Forderung von Cattier zu erfüllen, obwohl dieser seiner Forderung dadurch Nachdruck zu verleihen suchte, daß er bei Nichterfüllung die Einstellung der Marshall-Plan-Hilfe androhte. Obwohl Ludwig Erhard die amerikanische Hilfe in ihrer segensreichen Wirkung auf die deutsche Wirtschaft hoch einschätzte, so wies er doch nicht nur auf den Nutzen dieser Hilfe, sondern zugleich auf die Erfolge und die weiteren Erfolgsaussichten der deutschen Exportwirtschaft hin und auf die großen Gefahren, die der gesamten deutschen Wirtschaft bei Wiedereinführung von Bewirtschaftungsmaßnahmen, Kontingenten usw. drohen würden. Er lehnte daher die Forderung von Cattier ab. Die Bundesregierung stand damit vor einem Dilemma. Adenauer und wahrscheinlich auch Blücher neigten wohl zunächst dazu, den Wünschen der ECA-Administration nicht unnachgiebig zu begegnen. Es war aber wiederum ein erfreuliches Zeichen dafür, daß politische Meinungsverschiedenheiten im eigenen Lager, wenn sie geschickt und kraftvoll ausgespielt wurden, zur Stärkung der deutschen Position führen konnten. Die geforderten Bewirtschaftungsmaßnahmen wurden nicht eingeführt, und die Marshall-Plan-Hilfe für Deutschland nahm ihren ungestörten Fortgang.

Eine Situation, die unterschiedliche Auffassungen zwischen Adenauer und Erhard in besonders krasser Form offenbar werden ließ, war das Verhältnis Deutschland – Frankreich in der Ära de Gaulle. Robert Schuman hatte als französischer Außenminister zuerst die Idee einer Zusammenfassung der deutschen und der französischen Stahlindustrie sowie des deutschen und des französischen Bergbaus an Adenauer herangetragen, zugleich mit der Anregung, auch andere europäische Staaten in eine solche Gemeinschaft einzuladen. Die Verwirklichung dieses Gedankens sollte natürlich der Auftakt sein zu einer europäischen wirtschaftlichen und späteren politischen Einigung. Schon aus der einfachen Überlegung, daß eine solche Zusammenfassung der genannten deutschen und französischen Wirtschaftszweige mit Sicherheit eine Kriegführung zwischen beiden Völkern für alle Zukunft verhindern würde, und aus dem schon lange gehegten Streben nach einer Politik der europäischen Einigung, stimmte Adenauer ohne Zögern und mit großer Befriedigung dieser Anregung Robert Schumans zu. Auch Erhard war von allem Anfang an ein eifriger Förderer des europäischen Einigungsgedankens, dessen erste reale Ansätze sich auf dem industriellen Gebiet vollziehen sollten. Er trat aber gleichzeitig dafür ein, daß auch in einer solchen Gemeinschaft, in der eine „Hohe Behörde" ein wichtiges Wort zu sagen haben sollte, der freie Leistungswettbewerb eines sozial verpflichteten Unternehmertums Geltung haben müsse. In den langfristigen Planungen und in dem oft schwerfälligen bürokratischen und technokratischen Verfahren witterte Erhard Zeichen von Protektionismen und nationalen Egoismen, die ein Hemmschuh sein könnten für eine breite Entfaltung einer europäischen Wirtschaftsgemeinschaft.

Als im Oktober 1961 von Großbritannien der Antrag auf Mitgliedschaft in der EWG gestellt wurde, begrüßte Erhard diesen Schritt mit offener Begeisterung und versprach für Deutschland, den englischen Beitritt nach Kräften zu fördern. Es folgten dann langwierige, oft bedrückende Verhandlungen über den britischen Antrag, bei denen die französischen Bedenken nicht ausgeräumt werden konnten. Am 14. Januar 1963 lehnte de Gaulle den Beitritt Großbritanniens in einer Pressekonferenz ab; die Ablehnung wurde offiziell in Brüssel am 29. Januar 1963 erklärt. Nun hatte aber Adenauer wenige Tage vorher, nämlich am 22. Januar 1963, den deutsch-französischen Freundschaftsvertrag abgeschlossen, dem Adenauer politisch die allergrößte Bedeutung beimaß. Erhard machte aus seiner Enttäuschung über die negative Haltung de Gaulles zum Beitritt Englands keinen Hehl – wenngleich er selbstverständlich den deutsch-französischen Vertrag begrüßte, allerdings unter der Voraussetzung, daß diese Politik verwirklicht werde in engster Verbindung zu einem zusammenwachsenden Europa und zur Atlantischen Gemeinschaft. Das Kabinett nahm zu den gescheiterten Beitrittsverhandlungen schon am 30. Januar 1963 in einer eindeutigen Erklärung Stellung, bedauerte das Scheitern der Verhandlungen „trotz der intensiven Bemühungen von fünf der sechs EWG-Mitgliedstaaten" und bekundete die Entschlossenheit, die Politik der wirtschaftlichen und politischen Einigung Europas fortsetzen zu wollen und dahin zu wirken, daß der Beitritt Großbritanniens zur EWG ermöglicht werde[2]. Diese Regierungserklärung, die unter dem Vorsitz Adenauers beraten wurde, zeugt offenbar davon, daß die Linie Erhards – die von der Mehrheit des Kabinetts, besonders von Außenminister Schröder gestützt wurde – sich durchsetzen konnte.

Aber an der in dieser Frage bestehenden grundsätzlichen Meinungsverschiedenheit zwischen den beiden Politikern entzündete und steigerte sich, immer mehr für die Öffentlichkeit erkennbar, die gegenseitige persönliche Abneigung der beiden. Gleichzeitig vertiefte sich die Freundschaft zwischen Adenauer und de Gaulle so, daß jede Kritik an dem französischen Verhalten in der Frage der Erweiterung der EWG von Adenauer als eine Belastung oder sogar Gefährdung der vertraglich vereinbarten deutsch-französischen Freundschaft empfunden wurde. De Gaulle verstand es mit gallischem Esprit, diese Haltung Adenauers zu intensivieren. Ich erinnere mich an eine Tischrede de Gaulles bei einem festlichen Essen im Palais Schaumburg, in der der General anspielte auf offizielle und inoffizielle kritische Stimmen in der deutschen Öffentlichkeit über die ablehnende Haltung Frankreichs in der Frage des britischen Beitritts zur EWG; er sagte dabei: Es sei ein früher Reif gefallen auf die Rosenblüten der deutsch-französischen Freundschaft. Erhard setzte weiterhin beharrlich sein Werben zugunsten des englischen Beitritts zur EWG fort. Wie ernst die Verstimmung zwischen Adenauer und Erhard in dieser Frage war, geht aus der Tatsache hervor, daß Adenauer unter dem 26. Februar 1963 einen später veröffentlichten Brief an Erhard richtete, in dem er ihn darauf hinwies, daß der Bundeskanzler allein die Richtlinien der Politik bestimme.

Die harte Auseinandersetzung der beiden Politiker über unser Verhältnis zu Frankreich hat selbst dann kein Ende gefunden, als im Oktober 1963 Erhard zum Nachfolger Adenauers als Bundeskanzler gewählt wurde. Bei jeder Gelegenheit, bei den Besuchen der englischen Königin und englischer Regierungsmitglieder in Deutschland wie auch bei seinen Reisen nach England brachte

Erhard immer wieder zum Ausdruck, daß Großbritannien den ihm gebührenden Platz in der Europäischen Gemeinschaft einnehmen müsse, ebenso wie die nordischen Staaten und andere Länder, die ihre demokratische Freiheit zu erhalten entschlossen waren. Das alles sollte nach Erhards politischen Gedanken der Anfang des Weges sein zu einer das ganze freie Europa umfassenden wirtschaftlichen und politischen Einheit und schließlich zu einer Atlantischen Gemeinschaft. Für den nüchternen Realisten Adenauer waren solche in die Zukunft weisenden Visionen Erhards vielleicht nicht wirklichkeitsnahe genug. Durch sie sah er seine allernächsten Pläne, eine festgemauerte deutsch-französische Freundschaft und enge Kooperation auf wirtschaftlichem und politischem Gebiet, gefährdet. In diesen seinen Sorgen wurde der Kanzler bestärkt durch die Reaktion des Generals auf Erhards Vorstellungen von einer Europäischen Gemeinschaft. De Gaulles Haltung zur Erweiterung der EWG und insbesondere zur Frage der Übertragung von nationalen Hoheitsrechten auf die Gemeinschaft war stark durch nationale, protektionistische und vielleicht auch hegemoniale Vorstellungen beeinflußt; insoweit konnte natürlich ein Einvernehmen zwischen Erhard und de Gaulle in diesen Fragen nicht erwartet werden. Als der General bei einem Besuch in Bonn Bundeskanzler Erhard nahebrachte, die Deutschen und die Franzosen müßten sich eng zusammenschließen, dann würden die beiden Länder den übrigen Mitgliedstaaten der Europäischen Gemeinschaft das Gesetz des Handelns vorschreiben können, erwiderte ihm Erhard, eine solche Entwicklung scheine ihm für die Europäische Gemeinschaft kein erstrebenswertes Ziel; er wolle kein Europa der Hegemonie, sondern vielmehr ein Europa der Freien und der Gleichen. Das war für Frankreichs Präsidenten keine ihn befriedigende Antwort, und er mag enttäuscht darüber gewesen sein, in Deutschland keinen Bundesgenossen für seine Ambitionen hinsichtlich der europäischen Einigung zu haben. Über diese seine Enttäuschung hat de Gaulle auch mit seinem Freunde Adenauer eine Aussprache gehabt, die dieser so interpretierte, daß Erhards Regierung es an Freundlichkeit gegenüber dem französischen Präsidenten habe fehlen lassen. So fühlte sich Erhard erneut zu Unrecht kritisiert, und es verhärteten sich die Gegensätze zwischen ihnen beiden. Ungeachtet dessen aber verfolgte Erhard seine Linie der Erweiterung der Europäischen Gemeinschaft. Die Geschichte hat uns gezeigt, wie viele Hindernisse noch zu überwinden waren bis zur Erreichung des gesetzten Zieles.

Diese so gewachsene Spannung zwischen Adenauer und Erhard hat aber keineswegs dazu geführt, daß Adenauer die großen geschichtlichen Verdienste verkannt hätte, die sich Erhard um den Wiederaufbau Deutschlands und seine Wiedereingliederung in die Gesellschaft der freien Völker Europas erworben hat. Während es bei den wiederholten, weniger bedeutsamen Spannungen, die in wirtschaftlichen Fragen zwischen den beiden ins Kraut schossen, zumeist gelang, eine Brücke zu schlagen und ernstere Konsequenzen zu verhüten, war diese Meinungsverschiedenheit wegen der Haltung zu de Gaulle ernster Natur und kaum zu überbrücken. Selbst bei mir, der ich doch von Kindheit an und von meiner Familie her stets persönliche freundschaftliche Bindungen zu Frankreich und zu französischen Familien hatte, hegte Adenauer oft gewisse Zweifel, ob ich auch auf die Wünsche und Sensibilitäten des Generals gebührende Rücksicht nähme. So erinnere ich mich, daß Adenauer mich einmal nach den Gründen fragte, warum ich entgegen meiner sonstigen Gewohnheit nicht an dem großen Empfang des französischen Botschafters zum 14. Juli teilgenommen hätte. Selbst so eine Kleinigkeit war ihm suspekt.

Bei dieser Meinungsverschiedenheit zwischen Adenauer und Erhard ging es in der Tat um grundsätzliche politische Fragen, die im Laufe der Zeit schließlich beiden Persönlichkeiten aus der Hand genommen wurden. Im Großen gesehen muß jedoch gesagt werden, daß bei aller Unterschiedlichkeit der Temperamente die beiden Politiker immer dann an einem Strang zogen, wenn es sich um Lebensfragen des deutschen Volkes handelte. Nun waren allerdings die Zeiten nach dem Zweiten Weltkrieg von solcher Dramatik und von solcher Unübersehbarkeit der Prioritätenfolge in der Dringlichkeit dessen, was geschehen mußte, daß es darüber kaum zu Meinungsverschiedenheiten kommen konnte. Die unerwartet schnellen und über alles Maß großen wirtschaftlichen Erfolge der kühnen Entschlüsse Erhards überdeckten bei Adenauer zunächst jeden vielleicht vorhandenen Mangel an persönlicher Sympathie, zumal die Wiedergewinnung gesunder wirtschaftlicher Verhältnisse und, damit verbunden, die geordneten, friedlichen zwischenmenschlichen Beziehungen in der Bundesrepublik Deutschland es dem Bundeskanzler Adenauer ermöglichten, seine Politik zur Wiedereinführung Deutschlands in die Familie der freien demokratischen Völker der Welt zu verwirklichen. Tatsächlich wußte Adenauer sehr wohl, was für einen verdienstvollen Wirtschaftspolitiker er in der Person von Erhard hatte. Daß Adenauer in seinen Memoiren die großen Verdienste Erhards nicht seinerseits mit großen Lorbeeren bedachte, mag menschlich verständlich sein, zumal die ganze Welt den kometenhaften wirtschaftlichen Wiederaufstieg Deutschlands stets als Erfolg Erhards und seiner Wirtschaftspolitik bewunderte.

Die tiefgehende Differenz über die deutsche Haltung zu de Gaulles Europapolitik war nicht mehr zu überbrücken; sie überschattete nachhaltig das ohnehin nicht freundschaftliche Verhältnis der beiden großen und verdienstvollen Politiker zueinander.

Das Ausmaß der gesamten Spannung zwischen den beiden kam der breiten Öffentlichkeit bei den Vorbereitungen zur Bundespräsidentenwahl im Jahre 1959 voll zur Kenntnis. Adenauer hatte sich nach Beratung mit einigen politischen Freunden und bestärkt durch die Meinung seiner eigenen um seine Gesundheit besorgten Familie entschlossen, selbst für dieses höchste Amt des Staates zu kandidieren. Seine Wahl wäre unzweifelhaft mit überwältigender Mehrheit erfolgt. In der Ruhe seines Urlaubs in Cadenabbia mußte er dann aber erfahren, daß seine Partei und Fraktion nicht willens war, seinen Empfehlungen hinsichtlich seiner Nachfolgeschaft zu entsprechen. Die CDU war entschlossen, gegen den erklärten Wunsch ihres bis dahin so mächtigen Vorsitzenden nunmehr den populären und beliebten Professor Erhard zum Kanzler zu wählen. Als Adenauer einsah, daß seine Versuche, die Wahl auf einen anderen Kandidaten zu lenken, fehlschlugen, zog er es vor, den spektakulären Schritt zu tun und seine Kandidatur zurückzuziehen. Als Grund hierfür gab er außenpolitische Schwierigkeiten an. Man geht aber wohl nicht fehl in der Annahme, daß seine Abneigung gegen Erhard und seine Beurteilung der Eignung Erhards ihn zu diesem aufsehenerregenden Entschluß bewogen haben. Da wurde aller Welt deutlich, daß die Gegensätze zwischen den beiden Politikern unheilbar waren. So aber blieb für Erhard der Weg in das Palais Schaumburg zunächst noch versperrt – Adenauer blieb Kanzler. Der ganze Vorgang war jedoch für die hohe und bis dahin nie angezweifelte Autorität von Adenauer eine Minderung.

Trotz allem hat Erhard, als er einige Jahre später zum Bundeskanzler gewählt wurde, bei jeder sich bietenden Gelegenheit mit großem Respekt und ohne Einschränkung die Verdienste seines Vorgängers im Kanzleramt gewürdigt. Auch hat Erhard – wie ich mit Sicherheit annehmen darf, voll überzeugt von meiner totalen Loyalität – nie Bedenken dagegen erhoben, daß ich von Zeit zu Zeit, auch nach Adenauers Ausscheiden aus dem Kanzleramt, immer wieder Kontakt mit Adenauer hielt, dessen unschätzbare Verdienste um unser Land in schwerster Zeit von mir stets vorbehaltlos anerkannt wurden. Es hat mir aufrichtig leid getan, daß es mir nicht mehr möglich war, die tiefgehenden Differenzen zwischen zwei so verdienten Männern aus dem Wege zu räumen. Mit dankbarer Befriedigung aber erfüllt es mich, daß es auf Grund einer vertrauensvollen Zusammenarbeit zwischen Staatssekretär Globke und mir wiederholt gelungen ist, auch sehr ernste Differenzen zwischen Adenauer und Erhard durch vermittelnde Aktionen zu glätten. Manche harten, kritischen und auch kränkenden Bemerkungen in Wort und Schrift konnten durch beruhigende Interpretationen oder abgerundete Formulierungen weitgehend ausgeglichen werden.

Mit einem treffenden Satz hat Wolfgang Wagner in einem Rückblick auf die damalige Präsidentschaftskrise die Unzulänglichkeit menschlicher Voraussicht in politischen Angelegenheiten veranschaulicht und zu diesem seinerzeit erregenden Vorgang geschrieben: „Fast niemand hat erreicht, was er sich damals von seinem Vorgehen versprach, und fast niemand hat verhindert, daß später eintraf, was er vermeiden wollte.“[3]

1 Karl Albrecht, Das Menschliche hinter dem Wunder, Düsseldorf–Wien 1970.

2 Vgl. Bulletin des Presse- und Informationsamtes der Bundesregierung, Nr. 20 vom 3. Januar 1963, S. 165.

3 Vgl. Wolfgang Wagner, Die Bundespräsidentenwahl 1959, in: Rudolf Morsey und Konrad Repgen (Hrsg.), Adenauer – Studien II (=Veröffentlichungen der Kommission für Zeitgeschichte, Reihe B, Bd. 13), Mainz 1972, S. 93.

FRANZ JOSEF BACH

Konrad Adenauer und Hans Globke

Man sah sie sehr häufig am frühen Nachmittag im Park des Palais Schaumburg promenieren: Adenauer, nach einem kurzen, aber tiefen Mittagsschlaf offensichtlich erfrischt und tatenlustig, gegen die Witterungseinflüsse durch Mantel und Hut gut abgeschirmt, entschieden diskutierend, seinen Standpunkt von Zeit zu Zeit mit einer knappen Handbewegung unterstreichend, – und ihm zur Seite, fast unmerklich einen halben Schritt zurück, ruhig und überlegend zuhörend, seinen Kopf etwas nach vorn geneigt und zögernd eine zustimmende oder zur Vorsicht mahnende Bemerkung machend, sein wohl ergebenster, treuester und kenntnisreichster Ratgeber und Mitarbeiter, Hans Globke.
Dies waren nicht die Stunden der Entscheidung, sondern des Abwägens und Diskutierens, die Stunden der Vorbereitung und Überprüfung, die Zeit des Zweifelns und der Information.
Wer immer im Bundeskanzleramt tätig war – und das waren zu jener Zeit wenige – wußte, daß in dieser frühnachmittäglichen Stunde für Hans Globke jede andere Verabredung und Tätigkeit vor der „Stunde des Kanzlers“ zurücktreten mußte. Wie häufig geschah es, daß man, nach der Mittagspause zum Staatssekretär des Bundeskanzleramtes bestellt und gerade im Begriff stehend, notwendige Entscheidungen anhand der Aktenvorgänge herbeizuführen, von einem leisen Klingeln des direkten Telefons unterbrochen wurde und Hans Globke, sich erhebend und zugleich Verständnis heischend, sich entschuldigte und das Gespräch auf einen Zeitpunkt „in naher Zukunft“ vertagte.
Adenauer und Globke waren ein ungleiches Paar. Adenauer, ein kantiger, eckiger Politiker, der als Oberbürgermeister von Köln und Präsident des Preußischen Staatsrates sowohl für die Stadtverordnetenversammlung von Köln als auch für die preußische Regierung in Berlin eine unbequeme Größe gewesen war.
Sein Beharren in strittigen Fragen auf seiner Meinung hatte nicht nur seine kölnischen Mitbürger, sondern auch die Ministerialbürokratie in Berlin zur hellen Verzweiflung getrieben. Auch die englische Besatzungsmacht hatte sich an der Willensstärke und der Zielstrebigkeit dieses Mannes ihre Zähne ausgebissen. Sie wußte sich schließlich keinen anderen Rat, als diesen selbstbewußten und unabhängigen Politiker, der ungeschminkt seine Ansichten vertrat, kurzerhand zu entlassen und ihm jegliches öffentliche Amt zu verbieten. Kurze Zeit später mußte sie ihn dann als Parteiführer der rheinischen CDU, als Präsidenten des Zonenrates der Britischen Zone, als Fraktionsvorsitzenden der CDU im nordrhein-westfälischen Landtag, als Präsidenten der verfassunggebenden Versammlung und schließlich als gewählten Bundeskanzler wieder akzeptieren und gemeinsam mit ihm die Neuordnung des geteilten Deutschlands vornehmen.

Ein ganz anderer Typ war der kenntnisreiche, in preußischer Beamtentradition groß gewordene Hans Globke, das Sinnbild eines korrekten, fleißigen und ideenreichen Staatsdieners. Sein Ehrgeiz war es nicht, im Rampenlicht der Öffentlichkeit zu stehen. Globke verstand sein Beamtentum noch dahin, daß er hinter die Interessen des Staates zurückzutreten habe. Seine Arbeit spielte sich in der Anonymität der Ministerialbürokratie ab. Das bedeutete aber nicht für ihn, daß er sich zum urteilslosen Sklaven der jeweiligen Machthaber machen ließ. Schon als Ministerialrat im preußischen Innenministerium hatte Globke aus dem Schatten seines Amtes heraus versucht, dort Hilfe zu leisten, wo es darum ging, die Gewalttaten eines Unrechtsstaates zu verhindern oder abzuschwächen.

Mit einer Reihe von politischen Freunden arbeitete er von seinem Platz aus mit den ihm zur Verfügung stehenden Mitteln daran, den Unrechtsstaat wieder durch einen Rechtsstaat zu ersetzen. Diesem Ziel galt auch seine Arbeit nach dem Kriege. Vom Kämmerer der Stadt Aachen führte ihn sein Weg über den Vizepräsidenten des Landesrechnungshofes von Nordrhein-Westfalen in die Kerngruppe jener Beamten, die unter Adenauers Führung mit dem Wiederaufbau eines bundesstaatlichen Verwaltungs- und Lenkungsapparates beschäftigt waren. Von seinem damaligen Amtszimmer im Museum Koenig aus überwachte und steuerte Globke die organisatorische und personelle Ausstattung jener Behörden, die später das Führungsinstrument Adenauerscher Politik wurden. Globke schuf damals jenen Apparat, dessen er sich später als Staatssekretär des Bundeskanzleramtes und als erster Beamter der Bundesverwaltung bedienen mußte.

Zwischen Adenauer und Globke herrschte keine Freundschaft im üblichen Sinne. Dafür waren diese beiden Männer in Anlage und Ausprägung zu verschieden. Beiden gemeinsam aber war der unbeugsame Wille, dem Staat, den sie mitgeholfen hatten, aus dem Chaos zu retten, mit all ihren Kräften und Kenntnissen nach bestem Wissen und Gewissen zu dienen. Ihrer Energie, ihrem unermüdlichen Einsatz, ihrem Weitblick, ihrer Arbeitsharmonie und ihren so verschiedenartigen Talenten war es schließlich zu verdanken, daß schon früh die Grundlage gelegt werden konnte für einen Wiederaufstieg Deutschlands, auf den das deutsche Volk heute noch stolz sein kann.

Für Adenauer, den selbstbewußten und unabhängigen Regierungsschef, Politiker und Parteiführer, war Globke der erste Gehilfe im Staate.

Ihm vertraute er mehr als irgendeinem Mitglied seines Kabinetts. Von ihm war er überzeugt, daß er die Klaviatur des Staatsapparates beherrschte. In ihm sah Adenauer den Mann, der die politischen Entscheidungen nach seinen Weisungen schnell und wirksam in praktische Regierungsarbeit umsetzen konnte.

Aber Globke war mehr als das Übersetzungsrad zwischen politischer Führung und Verwaltungsapparat. Adenauer erkor ihn zu einem seiner engsten Berater – und nicht nur auf dem Gebiet, auf dem Globke besondere Kenntnisse hatte: der Innenpolitik.

Globkes Treue und Ergebenheit konnte sich Adenauer absolut sicher fühlen; seiner Loyalität und seiner Diskretion blindlings vertrauen. Die diffizilsten und delikatesten Probleme des Staates, lagen sie auf dem Gebiet der Außen-,

Innen- und Verteidigungspolitik, waren es Fragen der personellen Besetzung der Bundesbehörden oder anderer Ämter, waren es Grundsätze für die Wiedergutmachung oder für die Arbeit der Nachrichtendienste, sie alle wurden zunächst Globke zur Begutachtung überwiesen. Adenauer konnte sich fest darauf verlassen, daß selbst die schwierigsten Fragen mit der größten Beschleunigung, mit absoluter Diskretion und mit einem Höchstmaß an Verantwortungsbewußtsein bearbeitet wurden.

Der Apparat, dem Globke vorstand und den er sich selbst aufgebaut hatte, lief geräuschlos und effektiv. Globkes Einfluß reichte weit über den Bereich des eigenen Amtes und über die gesamte Bundesverwaltung hinaus. Sein Verhältnis zu den Mitgliedern des Kabinetts war abwägend, kühl und differenziert. Außer mit dem nur dem letzten Kabinett Adenauer angehörenden Heinrich Krone hatte er zu keinem Minister eine engere freundschaftliche Beziehung. Einige Kabinettsmitglieder hatten – wohl auch wegen seines Einflusses – Vorbehalte gegenüber Globke.

Der Staatssekreätr, der sich seiner diffizilen Stellung sehr bewußt war, vermied es peinlichst, ernsthafte Differenzen mit den Kabinettsmitgliedern herbeizuführen. Er kannte die Empfindlichkeit der Minister, die ihre eigenen Behörden gegen jede Einflußnahme durch das Kanzleramt abzuschirmen bemüht waren. Bei Konfliktsituationen suchte Globke die Lösung im persönlichen Gespräch. Wie oft sah man vor wichtigen Entscheidungen Kabinettsmitglieder in Globkes Amtszimmer treten, um mit ihm strittige Fragen abzuklären, ehe sie dem Kanzler zur Entscheidung vorgelegt wurden.

Globke, der sich immer im Hintergrund aufhielt, suchte nicht die Konkurrenzsituation: nicht zu den Staatssekretärskollegen der anderen Häuser, noch weniger zu den Mitgliedern des Kabinetts. Er hatte keine Ambitionen auf höhere politische Ämter, die er vielleicht bei einem ausgeprägteren Ehrgeiz hätte erlangen können.

Er verstand sich als Mittler zwischen dem sehr autoritätsbewußten Kanzler und seinen ehrgeizigen Ministern. Er war stets bemüht, etwa auftretende Schwierigkeiten und Differenzen so geräuschlos wie irgend möglich aus der Welt zu schaffen. Daß das Temperament und die Kompromißlosigkeit Adenauers ihm diesen Teil seiner Aufgaben nicht gerade erleichterte, war allgemein bekannt.

Das Geschick und die Charakterstärke, mit der Globke sich der nicht einfachen Aufgabe unterzog, im Raum zwischen einem sehr starken und selbstbewußten Bundeskanzler, seinen eigenwilligen und ehrgeizigen Ministern, der Bundesverwaltung und dem Parlament Politik zu verwirklichen und die Vorstellungen seines Chefs zu realisieren, verdienen höchste Anerkennung. Ohne sein großes organisatorisches Talent und seine intimen Personalkenntnisse hätte Hans Globke an seiner Aufgabe scheitern müssen.

Hans Globkes Erfolg beruhte nicht zuletzt auf der Tatsache, daß er sich ein eigenes, besonders schnelles Informationsnetz in den Bundesbehörden aufgebaut hatte. In allen Ministerien konnte er sich auf Freunde oder ehemalige Mitarbeiter stützen, die ihn früher, als es auf dem normalen Dienstweg möglich gewesen wäre, über anstehende Probleme und mögliche Konfliktstoffe unterrichteten. So war er mit seinen Informationen allen anderen Beamten weit überlegen. Seine Beziehungen zu außerstaatlichen und außerparlamentarischen Organisationen waren eng und vielgestaltig. Als Staatssekretär des Bundeskanzleramtes unterstanden ihm alle Nachrichtendienste, die ihm pflichtgemäß alle anfallenden Nachrichten, Erkenntnisse und die daraus gezogenen Schlußfolgerungen übermittelten. Die Vorlagen der Ministerien an den Bundeskanzler gingen über seinen Schreibtisch. Als Kabinettssekretär nahm er an jeder Kabinettsitzung teil; die Kabinettsdrucksachen wurden in seinem Büro vervielfältigt und von dort an die Kabinettsmitglieder verteilt. Als Vorsitzender der Staatssekretärskonferenz nahm er eo ipso eine singuläre Stellung ein, die durch die Kenntnis des absoluten Vertrauens, das Adenauer ihm entgegenbrachte, verstärkt wurde. Es gab keinen Vorgang von einiger Bedeutung in der gesamten Bundesverwaltung, mit dem Globke nicht in irgendeiner Form befaßt wurde. Selbst die geheimsten und wichtigsten Botschaften und Briefe, die Adenauer oft durch spezielle Kuriere erhielt, fanden, mit einem handschriftlichen Vermerk des Bundeskanzlers versehen, ihren Weg auf den Schreibtisch Globkes.

Es war nicht verwunderlich, auf dem Terminkalender des Staatssekretärs des Bundeskanzlers, der von den frühen Morgen- bis in die späten Nachtstunden gefüllt war, die Namen jener Männer zu finden, die zu dieser Zeit die Politik der Bundesrepublik bestimmten. Daneben teilten sich Diplomaten und ausländische Politiker, Kirchenmänner und Wissenschaftler, hohe Beamte und Wirtschaftskoryphäen, Künstler und Gewerkschaftler in die knappe Zeit, die Globke für Besprechungen zur Verfügung hatte.

Immer aber mußte jeder Besucher damit rechnen, daß das Klingeln des Direktapparats Globke in die oberen Räume des Regierungschefs rief und dann das Gespräch abrupt unterbrochen werden mußte. Dann spielte auch der Rang des Gesprächspartners keine Rolle.

Es war selbstverständlich, daß Globke auch an allen wichtigen Gesprächen im Dienstzimmer Adenauers teilnahm. So ersparte es sich Adenauer, Globke über Vorgänge unterrichten zu müssen, die später doch dem Staatssekretär zur Bearbeitung überwiesen werden mußten.

Adenauer war kein Mann der leichten Entschlüsse. Jede Entscheidung wurde sorgfältig vorbereitet, die Konsequenzen nach allen Seiten überlegt, der Rat nicht nur der Sachverständigen, sondern auch der politischen Freunde eingeholt und die Vor- und Nachteile gegeneinander abgewogen. Globke war an jedem Entscheidungsprozeß von Anfang an beteiligt, auch an solchen, die selbst den Kabinettsmitgliedern vorenthalten wurden. War Adenauers Entscheidung einmal gefallen, verlangte er sofortige Aktion. Er kümmerte sich wenig darum, wie der Umsetzvorgang von politischer Entscheidung zum staatlichen Handeln vor sich ging; wie die oft sehr schwerfällige Bürokratie in Gang gebracht werden konnte. Er fragte nicht danach, ob es methodischen oder sachlich begründeten Widerstand gegenüber seinen Ideen gab. Adenauer konnte sehr ungeduldig sein und pochte – wenn es zu scharfen Auseinandersetzungen kam – energisch auf die im Grundgesetz verankerte Weisungsbefugnis des Regierungschefs. Wo Adenauer – bewußt oder unbewußt – Ungeduld zeigte, war die Geduld Globkes ohne Grenzen.

Auch wenn er nicht mit jeder ergangenen Entscheidung übereinstimmte, so

setzte er doch alle seine Kräfte ein, um einmal erhaltene Weisungen durchzuführen.
In zahlreichen Gesprächen versuchte er auch den hartnäckigsten Gegner zu überzeugen, ja, seine Mitarbeit zu erlangen. Dabei kam ihm die Tatsache zu Hilfe, daß viele der wichtigsten Persönlichkeiten des neuen Staates ihn noch als Ministerialbeamten des ehemaligen preußischen Innenministeriums kannten. Globke hatte in seiner damaligen Funktion vielen geholfen und Vertrauen erworben. Das zahlte sich in seiner neuen Stellung aus. Kein Minister oder hoher Beamter traute Globke zu, von ihm bewußt falsch oder unvollständig unterrichtet worden zu sein. Wenn Globke eine Information gab, war sie wahrheitsgetreu, sonst hielt er lieber seinen Mund. Schwierig war es für ihn, wenn er zur vollsten Verschwiegenheit verpflichtet worden war, aber die gegebenen Weisungen nur mit Hilfe anderer Ministerien verwirklichen konnte. Hier ergaben sich Konflikte, die Globke aber auf der Basis des persönlichen Kontakts zu hohen Beamten der anderen Häuser, die zum Teil durch seine Schule gegangen waren, lösen konnte.
Das Verhältnis Adenauer–Globke wurde durch eine dritte Persönlichkeit mitbestimmt: durch Heinrich Krone. Krone hatte – zunächst als Geschäftsführer und später als Fraktionsführer der CDU/CSU-Bundestagsfraktion – eine Schlüsselrolle inne, die für Adenauer von ungeheurer Bedeutung war. Die Verwirklichung der von Adenauer gesetzten politischen Ziele war nur mit voller Zustimmung der Mehrheitsfraktion des Bundestags möglich. Daher war ein Vertrauter an der Spitze der Fraktion von außerordentlichem Wert für den Regierungschef.
Krone war – wie Globke – ein besonders ergebener Ratgeber des Kanzlers. Er war gleichzeitig ein enger Vertrauter und Freund Globkes. Beide kannten sich seit langen Jahren: aus der Zeit des Berliner Widerstandes gegen Hitler. Der Informationsfluß zwischen beiden riß nie ab.
Globke war genau über die Stimmung in der Fraktion informiert, ebenso wie Krone immer ausführlich über die Gedankengänge im Haus Schaumburg auf dem laufenden gehalten wurde. Die Abschätzung des politisch Mach- und Tragbaren wurde dadurch erheblich erleichtert.
Weder für Krone noch Globke stellte sich die Frage nach dem eigenen politischen Gewicht, beide traten hinter ihrer Aufgabe zurück. Es war selbstverständlich, daß beide an allen Gesprächen von Bedeutung im Kanzleramt teilnahmen. Ihre Stellungnahmen waren oft identisch. Wie oft sah man sie noch nach oft harten und kontroversen Gesprächen in großer Runde im Kanzleramt in später Nacht gemeinsam dem Dienstzimmer Globkes zustreben, um in einem Gespräch unter vier Augen Bilanz über das soeben Erlebte zu ziehen oder Rat zu halten, wie man eine Konfliktsituation ausräumen konnte.
Der enge Kontakt zu Heinrich Krone war für die Stellung Globkes im Verhältnis zu Adenauer wichtig. Adenauer liebte es, Menschen um sich zu haben, die auch über ihr eigentliches Aufgabengebiet hinaus über die Vorgänge auf der Bonner politischen Szene gut informiert waren. Besonders kam es ihm darauf an, über die Stimmung in der Fraktion, die ja – und dessen war Adenauer sich bewußt – die Basis seiner eigenen Macht darstellte, bis ins letzte Detail informiert zu sein. Dank seiner engen Freundschaft mit Krone, der mehrfach

am Tag mit ihm telefonierte, konnte Globke Adenauer zu jeder Stunde die voraussichtliche Reaktion der Mehrheit der Fraktion auf Ideen und Schritte des Regierungschefs mit verhältnismäßig großer Genauigkeit vorhersagen. Andererseits konnte Globke über Krone direkt auf Mitglieder der Fraktion einwirken. Er unterhielt zu vielen anderen Mitgliedern der Fraktion mehr oder minder enge Beziehungen.

Es war nicht von ungefähr, daß der Strom der Besucher aus der Fraktion im Arbeitszimmer des Staatssekretärs selten abriß. Viele Wünsche wurden hier zur Sprache gebracht – und erfüllt; viele Anregungen und Denkanstöße zurück mit in die Fraktionssitzung genommen. Adenauer fand bei kontroversen Themen seine Fraktion meistens sehr gut unterrichtet und eingestimmt. Das bedeutete aber nicht, daß das Verhältnis Fraktion zu Adenauer immer problemlos war. Wenn Adenauer gegen den Rat Krones oder Globkes in den Vorstandssitzungen der Fraktion seinen Willen mit allen Mitteln durchsetzen wollte, traf er oft auf harten Widerstand. In den ersten Jahren seiner Kanzlerschaft gelang es Adenauer meistens, der Fraktion seinen Willen aufzuzwingen; in den späteren Jahren mußte auch Adenauer die Grenzen anerkennen, die ihm die Fraktion bei ihrer Gefolgschaft setzte.

Dies zeigt sich wohl am spektakulärsten beim Rückzug Adenauers von seiner Benennung zum Kandidaten der CDU für das Amt des Bundespräsidenten. Globke und Krone hatten lange vor dem anstehenden Termin die Stimmung in Partei und Fraktion geprüft und waren früh zu der Überzeugung gelangt, daß die Fraktion im Hinblick auf das Alter des Kanzlers seine Nachfolge mit dem erfolgreichen und beliebten Wirtschaftsminister Ludwig Erhard geregelt sehen wollte. Eine Präsidentschaft Adenauers hätte das Amt des Kanzlers für einen anderen CDU-Politiker freigemacht, der nach dem Willen der Mehrheit der Fraktion nur Erhard heißen konnte. Obwohl Globke – und mit ihm Krone – sicherlich nicht völlig von dieser Lösung der Nachfolge Adenauers im Kanzleramt überzeugt waren, legten sie Adenauer nahe, eine Kandidatur für die Präsidentschaft anzunehmen. Beide waren sich einig, daß eine wenn auch nicht optimale Lösung besser war als eine öffentliche Auseinandersetzung, die sowohl den zur Debatte stehenden Ämtern, den beiden Kandidaten, der Partei und dem Staat nicht dienlich sein konnte.

Anders Adenauer. Ihm ging es allein um die Sicherung seiner Politik und des von ihm geformten Staates. Er wollte jede Möglichkeit ausschalten, daß sein Werk Schaden nehmen könnte. Sein Nachfolger sollte ein von ihm bestimmter Mann sein, der mit derselben Überzeugungskraft und derselben Härte seine politische Linie in der Außen- als auch in der Innenpolitik weiterverfolgen würde. Adenauer hielt Erhard nicht für den richtigen Mann. Ein Kompromiß und ein Beugen vor der Mehrheit seiner eigenen Fraktion kam für ihn in diesem Falle nicht in Frage. Die Rücknahme seiner Kandidatur – aus welchen Gründen sie auch immer vorgenommen wurde – mußte – darüber war sich Adenauer klar – das Verhältnis des Parteivorsitzenden zur Fraktion und zur Partei erheblich belasten. Trotzdem trat er zum Kampfe an. Globke – und mit ihm Krone – haben den Entschluß Adenauers insgeheim sicherlich mißbilligt. Ihr Treueverhältnis zu dem Regierungschef veranlaßte sie aber auch in der dann folgenden Zeit eines gewissen Autoritätsverlustes des Kanzlers, ihm ihre Dienste voll zur Verfügung zu stellen. Es ist bezeichnend für das Verhältnis zwischen Adenauer und Globke, daß die „Erhard-Affäre" in keiner Weise die gegenseitige Hochachtung der Männer voreinander beeinträchtigte. Adenauer achtete die Gründe, die Globke veranlaßt hatten, ihm eine Kandidatur für die Präsidentschaft nahezulegen. Er hatte für sich eine andere Position eingenommen und erwartete von seinem Staatssekretär, daß dieser seine Haltung respektierte und unterstützte, was Globke in den darauffolgenden Verhandlungen über die Beilegung des Konfliktes zwischen Adenauer und Erhard auch loyal tat.

Die gegenseitige Loyalität war ein besonderes Charakteristikum des Verhältnisses Adenauers zu Globke. So wie er von seinem engsten beamteten Mitarbeiter volle Loyalität beanspruchte, so war Adenauer bereit, diesem bei Angriffen gegen seine Person mit dem gesamten Ansehen seiner Persönlichkeit und seines Amtes zu Hilfe zu eilen. Nachdem Adenauer sich einmal davon überzeugt hatte, daß die immer wieder erhobenen Vorwürfe gegen Globke unberechtigt waren, stand er unerschütterlich hinter seinem obersten Beamten. Selbst ein Angebot Globkes, aus Opportunitätsgründen zurückzutreten, wäre sicherlich von Adenauer abgelehnt worden. Dieses gegenseitige Treueverhältnis wird Globke, der in den letzten Jahren an akuter Kreislaufschwäche krankte, mitbewogen haben, seinen Dienst so lange zu versehen, bis er gemeinsam mit seinem Chef das Bundeskanzleramt verlassen und seinem Nachfolger Westrick ein wohlorganisiertes und geräuschlos arbeitendes Amt übergeben konnte. Aus diesem Treuegefühl heraus stand Globke auch nach dem Ausscheiden aus seinem Amt seinem früheren Chef und damaligen Abgeordneten Adenauer weiterhin mit Rat und Tat zur Seite. So kümmerte er, der immer stärker von seiner Krankheit gezeichnet wurde, sich intensiv um die Vorbereitungen zur Veröffentlichung der Adenauer-Memoiren. Er half bei dem Abschluß der Verträge, bei den Vorbereitungen für deren Übersetzung in andere Sprachen. Er beriet weiterhin seinen früheren Chef in politischen und personellen Fragen und bemühte sich, auch mit Hilfe von Krone, mit allen Kräften, die Grundlagen Adenauerscher Politik in der sich abzeichnenden Periode einer aus falscher Opportunität und Liberalität geprägten Angleichung an weltpolitische Trends nicht in Vergessenheit geraten zu lassen. Daß der Erfolg dieser Bemühungen effektiv begrenzt war, entsprach nur der Erfahrung, daß mit dem Verlust des Amtes oft der Verlust des Einflusses verbunden ist. Auch Adenauer, Globke und Krone konnten sich diesem Erfahrungssatz nicht entziehen.

Wenn für Adenauer die Fraktion, auf deren Zustimmung er bei der Durchsetzung seiner Politik angewiesen war, noch eine wichtige, wenn auch unbequeme Rolle spielte, so war seine Partei für den Regierungschef eine Größe, auf die er sich nur vor Wahlen oder bei personellen Entscheidungen, die von der Partei zu tragen waren, besann. Der Gedanke, daß die Partei und ihre mittlere Führerschaft ein wichtiges und überaus wirksames Instrument seiner Machtpolitik werden könnten, war Adenauer nicht nahezubringen. Globkes wiederholte Ansätze, diese falsche Einschätzung der Rolle der Partei bei Adenauer zurechtzurücken, mißlangen. Der Regierungs- und Parteichef war der festen Überzeugung, daß die notwendigsten Verbindungen zur Partei von seinem Staatssekretär neben allen anderen Aufgaben wahrgenommen werden konnten. Globke allerdings konnte sich dieser Aufgabe nur in sehr bescheidenem Umfang widmen. Er betrachtete sich mehr als eine Verbindungsstelle zwischen dem Regierungschef, der gleichzeitig Parteiführer war, und dem Parteiapparat. Er konnte nicht Motor für eine intensive Parteiarbeit sein. Die Folge war, daß die CDU-Bundesgeschäftsstelle und mit ihr die mittleren und unteren Parteiorgane ein Eigenleben zu führen begannen. Es blieb nicht aus, daß sich mit zunehmendem Alter Adenauers eine Entfremdung zwischen Parteiführer, Bundestagsfraktion und Partei einstellte. Für den alten Herrn im Palais Schaumburg wurde es mit steigendem Alter immer schwieriger, seine Entschlüsse und Vorstellungen ohne ernsthaften Widerstand von Partei und Fraktion sanktioniert zu bekommen. Die Auseinandersetzung um die Präsidentschaft war ein Ausdruck dieser Lage.

Nach der Bundestagswahl von 1961, die ihm – nach dem Berliner Mauerbau – nicht die angestrebte absolute Mehrheit im Parlament und damit nicht den ersehnten Autoritätsgewinn gegenüber seiner sich immer unabhängiger gebärdenden Partei und Fraktion brachte, wußte Adenauer, daß seine Tage als Regierungschef gezählt waren.

Stärker als die Tagessorgen hatten ihn schon in der zweiten Hälfte der fünfziger Jahre die nicht gelösten, langfristigen Probleme des geteilten Deutschlands in einer sich ständig ändernden, sich den Ansprüchen der Supermächte angleichenden Welt gequält. Nach der Wahl von 1961 wollte Adenauer die ihm verbleibende Zeit nutzen, um seine Politik wenigstens auf eine gewisse Zeit abzusichern. Bei seiner Suche, Teillösungen in der Deutschland-Frage zu finden, die wenigstens den Status quo für Gesamtdeutschland auf lange Zeit vertraglich absichern sollten, spannte Adenauer in immer größerem Umfang seinen Staatssekretär ein. Globke wurde in diesen letzten Jahren der Kanzlerschaft Adenauers, mehr als es die Außenminister unter Adenauer je gewesen waren, zum außenpolitischen Gesprächs- und Diskussionspartner seines Chefs. Er brachte die in vielen Diskussionen erarbeiteten Konzepte zu Papier und versuchte, die Intentionen seines Chefs in vertraglicher Form niederzuschreiben. Zu den Dokumenten dieser fast noch kaum untersuchten Periode der Spät-Adenauerschen Amtszeit gehören die von den Historikern als Globke- und Stillhalteabkommen bezeichneten Deutschlandpläne, die das Urteil über die Adenauersche Außenpolitik noch entscheidend verändern könnten.

Bezeichnend für die Vertrauensstellung, die Globke in jenen Tagen hatte, war die Tatsache, daß er beauftragt wurde, in direktem Kontakt mit fremden Botschaftern die Annehmbarkeit und Durchsetzbarkeit Adenauerscher Vorstellungen über die Lage des geteilten Deutschlands zu prüfen. Zwar hatte Adenauer schon vorher auf den Rat und die Ansichten Globkes auch in der Außenpolitik Wert gelegt, aber nie zuvor hatte er seine außenpolitische Konzeption so sehr auf die Mitarbeit eines einzelnen Mannes konzentriert wie damals auf Hans Globke. Die Freigabe der Papiere und Dokumente jener letzten Amtstage wird die singuläre Stellung Globkes unterstreichen.

Mit Adenauer verließ Globke am 18. Oktober 1963 das Bundeskanzleramt, dem er so lange Jahre als oberster Beamter vorgestanden hatte. Eine Periode deutscher Geschichte, geprägt von einem Staatsmann, wie ihn Deutschland selten vorher gekannt hatte, war zu Ende gegangen. Diejenigen, die in jenen

Jahren unmittelbare Zeugen der politischen Willensbildung gewesen sind, wissen aber auch, daß eine glückliche Fügung es Adenauer gestattete, auf die Dienste eines Mannes zurückzugreifen, der uneigennützig, lauter und mit großer Hingabe sich zum Werkzeug seines Kanzlers machen ließ: eines Mannes, den er von ganzem Herzen verehrte und der nach seiner Meinung berufen war, die Bundesrepublik Deutschland aus der Katastrophe von 1945 in eine bessere Zukunft zu führen.

BRUNO HECK

Adenauer und die Christlich-Demokratische Union Deutschlands

Ein Nachrichtenmagazin, dessen Geschäftsgrundlage allerdings ist, mehr zu unterhalten als zu informieren, hat vor einigen Jahren einen Artikel über Adenauer veröffentlicht, in dem dessen Verhältnis zur Christlich-Demokratischen Union Deutschlands in der Gründerzeit dargestellt werden sollte. Der Artikel ist zur schlechten Karikatur geworden, weil zwei Vorurteile die Feder geführt haben: einmal, die CDU sei eine „friedliche Honoratiorenpartei" gewesen, zum anderen, der von Machtambitionen besessene Adenauer. Der Artikel beendet das Thema lapidar einfach, zu einfach, um wahr sein zu können, mit den Worten: „In wenigen Wochen war die friedliche Honoratiorenpartei zum Instrument Adenauerscher Machtambitionen geworden."[1] Da werden, für die Unterhaltung zurechtgespiegelt, jene Frauen und Männer, die es zunächst ohne Kontakt miteinander und, äußerlich gesehen, auch völlig unabhängig voneinander in allen Regionen des zerstörten Deutschen Reiches unternommen hatten, eine neue Partei zu gründen und nicht einfach wieder dort anzufangen, wo man 1933 aufzuhören gezwungen worden war, unter der Hand zu politischen Honoratioren, die – was suggeriert werden soll – die Zeit des Nationalsozialismus recht und schlecht überwintert hatten, um nun einfach weiterzumachen; jene „Überflüssigen der deutschen Politik", wie sie Kurt Schumacher einmal genannt hat, zu nichts anderem nützlich, als von dem von Machtambitionen besessenen Konrad Adenauer gebraucht – wenn nicht gar mißbraucht zu werden.

Was waren das für Männer und Frauen, die in Köln wie in Berlin und München und in vielen anderen Städten unseres Landes aus gleichen Erfahrungen, mit ähnlichen Motiven und nach verwandten Überlegungen darangegangen waren, sich politisch zusammenzutun, um einer Verantwortung zu genügen, die sie spürten, wenn immer sie zurückdachten an die Weimarer Republik und an das, was nach ihrem Untergang gekommen war – und dies zunächst lokal, dann bald schon regional und auch über Besatzungsgrenzen hinweg, soweit die persönlichen Kontakte in diesen Zeiten gerade reichten?

In erster Linie waren es – das versteht sich von selbst – Frauen und Männer, die schon vor 1933 politisch engagiert waren, Demokraten aus der ersten Deutschen Republik, geprägt durch die Erfahrungen der parteipolitischen, auch der geistigen Zersplitterung und dem dadurch bedingten immer Ohnmächtigerwerden dieser ersten Demokratie in unserem Lande; geprägt aber auch durch den Weg Deutschlands von 1933 an – über die nationalsozialistische Parteidiktatur in den Abgrund der allgemeinen Zerstörung und der bedingungslosen Kapitulation; persönlich geprägt durch den sublimen und durch den offenen Terror dieser Zeit – unter ihnen nicht wenige, die immerwährender Verfolgung ausgesetzt gewesen und Opfer dieser Verfolgung geworden waren,

auch viele, die über Jahr und Tag hinweg sich ängstigen mußten um Angehörige und Freunde in Konzentrationslagern und Gestapozellen – oder trauern um deren Tod.
Wir brauchen die Demokraten von Weimar nicht zu heroisieren; das waren natürlich nicht allesamt Menschen, die mit dem Jahr 1933 in den aktiven Widerstand überwechselten. Viele haben eben auch zunächst einmal zugesehen, was sich alles daraus entwickeln werde; auch wie sie am besten für sich und für ihre Familien zurechtkämen. In diesen Zeiten hat sich auch manches Enttäuschende zugetragen und manches Beschämende, das freundschaftliche Bande zerschnitten hat – und manche Erinnerung daran mag über das Jahr 1945 hinaus zurückgeblieben sein. Es waren sicher auch nicht wenige, die es 1933 vorgezogen hatten, in so veränderten politischen Verhältnissen nur noch privat zu sein oder wenigstens nur noch privat zu erscheinen, die es aber nach 1945 wieder zur Politik hingezogen hat.
Doch auch wer dies nüchtern sieht, wird respektieren müssen, was sich in den ersten Wochen, Monaten und Jahren nach dem Zusammenbruch rundum im Lande an Verantwortungsbewußtsein und an Pflicht in den Kreisen zusammengefunden hat, aus denen im Laufe der Jahre die Christlich-Demokratische Union Deutschlands sich formierte und geformt wurde. Einer von ihnen war Konrad Adenauer, wenn auch von Anfang an nicht nur einer unter ihnen. Honoratioren mögen da und dort schon auch noch übriggeblieben sein; aber sie haben sich nach 1945 auf keiner Seite zu Wort gemeldet; einfach weil für Honoratioren in diesen Zeiten politisch kein Platz mehr war. Ohne Zweifel war da fürs erste mehr guter Wille, Gewissenhaftigkeit und Pflichtbewußtsein vorhanden; Gespräche und Beratungen kreisten in erster Linie um das Grundsätzliche der neuen Politik: Die Gesinnung stand im Vordergrund, und manches wurde im Blick zurück mit mehr Rigorosität vertreten als der Blick in die Zukunft an Liberalität einforderte. Schritt für Schritt stellten sich dann konkrete politische Fragen, zunächst im kommunalen Bereich – in versteckter und offener Auseinandersetzung – auch schon mit den Besatzungsmächten. Trotzdem kann man nicht sagen, die Christlich-Demokratische Union Deutschlands sei da oder dort und dann oder dann von diesen oder von jenen, von dieser oder jener Gruppe gegründet worden. Die Union hat sich von 1945–1948 formiert und ist in diesen drei Jahren zu der ersten großen deutschen Volkspartei geformt worden, wie sie sich ihre Väter in den Jahren 1945 und 1946 im großen und ganzen grundsätzlich vorgestellt hatten. Doch auch so – oder richtiger gesagt, gerade deswegen stellt sich die Frage, welche Rolle Konrad Adenauer unter den Vätern der CDU gespielt hat?
In seinen „Erinnerungen“ schreibt Adenauer, daß er nach dem Zusammenbruch von Anfang an für die CDU gearbeitet habe[2]. Klaus Dreher glaubte dies in seinem Buch „Der Weg zum Kanzler. Adenauers Griff nach der Macht“[3] als Legende abtun zu müssen und führt dafür an, Adenauer habe niemals auch nur eine Ortsgruppe der CDU gegründet, nicht einmal die in Honnef, zu der sein Wohnsitz Rhöndorf gehört[4]. Nun, den Ehrgeiz, eine Ortsgruppe zu gründen, hat Adenauer wohl nicht gehabt. Aber die CDU, die sich in den ersten Jahren nach 1945 formierte, ist von keinem ihrer Väter so geformt worden wie von Konrad Adenauer. Dies gilt in den ersten Jahren bis zur

Gründung der Bundesrepublik hauptsächlich für die britische Zone, danach aber durch den Bundeskanzler Adenauer für das ganze Bundesgebiet. Dem steht nicht entgegen, daß sich Adenauer, den die britische Besatzungsmacht bereits am 5. Mai mit dem Amt des Oberbürgermeisters der Stadt Köln betraut hatte, der in Köln neu entstehenden CDU gegenüber abwartend verhalten hat; auch nicht, daß ihre Gründung erfolgte, ohne daß er sich daran oder an den ersten Programmversuchen beteiligt hatte. Der Siebzigjährige konzentrierte sich zunächst auf sein altes Amt, wohl, weil er in diesem Amt fürs erste die geeignetste Plattform sah, Einfluß auf die Entwicklungen zu nehmen, die sich auf eine deutsche Politik hin erst anbahnen mußten. Was ihn darüber hinaus zu seiner bemerkenswerten Zurückhaltung bewogen haben mag, läßt sich nicht eindeutig ausmachen. Mir scheint schon, daß für ihn von Anfang an galt, was er im Januar 1946 seinen politischen Freunden geschrieben hat: Mit 70 Jahren müsse man, auch wenn man rüstig sei, mit seinen Kräften haushalten; daher müsse er sich für die großen Aufgaben freihalten. Als ihn die Briten als Oberbürgermeister abgesetzt und zunächst auch politisch kaltgestellt hatten, setzte er alle Hebel in Bewegung, damit das Verbot, sich politisch zu betätigen, aufgehoben wurde. Danach fing er an anderer Stelle – nicht bei einer Ortsgruppe, sondern in der Führung der rheinischen Partei an. Er forderte, nachdem er sich dafür entschieden hatte, den Vorsitz im rheinischen Landesverband und sogleich auch einen Platz in dem erst noch zu bildenden Zonenausschuß; außerdem müsse ihm ein Mann zugeordnet werden, der unter ihm arbeite und sein volles Vertrauen genieße. Was er von Anfang an wollte, war klar: Ihm ging es zuerst und zuletzt um Politik, die wesentlich mitzugestalten seinem entschlossenen Willen, seinem Verantwortungsbewußtsein und seinem Pflichtgefühl entsprach. Für diese Politik brachte er aus seinen Erfahrungen während und mit der Weimarer Republik, mit dem Nationalsozialismus, aber auch als Frucht systematischen Studierens und Nachdenkens während des ihm zwangsweise auferlegten Ruhestands außen- wie innenpolitisch entschiedene Grundsätze mit ein.

Daß diese Politik auf der unbedingten Achtung der Person und ihrer unverlierbaren Menschenrechte hin angelegt sein müsse, daß sich darin – mit einer starken Betonung des Wertes der Persönlichkeit des einzelnen – Demokratie und Christentum fänden, ja, daß die sittlichen Grundwerte im Weltverständnis des Christentums das Fundament der Demokratie sein müßten, die es nach all den Erfahrungen neu zu schaffen gelte, die anders Erfolg und Bestand nicht haben könne, das war von Anfang an Adenauers feste Überzeugung. Das verband ihn mit der Gesinnung all derer, die sich allüberall im Lande um die Gründung einer Partei bemühten auf der Grundlage der für die Menschen gültigen Werte, wie sie aus den Begegnungen des Christentums mit der Welt in Europa Gestalt gewonnen hatten. Man wird auch nicht übersehen, daß Adenauer all diese Initiativen und ihre Initiatoren sorgfältig beobachtet und kritisch gewertet hat, kritisch in Erinnerung an manche Erfahrungen, im großen und ganzen jedoch, weil er wußte, als er Oberbürgermeister der Stadt Köln von Besatzungsgnaden war, daß er demnächst auch dafür in den kommenden Jahren eine politische Plattform brauche, dann aber vor allem, weil seine politischen Ambitionen, wie schon in der Weimarer Republik, den

Horizont des Oberbürgermeisteramts der Stadt Köln überstiegen. Er wollte zwar nicht vorzeitig einen falschen Schritt tun, jedoch auch nicht den richtigen Schritt zur gegebenen Zeit versäumen.

Konrad Adenauer hat sich von Anfang an als führende Persönlichkeit des beginnenden demokratisch-politischen Lebens nach dem Kriege verstanden; trotz seiner 70 Jahre sah er darin seine Pflicht. Nachdem ihm seine erste politische Plattform, das Amt des Oberbürgermeisters der Stadt Köln entzogen war, sah er sein Tätigkeitsfeld auf der nächsten damals größtmöglichen Ebene: das war für ihn die britische Zone. Hier hat er zum richtigen Zeitpunkt zugegriffen. Er wußte sehr wohl, was der frühere Oberbürgermeister von Köln und der ehemalige Vorsitzende des Preußischen Staatsrats, der von den Nationalsozialisten verfolgte Zentrumspolitiker und der von der Besatzungsmacht abgesetzte Oberbürgermeister Adenauer politisch wert war, und er hat dies für sein Ziel in der rechten Weise und zum rechten Zeitpunkt ins Spiel zu bringen gewußt; er sah sehr bald, daß die sich eben erst formierende überkonfessionelle christliche Bewegung die Plattform für das werden konnte, was er sich selbst politisch vorgenommen hatte und wozu er sich verpflichtet wußte. Was diese Bewegung hinwiederum brauchte – zunächst in der britischen Zone –, war ein politischer Führer von Rang und Ansehen. So erklärt es sich von selbst, daß Adenauer am 8. Januar 1946 in Düsseldorf in Abwesenheit zum Sprecher der fünf rheinischen Mitglieder des CDU-Zonenausschusses und 14 Tage später erneut und ebenfalls in Abwesenheit in den Landesvorstand der rheinischen CDU wiedergewählt wurde. Das war der Anfang. Danach hat er systematisch alle wichtigen Ämter, die im Bereich des Rheinlands und der britischen Zone erreichbar waren und von ihm wahrgenommen werden konnten, in seiner Hand vereinigt. Auf der ersten Tagung des Zonenausschusses im Januar 1946 übernahm er deren Leitung – als Ältester – und ließ sich dann zum vorläufigen Vorsitzenden der CDU der britischen Zone wählen. Er gehörte dem Rheinischen Provinzialrat an, dessen Mitglieder von der Militärregierung ernannt wurden, und darüber hinaus dem Zonenbeirat in Hamburg, der zur Beratung der britischen Militärregierung eingerichtet worden war. Im Oktober 1946 wurde er Abgeordneter im Düsseldorfer Landtag und übernahm den Vorsitz der CDU-Fraktion. Man geht sicher nicht fehl in der Annahme, daß Konrad Adenauer alle diese Ämter bewußt angestrebt und in seiner Hand vereinigt hat, weil er wußte, daß ein Mann unter den allgemein labilen Verhältnissen der ersten Nachkriegszeit nur durch die Konzentration von Ämtern in einer – in seiner Hand – der Militärregierung gegenüber die notwendige und nicht leicht zu übergehende Autorität gewinnen könnte und daß, sollte diese Christlich-Demokratische Union die führende Volkspartei werden, dies nur über eine starke Hand in der Führung geschehen könne; denn in dieser neuen Partei waren vielerlei Traditionen und Interessen, landsmannschaftliche Unterschiede und auch Spannungen im Grundsätzlichen erst noch zu integrieren.

Adenauer war ein leidenschaftlicher Demokrat. Er kannte die Gefahren der Macht wie deren Notwendigkeit. Macht mußte geteilt werden, nicht nur horizontal über Legislative, Exekutive und Gerichtsbarkeit, sondern auch vertikal durch das Prinzip des Föderalismus über Bund, Länder und Gemeinden; Macht mußte kontrolliert werden – die Exekutive durch die Legislative und beide samt der Gerichtsbarkeit durch das Bundesverfassungsgericht; und Macht mußte in regelmäßigen Zeitabständen durch die Bürger neu zugeteilt werden. In diesem Rahmen, unter diesen Einschränkungen und Kontrollen aber galt es, durch Konzentration von Macht, durch Schaffung von Autorität dem demokratischen Staat die notwendige Handlungsfähigkeit zu garantieren. Die Teilung, die Bändigung und die Kontrolle der Macht, dürfte nicht durch ein Darüber-hinaus-Demokratisieren den demokratischen Staat zur Ohnmacht und zur Handlungsunfähigkeit denaturieren und demontieren. Adenauer wollte die Macht; er wollte das erstverantwortliche Amt in seiner Hand und dazu soviel Macht, wie demokratisch möglich und für seine Handlungsfähigkeit notwendig war. Dem kam das allgemeine Bedürfnis der christlich-demokratischen Bewegung ebenso wie der sozialdemokratischen Partei entgegen, über starke Vorsitzende und große Parteien eine starke Demokratie zu schaffen: die Christlichen Demokraten mit Adenauer, die Sozialdemokraten mit Schumacher.

Man kann deswegen überschlägig sagen, daß auch die CDU der britischen Zone Konrad Adenauer als ihren politischen Führer gewollt hat, wenngleich zweitrangige Rivalitäten nebenbei immer auch eine Rolle gespielt haben. So fiel es Adenauer nicht schwer, den Zonenausschuß de facto als die verbindliche Entscheidungsinstanz innerhalb der CDU der britischen Zone anzusprechen, als Entscheidungsgremium zu installieren, dann eine entscheidungs- und handlungsfähige Partei über einen entscheidungs- und handlungsfähigen Vorsitzenden (was für ihn weithin das gleiche war), zu schaffen. Erst im September 1946 brachte Adenauer das Thema „Stellung und Rechte des Zonenausschusses", nachdem de facto die Entscheidung durch die Praxis schon gefallen war, im Zonenausschuß zur Sprache. Es wurde dann auch nur festgestellt, daß die Vorstände der Landesverbände an die Beschlüsse des Zonenausschusses gebunden seien. Damit war dem Auseinanderleben der Landesverbände in politischen Fragen der Riegel endgültig vorgeschoben, gleichzeitig Adenauers politischer Einfluß auf Zonenebene stabilisiert. Das wurde natürlich auch von der Besatzungsmacht zur Kenntnis genommen.

Adenauer hat bei der Bildung der Entscheidungsstruktur immer das demokratische Prinzip der Delegation von unten nach oben als etwas Selbstverständliches angesehen; er hat jedoch ebenso darauf hingewirkt, daß weitere Mitglieder kooptiert bzw. erfahrene Fachleute zur Beratung gerade wichtiger Probleme zugezogen werden konnten. Auf diese Weise hat er, der kraft seiner Persönlichkeit und seiner Erfahrung fraglos der erste Mann im Zonenausschuß gewesen ist, seine Einflußmöglichkeiten auf dieses Gremium erheblich verstärkt – und dies in einer verobjektivierenden Weise.

Schon bald kam es zu einer Machtprobe zwischen dem Führungsanspruch des Zonenausschusses und den Landesverbänden der britischen Zone. Der Landesverband Westfalen hatte für die Beschlüsse des Zonenausschusses die Zustimmung der Landesverbände gefordert. Dieses Verlangen ist als völlig unhaltbar zurückgewiesen worden, da dies ein schnelles Reagieren des Zonenvorstandes, dessen überragender Kopf Konrad Adenauer war, im allgemeinen und besonders im Verhältnis zur Militärregierung unmöglich mache. Ja, der Zonenausschuß ging zum Gegenangriff über: Es sei untragbar, daß die Ausschüsse des Landesverbandes Westfalen mit selbständigen Verlautbarungen an die Öffentlichkeit träten.

Nachdem dann in den Ländern der britischen Zone Regierungen gebildet worden waren, ergab sich zwangsläufig, daß dort die Mitglieder der Exekutive und die durch sie verstärkten Landesvorstände mehr Eigengewicht bekamen. Adenauer sah die Gefahr für die Handlungsfähigkeit der Partei, also auch für seinen Führungsanspruch. Er ließ deswegen den Zonenausschuß im Oktober 1947 beschließen, in Zukunft die in den Ländern der britischen Zone der CDU angehörenden Minister als nicht stimmberechtigte Gäste zu den Sitzungen des Zonenausschusses einzuladen. Fraglos sollte auf diese Weise ein Maximum an Koordinierung der Politik bewirkt werden. Die koordinierende Instanz war die Partei, der Zonenausschuß und damit nicht zuletzt dessen Vorsitzender Konrad Adenauer.

Von Anfang an behielt Adenauer auch die hauptamtlichen Mitarbeiter im Auge. Er wollte verhindern, daß hauptberufliche Mitarbeiter, deren politische Einflußmöglichkeiten ohnedies vielseitig waren, eigene politische Autorität gewännen. So wurde im Zonenausschuß mit der Einrichtung von Kreissekretariaten und hauptberuflichen Geschäftsführern gleichzeitig die Inkompatibilität von hauptamtlicher Parteitätigkeit und Mandat in einem Parlament beschlossen.

Bemerkenswert ist weiter, wie Adenauer die in der Satzung für die CDU der britischen Zone vorgesehenen Fachausschüsse anzubinden wußte. Er ließ das Zonensekretariat feststellen – und dies ohne Widerspruch, daß der Zonenausschuß von sich aus bestimmte Aufgaben befristet den Fachausschüssen überweisen sollte, damit sie dort von Fachleuten detailliert durchgearbeitet und geklärt werden könnten – und dies, um die Beschlüsse des Zonenausschusses vorzubereiten. Außerdem ließ er noch den Beschluß fassen, daß der Vorsitzende des Zonenausschusses an allen Ausschußsitzungen mit beratender Stimme teilnehmen konnte. Damit war auch auf diesem Felde Vorsorge getroffen, daß diese Fachausschüsse nicht aus der Reihe tanzen, d. h. am Zonenausschuß und an Konrad Adenauer vorbei tätig werden konnten.

Den organisatorischen Aufgaben wandte sich Konrad Adenauer in erster Linie mit Blick auf die Wahlen zu. Er wollte eine starke Partei, aber dies vor allem, um Wahlkämpfe vorzubereiten, Wahlkämpfe durchzuführen und um Wahlen zu gewinnen. Für die politische Willensbildung in der Partei galt das Delegationsprinzip: War einmal delegiert, dann war bis zur nächsten Wahl etwa des Zonenausschusses dieser gewählte Zonenausschuß die einzige Instanz, die befugt war, unter Berücksichtigung der Grundsätze der Partei alle politischen Fragen zu behandeln und zu entscheiden, die die Zone als Ganzes oder über die Zone hinausgehenden Probleme betrafen.

Struktur, Stärke und Arbeit der Parteiorganisation hat er nicht unter dem Gesichtspunkt gesehen, mit Hilfe eines solchen Apparates einen permanenten Meinungsbildungsprozeß in der Partei in Gang zu setzen und in Gang zu halten; es ging ihm vielmehr darum, über diesen Apparat für die Politik zu werben, deren Grundsätze allgemein anerkannt waren, über deren konkrete Umsetzung in politische Entscheidungen jedoch die zu befinden hatten, denen diese Pflicht und dieses Recht durch Wahlen in bestimmte Gremien, in erster

Linie den Zonenausschuß, delegiert worden war – in der Überzeugung, daß dessen ständige Verbindung über das durch Personalunionen ineinander verflochtene System der Beschlußgremien auf allen nachgeordneten Ebenen, zwischen den Landes-, den Kreis- und den Ortsverbänden ausreiche, eine gefährdende Auseinanderentwicklung zwischen den Entscheidungen der Delegierten und den Meinungen der Delegierenden auszuschließen.

Er wußte, daß aus einer ständig streitenden Partei leicht eine zerstrittene Partei wird, und daß eine zerstrittene Partei auf Wähler nicht anziehend, sondern abstoßend wirkt; deswegen sein wachsames Auge auf alle desintegrierenden Tendenzen im Werden und Leben der Partei und seine Organisationspolitik, die ausschließlich auf Integration und auf Handlungsfähigkeit hin angelegt war. So hat Adenauer auch die Vereinigungen innerhalb der CDU angesehen. Die Idee, solche Vereinigungen zu gründen, wurde als Empfehlung bereits im Juni 1946 im Zonenausschuß dargelegt: Auf diese Weise sollte die Sozialstruktur der Partei die Sozialstruktur der Bevölkerung widerspiegeln. Über kommunalpolitische Vereinigungen sollte das kommunalpolitische Potential an politisch interessierten und auf kommunaler Ebene bekannten und angesehenen Persönlichkeiten für die Partei nutzbar gemacht werden. Ähnliche Überlegungen haben später zur Gründung der Jungen Union, der Sozialausschüsse und der Frauenvereinigung geführt. Adenauer sah in diesen Vereinigungen in erster Linie Hilfstruppen für die Partei.

Später erst – die Entwicklung seines Verhältnisses zu den Sozialausschüssen läßt das erkennen – sah er, daß diese Vereinigungen sich auch in der Richtung von Parteien in der Partei entwickeln könnten.

Doch Adenauers strategische und taktische Überlegenheit allein hätte ihm seine überragende und später von niemandem mehr ernsthaft anzufechtende Führungsposition nicht schaffen und nicht erhalten können, wenn dazu nicht seine politisch-programmatische Überlegenheit zur Wirkung gekommen wäre.

Der christlich-demokratische Strom, der, aus vielen und vielerlei Quellen verschiedener geschichtlicher Herkunft zusammenfließend, sich nach 1945 gebildet hat, bewegte sich im großen und ganzen in einer Richtung fort; und doch gab es Unterscheidungen, die bis ins Grundsätzliche reichten. Das Programm der CDU der britischen Zone, das im März 1946 in Neheim-Hüsten beschlossen worden ist, läßt schon die Handschrift Konrad Adenauers erkennen. Da wird gesagt, die neue Partei lebe in der Entschlossenheit, den christlichen Glauben und das hohe Ideal wahrhafter Demokratie zur Grundlage der Erneuerung zu machen; da ist von christlichem Kulturbewußtsein die Rede; an die Stelle der materialistischen müsse wieder die christliche Weltanschauung treten, an die Stelle der sich aus dem Materialismus ergebenden Grundsätze die Grundsätze der christlichen Ethik. Die hohe Auffassung des Christentums von der Menschenwürde sei die Grundlage und Richtschnur der CDU.

Im Programm der Kölner CDU vom Juni 1945, das ohne Mitwirkung Adenauers entstanden war, war die religiöse Bindung der Partei unmittelbarer und katholisch theologisch geprägt angesprochen: Das christliche Naturrecht sollte der Maßstab des politischen Handelns sein; der Glaube an Gott und

an seine Gebote die Stützen der neuen sozialen Ordnung.
Auf der ersten Sitzung des Zonenausschusses im Januar 1946 in Herford wurde auch darüber gesprochen, inwieweit das christliche Fundament der CDU-Politik in der Öffentlichkeit herausgestellt werden sollte. Die Delegierten aus dem norddeutschen Raum wollten in der CDU vor allem eine Sammlungsbewegung sehen: Auf der allgemeinen Grundlage der christlichen Weltanschauung fänden alle Christen in der CDU eine ihnen gemäße politische Willensbildung, das gelte auch für die kirchlich weniger gebundenen Bürger. Christentum und christliche Weltanschauung wurde von ihnen als „Wurzelboden der deutschen Kultur" gewertet; sie wollten die Bindungen, zu denen der Name des Christlichen verpflichtet, lockerer verstanden wissen.
Adenauer ging es um ein gemeinsames Fundament im Grundsätzlichen, das die Partei groß, stark und handlungsfähig machte. Tendenzen, die Bindungen an das Christliche zu sehr zu lockern – hierbei hätte die rheinische Partei die Gefolgschaft versagt –, wurden abgeriegelt mit der Feststellung, der alle zustimmen mußten, daß die CDU kein Klub ehrgeiziger Politiker sei, der sich jetzt „mit einem Mischmasch alter Phrasen" seine Gefolgschaft zusammenrufen müsse. Die Brücke bildete die starke Betonung des Wertes der Persönlichkeit; und einig war bzw. wurde man, daß sich darin Demokratie und Christentum fänden. Man sieht, die Rücksichtnahme ging sehr weit. Adenauer erfaßte bei dieser Aussprache sofort, von welcher Seite die größere Gefahr drohte; nach dieser Seite hin pflegte er seine Rücksichtnahme in erster Linie zu orientieren – manchmal bis an die Grenze des Belastbaren nach der anderen. Das war kein Ausweichen zu Lasten der Substanz, sondern nur in der Form und in der Sprache; also in dem, was gesagt und was nicht gesagt oder meist auch nur, wie es gesagt wurde. Adenauer war darin ein Meister der Sprache, weil er eben auch ein Meister der Toleranz gewesen ist.
Das Programm von Neheim-Hüsten berücksichtigt die Erfahrungen aus der ersten Sitzung des Zonenausschusses; es betont einmal die Bindung an den christlichen Glauben, und das Bekenntnis zu den hohen Idealen der Demokratie wird dieser Bindung beigesellt. Dieses Programm war kräftig im Rheinland verwurzelt; aber es war so geformt, daß die norddeutschen Landesverbände daran keinen ernsten Anstoß sollten nehmen können.
Eine ernste Gefährdung der CDU als Partei durch das Zentrum hat Adenauer nur am Anfang gesehen, wohl immer aber eine Gefahr von Stimmenverlusten bei Wahlen. Im Zentrum war ja noch lange Zeit die Überzeugung kultiviert worden, der Katholizismus in Deutschland allein gebe eine ausreichende traditionsmäßig gefestigte Basis für eine Partei ab. Dies hörte man im großen und ganzen nur von altgedienten „Zentrums"-Veteranen. Selten nur wirkte sich eine alte „Zentrums"-Familientradition auch auf jüngere Kräfte aus, die sich dann dem Zentrum anschlossen und der CDU lange Jahre abwartend gegenüberstanden. Der über 70 Jahre alte Adenauer war sich, als der Zusammenbruch des Deutschen Reiches kam, darüber klar, daß man dort nicht einfach wieder anfangen könne, wo man 1933 aufgehört hatte. Auch von daher versteht sich seine anfängliche Zurückhaltung gegenüber der geschäftigen Aktivität mancher früherer „Zentrums"-Politiker. An den ersten Verhandlungen mit dem Zentrum hat er sich selbst beteiligt. Die Verhandlungen scheiterten;

Adenauer hatte den Eindruck mitgenommen, daß von dieser Seite, wenn man wachsam sei, keine ernste Gefährdung für die CDU kommen werde: Die Entwicklung des Zentrums könne man ruhig sich selbst überlassen. Deswegen sprach sich Adenauer auch gegen Wahlabkommen mit dem Zentrum aus; man müsse unter Umständen eher Verluste in Kauf nehmen; das lasse sich bei den nächsten Wahlen korrigieren.

Adenauer hielt es nicht für ausgeschlossen, daß das Zentrum auch Chancen als Partei für die Zukunft, und zwar zu Lasten der CDU bekommen könnte, wenn es sich einmal im Parlament verankert hätte. Das hätte aber nicht nur die Wahlchancen der CDU im Verhältnis zur SPD in Frage gestellt, sondern auch die Entwicklung der geistigen Struktur der Union im Kern getroffen und nach Auffassung Adenauers gefährdet. Von den Liberalen her sah Adenauer diese Gefahr nicht. Sehr bald hatte sich bei ihm die Überzeugung gebildet, daß Koalitionen zwischen CDU und FDP möglich seien. Deswegen empfahl er auch schon früh, daß die CDU die Verständigung mit der FDP suchen solle. Doch auch darüber wollte er die Kontrolle behalten und verlangte deswegen, daß für Wahlabkommen die Genehmigung der höheren Parteiinstanzen eingeholt werden müsse. Auf dem 1. Parteitag der CDU der britischen Zone 1947 erklärte Adenauer dazu sehr entschieden, die CDU müsse mit dem Zentrum eine Bereinigung herbeiführen; das konnte zu diesem Zeitpunkt nichts anderes heißen, als daß das Zentrum sich der CDU anschließen solle bzw. müsse. Dazu war das Zentrum nicht bereit; Adenauer und die CDU der britischen Zone entschlossen sich danach, das Zentrum nicht weiterhin zu schonen, sondern ihm den Garaus zu machen.

Das kulturpolitische Konzept der jungen CDU ist besonders stark durch Christine Teusch geprägt worden. Die Entschließung zur Schulreform, die Mitte 1946 vom Zonenausschuß auf Vorschlag des Zonenkulturausschusses verabschiedet wurde, trägt ihre Handschrift. Dieses Programm war auf der einen Seite konservativ geprägt, auf der anderen Seite ebenso fortschrittlich – so, daß manche Forderungen bis auf den heutigen Tag aktuell geblieben sind. Dieses Programm ist denn auch veröffentlicht worden mit dem Anspruch, man müsse den Zusammenbruch als Chance zum Neuaufbau des gesamten deutschen Schulwesens nutzen. Erziehung und Bildung müßten angelegt sein auf geistige Freiheit, auf die Würde der Person und auf die Verantwortung gegenüber der Gemeinschaft; dabei solle die Prägung durch die Kulturlandschaft berücksichtigt werden. Fast selbstverständlich war die Auffassung, daß religiöse Kräfte in allen Schulformen wirksam werden müßten. Konkret gefordert wurde schon damals: eine neunjährige Volksschule, Ausbau der Berufsschule, Fachschulen für den beruflichen Aufstieg, ein Gymnasium für herausragend theoretisch Begabte, eine achtjährige Oberschule für Schüler, bei denen sich praktische Begabung und theoretische Fähigkeit verbinden. Zwischen den verschiedenen Schulformen sollten Übergangsmöglichkeiten geschaffen werden.

Adenauer stand voll hinter den ethischen Forderungen wie hinter den konkreten Vorschlägen dieses Programms; es zu verwirklichen war Aufgabe der Zukunft. Für die Gegenwart sah er zunächst den politischen Kampfwert dieses Programms; seine Grundsätze boten die Chance, den Wählern die grundsätzlichen politischen Unterschiede zu den anderen Parteien, insbesondere zur SPD, sichtbar zu machen. So sehr deswegen mit Zustimmung Adenauers immer wieder im Zonenausschuß betont wurde, daß Elternverantwortung und Elternmitarbeit beim Ausbau des ganzen Erziehungs- und Bildungswesens von besonderer Bedeutung seien, so hat er doch darüber nie aus dem Auge verloren, daß es zunächst darum gehe, den Besatzungsmächten die entsprechende politische Kompetenz abzuhandeln und dann möglichst viel politischen Einfluß zu gewinnen, um möglichst viel von diesen Grundsätzen in politische Wirklichkeit umsetzen zu können. Deswegen hat er sich auch im Parlamentarischen Rat bereitgefunden, darauf zu verzichten, das Elternrecht auch im Hinblick auf die Ausgestaltung der Schule in den Grundrechten zu verbriefen: In einem Kompromiß zwischen allen Parteien habe man diese Frage in der Schwebe gelassen. Damit sei jetzt der Versuch eines Teils des evangelischen und des katholischen Klerus erledigt, das Grundgesetz scheitern zu lassen, weil das Elternrecht dort nicht verankert sei. Für Adenauer hatte bei der damaligen Lage Deutschlands die Verabschiedung des Grundgesetzes Vorrang. Er war sich darüber im klaren, daß, wenn Seebohm bei seinem Antrag zum Elternrecht in bezug auf die Schule bleibe und namentliche Abstimmung verlange, die CDU/CSU nichts anderes tun könne, als dem zuzustimmen. Deswegen veranlaßte er alles, was geeignet war, Bischof Lilje umzustimmen, dessen Einfluß auf Seebohm und die Deutsche Partei für diese Frage bestimmend war.

Im übrigen war für Adenauer wie für die CDU überhaupt Elternrecht nicht gleichbedeutend mit Kirchenrecht und erschöpfte sich nicht im Blick auf die Konfessionsschule. Es ist nicht richtig, Adenauers pragmatische Haltung in dieser Frage grundsätzlich zu interpretieren und zu sagen, er sei damit in der Kulturpolitik seiner eigenen Partei weit voraus gewesen; er hatte lediglich eine realere Vorstellung davon, was sich verwirklichen lasse und was nicht, und sicher auch eine liberalere darüber, wann vom Grundsätzlichen her Grenzen gezogen seien, die nicht überschritten werden können, wenn man im Grundsätzlichen sich selbst treu und für die Bürger glaubwürdig bleiben will.

In einem anderen Bereich der Politik, dem vom Grundsätzlichen her ohnedies ein größerer Spielraum gegeben ist, hat sich Adenauer flexibel gezeigt: Der ordnungs- und wirtschaftspolitische Kurs der CDU der britischen Zone und Adenauers hat eine deutliche Korrektur erfahren – hin zur Sozialen Marktwirtschaft. Wirtschaftspolitisch hat Ludwig Erhard die Soziale Marktwirtschaft, die wirtschaftspolitischen Vorstellungen der Neoliberalen, in die CDU eingebracht. In den Anfängen der Union waren die ordnungs- und wirtschaftspolitischen Vorstellungen verschwommen und hauptsächlich geprägt von der allgemeinen Not und deren Überwindung für den nächsten Tag. Allgemein ging in der Union die Formel „Christlicher Sozialismus" um, ohne daß sich damit konkrete programmatische Vorstellungen verbunden hätten. Was sich darüber im Urprogramm der Kölner CDU-Gründer findet, stammt weithin aus dem Kloster Walberberg.

Der erste Versuch für die neue Partei, eine einheitliche wirtschaftliche Linie zu erarbeiten, wurde auf der Zonenausschußsitzung in Neheim-Hüsten unternommen. Damals wurde um die Sozialisierung kräftig gestritten; eine Einigung war nicht möglich; offensichtlich, weil Adenauer selbst mehr das machtverteilende Prinzip auch in der Wirtschaft zur Geltung bringen wollte.

Die Entscheidung wurde aufgeschoben mit dem Hinweis, daß diese Frage ja zur Zeit praktisch nicht zur Entscheidung anstünde. Adenauer selbst wertete diesen Aufschub als erste wesentliche Entscheidung: Damals seien die Kräfte überwunden worden, die eine zu starke Sozialisierung befürwortet hätten. Demgegenüber muß man festhalten, daß diese Kräfte, die für eine weitgehende Verstaatlichung eintraten, sich ein Jahr später im Ahlener Programm mehr durchgesetzt haben; dieses Programm stellt einen kräftigen Schritt hin auf eine stärker gemeinwirtschaftlich strukturierte Wirtschaftsordnung dar. Wie weit das noch den Vorstellungen Adenauers entsprach, ist nicht auszumachen. Daß er das Ahlener Programm unmittelbar danach als ausgezeichnete Leistung lobte, besagt nicht viel. Er fand dieses Programm vor allem nützlich für die Auseinandersetzung mit der SPD: Es müsse bei der politischen Agitation in der Öffentlichkeit genutzt werden. Gegen die Sozialisierung, die die SPD wolle – so interpretierte er das Ahlener Programm –, wolle die CDU ein Wirtschaftsprinzip verwirklichen, nach dem die Macht verteilt werde.

Man wird sagen können, das Ahlener Programm war nicht Adenauers Programm. So kann es niemand wundern, daß er im Mai 1948 forderte, es müsse ein neues wirtschaftspolitisches Programm der CDU ausgearbeitet werden; eine kleine Kommission solle dies auf der Grundlage des Ahlener Programms tun. Der kleinen Kommission wurde die neue Richtung mit auf den Weg gegeben: gegen zentral gelenkte Verwaltungswirtschaft, Rückkehr zur Marktwirtschaft, Betonung des Leistungswettbewerbs, Verhinderung von Machtpositionen, Partnerschaft zwischen Arbeitgebern und Arbeitnehmern.

Im Oktober 1948 wurde der Auftrag weiter gefaßt: ein neues Wirtschaftsprogramm als gemeinsames Programm für die drei Besatzungszonen, in dem Wirtschafts- und Sozialpolitik enger aufeinander abgestimmt sein müßten. In diese Entwicklung in der britischen Zone hatte Adenauer schon im Sommer zuvor Ludwig Erhard eingeschaltet. Ihm gelang es, den Parteitag der britischen Zone für eine Entschließung auf sein Konzept der Sozialen Marktwirtschaft hin zu gewinnen. Den endgültigen Durchbruch erzielte Erhard bei den Delegierten in der letzten Sitzung des Zonenausschusses im Februar 1949 in Königswinter. Es war Erhard, der die Delegierten der CDU für das Programm der Sozialen Marktwirtschaft gewonnen hat; doch das verlief ganz nach Adenauers Vorstellungen, und er sorgte gleich dafür, daß die Ernte dieses Erfolges sicher in die Scheune gefahren wurde. Die Widerstände der Arbeitnehmervertreter zu überwinden, bedurfte es der Autorität Adenauers genauso wie des Bekenntnisses Erhards zur CDU, und des kräftigen, taktisch geschickten Hinweises von Adenauer, daß man ja jetzt nicht eine Grundlage für die ganze künftige Parteiarbeit schaffen wolle, sondern dafür sorgen, daß die CDU die Wahlen gewinne. So war der Weg dafür frei, daß ein Arbeitskreis, beraten durch Ludwig Erhard, die Düsseldorfer Leitsätze ausarbeiten konnte, die dann 1949 von der Arbeitsgemeinschaft CDU/CSU in Frankfurt als Wahlkampfprogramm angenommen wurde.

Daß Adenauer von Anfang an die Außenpolitik als die erste Aufgabe ansah, ergab sich aus der Lage nach der bedingungslosen Kapitulation. Wer in Deutschland und für Deutschland Politik machen wollte, mußte als erstes zusehen, daß und wie dieses Deutschland – aufgeteilt in vier Besatzungszonen, deren Interessengegensätze vielfältig und zwischen Ost und West fundamental verschieden – die Katastrophe überstehe und deren Folgen, soweit wie irgend möglich, überwinde. Im Vordergrund stand für ihn zunächst das Verhältnis zu den Siegermächten – und da als das nächstliegende zu den Westmächten, bei denen er eine gewisse Interessenidentität im Verhältnis zu Deutschland schnell erkannte. In Ergänzung dazu hat von Anfang an Berlin und Jakob Kaiser mit den Schwerpunkten Berlin, Wiedervereinigung und Deutschland das Wort geführt.

Das Konzept der Außenpolitik im allgemeinen aber hat, wenn auch zunächst nur für die britische Zone, Konrad Adenauer geformt; die Arbeitsgemeinschaft der CDU/CSU hat es einfach übernommen. Die Außenpolitik der CDU ist unbestritten sein Werk. Man muß nur anmerken, daß ihr deutschlandpolitischer Akzent immer stark von Berlin her zur Geltung gebracht wurde.

In Berlin hatte sich ebenfalls unmittelbar nach dem Zusammenbruch eine handlungsfähige Führungsspitze der in der Zone gegründeten CDU gebildet. Man kann wohl sagen, daß Berlin und die rheinische Partei die beiden Brennpunkte gewesen sind, von denen aus das Feld der CDU in Deutschland fürs erste bestimmt wurde. Von Anfang an gab es auch – zunächst mehr versteckt, dann immer offener – Auseinandersetzungen um den Führungsanspruch. Adenauer sah die Gefahr für sich und für die Union, wie sie im Rheinland, dann in der britischen Zone sich entwickelt hatte; er tat alles, um das Ausgreifen der Berliner CDU, die sich als Reichszentrale verstand, auf die britische Zone zu unterbinden. Die Konkurrenz ist letztlich nicht zum Austrag gekommen, weil die politische Bewegungsfreiheit der Berliner CDU durch die sowjetische Besatzungsmacht immer mehr beengt wurde und die politische Entwicklung in Deutschland die Zone und die Berliner CDU praktisch gezwungen hat, sich auf die ihnen von den Verhältnissen besonders angewiesenen Probleme zu konzentrieren.

Mit Blick auf Bayern wirkten bei Adenauer die Erfahrungen aus der Weimarer Republik nach. Er sah die weltanschauliche und politische Gemeinsamkeit im Grundsätzlichen, er sah aber auch, daß neben der Zerstrittenheit der CSU, die alle Gespräche und Verhandlungen mit ihr erschwerten, die stärkste Tendenz, das Verhältnis beider Parteien zueinander zu bestimmen, auf seiten der CSU darauf hinauslief, die CSU zum Zünglein an der Waage zu machen. Einer Vereinigung beider Parteien hat er wenig Chancen gegeben, ein Zusammenwirken hielt er für unbedingt notwendig und erreichbar. Immer wieder hat Adenauer darauf hingewiesen, daß nur die Geschlossenheit einer gemeinsamen CDU/CSU-Fraktion die Möglichkeit biete, die gemeinsamen politischen Vorstellungen und auch den Föderalismus in der Verfassung durchzusetzen; wenn CDU und CSU auseinanderfielen, trüge vor allem die CSU in Bayern die Kosten. Immer wieder hat er aber auch der Ungeduld entgegengewirkt, die dann und wann zu Wort kam mit dem Bemerken, die CDU habe vielleicht schon zu lange Rücksicht auf die bayerische Situation genommen.

Wenn man so die Entwicklung im Raum der CDU und auch der CSU überblickt, ergibt sich fast zwingend, daß Adenauer erst Vorsitzender der Arbeitsgemeinschaft der CDU/CSU, dann Vorsitzender des Parlamentarischen Rates und nach den erfolgreichen Wahlen 1949 Bundeskanzler und in Goslar nach Konstituierung der CDU als Bundespartei – praktisch als Parteivorsitzender bestätigt worden ist. Man kann sagen: Ohne Adenauer wäre die Partei nicht das geworden, was sie wurde, aber ebenso gilt, daß die Partei einmal in dem, was sie ihm abforderte, zum anderen in dem, was in ihr sonst an politischen Potenzen wirksam wurde, in Norddeutschland, in Berlin, in Rheinland-Pfalz und Hessen, aber auch in Bayern, Württemberg und Baden, den Parteivorsitzenden und den Bundeskanzler Konrad Adenauer mitgeformt hat.

Es spricht für die Partei und ihre innere Kraft, daß sie diese überragende Persönlichkeit nicht nur getragen, sondern auch ertragen hat; sie hat seine Autorität getragen und deren Ausfransen ins Autoritäre – eine Versuchung, die jede Macht wie ihr Schatten begleitet – auch verhindert.

Adenauers Verhältnis zur CDU in diesen ersten Jahren war dominierend davon bestimmt, für die Politik der Nachkriegszeit eine handlungsfähige Volkspartei zu schaffen, deren integrierende Kraft die christliche Verantwortung beider Konfessionen, ihrer konservativen und ihrer liberalen Traditionen sein sollte. Vielleicht hat er mit der eingeschränkten Vorstellung begonnen, in dieser Politik auf alle Fälle eine führende Verantwortung zu übernehmen. Sicher scheint mir, daß er sehr bald entschieden und entschlossen war, die führende Verantwortung wahrzunehmen, da er im ganzen gesehen das Konzept dieser Politik im wesentlichen auch bestimmt hatte. Sein Verhältnis zur Macht war unproblematisch; darüber nachzusinnieren, welches das Verhältnis von Macht und Geist sei – speziell in Deutschland –, überließ er den Professoren. Die Macht war ihm niemals ein Problem als Macht um der Macht willen. Er wollte Macht um der Politik willen. Ihre Begrenzung und Kontrolle war im demokratischen Staat und in demokratischen Parteien gegeben; sie hat er ohne Einschränkung bejaht. Doch innerhalb des Respekts für die Spielregeln der Demokratie hielt er es nicht nur für erlaubt, sondern für geboten, soviel Macht wie möglich in seiner Hand zu vereinigen bzw. durch seinen Einfluß zu vergrößern, zu stützen und zu sichern, weil er aus der Erfahrung wußte, daß anders im demokratischen Staat die politische Verantwortung nicht wahrgenommen werden könne.

Man kann sagen, das Verhältnis Adenauers zur Partei, also zur Christlich-Demokratischen Union Deutschlands, ist in den Jahren 1946 bis 1949 gewachsen. Die Regeln und Grundsätze, mit denen er sich und der Partei die Macht erobert hat, die Regeln, die er angewandt und die Regeln und Grundsätze, die er eingehalten hat, sind zwischen 1949 und 1963 die gleichen geblieben. Es würde zu weit führen, dies an dieser Stelle an Hand von Protokollen im einzelnen nachzuweisen. Ich will, um dies zu bestätigen, nur einiges aus meinen sehr persönlichen Erfahrungen anfügen.

Als Adenauer zum Bundeskanzler gewählt war, ergab sich von selbst, daß er die Partei nicht mehr in gleicher Weise würde führen können wie zuvor. Die Gelegenheit, die Parteiführung neu zu konzipieren, ergab sich mit der Konstituierung der Bundespartei auf dem 1. Parteitag in Goslar. Für Adenauer war selbstverständlich, daß er Parteivorsitzender bleibe. Und er wollte nicht mehr nur, wie schon einmal im Rheinland und in der britischen Zone, daß ihm ein Mann zugeordnet würde, der unter ihm arbeiten und sein volles

Vertrauen genießen sollte, sondern jetzt, da das Amt des Bundeskanzlers ihn voll in Anspruch nahm, wollte er einen Generalsekretär – selbstverständlich wiederum einen Mann seines vollen Vertrauens –, der sicher mehr unter ihm als neben ihm arbeiten sollte. Er setzte sich auch durch: Kurt Georg Kiesinger wurde gewählt, wenn auch gegen breiten, starken und teilweise leidenschaftlichen Widerstand, der sicher in erster Linie der Machtkonzentration galt, die Adenauer damit bezweckte. Kiesinger hat daraufhin die Wahl nicht angenommen. Auf dem Karlsruher Parteitag, ein Jahr später, einigte man sich auf einen dreiköpfigen geschäftsführenden Vorstand, der das rheinische Übergewicht, oder besser gesagt, das Übergewicht Adenauers, etwas ausbalancieren sollte: Robert Tillmanns für die Berliner, Franz Joseph Wuermeling und Kurt Georg Kiesinger für den süddeutschen Raum. Adenauer hatte etwas zurückstecken müssen. Im selben Jahr ging es dann noch darum, die Führung der Bundesgeschäftsstelle zu besetzen, eine Position, die für die Politik nicht sonderlich wichtig war, aber für die Vorbereitung der Wahl ihre Bedeutung hatte und innerparteilich ihr Gewicht bekommen konnte. Adenauer hatte Herrn Lubbers, den Chefredakteur des „Deutschland-Union-Dienstes", der ihm von dieser Arbeit her gut bekannt war und der sein volles Vertrauen besaß, kommissarisch zum Bundesgeschäftsführer bestimmt – am Geschäftsführenden Vorstand vorbei. Die drei Herren waren nicht bereit, dies hinzunehmen und suchten einen eigenen Kandidaten; sie einigten sich dann auch schnell auf mich; eigentlich kannte mich nur Kiesinger, aber sie waren entschlossen, sich in dieser Sache nicht überfahren zu lassen, vertrauten auf Kiesinger und stimmten unbesehen zu. Ende Februar 1952 sollte ich dem Parteivorsitzenden vorgestellt werden; doch der weigerte sich rundweg, mich überhaupt nur zu empfangen. Daraufhin entschieden sich die drei, es in der Vorstandssitzung auf eine Kraftprobe ankommen zu lassen. Als Adenauer sah, daß der Vorstand ziemlich geschlossen, nicht für mich – nur wenige kannten mich –, sondern für den Geschäftsführenden Vorstand und gegen ihn stand, willigte er ein, daß eine Kommission unter dem Vorsitz von Jakob Kaiser gebildet wurde, um mich auf meine Eignung hin zu prüfen. Die Sitzung wurde unterbrochen, Adenauer zog sich in sein Amtszimmer als Bundeskanzler zurück, die Kommission unter Jakob Kaiser fand, daß ich vorzüglich geeignet sei, und so wurde ich einstimmig vom Vorstand zum Bundesgeschäftsführer gewählt – in Abwesenheit Adenauers, ohne dessen Stimme.

Unmittelbar nach der Wahl empfing er mich. Schon als er mich mit „Herr Regierungsrat" anredete, wußte ich, in welcher Distanz er sich mir gegenüber verhalten werde. Ich wisse sicher, daß er gegen meine Wahl gewesen sei; das habe nichts mit meiner Person zu tun, er kenne mich ja nicht; aber er bewundere meinen Mut, meinte er, dieses Amt zu übernehmen, wo es doch gelte, die Wahlen vorzubereiten und ich die Verhältnisse gar nicht kennen könne. Dann erkundigte er sich nach meiner bisherigen Arbeit in der Partei, nach meinem Studium und nach meiner Doktorarbeit. Als er dabei erfuhr, daß ich im 6. Semester mein Staatsexamen abgelegt hatte, schien sein Interesse für mich etwas persönlicher zu werden. Worüber ich promoviert hätte, fragte er weiter. Auf meine Antwort: Über die Anordnung der Gedichte Catulls, schüttelte er aber doch den Kopf, und ein Schmunzeln kam auf sein Gesicht, als wolle er sagen: und so was soll die Wahlen vorbereiten. Ich war unbefangen genug, jetzt von mir aus das Gespräch weiterzuführen, und meinte, so unpolitisch sei Catull auch wieder nicht gewesen. Immerhin habe es Cäsar für geboten gehalten, bei einer Winterreise über die Alpen in Verona anzuhalten, um bei Catulls Vater gegen dessen politische Invektiven zu intervenieren. Nun wollte er wissen, was das für Invektiven gewesen seien. Ich zitierte dann die folgende: „Ob ich Cäsar Dir gefalle, herzlich wenig kümmert's mich, ob zu Engel oder Teufel ist mir ganz egal."

Ich hatte lateinisch zitiert und mußte feststellen, daß er Lateinisch, aber nicht nur das Lateinische, verstanden hatte. Mein Eindruck war, daß er anfing, mich ernster zu nehmen. Trotzdem verabschiedete er mich wieder mit „Herr Regierungsrat", kühl und distanziert. Er sah in meiner Wahl eine Stärkung des Geschäftsführenden Vorstands gegen ihn. Um mich nun so einflußlos wie möglich zu halten, lehnte er es rundweg ab, daß ich an den Sitzungen des Geschäftsführenden Vorstandes teilnehme. Offensichtlich wollte er mich aus der Politik völlig heraushalten. Mich störte das deswegen nicht persönlich, weil ich mich nicht bereit erklärt hatte, nach Bonn zu gehen, um dort Politik zu machen, sondern um die Wahlen vorzubereiten. Was ich dazu politisch wissen mußte, habe ich von den drei Vorstands-Herren erfahren, mit denen sich die Zusammenarbeit vorzüglich entwickelte. So habe ich den Alten Herrn, von einigen Vorstandssitzungen abgesehen, ein halbes Jahr lang nicht gesehen. Es war dann, glaube ich, im September, als er mich doch zu sich rief, um mir zu sagen, er habe jetzt meine Arbeit ein halbes Jahr beobachtet und er müsse sagen, ich hätte mich schnell eingearbeitet und würde meine Sache vorzüglich machen. Ich hätte sein volles Vertrauen; ich wisse ja, die drei Geschäftsführenden Vorsitzenden seien vielbeschäftigte Leute; keiner habe für die Partei die notwendige Zeit. Ich müsse alles in die Hand nehmen; er gäbe mir Generalvollmacht. Ich dankte für dieses Vertrauen und wies auf meine gute Zusammenarbeit mit dem Geschäftsführenden Vorstand hin, die sich in einem Verhältnis uneingeschränkten Vertrauens abspiele; dann fügte ich, unerfahren wie ich war, hinzu, es sei mir nicht möglich, hinter dem Rücken der drei Vorsitzenden zu arbeiten. Sein Gesicht, in das man ohnedies selten hineinsehen konnte, wurde dicht. Er sagte nur noch, so habe er das nicht gemeint, und verabschiedete mich wieder so kühl wie das erste Mal.

Nun, die Wahlen wurden gewonnen; die CDU errang zusammen mit der CSU die absolute Mehrheit im Parlament – was niemand auch nur entfernt erwartet hatte, ja, was man damals noch in Deutschland ganz allgemein für unmöglich gehalten hatte. Doch nichts hat so viel Erfolg wie der Erfolg. Erfolg hatte Adenauer, Erfolg hatte Erhard und mit ihnen die Partei. Unser Wahlkampf war sicher für damalige Verhältnisse modern; er war vor allen Dingen richtig angelegt. Unsere Parole lautete: „Deutschland wählt Adenauer", und sie bestimmte die ganze Kampagne. Als ich am Montag nach der Wahl ins Palais Schaumburg ging, um Adenauer zu berichten, hoffte ich von ihm ein anerkennendes Wort außer der Reihe zu bekommen – zumal sich inzwischen sein Verhalten mir gegenüber freundlich entwickelt hatte. Doch dazu kam es nicht. Der Erfolg, die gewonnenen Wahlen lagen hinter ihm, was aus dem Erfolg werden solle, vor ihm. Und so fing er gleich damit an: „Ja, Herr Heck, mir wären ein paar Mandate weniger lieber gewesen." Und dann sprach er davon, er fürchte, daß jetzt die Partei übermütig werde und daß die Koalition mit den Freien Demokraten schwieriger würde. Die Partei hat er immer nur in der Pflicht zur Politik, in der Funktion für seine Politik gesehen.

Ich hatte mich immer noch nicht ganz für dic Politik entschieden und wollte wieder von Bonn weg, um meinem alten Beruf nachzugehen. Ich sprach darüber mit Herrn Globke mit der Bitte, den Bundeskanzler zu informieren. Wenige Tage später ließ mich Adenauer über die Mittagspause ins Palais Schaumburg kommen – es war ein naßkalter Novembertag; Adenauer und Globke zogen ihre Mäntel an zu einem Spaziergang im Park: Er habe von Herrn Globke gehört, daß ich weggehen wolle; das käme überhaupt nicht in Frage. Selbstverständlich müsse ich viel besser bezahlt werden, und man werde alles tun, daß meine Familie nach Bonn käme. Aber er spürte gleich, daß mich im Grunde etwas anderes bewegte und fragte mich, ob ich eigentlich wisse, wie alt er sei? Ich sagte: „Natürlich, bald 78." „Und wie alt sind Sie?" „Ich? 36." Und dann meinte er, von ihm erwarte man, daß er in seinem Alter seine Pflicht tue, und ich als junger Mann wolle davonlaufen. Dagegen gab es kein Argument, und so bin ich denn geblieben. Adenauers Vertrauen zu mir mußte recht solide geworden sein; er war offensichtlich davon überzeugt, daß ich mich nicht in irgendwelche Machenschaften gegen ihn einbeziehen lasse; und da hatte er recht.

Ich ging nun auf meiner Ebene daran, die Partei für die Zukunft zu rüsten. So kam es zur Gründung der Akademie Eichholz zur Schulung und Bildung der haupt- und ehrenamtlichen Mitarbeiter der Partei. Besonders wichtig schien mir dabei, den Nachwuchs unserer Sozialausschüsse zu fördern. Ich dachte nicht an eine Konkurrenz zur Arbeit des Adam-Stegerwald-Hauses in Königswinter, sondern an unsere Freunde, die hauptamtlich bereits in den Gewerkschaften oder als Betriebsräte tätig waren, begabte junge Leute, um sie wissensmäßig instand zu setzen, einen stärkeren Einfluß auf die Gewerkschaften bzw. auf die Betriebsräte zu gewinnen. Der Plan war, rund 20 begabte junge Arbeiter oder Gewerkschaftsangestellte für zwei Jahre nach Eichholz zu holen, um sie unter der Anleitung und Betreuung von Tutoren im Gasthörerverhältnis an den Universitäten in Bonn und Köln wirtschaftswissenschaftlich auszubilden. Ich hatte auch für die dazu nötigen Mittel bereits entsprechende Spendenzusagen. Als alles soweit vorbereitet war, habe ich das Ganze Adenauer vorgetragen. Seine Antwort fiel knapp aus: „Für Königswinter? Nein!" Weiter wurde darüber nicht mehr gesprochen. Ich weiß deswegen nicht, ob ich seine Motive richtig beurteile. Doch glaube ich, daß ihm ein stärkerer politischer Einfluß der Sozialausschüsse auf die Politik der Partei unerwünscht war, daß er die Entwicklung der Sozialausschüsse zu einer Partei in der Partei befürchtete.

Dann kam der Parteitag in Stuttgart näher, ein Parteitag, auf dem der Vorsitzende und der Vorstand neu gewählt werden mußten. Adenauer war inzwischen 80 geworden. Ich war der Meinung, man müsse jetzt personell die Zeit nach Adenauer vorbereiten, und zwar mit ihm. Ich hielt es – immer noch unerfahren in der hohen Politik – für richtig, möglich und notwendig, daß in Stuttgart ein neuer Parteivorsitzender gewählt werde, damit er, unterstützt durch Adenauer, in der Partei die notwendige Autorität gewänne, um dann auch unangefochten die Nachfolge Adenauers als Bundeskanzler antreten zu können. Ich trug wie immer meine Überlegungen Globke vor, um zunächst zu erfahren, wie er, den ich als klugen und auch tapferen Ratgeber Adenauers kennengelernt hatte, darüber denke, und dann, um meine Überlegungen über ihn Adenauer nahezubringen. Globke hörte sich meine Überlegungen an, widersprach ihnen nicht, stimmte ihnen aber auch nicht ausdrücklich zu. Wieder ließ mich Adenauer etliche Tage später zu sich kommen, sprach von unserer gemeinsamen Verantwortung und meinte dann, ich hätte da Herrn Globke recht interessante Überlegungen vorgetragen. Ihn beschäftige die Frage seiner Nachfolge auch Tag und Nacht, und seine Gedanken lägen in der gleichen Richtung. Nur sei er gerade zum umgekehrten Ergebnis gekommen. Die Partei sei das Wichtigste, und deswegen wolle er den Parteivorsitz behalten, um dann nach den nächsten Bundestagswahlen das Amt des Bundeskanzlers abgeben zu können. Dem konnte ich nicht unbedingt widersprechen. Im nachhinein wird man sagen können, daß es Adenauer bei diesem Gespräch in erster Linie darum ging, mich davon abzubringen, meine Überlegungen weiter zu verfolgen. Denn zunächst stand die Wiederwahl zum Parteivorsitzenden an, die, soweit ich übersehe, damals von niemandem in Frage gestellt wurde. Aber Überlegungen wie die meinen hätten doch dazu führen können, zumal damals Karl Arnold kurz zuvor als Ministerpräsident von Nordrhein-Westfalen gestürzt worden war. Für Adenauer war es unvorstellbar, die Macht des Kanzlers und des Parteivorsitzenden zu teilen.

Diese persönlichen Erfahrungen ließen sich zu Dutzenden weiterführen; sie bestätigten jedoch nur, was diese wenigen Beispiele besagen. Adenauer hat als Bundeskanzler die Macht in der gleichen Weise, nach den gleichen Regeln, auch mit den gleichen Tricks in seiner Hand zu bewahren verstanden, wie er sie vor 1949 in der Partei auf sich zu vereinigen wußte, mit der gleichen unbefangenen Selbstverständlichkeit, und das um so mehr, nachdem er sich von seiner politischen Aufgabe her dafür im In- und Ausland als überragender Staatsmann bestätigt und anerkannt fand. Die Partei war ihm sehr wichtig – aber nur für den Staat, für seine Politik für diesen Staat. Die Aufgabe der Partei in den unteren Gliederungen sah er hauptsächlich darin, das Volk über diese Politik zu informieren, sie verständlich zu machen, für sie zu werben. In der Politik galten ihm für die Partei die Grundsätze unserer repräsentativen Demokratie analog; die politische Kompetenz der Partei wollte er nur delegiert gelten lassen über den Vorstand und allenfalls noch über den Parteiausschuß. Parteitage wurden abgehalten, diese Politik zu bestätigen und zu demonstrieren, daß diese Politik von einer starken Partei geschlossen getragen würde. Die eigenständige Macht der Fraktion hat Adenauer als gegeben zur Kenntnis genommen; er hat sie nie aus dem Auge verloren, die persönlichen Beziehungen zu den Mitgliedern der Fraktion ganz allgemein gepflegt, besonders zu den einflußreichen, die er auch immer wieder geschickt ins Vertrauen zu ziehen wußte. Über die Zusammenarbeit der ersten Jahre war der Geschäftsführer der Fraktion, Heinrich Krone, der Mann seines Vertrauens geworden; er machte deswegen seinen ganzen Einfluß geltend, daß er, nach dem Ausscheiden von Brentanos, dessen Nachfolger wurde – mit Erfolg.

Gegen diese Art, die Partei zu sehen und sich ihr gegenüber zu verhalten, hat es von Anfang an Widerstand gegeben, den Adenauer im großen und ganzen in Schach zu halten verstand – gegen kleine Zugeständnisse, z. B. bei der Zusammensetzung und Gestaltung der Führungsorgane der Partei. Hinter vorgehaltener Hand ist auch viel Kritik geübt worden – zu Recht? – zu Unrecht? –, das ist so leicht nicht zu sagen.

Die Partei ist mit Adenauer großgeworden; sie ist mit ihm die erste große deutsche Volkspartei geworden, der es gelang, das Vertrauen der absoluten Mehrheit der Wähler auf sich zu vereinigen; natürlich haben dabei viele mitgewirkt und viele ihre Verdienste gehabt – aber eben nur mit ihm. Und sie ist so kräftig geworden, daß sie heute schon mit Selbstverständlichkeit bei Bundestagswahlen um die absolute Mehrheit kämpft. Man sollte nicht übersehen: Adenauers Verhältnis zu seiner Partei und das Verhältnis seiner Partei zu ihm waren die Voraussetzungen für seinen Erfolg wie für den Erfolg der Partei.

Ludwig Erhard und Kurt Georg Kiesinger haben dieses ständige „Spiel" mit der Partei und der Fraktion um die Macht nicht so beherrscht – vielleicht auch nicht gemocht. Deswegen konnte Erhard so leicht nach der Aufkündigung der Koalition durch die Freien Demokraten beiseite geschoben werden; die Intrigen aus den eigenen Reihen haben nachgeholfen.

Und Kiesinger ist das Regieren durch Partei und Fraktion wahrhaftig nicht leichter gemacht worden.

Inzwischen haben Partei und Fraktion kräftig an Eigenständigkeit gewonnen; ihre Mitgliederzahl ist fast verdoppelt; die Willensbildung erfolgt mehr von unten nach oben als umgekehrt: Der Dialog zwischen Mitgliedern und Parteiführung ist in Gang gekommen.

Ob diese Partei auch handlungsfähiger geworden ist – das ist eine andere Frage. Handlungsfähig wird eine Partei erst, wenn sie auch stark genug ist, Autorität zu produzieren und zu tragen – als Frucht ihrer Solidarität und ihrer Loyalität. Autorität wird keiner Partei geschenkt; sie ist ihr ureigenstes Werk. Und wenn sie Autorität nicht zustande bringt, ist etwas Wesentliches in ihr nicht in Ordnung.

Adenauer ist so stark geworden, weil es viele respektable, kräftige und begabte Persönlichkeiten in der Partei um ihn herum und an seiner Seite gab; und gerade deswegen, weil sie ihn als Bundeskanzler wie als Parteivorsitzenden getragen und auch ertragen haben.

1 Vgl. Der Spiegel, Nr. 43 vom 16. Oktober 1972.

2 Vgl. Konrad Adenauer, Erinnerungen 1945–1953, Stuttgart 1965, S. 54.

3 Düsseldorf–Wien 1972.

4 Vgl. Dreher, S. 93ff., besonders S. 122.

ALFRED MÜLLER-ARMACK

Adenauer, die Wirtschaftspolitik und die Wirtschaftspolitiker

In der Distanz der Jahre, die uns von der Zeit der Kanzlerschaft Konrad Adenauers trennen, gewinnen wir die Möglichkeit, das dauerhaft Bleibende klarer zu sehen. Nach dem Ende des Krieges schuf die Leistung zweier Jahrzehnte ein Fundament, auf dem die Bundesrepublik auch heute noch ruht. Inzwischen sind freilich Kräfte am Werk, die das Geschaffene durch Kritik oder Gleichgültigkeit gegenüber dem Erreichten in Frage stellen.

Konrad Adenauer hat dieser Epoche sein Gepräge gegeben. Seine politischen Auffassungen waren das Fundament für das atlantische und europäische Bündnissystem, in das die Bundesrepublik durch ihren Kanzler geführt wurde. Harte Entscheidungen, wie der Aufbau der Bundeswehr, die Hinlenkung der Bundesrepublik auf den Weg ihrer Verfassung und die Errichtung demokratischer Institutionen wurden von seinem Geiste bestimmt.

So politisch der Ausgangspunkt Adenauers war, das, was er in seiner Epoche erreichte, war nur möglich durch die Einheit, die die Politik und die Wirtschaftspolitik in seiner Zeit verband. Seit 1948 gab der Wiederaufbau der zerstörten Wirtschaft durch die Hereinnahme von zwölf Millionen Flüchtlingen und ihre Eingliederung in den Arbeitsprozeß, durch den Übergang zu einer marktwirtschaftlichen Ordnung und einer durch zwei Jahrzehnte stabilen Währung die Voraussetzung dafür, daß das politische Wollen mit den wirtschaftspolitischen Erfolgen einer im Ausland als „Wirtschaftswunder" bezeichneten Politik operieren konnte. So muß die Leistung Konrad Adenauers in der Einheit gesehen werden, die in seiner Zeit die politische Führung und die Wirtschaftspolitik eingingen. Unstreitig hat die Wirtschaftspolitik an der Beständigkeit der politischen Führung einen starken Rückhalt gefunden, wie umgekehrt ihre Erfolge die politische Entwicklung in der Bundesrepublik bestimmten, die trotz aller Zerstörungen des Krieges, trotz des Einströmens von Millionen Flüchtlingen ihre politische und demokratische Stabilität gewann und zu einer Zone ökonomischer, sozialer und politischer Entspannung im Herzen Europas wurde. Es vermochte die Bundesrepublik auch in den internationalen Verhandlungen durch zwei Jahrzehnte hindurch ihre Politik des Ausgleichs, des Verbindens und der Integration durchzuhalten – wenn auch gelegentlich, ob der häufig zu findenden Bereitschaft, diplomatische Schwierigkeiten durch ein deutsches Einlenken zu beheben, in den internationalen Foren als der „Musterschüler Europas" belächelt.

Für diese Doppelleistung in Politik und Wirtschaft stehen in diesen Jahrzehnten die Namen Konrad Adenauer und Ludwig Erhard. Eine solche Einheit kann schwerlich von vornherein programmiert werden. Die Fähigkeiten des in großen politischen Zusammenhängen Denkenden und die Fähigkeit, erfolgreich Wirtschaftspolitik zu gestalten, vereinigen sich nicht leicht in einer Person.

So wird die Zeit des deutschen Wiederaufbaus durch die Polarität dieser beiden Persönlichkeiten bestimmt, die, von Natur und Temperament sehr unterschiedlich, gleichwohl eine gemeinsame Aufgabe auf sich genommen haben. Was sich im Sachlichen als Einheit darstellt, war, von den Personen her gesehen, eine oft nur schwer zu erbringende Leistung. Die deutsche Öffentlichkeit, angefeuert durch eine an diesen Auseinandersetzungen nicht uneigennützig teilnehmende Opposition, sollte, so meine ich, das Ganze als ein Zusammenwirken sehen, bei dem auch die persönlichen Verstimmungen in den Rahmen gewiesen werden müssen, der durch das objektiv Erreichte gemessen wird.
Was wir beschreiben, ist eine Zeit, die unter dem konservativen Vorzeichen, das Adenauer setzte, wirtschaftlichen und sozialen Fortschritt in eminentem Maße verwirklichte. Wenn Adenauer zwei große Wahlkampagnen unter der Devise „Keine Experimente“ erfolgreich führen konnte, darf dies nicht darüber hinwegsehen lassen, daß jenseits der Experimente eine Summe von Fortschrittlichkeit diese Zeit bestimmte. Konservative Reform ist oft nachhaltiger als unsere heutigen Progressiven wahrhaben wollen.
Sicher kann nicht diesen beiden Protagonisten allein diese Leistung zugerechnet werden. Aber ihr Name steht doch für all die Mitstreiter und Mitarbeiter in den Ministerien, in den Parlamenten, in den Ländern und Gemeinden, die auf Grund dieser einmaligen Konstellation tätig sein konnten.
Es konnte nicht überraschen, daß zwei so unterschiedliche Naturen wie Adenauer und Erhard sich gelegentlich als Antagonisten empfanden. Die jahrelangen Auseinandersetzungen zwischen beiden Männern mochten der Außenwelt gelegentlich unverständlich erscheinen. Es soll auch hier nicht der Versuch gemacht werden, das, was in dem Gegensatz Adenauer und Erhard an menschlichen Empfindungen und Animositäten mitschwang, zu ignorieren. Man würde freilich die Dinge zu oberflächlich sehen, wollte man nicht die Natur des unterschiedlichen Ausgangspunktes beachten. Der um ein Vierteljahrhundert ältere Adenauer stand der Wirtschaftspolitik anders gegenüber als Erhard und die von ihm herangezogenen Wirtschaftspolitiker.
Man hat gelegentlich sehr abkürzend gesagt, Konrad Adenauer habe keine Beziehung zu wirtschaftlichen Fragen, insbesondere zur Wirtschaftspolitik gehabt. Das dürfte ein zu summarisches Urteil sein, denn schon in seiner Oberbürgermeisterzeit in Köln zeigte der spätere Bundeskanzler ein beachtliches wirtschaftliches Geschick, das im Aufbau des Kölner Messewesens und der Kölner Industriezone sichtbar wurde. Wie immer man die Fähigkeit, in einer Zeit der Inflationierung in Köln einen großen Grüngürtel anzulegen, bewerten vermag, wirtschaftliches Interesse und wirtschaftliche Fantasie waren Adenauer sicherlich zu eigen. Auch die Überführung der Kölner Handelshochschule 1919 in die Universität Köln war eines seiner Verdienste, das er allerdings mit dem Nationalökonomen und ersten Kurator Christian Eckert teilte.
Seit seiner Kanzlerschaft hat Adenauer sicher nicht einen Moment an der Bedeutung der wirtschaftlichen Zusammenhänge gezweifelt und stets Wert darauf gelegt, sich bei hocherfahrenen Praktikern, wie Pferdmenges und Hermann Josef Abs, Rat zu holen. Er war jedoch, von einer anderen Tradition juristisch-historisch bestimmten national-ökonomischen Denkens geprägt, in hohem Maße Pragmatiker, der der großen geistigen Wandlung, die nach dem

Zweiten Weltkrieg vor sich ging, fremd gegenüberstand. Ich meine die Einordnung der Wirtschaftspolitik in eine wissenschaftliche Gesamtkonzeption, die durch die von der Freiburger Schule entwickelte neue Wettbewerbskonzeption, der Erhard in ganz besonderem Maße nahestand, und durch die Konzeption der Sozialen Marktwirtschaft bestimmt wurde, die, unmittelbar nach dem Kriege von mir entworfen, 1949 durch die sogenannten Düsseldorfer Leitsätze in das Programm der CDU aufgenommen wurde. Dem Pragmatiker Adenauer erschien das, was als eine Renaissance des wissenschaftlichen Denkens in der Wirtschaftspolitik von den professoralen Vertretern gepriesen wurde, etwas fremd, sicher – seiner nüchternen Natur gemäß – einen Schuß zu enthusiastisch. Hier lag der Grund für viele Auseinandersetzungen, die er um diese Grundsätze mit Erhard führte, wobei er angesichts des Erfolges dieser aus dem Wirtschaftsordnungsdenken entwickelten Wirtschaftspolitik keineswegs der Sache an sich gram war. Aber er war doch wenig erfreut, als er erleben mußte, wie schon bei den ersten Verhandlungen über ein aus neoliberalem Geiste entwickeltes Gesetz, das Kartellgesetz, erhebliche Streitigkeiten im Parlament und mit der Industrie entstanden.

Anfang 1952 meinte Adenauer, diesen wirtschaftspolitischen „Wildwuchs" etwas stutzen zu müssen, und er teilte Erhard einen Staatssekretär zu, von dem er hoffte, er würde im Sinne der Rückkehr zum Pragmatismus auf Erhard einwirken. Ludger Westrick, der ebenfalls für diesen Band einen Beitrag schreibt, legt dar, daß dieser Versuch, eine Bastion im Hause Erhards gegen den Minister aufzubauen, nicht recht gelang. Westrick hat im Laufe der Zeit durchaus die Stellung Erhards zu verstärken gesucht.

Genauso überraschend und schnell, wie Adenauer Westrick holte, berief mich Mitte Oktober 1952 Erhard in sein Haus als Leiter der Grundsatzabteilung. Die Presse reagierte indigniert, selbst unterrichtete Kreise hätten von dieser Ernennung vorher nichts gewußt. Die Reaktion Konrad Adenauers (ich kann mich für die Richtigkeit dieses Ausspruchs nicht verbürgen, aber es spricht doch sehr viel Wahrscheinlichkeit dafür) soll das Wort gewesen sein: „Schon wieder so'n Professor." Offensichtlich hielt er mit der Person Erhards sein Soll an professoraler Beratung für erfüllt.

Ich habe nach meiner Ernennung in Bonn, soweit es möglich war, meine Vorlesungen weiter gehalten. Einer der Söhne Adenauers, Paul Adenauer, war in dieser Zeit mein Hörer. Ich habe ihn gesprächsweise gefragt, was denn sein Vater von unserer Arbeit, insbesondere von dem Gedanken der Sozialen Marktwirtschaft, der damals in seiner ersten Entfaltung stand, halte. Er antwortete, helle Begeisterung liege seinem Vater nicht. Er habe vielmehr gemeint: „Die sollen nicht immer so mit den Flügeln schlagen." Solche und ähnliche Worte der Kritik waren lange Zeit unser tägliches Brot. Aber ich will nicht verkennen, daß Konrad Adenauer solche persönliche Distanzierung, die den Anfang beherrschte, nicht auf die Dauer durchhielt, vor allem nachdem er im Zeichen der Sozialen Marktwirtschaft zwei Wahlkämpfe siegreich durchstand. Auch war er stets bereit, wenn etwas erfolgreich abgeschlossen war – und diese zwei Jahrzehnte weisen eine ganze Kette erfolgreich abgeschlossener wirtschaftspolitischer Entscheidungen auf: vom Kartellgesetz über die Herstellung der Konvertibilität zur Liberalisierung und zur europäischen Integration –, die Zurückhaltung gegenüber dem Professoralen aufzugeben und nicht mit Anerkennung zu sparen. Als ich nach Abschluß der Agrarverhandlungen 1962 in Brüssel, von vielen Nachtsitzungen total erschöpft, am frühen Morgen nach Köln zurückkehrte, war das erste, was ich vorfand, ein Telegramm Adenauers, in dem er den beiden Verhandlungsführern, Lahr und mir, seine Anerkennung aussprach.

Aber nichts führte in jenen Jahrzehnten an der Tatsache vorbei, daß sich Adenauer und Erhard zunehmend als Antipoden betrachteten. Eine, wie ich glaube, ungemein ergiebige Geschichtsquelle für diese die Ära Adenauer durchziehende Auseinandersetzung um die richtige Wirtschaftspolitik würde – wenn es je zu einer Veröffentlichung käme – der interne Briefwechsel sein, den Konrad Adenauer und Ludwig Erhard bis in die letzte Zeit der Kanzlerschaft Adenauers miteinander führten. Er würde sicherlich einen stattlichen Band ergeben. Ausgangspunkt waren meist in Adenauers kurzer und bestimmter, in oft nicht gerade sehr verbindlicher Diktion gehaltene Mahnungen, diese oder jene wirtschaftspolitische Auffassung nicht mehr öffentlich zu vertreten. Bei unseren fast täglichen Besprechungen gab Erhard mir seine meist sehr ausführlich gehaltenen Antwortschreiben, um meine Ansicht zu hören. Unverkennbar war, in welchem Maße er geradezu darum rang, ein tieferes Verständnis für seine Absichten bei Adenauer zu finden.

Die letzte Substanz der Unterschiedlichkeit war meist, daß Adenauer den vom wirtschaftspolitischen Ordnungsdenken des Wettbewerbs bestimmten Auffassungen Erhards fremd gegenüberstand. Sicher ist die Gegensätzlichkeit der Naturen gelegentlich durch Äußerungen, die leichtfertig überbracht wurden, noch angeheizt worden und hat eine lebenslängliche Verstimmung herbeigeführt, von der weder Adenauer noch verständlicherweise Erhard frei waren.

Im Laufe der Jahre sollte jedoch das Persönliche zurücktreten gegenüber dem, was beide als eine gemeinsame Leistung zustande brachten. Ordnungspolitische Unterschiedlichkeiten waren der Kern einer Auseinandersetzung, die zwischen den Beteiligten ausgetragen werden mußte und die ja nicht nur das Verhältnis Adenauer–Erhard bestimmte; auch zwischen den Ressorts setzte sich diese Diskussion fort. Das Bundeswirtschaftsministerium gewann mit den Jahren zunehmend den Charakter einer auf einen neuzeitlichen Typ der Wirtschaftspolitik verpflichteten Institution, während lange Zeit sowohl das Auswärtige Amt als auch das Finanzministerium bis zu der Zeit, in der Etzel es übernahm, auf der Seite des Kanzlers und seiner mehr pragmatischen Vorstellungen standen, denen niemand ein bedingtes Recht in der praktischen Politik absprechen kann.

Für die beiden engsten Mitarbeiter Erhards war diese Lage nicht unbedingt bequem. Wenn Erhard, wie es häufig vorkam, sich auf Auslands- oder Wahlreisen befand und uns Staatssekretären seine Vertretung im Kabinett überließ, gerieten wir in die Schußlinie zwischen den beiden Kämpen. Noch entsinne ich mich, wie Adenauer in einer Kabinettsitzung zu einer in Mailand gehaltenen Rede Erhards, in der einige kritische Ansätze zur Integrationspolitik enthalten waren, auf die ein international ungutes Echo folgte, seine Frage an mich richtete: „Haben Sie die Rede Ihres Ministers gelesen? Lesen Sie überhaupt die Reden Ihres Ministers?“ Ich versicherte, ich würde es schon tun, soweit sie mir zugänglich wären. „Dann sagen Sie Herrn Erhard, daß ich solche Reden nicht mehr hören möchte." Da sich auch die anderen Ressorts an dieser Auseinandersetzung beteiligten, habe ich versucht, insbesondere seit mein Freund Etzel Finanzminister wurde, zwischen Erhard und Etzel, der zwar ordnungspolitisch auf der Seite Erhards stand, aber doch stark die kritischen Tendenzen Adenauers teilte, zu vermitteln. Es war nicht immer leicht, weil solcher Versuch eines Ausgleichs zwischen den Fronten im eigenen Hause den Verdacht weckte, man stünde nicht so stramm und unbekümmert hinter der gemeinsamen Sache. Mir ist die Schwierigkeit dieses Standortes bewußt gewesen. Ich meine aber, ich durfte der Doppelaufgabe, die ich sah, nicht ausweichen. Insbesondere die Verhandlungen über das Kartellgesetz, die sich durch Jahre hinzogen, waren eine immerwährende Quelle politischen Ärgers, bei denen insbesondere durch den damaligen Präsidenten des Bundesverbandes der Deutschen Industrie, Fritz Berg, immer wieder der Versuch unternommen wurde, Adenauer gegen Erhard auszuspielen. Erhard blieb in dieser Auseinandersetzung wie auch während seiner ganzen Amtszeit der Wettbewerbskonzeption des Neoliberalismus unbedingt treu. Freilich war er aus seiner Natur heraus bereit, als Wirtschaftspolitiker auch Kompromisse einzugehen, wenn sie nicht den Kern der Sache berührten.

Noch ein Jahr vor Abschluß des Kartellgesetzes gab mir Adenauer nach einer Besprechung mit Erhard und Berg den Auftrag, nach einem Kompromiß in der Sache zu suchen. Ich gestehe offen, daß ich es immer als eine reizvolle Aufgabe wirtschaftspolitischer Diplomatie angesehen habe, Vermittlungsformeln zu finden, die die eigene Position behaupteten, aber die der Gegner nicht völlig in Frage stellte. Das Ergebnis war ein Entwurf, den die Verhandlungsgremien, die der Bundesverband der Deutschen Industrie gestellt hatte, und die Kartellspezialisten des Wirtschaftsministeriums noch glaubten akzeptieren zu können. In einer kleinen Kabinettsitzung unter Vorsitz Adenauers legte ich das Ganze vor. Inzwischen hatte sich Herr Berg distanziert, und Etzel war enttäuscht, daß ich so weit gegangen war mit meiner Kompromißbereitschaft. Erhard hatte den Entwurf trotz anfänglicher Zustimmung nach einer lebhaften Sitzung mit Fritz Berg seinerseits abgelehnt. Adenauer begegnete mir mit der leicht vorwurfsvollen Frage, wie ich zu solcher Initiative überhaupt käme, bis ich ihm sagte, es müsse ihm doch bewußt sein, daß er mir persönlich die Weisung gegeben habe, einen solchen Versuch zu starten. Das Ganze ging erfolglos auseinander, und es mußte weiter verhandelt werden, bis endlich nach vielen Schwierigkeiten das Gesetz gegen Wettbewerbsbeschränkungen vom Tisch kam.

Wenn Adenauer den Professoren mit einer gewissen Reserve gegenüberstand, so lag der tiefere Grund wohl darin, daß die Lebensform des freien Wissenschaftlers anders ist als die der in hierarchischer Über- und Unterordnung denkenden staatlichen Bürokratie. Ich selbst bin aus der Universitätstradition hervorgegangen, und es ist mir erst durch meinen Eintritt in den Arbeitsbereich um den Bundeskanzler klargeworden, daß ich zum erstenmal zwei Vorgesetzte erhielt, die in meinem Lebensplan nicht vorgesehen waren. Mit Erhard als dem befreundeten Wissenschaftler war die Beziehung im Grunde problemlos, wenn auch gelegentlich einmal sachliche Meinungsverschiedenheiten, die aber nie die private Harmonie störten, ausgetragen werden mußten. Adenauer hatte für sich nicht nur das Gewicht seines Alters. Seine unbestrittene Autorität, die bei allen persönlichen Spannungen von Anfang an feststand, mochte als Ausnahme gelten. Sicher ist es mir nicht leichtgefallen, wenn die Auseinandersetzung zwischen Kanzler und Wirtschaftsminister sich stimmungsmäßig auch auf die Staatssekretäre übertrug und ich einen nicht gerade einfachen Stand hatte, wenn ich in Abwesenheit Erhards bei der Kabinettsitzung oder sonstigen Delegationsverhandlungen sprach. Stimmen des Unmutes mußte ich hinnehmen, wenn ich nach vielleicht allzu langem Vortrag im Kabinett unwirsch angeredet wurde: „Und wenn Sie noch zwei Stunden sprechen, Herr Müller-Armack, werden Sie doch immer wieder die gleiche Meinung äußern." Wenn ich zurückdenke, wurde die Ungeduld Adenauers am meisten dann geweckt, wenn er den Streit der Lobbyisten, der Interessenvertreter, der Verbände und der Parlamentarier auf sich zukommen sah, weil wir – Erhard und seine Mitarbeiter –, wie man uns maliziös vorwarf, die reine Lehre der Ordnungspolitik vertraten. Wir konterten, daß die Ordnungspolitik den Erfolg an ihre Fahne geheftet habe. Immerhin ging im Anfang unserer Zusammenarbeit die Meinung vieler Ressorts und auch mancher in unserem eigenen Hause dahin, das Bundeswirtschaftsministerium sei durch eine Gruppe freischaffender Künstler bestimmt. Im Laufe der Zeit bröckelte diese Front der uns nicht Ernstnehmenden ab. Heute darf auf dieser von Erhard geschaffenen Basis das Bundeswirtschaftsministerium wohl mit Recht als eine Stätte hervorragender Beamtentradition gelten.

Adenauer selbst hat nie eine Position gegen die Ordnungspolitik bezogen. Nur sah er die politischen Implikationen und war, wo er die Entscheidung von sich aus bestimmte – wie etwa bei der Einführung der paritätischen Mitbestimmung in der Eisen- und Stahlindustrie –, zu einem Kompromiß bereit, der für seine Regierungszeit noch als tolerierbar gelten konnte.

Unser Drängen auf Liberalisierung des Welthandels in den fünfziger Jahren und den von Erhard geführten Kampf um die Wiedereinführung der vollen Konvertibilität der Währungen hat Adenauer in dem Vertrauen hingenommen, daß seine zuständigen Minister eine adäquate Lösung finden würden. Auch die erste Aufwertung von 1961 fand noch seine – durch seinen Berater Abs sicherlich nicht freudig begrüßte – Zustimmung. Er begnügte sich damit, sich durch seinen Vertrauten Heinrich Krone bei den internen Absprachen vertreten zu lassen, der in seiner an mich gerichteten Mahnung: „Wer aufwertet, Herr Müller-Armack, kann auch abwerten", seine skeptische Einstellung bekundete. Bei allem realistischen Verständnis Adenauers für wirtschaftliche Zusammenhänge kam er doch mit seinem Prinzip, sich von persönlichen Beratern informieren zu lassen, gelegentlich in Schwierigkeiten. Was sollte er schließlich tun, wenn er zwischen die widersprechenden Ratschläge von Abs und Erhard, von Erhard und Lübke gestellt wurde. Das Verfahren, die Kontrahenten so lange fechten zu lassen, bis einer oder beide die Partie aufgaben, war mitunter erfolgreich. So entsinne ich mich einer kleinen Kabinettsitzung im engsten Kreise der fachlich mit der Agrarpolitik befaßten Ministerialbeamten Adenauers zur Frage, ob man in einem Paritätsgesetz der Landwirtschaft eine paritätische Einkommensgarantie geben solle nach dem Maßstab der Einkommensentwicklung vergleichbarer gewerblicher Berufe. Die Angelegenheit war lange hin- und hergegangen und Gegenstand erbitterter Kontroversen zwischen dem damaligen Landwirtschaftsminister Heinrich Lübke und Erhard und dessen Mitarbeitern gewesen. Noch am Abend vorher hatte mich Erhard gebeten, in diese Sitzung zu gehen und unseren Standpunkt mit Entschiedenheit zu vertreten. Was dann auch geschah. Adenauer hörte sich eine gute Weile meine mit Nachdruck vorgebrachten Argumente an, bis er mich unterbrach und fragte: „Was wollen Sie denn noch, Herr Müller-Armack? Wissen Sie denn nicht, daß Ihr Minister heute morgen zugestimmt hat, den vorliegenden Entwurf zu akzeptieren?" Ein fliegender Bote war offensichtlich ausgeblieben, mich zu informieren. So konnte ich nur betreten schweigen und mußte miterleben, daß wenige Wochen darauf das Gesetz einstimmig den Bundestag passierte. Unser schöner Widerstand hatte nichts genützt. Aber da ich immer den Verdacht hege, daß in demokratischen Parlamenten gefaßte einstimmige Beschlüsse irgendeinen großen Zeitirrtum sanktionieren, habe ich der kommenden Entwicklung ruhig entgegengesehen, die wohl auch die Nichtrealisierbarkeit der guten Absichten dieses landwirtschaftlichen Paritätsgesetzes erwiesen hat.

Die anfängliche Kühle, die Adenauer mir als einem Mann des Wirtschaftsministeriums entgegenbrachte, hat meine ohnehin geringe Bereitschaft, einen Vorgesetzten zu haben – auch mit dieser Ausnahme –, gelegentlich auf eine harte Probe gestellt. Als Adenauer einmal bei Erörterungen über die Integrationspolitik zu ungeduldig wurde, war ich drauf und dran, aus der Sitzung einfach hinauszugehen; aber ein mir sehr wohlwollender älterer Bundesminister hielt mich zurück und meinte: „Was wollen Sie, Herr Müller-Armack, Sie werden doch nicht allein so behandelt. Das passiert uns allen einmal. Wozu die Aufregung?" Nun in der Tat, ich fand auch, daß man diesen persönlichen Stil, der sicherlich ein Medium war, die Autorität des Kanzlers aufrechtzuerhalten, hinnehmen konnte, wenn man auf das Ganze sah und sich bewußt war, daß dieser häufig als autoritär verrufene Führungsstil im ganzen der Kontinuität und der Ruhe in unserem Staate zugute kam. Das, was dieser im hohen Alter stehende Kanzler uns allen und auch der deutschen Öffentlichkeit an Kräften der Konstanz mitgab, war beachtlich und kam sicher auch der Arbeit seiner Minister in jedem Ressort zugute.

Bei einem Besuch in Paris fragte in meiner Anwesenheit Edgar Faure Erhard, wie lange er denn nun schon Wirtschaftsminister wäre. Erhard sagte damals: „Gerade neun Jahre." „So lange", meinte Faure, „bin ich auch schon Finanzminister gewesen; aber in dieser ganzen Zeit nie ohne die Gewißheit, es auch nur länger als drei Monate weiter zu bleiben." Mir wurde damals klar, was die Beständigkeit der Kanzlerschaft Adenauers für uns alle bedeutete.

Unvergessen sind mir jene Kabinettsitzungen, die am frühen Morgen anberaumt waren, wenn Adenauer von einer großen Reise, insbesondere in die USA, zurückkehrte und einen Überblick über die weltpolitischen Ereignisse gab, die er in seiner nüchternen Weise zu charakterisieren vermochte. Die häufig am Schluß stehende Wendung: „Die Lage war noch nie so ernst wie heute", ist von vielen als übersteigert belächelt worden; aber seine Gedanken, die weit über die Sowjetunion hinausreichten (er war einer der ersten, der

Chinas Rolle in der künftigen Zeit in seinem politischen Konzept mitbedachte), erwiesen sich als realistische Einschätzung der Bedrohtheit unserer politischen Welt. Sein leidenschaftlicher Einsatz für die europäische Integration und die selbstverständliche Bejahung des atlantischen Bündnisses waren der Versuch, der westlichen freien Welt aus der unverbrüchlichen Treue eines in seiner demokratischen und wirtschaftlichen Struktur gefestigten Verbündeten Kräfte zuzuführen.

Ich entsinne mich am Rande dieses Geschehens eines solchen längeren Vortrags, den er uns in der Morgenfrühe hielt. Ihm gegenüber saß Minister Seebohm, der nach seiner Art, wie auch bei anderen Gelegenheiten, immer eifrig mitschrieb. Adenauer unterbrach seinen Vortrag: „Was schreiben Sie denn da, Herr Seebohm? Sie wissen doch, daß ich das nicht gern habe, wenn man bei mir mitschreibt." Seebohm legte seine Notizen beiseite. Der alte Herr Lammers sagte darauf: „Er schreibt schon seine Memoiren." Darauf Adenauer: „Das sind doch nicht seine Memoiren. Das sind meine Memoiren."

Das Zusammenwirken der Ressorts konnte naturgemäß nicht so erfolgen, daß im Wirtschaftsministerium nur die Wirtschaftspolitik behandelt wurde. Die Einheit der politischen Verantwortung erforderte auch in der Beratung allgemein politischer Fragen die Stellungnahme der Fachminister und ihrer Mitarbeiter. Das zeigte sich an einem ersten, sehr wichtigen Beispiel bei der Vorbereitung des Moskau-Besuchs Adenauers 1955.

Es ist eigentlich erst in der jüngsten Zeit darauf hingewiesen worden, daß die Ostpolitik Adenauers nicht einfach durch ein Desinteresse bestimmt wurde oder durch ein Nichteingehen auf alle konstruktiven Möglichkeiten, die auch gegeben waren in einer Zeit, in der es für die Regierung Adenauer feststand, daß mit dem Osten nur aus einer Position klarer Abgrenzung verhandelt werden müsse und daß nicht, wie heute, Vorleistungen gegeben werden in der Erwartung, daß man durch den weiteren Gang der Dinge nicht allzusehr enttäuscht werde. Den Ressorts war die Aufgabe gestellt, Vorschläge zu machen für Verhandlungspunkte, die in Moskau zur Diskussion gestellt werden könnten. Ich habe mit Erhard am Tegernsee diese Dokumente besprochen. Sie waren zumeist beflissene Versuche, durch einen vermehrten Warenaustausch und durch Maßnahmen im kulturellen Bereich sogenannte Verbesserungen im Kleinen zu erreichen. Erhard und ich waren übereinstimmend der Meinung, daß wir gerade auch vom Wirtschaftsressort her der Versuchung widerstreben mußten, Vorschläge zu machen, die später unter der gefährlichen Formel „Wandel durch Handel" umgingen. Ich schrieb eine Denkschrift, die in meinem Buch „Auf dem Weg nach Europa" im Wortlaut abgedruckt ist[1], und brachte sie, um eine Postverzögerung zu vermeiden, sogleich ins Bundeskanzleramt und ins Auswärtige Amt. Ins Ministerium zurückgekehrt, ersuchte man mich, diese Denkschrift noch nicht abzusenden. Wir hätten hier, so meinte man, unsere Kompetenz erheblich überschritten. Am nächsten Morgen erhielt ich in Brüssel einen Anruf aus Bonn. Bundeskanzler Adenauer habe angerufen und lasse mir seinen Dank aussprechen für eine Denkschrift, die er voll akzeptiere. In einer großen Dokumentation des Auswärtigen Amtes[2] wurde die Denkschrift offensichtlich völlig übersehen, obwohl sie seit 1971 gedruckt vorliegt. Ich beschränke mich darauf, hier nur einige wenige Zitate zu nennen:

„In den Vordiskussionen zur Moskauer Konferenz ist die Bedeutung wirtschaftspolitischer Verhandlungen mehrfach, insbesondere von der Seite des Ostens, angesprochen worden. Eine schrittweise Angleichung des Wirtschafts- und Sozialsystems der Bundesrepublik und der Sowjetzone wurde von den Pankower Politikern gefordert [...] Gegenüber solchen Wünschen scheint es mir die unverrückbare Aufgabe der deutschen Politik zu sein, alle möglichen wirtschaftspolitischen Verhandlungen ausschließlich von der uns gestellten politischen Aufgabe aus zu sehen. Gerade als politisch denkender Wirtschaftspolitiker muß man betonen, daß das deutsche Interesse primär und eindeutig auf große politische Ziele gerichtet ist und daß sich auch die Wirtschaftspolitik hier mehr als andernorts dieser Gesamtkonzeption einzuordnen hat.

Die gegenwärtige Wirtschaftslage wird durch die erreichte Vollbeschäftigung bestimmt. Damit fehlt jedes Motiv, etwa aus wirtschaftlichen Gründen Zugeständnisse zu machen [...] Ich verkenne dabei nicht, daß der gegenwärtige Stand unserer wirtschaftlichen Entwicklung uns in die Lage versetzt, für wichtige politische Zugeständnisse bedeutende Gegenleistungen auf wirtschaftlichem Gebiete zu bieten [...]

Innerhalb der Themen, die die Bundesregierung nachträglich noch zum Gegenstand der Konferenz gemacht hat, dürfte die Frage der Rückführung der Kriegsgefangenen und der sonstigen angeführten Personengruppen am ehesten auch ohne spezielle Gegenleistung lösbar sein. Die bisher versagte Rückführung der Gefangenen erscheint mir in der gegenwärtigen Phase der Weltlage als ein archaisch anmutendes Überbleibsel, an dessen Beseitigung geradezu ein Interesse des Ostens besteht [...]

Man kann sich daher schwerlich denken, daß irgendeine Aussicht besteht, die große Frage der Wiedervereinigung bereits in Moskau zu lösen. Nur im Zusammenhang mit weiteren Erörterungen über ein europäisches Sicherheitssystem kann hier allenfalls etwas erreicht werden, wobei alle echten Chancen in diesem weltpolitischen Spiel der Bundesrepublik nur erhalten bleiben, wenn durch keine falschen Konzessionen ihre Bündnistreue zum Westen in Zweifel gezogen werden kann [...]

Solange das entscheidende Ziel der Wiedervereinigung unerfüllt bleibt, scheint es mir gefährlich zu sein, durch Verhandlungen über Teilbereiche die Tatsache zu verschleiern, daß in bezug auf unsere politische Zielsetzung eben nichts geschehen ist. Unter kultureller Zusammenarbeit vermag ich mir bei der Lage der Dinge nichts Echtes und Wesentliches vorzustellen [...] Was die wirtschaftliche Zusammenarbeit angeht, so möchte ich auf jeden Fall schwere Bedenken anmelden, etwa auf Wünsche der Russen einzugehen, die dahin zielen, durch Handelsvertragsverhandlungen und Warenaustauschprogramme einen optischen Verhandlungserfolg zu erzielen. Damit würde ein Ergebnis vorgetäuscht, das in den wesentlichen politischen Dingen gerade nicht erzielt wurde [...] Ich mag mich vielleicht in Gegensatz stellen zu dem Bilde, das, nach zahlreichen Äußerungen der letzten Zeit zu schließen, vielfach auch in der deutschen Öffentlichkeit von einem Wirtschaftspolitiker besteht. Man nimmt bei diesem ein primäres Interesse an, Handelsvereinbarungen abzuschließen, wo immer sich eine Gelegenheit dazu bietet. Ich möchte vor einer solchen illusionären Wirtschaftspolitik nachdrücklich warnen [...] Wir werden das große Ziel nicht erreichen, wenn wir uns, wie es beim Sport und in der Presse gelegentlich bereits der Fall ist, nur um äußere Annäherung bemühen und nicht gleichzeitig ein realer Schritt in der Richtung der Freiheit getan wird."

Es folgen Vorschläge über Teillösungen, wie die Schaffung eines freien Zugangs nach West-Berlin; die Schaffung eines gesamtdeutschen obersten Schiedsgerichtshofes zur Sicherung der Freiheitsrechte, insbesondere der Rechte der persönlichen Freiheit und des persönlichen Eigentums; freier Verkehr für Zeitungen und Bücher sowie die Aufhebung des Verbotes, westdeutsche Sender zu hören; die Herstellung der Freizügigkeit im Reiseverkehr zwischen den Zonen einschließlich bestimmter Abmachungen über die freie Arbeitsplatzwahl; Aufhebung jeder Art von Zwangsarbeit; volle Herstellung der Freiheit des kirchlichen Lebens.

„Diese Zielsetzungen gehen in eine Richtung, bei der unsere Verbündeten völlig auf unserer Seite stehen [...]

Erst wenn sich die Möglichkeit positiver Lösungen abzeichnet, sollte seitens der deutschen Wirtschaftspolitik eine großzügige Gegenleistung in Form von Lieferkrediten und unter Umständen auch in Form transferierbarer D-Mark erklärt werden [...] Während ich, wie bereits betont, in einer äußerlichen Normalisierung des Handelsverkehrs keine politischen Gewinne zu sehen vermag, würde es eine gewiß bedeutsame Aufgabe der deutschen Wirtschaftspolitik sein, bei der ich alle Kreise der Wirtschaft hinter mir weiß, unsere wiedererlangte wirtschaftliche Leistungskraft für die Freiheit der deutschen Menschen einzusetzen."

Wenn so oft von Meinungsverschiedenheiten zwischen Adenauer und Erhard geschrieben wurde, so bestand zweifellos in dieser wichtigsten Frage der deutschen Ostpolitik letzte Übereinstimmung.

Im folgenden Jahr 1956 brachte der Ungarn-Aufstand die Sowjetunion in die höchst prekäre Lage, daß ein Satellitenland des Ostens offen gegen die Sowjetunion revoltierte. Nichts wäre richtiger gewesen, als in diesem Moment eine Weltkampagne gegen jede russische Intervention in Ungarn zu mobilisieren, um dadurch einen entscheidenden Umschwung zu erzielen. Statt dessen ließen sich England und Frankreich unter dem verhängnisvollen Einfluß von Eden auf das durch die Nationalisierungsforderungen Nassers hervorgerufene Suez-Abenteuer ein: die Schließung des Kanals und die darauffolgende militärische Intervention in diesem Gebiet, die überdies zum Fehlschlag wurde. Mit Recht fanden sich die Amerikaner nicht bereit, dieses törichte Experiment zu decken.

Das Ergebnis war der Einmarsch der russischen Panzer in Ungarn, die den Aufstand blutig niederschlugen. Ich habe in dieser Lage meine gegen die Intervention gerichtete Stellungnahme im internen Kreise deutlich, wenn nicht gar überdeutlich, gesagt und wurde, da von Brentano darin eine unzulässige Ressortmeinung sah, auf Wunsch von Etzel zum Bundeskanzler gerufen. Ich hatte mich schon darauf vorbereitet, mein Amt zur Verfügung zu stellen. Zu meiner Überraschung ließ sich Adenauer meine Gesichtspunkte ausführlich darstellen. Er teilte sie nicht, wie sich dann herausstellte; aber er gab sich eine beinahe väterliche Geduld, um mir nachzuweisen, daß ich vielleicht etwas zu ungerecht sei in bezug auf die Verurteilung der Suez-Intervention.

An einem der folgenden Tage fuhren wir gemeinsam zu einer Besprechung über offene Fragen des Rom-Vertrages nach Paris, und es gelang Adenauer, zwischen der Front der Amerikaner und der Franzosen und Engländer vermittelnd einzutreten, was praktisch darauf hinauslief, daß die militärische Intervention angesichts der Kriegsdrohungen der durch diese Einmischung von ihrem Ungarn-Problem scheinbar entlasteten Russen abgebrochen wurde und daß nach ein paar Tagen dramatischer Weltlage der Friede, d.h. der Status quo des Kalten Krieges, wiederhergestellt wurde.

Von Beginn an stand die Kanzlerschaft Adenauers im Zeichen seiner besonderen Bemühungen um die europäische Integration. Das, was die großen Europäer der ersten Stunde, Schuman, Monnet, de Gasperi, Bech, Spaak und Adenauer, einte, war ein primär politisches Anliegen. Den seit 1950 in der Montan-Union zusammengefaßten sechs Ländern sollte durch die Schaffung eines gemeinsamen Marktes für Kohle und Stahl für die Zukunft jede Möglichkeit zu kriegerischer Auseinandersetzung genommen werden. So wurde die Montan-Union ein politisches Symbol hohen Grades, ein Zeichen europäischer Gemeinsamkeit, wenn man auch fragen muß, ob dieses politisch-militärische Ziel damals noch einer solchen ökonomischen Basis bedurfte. Als Marktintegration war freilich alles zu speziell auf Kohle und Stahl angelegt. Die Ausstattung der Organisation mit einem supranationalen Entscheidungsgremium, der Hohen Behörde, machte das Ganze zu einem Feld, auf dem integrationspolitische Erfahrungen gesammelt werden konnten. Der Versuch der von Adenauer bejahten Europäischen Verteidigungsgemeinschaft scheiterte 1954 am Veto des französischen Parlaments. Die Frage, ob die politische Integration der wirtschaftlichen folgen sollte, wie es 1955 die Konferenz von Messina entschied, oder ob die politische Union der wirtschaftlichen vorangehen sollte, hatte alle Europäer und insbesondere Konrad Adenauer bis über die Zeit seiner Kanzlerschaft hinaus beschäftigt. Ein Brief, den er mir am 1. Dezember 1965 auf die Zusendung eines für seinen Nachfolger im September 1964 verfaßten Vorschlages zur Stärkung der politischen Kooperation in Europa schrieb, zeigt in der ihm eigenen kurzen Prägnanz das politische Kredo für Europa, den Vorrang der politischen gegenüber der wirtschaftlichen Union. Er wollte die politische Union nicht als Nebenprodukt der ökonomischen Integration sehen, wie es insbesondere seit Messina der von Spaak vertretene Ansatz war. Ein solches Werk, so war seine Meinung, müsse im kleinen Kreise beginnen.

Konrad Adenauer Bonn, den 1. Dezember 1965

Sehr geehrter Herr Professor!

Für die Zusendung ihrer Vorschläge danke ich Ihnen vielmals. Ich bin im allgemeinen mit ihnen durchaus einverstanden, habe aber ein Bedenken.

Ganz allgemein bin ich der Auffassung, daß die politische Union der wirtschaftlichen Union vorangehen muß, und ferner, daß die wirtschaftliche Union nicht ohne weiteres auch zur politischen Union führen wird. Ich glaube, daß man zur politischen Union eher kommt, wenn man sich auf einen kleinen Kreis beschränkt. Wenn das Werk der politischen Union in einem kleinen Kreis vollendet ist, wird der kleine Kreis attraktiv auf alle anderen wirken.

Wenn aber von vornherein die Verhandlungen in einem zu großen Kreis begonnen werden, werden die Schwierigkeiten zu groß.
Diese meine Ausführungen beziehen sich auf Ziffer 7 Ihres Briefes, letzter Absatz, in dem Sie EFTA erwähnen.
Vielleicht überlegen Sie einmal, ob ich mit meiner These, im kleineren Kreise zu beginnen, nicht recht habe.
Mit den besten Grüßen
Ihr ergebener
Adenauer

Die Konferenz von Messina hatte darüber Klarheit geschaffen, daß die europäische Integration vom engeren Kreise der Sechs, also der Bundesrepublik, Frankreichs, Italiens und der drei Benelux-Staaten, auszugehen habe. Dieser Ansatz hat sich bei den Verhandlungen über den EWG-Vertrag und den Euratom-Vertrag als wirkungsvoll erwiesen.
Wenn die an den Verhandlungen Beteiligten dieser ersten großen Zeit Europas an diese Phase der sogenannten Spaak-Verhandlungen zurückdenken, fragen sie sich meist, wie es möglich war, im Verlaufe von praktisch zwei Jahren zwei große internationale Vertragswerke mit substantiellem und umfassendem Inhalt zu schaffen und im Jahre 1957 unterschriftsreif zu machen. Sicherlich war es einmal die beständige und gelassene Patronage, die die Staatsmänner an der Spitze denen gaben, die so begeistert wie effizient in Brüssel, in Paris, in Luxemburg, in Messina, in Venedig und in Stresa an der Vollendung eines solchen Werkes arbeiteten. Ohne diese Beständigkeit des politischen Hintergrundes, den ein Kreis markanter und im Gedächtnis der Nachlebenden bis heute unvergessener Staatsmänner gab, wäre jene Arbeitsatmosphäre nicht zu denken, die ich in der Bemühung vieler Jahre unmittelbar erlebte. An den Ergebnissen wird heute zu leicht Kritik geübt, ohne zu sehen, wieviel durch die Herstellung der Zollunion und durch die Ansätze der wirtschaftspolitischen Koordinierung an innereuropäischer Kooperation gewonnen wurde und bis heute wirksam ist. Adenauers Wunsch, die politische Union zu erleben, erfüllte sich nicht. Aber das, was in den Jahren seiner Kanzlerschaft in Europa geschah, wird auch weiterhin ein permanenter Appell sein, die von ihm angestrebten Ziele erneut anzugehen.
In die Verhandlungen selbst hat Adenauer nur in kritischen Phasen gelegentlich eingegriffen, wenn es sich darum handelte, bei solchen internationalen Verhandlungen kaum vermeidbare Spannungen auszugleichen. Derartige Schwierigkeiten entstanden zu Beginn der Verhandlungen durch die französische Forderung nach sozialer Harmonisierung, der Erhard sein persönliches Kredo entgegensetzte, daß diese Harmonisierung Konsequenz der im Gemeinsamen Markt sich entwickelnden Wettbewerbskräfte sein müßte. Ich glaube, Erhard hat darin recht behalten. Es wurden Ausgleichsformeln für diese Frage in bilateralen Verhandlungen gefunden, die, mühselig formuliert, heute längst der Vergessenheit anheimgefallen sind. Für Konrad Adenauer war es unverbrüchliches Prinzip, daß die Integration im Kreise der Sechs zu beginnen habe und daß die freundschaftliche Beziehung zu Frankreich ihr Rückhalt sein müsse. Dieser von ihm immer wieder neu praktizierte Bilateralismus,

der zu einem permanenten Dialog zwischen de Gaulle und ihm führte, beginnend mit der ersten großen Konferenz in Bad Kreuznach am 26. November 1958, der später sehr viele deutsch-französische Besprechungen in Paris und Bonn folgten, war Ausdruck seiner Überzeugung, daß auch der europäischen Integration am besten durch zweiseitige Besprechungen gedient sei. In ihnen sollte versucht werden, zuerst einmal vorweg Konflikte auszuräumen, um dann im Plenum der Sechs zur Einstimmigkeit zu gelangen. Auf seine Weisung hin haben später Herr Lahr und ich und auf französischer Seite Herr Wormser, der gegenwärtige französische Botschafter in Bonn, und Herr Clappier regelmäßige Verbindung gepflegt. Sie wurde zwar von den übrigen Staaten der Wirtschaftsgemeinschaft nicht gerade als sehr angenehm empfunden und verletzte gelegentlich den Anspruch, sogleich mitzubestimmen; aber insgesamt konnte in der Tradition Konrad Adenauers doch eine Form bilateraler Gespräche gefunden werden, die die Verhandlungen erleichterte und nicht behinderte.
Es ist vielleicht zu wenig beachtet worden, daß der Bundeskanzler, ohne dies zum Gegenstand besonderer Richtlinien zu machen, auf großzügige Konzessionen an die Verhandlungspartner drängte. Während die übrigen Länder mit Verwaltungssitzen bedacht wurden, ging die Bundesrepublik leer aus. Brüssel bekam den Sitz der Kommission, Straßburg den Sitz des Parlaments, Luxemburg den Sitz zuerst der Montan-Union, dann den des Gerichtshofes, Italien erhielt das Forschungszentrum von Euratom; und gegenwärtig soll nach langen Anlaufsjahren – nach einer lange zurückliegenden Konzeption von Ophüls und mir – der Plan einer Europäischen Universität in Florenz verwirklicht werden.
Ich habe 1957 bei einem Besuch des Kölner Oberstadtdirektors, Max Adenauer, diesem vorgeschlagen, er solle doch seinen Vater zu gewinnen suchen, daß wir wenigstens eine Institution – ich dachte an die Europäische Investitionsbank – nach Köln ziehen sollten. Ich benötigte dazu nur eines der üblichen kurzen Schreiben Konrad Adenauers. Alle weitere Bemühung würde dann bei mir liegen, und ich würde kaum an dem Erfolge zweifeln. Leider erhielt ich diesen Brief nicht. Ich nehme an, daß Adenauer die deutsche Position durch eine solche Forderung auf einen Anteil an wenigstens einer europäischen Institution nicht zu beeinträchtigen wünschte.
Im Laufe der Verhandlungen zeichnete sich auch in der deutschen Verhandlungsführung ein gewisser Dualismus ab. Adenauer, Hallstein und Ophüls lag in erster Linie daran, die Gemeinschaft der Sechs stark zu machen. Erhard, für den ich vorwiegend in Brüssel, Paris und Luxemburg verhandelte, hatte Bedenken, den Rahmen der Integration durch ein Zuviel an Institutionen und durch ein Zuviel an Supranationalität zu belasten. Uns schwebte vor, daß die Gemeinschaft nach außen möglichst Liberalität zu zeigen habe und sparsam umgehen müsse mit der bei einer Zollunion wohl unvermeidlichen Diskriminierung der außerhalb stehenden Staaten. Die französische Seite wollte erste Erfolge der Integration im gewerblichen und landwirtschaftlichen Bereich vor sich sehen, ehe man bereit war, über die Aufnahme weiterer Staaten zu sprechen. Dieser Gegensatz wurde um so deutlicher, seit man in den sogenannten Maudling-Verhandlungen im Rahmen der OECD über die Schaffung einer an den inneren Kern der EWG angelehnten großen Europäischen Freihandels-

zone diskutierte. Diese Verhandlungen scheiterten Ende 1958, als der Informationschef de Gaulles, Soustelle, der Öffentlichkeit das Nein Frankreichs mitteilte.

Eine höchst unerfreuliche Zeit begann damals für diejenigen, die eine größere europäische Lösung in Verhandlungen angestrebt hatten. Man warf uns vor, Adenauer zu optimistisch informiert zu haben. Ressorts, die primär politisch dachten, wie viele Herren des Auswärtigen Amtes, schlossen sich an. Die Verhandlungsführung wurde in Übereinkunft zwischen Adenauer und de Gaulle der Europäischen Kommission übergeben, die freilich in der Folgezeit nur sehr blasse Ersatzvorschläge zu machen wußte, so daß die Forderung nach einem Beitritt der inzwischen zur EFTA zusammengeschlossenen Nicht-EWG-Staaten auf dem Tisch blieb. Wir mußten uns unserer Haut in geharnischten dienstlichen Erklärungen erwehren. Nachträglich kann ich nur feststellen, daß weder Adenauer noch sein damaliger Außenminister, Herr von Brentano, sich diese Vorwürfe zu eigen machten. Die Position des Wirtschaftsministeriums blieb insofern geschwächt. Allerdings mußte Erhard trotz allem echten wirtschaftlichen Fortschritt, der nach dem Zusammenbruch der Verhandlungen 1958 in Europa dann doch erreicht wurde, nämlich der Übergang zur Konvertierbarkeit der europäischen Währungen, dennoch erleben, daß man ihn zu den europäischen Verhandlungen in Paris nicht hinzuzog, obwohl unbestritten war, daß sich die Propagierung der Rückkehr der europäischen Währungen zur Konvertierbarkeit in einem persönlichen internationalen Überredungsfeldzug sondergleichen beinah ausschließlich an seine Person knüpfte. Mir will rückschauend erscheinen, daß es wohl unvermeidbar gewesen ist, daß bei einer so großen internationalen Anstrengung, wie es die Gründung und die Erweiterung der EWG bedeutete, auch im deutschen Lager unterschiedliche Meinungen auftreten mußten, die insgesamt doch fair ausgetragen wurden.

Adenauers Herz gehörte zweifellos der aus dem deutsch-französischen Zusammenwirken erwachsenen Gemeinschaft der Sechs. Er folgte auch dem Drängen Frankreichs, das seine gewerblichen Chancen im EWG-Raum irrtümlicherweise nur als gering ansah, die Landwirtschaft voll zu integrieren. Die Konferenz von Stresa, bei der Heinrich Lübke die deutsche Delegation führte, sprach sich für eine volle Integration der Landwirtschaft aus. Leider lag in diesem Überschwang des Integrationswillens beschlossen, daß die Landwirtschaft beinah mehr als übrige Gebiete in die von dem Technokraten Mansholt entwikkelte gesamteuropäische Marktordnung einbezogen wurde und in Schwierigkeiten kam, und zwar durch ihre Verbindung mit dem sogenannten Grünen Dollar. Als der Dollar als Leitwährung in Frage gestellt wurde, haben sich die Schwierigkeiten und Ungleichgewichte auf dem Agrarmarkt bis heute fast ins Uferlose vermehrt. Weniger wäre wahrscheinlich besser gewesen. Theodor Sonnemann hat in seinem Erinnerungsbuch „Gestalten und Gedanken" darauf hingewiesen, daß wir beide gemeinsam unter dem niederziehenden Eindruck einer gemeinsamen Konferenz der Landwirtschafts- und Wirtschaftsminister im Jahre 1959 dem Bundeskanzler eine Denkschrift vorlegten:

„Wir wiesen darauf hin, daß der Gemeinsame Agrarmarkt mit Sicherheit im Gestrüpp der mit Akribie verfolgten Nahziele steckenbleiben werde, wenn

die Kommission nach wie vor alles auf einmal und sofort unter Dach bringen wolle. Wir schlugen vor, in Etappen vorzugehen. Die ersten Schritte könnten, aufbauend auf den im Rom-Vertrag festgelegten Präferenzen, in einem gestaffelten Abbau der Zölle bestehen. Des weiteren sollten sich die Partner Einfuhrkontingente einräumen, die ebenfalls mit einer gewissen zeitlichen Staffelung schrittweise erhöht werden könnten [...]
Man hat sich unter allgemein-politischen Gesichtspunkten für die andere Lösung entschieden, die die Sachverständigen als ein Axiom betrachtet haben [...] Wir können nur hoffen, daß wir nicht eines Tages – über eine wirtschaftliche oder über eine politisch-militärische Krise – in Verhältnisse geraten, die uns zwingen, diesen so hoffnungsvoll beschrittenen Weg unter Opfern und Beschwerden rückwärts zu gehen und Strukturen mühselig und mit zweifelhaftem Erfolg wieder aufzubauen, die wir in der Euphorie einer unrealistischen und noch dazu höchst einseitigen Europabegeisterung übereilt aufgegeben haben.“[3]
Die Währungs- und Konjunkturprobleme der Gemeinschaft bereiteten seit 1960 zunehmend wirtschaftspolitische Sorgen, und zwar seit die deutsche Zahlungsbilanz mit Überschüssen die in den fünfziger Jahren so beispiellos behauptete finanzielle Stabilität im Innern bedrohte. Einen ersten Ausweg bot die 1961 vorgenommene Aufwertung der D-Mark, die freilich nur vorübergehende Entlastung brachte. Zwei Gedanken wurden in dieser Zeit geboren: 1. für die laufende Beobachtung der Konjunktur, der monetären Entwicklung und des Wachstums die Gründung eines Sachverständigenrats und 2. für die europäischen Länder die Schaffung einer koordinierten Konjunkturpolitik – ein Plan, den ich erstmals 1959 in einem sogenannten Kodex des richtigen konjunkturpolitischen Verhaltens niedergelegt hatte. 1961 wurde ich von Bundeskanzler Adenauer zu einer Unterredung bestellt, an der auch Herr Vialon teilnahm. Ich teilte dem Bundeskanzler mit, daß ich beauftragt sei, den Wunsch nach der Gründung eines solchen fünfköpfigen Sachverständigengremiums vorzutragen, und brachte die mir aus den Besprechungen geläufigen Argumente für dessen Einrichtung. Sodann ging ich zu meinem eigenen persönlichen Anliegen über, eine gemeinsame Koordinierung der Konjunkturpolitik anzustreben, für deren Verwirklichung in der EWG ein besonderer Ausschuß für Konjunkturpolitik gegründet werden sollte. Der EWG-Vertrag sah ein solches Gremium neben dem im Vertrag enthaltenen Währungsausschuß vor. Adenauer hörte sich meine Ausführungen ruhig und nachdenklich an. Als ich den Vortrag mit beiden Projekten abgeschlossen hatte, fragte er mich: „Sie haben vorhin gesagt, daß Sie den Vorschlag für einen Sachverständigenausschuß im Auftrage Ihres Hauses hier vortragen. Nun möchte ich mal, Herr Müller-Armack, Ihre ganz persönliche Meinung hierzu wissen.“ So in die Enge getrieben, aber doch verpflichtet, dem Bundeskanzler meine eigene Ansicht zu sagen, erklärte ich ihm, daß ich es angesichts der regelmäßig vorliegenden Berichte unseres Hauses zur Wirtschaftslage nicht für notwendig halte, eine solche neue Institution zu schaffen, ja, daß ich in einem solchen mit einem Meinungsmonopol versehenen Gremium auch gewisse Gefahren sehe für eine flexible Wirtschaftspolitik, die nicht darauf warten könne, in jedem Jahr zu einem bestimmten Zeitpunkt ein Gutachten entgegenzunehmen; ich hielte

von der Sache wenig. Ich meine, daß mir die künftige Entwicklung insofern recht gegeben hat, als bei aller ausgezeichneten Arbeit der Sachverständigen, die seitdem in der Öffentlichkeit allgemein als die „fünf Weisen" angeredet werden, neben richtigen Prognosen erhebliche Irrtümer vorgetragen wurden, die allgemein akzeptiert wurden, ohne kritisch bedacht zu werden. Ich will als einziges Beispiel hier nur die Fehldiagnose des Jahres 1966 nennen, in der die Rezession des Jahres 1967 nicht frühzeitig erkannt wurde.

Adenauer beendete unsere Besprechung mit der kurzen Bemerkung, er teile meine Bedenken, und auf die Gründung des Sachverständigenausschusses sei zu verzichten; aber er halte die europäisch koordinierte Konjunkturpolitik für eine gute Sache, die ich in Brüssel weiterbetreiben solle. Erst 1963 nach meinem Ausscheiden wurde während der Kanzlerschaft Erhards dieser Sachverständigenrat doch noch gegründet. Erhard hätte gern gehabt, wenn ich den ersten Vorsitz übernommen hätte. Ich wies ihn darauf hin, daß das nach dem Statut so kurz nach meinem Ausscheiden nicht möglich sei und daß ich nicht den Vorsitz in einem Gremium übernehmen könne, gegen dessen Gründung ich mich drei Jahre unter dem Schild Adenauers gesträubt hätte.

Das Jahr 1958 bedeutete für die europäische Arbeit eine Zeit mutigen Fortschreitens auf das Ziel einer europäischen Freihandelszone zu. Auf der Konferenz von Venedig gelang es mir, die Einwände von französischer Seite zu zerstreuen und mit Olivier Wormser zu einem Akkord zu kommen. Ende September glaubte ich zuversichtlich, nun seien alle wesentlichen Schwierigkeiten beiseite geräumt. Ich berichtete Bundeskanzler Adenauer über die erzielten Fortschritte. Trotz seiner Neigung zu bilateraler Politik und zum Beginnen im kleineren Kreise sah er die Vorteile, die eine große Freihandelszonenlösung bieten würde, weil durch sie zumindest die innereuropäische Diskriminierung, die natürlich auch ein Politikum war, vermieden werden könnte. Für alle unerwartet, kam dann aus dem Munde Soustelles, einer sehr zwiespältigen Figur der damaligen politischen Szene in Frankreich, in seiner Eigenschaft als Pressesprecher der französischen Regierung das Nein zur Freihandelszone. Es leitete einen Stillstand der europäischen Bemühungen ein. Freilich fehlte es nicht an Versuchen, wenigstens einen Ausgleich zu schaffen. Ein erstes war, daß noch Ende 1958 die in der OECD vorbereiteten Maßnahmen zum Übergang der europäischen Währungen zur Konvertibilität eingeleitet und verwirklicht wurden.

Dieses Scheitern nach einer Zeit hochgestimmter Verhandlungen rief jene auf den Plan, denen die Richtung des Wirtschaftsministeriums nicht paßte. Mir speziell warf man vor, der Bundeskanzler sei von mir zu optimistisch informiert worden; dies trifft zu, wenn man es vom Ende der Verhandlungen her beurteilt. Bis zu jenem unberechenbaren Schlag von Soustelle entsprachen meine Informationen jedoch den Tatsachen. Die neuen in Brüssel geschaffenen Instanzen der Kommission glaubten ihre Stunde gekommen, ganz andersartige Vorschläge an die Stelle der unseren setzen zu müssen.

Zuerst einmal erhielt die Kommission den Auftrag, ein neues Konzept anstelle unseres Verhandlungskonzepts zu entwickeln, dessen beide Alternativen die Schaffung einer großen Freihandelszone oder die Ermöglichung des Beitritts der außenstehenden Länder waren. Bei diesem Gerangel der europäischen

Instanzen und der mit uns konkurrierenden Ressorts kam es im Juni 1959 zu einer Kontroverse, in der Bundeskanzler Adenauer Erhard in Anwesenheit der Fraktionsführer der CDU/CSU, der Herren Dr. Krone und Höcherl, mitteilte, es sei ihm von ausländischer Seite – er wisse nicht mehr, von wem – gesagt worden, daß, seitdem das Wirtschaftsministerium in den europäischen Gremien die Federführung besitze, der deutsche Einfluß zurückgegangen sei. Auch deutsche Stellen hätten auf die Frage, ob das wirklich zutreffe, geantwortet, man müsse das leider bejahen. In schnellem Schlagabtausch wurde ich zu einer dienstlichen Äußerung aufgefordert, die Erhard Adenauer und von Brentano überreichte. Ein Brief vom Bundesminister des Auswärtigen, Herrn von Brentano, vom 9. Juli 1959 an Erhard stellte versöhnlich fest, daß aufgrund des Briefwechsels zwischen dem Bundeskanzler und ihm wohl angenommen werden dürfe, daß der gesamte Komplex bezüglich des Rückgangs des deutschen Einflusses in den Gremien und damit auch die an ihn gerichtete Frage erledigt sei: „Nachdem auch zwischen Herrn van Scherpenberg und Herrn Müller-Armack ein klärendes Gespräch stattgefunden hat, darf ich annehmen, daß etwaige Mißverständnisse ausgeräumt sind und die Zusammenarbeit unserer Häuser in den europäischen Fragen reibungslos verläuft."

Die internationale Verhandlungsposition, die damals bestand, ist in meiner für Erhard abgefaßten dienstlichen Äußerung beschrieben. Zur Beleuchtung der damaligen wirtschaftspolitischen Situation mag diese Äußerung im vollen Wortlaut hier wiedergegeben werden. In der lebendigen Auseinandersetzung wird, glaube ich, die Dimension der damaligen Wirtschaftspolitik deutlich. Sie zeigt, daß es sich hier innerhalb der deutschen Außenwirtschaftspolitik um bedeutungsvolle Sachfragen handelte, die sich im Widerstreit der beiden führenden Persönlichkeiten personalisieren:

Bonn, den 20. Juni 1959

Dienstliche Äußerung

Betr.: Angeblicher Rückgang des deutschen Einflusses in den europäischen Gremien

Bezug: Schreiben des Herrn Bundeswirtschaftsministers vom 11. Juni 1959

Zu der Frage, ob der deutsche Einfluß in den europäischen Gremien seit der Federführung des Bundeswirtschaftsministeriums zurückgegangen ist, nehme ich wie folgt Stellung:

1. In der EWG ist der Einfluß der Mitgliedstaaten vertraglich geregelt. In diesem Rahmen ist der deutsche Standpunkt mit Nachdruck vertreten und erfolgreich behauptet worden.

Dies hat sich z. B. bei dem amerikanischen Vorschlag einer allgemeinen Zollsenkungsrunde im GATT gezeigt, dessen Annahme innerhalb der EWG zunächst zweifelhaft war und wesentlich auf Grund des deutschen Einflusses beschlossen wurde. Die deutsche Koordinierung der EWG auf der XIII. GATT-Tagung ist von Baron Snoy gegenüber dem Ministerrat als besonders wirksam gewürdigt worden. Es ist auch den deutschen Bemühungen zu danken gewesen, daß der Ministerrat beschlossen hat, in den Konsultationen im GATT mit überseeischen Ländern die Bereitschaft der EWG zu erklären, konkrete Maßnahmen zur Beseitigung von Schäden in Aussicht zu nehmen, die dritten

Ländern auf Grund der Präferenzzölle für die überseeischen Gebiete der EWG erwachsen könnten.

Bei dem Abbau der mengenmäßigen Beschränkungen innerhalb der EWG hat sich die Bundesrepublik erfolgreich für eine liberale Handhabung eingesetzt und übertrieben protektionistische Bestrebungen anderer EWG-Mitglieder abwehren können.

2. Das Hauptthema des Jahres 1958 war in der EWG und in der OEEC die Freihandelszone. Hierbei zeigte sich der deutsche Einfluß in einer Vermittlerstellung zwischen den entgegengesetzten Standpunkten der Benelux-Länder, insbesondere der Niederlande, einerseits und Frankreichs andererseits. Besonders deutlich war dies im zweiten Halbjahr 1958 sichtbar, als der Bundeswirtschaftsminister den Vorsitz im Ministerrat innehatte. Bei der Ratstagung im September 1958 in Venedig und in den anschließenden Wochen gelang es, eine gemeinsame Denkschrift der EWG zur Frage der Freihandelszone auszuarbeiten und dieses Dokument im Oktober 1958 im Maudling-Ausschuß der OEEC zuzuleiten. Mit diesem Dokument, dessen Zustandekommen entscheidend auf den deutschen Einfluß zurückzuführen ist, war ein Maximum an Übereinstimmung erreicht, das es innerhalb und außerhalb der EWG weder davor noch danach gegeben hat.

Im Rahmen der 17 OEEC-Länder spielte die Bundesrepublik eine bedeutsame Vermittlungsrolle zwischen der EWG und England sowie den anderen OEEC-Ländern, vor allem der Schweiz und den skandinavischen Ländern. Dies gilt auch für die deutschen Bemühungen um eine angemessene Berücksichtigung der vier europäischen Entwicklungsländer Island, Irland, Griechenland und Türkei. Auf diesem Gebiet ist die Bundesrepublik durch ihre konstruktiven Vorschläge hervorgetreten.

Die deutsche Vermittlerrolle konnte allerdings nicht mehr fortgeführt werden, nachdem Minister Maudling im November 1958 die Verhandlungen seines Ausschusses abgebrochen hatte. Der Vermittlungstätigkeit wurde eine weitere Grenze gesetzt, als seit dem Kreuznacher Treffen des Herrn Bundeskanzlers und General de Gaulles am 26. November 1958 eine neue Linie der Politik eingeschlagen wurde. Nunmehr war das BWM gehalten, in vermehrtem Ausmaße die französische Position zu unterstreichen, die der Schaffung einer Freihandelszone abgeneigt war.

Infolge der nunmehr fehlenden deutschen Vermittlung war es kein Zufall, daß sich kurz danach im Dezember 1958 scharfe Gegensätze in der OEEC zwischen der englischen und der französischen Delegation ergaben. In der folgenden Sitzung des Ministerrats der EWG im Januar 1959 kam es zu heftigen Kontroversen innerhalb der EWG, bei denen sich wiederum der Wegfall der deutschen Bemühungen um einen Ausgleich bemerkbar machte.

Dennoch hat das BWM im Sinne des politischen Auftrags der gesetzgebenden Körperschaften nach wie vor den Weg zu einer Freihandelszone offenzuhalten gesucht. Die Denkschrift der Kommission der EWG vom 26. Februar 1959 verläßt nach deutscher Ansicht diesen Weg. Dieser Vorschlag ist – dank der entschiedenen Stellungnahme des Bundeswirtschaftsministers – in der Ministerratssitzung der EWG vom 16. März 1959 nicht angenommen worden.

3. In der OEEC hat es nicht nur keinen Rückgang des deutschen Einflusses

gegeben, sondern eher eine Verstärkung.
Auf persönliche Initiative von Staatssekretär Prof. Müller-Armack ist die bisherige Ministerstellvertreter-Gruppe „Finanzielle Stabilität" zu einem ständigen „Ausschuß für Wirtschaftspolitik" umgebildet und hat seinen Plan zur Koordinierung der Konjunkturpolitik aufgegriffen. In Anerkennung dieser Tatsache sollte Prof. Müller-Armack zum Vizepräsidenten der Gruppe gewählt werden, was er jedoch zugunsten des französischen Delegierten abgelehnt hat.
Auch die Tatsache, daß Dr. v. Mangoldt, der langjährige Vorsitzende des EZU-Direktoriums, nunmehr den Vorsitz im Direktorium des europäischen Währungsabkommens führt, spricht dagegen, daß der deutsche Einfluß zurückgegangen sei.
Der Einfluß des zum BWM gehörenden deutschen Mitglieds im Handelsdirektorium kommt ebenfalls nach wie vor zur Geltung.
Dem Bundeswirtschaftsminister und Staatssekretär Prof. Müller-Armack ist es zu danken, daß nunmehr auch die deutsche Sprache bei den OEEC-Verhandlungen gebraucht und in andere Sprachen übertragen wird.
4. Das bemerkenswerteste Ereignis in den europäischen Gremien ist die Einführung der Konvertierbarkeit der Währungen. Gerade der Bundeswirtschaftsminister hat diesen Schritt seit langen Jahren angeregt und vorbereitet, und zwar schon zu einer Zeit, als dieser Gedanke noch keineswegs populär war. Voraussetzung für diese gesamteuropäische Maßnahme war die französische Bereitschaft und Fähigkeit zur Konvertierbarkeit, die wiederum durch das französische Sanierungsprogramm erreicht wurde. Daß es hierzu kam, ist zu einem beträchtlichen Teil auf den Einfluß des Bundeswirtschaftsministers und seiner Wirtschaftspolitik zurückzuführen, die von französischer Seite durch M. Rueff schriftlich und bei persönlichen Besuchen in Bonn ausdrücklich als beispielgebend anerkannt worden ist. Mit dieser französischen Sanierung wurde die Möglichkeit geschaffen, daß Frankreich im gleichen Schritt mit seinen Partnern die Herstellung der EWG verwirklichen kann.
5. Der Europa-Rat, für den das AA federführend ist, kann hier außer Betracht bleiben. In der ECE sind nicht einmal Anhaltspunkte für den Vorwurf eines deutschen Einflußrückganges zu erkennen. Auch die Montan-Union kann nicht gemeint sein, zumal hier der Standpunkt der Bundesrepublik gerade in der Kohlenkrise besonders nachdrücklich und erfolgreich vertreten worden ist.
Abschließend stelle ich fest, daß die Behauptung eines Rückgangs des deutschen Einflusses in den europäischen Gremien unrichtig ist.
Müller-Armack

Wenn man diese Auseinandersetzungen am Rande der großen europäischen Verhandlungen richtig beurteilen will, muß man sie wohl als notwendige produktive Spannungen sehen, die die Verhandlungen insgesamt sicherlich nicht verzögert haben, denn auch Adenauer war jederzeit bereit, jeden europäischen Fortschritt zu bejahen, freilich unter der Voraussetzung, daß die französische Seite mitzog.
Eine weitere kritische Phase der europäischen Verhandlungen wurde bestimmt durch den Abschluß der Verhandlungen über die Regelungen des Agrarmarktes, die sich durch das Jahr 1961 hinzogen und Ende 1961 noch keinen Abschluß

fanden, so daß Couve de Murville auf den überraschenden Einfall kam, die Uhr am 31. Dezember 1961 gleichsam anzuhalten und unter meinem Vorsitz im Ministerrat, der am 31. Dezember 1961 formell auslief, weiter zu verhandeln, bis ein Ergebnis erreicht sei, das Frankreich erlaube, dem Übergang in die zweite Phase zuzustimmen. Wir haben uns durch unzählige Nachtsitzungen in den ersten beiden Wochen bemüht, dieses Ergebnis zu erzielen. Ich persönlich vor allem auch deshalb, weil ich – wie sich später herausstellte zu Unrecht – meinte, das große Entgegenkommen der Bundesrepublik werde sich in einer französischen Bereitschaft, den Beitritt der EFTA-Staaten zu akzeptieren, auszahlen.

Am 7. Januar 1962 schrieb mir Adenauer nach Brüssel einen Brief, in dem er eingangs meine Verhandlungsführung anerkannte:

„[...]
Ich mache mir dennoch gewisse Sorgen, ob die Konferenz mit dem erwarteten Ergebnis am 13. Januar 1962 abgeschlossen werden kann. Wie Sie wissen, bestehen für Italien Schwierigkeiten, an den Verhandlungen mit verantwortlichen Vertretern über den 13. Januar 1962 hinaus teilzunehmen.
Ich habe die Bitte, alles nur Mögliche zu tun, um den rechtzeitigen Abschluß der Verhandlungen sicherzustellen. Ich rechne darauf, daß auch die anderen Delegationen Ihre Bemühungen verständnisvoll unterstützen werden."
Dazu handschriftlich hinzugefügt:
„Die außenpolitische Bedeutung des alsbaldigen Abschlusses wächst von Tag zu Tag."

Das Jahr 1962 war ausgefüllt durch die Verhandlungen mit Edward Heath über den Beitritt Englands. Sie gingen, dank der souveränen Form, in der Heath als englischer Delegationsleiter operierte, zügig voran, wenn es auch nicht an skeptischen Stimmen fehlte, die in den letzten Detailfragen den Teufel vermuteten. Freilich saß er diesmal nicht im Detail. Überraschend auch für die französischen Unterhändler, Wormser und Clappier, erklärte der kurzfristig aus Paris nach Brüssel gekommene Couve de Murville, daß Frankreich die EWG als eine kontinentale Gruppierung ansehe, in die England in seiner insularen Lage und verbunden mit einem weltweiten Empire nicht hineingehöre. Heath erwiderte würdig und gefaßt, die Gräber der englischen Soldaten auf dem Kontinent aus zwei Weltkriegen sprächen eine andere Sprache.

Eine allgemeine Betroffenheit derjenigen Europäer, die sich für eine große Lösung – man kann schon ohne Übertreibung sagen: mit letzter Kraft – eingesetzt hatten, war die Folge dieses Ereignisses. Kurzfristige Ideen, man könne ohne Frankreich eine Gemeinschaft der Fünf begründen und durch sie den Beitritt Englands und der EFTA-Länder betreiben, wurden aufgegriffen und wieder verworfen. Da es mir persönlich unmöglich erschien, in einer anderen europäischen Zielsetzung mitzuarbeiten als der großen europäischen, bat ich Erhard, meinem Rücktritt zuzustimmen, erklärte mich aber gleichzeitig bereit, ihm noch so lange zur Verfügung zu stehen, wie er es persönlich für richtig halte.

Es kam zu einem Briefwechsel Adenauer–Erhard vom 26. und 27. Februar

1963, den Konrad Adenauer durch das Presse- und Informationsamt im März der Presse übergab. Er wurde im vollen Wortlaut unter anderem in der „Frankfurter Allgemeinen Zeitung“ vom 5. März 1963 abgedruckt. Da er über den Tag hinaus den damaligen Dualismus der deutschen Wirtschaftspolitik widerspiegelt, sei er hier nochmals vollständig wiedergegeben:

Adenauer schrieb:
„Sehr geehrter Herr Erhard!
Die Besprechungen, die Sie in diesen Tagen in Brüssel über die EWG, die Zukunft der EWG und den Eintritt Großbritanniens in die EWG gehabt haben, sollen – wie ich vom Auswärtigen Amt höre – auf die Bemühungen zur Wiederherstellung der Einigkeit nicht günstig gewirkt haben. Das Auswärtige Amt erklärt, daß ihm vorher nichts davon bekannt gewesen sei.
Das Bundeswirtschaftsministerium soll in EWG-Sachen die wirtschaftliche Seite vertreten, nicht aber die politische. Die politische Seite ist vom Auswärtigen Amt zu vertreten. Wenn der Wirtschaftsminister es für notwendig hält, irgendwie politisch tätig zu werden, muß er sich vorher mit dem Auswärtigen Amt verständigen, eventuell muß meine Entscheidung eingeholt werden, da ich die Richtlinien der Politik bestimme. Vielleicht nehmen Sie auch Notiz davon, daß die britische Regierung jetzt schon zweimal erklärt hat, daß sie nicht beabsichtige, vor ihren Parlamentswahlen die Frage des Eintritts in die EWG erneut zu behandeln.
Ich finde es auch höchst unglücklich, daß die Angelegenheit des Staatssekretärs Prof. Müller-Armack noch immer schwebt. Es verrät ein Zeichen von großer Schwäche der Bundesregierung, daß ein Staatssekretär, der erklärt hat, er könne nicht mehr die Politik der Bundesregierung vertreten und sein Rücktrittsgesuch eingereicht hat, nach wie vor im Amt ist. Herr Müller-Armack soll entweder sein Gesuch zurückziehen, oder er muß gehen. Diese unklaren Verhältnisse sind nicht länger tragbar.
Mit besten Grüßen
Ihr Adenauer“

Bundeswirtschaftsminister Erhard erwiderte am 27. Februar:
„Sehr verehrter Herr Bundeskanzler!
Die Besprechungen, die ich am Montag, dem 25. Februar, in Brüssel geführt habe, bewegten sich im Rahmen meiner Zuständigkeiten. Es trifft auch nicht zu, daß diese Bemühungen zur Wiederherstellung der Einigung nicht günstig gewirkt haben. Ich möchte vielmehr im Gegenteil darauf hinweisen, daß das internationale Vertrauen, das ich mir in fünfzehnjähriger Tätigkeit als Garant einer freiheitlichen, multilateralen europäischen Ordnung im Zusammenwirken mit den USA erworben habe, ein positives Element der deutschen Politik ist und daß ich deshalb die von Ihnen geübte Kritik zurückweisen muß. Ich kann mir auch beim besten Willen nicht vorstellen, wieso das Auswärtige Amt zu dieser Aussage kommen kann, um so mehr, als ich mit Minister Schröder auch auf Grund eines letzten Gesprächs vor Antritt seines Urlaubs in der Beurteilung der europäischen Einigungspolitik vollkommen übereinstimme.

Wenn wir uns um Lösungen mit Großbritannien bemühen, so entspricht dies dem erklärten Wunsch der britischen Regierung, wie dies noch bei den letzten Besprechungen vom 8. Februar in Bonn zwischen dem Vertreter von Minister Heath, Sir Eric Roll, und den Staatssekretären Lahr und Müller-Armack zum Ausdruck gekommen ist. Es ist deshalb nur fair, wenn wir uns gemäß den in den Regierungserklärungen der letzten Jahre gegebenen Zusicherungen verhalten. Darf ich Sie, Herr Bundeskanzler, daran erinnern, daß nicht Großbritannien den Beitritt zum Gemeinsamen Markt aufgekündigt hat, sondern daß umgekehrt Äußerungen französischer Staatsmänner es der britischen Regierung fast unmöglich machen, in Gesprächen mit den Partnerstaaten der EWG zu bleiben.

Was das Gesuch von Staatssekretär Müller-Armack um Versetzung in den einstweiligen Wartestand anlangt, so vertrete ich die Auffassung, daß es an mir liegt, darüber zu befinden, ob und zu welchem Zeitpunkt ich das Gesuch weiterleiten werde, um so mehr, als mein Verhalten einer Vereinbarung mit Staatssekretär Müller-Armack entspricht. Das Ansehen dieses Vertreters der Bundesrepublik ist gerade auf internationalem Felde so hoch, daß meine Zurückhaltung in dieser Frage nur dem Nutzen unseres Landes dienen kann. Die gleiche Auffassung teilt auch Minister Schröder.

Sie werden verstehen, daß ich unter den gegebenen Umständen der Kabinettsitzung vom 28. Februar fernbleibe.

Mit besten Grüßen
Ihr Erhard“

Die großen Erfolge der europäischen Integration, das beleuchtet auch dieser Briefwechsel, sind erreicht worden durch die Spannung zwischen unterschiedlichen europapolitischen Konzeptionen. Es wäre Beschönigung, von diesen Kontroversen nicht Kenntnis zu nehmen. Da meine eigene Position in dem Brief Adenauers angesprochen wird, so muß ich gestehen, daß ich von Anfang an durchaus ein Verständnis aufgebracht habe und auch heute noch aufbringe, daß Adenauer hier eine Entscheidung, ob ich nun im Amt bleiben solle oder nicht – beides ist ja in seinem Brief offengehalten –, verlangte.

Mit bemerkenswerter Konsequenz hat Adenauer sich durch den schweren Fehlschlag der Beitrittsverhandlungen von dem Wege der Aussöhnung mit Frankreich nicht abbringen lassen und rund 14 Tage nach dem Abbruch der Verhandlungen in Paris den deutsch-französischen Freundschaftsvertrag endgültig unterschrieben. Dieser Schritt mochte vielen nicht verständlich erscheinen, und ich selbst habe damals das unbeirrte Festhalten an seiner Linie nicht recht begriffen. Aber es entsprang doch wohl der richtigen Einsicht, daß man die Substanz der deutsch-französischen Kooperation nicht aufgeben dürfe. Was würde auch ein Hinauszögern des Vertragsabschlusses bewirkt haben?

Ich habe es als Zeichen einer inneren großzügigen Toleranz Adenauers angesehen, daß er mir die Schwierigkeiten, die ich ihm sicherlich bereitet habe, in der Folgezeit nicht nachtrug. Im Gegenteil: Unsere persönliche Beziehung konnte sich – und das war für mich eine schöne Erfahrung in den letzten Lebensjahren des Altbundeskanzlers Adenauer – stabilisieren. Er war sogleich bereit, mich in der Konrad-Adenauer-Stiftung zu akzeptieren, deren Leitung ich mit Herrn Kollegen Thedieck einige Jahre innehatte.

Fast ein Jahrzehnt wurde durch das Veto de Gaulles die Aufnahme Englands hinausgezögert. Ob es richtig war, eine solche Verzögerung politisch in Kauf zu nehmen, mag man sich fragen. Sicherlich konnte sich in der Zwischenzeit die EWG konsolidieren, wenn es auch nicht gelang – und sei es in kleinen Etappen –, über das ursprüngliche Konzept hinauszugehen. Die Krise des Agrarmarktes und die mit dem europäischen Inflationismus zwangsläufig einhergehende Störung der europäischen Währungsverhältnisse verhinderten dies. Auf der anderen Seite mag man fragen, ob nicht ein schon 1963 in die EWG aufgenommenes England durch den Zwang, sich im Gemeinsamen Markte einzuordnen, frühzeitiger dazu gelangt wäre, die längst fälligen wirtschaftspolitischen Reformen und Entscheidungen zu treffen, um die gegenwärtig gerungen wird. Viele Anhänger eines frühen Beitritts Englands zum Gemeinsamen Markt wurden vor allem durch das Europa-Referendum Wilsons irritiert. Sie fragen, ob nicht doch in dem ursprünglichen Kalkül Adenauers, keine kontinentale Verbundenheit aufzugeben, ein gutes politisches Urteil enthalten sei. Diese Frage wird wohl unentscheidbar bleiben, da sich über verpaßte Gelegenheiten schwerlich Genaues sagen läßt.

Auch nach meinem Ausscheiden aus dem Amt ließ mich Konrad Adenauer gelegentlich zu einem eingehenden Gespräch in sein Zimmer im Bundesratstrakt des Bundeshauses rufen, um sich über die Arbeit der Adenauer-Stiftung, aber auch über meine Beurteilung der wirtschaftlichen Lage zu informieren. Befreit von der Last der Ressortauseinandersetzungen haben diese Gespräche mir durch die Frische, mit der Adenauer bis ins letzte Lebensjahr die weltpolitische und allgemeine wirtschaftliche Lage verfolgte, einen unauslöschlichen Eindruck gemacht. Da er wußte, daß ich durch meine Tätigkeit als Aufsichtsratsvorsitzender von Rheinstahl und als Beauftragter der Montan-Union bei den Ruhrkohleverkaufsgesellschaften nahen Zugang zur Praxis hatte, interessierte ihn vor allem das, was ich insbesondere in der zweiten Hälfte des Jahres 1966 zur Prognose der kommenden Konjunkturentwicklung zu sagen hätte. Er verwies mich auf Nachrichten in führenden Zeitungen, die vom Weitergang des Booms berichteten, und stellte mich unvermittelt vor die Frage, ob das, was ich ihm früher von den Gefahren der künftigen Entwicklung berichtet habe, aufrechtzuerhalten sei. Ich habe das entschieden bejaht. Sein nüchternes Urteil über die Gefahren der wirtschaftlichen und politischen Entwicklung konnte ich leider nur bestätigen.

Der 90. Geburtstag des Altbundeskanzlers wurde im großen Kreise gefeiert. Bei seinem nächsten Geburtstag ging es etwas stiller zu. Am 5. Januar 1967 war zu seinem 91. Geburtstag ein kleiner Kreis – immerhin mit Adenauer, Erhard und Kiesinger drei Bundeskanzler – im Königshof vereint zu einem Abendessen, dem vielleicht 25 Minister, Mitarbeiter Adenauers und Staatssekretäre beiwohnten. Ich war für die Konrad-Adenauer-Stiftung zugegen. Eine Anekdote, die Adenauer selbst nicht betrifft, aber die mir im Gedächtnis blieb, mag diesen kleinen Bericht abschließen, da sie einen irgendwie nachdenklichen Kern enthält:

Am Eingang des nicht allzu großen Saales, in dem eine ovale Tafel gedeckt war, waren vier Sicherheitsbeamte postiert, die bestimmt keine großen Schwierigkeiten hatten, alle geladenen Gäste sogleich zu erkennen. Als wir uns zu Tisch niedergelassen hatten, kamen zwei Kellner und baten die am Ende des Tisches Sitzenden, doch zusammenzurücken, da noch ein weiterer Gast gekommen sei. Es wurde ein Gedeck eingelegt; ein recht unscheinbarer Mann im grauen Anzug erschien und setzte sich nieder, um mit uns zu speisen. Da er mir unbekannt war, hielt ich es für angezeigt, mich mit ihm bekannt zu machen. Ich stand auf, nannte meinen Namen. Er tat desgleichen: „Mein Name ist Lehmann." Kurze Zeit darauf sah ich, wie Herr Heck und Herr Kraske etwas unsichere Blicke in bezug auf den neuen Gast tauschten. Herr Kraske trat höflich an ihn heran, wer er denn sei und ob er überhaupt eingeladen sei. Er erwiderte schlicht: „Nein." Er sei nicht eingeladen, aber ein großer Verehrer Adenauers und eigens zu diesem Zweck nach Bonn gekommen. Nach einem kurzen Gespräch wurde der „blinde Passagier" von Herrn Kraske hinausgeführt, der Teller mit dem Forellen-Filet hinausgetragen und die entstandene Lücke wieder geschlossen. Am nächsten Tage erfuhr man, daß der ungebetene Gast aus Bremen angereist war und im Stern-Hotel übernachtet hatte. Seine Rechnung hatte er dem Bundeskanzleramt übermittelt mit der Bereitschaft, das Amt in Bonn zu übernehmen. Man hat den Vorfall mit Lächeln quittiert. Gewiß war es überraschend, daß jemand an vier Sicherheitsbeamten vorbei in einen so engen Kreis eindringen konnte. Man würde so etwas heute als eine nicht ungefährliche Sache ansehen; aber es mag als ein Zeichen für die politische Konsolidierung gesehen werden, die wir der stetigen Ruhe der Zeit Konrad Adenauers verdankten, daß wir damals nicht an gefährliche Möglichkeiten denken mußten, die die Unruhen der Folgezeit zur Regel werden ließen.

In den Gesprächen, die ich mit Konrad Adenauer haben durfte, beeindruckte bis in die letzten Monate die Frische und Lebendigkeit, ja die geradezu jugendliche Elastizität, in der er Menschen und Ereignisse auf seine nüchterne und klar zupackende Art zu charakterisieren wußte. Fast unerschöpflich war der Vorrat an Anekdoten und Geschichten, die er in das Gespräch einflocht. Eine Begegnung blieb mir in besonderer Erinnerung:

Anfang der sechziger Jahre traf sich Adenauer mit den Ministerpräsidenten der Benelux-Staaten in Aachen, um – der deutsch-französischen Übung folgend – auch mit diesen Ländern direkte Gespräche zu führen. Am Abend saßen wir an einer Tafel im Rathaus beim Wein. Adenauer gegenüber saß der Patriarch von Luxemburg, Ministerpräsident Joseph Bech. Vom Geist der historischen Stätte beschwingt, begann Adenauer aus seinen Schulerinnerungen Schillers Ballade vom Grafen von Habsburg zu rezitieren:

„Zu Aachen in seiner Kaiserpracht,
im altertümlichen Saale,
saß König Rudolfs heilige Macht
beim festlichen Krönungsmahle."

Bech fuhr fort:

„Die Speisen trug der Pfalzgraf des Rheins,
es schenkte der Böhme des perlenden Weins,
und alle die Wähler, die sieben,

wie der Sterne Chor um die Sonne sich stellt,
umstanden geschäftig den Herrscher der Welt,
die Würde des Amtes zu üben."

Sobald der eine der alten Staatsmänner unsicher wurde, sprang der andere ein, und so drangen beide in einer freudig beschwingten Wechselrede, einer das Gedächtnis des anderen stützend und froh gestimmt, noch so viele Erinnerungen aus der Jugendzeit hervorholen zu können, weit hinein in die zahlreichen Strophen des Gedichtes. Ob sie bis zu den Schlußzeilen vorgedrungen sind, weiß ich heute nicht mehr zu sagen:

„Und alles blickte den Kaiser an
und erkannte den Grafen, der das getan,
und verehrte das göttliche Walten."

Wir anderen sprachen unserem Wein zu, etwas beschämt, daß die beiden großen Alten so leicht über sieben Jahrzehnte in ihre Jugend zurückgreifen konnten. Der Tod Adenauers, zu dem die Staatsmänner fast aller Länder der freien Welt nach Bonn und Köln kamen, war eine letzte sichtbare Dokumentation dessen, was diese große Persönlichkeit unserem Lande und der internationalen Kooperation bedeutete. Als ich vom Rheinufer im Weißer Bogen den Schiffszug vorbeiziehen sah, der den Toten rheinaufwärts fuhr, empfand ich, wie viele, dies als das Ende einer Epoche. Es wird all unserer Kräfte bedürfen, dieses in Adenauers Zeit aus Politik und Wirtschaft zusammengeschmiedete Fundament für die künftigen Generationen zu erhalten.

1 Vgl. Alfred Müller-Armack, Auf dem Weg nach Europa. Erinnerungen und Ausblikke, Tübingen–Stuttgart 1971, S. 81 ff.

2 Vgl. Die Auswärtige Politik der Bundesrepublik Deutschland. Hrsg. vom Auswärtigen Amt unter Mitwirkung eines Wissenschaftlichen Beirats. Köln 1972.

3 Vgl. Theodor Sonnemann, Gestalten und Gedanken. Aus einem Leben für Staat und Volk, Stuttgart–Hannover 1975, S. 163 f.

HERMANN J. ABS

Konrad Adenauer und die Wirtschaftspolitik der fünfziger Jahre

I.

Im Juni 1945 lernte ich Konrad Adenauer kennen, als ich ihn im provisorischen Rathaus der Stadt Köln aufsuchte. Er war von den Amerikanern als Oberbürgermeister der Stadt eingesetzt worden. Seit dieser ersten Begegnung kamen wir wiederholt in Köln und später nach seiner Absetzung wegen „Unzulänglichkeit" durch die Engländer in Rhöndorf zusammen. Gegenstand unserer Unterhaltungen waren neben politischen Betrachtungen in erster Linie wirtschaftliche und finanzpolitische Fragen.
Durch seine Wahl zum Bundeskanzler in der 3. Sitzung des Bundestages am 15. September 1949 trug Adenauer für die Bundesrepublik Deutschland die volle Verantwortung.
Die Abwertung des englischen Pfundes, die am Wochenende 17./18. September 1949 beschlossen und am 19. September 1949 verkündet wurde, von 4,03 Dollar auf 2,80 Dollar für 1 Pfund=30,5%, machte es notwendig, daß die Bundesregierung über die Neufestsetzung der D-Mark/Dollar-Relation entscheiden mußte. Mit dieser Frage befaßte sich das Kabinett in seiner Sitzung am Freitag, dem 23. September 1949, im Museum Koenig in Bonn. Während die Bank deutscher Länder unter Führung von Karl Bernard und Geheimrat Vocke die alte Parität Dollar/Mark von vor 1934 von 4,20 DM für den Dollar empfahl und sich dabei auf Beratungen mit dem alliierten Bankrat berief, hatte der Außenhandelssachverständige, Senator Wilhelm Gustav Harmssen, Bremen, wegen der Konkurrenzkraft der deutschen Exportwirtschaft mit guten Gründen eine stärkere Abwertung empfohlen. So beschloß das Kabinett die Dollar/D-Mark-Parität auf 4,50 für einen Dollar festzusetzen. Frankreich hatte bereits am 20. September den Dollarkurs von 214,393 alte FF auf 350,— FF für den Dollar neu festgesetzt und damit eine Abwertung von 38,7% vorgenommen. Der alte DM-Berechnungskurs, der nach der Währungsreform festgelegt worden war, betrug 3,33 DM für einen Dollar. Eine neue Festsetzung auf 4,20 DM würde eine Abwertung von 20,6%, eine Neufestsetzung von 4,50 DM für den Dollar eine Abwertung von 28,2% bedeutet haben. Wegen der Neufestsetzung des Wechselkurses wurde Adenauer zu den drei Hohen Kommissaren auf Montag, den 26. September, auf den Petersberg eingeladen. Aus diesem Grunde bat er für Sonntag vormittag u. a. Franz Blücher (Vizekanzler und Bundesminister für Wirtschaftliche Zusammenarbeit), Ludwig Erhard (Wirtschaftsminister) und Fritz Schäffer (Bundesfinanzminister) und mich nach Rhöndorf. Diese Besprechung diente in erster Linie der Vorbereitung der Begegnung mit den Hohen Kommissaren am nächsten Tag und dem für den Nachmittag des Sonntag erwarteten Besuch des neuen amerikanischen Hohen

Kommissars John McCloy. Am späten Nachmittag nahm ich an der Aussprache Adenauer/McCloy teil, auch um zwischen den beiden zu dolmetschen. McCloy kam von Berlin, wo die Kontrollkommission getagt hatte, und berichtete über die entschlossene Meinung der Franzosen, keine zu starke Abwertung der Mark gegenüber dem Dollar zuzulassen.

Adenauer verstand es, bei dankbarer Anerkennung der großzügigen Hilfe Amerikas durch den Marshall-Plan, zugleich auf die Notwendigkeit des Aufbaues der deutschen Wirtschaft hinzuweisen. Er machte dabei deutlich, daß dazu auch die Fähigkeit zum Exportieren gehöre, um Deutschland von den ausländischen Hilfen unabhängiger zu machen.

In der Begegnung am Montag, dem 26. September, auf dem Petersberg sah sich Adenauer den drei Hohen Kommissaren, André François-Poncet, Sir Brian Robertson und John McCloy, gegenüber. Neben Adenauer nahmen an der Verhandlung u. a. teil: Vizekanzler Blücher, Wirtschaftsminister Erhard und Finanzminister Schäffer, ferner Robert Pferdmenges und ich als Berater des Kanzlers. Die einleitenden Ausführungen des vorsitzenden Hohen Kommissars François-Poncet, verbunden mit den Glückwünschen zu der schnellen Regierungsbildung, mit einem deutlichen Hinweis auf die ihm gestellte Aufgabe, nämlich die Bundesrepublik Deutschland in den Kreis der Länder der freien Welt zurückzuführen, und gleichzeitig verbunden mit einer gezielten Warnung vor den Gefahren der Freiheit, beantwortete Adenauer mit Dank und dem kurzen Hinweis, er möge sich an seine Ausführungen erinnern, wenn er die Berichte über die Debatten des Deutschen Bundestages zur Kenntnis nehme.

Es lag uns eine Tagesordnung vor, doch bat Adenauer zunächst um die Einsetzung einer Kommission, die gewisse Widersprüche des englischen und französischen Textes des Besatzungsstatuts klären sollte und die deutsche Übersetzung zugleich überprüfen möge. Nach längerem Hin und Her, bei offensichtlicher Zurückhaltung des englischen Hohen Kommissars, einer erkennbaren Ablehnung des französischen Hohen Kommissars und einem Eifer von McCloy, dem Wunsche Adenauers stattzugeben, wurde eine solche Kommission beschlossen. François-Poncet bemerkte dazu, die Kommission würde nicht viel nutzen, da bei Auslegungsfragen des Besatzungsstatuts die Hohen Kommissare bestimmen würden, wie das Besatzungsstatut auszulegen sei. Daraufhin erklärte Adenauer, François-Poncet brächte ihn durch diese Bemerkung in Verlegenheit, weil er am Nachmittag dem Führer der Opposition, Dr. Kurt Schumacher, die Frage beantworten müsse, ob er auf dem Petersberg unter einem Diktat gestanden oder ob er verhandelt habe. Er frage daher, ob François-Poncet die Ergebnisse der beschlossenen kleinen Kommission vorwegnehmen wolle oder ob er lediglich eine persönliche Bemerkung gemacht habe. François-Poncet antwortete, es sei lediglich eine persönliche Bemerkung gewesen. Diese erste Kontroverse bestimmte im Kern schon das Verhältnis der Hohen Kommissare auf der einen Seite und des Bundeskanzlers Adenauer auf der anderen Seite. Die Tagesordnung sah als ersten Punkt die Neufestsetzung des Wechselkurses der D-Mark gegenüber dem Dollar vor. Die Hohen Kommissare empfahlen entgegen dem Kabinettsbeschluß, den Dollar mit 4,50 DM festzusetzen, den Dollar auf 4,20 DM festzulegen. Insbesondere der englische Hohe Kommissar empfahl aus der Kenntnis der weltwirtschaftlichen Zusammenhänge, diesem Vorschlag zu folgen. Adenauer wies darauf hin, daß diese Empfehlung nicht die im Besatzungsstatut vorgesehene schriftliche Form des Einspruchs gegen den Beschluß des Kabinetts darstelle, so daß er sich für seine Regierung frei fühle, den Wechselkurs, wie beschlossen, festzulegen. Er behielt sich die letztendliche Stellungnahme noch vor.

In einem Tagesordnungspunkt war die Kritik der Hohen Kommissare an dem Dual-Preissystem von Bedeutung. Danach lagen die Exportpreise für Kohle höher als die innerdeutschen Preise. In einer Vorlage hieß es: „In Wahrnehmung der Interessen der Kohle importierenden Länder bestimmen wir, daß die Differenz zwischen In- und Auslandspreis für Kohle trotz der Abwertung der Mark sich nicht erhöhen darf, indem entweder der Exportpreis herunter oder der Inlandspreis heraufgesetzt wird oder eine Kombination von beidem.“ Adenauer führte zu diesem Punkte aus, er könne aus dem Besatzungsstatut nicht ersehen, daß es zu den Obliegenheiten der Hohen Kommissare gehöre, die Interessen der Kohle importierenden Länder wahrzunehmen. Meinen Hinweis, daß die Schweiz nicht abwertet, griff er sogleich auf und wies die Hohen Kommissare darauf hin, daß der Schweizer Franken gegenüber dem Dollar nach der Pfund-Abwertung nicht abgewertet wurde. Es sei nicht einzusehen, warum der Exportpreis heruntergesetzt werden müsse. Schließlich sei es im Interesse der deutschen Wirtschaft notwendig, den Kohlepreis im Inland niedrig zu halten. Dieser Gegenstand wurde eingehend erörtert und einer späteren abschließenden Vereinbarung zwischen den Hohen Kommissaren und der Bundesregierung vorbehalten.

Die gesamte Verhandlung hatte etwa sechs Stunden gedauert, und Adenauer fuhr sogleich zum Bundestag, um über die Verhandlungen zu berichten.

Der Bericht des Bundeskanzlers und des Wirtschaftsministers im Deutschen Bundestag über die ersten Verhandlungen mit den Hohen Kommissaren führte zu einer Debatte im Bundestag und einer lebhaften Erörterung in der Öffentlichkeit. In diesem Zusammenhang sagte Adenauer vor dem Deutschen Bundestag am 28. September 1949: „Unter Ziffer 3b dieses Beschlusses ist eine Angleichung der Export- und internen Kohlenpreise in der Weise vorgeschlagen, daß die Differenz zwischen den beiden nicht größer als vor der gegenwärtigen Abwertung ist. Meine Damen und Herren, das würde bedeuten, daß mit einem Schlag, das heißt innerhalb dieser sieben Tage, der inländische Kohlenpreis um über 25% heraufgesetzt werden müßte. Wir sind der Auffassung, daß eine derartige Heraufsetzung aus Anlaß der Angleichung des Verrechnungskurses der D-Mark an den Dollar – nicht der Abwertung der D-Mark – für die deutsche Wirtschaft unmöglich und untragbar ist. Wir werden diesen Weg unter keinen Umständen beschreiten. Ich erkläre das ausdrücklich namens der Bundesregierung, damit jede Beunruhigung im deutschen Volk, die etwa durch das Bekanntwerden dieses Beschlusses der Hohen Kommission ausgelöst werden könnte, von vornherein im Keim erstickt wird.“[1] Die in der Verhandlung vom 26. September angeschnittenen Probleme führten in den Vereinbarungen vom 29. September zu einer festen Absprache.

Ausgehend von diesen ersten Begegnungen, kam es am 22. November 1949 zum Petersberger Abkommen und am 30. November 1949 zum Eintritt der Bundesregierung in die Ruhrkommission.

Im Dezember 1949 überreichte die Alliierte Hohe Kommission der Bundesregierung ein Memorandum, in dem sie mitteilte, daß die Sachverständigen der drei alliierten Länder, England, Frankreich und USA, sich mit den Kohlensachverständigen der Bundesrepublik treffen würden, um neue Kohlenexportpreise für das erste Quartal 1950 aufzustellen und um gleichzeitig zu einem Abkommen über die Verminderung der Differenz zwischen dem deutschen Exportpreis und dem Inlandspreis für Kohle zu gelangen. Die Alliierten hatten eine Verminderung um 4,— DM pro Tonne in Erwägung gezogen. Adenauer unterstützte diese Konzeption grundsätzlich, da er die Abschaffung der Doppelpreise als förderndes Moment für die Europäische Wirtschaftsgemeinschaft anerkannte und den Wunsch hatte, einen praktischen Beitrag zur europäischen Zusammenarbeit zu leisten. Die Bundesregierung erklärte sich schließlich bereit, die Kohleexportpreise um 2,18 DM je Tonne zu senken und gleichzeitig die Inlandspreise um 0,30 DM pro Tonne zu erhöhen. Verschont von dieser Erhöhung blieben die Bundesbahn, die eisenschaffende Industrie und verschiedene Versorgungsbetriebe.

Es zeigte sich im Laufe des Jahres 1950, daß die Erhöhung der Inlandspreise um 0,30 DM je Tonne bei weitem nicht ausreichte, um die Erlösminderung im Export auszugleichen. Die Diskrepanz zwischen den Grundstoffindustrien in der Bundesrepublik und der stahl- und kohleverbrauchenden Industrie wurde im Jahre 1950 spürbar größer. Am 9. und 10. Dezember 1950 machte ich daher auf der 5. Tagung des wissenschaftlichen Beirats beim Bundeswirtschaftsministerium, die unter Vorsitz von Professor Dr. Herbert von Beckerath in Bad Tönnisstein stattfand, den Vorschlag, daß die rohstoffverbrauchende Industrie die nicht preisgebundenen Wirtschaftsmittel, die sie aus verdienten Abschreibungen oder Überschüssen, die sie nicht ausschüttete, einnahm, nicht zur Eigenfinanzierung verwenden, sondern teilweise zur Anleihezeichnung benutzen solle, um diese Mittel der Grundstoffindustrie zur Vornahme der notwendigen Investitionen zur Verfügung zu stellen. Durch diese Mittel könne dann die Grundstoffindustrie zu erhöhter Produktionsleistung kommen, weil sie immer noch eine zu geringe Ertragskraft hatte oder gar Verluste wegen der noch bestehenden Preisbindung hinnehmen mußte. Die Sitzung vom 9. und 10. Dezember 1950 war die eigentliche Geburtsstunde der Investitionshilfe. Adenauer stand dem Investitionshilfeprogramm von Anfang an positiv gegenüber. In der Kabinettsitzung vom 12. März 1951, die um 17 Uhr begann und sich weit über Mitternacht hinzog, wurde beschlossen, ein Investitionshilfeprogramm zugunsten der Grundstoffindustrie durchzuführen. In dieser Kabinettsitzung, bei der ich als Gast mitwirkte, begründete ich meine Anregung für eine Investitionshilfe und bezifferte den notwendigen, aber auch erzielbaren Betrag auf 1,2 Mrd. DM. Bundeswirtschaftsminister Erhard wehrte sich gegen diese Form der Investitionshilfe, da sie nicht mit der Marktwirtschaft zu vereinbaren wäre. Dem mußte ich entgegenhalten, daß die Preisbindung für Kohle, Stahl, Gas, Wasser, Elektrizität, Verkehr und wichtige Nahrungsmittel ebenfalls nicht als marktwirtschaftlich bezeichnet werden könne. Meine Hauptbegründung gipfelte darin, daß ein Teil der Wirtschaft bereits über den Preis die notwendigen Investitionen vornehmen könne, die Grundstoffindustrie wegen der Preisbindung dagegen nicht. Es seien in der Kohle, Energie und Stahl verbrauchenden Industrie bereits Kapazitäten entstanden oder in der Entstehung begriffen, die mangels eben dieser Grundstoffe nicht ausgenutzt werden könnten.

Bekanntlich hat es über ein Jahr gedauert, bis das Investitionshilfeprogramm vom Bundestag verabschiedet wurde.

Zwischendurch gab es eine Reihe anderer Pläne, unter anderem auch jeweils einen von Erhard und Schäffer, die aber nicht zum Tragen kamen. Adenauer wollte den Investitionshilfeplan noch vor dem 15. Juli 1951, dem Beginn der Parlamentsferien, verabschieden. Drei Tage vor den Parlamentsferien verlangte er eine Sondersitzung des Bundestages. In der Nacht zum Donnerstag lehnte der Bundestag jedoch mit 177 Stimmen der SPD, der KPD, großen Teilen der FDP, der DP und des Zentrums eine Sondersitzung ab. Der Vorsitzende des Wirtschaftsausschusses der CDU, Etzel, bewertete diesen nächtlichen Vorgang als eine „der größten Niederlagen des deutschen Unternehmertums". Er war ferner der Meinung, daß im Falle einer Ablehnung des Gesetzes die Bundesregierung den Weg einer Investitionssteuer wählen müsse, da es unbedingt erforderlich sei, den Grundstoffindustrien Investitionsmittel zur Verfügung zu stellen. Durch all diese Verzögerungen wurde das Investitionshilfegesetz erst am 13. Dezember 1951 mit erheblicher Mehrheit im Bundestag verabschiedet. Es trat als „Gesetz über die Investitionshilfe der gewerblichen Wirtschaft" am 7. Januar 1952 in Kraft.

Die Notwendigkeit, der Auseinanderentwicklung der verarbeitenden Industrie und Wirtschaft allgemein auf der einen Seite und der Grundstoffindustrie auf der anderen Seite Rechnung zu tragen, fiel in die Periode 1950/1951, während schon die sogenannten Schuman-Plan-Verhandlungen liefen.

Am 9. Mai 1950 hatte die französische Regierung zur Lösung des Kohle- und Stahlproduktionsproblems eine westeuropäische Föderation unter gemeinsamer Leitung einer Hohen Behörde vorgeschlagen, um eine Modernisierung der Produktion, eine Verbesserung der Qualität, die Lieferung von Stahl und Kohle auf dem französischen und deutschen Markt sowie auf dem aller beteiligten Länder zu den gleichen Bedingungen zu erreichen, die Entwicklung der gemeinsamen Ausfuhr nach anderen Ländern zu regeln und um einen Ausgleich im Fortschritt der Lebensbedingungen der Arbeiterschaft dieser Industrien zu erzielen. Diese Erklärung der französischen Regierung ging als „Schuman-Plan" in die Geschichte ein. Zur Verwirklichung dieses Plans und der gesetzlichen Fassung sollten die Regierungen der sechs interessierten Länder, Deutschland, Frankreich, Italien und der Benelux-Staaten, Delegationen nach Paris entsenden. Am 10. Mai 1950 rief Adenauer mich zu sich und bat mich, die deutsche Delegation zu leiten. Meinen Einwand, es gäbe Fachleute, die mehr von Kohle und Stahl verstünden als ich, akzeptierte Adenauer nicht. Er unterstrich, daß er einen Delegationsleiter brauche, der sein Vertrauen genieße und die wirtschaftspolitischen Zusammenhänge in der Bundesrepublik und in Europa genau kenne und beurteilen könne. In den darauf folgenden Tagen beriet Adenauer mit mir die Zusammensetzung der deutschen Delegation. Auf meine Empfehlung wurde u. a. Dr. Hans Boden (AEG) wegen seiner

großen außenhandelspolitischen Erfahrung Mitglied der Delegation.
Aus dem Büro des französischen Hohen Kommissars ließ man Adenauer über Blankenhorn wissen, daß die Betrauung meiner Person nicht den Vorstellungen der Franzosen entspreche. Sie würden es gern sehen, wenn ein im internationalen Recht bewanderter Jurist die deutsche Delegation führe, der bei der Vertragsgestaltung eigenverantwortlich mitwirken könne und damit für den Leiter der französischen Delegation, Jean Monnet, ein echter Partner würde. Bekanntlich war die Voraussetzung für den Beginn der Schuman-Plan-Verhandlungen die grundsätzliche Bereitschaft der sechs Länder, Souveränität einzuschränken. Dies traf mehr die fünf Partnerländer als gerade die Bundesrepublik Deutschland, da wir eine Souveränität an der Ruhr zur damaligen Zeit nicht innehatten. Ein solcher Verzicht von vornherein auf die eigene Souveränität auf dem Gebiet der Kohle und des Stahls und die Anerkennung einer Hohen Behörde waren für England der Grund, eine Beteiligung an den Schuman-Plan-Verhandlungen abzulehnen.
Wie Adenauer mir berichtete, fragte er gelegentlich eines Besuches Professor Röpke nach einem geeigneten Delegationsleiter. Röpke habe ihm den Namen Walter Hallstein genannt. Hallstein wurde durch Adenauer berufen und betrat damit die politische Bühne. Neben der eigentlichen Delegation richtete Hallstein auch einen Beraterkreis ein, dem unter anderen ich angehörte.
Adenauer setzte große Hoffnungen in die Arbeit der Schuman-Plan-Verhandlungen, da er von Anfang an bestrebt war, das Mißtrauen der Franzosen gegenüber Deutschland und besonders dem Ruhrgebiet abzubauen. Die Verhandlungen der sechs europäischen Länder in Paris vom 20. Juni bis 10. August 1950 führten am 18. April 1951 zum Vertrag über die Gründung der Europäischen Gemeinschaft für Kohle und Stahl, der sogenannten Montan-Union. Dieser Vertrag sicherte der Bundesrepublik Deutschland die Mitsprache und grundsätzliche Gleichberechtigung auf dem Gebiet der Kohle- und Stahlproduktion zu und gestattete Deutschland eine langsam wachsende Eisen- und Stahlproduktion.
Parallel zu den Verhandlungen über den Schuman-Plan und die Neuordnung der deutschen Kohle- und Stahlindustrie liefen die Verhandlungen zwischen dem Gewerkschaftsbund und den Arbeitgeberverbänden über ein neues Mitbestimmungsrecht. Adenauer hatte bereits in seiner Regierungserklärung im September 1949 dargelegt, daß die sozialen Verhältnisse zwischen Arbeitgeber und Arbeitnehmer der Zeit entsprechend neu geregelt werden müßten. Verhandlungen der Spitzenverbände Anfang des Jahres 1950 scheiterten. Es wurde allgemein angenommen, daß die Regierung eigene gesetzliche Vorschläge für die Mitbestimmung einbringen werde. Ein Mitbestimmungsvorschlag, der Mitte Mai von der CDU-Fraktion vorgelegt wurde, fand nicht die Unterstützung Adenauers, da er es mit dem konservativen Flügel in der Koalition, der FDP und DP, nicht verderben wollte. Unterdessen versuchte der deutsche Gewerkschaftsbund, seine im April herausgegebenen „Vorschläge des DGB zur Neuordnung der deutschen Wirtschaft", die auf nicht allzu viel Interesse gestoßen waren, durchzusetzen. Er erkannte nämlich, daß bei der Neuordnung der westdeutschen Montan-Industrie eine der wichtigsten Errungenschaften der Besatzungszeit, die paritätische Besetzung der Aufsichtsräte, abgeschafft

werden könnte. Ein Briefwechsel im Herbst zwischen Hans Böckler und Konrad Adenauer brachte keine Änderung.

Ich war zufällig bei der Gratulationscour zu Adenauers 75. Geburtstag am 5. Januar 1951 Zeuge der Gratulation der leitenden Männer des BDI und Pferdmenges' als Präsident der Bundesvereinigung der Banken. Da ich selbst keiner Organisation angehörte, hatte ich mich dieser Gruppe angeschlossen. Adenauer erkundigte sich nach dem Stand der Verhandlungen über die Mitbestimmung im Montan-Bereich. Pferdmenges berichtete dem Bundeskanzler, daß die Verhandlungen als gescheitert anzusehen seien, worauf Adenauer sagte: „Dann werde ich mich wohl selbst dieser Sache annehmen müssen." Darauf entgegnete Pferdmenges: „Darum wollten wir Sie bitten."

Am 11. Januar, nachdem vorher die Gewerkschaften mit einem Streik gedroht hatten, konnte Böckler Adenauer von der Notwendigkeit direkter Verhandlungen beider Seiten überzeugen. Am 19. Januar eröffnete Adenauer die Beratung zwischen den Vertretern der Unternehmer, für die Günter Henle und Robert Pferdmenges verhandelten, und den Gewerkschaften. Bereits am 22. Januar jedoch drohten diese Verhandlungen zu scheitern.

In den folgenden Tagen verhandelte Adenauer mit beiden Seiten getrennt. Nach zwei Tagen hatte er eine Einigung erzielt, die in wesentlichen Punkten den Forderungen des DGB entsprachen und die Grundlage des „Gesetzes über die Mitbestimmung der Arbeitnehmer in den Aufsichtsräten und Vorständen der Unternehmen des Bergbaues und der eisen- und stahlerzeugenden Industrie" vom 21. Mai 1951 wurde.

Anhand der vorstehenden Beispiele über die ersten Verhandlungen mit den Hohen Kommissaren über den Wechselkurs, über den Schuman-Plan, über die Investitionshilfe, über die Montan-Mitbestimmung habe ich versucht, deutlich zu machen, daß Adenauer sich in vielen Gesprächen von Sachkennern über die wirtschaftliche Seite der Probleme und ihrer Lösungen zu informieren trachtete, ehe er Grundlage und Ziel der politischen Konzeption unbeirrt verfolgte. Dieses Ziel war eindeutig, auf allen Gebieten die Souveränität wiederherzustellen und nur dort die Souveränität mit anderen zu teilen, wo andere Länder grundsätzlich das gleiche taten.

II.

Eines der Probleme, mit denen sich die Bundesregierung in den ersten Jahren zu befassen hatte, war die Lösung der Frage der deutschen Auslandsschulden. Am 23. Oktober 1950 forderte die Alliierte Hohe Kommission die Bundesregierung in einem an Adenauer gerichteten Schreiben auf, sich für die Vorkriegsschuld des Deutschen Reiches verantwortlich zu erklären. Gleichzeitig verlangte sie die Anerkennung der Nachkriegsschuld aus der Wirtschaftshilfe der drei Länder USA, England und Frankreich. Zudem wünschte die Hohe Kommission die Teilnahme der Bundesrepublik an den Schuldenverhandlungen und die Beteiligung an der Aufstellung eines Zahlungsplanes. Adenauer, zuständige Mitglieder der Bundesregierung, Vertreter der Ressorts und der Bank deutscher Länder und Parlamentarier – auch aus den Kreisen der Opposition, ich nenne besonders Professor Carlo Schmid – berieten in vielen Einzelbesprechungen und Sitzungen über die aufgeworfenen Probleme und bereiteten das Antwortschreiben Adenauers vor, das unter dem 6. März 1951 an die Alliierte Hohe Kommission gerichtet wurde und wie folgt lautete:

„Ich beehre mich, Ihnen in Beantwortung Ihres Schreibens vom 23. Oktober 1950 – AGSEC (50) 2339 – folgendes mitzuteilen:

I.

Die Bundesrepublik bestätigt hiermit, daß sie für die äußeren Vorkriegsschulden des Deutschen Reiches haftet, einschließlich der später zu Verbindlichkeiten des Reiches zu erklärenden Schulden anderer Körperschaften, sowie für die Zinsen und andere Kosten für Obligationen der österreichischen Regierung, soweit derartige Zinsen und Kosten nach dem 12. März 1938 und vor dem 8. Mai 1945 fällig geworden sind.
Die Bundesregierung geht davon aus, daß bei der Feststellung der Art und des Ausmaßes, in welchen die Bundesrepublik diese Verpflichtungen erfüllt, der allgemeinen Lage der Bundesrepublik und insbesondere den Wirkungen der territorialen Beschränkung ihrer Herrschaftsgewalt und ihrer Zahlungsfähigkeit Rechnung getragen wird.

II.

Die Bundesregierung anerkennt hiermit dem Grunde nach die Schulden aus der Deutschland seit dem 8. Mai 1945 geleisteten Wirtschaftshilfe, soweit die Haftung hierfür nicht bereits durch das zwischen der Bundesrepublik und den Vereinigten Staaten von Amerika abgeschlossene Abkommen über wirtschaftliche Zusammenarbeit vom 15. Dezember 1949 anerkannt worden ist, oder die Bundesrepublik nicht gemäß Art. 133 des Grundgesetzes die Verbindlichkeit hierfür bereits übernommen hat. Sie ist bereit, den Verpflichtungen aus der Wirtschaftshilfe gegenüber allen anderen ausländischen Forderungen gegen Deutschland oder deutsche Staatsangehörige Vorrang einzuräumen.
Die Bundesregierung hält es für zweckmäßig, die mit der Anerkennung und Abwicklung dieser Schulden zusammenhängenden Fragen in zweiseitigen Abkommen mit den Regierungen der an der Wirtschaftshilfe beteiligten Staaten nach Art des mit den Vereinigten Staaten von Amerika geschlossenen Abkommens vom 15. Dezember 1949 zu regeln. Sie setzt voraus, daß diese Abkommen für den Fall von Meinungsverschiedenheiten eine Schiedsklausel enthalten. Die Bundesregierung ist bereit, mit den beteiligten Regierungen sofort in Verhandlungen über den Abschluß dieser Abkommen einzutreten.

III.

Die Bundesregierung bringt hiermit ihren Wunsch zum Ausdruck, den Zahlungsdienst für die deutsche äußere Schuld wieder aufzunehmen. Sie geht

dabei davon aus, daß zwischen ihr und den Regierungen Frankreichs, des Vereinigten Königreichs von Großbritannien und Nordirland und der Vereinigten Staaten von Amerika Einverständnis über folgendes besteht:
Es liegt im Interesse einer Wiederherstellung normaler Wirtschaftsbeziehungen zwischen der Bundesrepublik und anderen Ländern, sobald wie möglich einen Zahlungsplan auszuarbeiten, der die Regelung der öffentlichen und privaten Forderungen gegen Deutschland und deutsche Staatsangehörige zum Gegenstand hat.
Bei der Ausarbeitung dieses Plans sind interessierte Regierungen einschließlich der Bundesregierung, Gläubiger und Schuldner zu beteiligen.
Der Zahlungsplan soll insbesondere die Forderungen behandeln, deren Regelung geeignet ist, die wirtschaftlichen und finanziellen Beziehungen der Bundesrepublik zu anderen Ländern zu normalisieren. Er wird der allgemeinen Wirtschaftslage der Bundesrepublik, insbesondere der Zunahme ihrer Lasten und der Minderung ihrer volkswirtschaftlichen Substanz Rechnung tragen. Die Gesamtwirkung des Planes darf weder die deutsche Wirtschaft durch unerwünschte Auswirkungen auf die innere Finanzlage aus dem Gleichgewicht bringen noch vorhandene oder künftige deutsche Devisenbestände über Gebühr in Anspruch nehmen. Er darf auch nicht die Finanzlast für irgendeine der Besatzungsmächte merklich vermehren.
In allen Fragen, die sich aus den Verhandlungen über den Zahlungsplan und über die Zahlungsfähigkeit ergeben, können die beteiligten Regierungen Sachverständigengutachten einholen.
Das Ergebnis der Verhandlungen ist in Abkommen niederzulegen. Es besteht Einverständnis darüber, daß der Plan nur vorläufigen Charakter hat und der Revision unterliegt, sobald Deutschland wiedervereinigt und eine endgültige Friedensregelung möglich ist.
Genehmigen Sie, Herr Hoher Kommissar, den Ausdruck meiner ausgezeichnetsten Hochachtung.
gez. Adenauer"

Die Verhandlungen wurden für den Mai des gleichen Jahres in London festgelegt. Vertreten waren in London 65 Gläubigerstaaten, von denen 38 durch je eine Delegation anwesend waren. Adenauer bat mich, die Leitung der deutschen Delegation für die Londoner Verhandlungen zu übernehmen. Andere Namen, die ihm für diese Aufgabe genannt wurden, hatte er nach sorgfältiger Überlegung verworfen.
Während der Vorbereitung der Schuldenkonferenz im Herbst 1950 bis Mai 1951 und während der Verhandlungen vom Mai 1951 bis zum Februar 1953 und den 1952 parallel laufenden Verhandlungen mit Israel war mir in den vielen Gesprächen mit Adenauer, in Verhandlungen mit ihm und seinen Ministern klar, daß er sich der wirtschaftlichen Tragweite der Verhandlungen vollauf bewußt war. Er stellte auch hier das Ziel wirtschaftlicher Lösungen in den Blickpunkt des politischen Ziels, nämlich der Wiederherstellung des moralischen Ansehens und der Souveränität Deutschlands. Das von mir herausgestellte Ziel, nämlich die Wiederherstellung der deutschen internationalen Kreditfähigkeit, hat er anerkannt. Einzelheiten, dieses Ziel zu erreichen, überließ

er weitgehend mir, indem er seine Verantwortung betonte, mich berufen zu haben.

Im Mai 1952 drohten die Verhandlungen in London zu scheitern, da ein deutsches Angebot zu niedrig war, um von den Gläubigervertretern akzeptiert werden zu können, aber zugleich dennoch hoch genug, um die Verhandlungen nicht von Gläubigerseite als gescheitert anzusehen. In den wichtigen Gläubiger/Schuldner-Verhandlungen Mai bis August 1952 wurde eine Lösung gefunden, die während der ersten fünf Jahre nach dem Inkrafttreten, das für 1953 erfolgen sollte, eine Jahresleistung von 567 Millionen und ab 1958 eine Jahresleistung bis zur Erfüllung von 765 Millionen vorsah. Nach Abschluß der Londoner Schuldenverhandlungen, dem vom September 1952 bis Februar 1953 die Regierungsverhandlung und die Fertigstellung des Abkommens, genannt das „Londoner Schuldenabkommen" folgten, haben sich die Mitglieder der Regierung und insbesondere die Bank deutscher Länder kritisch über die Erfüllbarkeit der Vereinbarung geäußert. Insbesondere hatte die Bank deutscher Länder die Erfüllungsmöglichkeit in Zweifel gezogen und erklärt, daß das Ziel der Konvertibilität der Deutschen Mark durch dieses Abkommen in unabsehbare Ferne gerückt sei. Von Adenauer zu einer Stellungnahme aufgefordert, antwortete ich, daß das Londoner Abkommen kein Hindernis sei, um die Konvertibilität zu erreichen, sondern die Voraussetzung. Die Konvertibilität der D-Mark wurde bekanntlich 1957 erreicht.

III.

Parallel zu der Londoner Schuldenverhandlung liefen die Wiedergutmachungsverhandlungen mit Israel. Kaum ein anderes Abkommen, das die Bundesregierung in den ersten Jahren ihres Bestehens zu verhandeln hatte, war von so großer Bedeutung, weil es die moralische und ethische Verpflichtung des neuen Staates, wiedergutzumachen, zur Grundlage hatte. Israel hatte am 12. März 1951 an die vier Siegermächte USA, England, Frankreich und Rußland in einer Note Reparationen von Deutschland verlangt und die Siegermächte aufgerufen, Deutschland keine Souveränitätsrechte einzuräumen. In einer feierlichen Sitzung des Bundestages am 27. September 1951 gab Bundeskanzler Adenauer im Auftrage der Bundesregierung eine Erklärung über die Haltung der Bundesrepublik Deutschland gegenüber den Juden und dem Staat Israel ab. In dieser Erklärung wies er vor allem auf die Unantastbarkeit der Würde des Menschen hin und gab zu, daß im Namen des deutschen Volkes unsagbare Verbrechen begangen worden seien, die zur moralischen und materiellen Wiedergutmachung verpflichteten, sowohl hinsichtlich der individuellen Schäden, die die Juden erlitten hatten, als auch des jüdischen Eigentums, für das individuell Berechtigte nicht mehr vorhanden waren. Die Bundesregierung, so versprach Adenauer, werde für den baldigen Abschluß der Wiedergutmachungsgesetzgebung und ihre gerechte Durchführung Sorge tragen. Allerdings müßten dabei die Grenzen der deutschen wirtschaftlichen Leistungsfähigkeit berücksichtigt werden. Adenauer erklärte seine Bereitschaft, gemeinsam mit den Vertretern des Judentums und des Staates Israel eine Lösung des materiellen Wiedergutmachungsproblems herbeizuführen, um damit den Weg zur seelischen Bereinigung unendlichen Leides vorzubereiten. Am 3. Dezember 1951 traf Adenauer während seines Besuches in London Nahum Goldmann, den Vorsitzenden der Conference on Jewish Material Claims against Germany. Es lag die Vermutung nahe, daß der Vertreter Israels von Adenauer eine Erklärung über die Abwicklung der Forderungen des Staates Israel an die Bundesrepublik haben wollte. Als ich von dem bevorstehenden Besuch erfuhr, wies ich Adenauer in einem Schreiben vom Morgen desselben Tages und in einem anschließenden Gespräch darauf hin, daß es irrig sei, Warenlieferungen ohne Berührung des Transfer- und Zahlungsbilanzproblems leisten zu können. Für die Londoner Verhandlungen seien die Aufbringung im Inland und der Transfer von Leistungen ins Ausland das Problem schlechthin. Ich machte daher darauf aufmerksam, daß nur im Zuge abschließender Verhandlungen in London Sonderregelungen mit einem dritten, in London mit seiner Forderung nicht zugelassenen Gläubigerland möglich seien. Adenauer schrieb am 6. Dezember 1951 von London aus an Nahum Goldmann folgenden Brief, den im vollen Wortlaut wiederzugeben, mir wichtig erscheint[2]:

„Sehr geehrter Herr Dr. Goldmann!
Unter Bezugnahme auf die Erklärung, die die Bundesregierung am 27. September 1951 im Bundestag abgab und in der sie sich bereit erklärte, mit Vertretern des jüdischen Volkes und Israels Verhandlungen wegen der Wiedergutmachung der unter dem nazistischen Regime entstandenen Schäden aufzunehmen, möchte ich Ihnen mitteilen, daß die Bundesregierung den Zeitpunkt für gekommen erachtet, in dem solche Verhandlungen beginnen sollten. Ich bitte Sie, in Ihrer Eigenschaft als Vorsitzender der Conference on Jewish Material Claims against Germany sowohl dieser Konferenz als auch der Regierung Israel von dieser Bereitschaft Kenntnis zu geben.
Ich möchte dazu bemerken, daß die Bundesregierung in dem Problem der Wiedergutmachung vor allem auch eine moralische Verpflichtung sieht und es für eine Ehrenpflicht des deutschen Volkes hält, das Möglichste zu tun, um das an dem jüdischen Volk begangene Unrecht wieder gutzumachen. Die Bundesregierung wird in diesem Zusammenhang die Möglichkeit begrüßen, durch Warenlieferungen zu dem Aufbau des Staates Israel einen Beitrag zu leisten. Die Bundesregierung ist bereit, bei diesen Verhandlungen die Ansprüche, die die Regierung des Staates Israel in ihrer Note vom 12. März 1951 gestellt hat, zur Grundlage der Besprechungen zu machen.
Mit vorzüglicher Hochachtung
Ihr ergebener Adenauer."

Das israelische Parlament erklärte sich am 9. Januar 1952 bereit, mit der Bundesrepublik zu verhandeln. Im Januar 1952 führte das Auswärtige Amt erste Verhandlungen mit den Vertretern der israelischen Regierung über Form und Gestaltung der zu führenden Verhandlungen.
In einem Gespräch mit Adenauer am 20. Februar teilte dieser mir mit, daß am 17. März 1952 offizielle deutsche Verhandlungen mit Vertretern Israels über Begründung und Behandlung der von Israel beanspruchten Forderungen

eröffnet werden sollten. Die deutsche Delegation sollte von Professor Böhm und Rechtsanwalt Küster als Stellvertreter, die israelische von Dr. Giora Josephthal und Dr. F. E. Shinnar geleitet werden.
Ich teilte Adenauer in unserem Gespräch am 20. Februar und zusammenfassend in einem Schreiben vom 22. Februar 1952 meine Bedenken gegen den Beginn von Verhandlungen mit Israel mit, da diese eine Regelung der deutschen Auslandsschulden bei der Londoner Konferenz in Frage stellen würden. Ich führte aus, daß die in London vertretenen Gläubigerstaaten Sonderverhandlungen mit Israel nicht verstehen könnten, die der Größenordnung der in der Note vom 12. März 1951 Israels an die vier Siegermächte angekündigten Forderung nach sowohl die deutsche Aufbringungs- als auch Transferfähigkeit hinsichtlich des Schuldendienstes außerordentlich und zusätzlich belasten würde. Ich erklärte, daß die Londoner Konferenz wegen der angedeuteten Gründe und weil die Ermäßigung der Forderungen der vier Mächte aus der Nachkriegswirtschaftshilfe vom 5. Dezember 1951 um etwa neun Milliarden DM nur bedingt und von der Haltung aller anderen Gläubiger Deutschlands abhängig gemacht worden war, scheitern müsse mit der Folge, daß Deutschland nach wie vor im Verzug bleibe und daß die lebensnotwendige Wiederherstellung seiner Kreditfähigkeit im Ausland nicht erreicht werden könne. In einem Telegramm vom 12. März 1952 teilte mir Adenauer mit, daß nach seiner Auffassung die Verhandlungen mit Israel sich in zwei Phasen vollziehen sollten. In der ersten Phase müsse sich die deutsche Delegation darauf beschränken, die Forderungen des Staates Israel und der jüdischen Organisationen kennenzulernen, um diese hinsichtlich Höhe und Art zu erörtern. Er versicherte mir, daß das Ergebnis dieser Aussprache der Londoner Schuldenkonferenz zugeleitet werde. Sobald die Londoner Schuldenkonferenz in ihren Verhandlungen Fortschritte im Laufe der nächsten Monate erziele und dabei die Einbeziehung des israelischen Schuldenkomplexes in eine Gesamtregelung sich ergeben könnte, sollte in einer zweiten Phase der deutsch-israelischen Verhandlungen die Frage der Regelung behandelt werden.
In einem Schreiben vom 16. März bat ich Adenauer, den deutschen Delegationsführer, Professor Böhm, auf der Haager Schuldenkonferenz anzuweisen, die Verhandlungen über die Ansprüche Israels aufs engste mit den auf der Londoner Schuldenkonferenz zu behandelnden Fragen zu verknüpfen. Es wurde vereinbart, daß Ministerialdirektor Wolff – ein Mitglied meiner Londoner Delegation – zugleich Mitglied der deutschen Delegation für die Israel-Verhandlungen wurde.
Bei den Verhandlungen in Den Haag forderte der Staat Israel in Übereinstimmung mit der schon zitierten Note Israels vom 12. März 1951 von der Bundesregierung die Bezahlung von 1 Milliarde Dollar (4,2 Milliarden DM). Die Forderung wurde damit begründet, daß dem Staat Israel Eingliederungskosten in Höhe von 6,3 Milliarden DM für die aus dem nationalsozialistischen Machtbereich nach Israel eingewanderten Juden erwachsen seien. Hiervon fielen 4,2 Milliarden DM auf den Anteil der Bundesrepublik und 2,1 Milliarden auf die DDR. Israel betrachte diese 4,2 Milliarden als materiellen Beitrag der Bundesrepublik für die Wiedergutmachung des Unrechtes während der nationalsozialistischen Zeit. An einer Sitzung unter Vorsitz Adenauers am 5. April

1952 nahmen folgende Personen teil: Vizekanzler Blücher, Bundeswirtschaftsminister Erhard, Staatssekretär Hartmann in Vertretung für Bundesfinanzminister Schäffer, Böhm und Küster, Ministerialdirektor Wolff (Bundesfinanzministerium), Hallstein, Blankenhorn, Rechtsanwalt Frowein und ich selbst. Der Leiter der deutschen Delegation, Professor Böhm, wurde ermächtigt, in Den Haag zu erklären, daß Bundeskanzler Adenauer die Rechtfertigung der gestellten Forderung von 3 Milliarden DM statt der geforderten 4,2 Milliarden billige. Eine endgültige Entscheidung über die Höhe der Wiedergutmachungsleistung an Israel aber könne die Bundesrepublik jedoch erst nach Wiederbeginn der Verhandlungen mit der deutschen Delegation bei der Londoner Schuldenkonferenz treffen. In einer Sitzungspause fand eine Besprechung zwischen McCloy, Professor Böhm, Dr. Küster und Ministerialdirektor Wolff und mir statt. Bei diesem Gespräch erkundigte sich McCloy eingehend über die Verhandlungen in Den Haag. Dabei betonte er, daß er keinerlei Instruktionen für die Behandlung des Problems von Washington habe, und unterstrich, daß er nur als Privatperson einen Rat geben könne. Er sei aber von großer Sorge erfüllt, daß die Den Haager Konferenz scheitern könne. McCloy gab der Delegation in Den Haag den dringenden Rat, jede Erklärung zu vermeiden, die auch nur im leisesten irreführend sein könne. Er bezog sich auf die Anerkennung der drei Milliarden durch die deutsche Delegation und fügte hinzu, daß es für Adenauer wohl sehr schwierig sei, von dieser Summe bei der endgültigen Regelung herunterzukommen. Damit bestätigte McCloy meine eigene Stellungnahme und Kritik an der Nennung des Betrages von drei Milliarden in diesem Stadium der Verhandlungen. Mitte April fanden Gespräche zwischen Goldmann, Barou, Shinnar und mir statt. In einem Gespräch am 19. April wurde von der israelischen Delegation mir gegenüber die Befürchtung ausgesprochen, daß deutscherseits möglicherweise so verfahren werden könnte, daß zunächst die übrigen Gläubiger zufriedengestellt würden und Israel und die israelischen Organisationen mit dem vorliebnehmen müßten, was übrigbleibe. Ich erklärte daraufhin, daß dies keineswegs der Fall sei, denn gerade die Einbeziehung eines Israel-Abkommens in die eine Aufbringungsfähigkeit und die eine Transfermöglichkeit stelle die beste Sicherung Israels dar. In diesem Gespräch sagte ich meine Unterstützung für eine Voraushilfe zur Bezahlung von Erdölimportrechnungen zu. Am 3. Mai sollte ein klärendes Gespräch zwischen Goldmann und dem Bundeskanzler stattfinden. In Vorgesprächen mit dem Bundeskanzler bat ich Adenauer wiederum, keine konkreten Zahlen Goldmann gegenüber zu nennen, sondern zu betonen, daß eine Lösung des Wiedergutmachungskomplexes lediglich in Verbindung mit dem Londoner Schuldenabkommen in Frage käme. Gleichzeitig solle er Goldmann gegenüber klarlegen, daß die Prüfung über die deutsche Leistungsfähigkeit und die für die Londoner Schuldenkonferenz zu machenden Vorschläge noch im Gange seien.

In der Kabinettsitzung vom 14. Mai wurden die Beträge für die Lösung der Auslandsschulden in London in einem Jahresbetrag von 500 Millionen DM vom Kabinett gebilligt. Am gleichen Tag gab der Bundeskanzler in einer Unterredung mit Goldmann das zugesagte verbindliche Angebot an Israel und das Weltjudentum bekannt. Es sah für die Abgeltung Warenlieferungen im Gegenwert von drei Milliarden DM vor, die innerhalb von zwölf Jahren, in der Anlaufzeit jedoch mit nicht mehr als 200 Millionen DM jährlich, bereitzustellen waren. Dieses Angebot Adenauers an Goldmann war die Grundlage der Verhandlungen beider Delegationen. An Verhandlungen in Bonn vor allem mit Shinnar nahm ich entscheidend teil, um die Durchführbarkeit aus meiner Sicht im Lichte der Londoner Verhandlungen und die einschränkenden Wünsche des Bundesfinanzministers auf Aufschub einzelner Raten abzusichern. Die Verhandlungen der beiden Delegationen begannen wieder am 23. Juni in Den Haag. Ende August kam es dann zum Abschluß der Verhandlungen. Die beiden Delegationen einigten sich im Abkommen, innerhalb von 14 Jahren Sachleistungen an den Staat Israel in Höhe von drei Milliarden Mark und an die jüdischen Weltorganisationen in Höhe von rund 450 Millionen Mark zu leisten.

Am 8. September 1952, an einem Montag, wurde das Abkommen vom Bundeskabinett gebilligt.

IV.

Im Zusammenhang mit der Schuldenregelung spielte die Frage der Beschlagnahme des deutschen Auslandsvermögens eine Rolle. Bekanntlich haben selbst neutrale Länder über das deutsche Auslandsvermögen zugunsten der Siegermächte verfügt. Ich nenne beispielhaft die neutrale Schweiz, die sich zu einem sogenannten Washingtoner Abkommen entschlossen und Teile des deutschen Auslandsvermögens in der Schweiz in Höhe von 250 Millionen sfrs. an die Siegermächte überantwortet und sich hierfür aus dem deutschen Vermögen befriedigt hat. Die Rückgabe des deutschen Vermögens oder des Erlöses des liquidierten deutschen Vermögens seitens der Siegermächte an die Vorbesitzer scheiterte an dem Pariser Reparationsabkommen von 1946, das allen Signatarmächten untersagte, das Vermögen an die Vorbesitzer zurückzugeben oder auch eine Entschädigung zu zahlen. Die Siegermächte nahmen vielmehr den Erlös des deutschen Vermögens als eine Reparationsleistung für sich in Anspruch.

Bei den Londoner Schuldenverhandlungen war trotz wiederholten Vorbringens nicht mehr zu erreichen, als daß die Tatsache der Wegnahme des deutschen Auslandsvermögens bei der Bemessung der von Deutschland zu erbringenden Leistungen Berücksichtigung finden sollte. Die Frage des deutschen Vermögens aber blieb – wegen des 1946er Abkommens – außerhalb jeder Verhandlungsmöglichkeit. Das bedeutendste Land, in dem deutsches Auslandsvermögen vor dem Krieg angelegt war, waren die USA. Der Liquidationswert betrug etwa zwischen 250 und 300 Millionen Dollar. Nach dem Londoner Schuldenabkommen wurden im Jahre 1954 Verhandlungen mit Amerika geführt, die dazu führten, daß Amerika bereit war, Vermögen, die im einzelnen niedriger als 10000 Dollar waren, zurückzugeben. Damit wären etwa 60 Millionen Dollar (250 Millionen DM) oder 1/4 bis 1/5 des gesamten Vermögens zurückgeflossen und zugleich 90% der Fälle erledigt worden. Dieses Verhandlungsergebnis lag mehr oder weniger schon fest, als ich von Adenauer mit der Führung der Verhandlungen in Washington im Februar 1955 betraut wurde. Es ging

bei diesen Verhandlungen um dreierlei: 1. das in einem Verhandlungsergebnis festzulegen, was erreichbar war, und selbstverständlich ein verbessertes Ergebnis anzustreben; 2. den Weg zu finden, der eine zu vermeidende Erörterung im Kongreß ausschloß; 3. den Weg für eine großzügigere spätere Regelung offenzuhalten. Zum ersten Ziel war über das vorab Besprochene nichts zu erreichen. Die Form der Rückzahlung geschah aus Rückzahlungsbeträgen, die im Dezember 1951 zwischen USA und Deutschland in Höhe von 1,2 Milliarden Dollar in der Regelung der Nachkriegswirtschaftshilfe festgelegt waren. Durch Verwendung solcher Rückzahlungsbeträge erübrigte sich die Beschlußfassung des Kongresses über die Bewilligung von Haushaltsmitteln. Zum dritten Ziel erreichte ich in fast vierwöchigen Verhandlungen im deutschen Kommuniqué eine Zusatzbemerkung, die im amerikanischen Kommuniqué nicht enthalten war, nämlich daß die deutsche Delegation die erreichte Regelung der 60 Millionen Dollar als einen ersten Schritt ansieht. Auf diese Weise wollte ich den Weg für eine größere Lösung offenhalten. Adenauer und die Regierung fanden die kleine Lösung nicht befriedigend.
Weitergehende Gespräche, die sich über mehrere Jahre hinzogen, sind ohne Erfolg geblieben. Präsident Eisenhower hatte nicht von ungefähr am 2. Juli 1960 eine Erklärung abgegeben, die sehr bedeutungsvoll war. Er sagte nämlich, er trete für die Unverletzlichkeit des privaten Eigentums im Krieg und Frieden ein. Mit dem damaligen US-Unterstaatssekretär Douglas Dillon wurde um die Jahreswende 1960/61 eine Absprache paraphiert, wonach aus der Nachkriegswirtschaftshilfe 200 Millionen Dollar abgezweigt werden sollten, um daraus das gesamte deutsche Auslandsvermögen in den USA zu entschädigen. Aus diesem Grunde hat die Deutsche Bundesbank bei der vorzeitigen und großzügigen Rückzahlung der deutschen Nachkriegswirtschaftshilfe, die in festen Annuitäten bis 1983 zu tilgen war, 200 Millionen Dollar zurückgehalten. Leider ist diese Absprache über die Paraphierung nicht hinausgekommen, weil man in Bonn es für richtiger hielt, die deutsch-amerikanische Freundschaft mit dem neuen Präsidenten John F. Kennedy zu besiegeln als mit dem ausscheidenden Eisenhower. Letzterer hätte es sich leisten können, gegen die öffentliche Meinung eine Handlung vorzunehmen, für die er die letzte Verantwortung trug. Sein Bild stand in der Öffentlichkeit fest, während ein junger Präsident, der seine politische Zukunft noch vor sich hatte, kaum ein unpopuläres Abkommen billigen konnte.

V.

Wie sehr Adenauer an wirtschaftlichen Problemen und Fragen interessiert war, zeigen auch die Ausschüsse, die er zu seiner persönlichen Beratung berief. In einem Schreiben vom 9. November 1949 bildete er einen Kabinettsausschuß, der einmal im Monat zusammentreten sollte. Der Ausschuß sollte u.a. die besonderen Fragen der Notenbank (Bank deutscher Länder) und der Kreditanstalt für Wiederaufbau behandeln. Gleichzeitig sollte er Adenauer bei der Behandlung von Wirtschaftsfragen beraten. Es gehörten ihm die Minister Blücher, Erhard und Schäffer, von der Bundesbank Vocke und Bernard und ferner Pferdmenges und ich selbst an. Für die erste Sitzung dieses Ausschusses am 6. Januar 1950 im Hause des Bundeskanzlers teilte Adenauer uns folgende Tagesordnung mit:

1. Allgemeine wirtschaftliche Lage;
2. Wohnungsbau, Finanzierung, entweder durch Ausgleichsforderungen der Realkreditinstitute oder Gewinn aus Münzprägung (gegebenenfalls beides);
3. Währungspolitische Lage;
4. alte Schulden, neue Darlehen, bilateraler Vertrag;
5. Großbanken;
6. Gesetzgebung betreffend Bundesbank;
7. verschiedenes.

Dieser Wirtschaftsausschuß unter Leitung des Bundeskanzlers war maßgeblich an den verschiedensten Vorschlägen beteiligt, die Adenauer in dieser Hinsicht im Kabinett vorbrachte. Aus diesem Ausschuß entstand Anfang der fünfziger Jahre das unter Vorsitz des Vizekanzlers Blücher stehende Wirtschaftskabinett. In einem Schreiben vom 14. Januar 1954 teilte Adenauer mir mit, daß er zu seiner persönlichen Beratung in bedeutsamen wirtschaftspolitischen Fragen von Zeit zu Zeit einen kleinen Kreis wirtschaftlich erfahrener Herren zusammenrufen wolle. Diesem „Kleinen Kreis" zur Beratung wirtschaftspolitischer Fragen sollten verschiedene Industrievertreter angehören. Er tagte neben und als Ergänzung zu dem bereits bestehenden Wirtschaftsausschuß von 1949. Dem „Kleinen Kreis" gehörten neben mir Fritz Berg, Präsident des Bundesverbandes der Deutschen Industrie, Karl Bernard, Präsident des Zentralbankrates der Bank deutscher Länder, Karl Blessing, Präsident der niederländischen Handelskammer für Deutschland, Robert Pferdmenges, Albert Schäfer, Präsident der Handelskammer Hamburg, Otto Seeling, Vorsitzender des Landesverbandes der Bayerischen Industrie e. V., Friedrich Spennrath, Präsident der Industrie- und Handelskammer zu Berlin, Richard Uhlemeyer, Präsident des Zentralverbandes des deutschen Handwerks, Geheimrat Vocke, Präsident des Direktoriums der Bank deutscher Länder, an. Regelmäßig lud er den Vorstand der Bundesbahn ein und von Zeit zu Zeit die verschiedensten Spitzenvertreter der deutschen Wirtschaft. Bei all diesen Sitzungen zeigte Adenauer großen Sachverstand. Er versuchte, die wirtschaftspolitischen Probleme zu erkennen und zu erfassen, um sie dann seiner politischen Gesamtkonzeption einzuordnen.

Während seiner Regierungszeit von 1949 bis 1963 hat Adenauer immer wieder Gelegenheit genommen, sich in Einzelunterhaltungen oder auch mit einer Gruppe von Gesprächspartnern über die wirtschaftlichen und finanziellen Probleme Erkenntnis zu verschaffen. Er verstand es ausnehmend gut, durch einseitige Stellungnahme pro und kontra seine Gesprächspartner zu Meinungsäußerungen zu bringen, die seinen vorgebrachten Gedanken entgegenstanden. Daher ist der naheliegende Rückschluß, daß es ihm an eigenem Urteil in wirtschaftlichen und finanziellen Fragen gefehlt hätte, falsch. Er liebte es, nicht anwesende Mitglieder der Regierung oder auch verschiedener Organisationen, wie zum Beispiel auch der Gewerkschaften, zu verteidigen, um von seinen Gesprächspartnern gegenläufige Argumente zu hören. Genauso behandelte er Themen, in denen ausländische Länder und Volkswirtschaften betroffen waren. Unbemerkt für die Gesprächspartner wurden in seinen späteren Äußerungen, in

Reden und im Parlament Ansichten und Urteile deutlich, die das Ergebnis solcher eben erwähnter Aussprachen waren.

So handelte er, um einige Beispiele zu nennen, bei meiner Berichterstattung über einen Drei-Männer-Ausschuß, der in einer mehrwöchigen Studie die Verhältnisse Indiens und Pakistans studiert hatte. Es handelte sich um den Engländer Sir Oliver Franks, den Amerikaner Allan Sproul und mich selbst. Wir hatten Anfang 1960 einen Bericht an die Weltbank verfaßt, den ich dem Bundeskanzler, den zuständigen Ministern und ihren Staatssekretären übersandt hatte. Nur Adenauer selbst nahm sich die Zeit, in einer mehrstündigen Beratung den Bericht zu erörtern mit der deutlichen Absicht, ein festes Urteil über die in dem Bericht angeschnittenen Probleme zu gewinnen.

Anfang der fünfziger Jahre hatte Adenauer mich gebeten, ihn bei der Entflechtung der IG Farben zu beraten. Dies geschah in vielen Einzelgesprächen. Die Alliierten hatten einen Fardip-Ausschuß eingesetzt, um mit Hilfe dieses von Deutschen besetzten Ausschusses die Entflechtungspläne der Alliierten durchzusetzen. Auch hier hat Adenauer sich genauestens über die wirtschaftlichen Folgen einer Neuordnung unterrichtet und sich auf diesem wichtigen industriellen Gebiet nicht zu Entscheidungen drängen lassen, ehe er nicht die wirtschaftlichen Folgen dank Beratungen mit interessierten Gesprächspartnern, aber auch mit Unabhängigen übersah.

Im Jahre 1957 berichtete ich über eine wichtige Konferenz in den USA mit dem Gedanken, daß die Regierungen der industrialisierten Welt Grundsätze über den Schutz der Auslandsinvestitionen verkünden und zur Grundlage zwischenstaatlicher Verträge machen. Adenauer hörte sich meinen Bericht an und fragte sofort, ob wir denn in der Bundesrepublik aus der Vergangenheit des Deutschen Reichs heraus alles zum Schutz der Auslandsinteressen in Deutschland getan hätten. Ich nannte ihm auf seinen Wunsch drei ungelöste Fälle, und er beendete das Gespräch mit dem Auftrag: „Dann bringen Sie erst diese Fälle in Ordnung, ehe Sie von der Bundesregierung eine Unterstützung Ihrer Gedanken erwarten können."

Anfang 1961 wurde Adenauer von Yoshida in Japan um Unterstützung durch die Bundesrepublik zur Finanzierung von Landgewinnung und der Hafenausweitung Osaka gebeten. Er lehnte dies für die Bundesrepublik ab, versprach aber, mich für diese Angelegenheit zu interessieren, um zu untersuchen, ob auf dem deutschen oder internationalen Kapitalmarkt eine Finanzierung möglich sei. Dies führte dann zu den bekannten ersten Japan-Anleihen der sechziger Jahre.

Während der gesamten Regierungszeit hat Adenauer immer wieder Einzelprobleme, für die ich vorstehend nur einige Beispiele brachte, mit mir besprochen. Er begründete dies mit dem einfachen Satz: „Ich frage Sie deshalb so gern, weil ich weiß, daß Sie nichts von mir wollen."

1 Vgl. Verhandlungen des Deutschen Bundestags. 1. Wahlperiode 1949. Stenographische Berichte. Bd. 1, S. 158.

2 Vgl. Rolf Vogel (Hrsg.), Deutschlands Weg nach Israel, Stuttgart 1967, S. 39.

RAINER BARZEL

Sozialreform – ein Auftrag Adenauers

Konrad Adenauer ermunterte als Präsident des Parlamentarischen Rates die Abgeordneten dieser verfassunggebenden Versammlung, „unter Gottes Schutz mit dem ganzen Ernst und mit dem ganzen Pflichtgefühl" die „historische Aufgabe", die ihnen gestellt war, zu erfüllen[1].
Karl Arnold rief ihnen zu: „Ihr Werk wird gelingen, wenn es getragen sein wird von dem Geist der Gesetze, die der Schöpfer in die Brust eines jeden Menschen gelegt hat. Die Grundordnung eines Staates ist die glücklichste und dauerhafteste, die den Staat zur verantwortungsbewußten Sorge des einzelnen Staatsbürgers macht."
Unsere Verfassungsväter waren auf der Höhe der moralischen, politischen und historischen Erkenntnis ihrer Zeit. Sie schöpften aus hohen Idealen wie aus bösen Erfahrungen. Sie hatten den Zerfall der Weimarer Demokratie, die unmenschliche Diktatur Hitlers, den gnadenlosen Krieg und den erbarmungslosen Zusammenbruch erlebt und durchlitten. Sie kamen aus Trümmern, Konzentrationslagern, Schlachtfeldern, Gefangenschaften; Elend und Hunger gehörten zu ihrer leidvollen Erfahrung wie der Verlust der Freiheit. Ihren Idealen hatten sie ungebrochen in allen Widrigkeiten die Treue gehalten. Wir können stolz sein auf diese Verfassungsväter – und dankbar. Ihnen ist ein großer Wurf gelungen.
Einer von ihnen, Jakob Kaiser, hat die Position der Christlich-Sozialen zur Verfassungspolitik einmal so umrissen: „Wir bekennen uns zu einer sozialen Politik, die Persönlichkeit und Persönlichkeitswerte wieder zur Geltung bringt. Mit anderen Worten: Wir erkennen als Aufgabe unserer Zeit, persönliche Freiheit und soziale Sicherheit miteinander zu verbinden [...] Der liberale Rechtsstaat des 19. Jahrhunderts mit seinen persönlichen Freiheitsrechten muß zum sozialen Rechtsstaat des 20. Jahrhunderts ausgebaut werden."
Dieses Leitmotiv christlich-sozialer Politik bleibt gültig. Ich will hier keinen historischen Rückblick geben und nicht die Geschichte der Verfassung und der deutschen Politik nachzeichnen. Zu leicht nämlich könnte sich dann einstellen, was die Union jetzt am wenigsten gebrauchen kann: Selbstgefälligkeit mit der Konsequenz der Beharrung. Darum nur so viel: Die längste Periode der deutschen Geschichte, in der Frieden und Demokratie, soziale Sicherheit und Freiheit bei wachsender allgemeiner Wohlfahrt erfolgreich Hand in Hand gingen – diese glückliche Zeit haben die Christlichen Demokraten unter der Führung Konrad Adenauers bewirkt.
Es ist damit bewiesen, daß die christlich-sozialen Wertvorstellungen sowie das sich daraus und aus dem neo-liberalen Gedankengut ergebende Ordnungsbild – mit Konsequenz und Können in praktische Politik umgewandelt – im Erfolg alles weit hinter sich läßt, was Marxismus, Sozialismus, Liberalismus

und Kapitalismus zu bieten haben.

Unser Grundgesetz hat sich bewährt. Bei verfassungspolitischen Erörterungen im Ausland wird überwiegend positiv auf die Grundelemente und die praktischen Regeln unserer Verfassung verwiesen: Die aller staatlichen Gewalt vorgegebenen Grundrechte, das parlamentarische System, die Zuordnung der Zuständigkeiten, die bundesstaatliche Ordnung, die Nachprüfbarkeit politischer Entscheidungen durch unabhängige Gerichte, der Verzicht auf Volksentscheid über Gesetze und auf die Volkswahl des Bundespräsidenten. Es gibt keine prinzipielle Diskussion über ihre Reform. Im Gespräch sind, soweit ich sehe, einige Vorschläge, die mehr technische Fragen betreffen: Verlängerung der Wahlperiode, Verbesserung der Richterwahl und der parlamentarischen Untersuchungsausschüsse, Kompetenzen für den Bundesgesetzgeber in einigen Fragen.

Es bleibt allerdings festzuhalten: Die großen Ziele, welche das Grundgesetz verbindlich für jede Mehrheit und jede Regierung setzt, haben wir nicht erreicht: Wiedervereinigung Deutschlands und Vereinigung Europas. Es bleibt unsere Pflicht, diesen Zielen nachzustreben.

Der soziale Rechtsstaat, ein weiteres Ziel unserer Verfassung, ist im Werden. Wir brauchen keinen Vergleich mit anderen Ländern zu scheuen! Aber die Grenze des sozialen Rechtsstaates haben wir noch nicht erreicht: Immer mehr müssen Freiheit und Menschenwürde vom Text der Verfassung zur sozialen Wirklichkeit des Alltags in einer menschenwürdigen Welt werden. Wer mehr Freiheit will, muß mehr soziale Gerechtigkeit bewirken. Dazu gehören z. B.: eigenständige soziale Sicherheit der Frau, bessere soziale Dienste, breitere Streuung sozial-gebundenen persönlichen Eigentums, modernes Bodenrecht, Chancengerechtigkeit im Bildungswesen, Mitbestimmung.

Wenn wir von Konrad Adenauer sprechen, wollen wir nie vergessen, daß er nicht nur Vater der Verfassung und des Wiederaufbaus und auch nicht nur der Baumeister der Einordnung der Bundesrepublik Deutschland in die Welt war. Mit diesen Worten begründete er am 14. Februar 1951 vor dem Deutschen Bundestag sein Ja zur Mitbestimmung: „Ich bin der letzte, der verkennt, daß gerade im Wirtschaftsleben die persönliche Verantwortung und die unternehmerische Initiative von sehr großer Bedeutung sind. Aber ich setze auch das Vertrauen in diejenigen Arbeitnehmer, die demnächst in die Aufsichtsräte dieser Unternehmungen entsandt werden, daß sie sich dessen bewußt sind und bleiben, daß sie in ihrer Stellung in erster Linie das Wohl des Unternehmens zu wahren haben. Meine Damen und Herren, man sollte nicht von vornherein an alles mit denkbar größtem Mißtrauen herangehen [...] Man sollte vielmehr auch dem andern Teil, mag das nun heute dieser, morgen jener sein, das Vertrauen entgegenbringen, daß auch er das Beste will [...] Meine Damen und Herren, in diesem Zusammenhang möchte ich doch noch folgendes erklären: daß sowohl der Gewerkschaftsbund wie auch die Arbeitnehmer in den schweren Jahren seit 1945 ein außerordentlich großes Verständnis für das gezeigt haben, was dem gesamten deutschen Volke not tut."[2]

Bevor andere an die neue Rentenpolitik dachten, beauftragte Adenauer vier Professoren, über den Fortgang der Sozialreform nachzudenken und Vorschläge zu machen.

Als andere der CDU einredeten, die Grenze des sozialen Rechtsstaates sei erreicht, markierte er den Übergang von der Sozialpolitik zur Gesellschaftspolitik. Er benannte das Arbeitsministerium um: Bundesminister für Arbeit und Sozialordnung. Und er schuf das Schatzministerium als Instrument seiner Politik der Sozialen Privatisierung und gerechterer Vermögensverteilung.
Und hat etwa jemand vergessen, wie Konrad Adenauer seine Europapolitik mit dem DGB gegen die SPD durchsetzte?
Ich halte das hier auch fest, weil ich fürchte, daß bei den Jubelfeiern im Jahre 1976 der Sozialreformer Adenauer nicht nur zu kurz gekommen, sondern fast leer ausgegangen ist!
Die beste Verfassung der Welt ist so viel wert wie die innere Überzeugung des Volkes, das verteidigungsbereit hinter der Wertordnung der Verfassung steht. Demokratie bleibt nur, wo es kämpferische Demokraten gibt.
Der Staat muß die Schwachen schützen und die Mächtigen einordnen. Keine Gruppe, kein Interesse darf stärker sein als unser freiheitlicher, sozialer Rechtsstaat. Jedermanns Recht, aber niemandes Interesse – und sei es noch so laut oder mächtig! – darf der Staat zur Richtschnur seines Handelns machen. In diesem Feld sehe ich nicht ohne Sorge in die Zukunft. Nur: Eine Änderung der Verfassung hülfe wenig. Die Gesinnung der Demokraten und die Orientierung der Verantwortlichen allein am Gemeinwohl sind durch nichts zu ersetzen!
So ist die Besinnung auf unser Grundgesetz und auf die Überzeugungen der Verfassungsväter eine Besinnung auf unsere Demokratie und ihre Grundwerte. Das ist für alle Bürger und für alle Parteien das Gemeinsame. Und dieser Bereich sollte frei bleiben von parteiischem Geist.
Das Grundgesetz sagt, was wir bewahren und was wir entwickeln müssen. Es garantiert eine dynamische Ordnung bei gleichbleibenden Wert- und Zielvorstellungen.
Unsere Verfassung ist ein Auftrag an jeden von uns, im Respekt vor der Meinung des anderen, aus dem erreichten Guten das mögliche Bessere zu machen.
Nie hatten wir in Deutschland eine bessere Ordnung als die unseres freiheitlichen und sozialen Rechtsstaates. Wenn wir wollen, können wir – durch Fortschritt und feste Prinzipien – das erhalten und mehren. Auch darin hat uns Konrad Adenauer ein Beispiel gegeben.
Das deutsche Volk hat nach dem Zweiten Weltkrieg eine grundsätzliche Wahl getroffen, die bis heute den Schlüssel zur deutschen Nachkriegsgeschichte darstellt: die Anerkennung des absoluten Vorranges von Freiheit und Recht. Das bedeutet: Es gibt keinen nationalen oder gesellschaftlichen Fortschritt, der Vorrang hat vor der Würde des Menschen.
Diese Einsicht ergab sich aus der Erfahrung, die die Deutschen lehrte: Nie wieder darf – wie 1933 – um des wirtschaftlich-sozialen Erfolges und des nationalen Stolzes willen die Herrschaft des Rechts in Frage gestellt werden. Denn Deutschlands Katastrophe begann mit der Diffamierung der demokratischen Ordnung durch Nationalsozialisten und Kommunisten als „reaktionäres System" und mit ihrer Zerstörung im Namen einer erfolgreicheren Wirtschaftspolitik und eines schrankenlosen Nationalismus. Alles andere war eine Folge der Ermächtigung Hitlers.

Wir sagen dem Westen wie dem Osten – und Konrad Adenauer hat dem glaubwürdig Ausdruck gegeben: Die ausschlaggebende Wiedergutmachung Deutschlands liegt in der klaren Entschlossenheit, sich einer erneuten Außerkraftsetzung von Recht und Freiheit auf deutschem Boden zu widersetzen. Dies gilt ebenso klar wie die Forderung, daß vom deutschen Boden kein Krieg mehr ausgehen darf. Mit dieser Haltung haben wir einen entscheidenden Beitrag zur Sicherung des Friedens geleistet. Die klaren Prinzipien unserer Außen- und Innenpolitik haben sich gegen die Verfassungsfeinde von rechts wie von links gewendet. Sie haben uns gleichzeitig zu einem angesehenen, nicht immer bequemen, aber klar kalkulierbaren Faktor der Weltpolitik gemacht.

Mit dem Blick auf unsere Verfassungswirklichkeit muß ich heute – und dabei richte ich mich wieder nach Adenauers Vorbild – dieses anmerken: Ich habe die Sorge, daß der Staat immer schwächer und bestimmte gesellschaftliche Gruppen immer stärker werden. Ich habe die Sorge, daß im Leben der Menschen aggressiver Egoismus statt Toleranz und Rücksicht und im Leben der Staaten ein „halbstarker" Nationalismus immer mehr bestimmend werden. Ich habe die Sorge, daß die Lautstarken eher zur Befriedigung ihrer Ansprüche kommen als Schwache zu ihrem Recht. Ich habe die Sorge, daß Rücksichtslosigkeit – in der Gesellschaft, im Staat, in Europa, in der Welt – um sich greift. Das ertrüge der freiheitliche und soziale Rechtsstaat nicht. Er muß sich wehren, bevor es zu spät ist. Denn: „Die Rücksicht auf das Recht des anderen – das ist der Frieden!" (Benito Juarez)

Es ist nicht streitig, daß breiter gestreutes, sozial-verpflichtetes, privat verfügbares Eigentum zu den Säulen unserer freiheitlichen und sozialen Ordnung gehört. Die Sozialpflichtigkeit gilt aber nicht nur für das Eigentum! Sozialpflichtigkeit ist ein umfassendes Leitprinzip: Das Gemeinwohl verlangt generell und durchgängig die Rücksicht auf den anderen. Starke Gruppen der Gesellschaft, worauf immer sie ihre Stärke gründen, ob auf Geld, auf Zahl, auf Geist, sie alle müssen sich in allem ihrer eigenen Sozialpflichtigkeit bewußt sein. Rücksichtslosigkeit der Starken, Egoismus der Mächtigen, Ellenbogen der Überlegenen zerstören den inneren Frieden und die soziale Gerechtigkeit. Dem Übermut der Ämter darf nicht der Übermut gesellschaftlicher Gruppen folgen. Demokratie ist kein schlapper Staat – nicht gegen seine Feinde, nicht gegen die Mächtigen!

Gewaltenteilung, machtverteilendes Prinzip, Kontrolle durch Wettbewerb – das alles ist uns bekannt seit dem „Ahlener Programm" und seit den „Düsseldorfer Leitsätzen". Für diese Dinge müssen wir wieder den Blick schärfen. Das Volk hat ein feines Gespür für Gefahren. Es verlangt nach einer nicht an Gruppen, nicht an Interessen, nicht an Demoskopie und nicht an Opportunismus orientierten Politik. Es ruft nach einer starken, sozialen, freiheitlichen, gerechten Führung, die mit den Mitteln des Staates das Gemeinwohl durchsetzt – gegen extreme Verfassungsfeinde wie gegen machtvoll organisierte Interessen. Darin hat Konrad Adenauer die Deutschen nicht enttäuscht. Deshalb war er ein bedeutender Staatsmann.

Vor zweieinhalb Jahrtausenden hat Solon durch seine Gesetzgebung den athenischen Staat als Kulturstaat begründet. Er schrieb diese beherzigenswerten

Worte: „Ansehn soviel als ihm zukommt, gewährte ich willig dem Volke, nahm seiner Würde nichts weg, fügte auch nichts ihr hinzu. Wiederum duldet' ich's nicht, daß die reichen und mächtigen Herren mehr besäßen als was rechtens ihnen gebührt. So bewehrte mit starkem Schilde ich beide Parteien, daß nicht mit unrechter Macht einer den andren bedrückt." Ich glaube, daß der erste Kanzler der Bundesrepublik Deutschland dasselbe von sich mit Recht hätte sagen dürfen.

In den „Düsseldorfer Leitsätzen" sind unsere erfolgreichen Prinzipien der Sozialen Marktwirtschaft und der Sozialen Partnerschaft formuliert. Wir bekennen uns zu ihnen, wie wir uns auch bekennen zu Karl Arnold und zu Ludwig Erhard, die mit Konrad Adenauer – gelegentlich in Spannung zu ihm – unseren Staat aufgebaut und nach diesen Prinzipien geformt haben. Aus den „Düsseldorfer Leitsätzen" möchte ich den Schluß zitieren: „Die ‚Soziale Marktwirtschaft' ist diejenige Ordnung, welche die Ausrichtung der Erzeugung auf die wirklichen Wünsche der Verbraucher und die billigste Versorgung des Gesamtbedarfs mit dem geringsten Aufwand an politischer und gesellschaftlicher Macht gewährleistet. Die Eindämmung von Macht aber ist die Aufgabe, vor die uns die Erfahrungen unserer eigenen jüngsten Vergangenheit und gewisser außerdeutscher Entwicklungsvorgänge stellen. Es sind also nicht nur wirtschaftliche und soziale Überlegungen, sondern auch politische und kulturelle Gründe, die uns veranlassen, die ‚Soziale Marktwirtschaft' zu fordern. Wir sehen in ihr eine Wirtschaftsordnung, die zu echter Freiheit führt. Wer frei sein will, muß sich dem Wettbewerb unterwerfen und darauf verzichten, Macht auf dem Markt zu erstreben. Wer Macht auf dem Markt besitzt, d. h. wer nicht durch Wettbewerb kontrolliert ist, darf nicht frei sein."[3]

Ich komme hier auf Soziale Marktwirtschaft und auf Soziale Partnerschaft zu sprechen, weil die rechtsradikalen wie die linksextremistischen Feinde unserer Ordnung – unseres „Systems", wie sie wieder sagen – unsere Gesellschaftsordnung und unsere Staatsordnung in Frage stellen. Und ich komme darauf, weil ich meine, daß Gesellschaftspolitik über die Zukunft der Freiheit entscheidet. Und die Zukunft der Freiheit war doch wohl das leitende Thema der Adenauerschen Politik!

Ich kann bezeugen, daß erst das mutige Eintreten Theodor Blanks und Karl Arnolds eine Mehrheit für das von Adenauer instinktiv als großen Wurf erkannte Konzept Ludwig Erhards bewirkte. Sein Durchbruch gelang. Er gelang so gut, daß der Satz richtig bleibt: Es gibt nichts Erfolgreicheres, nichts Moderneres, nichts Besseres, nichts Sozialeres und nichts Humaneres als eben diese Soziale Marktwirtschaft. An ihren Früchten kann man sie erkennen. Und ihre Kritiker sind – wie die Sozialisten, wie die Systemveränderer – zu fragen: Nennt uns ein Land der Welt, in dem mit einer anderen Politik, gar mit Sozialismus, Vergleichbares für die breiten Massen und das allgemeine Wohl erreicht worden ist?! Sie werden keines finden. Der Erfolg der Sozialen Marktwirtschaft, unseres deutschen Modells, ist einzigartig.

Soziale Marktwirtschaft aber ist zuallererst eine Frage der Gesinnung und der Prinzipien und erst dann eine ökonomische Methode. Also wird mit Sozialer Marktwirtschaft nur Erfolg haben, wer sie wirklich will; wer die Prinzipien, die ihr zugrunde liegen, die Ordnungselemente, die für sie unerläßlich sind, und die gesellschaftspolitische Zielvorstellung, die konstitutiv zu ihr gehört, in Wort und Tat bejaht. Ludwig Erhard und Alfred Müller-Armack haben in ihrem Buch „Soziale Marktwirtschaft/Manifest 72“[4] diesen Erfolg eindeutig belegt. Dieser Hinweis muß hier genügen.

Was ist heute zu tun, um die soziale, wirtschaftliche und politische Lage zum Guten zu wenden? Eine Antwort auf diese Frage ist weder mit dem Hinweis zu verweigern, es sei nicht opportun, Alternativen zu markieren, noch damit abzutun, daß man nicht, nachdem der Zug – wider besseren Rat – auf dem falschen Geleis mit falschem Tempo in die falsche Richtung fahre, alle paar Kilometer nutzlos neuen Rat geben könne. Die Frage beantwortet sich auch nicht einfach durch den Verweis auf frühere Leistungen. Nein, aus dem Geiste Konrad Adenauers ist zu antworten: Nicht durch ein bißchen Diskontsatz hier, etwas mehr Haushaltsrotstift dort, nicht durch dieses in Brüssel und das bei der Einkommenspolitik, nicht durch eine Million andersherum und einen Steuerparagraphen in diese Richtung wird zuerst das im eigentlichen Wortsinne Notwendige bewirkt. Etwas Fundamentaleres ist das Gebot der Stunde: Die Wiederherstellung von Vertrauen! Politisches, soziales, wirtschaftliches Vertrauen, Vertrauen in die Prinzipien und Zutrauen in das Können der politischen Führung. Gewißheit, Sicherheit, Vertrauen sind gefragt. Der Sparer wie der Unternehmer, jeder Bürger, der an morgen denkt, muß sich wieder darauf verlassen können, daß bestimmte Dinge einfach weitergelten, daß ein rechtlicher und gesellschaftspolitischer, ein fest normierter Rahmen für seine privaten Pläne und Entscheidungen einfach bleibt. Vertrauen in den Bestand unserer Ordnung und Zutrauen in die Führungskunst der Verantwortlichen – das ist, wie ich meine, das zuerst Notwendige.

Mit anderen Worten: Rückkehr zur Sozialen Marktwirtschaft und konsequente Anwendung des Gesetzes über Stabilität und Wachstum sind die wichtigste Alternative zur gegenwärtigen Politik des Rückschritts, der steigenden sozialen Spannungen, unterlassener Investitionen und behinderten Fortschritts.

Für alle die, denen das vielleicht zu angenehm eingeht, möchte ich hier gleich anmerken: Soziale Marktwirtschaft ist kein Naturschutzpark, kein Museum morscher Schlösser, kein Subventionsparadies und keine Heimstatt für Fußkranke, die ihre Leiden pflegen, sondern eine dynamische, auf Entwicklung, Fortschritt, Veränderung, auf bessere soziale Wirklichkeiten angelegte Ordnung! Zur Sozialen Marktwirtschaft gehört ihre gesellschaftspolitische wie ihre europäische Dimension; und als ihr Zwillingsbruder gehört dazu die Soziale Partnerschaft. Auch das ist ein Lebensprinzip und nicht bloß eine Formel zur Streikvermeidung.

Der 100. Geburtstag Konrad Adenauers fällt – zehn Jahre nach dem Ausscheiden des „Alten“ aus unmittelbarer politischer Verantwortung – in eine Zeit, in der das Selbstverständnis der Union als einer christlich-demokratischen und christlich-sozialen Bewegung wie auch als Volkspartei in Frage gestellt wird. Auch unser freiheitlicher und sozialer Rechtsstaat, den die Union unter Führung Adenauers geformt hat, wird in Frage gestellt. So will sich zu diesem Jubiläum eine Stimmung der Freude über das Erreichte nicht einstellen. Aber gerade die Sorge gibt uns den Antrieb, in den kommenden Jahren vermehrten Fortschritt und eine vertiefte Festigung unserer Ordnung zu erstreben; denn bange Zukunftsfragen stellen sich bei vielen ein.

Die Renaissance des Marxismus führt zur Gefahr, daß die Solidarität der Sozialisten und nicht die Solidarität der Demokraten Vorrang gewinnt. Volksfront und pax sowjetica treten aus dem Nebel und gewinnen Konturen. Innen- und gesellschaftspolitische Kämpfe und die Übermacht organisierter Interessen lassen voreilige Ideologen in Moskau bereits die erwünschte „vor-revolutionäre Phase" in den westeuropäischen Ländern erkennen und veranlassen sie zu der öffentlichen Feststellung, daß die Erwartung einer dauerhaften sozialpolitischen Stabilisierung in den kapitalistischen Staaten Schiffbruch erleide[5].

Politische Stäbe im Westen sehen besorgt das Anwachsen der sowjetischen Militärmacht. Die bevorstehende Machtübernahme in Moskau durch eine neue, bewährungserpichte Generation läßt fragen, wann, wo und wie diese Macht eingesetzt werden wird. Und wie ist es im Westen um die Schutzdämme gegen die Weltrevolution bestellt? Das sind nach der im Programm der KPdSU niedergelegten Erkenntnis der Sowjets: Religion, Vaterlandsliebe, Wohlfahrtsstaat.

Wer von uns spürte nicht, daß eine Regierung, die sich diesen Zukunftsfragen stellt und die eine volle Amtszeit nicht nur durchhalten, sondern politisch gestalten will, eine Mehrheit braucht, die auf positivem Konsens zu Programm und Personen beruht. Eine Mehrheit, die nur aus der Summation von Stimmungen und Verärgerungen über gegenwärtiges Versagen auf dem Wege des Trends zustande kommt, reicht nicht aus. Für alle Verantwortlichen folgt daraus, daß es keine Kritik ohne Programm geben darf. Auch mit dieser Erkenntnis berufe ich mich auf Konrad Adenauer. Seine Strategie der Freiheit, die die Gefahren ungeschminkt erkannte und – unabhängig vom Strohfeuer öffentlicher Moden und Stimmungen – ganz ernst nahm, enthielt deshalb als vorrangige Maxime: Gesellschaftspolitik entscheidet über die Zukunft der Freiheit; denn Fortschritt ist nur da, wo der Mensch und seine Rechte sich alltagswirksam immer mehr entfalten können.

Wer Freiheit will, muß mehr Freiheit für alle in einer menschlicheren Welt wollen. Der Weg zu mehr Freiheit für alle und zu mehr Menschlichkeit heißt: Mehr soziale Gerechtigkeit! Verfassungssätze und Alltagswirklichkeit müssen immer mehr deckungsgleich werden. Wer hier beharrt, verliert. Wer besonnen fortschreitet, gewinnt.

Rechthaberisches Beharren führt zur Erosion prinzipieller Ordnungswerte. Besonnener Fortschritt führt durch immer breitere Teilhabe einer anwachsenden Zahl von Mitbürgern an Einsicht, an Bildung, an Mitverantwortung, an Mitbestimmung, an Miteigentum zur Festigung prinzipieller Ordnungswerte. Wer nicht selbst den Fortschritt bewirkt und bewegt, über den wird die Entwicklung fortschreiten. Wer nur gegen etwas ist, ohne zugleich zu sagen, für welches Bessere er ist, begibt sich in die Gefahr, nicht gehört zu werden. Das Grundgesetz ist dynamisch, seine Zielsetzung ist bewahrend und fordernd zugleich. Es sagt, was geschützt, was verteidigt, was erhalten bleiben muß; ebenso sagt es aber auch, was fortzuentwickeln, auszubauen und was neu zu gestalten ist.

Wenn wir also heute in Sorge sind um unseren Staat und um unsere Freiheit, um unsere Grundwerte und um unsere Ordnung, dann muß dem unser ver-

stärktes Engagement für unser Programm entsprechen. Das, wofür wir sind, muß unser Motor sein! Im sozialen Fortschritt, aus dem Leitbild der Sozialen Marktwirtschaft und der Sozialen Partnerschaft, darf uns, wenn wir das Erbe Adenauers bewahren und mehren wollen, niemand übertreffen!
Nur durch ihren Ausbau, nur durch Fortschritt und durch Veränderung werden wir unsere freiheitliche, soziale und demokratische Staats- und Gesellschaftsordnung in ihren Fundamenten und Prinzipien erhalten; es gibt keine bessere, keine humanere, keine erfolgreichere. Nie in der deutschen Geschichte entsprachen die staatliche Verfassung und die soziale und wirtschaftliche Ordnung so sehr den Interessen, den Hoffnungen und den Bedürfnissen der Deutschen und ihrer Nachbarn.
Reichen die Kraft unseres Geistes, die Entschlossenheit unseres Willens und unsere Bereitschaft zum Kampf aus, um diese Ordnung, die mehr Freiheit auf mehr soziale Gerechtigkeit gründet, die mehr Selbstgefühl mit mehr europäischer Einordnung verbindet, auch bei unseren Enkeln in sicheren Händen zu wissen? Die Kräfte, die diese Republik zerstören wollen, sind stark genug. Sie werden sich durchsetzen, wenn die Demokraten etwa nur noch defensiv vom Schutz der Verfassung und der Verteidigung der Demokratie reden. Sie werden sich aber nicht durchsetzen können, wenn die Demokraten offensiv die Demokratie begreifen als eine dynamische, fortzuentwickelnde politische Ordnung, welche immer mehr die Mitwirkung der Bürger gewährleistet, ihre Freiheit durch mehr soziale Gerechtigkeit verwirklicht und durch Verteilung und Kontrolle der Macht sichert.
Es ist leicht, alles zu beklagen. Vom verantwortlichen Politiker wird mehr verlangt: Er muß bessere Wege und Ziele zeigen und dartun, wie solche Gefahren konkret abgewandt werden können.
Unser Schicksal hängt von den staatsbürgerlichen Tugenden, von der Konsequenz, der Gesinnung und der Tapferkeit der Demokraten ab. Kein Paragraph kann den Demokraten ersetzen! Eine Verfassung ist so stark wie die Gesinnung und Gesittung der Staatsbürger!
Ich stehe zu der Verantwortung, in der Nachfolge Konrad Adenauers der CDU diese gesellschaftspolitische Dimension mit konkreter Konsequenz bewußter gemacht zu haben. Diese Verantwortung verpflichtet mich, unser Motto „mehr Freiheit durch mehr soziale Gerechtigkeit" vom Schatten des Sozialismus freizuhalten. Dessen unannehmbares Motto lautet: „Mehr Sozialismus durch weniger Freiheit".
Dieser Hinweis ist mir wichtig. Denn ich sehe in Europa Volksfronttendenzen, deren gefährliche Sogwirkungen wir nicht unterschätzen dürfen. Ich sehe, daß die Sozialdemokratie in Europa nicht mehr überall die geistige Kraft aufbringt, in der entscheidenden Frage unserer Zeit – und die heißt letztlich doch: Sozialismus oder Freiheit – die richtige Antwort zu geben. In dem Ausmaß, in dem die Sozialdemokratie sich der geistigen Renaissance des Marxismus öffnet, sinkt ihre antikommunistische Widerstandskraft, tritt Volksfront, also Solidarität der Sozialisten, an die Stelle der Solidarität der Demokraten.
Klagen wir also nicht über die Zustände und die schweren Zeiten! Ändern wir sie! Pessimismus führt zum Niedergang. Es lohnt, unser christliches, unser

demokratisches, unser soziales Erbe mit Dank gegenüber den Gründungsvätern, unseren Vorgängern, und mit Zuversicht zu mehren. Tun wir fröhlich unseren Dienst! Wir wissen, woher wir kommen; wir sehen, wo wir stehen; wir kennen unser Ziel.

1 Vgl. Parlamentarischer Rat. Stenographischer Bericht. Bd. 1, Nr. 1, 1. Sitzung, S. 5.

2 Vgl. Verhandlungen des Deutschen Bundestages. 1. Wahlperiode 1949. Stenographische Berichte. Bd. 6, S. 4432.

3 Vgl. Ossip K. Flechtheim (Hrsg.), Dokumente zur parteipolitischen Entwicklung in Deutschland seit 1945. Bd. 2: Programmatik der deutschen Parteien. 1. Teil, Berlin 1963, S. 69.

4 Vgl. Ludwig Erhard, Alfred Müller-Armack (Hrsg.), Soziale Marktwirtschaft – Ordnung der Zukunft. Manifest 72, Frankfurt am Main 1972.

5 Vgl. Frankfurter Allgemeine Zeitung vom 21. Januar 1974.

LUDWIG ROSENBERG

Adenauer und die Gewerkschaften

In den entscheidenden Jahren nach dem Zusammenbruch des unseligen Dritten Reiches, als ein unglückliches betrogenes und im Elend zurückgelassenes Volk in den Trümmern des unvorstellbar vernichteten Deutschland herumirrte und um die nackte Existenz und das Überleben rang, waren es die Gewerkschaften, die mit als erste und beinahe einzige organisierte Kraft Hand anlegten, um aus dem Chaos eine neue Ordnung zu schaffen. Die Arbeiter, Angestellten und Beamten begannen aufzuräumen mit den von Hitler hinterlassenen zerstörten Städten, Dörfern und Arbeitsstätten, die eine Landschaft des Elends, des Hungers und der materiellen Vernichtung darstellten wie sie in der modernen Geschichte einzigartig war. Es war eine Aufgabe, die unter den gegebenen Verhältnissen fast aussichtslos erschien. Und doch nahmen gerade jene diese Bürde auf sich, die mehr als alle anderen unter der entsetzlichen Terrorherrschaft der Nazis gelitten hatten. Sie kamen aus Konzentrationslagern, aus Zuchthäusern und der Emigration und sahen in der Wiederherstellung von materiellem Aufbau, demokratischer Ordnung und einer freien Gesellschaft eine Verpflichtung und eine Chance. Die Stunde Null war die große Zeit der freien Arbeiterbewegung und ihrer Gewerkschaften. Wer heute an jene Tage zurückdenkt und sich in unserer Republik umsieht, kann kaum glauben, daß alles dies erst 30 Jahre zurückliegt, und wer damals mit dieser Arbeit begann, konnte nicht hoffen, daß in einer so kurzen Zeitspanne erreicht werden konnte, was heute ist. – Daran zu erinnern ist nicht müßige Beschäftigung mit unserer jüngsten Vergangenheit, sondern sinnvoll und notwendig, um der heutigen jungen Generation bewußt zu machen, daß ohne zähe Arbeit, ohne Vertrauen in sich selbst und in die Zukunft, ohne Verantwortungsbewußtsein und Mut nichts zu schaffen und nichts zu bewahren und zu entwickeln ist. In jenen Tagen wurden die Grundlagen geschaffen für den freiesten und sozialsten Staat den die Deutschen jemals in ihrer Geschichte gehabt haben, und es war keineswegs selbstverständlich, daß dies so wurde, wie es nicht selbstverständlich ist, daß es so bleiben muß.

In Konzentrationslagern, im Untergrund und in der Emigration hatten die Gewerkschaftler und ihre politischen Freunde die Konzeption dieser freien und demokratischen Ordnung erarbeitet. Sie wollten nie wieder zulassen, daß nach den Erfahrungen der Weimarer Republik die unselige Spaltung der Gewerkschaftsbewegung noch einmal die Mitschuld am Werden einer barbarischen Diktatur und Unfreiheit tragen mußte, daß Menschenwürde und persönliche und kollektive Freiheit nicht Begriffe für Sonntagsreden blieben und daß Meinungsfreiheit und das Recht auf Selbstbestimmung erstmalig in Deutschland wirklich geschützt und gesichert wurden. Alles das, was heute vielen so selbstverständlich erscheint, war damals gar nicht selbstverständlich.

Die Möglichkeit der Errichtung einer neuen Diktatur war – trotz der Besatzung durch die westlichen Alliierten – langfristig eine durchaus vorstellbare Möglichkeit. Denn aufgezwungene Demokratie hätte sich niemals auf Dauer bewahren können, wenn das Volk nicht von ihrem Wert überzeugt wurde und sich mit ihr identifiziert hätte.

Daß es wirklich so wurde wie es ist, war weder Zufall noch das Walten irgendwelcher von außen einwirkender Mächte – sondern ist der Arbeit und dem zielbewußten Handeln jener überzeugter Demokraten zu verdanken, die in jenen Tagen aus der Lethargie eines hungernden Volkes mit Mut und in unvorstellbarer Kleinarbeit die Grundlagen dafür schufen. Nicht alle Träume jener Tage gingen in Erfüllung. Noch heute ringen wir immer erneut um den besten Weg, die Aufträge des Grundgesetzes mit Leben und Inhalt zu erfüllen und Rückfälle in alte, längst überholte Vorstellungen zu verhindern. Aber ohne das Wirken jener, zu denen vor allem die Arbeitnehmer und ihre Gewerkschaften gehörten, wären diese Bemühungen heute nicht möglich geworden. So kann der, der in jenen Zeiten mitgewirkt, mitaufgebaut und sich im Chaos der Sachen und Meinungen bewähren mußte, nur kopfschüttelnd eine Szene betrachten, in der die einen alles als selbstverständlich voraussetzen was heute ist und andere, die oft genug Grund zum Schweigen hätten, lauthals die Gewerkschaften und die deutsche Arbeitnehmerschaft als eine „Gefahr" für Demokratie und Freiheit zu bezeichnen belieben.

Zu jenen Männern und Frauen, die in dieser Zeit den Aufbau eines neuen Deutschland begannen, gehörte auch Konrad Adenauer. Seiner Herkunft und politischen Entwicklung nach war er gewiß kein Mann, der in einer neuen Gesellschaft und einer Welt der Arbeit und der Arbeitnehmer groß geworden und geformt worden war. Aber er war eine Persönlichkeit, deren Grundanschauungen von den christlichen Idealen der Gerechtigkeit, der Menschlichkeit und der Menschenwürde geprägt waren und der unter dem Terror des Nazismus nichts von seiner Überzeugung dem Moloch der Macht zu opfern bereit gewesen war. In den Jahren des nationalen Unglücks von 1933 bis 1945 hatten viele leider zu spät erkennen gelernt, daß über Parteigrenzen und Gruppeninteressen hinweg es eine Gemeinschaft der anständigen Menschen gibt, deren Überzeugung auf gemeinsamen Grundwerten vom Sinn und Inhalt des Lebens beruht. Viele lernten erst in jenen Notjahren, daß mancher ihrer früheren Gegner ihnen näherstand als viele ihrer angeblichen Freunde.

In jenen Jahren entstand das besondere Verhältnis, das Adenauer – trotz vieler grundsätzlicher Gegensätze – doch irgendwie mit den Zielen und Vorstellungen der Arbeitnehmer und ihrer Gewerkschaften verband und das zu einer – wenn auch nicht immer ungetrübten – Zusammenarbeit mit den Gewerkschaften und ihren damaligen Führern führte.

Männer wie Hans Böckler und August Schmidt, der Vorsitzende der Bergarbeitergewerkschaft, waren für ihn Persönlichkeiten hohen sittlichen und aufrechten Charakters, mit denen es sich lohnte, vertrauensvoll im Bewußtsein gemeinsamer Wertvorstellungen zusammenzuarbeiten, auch wenn man in vielen Einzelfragen nicht übereinstimmte. Ihr Leben, ihre Charakterfestigkeit, ihr Mut gegenüber den Tyrannen hatten bewiesen, daß sie als Mitstreiter für eine freie und demokratische Ordnung zuverlässigere Männer waren als viele, die sich geflissentlich in jenen Tagen als neu-überzeugte Demokraten anboten. Und so entwickelte sich besonders mit Hans Böckler, den Adenauer aus seiner Kölner Oberbürgermeisterzeit vor 1933 als aufrechten Gegner kennen- und schätzengelernt hatte, eine seltsame Art von Freundschaft, die bestimmt war durch das Wissen um die Verschiedenheit der Ziele und die Gewißheit der gemeinsamen Verantwortung für eine neue Ordnung. Es war auf sie Verlaß – man wußte – mit wem man zu tun hatte. Sie hatten sich bewährt, als allzuviele versagten. Man konnte ihnen vertrauen.

Diese Grundlage hat viel dazu beigetragen, daß nach der Schaffung der Bundesrepublik Deutschland vieles möglich wurde, was dem Grundwesen Adenauers gewiß nicht entsprach, was er aber in Kenntnis der Notwendigkeiten und Zwangsläufigkeiten einer neuen Zeit als unabwendbar, ja als notwendig und sinnvoll erkannte.

Auf der anderen Seite waren diese Gewerkschaftsführer und ihre engsten Freunde überzeugt, daß ohne die Zusammenarbeit mit überzeugten und verläßlichen Demokraten aus allen Lagern des Volkes die Freiheit nicht zu erhalten und zu entwickeln war, die Rechte der Arbeitnehmer nicht auf sicherem Boden zu etablieren waren und die soziale Aufgabe der neuen Gesellschaftsordnung nicht zu lösen war. Wer die Diktatur einer Gruppe oder Klasse nicht wollte – und welcher überzeugte Demokrat konnte das nach den Erfahrungen der Nazibarbarei wollen – mußte sich abfinden mit den Schwierigkeiten einer pluralistischen aber freien Gesellschaft, mit der Mühe, überzeugen anstatt vergewaltigen zu wollen, mit allen jenen „Mängeln“ der Demokratie, ohne die Freiheit und Selbstbestimmung nicht möglich sind. Und so arbeiteten diese Männer zusammen am Aufbau jener Grundlagen, auf denen diese Bundesrepublik steht – unvollkommen gewiß, aber mit der immer erneuten Herausforderung und Möglichkeit, an die Stelle des Schlechten das Gute und an die Stelle des Guten das Bessere zu setzen. In gegenseitiger Achtung vor der Meinung des anderen – in unbeirrter Verfolgung des sich selbst gesetzten Zieles.

Adenauer erkannte die große Leistung der Gewerkschaften, die in der Einheitsgewerkschaft endlich eine Grundlage für den Bestand einer freiheitlichen Ordnung geschaffen hatten. Er erkannte was es bedeutete, daß erstmalig in der deutschen Geschichte Männer wie Hans Böckler und seine Gesinnungsfreunde mit Männern wie Jakob Kaiser, Karl Arnold, Ernst Lemmer und ihren Freunden in einer großen Gewerkschaftsbewegung zusammenwirkten. Er erkannte, was es für die Deutschen bedeutete, daß diese Persönlichkeiten, von dem Fluch der Vergangenheit unbelastete Männer und Frauen, um Vertrauen im feindlich gesinnten Ausland ringen konnten. Er wußte um den Wert und die Bedeutung der Auslandsarbeit des Deutschen Gewerkschaftsbundes, deren Vertreter zahllose Hindernisse in ehemaligen Feindländern aus dem Wege zu räumen sich anschickten, die zu den ersten Botschaftern eines anderen neuen Deutschland wurden und Vertrauen Stück für Stück wiedergewinnen konnten. Sie taten das sofort nach dem Zusammenbruch, sie setzten diese mühselige und nicht immer erfreuliche Arbeit unbeirrt fort und ebneten so manchen Weg den neuernannten Botschaftern der jungen Republik dort, wo sie mit eisiger Zurückhaltung und diplomatischer Kälte empfangen wurden.

Die Auslandsvertretungen des DGB in fast allen Ländern der ehemaligen

Feindstaaten und darüber hinaus in vielen Teilen der Welt haben damals dem DGB den unsinnigen Vorwurf eines „Auswärtigen Amtes des DGB" und einer eigenen Auslandspolitik eingetragen von denen, die weder ahnten noch verstehen wollten, welche unsäglich wichtige Vertrauensbasis diese Arbeit für alle Deutschen in diesen Ländern geschaffen hat.
So kam es auch mit Hilfe von Adenauer und Brentano zu der Einrichtung der Sozialreferentenposten bei den wichtigsten Auslandsvertretungen der Bundesrepublik, die auf Vorschlag des DGB personell mit solchen Männern und Frauen besetzt wurden, die durch ihr Verhalten während der Nazi-Zeit und oft genug durch ihre persönlichen Kontakte während der Emigration jene Verbindungen herzustellen und zu pflegen imstande waren, die dem neuen Auswärtigen Dienst damals erschwert oder ganz versagt geblieben wären.
Alles das wußte Adenauer sehr wohl zu schätzen. Er erkannte die Bedeutung, die die Gewerkschaftsbewegung in allen Ländern nach dem Kriege für die öffentliche Meinungsbildung und das Verhalten von Regierungen errungen hatte, und daß die neuen deutschen Gewerkschaften dort leichter Zugang, Verständnis und Vertrauen zu schaffen in der Lage waren als andere Gruppen unseres Volkes. Er sah in den deutschen Gewerkschaften zuverlässige Verbündete in der Abwehr kommunistischer Unterwanderung der jungen Demokratie und leidenschaftliche Vertreter der europäischen Einigung. Zwar waren gewiß die Ziele und Vorstellungen Adenauers und der Gewerkschaften nicht immer die gleichen, soweit es sich um Inhalt und Ausbau dieses Staates und auch der europäischen Gemeinschaften handelte – aber in der Richtung auf eine demokratische Ordnung waren beide im Grundsätzlichen und Entscheidenden wesentlich einer Meinung.
Harte Auseinandersetzungen über das Wie und Wohin gab es gewiß und immer wieder. Wer über viele Jahre diese Gespräche entweder miterlebte oder selbst führte, weiß, wie zähe und hart über so viele entscheidende Fragen gerungen wurde. Es wurden keineswegs immer nur freundliche Worte gewechselt – es waren schon bittere Auseinandersetzungen und ernste Diskussionen, die diesen langen Weg begleiteten. Aber sie wurden geführt in einem Geiste gegenseitiger Achtung, mit dem Willen zum Kompromiß, ohne den Demokratie nicht möglich ist, und mit dem Bewußtsein gewisser gemeinsamer Grundwerte, die beiden Parteien unantastbar waren.
Adenauer war von Natur ein kluger und ein schlauer Verhandler. Er wußte Vorteile, die sich boten, zu nutzen und offen auszunutzen. Er schätzte das gleiche bei seinen Verhandlungspartnern und scheute sich nicht zuzugeben, wenn die Verhältnisse nicht so waren wie er sie gerne gehabt hätte. Sein untrüglicher politischer Instinkt war stärker als seine Sachkenntnis in vielen Details, mit denen ihn seine Ratgeber oder auch seine Verhandlungspartner zu überzeugen suchten. Er wußte was geht – und wußte, was in der gegebenen Situation nötig, unabwendbar und möglich war. Für jemanden, der in Verhandlungen dieser Art einen geschickten und klugen Gegner mehr schätzt als einen dogmatisch fanatischen, waren diese Gespräche ein Gefecht mit dem Florett und nicht eine Auseinandersetzung mit der Keule. So entschied er sich auch gegen den Rat seiner engsten Freunde und der Repräsentanten der „Wirtschaft" schließlich für die paritätische Mitbestimmung in der Montan-Industrie – sicher-

lich nicht aus ihm eigenen überlieferten Anschauungen, aber aus der Erkenntnis, daß die Mitbestimmung der Arbeitnehmer in unserer modernen Industriegesellschaft eine unausweichliche Konsequenz einer zeitgemäßen demokratischen Ordnung sei und daß die Integration der Arbeitnehmer in diese Wirtschaft und Gesellschaft die wirksamste Sicherung freiheitlicher Ordnung darstelle. Er wußte, daß ohne die Gewerkschaften und die Übernahme großer Verantwortung durch sie der Aufbau einer modernen Wirtschaft und Gesellschaft nicht gesichert werden konnte und daß gegen sie auf Dauer das neugeschaffene Staatswesen nicht Bestand haben würde. Und er vertraute diesem Verantwortungsbewußtsein der Gewerkschaften und ihrer Führer, hatte er doch praktisch erfahren, wie sie sich in Stunden der Not bewährt hatten.
Wer jene Zeiten miterlebte, dem erscheint manche Diskussion über angeblichen Machtmißbrauch der Gewerkschaften heute gespenstisch, unwirklich, als wäre niemals gewesen was noch vor wenigen Jahren geschah, und als hätte es niemals ein Ahlener Programm der CDU gegeben, das entscheidend von jenen Männern geprägt worden war, die mit Adenauer diese Partei geschaffen hatten.
Die entscheidenden Jahre der Regierungszeit Adenauers waren für die Gewerkschaften gekennzeichnet durch viele Erfolge und manche Rückschläge in bezug auf den wirklichen Neuaufbau unserer Wirtschaft wie er den Gewerkschaften und auch den Vätern des Ahlener Programms vorschwebte. Es wurde im wesentlichen ein Wiederaufbau und nicht ein Neuaufbau. Und doch war es möglich, in diesen Jahren – oft genug entscheidend durch sein Eingreifen – die Grundlagen für einen sozialen Rechtsstaat zu schaffen, der nicht nur den wirtschaftlichen Aufschwung, sondern auch eine beispielhafte soziale Sicherung der Arbeitnehmer ermöglichte. Der Weg in die Zukunft wurde nicht verbaut, schrittweise Reformen möglich und wahrscheinlich und für die Gewerkschaften wurde erstmals die Möglichkeit geschaffen, sich mit diesem Staat zu identifizieren und ihn als ihren Staat – trotz mancher Mängel und noch unerfüllter Wünsche – zu betrachten. Ein deutscher Staat, in dem zum ersten Mal in unserer Geschichte die Arbeitnehmerschaft und ihre Gewerkschaften sich zu seinem Bestand und Ausbau bekennen und bereit sind, ihn gegen jeden Angriff von rechts und links zu verteidigen.

THEODOR SONNEMANN

Adenauer und die Bauern

Der historischen Erscheinung Konrad Adenauer und dem ehrfurchtsvollen Respekt, den wir dem größten Staatsmann der deutschen Nachkriegsära schulden, tun wir nicht den geringsten Abbruch, wenn wir feststellen, daß er von Haus aus kein eigengewachsenes Verhältnis zum Bauerntum und zur Landwirtschaft hatte. Weder durch familiäre Beziehungen noch durch Erlebnisse hatte er eine äußere oder gar innere Verbindung zum Dorf und zum Lande. Aufgewachsen in der Großstadt, dachte und fühlte er in städtisch-bürgerlichen Kategorien. In seiner politischen Laufbahn und insbesondere als Präsident des Preußischen Staatsrates war er Großlandwirten begegnet und in seinem privaten Bereich den kleinen Bauern aus der Eifel und dem Westerwald, die seinen Haushalt mit frischen Eiern und unverfälschter Milch belieferten – mit „ungeteiltem Gemelk", wie er den lebensmittelhygienischen Perfektionismus verspottete. Aber darauf beschränkten sich auch seine Verbindungen zur Landwirtschaft in seiner Laufbahn bis 1949.

Das besagt jedoch keineswegs, daß der erste Bundeskanzler der Bundesrepublik Deutschland die Position des Bauerntums in Staat und Gesellschaft auch nur einen Augenblick übersehen oder falsch eingeschätzt hätte. Er war sich dessen bewußt, daß die Auffassungen der Menschen auf dem Lande und insbesondere der Bauern über die staatstragenden Ordnungsfaktoren im wesentlichen unerschüttert geblieben waren. Die in der ländlichen Bevölkerung noch tief verwurzelten Vorstellungen über ein ausgewogenes Verhältnis zwischen staatlicher Autorität und persönlicher Freiheit schienen ihm für den Aufbau unseres jungen Staatswesens ebenso unentbehrlich zu sein wie die dem Bauern selbstverständliche Bejahung des privaten Eigentums. Er erkannte, daß die ländliche Welt, jedenfalls in ihrer inneren Struktur, noch intakt war und daß die in festgefügten Ordnungsvorstellungen aufgewachsenen Menschen auf dem Lande eine auf Ruhe und Sicherheit, Stabilität und Eigentum gerichtete Politik gewissermaßen aus dem Instinkt heraus und von der Tradition her verstehen und mittragen würden; auch sie waren nicht für Experimente. Hier lagen starke Stützen seiner Politik und zugleich verläßliche Reservoire für die Regierungsparteien. Sie mußten erhalten und also auch pfleglich behandelt werden. Gerade weil er Großstädter und der Großstadt jahrzehntelang auch beruflich eng verbunden war, standen ihm die gesellschaftspolitischen Kehrseiten des Großstadtlebens klar vor Augen. Er sah sie vor allem in der Entpersönlichung und in der Vermassung. Anneliese Poppinga verdanken wir den Hinweis, daß er bereits 1922 – und in der Folgezeit bei vielen anderen Anlässen – auf die Wurzellosigkeit der Großstadtmenschen als die eigentliche Großstadtkrankheit hingewiesen hat. „Sie haben nicht, wie die Bewohner der kleineren Städte und des Landes, den beruhigenden Ausgleich, die Entspannung und

Regenerierung, die der Zusammenhang mit der Erde, der Natur, immer wieder gewährt, nicht den Halt, den die Zugehörigkeit zu einer kleineren Gemeinschaft gibt. So muß der Großstadtbewohner wurzellos werden, körperlich und geistig entarten."[1] Auch unter diesem Aspekt muß Adenauers Verhältnis zum Bauerntum wie zur ländlichen Bevölkerung überhaupt gesehen werden.

Außerdem sah der Kanzler selbstverständlich auch die damals ganz im Vordergrund stehende wirtschaftliche Bedeutung einer leistungsfähigen Landwirtschaft. Von ihr hing ja nicht nur die Sicherung der Volksernährung und die Wiederherstellung einer ausreichenden Versorgung ohne Rationierung ab, sondern in hohem Maße auch der politische Bewegungsraum der Regierung.

Um diese Lage und die Folgerungen, die Konrad Adenauer zu ziehen bereit war, richtig einzuordnen, bedarf es eines Rückblicks. Abgesehen von dem Verlust wertvollster Agrarüberschußgebiete war die Landwirtschaft der drei westlichen Besatzungszonen nach dem Krieg in ihrer Produktionskraft erheblich geschwächt. Die Böden waren ausgelaugt, Gebäude und Maschinen dringend erneuerungsbedürftig und die Viehbestände stark reduziert. Die über das Kriegsende hinaus beibehaltenen Rationierungsmaßnahmen und Ablieferungsverpflichtungen hatten einen wachsenden Teil der landwirtschaftlichen Erzeugung in den Schwarzen Markt gedrängt. Die Gleichmäßigkeit der Versorgung mit den ohnehin unzulänglichen Zuteilungen war zunehmend in Frage gestellt. Die Lebensmittelhilfen der westlichen Besatzungsmächte konnten keine Dauereinrichtung sein. Wenn es dem Kanzler darum zu tun war, die volle Souveränität für die Bundesrepublik schrittweise zurückzugewinnen, dann setzte das neben vielem anderen auch eine möglichst weitgehende und möglichst gesicherte ernährungswirtschaftliche Unabhängigkeit voraus. Das viel zitierte und viel mißbrauchte Rathenauwort von der Wirtschaft als unserem Schicksal traf auf die damalige Lage des jungen Staatswesens insofern zu, als die wirtschaftlichen Existenzfragen unübersehbar im Vordergrund standen. Viele politische Probleme stellten sich zunächst nur in ihrer ökonomischen Gewandung dar, wie ja auch die Außenbeziehungen zu den westlichen Nachbarländern über Jahre hinaus auf handelspolitische Komplexe beschränkt blieben.

Es versteht sich von selbst, daß diese Situation und ihre spezielle Problematik dem Regierungschef jedenfalls in ihren Umrissen klar vor Augen gestanden hat. Aber wie sahen die Lösungen aus? Paßten sie in sein Regierungsprogramm? Konnten sie in absehbarer Zeit zur sachlichen und politischen Wirksamkeit gebracht werden? Und wer waren die Männer, die sie finden und realisieren sollten?

Konrad Adenauer hatte den Chef der Zweizonenverwaltung für Ernährung, Landwirtschaft und Forsten, Hans Schlange-Schöningen, nicht als Bundesminister übernehmen wollen. Statt seiner war ihm der Staatssekretär in Schlange-Schöningens Verwaltung, der bayerische Staatsrat Prof. Dr. Wilhelm Niklas, vorgeschlagen worden, dazu als Staatssekretär ein Mann aus Norddeutschland, der von dem Vertrauen der landwirtschaftlichen Berufsverbände getragen sein und von der Deutschen Partei vorgeschlagen werden sollte. Beide konnten zwar auf ministerielle Dienstzeiten verweisen, aber der Minister war von Haus aus Professor der Tierheilkunde und der soeben berufene Amtschef hatte jedenfalls in den letztvergangenen zwölf Jahren eine Tätigkeit ausgeübt, die von den ihm zugedachten neuen Aufgaben doch recht weit entfernt war. Kein Wunder also, daß die Augen des Kanzlers auf diesem nicht unwichtigen Ministerium mit einiger Sorge ruhten, zumal es auch damals genügend Leute gab, die ihm die später doch recht gründlich ad absurdum geführte Auffassung einreden wollten, die beiden Schlüsselpositionen des Landwirtschaftsministeriums könnten nur gelernte und womöglich praktizierende Landwirte mit Erfolg ausfüllen.

Nachdem Wilhelm Niklas ihm in seiner meisterhaften Eleganz ein allgemeines Bild der Lage, so wie wir sie sahen, gezeichnet hatte, wollte Adenauer von mir in einigen handfesten Details wissen, was wir zu tun gedachten. Dieser Vortrag, der ja wohl auch als eine Art von Examen gedacht war, fand Anfang November 1949, wenige Tage nach meiner Ernennung, in später Abendstunde und unter vier Augen statt. Es war meine erste Begegnung mit dem großen Staatsmann. Damals wußte ich noch nicht, daß Adenauer seine Politik auf strengen Prinzipien aufbaute, an denen er festhielt, aber es ablehnte, sich auf die Details der Ausführung, womöglich auch noch über längere Zeiträume, festzulegen.

Bei einer allgemeinen Zielbestimmung, die besagte, daß es darauf ankomme, die Leistungsfähigkeit der Landwirtschaft wiederherzustellen und zugleich, unter sozialen und politischen Gesichtspunkten, ein gesundes Bauerntum auch im Zeitalter der Industriewirtschaft zu erhalten, konnten wir nicht stehenbleiben. Ich legte dar, daß die Landwirtschaft so bald wie möglich aus der Zwangswirtschaft entlassen werden sollte. Den Landwirten müsse die unternehmerische Entscheidungsfreiheit über ihren Betrieb zurückgegeben werden. Das sei auch der sicherste Weg, um Initiativen zu wecken und damit die Produktion zu steigern. Auf der anderen Seite sei die freie Wettbewerbswirtschaft, wie sie für die gewerblichen Bereiche nützlich und möglich sei, mindestens im gegenwärtigen Augenblick für die Landwirtschaft ungeeignet. Sie brauche einen festen Preisrahmen. Dieser sei auch von allgemeinem Nutzen. Denn er sei ein wesentlicher Anreiz für die so dringend notwendige Produktionssteigerung. Außerdem würden konstante Preise für die Grundnahrungsmittel von Bedeutung auch für die Stabilität des Lohnniveaus in der Industrie sein. Auf einen außenwirtschaftlichen Schutz könne die deutsche Landwirtschaft mindestens für eine geraume Übergangszeit nicht verzichten. In ihrem gegenwärtigen Zustand könne sie sich dem unbeschränkten Wettkampf mit den traditionellen Agrarexportländern nicht stellen. Sie bedürfe eines Schutzwalles, hinter dem sie sich in Ruhe auf die internationale Konkurrenz vorbereiten könne. Praktisch seit 1914 sei die deutsche Landwirtschaft dazu angehalten gewesen, ihre Produktion quantitativ gewissermaßen um jeden Preis zu steigern. Bei der gegenwärtigen Ernährungslage komme es weiterhin in erster Linie darauf an, möglichst große Mengen der wichtigsten Grundnahrungsmittel auf den ausgehungerten Markt zu bringen. Erst wenn die Versorgung einigermaßen normalisiert sei, könne die Landwirtschaft schrittweise zur Veredelungsproduktion übergehen. Zu dieser Umstellung brauche sie jedoch Zeit und Ruhe. Es müsse also ein Weg gefunden werden, um einerseits den nach wie vor bestehenden Fehlbedarf zu importieren, andererseits diese Einfuhren möglichst genau in die Lücke zwischen Eigenerzeugung und Verbrauch einzupassen, so daß sie den Absatz und die anzustrebende weitere Steigerung der inländischen Erzeugung nicht behinderten.

Das war in wenigen Zügen die Skizze zu einem, wenn man diesen hochtrabenden Begriff anwenden wollte, Agrarprogramm der gerade eben sich konstituierenden Bundesregierung, wenigstens der Leitfaden, nach dem mein Minister und ich unsere nächsten Schritte abstecken wollten. Er bedurfte der Einsegnung des Regierungschefs, der allein die Richtlinien seiner Politik zu bestimmen hatte. War sie zu erwarten von einem Mann, dem die Landwirtschaft fremd war, der die Probleme der Land- und Ernährungswirtschaft bisher nur, in seiner Oberbürgermeisterzeit, im Spiegelbild der Verbraucherinteressen kennengelernt hatte?

Selbstverständlich konnten wir nicht damit rechnen, daß der Kanzler sich sozusagen auf Anhieb auf unsere Linie festlegen würde. Das Optimum des Erreichbaren sahen wir darin, ihn davon zu überzeugen, daß wir mit ausreichender Sachkenntnis und, was wahrscheinlich wichtiger war, mit klaren Vorstellungen an unsere Aufgabe herangehen würden.

Diese Darlegungen, die eine Art Agrarprogramm sein sollten, waren der Inhalt meiner ersten Begegnung mit Konrad Adenauer.

Ich kannte ihn nur vom Hörensagen. Seine größte Leistung als Kölner Oberbürgermeister, den Erwerb des legendären Grüngürtels, betrachtete ich, wie viele andere, auch unter dem Gesichtspunkt einer höchst gewagten Finanzoperation, die mehr durch Zufall als durch Kalkül an der Katastrophe vorbeigegangen war. Tief beeindruckt hatte mich das durch Zweifel und Bedenken nicht gestörte Selbstvertrauen und die taktische Meisterschaft, mit der er seine Wahl zum CDU-Vorsitzenden, über den Kopf meines agrarpolitischen Mentors Andreas Hermes hinweg, wie dann auch seine Wahl zum Bundeskanzler wie die Wahl Bonns zur Bundeshauptstadt durchgesetzt hatte. Unbekannt war mir noch seine unvergleichliche Art, weitgespannte, von hohem sittlichen Ethos getragene politische Ideen in einfachen, jedermann verständlichen Worten darzustellen und politische Debatten mit einem sehr bescheidenen, oder sagen wir es respektvoller, schmucklosen, jedoch sofort den Kern der Sache freilegenden Vokabular zu bestreiten. Aber während ich seinen prüfenden und abwägenden Blick auf mir ruhen fühlte, überkam mich mehr vom Instinkt als vom Verstande her die Erkenntnis, daß dieser Mann seinem Gesprächspartner, sofern dieser nur über ein gewisses Einfühlungsvermögen verfügte, seine eigene Art, in einfachen Linien zu denken und ohne Umschweife zu sprechen, geradezu aufzwang. Ich bemühte mich also, mich in diesem Sinne auf ihn einzustellen.

Mit diesem ersten Sachvortrag, dem viele andere, im Kabinett und unter vier Augen, folgen sollten, hatte ich auch wohl seine nicht ausgesprochene Sorge über die Besetzung der Spitzenpositionen des Landwirtschaftsressorts mit ihm unbekannten Männern beschwichtigt. Und wenn es außerdem ein Examen hatte sein sollen, dann glaubte ich, aus dem wohltemperierten Wohlwollen, mit dem er unsere Arbeit stützte und förderte, schließen zu dürfen, es leidlich bestanden zu haben.

Während der ersten vier Regierungsjahre Konrad Adenauers blieb die Agrarpolitik der Bundesregierung mit ihren Schwerpunkten darauf gerichtet, die Produktion und die Produktivität der deutschen Landwirtschaft zu steigern. Diese Politik ist kritisiert worden. Sachverständige und mehr noch Nicht-Sachverständige haben der Regierung vorgehalten, sie habe die Landwirtschaft zu lange gegen die rauhe, aber belebende Zugluft des internationalen Wettbewerbs abgeschirmt. Und wenn die deutschen Landwirte sich schwer getan hätten, sich im Gemeinsamen Agrarmarkt zu behaupten, dann sei das darauf zurückzuführen, daß sie sich allzu lange in einem luftdicht abgeschlossenen nationalwirtschaftlichen Rahmen, begünstigt von einer protektionistischen Politik, hätten bewegen können. Doch diese Kritik geht an der Sache vorbei. Sicher hätte Adenauer, der von Haus aus marktwirtschaftlich-liberal dachte, auch die Landwirtschaft in das Erhardsche System der freien Marktwirtschaft integriert, wenn er nicht eingesehen hätte, daß die besondere Lage der Agrarwirtschaft auch eine gesonderte Behandlung erfordert. Die Entwicklung hat ihm und uns recht gegeben. Losgelöst von den Fesseln der Zwangswirtschaft begann die Landwirtschaft ihre Kräfte zu regen. Schnell steigende Erträge der Acker- wie der Viehwirtschaft und verbilligte Kredite ermöglichten die Rationalisierung und Technisierung der Betriebe. Die Produktivitätsleistung je Arbeitskraft übertraf bald die der Industrie, und im Sommer 1950 konnten wir es, allerdings entgegen schweren Bedenken z. B. des damaligen Landwirtschaftsministers, wagen, die letzten Reste der Rationierung, die Zuteilungen von Rindfleisch und Butter, aufzuheben.

Diese Entwicklung verlief allerdings nicht ohne Rückschläge. Die Koreakrise führte uns mahnend vor Augen, wie gefährlich es in einer unruhigen Welt ist, sich in jeder Lage auf das Funktionieren einer weltweiten arbeitsteiligen Zusammenarbeit zu verlassen. Die Bundesrepublik war an dem fernöstlichen Konflikt weder politisch noch militärisch beteiligt. Dennoch wurde ihre Wirtschaft, die erst langsam zu Kräften kam, unmittelbar betroffen, allein schon durch den plötzlich auftretenden Mangel an Schiffsraum und durch die Versorgungskäufe auf den Weltgetreidemärkten. Die gerade erst richtig in Gang gekommenen Einfuhren des Zuschußbedarfes an Brot- und Futtergetreide wurden über Nacht in Frage gestellt. Zu allem Überfluß alarmierte der unserer Agrarpolitik freundlich zustimmende Bundestagsabgeordnete Martin Euler, Rechtsanwalt in Marburg und mit Agrarfragen nicht befaßt, den Kanzler mit der Schreckensnachricht, unsere Getreidevorräte reichten nur noch für ein paar Tage. Das stimmte gottlob nicht. Ich konnte den Kanzler beruhigen mit der Meldung, daß der Anschluß an die neue Ernte durchaus gesichert sei. Immerhin, meinte der Kanzler, sei es doch wohl angebracht, jede Möglichkeit, zusätzlich Getreide einzuführen, beim Schopf zu fassen, was ich mit der Feststellung quittierte, daß wir gerne mehr einführen würden, wenn wir nur für den Ernährungssektor mehr Devisen bekämen. Adenauer meinte, sein Freund Robert Pferdmenges könne da helfen. Er habe ihm angeboten, acht Millionen Dollar locker zu machen, für die eine Tochtergesellschaft des Bankhauses Oppenheim Getreide kaufen werde. Ich bedankte mich für diese Hilfe, die nicht mehr und nicht weniger als acht Schiffsladungen zu je 10000 Tonnen bedeutete. Sie kamen auch, allerdings erst, als unsere eigene Ernte mit rund 2,2 Millionen Tonnen Brotgetreide unter Dach und die Koreakrise abgeklungen war. Überdies stellte sich heraus, daß die von Robert Pferdmenges beschafften Devisen keineswegs vom Himmel gefallen waren. Sie stammten aus den Beständen der Bundesbank und wurden uns auf das Devisenkontingent angerechnet, das für Nahrungsgütereinfuhren zur Verfügung stand. Es kennzeichnet aber die damalige Ernährungssituation besser als lange Darlegungen, daß der Kanzler der Bundesrepublik sich über mehrere Tage glaubte mit einer Angelegenheit selbst befassen zu müssen, die inzwischen längst wieder von einem Ministerialrat in eigener Zuständigkeit erledigt wird. Außerdem beweist dieser Vorgang, daß Adenauer recht daran tat, eine Agrarpolitik zu betreiben, die vorrangig darauf gerichtet war, uns aus der Beengtheit der damaligen Versorgungslage, die ja auch eine bedrückende politische Abhängigkeit bedeutete, herauszuführen, und zwar durch forcierte Steigerung der eigenen Erzeugung von Grundnahrungsmitteln.

Vor diesem Hintergrund fiel es nicht schwer, unsere Konzeption landwirtschaftlicher Marktordnungen den Regierungsparteien schmackhaft zu machen. Der Grundgedanke der vier Marktordnungsgesetze, die in dichter Aufeinanderfolge in der Zeit von November 1950 bis April 1951 verabschiedet wurden, war einfach und einleuchtend. Für die ihnen unterliegenden Produkte wurden Mindestpreise festgesetzt. Sie bedeuteten praktisch eine Preisgarantie, die ergänzt wurde durch eine Abnahmegarantie. Die Landwirte konnten die Produkte, die sie auf dem Markt nicht absetzten, über ihre Vermarktungseinrichtungen den staatlichen Einfuhr- und Vorratsstellen anbieten. Mit diesen Gesetzen konnte zwar keine Produktionslenkung bewirkt werden. Das war auch weder beabsichtigt noch nötig, weil bei den Grundnahrungsmitteln ohnehin eine mehr oder minder große Bedarfslücke vorhanden war. Aber die Marktordnungen trugen doch wesentlich dazu bei, Anreize für eine vermehrte Produktion zu schaffen, Markt und Preise zu stabilisieren, was auch im wohlverstandenen Interesse der Verbraucher lag, und der Landwirtschaft die Atempause zu ermöglichen, die sie benötigte, die Kriegsfolgen zu überwinden, die Betriebe auf arbeitskraftsparende Methoden umzustellen und sich auf den internationalen Wettbewerb zu rüsten, der eines Tages auf sie zukommen würde. Zwölf Jahre lang, bis zum Inkrafttreten des Gemeinsamen Agrarmarktes, haben die vier Marktordnungsgesetze, mit reibungslosen Abläufen, die in sie gesetzten Erwartungen erfüllt. Es spricht für ihre Konzeption, daß sie von der Europäischen Kommission als Modell für die Marktordnungsgesetze der Europäischen Gemeinschaft verwendet wurden.

Ein Kernstück der Marktordnungsgesetze war die dem Bundesernährungsministerium auferlegte Verpflichtung, für die Marktordnungsprodukte alljährlich Einfuhr- und Versorgungspläne aufzustellen. Sie sollten die saisonalen Schwankungen unterliegende Inlandserzeugung dem ebenfalls variierenden Bedarf gegenüberstellen. Die auf diese Weise ermittelte Lücke, die durch Einfuhren geschlossen werden mußte, war die Ausgangsbasis für die agrarische Handelspolitik. Sie war auch der Schnittpunkt kollidierender Interessen der Exportwirtschaft und der Landwirtschaft. Adenauer stimmte uns darin zu, daß die agrarischen Einfuhren in dem Rahmen gehalten werden sollten, der sich aus den Einfuhr- und Versorgungsplänen ergab. Der Zuschußbedarf wurde in Einfuhrkontingente aufgeteilt, die wir in den Handelsverträgen durchzusetzen

versuchten. Dabei stießen wir auf eine naturgegebene Interessengemeinschaft der deutschen Exportwirtschaft, die möglichst hohe Agrareinfuhren als Kompensationsobjekt für industrielle Ausfuhren betrachtete, und den Agrarexportländern, die ihre Einfuhren von deutschen Industriegütern möglichst mit agrarischen Gegenlieferungen bezahlen wollten. Die Doktrinen des Freihandels und des Agrarprotektionismus gerieten in Konfrontation. Die deutsche Agrarwirtschaft hat es Konrad Adenauer zu danken, daß diese immer wieder auftretenden Interessenkonflikte nicht dogmatisch, sondern, wie es seiner Art entsprach, pragmatisch und von Fall zu Fall entschieden wurden. Dabei kam dem Ernährungsressort zustatten, daß die anfangs heftigen Widerstände unserer Vertragspartner gegen das ihnen ungewohnte und mit dem Prinzip freien Handels, wie sie meinten, unvereinbare System der Einfuhrkontingente sich auflösten, sobald die praktischen Vorteile des Verfahrens zutage traten. Sie erkannten bald, daß es auch für sie von Vorteil war, über längere Zeit im voraus zu wissen, welche Mengen welcher Güter die Bundesrepublik ihnen abnehmen würde; sie konnten langfristig disponieren. Es war ein entscheidender Fehler der Europäischen Kommission und ist eine der Ursachen für die bis heute nicht gelösten Probleme der Überproduktion, daß sie zwar das System der deutschen Marktordnungsgesetze in vielen wesentlichen Einzelheiten für den Gemeinsamen Agrarmarkt übernommen hat, nicht aber das unbedingt dazugehörende System der Einfuhrkontingente, das erst die notwendige außenwirtschaftliche Absicherung der Binnenmärkte herstellen kann.
Die alljährlich sich wiederholenden Auseinandersetzungen darüber, ob und wie weit dem Drängen unserer Partner nach Aufstockung der Kontingente nachgegeben werden sollte, spielten sich im allgemeinen zwischen dem Bundeswirtschaftsministerium und dem Auswärtigen Amt auf der einen, dem Bundesernährungsministerium auf der anderen Seite ab, ohne daß der Kanzler mit ihnen hätte befaßt werden müssen. Sie bekamen aber ein anderes Gesicht, als der Gemeinsame Agrarmarkt Gestalt annahm und die massiven Wünsche unserer fünf Partner auf alsbaldige Öffnung des großen deutschen Zuschußmarktes mit seiner vermeintlich unbegrenzten Aufnahmefähigkeit auf die Bundesrepublik eindrangen und vor allem von seiten des französischen Staatschefs mit heftigem politischem Druck vorangetragen wurden.
Nach dem Scheitern der Europäischen Verteidigungsgemeinschaft hatte sich auch der Kanzler abgefunden mit dem Versuch, die politische Einigung des freien Europas über die schrittweise Integration wirtschaftlicher Teilbereiche anzustreben. Unsere Warnung, daß die Zusammenführung der in allen Teilnehmerländern unterschiedlichen Agrarstützungssysteme besonders problematisch und langwierig sei, schien ihm unwesentlich gegenüber dem angesteuerten politischen Effekt. An dieser Auffassung, die eigentlich nicht mehr als eine Hoffnung sein konnte, hielt er auch fest, als mein Kollege Alfred Müller-Armack und ich 1961 in einer gemeinsamen Denkschrift darlegten, daß die endlosen Streitereien über agrarwirtschaftliche Details den Europagedanken nicht fördern, wohl aber abnutzen und verschleißen würden, und daß es mithin ratsam sei, die Uhr des Agrarmarktes so lange anzuhalten, bis die Integration auch in den Nachbarbereichen – Wirtschaft, Steuern, Sozialleistungen, Verkehr usw. – so weit vorangekommen seien wie der Gemeinsame Markt für die

Landwirtschaft, der einzige Sektor, in dem überhaupt irgendwelche sichtbaren Ergebnisse in Richtung auf eine Einigung Europas erzielt seien, abgesehen von der Aufhebung der Industriezölle. Die Szene hat sich bis heute, acht Jahre nach Konrad Adenauers Tod, höchstens zum Negativen hin geändert. Wie würde der große Pragmatiker heute über eine Atempause denken, die einen neuen Anlauf mit politischen statt mit agrarwirtschaftlichen Zielen gestattet?

Die Einzelheiten der Rom-Verträge, die auch im Kabinett nur höchst kursorisch behandelt wurden, haben den Kanzler nicht interessiert. Er überließ es Walter Hallstein, sie auszuhandeln. Daß sie der deutschen Landwirtschaft schwere Opfer auferlegen würden, hat er zur Kenntnis, aber auch des höheren Endzieles willen in Kauf genommen. Tief beeindruckt hatte ihn ein Hinweis de Gaulles auf einer gemeinsamen Fahrt über Land. In Frankreich seien fast alle Dörfer noch reine Bauerndörfer, in Deutschland gebe es kaum eines, in dem nicht auch Schornsteine von Industriebetrieben rauchten. Frankreich sei mithin darauf angewiesen, seine Bauern zu stützen und zu fördern. Die Bundesregierung könne auf sie zugunsten einer weiteren Industrialisierung verzichten. Selbstverständlich dachte Adenauer nicht daran, die Agrarpolitik der Bundesregierung künftig nach dieser auch für ihn allzu vereinfachenden Maxime neu zu orientieren. Aber in Verbindung mit der Tatsache, daß mit der Expansion der Industriewirtschaft die Selbstauflösung landwirtschaftlicher Kleinbetriebe und die Abwanderung großer Teile der ländlichen Bevölkerung in die damals noch lohnendere industrielle Beschäftigung schnell fortschritt, glaubte er doch, der Landwirtschaft die Belastung zumuten zu können, die das überstürzte Hineinwachsen in den Gemeinsamen Markt ihr auferlegte. Wie er die gesamte Innen-, Wirtschafts-, Sozial- und Finanzpolitik letzten Endes als Voraussetzung und Ausgangsbasis seiner Außenpolitik betrachtete, so ordnete er auch die Agrarpolitik den vermeintlichen Notwendigkeiten der europäischen Einigung unter.

Diese Haltung bedeutete zwar keine grundlegende Änderung der amtlichen Agrarpolitik, aber doch eine fühlbare Aufweichung der bisherigen Linie, mindestens gegenüber den Teilnehmerländern der Gemeinschaft, denen die Rom-Verträge die Priorität in der Belieferung des deutschen Marktes verschafft hatten. Sie wurde Adenauer auch leichter gemacht dadurch, daß die Argumentationen und Forderungen der landwirtschaftlichen Berufsvertretung bzw. ihres Präsidenten Edmund Rehwinkel, der 1954 Andreas Hermes in der Führung des deutschen Bauerntums abgelöst hatte, durch Übertreibungen an Beweiskraft eingebüßt hatten.

Konrad Adenauer sah in Berufsverbänden, Interessenvertretungen und Gewerkschaften legitime und notwendige Institutionen einer funktionsfähigen Demokratie. Er war auch bereit, sie anzuhören, sogar höflich und geduldig und mit dem ihm eigenen Respekt vor der Meinung anderer. Aber er war nicht bereit, ihnen einen bestimmenden Einfluß auf die Richtung seiner Politik oder auf die laufenden Geschäfte seiner Regierung einzuräumen. Das brauchte nicht auszuschließen, daß er offensichtlichen Pressionen nachgab, wenn er sich davon eine Stärkung seiner parlamentarisch-politischen Position versprach. Einige Preiserhöhungen für Agrarprodukte, die das Ernährungsressort gar nicht vorzulegen gewagt hatte, sind auf diesem Wege zustande gekommen.

Ein Markstein in den Beziehungen des Kanzlers zu den agrarischen Organisationen war das Rhöndorfer Gespräch vom 17. Februar 1951, ein spektakuläres Ereignis, das in dem agrarpolitischen Dialog zwischen Regierung, Parlament und Bauernverband eine geradezu richtungweisende Bedeutung erlangen sollte. Sein Initiator war Andreas Hermes, der als Präsident des Deutschen Bauern- wie des Deutschen Raiffeisenverbandes eine außerordentliche Machtfülle in seiner Person vereinigte. Das Verhältnis zwischen den beiden großen Männern war von Grund auf gestört. Hermes konnte es nicht verwinden, daß Adenauer, die Abwesenheit seines Rivalen geschickt ausnutzend, ihm in der Führung der CDU den Rang abgelaufen hatte. Zeit seines Lebens hielt er an der schwer zu beweisenden und ebenso schwer zu widerlegenden Hypothese fest, daß die Wiedervereinigung der beiden Teile Deutschlands auch gegenüber den Russen erreichbar gewesen wäre, wenn Hermes anstelle von Adenauer die Leitung der deutschen Geschicke hätte in die Hand nehmen können. Hermes mied den Kanzler, wo er nur konnte, nahm keine offiziellen Einladungen an und suchte ihn nur auf, wenn es nicht zu vermeiden war – durchaus zum Nachteil der Sachinteressen, die er gegenüber dem Regierungschef zu vertreten hatte. Auf der anderen Seite ließ Adenauer es sich angelegen sein, Hermes seine politische Niederlage nicht fühlen zu lassen. Er begegnete seinem unterlegenen Gegenspieler mit betontem Respekt. Entgegen seiner Gewohnheit, seine Gesprächspartner mit ihrem Namen anzureden, unterließ er es nie, Andreas Hermes als Reichsminister zu titulieren.

In dem Rhöndorfer Gespräch sollte nun der Versuch unternommen werden, die Regierung auf einen von den Berufsvertretungen abgesteckten Kurs der Landwirtschaftshilfe festzulegen. Der Regierungschef sollte sich verpflichten, mit preispolitischen Maßnahmen dafür zu sorgen, daß die Landwirtschaft an der gesamtwirtschaftlichen Entwicklung in angemessener, ihrer wirtschaftlichen und politischen Bedeutung entsprechender Weise beteiligt würde. Der Gedanke, den in der Landwirtschaft tätigen Menschen ein Einkommen zu garantieren, das dem vergleichbarer Berufsgruppen angepaßt war, klang bereits an. Er fand später Eingang in das Landwirtschaftsgesetz und wurde Anlaß zu heftigen Auslegungsstreitigkeiten. Die Landwirtschaft verstand diese Zusage als einen Gesetzgebungsbefehl, der einen einklagbaren Rechtstitel darstellte. Wenn der Kanzler die Einladung zu diesem so bezeichneten Gespräch dahin aufgefaßt hatte, daß er mit einigen prominenten Sprechern der Landwirtschaft zusammentreffen würde, so sah er sich getäuscht. Es wurde eine Riesenversammlung, an der alles teilnahm, was in den Verbänden Rang und Namen hatte. Um möglichst viele der führenden Persönlichkeiten auch aus den regionalen Institutionen zu Worte kommen zu lassen, hatte Hermes den Ablauf so organisiert, daß dem Kanzler die Lage der Landwirtschaft, so wie die Bauernverbandsführung sie sah, spartenweise in einer ganzen Reihe von Kurzreferaten dargestellt werden sollte. Damit war des Guten zu viel getan worden, abgesehen davon, daß die einzelnen Referate nicht genügend aufeinander abgestimmt waren. Zu einer Diskussion, die die Positionen hüben und drüben deutlich und gegenseitig hätte abstecken können, kam es nicht. Adenauer beschränkte sich also im wesentlichen darauf zuzuhören, mit einer bemerkenswerten Ausdauer. Am Schluß dieses Mammutgespräches, das eigentlich nicht mehr war als eine Reihe gut gemeinter und im einzelnen auch zutreffender Monologe, gab der Kanzler eine Erklärung zur Agrarpolitik seiner Regierung ab. Sie konnte kein Langzeitprogramm sein und erst recht nicht eine Festlegung, die in jeder denkbaren Änderung der allgemeinen Verhältnisse ihre unveränderte Gültigkeit behalten würde. So wurde sie aber aufgefaßt. Über Jahre hinaus wurden Adenauer seine angeblichen Rhöndorfer Versprechungen vorgehalten und jede vermeintliche Abweichung als Bruch einer festen Zusage registriert.

Dabei hätte jedem, der Adenauers Denkweise und seinen Regierungsstil auch nur oberflächlich kannte, klar sein müssen, daß dieses Gespräch oder besser gesagt diese Vortragsrunde nicht mehr bezwecken konnte, als dem Kanzler einen summarischen Eindruck über die Lage der Landwirtschaft, über ihre Probleme und über die von ihr für notwendig erachteten Lösungen zu verschaffen. Das ist auch gelungen. Aber fehlgehen mußte jeder Versuch, den Kanzler auf lange Sicht zu einer Agrarpolitik zu verpflichten, deren Kern in einer kräftigen Anhebung des Agrarpreisniveaus bestehen sollte. Die Sicherung der Landwirtschaft sollte über den Preis erfolgen. Das erschien dem Kanzler zu einseitig. Seine Agrarpolitik sollte dem gesamtwirtschaftlichen Zusammenhang dienen und die gegeneinander gerichteten Interessen der Landwirte und der Verbraucher synchronisieren. Er hütete sich, die ihm vorgetragenen Forderungen einfach zu akzeptieren.

Aber auch durch das Rhöndorfer Gespräch wurde die Generallinie der Agrarpolitik seiner Regierung noch einmal bekräftigt. Sie war und blieb gerichtet auf die Erhaltung einer leistungsfähigen Landwirtschaft und eines lebensfähigen Bauerntums. So ist sie zwölf Jahre lang, wenn auch nicht in allen Einzelheiten, so doch in ihrer wesentlichen Substanz, mit Erfolg durchgehalten worden. In der Regierungszeit Konrad Adenauers hat die deutsche Landwirtschaft keine Hochblüte erlebt. Aber sie hat ihren Platz in der Industriegesellschaft behaupten können und hat ihren Leistungsstand so zu steigern vermocht, daß sie jedem ausländischen Wettbewerber voll gewachsen ist.

1 Vgl. Anneliese Poppinga, Konrad Adenauer. Geschichtsverständnis, Weltanschauung und politische Praxis, Stuttgart 1975, S. 181 f.

PETER PAUL NAHM

Die Gesetzgebung zugunsten der Vertriebenen, Zonenflüchtlinge und Kriegssachgeschädigten

Adenauer hielt nicht viel von Theorien. Aus kommunalpolitischer Erfahrung war er für praktische Maßnahmen. Als Gegner von Vermassung und Profillosigkeit stand er hinter dem Streben, die durch Vertreibung und Flucht zerstörte heimatliche soziale Position nach Kräften wiederherzustellen. Diese Tendenz fand nicht überall Beifall. Nach einigen grundsätzlichen Auseinandersetzungen richtete sich die Eingliederungspolitik und die entsprechende Gesetzgebung nach den heimatlichen sozialen und wirtschaftlichen Verhältnissen und der Achtung des Privateigentums. Schließlich wurde dieser Grundsatz im § 13 des Bundesvertriebenengesetzes verankert.
Diesem Richtsatz ist in der Praxis entsprochen worden. Hilfsbedürftige Vertriebene wurden durch die Unterhaltshilfe aus der Abhängigkeit von der Kasse der Aufenthaltsgemeinde befreit. Der Bund übernahm jene Kriegsfolgelasten, die nicht durch das Lastenausgleichsgesetz reguliert werden. Das Fremdrentengesetz sicherte die Versorgungsansprüche der Vertriebenen und das Gesetz nach Art. 131 des Grundgesetzes finanzierte die Pensionen von Beamten, Angestellten und Arbeitern des öffentlichen Dienstes. Alle Anliegen der Vertriebenen, Flüchtlinge, Ausgebombten und Währungsgeschädigten wurden nach Kräften berücksichtigt. Damit waren die Kriegsfolgen in ihrer Wirkung auf die besonders Betroffenen gemildert und die Vermassung konnte verhindert werden. Dennoch waren die Bundeshaushalte in Ordnung, so daß auch den Erfordernissen der Gegenwart und der Zukunft entsprochen werden konnte.

Die ersten Schritte

Bevor die Bundesrepublik Deutschland konstituiert werden konnte, waren durch die im Bereich der drei Besatzungszonen entstandenen Länder Maßnahmen zur Bewältigung der dringendsten Notstände bei den Ausgebombten, Vertriebenen und Geflüchteten ergriffen worden. Ende 1945/Anfang 1946 richteten die in der amerikanischen und britischen Zone konstituierten Länder Flüchtlingsverwaltungen ein. Diese hatten für Aufnahme, Verteilung und Unterbringung zu sorgen. Sie bedienten sich dabei der in den Regierungsbezirken sowie Stadt- und Landkreisen eingesetzten Beauftragten. Damit war eine Sonderverwaltung geschaffen worden. Sie bemühte sich, um der Einheit willen eine korrespondierende Flüchtlingsgesetzgebung der Länder der westlichen Zonen zu konstituieren. Der Versuch, mit den unmittelbar benachbarten Verwaltungen der sowjetischen Besatzungszone Fühlung aufzunehmen, scheiterte. Im Sommer 1947 schlossen sich die Flüchtlingsbeauftragten der britischen und amerikanischen Zone zu einer Arbeitsgemeinschaft zusammen. Sie war

um die Einheitlichkeit der Begriffe besorgt. 1948 schufen die Ministerpräsidenten der amerikanischen und britischen Zone die „Zentralstelle für das Flüchtlingswesen bei der Verwaltung des Vereinigten Wirtschaftsgebiets" mit Sitz in Frankfurt am Main. Die zuständigen Besatzungsbehörden billigten den Auftrag: einheitliche Definition des Flüchtlingsbegriffes, eine der Kapazität der Länder angepaßte Verteilung, Umsiedlung und Familienzusammenführung, Vorbereitung des Ausgleichs der finanziellen Lasten, Humanisierung der Freizügigkeitsbeschränkung, Angleichung der wirtschaftlichen Maßnahmen – zumal der Beschäftigung und des Wohnungsbaues. Auch die Vereinheitlichung der Nomenklatur sollte bedacht werden. Erste Folgen waren: Entlastung der überbelegten Länder, Einbeziehung der Länder der französischen Zone in die Verteilung, Vorbereitung eines Lastenausgleichsgesetzes und eines Flüchtlingssiedlungsgesetzes. Die inzwischen eingetretene Flucht aus der sowjetischen Zone nötigte zu einer der Aufnahmekapazität der Länder angepaßten Verteilung. In den Vereinigten Staaten von Amerika erkannte man die Gefahr der sich ballenden Wohnungs- und Arbeitslosen. Zwei Sachverständigenkommissionen kamen und unterrichteten sich an Ort und Stelle. Sie stellten Pläne auf, die moralische und finanzielle Unterstützung erfuhren. Ihr materieller Effekt schlug kaum zu Buch. Er ließ jedoch erkennen, daß Deutschlands moralische Verdammung und das Verstoßen aus der Familie der Völker vorbei waren.
Nach der Wahl des 1. Bundestages stand eine Reihe von Gesetzen an, die mit der Regelung der durch Nazismus und Krieg entstandenen Schäden sowie mit dem Wiederaufbau von Gesellschaft und Wirtschaft zu tun hatten. Die zumal durch die Vertreibungen und die etwas später einsetzende Massenflucht aus der sowjetischen Besatzungszone bedingten Notstände und Eingliederungsaufgaben bedurften der Sondergesetzgebung.

Das Lastenausgleichsgesetz

Der erste, vom Bundesminister der Finanzen ausgearbeitete Entwurf stützte sich auf das Soforthilfegesetz der Dreizonenverwaltung. Grundlage und Ziel waren nicht der Verlust und dessen Ausgleich, sondern soziale, auf die gegenwärtige Lage bezogene Leistungen. Der Lastenausgleichsausschuß des Bundestages benötigte eineinhalb Jahre für die Durcharbeitung der Materie. Die Anerkennung des Entschädigungsprinzips gewann langsam an Boden. Der Bundesrat blieb bis in den Vermittlungsausschuß bei seiner Beschränkung auf soziale und die Wiedereingliederung fördernde Maßnahmen. Im Vermittlungsausschuß zerbrach die Einheit der Länder. Das quotale Wiedergutmachungsprinzip hatte sich durchsetzen können.
Aufgrund des Lastenausgleichsgesetzes konnten gewährt werden: quotale Entschädigung für verlorenen Besitz – Kriegsschadenrente, d. h. ein der Fürsorge ähnlicher Unterhalt – eine pauschale Entschädigung für verlorenen Hausrat –, ein Währungsausgleich für Sparguthaben. Nach Maßgabe vorhandener Mittel standen auf Antrag Darlehen für berufliche Eingliederung, Wohnraumbeschaffung, Ausbildungshilfe und ähnliche Anliegen zur Verfügung.

Der Lastenausgleich, der neben den Vertreibungsschäden auch die durch den Bombenkrieg entstandenen Sachschäden einbezog, hat keine Vermögensumschichtung bewirkt. Um einen derartigen Effekt herbeizuführen, hätte es wesentlich höherer Abgaben aus den erhalten gebliebenen Vermögen und erheblich größerer Zuteilung von Mitteln an die Geschädigten bedurft. Die den Lastenausgleich flankierenden Maßnahmen im Bereich der Wirtschafts- und Sozialpolitik haben dazu beigetragen, daß die Vertriebenen und Kriegssachgeschädigten der Radikalisierung nicht erlagen. Schließlich hat der Lastenausgleich auch den Wohnungsbau finanziert, die Gemeinden von Kriegsfolgelasten befreit und die Unterhaltshilfeempfänger der Abhängigkeit von der kommunalen Fürsorge entzogen. Sie lagen der Gemeinde nicht mehr auf der Tasche und brachten Geld in das Geschäftsleben der Gemeinden.

Der Wohnungsbau

Der Bombenkrieg hatte viele Städte in Schutt und Asche gelegt. Es fehlte an Wohnungen. Die Vertriebenen, die Ausgebombten und die Flüchtlinge aus der sowjetischen Besatzungszone mußten jahrelang in Lagern und Notquartieren zubringen. Dort waren sie den Gefahren des Radikalismus oder der Lethargie preisgegeben. Sie haben diesen Versuchungen widerstanden. Sie waren weder Sprengstoff noch apathische Last, sondern Beispiel für Disziplin, Fleiß und Einordnung. Aus innerer Kraft, wie sie nur aus einem ruhigen Gewissen kommen kann, haben sie geistig und seelisch keinen Schaden genommen. Sie sind weder Treibholz noch Werkzeug zerstörender Kräfte geworden. Sie haben die Familie zusammengehalten, zersprengte Teile mit Ausdauer gesucht und zurückgehaltene Mitglieder mit allen Mitteln zu holen getrachtet. 1950 waren 22,4% der Vertriebenen Inhaber einer Wohnung; 66,5% waren Untermieter, 11,1% weilten in Notwohnungen oder Lagern. Nur 27,8% verfügten über eine eigene Küche! Hier konnte nur der Wohnungsbau helfen. Das erste Bundeswohnungsbaugesetz vom April 1950 wurde drei Jahre später neu gefaßt. Beide Texte und Finanzierungsgrundlagen förderten den Bau von zwei Millionen Sozialwohnungen für rund siebeneinhalb Millionen Geschädigte. Zu diesen zählten auch die einheimischen Ausgebombten und die aus Mitteldeutschland Geflohenen. Die Bemühungen um eine menschenwürdige Unterkunft wurden fortgesetzt und neu angetrieben durch die Umsiedlung von Vertriebenen aus den überbelegten Ländern (zumal Schleswig-Holstein) und die Rückführung der Bewohner ausgebombter Großstädte zu ihrem früheren Wohnsitz.

Die Abschnürung der Zonengrenze ließ den Fliehenden schließlich nur noch den Weg nach West-Berlin einigermaßen offen. Sie wurden über eine Luftbrükke nach Westdeutschland ausgeflogen. Als auch die Fluchtmöglichkeit nach West-Berlin durch den Mauerbau geschlossen wurde, hatten über zweieinhalb Millionen den Zonenbereich verlassen. Von den Geflohenen standen 75% im Erwerbsalter. Nur 6,4% waren über 65 Jahre alt. Ihre Unterbringung im Bereich der Bundesrepublik erforderte neue Anstrengungen im Wohnungsbau und bei der Beschaffung eines Arbeitsplatzes.

Die Eingliederung der Rentner

Die im Bundesgebiet deponierten Vermögen der Sozialversicherungsträger hatte die Inflation dezimiert. Die Vertriebenen waren von ihren heimatlichen Versicherungsträgern nicht nur getrennt – die Versorgungsanstalten waren sogar erloschen. Bundesdeutsche Fürsorgestellen, Soforthilfe und der Lastenausgleichsfonds mußten einspringen. Nach dem Grundsatz der Gleichstellung, der im Bundesvertriebenengesetz verankert ist, wurde ein Spezialgesetz geschaffen. Es trägt den langen Namen „Gesetz über Fremdrenten nach der Sozialversicherung an Berechtigte im Bundesgebiet und im Land Berlin über Leistungen der Sozialversicherung (Fremdrenten- und Auslandsrentengesetz)". Erkenntnisse und Erfahrungen führten nach siebenjähriger Praxis zu einer Novellierung mit dem Namen: „Fremdrenten- und Auslandsrenten-Neuregelungsgesetz". Die Neuregelung behandelt die aus Gebieten außerhalb des Deutschen Reiches stammenden Rentner so, als ob sie ihr gesamtes Arbeitsleben im Reichsgebiet verbracht hätten. Das ist eine unbürokratische und perfekte Eingliederung, wie sie bei keiner anderen Schadensart gefunden werden konnte.

Kredite für gewerbliche und bäuerliche Betriebe

Flucht, Vertreibung und Bombenkrieg haben einen erheblichen Teil des deutschen Volkes in Besitz- und Berufslosigkeit gestoßen. Besonders der Mittelstand war betroffen. Noch ehe staatliche Hilfen einsetzten, wurde unter widrigsten Umständen die Wiederherstellung der heimatlichen gesellschaftlichen Position in Handwerk, Gewerbe, kleineren Industriebetrieben und Landwirtschaft versucht und durchgestanden. Für die 400000 vertriebenen Bauern schien in einem Land mit vorwiegend kleinbäuerlicher Struktur die Nebenerwerbsstelle eine zeitgemäße Lösung zu sein. Geld stand aus mehreren Quellen zur Verfügung. Schmucke Siedlungen entstanden. Jedoch der allgemeine Drang zu mechanisierten landwirtschaftlichen und gewerblichen Unternehmen machte den mühsam geschaffenen und schwach finanzierten Kleinbetrieben das Leben schwer. Vielen gelang es, hochzukommen. Die meisten mußten aus objektiven und subjektiven Gründen aufgeben. Daß auch die eingesessenen Kleinunternehmen in Krise gerieten und schließen mußten, war ein schwacher Trost.

Das 131er Gesetz

Schon im Grundgesetz war in Art. 131 festgelegt, daß der Bund die durch die Teilung Deutschlands, die Auflösung des Arbeitsdienstes und das Erlöschen vieler Gebietskörperschaften ihrer Stellung, Rechte und Versorgung entbehrenden Angehörigen des öffentlichen Dienstes angemessen unterzubringen oder zu versorgen habe. Laut Gesetz sind noch Dienstfähige zur Wiederverwendung anzustellen oder in den Ruhestand zu versetzen. Dienstherren, die einen vorgeschriebenen Prozentsatz nicht untergebracht hatten, mußten einen Ausgleichsbetrag zahlen. Das Gesetz hat unter erheblichem Kostenaufwand eine saubere Lösung gebracht.

Alle Standardgesetze, die Eingliederung, Unterhalt, Entschädigung und Wiedergutmachung betreffen, sind in den Jahren von Konrad Adenauers Kanzlerschaft geschaffen worden. Ziel der Gesetzgebung war die Bannung der Vermassungsgefahr und die Wahrung der Persönlichkeit. Der Einsatz von einigen hundert Milliarden hat sich gelohnt. Die Kriegsopfer, die Vertriebenen, die Geflüchteten und Ausgebombten sind eine Stütze von Recht und Ordnung geworden.

Konrad Adenauer war ein in Heimat und Glauben verwurzelter Mensch. Seine Bindung äußerte sich nicht in großen Worten, sondern in Wesen und Handeln. Nie hat er zu den Vertriebenen und Geflüchteten ein pathetisches Wort gesprochen. Aber bei der einschlägigen vielschichtigen Gesetzgebung dachte und wirkte er mit. Er half dem mit keinem Sachetat ausgestatteten Vertriebenenminister – zumal wenn der Finanzminister „pingelig" wurde, obwohl Spontaneität und Großzügigkeit am Platz gewesen wären. Adenauer sah im Vertriebenenproblem eine soziale, rechtliche, wirtschaftliche und vor allem menschliche Bewährungsaufgabe. Die abschließende Schilderung einer vom Verfasser erlebten Episode unterstreicht das:

Adenauers Moskaubesuch führte zur Entlassung zurückgehaltener deutscher Kriegsgefangener. Als mir der erste Transport angekündigt wurde, riet ich dem Bundeskanzler, zur Begrüßung nach Friedland zu fahren. Er sagte zu. Als ich am frühen Morgen in seinen Waggon stieg, rief er mich sofort zu sich. Im Zug befand sich eine Rhöndorfer Frau samt ihrem Jungen. Sie wohnte in der gleichen Straße wie Adenauer. Sie hatte am Radio gehört, ihr Mann sei unter den Heimkehrern. Adenauer hat ihre Bitte, sie mitzunehmen, angenommen. Er bat mich, unter Ausnützung der Nachrichtentechnik festzustellen, ob der Mann wirklich in Friedland sei. Ich bediente mich der technischen Mittel des Sonderzuges. Nach 20 Minuten kam die positive Antwort. Adenauer, der sinnend in der Abteilecke saß, atmete auf und sagte: „So, Gott sei Dank. Jetzt kann ich mich an meine Akten machen. Laden Sie die Frau und ihr Kind zum Mittagessen ein. Da wollen wir uns einmal richtig freuen und aussprechen." Am Abend nahm der Bundeskanzler die glücklich vereinte Familie in seinem Sonderzug mit nach Rhöndorf.

WALTER STRAUSS †

Die Personalpolitik in den Bundesministerien zu Beginn der Bundesrepublik Deutschland

Am 7. September 1949 hatten sich Bundestag und Bundesrat der Bundesrepublik Deutschland konstituiert, am 12. des gleichen Monats war Theodor Heuss durch die Bundesversammlung zum Bundespräsidenten, am 15. Konrad Adenauer vom Bundestag zum Bundeskanzler gewählt worden. Am 20. September bildete Adenauer die erste Bundesregierung, am 21. wurde das Besatzungsstatut verkündet. Damit waren die im Grundgesetz für die Bundesrepublik Deutschland, das am 23. Mai 1949 in Kraft getreten war, vorgesehenen staatlichen Organe des erneuerten deutschen Gemeinwesens wirkkräftig geworden. Wieweit und wie bald die Bundesregierung jedoch die ihr obliegende Wirksamkeit entfalten konnte, hing davon ab, welche regierungs- und verwaltungsmäßige Apparatur ihr zur Verfügung stand oder welche sie sich alsbald schaffen konnte. Es hätte nahegelegen, wenn nach Verabschiedung des Grundgesetzes hierfür Vorarbeiten geleistet worden wären. Einiges war in der Tat in dieser Richtung geschehen. So hatte der Überleitungsausschuß der Ministerpräsidenten der Länder Geschäftsverteilungspläne für künftige Bundesministerien aufgestellt. Derjenige für ein Bundesjustizministerium war von dem württembergisch-badischen Bevollmächtigten beim Vereinigten Wirtschaftsgebiet, Ministerialdirektor Dr. Klaiber (dem späteren Staatssekretär und Botschafter), und mir als dem Leiter des Rechtsamtes des Vereinigten Wirtschaftsgebiets gemeinsam entworfen worden. Sodann hatte die Fraktion der CDU/CSU des Parlamentarischen Rates ihre Mitglieder von Brentano, Hermans, Lehr und Strauß beauftragt, eine Denkschrift über die Organisation der Bundesministerien auszuarbeiten. Ich entwarf einen Plan, den ich mit Hermans durchsprach, während von Brentano und Lehr zustimmten. Die Denkschrift befürwortete sparsame Personalkörper unter dem Gesichtspunkt, daß die Ministerien Regierungs- und nicht so sehr Verwaltungsfunktionen wahrzunehmen hätten. Letztere sollten, soweit möglich, an die Länder delegiert werden.

Schon wesentlich früher hatte Adenauer als Präsident des Parlamentarischen Rates den Präsidenten des Rechnungshofs für die britische Zone in Hamburg um ein Gutachten über die Organisation der künftigen Bundesregierung gebeten. Dieses Gutachten schlug eine Zweiteilung der Bundesregierung vor: Die Bundesminister mit entsprechenden Ministerbüros sollten ihren Sitz in Bonn nehmen, während das Personal der Ministerien als „Oberbehörden" in Frankfurt am Main residieren sollten. Diesem seltsamen Vorschlag widersprachen entschieden der Präsident des Rechnungshofs des Vereinigten Wirtschaftsgebiets, Dr. Mayer, und der Oberdirektor des Verwaltungsrats des Vereinigten Wirtschaftsgebiets, Dr. Pünder, der ihn mit Recht als „zweifellos Unfug" bezeichnete.

Aber alle diese Pläne blieben Makulatur. Die Macht des Faktischen siegte.

Zwischen 1945 und 1949 hatten sich nicht nur die Länder entwickelt, die in der Präambel zum Grundgesetz aufgeführt sind, sondern eine Fülle von überländermäßigen zonalen und mehrzonalen Organisationen. Der Parlamentarische Rat war sich bewußt, daß dem Rechnung zu tragen und für eine Überleitung zu sorgen war. Daher bestimmte Art. 130 des Grundgesetzes, vereinfacht ausgedrückt, daß diese Organe und Einrichtungen der Bundesregierung unterstehen, die auch ihre Überführung, Auflösung oder Abwicklung zu regeln habe. Außerdem sah Art. 133 des Grundgesetzes vor, daß der Bund in die Rechte und Pflichten der Verwaltung des Vereinigten Wirtschaftsgebiets, der bedeutendsten dieser Einrichtungen, eintritt.

Die Durchführung des Art. 130 braucht hier nicht in rechtstechnischen Einzelheiten geschildert zu werden. Praktisch war es jedenfalls so, daß die sechs bizonalen Verwaltungen – mit vielfach beschränktem Zuständigkeitsbereich – für ihr Geltungsgebiet an die Stelle der entsprechenden früheren Reichsministerien getreten waren.

Sie boten sich daher, ohne daß es eine Diskussion hierüber gegeben hat, als Kern der Verwaltungen der sich mit ihnen deckenden neuen Bundesministerien dar.

Als die Bundesminister am 21. September ihre nicht immer ausreichenden und zweckentsprechenden, ihnen zugewiesenen Diensträume in Bonn betraten, mußte mithin ihre erste Sorge sein, sich – soweit das der Fall war – mit den ihnen nach Art. 130 unterstellten bizonalen Verwaltungen in Verbindung zu setzen. Das geschah auch sofort.

Allerdings machte Adenauer, der überhaupt eine schwer erklärliche reservierte Haltung gegenüber den bizonalen Behörden einnahm, bei Errichtung des Bundeskanzleramts keinen Gebrauch von der kleinen, sorgfältig besetzten Direktorialkanzlei des Vereinigten Wirtschaftsgebiets.

Aber folgende Bundesministerien waren im Anfang in ihren Personalkörpern nahezu identisch:

Bundesministerium für Finanzen mit der bizonalen Verwaltung für Finanzen
Bundesministerium für Wirtschaft mit der bizonalen Verwaltung für Wirtschaft
Bundesministerium für Ernährung, Landwirtschaft und Forsten mit der bizonalen Verwaltung für Ernährung, Landwirtschaft und Forsten
Bundesministerium für Arbeit mit der bizonalen Verwaltung für Arbeit
Bundesministerium für Post- und Fernmeldewesen mit der bizonalen Verwaltung für Post- und Fernmeldewesen
Bundesministerium für Verkehr mit der bizonalen Verwaltung für Verkehr.

Darüber hinaus unterstanden dem Bundesminister der Justiz gemäß Art. 130 des Grundgesetzes das Zentraljustizamt für die britische Zone und das Rechtsamt des Vereinigten Wirtschaftsgebiets.

Erleichternd für den zügigen Aufbau der Bundesministerien kam hinzu, daß eine Anzahl der neuen Minister und Staatssekretäre aus den entsprechenden Verwaltungen des Vereinigten Wirtschaftsgebiets hervorgegangen waren: Staatssekretär Hartmann aus der Verwaltung für Finanzen, Minister Erhard und Staatssekretär Schalfejew aus der Verwaltung für Wirtschaft, Minister Niklas aus der Verwaltung für Ernährung, Landwirtschaft und Forsten, Staatssekretär Frohne aus der Verwaltung für Verkehr, Minister Schuberth und

Staatssekretär Steinmetz aus der Verwaltung für Post- und Fernmeldewesen, Staatssekretär Strauß aus dem Rechtsamt des Vereinigten Wirtschaftsgebiets; Staatssekretär Schreiber (Vertriebenenministerium) war vorher Leiter des Amtes für Fragen der Heimatvertriebenen des Vereinigten Wirtschaftsgebiets.

In den genannten Ministerien stand also der Bundesregierung ein sofort einsatzfähiger Apparat zur Verfügung. Erschwerend wirkte allerdings, daß wegen der zunächst beschränkten Raum- und Wohnverhältnisse in Bonn die Übersiedlung der Verwaltungen in ihre neuen Sitze nur allmählich erfolgen konnte.

Die personalpolitische Zusammensetzung der Verwaltungen des Vereinigten Wirtschaftsgebiets war uneinheitlich. Die meisten waren aus Zentralämtern der britischen Zone entstanden, zumal es vergleichbare Einrichtungen in der amerikanischen und der französischen Zone nicht gab (die Höchstzahl der Angestellten des Sekretariats des Länderrats des amerikanischen Besatzungsgebiets betrug November 1946 214 und sank nach Bildung der bizonalen Verwaltungen bis Ende 1947 auf 128). Das süddeutsche Element war proportional unzureichend vertreten. Dazu kamen aus der Anfangszeit der Zentralämter Zufälle der Verfügbarkeit der in Betracht kommenden Menschen, die sich besonders bei der bizonalen Verwaltung für Wirtschaft ausgewirkt hatten, dessen Vorgänger das Zentralamt für Wirtschaft der britischen Zone gewesen war. Relativ festgefügt waren die Verwaltung für Verkehr und die Verwaltung für Post- und Fernmeldewesen. Auch die Verwaltung für Finanzen war gut formiert.

Die Zuständigkeiten der Bundesregierung nach dem Grundgesetz waren aber auch vielseitiger und ihre Aufgaben umfassender als diejenigen des Verwaltungsrats des Vereinigten Wirtschaftsgebiets. An eine Erweiterung des Personalbestandes mußte ebenfalls aus diesem Grunde gedacht werden.

Vor allem aber war eine Reihe von neuen Ministerien und Einrichtungen geschaffen worden, für die keine oder nur geringfügige Vorformen aus der Zeit von vor September 1949 vorhanden waren.

Hier muß des Bundeskanzleramts gedacht werden, dessen kleinen, aber vorzüglichen Stab, solange noch kein Staatssekretär ernannt war, der damalige Ministerialdirektor Globke aufbaute und leitete. Globke, das muß hier erwähnt werden, war ein unvergleichlicher Gehilfe Adenauers und ein nie versagender Kamerad der Staatssekretäre der Ministerien.

Ein Bundesministerium des Auswärtigen war von den Besatzungsmächten noch nicht zugelassen, eine Dienststelle für auswärtige Angelegenheiten mit geringer Personalstärke, die dem Bundeskanzler unmittelbar zugeordnet war, nahm insbesondere die Verbindung mit den Stäben der Hohen Kommissare wahr.

Völlig neu geschaffen werden mußten die Bundesministerien des Innern, für Wohnungsbau, für gesamtdeutsche Fragen und für Angelegenheiten des Bundesrats; das Bundesministerium für den Marshall-Plan fand einen kleinen Ansatzpunkt in dem Marshall-Plan-Büro der Direktorialkanzlei des Vereinigten Wirtschaftsgebiets, das Bundesministerium für Vertriebene im Amt für Heimatvertriebene des Vereinigten Wirtschaftsgebiets.

Ich entsinne mich nicht, daß für die notwendig gewordenen Neueinstellungen gemeinsame Direktiven erlassen wurden, auch das Bundeskanzleramt nahm keinen Einfluß vor. Es kam daher wesentlich auf die Persönlichkeit und die Erfahrungen der Minister und der ihnen für die Personalpolitik verantwortlichen Staatssekretäre an.

Erleichtert wurden diese Aufgaben dadurch, daß viele der Minister und der Staatssekretäre im Ministerialdienst und bzw. oder in sonstigem staatlichen Verwaltungsdienst vor 1933 erfahren waren, so die Bundesminister Schäffer, Niklas und Lukaschek, die Staatssekretäre Ritter von Lex (Bundesministerium des Innern), Hartmann (Finanzen), Schalfejew (Wirtschaft), Sauerborn (Arbeit), Frohne (Verkehr), Wandersleb (Wohnungsbau), Thedieck (gesamtdeutsche Fragen) und Strauß (Justiz).

Die Vorbereitung des organisatorischen Aufbaus und der Neueinstellungen oblag in erster Linie den Staatssekretären. Sehr hilfreich war, daß sie von Anfang an einen besonders guten kameradschaftlichen Zusammenhalt pflegten und weiterhin bewahrten. Er fand seinen Ausdruck auch auf ihren monatlichen nichtdienstlichen Zusammenkünften. Ihr gutes Verhältnis ermöglichte es, daß sie gelegentliche Schwierigkeiten unter den Ministerien unterhalb der Ministerebene mühelos, meist übers Telefon, ausbügeln konnten.

Hier ist des aus dem Reichsministerium des Inneren und dem Bayerischen Staatsministerium des Inneren hervorgegangenen Staatssekretärs Ritter von Lex zu gedenken, der in das Bundesministerium des Inneren, das zugleich das Beamtenministerium des Bundes war, berufen wurde, das völlig neu zu gründen war. Dieser Neuaufbau gelang ihm in überraschend kurzer Zeit, wobei er Persönlichkeiten wie den der preußischen Verwaltung entstammenden und während der NS-Zeit kaltgestellten Ministerialdirektor Egidi, den späteren Präsidenten des Bundesverwaltungsgerichts, zu gewinnen vermochte.

Für die Organisation und den Geschäftsgang der Bundesministerien richtete man sich nach der klassischen 1926 erlassenen Gemeinsamen Geschäftsordnung der Reichsministerien (Verfasser war der damalige Ministerialdirektor im Reichsministerium des Inneren, Arnold Brecht), von der Umdrucke gefertigt wurden, bis 1958 eine revidierte Fassung für die Bundesministerien von der Bundesregierung erlassen werden konnte.

Um die beamtenrechtlichen Grundlagen für die Beamten der Ministerien und der sonstigen Bundeseinrichtungen sicherzustellen und die Anwendung des von den Militärgouverneuren der Verwaltung des Vereinigten Wirtschaftsgebiets auferlegten Militärregierungsgesetzes Nr. 15 vom 15. März 1949 zu vermeiden, wurde auf der Grundlage des Deutschen Beamtengesetzes von 1937 nach Ausscheiden aller NS-Bestandteile das Vorläufige Bundesbeamtengesetz vom 17. Mai 1950 erlassen.

Zu erwähnen ist vielleicht auch, daß kein Anlaß gegeben war, von der Vorschrift des Art. 132 des Grundgesetzes Gebrauch zu machen, wonach vor September 1949 auf Lebenszeit angestellte Beamte wegen mangelnder persönlicher oder fachlicher Eignung entfernt oder zurückversetzt werden konnten.

Welche Konzeption über Status und Art der Personalkörper der Bundesministerien war aber geltend zu machen? Vorbild waren eindeutig die Grundsätze der Personalpolitik der Reichsministerien vor 1933. Diese blickten auf eine lange und gefestigte Tradition zurück, wie sie in den Länderministerien, insbesondere den preußischen, im 19. Jahrhundert entwickelt und in den Reichsämtern vor 1918 und in den Reichsministerien nach 1918 fortgebildet worden war. Hohe fachliche und charakterliche Eigenschaften und einwandfreie Staatstreue waren maßgebend.

Verständlich daher, daß man vornehmlich frühere, noch nicht in die Verwaltungen des Vereinigten Wirtschaftsgebiets aufgenommene Reichsministerialbeamte zu gewinnen trachtete, nicht nur solche des höheren Dienstes, sondern die gleichfalls unentbehrlichen Beamten des gehobenen Dienstes. Hilfreich erwies sich hierbei der vorzeitig als Präsident der Landeszentralbank Düsseldorf verstorbene Ministerialdirektor im Bundesministerium der Finanzen, Dr. Kriege (vorher Stellvertreter des Direktors der Verwaltung für Finanzen des Vereinigten Wirtschaftsgebiets). Kriege, aus dem Preußischen Justiz- und Reichsjustizministerium hervorgegangen, war als Präsident des Oberprisenhofs nach dem 20. Juli verhaftet, aber bei Kriegsende befreit worden. Er war einer der besten Kenner der Personalien der Reichsministerien, sein Rat daher überaus wertvoll.

Auch muß daran erinnert werden, daß trotz aller Infiltrationen durch die NSDAP der alte Kern der Reichsministerien vor 1933 weitgehend und überraschend erhalten und auch der inzwischen eingetretene Nachwuchs überwiegend verwendungsfähig war. Allerdings erfolgte, zumal im damaligen Aufbaustadium, eine scharfe politische Überprüfung. Adenauer, der sich sonst um die Personalpolitik der Ministerien nicht im einzelnen kümmerte, hat diesen Gesichtspunkt wiederholt im Kabinett mit Nachdruck betont.

Man mußte also einen Überblick über die Haltung der Kandidaten während der NS-Zeit gewinnen. Hemmend wirkte die unterschiedliche Denazifizierungspraxis in der britischen, amerikanischen und französischen Zone. Sie war auch nicht ohne Einfluß auf die Zusammensetzung der meist in der britischen Zone entstandenen Verwaltungskörper des Vereinigten Wirtschaftsgebiets. Hier lag also eine gewichtige Aufgabe für die Personalreferate. Persilscheine waren nicht zu vermeiden. Am einfachsten hatte es das Bundesjustizministerium: Unmittelbar nach seiner Arbeitsaufnahme in Bonn wurde ihm vom Stab des britischen Hohen Kommissars mitgeteilt, daß auf dem Güterbahnhof Bonn ein Waggon mit sämtlichen Personalakten der deutschen Justiz zu seiner Verfügung stände. Diese Akten (Richter, Assessoren, Referendare, Rechtsanwälte, Beamte des einfachen, mittleren und gehobenen Dienstes) waren von der britischen Militärverwaltung aus Berlin, wo sie luftschutzsicher lagerten, rechtzeitig entfernt worden. Sie enthielten auch die Akten der nach 1933 entlassenen Personen und erleichterten später wesentlich die Bearbeitung der Anträge auf Wiedergutmachung. Justizangehörige, die sich aktiv für die NSDAP engagiert hatten, hatten dies meist zu ihren Personalakten angezeigt, so daß wiederholt auf Bewerbungen geantwortet werden konnte: „Ihre Personalakten liegen hier vor. Ihre Wiederverwendung ist nicht beabsichtigt." In Zweifelsfällen wurden Auskünfte beim amerikanischen Document Center in Berlin eingeholt.

Obwohl mir eine detaillierte Übersicht über die Verhältnisse in den einzelnen anderen Bundesministerien fehlt, glaube ich doch behaupten zu können, daß die politische Überprüfung der neu einzustellenden Beamten erfolgreich verlief.

Eine Erleichterung für die Arbeiten des Anfangs bedeutete es auch, daß damals vorübergehend die Altersgrenze aufgehoben war. Man konnte daher die unschätzbaren Erfahrungen einiger Ministerialbeamten verwenden, die das 65. Lebensjahr überschritten hatten. Zwei Beispiele seien genannt: Leiter der kulturpolitischen Abteilung des Bundesministeriums des Inneren wurde Dr. Wende, von 1917 bis 1933 im Preußischen Kultusministerium, zuletzt als Ministerialdirektor, während der NS-Zeit zurückversetzt als Landgerichtsdirektor, nach 1945 Staatssekretär im Niedersächsischen Unterrichtsministerium. In der Außenhandelsabteilung des Bundeswirtschaftsministeriums (vorher schon in der Verwaltung für Wirtschaft des Vereinigten Wirtschaftsgebiets) blieb der Ministerialdirigent Dr. Imhoff bis in sein 73. Lebensjahr tätig. Auch die Einrichtung des Bundesgerichtshofs 1950 wurde durch die Suspendierung der Altersgrenze erleichtert.

So erwünscht es war, frühere Ministerialbeamte wieder einzustellen, so verzichtete man gleichwohl ebensowenig auf die Gewinnung von geeigneten Angehörigen anderer Berufe. Von den vier Ministerialdirektoren des Bundesjustizministeriums waren z. B. zwei vor 1945 Rechtsanwälte, ebenso ein Ministerialdirigent. Ähnliches galt für die Erstbesetzung des Bundesgerichtshofs. Bei der Wiedereröffnung des Deutschen Patentamts wurde als Präsident der Rechtsanwalt und Honorarprofessor Dr. Reimer berufen.

Sorgen machte die Anwendung des Art. 36 des Grundgesetzes, wonach bei den Bundesministerien „Beamte aus allen Ländern in angemessenem Verhältnis zu verwenden" sind. Wie bereits angedeutet, überwogen in den Verwaltungen des Vereinigten Wirtschaftsgebiets Beamte aus den nord-, mittel- und ostdeutschen Gebieten. Es war nicht immer leicht, Beamte aus den süddeutschen Ländern zu einem Umzug nach Bonn zu bewegen. Am ehesten gelang es bei der Einstellung von Assessoren und jungen Räten als Hilfsarbeitern (wie das übrigens auch der Praxis der Berliner Ministerien entsprach). In späteren Zeiten glich sich das annähernd aus.

Entgegen anderslautenden Vermutungen ist festzustellen, daß parteipolitische Gesichtspunkte bei der Auswahl der Beamten jedenfalls damals keine Rolle gespielt haben. Leitlinie für die Personalpolitik der Staatssekretäre war der Satz des Art. 130 der Weimarer Reichsverfassung: „Die Beamten sind Diener der Gesamtheit, nicht einer Partei." Nach der derzeitigen Zugehörigkeit eines Beamten zu einer Partei wurde nicht gefragt, wenngleich man es bisweilen von außerhalb erfuhr. Es kam natürlich vor, daß Abgeordnete des Bundestags Empfehlungen aussprachen; maßgebend war aber die fachliche und sonstige Beurteilung.

Da die in die Bundesministerien überführten Verwaltungen des Vereinigten Wirtschaftsgebiets, wie erwähnt, meist aus Zentralstellen der britischen Zone entstanden waren, bei denen die Sozialdemokratie einen gewissen Einfluß ausübte, waren nicht wenige Angehörige dieser Partei in den Ministerien. Anfangs bemühten sich auch konfessionelle Studentenverbände um Einfluß. Bei mir jedenfalls ist meine eigene Partei, die CDU, niemals vorstellig geworden.

Zur Kennzeichnung des Klimas in Bonn während der Anfangsjahre trotz aller sachlichen Gegensätze mögen die folgenden Beispiele dienen. Ich verdankte dem SPD-Abgeordneten Dr. Adolf Arndt mehrere sehr wertvolle Empfehlungen von Beamten, die nicht seiner Partei angehörten. Umgekehrt empfahl mir der CDU-Abgeordnete Justizrat Dr. Weber einen Richter zur Einstellung mit dem Bemerken, er sei Mitglied der SPD; ich mußte ihn später im Wege der Beförderung zum Ministerialdirigenten an ein anderes, von einem CDU-Minister geleitetes Ministerium abgeben. Ferner: Bei der Erstbesetzung des Bundesverfassungsgerichts 1951 schlugen der SPD-Abgeordnete Dr. Menzel und ich gemeinsam einen keiner Partei angehörenden Kandidaten für die Liste der zu wählenden Richter vor, und der CDU-Abgeordnete Dr. Tillmanns setzte sich für ein SPD-Mitglied ein. Beide wurden gewählt.

Endlich möchte ich die Konfessionsfrage nicht unerwähnt lassen. In sehr unfairer Weise wurde in der Aufbauzeit der Ministerien diese Frage hochgespielt. Nach einer besonders scharfen Attacke des Kirchenpräsidenten Niemöller richtete das Bundesministerium des Inneren die vertrauliche Frage an die Staatssekretäre, wie das Verhältnis bei den Beamten des höheren Dienstes sei. Das Ergebnis war ein derart hohes Überwiegen des protestantischen Anteils, daß ich mit Staatssekretär Ritter von Lex darin einig war, Bedacht auf die Gewinnung geeigneter katholischer Bewerber zu nehmen.

Im Laufe der Zeit wurden diese Angriffe bedeutungslos und verstummten endlich.

Interesse verdient vielleicht die zahlenmäßige Entwicklung der Beamten (ohne Angestellte und Arbeiter) der wichtigsten Ministerien während der Kanzlerzeit Adenauers, wie sie in den Einzelplänen der Bundeshaushalte 1951 (1950 war ein Jahr der Einrichtung und des Übergangs) und 1962 enthalten ist. Gesondert eingesetzt sind die Zahlen der beamteten Hilfskräfte (abgeordnete Landesbeamte und Beamte im Ausbildungsdienst, entsprechend dem Vorbild der Reichsministerien). Zum Vergleich sind die Zahlen für das Haushaltsjahr 1975 hinzugefügt.

	1951	1962	1975
Bundeskanzleramt	45	85 und 2	229 und 3
Bundesministerium des Inneren	223	399 und 21	761 und 23
Bundesministerium der Justiz	76 und 24	137 und 35	365 und 32
Bundesministerium für Finanzen	431 und 24	736 und 19	1177 und 31
Bundesministerium für Wirtschaft	374 und 18	616 und 50	883 und 65
Bundesministerium für Arbeit	171	267 und 11	501 und 67
Bundesministerium des Verkehrs	237	405 und 16	596 und 23

Die Zahlenentwicklung von 1951 zu 1962 gibt Aufschluß über die Zunahme des Arbeitsbereichs in den genannten Bundesministerien. Dabei muß mit Nachdruck darauf hingewiesen werden, mit welcher Sorgfalt notwendige Stellenhebungen und Stellenvermehrungen geprüft wurden. Bundesfinanzminister Schäffer hatte sich während seiner Amtsperiode (bis 1957) vorbehalten, jeden einzelnen Antrag auf Stellenhebung und Stellenvermehrung mit dem zuständigen Minister und bzw. oder dessen Staatssekretär zu erörtern. Dabei kam es öfters zu harten und langwierigen Auseinandersetzungen (über die Einstufung des Maschinenmeisters des Bundesgerichtshofs habe ich mit Herrn Schäffer nach der Uhr gesehen 25 Minuten gestritten; das ging zu weit). Daß die Schäffersche Haushaltspolitik eine ohne Vergleich erfolgreiche war und erzieherisch auf die Bundesministerien einwirkte, dürfte allgemein anerkannt sein.

Das außerordentliche Ansteigen der Stellenvermehrungen von 1962 auf 1975 und die damit bewirkte Belastung des Bundeshaushalts zu bewerten, bleibt dem Urteil des Lesers überlassen.

Bei der Vermehrung des Beamtenbestandes der Bundesministerien während der Haushaltsjahre 1951 bis 1962 wurden die Grundsätze beachtet, die ich geschildert habe. Eine besondere Verantwortung trug, namentlich in den Anfangsjahren, das Bundesministerium des Inneren. Bei ihm hatten die anderen Ressorts die Vorschläge auf Beförderung und Anstellung einzureichen. Dort wurden sie überprüft, nicht nur auf Einhaltung der Laufbahnrichtlinien, sondern insbesondere auch in politischer Hinsicht. Zweifelsfragen wurden jeweils von Staatssekretär Ritter von Lex mit dem Staatssekretär des zuständigen Ministeriums verhandelt, ein Verfahren, das sich sehr bewährt hat. Vom Ministerialrat an aufwärts mußten, einer alten Übung entsprechend, alle Anträge dem Kabinett vorgelegt werden, wo es jedoch kaum zu Gegenvorstellungen kam.

Rückblickend darf festgestellt werden, daß die gekennzeichneten Grundsätze der Personalpolitik mit vollem Erfolg angewendet worden sind. Gewiß haben wir in den schwierigen Anfangszeiten des erneuerten Staates nicht analysiert und diskutiert, was unter den „hergebrachten Grundsätzen des Berufsbeamtentums" des Art. 33 Abs. 5 des Grundgesetzes zu verstehen ist. Das bezieht sich zwar auf die Regelung des Rechts des öffentlichen Dienstes, gilt aber in gleicher Weise für die Handhabung der Personalpolitik. Unsere Praxis hat aber ihnen entsprochen. Hierzu gehört das Prinzip guter fachlicher Ausbildung, Treue gegenüber dem Staat und seiner freiheitlichen demokratischen Grundordnung, innere Unabhängigkeit, Fernhalten parteipolitischer Einflüsse, kurz, um mit dem Bundesverfassungsgericht zu sprechen (E 8,343 und ständig) der „Kernbestand von Strukturprinzipien, die allgemein oder doch überwiegend während eines längeren, Tradition bildenden Zeitraums, mindestens unter der Reichsverfassung von Weimar, als verbindlich anerkannt" waren.

Diesen Maximen wurde unter der Kanzlerschaft Konrad Adenauers voll Rechnung getragen.

ALFRED RAPP

Adenauer und die Journalisten

Als der Kanzler Adenauer seinen ersten großen Wahlsieg errungen hatte, in der zweiten Bundestagswahl – die erste war weder ein großer Sieg der Union gewesen noch hatte sie im Zeichen Adenauers gestanden – sagte er auf den Glückwunsch einer Journalistin hin: „Ja, ich habe gegen die Presse gewonnen." Er wiederholte dieses Wort später nicht; doch „Adenauer und die Presse" blieb ein vielschichtiges Kapitel seiner Kanzlerzeit.

Das gängige wie brüchige Wort von der „Großmacht Presse" hat Adenauer nicht geliebt. Aber in seinem unfehlbaren Gespür für Macht war ihm sehr bewußt, daß die Presse weithin zündender Wirkstoff in der Politik ist. Er tröstete sich, als er keine „gute Presse" hatte, zwar gern damit, daß die in den Zeitungen „veröffentlichte Meinung" nicht identisch sein müsse mit der „öffentlichen Meinung" der Wähler, aber er wußte, welche Hypothek für einen Politiker eine „schlechte Presse" sein kann, und er beließ es nicht bei den üblichen Pressekonferenzen. Es kam der „Kanzlertee" mit Journalisten. Er wurde eine einzigartige Erscheinung, die heute hoch legendären Nachruhm hat und nach 20 Jahren noch nicht vergessen ist. Keineswegs saßen nur Journalisten, die dem Kanzler sympathisch waren oder denen der Kanzler zusagte, an diesem Teetisch. Auch in diesen Jahren härtester sozialdemokratischer Opposition gegen Adenauer waren dieser Opposition verbundene Journalisten Kanzlergäste, wobei anzumerken ist, daß diese Großzügigkeit auch der Oppositionsführer Kurt Schumacher in seinem kleineren Teekreis kannte. Und in diesen Teestunden im Haus des Bundeskanzlers herrschte nicht das Pressekonferenzritual „Journalisten fragen – der Kanzler antwortet". Auch der Kanzler fragte die Journalisten, wollte hören, was sie meinen. Die Teestunde wurde zum Dialog.

Wer an ihr teilnahm, weiß, welch aufmerksamer Zuhörer der doch autoritäre Kanzler sein konnte, verstand die Atmosphäre der Kabinettsitzungen besser als andere, die im Bann der Legende vom Kanzler Adenauer lebten, der am Kabinettstisch schlicht sagte „sic volo, sic jubeo – so will ich es, so gebiete ich es". Hatte der Kanzler Adenauer eine eiserne Faust, so blieb sie im Samthandschuh. Er mühte sich in diesem Wechselgespräch sehr und ohne jede Schroffheit, seine Politik darzulegen, mit manchem Verständnis für Gegenargumente, und es wurde an diesem Kanzlerteetisch offen gesprochen. Sehr offen sprach der Justizminister Dehler, als er in diesem Kreis einen Beschluß des Bundesverfassungsgerichts, welcher der Regierung mißfiel, ein Nullum, ein Nichts hieß; wobei in diesem Augenblick keiner, der es hörte, ahnen konnte, daß dieser Ausspruch den Minister a. D. Dehler bringen würde. Nicht wegen des Kanzlers, der diesem Dehlerwort nicht widersprach, sondern beifällig lächelte, aber der Präsident des Bundesverfassungsgerichts, Dehlers Parteifreund, widersprach darob der Wiederberufung Dehlers zum Minister in das zweite Kabinett Adenauer. Als nach der Bundestagswahl der Kanzler auf einem Empfang Dehlers erschien – ein ungewöhnlicher Schritt des Regierungschefs für einen Ministerempfang –, meinten die meisten Gäste dieser Party, das bedeute Dehlers weitere Ministerschaft. Aber es war im Gegenteil die Höflichkeitsbezeugung für den Minister a. D. Und wer bei dem Kanzlertee mit Dehler dabei war, konnte sich hinterher sagen, „ich war dabei gewesen" als der Weg der ersten Koalition sein Ende erreichte.

Daß im Kanzlertee hinter den „Informationen aus erster Hand" Fragezeichen standen, erwies sich drastisch, als nach Erhards Rücktritt von der Präsidentschaftskandidatur Adenauer in diesem Kreis fragte, wer nun Kandidat werden könne, während im Nebenzimmer die CDU-Oberen warteten, um ihm die Kandidatur anzutragen, was er wußte und was er in diesem Augenblick auch wollte. Seine beträchtliche Aufgeschlossenheit in diesem Journalistenkreis hatte ihre Grenzen, und Geheimnisse waren nicht zu hören trotz aller Vertraulichkeit, die zudem leider fragwürdig wurde, als eine knappe Stunde schon nach dem Kanzlertee über Fernschreiber von Bonner Redaktionen Berichte in die Welt gingen, was der Kanzler gesagt habe. Nicht immer mißfiel es ihm. Sehr mißfiel ihm jedoch, daß die Runde am Teetisch immer größer wurde. Der Bundespressechef von Eckardt, von Natur aus konfliktscheu, konnte sich wachsendem Druck auf Teilnahme am Kanzlertee nicht entziehen, bis es dahin kam, daß Adenauer, als er zum Tee kam, sagte: „Das ist ja eine Volksversammlung." Es war die Absage an den Kanzlertee, der nach einigem Siechtum starb. Eckardt war erleichtert, von ständigen Pressionen der Journalisten wegen einer Teilnahme nunmehr befreit zu sein. Aber es blieb eine große Lücke, die später weder die Kanzler Erhard noch Kiesinger wieder ausfüllten; der Kanzler Brandt nurmehr in knappem, der Kanzler Schmidt nun in etwas größerem Maß. Adenauers Kanzlertee blieb Erinnerung, wie auch Schumachers Teerunde mit ihm starb. Aber von Adenauer und der Presse sprechen, muß heißen, von diesem Kanzlertee zu sprechen. Er entsprang und entsprach diesen Gründerjahren von Bundes-Bonn, in denen der Behördenboom noch nicht nach vielen Tausenden, die Presseorgane noch nicht nach vielen Hunderten zählten, fast jeder noch fast jeden kannte – alle im Reiz der Neuheit ihrer Arbeit lebten. Die Journalisten hatten ihre Büros in Baracken, die das Land Nordrhein-Westfalen vorsorglich schon vor der Hauptstadtwahl gebaut hatte, auf Vorschuß und Verdacht, während der Konkurrent Frankfurt auf sicher gehen wollte und vor der Entscheidung über den Sitz von Regierung und Parlament nichts riskierte, kein etwaiges Verlustgeschäft, worauf dann der Gewinn ausblieb. Heute ragt in Bonn das vielstöckige Pressehaus, wachsen die Mammutbauten der Ministerien. In diesen Urjahren von Bundes-Bonn residierte der Kanzler zwar nicht mehr im Zoologischen Museum der Stadt, brauchte nicht mehr den freundlichen Spott des Kölner Kardinals, der ihn besuchte, zu hören: „Fies fein haben Sie es hier." Aber auch das Palais Schaumburg war alles andere als ein Palast – es ist es heute nicht. Auch hohe Kanzleramtsbeamte saßen unter dem Dach, auf engen Wendeltreppen gingen die Amtsboten hin und her und die Keimzelle des Bundespresseamtes waren Kellerräume einer alten Villa.

„Adenauer und die Presse“ – dazu gehört auch der Aufbau, der Ausbau des Presse- und Informationsamtes der Bundesregierung, dessen Leiter in der Öffentlichkeit den so inoffiziellen wie irrigen Namen „Bundespressechef“ erhielt. Einen „Chef“ der Presse kann es nicht geben. Aber nach den Vorstellungen und Ambitionen des ersten Staatssekretärs im Kanzleramt, Otto Lenz, sollte es an der Spitze dieses Amtes den Informationsminister der Bundesregierung geben. Lenz, in allen Arten der Propaganda sehr erfahren, wurde Abgeordneter in der Hoffnung, dieser Minister zu werden. Aber Adenauer ließ ihn zwar nicht ungern aus dem Kanzleramt scheiden, wünschte jedoch keinen Informationsminister – nicht, weil er dessen Aufgabe für zu gering hielt, vielmehr für so gewichtig, daß sie dem Minister zu großes Gewicht hätte geben können. Er hielt das Bundespresseamt im Rahmen des Kanzleramtes. Er war sein eigener Informationsminister, und er war es nicht mit linker Hand. Er erkannte ohne Einschränkung die elementare Bedeutung der Informations-, der Pressepolitik für den Regierungschef in der Demokratie, auch in der Kanzlerdemokratie, die er prägte im Geist des Grundgesetzes. Ihn prägte gewiß in vielem auch Staatsgeist und Gesellschaftsgefühl des alten Deutschlands, dessen Zusammenbruch er immerhin als Vierzigjähriger erlebte. Es war keine Lehrzeit für parlamentarische Demokratie. Aber Adenauer bedurfte ihrer auch nicht, er wurde „aus dem Stand“ Meister. Auch was heute Informations- und Pressepolitik bedeutet, brachte er nicht zu lernen. Unter seiner Ägide erwuchs das Bundespresseamt sehr stattlich zur anderen Hälfte des Kanzleramts.
Es wurde für Adenauers Opposition zum Stein des Anstoßes und in jedem Bundestag forderte die Opposition Abbau der Fonds des Presseamts, bis sie an die Regierung kam, dann eher einem Ausbau zuneigte. Was Adenauer in seinem Entschluß für ein Bundespresseamt bestärkte, war seine Erkenntnis, daß die Regierung einer solchen Schaltstelle in ihrer Aussprache mit der Öffentlichkeit bedarf. Daß der Bundespressechef nicht den großen Schalthebel für die Presse in der Hand haben könne, wußte er jedoch, obschon er es gewiß gern gesehen hätte. Auch ihm war die bei allen Politikern bei „schlechter Presse“ übliche Reaktion nicht fremd, der Pressesprecher sei eben zu schwach, und die Rechtfertigung eines Pressechefs späterer Kanzlerschaft, gut verkaufen lasse sich nur gute Politik, hätte er sehr mißfällig gehört. Er mühte sich immer, selbst sein bester „Verkäufer“ zu sein, wenn er mit Journalisten sprach, und er sprach viel mit ihnen. Auf dem Kanzlerterminkalender nahmen die Gespräche mit den „Herren von der Presse“ stattlichen Raum ein und nicht nur als Pflichtübungen eines Regierungschefs. Journalisten sind Gesprächspartner eigener Art. Sie hören mit gespitzten Ohren, sie reden machmal mit spitzer Zunge und der Kanzlerkontakt mit ihnen hat seine Eigenart. Er hat seine Schwierigkeiten – für beide Teile –, und das Gespür für diesen Umgang mit Journalisten ist nicht jedem Kanzler eigen. Auch wenn es zur üblichen Kanzlerrhetorik gehört, die Bedeutung der Presse zu preisen, gibt es Kanzler, die sich die Journalisten, ginge es, möglichst vom Leib halten möchten, es sei denn, es handele sich um die offiziellen Interviews, die sorgsam vorbereitet werden können.
Aber der Kanzler Adenauer beschied sich nicht mit diesen Interviews, die zum fast täglichen Brot des Regierungschefs gehören, vom Pressechef vorpro-

grammiert sind. Er wußte sehr wohl, wie wichtig Gespräche mit Journalisten sein können, die unter vier Augen geführt werden, nicht auf Tonband aufgenommen werden, nicht zu alsbaldiger Veröffentlichung bestimmt sind, und er hatte sein Vergnügen an solchen Unterredungen. Er sprach in ihnen mit verhaltener Offenheit, manchmal mit sehr verhaltener. Doch wer Ohren hatte zu hören, hörte vieles schon in Andeutungen und Anspielungen. In einem solchen Gespräch brach einmal sein Zorn über de Gaulles Nein in Brüssel gegen Englands Beitritt zur Europäischen Gemeinschaft entgegen der Zusage des Generals an ihn, sich zurückzuhalten, so lebhaft aus, wie niemals vor der Öffentlichkeit, die nur Adenauer und de Gaulle Schulter an Schulter sah, wobei er allerdings dem Gesprächspartner bedeutete, das solle die Öffentlichkeit nicht wissen, damit das deutsch-französische Einvernehmen nicht belastet werde. Es genüge, daß der Botschafter in Paris de Gaulle das Befremden des Kanzlers bekunde. Doch daß der, mit dem er sprach, diese Reaktion für zu dürftig hielt, verstand er durchaus und kein Gespräch dieser Art war nur bestimmt „zur Kenntnisnahme" von Kanzlerworten. Blieb solche Unterredung Kanzler-Monolog mit kurzen Zwischenworten, so war der Gesprächspartner schuld. Es gab durchaus den Dialog mit Adenauer im Kanzlerzimmer, und der Kanzler konnte ein guter Zuhörer sein, ein sehr aufmerksamer Hörer. Er war neugierig, wie es auch der Journalist sein muß, und so widerwillig er hörte, was ihm nicht gefiel, so verschloß er sich dem nicht von vornherein. Er sprach in solchen Unterredungen zum Partner nicht „wie zu einer Volksversammlung", wie von manchen Politikern gesagt wird, und er konnte sich gut auf den Gesprächspartner einstellen. Er sprach nicht apodiktisch, er argumentierte. Daß er nicht brillierte in pointierten Formeln, ist bekannt. Doch wenn darob über primitive Kanzlersprache gespottet wurde, so heißt „primitiv" im Ursinn ursprünglich, und Adenauers Begabung, vieles, was andere sehr verwickelt aussprachen, auf einen klaren Grundnenner zu bringen, galt auch in seinem Umgang mit Journalisten.

Wer sich in verwickelten Gedankengängen gefällt, was auch Journalisten von Rang und Ruf zu eigen sein kann, fand vielleicht weniger Gefallen am Kanzlergespräch. Ihm sprach Adenauer zu einfach, nicht subtil genug. Aber es ist manchmal leichter, subtil zu sprechen oder zu schreiben, als Kompliziertes einfach auszusprechen, und zwar kernhaft. Daß Adenauer diese Gabe besaß, wurde in jedem Gespräch mit ihm deutlich – so deutlich, wie seine angeborene Abneigung gegen theoretische Diskussionen. Fast verzweifelt stöhnte er einmal nach einem Gespräch mit einem Journalisten, es sei doch nutzlos, daß dieser in der Erörterung über schon sechs genannte Varianten der Lösung eines Problems noch eine siebente ins Gespräch gebracht habe. Und daß Adenauer in seiner kernhaften Einfachheit sehr Wichtiges besser erkannte als andere in all ihren subtilen Auslassungen, zeigte sich, als er zunächst wohl im kleinen Journalistenkreis, dann in der Öffentlichkeit nach seinem Besuch in Moskau Chruschtschows kurze Bemerkung zu ihm, China werde gefährlich für die Sowjetunion, als Voranzeige der kommenden Rivalität der beiden Mächte ansah. Er erntete den Spott aller Subtilen, aller Experten auch. Es zeige sich doch die politische Kleinkariertheit des früheren Oberbürgermeisters, der sich in die große Politik verirrt habe – so hieß es, und alle Sachverständigen wiesen ihm in wohlstilisierten Darstellungen nach, daß von solchem sowjetisch-chinesischem Gegensatz keine Rede sein könne. Aber er kam. Chruschtschow hatte es ernst gemeint, und daß Adenauer es ernstgenommen hatte, erwies seinen sicheren politischen Instinkt, das Entscheidende zu erkennen. Daß heute die gleichen, die damals Adenauer für einen tumben Toren erklärten, jetzt den Gegensatz Moskau–Peking für selbstverständlich erklären, versteht sich von selbst. Aber wer sich an das Journalistengespräch mit ihm nach seinen Moskauer Tagen noch erinnert, wird zumindest sehr viel vorsichtiger mit dem Vorwurf sein, Adenauer habe zu einfach gesprochen. Seine schlichte Voraussage, bald werde mit dem Dualismus der beiden kommunistischen Weltmächte zu rechnen sein, erfüllte sich.

Ein guter Schweiger allerdings konnte der Kanzler Adenauer auch in „camera caritatis", im Vieraugengespräch mit Journalisten sein, wieviel er auch sagte. So offen dieses Gespräch war, offenherzig in allem konnte es nicht sein. Lobte er im Journalistengespräch den Botschafter Kroll in Moskau, so verschwieg er doch, daß der Außenminister Schröder mit seinem Rücktritt drohte, wenn der Botschafter abseits des Auswärtigen Amts den direkten Draht mit dem Kanzleramt weiterbehalten solle. Und seine Gespräche mit dem sowjetischen Botschafter Smirnow in Bonn über Adenauer-Vorschläge zur deutschen Frage blieben lange Kanzlergeheimnis, bis sie zu keinem Ergebnis führten. Es ist sehr die Frage, ob es nicht anders besser gewesen wäre. Wäre es anders gewesen, so hätte nicht das Bild vom Kanzler Adenauer gezeichnet werden können, der niemals Wiedervereinigung wollte, sondern die Wiederkehr des Reichs Karls des Großen, das an der Elbe endete. Wer mit ihm sprach, weiß, daß Kurt Schumachers Wort, Adenauer lebe im Schatten der Kölner Domtürme, den Kölner Kardinal, dem der Kanzler nie den Bischofsring küßte, sehr erstaunen mußte. Auch lebte Adenauer nicht im Schatten Karls des Großen; er war kein „Karolinger". Aber welcher Journalist auch mit ihm sprach, er erfuhr, daß dieser immer im Gespräch ruhige Politiker leidenschaftlich wurde beim Stichwort der deutsch-französischen Verständigung. In den Gesprächen all der vielen Jahre der Kanzlerschaft differenzierten Adenauers Bemerkungen zum deutsch-amerikanischen Verhältnis. In fast freundschaftlicher Wärme verlas er beim Kanzlertee den Brief des erkrankten John Foster Dulles, in dem Dulles ihm schrieb, es gehe ihm wieder sehr gut. Ohne Wärme sprach er von Kennedy, und obschon er nie davon redete, vergaß er nie seine Absetzung als wiedergekehrten Oberbürgermeister in Köln durch den englischen Besatzungsgeneral im Kolonialstil. Aber über de Gaulle war trotz mancher Verbitterung im Kanzlerjournalistenkreis aus Kanzlermund kein abträgliches Wort zu hören.

Insgesamt vermied Adenauer, der sehr hart über andere denken konnte, nicht selten ungerecht hart, dieses Urteil auszusprechen. Was dann oft zu jäher Verwunderung derer führte, die durch seine personellen Entscheidungen getroffen wurden. Daß er diese Zurückhaltung nicht immer bewahrte, zeigte sich, als er nach einer Rundfunkaufnahme, die er für beendet hielt, seinem Ärger über einen CDU-Politiker Luft machte, ohne daß jedoch das Tonband schon abgeschaltet worden war. Es war nicht leicht, die begreiflichen Emotionen des Betroffenen zu lindern, und seitdem konnten seine journalistischen

Gesprächspartner, wenn im Gespräch Namen fielen, Schlüsse nur aus beredtem Schweigen ziehen. Daß er Kiesinger nicht in seinem Kabinett haben wollte, weil er meinte, dieser entbehre ministerieller Verwaltungstugenden, verschwieg er bis zur letzten Stunde, der Stunde, in der er sein Nein sagen mußte, worauf Kiesinger es vorzog, Ministerpräsident in Stuttgart zu werden – in der Villa Reitzenstein zu residieren als im Ausschußvorsitzendenzimmer im Bonner Bundeshaus zu verbleiben. Daß er Erhards Nachfolge im Kanzleramt nicht wünschte, war auch für Journalisten lange nur daran zu erkennen, daß er, kam diese Frage zur Sprache, nur äußerte, Erhard sei ein guter Wirtschaftsminister. Aber diese Verhaltenheit zwang schon, auf den Tonfall zu achten, sie mußte das Gespräch reizvoll für Journalisten machen, die auch die Untertöne zu würdigen wissen. Mit dem Stenogrammblock in der Hand waren diese Kanzlergespräche nicht zu entschlüsseln. Desto aufschlußreicher konnten sie sein, in all der Verschwiegenheit, die Adenauer gewiß als unerläßlich für den Staatsmann ansah, die zudem seinem Wesen sehr entsprach. Er konnte durchaus auch mitteilsam sein, vor allem in Gesprächen mit ihm Wohlbekannten, die nicht den Dolch der Indiskretion im Gewand hatten, wenn sie zu ihm kamen. Doch auch in dieser relativen Vertrautheit ist kaum je ein Wort über seine Lippen gekommen, das er eigentlich nicht sagen wollte, das er hätte bereuen müssen. Wes das Herz voll ist, des geht der Mund über – dieses Sprichwort war kein Stichwort für Gespräche Adenauers. So war er für Journalisten, die entgegen landläufiger Ansicht sehr verschwiegen sein können, doch diese Tugend beim Gesprächspartner nicht übermäßig schätzen, kein leichter Partner. Aber wenn er auch Wichtiges verschwieg, so gefiel er sich auch nicht in der nicht wenigen Politikern eigenen Art, Unwichtiges in pathetischem Tonfall zu verkünden. Phrasen gab es nicht in diesen Gesprächen, dieser rhetorische Leerlauf fand nicht statt. Es wurde zur Sache gesprochen. Daß in der Politik heute auch und mehr und mehr vom Persönlichen eines Politikers gesprochen und geschrieben wird, ist Adenauer immer unbequem gewesen, wahrscheinlich unverständlich. Das wählerwirksame Bild des Rosenzüchters Adenauer, der in seinem Garten seine Blumen pflegt, ist nicht von ihm geprägt worden für die Öffentlichkeit, und seine Konzession an diese Art sehr persönlicher Publicity, die sich auch erst nach seinen Kanzlerjahren, dann jedoch hemmungslos entfaltet hat, war das „Pepita-Hütchen" beim Bocciaspiel in Cadenabbia. Daß er dennoch unbestritten sehr populär wurde, sollte allen zu denken geben, die solche sogenannte „Persönlichkeitswerbung" allzu geflissentlich betreiben, um damit das Wesentliche durch Unwesentliches zu überdecken. „Die Leute lesen so was gern" – aber Anekdoten, wenn nicht sogar Anekdötchen, sind Arabesken, die nur vordergründige und oft flüchtige Popularität bringen können. Auch wenn bei Adenauer schon jedes noch so belanglose Wort zur Anekdote stilisiert wurde, wäre er auch ohne diese Bemühungen die große politische Gestalt geworden für die Wähler, die er war, und er wußte von der Weisheit des Bismarck-Spruchs: „Wer sich grün macht, den fressen die Ziegen."

Er war kein dankbares Objekt – oder Subjekt – für primitive Popularitätshascherei in der Presse. Er beschränkte sich auf ein Minimum dieser Art Wählerwerbung und gewann doch ein Maximum an Popularität. Daß er es gegen die Presse gewann, wie er in seinem Aufstieg meinte, ist weder richtig noch unrichtig. „Die Presse“ ist Vielfalt in einer Demokratie, und in der zweiten deutschen, in der Bundesrepublik, wurde sie andere Vielheit als in der ersten, in der Weimarer Republik. Der Oberbürgermeister Adenauer in Köln kannte in seiner Stadt eine Zentrumszeitung, eine sozialdemokratische, eine, die im Kaiserreich zu den großen nationalliberalen Zeitungen gehört hatte, ohne Parteizeitung zu sein, die jetzt in dieser Tradition den liberalen Parteien nahestand, und eine vom „General-Anzeiger-Stil“, die sich an keine Partei bindet. Es war das Abbild der Zeitungslandschaft der Weimarer Zeit, in der Parteizeitungen einen sehr großen Platz hatten. Doch in der Wiederkehr der freien Presse in der Bundesrepublik hatten sie einen schlechten Start bei den Lesern, blieben sie dürftig am Rande in ihrer sozialdemokratischen Sparte, hatte die CDU nichts, was mit der Weimarer Zentrumspresse verglichen werden konnte. Es fiel Adenauer nicht leicht, sich damit abzufinden, ein Parteivorsitzender ohne Parteipresse zu sein. Er mühte sich durch Jahre sehr, zumindest ein großes Zentralorgan der CDU zu schaffen. Immer wieder sagte ihm jedoch sein ihm in Finanzfragen sehr vertrauter Berater Pferdmenges, dieser Plan bedeute Millionen zu investieren, die verlorengingen, und solcher Millionenkredit blieb dem Kanzler verschlossen für eine Zeitungsgründung. Wie recht Pferdmenges hatte, erwies der Schwund der sozialdemokratischen Parteipresse, die ins Millionendefizit geriet; deren Berater, der SPD-Schatzmeister Nau, hätte Pferdmenges als Kronzeugen anrufen können. Doch völlig verwand Adenauer den Verzicht nicht auf eine große Parteizeitung, die aus Köln aufs ganze Bundesgebiet hätte ausstrahlen sollen – in der Parteitreue, die den parteiunabhängigen Zeitungen fremd war. Aufgeschlossene Ohren fand Adenauer durchaus in vielen dieser Redaktionen, aber diese Aufgeschlossenheit vereinte sich mit Kritik, und es war sehr irrig und verfälschend, von der „Adenauer-Presse“ zu schreiben, zu mäkeln, zu schmähen. Vor allem mit dem Unterton, sie sei eine von Adenauer abhängige Presse. Es wäre Adenauer nicht unlieb gewesen, hätte es immerhin gewisse Akzente solcher Abhängigkeit gegeben. Aber es gab keine, es konnte keine geben. Sollte einmal Adenauer im Kreis von Generaldirektoren gefragt haben, warum deren Firmen eigentlich in einer Zeitung inserierten, in der ihm sehr mißliebige Artikel erschienen, so erlebte diese Zeitung keinerlei Anzeigenschwund, und Pression konnte nicht zum Kontakt Adenauers mit der Presse gehören, die keinen autoritären Kanzler kannte, vielmehr einen argumentierenden, fast stets in aller Festigkeit verbindlichen – ohne das Schulterklopfen allerdings, das anscheinend heute manchen Politikern und Journalisten als demokratisches Gütezeichen gilt, so unehrlich es sein muß. Solche falsche Verbindlichkeit, die vielleicht ein unerfahrener Journalist, doch kein erfahrener Politiker ernst nehmen kann, gab es nicht zwischen Adenauer und den Journalisten. Daß es sie nicht gab, schadete weder ihm noch den Journalisten. Distanz hat immer ihren Sinn, und Regierung und Presse sind Dualismus. Diese Zweiheit zur Zwietracht zu erklären, ist der Trugschluß derer geworden, die aus dem plastischen Ausspruch ihrer amerikanischen Lehrväter, in der Demokratie könne jeder den Regierungschef einen Dummkopf heißen, folgerten, Kennzeichen eines guten Demokraten in der Presse sei es, gegen die Regierung zu sein. Daß auch die amerikanische

Presse diesen Grundsatz nicht für ein Dogma hält, erwies der Kennedyjubel gerade der Zeitungen in New York und Washington, die bisher das Gegeneinander von Presse und Regierung gepriesen hatten als Aufgabe der Presse, und solche Jubelpresse hatte Adenauer nie. Es gab das totale Nein gegen ihn in Zeitungen, es gab kaum das absolute Ja, allein das Ja, das Kritik kannte, anders als manches andere Journalisten-Ja zu anderen Kanzlern.
Es gibt noch kein Handbuch für den Umgang des Kanzlers mit Journalisten und deren Umgang mit dem Kanzler. Wird es einmal geschrieben, so wird sein erstes Kapitel „Adenauer und die Journalisten“ so lebendig wie lehrreich sein.

FRANZ MEYERS

Konrad Adenauers Verhältnis zum Föderalismus

I.

Das Verhältnis Konrad Adenauers zu den Ländern läßt sich wohl am ehesten an seinem Verhältnis zum Lande Nordrhein-Westfalen ablesen, dem Lande, aus dem er stammte, an dessen Gründung er mitgewirkt hat und dessen Landtag er – als einzigem deutschen Landesparlament – mehrere Jahre angehörte.
Hinzu kommt, daß die Entscheidung, welche die britische Militärregierung im Frühjahr 1946 mit der Gründung des Landes Nordrhein-Westfalen vollzog, die wohl folgenreichste Vorentscheidung für die Schaffung eines deutschen Bundesstaates gewesen ist, wenn man von der Schaffung der Länder in der ehemaligen amerikanischen Besatzungszone einmal absieht. Dort hatte sich diese Entscheidung auf historischem Fundament vollzogen; sie wurde getragen von der überwiegenden Zustimmung der Bevölkerung der süddeutschen Länder. Nördlich des Mains mußte diese Entscheidung weitestgehend ohne Rückgriff auf solche historischen Verknüpfungen erfolgen, und die Bevölkerung verhielt sich dieser Entscheidung gegenüber damals noch weitgehend passiv. An der Frage, inwieweit diese Entscheidung von Konrad Adenauer mitgetragen wurde, läßt sich daher auch der Umfang seines inneren Engagements für die Schaffung von Ländern erkennen.
In diesem Zusammenhang wird oft behauptet, daß Konrad Adenauer schon deshalb ein eifriger Befürworter einer bundesstaatlichen Ordnung mit starken Ländern gewesen sei, weil er während seiner Amtszeit als Oberbürgermeister von Köln unmittelbar nach dem Ersten Weltkrieg die Loslösung des Rheinlandes aus dem preußischen Staatsverband verfochten und sich später als Präsident des Preußischen Staatsrates als der „regionale Kontrapunkt" zur zentralistischen preußischen Staatsverwaltung gefühlt habe. Die Zerschlagung Preußens durch Dekret der Besatzungsmächte im Frühjahr 1946 müsse ihm daher wie eine späte Bestätigung eigener Gedankengänge erschienen sein.
Ob und inwieweit diese These tragfähig ist für die Beurteilung des Verhältnisses Konrad Adenauers zu den nach 1945 geschaffenen Ländern, mag dahinstehen. Sicher ist aber, daß für ihn und seine politischen Überlegungen nach 1945 mindestens ebenso entscheidend war, daß sein politisches Wirken nach dem Zusammenbruch Deutschlands dort wieder begann, wo es 1933 zwangsweise beendet worden war – mit dem Amt des Oberbürgermeisters von Köln. Nach dem kurzen Zwischenspiel in diesem Amte vom Frühjahr bis Spätherbst 1945 hat er kein Staatsamt mehr bekleidet, bis ihn der 1. Deutsche Bundestag im Herbst 1949 zum ersten Bundeskanzler wählte. Es gibt Anzeichen dafür, daß er Staatsämter im Länderbereich, vor allem in Nordrhein-Westfalen, bewußt ausgeschlagen hat; ob dies grundsätzlichen Erwägungen oder der Tatsache

zuzurechnen ist, daß sein Weg ihn im Frühjahr 1946 in die Parteipolitik führte, mag hier unerörtert bleiben. Jedenfalls läßt sich nicht bestreiten, daß zu dieser Zeit der politische Schwerpunkt der Arbeit Konrad Adenauers in den Ämtern des Landesvorsitzenden, Zonenvorsitzenden und späteren Bundesvorsitzenden der CDU gelegen hat.

Bei dieser politischen Entwicklung nach 1945 kann nicht wunder nehmen, daß Adenauers Name nirgendwo im Zusammenhang mit den Überlegungen auftaucht, die im Frühjahr 1946 im rheinischen wie im westfälischen Landesteil hinsichtlich der Gründung eines Landes aus diesen beiden Gebieten angestellt wurden. Weder die im Raum Münster insbesondere von Karl Zuhorn und seinem Kreis erarbeiteten Vorstellungen über ein Rahmengesetz für die Gründung eines Landes Rheinland-Westfalen – bekannt geworden als sogenannter Zuhorn-Plan – noch die wahrscheinlich auf den damaligen Oberpräsidenten Dr. Lehr und seine Mitarbeiter Dr. Wandersleb und Professor Kuske zurückgehende Denkschrift zur Neugliederung der britischen Zone können mit Konrad Adenauer in irgendeinen Zusammenhang gebracht werden.

Was man aus dieser Zeit zum Thema der staatlichen Neuordnung Deutschlands von ihm weiß, sind entweder allgemeine Erklärungen darüber, daß Deutschland nie wieder ein zentralistischer Staat werden dürfe, oder Warnungen, das Rheinland und das Ruhrgebiet aus dem Staatsverband des ehemaligen Deutschen Reiches zu lösen. Die letztere Besorgnis war gerade im Frühjahr 1946 gewichtig, weil die französische Regierung intensive Bemühungen dieser Art unternahm, die unter dem Namen „Bidault-Plan" in die Zeitgeschichte eingegangen sind. Ob und inwieweit Konrad Adenauer in internen Gesprächen zur Frage der Schaffung eines Landes Nordrhein-Westfalen Stellung bezogen hat, läßt sich heute nicht mehr eruieren; öffentlich geäußert hat er sich dazu mit Sicherheit nicht, bis im Juli 1946 die britische Besatzungsmacht handelte – schneller und definitiver, als die Deutschen selbst gedacht und vermutet hatten.

Am 15. Juli 1946 rief die britische Militärregierung Konrad Adenauer und Kurt Schumacher nach Berlin und eröffnete ihnen die bereits vollzogene Gründung des Landes Nordrhein-Westfalen. Konrad Adenauer selbst nennt diese Mitteilung in seinen Memoiren eine „mich völlig überraschende Maßnahme"[1]. Seine Antwort auf die Frage der Engländer, wie er zu dieser Entscheidung stehe, ist typisch für seine weitergehenden politischen Überlegungen; denn er sagte, „man müsse die bisherige Rheinprovinz möglichst weit mit westlichen und östlichen deutschen Gebieten verklammern [...], um das linke Rheinufer gegen die von Frankreich erhobenen Forderungen auf dessen Abtrennung von Deutschland zu sichern"[2]. Eine nachträgliche Bewertung dieser Äußerung zeigt, wie wenig bei Konrad Adenauer damals primär föderalistische Gedankengänge und Motive im Vordergrund seiner Überlegungen standen, wie sehr vielmehr weitergehende gesamtstaatliche Erwägungen seine Stellungnahme zu dieser so bedeutungsvollen innenpolitischen Entscheidung prägten. In der nun folgenden Phase der Bildung der obersten Staatsorgane des Landes Nordrhein-Westfalen fällt auf, daß Konrad Adenauer als Ministerpräsident dieses Landes ernstlich nie im Gespräch gewesen ist. Das mag sehr einleuchtend und einfach damit begründet werden, daß er der britischen Militärregierung, die den Ministerpräsidenten ernannte, nicht sympathisch war. Möglicherweise haben dabei auch noch Erinnerungen aus dem Jahre 1945 eine Rolle gespielt, als die Engländer Konrad Adenauer als Oberbürgermeister von Köln entließen; es ist ja bekannt, daß das Verhältnis zwischen beiden jahrelang nicht ohne Spannungen war. Konrad Adenauer hat aber auch, wie der erste Ministerpräsident Amelunxen zu berichten weiß, dessen Ansinnen, unter ihm ein Ministeramt zu übernehmen, „lächelnd abgelehnt"; und Amelunxen fügt hinzu, Adenauer habe damals wohl schon andere Pläne gehabt[3]. Först nimmt sogar an, Konrad Adenauer habe damals bereits weitergehende politische Informationen gehabt – bis hin zu Überlegungen über die Schaffung einer zentralen Regierungsgewalt in den drei Westzonen, und er habe sich damals bereits für solche größere Aufgaben bereithalten wollen. Jedenfalls ist die landespolitische Tätigkeit Konrad Adenauers in den drei folgenden Jahren im wesentlichen gekennzeichnet durch harte parteipolitische Auseinandersetzungen mit der SPD – gegen die Bevorzugung, die dieser Partei nach seiner Ansicht damals durch die britische Militärregierung zuteil wurde. Das zeigt sich bereits bei den Auseinandersetzungen um die Bildung der ersten Landesregierung unter Amelunxen. Nachdem Konrad Adenauer sein Ziel, sechs CDU-Minister in dieses Kabinett zu entsenden, nicht erreicht hatte, zog er sich mit der CDU in die Opposition zurück in der Erwartung, daß die ersten freien Wahlen der CDU ein so gutes Ergebnis bringen würden, daß die britische Militärregierung genötigt sein würde, der CDU entsprechende Angebote zu machen. Das gleiche galt für den ersten ernannten Landtag des Landes, der nach der Entscheidung der britischen Militärregierung eine Sitzverteilung von 71 (SPD), 66 (CDU), 34 (KPD), 18 (Zentrum) und neun (FDP) hatte. Konrad Adenauer protestierte mit aller Schärfe bei der Besatzungsmacht wie auch bei Amelunxen gegen die Behandlung der CDU und verlangte noch unmittelbar vor der konstituierenden Sitzung dieses Gremiums am 2. Oktober 1946 deren Verschiebung im Hinblick auf die bevorstehenden Kommunalwahlen, die er zugleich mit den Landtagswahlen kombiniert sehen wollte. Nachdem er beides nicht erreichte, gab er namens der CDU in der ersten Sitzung dieses Landtages eine ungewöhnlich kurze Erklärung ab. Er stellte lediglich fest, daß die Parteien nicht entsprechend ihrer Stärke in der Bevölkerung vertreten seien, und gab der Hoffnung Ausdruck, daß nach Beendigung der Wahlen eine Korrektur in der Zusammensetzung des Landtags stattfinden werde[4].

Vom 1. Oktober 1946 bis zum 17. Juni 1950 gehörte Konrad Adenauer den Landtagen von Nordrhein-Westfalen an und bekleidete das Amt des Fraktionsvorsitzenden. Er hat an der Grundlegung des Landes in diesen ersten entscheidenden Jahren der politischen Arbeit sicherlich maßgeblichen Anteil gehabt; aber auch aus dieser Zeit kennen wir kein prinzipielles Bekenntnis zu Nordrhein-Westfalen aus staatsrechtlicher oder staatspolitischer Sicht.

II.

Mit dem Wechsel Konrad Adenauers in die Bundespolitik und seiner Ernennung zum Bundeskanzler verschob sich für ihn naturgemäß die staatsrechtliche und politische Betrachtungsweise des Bund-Länder-Verhältnisses. Als Chef der ersten Bundesregierung stand er vor der Aufgabe, die Stellung des Bundes gegenüber den Ländern zu festigen und dem Bund im Rahmen der bundesstaatlichen Gesamtordnung das ihm zukommende Gewicht zu geben. Die erste Phase der Amtszeit Konrad Adenauers war zudem gekennzeichnet durch die Notwendigkeit der Wiederherstellung der Rechtseinheit im Bundesgebiet. Da konnte es nicht ausbleiben, daß sich hierbei Bund und Länder häufiger als Gegenspieler gegenüberstanden. So war es vor allem schon damals das Bestreben Konrad Adenauers, dafür Sorge zu tragen, daß im Bundesrat keine Mehrheiten entstanden, die die Politik der Bundesregierung ernstlich gefährden konnten – Überlegungen, die offenbar seit dieser Zeit alle deutschen Bundeskanzler beschäftigen.

Häufig bin ich gefragt worden, ob Adenauer denn Föderalist gewesen sei. Für die Bejahung dieser Frage in der Zeit vor seiner Kanzlerschaft sprechen sein Werdegang und seine Herkunft.

Aus der Kommunalpolitik kommend, kannte er den Vorteil möglichst orts- und bürgernaher Verwaltungsentscheidungen. Wer zudem – wie er – nahezu 16 Jahre Oberbürgermeister nach der Rheinischen Bürgermeisterei-Verfassung war, der konnte gar kein Anhänger einer von oben lenkenden zentralen Staatsgewalt sein. Besonders dann nicht, wenn er dazu noch von Geburt Rheinländer war, der eigene freie Entscheidungen schätzt und nicht gern den befehlenden Ton von oben hört, der Gehorsam verlangt. Der Rheinländer möchte zum mindesten mitreden. Das zeigte der Politiker Adenauer den Hohen Kommissaren auf dem Petersberg.

Bei der Betrachtung des Werdegangs darf bei Adenauer allerdings auch nicht verkannt werden, daß die Stellung des rheinischen Oberbürgermeisters innerhalb seines Gemeinwesens beispiellos souverän war. Fleuster spricht in einer 1947 erschienenen Schrift von einem „kampf- und herrschgewohnten rheinischen Oberbürgermeister"[5] und Stresemann bemerkt in einer Tagebuchnotiz: „Die Oberbürgermeister des heutigen Deutschland sind in Wirklichkeit neben den Großindustriellen die Könige der Gegenwart. Auf lange Zeit gewählt, [...] sind sie mächtiger als die Minister."[6] Es ist daher sicherlich nicht falsch, wenn man annimmt, daß der Inhaber oder der frühere Inhaber eines solchen Amtes für eine zentrale Zusammenfassung der Befehlsbefugnisse und der Macht empfänglich war. Manche Entscheidung des Bundeskanzlers Adenauer ist nur verständlich, wenn die langjährige Tätigkeit als rheinischer Oberbürgermeister mitbeachtet wird.

Für die Bejahung der Frage, ob Adenauer Föderalist war, kann angeführt werden, daß zunächst unter seiner Mitwirkung und später unter seinem Vorsitz die CDU ihre im diametralen Gegensatz zur zentralistischen Auffassung der SPD stehenden föderalistischen Leitsätze entwickelt hat. Allerdings darf dabei nicht übersehen werden, daß die Politik der CDU nach ihrer Gründung weitgehend von Persönlichkeiten geprägt wurde, die früher Mitglied der alten Zentrumspartei gewesen waren. Das Zentrum war grundsätzlich föderalistisch eingestellt. Seine Mentalität übertrug sich auf die neue Union. In ihr wäre es, wie ich aus eigener Anschauung weiß, völlig sinnlos gewesen, etwa einen zentralistischen Einheitsstaat zu propagieren. Eine solche Idee hätte niemals

Aussicht gehabt, sich in den Leitsätzen der Partei niederzuschlagen. Selbst wenn Adenauer diese Anschauung nicht geteilt hätte, wäre er aus politischer Klugheit – und die haben ihm ja selbst seine erbittertsten Gegner nicht abgesprochen – nicht gegen die allgemeine Meinung angegangen; er hätte es auch gar nicht gekonnt.

Wichtiger für die Antwort auf die Frage nach seiner Stellung zum Föderalismus ist die Tätigkeit Adenauers im Parlamentarischen Rat und dessen Beschlußfassung über die Gestaltung des Grundgesetzes. In den Beratungen dieses Gremiums waren sich alle einig, daß neben dem Bundestag eine zweite Kammer bestehen sollte. Die Meinungen über deren Zusammensetzung gingen aber sehr auseinander. Die einen waren für einen Senat – wie etwa in den USA –, einer nach Ländern gegliederten und in den Ländern gewählten Volksvertretung analog dem Bundestag. Die anderen hatten etwa den Bundesrat im Kaiserreich vor Augen und plädierten dafür, daß die zweite Kammer aus Regierungsvertretern der Länder gebildet werden solle. In den teilweise dramatischen Auseinandersetzungen versuchte der Präsident Adenauer auszugleichen, indem er vorschlug, sowohl einen Senat wie ein besonderes Länderorgan zu bilden. Schließlich führte die Furcht vor einem dreifachen Parlamentarismus dazu, den Bundesrat in seiner heutigen Form einzuführen. Die Frage, ob Adenauer Föderalist war, ist aus den Vorgängen im Parlamentarischen Rat auch nicht eindeutig zu beantworten. Zwar hätte er lieber einen Senat als eine Länderkammer gesehen[7], da aber die Länder bereits bestanden und damit der föderale Charakter des zukünftigen Bundes bereits festgelegt war, konnte es sich jetzt nur noch um die nähere Ausgestaltung handeln. Der Vorschlag des Präsidenten, zwei föderale Organe zu bilden, hat nichts mit seiner Stellung zur Machtverteilung im Staate zu tun, sondern war der Versuch des Vorsitzenden, durch einen Vermittlungsvorschlag die widerstrebenden Meinungen zu vereinen. Ein wichtiges Indiz dafür, daß Adenauer Föderalist war, ist, daß unter seiner Präsidentschaft und mit seiner Stimme das Grundgesetz beschlossen wurde. Es sieht die Bundesrepublik als einen Bundesstaat vor. Diese Bundesstaatlichkeit erschien dem Parlamentarischen Rat von solch eminenter Wichtigkeit, daß er in Art. 79 Abs. 3 des Grundgesetzes bestimmte, „eine Änderung des Grundgesetzes sei unzulässig, durch welche die Gliederung des Bundes in Länder, die grundsätzliche Mitwirkung der Länder bei der Gesetzgebung oder die im Art. 29 niedergelegten Grundsätze berührt würden". Dadurch sollte die bundesstaatliche Struktur auch vor Verfassungsänderungen geschützt werden.

Wie stand nun Adenauer selber zum Föderalismus. Ich kenne hierzu nur zwei Äußerungen von ihm:

In der Sitzung des Bundesrates vom 24. April 1953 beschwor er den Bundesrat, den Deutschland-Vertrag und den Vertrag über die Europäische Verteidigungsgemeinschaft anzunehmen. Dabei sagte er wörtlich: „Denken Sie bitte daran, daß noch niemals in der Welt auf eine Sitzung des Bundesrates der Bundesrepublik so gesehen worden ist wie auf die heutige Sitzung, und denken Sie bitte, meine Herren, daran – und jetzt spreche ich als Föderalist –, daß es sich in Wahrheit darum handeln wird, ob der Bundesrat ein Organ in der Gesetzgebung ist, das sich auch einmal freimachen kann von parteipolitischen Rücksichten und das nur eines im Auge hat: das Wohl des deutschen Volkes."[8] Wenn man diese Stelle vorurteilslos interpretiert, so bezeichnet der Bundeskanzler sich hier als Föderalist. Ganz zweifelsfrei ist diese Auslegung aber nicht. Er kann sich auch so verstanden wissen wollen, daß er – für einen Augenblick – in die Rolle des Föderalisten hineinschlüpft, um aus dessen Sicht zu reden. Allerdings weist eine unbefangene Auslegung der Ausführungen auf die erste Deutung hin.

Eindeutig ist dagegen eine andere Äußerung Adenauers. In seiner ersten Rede vor dem Bundesrat sagte er: „Sie vertreten die Interessen der Länder, aber darüber hinaus auch das Gesamtinteresse des deutschen Volkes [...] Sie wissen, [...] daß ich Föderalist bin. Aber für mich beginnt oder hört der Föderalismus nicht bei dem Verhältnis Bund–Länder auf, sondern für mich reicht der Begriff Föderalismus sehr viel weiter. Ich habe den aufrichtigen Wunsch, unter Wahrung aller Rechte der Länder, die – das versichere ich Ihnen – von der Bundesregierung peinlich beachtet werden, mit Ihnen zusammenzuarbeiten."[9] In diesen Ausführungen scheint mir der Schlüssel zu Adenauers Stellung zum Föderalismus zu liegen. „Sie wissen, daß ich Föderalist bin. Aber ..." Was hat es mit diesem „aber" auf sich? Unter Föderalismus wird gemeinhin das Verhältnis der Zentralgewalt zu den Einzelgewalten, oder kürzer gesagt, des Bundes zu den Ländern verstanden. Was meint Adenauer nun damit, daß der Begriff Föderalismus für ihn sehr viel weiter reiche als das Verhältnis des Bundes zu den Ländern?

Meint er vielleicht, daß Föderalismus mehr ist als ein staatsrechtlicher Begriff, der lediglich den Gegensatz zum Einheitsstaat umfaßt; glaubt er vielleicht, daß er auch auf die Verwaltung anzuwenden ist und dort zur Dezentralisation führt?

Ich meine, dieser Gedanke ist ihm nicht gekommen; denn zunächst hatte der Bund gar keinen verwaltungsmäßigen Unterbau. Allerdings zeichneten sich auch schon bald im Leben der Bundesrepublik Tendenzen zur Stärkung der Zentralgewalt ab, und es konnte von einer föderalen Dezentralisation keine Rede sein. Die Gründung des Bundesgrenzschutzes zeigt dies recht deutlich. Hier wurde an Stelle der in den Ländern bereits vorhandenen Polizei eine einheitliche Bundespolizeitruppe aufgestellt, und es ist sicherlich nur ein kleines, aber bezeichnendes Beispiel für die Einstellung hierzu, daß der Bundespräsident Heuss seinen Amtssitz von Polizeibeamten des Landes Nordrhein-Westfalen schützen ließ, während der Amtssitz des Bundeskanzlers Adenauer von Mitgliedern des Bundesgrenzschutzes bewacht wurde. Nun kann allerdings eingewendet werden, daß die Polizei ein nicht gerade glückliches Beispiel für Fragen der Zentralisation oder Dezentralisation sei. Ich habe beispielsweise als Innenminister in Nordrhein-Westfalen die Polizei von der kommunalen Gliederung nach englischem Vorbild in eine Landespolizei umgewandelt, also zentralisiert. Und es ist auch richtig, wenn vorgetragen wird, eine dezentralisierte Polizei sei bei der internationalen Verflechtung der Verbrecher und ihrer Banden schon in der Ausgangslage benachteiligt. Deshalb nehmen wohl auch die Bestrebungen zu, wenigstens die Kriminalpolizei auf Bundesebene zu organisieren. Bei der übrigen Polizei wollen die Länder sich mit der Erweiterung der Zuständigkeiten über die Grenzen des jeweiligen Bundeslandes hinaus behelfen. Ob diese Lösung auf die Dauer zu halten ist, scheint mir zweifelhaft. Bei der Verwaltung sei einmal von der Finanzverwaltung als einer echten Mischverwaltung von Bund und Ländern abgesehen. In der Finanzgesetzgebung der Weimarer Republik hatte sich bereits ein zentralistischer Zug durchgesetzt, und das unter einem Reichsfinanzminister wie Erzberger, der aus dem föderalistisch eingestellten Zentrum kam.

Als aber die Bundeswehr mit Streitkräften und Bundeswehrverwaltung aufgestellt wurde, ist von keiner Seite auch nur der Vorschlag erwogen worden, die Streitkräfte, wie etwa das Heer des Kaiserreiches, in Länderkontingente zu gliedern oder die Bundeswehrverwaltung als Verwaltung der Länder auszugestalten. Die Bundeswehr wurde gleich zentral gegliedert, und auch ihre Verwaltung ist eine zentrale Verwaltung des Bundes, wie sie im nachträglich geschaffenen Art. 87b des Grundgesetzes verankert wurde.

Bei den Änderungen des Grundgesetzes in späteren Jahren ist überhaupt ganz allgemein festzustellen, daß die Kompetenzen des Bundes erweitert oder neu begründet werden – mögen nun sogenannte Gemeinschaftsaufgaben eingeführt oder neue Zuständigkeiten geschaffen werden. Das mag in der rasanten Änderung unserer gesamten Lebensverhältnisse begründet liegen. Dieser Zug zum Zentralen ist nicht neu, sondern war auch bereits in der Ära Adenauer festzustellen. Sicher ist, daß der Bundeskanzler seinen erweiterten Begriff des Föderalismus nicht auf eine Anwendung in der Verwaltung und auf die Dezentralisation dieser Verwaltung bezogen hat.

Es fragt sich, auf welchen Bereich Adenauer denn sonst angespielt haben könnte. Hat er die Gesellschaft als solche gemeint und in ihr die „Einheit in der Vielfalt" oder auch „die Vielfalt in der Einheit" gesehen? Solche Gedanken waren ihm sicherlich nicht fremd, weil sie in der katholischen Soziallehre verbreitet sind und vor allem mit der Forderung des Subsidiaritätsprinzips vertreten werden. Nach Herkunft und Erziehung waren diese Lehren Adenauer vertraut. Wenn er sich hierauf bezogen haben sollte, dann umfaßte sein weitergehender Begriff des Föderalismus einen abgestuften und gegliederten Aufbau der Gesellschaft. Ich habe trotzdem Bedenken, seiner Rede diese Auslegung zu geben; denn weder als Parteivorsitzender noch als Bundeskanzler hat er Schritte unternommen, eine derartige Gesellschaft zu schaffen. Er hat sie auch nicht in seinen Reden oder Schriften als Vorschläge für den zukünftigen Aufbau der Gesellschaft vorgetragen. Dieses ganze Gebiet war seinem klaren, nüchternen und ordnenden Verstande viel zu spekulativ, als daß er sich damit befaßt hätte.

Ich halte es eher für möglich, daß Adenauer seinen Begriff des Föderalismus über das Verhältnis Bund–Länder hinaus auch auf die Stellung des einzelnen im Staat ausgedehnt sehen wollte. In diesem Bereich bemüht sich der Föderalismus um den Schutz der Freiheit des einzelnen und seiner Gruppe. Das sind Probleme, die Adenauer lagen und die er als Bundeskanzler und Parteivorsitzender in manchen Reden, vor allem in Wahlkämpfen, erörterte; denn er hatte die Bundesrepublik Deutschland als einen Hort der Freiheit mit aufgebaut und wollte sie als solchen – vor allem im Gegensatz zur Entwicklung in der sowjetischen Besatzungszone – erhalten wissen. Das war die politische Sphäre, die er kannte und die er auszubauen und notfalls zu verteidigen bereit war. Hier war nichts von vernebelnder Spekulation, die ihm seinem ganzen Wesen nach nicht lag. Es ist also möglich, daß der Bundeskanzler diesen Bereich im Auge hatte, als er seine erste Rede vor dem Bundesrat hielt.

Möglich ist aber auch noch eine andere Deutung. Der Föderalismus ist eine bewahrende Kraft. Er schützt gewachsene Tradition. Auch das lag Adenauer, der in dieser Hinsicht mit Recht konservativ genannt wird. Er kannte aus seiner beruflichen Tätigkeit die im Schutze der Tradition entstandenen Institutionen. Ob es sich um Industrie- und Handelskammern, Ärztekammern, Anwaltskammern, Notarkammern, Handwerkerschaften oder andere überkommene Einrichtungen handelte, sie waren ihm in seiner kommunalen Arbeit ständig begegnet. Er hatte sich mit ihnen befassen müssen, kannte ihre Tätigkeiten und schätzte sie. Es ist also durchaus möglich, daß Adenauer in seinem erweiterten Begriff des Föderalismus auch die traditionell gewachsenen Gebilde einbegriff, die er in ihrer Lebenskraft schützen und die er vor dem Zugriff des Staates bewahren wollte. Nur – gesagt hat er das, soweit mir bekannt ist, niemals. Es ist deshalb lediglich ein aus seiner Grundeinstellung heraus erlaubter Schluß, wenn man diesen Bereich seinen Vorstellungen vom Föderalismus hinzurechnet.

Sicherlich hat er auch die bewahrende Kraft des Föderalismus im Gegensatz zum Kollektivismus und zur Vermassung gesehen. Der Kollektivismus war für ihn eine soziale Verfallserscheinung, der die Gliederung der Gesellschaft zerschlägt und den einzelnen zum Funktionär der Massengesellschaft erniedrigt. Hier treffen sich bei ihm das oben erwähnte politische Ziel der Freiheit des einzelnen und seiner Gruppe und die konsequente Ablehnung des Kollektivismus mit seiner Folgeerscheinung, der Vermassung, die als Folge des Zweiten Weltkrieges bereits eingetretene weitgehende Nivellierung aller Bereiche berührten ihn sehr stark. Wenn ihm insofern der Föderalismus einen Schutz des noch Bestehenden und einen Damm vor der Flut bedeutete, dann paßte eine solche Anschauung ohne weiteres in die Vorstellungen, die er vom Staate hatte.

Es ist aber nicht ausgeschlossen, daß seine über das Bund-Länder-Verhältnis hinausgehende Meinung vom Föderalismus auf einen gemäßigten politischen und sozialen Pluralismus abzielte; denn sicherlich war er als Rheinländer und ehemaliger Anhänger des Zentrums gegen einen übermäßigen Machtanspruch des Staates. Diese Einstellung war in seinen Auseinandersetzungen in der Zeit des alten Preußen gewachsen.

Aus all diesen Erwägungen ergibt sich der Schluß, daß Adenauer von Haus aus Föderalist war. Allerdings ein Föderalist eigener Art, der in seiner Amtsführung als Bundeskanzler manchmal einem rheinischen Oberbürgermeister näher kam als dem Regierungschef eines föderalen Gebildes.

Das mögen einige aus der Praxis genommene Beispiele verdeutlichen. Im allgemeinen mischte sich der Bundeskanzler nicht in die Angelegenheiten der Länder. Es konnte der Eindruck entstehen, daß ihn deren Angelegenheiten solange nicht übermäßig interessierten, als sie nicht in seine Politik hineinspielten. So hat er sicherlich die Bestimmung des Art. 29 des Grundgesetzes nie für vorrangig angesehen, nach der das Bundesgebiet neu zu gliedern sei und Länder zu schaffen seien, die nach Größe und Leistungsfähigkeit die ihnen obliegenden Aufgaben wirksam erfüllen könnten. Zwar wurde während seiner Regierungszeit in den Jahren 1952 bis 1955 unter dem früheren Reichskanzler und Reichsfinanzminister Luther eine Kommission zur Lösung dieser Fragen eingesetzt. Aber das Ergebnis blieb gleich Null. Luther schreibt über seine Tätigkeit: „Bei der Neugliederungsarbeit stammte der Widerstand aus all den neugeschaffenen Ländern, in denen sich nicht nur die Abgeordneten und Beamten, sondern jedermann, der eine gute Position zur Zeit innehatte, zum Beispiel in wirtschaftlichen Verbänden, mit aller Wucht dagegen sträubte, daß irgendwelche Veränderungen einträten.“[10] Adenauer war nicht der Mann, der sich politisch mit einem so großen Teil der Wähler in Widerspruch setzte. Es war außer dem Gedanken an Wahlen aber sicherlich auch etwas anderes, das bei ihm mitsprach. Eine Neuordnung hätte weniger, größere und damit auch stärkere Länder gebracht. Wenn man bedenkt, dem Kanzler hätten nicht elf, sondern etwa nur fünf mit erheblich mehr politischer Durchschlagskraft ausgestattete Ministerpräsidenten gegenübergestanden, dann hätten sie durch ihr politisches Gewicht dem Bundeskanzler erheblich größere Schwierigkeiten bereiten können, als die jetzt vorhandenen elf Länderchefs. Zudem hatte der Lauf der Zeit gezeigt, daß sich die schwachen „nehmenden“ Länder schon aus ihrer finanziellen Schwäche heraus mehr zu Bundesgenossen der Bundesregierung entwickelten als die starken „gebenden“ Länder. Offenbar lag dem Bundeskanzler gar nicht daran, diese Verhältnisse zu ändern. Deswegen wurde die Neuordnung der Länder auf Eis gelegt. Heute kann festgestellt werden, daß Art. 29 des Grundgesetzes trotz der Garantie des Art. 79 Abs. 3 tot ist; einzelne frühere Änderungswünsche sind nicht über die Phase von Volksbegehren hinausgekommen. Bundesregierung, Bundestag und Bundesrat, mit Ausnahme vielleicht der Vertreter der starken Länder, wollten die Neuordnung nicht. Die bestehenden Länder haben sich in den fast 30 Jahren ihrer Entwicklung so gefestigt, daß unter den obwaltenden Umständen mit ihrer Beseitigung nicht gerechnet werden kann.

Adenauers positives oder negatives Verhältnis zu den Ländern bezog sich im allgemeinen auf seine Beziehungen zu maßgebenden Landespolitikern, wie er überhaupt persönliche Bekanntschaften zur Grundlage seiner Politik machte (Dulles, de Gaulle). Die von der CDU oder CSU regierten Länder unterstützten seine Politik im Bundesrat. Zu ihren Politikern pflegte er deswegen gute Beziehungen, auch wenn ihm etwa ein Regierungschef wie Karl Arnold seinem Wesen nach fremd war. Wenn es allerdings galt, die Person eines solchen Ministerpräsidenten zu schützen, setzte er sich für ihn ein. Das war z. B. der Fall, als die sogenannten Jungtürken der FDP im Frühjahr 1956 die von Arnold geführte Regierung in Nordrhein-Westfalen stürzen wollten, um zu verhindern, daß das damals geplante neue Wahlgesetz, das sogenannte Grabensystem, die FDP aus der politischen Landschaft entfernte. Er hat damals stundenlang mit Arnold und mir verhandelt, und es schien Ende Januar 1956 nach einem langen Verhandlungstag so, als ob die Spitzen der FDP den Sturz Arnolds verhindern könnten. Die Führung der FDP hatte sich aber in ihrer Durchschlagskraft überschätzt, und daher wurden Arnold und seine Regierung durch das erstmalige Bündnis von FDP und SPD gestürzt. Als dann im Jahre 1958 die CDU im Landtag von Nordrhein-Westfalen die absolute Mehrheit erreichte, war es wieder Adenauer, der in die Verhandlungen um den zukünftigen Ministerpräsidenten eingriff; wie bekannt ist, setzte er sich dafür ein, daß ich Ministerpräsident von Nordrhein-Westfalen wurde. Ein bekanntes Magazin in der Bundesrepublik veröffentlichte damals einen Leitartikel unter der Überschrift "Des Kanzlers Kö-Pilot" (in Anspielung auf die „Kö" genannte Königsallee in Düsseldorf), in dem die ganze Entwicklung im wesentlichen zutreffend dargestellt worden ist.

Über die Mitwirkungsbefugnisse des Bundesrates, also der Vertreter der Länder, bei Behandlung von Fragen der auswärtigen Politik, die bekanntlich in die Bundeskompetenz fällt, hat es in den Jahren, in denen ich dem Bundesrat angehörte, also von 1953 bis 1956 und von 1958 bis 1966, keinen Streit gegeben. Die Meinungsverschiedenheiten entzündeten sich an den Sachfragen. Und hier war es keineswegs so, daß die Mitglieder des Bundesrates immer treu die Linie ihrer eigenen Partei befolgt hätten. Eigenständige kraftvolle Persönlichkeiten wie Ehard, Seidel, Arnold, Kiesinger, aber auch Reuter, Kaisen, Kopf und Brauer hatten ihre eigene Meinung und vertraten sie[11].

In der Außenpolitik war Adenauer einem Manne wie Bürgermeister Kaisen besonders zugetan, da dieser mit ihm vielfach übereinstimmte, auch wenn Kaisens Senat anderer Ansicht war. Als im April 1953 im Bundesrat der Generalvertrag zwischen der Bundesrepublik und den drei westlichen Besatzungsmächten sowie der Vertrag über die Europäische Verteidigungsgemeinschaft behandelt wurden, billigte Kaisen „persönlich", wie er hervorhob, die politische Linie der Bundesregierung.

Auch mit befreundeten Politikern konnte Adenauer in Konflikt geraten, wenn sie ihm in seine Politik hineinredeten. Ich habe das persönlich erfahren. Im Frühjahr 1963 wurde im Ausschuß für auswärtige Angelegenheiten des Bundesrates der deutsch-französische Vertrag beraten. Um politische Fehldeutungen des Vertrages, insbesondere im Hinblick auf die Atlantische Gemeinschaft und die EWG zu verhindern, brachte ich im Ausschuß den Entwurf jener Entschließung ein, die angenommen wurde. In der folgenden Bundesratssitzung führte ich aus, ohne einen gleichzeitigen Bundesratsbeschluß für die Atlantische Gemeinschaft und die EWG werde der deutsch-französische Vertrag im deutschen Volke nicht verstanden werden. Der Bundesrat beschloß entsprechend der Vorlage, und das war Anlaß dafür, daß der Bundestag den Bundesratsbeschluß dem deutsch-französischen Vertrag als Präambel vorausschickte. Dieser Vorgang mißfiel Adenauer in jeder Hinsicht; er mißbilligte ihn als einen Eingriff in die von ihm vertretene Außenpolitik.

Der hessische Ministerpräsident Zinn zog sich den Unmut Adenauers zu, als er gegen das vom Bundeskanzler geplante Fernsehen das Bundesverfassungsgericht anrief und damit Adenauers Pläne auf diesem Gebiet zu Fall brachte.

Ein durch die Jahre hindurch ständig neu auflebender Streit ging um die im Grundgesetz vorgesehene Finanzverfassung. Adenauer hatte durch einen seiner politischen Kunstgriffe den Föderalisten Schäffer zum Bundesfinanzminister gemacht. Dieser aus Bayern kommende Politiker glaubte zwar anfangs erklären zu können, er denke nicht im Traum an einen Anteil des Bundes an der Einkommensteuer. Aber dieser Traum verflüchtigte sich in der rauhen

Wirklichkeit, und es wurde der Streit um die Steuern zu einem ständigen Zankapfel zwischen Bund und Ländern. Hier vertrat Adenauer unerbittlich und unnachgiebig die Interessen des Bundes. Ihm kam dabei zu Hilfe, daß die „nehmenden" Länder in starkem Maße auf die Finanzhilfe des Bundes angewiesen waren und deswegen der Zuständigkeit des Bundes in Finanzdingen mehr zuneigten als die anderen Länder. So konnte sich der Bundeskanzler nach dem Grundsatz des „Teile und herrsche" Bundesgenossen sichern, die im Bundesrat seine Auffassung vertraten und spätestens im Vermittlungsausschuß mit den Vertretern des Bundes stimmten. Im Bereich der Finanzen vertrat Adenauer zweifellos zentralistische Tendenzen. Aber auch ein Föderalist wie Schäffer konnte gar nicht anders handeln, als seiner Amtspflicht entsprechend die Interessen des Bundes wahrzunehmen.

Das Verhältnis Konrad Adenauers zu den Ländern aus dieser Zeit bedarf insgesamt sicher noch der historischen Durchleuchtung. Eines läßt sich jedoch schon heute sagen: Konrad Adenauer war aufgrund seiner Einsichten und Erfahrungen ein Gegner des Zentralismus. Er wünschte eine bundesstaatliche Ordnung, wobei allerdings fraglich ist, ob er die im Grundgesetz verfaßte bundesstaatliche Ordnung als die bestmögliche angesehen hat. Sein politisches Wirken kreiste um Kommunalpolitik, Parteipolitik und Bundespolitik; sein Verhältnis zum Föderalismus mußte geprägt sein aus diesen primären Erfahrungsquellen. War sein praktisches Verhältnis zu den Ländern auch nicht immer konfliktfrei, so bleibt doch festzustellen, daß sein Name nicht nur unter der bundesstaatlichen Verfassungsurkunde des Grundgesetzes steht, sondern daß er als erster Bundeskanzler versucht hat, diese bundesstaatliche Verfassung mit bundesstaatlichem Leben zu erfüllen.

1 Vgl. Konrad Adenauer, Erinnerungen 1945–1953, Stuttgart 1965, S. 98.

2 Vgl. Walter Först, Geschichte Nordrhein-Westfalens, Bd. 1, Köln–Berlin 1970, S. 157.

3 Vgl. Först, S. 171.

4 Vgl. Först, S. 194.

5 Vgl. Fritz Fleuster, Zweites Plädoyer für eine neue Deutsche Städteordnung, M. Gladbach 1947, S. 6.

6 Vgl. Hans Luther, Politiker ohne Partei. Erinnerungen, Stuttgart 1960, S. 416f.

7 Vgl. Terence Prittie, Konrad Adenauer. Vier Epochen deutscher Geschichte, Stuttgart 1971, S. 186.

8 Vgl. Verhandlungen des Bundesrates 1953–1954. Stenographische Berichte, S. 188.

9 Für den Wortlaut der Rede Adenauers vom 20. September 1949 vgl. Deutscher Bundesrat. Sitzungsbericht Nr. 3/4. 1949, S. 1ff., besonders S. 2.

10 Vgl. Luther, S. 424.

11 Vgl. Roman Herzog, Der Einfluß des Bundesrates auf die Gesetzgebung und Verwaltung des Bundes seit 1949, in: Der Bundesrat als Verfassungsorgan und politische Kraft. Hrsg. vom Bundesrat, Bad Honnef–Darmstadt 1974, S. 247.

ERICH MENDE

Die schwierige Regierungsbildung 1961

„Es ist für mich angenehmer, einen Wahlkampf zu führen, als eine Regierung zu bilden!" Dieses Zitat Konrad Adenauers ist verbürgt. Er hat es sogar im Herbst 1961 noch zu der Feststellung gesteigert: „Meine Herren, mir sind zehn Wahlkämpfe lieber, als diese einzige Regierung zu bilden!" Mit Recht! Denn der Bildung einer Koalitionsregierung aus CDU/CSU und FDP nach der Bundestagswahl vom 17. September 1961 gingen wohl die schwierigsten und langwierigsten Verhandlungen voraus, die es bisher in der politischen Geschichte der Bundesrepublik Deutschland gegeben hat.

Wie kam es dazu und woran lag das? Ein Teil der Schwierigkeiten war bereits im Wahlkampf begründet. Die CDU stellte in den Mittelpunkt ihrer Wahlkampfwerbung die Fortsetzung der bewährten Politik unter Konrad Adenauer, insbesondere die Kontinuität der Außenpolitik. Seit 1957 regierte sie mit absoluter Mehrheit und hatte 1958 beim Besuch des stellvertretenden Ministerpräsidenten der UdSSR, Anastas Mikojan, und seiner Delegation in Bonn ein Handelsabkommen mit der Sowjetunion erreicht, ein Jahr später in der Genfer Außenministerkonferenz auf die Geschlossenheit und Festigkeit der Westmächte bei der Vorlage eines deutschen Friedensvertrages verweisen können und in der steigenden Fluchtziffer des Sommers 1961 ihre Vorbehalte gegen die kommunistische Herrschaft im anderen Teil Deutschlands bestätigt gesehen.

Die SPD erhoffte sich als Oppositionspartei von der Werbewirkung ihres Berliner Regierenden Bürgermeisters Willy Brandt als Kanzlerkandidaten einen erheblichen Stimmenzuwachs. Ihre Kritik an der Regierungspolitik der CDU/CSU richtete sich insbesondere gegen die Wirtschafts- und Gesellschaftspolitik, in der sie ebenso weitgehende Reformen forderte wie im Umweltschutz. Auch die Berlin- und Deutschland-Frage stand naturgemäß durch die Person ihres Kanzlerkandidaten im Mittelpunkt der Auseinandersetzungen, die durch eine persönliche Kontroverse zwischen Konrad Adenauer und Willy Brandt wegen dessen umstrittener Vergangenheit einen dramatischen Höhepunkt erreichte. Die SPD wollte keine enge parteipolitische Herrschaft mit umgekehrten Vorzeichen, sondern eine Zusammenfassung aller „verantwortlichen Kräfte".

Die FDP trat unter einem Plakat, das ihren früheren Vorsitzenden und Bundespräsidenten Theodor Heuss und die Aufschrift „In seinem Geist mit neuer Kraft" zeigte, mit den folgenden Programmaussagen für eine neue Bundesregierung an:

1. bei den kommenden internationalen Verhandlungen jene ruhige Selbstsicherheit zeigen, die der nationalen Würde des deutschen Volkes entspricht,
2. alle Bemühungen um eine allgemeine kontrollierte Abrüstung aktiv unterstützen,

3. regionale Abrüstungsmaßnahmen in Europa fördern, soweit mit ihnen Fortschritte auf dem Wege zur deutschen Einheit in gesicherter Freiheit erzielt werden können,
4. Verhandlungen über den militärischen und politischen Status Gesamtdeutschlands im Rahmen eines Europäischen Sicherheitssystems einleiten,
5. einen gerechten Friedensvertrag für Gesamtdeutschland anstreben, der nur auf der Grundlage des Selbstbestimmungsrechts der Deutschen abgeschlossen werden darf,
6. der Entspannung zwischen Ost und West auch durch Aufnahme diplomatischer Beziehungen zu den Ostblockstaaten dienen, die allerdings nicht durch Grenzverzichte erkauft werden dürfen,
7. den deutschen Rechtsanspruch auf die Wiederherstellung des deutschen Reiches in den Grenzen von 1937 wahren,
8. die europäische Zusammenarbeit fördern – soweit sie nicht auf Kosten der deutschen Wiedervereinigung geht – und sich ernsthaft um die Überwindung der wirtschaftlichen Spaltung Westeuropas bemühen.

Der Sonntag, der 13. August 1961, ein strahlender Sommersonntag, brachte den Wahlkampf aller Parteien durcheinander. Am stärksten jedoch wurde das Lager der Bundesregierung verunsichert. Denn an diesem Tag riß das Geräusch von Preßluftbohrern und das Dröhnen von Lastwagen und Panzerfahrzeugen in den frühen Morgenstunden die Berliner aus dem Schlaf. Der Bau der Berliner Mauer begann, die fortan den Zugang von Ost- nach West-Berlin und damit die letzte Chance einer Flucht aus dem kommunistischen Herrschaftsbereich in den freien Teil Deutschlands abriegelte.

Auf die Erregung und Empörung der Berliner Bevölkerung folgte eine tiefe Enttäuschung. Zwar versammelten sich noch am gleichen Tag der Bundestagspräsident und die Fraktionsvorsitzenden des Deutschen Bundestages in Berlin, um mit den in Berlin Verantwortlichen und den westalliierten Stadtkommandanten zu beraten; doch die Hoffnung auf ein energisches Eingreifen der Westalliierten zur Wahrung des Vier-Mächte-Status in Groß-Berlin wurde zur Enttäuschung. Bürgermeister Franz Amrehn, von einer Besprechung mit den westalliierten Stadtkommandanten zurückkehrend, mußte den versammelten Spitzen des Deutschen Bundestages die deprimierende Mitteilung machen, daß ein Eingreifen der Westalliierten nicht zu erwarten sei, da ihre Rechte nicht unmittelbar berührt würden. Es handele sich vielmehr um eine innere Absperrmaßnahme der kommunistischen Machthaber gegenüber ihren eigenen Landsleuten, die sich jedoch nach Meinung der Westalliierten nicht gegen ihre Interessen richtete.

Das Ergebnis der Aktivität des Deutschen Bundestages war jene Sondersitzung vom 18. August 1961 in Bonn, in der der damalige Regierende Bürgermeister von Berlin und Kanzlerkandidat der SPD, Willy Brandt, die denkwürdigen Sätze sprach:

„Es geht [...] um das Ansinnen, daß die Bundesregierung meineidig werden soll an den Landsleuten in der Zone. Die Berliner stehen ganz gewiß nicht allein, wenn sie sagen: Die Bundesrepublik wird sich mit einem Teilungsdiktat nicht abfinden können. Sie wird es niemals anerkennen können. Nicht nur, weil sie ihre eigene Verfassung nicht brechen darf, die uns verbindlich auffordert, stellvertretend für alle Deutschen zu handeln. Das Grundgesetz verpflichtet die Bundesrepublik [...], sich um die Menschen in der sowjetisch besetzten Zone zu kümmern. Die Bundesrepublik kann und darf ein Teilungsdiktat nicht anerkennen, ohne die Verfassung zu brechen [...] Die Preisgabe unserer Landsleute wird nicht stattfinden."[1]

Die Berliner warteten vergeblich auf das Eintreffen des Bundeskanzlers Konrad Adenauer und seines Außenministers Heinrich von Brentano. Sie waren tief enttäuscht, daß Konrad Adenauer und Heinrich von Brentano lediglich im Deutschen Fernsehen zur Errichtung der Mauer einige tröstende Worte fanden. Daß der amerikanische Präsident John F. Kennedy durch seinen Botschafter in Bonn Konrad Adenauer abriet, in diesen erregten Tagen nach Berlin zu gehen, und auch der Bundesminister für gesamtdeutsche Fragen, Ernst Lemmer, von der Sorge getragen war, die Erregung in Berlin und im kommunistisch beherrschten Teil Deutschlands könnte in einen neuen Volksaufstand umschlagen, konnte die Bundesregierung aus außenpolitischen Gründen ebensowenig zur Entlastung Konrad Adenauers öffentlich bekanntgeben, wie die Hintergründe der Passivität der Westalliierten, die sich längst mit der Errichtung der Mauer und der Absperrung des anderen Teiles Deutschlands abgefunden hatten.

Damit kamen Konrad Adenauer und seine Partei zwangsläufig in das Schußfeld scharfer Wahlpropaganda, die der Bundesregierung und der Regierungspartei mangelnde Aktivität in Berlin und gegenüber den Westalliierten und persönliches Versagen in einer Krise der deutschen Politik vorwarf. Diese Stimmung und die sich steigernden Auseinandersetzungen zwischen CDU/CSU und SPD nutzte die FDP aus, indem sie die Frage stellte, ob der damals fünfundachtzigjährige Bundeskanzler Konrad Adenauer nicht durch die neuen Entwicklungen überfordert sei. Nachdem sie den Wahlkampf bisher mit der Parole bestritten hatte, Brechung der absoluten Mehrheit der CDU/CSU, um als Partner in eine neue Bundesregierung mit der CDU/CSU einzutreten, steigerte sie nunmehr durch Ausnutzung der Grundstimmung ihre Aussagen auch ins Personelle.

Von den Landesverbänden Berlin, Bremen, Hamburg, Nordrhein-Westfalen und Hessen aufgefordert, erklärte ich in der letzten Woche des Wahlkampfes, daß, bei allem Respekt vor der staatsmännischen Leistung Konrad Adenauers und in Würdigung seiner geschichtlichen Verdienste, es nunmehr an der Zeit sei, einen Kanzlerwechsel herbeizuführen, um dem ältesten Staatsmann der westlichen Welt die Gelegenheit zu geben, in den wohlverdienten Ruhestand zu treten. Zwar gab es keinen Beschluß des Bundesvorstandes oder eines anderen satzungsmäßigen Organs der FDP dieser Art. Jedoch verstand die Bevölkerung diese Sätze so, daß die FDP bereit sei, mit der CDU/CSU in die Regierungsverantwortung einzutreten, jedoch nicht mehr unter Konrad Adenauer als Bundeskanzler.

Hinzu kam, daß auch in der CDU/CSU die Frage der Nachfolge Konrad Adenauers – in seinem hohen Alter verständlicherweise – in die öffentliche Diskussion geraten war und für viele, insbesondere für die bayerische CSU, der Vizekanzler und Wirtschaftsminister Professor Ludwig Erhard als Kanzlernachfolger galt.

Am Freitag vor dem Wahlsonntag erklärten die Spitzenkandidaten der Parteien noch einmal ihre Wahlziele in einer Pressekonferenz. Auf die Frage nach seiner Nachfolge erklärte Konrad Adenauer vor der Presse in Bonn: Er denke gar nicht daran, in den nächsten Jahren die Führung aus der Hand zu geben. Er sagte wörtlich: „Daß ich Rücktrittsabsichten habe, ist eine fette Wahlente, keine Silbe ist daran wahr." Auf die Frage nach einem möglichen Nachfolger sagte er: „Es gibt in der CDU mehrere, die durchaus geeignet wären, Bundeskanzler zu werden."

Für die SPD erklärte Willy Brandt, daß nach der letzten Entwicklung eine Allparteienregierung der nationalen Zusammenfassung das Beste für die Bundesrepublik Deutschland wäre.

Für die FDP wiederholte ich, daß die FDP zu einer Koalition mit der CDU/CSU bereit wäre, wenn diese die absolute Mehrheit verlieren würde. Als Kanzler einer solchen Regierung würde die FDP jedoch nicht mehr Konrad Adenauer akzeptieren, sondern Ludwig Erhard den Vorzug geben. Die CDU/CSU könne jedoch auch jeden anderen Kanzlerkandidaten aus ihren Reihen vorschlagen, Ludwig Erhard sei jedoch der Favorit der FDP.

Das Wahlergebnis brachte, wie erwartet, den Verlust der absoluten Mehrheit der bisherigen Regierungsparteien CDU/CSU, einen mittleren, aber enttäuschenden Zuwachs für die SPD, für die FDP als dritte Partei ihren bisher größten Wahlerfolg von 12,7%.

Das Düsseldorfer „Handelsblatt" vom 19. September 1961 schrieb: „Das Wahlergebnis zum vierten Deutschen Bundestag zeigt eine Wahl des Auswegs! Von der umfassenden Fürsorge der traditionellen Führungspartei ein wenig übersättigt, von den Berliner Ereignissen überrascht, von der Erfahrung angezogen, aber auch einer gemessenen Dynamisierung zugeneigt, wählte man die dritte Möglichkeit. Die FDP zog den Nutzen aus dem Wählerwillen, zwar möglichst viel beim alten, aber doch nicht alles beim alten zu lassen."

Bereits am Tage nach der Wahl bewies Konrad Adenauer seine ihm immer wieder nachgesagte Schläue, sein taktisches Geschick und die Überlegenheit eines politischen Patriarchen, als er zur Überraschung selbst seiner engsten Umgebung die Einberufung einer Pressekonferenz anordnete. Wer geglaubt hatte, einen geschlagenen Bundeskanzler Konrad Adenauer im Palais Schaumburg gewärtigen zu können, wurde bald eines Besseren belehrt. Die „Süddeutsche Zeitung" vom 19. September 1961 beschreibt jenen Montagmorgen nach der Wahl wie folgt:

„Obwohl er wenig Schlaf gefunden hatte, war Adenauer am Montag kaum später als sonst in seinem Arbeitszimmer. Er war der einzige, der wußte, was nun geschehen sollte. Ohne sich in große Diskussionen einzulassen, gab er Auftrag, eine Pressekonferenz einzuberufen. Bedenken seiner Mitarbeiter wischte er beiseite. Er hatte sich entschlossen, seine Partei zu überrumpeln. Adenauer wollte zeigen, daß er noch immer Herr der Lage ist, daß er keine Zweifel an seiner erneuten Ernennung zum Bundeskanzler duldet. Er hatte sich zum Kämpfen entschlossen, zum Kämpfen vornehmlich gegen die Zauderer und die Ehrgeizigen in seiner eigenen Partei. Er wollte auch dartun, daß er keineswegs vergreist ist und entmutigt durch eine Abstimmung, die selbst viele seiner Parteifreunde als eine Anti-Adenauer-Wahl zu betrachten gewillt sind. Der zähe, kaum bezähmbare Fighter und Taktiker war erwacht. Zur

Überraschung aller, die beim Bundeskanzler noch einige Tage vor der Wahl nachlassendes Reaktionsvermögen beobachtet hatten, schlug sich Adenauer bravourös."

In der Pressekonferenz stellte Konrad Adenauer mit der ihm eigenen Ruhe und Gelassenheit fest, daß die CDU/CSU keinen Erdrutsch zu beklagen habe, sondern auf das Wahlergebnis von 1953 zurückgefallen und mit 242 voll stimmberechtigten Abgeordneten nur sieben Mandate unter der absoluten Mehrheit geblieben sei. Gleichzeitig bestätigte er als eine Selbstverständlichkeit, daß er auch Bundeskanzler der vierten Bundesregierung bleiben werde. Das Wichtigste sei für ihn die Kontinuität der Außenpolitik. Eine Koalition mit den Sozialdemokraten schloß er aus, ebenso lehnte er eine Allparteienregierung, wie sie noch von den Sozialdemokraten Willy Brandt und Carlo Schmid in der Wahlnacht empfohlen wurde, ab. Denn eine Allparteienregierung würde nicht dem demokratischen Empfinden entsprechen.

Die FDP verblieb bei ihrer vor der Wahl getroffenen Feststellung der Koalitionsbereitschaft mit der CDU/CSU unter einem neuen Bundeskanzler.

Am Montag, dem 18. September 1961, trafen auf Grund einer bereits vor dem Wahlsonntag getroffenen Vereinbarung Franz Josef Strauß, Willi Weyer und ich in der Wohnung eines Düsseldorfer Kaufmanns zusammen. Dabei war die Bereitschaft zur Zusammenarbeit, wie sie sich zwischen 1949 und 1956 bewährt hatte, unbestritten. Man durfte wohl annehmen, daß beide Seiten in der Zwischenzeit aus den gemachten Fehlern gelernt hatten. Die sachliche Übereinstimmung in den wesentlichen Grundsätzen der deutschen Politik ergab sich schon daraus, daß seit dem Frankfurter Wirtschaftsrat von 1948 die Weichen für eine gemeinsame Zusammenarbeit zwischen CDU/CSUund FDP gestellt wurden, und die Auseinandersetzungen über das Wahlgesetz und über die Saarpolitik der Vergangenheit angehörten.

Franz Josef Strauß nahm mit Befriedigung zur Kenntnis, daß die FDP in Ludwig Erhard den Kanzlerkandidaten der CDU/CSU-Fraktion sähe. Das entspräche auch seiner Neigung. Allerdings meldete er Bedenken an, ob es schon jetzt möglich sei, einen Wechsel im Kanzleramt zu erreichen, und stellte die Frage, ob es nicht zweckmäßig wäre, Konrad Adenauer eine Übergangslösung von einem Jahr Kanzlerschaft bis zur Nominierung Ludwig Erhards einzuräumen. Die „Frankfurter Allgemeine Zeitung" des gleichen Tages hatte dieselbe Frage aufgeworfen: „Es wird erwartet, daß die neue Fraktion der Freien Demokraten auf ein Koalitionsangebot zunächst mit der Frage nach dem Bundeskanzler antworten und ihre Bereitschaft zu einer Koalitionsregierung unter Professor Erhard andeuten wird. Aus diesem Grund wird der Bundesvorstand der Union, der an einer Kanzlerschaft Adenauers festhalten wird, möglicherweise dessen neue Kanzlerschaft zeitlich begrenzen, um zu einer Koalitionsvereinbarung mit der FDP zu kommen."

Am Dienstag, dem 19. September 1961, trat der Bundesvorstand der CDU unter Adenauers Vorsitz und in Anwesenheit des Landesvorsitzenden der CSU, Franz Josef Strauß, in Bonn zusammen. Konrad Adenauer bat jeden der Anwesenden, zur Frage des Kanzlerwechsels Stellung zu nehmen. Fast alle Anwesenden baten Konrad Adenauer, sich erneut als Bundeskanzler zur Verfügung zu stellen. Einige schwiegen, so auch Ludwig Erhard und Franz

Josef Strauß, der noch in der Wahlnacht erklärt hatte, seine Partei habe sich für Ludwig Erhard als Nachfolger Konrad Adenauers entschieden. Daraufhin trat Heinrich Krone, damals Fraktionsvorsitzender der CDU/CSU des 3. Deutschen Bundestages, vor die im Vorraum wartenden Journalisten und erklärte, das Wichtigste sei, mit den schwierigen außenpolitischen Fragen fertig zu werden. Daher könne man auf das Ansehen und die Erfahrung Konrad Adenauers nicht verzichten. Falls die FDP bei ihrer ablehnenden Haltung gegenüber Adenauer bleibe, seien Besprechungen zwischen der CDU/CSU und den Sozialdemokraten nicht ausgeschlossen. Es war dem „schlauen Fuchs von Rhöndorf", wie Reinhold Maier, der „Alte aus dem Remstal", Konrad Adenauer einmal respektvoll tituliert hatte, glänzend gelungen, in 48 Stunden das publizistische Bonn und seinen eigenen Bundesvorstand so zu überrumpeln, daß man fast schon vor vollendeten Tatsachen stand. Lediglich der Fraktionsvorstand war noch zu überzeugen! Aber auch das gelang Adenauer nach zweistündigen Beratungen am 21. September 1961. Am Ende stand der Beschluß des Bundesvorstandes und des Fraktionsvorstandes, Konrad Adenauer und Franz Josef Strauß mit den Verhandlungen über eine Regierungsbildung zu beauftragen. Robert Strobel, einer der ältesten und erfahrensten Journalisten der Bonner Bühne, stellte darum mit Recht in den „Stuttgarter Nachrichten" vom 10. Oktober 1961 fest:

„Am geschicktesten und voraussichtigsten operierte in der ganzen Koalitionsaffäre, wie so oft, der Kanzler. Gleich am Tage nach der Wahl stellte er sich der Presse. Sein Auftreten bedeutete: Ich bin da! Mit mir hat man zu rechnen! Am nächsten Tag, während die FDP geschlossen und selbstbewußt sich auf ihr ‚Niemals mit Adenauer' festlegte, vergatterte er den Bundesvorstand der CDU, wobei er das Murren einiger Mitglieder überhörte. Es wurde nicht abgestimmt. Genauer: Man stellte fest, man zählte nicht nach! Wieder einen Tag später ließ sich der Bundeskanzler den Beschluß des Bundesvorstandes vom Fraktionsvorstand bestätigen, und dann fand auf den Tag genau eine Woche später jene Fraktionssitzung der CDU/CSU statt, von der mancher vorher angenommen hatte, es könnte in ihr einen Aufstand oder wenigstens eine harte Auseinandersetzung geben. Aber nichts von alledem geschah. Erhard stellte sich hinter den Beschluß des Fraktionsvorstandes, Krone dankte ihm dafür, die ‚Verschwörer' schwiegen, und der Kanzler strahlte wie schon lange nicht."

Am gleichen Dienstag, da der Bundesvorstand der CDU/CSU tagte und sich für Konrad Adenauer entschieden hatte, trat die neugewählte Bundestagsfraktion der FDP mit 67 stimmberechtigten Abgeordneten in Bonn zusammen. Nach einer vierstündigen Aussprache wurden in einer Pressekonferenz die folgenden einstimmig angenommenen Beschlüsse mitgeteilt:

1. Die FDP wird sich bei den kommenden Entscheidungen an ihre Wahlaussagen über ihre Politik halten.
2. Die FDP ist bereit, ein Koalitionsangebot der CDU/CSU auf der Basis einer wirklichen Partnerschaft und nach Erfüllung bestimmter sachlicher und personeller Voraussetzungen anzunehmen.
3. Die FDP hält ihren Standpunkt unverändert aufrecht, daß eine Koalition mit der SPD nicht möglich ist.

Gleichzeitig wurde die unter meinem Vorsitz stehende siebenköpfige Verhandlungskommission bekanntgegeben.

In der Pressekonferenz wurden an mich natürlich Fragen auch zur Person des künftigen Bundeskanzlers gestellt, denen ich zunächst auszuweichen versuchte. Zwar hatte bis zur Stunde, wie eingangs erwähnt, kein Beschluß zur Person des künftigen Bundeskanzlers vorgelegen. Im Raum standen jedoch meine auf Wunsch einiger Landesverbände gemachten Aussagen gegen eine erneute Kanzlerschaft Konrad Adenauers und für einen Kanzler Ludwig Erhard. In der Fraktionssitzung hatte ich daher die Frage gestellt, ob die neue Bundestagsfraktion, die ja den Kanzler zu wählen habe, der gleichen Auffassung sei. Ich hatte diejenigen um ein Handzeichen gebeten, die anderer Auffassung waren. Als sich daraufhin niemand meldete, gab ich zu Protokoll, daß die neue Bundestagsfraktion für eine Kanzlerschaft Ludwig Erhards eintrete und die im Wahlkampf getroffene Feststellung ihres Vorsitzenden bezüglich des notwendigen Kanzlerwechsels teile.

Nach meiner Pressekonferenz schrieb daher „Die Welt" am 19. September 1961:

„Mende machte deutlich, daß die Freien Demokraten unabdingbar am westlichen Bündnis mit allen sich daraus ergebenden Verpflichtungen festhalten. Er vermied jeden direkten Angriff auf Adenauer und schob immer wieder den Christlichen Demokraten die Entscheidung darüber zu, ob es überhaupt zumutbar sei, ihm (Adenauer) die Bürden der Kanzlerschaft angesichts seines Alters noch einmal aufzulasten.

Im Kreuzfeuer sehr konkreter Fragen gab Mende dann zu, daß seine Fraktion definitiv beschlossen hat, nicht in eine Koalition unter der Führung Adenauers einzutreten. Es wird, falls über die Person des Kanzlers keine Einigung erzielt werden sollte, bei der Wahl des Bundeskanzlers, die voraussichtlich am 20. Oktober im Bundestag stattfindet, zwei Wahlgänge geben, die 14 Tage auseinanderliegen.

‚Ich würde es für falsch halten, Adenauer zuzumuten, im ersten Wahlgang zu unterliegen', sagte Mende. Im zweiten Wahlgang könnte Adenauer mit relativer Mehrheit bei Stimmenthaltung der Freien Demokraten gewählt werden. Es würde dann zu einem Minderheitenkabinett Adenauer kommen, dessen Tolerierung durch die Freien Demokraten Mende vor der Wahl als möglich bezeichnet hatte."

Damit war mehr nolens als volens die FDP nunmehr auch als Ganzes gegen Konrad Adenauer und auf Ludwig Erhard festgelegt, was in den kommenden Wochen zu erheblichen Schwierigkeiten und Auseinandersetzungen führen mußte, weil zwei einander ausschließende Beschlüsse durch die Koalitionspartner gefaßt worden waren. Wollte man hier zu einer Lösung kommen und die Gefahr eines Ausspielens der FDP durch die SPD vermeiden, mußte man die Rückfallposition eines Kompromisses ins Auge fassen. Es zeichnete sich jene Lösung ab, die man später in der Sprache der Polit-Magazine als den „Umfall" zu bezeichnen pflegte.

Ohne Zweifel war die vor der Pressekonferenz nunmehr öffentlich erfolgte Festlegung der Gesamtfraktion gegen Konrad Adenauer und für Ludwig Erhard ein taktischer Fehler! Es war jedoch nicht nur der Standpunkt des Parteivorsitzenden, sondern die Gesamthaltung der damaligen FDP, die in dieser Äußerung vor der Pressekonferenz zum Ausdruck kam. Wenn es sich bei dieser Festlegung um eine Fehlbeurteilung der Möglichkeiten Konrad Adenauers und der Kandidatenstärke Ludwig Erhards gehandelt haben sollte, so haben auch maßgebende andere Persönlichkeiten der FDP der gleichen Einschätzung unterlegen. Wolfgang Mischnick beispielsweise erklärte am 20. September 1961 im Norddeutschen Rundfunk:

„Wir haben keinen Zweifel in diesem Wahlkampf darüber gelassen, daß wir uns einen anderen Bundeskanzler als Dr. Adenauer vorstellen. Wir finden in diesem Wahlergebnis eine Bestätigung unserer Auffassungen [...] Deshalb wird die Forderung von uns – wir sind bereit zu einer Koalition mit der CDU/CSU, aber nicht unter dem derzeitigen Bundeskanzler – eine Forderung sein, von der wir nichts abstreichen [...] Wir wollen auf keinen Fall der CDU/CSU vorschreiben, wen sie vorschlägt. Wir haben immer zu erkennen gegeben [...], daß wir bereit sind, Ludwig Erhard unsere Stimme zu geben. Sollte die CDU/CSU zu anderen Vorschlägen kommen, sind wir selbstverständlich gerne bereit, über diese auch zu beraten [...] Es bleibt der CDU/CSU überlassen, einen anderen Vorschlag zu machen, aber es ist kein Geheimnis, daß der Vorschlag Ludwig Erhard am ehesten auf volle Resonanz stoßen würde."

Thomas Dehler seinerseits erklärte im Hessischen Rundfunk am gleichen Tage, mehr als vier Millionen Wähler hätten der FDP ihre Stimme gegeben mit der Auflage, keine Koalition unter Adenauer einzugehen. Darum sähe die FDP nach wie vor in Ludwig Erhard und Eugen Gerstenmaier geeignete Persönlichkeiten als Chef einer Koalitionsregierung.

Am Donnerstag, dem 21. September 1961, suchte ich zusammen mit Thomas Dehler Ludwig Erhard in seiner Wohnung auf dem Bonner Venusberg auf. In einem zweistündigen Gespräch wurde die Frage erörtert, wie man nunmehr aus den beiderseitigen Festlegungen der potentiellen Koalitionspartner für Adenauer und Erhard herauskommen könne, und ob es für die FDP noch möglich sei, mit einer Kandidatur Ludwig Erhards zu rechnen. Der amtierende Vizekanzler und Bundeswirtschaftsminister erklärte sich daraufhin auch weiter bereit, als Kandidat für das Kanzleramt zur Verfügung zu stehen.

Am Freitag, dem 22. September 1961, suchte ich den Bundespräsidenten Heinrich Lübke auf und führte in Gegenwart des Chefs des Bundespräsidialamtes, Staatssekretär Baron von Herwarth, mit ihm ein eineinhalbstündiges Gespräch über die Kandidatenfrage. Ich übergab dem Bundespräsidenten jenen Protokollauszug, aus dem hervorging, daß sich in der Sitzung der neuen Bundestagsfraktion am Dienstag, dem 19. September 1961, alle anwesenden Mitglieder für eine Kandidatur Ludwig Erhards ausgesprochen hätten und die FDP Ludwig Erhard als Kanzlerkandidaten vorschlagen werde, wenn es zu einem zweiten oder dritten Wahlgang im Bundestag käme.

Der Bundespräsident verwies auf das ihm nach dem Grundgesetz zustehende Recht, für den ersten Wahlgang den Kanzlerkandidaten vorzuschlagen. Er könne schlecht einen Kandidaten vorschlagen, der im ersten Wahlgang unterliege. Er befinde sich daher in einer großen Schwierigkeit, falls die FDP nicht bereit sei, Konrad Adenauer zu wählen, nachdem die CDU/CSU-Fraktion sich für Konrad Adenauer als Kanzlerkandidaten ausgesprochen habe.

Bundespräsident Heinrich Lübke stellte die Frage, ob ein Ausweg aus dieser Situation nicht in einem Allparteienkabinett zu finden sei. Man spürte seine auch später zutage tretende Neigung, die SPD-Opposition in die Regierungsverantwortung zu bringen.

Ich entgegnete, daß die Allparteienregierung eine letzte, für einen nationalen Notstand und ähnliche Krisensituationen zu reservierende nationale Konzentration aller demokratischen Kräfte sein müsse. Diese Lage sei gegenwärtig nicht gegeben. Man solle das nationale Gemeinschaftsinstrument einer Allparteienkoalition nicht ohne Not und nicht zu früh einsetzen, damit es sich nicht zur Unzeit verschleiße. Der Bundespräsident bat, ihn über den Fortgang der Beratungen der FDP auf dem laufenden zu halten.

Am Mittag des gleichen Tages traf ich im Bundeshaus mit dem Vertrauten und Freund Konrad Adenauers, Robert Pferdmenges, zusammen. In diesem Gespräch unter vier Augen betonte Pferdmenges die Notwendigkeit, Konrad Adenauer unbedingt noch im Amt des Bundeskanzlers zu belassen. Die außenpolitischen Schwierigkeiten hätten sowohl beim Präsidenten der USA als auch beim Oberkommando der NATO den Wunsch nach einer weiteren Kanzlerschaft Adenauers laut werden lassen, damit dessen Autorität in seinem eigenen Land und seine internationale Geltung mit in die Waagschale der kommenden Ost-West-Auseinandersetzungen gelegt werden könnten. Pferdmenges verwies darauf, mit welchem Respekt Bulganin und Chruschtschow Adenauer in Moskau 1955 begegnet wären, und wie auch heute noch zwischen Adenauer und Chruschtschow häufiger Briefwechsel und ein Austausch von Geschenken stattfinde.

In der Tat, Konrad Adenauer versäumte nie, Botschafter Andrej Smirnow jeweils besondere Grüße und Geschenke für Ministerpräsident und Parteichef Chruschtschow nach Moskau mitzugeben. Auch ich wußte aus vielen Gesprächen mit Botschafter Smirnow, daß sich Konrad Adenauer der persönlichen, außerordentlichen Wertschätzung und großen Respektes bei den maßgeblichen Herren des Kreml erfreute.

Robert Pferdmenges deutete in diesem Gespräch auch an, daß Konrad Adenauer nicht mehr gewillt sei, den Wahlkampf 1965 zu führen, sondern so rechtzeitig sein Amt zur Verfügung stellen werde, daß ein neuer Bundeskanzler den Wahlkampf 1965 erfolgreich bestehen könnte. Auf einen Namen wollte sich Pferdmenges verständlicherweise nicht festlegen. Wir schieden in dem beiderseitigen Wunsch, eine Lösung zu finden, die der Sache gerecht würde und persönliche Empfindlichkeiten ausschließen müsse.

Wo auch immer ich im kleinen Kreis mit Vertretern der CDU zusammenkam, waren die Stimmen für Ludwig Erhard zahlreicher als für Konrad Adenauer. Am Sonntag, dem 24. September 1961, beschworen mich in Hamburg maßgebliche Vertreter der CDU, der Hamburger Wirtschaft und der Hamburger Publizistik an Ludwig Erhard festzuhalten. Nicht anders erging es mir bei Zusammenkünften in Baden-Württemberg und in Nordrhein-Westfalen.

Hier hatte Hugo Stinnes für Mittwoch, den 27. September 1961, in sein Haus in Mülheim/Ruhr Willy Brandt und mich zu einem vertraulichen Gespräch eingeladen. Auch Hugo Stinnes plädierte für Ludwig Erhard als neuen Bundeskanzler und versäumte nicht, auf die Gegnerschaft seiner Familie aus der

Zeit des Ruhrkampfes gegen Konrad Adenauer hinzuweisen. Ein tiefes Ressentiment gegen Adenauer wurde erkennbar.

Willy Brandt erläuterte noch einmal die Notwendigkeit einer Allparteienregierung, da die Ereignisse in Berlin nur den Anfang einer Kette von Schwierigkeiten darstellten, denen man jetzt begegnen müsse. Auf meine konkrete Frage, ob eine Allparteienregierung auch Konrad Adenauer als Bundeskanzler einschließe, wich Brandt zunächst aus, erklärte jedoch dann, er sei sich mit Herbert Wehner darüber einig, daß die Personenfrage nicht entscheidend sei, und es vielleicht ein Fehler der FDP sei, die Personenfrage so sehr in den Vordergrund zu stellen.

Ich entgegnete ihm, daß ohne diese Taktik in der letzten Wahlwoche und ohne die Ereignisse um die Berliner Mauer, die CDU/CSU mit Sicherheit die absolute Mehrheit wieder erreicht hätte; denn immerhin fehlten ihr nur sieben Mandate. Es sei sehr schwer, das eine gegen das andere abzuwägen. Für meine Auffassung spräche immerhin die letzte Umfrage des Emnid-Instituts durch das Bundespresseamt, in der 70% sich für Ludwig Erhard und nur 16% für Konrad Adenauer als Kanzler ausgesprochen hätten. Ich gab Brandt erneut zu verstehen, daß eine Koalition zwischen SPD und FDP aus vielerlei Gründen nicht möglich sei. Insbesondere auch wegen der unterschiedlichen Vorstellungen in der Wirtschafts- und Gesellschaftspolitik, die zwar seitens der SPD durch das „Godesberger Programm" modifiziert worden wären, die Glaubwürdigkeit der marktwirtschaftlichen Vorstellungen müsse durch die SPD in der Praxis jedoch erst erhärtet werden. Wir trennten uns mit der Feststellung, daß die SPD eine Allparteienregierung unter Konrad Adenauer nicht ausschließe, die FDP wiederum eine Allparteienregierung zum gegenwärtigen Zeitpunkt ablehne und an ihrem Willen, den Kanzlerwechsel herbeizuführen, festhalten müsse.

Das Gespräch mit Brandt beunruhigte mich, denn es zeigte, daß Überraschungen durch neue Schachzüge Konrad Adenauers nicht mehr auszuschließen waren. Immerhin hatte Adenauer am Montag, dem 25. September 1961, Ollenhauer, Erler und Wehner zu sich gebeten, um über die allgemeine Lage zu beraten. Die Initiative zu diesem Gespräch war zwar durch ein Schreiben des SPD-Vorstandes zu einer „nationalen Bestandsaufnahme" an alle Parteien und Fraktionen des Deutschen Bundestages ausgegangen. Jedoch mußte die Schnelligkeit, mit der Adenauer diese Initiative aufnahm und die Herren Ollenhauer, Erler und Wehner im Kanzleramt empfing, Mißtrauen erregen.

Die Unruhe in den Landesverbänden der FDP war begreiflich, da in den Koalitionen einiger Bundesländer CDU und FDP als Partner zusammenarbeiteten und die CDU-Minister ihren FDP-Kollegen die Möglichkeit offenbarten, daß an ihrer Stelle die SPD auch in Länderkoalitionen eintreten könnten, wenn es in Bonn zu einer CDU/CSU-SPD-Koalition oder zu einer Allparteienregierung käme.

Um mir Gewißheit zu verschaffen, wie ernst es in der CDU/CSU mit der Ablehnung einer Allparteienregierung sei, suchte ich am Donnerstag, dem 28. September 1961, Bundestagspräsident Eugen Gerstenmaier in seinem Amtssitz auf. Das Gespräch vermittelte mir den Eindruck, daß Dr. Eugen Gerstenmaier – wie er schon in der Wahlnacht im Fernsehen erklärt hatte – sich eine neue Regierung auch ohne Konrad Adenauer vorstellen konnte. Eine Allparteienregierung schloß Gerstenmaier nicht aus, ebensowenig den Gedanken, selbst als Kanzlerkandidat einer Allparteienregierung aufzutreten.

Auf einer Fahrt in den Landkreis Cochem/Mosel, wo am Sonntag, dem 1. Oktober 1961, eine Nachwahl stattfinden sollte, hatte ich Gelegenheit, über die Frage einer Übergangslösung nachzudenken, um die Gefahr einer Allparteienregierung zur Unzeit oder gar einer großen Koalition mit allen sich daraus für die FDP ergebenden Gefahren nachzudenken.

In einer öffentlichen Versammlung in Simmern/Hunsrück, am Abend des 29. September 1961, erklärte ich dann, „die FDP wird vielleicht prüfen müssen, Adenauer für eine Übergangszeit ihr Vertrauen zu geben". Damit sollte eine Kompromißbereitschaft angedeutet werden, um zum gegebenen Zeitpunkt die Gefahr einer Allparteienregierung oder das Ausmanövrieren der FDP durch eine große Koalition aus CDU/CSU und SPD zu vermeiden, wie sie im Herbst 1966 bekanntlich zustande kam. Sie war nach meiner Überzeugung auch 1961 keinesfalls eine Utopie, wie manche zu diesem Zeitpunkt glauben machen wollten. Eine große Koalition gegen die FDP mußte der Alptraum der FDP bleiben, mit allen sich aus einer Wahlgesetzänderung für die FDP ergebenden Folgen. Darum schien mir in meinen Überlegungen ein eines Tages für mich persönlich höchst problematischer „Umfall" immer noch besser, als der „Ausfall" jener dritten Partei, für die ich damals als Vorsitzender die Verantwortung trug. Zudem hatten vertrauliche außenpolitische Informationen über das Spannungsverhältnis zwischen Washington und Moskau bereits die Umrisse der später eingetretenen Kubakrise erkennen lassen, die zweifelsohne in einer neuen Berlinkrise ihre Kehrseite haben mußte.

Im übrigen war die Nachwahl im Landkreis Cochem für die FDP durchaus erfolgreich. Sie gewann ein weiteres Mandat hinzu, so daß sie zusammen mit den Berliner Abgeordneten ihre Zahl auf 68 Abgeordnete erhöhte. Ein bisher unerreichtes Ergebnis!

Noch vor diesen Erklärungen in Simmern und der Bekanntgabe des Wahlergebnisses im Kreis Cochem, war am Donnerstag, dem 28. September 1961, eine Einladung Adenauers zu einem ersten Koalitionsgespräch für Montag, den 2. Oktober 1961, in das Kanzleramt erfolgt. An diesem ersten Gespräch nahmen die Parteivorsitzenden von CDU und CSU, Konrad Adenauer und Franz Josef Strauß, von der FDP ihr Vorsitzender und sein Stellvertreter Willi Weyer teil. Diese erste Begegnung nach der Wahl war nach dem, was zur Kanzlerfrage bisher gesagt und geschrieben wurde, für die Vertreter der FDP nicht ohne Schwierigkeiten. Doch auch hier überspielte Konrad Adenauer mit der ihm eigenen Art die persönlichen Spannungen, indem er sich als liebenswürdiger und charmanter Gastgeber zunächst nach den Wünschen der Anwesenden erkundigte. Obwohl jedermann wußte, daß Adenauer es mißbilligte, wenn in seiner Gegenwart geraucht wurde, bot er Willi Weyer eine Zigarrenkiste Marke „Schwarze Weisheit" an und ermunterte ihn, von dieser gebührenden Gebrauch zu machen. Worauf Willi Weyer entgegnete, Adenauer möge diese Marke auch einmal Thomas Dehler anbieten, der grundsätzlich nur schwarze Zigarren rauche, „weil man die Schwarzen verbrennen müsse", wie Dehler zu sagen pflegte.

„Wie geht es eigentlich Herrn Dehler?“ erkundigte sich Adenauer, wohl wissend, daß Thomas Dehler einer der entschiedensten Gegner einer Kanzlerschaft Adenauers war. So bewegte sich das Gespräch zunächst um persönliche Dinge, bis Adenauer zur Sache kam.

„Meine Herren, ich weiß, daß Sie andere personelle Vorstellungen in Ihrer Partei von der Führung der nächsten Bundesregierung haben als meine Partei und ich. Sie haben einen großen Wahlerfolg erreicht, aber ebensowenig die absolute Mehrheit wie ich mit meiner Partei. Sie müssen immer noch berücksichtigen, daß die Fraktion der CDU/CSU fast viermal so groß ist wie Ihre eigene! Darum müssen wir einen Weg finden, unsere wechselseitigen Vorstellungen auf eine Linie zu bringen, von der aus eine Zusammenarbeit in einer Koalition möglich ist. Sie wissen, daß wir schon einmal sieben Jahre gut zusammengearbeitet haben. Wir müssen wieder zu einer ebenso erfreulichen Partnerschaft kommen, wie das im ersten Bundestag der Fall war. Darum wollen wir zunächst die sachlichen Fragen einer Koalition erörtern, und erst dann zum Schluß über personelle Fragen entscheiden. Denn wenn wir in der Sache nicht einig werden, brauchen wir über personelle Fragen ohnehin nicht zu streiten und können uns dieses leidige Kapitel ersparen.“

Das war ein überzeugendes Argument, dem Willi Weyer und ich zustimmten, wenn wir auch nicht verkannten, daß damit die Schwierigkeiten der Regierungsbildung nicht aufgehoben, sondern lediglich aufgeschoben wurden.

Daß es Adenauer im wesentlichen um eine außenpolitische Übereinstimmung ging, bewies die Fortsetzung des Gespräches. Adenauer erinnerte an den Deutschland-Plan der FDP von 1959, an die Gedankengänge über atomwaffenfreie Zonen und warf der FDP vor, daß sie sich bei der Abstimmung über das Wehrpflichtgesetz der Stimme enthalten habe. Auch das Verhalten der FDP in der Debatte über die atomare Bewaffnung der Bundeswehr, bei der die FDP taktische Atomwaffen unter ausschließlicher Verantwortung der Bundeswehr abgelehnt hatte, spielte eine große Rolle.

Hier griff Franz Josef Strauß in seiner Eigenschaft als Verteidigungsminister ein und entschärfte die Vorwürfe Adenauers mit dem Hinweis, daß Atomsprengköpfe in ausschließlicher Verantwortung der Bundeswehr nie zur Diskussion gestanden hätten, sondern lediglich die Ausstattung der Bundeswehr mit Trägerraketen, während die atomaren Sprengköpfe gestern wie heute und morgen unter der ausschließlichen Verantwortung amerikanischer Stellen im Gebiet der Bundesrepublik Deutschland gelagert würden. Den Schlüssel zum Einsatz taktischer Atomwaffen habe ausschließlich der Präsident der Vereinigten Staaten. Daher sei eine Auseinandersetzung über diese Frage gegenstandslos geworden.

Die Stimmenthaltung beim Wehrpflichtgesetz konnte ich damit begründen, daß die damalige FDP eine andere Verteidigungskonzeption gehabt habe, indem sie beim Aufbau der Bundeswehr zunächst Berufssoldaten und längerdienenden Freiwilligen, ergänzt durch ein Milizsystem, den Vorzug gegeben hätte.

Am Ende des zweieinhalbstündigen Gesprächs wurde vereinbart, die außen- und sicherheitspolitischen Fragen jeweils durch die Koalitionspartner erarbeiten zu lassen und dann zu vergleichen. Am Ende der von beiden außenpolitischen Arbeitskreisen, unter Mitwirkung des Außenministers von Brentano,

erfolgten Verhandlungen, stand im späteren Koalitionsabkommen folgendes: „Außenpolitik, Deutschlandpolitik und Sicherheitspolitik
Oberste Ziele der Politik der Bundesregierung sind:
1. Die Erhaltung des Friedens;
2. die Erfüllung des Verfassungsauftrages des Grundgesetzes, die deutsche Einheit in gesicherter Freiheit zu vollenden;
3. die Festigung der Bindung der Bundesrepublik Deutschland an den Westen.
Das NATO-Bündnis muß gestärkt werden durch
a) verstärkte politische Zusammenarbeit (Konsultation) und durch verstärkte militärische Zusammenarbeit (Integration), vor allem durch weitere Eingliederung der Bundeswehr in die Kommandostruktur der NATO.
b) Erhöhung der Verteidigungsanstrengungen aller NATO-Mitgliedstaaten. Die Leistungsfähigkeit der einzelnen Mitgliedstaaten ist durch einen Vergleich vergleichbarer Länder zu ermitteln. Die Bundesrepublik Deutschland wird ihre Verteidigungsanstrengungen vor allem durch Einführung einer allgemeinen Verteidigungspflicht auf militärischem und zivilem Gebiet und Verlängerung der Wehrdienstzeit auf 18 Monate erhöhen.
c) Die waffentechnische Integrierung der NATO-Streitkräfte. Dazu gehört auch die Ausrüstung der Streitkräfte aller NATO-Partner mit allen modernen Waffen einschließlich der modernen Trägerwaffen. In der Frage der Verfügungsgewalt über die Atomsprengköpfe ist eine Regelung anzustreben, nach der ein Mitbestimmungsrecht der europäischen Partner im Rahmen einer zu erwartenden NATO-Formel festgelegt wird. Das gleiche gilt für den Einsatz von NATO-Sondertruppen mit besonderer Ausrüstung.
d) Finanzielle Aufwendungen für die Landesverteidigung im Jahre 1962 in Höhe von 13,5 Milliarden DM zuzüglich der Ausgaben, die im Zuge der Contingency planning erforderlich werden, in den darauffolgenden Jahren Aufwendungen im Rahmen der nach b) ermittelten Leistungsfähigkeit der Bundesrepublik Deutschland.
e) Unterstützung der vorbereitenden militärischen Maßnahmen der Alliierten auf deutschem Boden.
f) Inanspruchnahme der gesetzlichen Möglichkeiten für die vorrangige Durchführung von lebenswichtigen Bauvorhaben und Produktionsprogrammen für die Landesverteidigung, wenn diese auf andere Weise nicht zeitgerecht durchgeführt werden können.
g) Verabschiedung einer deutschen Notstandsgesetzgebung.
h) Weiteren Ausbau der Organisation für technische Nothilfe und zivilen Bevölkerungsschutz einschließlich eines funktionsfähigen Warnsystems.
Die Herstellung eines das ganze Europa umfassenden wirtschaftlichen Zusammenschlusses muß weiter gefördert werden, wie das schon von dem Deutschen Bundestag am 5. Juli 1957 durch eine einmütig angenommene Entschließung zum Ausdruck gebracht worden ist. Die Mitgliedstaaten der EWG müssen die Herstellung der wirtschaftlichen Einheit des freien Teils Europas durch ihre Haltung gegenüber eintretenden Staaten, vor allem Großbritannien, fördern. Jede Verstärkung der politischen Zusammenarbeit der Mitgliedstaaten des wirtschaftlichen Zusammenschlusses ist zu unterstützen. Entsprechend den gegenwärtigen Gegebenheiten ist eine engere politische Zusammenarbeit

unter weitgehender Wahrung der Souveränität jedes einzelnen Partnerstaates auf der Grundlage des französischen Vorschlages anzustreben.
Die in dem Vertrag über die Europäische Wirtschaftsgemeinschaft liegenden Möglichkeiten sind zu nutzen, um allen Teilen der deutschen Wirtschaft, vor allem der deutschen Landwirtschaft, den Eintritt in den Europäischen Markt zu erleichtern.
In Übereinstimmung mit dem Grundgesetz und den von der Bundesrepublik Deutschland geschlossenen Verträgen, insbesondere dem Deutschland-Vertrag, ist die deutsche Einheit unverrückbares Ziel deutscher Politik. Art. 7 des Deutschland-Vertrages, in dem die USA, Großbritannien und Frankreich die Wiederherstellung der deutschen Einheit als Ziel der gemeinsamen Politik bezeichnet haben, ist die wichtigste Grundlage für die deutsche Hoffnung auf Wiedervereinigung. Das Grundgesetz und Art. 7 des Deutschland-Vertrages lassen nicht zu:
a) eine Minderung des Bestands an deutscher Einheit durch Lösung oder Lockerung der Bindungen Berlins an die Bundesrepublik;
b) eine Minderung des Bestands an deutscher Einheit durch eine irgendwie geartete Anerkennung eines deutschen Teilstaates auf dem Gebiet der sowjetischen Besatzungszone, das gilt nicht für technische Kontakte mit den Organen der SBZ, die von beiden Seiten durch besondere Beauftragte wahrgenommen werden;
c) eine Minderung des Bestands an deutscher Einheit durch eine direkte oder indirekte Sanktionierung der Unrechtsmaßnahmen vom 13. August 1961 oder durch einen Ersatz dieser Maßnahmen durch Anerkennung der Kontrolle des zivilen Luftverkehrs von und nach Berlin durch die Sowjetunion oder die Behörden der SBZ;
d) eine Regelung der Grenzfrage vor Abschluß eines Friedensvertrages für ganz Deutschland.
Die neue Bundesregierung muß versuchen, die Initiative für die Deutschlandpolitik für sich und den Westen zu gewinnen. Sie muß die Lösung der Deutschland- und Berlin-Frage durch Friedensverhandlungen für ganz Deutschland anstreben.
Über das Verfahren zu einem Friedensvertrag mit Deutschland ist eine Einigung zwischen den Westmächten und Sowjetrußland herbeizuführen. Diese Einigung muß auch die Zustimmung der Bundesregierung finden.
Die Friedensverhandlungen selbst müssen Klarheit schaffen über den militärischen und politischen Status des zukünftigen Gesamtdeutschland.
Es ist selbstverständlich, daß ein Friedensvertrag die definitive Bereinigung der materiellen und rechtlichen Fragen bringen muß, die sich aus dem Zweiten Weltkrieg ergeben.
Es ist unerläßlich, daß dem ganzen deutschen Volk die Möglichkeit verbürgt wird, Gebrauch zu machen ‚von dem Grundsatz der gleichen Rechte und der Selbstbestimmung der Völker', wie er verankert ist in dem Art. 1 der Charta der Vereinten Nationen.
Die Koalitionspartner versuchen, für diese Deutschlandpolitik die Unterstützung der parlamentarischen Opposition zu gewinnen."
Weniger schwierig waren die Verhandlungen für die Wirtschafts-, Finanz-

und Gesellschaftspolitik. Hier hatte schon im 1. und 2. Bundestag weitgehende Übereinstimmung zwischen den damaligen Koalitionspartnern geherrscht. Die FDP nahm lediglich Anstoß an einigen im 3. Bundestag verabschiedeten Gesetzen zum Jugendschutz und zum Eherecht. Da hierzu Verfassungsklagen seitens einiger Bundesländer in Karlsruhe anhängig waren, konnten auch diese Fragen entschärft werden.

Zu Fragen der Innenpolitik erarbeitete in den nächsten zwei Wochen die Verhandlungskommission folgende Fassung:

„Eine Notstandsgesetzgebung ist unverzüglich in Angriff zu nehmen. Sie muß die Voraussetzungen dafür schaffen, daß wirksame Maßnahmen getroffen werden können, daß über diese Maßnahmen schnell entschieden werden kann und daß diese Entscheidungen in einem einfachen Verfahren ergehen können. Grundentscheidungen des Grundgesetzes, insbesondere der Grundsatz der Gewaltenteilung, die Rechtsstaatlichkeit und das föderative System, müssen in ihrem Kernbereich gewahrt werden.

In Ausführung von Art. 21 des Grundgesetzes muß der Entwurf eines Parteiengesetzes vorgelegt werden. Dieser Gesetzentwurf muß die Rechte und Pflichten der politischen Parteien als wesentlicher Träger der politischen Willensbildung im demokratischen Staat festlegen.

Die Unabhängigkeit der Parteien und die Erfüllung ihres politischen Bildungsauftrages sind durch die Gewährung von ausreichenden Bildungsmitteln sicherzustellen. Bei der Verteilung der Bildungsmittel sind zu berücksichtigen

a) die einheitlichen Grundaufgaben aller im Deutschen Bundestag vertretenen Parteien durch Gewährung eines Sockelbetrages,

b) das Stärkeverhältnis der im Deutschen Bundestag vertretenen Parteien durch Gewährung entsprechender Zuschläge.

Über die Verwendung der Mittel für die Öffentlichkeitsarbeit der Bundesregierung entscheidet der Bundeskanzler im Einvernehmen mit einem Kabinettsmitglied, das der FDP angehört und von diesem benannt ist."

Zur Wirtschafts-, Finanz- und Steuerpolitik wurde vermerkt:

„Konsequente Fortführung der Sozialen Marktwirtschaft, auch in der EWG und in anderen europäischen Zusammenschlüssen.

Aufrechterhaltung der Kaufkraft der Währung. Das sollte vor allem geschehen durch

a) eine verstärkte Koordinierung der Konjunkturpolitik, unter Umständen durch Einsatz einer unabhängigen Kommission,

b) keine Ausdehnung des Staatshaushaltes, wenn nicht unabweisbare Gründe vorliegen,

c) Anpassung der Wachstumsraten der Steuereinnahmen an die Steigerung des Sozialprodukts,

d) Finanzierung des außerordentlichen Haushalts durch Kapitalmarktmittel. Rückgriff auf Mittel des ordentlichen Haushalts erst wenn der Kapitalmarkt erschöpft ist.

Keine Steuererhöhungen! Wenn die Haushaltslage eine Steuersenkung zuläßt, so ist in erster Linie eine Senkung der Einkommensteuer, Lohnsteuer und Körperschaftssteuer für die mittleren Einkommen und Erträge vorzusehen.

Sofortige Inangriffnahme der Finanzreform! Dabei besondere Berücksichtigung der Gemeindefinanzen, vor allem aber Überprüfung der Gemeindesteuern, das auch im Hinblick auf die Novelle zum Jugendwohlfahrtsgesetz und zum Bundessozialhilfegesetz.

Sofortige Inangriffnahme der Umsatzsteuerreform mit dem Ziel der Einführung einer wettbewerbsneutralen Umsatzsteuer.

Einsatz einer unabhängigen Kommission zur Überprüfung aller der Konzentration förderlichen und der mittelständischen Wirtschaft nachteiligen gesetzlichen Bestimmungen (parallel zur Enquete-Kommission).

Fortsetzung der Privatisierung des Erwerbsvermögens der öffentlichen Hand.

Verhinderung neuer Vermögensbildung in der öffentlichen Hand.

Schrittweise Überführung der Wohnungswirtschaft in die Soziale Marktwirtschaft:

a) Altbauwohnungen
b) freie Neubauwohnungen
c) Wohnungen im sozialen Wohnungsbau.

Teilweise Privatisierung des nach dem Kriege mit öffentlichen Mitteln in der Hand von Wohnungsbaugesellschaften entstandenen Wohnungseigentums im Rahmen der Eigentumsgarantie des Grundgesetzes.

Durchführung der Aktienrechtsreform."

Zur Verkehrspolitik und anderen Gebieten hieß es:

„Bereitstellung erheblicher zusätzlicher Mittel für den Straßenbau mit dem Ziel der Schaffung eines leistungsfähigen Gesamtstraßennetzes und der Entlastung der kommunalen Baulastträger.

Herstellung gleicher Wettbewerbsbedingungen privater und staatlicher Verkehrsträger.

Überprüfung und Koordinierung der Zuständigkeiten auf den Gebieten über ausländischen Verkehrsträgern.

Ausbau des Binnenwasserstraßennetzes vor allem durch den Bau einer Nord-Süd-Verbindung von der Elbe zum Mittelland-Kanal.

Überprüfung und Koordinierung der Zuständigkeiten auf den Gebieten Energiepolitik (langfristige Planung)

Entwicklungshilfe

Gesunde Luft

Reines Wasser

Lärmbekämpfung."

Zur Agrarpolitik stellten die Koalitionspartner fest:

„Die wirtschaftliche und soziale Lage der landwirtschaftlichen Betriebe und der bäuerlichen Bevölkerung wird durch eine neue berichtigte Bestandsaufnahme dargestellt.

Das Landwirtschaftsgesetz ist im Hinblick auf die Verpflichtungen der Bundesrepublik aus dem EWG-Vertrag so zu ergänzen, daß der ordnungsgemäß geführte Betrieb die Kostendeckung erzielen kann. Weitere Entscheidungen über die gemeinsame Agrarpolitik in der Europäischen Wirtschaftsgemeinschaft müssen die Notwendigkeit berücksichtigen, daß ein gemeinsamer europäischer Agrarmarkt unter Einschluß Englands und anderer eintretender Staaten gebildet werden kann."

In der Sozialpolitik wurde vereinbart:

„Die Bundesregierung wird im Jahre 1961 den Entwurf eines Gesetzes zur Vereinheitlichung des Kindergeldrechts vorlegen. Dieser Gesetzentwurf wird die Aufbringung der Mittel für das Kindergeld für dritte und weitere Kinder aus Haushaltsmitteln vorsehen.

Die Bundesregierung wird den Entwurf eines Gesetzes zur Reform der Unfallversicherung so schnell wie möglich vorlegen. Der Gesetzentwurf wird eine Regelung für die Aufbringung der Mittel für die sogenannten Fremdlasten (Leistungen an Vertriebene, Flüchtlinge usw.) vorsehen.

Die Bundesregierung wird den Entwurf eines Gesetzes zur Reform der Krankenversicherung vorlegen. Die Krankenversicherungsreform muß zu einer Stärkung der Selbstverantwortung führen.

Der Reformentwurf wird für die Fragen der Kostenbeteiligung gegenüber dem in der 3. Legislaturperiode des Deutschen Bundestages vorgelegten Regierungsentwurf neue Vorstellungen enthalten. Im Rahmen des Reformwerks sind die Mängel des geltenden Lohnfortzahlungsrechts zu beseitigen.

Im Rahmen der Sozialreform werden im Zusammenhang mit der gesetzlichen Rentenversicherung auch die Möglichkeiten der Alterssicherung der freien Berufe und anderer Selbständiger geprüft.

Die Bundesregierung wird im Jahre 1962 den Entwurf eines Gesetzes zur Aufwertung der privaten Kapital- und Rentenversicherungen vorlegen. Die Abwicklung des Gesetzes kann sich über mehrere Jahre erstrecken. Sie richtet sich nach den erforderlichen Mitteln und der Finanzlage des Bundes.

Die Bundesregierung wird sich bemühen, auf allen Gebieten der Kriegsfolgegesetzgebung in der 4. Legislaturperiode des Deutschen Bundestages zu einer Schlußgesetzgebung zu kommen. Hierzu gehört vordringlich das Schlußgesetz zu Art. 131 des Grundgesetzes.

In der Lastenausgleichsgesetzgebung sind die Voraussetzungen für eine beschleunigte Auszahlung der Hauptentschädigungen zu schaffen.

Die Bundesregierung wird einen Gesetzentwurf vorlegen, durch den die Gleichstellung der Sowjetzonenflüchtlinge mit den Heimatvertriebenen auf allen sozialen Gebieten erreicht wird.

Die Bundesregierung wird außerdem einen Gesetzentwurf zur Beweissicherung oder zur Feststellung von in der sowjetischen Besatzungszone und dem Sowjetsektor von Berlin erlittenen Schäden vorlegen.

Ein Jahr nach Inkrafttreten des Jugendarbeitsschutzgesetzes wird die Bundesregierung durch einen interministeriellen Ausschuß die Auswirkungen des Jugendarbeitsschutzgesetzes auf Jugendliche und Arbeitgeber überprüfen.

Das Gebot der Sonntagsheiligung wird bejaht. Die Einschränkung der Sonntagsarbeit wird grundsätzlich geprüft. Einzelmaßnahmen werden bis zum Abschluß dieser Prüfung nur auf Koalitionsbeschluß getroffen.

Die Auswirkungen des Gesetzes über die Vermögensbildung der Arbeitnehmer werden nach zweijähriger Geltungsdauer des Gesetzes überprüft."

Schließlich kam es zu einer förmlichen Koalitionsvereinbarung, in der die formelle Zusammenarbeit festgelegt und ein Koalitionsausschuß eingesetzt wurde. Dieser Koalitionsausschuß hat in der Öffentlichkeit, insbesondere unter den Staatsrechtlern, viel Kritik hervorgerufen. Er war jedoch nie als eine Institution außerhalb des Grundgesetzes gedacht, sondern war lediglich eine selbstverständliche Organisationsform ständiger Koordinierung der politisch-parlamentarischen Zusammenarbeit. Das ergab sich schon daraus, daß er jeden Montag zusammentreten sollte, um jeweils das Wochenprogramm zu besprechen, wie es heute ebenso üblich ist und von keinem mehr beanstandet wird, damals aber die Gemüter so sehr erregte, daß man oft den Eindruck hatte, hinter fachlicher Kritik verberge sich mehr die Ablehnung dieser Koalition. Überhaupt wurde von Woche zu Woche die öffentliche Meinung immer kritischer und die Darstellungen der deutschen Publizistik immer aggressiver gegen die Art und Dauer der Koalitionsverhandlungen.

Ohne Zweifel ergaben sich viele Schwierigkeiten nicht nur aus der noch ungelösten Personenfrage, sondern auch aus den grundsätzlichen Vorstellungen der Parteien und Fraktionen des Bundestages zu der Frage nach der besten Regierungskoalition. Die SPD taktierte zurückhaltend und empfahl sich durch das Eintreten für eine Allparteienregierung nicht nur als staatspolitisch verantwortungsbewußte große Partei. Für manche in der CDU/CSU war die SPD auch eine Hoffnung, mit Hilfe einer großen Koalition den leidigen Liberalen über ein Wahlgesetz den politischen Garaus zu machen. Verbindungen zwischen CDU- und SPD-Abgeordneten, auch von maßgebenden Spitzenfunktionären, sorgten ihrerseits für ein Mißtrauen bei der FDP. Denn auch in der FDP gab es nicht wenige, die innerlich eher einer Koalition mit der SPD zuneigten als mit der CDU Konrad Adenauers und der CSU von Franz Josef Strauß. Zumindest aber hielten einige Abgeordnete der FDP es für besser, eine Koalition aus CDU/CSU und SPD zu wünschen, um damit einer oppositionellen FDP die große Chance zu geben, sich zu einer „Partei der 20%" zu entwickeln. Daß solche Gedankengänge mehr utopisch als wirklichkeitsnah waren, hat die Entwicklung am Ende der sechziger Jahre bewiesen, als die FDP als Opposition zur großen Koalition zur Bedeutungslosigkeit verurteilt zu sein schien und unter ihrem neuen Parteivorsitzenden 1969 gerade 5,8% mühsam erreichen konnte.

Am Dienstag, dem 17. Oktober 1961, trat der 4. Deutsche Bundestag zusammen. Vor der Fraktion der CDU/CSU erklärte vorher der amtierende Bundeskanzler Konrad Adenauer, er wolle nicht mehr für die ganze Dauer der Legislaturperiode das Amt des Bundeskanzlers bekleiden, sondern so rechtzeitig sein Amt niederlegen, daß der Nachfolger in diesem Amt sich für den Wahlkampf 1965 einarbeiten könne. In mündlichen Erklärungen, die sowohl Konrad Adenauer wie Heinrich Krone abgaben, war der ins Auge gefaßte Zeitpunkt die Mitte der Wahlperiode, also Mitte Oktober 1963.

Mit dieser Erklärung war nunmehr auch die Personenfrage angeschnitten. Sie wurde am 18. und 19. Oktober 1961 im Bundeskanzleramt mit der Erörterung über Umfang und Ressortverteilung des neuen Bundeskabinetts ausführlich fortgesetzt. Es bestand Übereinstimmung, daß die neue Bundesregierung aus dem Bundeskanzler und 20 Bundesministern bestehen sollte, von denen die CDU/CSU 15 und die FDP fünf Bundesminister stellen sollte.

Der Koalitionspartner CDU/CSU erwartete nach dieser Kompromißlösung in der Personenfrage, daß nun auch der Vorsitzende der FDP in die neue Bundesregierung als Bundesinnenminister eintreten würde. Im weiteren Verlauf der Personaldiskussion nach dem Rücktritt Heinrich von Brentanos wurde

auch das Bundesaußenministerium angeboten. Ich erklärte, daß ich mich an die Wahlaussage halten und nicht in ein Kabinett Adenauers eintreten würde, sondern erst mit dem Kanzlerwechsel für ein Kabinett Erhard zur Verfügung stände, für dessen Kanzlerkandidatur ich im Wahlkampf und auch jetzt eingetreten sei. Man müsse für diese persönliche Entscheidung Verständnis haben.
Konrad Adenauer bedauerte die durch eine frühe Festlegung im Wahlkampf entstandene Bindung, aber nicht ohne mit der ihm eigenen Ironie lächelnd hinzuzufügen: „Herr Mende, Sie ersehen daraus, wie richtig das französische Sprichwort ist, man sollte nie niemals sagen. In der Politik muß man immer Alternativen haben und sich nicht so festlegen, daß man dann von seinen Erklärungen nicht mehr herunter kann."
Das mag richtig sein, und ein gewisses Maß an Beweglichkeit ist immer besser als das Festhalten an erstarrten Formeln! Das kann jedoch nur für personelle und für politisch zweitrangige Probleme gelten, nicht aber für Grundsatzfragen und Prinzipien politischer Überzeugung. Es ist und war meine Überzeugung, daß die Wiederaufnahme der Koalitionszusammenarbeit zwischen CDU/CSU und FDP auch unter Konrad Adenauer als Übergangskanzler eine bessere Lösung gewesen ist, auch für die FDP, als sich durch die Ablehnung Adenauers in die Gefahr anderer Koalitionen zu begeben mit allen daraus später erwachsenden wirtschafts- und gesellschaftspolitischen Veränderungen, die zu beklagen es dann zu spät ist. Auch heute, eineinhalb Jahrzehnte später, würde ich in der gleichen Lage nicht anders handeln können!
Für Sonnabend, den 21. Oktober 1961, hatte die FDP ihren Bundeshauptausschuß, das höchste Gremium nach dem Bundesparteitag, nach Bonn einberufen. Er sollte den Abschlußbericht der Koalitionsverhandlungen entgegennehmen und darüber als Empfehlung für die neue Bundestagsfraktion entscheiden. Zu diesem Zweck wurden die bisherigen Verhandlungen in einer Koalitionsvereinbarung festgehalten, in deren Einleitung festgestellt wurde:
„Die Koalitionspartner werden für die Dauer der 4. Wahlperiode des Deutschen Bundestages in einer Regierungskoalition zusammenarbeiten. Sie werden während dieser Zeit jedes Koalitionsangebot von dritter Seite ablehnen. Die Koalitionspartner gehen davon aus, daß der Vorsitzende der Christlich-Demokratischen Union, Dr. Konrad Adenauer, das Amt des Bundeskanzlers entsprechend seiner vor der Fraktion der CDU/CSU am Dienstag, dem 17. Oktober 1961, abgegebenen Erklärung nicht für die ganze Dauer der Legislaturperiode bekleiden wird. Auf einen Brief Dr. Adenauers an die Vorsitzenden der Koalitionsfraktionen wird Bezug genommen. Die Koalitionsvereinbarung wird durch den mit dem Wechsel in der Person des Bundeskanzlers notwendig werdenden Rücktritt der Bundesregierung nicht berührt.
1. Die Vorsitzenden der Koalitionsparteien und der Koalitionsfraktionen verpflichten sich, darauf hinzuwirken, daß die Fraktionen im Deutschen Bundestag nicht mit wechselnden Mehrheiten abstimmen, insbesondere, daß nicht einzelne Gruppen der Koalitionsfraktionen zusammen mit der Opposition in Einzelfällen Mehrheiten bilden.
2. Jede Fraktion hat ihre grundsätzlichen Auffassungen. Sie bilden die Basis ihrer politischen Arbeit. Sinn der Koalition ist, in diesen Fragen einen für beide Teile gangbaren Weg zu finden. Dem dient der Koalitionsabschluß.

3. Die Koalitionspartner sind sich einig, daß nicht beabsichtigt ist, von früheren Bundestagen verabschiedete Gesetze aufzuheben. Mit den verabschiedeten Gesetzen werden Erfahrungen gesammelt. Sollten diese die Notwendigkeit einer Änderung ergeben, wird dies im Koalitionsausschuß beraten.
4. Die Koalitionsfraktionen bilden einen Koalitionsausschuß. Dieser Koalitionsausschuß tagt am ersten Arbeitstag jeder Woche. Dem Koalitionsausschuß gehören an: die Vorsitzenden der Koalitionsfraktionen, deren Stellvertreter und die Parlamentarischen Geschäftsführer der Koalitionsfraktionen. Zu den Beratungen des Koalitionsausschusses werden von Fall zu Fall die Fachleute der Koalitionsfraktionen hinzugezogen. Die Hinzuziehung von Beratern, die den Koalitionsfraktionen nicht angehören, bedarf der Zustimmung beider Koalitionspartner.
5. Die Grundgedanken der Regierungsentwürfe sind vor der Einbringung im Kabinett dem Koalitionsausschuß zur Beratung zuzuleiten. An diesen Beratungen nimmt der Fachminister teil.
6. Initiativgesetzentwürfe der Koalitionsfraktionen sind vor der Einbringung im Deutschen Bundestag dem Koalitionsausschuß zuzuleiten. Die Koalitionspartner werden versuchen, über die Einbringung und den Inhalt von Initiativgesetzentwürfen Übereinstimmung zu erzielen.
7. Die Vorsitzenden der Koalitionsfraktionen werden in ihren Fraktionen darauf hinwirken, daß Initiativentwürfe, die von Gruppen der Koalitionsfraktionen eingebracht werden, entsprechend Ziffer 6 dem Koalitionsausschuß zugeleitet werden.
8. Die Vorsitzenden der Koalitionsfraktionen werden von der Anberaumung jeder Kabinettsitzung unterrichtet. Sie haben das Recht, an jeder Kabinettsitzung teilzunehmen."

Die Öffentlichkeit sah dem Ergebnis des Bundeshauptausschusses der FDP mit großer Spannung entgegen. Denn es hatte sich auch außerhalb Bonns herumgesprochen, daß mehrere FDP-Abgeordnete, unter ihnen die beiden stellvertretenden Bundesvorsitzenden Dr. Kohut (Hessen) und Dr. Schneider (Saar), unter keinen Umständen ihre Zustimmung zu einer Kanzlerschaft Adenauers – auch im Sinne einer Übergangslösung zu Ludwig Erhard – geben würden. Einige von ihnen hatten bereits Verbindung zur SPD aufgenommen, um zu einer neuen Entwicklung mit dem Ziel einer Allparteienregierung zu drängen. So hatten Thomas Dehler mit Erich Ollenhauer und Oswald Kohut mit Herbert Wehner verhandelt und festgestellt, daß die SPD auch zu diesem Zeitpunkt zu einer Allparteienregierung immer noch bereit war.

Durch sie wäre die FDP in die fatale Lage gekommen, nicht nur das eine Wahlversprechen, sondern auch das andere nicht erfüllen zu können, nämlich, die SPD von der Regierung fernzuhalten.

Die Hauptausschußsitzung in der Beethovenhalle in Bonn nahm zunächst die Berichte des Parteivorsitzenden und seines Stellvertreters Willi Weyer entgegen und diskutierte elf Stunden das Ergebnis der bisherigen Koalitionsverhandlungen. Am Ende wurde mit 67 Ja-Stimmen gegen 18 Nein-Stimmen bei fünf Enthaltungen das vorliegende Koalitionspapier gebilligt.

Als erster Redner hatte sich Dr. Reinhold Maier, Altministerpräsident von Baden-Württemberg und Ehrenvorsitzender der FDP, zu Wort gemeldet und für eine Koalition mit Adenauer plädiert. Er gab dem Hauptausschuß bekannt, daß er in Stuttgart mit Theodor Heuss gesprochen habe und auch der frühere Bundespräsident für die ausgehandelte Lösung sei. Gegen den Koalitionskompromiß sprachen neben Heinrich Schneider und Oswald Kohut, Thomas Dehler und die Vertreter Berlins, Hamburgs und Bremens, wo die FDP in Koalitionen mit der SPD zusammenarbeitete.

Am Abend des 21. Oktober 1961 war praktisch das Tauziehen um die Bildung der vierten Bundesregierung abgeschlossen. Die beiden stellvertretenden Vorsitzenden Dr. Kohut und Dr. Schneider legten ihre Parteiämter nieder. Dr. Dehler verblieb jedoch im Amt des Vizepräsidenten des Deutschen Bundestages. In der folgenden Woche traten leider erneute, unerwartete Schwierigkeiten auf, diesmal von seiten der CDU/CSU-Fraktion! Sie führten zu einer dramatischen Zuspitzung und einem neuen politisch-publizistischen Höhepunkt in den Auseinandersetzungen um die vierte Bundesregierung. Denn am 24. Oktober 1961 ist erstmals der Gesamtfraktion der CDU/CSU das Koalitionspapier zur Kenntnis gebracht worden. Es fand keineswegs einhellige Zustimmung, sondern in vielen Passagen scharfe Kritik oder eisige Ablehnung. Als Konrad Adenauer diesen Unmut in der Fraktion spürte, setzte er sich an die Spitze der Fronde und bezeichnete das Koalitionsabkommen abfällig als „FDP-Papier". Das aber mußte den anwesenden Fraktionsvorsitzenden Dr. Heinrich Krone und seinen Parlamentarischen Geschäftsführer Will Rasner brüskieren, die zusammen mit dem Landesvorsitzenden und Justizminister von Baden-Württemberg, Dr. Wolfgang Haußmann, und dem Geschäftsführer der FDP-Bundestagsfraktion, Hans-Dietrich Genscher, die letzte Fassung des Koalitionspapiers redigiert hatten.

Als am folgenden Tag in der Presse die Ablehnung des Koalitionsabkommens durch die CDU/CSU-Fraktion und der Wunsch nach Neuverhandlungen bekannt wurde, schien die Regierungsbildung endgültig gescheitert zu sein. Denn die FDP hatte sich ja gerade auf der Grundlage des Koalitionspapiers auf ihrem Bundeshauptausschuß mit großer Mehrheit für eine Zusammenarbeit mit der CDU/CSU entschieden. Sie mußte daher folgerichtig jede Änderung dieser Geschäftsgrundlage und Neuverhandlungen über die Sachfragen ablehnen. Entsprechende Briefe gingen an die CDU/CSU heraus. Eine für Donnerstag, den 26. Oktober 1961, im Bundeskanzleramt anberaumte Besprechung ging nach zwei Stunden und heftigen Vorwürfen beider Seiten mit einem Riesenkrach auseinander. Ein neuer Termin wurde nicht vereinbart. Die Sache schien endgültig gescheitert zu sein.

Dementsprechend verheerend für beide Verhandlungspartner war die Wochenendpresse. Die Allparteienregierung oder zumindest eine große Koalition aus CDU/CSU und SPD schien der einzige Ausweg aus der verfahrenen Lage zu sein. Die Bild-Zeitung brachte als Aufmacher eine Umfrage unter ihren Lesern, die sich mit großer Mehrheit für eine Koalition aus CDU/CSU und SPD aussprachen. Die Hamburger „Zeit" vom 3. November 1961 faßte ihre Kritik unter der Schlagzeile „Das Maß ist voll!" zusammen und schrieb u. a.: „Die Stunde des Bundespräsidenten ist gekommen. Es sollten keine Koalitionsverhandlungen mehr stattfinden, sondern Professor Ludwig Erhard sollte aus den fähigsten Männern aller drei Parteien eine Regierung bilden. Mit solch einer Regierung könnten wir etwas beruhigter in die Zukunft blicken. Käme sie zustande, dann hätten die deprimierenden Erfahrungen der letzten Wochen doch wenigstens einen gewissen Sinn gehabt."

Theodor Heuss ließ mir vom Krankenbett aus Stuttgart einen handschriftlichen Brief zukommen, in dem er mich dringend bat, die FDP möge die Verhandlungen schnellstens zum Abschluß bringen und keine Schwierigkeiten mehr machen. Die öffentliche Meinung sei zu Lasten der Liberalen umgeschlagen, denen man die Schuld für die Schwierigkeiten und die lange Dauer der Verhandlungen in die Schuhe schieben wolle. Das Parteiwesen und die parlamentarische Demokratie in der Bundesrepublik könnten Schaden nehmen, weil die Bevölkerung kein Verständnis für das aufbringe, was schon in der Weimarer Republik dem parlamentarischen System geschadet habe: die Übersteigerung parteipolitischer Ansprüche und die Vernachlässigung staatspolitischer Einsichten. Theodor Heuss beschwor mich geradezu, dem „Trauerspiel in Bonn" ein Ende zu machen.

In der Konrad Adenauer durchaus wohlgesinnten „Neuen Zürcher Zeitung" vom 2. November 1961 schrieb Fred Luchsinger:

„Adenauer selber hat nicht nur das ‚Charisma' des unbestrittenen und erfolgreichen Führers verloren, das schon durch die Wahlen lädiert worden war, sondern es gehen jetzt auch in seinem eigenen Lager Zweifel um, ob er die Dinge wirklich noch im Griff habe. Der Ruf seiner taktischen Meisterschaft hatte in der ersten Phase der Koalitionsgespräche, an deren Ende die FDP dann umfiel, abermals Nahrung erhalten; jetzt aber, da er selber umfiel, vor dem Nein der FDP zu einer nachträglichen Revision der Koalitionsvereinbarungen mehr oder weniger kapitulieren mußte [...], jetzt ist auch dieser legendäre Ruf schwer geschädigt."

Doch dem war nicht so! Denn mit dem ihm eigenen Gespür für drohende Gefahren und der taktischen Meisterschaft, die Initiative wieder zu gewinnen, rief Konrad Adenauer mich am Samstag, dem 28. Oktober 1961, in meiner Wohnung in Bad Godesberg an, um mir zum 45. Geburtstag zu gratulieren. Gleichzeitig stellte er die Frage, ob man nicht am Montag, dem 30. Oktober 1961, erneut zusammenkommen könne, um den Versuch einer Lösung auf der Grundlage des bisher vereinbarten Koalitionspapiers zu unternehmen. Da die Führungsspitze der FDP sich in meiner Wohnung zur Gratulation versammelt hatte, konnte ich deren Zustimmung zu der Wiederaufnahme der Regierungsverhandlungen erhalten und sagte Konrad Adenauer für den kommenden Montag zu.

Vor dem Beginn des ersten Gespräches, an dem außer mir auch Willi Weyer teilnahm, bat mich Konrad Adenauer in sein Amtszimmer und gab mir Einblick in vertrauliche Informationen des amerikanischen Präsidenten Kennedy über die sich abzeichnende Kubakrise: Die USA besäßen Beweise, daß die Sowjetunion auf Kuba Raketenabschußbasen für Atomraketen eingerichtet hätte. Dem könnten die USA nicht tatenlos zusehen! Das sei auch der Grund, weswegen er nicht in diesem Zeitpunkt einer sich abzeichnenden weltpolitischen Krise sein Amt niederlegen könne. Auch Präsident Kennedy habe ihn veranlaßt, mit seinem internationalen Ansehen in den kommenden Monaten der Krise auf dem Posten zu bleiben.

Die von Konrad Adenauer mit großem Ernst vorgetragenen Argumente waren so überzeugend wie die dringende Bitte, über dieses Gespräch absolutes Stillschweigen zu bewahren.
In die kommenden Verhandlungen zwischen Adenauer, Strauß, Weyer und mir platzte dann die Nachricht von dem Rücktritt des Bundesaußenministers von Brentano. Die der Presse übergebene Erklärung verärgerte Konrad Adenauer sehr. Denn in ihr begründete der Bundesaußenminister seinen Rücktritt mit einer Änderung der Außenpolitik. Aber gerade das wollte Adenauer unter keinen Umständen akzeptieren! Es sei eher der schlechte Gesundheitszustand, den er als Grund akzeptieren könne; denn man hätte sich bei den letzten Verhandlungen mit dem Bundesaußenminister ja allerseits davon überzeugen können, daß eine verschleppte Grippe von Brentano in einen Erschöpfungszustand gebracht habe.
In einer sofort formulierten Erklärung bestätigten die Teilnehmer daher – neben dem Bedauern über den Rücktritt von Brentanos – die Notwendigkeit der Fortsetzung der bisherigen Außenpolitik in der Zusammenarbeit mit dem Westen. Spätere Deutungen, die FDP habe, da sie den Kopf des Bundeskanzlers nicht erreichen konnte, dafür den Kopf des Bundesaußenministers gefordert, entsprechen nicht den Tatsachen. Es gibt keinen Beschluß, in dem die FDP den Rücktritt Heinrich von Brentanos gefordert hat. Allerdings hat sie, um Anteil auch an der Außenpolitik zu haben, einen Vertreter im Auswärtigen Amt reklamiert, sei es als Parlamentarischer Staatssekretär oder Staatsminister – Institutionen, die man dazu erst schaffen wollte. Mit einem solchen „Aufpasser" im Auswärtigen Amt schien sich Heinrich von Brentano nicht abfinden zu wollen.
Die FDP ließ später diese Forderung fallen und begnügte sich damit, für einen ihrer Bundesminister die Stellvertretung des Bundesaußenministers zu erhalten. Dieses Amt übernahm als Bundesminister für Entwicklung Walter Scheel, nachdem in hartem Widerstand gegen Ludwig Erhard durch Ausgliederung einiger Aufgaben aus dem Bundeswirtschaftsministerium und dem Auswärtigen Amt ein „Bundesministerium für Entwicklungshilfe" geschaffen wurde.
Nachdem sich durch die Annahme des Koalitionspapiers auch durch die CDU/CSU-Fraktion die sachlichen Schwierigkeiten erledigt hatten, trat noch einmal bei der Zusammensetzung des neuen Bundeskabinetts eine Meinungsverschiedenheit der Koalitionspartner zutage.
Konrad Adenauer wollte seinen früheren, langjährigen Staatssekretär und damaligen Präsidenten der Europäischen Kommission in Brüssel, Professor Dr. Walter Hallstein, zum neuen Außenminister machen. Die FDP konnte sich nicht damit einverstanden erklären, hatte sie doch seinerzeit die „Hallstein-Doktrin" abgelehnt und als Hemmnis für eine bewegliche Außenpolitik bezeichnet. Darüber hinaus war es zwischen Thomas Dehler und Walter Hallstein zu schweren persönlichen Auseinandersetzungen gekommen, in deren Verlauf Walter Hallstein gegen Thomas Dehler Strafanzeige wegen Beleidigung stellen wollte. Es war mir mit Mühe gelungen, ein gerichtliches Verfahren mit einer Entschuldigung Thomas Dehlers abzuwenden. Natürlich hatten diese Vorgänge in der Meinungsbildung der Liberalen noch nachgewirkt.

Als dann der bisherige Bundesinnenminister, Dr. Gerhard Schröder, für das Außenministerium vorgesehen war, machte Bundespräsident Lübke Schwierigkeiten und ließ verlauten, er werde die Ernennungsurkunde nicht unterzeichnen.

Thomas Dehler, der selbst als Bundesjustizminister in eine Auseinandersetzung mit dem damaligen Bundespräsidenten Heuss geraten war, konnte Bundespräsident Lübke überzeugen, daß er die Verweigerung einer Unterschriftsleistung unter die Ernennungsurkunde nicht aufrechterhalten könne.

Das Hin und Her der letzten Woche hatte Konrad Adenauer mißtrauisch gemacht, ob er denn mit genügend Stimmen aus den Reihen der FDP bei der Kanzlerwahl rechnen könne, „denn immerhin ist die Wahl geheim und man kann in Niemandes Herz schauen". Ich versprach Adenauer, daß ich in der FDP-Fraktion eine vertrauliche Abstimmung durchführen wollte, wer bei der Kanzlerwahl Adenauer seine Stimme geben werde. Die Geheimabstimmung, deren Stimmenzahl nicht einmal der Fraktion selbst bekanntgegeben wurde, sondern nur Konrad Adenauer, hatte das Ergebnis, daß 48 FDP-Abgeordnete Adenauer wählen wollten, zwölf hatten mit Nein gestimmt, einer hatte sich der Stimme enthalten und sechs Abgeordnete waren entschuldigt. Konrad Adenauer konnte also mit gut 50 Stimmen aus den Reihen der FDP rechnen.

Die am 7. November 1961 erfolgte Kanzlerwahl im Deutschen Bundestag erbrachte bei 490 abgegebenen Stimmen 258 Ja-Stimmen für Konrad Adenauer als Bundeskanzler, 206 Nein-Stimmen und 26 Enthaltungen.

Das Rätselraten ging wieder einmal in Bonn um, ob mehr Enthaltungen und Nein-Stimmen bei den Liberalen oder in der eigenen Fraktion des Bundeskanzlers zu verzeichnen waren. Mir scheint, daß das in beiden Gruppierungen gleichermaßen der Fall war.

Eine Woche später, am 14. November 1961, stellte Bundeskanzler Adenauer das neue Kabinett aus 15 Ministern der CDU/CSU und fünf Ministern der FDP vor. Damit hatte die bisher schwierigste Regierungsbildung in Bonn ein Ende gefunden. Es waren seit der Bundestagswahl fast zwei Monate vergangen.

Ich trug in mein Tagebuch ein, daß wir in dieser Zeit an 19 Tagen insgesamt 60 Stunden im Bundeskanzleramt verhandelt hatten. Fürwahr, für alle Seiten eine Zumutung und Leistung zugleich! Es war daher verständlich, daß ich unter dem 14. November 1961 in mein Tagebuch schrieb: Deo gratias!

1 Vgl. Verhandlungen des Deutschen Bundestages. 3. Wahlperiode. Stenographische Berichte. Bd. 49, S. 9776f.

FRANZ THEDIECK

Gespräche und Begegnungen mit Konrad Adenauer – Aus einem halben Jahrhundert deutscher Politik

Vor einigen Monaten unterhielten sich einige bekannte Persönlichkeiten, die selbst Memoiren veröffentlicht haben, im „Literarischen Kolloquium" des Zweiten Deutschen Fernsehens über das Verfassen von Memoiren oder Erinnerungen. Die Gesprächsrunde kam zu dem Ergebnis, daß Memoiren alten Stils eigentlich nicht mehr zeitgemäß seien, daß sie abgelöst würden durch das – wie es Professor Baring formulierte – „atmosphärische Erinnerungsbuch", das das Archivmaterial der Bibliotheken ergänze und „den Nachgeborenen erst das spezifische Aroma einer bestimmten Epoche vermittle". In diesem Sinne will ich in meinen nachstehenden Ausführungen versuchen, etwas von den Eindrücken niederzuschreiben, die mir aus vielen mittelbaren, vor allem aber unmittelbaren Begegnungen mit Konrad Adenauer in mehr als 50 Jahren geblieben sind.

Darstellungen und Analysen des Lebenswerks Konrad Adenauers, insbesondere seiner Europa- und Deutschlandpolitik, gibt es in einer fast unübersehbaren Fülle. Ich will sie nicht um eine weitere vermehren, so reizvoll es auch wäre, sich mit der einen oder anderen Publikation etwas kritisch auseinanderzusetzen. Aber ich will mich darauf beschränken, wahrheitsgetreu über das zu berichten, was ich selbst erlebt habe. Dabei werde ich mich bemühen, die Grenzen genau zu beachten, die für einen Beamten, der an die Geheimhaltungspflicht gebunden ist, strenger gezogen sind als bei einem Politiker.

In den Jahren 1903 und 1904 war der Gerichtsassessor Konrad Adenauer als Hilfsrichter Beisitzer in der Kammer des Kölner Landgerichts gewesen, deren Vorsitzender mein Vater damals war. Seit dieser Zeit hatte mein Vater den weiteren Lebensweg Konrad Adenauers mit besonderer Anteilnahme verfolgt. Es wurde in meinem Elternhaus viel über den Beigeordneten und den Oberbürgermeister Adenauer in sehr lobendem Sinne gesprochen. In einem Brief vom 20. November 1918, in dem mein Vater sehr eingehend über den Verlauf der Novemberrevolution in Köln berichtete und in dem er die entstandene desolate Situation schilderte, heißt es dann: „Glücklicherweise dauerte der Zustand nicht lange; durch das diplomatische Geschick des Oberbürgermeisters Adenauer, der seine paar sozialdemokratischen Stadtverordneten immer gut behandelt hatte, kam bald Ordnung in die Sache. Der Bolschewismus wurde vorläufig zurückgedrängt, die Behörden arbeiten unter Aufsicht des Soldatenrats, wir haben einen Rechtsanwalt als Kontrolleur, wovon wir aber nicht viel merken. Die Sträflinge werden nach und nach wieder eingefangen, wenn sie auch schon genug Unheil angerichtet haben."

In den zwanziger Jahren waren mein Vater und Konrad Adenauer Mitglied des Kölner Herrenklubs „Gesellschaft Namenlose", der einen Numerus clausus von 21 Mitgliedern hatte und in den führende Persönlichkeiten des öffentlichen

Lebens berufen wurden. Längere Jahre war mein Vater der sogenannte „secretarius perpetuus“ dieser Gesellschaft, wodurch er in regelmäßige Berührung mit Oberbürgermeister Adenauer kam. Die Wertschätzung, die beide Männer füreinander hegten, blieb bis zu ihrem Tode erhalten. Noch in meinem letzten Gespräch mit Konrad Adenauer am 16. Januar 1967 sprach er mit Worten der Verehrung von meinem Vater, der schon 1938 gestorben war. Er sagte, er sähe ihn noch so lebendig vor sich, daß er ihn zeichnen könne.

Gesehen habe ich den Oberbürgermeister Adenauer in meinen jungen Jahren oft. Wir wohnten im gleichen Kölner Vorort wie die Familie Adenauer. Gesprochen habe ich ihn zum ersten Mal Anfang der zwanziger Jahre im Hause des Vaters seiner zweiten Frau Gussi, geb. Zinsser. Der Bruder von Frau Adenauer, Ernst Zinsser, war viele Jahre mein Mitschüler gewesen. Das Haus der Familie Zinsser war das Nachbarhaus der Familie Adenauer. Als ich 1923 nach Beginn des sogenannten Ruhrkampfs mit dem bekannten Kärntner Volkstumsvorkämpfer Hans Steinacher in die Leitung der preußischen Abwehrstelle gegen den Separatismus im besetzten Rheinland, die ihren Sitz im englisch besetzten Köln hatte, berufen wurde, bat ich meinen Freund Ernst Zinsser bzw. seinen Vater um Einverständnis, seine Wohnung als eine Anlaufstelle für unsere Kuriere aus dem französisch und belgisch besetzten Gebiet benennen zu dürfen. Der Vater Professor Zinsser war über diese Absicht nicht sehr glücklich. Doch gab er seine Zustimmung. Ob er die Angelegenheit damals mit seinem Schwiegersohn im Nachbarhaus besprochen hat, konnte ich nicht mit Sicherheit erfahren.

Den ersten großen Ärger hatte Oberbürgermeister Adenauer durch Steinacher und mich im Juni 1923. Auf Antrag der Franzosen in der Rheinlandkommission in Koblenz hatte der britische Stadtkommandant von Köln unsere Büros und unsere Wohnungen durchsuchen lassen und zahlreiches Schriftenmaterial beschlagnahmt. Wenige Tage später bestellte der Stadtkommandant, Colonel Piggott, Oberbürgermeister Adenauer und die Vorsitzenden der politischen Parteien des Rheinlandes in sein Büro. Er empfing sie mit seiner roten Mütze auf dem Kopf und hielt ihnen in Gegenwart eines französischen Vertreters der Rheinlandkommission eine Standpauke schärfster Art, weil man zugelassen habe, daß in Köln eine solche Zentrale des Widerstands gegen die Besatzungsmächte eingerichtet worden wäre. Die Herren mußten die Ausführungen stehend anhören. Der Versuch Adenauers zu antworten, wurde abgelehnt und die Herren entlassen. Nun war die Sachlage so, daß die Parteiführer sicher eine gewisse Verantwortung für unsere Tätigkeit trugen, weil unsere Abwehrstelle gleichzeitig die Geschäftsführung der Arbeitsgemeinschaft der politischen Parteien des Rheinlandes innehatte. Oberbürgermeister Adenauer hatte mit der ganzen Sache aber wirklich nichts zu tun. Er fuhr zum Rathaus zurück und verfaßte ein scharfes Protestschreiben an den Stadtkommandanten, in dem er ausführte, er werde es ablehnen, sich noch einmal einer solchen entwürdigenden Situation auszusetzen.

Anfang 1924 wurde Adenauer durch eine neue Aktion der englischen Besatzung gegen unsere Abwehrstelle wieder in Schwierigkeiten gebracht. Unsere Büros wurden durchsucht, ich selbst zusammen mit dem Vizepräsidenten der Kölner Regierung, Dr. Alexander Schneider, verhaftet und neun Wochen im Militärgefängnis am Bonner Wall in Köln in Untersuchungshaft gehalten, dann allerdings freigesprochen. Oberbürgermeister Adenauer wurden erneut Vorwürfe gemacht, die aber ebenso unberechtigt waren wie im Vorjahr.

Seit Anfang des Jahres 1931 war ich dann Dezernent der Bezirksregierung in Köln, die auch die Aufsicht über die Stadt Köln ausübte. Es gab damals mancherlei Spannungen zwischen dem Regierungspräsidenten und dem Oberbürgermeister. Adenauer hatte zahlreiche großartige kommunale Projekte durchgeführt, die allerdings die Finanzlage der Stadt sehr belasteten und zudem nicht in die Deflationspolitik des Reichskanzlers Dr. Brüning paßten. Zwei preußische Kommissare, die Ministerialräte Dr. Krauthausen und Dr. Tapolski, wurden beauftragt, die Finanzsituation der Stadt Köln zu überprüfen, was natürlich die Beziehungen zwischen Stadt und Regierung erheblich belastete. Es würde zu weit führen, hier näher darauf einzugehen.

Es kam das Jahr 1933 und die nationalsozialistische Machtergreifung. Oberbürgermeister Adenauer wurde unter entwürdigenden Umständen aus seinem Amt entfernt und durch Dr. Günter Riesen ersetzt, dessen Berufung uns nur ein Hohnlachen entlocken konnte. Adenauer wurde sogar aus dem Regierungsbezirk ausgewiesen und fand nach einem vorübergehenden Aufenthalt in Berlin eine Zuflucht in der Benediktinerabtei Maria Laach.

In dieser Zeit bat er mich zu einem Gespräch zu sich, an dem der frühere Zentrumspolitiker Josef Joos und mein alter Freund Josef Ruffini, der bis zur Auflösung des Zentrums der Generalsekretär der rheinischen Partei war, teilnahmen. Wie es zu diesem für mich als einem doch noch sehr jungen Mann sehr ehrenden Gespräch kam, muß ich kurz erörtern. Aus Überzeugung und aus dienstlichem Auftrag hatte ich als Leiter der preußischen Abwehrstelle alle Bestrebungen bekämpft, die auf die Abtrennung des Rheinlandes vom Reich gerichtet waren. Ich war allerdings der Auffassung, daß die sicherste Voraussetzung für das Verbleiben des Rheinlandes beim Reich die Zugehörigkeit zu Preußen war. Konrad Adenauer war demgegenüber der Meinung, daß ein von Preußen gelöstes Rheinland besser für das Reich zu erhalten sei.

Im Kloster Maria Laach legte mir Konrad Adenauer in einem vielstündigen Gespräch seine Sicht der Vorgänge der Nachkriegszeit im Rheinland dar. Es war ein eminent eindrucksvolles Bild, was er aufzeichnete. Ich konnte ihm nicht in allen Punkten zustimmen, aber es war faszinierend. An dieses Gespräch wurde ich erinnert, als ich bei Anneliese Poppinga in ihrem Buch „Konrad Adenauer. Geschichtsverständnis, Weltanschauung und politische Praxis“[1] las: „Doch von subjektiven Färbungen der Sicht einzelner Tatbestände, dieser oder jener Situation oder Handlung, namentlich aus der Rückschau, kann man Adenauer nicht freisprechen.“[2] Bei diesem Gespräch mußte ich mich auch daran erinnern, daß Adenauer Ende der zwanziger Jahre vor einer Sitzung des rheinischen Provinzialausschusses, in der über die Frage einer Verselbständigung der Rheinprovinz beraten werden sollte, zu Jakob Kaiser gesagt hatte: „Was wird der Spitzel von Herrn Severing dazu sagen?“ Damit hatte er mich gemeint, der ich dem von mir sehr geschätzten preußischen Innenminister Carl Severing dienstlich unterstand.

Damals wie auch später habe ich mich immer mit Leidenschaft dagegen gewandt, wenn man Konrad Adenauer des Separatismus verdächtigte. 1966 hat Karl Dietrich Erdmann[3] den dokumentarischen Nachweis geführt, welch großartige, weitschauende politische Vorstellungen Adenauer in den Jahren nach dem Ersten Weltkrieg bewegten.

Längere Jahre hatte ich dann keinen unmittelbaren Kontakt zu Konrad Adenauer. Erst im Herbst des Jahres 1943 bin ich wieder zu zwei langen Gesprächen mit ihm in Rhöndorf zusammengetroffen. Die Anlässe für die beiden Einladungen nach Rhöndorf im Spätherbst und Winter 1943/44, die mir durch Dr. August Dresbach, den späteren Bundestagsabgeordneten, der auch an den Gesprächen teilnahm, übermittelt wurden, waren väterliche Sorgen für die Söhne Max und Paul. Max Adenauer war 1942 als Unteroffizier zur Militärverwaltung in Brüssel kommandiert gewesen, während ich zu der Zeit dort Generalreferent war. Er war dann als Angehöriger eines jüngeren Jahrgangs zur Truppe versetzt worden, während ich 1943 auf Anordnung von Himmler aus meinem Amte entfernt und als Hauptmann im Stabe einer Flakdivision untergekommen war, der zu dieser Zeit im Raum Köln lag. Man hatte Max Adenauer angeboten, ihn zur Abwehr zu versetzen, und Konrad Adenauer erbat nun meinen Rat, ob sein Sohn diese Versetzung erstreben sollte. Paul Adenauer wiederum war zu dieser Zeit als Sanitätsgefreiter bei einer Batterie meiner Division, die im Vorgebirge in der Nähe von Bonn eingesetzt war. Er sollte nun nach Berlin versetzt werden. Konrad Adenauer bat mich, ich möchte versuchen, diese Versetzung zu verhindern. Sein Sohn Paul sei sehr stark aufgeschossen und bedürfe dringend zusätzlicher Nahrung, die er auf Grund der Schafe, die er in Rhöndorf halte, ihm verschaffen könne, wenn er in der Nähe bleiben könnte.

Es ergaben sich bei beiden Gelegenheiten sehr ausführliche Gespräche, die sich vom Nachmittag bis in die Nacht ausdehnten. Sie drehten sich besonders um zwei Fragenkomplexe, um den früheren Reichskanzler Dr. Brüning und um den Widerstandskreis von Dr. Goerdeler und Jakob Kaiser.

Ich war 1932 der Beauftragte Brünings für die Propaganda bei der Reichspräsidentenwahl gewesen und hatte mit ihm noch bis zu seiner Flucht aus Deutschland im Jahre 1934 in enger Verbindung gestanden. Da nach 1949 viel über das Verhältnis Adenauer–Brüning gesprochen und geschrieben wurde, ist vielleicht erwähnenswert, was dieses Gespräch ergab. Wir waren uns darüber einig, daß die Persönlichkeit Brünings sehr stark von seinen Erlebnissen im Ersten Weltkrieg geprägt worden war. Ich erzählte, was mir aus vielen Gesprächen haften geblieben war, wie sehr er von der Zeit als Frontoffizier, als Sturmkompanieführer in seiner ganzen Art, in seinem ganzen Denken beeinflußt war. Man hat es ja später in seinen Memoiren nachlesen können, wo er selbst geschrieben hat: „Weder früher noch später in meinem Leben habe ich etwas Gleiches an gegenseitigem Vertrauen, unabhängiger Gesinnung, Anpassungsfähigkeit, Humor und Selbstaufopferung erlebt."[4]

Konrad Adenauer hatte zu dieser Zeit keinerlei Organ für soldatisches Denken und für diese Betrachtungsweise kein Verständnis, eigentlich nur ironische Ablehnung. Damals konnte man wirklich nicht erwarten, daß er einmal als Bundeskanzler die Wiederaufrüstung betreiben werde. Voller Hochachtung dagegen war Konrad Adenauer für die außenpolitischen Leistungen Dr. Brünings als Reichskanzler. Hier bejahte er seine Konzeption uneingeschränkt. Negativ aber war seine Meinung über die Wirtschafts- und Finanzpolitik, d. h. also die ganze Deflationspolitik Brünings. Das war nicht verwunderlich; denn durch diese Politik war er als Oberbürgermeister 1931 und 1932 in Köln in sehr große Schwierigkeiten gekommen.

Die Pläne der Männer um Dr. Goerdeler und Jakob Kaiser waren ihm aus verschiedenen Quellen bekannt. Er hatte für die Absichten dieser Widerstandskreise keinerlei Verständnis. Natürlich war an seiner schärfsten Ablehnung des Nationalsozialismus nicht der geringste Zweifel möglich. Aber er glaubte, daß man abwarten müsse, wie dieses Verbrechersystem von selbst, insbesondere durch den Kriegsverlauf, zusammenbrechen werde. Mit Spott äußerte sich Adenauer über die Pläne, mit Hilfe der Generäle das Hitlerregime zu beseitigen. Er meinte, deutsche Generäle hätten befehlen und gehorchen gelernt. Zum Putschen seien sie völlig ungeeignet. Weiter stellte er mit sehr scharfen Worten fest, sowohl Dr. Goerdeler als auch Jakob Kaiser hätten über ihre Pläne mit hundert oder mehr Menschen gesprochen und so etwas könne im Nazireich nicht geheim bleiben. Alles was er sagte, zeugte von seinem nüchternen Realismus. Ich widersprach ihm zwar sehr heftig, weil ich von der Ernsthaftigkeit der Planungen Goerdelers und Kaisers, um nur diese Namen zu nennen, damals fest überzeugt war. Leider sollten die späteren Ereignisse Adenauer weitgehend recht geben.

Nach dem Kriege erzählte mir Dr. Dresbach, einige Zeit nach diesem Gespräch habe Adenauer ihn bei einer neuen Begegnung gefragt: „Was wollte der Thedieck eigentlich bei mir?" – Er hatte offenbar vergessen, daß er selbst mich zu sich eingeladen hatte. – „Wenn der Thedieck kommt, hat er doch bestimmte Absichten." Dr. Dresbach sagte, er habe ihm geantwortet: „Thedieck hatte sicher den Auftrag festzustellen, ob Sie nach einem Regierungswechsel noch verwendungsfähig seien. Man ist der Meinung, daß Sie nicht in die Regierung aufgenommen werden können, weil Sie zu eigenwillig sind. Man möchte Sie daher zum Oberpräsidenten der Rheinprovinz machen." Ich kann mich für die Wahrheit dieser Story nicht verbürgen. Dr. Dresbach hat sie aber in dieser Form in einem Zeitungsaufsatz wiedergegeben.

Um den Jahreswechsel 1945/46 traf ich Konrad Adenauer bei der Beerdigung unseres alten Freundes Josef Ruffini wieder. Am 6. Oktober war Adenauer von der englischen Besatzung als Oberbürgermeister von Köln unter dem grotesken Vorwand der Unfähigkeit abgesetzt worden, Mitte November wurde ich von den Engländern aus meiner eben nach Rückkehr aus der Gefangenschaft wieder aufgenommenen Tätigkeit bei der Regierung in Köln entlassen. Diese Entlassung erfolgte automatisch, weil ich von 1940 bis 1943 Generalreferent der Militärverwaltung in Belgien und Nordfrankreich gewesen war. Die Tatsache, daß ich einer der wenigen höheren Verwaltungsbeamten war, die weder der NSDAP noch einer ihrer Gliederungen angehört hatten und 1943 auf Anordnung von Himmler aus meinem Amt entfernt worden war, spielte für die Engländer damals keine Rolle. Adenauer erkundigte sich sehr angelegentlich nach meinem Ergehen und lud mich ein, ihn baldigst in Rhöndorf zu besuchen.

Als ich dann Anfang 1946 nach Rhöndorf kam – eine Reise von Hennef an der Sieg nach Rhöndorf war damals ein kleines Abenteuer – empfing mich Adenauer völlig verändert. Ganz offensichtlich hatte ihm jemand höchst merkwürdige Dinge über meine frühere Arbeit als preußischer Beauftragter für die durch den Versailler Vertrag vom Deutschen Reich abgetrennten Gebiete von Eupen und Malmedy berichtet. Er riet mir dringend, möglichst bald die britisch besetzte Zone zu verlassen und in die amerikanische Zone zu gehen. (Ich hatte als Gefangener ein amerikanisches Diplom über die erfolgreiche Absolvierung eines Education Camp erhalten.) Er meinte, sonst sei meine Sicherheit nicht gewährleistet. Ich widersprach ihm mit Nachdruck und erklärte, ich hätte nichts getan, was ich verheimlichen müsse, und ich dächte nicht daran, aus dem Kölner Bezirk wegzugehen.

Im Laufe dieses Gesprächs kamen wir dann auch auf die politische Tätigkeit meines alten Freundes Jakob Kaiser in Berlin und der sowjetisch besetzten Zone zu sprechen. Da ich mit Kaiser seit Rückkehr aus der Gefangenschaft in einem intensiven Briefaustausch stand und auch regelmäßig die Tageszeitung der Berliner CDU „Neue Zeit" erhielt, konnte ich Adenauer gegenüber einige Rundfunk- und Pressemeldungen klarstellen, die über Kaisers politische Vorstellungen falsch berichtet und Adenauer zu einer scharfen Verurteilung von Kaisers Intentionen veranlaßt hatten. Das Gespräch endete dann etwas freundlicher, als es begonnen hatte. Im übrigen bestätigten sich die Befürchtungen Adenauers wegen meiner persönlichen Situation nicht. Ich hatte zwar noch einigen Ärger mit den Engländern, wurde aber voll rehabilitiert und konnte meinen Dienst bei der Regierung in Köln wieder aufnehmen.

Es kam das Jahr 1949, es kamen die Wahlen zum Bundestag, und es stellte sich die Frage der Regierungsbildung. Jakob Kaiser, mit dem ich schon in den zwanziger Jahren, als er Landesgeschäftsführer der christlichen Gewerkschaften war, und dann vor allem in der Hitlerzeit im Widerstand eng zusammengearbeitet hatte, sollte im Kabinett des Bundeskanzlers Adenauer ein Ministeramt übernehmen. Er bat mich sehr eindringlich, als sein Staatssekretär zu fungieren. Er würde die Übernahme des Ministeramts von meiner Mitwirkung abhängig machen. Die Entscheidung war für mich zunächst etwas schwierig, weil die Kultusministerin von Nordrhein-Westfalen, Christine Teusch, mich gerade zu dieser Zeit gebeten hatte, das Amt des leitenden Beamten in ihrem Ministerium in Düsseldorf zu übernehmen. Aus alter Verbundenheit entschloß ich mich, der Bitte Jakob Kaisers zu entsprechen.

Zunächst war nicht klar, welches Ministerium Kaiser übernehmen sollte. Gegen die Bildung eines Sonderministeriums, wie es dann in der Form des Bundesministeriums für gesamtdeutsche Fragen errichtet wurde, hatte ich selbst wie übrigens viele Fachleute der Verwaltung, aber auch die parlamentarische Opposition und auch viele Abgeordnete der Regierungsparteien erhebliche Bedenken. Ein solches Ministerium schien in den organischen Aufbau einer Bundesregierung nicht hineinzupassen. Ich war der Auffassung, daß die Aufgaben eines solchen Ministeriums besser vom Bundesministerium des Inneren wahrgenommen würden. Ich legte meine Meinung in einer Denkschrift für Jakob Kaiser dar. Doch dieser konnte sich nicht entschließen, das Bundesministerium des Inneren zu übernehmen. Er glaubte, ein auf die Frage der deutschen Wiedervereinigung spezialisiertes Ministerium entspräche besser seinen Neigungen.

Ich will hier nicht die Geschichte des Bundesministeriums für gesamtdeutsche Fragen niederschreiben. Das ist u. a. in zwei, allerdings sehr unterschiedlichen Publikationen geschehen, dem Buch von Erich Kosthorst „Jakob Kaiser. Bundesminister für gesamtdeutsche Fragen 1949–1957"[5] und der Arbeit von Gisela Rüß „Anatomie einer politischen Verwaltung. Das Bundesministerium für gesamtdeutsche Fragen – innerdeutsche Beziehungen 1949–1970"[6]. Ich will hier nur einige spezielle Aspekte herausgreifen, die das Thema meines Aufsatzes berühren.

Da ist zunächst die Auseinandersetzung zwischen Jakob Kaiser und Konrad Adenauer über meine Ernennung zum Staatssekretär dieses Ministeriums. Adenauer hatte im Anfang Kaisers Mitteilung über dessen Absicht, mich zu berufen, ohne Gegenäußerung zur Kenntnis genommen. Als dann Anfang Oktober ein Teil der belgischen Presse gegen das Bundesministerium für gesamtdeutsche Fragen polemisierte und insbesondere mich wegen meiner früheren Tätigkeit als Beauftragter der preußischen Regierung für die an Belgien abgetretenen Gebiete angriff, war das wohl zunächst der Anlaß für Bundeskanzler Adenauer, sich gegen meine Ernennung zu wenden. Es entwickelte sich daraus ein sehr intensiver und heftiger Briefwechsel zwischen Adenauer und Kaiser in den Monaten November 1949 bis Januar 1950, der in dem von mir schon erwähnten Buch von Kosthorst zum großen Teil abgedruckt ist. Ob es wirklich die entscheidenden Gründe waren, die Adenauer veranlaßten, mich abzulehnen, welche er in seinen Briefen anführte, ist schwer zu beurteilen. Kosthorst meint, daß eine persönliche Abneigung Adenauers gegen mich wegen meiner früheren Tätigkeit als Leiter der preußischen Abwehrstelle gegen den Separatismus eine Rolle gespielt habe. Ich selbst habe eigentlich keinen Anhaltspunkt dafür, daß diese Annahme zutrifft. Zeitweise spitzte sich die Diskussion um meine Ernennung so zu, daß Jakob Kaiser mit seinem Ausscheiden aus dem Kabinett drohte. Anfang 1950 gab es ein bemerkenswertes Zwischenspiel. Bundeskanzler Adenauer bat mich zu sich und versuchte mich zu bewegen, das Amt des Präsidenten des zu begründenden Bundesamts für Verfassungsschutz zu übernehmen. Er legte mir in bewegten Worten dar, welch eminent wichtige Aufgabe das sei. Ob er wirklich davon überzeugt war, daß ich für dieses Amt besondere Eignung besäße oder ob er nur auf diese Weise den Streit um die Staatssekretärsfrage aus der Welt schaffen wollte, darüber konnte man streiten. Ich erklärte dem Bundeskanzler, ich hätte Jakob Kaiser fest versprochen, ihm als Staatssekretär beim Aufbau seines Ministeriums zu helfen und fühlte mich an dieses Versprechen gebunden. Als ich das Zimmer des Bundeskanzlers verließ, traf ich im Vorzimmer den damaligen Bundesinnenminister Dr. Heinemann, der mir erklärte, er wisse von dem Vorschlag Adenauers, habe aber selbst nichts damit zu tun. Er wolle seinem Freund Kaiser nicht den Staatssekretär abwerben.

Meine ganz persönliche Meinung zu diesem Streit um meine Ernennung zum Staatssekretär geht dahin, daß Bundeskanzler Adenauer, der Jakob Kaiser als den Repräsentanten des linken Flügels der CDU in sein Kabinett geholt hatte, der Annahme zuneigte, auch ich sei der Linken zuzurechnen und würde damit die linke Position Kaisers verstärken. Dabei spielte sicherlich eine Rolle, daß ich viele Jahre lang das Vertrauen des sozialdemokratischen Innenministers

Carl Severing genoß. Aber natürlich ist das nur eine Vermutung.
Wenn Kosthorst in seinem Buch schreibt, daß sich durch den geschilderten Streit die endgültige Ernennung von mir, aber auch der anderen Staatssekretäre bis zum Sommer 1950 verzögerte, so trifft das nicht zu. Die Ausfertigung der Ernennungsurkunden durch den Bundespräsidenten war vorher nicht möglich, da erst durch dic endgültige Verabschiedung des Bundesetats die stellenplanmäßigen Voraussetzungen geschaffen werden mußten.
Konrad Adenauer, Jakob Kaiser und die Politik der Wiedervereinigung, das ist ein Thema, dem man ein großes Kapitel widmen müßte. Kosthorst hat die Problematik aus der Sicht Jakob Kaisers dargestellt, wenn er sich auch bemüht hat, Konrad Adenauer einigermaßen gerecht zu werden. Felix v. Ekkardt schildert in seinen Memoiren in wenigen Worten die Situation recht zutreffend: „Er (Jakob Kaiser, d. Verf.) hatte ein schweres und sehr undankbares Amt [...] Für Jakob Kaiser [...] war es außerordentlich schwierig, seine ganz spezielle Aufgabe mit der Außenpolitik des Kanzlers in Übereinstimmung zu bringen. Ich fühlte, daß er viele schlaflose Nächte verbrachte, gequält von dem Zweifel, ob es im Rahmen der Politik der Einordnung der Bundesrepublik in das westliche Bündnissystem möglich sei, die Wiedervereinigungsfrage einer Lösung näherzubringen."[7]
Jakob Kaiser und ich waren uns über die Zielsetzung für die Arbeit des gesamtdeutschen Ministeriums einig, die im Vorwort zum Einzelplan 27 des Bundeshaushaltsplanes sehr knapp so formuliert war: „Das Bundesministerium für gesamtdeutsche Fragen hat die Aufgabe, die Wiederherstellung der Einheit Deutschlands vorzubereiten und die dem deutschen Volkstum drohenden Gefahren, besonders in den Grenzgebieten, abzuwehren."[8] Wir waren uns einig, daß das Ministerium Mahner und Warner in allen Fragen zu sein hatte, die direkt oder indirekt diese Zielsetzung berührten, im innen- und im außenpolitischen Bereich. In den Fragen der Außenpolitik führte das dazu, daß Jakob Kaiser allen Schritten des Bundeskanzlers, die der von ihm angestrebten Anbindung der Bundesrepublik Deutschland an den Westen dienten, zunächst immer mit großen Vorbehalten gegenüberstand. Er verneinte zwar die Notwendigkeit einer solchen Zielsetzung nicht, aber er zögerte oft vor Entscheidungen, weil er fürchtete, sie könnten irgend etwas in bezug auf die angestrebte Wiedervereinigung verbauen. Was Kosthorst auf eine spezielle Situation gemünzt einmal so beschreibt: „In der Tat waren die Risiken, nach welcher Seite man sich auch wenden mochte, in jedem Falle groß, und selbst die Entscheidung für eine Politik des Zuwartens, Kaisers ureigene Entscheidung, blieb ein qualvolles Wagnis"[9], kennzeichnet die Grundhaltung Jakob Kaisers gegenüber den meisten großen außenpolitischen Entscheidungen in den Jahren 1949 bis 1957.
Für mich hatte die daraus resultierende Entwicklung einige sehr schmerzliche Aspekte. Es zeigte sich hier einmal mehr, wieviel leichter es ist, gemeinsam gegen etwas zu sein als gemeinsam für etwas. Jakob Kaiser und ich hatten in der Abwehr des Separatismus im Rheinland wie in der Bekämpfung des Nationalsozialismus in vollster Harmonie zusammengestanden. Jetzt, wo es sich um positive Schritte für einen neuen Aufbau in der Politik unseres Landes handelte, entwickelten sich immer häufiger erhebliche Meinungsverschiedenheiten zwischen uns. Ich will nicht auf Einzelheiten eingehen. Vieles davon

ist in dem schon wiederholt erwähnten Buch von Kosthorst zu lesen. Ich war der gleichen Überzeugung wie Bundeskanzler Adenauer, daß eine Wiedervereinigung Deutschlands in Frieden und gesicherter Freiheit, wenn überhaupt, nur auf dem Wege einer engen Bindung der Bundesrepublik Deutschland an den Westen, letzten Endes nur über ein vereinigtes Europa zu erreichen sei. Ich bejahte deshalb alle in diese Richtung zielenden Schritte. Die politische Grundhaltung Adenauers, die mit meiner Überzeugung übereinstimmte, hat Bruno Bandulet zutreffend mit den Worten charakterisiert: „Adenauer ordnete das Ziel der Wiedervereinigung Deutschlands den Werten Souveränität und Sicherheit unter, weil er die Wiedervereinigung um den Preis eines ständig gefährdeten, handlungsunfähigen Deutschland nicht wollte. Er traute einem wiedervereinigten, neutralisierten Deutschland nicht die Kraft zu, diesen Gefahren zu entgehen.“[10]

Jakob Kaiser hielt mir dann gelegentlich in seiner etwas pathetischen Art vor: „Wodurch hat Konrad Adenauer es um Franz Thedieck verdient, daß er sich so für dessen Politik engagiert?“ Ich konnte ihm nur antworten: „Um Thedieck hat Konrad Adenauer das nicht verdient. Aber Franz Thedieck ist für Konrad Adenauers Politik, weil er sie einfach für richtig hält.“ Manches Mal mußte ich mich mit dem Gedanken befassen, ob es nicht richtig sei, von meinem Amt zurückzutreten. Aber es wäre auch wohl für meinen Freund Jakob Kaiser nicht förderlich gewesen, wenn ich mein Entlassungsgesuch hätte begründen müssen, ich träte zurück, weil ich für die Politik des Bundeskanzlers sei.

Konrad Adenauer, Jakob Kaiser und die Saarpolitik könnte man ein weiteres Kapitel überschreiben. Hierzu ist in der einschlägigen Literatur[11] einiges veröffentlicht worden, dem ich schwerlich zustimmen kann, dem ich aber zum Teil deshalb nicht entgegentreten kann, weil ich als Beamter mich an die Geheimhaltung bestimmter Tatbestände zu halten gezwungen bin.

Die Saar-Frage war eine Angelegenheit der Außenpolitik, doch war es notwendig, auch die innerpolitischen Voraussetzungen für eine im deutschen Sinne positive Lösung zu schaffen. Das erstere war Sache des Bundeskanzlers, der bis Mitte des Jahres 1955 auch die Geschäfte des Außenministers führte, das zweite war Aufgabe des Bundesministers für gesamtdeutsche Fragen. In seinen „Erinnerungen“ hat Konrad Adenauer seine Absichten so präzisiert: „Ich hatte immer eines der wichtigsten Ziele der deutschen Außenpolitik darin gesehen, auf die Dauer zu einem Verhältnis der guten Nachbarschaft mit Frankreich zu gelangen. An diesem Ziel mußte trotz aller Schwierigkeiten, Rückschläge und Enttäuschungen festgehalten werden. Unablässige Mühen waren notwendig und auch Opfer, weil ohne eine freundschaftliche Gestaltung des französisch-deutschen Verhältnisses ein Zusammenwachsen Europas undenkbar war, weil sonst der Westen nicht die Geschlossenheit erreichen konnte, die er für seine Verhandlungen mit dem Osten dringend benötigte. Die Verständigung mit Frankreich war die wesentliche Voraussetzung für die Einigung des Westens.“[12] Das Bundesministerium für gesamtdeutsche Fragen sah in der Saar-Frage seine primäre Aufgabe, und zwar auch unter dem Gesichtspunkt einer Regelung als Modell für die eigentliche Wiedervereinigung, darin, bei den Menschen im Saarland die Bereitschaft zu wecken und zu stärken, sich zur Rückkehr nach Deutschland zu bekennen und den Führern der sich für dieses Ziel einsetzenden Gruppen die finanziellen und sonstigen erforderlichen Hilfsmittel an die Hand zu geben und zugleich im ganzen Gebiet der Bundesrepublik Deutschland Verständnis für die Notwendigkeit einer Lösung der Saar-Frage zu fördern.

Bundeskanzler Adenauer, der davon überzeugt war, daß die Saar-Frage nur mit Geduld und in vernünftiger Entwicklung zu lösen sei, hatte mit Recht immer Sorge davor, daß „nationalistische Überheblichkeit und nationalistische Phrasen" seine vorsichtige Saarpolitik gefährlich stören könnten. Das Bundesministerium für gesamtdeutsche Fragen konnte nicht immer verhindern, daß bei den von ihm geförderten Institutionen sich solche Töne einmischten. Das führte natürlich häufig zu Spannungen zwischen dem Bundeskanzler und dem Bundesminister für gesamtdeutsche Fragen. Man konnte es dem Bundeskanzler auch wirklich nicht verdenken, wenn er Anstoß daran nahm, daß ein Referent des Ministeriums die Politik Adenauers gegenüber einem Außenstehenden als separatistisch bezeichnete. Auch die Sprache, der sich die vom Bundesministerium für gesamtdeutsche Fragen geförderte „Deutsche Saarzeitung" zeitweilig bediente, war nicht zu verteidigen. Als sich im Verlauf des Kampfes um das Saarstatut der ebenfalls vom Ministerium finanzierte „Deutsche Saarbund" erlaubte, in Bonn Plakate anzukleben mit dem Text „Die Saar bleibt deutsch – fort mit den Separatisten" und „Kain wo ist Dein Bruder Abel? Adenauer wo ist die Saar?", war das Maß des Erträglichen weit überschritten. Ich machte den dafür Verantwortlichen klar, daß sie mit keinerlei Förderung mehr zu rechnen hätten. Was ich gesagt hatte, war dann schon in der nächsten Ausgabe des „Spiegel" nachzulesen. Daß Bundeskanzler Adenauer Minister Kaiser dann schriftlich darauf hinwies, weitere Unterstützungen für den Saarbund seien nicht mehr mit den von ihm aufgestellten Richtlinien der Politik zu vereinbaren, war nicht mehr als selbstverständlich.

In der Frage des deutsch-französischen Saarabkommens vom 23. Oktober 1954 hatten Jakob Kaiser und ich unterschiedliche Auffassungen. Kaiser stimmte im Kabinett gegen das Abkommen und enthielt sich am 27. Februar 1955 im Bundestag der Stimme. Ich war für die Annahme des Abkommens, war aber gleichzeitig der Auffassung, daß alles geschehen müsse, um die Bewohner des Saarlandes zu veranlassen, bei der im Abkommen vorgesehenen Volksabstimmung das Saarstatut abzulehnen. Ganz abgesehen von der wichtigen Tatsache, daß die Franzosen bei den Verhandlungen über die Pariser Verträge, die der Bundesrepublik Deutschland die Souveränität bringen sollten, ihre Zustimmung vom vorherigen Abschluß des Saarabkommens abhängig gemacht hatten, brachte dieses Abkommen entscheidende Vorteile für das Saarland. Die verbotenen politischen Parteien wurden wieder zugelassen, Zeitungen und Versammlungen wurden einer Genehmigung nicht mehr unterworfen, innerhalb von drei Monaten war ein Landtag in freien Wahlen zu wählen und für den Fall einer Annahme des Saarstatuts war eine Sicherung eingebaut, daß Bestimmungen im Friedensvertrag über die Saar im Wege der Volksbefragung der Billigung durch die Saarbevölkerung unterliegen sollten, die sich hierbei ohne irgendwelche Beschränkungen aussprechen können sollte.

Wie ich schon erwähnte, war ich im Gegensatz zu Jakob Kaiser für die Annah-

me des Saarabkommens, in Übereinstimmung mit ihm aber dafür, daß die Saarländer sich bei der Volksabstimmung für ein „Nein" zum Saarstatut aussprechen sollten. Bundeskanzler Adenauer, der in schwierigsten Verhandlungen mit Ministerpräsident Mendès-France die Bestimmungen des Saarstatuts ausgehandelt hatte, konnte sich selbstverständlich öffentlich nicht für eine Ablehnung dieses Statuts aussprechen. Daß er, insbesondere in seiner Rede am 2. September 1955 in Bochum, die Annahme des Saarstatuts empfahl, was ihm ein hohes Maß an Unpopularität in der Bundesrepublik, besonders aber im Saarland, eintrug, ist aber wahrscheinlich entscheidend gewesen für die Haltung der Franzosen nach der Volksabstimmung am 30. Oktober 1955, in der 67,7% der Abstimmungsberechtigten mit „Nein" stimmten. Die Franzosen hatten vor der Abstimmung immer erklärt, daß eine Ablehnung des Saarstatuts, die Weiterführung des Status quo ante bedeuten würde, also wieder völlige Unfreiheit der Menschen an der Saar. Die Haltung Adenauers einerseits und das Ergebnis der Abstimmung andererseits veranlaßte die französische Regierung dann dazu, sich, wie es Adenauer in seinen „Erinnerungen" schreibt, in großzügiger Weise bereit zu finden, „den Willen der Saarbevölkerung zu respektieren, sobald dieser bekundet war"[13].
Im Gegensatz zu der Darstellung der Saar-Frage durch Heinrich Schneider, der kurz nach Vollendung seines schon erwähnten Buches starb, so daß eine Auseinandersetzung mit ihm nicht mehr möglich war, und die ich wirklich bei aller Anerkennung seiner Verdienste als Motor des deutschen Saarkampfes nur als nationalistisch bezeichnen kann, bin ich davon überzeugt, daß es die großartige weitsichtige und abgewogene Politik Adenauers war, die letzten Endes die Rückgewinnung des Saarlandes mit Zustimmung Frankreichs ermöglicht hat. Mit dieser Feststellung will ich nicht den großen Anteil schmälern, den Jakob Kaiser an dem so überraschend erfreulichen Ausgang der Volksabstimmung über das Saarstatut hatte.
Leider erkrankte Bundesminister Kaiser schon im folgenden Jahr sehr schwer. Er konnte nicht mehr in sein Amt zurückkehren, starb aber erst am 7. Mai 1961. Für mich war es beruhigend, daß bei vielen Besuchen an seinem Krankenbett die frühere Harmonie unserer Beziehungen wiederhergestellt wurde.
Nach der Bundestagswahl im Herbst 1957 übernahm Ernst Lemmer das Amt des Bundesministers für gesamtdeutsche Fragen, das er bis zum Dezember 1962 behielt. Auch diese Jahre waren nicht ohne gewisse Spannungen zwischen dem Bundeskanzler und dem Minister, in die ich natürlich verwickelt war. Doch verliefen sie weniger dramatisch, da Ernst Lemmer keine Kämpfernatur wie Jakob Kaiser war. Im Dezember 1962 wurde Dr. Rainer Barzel Bundesminister für gesamtdeutsche Fragen. Er blieb es bis zum Ende der Kanzlerschaft Konrad Adenauers am 15. Oktober 1963. Seine leider zu kurze Ministertätigkeit verlief in voller Harmonie mit dem Bundeskanzler und auch mit mir als seinem Staatssekretär.
14 Jahre war ich Staatssekretär in der Bundesregierung bei drei Bundesministern. Ich habe die Zeit, in der Konrad Adenauer Bundeskanzler war, vom ersten bis zum letzten Tag miterlebt. In vielen Kabinettsitzungen, in anderen Sitzungen im großen oder im kleineren Kreis konnte ich seine überlegene Führungskraft immer wieder bestaunen. Konrad Adenauer konnte sehr

aufmerksam zuhören, wenn der Vortragende seine Gedanken präzise und überzeugend vortrug. Nach längeren Ausführungen auch schwierigster Sachverhalte erkannte er mit sicherem Gespür sofort etwaige schwache Punkte in der Beweisführung. Mit wenigen knappen Fragen vermochte er jeden Vortragenden, sei es ein Minister, sei es ein Staatssekretär, aus dem Konzept zu bringen, wenn der Betreffende nicht ganz sattelfest war. Bei kontroversen Diskussionen neigte er gelegentlich dazu, auch zutreffende Argumente, die ihm nicht in seine Vorstellungen paßten, zunächst abrupt abzulehnen. Später merkte man aber, daß er die Richtigkeit eingesehen und bei seiner Entscheidung berücksichtigt hatte.

Konrad Adenauer schätzte im ganzen die Staatssekretäre der Bundesregierung – es gab damals nur beamtete Staatssekretäre, den parlamentarischen Staatssekretär kannte man noch nicht – ziemlich hoch. Rudolf Wildenmann hat in seinem Buch „Macht und Konsens als Problem der Innen- und Außenpolitik“[14] Adenauers Wertschätzung der Staatssekretäre als „Politiker im Ornat höherer Beamter“ zutreffend gekennzeichnet. Seine positive Bewertung der Arbeit der Staatssekretäre wurde besonders deutlich beim Empfang anläßlich seines Geburtstages am 5. Januar 1963, dem letzten, den er als aktiver Bundeskanzler beging. Ich hatte ihm als dienstältester Staatssekretär die Glückwünsche meiner Kollegen überbracht. Dabei nahm ich einige Zeitungsaufsätze, in denen kurz vorher von einer Neben- oder Gegenregierung der „Gewerkschaft der Staatssekretäre“ gesprochen worden war, zum Anlaß, einige Ausführungen über die Position der Staatssekretäre zu machen. Ich legte dar, daß es ihre Aufgabe sei, die Sachentscheidungen der Minister oder des Kabinetts vorzubereiten durch ein klares Aufzeigen des Für und Wider und die Vorbereitung eines Entscheidungsvorschlags. Sobald die Minister oder das Kabinett entschieden hätten, gäbe es für die Staatssekretäre als die verantwortlichen Leiter der Exekutive nur die Verpflichtung, die Beschlüsse loyal zu realisieren. Es sei denn, es beständen schwerwiegende Bedenken, die dann nur durch das Angebot des Rücktritts vom Amt zu lösen seien. In seiner Antwort pflichtete Adenauer mir voll und ganz bei. Er fuhr dann fort, er habe gar nichts von dieser Neben- oder Gegenregierung gewußt. Oft schiene ihm aber solch eine Nebenregierung gar nicht so abwegig; denn er habe festgestellt, daß die Staatssekretäre vielfach sehr viel objektiver und sachgerechter an die Dinge heranträten, als die Minister, die manchmal dazu neigten, allzu emotional oder durch kurzsichtige Überlegungen bestimmt zu entscheiden.

Adenauer griff dann die Bemerkung von der „Gewerkschaft der Staatssekretäre“ auf und meinte, wenn die Staatssekretäre eine Gewerkschaft bildeten, hätten sie ja auch ein Streikrecht. Ich erwiderte, es könne sich da aber höchstens um Sitzstreiks handeln, den Begriff des „Dienstes nach Vorschrift“ hatte man damals noch nicht erfunden. Adenauer erzählte daraufhin beim Glas Sekt, als er noch die Geschäfte des Außenministers geführt habe, seien er und seine Kollegen durch eine mehrtägige Ministerkonferenz sehr verärgert gewesen. Damals habe er vorgeschlagen, die Außenminister sollten doch in einen Sitzstreik treten. Da habe der luxemburgische Minister Bech geantwortet, in ihrem Beruf sei ein Sitzstreik nicht zweckmäßig, es gäbe da zuviel Streikbrecher.

Als Konrad Adenauer im Oktober 1963 aus dem Amt schied, reichte ich mein Rücktrittsgesuch ein. Sowohl Professor Erhard wie insbesondere Bundespräsident Lübke, der das Gesuch genehmigen mußte, waren mit meinem Schritt in keiner Weise einverstanden. Ich will meine Gründe hier nicht wiedergeben. Als ich aus meinem Amt ausgeschieden war, besuchte ich Konrad Adenauer in seinem neuen Büro im Bundesratsflügel des Bundeshauses. Auch er war über meinen Schritt gar nicht zufrieden. Er war der Meinung, ich hätte die Stellung solange wie möglich auch unter dem neuen FDP-Minister halten sollen. Es bedurfte langer Ausführungen, um ihn von der Richtigkeit meines Entschlusses zu überzeugen.

Als ich dann anschließend zusammen mit meinem ebenfalls aus dem Amt geschiedenen Kollegen Professor Müller-Armack den Vorsitz der Konrad-Adenauer-Stiftung übernahm, war er allerdings der Meinung, diese neue Aufgabe sei eigentlich noch wichtiger als die Arbeit eines Staatssekretärs. Ihm war damals wohl sehr bewußt, daß die CDU die politische Bildungsarbeit, insbesondere die Heranbildung politischer Nachwuchskräfte, allzusehr vernachlässigt hatte.

Anläßlich meines 60. Geburtstages hatte der sonst immer sehr gut informierte Leiter des Bonner Büros der „Welt", Georg Schröder, geschrieben: „Staatssekretär Franz Thedieck hatte allezeit das Vertrauen Konrad Adenauers. Darauf gestützt, hat er seit dem 21. September 1949 die Zügel im Gesamtdeutschen Ministerium immer fest in seiner Hand gehabt."[15] Daß das mit dem vorher geschilderten Streit um meine Ernennung nicht in Einklang zu bringen ist, liegt auf der Hand. Aber immerhin hatten meine Beziehungen zu Bundeskanzler Adenauer im Lauf der langen Jahre eine kontinuierliche Entwicklung zum Besseren gehabt. So war ich sehr froh, als Konrad Adenauer mir in einem Brief zu meinem 65. Geburtstag u. a. schrieb: „Aus Anlaß der Vollendung Ihres 65. Lebensjahres sende ich Ihnen herzliche Glück- und Segenswünsche. Ich verbinde damit meinen Dank und meine Anerkennung für die langjährige Mitarbeit in der von mir geleiteten Bundesregierung. Ich habe mich besonders gefreut, daß Sie sich später für die Leitung der Konrad-Adenauer-Stiftung zur Verfügung gestellt haben, und bin überzeugt, daß unter Ihrer bewährten Mitwirkung diese Einrichtung eine gute Entwicklung haben wird."

Ich möchte zum Schluß wiederholen, was ich bei der Nachricht vom Tode Konrad Adenauers in einem ersten Gedenkwort als Intendant des Deutschlandfunks gesagt habe: Konrad Adenauer ist in meinem Leben die große zentrale Persönlichkeit gewesen, der ich immer – auch in Stunden bedeutender Meinungsverschiedenheiten – mit rückhaltloser Verehrung gegenübergestanden habe. Von meiner ersten dienstlichen Begegnung im Jahre 1923 bis zu meinem letzten Zusammentreffen mit ihm im Jahre 1967 habe ich jedes Mal den unauslöschlichen Eindruck gehabt, einer wahrhaft großen Persönlichkeit gegenüberzustehen.

1 Stuttgart 1975.

2 Vgl. Poppinga, S. 27.

3 Vgl. Karl Dietrich Erdmann, Adenauer in der Rheinlandpolitik nach dem Ersten Weltkrieg, Stuttgart 1966.

4 Vgl. Heinrich Brüning, Memoiren 1918–1934, Stuttgart 1970, S. 18.

5 Stuttgart–Berlin–Köln–Mainz 1972.
6 München 1973.
7 Vgl. Felix von Eckardt, Ein unordentliches Leben. Lebenserinnerungen, Düsseldorf–Wien 1967, S. 244.
8 Vgl. Bundeshaushaltsplan für das Rechnungsjahr 1955, Berlin–Bonn 1955, S. 1854.
9 Vgl. Kosthorst, S. 141.
10 Vgl. Bruno Bandulet, Adenauer zwischen West und Ost. Alternativen der deutschen Außenpolitik, München 1970, S. 113.
11 Vgl. u.a. Robert H. Schmidt, Saarpolitik 1945–1957, 3 Bde., Berlin 1959–1962 und Heinrich Schneider, Das Wunder an der Saar, Stuttgart 1974.
12 Vgl. Konrad Adenauer, Erinnerungen 1953–1955, Stuttgart 1966, S. 365.
13 Vgl. Konrad Adenauer, Erinnerungen 1955–1959, Stuttgart 1967, S. 278.
14 Frankfurt am Main–Bonn 1963.
15 Vgl. Die Welt vom 26. September 1960.

JOHANN BAPTIST GRADL

Adenauer und Berlin

Als ich einen Beitrag zum Berlinverhältnis Konrad Adenauers zusagte, tat ich es u. a., weil ich dem herausfordernden Thema nicht ausweichen wollte. Bei der Arbeit zeigte sich, daß es noch erheblich schwieriger ist, als ich gedacht hatte. Der Bezugspunkt Berlin war in den Lebzeiten Adenauers von vielfältigen und tragischen Abläufen deutscher Geschichte beherrscht. Sie wirken auf das Thema ebenso komplizierend ein wie die Tatsache, daß Konrad Adenauer ein halbes Jahrhundert lang unter sehr verschiedenen Verantwortungen zur Führungsschicht deutscher Politik gehörte. Man muß alles in seinen größeren Zusammenhängen betrachten, um dem Thema sachlich und menschlich einigermaßen gerecht zu werden.

In der Polemik politischer Gegner stellt sich das Berlinverhältnis Adenauers simpel negativ dar: Adenauer sei gegen Berlin, gegen das Deutschland östlich der Elbe und – daraus folgend – gegen die Wiedervereinigung gewesen.

Tatsächlich gibt es aus Äußerungen und Verhaltensweisen Adenauers Belege dafür, daß sein Verhältnis zu Berlin schwierig war. Voreingenommenheiten und Abneigungen sind unbestreitbar. In einem Brief an Jakob Kaiser vom 24. Mai 1946 vertritt er die Auffassung, Berlin könne nicht als deutsche Hauptstadt in Frage kommen, „gleichgültig ob besetzt oder nicht besetzt"[1]. Ein so gründlicher und wissenschaftlich nüchterner Analytiker des Politikers Adenauer wie Rudolf Morsey spricht schlicht von „Adenauers bekannter Distanz zu Berlin". Aber Morsey fügt in einem Atemzug hinzu „und zu Preußen"[2].

Mit dieser Ergänzung wird etwas Wichtiges deutlich. Nicht Berlin an sich ist für Adenauer das Problem, sondern Berlin in bestimmten Zusammenhängen, Funktionen und Zeitlagen. Seine „Distanz" bezieht sich auf bestimmte Kräfte und Gruppen, Denkweisen und Einstellungen, Handlungen und Wirkungen, die jedenfalls nach Adenauers Meinung in Berlin ihr Zentrum und von dorther ihre Effektivität hatten. Dies feststellen heißt nicht, die „kritische Distanz" rechtfertigen. Aber wenn man sie werten will, muß man differenzieren. In Adenauers Berlinverhältnis spiegeln sich die geistigen Spannungen und politischen Nöte, die sich für Deutschland in den letzten anderthalb Jahrhunderten ergeben haben und in denen Berlin als Hauptstadt Preußens und Deutschlands notwendig eine herausragende Rolle zu spielen hatte.

Konrad Adenauer kam aus einer geistigen und politischen Landschaft, die während des ganzen 19. Jahrhunderts in einem Spannungsverhältnis zum preußischen Staat und seinen herrschenden Kräften stand. Mit der Zusammenfassung des Rheinlandes und seiner Eingliederung als Rheinprovinz 1815 kam in das protestantisch bestimmte Königreich Preußen nach Schlesien ein weiteres vorwiegend katholisches Gebiet. Seine Führungsschicht war selbstbewußt. Hintergrund bildeten ein gutes Jahrtausend abendländischer Geschichte und der kräftige industrielle Aufstieg im 19. Jahrhundert. Preußen-Berlin aber beging Torheiten, die nur mit der räumlichen und geistigen Ferne zu erklären sind.

Bereits 1834/37 kam es zu massiver Spannung im „Kölner Kirchenstreit", in dem preußisch-protestantisches Staatsbewußtsein und nach der Säkularisation sich neu formierender Katholizismus aufeinanderstießen. Als Konrad Adenauer 1876 geboren wurde, war der 1871/72 von Bismarck entfachte Kulturkampf in vollem Gange. 1876 waren alle preußischen Erzbischöfe und Bischöfe abgesetzt oder ins Ausland geflüchtet. Die Freiheit der Predigt wurde eingeengt, Orden wurden aufgehoben, die kirchliche Disziplinargewalt beschränkt, nationalkirchliche Tendenzen (Altkatholiken) gefördert. Anstoß hatten Lehrvorschriften des Vatikans und das Unfehlbarkeitsdogma des Konzils 1869/70 gegeben. Preußen-Berlin sah in den Vorschriften eine Einmischung. Bismarck, die treibende Kraft des Kampfes, hatte – so meint man – für das neugegründete Reich Befürchtungen im Hinblick auf die „katholische Kirche und den politischen Katholizismus, der die kleindeutsche Lösung und das altpreußische Staatsdenken ablehnte"[3]. In Abwehr des Kulturkampfes entstand 1872 der „Verein der deutschen Katholiken". 1886 begann eine spürbare Entspannung, aber erst 1891 waren die wesentlichen Kulturkampfgesetze aufgehoben. Es dauerte bis 1905, daß erstmalig ein Katholik zum Oberpräsidenten der Rheinprovinz ernannt wurde.

Solcherart war die rheinische Atmosphäre, in der die Generation Konrad Adenauers aufwuchs. 20 Jahre erbitterten Ringens graben tiefe Spuren in Bewußtsein und Unterbewußtsein, gewiß auch bei Konrad Adenauer. Adenauer kam ja aus einer aktiv katholischen Familie. Aller Wandel im Leben Konrad Adenauers hat nichts an dieser seiner religiösen Prägung geändert.

Wenn aber von diesem Geschehen her Schatten auf Berlin gefallen sind, dann nicht, weil Berlin Berlin ist. Sondern zunächst, weil eben dort die gegnerische Führung des Kulturkampfes ihren Sitz hatte, jener harten langen Auseinandersetzung zwischen Staatsmacht und Staatszentrale einerseits, kirchlich-religiösem Eigendasein und traditionellem Selbstbewußtsein andererseits. Zum anderen aus der von Berlin her gestalteten Politik. Frau Poppinga, seine langjährige Sekretärin und Mitarbeiterin, berichtet aus einem Gespräch, in dem Adenauer nach seinem Ausscheiden aus dem Kanzleramt rückblickend sagte:

Die Innenpolitik Bismarcks sei oft ein Streitpunkt im Elternhaus gewesen. Der Vater hätte Bismarck verehrt, er aber nicht. Namentlich die Sozialistengesetze hätten ihn empört. Durch sie habe Bismarck die Sozialisten und die Arbeiterschaft in eine Rolle gedrängt, die es auf lange Zeit verhinderte, daß sie sich als Bürger des Deutschen Reiches mit entsprechender Verantwortungsbereitschaft empfanden. Und die Bedeutung, die Konsequenzen des Kulturkampfes, den er den Katholiken aufzwang, habe Bismarck nicht richtig eingeschätzt. „Außenpolitisch war Bismarck klug und weitblickend, von seiner Innenpolitik kann man das nicht sagen."[4]

Wie Adenauer sich als Deutscher, aber eben als deutscher Rheinländer verstand, wie sehr er speziell in Köln wurzelte, hat er 1951 bei der Verleihung des Ehrenbürgerrechtes der Stadt Köln so ausgedrückt: Was ich bin, „das ist gewachsen auf diesem Boden und geformt worden von seiner Umgebung und in dieser Atmosphäre"[5]. Dieser so geformte Mann nun wurde 1917 Oberbürgermeister der Stadt Köln, nach Berlin der größten Stadt Preußens. Damit fängt auch die Kette der verschiedenen Phasen an, in denen man das Verhältnis Adenauers zu Berlin sehen muß. Es sind

1. die Weimarer Zeit (1919–1933),
2. die Nachkriegsjahre des Übergangs (1945–1949) und
3. die Zeit als Bundeskanzler (1949–1963).

Die Weimarer Zeit (1919–1933)

Köln wurde nach dem Zusammenbruch von 1918 durch die britisch-französische Besetzung des Rheinlandes zu einem politischen Mittelpunkt. Das Verlangen Frankreichs nach Loslösung des Rheinlandes vom Deutschen Reich, separatistische Tendenzen, die wachsenden Gegensätze zwischen Frankreich, Großbritannien und den USA über ihre Deutschlandpolitik, die französische Besetzung des Ruhrgebietes, dazu die politischen Wirren und Kämpfe im Reich und die zunehmende wirtschaftliche Zerrüttung – dies alles trug zwangsläufig dazu bei, dem Oberbürgermeister der westdeutschen Metropole, des Zentrums des exponierten und fremdbesetzten Rheinlandes, eine Verantwortung, aber auch einen Rang zuzuweisen, die weit über Kommunalpolitik hinausgingen. Der Kölner Oberbürgermeister kam in das volle Rampenlicht der allgemeinen Politik und wurde politisch gefordert. Das deutsche Schicksal des Rheinlandes stand auf dem Spiel; damit wurde er für Berlin als Sitz der Reichsregierung und der preußischen Regierung in besonderer Weise zum Partner. Beide Seiten waren füreinander keine bequemen Kontrahenten.

In einer Aufzeichnung von Adenauer über die politische Lage innerhalb des deutschen Katholizismus vom 9. November 1922 finden sich Sätze wie diese: „Manchen katholischen Kreisen fällt es schwer, das richtige Verhältnis zur heutigen Staatsform zu finden. Sie können sich nicht dazu entschließen, unter Beiseitelassung gefühlsmäßiger Erwägungen und Erinnerungen sich entschieden auf den Boden der Tatsachen zu stellen und auf diesem Boden mitzuarbeiten [...] In Bayern wird in manchen Kreisen der Gedanke erwogen, ein süddeutsches Königtum unter Duldung Frankreichs zu schaffen. Diejenigen, die mit diesem Gedanken umgehen, machen sich keine Skrupel daraus, daß ein solcher Schritt die Auflösung des Reiches und damit fast automatisch die Annexion der Rheinlande durch Frankreich zur Folge haben würde."[6]

Diese Sätze wurden unter dem Eindruck von schweren Entgleisungen auf dem deutschen Katholikentag in München im August 1922, dessen Präsident er war, und vor der französischen Ruhrbesetzung des Januar 1923 geschrieben. Erst durch „energischstes Verlangen" erreichte Adenauer, daß in München die schwarz-rot-goldene Reichsflagge gezeigt wurde. Seit dem 7. Mai 1921 als Präsident des Preußischen Staatsrates einer der obersten Drei Preußens (zusammen mit dem preußischen Ministerpräsidenten und dem Präsidenten des Preußischen Abgeordnetenhauses), stand Adenauer fest auf dem Boden der republikanischen Verfassung. Das hinderte nicht, daß er immer schwierig war, übrigens auch für seine Partei, das Zentrum. Er vertrat seinen jeweiligen

Standpunkt hartnäckig und war auch damals in der Praktizierung seines Willens nicht „pingelig".

Seine ehrgeizigen Pläne für den Ausbau und die Schönheit Kölns finanzierte Adenauer durch immense Verschuldung über kurzfristiges Auslandsgeld und die Landesbank der Rheinprovinz. Das brachte ihn in der Bankenkrise 1930/31 mit seinem Parteifreund, dem damaligen Reichskanzler Brüning, in schweren Konflikt. Brüning sei, so schreibt Morsey, noch Jahrzehnte später verärgert gewesen, „daß es die preußische Regierung wegen des politischen Ansehens von Adenauer nicht gewagt habe, ihr Aufsichtsrecht über das Finanzgebaren der Stadt Köln auszuüben"[7]. Im eigenen Bereich vermochte Adenauer sich eben hier wie sonst durchzusetzen. Seine Position als Oberbürgermeister von Köln war nie ernsthaft bestritten. Seine Widersacher aber saßen in der Regel in – Berlin, im Herrschafts- und Verwaltungszentrum Preußens und des Reiches.

Kritisch-negative Betrachtungen des Verhältnisses von Adenauer zum Reich, zu Preußen und Berlin stützen sich vor allem auf die ersten Jahre der Weimarer Republik und der alliierten Besetzung des Rheinlandes. Damals, in den Wirren des Kriegsendes und der Nachkriegsnöte, rührten sich im Rheinland, das als Rheinprovinz von Wesel bis vor die Tore von Mainz reichte, kleine, aber aktive Gruppen mit dem Ziel der Loslösung vom Reich, der Verselbständigung und einer Verbindung mit Frankreich. Diese separatistische Bewegung hatte ihren Nährboden in der Erinnerung an frühere Spannungen mit der preußischen Herrschaft, in den Unruhen und Kämpfen im Reichsgebiet („Spartakistenunruhen"), in der radikalen laizistischen Kulturpolitik der ersten preußischen Revolutionsregierung, in Sorge vor französischem Reparationsdruck und nicht zuletzt in französischer Unterstützung. Dem allen stand eine geschwächte Zentralgewalt gegenüber. Der Oberbürgermeister von Köln hatte damit, ob er gewollt hätte oder nicht, ob Adenauer oder ein anderer, eine Schlüsselstellung und hohe nationale Verantwortung.

In jener Situation – so berichtet Weymar in seiner autorisierten Biographie nach den Aussagen eines Augen- und Ohrenzeugen[8] – lud Adenauer führende Persönlichkeiten des Rheinlandes, Bürgermeister und Abgeordnete in das Rathaus von Köln ein, am 1. Februar 1919. In einer dreistündigen Rede stellte er die nunmehrigen Positionen und Interessen Frankreichs, Großbritanniens und der USA gegenüber Deutschland dar, wie er sie sah. Seinen Lagebericht faßte er in die Frage zusammen, ob es angesichts der deutschen Ohnmacht „überhaupt eine Lösung gibt, die den Forderungen Frankreichs Genüge tut und doch eine derartige Schädigung Deutschlands vermeidet, wie sie mit der Abtretung des linken Rheinufers notwendigerweise verbunden sein würde".

Adenauer gab – so der Berichterstatter – die Antwort „Schaffung einer westdeutschen Republik im Verbande des Deutschen Reiches". Dem Bericht zufolge waren seine Hauptargumente für diesen Plan: „Preußen ist nach Ansicht unserer ehemaligen Gegner das Land, das zu diesem Kriege getrieben hat. Preußen wird nach ihrer Auffassung von einer militärischen Kaste und dem Junkertum beherrscht, und Preußen beherrscht Deutschland [...] Die öffentliche Meinung des Auslandes fordert deshalb: Preußen muß geteilt werden. Geschähe das, würden die westlichen Teile Deutschlands zu einem Bundesstaat, der westdeutschen Republik zusammengeschlossen, so würde damit nach Ansicht der anderen Länder die Beherrschung Deutschlands durch ein vom Geiste des Ostens, vom Militarismus beherrschtes Preußen unmöglich gemacht."

Die Versammlung bildete einen Ausschuß, Adenauer wurde Vorsitzender, der Auftrag der Versammlung lautete: „Da die Teilung Preußens ernsthaft erwogen wird, übertragen wir dem von uns gewählten Ausschuß die weitere Bearbeitung der Pläne auf Errichtung einer westdeutschen Republik im Verbande des Deutschen Reiches und auf dem Boden der von der Deutschen Nationalversammlung zu schaffenden Reichsverfassung." Zusammengerufen hat Adenauer den Ausschuß nicht.

Damals gab es allgemein Überlegungen einer Neugliederung des Reiches. Die Weimarer Verfassung vom 11. August 1919 sah eine solche Möglichkeit vor, und tatsächlich erfolgten später territoriale Änderungen, z. B. die Bildung des Landes Thüringen aus den thüringischen Fürstentümern. Aber man sah eben in jenen kritischen Jahren für den Zusammenhalt des Reiches auch Gefahren, falls Preußen aufgelöst würde.

Auf dem X. Kongreß der christlichen Gewerkschaften Deutschlands am 21. November 1920 in Essen hielt der Vorsitzende Adam Stegerwald eine Rede über „Die christliche Arbeiterbewegung und die Lebensfragen des deutschen Volkes". Die Rede, an deren Konzeption Heinrich Brüning wesentlich mitgearbeitet hatte, hat damals zu Recht Aufsehen erregt. Sie war übrigens auch ein Vorbote jener Gedanken und Aktivitäten, die 1945 zur Überwindung der konfessionellen Spaltung und Spannung im politischen Raum durch Gründung der Christlich-Demokratischen Union führten. Der Mainfranke Stegerwald – Mitglied der damaligen preußischen Regierung und wie der Rheinländer Adenauer führendes Mitglied der Zentrumspartei – sagte u. a.[9]:

„Die Herstellung des alten Preußens ist nicht mehr möglich und wird ohne Zweifel von der Mehrheit des preußischen Volkes und insbesondere des deutschen Volkes auch nicht gewünscht. Dies ist auch aus außen- und innenpolitischen Gründen nicht erreichbar. Wir müssen uns aber m. E. mit der gleichen Entschiedenheit gegen jene Kreise wenden, die meist aus gefühlsmäßigen Gründen die Zerschlagung Preußens nicht abwarten können, ohne sich Kopfzerbrechen darüber zu machen, was nachher wird [...] Gegenwärtig bildet Preußen durch seine Verwaltungseinheit noch einen geschlossenen Block für den Norden. Ist dieser Block aber in etwa ein Dutzend Staaten zerschlagen, dann werden die Strömungen, die wir schon seit längerer Zeit in Bayern zu beklagen haben, auch an vielen Stellen Norddeutschlands hervortreten. Wir würden in Norddeutschland Staaten mit kommunistischer und sozialistischer, andere mit rechtsgerichteter Mehrheit bekommen. Und wie dann [...] das Ganze zusammengehalten werden soll, darüber machen sich manche Kreise kein Kopfzerbrechen."

Daß Stegerwald bei diesen Ausführungen auch das Rheinland im Bewußtsein hatte, wird deutlich in einer Bemerkung zuvor: „Vor allem kann man, solange die Gefahr des Zerfalls des Reiches besteht, unter keinen Umständen den großen, heute einheitlichen, wenn auch künstlich geschaffenen Block der norddeutschen Verwaltungseinheit zerschlagen [...] Die Rheinprovinz war beispielsweise früher gar kein einheitliches Gebilde."

Betrachtet man die Positionen Adenauers und Stegerwalds nebeneinander – übrigens ist da Ähnlichkeit mit dem Kontrast von Adenauer und Kaiser nach 1945 unverkennbar –, so ist zunächst die klare Übereinstimmung in der Notwendigkeit der Einheit Deutschlands festzustellen. Nicht nur die Kölner Aussage Adenauers vom 1. Februar 1919, sondern auch sein Verhalten lassen bei fairer und sachlicher Betrachtung keinen Zweifel an seiner Reichstreue zu. Unter der finanziellen Last, die das Rheinland zumal infolge der französischen Ruhrbesetzung dem Reich auferlegte, spielte die damalige Reichsregierung unter Stresemann – um die Beendigung der totalen Inflation durch die Währungsreform des November 1923 nicht zu gefährden – mit dem Gedanken, das Rheinland eine Zeitlang sich selbst zu überlassen und die Verantwortung vor der Welt Frankreich zuzuschieben. Da war es Adenauer, der sich solcher „Versackungspolitik" hart – und mit Erfolg – widersetzte. In der Sitzung des Reichskabinetts warnte er leidenschaftlich: „Das Rheinland muß mehr wert sein als ein oder zwei oder selbst drei neue Währungen."[10]

Die Art, wie Adenauer in jener Kölner Versammlung am 1. Februar 1919 die Gesichtspunkte vortrug, lassen andererseits erkennen, daß er selbst von den Problemen der Vormachtstellung Preußens im Reich und des Verhältnisses zu Frankreich tief beeinflußt war. Die Gründe für eine Aufgliederung Preußens – von Adenauer als Überlegungen und Interessenbeschreibungen der fremden Mächte vorgebracht – sind so eindringlich formuliert, daß unverkennbar ist, Adenauer machte sie sich zu einem guten Teil selber zu eigen. Auf die Hauptstadt Preußens bezogen war das bei ihm bedingt durch die Übermacht, die Fehler und die Ungeschicklichkeiten des fernen Herrschafts- und Verwaltungszentrums. Kritisch kamen bei ihm die politisch-gesellschaftlichen Denkweisen bestimmter, in Berlin-Preußen einflußreicher Schichten hinzu. Der Kürze halber im Schlagwort ausgedrückt: das „Ostelbiertum", das die Weimarer Demokratie haßte, 1932 Brüning zu Fall brachte – und 1945 in Ostdeutschland eine besonders schreckliche Quittung erhielt. Ein Reichstagsmitglied jener Jahre, Heinrich Krone, hat mir erzählt, er werde nie vergessen, wie 1932 nach einer maßlos-hetzerischen Rede von Goebbels der ostpreußische Gutsherr und „Deutschnationale" von Oldenburg-Januschau auf Goebbels zuging und ihm die Hand drückte, der Reaktionär dem Demagogen.

Die Nachkriegsjahre des Übergangs (1945–1949)

Als 1945 in Deutschland politisch neu begonnen wurde, gab es keine preußische und deutsche Herrschaftsstruktur mehr. Berlin war als Hauptstadt Deutschlands Viermächtestadt geworden, aber es war nicht mehr deutsche, sondern alliierte Herrschaft, die hier ihr Domizil hatte. Deutschland selbst bestand aus Teilen, die voneinander getrennt waren, die sowjetisch besetzte Zone war – und blieb – radikal separiert. Das war die Wirklichkeit, in der die deutschen Politiker zunächst nur wenig Verbindung und Wissen mit- und voneinander hatten. In den Jahren zuvor hatten nicht wenige sich Gedanken über das künftige Deutschland gemacht – als einzelne oder als Gruppe. Aber als es soweit war, war alles noch viel schwerer und ungewisser, und die ideologische Spaltung der Welt schuf eine völlig neue politische Dimension gerade auch für die Deutschen. Sie mußten fertig werden mit dem Gegensatz von West und Ost, dessen weltanschauliche, politische und machtmäßige Frontlinien quer durch Deutschland gingen.

Im August 1944 war Konrad Adenauer im Konzentrationslager auf dem Kölner Messegelände inhaftiert. Weymar gibt folgenden Bericht eines Mitgefangenen über eine politische Äußerung Adenauers wieder: „Einzelner Gespräche kann ich mich gut erinnern. So entwickelte Adenauer einmal seine Ansicht über die politische Lage nach dem Kriege. Das unnatürliche Bündnis zwischen Amerika und Rußland würde dann zerfallen, erklärte er uns, die Welt würde aufgeteilt in einen demokratischen und einen kommunistischen Machtblock, und das besiegte Deutschland müsse sich diesmal endgültig für West oder Ost entscheiden, wenn es nicht zerrieben werden wolle zwischen den Mühlsteinen der Weltmächte."[11]

Damals konnte Adenauer noch von Politik Deutschlands sprechen … Die prinzipielle Fragestellung West oder Ost aber war ihm nicht neu. In den Jahren nach dem Ersten Weltkrieg – wenn auch in einer anderen Situation – hatte er sich bereits damit auseinandergesetzt. Westen, das hieß in jener Zeit für ihn Frankreich. Er war – wie z. B. seine schon zitierte Rede am 1. Februar 1919 im Kölner Rathaus zeigt – leidenschaftlich davon überzeugt, daß im Interesse der Zukunft Deutschland den Einklang mit Frankreich suchen müsse. Und Morsey berichtet, daß Adenauer seit 1925 das „Unstete und Schaukelnde" an der Außenpolitik Stresemanns kritisierte, in der Adenauer „eine klare Option zugunsten des Westens vermißte"[12].

Das deutsch-französische Verhältnis war für beide Länder – und nicht nur für sie – durch Jahrhunderte von entscheidender Bedeutung. Wer die Geschichte und einen historischen Atlas betrachtet, erkennt mühelos, was deutsch-französischer Gegensatz den deutschen Landschaften entlang des Rheins an Unruhe und Not gebracht hat. Bei jemandem, der so wie Adenauer im Rheinland wurzelt, ist es also verständlich, daß ihn diese geschichtliche Erfahrung fesselt. Sie hat ihn auch nach 1945 festgehalten.

In einem Interview mit „Associated Press" am 5. Oktober 1945 – einen Tag vor seiner Absetzung als Kölner Oberbürgermeister durch die Engländer – hat er sich kategorisch dafür eingesetzt, daß das Gesicht Gesamtdeutschlands dem Westen und nicht dem Osten zugewendet werden möge. „Das beste wäre, wenn die Russen nicht mittun wollen, sofort wenigstens aus den drei westlichen Zonen einen Bundesstaat zu bilden."[13]

Adenauer selber hat in einer eigenen Notiz über dieses Gespräch, die er in seinen Memoiren wiedergegeben hat, noch folgenden Satz: „Der von Rußland besetzte Teil sei für eine nicht zu schätzende Zeit für Deutschland verloren."[14] Wenn ihn jemand darauf aufmerksam gemacht hätte, daß damit Mitteldeutschland in derselben Gefahr des Versackens wäre, gegen das er sich für das Rheinland 1923 so hart gewehrt hatte, wäre seine Antwort wohl gemäß seiner nüchtern-pragmatischen Art gewesen: Jetzt komme es darauf an, dort, wo man könne, das Notwendige und Vernünftige zu tun, und das sei außerhalb des sowjetischen Bereiches in Deutschland; das Weitere werde man sehen. Man muß bei der Bewertung Adenauerscher Äußerungen immer jene reservatio in Rechung stellen, die er oft geäußert hat und die er in seinen „Erinnerungen“ so formuliert hat: „Die politische Geschichte zeigt, daß ständig alles in Fluß ist und politische Verhältnisse sich sehr schnell ändern können.“[15] Kennzeichnend für seine politische Taktik und Praxis ist auch eine Aussage von ihm zur Europapolitik, die Frau Poppinga berichtet: „Man muß eben auch Geduld haben, Geduld und nochmals Geduld. Und man muß nicht von vornherein mit fertigen Lösungen an die Dinge herangehen wollen. Perfektionismus kann gerade hier genauso hemmend wirken, wie wenn man nun einfach die Hände in den Schoß legt und nichts tut. Wenn die erreichte Lösung nicht ideal ist, so ist sie aber doch wenigstens ein Anfang, und die Weiterentwicklung wird sich dann schon finden.“[16]

Jedenfalls konzentrierte sich in der Folgezeit Adenauer rebus sic stantibus darauf, Deutschland in den drei westlichen Besatzungszonen und durch ihre Zusammenfassung handlungsfähig zu machen. An Oberbürgermeister Weitz, Duisburg, schreibt Adenauer am 31. Oktober 1945 u. a.: „Zum staatsrechtlichen Gefüge des nicht von Rußland besetzten Teiles Deutschlands: Ein vernünftiges staatsrechtliches Gefüge besteht zur Zeit überhaupt nicht, es muß wiederhergestellt werden. Die Schaffung eines zentralisierten Einheitsstaates wird nicht möglich, auch nicht wünschenswert sein, der staatsrechtliche Zusammenhang kann lockerer sein als früher, etwa in der Form eines bundesstaatlichen Verhältnisses.“[17]

In derselben Phase wurde in Berlin unter sowjetischen Besatzungsverhältnissen versucht, demokratisches Leben und Gefüge nach deutschen Vorstellungen zu entwickeln. Gesinnungsfreunde Adenauers wie Andreas Hermes und Jakob Kaiser schufen mit Gleichgesinnten verwandter weltanschaulicher und politischer Denkweisen jene Christlich-Demokratische Union, die dem überkonfessionellen Zusammenschluß christlich-humanitär gesinnter Demokraten auch in den westlichen Zonen Anstoß und Namen gab. Die demokratischen Kräfte im sowjetischen Besatzungsbereich mußten ihre Auffassungen und Ziele in wachsendem Konflikt mit den deutschen Kommunisten und der Besatzungsmacht zu verwirklichen suchen, und sie waren dabei fast nur auf sich angewiesen und auf den Rückhalt in der Berliner Präsenz der drei Westmächte.

Die Periode des demokratischen Versuchs im sowjetischen Besatzungsbereich vom Neubeginn 1945 bis zur kommunistischen Gleichschaltung 1947/48 ist nicht das Thema dieses Beitrages. Aber der Hinweis ist notwendig: Dieser Versuch geschah nicht nur der Demokratie, sondern auch der Einheit Deutschlands wegen. Und er konnte mit um so mehr Hoffnung gewagt werden, als eben in der Mitte der sowjetischen Zone die Vier-Mächte-Stadt Berlin lag als Sitz des Alliierten Kontrollrates. An der Einheit Deutschlands und an Berlin wiederum wurde von den deutschen Demokraten dieses Bereiches festgehalten nicht nur aus nationalen Gründen, sondern auch weil davon die Sicherung eines Lebens nach freiheitlichen Prinzipien abhing.

Von Konrad Adenauer gibt es eindringliche, ja bewegende Äußerungen aus dieser, aus früherer und späterer Zeit, in denen er vor Vergötzung und Allmacht des Staates warnt und die persönlichen und politischen Grundrechte des einzelnen über die Rechte und Gewalten des Staates stellt. Aber er hat in jenen ersten Nachkriegsjahren für die Nöte und das Ringen der Deutschen im sowjetisch-kommunistischen Bereich kaum Aufmerksamkeit gezeigt. Was diesen Bereich angeht, so gibt es in seinen Äußerungen jener Jahre und in seinen Memoiren nur wenig. Und jene Stelle in Adenauers Brief an den Münchener Oberbürgermeister Scharnagl vom 21. August 1945 über die Neugründung einer christlich-demokratischen Partei ist nicht die einzige dieser Art, die Berlin und die Sowjetzone im Abseits läßt. Es heißt dort: „Man will deshalb möglichst gute und bekannte Persönlichkeiten aus dem ganzen nicht von Rußland besetzten Teile Deutschlands zu gewinnen suchen."[18] Aus dem nicht von Rußland besetzten Teil!

Es paßt zu diesem Bild, daß er entschieden und höchst unfreundlich reagierte, als die CDU-Führung, die die in Berlin gegründete Union von vornherein als Partei Deutschlands konzipierte, sich nicht als Zonenpartei verstand, und als ihre – damals noch Reichsgeschäftsstelle genannte – Berliner Zentrale Fühlung und Zusammenarbeit mit den neuen westzonalen Parteigremien suchte. Es gab in den Jahren 1945 bis 1947 ein mannigfaches Hin und Her mit Adenauer, der offensichtlich bedacht war, dem Eindruck entgegenzuwirken, die gesamte Partei könnte von Berlin aus geführt werden. So entzog sich Adenauer bis Ende 1948 auch jeder Parteiveranstaltung in Berlin, trotz eindringlicher Einladungen. Werner Conze hat in seinem Buch über Jakob Kaiser 1945–1949[19] jene Jahre und Vorgänge eingehend und sorgfältig dargestellt, so daß darauf verwiesen werden kann.

Der CDU-Führung in Berlin lag wegen der Auseinandersetzung mit den Sowjets außerordentlich daran, demonstrieren zu können, daß sie in engem Verbund mit der westdeutschen CDU stand, daß beide im wesentlichen übereinstimmten und daß ein Konflikt mit der CDU Berlins und der sowjetischen Besatzungszone auch ein Konflikt mit der CDU Westdeutschlands wäre. Wir hofften in Berlin, der Spaltungs- und Sowjetisierungspolitik dadurch besser entgegenwirken zu können. Und wegen der überragenden Bedeutung Adenauers im deutschen Westen war uns gerade an ihm besonders gelegen. Aber er lehnte die Einladung zum Parteitag 1946 in Berlin mit dem schon eingangs zitierten Brief vom 24. Mai 1946 hart ab, und für das Fernbleiben vom Parteitag 1947 hatte er eine durchsichtige Ausrede. Um so mehr ist festzuhalten, daß viele andere westdeutsche CDU-Führer regelmäßig als Gäste und als Redner nach Berlin kamen, zu den Parteitagen sowohl als auch zu den Berliner Tagungen der Arbeitsgemeinschaft der vier CDU-Zonenverbände. Regelmäßig waren z.B. da Johannes Albers (Köln), Karl Arnold (Düsseldorf), Heinrich von Brentano (Frankfurt), Josef Ersing (Stuttgart), Gustav Heinemann (Essen), Friedrich Holzapfel (Herford), Josef Müller (München), Carl Schröder (Kiel), Helene Weber.

Adenauer war in jenen ersten Nachkriegsjahren nur ein einziges Mal in Berlin, Mitte Juli 1946. In seinen Memoiren 1945–1953 schreibt er dazu, er habe auf Ersuchen der britischen Militärregierung nach Berlin fliegen müssen. Bei dem britischen Militärgouverneur General Robertson ging es im britischen Hauptquartier am Fehrbelliner Platz um die Bildung des Landes Nordrhein-Westfalen, Kurt Schumacher und Jakob Kaiser nahmen ebenfalls teil. Nach dem Gespräch verließ Adenauer Berlin wieder. Der nächste Berlinbesuch Adenauers war erst am 23. November 1948, dreieinhalb Jahre nach dem Kriegsende.

Auf diesen Besuch, der eine Art Wende anzeigt, wird noch einzugehen sein. Das auffallend lange Fernbleiben ist nicht einfach zu erklären. Es gab im Reich immer schon kritische bis ablehnende Haltungen gegenüber Berlin. Unter dem Eindruck des politischen Geschehens 1933 bis 1945 haben sich solche Haltung und Denkweise vielfach noch verstärkt. Adenauer, ohnehin bereits eingenommen gegen das preußische Machtzentrum, war keineswegs der einzige Deutsche, dem es so gegangen ist. Ich habe früher bei anderer Gelegenheit bereits darauf hingewiesen, daß der Schock der totalen Katastrophe 1945 quer durch die Parteien nicht wenige Deutsche dazu verleitet hat, Berlin – die Macht-, Regierungs- und Verwaltungszentrale des Reiches – entgelten zu lassen, was doch das Land insgesamt gemacht und zu verantworten hatte. Bei Carlo Schmid zum Beispiel stellte sich die Schockwirkung in einer 1945 gehaltenen Rede zur Wiedergründung der SPD in Süd-Württemberg in seinen folgenden Worten dar: „Der Berliner Zentralismus hat uns Deutschen nicht wohlgetan; er darf nicht wiederkommen, und vielleicht wird einmal darüber gesprochen werden müssen, ob Berlin noch einmal als Hauptstadt eines neuen Deutschland in Betracht kommen kann; mir persönlich liegt es zu nahe bei Potsdam.“[20] Adenauer wiederum brachte gelegentlich zum Ausdruck, daß er die künftige Hauptstadt lieber in der Nähe des Mains sähe. Wiederholt habe ich hingewiesen auf Adenauers Brief vom 24. Mai 1946, in dem er zum Problem der künftigen Hauptstadt erklärt, „daß m. E. dafür unter keinen Umständen Berlin, gleichgültig ob besetzt oder nicht besetzt, in Frage kommt“. „Oder nicht besetzt“, hinter diesem entschiedenen Nein allerdings steckt mehr als Voreingenommenheit. Hier kommt auch der alte, fast möchte ich sagen besessene Wille Adenauers zum Ausdruck, auf jede Weise vorzusorgen, daß das Gesicht des künftigen Gesamtdeutschland diesmal endgültig dem Westen zugewendet wird. Besessen, so sage ich, weil ihm damals trotz vieler Bemühungen nicht einsichtig zu machen war, daß Deutschland als Land der europäischen Mitte nach West und Ost sehen und Politik machen mußte, angesichts der Machtgegensätze in Europa und der Zonenteilung erst recht. Schon 20 Jahre früher hatte er sich nicht überzeugen lassen, daß das, was er Stresemann als Politik unsteten Schaukelns vorgeworfen hatte, eine wohlabgezirkelte Politik auf der Basis der deutschen Mittellage zu sein versuchte. Adenauer fehlte das elementare Gefühl der deutschen Notwendigkeit, nicht nur nach Westen, sondern auch nach Osten zu sehen, das jedem natürlich war, der an der Elbe, Oder und Spree lebte. Das Fehlen ist um so merkwürdiger, als Adenauer die Außenpolitik Bismarcks als gut und richtig bewertet hat. Allerdings muß man auch bedenken, daß die sowjetische Machtpolitik der Nachkriegsjahre Adenauer in seinem tiefen Mißtrauen bestärkte und seiner Einseitigkeit gewissermaßen zuarbeitete.

Bei der damaligen Abneigung Adenauers gegen Berlin haben auch Gründe der Parteiführung eine Rolle gespielt. Das wird in seinen Einsprüchen gegen transzonale Aktivität der Berliner CDU-Führung deutlich, aber auch in öffentlichen Äußerungen jener Jahre. Man tritt Adenauer bestimmt nicht zu nahe, wenn man ihm unterstellt, daß er sich für die Führung der neuen deutschen Politik berufen hielt. Aus seiner Vergangenheit brachte er viele Voraussetzungen dazu mit. Er hatte einen politischen Namen und eine gewachsene Autorität, und er traute sich viel zu. Er hatte reichhaltige politische Erfahrung, feste Vorstellungen, war willensstark und verantwortungsfreudig, und er war ein Meister der Taktik. So fielen ihm, wie Morsey es ausdrückt, die wesentlichen Führungspositionen in der CDU der britischen Zone vom 8. Januar bis zum 1. März 1946 in einer „Blitzkarriere" zu, trotz Widerständen[21]. In den drei westlichen Zonen war für ihn alles überschaubar, zugänglich, beeinflußbar. Hinsichtlich des ferngelegenen Berlin mit seiner ebenfalls selbstbewußten und ebenfalls über Zonengrenzen hinausschauenden Führung war das für ihn anders. Dort gab es überdies ganz andersartige, fernzuhaltende Probleme, in denen eine fremdartige und totalitäre Macht wirkte. Hinzu kam die Sicherung des eigenen Führungsanspruches; Adenauer konnte sich wohl nicht vorstellen, daß Jakob Kaiser und seine Gruppe nicht auf Herrschaft über die Gesamtpartei aus waren, sondern auf kollegiale Führung und Zusammenarbeit. Tatsächlich war den Berlinern weniger die personale Führung als der gesamtdeutsche Zusammenschluß der Partei entscheidend; aber der kam erst 1950 in Goslar.

Die Spannung, in der Adenauer in jenen Jahren zu Berlin stand, wird in einem Aufsatz sehr deutlich, den Ernst Lemmer unter der Überschrift „Ein ordnendes Wort" am 24. November 1946 in der „Neuen Zeit", der Berliner Tageszeitung der CDU, geschrieben hat. Dort heißt es u. a.:

„Gänzlich überflüssig erscheint uns jedoch die Diskussion über den künftigen Sitz der deutschen Zentralregierung, die nicht von dieser Stadt aus eröffnet worden ist. Es verrät kein rechtes politisches Augenmaß, eine solche Auseinandersetzung innerhalb der mannigfachen Begrenzung von Zonen zu entfesseln, solange unser Volk im ganzen noch nicht wieder auf festem politischem Boden steht. Sie kann doch dann erst aktuell sein, wenn uns Deutschen von den Besatzungsmächten die allmähliche Wahrnehmung unseres Hausrechtes in größerem Umfang anvertraut ist. Bis dahin sollte alles unterlassen werden, was den geistigen und seelischen Zusammenhalt unserer Bevölkerung verletzen könnte. Dazu gehört die Art und Weise, wie hier und da in anderen Zonen über die Position Berlins gesprochen wird. Wenn in solchem Zusammenhange ausgeführt wird, daß die künftige deutsche Hauptstadt zwischen Rebenhängen, nicht aber zwischen Kartoffeläckern liegen dürfe, so muß eine solche snobistisch zu nennende Entgleisung offenen Widerspruch herausfordern [...]

Wenn dann noch unser Freund Konrad Adenauer, der Vorsitzende der CDU in der britischen Zone, sich auf einer Frankfurter Kundgebung für die gewiß ehrwürdige Stadt am Main als Sitz einer künftigen deutschen Zentralregierung mit dem Bemerken ausgesprochen hat, daß sie nicht auf ‚Kolonialboden', sondern auf uraltem deutschem Boden liege, dann kann auch solche Äußerung nicht mit parteifreundlichem Schweigen einfach hingenommen werden. In den Spalten dieser Zeitung ist sie mit Recht schon zurückgewiesen worden. Wir wissen etwas mehr von der nationalen Bedeutung unserer Stadt, in der die Zentralinstanzen der vier Besatzungsmächte für ganz Deutschland Aufnahme gefunden haben [...]

Konrad Adenauer hat es schließlich noch für richtig gehalten, durch eine öffentliche Erklärung Verwahrung dagegen einzulegen, daß Jakob Kaiser über englische Pläne zur Verstaatlichung der Ruhrindustrien seine Meinung gesagt hat. Wir haben kein Verständnis für die Auffassung, daß dazu nur die Parteileitung der britischen Zone Stellung nehmen könnte. Die Zonengrenzen als unvermeidliche Folge der militärischen Besetzung unserer Heimat sind beklagenswert genug, so daß wir sie nicht noch künstlich verstärken sollten. Wir nehmen es jedenfalls nicht nur als ein selbstverständliches Recht in Anspruch, sondern erachten es als eine Pflicht, uns mit allen Problemen auseinanderzusetzen. Es gibt keine Zonenaußenpolitik!"

Der erste Berlinbesuch Konrad Adenauers nach dem Kriege aus eigenem Willen war am 23. November 1948; er war bereits Präsident des Parlamentarischen Rates. Die Situation hatte sich völlig geändert. Der Deutschlandkonflikt zwischen West und Ost war mit der Blockade Berlins Mitte 1948 offen ausgebrochen. Die Skepsis Adenauers in bezug auf die sowjetische Politik hatte sich erschreckend bewahrheitet. Aber auch die Bedeutung Berlins und seine Vorbildlichkeit waren in einer ganz unwahrscheinlichen Weise manifest geworden. Die sowjetisch besetzte Zone war mit ihrer politischen und gesellschaftlichen Gestalt immer weiter weggerückt. Jedoch war sie weder aufgegeben noch allein gelassen. In ihrer Mitte kämpfte die alte Hauptstadt. Dieses Geschehen hatte auch Adenauer getroffen.

Der Anlaß seines Kommens war eine Wahlversammlung zusammen mit Jakob Kaiser anläßlich der am 5. Dezember 1948 stattfindenden Wahl zur Stadtverordnetenversammlung in West-Berlin[22]. Im überfüllten Studentenhaus am Steinplatz sprachen beide. Aus der Rede Adenauers: „Die drei Millionen Berliner haben die ganze Last des Konflikts zwischen den Weltmächten zu tragen. Diese Last haben Sie in vorbildlicher Weise getragen. Uns war manchmal bange, daß man von einem Drama Berlins werde sprechen müssen, aber ich glaube, es wird kein Drama geben, wohl aber ist das Epos Berlin, das die Bevölkerung auf sich genommen hat, ein Ruhmesblatt für die Geschichte Deutschlands [...] Die Arbeit (des Parlamentarischen Rates, d. Verf.) wird von Bedeutung sein für das ganze deutsche Volk, wenn wir wieder zusammen sind [...] Der Zustand, in dem wir leben, ist auf die Dauer für 60 Millionen untragbar. Zwei Drittel des Volkes müssen sich deshalb organisieren mit dem Ziel, daß zu diesen zwei Dritteln im Laufe der Zeit das andere Drittel hinzukommt [...] Es muß versucht werden, daß eine Bundesregierung entsteht, die als Sprecher nicht nur für die Westzonen, sondern für ganz Deutschland auftreten kann."

In der Antwort Kaisers schwingen noch die Auseinandersetzungen der vorausgegangenen Jahre mit: „Nun zeigen sich dem Mann des Westens die Berliner in ihrer Bewährung. Möge Konrad Adenauer Ihr Verlangen und Ihre Forderung mitnehmen: Nichts möge im Westen Deutschlands versäumt, nichts möge unterlassen werden, was der Wiedervereinigung der deutschen Gebiete, der deutschen Menschen dienen kann."

Anläßlich der Beendigung der Blockade kam Adenauer wieder nach Berlin. Die Berliner hatten durch ihr unbeirrtes Durchstehen der sowjetischen Blockade Berlin und damit die Hauptstadt Deutschlands gerettet, und sie hatten gezeigt, daß sie für Freiheit und Demokratie zuverlässig sind. Damit hatten sie in der Welt für sich, aber auch für die Deutschen insgesamt Sympathien gewinnen und Abneigungen abbauen können. Die Rede, die Adenauer als Präsident des Parlamentarischen Rates an jenem 12. Mai 1949 in der (freien)

Stadtverordnetenversammlung Berlins gehalten hat, läßt erkennen, daß auch er sich von der Lehre Berlins hat erfassen lassen: „Ohne Ihre Standhaftigkeit, ohne Ihre Entschlossenheit, ohne Ihren Willen, für die Sache der Freiheit jedes Opfer zu bringen, ohne Ihre Festigkeit, meine Berliner Freunde, würde die Blockade nicht gescheitert sein. Deswegen sind wir alle – wir alle im Westen Deutschlands und, glaube ich, auch alle nachdenkenden Menschen in den westeuropäischen Ländern – Ihnen in Berlin von Herzen dankbar für Ihre Entschlossenheit und für Ihre Opferfreudigkeit. Möge Ihnen dieser Wille, was auch die Zeiten bringen werden, auch in Zukunft erhalten bleiben [...] Was wir vom Westen aus an psychologischer und materieller Unterstützung tun können, werden wir tun."[23]
Das nächste Mal kam Adenauer nach Berlin als Bundeskanzler.

Die Zeit als Bundeskanzler (1949–1963)

Berlin hat als Hauptstadt Deutschlands seit 1945 Vier-Mächte-Status. Im westlichen Teil Berlins haben die drei alliierten Schutzmächte die oberste Verantwortung. An der Verantwortung der Vier für Deutschland als Ganzes und Berlin und an der eigenen Verantwortung der Drei für Berlin (West) festzuhalten, liegt im nationalen Interesse und im besonderen Interesse des freien Berlin, solange Deutschland gespalten ist.
Dessen unbeschadet gibt es eine eigene und ursprüngliche deutsche Verantwortung für Berlin. Sie wurde sowohl im Grundgesetz vom 23. Mai 1949 verbindlich erklärt, dessen Art. 23 Berlin – übrigens auf Antrag der CDU im Parlamentarischen Rat – als Land der Bundesrepublik benennt, als auch in der freien Verfassung Berlins vom 1. September 1950, die in Art. 1 dieselbe Aussage trifft. Auch wenn die einschlägigen Bestimmungen durch die Alliierten rechtlich suspendiert sind (Berlin „darf nicht vom Bund regiert werden"), bleibt die deutsche Politik verantwortlich. Als Konrad Adenauer am 15. September 1949 zum Bundeskanzler gewählt wurde, fiel ihm auch Verantwortung für Berlin zu. „Der Bundeskanzler bestimmt die Richtlinien der Politik und trägt dafür die Verantwortung", sagt Art. 65 des Grundgesetzes. Das objektive Verhältnis zwischen Adenauer und Berlin war in einer völlig unvorhersehbaren Weise verwandelt. Und der weitere Gang der Ereignisse sorgte dafür, daß Berlin für Adenauer eine elementare Aufgabe blieb, solange er Bundeskanzler war. Er stellte sich der Aufgabe.
Berlin war immer eingefaßt in umfassendere Entwicklungen. Außen-, Deutschland- und Sicherheitspolitik wurden von Berlin bewegt und waren für Berlin schicksalhaft. Dies für die Ägide Adenauer im einzelnen darzustellen ist hier weder möglich noch nötig. Im folgenden werden einige Schwerpunkte aus der Zeit seiner Kanzlerschaft skizziert, die das reale Verhalten deutlich machen, das nunmehr sein Berlinverhältnis bestimmte.
Der erste Bundestag hatte sich alsbald nach seiner Konstituierung mit Berlin befaßt. In seiner ersten Regierungserklärung hatte Konrad Adenauer betont, Berlin könne unter keinen Umständen im Stich gelassen werden. Ein eigener Bundestagsausschuß für Berlin, unter dem Vorsitz des damaligen Hamburger

CDU-Bundestagsabgeordneten Dr. Gerd Bucerius, wurde gebildet; der Ausschuß ging in der zweiten Bundestagsperiode im Ausschuß für gesamtdeutsche Fragen auf. Anträge der Fraktionen führten zu einer ersten ausführlichen Bundestagsdebatte über Berlin am 30. September 1949. Jakob Kaiser, als Bundesminister für gesamtdeutsche Fragen auch für Berlin zuständig, unterstrich zum Schluß der Debatte temperamentvoll den nationalen Rang Berlins: „Die Rettung, die Sicherung Berlins ist der erste Schritt zu dieser Wiedervereinigung unseres Vaterlandes.“[24] Für Berlin müsse alles getan werden, damit es leben und seine Aufgabe erfüllen könne. Unmittelbar anschließend machte sich Adenauer das über Berlin Gesagte zu eigen. Ein Antrag der SPD, den Willen zu bekunden, daß Berlin Bestandteil der Bundesrepublik sein und in Zukunft ihre Hauptstadt werden solle, wurde mit überwältigender Mehrheit angenommen.

Als Adenauer am 17. April 1950 vormittags im Rathaus Schöneberg offiziell begrüßt wurde, betonte er, sein Berliner Besuch sei der erste offizielle Besuch, den er einer deutschen Stadt abstatte. Mittags sprach er vor 2500 Arbeitern des AEG-Turbinenwerkes im Norden der Stadt, nachmittags eröffnete er offiziell das Berliner Dienstgebäude der Bundesregierung. Heinrich Vockel hatte als erster Bevollmächtigter der Bundesrepublik am 1. Februar 1950 sein Amt in Berlin übernommen. Er war, wie sich herausstellte, der Beste, den sich Berlin wünschen konnte – darin stimmten später alle Parteien überein, auch wenn Vockel strenge Maßstäbe an die finanziellen Wünsche Berlins anlegte. Ein Vorteil war auch, daß Vockel, den Jakob Kaiser vorgeschlagen hatte, vor 1933 Generalsekretär der Zentrumspartei gewesen war und von daher eine alte Verbindung mit Adenauer hatte. Das hat für Berlin manches erleichtert.

Am nächsten Vormittag fand auf Einladung des Magistrats und der Stadtverordneten eine offizielle Kundgebung mit Adenauer im Titaniapalast statt[25]. Suhr, Adenauer und Reuter sprachen. Adenauer setzte sich mit westlichem Mißtrauen gegen die Deutschen auseinander und verwies auf die „beispiellose Hingabe, Zähigkeit und Aufopferung“ der Berliner Bevölkerung. Im gleichen Sinne sprach Ernst Reuter: „An keinem Ort Europas ist der Welt ein solcher Dienst erwiesen worden wie in Berlin.“ An den Bundeskanzler gewandt fügte er hinzu: „Ich möchte mit Engelszungen reden, denken Sie daran, daß wir hier das Schicksal unserer Menschen in der Sowjetzone in der Hand halten.“

Auf dieser Veranstaltung in Berlin war es, auf der zum ersten Mal wieder das Deutschlandlied offiziell gesungen wurde. Jene Hymne, die Bundespräsident Theodor Heuss empfohlen hatte, war in Text und Melodie eindrucksvoll, aber ihr fehlte für die allgemeine Annahme eben doch der geschichtliche Atem. Jakob Kaiser hatte deshalb bei Adenauer die dritte Strophe angeregt, und Vockel unterstützte das in einem Brief an Adenauer am 10. April 1950. Adenauer hatte Sorge wegen eines kritischen Echos bei den westlichen Schutzmächten, auf die Berlin besonders angewiesen war, aber er stimmte zu. Er hatte von jeher die Überzeugung vertreten, daß ein Volk ein gesundes Nationalbewußtsein brauche, und er empfand wohl auch den Ruf der Situation und des Ortes. Seine Rede schloß er: „Auf Einigkeit, auf Recht und Freiheit wollen wir das neue Deutschland bauen. Wenn ich Sie nunmehr bitte, die dritte

Strophe des Deutschlandliedes zu singen, dann sei uns das ein heiliges Gelöbnis, daß wir ein einiges, ein freies und ein friedliches Volk sein wollen." Mit Ausnahme einiger weniger, die wohl mehr aus Überraschung als aus Ablehnung den Saal verließen, stand die Versammlung auf und sang mit Begleitung der Berliner Philharmoniker die dritte Strophe – die künftige Nationalhymne der Bundesrepublik Deutschland.

Am Abend war in einer der großen Hallen am Funkturm eine Kundgebung der Berliner CDU. Dort ging Adenauer in seiner Rede auch auf die Frage der künftigen Hauptstadt ein: „Wir sind nur ein Provisorium. Wir sehnen den Tag herbei, an dem wir wieder ein Volk und ein Land sein werden. Welche Stadt in Deutschland die Hauptstadt sein wird, wenn dieses Provisorium zu Ende geht, wird wohl – glaube ich – Ihren Wünschen entsprechen." Noch sagte er nicht direkt, Berlin werde auch die künftige Hauptstadt sein. Die eigene innere Hürde nahm er noch nicht ganz. Aber wohin es gehen würde, wenn die Deutschen einmal selber bestimmen könnten, war ihm klar. Adenauer, Kaiser und Schreiber hatten von dem Balkon des Saales aus gesprochen. Bei der Fülle gab es am Schluß einiges Gedränge. Adenauer blieb an der Brüstung stehen und wartete, zumal die Menschen immer wieder riefen und winkten. Ich sprach mit ihm über seine Berliner Eindrücke. Plötzlich klang unten im Saal Gesang auf. Adenauer sah fasziniert hinunter. Als der Gesang zu Ende war, drehte er sich zu mir um. Tatsächlich, dieser Mann, der seine Gefühle so verschlossen hielt, hatte Tränen in den Augen. Die Menschen hatten einen gerade bekannt gewordenen Schlager gesungen: „Auf Wiedersehn, auf Wiedersehn, bleib nicht so lange fort!" Ich war überzeugt, mit diesem Augenblick waren sich Adenauer und die Berliner auch menschlich nahegekommen.

Grundsätze und Gefühle sind eines, die harte politische Wirklichkeit das andere. Berlin brauchte Hilfe. Das war Adenauer durch das persönliche und schriftliche Drängen Vockels präzise bekannt. Alsbald nach seiner Amtsübernahme als Bevollmächtigter hatte Vockel in einem Bericht vom 15. Februar 1950 die wirtschaftliche und soziale Lage dargestellt. Seinem Katalog vordringlicher Sofortmaßnahmen und notwendiger Maßnahmen auf längere Sicht setzte er voraus: „Trotz des Willens der Wirtschaft, die gegenwärtige Krise aus eigener Kraft zu überwinden, und trotz der Steigerung der Produktivität ist die Zahl der Arbeitslosen Ende Januar auf über 300000 angewachsen (mehr als ein Drittel aller Arbeitsfähigen sind zur Zeit arbeitslos oder arbeiten nur wenige Stunden in der Woche). Diese hohe Arbeitslosenziffer, zu der noch über 50000 Kurzarbeiter und etwa 100000 sogenannte Grenzgänger mit sehr stark gemindertem Einkommen hinzuzurechnen sind, gibt mir Veranlassung, Sofortmaßnahmen vorzuschlagen, um diese Arbeitslosenzahl, die vergleichsweise etwa dreimal so groß ist wie im Bundesgebiet, nicht nur aus sozialen, sondern auch aus politischen Gründen in kürzester Frist zu vermindern."

Unmittelbar vor dem Besuch des Bundeskanzlers, mit dem schon erwähnten Brief vom 10. April 1950, unterstrich Vockel die Eilbedürftigkeit der Hilfe und stellte sie in den nationalpolitischen Zusammenhang: „Ich gehe davon aus, daß West-Berlin mit seinen 2,1 Millionen Einwohnern das Gebiet außerhalb des eigentlichen Bundesgebietes ist, auf welches unmittelbar von der Bundesregierung Einfluß genommen werden kann, daß also dieses Gebiet und diese Bevölkerung mit allen verfügbaren Mitteln für eine weitere absehbare Zeit politisch und materiell gesichert werden muß." In der eben erwähnten Kundgebung sagte Adenauer dann, eines sei ihm in diesen Tagen noch stärker zum Bewußtsein gekommen als bisher: „Was würde mit den 18 Millionen Menschen in der Ostzone werden ohne die Hauptstadt Berlin? [...] Wir werden die Hilfe für Sie verdoppeln, wir werden nicht ruhen und rasten, bis die Berliner Wirtschaft fest und gesund dasteht."

Dies mußte sofort beginnen, in Mark und Pfennig. Die erste Währungsreform (Juni 1948) hatte nur eine teilweise Umstellung auf die neue Westmark der Bundesrepublik gebracht. Mit der zweiten, diesmal vollen Umstellung im März 1949 schlug die zwangsläufige Umstellungs- und Konsolidierungskrise voll durch. Es trat ein, was die CDU in Berlin durch ihren Widerspruch im Herbst 1949 gegen verfrühte volle Umstellung wenigstens für den Blockadewinter hatte verhindern können. Übrigens hatten diese Haltung (die CDU gönne den Berlinern nicht das gute Westgeld, hieß es polemisch im Wahlkampf) und das Nachwirken der Aversion Adenauers gegen Berlin in den ersten Nachkriegsjahren der CDU ihre Berliner Wahlniederlage im Dezember 1948 eingebracht.

Die Arbeitslosenzahl in West-Berlin stieg erschreckend; sie betrug:

Jahresdurchschnitt 1948	75462
Januar 1949	129736
März	144944
Juni	177891
September	244614
Dezember	278713
Januar 1950	302845

In dieser Situation, die u.a. zu dringenden Vorstellungen von Ernst Reuter, aber auch zu den oben erwähnten Vorstößen Vockels geführt hatte, machte Adenauer mit der Bundesregierung wahr, was er versprochen hatte, nämlich Berlin unter keinen Umständen im Stich zu lassen. Die Förderung Berlins lief nicht reibungslos an. Es gab Vorwürfe, Streit, Verzögerungen; Vockel mußte zunächst die Etathilfe für Berlin monatsweise und immer sehr hartnäckig anmahnen. Aber es war eben die Zeit, in der die eben neu gebildete Bundesrepublik ihren finanziellen Status selber erst aufbauen mußte und eine unermeßliche Fülle von Not und Erwartungen vorfand. Die Bundesrepublik (mit Berlin) hatte im Jahresdurchschnitt 1950 rund 1580000 Arbeitslose, ganz zu schweigen von dem Strom der Flüchtlinge und Heimkehrer. Trotzdem gelang es, die Zahl der Arbeitslosen in Berlin durch systematische Hilfe von 1950 (295851) bis 1955 (145268) zu halbieren und sie bis 1960 auf wenig mehr als ein Zehntel (33251) herabzudrücken. Dies und die gesamte wirtschaftliche Entwicklung der Stadt sind neben der unverzagten Aktivität der Berliner selber jenem Bündel von Förderungsmaßnahmen zu danken, daß mit regelmäßigen Großbeiträgen für den Haushalt Berlins, mit Investitions- und Kredithilfen, mit Steuerpräferenzen, Auftragsverlagerungen usw., aber auch mit der Entwicklung der Wirtschafts-, Finanz- und Rechtseinheit dem Vorposten Berlin ein sicheres Fundament verschafft hat. Geschehen ist das auf seiten der Bundesrepublik unter der Verantwortung und Anteilnahme des Bundeskanzlers Adenauer, wobei er sich auf Ludwig Erhard, Fritz Schäffer und Jakob Kaiser besonders stützen mußte und konnte.

Die wirtschaftliche Sicherung West-Berlins wurde kontinuierlich. Hier, wo deutsche Aktivität sich einigermaßen frei entfalten konnte, war Erfolg möglich. Offen blieb hingegen die politische Zukunft Berlins. Sie hing (und hängt letztlich immer) davon ab, was aus Deutschland wird, wann und wie es Einheit wird. Trotz der Errichtung zweier Provisorien auf deutschem Boden 1949 wurde noch Jahre hindurch gehofft, daß die deutsche Frage von den vier für Deutschland als Ganzes verantwortlichen Mächten in absehbarer Zeit zu einer Lösung gebracht würde. Wer heute jene damalige Einstellung als Illusionismus abtut, als Wunschdenken und Ausweichen vor der Wirklichkeit, hat jene Zeit und ihre Menschen nicht begriffen. Einerseits: Die Einheit war noch lebendige Erfahrung und wache Geschichte, sie war begehrt als nationales Gut und als menschliche Verbundenheit, die Spaltung war völlig außerhalb alles Normalen und wurde als unerhörtes Unrecht empfunden. Andererseits: Sogar das Potsdamer Abkommen hatte von einer, nämlich der Regierung Deutschlands und von der wirtschaftlichen Einheit gesprochen, die Mächte bezogen sich auf die Einheit, die herbeigeführt werden müsse, auch Ost-Berlin tat es übrigens, die Vollversammlung der Vereinten Nationen (Dezember 1951) befaßte sich damit, die Vier wechselten Noten und hielten Konferenzen darüber ab. Das alles vollzog sich in jenen Jahren, sogar bis zur Genfer Außenministerkonferenz 1959 hin. Die deutsche Einheit als aktuelles und erklärtes Ziel des Willens und aktiver Politik konnte von verantwortlicher Seite gar nicht beiseite gelegt werden. An dem zwingenden Verlangen änderte es nichts, daß im Konkreten die Meinungen so kontrovers darüber waren, wie deutsche Politik zu reagieren und zu agieren hatte, so z. B. hinsichtlich der sowjetischen Note vom März 1952 auch innerhalb der CDU[26].

Nach den Vorgängen des 17. Juni 1953, die ihr tragisches Ende bereits gefunden hatten, ehe man sie im Westen überhaupt begriffen hatte, war besonders nachhaltig der Fehlschlag der Berliner Außenministerkonferenz der Vier Mächte Januar/Februar 1954. Sie war der erste Versuch der Vier seit Jahren, in einer unmittelbaren Begegnung die deutsche Frage anzugehen. Die Konferenz vom 25. Januar bis 18. Februar 1954 brachte im Abschlußkommuniqué nur einen einzigen Satz über Deutschland: „Die vier Minister hatten einen vollen Gedankenaustausch über die deutsche Frage, die Probleme der europäischen Sicherheit und über die Österreichfrage, sie waren aber nicht in der Lage, in diesen Fragen ein Übereinkommen zu erzielen.“[27] Nicht nur in Österreich, wo die österreichische Delegation von der Bevölkerung mit schwarzen Fahnen empfangen wurde, war die Enttäuschung tief.

Adenauer sagte alsbald danach, am 22. Februar 1954, in einem NDR/WDR-Interview mit Ernst Friedländer[28]: „Wenn der direkte Versuch zur Wiedervereinigung heute gescheitert ist, so heißt dies durchaus nicht, daß alles verloren sei. Eine Einigung über asiatische Probleme, ein erster Versuch zur Weltabrüstung, ein Atomabkommen, dies alles waren bedeutende Fortschritte zur Beendigung des Kalten Krieges. Überall wo etwas zur Entspannung des Weltkonfliktes geschieht, da geschieht auch etwas für Deutschland [...] Dem Ungeduldigen in Deutschland mag dies als Umweg erscheinen. Aber es ist besser, auf Umwegen zum Ziele zu kommen, als es gar nicht zu erreichen. Eine erfolgreiche Politik zur Wiedervereinigung Deutschlands beruht nicht zuletzt auf der Einsicht in die Unvermeidlichkeit der Umwege, der mittelbaren Methoden [...] Ich bin morgen in Berlin. Meine Verbundenheit mit dieser großartigen Stadt und mit den Deutschen der Zone habe ich nie so stark empfunden wie jetzt nach der Berliner Konferenz."

Am nächsten Tag fanden Beratungen mit Senat, Wirtschaft und Gewerkschaften Berlins statt. Adenauer hatte dazu Bundeswirtschaftsminister Erhard und Bundesfinanzminister Schäffer mitgebracht. Das Kommuniqué gab bekannt:

„1. Es ist Einigkeit darüber erzielt worden, daß der notwendige Bedarf des Berliner Haushalts gesichert werden muß. Die Sachverständigen Berlins und des Bundes werden sofort zusammentreten, um die nötigen Feststellungen zu treffen.

2. In noch höherem Maße als bisher soll Berlin an den öffentlichen Aufträgen der Bundesrepublik beteiligt werden. Die Wirtschaft der Bundesrepublik wird aufgerufen, noch mehr als bisher Aufträge nach Berlin zu geben.

3. Das Berliner Notstandsprogramm muß weitergeführt werden, der Bund wird dazu mithelfen.

4. Die Bundesregierung ist der Auffassung, daß die bisherigen Steuererleichterungen für die Berliner Bevölkerung und die Berliner Wirtschaft nicht nur beibehalten, sondern verstärkt werden müssen. Die Bundesregierung wird geeignete Mittel und Wege finden, um dies zu verwirklichen.

5. Der Berliner Wirtschaft werden Mittel zur Verfügung gestellt, um sie in höherem Maße zu befähigen, langfristige Aufträge hereinzunehmen."[29]

Die wirtschaftliche Förderung blieb permanente Aufgabe. Aber man suchte auch andere Mittel, um Berlin gewissermaßen einen Ersatz für die suspendierte Hauptstadtfunktion zu geben, zumal Länder und große Städte in der Bundesrepublik in ihren Bemühungen nicht eben zaghaft und fein gewesen waren, aus dem Hauptstadterbe Behörden, Ämter, Verbandszentralen usw. für sich zu gewinnen. Ein zusätzlicher Antrieb, Berlin zu stärken, ergab sich dadurch, daß die Vier-Mächte-Konferenz in Genf 1955 bezüglich Deutschlands ergebnislos blieb, zugleich aber die Bundesrepublik sich mit erhöhter Souveränität etablierte und ein spektakuläres Zeichen dafür durch Adenauers Besuch in Moskau im Herbst 1955 gab.

Gerd Bucerius, damals noch Hamburger Bundestagsabgeordneter der CDU, hatte als Bundesbeauftragter zur Förderung der Berliner Wirtschaft seit 1952 viel für Auftragsverlagerung nach Berlin getan. Oktober 1956 schlug er vor, Teile der Bundesregierung nach Berlin zu legen. Adenauer – und nicht nur er – hatte Bedenken, die Bundesrepublik von der Inselposition Berlin aus zu regieren. Die Erinnerung an die Blockade, immer wieder aufkommende Schwierigkeiten auf den Interzonenwegen und sein anhaltendes Mißtrauen gegen die sowjetischen Absichten machten ihn skeptisch. Allgemein wirkte dann der gewaltsame Eingriff der Sowjets in Ungarn Anfang November 1956 dämpfend auf den gutgemeinten, aber nicht wirklichkeitsgemäßen Plan. Statt dessen wurde der Ausbau Berlins für seine künftige Hauptstadtfunktion beschlossen.

Immerhin wurden Vorkehrungen für verstärkten Aufbau neuer Bundesbehörden in Berlin getroffen, die politische Präsenz des Bundes in Berlin wurde entwickelt, jene Bindungen, deren Bewahrung anderthalb Jahrzehnte später in den Verhandlungen über das Berlinabkommen der Vier Mächte eine so große Rolle gespielt hat. Bundesämter entstanden, der Bundestag tagte in Berlin, politische Mittelpunkte für den Bund wurden geschaffen (Aufbau des Reichstages und des Sitzes des Bundespräsidenten). Daß man sich aber Sicherheit nicht vortäuschen durfte, zeigte bald das Berlin-Ultimatum Chruschtschows November 1958.

In dem Jahrfünft vor dem Ultimatum wurde zunehmend und schmerzlich klar, daß eine Lösung der deutschen Frage und damit des Problems Berlin mittels freier Selbstbestimmung immer größere Schwierigkeiten und Hindernisse fand. Konnte man ursprünglich den direkten Weg über freie Wahlen erwarten und verlangen, so zeigte sich in den Anfängen der fünfziger Jahre, daß das deutsche Problem tief verflochten war mit dem Problem Sicherheit in Europa und später zunehmend mit den weltpolitischen Interessen und Spannungen überhaupt. 1957 rückten die Themen Atomwaffen und Abrüstung international in den Vordergrund. Die deutsche Frage erschien als Hindernis der gesuchten Entspannung auch im Westen. Gaitskell in Harvard Januar 1957, Rapacki vor den UN Oktober 1957 und Kennan in seinen Vorträgen im britischen Rundfunk November 1957 entwickelten Pläne für militärisches Disengagement und politische Entspannung. Das von deutscher Seite vertretene Junktim zwischen einer Lösung der deutschen Frage und internationalen Regelungen geriet zunehmend in Bedrängnis.

In dieser Situation, die auch die längerfristige Perspektive Berlins verdunkelte, suchte Adenauer, so formulierte Heinrich Krone in seinen Notizen am 11. Januar 1957, neue Wege „der deutschen Politik zum Osten hin“[30]. Der Versuch in Moskau 1955 war schon im Anlauf steckengeblieben, durch Ungeschicklichkeiten auf beiden Seiten, durch sowjetische Verhärtung, aber auch wegen des westlichen Echos, in dem Rapallo-Verdacht mitklang. Botschaften zwischen Adenauer und Bulganin, Gespräche Adenauers mit Smirnow, öffentliche Überlegung Adenauers (Mai 1957 in Hamburg), ob man als Gegenleistung für Wiedervereinigung das sowjetisch besetzte Gebiet entmilitarisieren könne – das sind erste Stationen. Ein Brief Bulganins vom 10. Dezember 1957 gab Adenauer Anlaß, wenige Tage später auf der üblichen Dezembersitzung des NATO-Rates und zur Überraschung des Rates Zustimmung zu direkten Verhandlungen mit der Sowjetunion zu holen. 1958 gehen die Gespräche mit Smirnow weiter. Adenauer regt am 19. März 1958 bei Smirnow eine „Österreich-Lösung“ für die DDR an. Aber die sowjetische Seite hält sich zurück. Auch als Adenauer beim Besuch von Mikojan in Bonn Ende April 1958 seinen Gedanken vorbringt, gibt es kein Echo. Auf westlicher Seite hingegen regte sich Unbehagen.

Die Bemühungen um Moskau hinderten nicht, daß die sowjetische Politik äußerst aggressiv wurde. Ulbricht hatte bereits Ende Oktober 1958 gedroht: „Ganz Berlin liegt auf dem Territorium der Deutschen Demokratischen Republik. Ganz Berlin gehört zum Hoheitsbereich der Deutschen Demokratischen Republik.“[31] Die sowjetische Note vom 27. November 1958 erklärte dann

ultimativ, daß die sowjetische Regierung einseitig die Kontrolle der Zugangswege auf die DDR übertragen werde, wenn nicht innerhalb von sechs Monaten eine neue Berlinregelung vereinbart werde.
Auch nach dem Ultimatum Chruschtschows gab es ostpolitische Tastversuche Adenauers. Deutsche Sorge war, daß der Westen deutsche Konzessionen, z. B. garantierten Atomwaffenverzicht, für dürftige Berlinregelungen könnte vergeben wollen, statt die allgemeine deutsche Situation zu verbessern. Adenauer überlegte den Plan eines mindestens fünf- bis achtjährigen Burgfriedens, an dessen Ende Wahlen unter Aufsicht der Vereinten Nationen stattfinden sollten. In der Zwischenzeit sollte der Verkehr zwischen beiden Teilen Deutschlands von jeder Beschränkung frei sein. Ganz Berlin sollte unter Garantie der Vereinten Nationen treten, ungehinderter Verkehr nach allen Seiten gewährleistet werden.
Es ist nicht Sache dieses Beitrages, der deutschen, der alliierten und der sowjetischen Deutschlandpolitik jener Jahre im einzelnen nachzugehen. Aber ihre Bedeutung für Berlin ist offenbar, und das Reagieren Adenauers gehört auch zur Verdeutlichung seines Berlinverhältnisses. Er hielt kurzfristiges Ausweichen für falsch und suchte Wege mit längerer Sicht, auch für Berlin. Als er Anfang Juni 1960 die Information erhielt, der Regierende Bürgermeister Willy Brandt habe mit amerikanischen Stellen über eine zweijährige Zwischenlösung für Berlin gesprochen, kritisierte er das heftig: Es wäre der Anfang vom Untergang Berlins.
Die Bedeutung Berlins für die deutsche Selbstbehauptung insgesamt war Konrad Adenauer seit der Blockade klar. Entsprechend reagierte er auf das Ultimatum. „Das Ultimatum muß weg", war seine erste Antwort. „Die Sicherung Berlins mußte auf jeden Fall garantiert werden", denn „dieser Griff nach Berlin schloß mehr in sich, als es auf den ersten Blick schien. Er war ein Test, ob der Westen einig und geschlossen und ob er entschlossen war, jeden Bruch eines Vertrages abzuwehren."[32] Im Gespräch mit Dulles am 7. Februar 1959 „erörterten wir im einzelnen eventuell zu ergreifende Maßnahmen für den Fall, daß die Sowjets die Zufahrtswege nach Berlin behindern würden"[33]. Seine entschiedene Berlinhaltung hielt Adenauer bei aller taktischen Beweglichkeit durch. Zustatten kamen ihm die Schutzverpflichtung der drei westlichen Verbündeten für Berlin im Deutschland-Vertrag, das Gewicht der Bundesrepublik im Bündnis und seine sprichwörtlich gewordene Hartnäckigkeit. Berlin als Objekt sowjetischer Drohung war nun jahrelang ein Hauptgegenstand der internationalen Politik. Konferenzen, internationale Besuchsdiplomatie, offene und interne Diskussionen, Pläne – die Politik dieser Jahre hatte hektischen Charakter. Der Westen behauptete seine Rechte. Dabei bemühte er sich, zu vermeiden, der sowjetischen Regierung „keine andere Wahl als diejenige zwischen Demütigung oder Krieg zu lassen" (Macmillan)[34]. Adenauer, der dies sehr wohl verstand, war darauf bedacht, auch seinerseits nichts zu verschärfen, aber zu verhüten, daß unter dem Druck der Berlinkrise Regelungen erörtert und getroffen wurden, die Berlin belasten, die deutsche Politik in Hinsicht auf spätere umfassendere Lösungsversuche deutscher Fragen schwächen und den Westen insgesamt als widerstandsschwach erscheinen lassen konnten. Dabei war für Adenauer eine gewisse Erschwerung, daß 1959 der langjährige

Verantwortliche der amerikanischen Außenpolitik, sein Freund John Foster Dulles, gestorben war. Und daß er seit der Präsidentenwahl November 1960 nicht nur mit einem neuen Präsidenten, sondern auch mit dem Repräsentanten einer neuen Generation in Washington zu tun hatte, John F. Kennedy. Kennedy hatte unter dem Eindruck seiner Wiener Begegnung mit Chruschtschow seine und die westliche Berlinposition unmißverständlich und sehr entschlossen formuliert und am 25. Juli 1961 in einer Rede die Welt informiert. Nunmehr war auch unzweideutig klargemacht, daß nicht nur das Anwesenheits- und Zugangsrecht der Westmächte, sondern auch das Bewegungsrecht der (West-)Berliner Bevölkerung und ihre Lebensfähigkeit vom Westen als „essential" und unabdingbar betrachtet wurde.

Das Tauziehen zwischen Ost und West um Berlin ging hin und her. Die Dichte der Spannung wechselte. West-Berlin blieb zwar 1959/60 im wesentlichen unangetastet. Aber immer wieder gab es östliche Drohungen und auf den Verbindungswegen Schikanen. Der Westen antwortete mit Warnungen und suchte Auswege. Adenauer wiederum sah sich nicht selten veranlaßt, vor zu weitgehenden Plänen zu warnen. Eine zunehmend unerquickliche Situation, zumal Bonn nicht Vorhaltungen überhören konnte, Bonn dränge immer die Verbündeten zum Handeln, halte sich aber selber zurück.

Als im Herbst 1960 Ost-Berlin den Passierscheinzwang für westdeutsche Besucher des Ostsektors einführte, bundesrepublikanische Pässe bei Westberlinern nicht anerkannt wurden und schikanöse Verkehrsbehinderungen auf den Interzonenstraßen sich häuften, wurde es kritisch. Adenauer gewann die Überzeugung, daß etwas Eindrucksvolles getan werden müsse. Am letzten Tag der gerade laufenden Kündigungsfrist, am 30. September 1960, ließ er das Interzonenhandelsabkommen kündigen. Das Bundeskabinett hatte unter Teilnahme und Zustimmung von Vertretern aller Bundestagsfraktionen am selben Tag in einer Sondersitzung so beschlossen, obwohl in der CDU-Fraktion wie in der Regierung die Meinungen über die Zweckmäßigkeit nicht einhellig waren.

Die Kündigung erregte Aufsehen („Gegenschlag" schrieb die „Neue Zürcher Zeitung"), zumal sie von den Alliierten gedeckt war. Dies wiederum war wichtig wegen der Verbindungswege. Verhandlungen zwischen Ost-Berlin und Bonn führten vor Fristablauf Ende des Jahres zu einer Verständigung, die mit der Klausel, daß bestimmte Lieferungsverpflichtungen im Falle schwerer Störung des Berlinverkehrs widerrufen werden könnten, ein Junktim zwischen Interzonenhandel und Berlinverkehr sicherte.

Dann aber, am 13. August 1961, kam jenes Ereignis, das einer der schwärzesten Tage der deutschen Geschichte ist und das nächst den direkt Betroffenen, den Menschen, denen der Fluchtweg abgeschnitten wurde, Konrad Adenauer als den Erstverantwortlichen der deutschen Politik seit 1949 besonders treffen mußte: der Bau der Mauer in und um Berlin.

Die sowjetische Propaganda war zuvor sehr verschärft worden, Chruschtschow hatte am 7. August eine partielle Mobilmachung angekündigt. Er sprach u. a. davon, „möglicherweise [...] die zahlenmäßige Stärke der Armee an der Westgrenze durch Divisionen aus anderen Gebieten der Sowjetunion zu vergrößern", und von der Einziehung von Reservisten[35]. Raffiniert tarnend hatte er einige Tage zuvor vor Repräsentanten der kommunistischen Parteien der Warschauer-Pakt-Staaten auch die „unbeugsame Entschlossenheit" bekundet, noch in diesem Jahr „eine friedliche Regelung mit Deutschland durchzusetzen"[36]. Der Westen hatte sich ohnehin in der internen Arbeit dieser Jahre vornehmlich damit befaßt, wie man konkret und eventuell abgestuft zu reagieren haben werde, wenn die Sowjets ihre Drohung mit einem separaten Friedensvertrag und der Übertragung der Kontrolle der Zugangswege auf die DDR wahr machten.

Zwar gab es undurchsichtige Andeutungen aus unklaren Quellen, die auf die Absicht hindeuteten, rund um ganz Berlin eine dichte Sperr- und Kontrollkette zu legen, um den Flüchtlingsstrom zu blockieren. Aber nun kam etwas ganz anderes, die Sperrmauer quer durch Berlin. An jenem schwarzen Sonntag habe ich viele Menschen hinter den östlichen Baueinheiten weinen gesehen. Man hatte das Gefühl, einem Ertrinkenden zusehen zu müssen und nicht helfen zu dürfen ...

Konrad Adenauer wurde kurz vor sieben Uhr in Rhöndorf telefonisch von Staatssekretär Globke informiert. Globke war von Berlin aus telefonisch von Bürgermeister Amrehn und Bundesminister Lemmer unterrichtet worden. Von diesem Augenblick an jagten sich Beratungen und Informationen. Am Vormittag um elf Uhr war auf Grund früherer Verabredung US-Senator Dodd bei Adenauer. Adenauer gab ihm für seinen anschließenden Flug nach Berlin den Rat mit, „daß feste Haltung gegenüber dem Osten mit Besonnenheit verbunden werden müsse". Da bis zum Mittag keine eindeutige Erklärung der Alliierten zu den Vorgängen und über Gegenmaßnahmen zu erlangen war, ließ Adenauer eine erste vorläufige Erklärung herausgehen. Auch in dieser Erklärung tritt die Mahnung zur Besonnenheit hervor: „Es ist das Gebot der Stunde, in Festigkeit, aber auch in Ruhe der Herausforderung des Ostens zu begegnen und nichts zu unternehmen, was die Lage erschweren, aber nicht verbessern kann."[37]

Die kühle Zurückhaltung Adenauers in seinen öffentlichen Äußerungen und die Tatsache, daß er nicht spontan nach Berlin geflogen ist, haben viel Kritik gefunden, verständlicherweise. Ihm war sicher klar, daß er damit rechnen mußte, Krone und Globke, seine engsten Berater in jenen Jahren, haben es ihm an diesem 13. August gesagt. Krone und Gerstenmaier waren am folgenden Tage in Berlin und haben die Kritik unmittelbar erlebt. Ich habe ihn wenige Tage später in Bonn gefragt, warum er eigentlich nicht gleich nach Berlin gekommen sei. Darauf hat er mir geantwortet: „Was sollte ich den Berlinern denn sagen in dieser schrecklichen Situation? Leere Worte? Ich konnte es doch nicht ändern. Oder starke Worte? Sollte ich sie zu einem 17. Juni verleiten?" Ich blieb damals und bin auch heute der Meinung, der Bundeskanzler hätte nach Berlin gehen sollen, um wenigstens durch sein Dasein seine und die gesamtdeutsche Verbundenheit in diesem nationalen Unglück zu erweisen und an Ort und Stelle selber zu sehen, ob nicht doch mehr möglich war als Hinnahme und Protest.

Aber Fairness und Sachlichkeit gebieten dennoch, die Überlegungen und Sorgen Adenauers in jener Situation unvoreingenommen auf sich wirken zu lassen. Es geht dabei nicht nur um die sofortige persönliche Präsenz in Berlin, sondern um die Gesamtlage, ihre Merkmale und ihre Risiken, so wie er sie sah und vielleicht auch sehen mußte.

1. Es gab keinen Krisenplan des Westens für diese so nicht erwartete Aktion der östlichen Seite.

2. Für jedes wesentliche Reagieren und Agieren mußte Bonn bündnisgerecht vorher das Einvernehmen mit den Verbündeten suchen, damit auch etwaige Konsequenzen gemeinsam vertreten und getragen würden.

3. Die Sorge vor einem unberechenbaren Verhalten der Menschen auf beiden Seiten der Sperrgrenze in Berlin war ernst. Lemmer hatte schon in seinen ersten telefonischen Berichten aus Berlin am Vormittag des 13. August die Gefahr einer Wiederholung des Verzweiflungsaktes vom 17. Juni 1953 betont. Dieses Datum taucht in den Gesprächen jener Tage immer wieder auf. In einer Unterredung mit General Clay am 19. September 1961 sagte Adenauer: Unmittelbar nach dem 13. August habe er befürchtet, daß es zu einem Aufstand kommen könne, was Ulbricht nur willkommen gewesen wäre, weil er dann alles rücksichtslos hätte niederwalzen können. Dies sei auch der Grund gewesen, warum er nicht sofort nach Berlin gegangen sei.

4. Die deutsche und die alliierte Ausgangsposition waren nicht identisch. Die deutsche Seite sah und empfand vor allem die radikale Verhärtung der deutschen Spaltung – der nationalen und der menschlichen – durch die nunmehr perfekte Teilung Berlins und Schließung des letzten Fluchtweges. Die Alliierten achteten zuerst darauf, ob die Rechte und Pflichten, die sie in West-Berlin wahrnahmen, berührt wurden. Und da war kennzeichnend, was der in Washington außenpolitisch Verantwortliche, Staatssekretär Rusk, als erstes am 13. August sagte: Die Berichte „deuten darauf hin, daß sich die bisher getroffenen Maßnahmen gegen die Bewohner Ost-Berlins und Ostdeutschlands und nicht gegen die Position der Alliierten in West-Berlin oder den Zugang nach West-Berlin richten"[38].

Zu den Positionen und ihrer Abwägung ließe sich mancherlei sagen. Jedenfalls machen sie verstehen, daß öffentlich der Eindruck von Beschwichtigungspolitik in Bonn und von Hilflosigkeit in der alliierten Reaktion entstand. Als Ergebnis der deutschen und alliierten Politik jener Tage bleibt andererseits bei aller Unzufriedenheit mit dem Geschehen und seinem Ablauf doch auch festzuhalten, daß West-Berlin auch durch diese Krise gebracht worden ist, und zwar ohne Zuspitzung zu einem militärischen Konflikt. Adenauers Denken in dieser Hinsicht kommt eindringlich in der folgenden Aussage zum Ausdruck, die er in einem Gespräch mit dem damaligen NATO-Oberbefehlshaber General Norstad am 7. September 1961 gemacht hat: Die von den Sowjets und der Ostzone getroffenen Maßnahmen seien dazu bestimmt, der Bevölkerung der Zone vor Augen zu führen, daß ein Aufstand zwecklos sei. Man könne aber nicht in die Zukunft blicken. Er selbst sei davon überzeugt, daß einem Aufstand kein Erfolg beschieden wäre, und glaube außerdem, daß die Deutschen nicht zum Anlaß eines dritten Weltkrieges werden dürften.

Nach dem 13. August stand die Frage nach Gegenmaßnahmen im Vordergrund. Man rief den Bundestag aus den Ferien zurück. Die Öffentlichkeit drängte begreiflicherweise auf Aktion. Wiederum war hinderlich – übrigens besonders auch bei dem Gespräch Adenauers mit Smirnow am 16. August –, daß auf westlicher Seite noch keine Einigkeit darüber bestand, was zweckmäßig sein könnte und von allen getragen würde, aber dem Osten nicht die Legitimation zu verschärfenden Gegenmaßnahmen geben würde. Im Interzonenhandel spielte jetzt z. B. seine Verknüpfung mit den Berliner Verbindungswegen eine Rolle. Und was eine allgemeine Liefersperre nach Osten anging, so waren die schlechten Erfahrungen mit Embargoaktionen der diffusen westlichen Welt keine Empfehlung. Der Regierende Bürgermeister von Berlin, Willy Brandt, hatte am 16. August in einem eigenmächtigen Brief an Kennedy vorgeschlagen, einen Drei-Mächte-Status West-Berlins zu proklamieren. Aber dies war auch nicht zu Ende gedacht, denn damit wäre gerade von westlicher Seite der Vier-Mächte-Status de facto in Frage gestellt worden; er ist jedoch die wichtigste Basis der westlichen Präsenz in Berlin überhaupt.

Zu der großen Kundgebung vor dem Schöneberger Rathaus in Berlin am 16. August war Adenauer nicht geflogen. Am Vormittag hatte er in der Kabinettsitzung mitgeteilt, er habe das abgelehnt, weil seine Teilnahme nach seiner Auffassung nicht zu einer Entspannung, sondern zu einer Verschärfung der Situation beitragen würde. Hingegen wolle er unverzüglich nach Abgabe der Regierungserklärung am Freitag (18. August) nach Berlin fliegen. Was er bei dieser Mitteilung noch nicht wissen konnte, war der Auftrag von Präsident Kennedy an Vizepräsident Johnson, am Sonnabend (19. August) nach Bonn und Berlin zu fliegen. Wie Globke notiert hat, entschloß sich Adenauer daraufhin, den Besuch in Berlin zusammen mit Johnson und seinen Begleitern General Clay und Botschafter Bohlen durchzuführen.

In dem Gespräch am Morgen in Bonn teilten die Amerikaner mit, daß die amerikanische Garnison um eine 1500 Mann starke Kampfgruppe verstärkt werde. Bei Gegenmaßnahmen müsse man sehen, daß die Lage nicht unheilvoll verschärft werde. Zugleich lehnte Johnson – wenn auch als Bitte höflich umschrieben – ab, sich von Adenauer nach Berlin begleiten zu lassen. Die wenig glaubhafte Begründung war, man wolle nicht den Eindruck der Einmischung in den laufenden Bundestagswahlkampf machen. In der gegebenen Situation konnte das höchst begrüßenswerte Auftreten Johnsons in Berlin mit Brandt, dem Gegenkandidaten für das Kanzleramt, natürlich nicht weniger als Beeinflussung des Wahlkampfes verstanden werden. Adenauer, der noch auf dem Flughafen zum Mitflug bereit war, war tief enttäuscht. Später gab man auf amerikanischer Seite zu, einen Fehler gemacht zu haben. Botschafter Dowling überbrachte Adenauer am 6. September Briefe von Kennedy und Johnson ... Wenigstens war Johnsons Erscheinen in Berlin für die Stadt und ihre Menschen sehr hilfreich. Adenauer selber flog am 22. August in die Stadt.

Ein anderes Ärgernis dieser tragischen Berlintage soll nicht verschwiegen, aber auch in seine Zusammenhänge gestellt werden. Am Montag, dem 14. August nachmittags, war Adenauer zu einer seit längerem angesetzten Wahlveranstaltung in Regensburg geflogen. Adenauer meinte, eine Unterbrechung des Wahlkampfes hätte die Unruhe in der Bevölkerung noch vergrößert. Auf dieser Veranstaltung verließ ihn sein gerühmtes politisches Fingerspitzengefühl. In der Wahlkampfstimmung ließ er sich hinreißen, den sozialdemokratischen Kanzlerkandidaten zu glossieren: „Ich bin der Auffassung, wenn einer mit der größten Rücksicht behandelt worden ist von seinen politischen Geg-

nern, dann ist das der Herr Brandt alias Frahm."[39]
Diese Äußerung war ungehörig und des Bundeskanzlers sogar im Wahlkampf unwürdig, trotz aller nervlichen Belastung dieser Tage. Die Kritik war groß, auch aus den eigenen Reihen. Schließlich standen die beiden im selben Kampf um Berlin auf derselben Seite. Aber auch das muß gesehen werden: Der Eintritt des Regierenden Bürgermeisters jener Stadt, die die innere Zustimmung aller Parteien hatte und lebensnotwendig brauchte, als Spitzenkandidat in den Bundeswahlkampf mußte – das war voraussehbar – zu einer Verschärfung der persönlichen und innenpolitischen Konfrontation führen.
Man mag als Deutscher das Geschehen des 13. August betrachten von welcher Richtung auch immer – es war und bleibt eine Tragödie. Willy Brandt als Bundeskanzler hat in einem Illustrierten-Gespräch Jahre später – „Stern" vom 12. August 1971 – den schlimmen Satz gesagt: „Adenauer akzeptierte die Mauer." Von Annehmen kann gar keine Rede sein. Adenauer hat in der Tat die Mauer nicht verhindern können. Aber das vermochten auch andere nicht, selbst der mächtigste Verbündete nicht. Immer stand als größtes Risiko der Krieg im Hintergrund. Und so blieb der Westen vor dem Brandenburger Tor, wie die Sowjets hinter dem Brandenburger Tor bleiben mußten. Dies ist die eiskalte Wirklichkeit, schrecklich für uns Deutsche, aber wahr. Für Konrad Adenauer wurde in einer für ihn wie für die Deutschen insgesamt bestürzenden Weise die Grenze des harten westlichen Engagements in den deutschen Fragen deutlich.
Die Mauer war noch nicht der Schlußakt jener mit dem Ultimatum eröffneten Phase des Ringens um das freie Berlin. Es gab Drohungen, Verhandlungen, z.B. über eine internationale Zugangsbehörde, Behinderungen, z.B. in den Flugkorridoren. Und im Herbst 1962 schien es so, als ob die Entwicklung auf einen militärischen Konflikt zutrieb. In diese Situation hinein fiel im Oktober 1962 die Kubakrise. Ihr Ausgang dämpfte die sowjetische Aggressivität auch in bezug auf Berlin. Chruschtschow sah, wie er am 16. Januar 1963 auf dem XX. SED-Parteitag in Ost-Berlin sagte, seit dem Mauerbau eine Lösung der Berlin-Frage als weniger dringlich an.
In diese Berlin-Phase fiel im Oktober 1963 der Rücktritt Konrad Adenauers. Seine letzte Reise ging wie seine erste Reise als Bundeskanzler nach Berlin. Am 10. Oktober 1963 wurde ihm in einem Festakt vom Senat und Abgeordnetenhaus Berlins zugleich für alle deutschen Städte die Ehrenbürgerschaft Berlins verliehen. Adenauer dankte in seiner Erwiderung und fügte seine Überzeugung hinzu, „daß, wenn wir wieder in Frieden vereint sind und Sie dann die Hauptstadt sind, [...] daß sich das, was voraussehend von Ihnen hier gebaut und geplant worden ist, reichlich belohnt wird"[40].

Das Verhältnis Konrad Adenauers zu „Berlin" war von Anfang an schwierig. Schon von seinen jungen Jahren her brachte er Vorbehalte mit. Seine Entwicklung führte schließlich nach Kriegsende 1945 zu offener Abneigung. Aber dabei blieb es nicht. Die Selbstbehauptung der Berliner in der Not und Drangsal der Blockade überwand seine Abneigung. Noch fiel es ihm nicht leicht, daß Berlin, das ihm in früheren Zeitläuften als Zentrum fehlerhafter, falscher und schließlich verderblicher Politik erschienen war, auch für das neue – und wie er zutiefst wünschte – bessere und klügere Deutschland Hauptstadt sein sollte. Aber nach der ersten Sinnesänderung brauchte er bis zur offenen und vollen Bejahung der Hauptstadt Berlin nicht mehr viel Zeit. Die zentrale Rolle Berlins für die künftige Behauptung und Entwicklung Deutschlands wurde dem Bundeskanzler Adenauer bewußt und gewiß.

Er selber hat das deutlich ausgesprochen. Als er nach seinem Ausscheiden aus dem Amt seine „Erinnerungen" niederschrieb, nahm er in den Band 1945–1953 ein Kapitel „Berlin, Bollwerk des Westens" auf. Niemand konnte ihn zwingen, über die Berufung Berlins das zu sagen, was er dort niedergeschrieben hat. Und in seinem Leben war oft genug deutlich geworden, daß er auch auf ärgerlichen Standpunkten hartnäckig beharren konnte. Um so überzeugender scheinen mir seine folgenden Schlußworte für das Verhältnis zu sein, das Konrad Adenauer schließlich zu Berlin gewonnen und in schwierigen Zeiten politisch behauptet hat:

„Allen Berlinern dankt Deutschland und jeder, der die Freiheit liebt, für ihren Mut, für ihre Energie, für ihre Zähigkeit, für ihre Ausdauer, für ihre Tapferkeit, für das geschichtliche Verdienst, das sie sich erworben haben um das gesamte Deutschland und um die Freiheit.

Berlin hat sich durch all das Leid, das die Berliner ertragen mußten und tapfer ertragen haben, mehr als je zuvor in die Herzen aller Deutschen fest eingeschrieben als die Hauptstadt Deutschlands."[41]

1 Vgl. Werner Conze, Jakob Kaiser. Politiker zwischen Ost und West 1945–1949, Stuttgart–Berlin–Köln–Mainz 1969, S. 91.

2 Vgl. Rudolf Morsey, Vom Kommunalpolitiker zum Kanzler, in: Konrad Adenauer. Ziele und Wege. Hrsg. von der Konrad-Adenauer-Stiftung, Mainz 1972, S. 14.

3 Vgl. Staatslexikon. Recht–Wirtschaft–Gesellschaft. Hrsg. von der Görres-Gesellschaft. Sechste, völlig neu bearbeitete und erweiterte Auflage. Bd. 5, Freiburg 1960, S. 182.

4 Vgl. Anneliese Poppinga, Meine Erinnerungen an Konrad Adenauer, Stuttgart 1970, S. 188f.

5 Vgl. Anneliese Poppinga, Konrad Adenauer. Geschichtsverständnis, Weltanschauung und politische Praxis, Stuttgart 1975, S. 166.

6 Vgl. Morsey, S. 58ff.

7 Vgl. Morsey, S. 22.

8 Vgl. Paul Weymar, Konrad Adenauer. Die autorisierte Biographie, München 1955, S. 73ff.

9 Vgl. A. Stegerwald, Deutsche Lebensfragen. Vortrag, gehalten auf dem X. Kongreß der christlichen Gewerkschaften Deutschlands am 21. November 1920 in Essen, Berlin 1921, S. 27f.

10 Vgl. Morsey, S. 19.

11 Vgl. Weymar, S. 209.

12 Vgl. Morsey, S. 28.

13 Vgl. Weymar, S. 281.

14 Vgl. Konrad Adenauer, Erinnerungen 1945–1953, Bd. 1, Stuttgart 1965, S. 35.

15 Vgl. Adenauer, Erinnerungen, Bd. 1, S. 40.

16 Vgl. Poppinga, Erinnerungen, S. 90.

17 Vgl. Adenauer, Erinnerungen, Bd. 1, S. 40.

18 Vgl. Morsey, S. 78.

19 Vgl. die Angaben von Anm. 1.
20 Vgl. Karl Schmid, Die Forderung des Tages. Reden und Aufsätze, Stuttgart 1946, S. 74.
21 Vgl. Morsey, S. 44ff.
22 Vgl. dazu und für die nachfolgenden Zitate Der Tag vom 24. November 1948.
23 Für den Wortlaut der Rede Adenauers vgl. Stenographische Berichte der Stadtverordnetenversammlung von Groß-Berlin. Sitzung 10–14. 1949. 12. Sitzung, S. 5ff.
24 Vgl. Verhandlungen des Deutschen Bundestages. 1. Wahlperiode 1949. Stenographische Berichte. Bd. 1, S. 243.
25 Vgl. dazu und für die nachfolgenden Zitate Der Tag vom 19. April 1950.
26 Vgl. hierzu Erich Kosthorst, Jakob Kaiser. Bundesminister für gesamtdeutsche Fragen 1949–1957, Stuttgart–Berlin–Köln–Mainz 1972, S. 221ff.
27 Vgl. die Viererkonferenz in Berlin 1954. Reden und Dokumente. Hrsg. vom Presse- und Informationsamt der Bundesregierung, Berlin 1954, S. 282.
28 Für den Wortlaut des Interviews vgl. Bulletin des Presse- und Informationsamtes der Bundesregierung, Nr. 37 vom 24. Februar 1954, S. 297ff.
29 Vgl. Die Viererkonferenz in Berlin 1954, S. 297f.
30 Vgl. Heinrich Krone, Aufzeichnungen zur Deutschland- und Ostpolitik 1954–1969, bearbeitet und eingeleitet von Klaus Gotto, in: Rudolf Morsey und Konrad Repgen (Hrsg.), Adenauer-Studien III: Untersuchungen und Dokumente zur Ostpolitik und Biographie (=Veröffentlichungen der Kommission für Zeitgeschichte, Reihe B, Bd. 15), Mainz 1974, S. 141.
31 Für den Wortlaut der Rede Ulbrichts vom 27. Oktober 1958 in Ost-Berlin vgl. Dokumente zur Deutschlandpolitik. Hrsg. vom Bundesministerium für gesamtdeutsche Fragen. III. Reihe/Bd. 4. Bearbeitet von Ernst Deuerlein und Gisela Biewer, Frankfurt am Main–Berlin 1969, S. 1831ff., besonders S. 1841.
32 Vgl. Konrad Adenauer, Erinnerungen 1955–1959, Bd. 3, Stuttgart 1967, S. 455 und S. 458.
33 Vgl. Adenauer, Erinnerungen, Bd. 3, S. 477.
34 Vgl. Harold Macmillan, Erinnerungen, Frankfurt am Main–Berlin–Wien 1972, S. 293.
35 Für einen Auszug aus der Rundfunk- und Fernsehansprache Chruschtschows vom 7. August 1961 vgl. Dokumente zur Deutschlandpolitik. Hrsg. vom Bundesministerium für innerdeutsche Beziehungen. IV. Reihe/Bd. 6. Bearbeitet von Rainer Salzmann, Frankfurt am Main 1975, S. 1516ff., besonders S. 1525.
36 Vgl. dazu die Mitteilung vom 5. August 1961 über eine Beratung der Ersten Sekretäre der ZK der kommunistischen und Arbeiterparteien der Mitgliedstaaten des Warschauer Vertrages in Moskau; Dokumente zur Deutschlandpolitik, IV. Reihe/Bd. 6, S. 1507f.
37 Für den Wortlaut der Erklärung vgl. Bulletin des Presse- und Informationsamtes der Bundesregierung, Nr. 150 vom 15. August 1961, S. 1453ff.
38 Vgl. Walther Stützle, Kennedy und Adenauer in der Berlin-Krise 1961–1962, Bonn-Bad Godesberg 1973, S. 137 Anm. 2.
39 Vgl. Hans-Peter Schwarz (Hrsg.), Konrad Adenauer. Reden 1917–1967. Eine Auswahl, Stuttgart 1975, S. 417.
40 Für den Wortlaut der Rede Adenauers vgl. Bulletin des Presse- und Informationsamtes der Bundesregierung, Nr. 182 vom 15. Oktober 1963, S. 1590f.
41 Vgl. Adenauer, Erinnerungen, Bd. 1, S. 180f.

AUSSENPOLITIK

FRANÇOIS SEYDOUX

Adenauer und de Gaulle – „Die Freundschaft eines großen Mannes ist ein Geschenk der Götter“

Konrad Adenauer und Charles de Gaulle waren dessen gewiß. Beide schätzten sich glücklich, einen gleichwertigen Gesprächspartner gefunden zu haben. Das kam Frankreich und Deutschland zugute.

Daß es so sein würde, stand keineswegs von Anfang an fest. Als de Gaulle 1958 wieder die Regierung übernahm, weil allein er dem algerischen Drama ein Ende setzen konnte, da kannten sich die beiden Männer nicht. Sie konnten sehr wohl keinen Gefallen aneinander finden, sich nicht verstehen. Der General fühlte sich nicht selbstverständlich zu dem Deutschen hingezogen, der im Paris der Vierten Republik Sympathie und Bewunderung genoß. Der Bundeskanzler empfand nicht a priori Geschmack an dem Soldaten, der sich bei Roosevelt und Churchill unerbittlich durchgesetzt hatte.

Und doch waren sie beide aufeinander neugierig. Im Grunde ihres Gemüts wollten sie sich verstehen und nach einem Wort des Generals gemeinsam Großes vollbringen. Der erste Blick in das Auge des andern sollte darüber entscheiden. Die Begegnung von Colombey-les-deux-Eglises am 14. September 1958 hätte sehr wohl nur eine formelle Unterhaltung sein können. Sie wurde ein historischer Augenblick. Kaum hatten sie einander die Hand gereicht, erfaßte sie Bewegung. Was immer sie erwartet haben mochten, ihre Erwartung wurde übertroffen: Keiner hatte gedacht, daß der andere Partner so groß und zugleich so einfach sei. In stiller Selbstverständlichkeit wurden sie Freunde.

Eine ungewöhnliche Hochachtung erfaßte Charles de Gaulle vor dem Schöpfer der Bundesrepublik, vor dem Patrioten, der Deutschland dem materiellen Ruin und der moralischen Zerrüttung entrissen hatte und der sich seines Auftrags mit ebensoviel Geschick wie Glauben entledigte. Und besaß dieser alte Mann, der da vor ihm stand und ihm um 15 Jahre voraus war, nicht den Schwung der besten Mannesjahre? Für den General, der sich schon über sein Alter Gedanken machte, konnte das Bild, das Konrad Adenauer ihm bot, nur tröstlich und ermutigend sein.

Seinerseits genoß der Bundeskanzler die aufmerksame Liebenswürdigkeit eines Gastgebers, der wollte, daß er sich wohl fühle in der familiären Atmosphäre der Vertrautheit und Gelassenheit, die dem Reiz seines Rhöndorfer Heims kaum nachstand. Das Bild des Siegers von einst verblaßte vor dem Lächeln und der Herzlichkeit de Gaulles. Jahr um Jahr werden sie Seite an Seite als gleichwertige Partner den Weg von Gipfel zu Gipfel gehen.

Für Adenauer war dieses von Stund an ausgezeichnete Verhältnis ein Anlaß tiefer Genugtuung, die bezeugt, welchen Wert er den deutsch-französischen Beziehungen beimaß. Seitdem er vor neun Jahren sein Amt als Regierungschef angetreten hatte, war die deutsch-französische Verständigung sein ständiges

Anliegen. Er hatte sich ihm mit einer Leidenschaft verschrieben, die viele Franzosen teilten, die den jahrhundertealten Zwist beendet und eine neue Seite der Geschichte aufgeschlagen wissen wollten.

Freilich standen diese Franzosen nicht stellvertretend für ganz Frankreich. Hätte sich de Gaulle nicht seinerseits für die Versöhnung ausgesprochen, so wäre man auf halbem Weg stehengeblieben und das Werk wäre trotz bester Ansätze niemals vollendet worden. Doch wer wollte noch zu widerstreben wagen, nachdem der Widerstandskämpfer der ersten Stunde ja gesagt hatte? Der Bundeskanzler ermaß das ganze Gewicht dieser Leistung des Generals. Seine Arbeit war nicht vergeblich gewesen. Er an der Spitze der Bundesrepublik, de Gaulle an der Spitze Frankreichs: Das war die Gelegenheit, die es zu nutzen galt. Endlich bot sich den beiden großen Nachbarvölkern die lang erwartete Chance.

Beide verband auch die Überzeugung, daß der Lauf der Geschichte weitgehend von den Verantwortlichen bestimmt wird: Jeder von ihnen war ein Demokrat, aber beide waren doch der Meinung, daß es ihnen obliege, die Meinungen zu lenken und den Ereignissen ihren meisterlichen Stempel aufzudrücken. Ohne Adenauer als Partner hätte sich de Gaulle nicht so vertrauensvoll und entschlossen für die Bundesrepublik engagiert. In seinen Augen verkörperte der Bundeskanzler jenes Deutschland, das er sich wünschte, ein Deutschland, das zusammen mit Frankreich in Europa das Fundament einer beispielhaften internationalen Solidarität bilden konnte.

Das Bild, das ihnen die Welt bot, stützte ihre Gemeinsamkeit und begünstigte ihre Absichten. Der Krieg hatte eine unerhörte Umwälzung bewirkt. Die Vereinigten Staaten und Sowjetrußland teilten sich Macht und Einfluß. Zwei feindliche Lager standen gegeneinander. Der Kalte Krieg war in vollem Gange. Bang fragte man sich, welche Taktik der Kreml eingeschlagen hatte, was er vorhatte. Niemand tat das mehr als Konrad Adenauer, dessen gesamte Politik zu Recht von der Notwendigkeit bestimmt war, die Sicherheit seines Landes zu gewährleisten. Er zählte die geschickt im Osten verteilten Divisionen, die den Westen bedrohten und gegen die nur die Stärke Amerikas ein Gegengewicht bilden konnte. Ein falscher Schritt – was würde dann aus Deutschland?

Den Kanzler kostet es keine Mühe, de Gaulle seine Ängste verständlich zu machen. Wohl befürchtet der General nicht im gleichen Maße wie sein Gesprächspartner ein waghalsiges Unternehmen der Russen, mit dem sie ja die mit dem Sieg errungenen ungeheuren Zugewinne gefährden würden. Aber auch er will nicht ständig unter der Bedrohung leben. Jede Fremdherrschaft ist ihm ein Greuel. Wenn Moskau die Keule schwingt, läßt ihn dies kälter als irgendwen.

In Charles de Gaulle erkennt Konrad Adenauer so nicht ohne Freude den Widerstandskämpfer in einem für ihn erstrangigen Bereich. Schon bei ihrer zweiten Begegnung in Bad Kreuznach am 26. November 1958 bemerkt er, mit welcher Festigkeit der General entschlossen ist, auf eine bevorstehende sowjetische Initiative zu reagieren, die schwere Folgen für das Schicksal Berlins haben kann. Seine Sorge erwacht neu, als er erfährt, daß die drei Westalliierten und die Sowjets wieder den Kontakt suchen und – wenn auch illusionslos

– den Versuch unternehmen, ihre Meinungsverschiedenheiten abzubauen und das deutsche Problem zu lösen. Deshalb hält er nichts von der Genfer Konferenz von 1959 trotz aller beruhigenden Versicherungen hauptsächlich seitens der Franzosen. Leicht tröstet er sich einige Monate später über den Fehlschlag der Pariser Gipfelkonferenz hinweg, die wegen Chruschtschows Unnachgiebigkeit zu Ende ist, noch ehe sie begann. De Gaulle hat das Spiel mit unnachahmlicher Würde gespielt. Adenauer spart nicht mit Lob.
Wieder schätzt der Bundeskanzler den Widerstandskämpfer nach dem Bau der Berliner Mauer am 13. August 1961, diesem kühn berechneten Werk der Unmenschlichkeit, das gewaltige Folgen hat, denn binnen weniger Jahre verwandelt es die sowjetisch besetzte Zone in einen zweiten deutschen Staat. Wiederum weicht de Gaulle keinen Schritt. Während man sich in London und Washington fragt, ob nicht Sondierungen bei den Sowjets angebracht seien, die die resignierte Passivität des Westens für einen neuen Schlag nutzen könnten, hält er daran fest, jede Annäherung komme einer Kapitulation gleich. Nach reiflicher Überlegung und vielleicht einem ersten Zögern gibt ihm Konrad Adenauer recht. Mag ihr Urteil über Rußland auch nicht das gleiche sein, denn der General löscht den gemeinsamen Kampf gegen Hitler nicht aus seinem Gedächtnis – die Wolken, die dann und wann den deutsch-französischen Himmel verdüstern, kommen doch niemals aus dem Osten. Noch befinden wir uns nicht in der Ära der Entspannung. Noch spricht niemand von ihr. Angesichts der Ungewißheit hinter der Moskau seine wahren Absichten und möglichen Ansprüche verbirgt, hüllen sich die Länder der freien Welt in fast einmütige Härte.
Zuverlässige Bande zwischen Bonn und Paris sind dem Bundeskanzler so wichtig, daß er den Elyséepalast niemals aus den Augen läßt. Nicht als zweifle er an der Aufrichtigkeit des Präsidenten der Republik ihm gegenüber. Kommt Besorgnis auf, so tut er alles, um sie wieder aus seinen Gedanken verbannen zu können. Die beiden wissen sich auf einer Ebene, die sich der menschlichen Schwäche entzieht. Aber Adenauer weiß auch, daß de Gaulle der Stimme seines Vaterlands überall aufmerksames und achtungsvolles Gehör verschaffen will, daß sein Temperament und die Umstände ihn dazu drängen. Auch wenn man de Gaulle heißt, fällt das diplomatische Spiel nicht leicht, Algerien unwiederbringlich von Frankreich zu trennen, ohne daß das Ansehen der Nation dabei Schaden erleidet. Die Hindernisse türmen sich auf dem Weg. Unzähligen Franzosen blutet das Herz. In dieser bewegenden Zeit steht der Bundeskanzler an der Seite seines Freundes. Er leidet mit ihm, der solch tragischen Kampf durchstehen muß. Er bewundert seine Entsagung, seine Taktik. Möglichst schnell möchte er den Konflikt beendet sehen, der Frankreichs Antlitz verunstaltet, seine Bewegungsfreiheit einengt – einen Konflikt, der, bliebe er ungelöst, noch größere Verwirrung stiften würde und das atlantische Bündnis vor den Toren der Bundesrepublik schwächen könnte, einen Konflikt auch, dessen Auf und Ab eine diskussionslos auf die Unabhängigkeit der Völker eingeschworene Jugend nicht begreift.
Mit der Entkolonisierung, dem Verlust der Gebiete jenseits des Mittelmeeres, setzt de Gaulle den Schlußstrich unter das Gewesene. Der Linie seiner Vorgänger folgend, doch mit der ihm eigenen Tatkraft, macht er Frankreich zur

Nuklearmacht. Zunächst findet das nicht Konrad Adenauers Billigung. Vergrößert sich nicht damit der Abstand zwischen den beiden Nachbarstaaten? Sind nicht fortan Macht und Autorität nur noch den Staaten vorbehalten, die die Atombombe besitzen? De Gaulle beruhigt ihn, so daß der Kanzler, der sich nun seiner Sache ganz sicher ist, ihn dazu beglückwünscht, daß der Westen des Erdteils dank der französischen Entscheidung größere Sicherheit gewonnen hat.

Seine Neigung für den General läßt ihn die Stirn runzeln, wenn dieser sich zu entfernen und Initiativen zu ergreifen scheint, die Deutschlands Position schmälern könnten. Trotz aller beruhigenden Vorkehrungen hatte er keinen Geschmack gefunden an den Briefen, die de Gaulle, kaum daß er Colombey-les-deux-Eglises verlassen hatte, an Eisenhower und Macmillan schrieb, und in denen er vorschlug, Franzosen, Engländer und Amerikaner sollten sich regelmäßig in den großen Fragen der Weltpolitik abstimmen. Diese Anregung blieb ohne Echo. Der General hatte das vorausgesehen. Ruhigen Gewissens konnte er sich nun freier gegenüber jenen bewegen, die sein Angebot nicht aufgegriffen hatten. Dennoch unterließ es Adenauer nicht, das „Direktorium" zu erwähnen, wenn ihn die Laune zwickte.

Jetzt war es an der Zeit, das unmittelbare Gespräch mit seinem Freund wieder aufzunehmen. Der Briefwechsel, den sie führten, trug zu seiner Besänftigung bei. Mehr noch ihre berühmt gewordenen Begegnungen. Das Treffen von Rambouillet Ende Juli 1960 ließ sich ausgesprochen heikel an. Der Kanzler grollte dem General, weil dieser ihm mehrfach den Eindruck vermittelt hatte, als sehe er Frankreich und die Bundesrepublik nicht auf der gleichen Ebene. Ein weiterer Grund für seine Gereiztheit mochten auch die europäischen Entwürfe sein, die man de Gaulle zuschrieb und von denen er zu Recht befürchtete, daß sie ihn in eine unangenehme Lage brächten.

De Gaulle wäre nicht de Gaulle gewesen, hätte er sich vom Aufbau und der Zukunft Europas nicht ein persönliches Konzept gebildet. Zum Erstaunen vieler stellte er sich nicht gegen das vor ihm geschaffene Werk. Anstatt den Gemeinsamen Markt zu sabotieren, gab er sich sogar alle Mühe, die Übergangsstufen zu beschleunigen, ihn zu konsolidieren und dafür zu sorgen, daß die Landwirtschaft nicht mehr als Stiefkind behandelt wurde. Aber Europa würde nie Wirklichkeit werden, nie eine Macht, wenn es sich auf die Wirtschaft beschränkte, wenn die sechs Mitgliedstaaten nicht in allen Bereichen – Außenpolitik, Verteidigung, Kultur – zu einer Einheit verklammert würden, deren Handeln gleichgewichtig dem der Vereinigten Staaten und Rußlands gegenüberstand. Diese Vorstellung enthielt nichts Beunruhigendes. Das einzig Neue daran war, daß das Europa de Gaulles auf den Staaten beruhte, sie seine Pfeiler waren und es ihren Staatsmännern oblag, seine Entwicklung in sorgfältig organisierten und zeitlich festgelegten Beratungen zu fördern. Mit der Formel der Supranationalität, in der Schritt um Schritt die nationale Souveränität aufgeht, war damit Schluß. War auch das Ziel, die Schaffung eines geeinten Europa, das gleiche, so verliefen doch die Wege dorthin ganz anders. An die Stelle des integrierten Europa setzte das Elysée nach einem Wort, das oft boshaft dazu benutzt wurde, um es als antiquierte Vorstellung anzuprangern, das Europa der Vaterländer.

Doch in Rambouillet begehrte der Bundeskanzler nicht auf. Er stimmte sogar dem Plan zu, den der General ihm unterbreitete. Die Nebel, die vor seiner Reise am Rhein aufgestiegen waren, zerstreuten sich vollständig. Auf ihrem gewohnten gemeinsamen Gang durch die Weltpolitik wurde dem Deutschen und dem Franzosen schnell klar, daß sie allen Grund hatten, einer dem andern Stütze zu sein.

Es wäre schlechter Stil, heute den Streit wieder aufzurollen, den das neu skizzierte Programm heraufbeschwor. Erinnern wir uns lediglich, daß Adenauer auch von seinen Freunden harte Kritik einstecken mußte und daß ihm die Anhänger der Integration in Bonn, in Paris und anderswo vorwarfen, er sei der Doktrin untreu geworden, der er mit Jean Monnet, Robert Schuman, Alcide de Gasperi und Paul-Henri Spaak zur Ehre verholfen habe. Im Herbst 1960 schien er nachgeben zu wollen. Dann fing er sich wieder. Die französische Auffassung obsiegte. Eine Kommission unter dem Vorsitz von Christian Fouchet bereitete das Abkommen der Sechs vor. Von nun an ließ Adenauer de Gaulle nicht einen Augenblick im Stich.

In seiner Beständigkeit und seiner Unterstützung spielt die Freundschaft gewiß eine große Rolle. Aber sie reicht als Erklärung nicht aus. Der Staatsmann ordnete die Europavorstellung, der in den Augen mancher grundsätzliche Bedeutung zukam, auch dem edelsten Gefühl nicht unter. Gewiß sagte ihm sein Blick auf die sich gewaltig wandelnde Welt, daß das Ziel wichtiger sei als die Methode, daß das Rad, war es einmal in Gang gebracht, immer schneller in der Richtung laufen würde, die er vielleicht wünschte. Gewiß auch – doch hütete er sich wohl, diesen Gedanken laut werden zu lassen – hatte er die Absicht, in einem auf den ihm sehr nahestehenden de Gaulle zugeschnittenen Europa, in dem die Staats- und Regierungschefs die Macht hätten, die seinen Gaben gemäße Rolle zu spielen.

Als der Sturm vorüber war, war dem Elysée erst recht an einer Verbesserung der Atmosphäre gelegen. Als Zeichen der veränderten Beziehungen zwischen den beiden Völkern wurden der Bundespräsident und dessen Gattin zum Staatsbesuch in Frankreich eingeladen. Dieser Besuch sollte die Gemüter aufrütteln und jene allzuvielen, die in der Erinnerung lebten, dazu bewegen, den Blick nach vorn zu richten. In den vorangegangenen Jahrzehnten wäre dieser Besuch undenkbar gewesen. Mit der Ehrung des deutschen Staatsoberhauptes wollte der Präsident der Französischen Republik vor aller Augen zeigen, daß die Versöhnung mehr war als die Freundschaft zweier großer Männer. So groß und bedeutend der Bundeskanzler auch sein mochte, er war nicht die Bundesrepublik. Hier ging es um mehr als nur um eine Nuance. Daß Heinrich Lübke nach Paris kam, war einer Weihe gleich. Jedermann wußte das. Konrad Adenauer wußte es am besten. In den wenigen Tagen des Juni 1961, in denen man die Verständigung mit höfischem Zeremoniell, aber auch mit einer Gelöstheit feierte, zu der Frau Lübke mit gescheiten, schlagfertigen Bemerkungen beitrug, mochte er es wohl bedauert haben, daß er zwei Jahre zuvor auf die Kandidatur für die Nachfolge von Theodor Heuss verzichtet hatte. Hier hätte er die Früchte seiner Arbeit ernten können. Doch wer hätte nicht an ihn gedacht, von ihm gesprochen?

Die mögliche Enttäuschung des Freundes ahnend, war der General kurz vorher nach Bonn gekommen. Adenauer genoß es, ihn in der Abgeschiedenheit seines Rhöndorfer Heimes zu empfangen, ihm das Haus zu zeigen, das so sehr seine Persönlichkeit spiegelte, die Ewigkeitsgedanken hegte, lang ehe er die Erde verließ. Am 18. Juli ist de Gaulle erneut am Rhein. In einem der Säle der Godesberger Redoute sitzen sich der Bundeskanzler, der den Vorsitz führt, und de Gaulle am runden Tisch gegenüber, an dem sich die Träger der Verantwortung der Europäischen Wirtschaftsgemeinschaft der Sechs auf eine gemeinsame Erklärung einigen, die der Fouchet-Kommission ein Weiterarbeiten mit guten Erfolgsaussichten ermöglicht. Der Bundeskanzler wirkt so jugendlich, entschlossen und aufgeräumt, daß ihm, wenn auch nicht ohne Mühe, Italiener, Luxemburger, Belgier und Niederländer zustimmen. Mehr als de Gaulle, der sich eher vorsichtig zurückhält, reißt er die anderen mit. Man erlebt ihn, wie er überredet, beredt, und dabei nicht immer dem neben ihm sitzenden Heinrich von Brentano Gehör schenkt, der ihn sympathisch und respektvoll berät.

Dennoch scheitert das Unternehmen am 17. April 1962 in Paris auf dem unseligen Treffen der sechs Außenminister. Zwei Monate vorher, am 15. Februar, hatte der General – der an dem Vertragsentwurf zur politischen Union Korrekturen vorgenommen hatte, die jede supranationale Tendenz ausschlossen – in Baden-Baden in der Person des Kanzlers einen privilegierten Partner gefunden, auf dessen Verständnis er rechnete. Mühelos erzielten sie Einvernehmen; es sollte aber nicht ausreichen, die Einwände der Regierungen von Brüssel und Den Haag auszuräumen, die das Fehlen Großbritanniens nicht verschmerzen konnten.

Angesichts der Gefahr einer Spaltung Westeuropas geht es de Gaulle und Adenauer nur noch um seine Rettung. Deutschland und Frankreich allein machen noch nicht Europa. Aber wenn sie nicht zusammenstehen, sind alle Perspektiven versperrt. Sollte man mit Italien ein Dreierverhältnis versuchen? Es gibt keinerlei Geneigtheit zu erkennen. Also muß man den großen Schritt auch ohne es tun. Adenauer neigt ebensosehr dazu wie de Gaulle. Eine große, brennende Ungeduld hat ihn erfaßt: Ihnen beiden obliegt es, die deutsch-französische Solidarität strahlend zu bekräftigen, ihren Volkscharakter zu betonen und die Gemeinsamkeit des Schicksals Galliens und Germaniens in einer Weise zu bezeugen, die die Welt aufhorchen läßt.

Anfang Juli 1962 ist Konrad Adenauer Frankreichs Gast. Alle Ehre wird ihm zuteil, alle Freude ihm geschenkt. Wo immer er in französischen Landen empfangen wird, in Rouen, Bordeaux, Versailles, stellt er unverhohlen glücklich fest, welche Wohltaten die selbstgestellte Aufgabe hervorbringt. Auf dem Truppenübungsplatz von Mourmelon stehen die Streitkräfte der beiden Länder in Reih und Glied und stellen den Kämpfen der Vergangenheit das Bild ihrer Verbrüderung entgegen. Unter dem gewaltigen Gewölbe der mit Vorbedacht dazu auserwählten Kathedrale von Reims vereinigen Adenauer und de Gaulle ihr Gebet in meisterlicher Andacht. Der Kanzler hält Zwiesprache mit Gott. Lichtvoller Friede breitet sich aus von diesem Kirchenschiff über Deutschland und Frankreich. Die Außen- und Verteidigungsminister, Gerhard Schröder und Franz Josef Strauß, gehören zu denen, die von ihm ergriffen wurden. Der General setzt sie in ihr Recht. In den ersten Septembertagen feiert ihn

das deutsche Volk auf einer triumphalen Reise: „Sie sind ein großes Volk!"
So günstig stehen die Zeichen, daß der General und der Kanzler als geschickte Strategen diese sogleich zu einem politischen Entschluß nutzen. Bereits am 18. September erhält Bonn von der französischen Regierung den Text einer Abmachung, mit der durch ständige Verbindungen, die sich bis in das Räderwerk der Verwaltung erstrecken, die beiden Staaten zu wahrer Einheit zusammenwachsen sollen. Die endgültige Form der Abmachung blieb offen. Die Antwort vom 8. November fällt positiv aus.
In den folgenden Verhandlungen über den endgültigen Wortlaut schlägt Konrad Adenauer vor, daß es ein Vertrag sein soll, um den feierlichen und unumstößlichen Charakter zu bezeugen; er muß ratifiziert werden. Am 22. Januar 1963, nachdem die Unterschriften geleistet sind, tauscht de Gaulle mit seinem Gefährten den Bruderkuß.
Doch mit des Geschickes Mächten ... Die nachfolgenden Ereignisse waren weniger glanzvoll. Bereits an dem historischen Tag war ein gewisses Unbehagen spürbar. Eine Woche zuvor war der General in einer Pressekonferenz recht unsanft mit den Engländern und Amerikanern umgegangen, weil er sich von ihnen nicht angemessen behandelt fühlte. In Washington insbesondere gab man sich besorgt wegen einer deutsch-französischen Intimität, die die bestehenden Bande zwischen den USA und der Bundesrepublik lockern könnte. In Erwartung dieser Reaktion, auf die sie besonders empfindlich ansprachen, hatten die politischen Kreise Bonns sofort Vorbehalte angemeldet, noch bevor der Bundeskanzler im Juli nach Paris reiste. In seiner Inbrunst neigte der Kanzler dazu, sie unterzubewerten. Die Präambel, wesentlich atlantischer Bindung, die der Bundestag dem Vertrag dann voranstellte, schmälerte seine Bedeutung und belastete das deutsch-französische Verhältnis. Hatte sich Konrad Adenauer wissentlich so weit vorgewagt? Glaubte er, die Waage für Frankreich senken zu können in dem Wissen, daß der Tag kommen werde, und sei es spät, an dem sich die beiden Nachbarn und mit ihnen andere Staaten in einer fremden, mitleidslosen Welt nur noch durch eine enge Union retten konnten? Zwar zwangen ihn die Umstände zu einem gewissen Rückzug, aber er konnte doch noch einen Pluspunkt für sich verbuchen: Er hatte keinen Hehl daraus gemacht, wie weit er gehen würde, um seinen Traum zu verwirklichen. Der Gerechtigkeit halber muß gesagt werden, daß Adenauer immer vor der Wahl zwischen Paris und Washington zurückschreckte: Die Vereinigten Staaten gewährleisteten die Sicherheit seines Landes. Niemand war davon mehr überzeugt als der Bundeskanzler. In allen Unterredungen mit dem Präsidenten der Französischen Republik und auch noch in Paris im Januar 1963 machte er deutlich, was die Macht Amerikas für seine Landsleute bedeutete. Folglich konnten er und de Gaulle auch nicht die gleichen Ansichten über die Organisation der NATO vertreten. Jeder respektierte die Auffassung des anderen, ohne sie zu teilen. Zwischen ihnen gab es kein Mißverständnis. Es gab lediglich eine Bremse, die deutscherseits die Präambel darstellte.
Der Vertrag gelangte dennoch zum Leben. Nach etwas mühsamen Anfängen bewährt er sich seit Jahren als unentbehrliches Instrument und bemerkenswertes Beispiel. Keine Regierung, ob in Bonn oder Paris, würde es versäumen, auf ihn Bezug zu nehmen, ihn anzuwenden. Die beiden Regierungschefs, die

zuständigen Minister und hohe Beamte treffen sich regelmäßig, wie es sein Tagungskalender vorschreibt. Auf allen Ebenen, vor allem an der Spitze, handelt es sich nicht um leere Höflichkeitsbesuche, sondern um fruchtbare Arbeitssitzungen. Dem Vertrag verdanken wir das Deutsch-Französische Jugendwerk, die Vermehrung der Partnerschaften zwischen Städten und Universitäten. De Gaulle und Adenauer verdienen die Dankbarkeit der Deutschen wie der Franzosen, die mit Stolz auf den Weg zurückblicken können, auf dem sie sich schätzen, oft sogar lieben, zumindest in Eintracht miteinander leben gelernt haben.

Konrad Adenauer beseelte eine solche Leidenschaft für die Ideen, deren Richtigkeit er sein ganzes Leben lang verteidigt hatte, daß er im Alter von 87 Jahren die Macht nicht ohne Bitterkeit aus der Hand gab. Doch der Weggang vom Amt des Kanzlers war nicht gleichbedeutend mit Rückzug. Als Bundestagsabgeordneter tritt er weiterhin auf als Vorkämpfer der Bundesrepublik, die er aus der Taufe gehoben hatte. Von nun an sind ihm die Hände noch weniger gebunden, und so meldet er sich noch heftiger zu Wort, wenn er glaubt, daß der von ihm vorgezeichnete Weg nicht eingehalten wird.

Nach wie vor gilt seine Hauptsorge dem deutsch-französischen Verhältnis. Er trifft noch mit de Gaulle zusammen, schreibt ihm, obwohl beide wissen, daß eine Ära zu Ende gegangen ist. Den unvermeidbaren Machtwechsel bedauernd, scheut sich der General trotz unveränderter Treue, den Nachfolgern Ludwig Erhard und Kurt Georg Kiesinger, die nunmehr die Verantwortung übernehmen, Schwierigkeiten zu bereiten. Die Situation ist schon kompliziert genug. Die Initiativen aus Paris finden nicht immer ein offenes Ohr. Angesichts der Aufnahme ebenso strenger wie gerechter Klauseln für die Landwirtschaft in die Europäische Wirtschaftsgemeinschaft, angesichts des Rückzugs Frankreichs aus der integrierten militärischen Organisation des Bündnisses, angesichts des Beginns der Entspannung verfinstern sich in Bonn die Mienen und gerät der Glaube mancher jahrelang ins Schwanken.

Auf der Rückkehr von einer Reise nach Spanien macht Konrad Adenauer in Paris Zwischenstation. Zum letzten Mal spricht er mit dem General. Dies war eine der letzten Freuden seines Lebens. Ich besuchte und traf ihn noch mehrere Male bevor er von uns ging. Seine Freundlichkeit, seine Spontaneität hatten nichts eingebüßt. Nichts auch sein Interesse für Frankreich.

Der Tod ereilt ihn. Früher als ich erwartet hatte. Natürlich wohnt Charles de Gaulle den Trauerfeierlichkeiten bei. In tiefer Trauer. Er hatte den liebsten Freund im Ausland verloren. Im Ausland? O nein – Konrad Adenauer war für ihn kein Ausländer mehr. Er war nur Freund. Wer hätte an jenem Tag nicht Leere empfunden?

ELEANOR DULLES

Adenauer und Dulles

Konrad Adenauer und John Foster Dulles, die als außenpolitische Vertreter ihrer Nationen eng zusammenarbeiteten, ist es weitgehend zu verdanken, daß in den fünfziger Jahren ein neues Europa entstand. Gewiß hatten auch andere an dieser Aufgabe teil, aber auf den Schultern dieser beiden Männer ruhte die Hauptverantwortung, und sie stellten sich der Herausforderung ihrer Zeit. Beide waren überzeugt, daß eine Wiederholung der Katastrophen der vergangenen Jahrzehnte nur auf der Grundlage gemeinsamer Interessen und mit vereinten Kräften vermieden werden könne. Die Integration der Streitkräfte und der wirtschaftlichen Werte bot in ihren Augen die beste Gewähr gegen neue Konflikte zwischen den europäischen Nationen wie gegen die Expansionsabsichten des sowjetischen Kommunismus. Dulles erkannte die entscheidende Bedeutung, die einem wiedererstarkten Deutschland bei dieser Aufgabe zufiel. Adenauer war von der lebenswichtigen Notwendigkeit enger Beziehungen zu den Vereinigten Staaten überzeugt.

Beide hatten einen starken, häufig sogar halsstarrigen Charakter. Der Politiker und Staatsmann Adenauer geizte nicht mit politischen Kniffen und Taktik. Der Pragmatiker und Diplomat Dulles ergriff eifrig die ihm von Präsident Eisenhower übertragene Vollmacht und machte uneingeschränkten Gebrauch davon. Beide handelten aus tiefsten patriotischen Motiven, und keiner vergaß jemals die Interessen der Nation, die er vertrat.

Beide waren uneingeschränkt loyal, außergewöhnlich klug und verfügten über eine ungewöhnliche Fähigkeit zur Konzentration. Sie waren ausgesprochen zäh und Freunden wie Gegnern in manchem geradezu unheimlich, doch wird jeder, der sie kannte, bezeugen, daß jeder der beiden für Kritik und Anhängerschaft gleichermaßen empfänglich war. Von Dulles wie von Adenauer läßt sich sagen, daß wer große Verantwortung trägt, ein warmes Herz und einen kühlen Kopf braucht. Überempfindsamkeit kann gefährlich sein. Keiner der beiden war überempfindsam, wenn es um die Interessen seines Landes ging.

Ihre Größe wurde bestimmt vom Respekt vor den Lehren der Vergangenheit und vom Streben nach Frieden in Freiheit. Daß ich beide kannte, war für mich eine große Auszeichnung, und sie war mir Leitstern in den Jahren der Arbeit für eine bessere Welt. Ich bin dankbar, zum Kreis jener zu gehören, die Konrad Adenauer an dieser Stelle ihre Ehre erweisen, und von der engen Freundschaft meines Bruders mit dem Bundeskanzler berichten zu dürfen.

Daß mich Konrad Adenauer im Januar 1953 zu einem privaten Mittagessen einlud, zeigte sein Gespür für politische Strömungen in den USA und für die Bedeutung der politischen Führung für das Schicksal der Staaten. Er wollte Näheres über Charakter und Verhalten von John Foster Dulles erfahren, von dem er annahm, daß er für ihn in den USA wichtig werden würde. Bereits in den ersten Wochen seiner Amtszeit als Bundeskanzler, der die schwere Verantwortung übernommen hatte, Deutschland wieder eine ehrbare Position als stärkste Nation zwischen dem kommunistischen Osten und den Alliierten im demokratischen Westen zu verschaffen, erkannte er die lebenswichtige Bedeutung, die den Vereinigten Staaten und ihrem Außenminister hierbei zukam.

Er hatte Trumans Außenminister Dean Acheson gekannt, wußte aber auch um die politischen Kontroversen, die um die Person Achesons in den letzten Monaten seiner Amtszeit entstanden waren. Den neugewählten Präsidenten Eisenhower hatte er als militärischen Oberbefehlshaber in Europa kennengelernt. Foster Dulles kannte er nicht.

Adenauer berichtete, er habe Dulles nur kurz 1948 bei einer Tagung des Weltkirchenrates in Amsterdam kennengelernt. Foster hatte dort eine wichtige Rede gehalten und darin gefordert, moralische Stärke müsse in der Politik mehr genutzt werden. Er hatte von der großen Verantwortung gegenüber den besiegten Völkern Deutschlands, Japans und Italiens und von der Pflicht gesprochen, dort eine freie Gesellschaft zu entwickeln. Ob die beiden Staatsmänner damals privat zusammentrafen, ist nicht bekannt.

Die Einladung an mich war typisch für Adenauer; für mich war es eine große Ehre, eine der einflußreichsten Gestalten der Nachkriegszeit kennenzulernen. Wenn ich zurückblicke, glaube ich, daß es für Adenauer eine ganz natürliche Geste war. Foster hatte meine Reise nach Deutschland nicht geplant. Sie fand nach meiner Versetzung ins Berlinreferat des Außenministeriums und einen Monat vor Fosters Vereidigung als Außenminister statt. Die einzigen anderen Gäste waren Sam Reber, der fähige stellvertretende amerikanische Hochkommissar für Deutschland, und Heinz Weber, Adenauers einfühlsamer Dolmetscher und Mitarbeiter.

Die Atmosphäre war zwanglos und gelöst. Obgleich mir die starke persönliche Ausstrahlung Adenauers, gleichzeitig aber auch die Grenzen meiner offiziellen Stellung durchaus bewußt waren, brachte ich einen leichten Ton in die Unterhaltung, als ich erzählte, wie ich 1930 das erste Mal in einem Faltboot nach Bonn gekommen war. Nach einer gemütlichen Paddeltour auf der Mosel in meinem deutschen Kajak hatte ich mich in die Strömung des dicht befahrenen Rheines vorgewagt. Und so verfehlte ich fast die Bootsanlegestelle unterhalb der Bonner Rheinbrücke und hatte große Mühe, mich an den Planken festzuklammern, während die Strömung an meinem Kahn zerrte.

Adenauer amüsierte meine Geschichte sehr, und er fragte mich, ob ich auch die Moselweine probiert habe. Ich erzählte ihm von den Abenden, an denen meine Freundin Mildred Wertheimer und ich bei Sonnenuntergang in die Weinberge kletterten und dort unser mitgebrachtes Abendbrot mit Käse und einer ganz besonderen Lage Wein verzehrten. Er rief den Ober und schickte ihn in den Keller, wo ein kostbarer Vorrat ausgesuchter deutscher Weine lagerte. Wir tranken auf die Freundschaft zwischen Menschen und Nationen.

Mir war klar, daß er jede erdenkliche Auskunft über meinen Bruder hören wollte. Ich versuchte, ihm entgegenzukommen, und zeichnete ein Charakterbild

Fosters, wobei ich die Ähnlichkeit und die Unterschiede zwischen beiden Männern, soweit ich sie erkennen konnte, besonders hervorhob. Mit Nachdruck sprach ich davon, daß Foster die Gabe fehle, mit dem Mann auf der Straße intuitiv in Kontakt zu treten. Seine Wahlkampagne im Jahre 1949 für den Senat sei fehlgeschlagen. Ich schloß, politische Schachzüge seien seine Sache nicht, er sei eher ein Denker und Philosoph als ein Mann mit Gespür für die Tendenzen der öffentlichen Meinung. Jedoch deutete ich Adenauer an, Foster sei sich sehr wohl der Schwierigkeiten Achesons mit dem Kongreß bewußt, insbesondere in den letzten Monaten seiner Amtszeit als Außenminister. Foster sei deshalb entschlossen, den Kongreß über jeden außenpolitischen Vorgang schon in der Entstehungsphase auf dem laufenden zu halten.

Ohne mir anzumaßen, die Motive und charakteristischen Merkmale des Bundeskanzlers einem Vergleich zu unterziehen, betonte ich die erklärten Ziele und persönlichen Wesenszüge, die in meinen Augen Fosters Denken zentral bestimmten und mit den seinen in Einklang stehen könnten. Dazu zählte die Notwendigkeit der engen Zusammenarbeit zwischen Europa und den USA, über die wir oftmals gesprochen hatten. Ich berichtete von meines Bruders Überzeugung, daß Deutschland ein wertvolles Mitglied der Völkerfamilie werden müsse. Ich sprach davon, daß es Foster auf eine rasche Erholung der Wirtschaft nach den Verlusten des Krieges ankomme und er im internationalen Geschehen viel auf Prinzipien und Bündnisse halte. Seit einigen Jahren wußte ich, daß der Kommunismus für Foster eine Bedrohung darstellte, nicht nur für die Freiheit des einzelnen, sondern auch für religiöse Werte. Ich war sicher, daß der Bundeskanzler auf dem Gebiet der internationalen Beziehungen ähnliche Ansichten vertrat, da er selbst die Diktatur – sei es von links oder von rechts – als tödliches Gift erlebt hatte.

Während des Mittagessens hatte ich Gelegenheit, kurz die Persönlichkeit meines Bruders zu streifen, seine Liebe zur Natur, seine Vorliebe nicht nur für feine Lebensart, sondern auch für das einfache Leben, das er beim Segeln, Camping und seinen Streifzügen auf Duck Island so sehr genoß. Beiläufig erwähnte ich Familie, Religion, Freundeskreis und literarische Interessen.

Da ich über dieses und spätere Gespräche keine Notizen besitze, kann ich mich nicht mehr an deren genauen Wortlaut erinnern. Was ich jedoch ganz allgemein zum Ausdruck bringen wollte, auch bei dem Zusammentreffen im Januar 1953, entspricht dem in großen Zügen.

Der Bundeskanzler hörte zu. Er stellte keine direkten Fragen, sondern hörte sich meine Schilderung des Mannes, mit dem er in entscheidenden Fragen zu tun haben würde, aufmerksam an. Seine eigene Auffassung teilte er mir nicht mit, wohl aber spürte ich die Ausstrahlungskraft seiner Person. Wenn ich auch frei und offen redete, empfand ich doch damals wie später immer Ehrfurcht.

Wenn ich heute über die Beziehungen der beiden Männer schreibe, fällt mir auf, wie sich ihre Wertmaßstäbe im Grunde ähnelten. Beide hatten sie sich dem Dienst an der Allgemeinheit mit großem Pflichtbewußtsein verschrieben. Ihrer beider politische Ideen waren solide eingebettet in religiöse Prinzipien. Beide glaubten, daß die Doktrin des Kommunismus nicht nur wirtschaftlich falsch sei, sondern daß der Kommunismus schlechthin Glauben und Religion zerstöre. Manchem war diese Haltung zuwider, der Foster der Bigotterie oder gar Unaufrichtigkeit bezichtigte, und in dieser Beziehung kommt mir in den Sinn, daß Adenauer ja nicht nur Demokrat war, sondern christlicher Demokrat.

Bei meiner ersten Begegnung mit dem Bundeskanzler hatte ich versucht, mein Wissen über weniger bekannte Charaktereigenschaften und Ideen meines Bruders mitzuteilen, damit die beiden leichter zueinander finden sollten. Als Adenauer Fosters Haltung zum Kommunismus, zur Religion, zum Dienst an der Nation und auch sein Verhältnis zur Familie zu verstehen begann, spürte jeder die geradezu magnetische Anziehungskraft des andern. Adenauer empfand für Foster eine tiefe Verbundenheit und fühlte sich emotional zu ihm hingezogen. Das gleiche würde ich für Fosters Verhältnis zu Adenauer sagen.

Im Februar 1953, kaum einen Monat nach meiner ersten Begegnung mit Adenauer, machte Foster seine erste Europareise als Außenminister. Eisenhower hatte ihn gebeten, die Lage besonders im Hinblick auf eine Koordinierung der Politik der Länder zu prüfen, die eine wichtige Rolle bei der militärischen Sicherheit und wirtschaftlichen Zusammenarbeit Europas zu spielen hatten. Es ging um die Frage, ob die Europäische Verteidigungsgemeinschaft vorankommen würde oder nicht.

Foster traf Adenauer in Bonn. Es war eine der 15 Begegnungen, die Adenauer in seinen Memoiren erwähnt. Weitere fünf fanden in Bonn, vier in Washington, vier in Paris und eine in London statt. Andere Gesprächsteilnehmer haben festgestellt, der Meinungsaustausch habe meist die Ost-West-Beziehungen, die europäische Integration und die Wiederherstellung des Selbstvertrauens und der Stärke der deutschen Nachkriegsrepublik zum Inhalt gehabt. Daß sie sich in erster Linie mit konkreten politischen und wirtschaftlichen Fragen auseinandersetzten, war zweifelsohne deshalb der Fall, weil sie spürten, wie die Zeit drängte. Gelang es ihnen nicht, den Willen und das Potential der von ihnen vertretenen Nationen zusammenzufügen, so würden Zweifel und Subversion das so teuer gewonnene Terrain unterminieren. So blieb kaum Zeit für Privates, obwohl auch das unbeschwertere Gespräch psychologisch und vom Temperament her möglich war.

Wie ich bereits beim Tischgespräch mit Adenauer erwartet hatte, sollte Foster den Deutschen unsere Überzeugung versichern, Deutschland müsse an der Entwicklung der Politik stark und mutig mitwirken. Diese Politik liege auf der Linie der Absichten der Truman-Acheson-Regierung, werde aber unter der republikanischen Regierung eher noch verstärkt und gezielter verwirklicht.

Nach meiner Rückkehr im Januar hatte ich in Washington Foster von meinem Mittagessen mit Adenauer erzählt. Ich hatte ihm gesagt, Adenauer sei einerseits besorgt, unsere Politik könne eine andere Wendung nehmen, erhoffe aber andererseits von Herzen den Beistand der neuen amerikanischen Regierung. Bei seiner Ankunft in Bonn war Foster aus verschiedenen Quellen, u.a. durch mich, gut mit Informationen versehen. Zugute kam ihm auch das Wissen und der Rat des neuen Hochkommissars in Bonn, James B. Conant, einem gelehrten Amerikaner, der dank seiner akademischen und wissenschaftlichen Arbeit ein guter Deutschlandkenner war. Adenauer zeigte sich nicht im minde-

sten überrascht, daß Dulles ihm sofort ein Programm vorlegte und auf konkrete Taten drängte, die mit seinen Ansichten in vollem Einklang standen.
Adenauer wußte, daß sich Foster lange mit den Doktrinen und Machtansprüchen der Sowjets auseinandergesetzt hatte und darüber tief besorgt war, insbesondere seit er an der Moskauer Außenministerkonferenz vom März 1947 teilgenommen hatte. Damals hatten sich die Russen unnachgiebig gezeigt, hatten Verträge mit Deutschland und Österreich abgelehnt und jede Mitwirkung an der Wiederherstellung normaler Beziehungen im Herzen Europas verweigert. Diese Erfahrung hatte Fosters Auffassung bestärkt, daß Europa stark sein müsse. Adenauer hatte bereits seine Wahl getroffen, die zwar eine baldige deutsche Wiedervereinigung auszuschließen schien, dafür aber die Freiheit, ja den Bestand Westdeutschlands erhielt. Er kannte bereits Jean Monnet und wußte, welch enges Verhältnis Foster mit dem französischen Staatsmann verband. Er konnte darauf zählen, daß Fosters Politik wie die seine die Mitwirkung europäischer Staaten voraussetzte. Diese Zusammenarbeit mußte auf einer vernünftigen und pragmatischen Basis beruhen, die Voraussetzung für praktisches Vorgehen und konkrete Abmachungen war.
So zog Adenauer aus dem Treffen vom Februar 1953 große Beruhigung, wie er in seinen Memoiren sagt. Es war ein bedeutender Anlaß, denn es lieferte den Beweis für die Kontinuität der Hauptlinien der amerikanischen Europapolitik und die Bereitschaft der Vereinigten Staaten, Deutschland zu größerer Stärke zu verhelfen. Dulles wies auf die Bedeutung der bevorstehenden Tagung der NATO-Staaten am 23. April hin. Diese Konferenz würde die Pläne der NATO, vor allem die „Verschmelzung der französischen und deutschen Streitkräfte" präzisieren.
Eingehend wurde die Frage diskutiert, ob Fortschritte in der NATO und EVG auf lange Sicht die Wiedervereinigung Deutschlands beeinträchtigen würden. Offenbar waren beide Staatsmänner der Überzeugung, nur wenn die Sowjetunion erkenne, daß die westlichen Verbündeten das Wirtschafts- und Militärpotential Europas entschlossen und konkret förderten, könne ein weiteres Vordringen der Sowjets verhindert werden, das 1948 nach der kommunistischen Machtübernahme in der Tschechoslowakei und der Berliner Luftbrücke erst einmal zum Stillstand gekommen sei. Es besteht kein Zweifel, daß den beiden Männern die Wiedervereinigung Deutschlands auf dem einzig wirklich erfolgversprechenden Weg – frühzeitige, solide Zusammenarbeit und Integration – am ehesten realisierbar erschien. Angesichts der sowjetischen Absichten war Foster schon lange dieser Meinung und auch Adenauer war dessen sicher.
In einigen dieser Fragen gingen die Meinungen in der Bundesrepublik allerdings auseinander. In seinen „Erinnerungen" notiert der Bundeskanzler, Foster habe ihm damals geholfen, indem er führenden Sozialdemokraten deutlich machte, ein Nachgeben vor sowjetischen Forderungen sei nicht der beste Weg für Fortschritte in Europa. Für die Entwicklung der amerikanischen Politik war es sehr wichtig, wichtiger als noch heute mancher meint, daß in diesen Hauptfragen völlige Einigkeit herrschte. Der Bundeskanzler und der Außenminister dachten genau gleich über das neue Europa und wie der sowjetischen Expansion Einhalt zu gebieten sei. Die Harmonie zwischen ihnen war sogar

eindeutiger als in den Verhandlungen jedes der beiden mit Briten oder Franzosen. Winston Churchill war 1953 erkrankt, und vor de Gaulles Rückkehr an die Macht 1958 schwankten und zweifelten die Franzosen, wie Deutschland in das neue Europabild passen würde.
Noch vor dem nächsten Treffen zwischen Adenauer und Dulles im April starb Stalin. Dieses Ereignis löste allerorts Spekulationen aus. Der Machtwechsel in Rußland forderte eine Überprüfung der gegenwärtigen Umstände und der früheren Ausgangspunkte. Ganz Europa befand sich in einem Zustand der Ungewißheit. Unruhe und verwirrende Gerüchte in Ostdeutschland ließen den Flüchtlingsstrom, der sich über Berlin in den Westen ergoß, stark anschwellen. Niemand wußte mit Sicherheit zu sagen, was sich politisch ändern würde.
Einen Monat nach Stalins Tod fuhr der Bundeskanzler auf der „United States" nach New York. Er folgte einer Einladung Präsident Trumans, die Eisenhower wiederholt hatte. Dulles erwartete mit Ungeduld die Fortsetzung des Gesprächs. In der europäischen Verteidigung waren Fortschritte erzielt worden. Adenauer hielt seine Anhänger auf westlichem Kurs. Als erste Nation ratifizierte die Bundesrepublik durch den Bundestag am 19. März 1953 den Vertrag über die Europäische Verteidigungsgemeinschaft.
Nach herzlicher Begrüßung in New York flog Adenauer in der Präsidentenmaschine zum Militärflugplatz in der Nähe des National Airport in Washington. Ich kann mich noch gut erinnern, wie sehr wir uns freuten, ihn wiederzusehen. Ich stand mit 30 oder 40 Amtspersonen, jeder an seinem mit Kreide auf dem Zement markierten Platz um den roten Teppich, der zum sorgfältig vorbereiteten Empfang des Bundeskanzlers ausgerollt worden war. Die Begrüßungsansprachen waren kurz, bestimmten jedoch den aufrichtigen und herzlichen Ton dieser ersten Zusammenkunft des höchsten Vertreters Nachkriegsdeutschlands mit führenden Politikern der Vereinigten Staaten. Die diplomatischen und gesellschaftlichen Termine verliefen reibungslos. Adenauers Ansprachen und Reden wurden von Kongreß und Presse gut aufgenommen.
Die Veranstaltungen, die für hohe Besucher zur Tradition werden sollten – der Auftritt im Repräsentantenhaus und im Senat, die Rede vor dem Presseklub, die Diners und Tischreden, alle größeren und kleineren Anlässe –, hatten 1953 noch besondere Bedeutung. Nicht nur lag die amerikanische Außenpolitik jetzt in den Händen einer neuen Regierung, sondern dies war auch der erste offizielle Besuch des Regierungschefs einer besiegten Nation, und zwar zu einer Zeit, in der sich die Sicherheitspläne für Europa einem entscheidenden Stadium näherten. Es war gut, daß Adenauer und Foster schon ein enges Verhältnis zueinander gefunden hatten und sie sich leicht verständigen konnten. Das im Februar begonnene Gespräch vertiefte sich im April.
In seinen „Erinnerungen" erwähnt Adenauer ihre Gespräche über die Bedeutung der Veränderungen in Moskau. Er sagt dazu, daß sich die Anschauungen Eisenhowers und Dulles' völlig mit den seinen gedeckt hätten. Eben dies habe ich schon zu sagen versucht. Adenauer stellte auch fest, daß Foster und der Präsident in konkreten Dingen für die Wünsche des Kongresses aufgeschlossen und auf seine Unterstützung bedacht waren. Es überraschte ihn nicht, daß beide großen Wert auf volle Konsultation der Briten und Franzosen legten. Darin lag nichts Neues, sondern nur eine Vertiefung dessen, was die

vorige Regierung bei der Behandlung des deutschen Problems als notwendig empfunden hatte.
Die vielleicht wichtigste Erkenntnis war die völlige Übereinstimmung zwischen dem deutschen Regierungschef und Dulles, daß ein neutraler Status für Deutschland überhaupt nicht in Betracht kommen konnte. Seit Stalins Tod hatten die Sowjets „Friedensfühler" ausgestreckt. Die Amerikaner hatten sich dadurch nicht beirren lassen. Sie entbehrten des sachlichen Inhalts. Sie waren vielmehr nur die Reaktion auf die Bemühungen zur Stärkung Europas und die erhofften Ergebnisse der Pläne für eine wirksame Sicherung durch die NATO.
Hauptergebnis der Konferenzen und Reden war die Bekräftigung der Freundschaft und Versöhnung zwischen den beiden Nationen. Über die Ziele meines Bruders war ich nie im unklaren und ich hatte miterlebt, wie die Kraft dieser Ideen in seinem Weltbild seit den Tagen der Pariser Friedenskonferenz nach dem Ersten Weltkrieg, als ich in Frankreich und er in Paris war, immer stärker geworden war. Foster war damals Mitglied der US-Delegation. 1919 war er mit dem Briten J. Maynard Keynes einer der wenigen, die in der Verzögerung oder gar Verhinderung des deutschen Wiederaufbaus eine ernste Gefahr sahen. Er konnte seine Auffassung den Deutschen um so leichter darlegen, als er dem Bundeskanzler vom Temperament her nahestand und die gleichen Prinzipien und Ideen vertrat. Die gesellschaftlichen, informellen und formellen Kontakte fanden durchweg in herzlicher Atmosphäre statt und förderten das Gefühl der Zusammenarbeit.
In einer Sitzung im großen Kreis legte Foster seine Auffassung von der amerikanischen Deutschlandpolitik der Nachbesatzungszeit dar, eine Politik, die Deutschland als gleichberechtigten Verbündeten der USA behandelte. Dies war der Beginn eines neuen Abschnittes unserer Verhandlungen mit Bonn – die Sitzung ähnelte dem Start einer Rakete, deren Konstruktion beendet war und die nun auf der Rampe stand. Foster erklärte, die neue Regierung werde die besten Leistungen der alten Regierung aufgreifen und weiterführen. Der Krieg war vorbei, die Last der Schuld geringer geworden.
Adenauer gab einen Empfang im Hilton-Hotel. Es war zur Zeit des Kirschblütenfestes. Foster stand mit ihm am Fenster, und beide Männer sahen lachend der Parade der feder- und flitterbehangenen Mädchen zu, die in ihrer spärlichen Kleidung in der Washingtoner Frühlingsluft vor Kälte zitternd vorbeimarschierten. Beide amüsierten sich über den farbenfrohen Zug und die knappen Kostüme in dieser frostigen Jahreszeit.
Adenauer war Ehrengast des Abendessens, das Foster in seinem Haus in der Woodley Road gab. Als Fleischgericht gab es Kronenbraten vom Lamm, das aufrecht stehend, mit kleinen Papiermanschetten an den Kotelettstücken aufgetragen wurde. Der Wein, den Foster sorgfältig ausgesucht hatte, wurde in Gläsern serviert, deren langer Stiel die Form einer Venus hatte. Adenauer nahm eine Papiermanschette vom Braten und wickelte sie um die Frauenfigur am Stiel seines Weinglases. Foster sah belustigt zu. Nicht nur in ernsten Fragen standen sie sich nahe, sondern auch in heiteren Augenblicken.
Während die führenden Staatsmänner um die Festigung der Beziehungen zwischen Frankreich und Großbritannien bemüht waren und dem Ziel der Euro-

päischen Verteidigungsgemeinschaft näherzukommen versuchten, wurde das geplante Gipfeltreffen verschoben. Zwar war ich nicht beteiligt, doch wußte ich, daß sowohl Adenauer wie Dulles ein derartiges Treffen mit den Russen für verfrüht hielten. Mein Hauptaufgabengebiet waren konkrete Berlinfragen, und so bemühte ich mich in erster Linie, die unerträgliche Arbeitslosigkeit abzubauen und die Moral der Stadt zu heben. Von den Staatsmännern der höchsten Ebene sah ich wenig oder gar nichts. Sogar die Gespräche mit meinem Bruder wurden durch seinen überladenen Terminkalender und seine häufigen Dienstreisen, die ihn von Washington wegführten, eingeschränkt. Wenn er in mein Haus nach Virginia zum Mittagessen kam, stellte er meist eine oder zwei Fragen zu Berlin. In Gedanken beschäftigte er sich viel mit Deutschland, aber er wußte, daß ich nichts Bedeutendes mehr zu seinem Verständnis Konrad Adenauers beitragen konnte, den er nun bei zahlreichen Anlässen gesprochen hatte und mit dem er laufend in Kontakt stand.

Im Juni 1953 reiste ich wieder nach Deutschland, wo ich nicht nur Bürgermeister Reuter, sondern auch den Bundeskanzler traf. Adenauer kam nach dem Aufstand des 17. Juni nach Berlin. Bei all seiner Entschlossenheit, Bonn eng an Washington zu binden, mag er sich manchmal gefragt haben, ob Berlin ein lebensfähiger Teil dieser seiner Politik sein konnte. Vielleicht hat er erst nach Foster erkannt, daß Berlin in manchem stellvertretend für unsere gemeinsame Strategie und daher für die westliche, antikommunistische Zusammenarbeit von großer Wichtigkeit war. Er erzählte mir, das sei ihm durch den Sinn gegangen, als er ein Berliner Krankenhaus besuchte, um mit Verwundeten zu sprechen, die während des Aufstandes über die Sektorengrenze gekommen waren. Er sprach mit mir darüber, obwohl ihm damals nicht bekannt war, daß ich über Berlin sehr viel wußte und mich während des Aufstandes unter die aufgebrachte Menge gemischt hatte. Damals habe er Geist und Haltung der Berliner kennengelernt. Ich tat nichts, um ihn über meine gründliche Kenntnis der Berliner Szene aufzuklären. Ich gab ihm einfach recht.

Foster hatte mit Adenauer über das politische Klima in Ostdeutschland gesprochen. Es fiel ihm ebenso leicht wie dem Bundeskanzler zu glauben, daß die Sehnsucht nach Freiheit bei einem Volke, das lange Jahre unter einer Diktatur gelebt hatte, tief in den Herzen der Menschen verwurzelt und weit verbreitet war. Der Aufstand des 17. Juni bedrückte ihn und brachte ihm seine Theorie des „roll back" in Erinnerung, die er während des Wahlkampfes verfochten hatte. Die neue Beurteilung war ermutigend und frustrierend zugleich.

In dieser politischen Entwicklung war der Wille unzweifelhaft vorhanden, aber es fehlte die praktische Durchsetzbarkeit. Foster war der Meinung, wir müßten unser Verständnis mit einer Geste bekunden, wußte aber noch deutlicher als zuvor, daß eine militärische Unterstützung unmöglich war. Das Instrumentarium der Unterdrückung war so übermächtig, daß jeder Versuch zur Ermutigung von Widerstand oder Revolution von vornherein ausgeschlossen war. Die sehr begrenzte Möglichkeit, den freiheitsuchenden Menschen beizustehen, wurde erschreckend offenbar, als die jungen Männer Ost-Berlins und Ostdeutschlands mit Steinen auf Panzer warfen. Die einzige damals mögliche Geste des Verständnisses war das Lebensmittelpaketprogramm, das ich auf Drängen Fosters und meines Bruders Allen, damals Leiter des CIA, ausgearbeitet hatte. An Ort und Stelle halfen uns die Deutschen bei der Durchführung des Programms. Im Juli und August verteilten wir Lebensmittelpakete an die Deutschen, die aus der sowjetisch besetzten Zone nach West-Berlin herüberkamen und damit ihre Verbundenheit mit der Demokratie dokumentierten. Diese Hilfsaktion wurde nur wenige Wochen lang geduldet und dann von den ostzonalen Behörden unterbunden. Sie ließen viele verhaften, die Lebensmittelpakete abholen kamen.

Aus den Gesprächen zwischen Adenauer und Dulles im April 1953 ist mir noch erinnerlich, daß man damals auf deutscher Seite um die Erhaltung der amerikanischen Truppenstärke in Europa bangte. 1954 wurden die Fragen der NATO und der deutschen Wiederbewaffnung immer dringender. Die Europäische Verteidigungsgemeinschaft sollte im französischen Parlament behandelt werden. Diese Probleme beschäftigten Adenauer, als er im Oktober jenes Jahres in die Vereinigten Staaten kam.

Angesichts der Vergangenheit konnte es nicht ausbleiben, daß die Diskussion gemeinsamer Verteidigungspläne wilde Gerüchte auslöste. Diese bezogen sich weitgehend auf das, was der Vorsitzende der Vereinigten Stabschefs der USA, Admiral Arthur W. Radford, angeblich befürwortete. Man sprach sogar von einem „Radford-Plan", wonach der deutsche Anteil an der europäischen Verteidigung kaum nennenswert sein sollte.

Als diese Gerüchte dem Bundeskanzler zu Ohren kamen, fürchtete er, sie könnten eine empfindliche Schwächung der deutschen Position in Europa zur Folge haben. Innenpolitisch mußte er sich gegen den Pazifismus der SPD und einiger Randgruppen durchsetzen. Ebenso beunruhigte ihn die Befürchtung, die Sowjets könnten die Deutschlandpläne der Alliierten mißdeuten und die Stärke des westlichen Verteidigungsbündnisses unterschätzen. Eine schwache Position der Bundesrepublik im westlichen Bündnis, zumal wenn ihr Anteil an der Verantwortung nur auf dem Papier stand, erhöhte die Wahrscheinlichkeit einer Expansion des Kommunismus.

Im Frühjahr 1955 schien Adenauer das Problem so dringlich geworden zu sein, daß er Felix von Eckardt, den Beobachter der Bundesrepublik bei den Vereinten Nationen, zur Klärung der Sachlage nach Washington entsandte.

Als die Gerüchte erneut aufflackerten, beschwor Foster den Bundeskanzler, ihnen keinen Glauben zu schenken, da sie jeder Grundlage entbehrten, und erneuerte seine früheren Zusicherungen. Ihm liege daran, Deutschland zu einem Eckpfeiler jeder Verteidigungsorganisation zu machen, die im Rahmen der NATO entstehe. Es sei sein Ziel, daß die Deutschen gemäß ihrem wirtschaftlichen und politischen Potential ihren Beitrag zur Sicherheit leisteten. Damit werde Deutschland zu einer der Hauptstützen einer wie immer gearteten militärischen Kraft in Westeuropa. Es gelang Foster und dem Präsidenten, Adenauer in diesem Punkt völlig zu beruhigen. Die zeitweilige Beunruhigung war ausgeräumt, und ich glaube nicht, daß Adenauer nach 1955 jemals wieder die Entschlossenheit des Weißen Hauses und des Außenministeriums angezweifelt hat, ein starkes Deutschland als wichtiges Element der Verteidigungsanstrengungen zu befürworten.

Gleichwohl verlangte der Bundeskanzler, der sich wie viele Deutsche der Vergangenheit bewußt war und um die Zukunft sorgte, häufig nach Ver-

trauensbeweisen. Adenauer brauchte sie nicht nur für seinen eigenen Seelenfrieden, sondern weil er eine klare Aussage brauchte, die er seinen politischen Verbündeten wie Gegnern vorlegen konnte.
Foster war während seiner Zusammenarbeit mit dem Bundeskanzler kaum einmal beunruhigt. Einmal erhob er Einwände, als er erfuhr, Adenauer und die Bundesregierung erwägten eine sechsmonatige Dienstzeit für die Soldaten, die den deutschen Teil einer europäischen Armee bilden sollten. Das schien ihm zu kurz, und er ersuchte den Bundeskanzler, für eine längere Dienstzeit zu kämpfen. Ich erwähne diese zwei vorübergehenden Unstimmigkeiten nur, um die ungetrübte Harmonie zu unterstreichen, die ihr enges Verhältnis im übrigen charakterisierte.
Am 25. September 1956 hielt Bundeskanzler Adenauer eine Rede, der man große diplomatische Bedeutung beimaß. Er sprach auf einer katholischen Tagung über Europas Zukunft. Der Tenor war optimistisch. Er erklärte, die erste Stufe der wichtigen Integration sei erreicht. Die Bekundung des gemeinsamen Anliegens der europäischen Völker habe Kriege zwischen ihnen unmöglich gemacht – Kriege, die jahrzehntelang die Geißel der Menschheit gewesen seien. Er bedauerte das Scheitern der Europäischen Verteidigungsgemeinschaft, begrüßte aber die Fortschritte in der Westeuropäischen Union. Er unterstrich die Notwendigkeit der Anpassung an veränderte internationale Umstände – die kommunistische Expansion, die wachsende Macht der Vereinigten Staaten, die Schwäche der auf sich gestellten Einzelnation und die Unruhe, die davon ausgehe, daß junge Staaten, die sich vom Kolonialismus lösten, Hilfe verlangten.
Seine Darstellung der internationalen Szene war nicht neu, sondern fiel mit dem zusammen, was in den Vereinigten Staaten und anderswo gesagt wurde. Aber dies war das erste Mal, daß ein Deutscher in einer fremden Hauptstadt eine so starke und dringende Erklärung abgab. Er forderte Mut und Weitsicht in der Auseinandersetzung mit den schnellschreitenden Krisen, die der Nahe Osten, der Ferne Osten und auch Europa erlebt hatten. Er warnte vor der Utopie, eine internationale Organisation könne alle diese Probleme erfolgreich bewältigen, wies aber zugleich darauf hin, daß hinsichtlich einer wirksamen Zusammenarbeit bereits gute Ergebnisse erzielt worden seien.
Beim Lesen der Zusammenfassung seiner Rede dachte ich, sie könnte einer Ansprache von Foster entnommen sein.
Nach seinem Washingtonbesuch sah ich Adenauer erst im Oktober 1956 anläßlich meiner Berlinreise wieder. Meine Berlinarbeit hatte es mit sich gebracht, daß ich bestimmte Projekte förderte und finanzieren half, darunter auch die Kongreßhalle, die in der Nähe des Tiergartens an der Spree entstehen sollte. In Zusammenhang mit diesem Projekt reiste Botschafter und Staatssekretär Robert Murphy mit mir zur Grundsteinlegung. Aus diesem Anlaß gab Adenauer, der unmittelbar an dem Projekt beteiligt war, ein Abendessen, zu dem ich eingeladen wurde. Es fand im Palais Schaumburg in Bonn statt; an ihm nahmen 20 Gäste teil: Herren des Bundestags und Bundeskanzleramts und ich. Wir saßen an einer großen, runden Tafel.
Als nach dem Essen der Kaffee gereicht wurde, nahm mich Adenauer beiseite. In einem der angrenzenden Salons erläuterte er mir die künftige Parteipolitik.

Er deutete durch die offene Tür und sagte: „Sehen Sie den jungen Mann da?“
Ich wandte mich um und sah die untersetzte, aber lebhafte Gestalt von Franz Josef Strauß.
„Er ist ein sehr fähiger Mann“, sagte Adenauer, „mit einer vielversprechenden Zukunft, aber ich wünschte, er würde ruhiger. Ich wünschte, er würde besonnener. Er sollte nicht nur die Stimmen seiner ergebenen Anhängerschaft, sondern auch der andern gewinnen lernen. Er braucht diese Stimmen, um eine Führungsposition in Deutschland zu erringen, und er hat viel zu bieten.“
Mir fiel keine passende Bemerkung ein, und so pflichtete ich ihm bei, ich hätte Strauß in meinen Gesprächen als außergewöhnlich brillant erlebt, und Strauß' Rede vor der Georgetown Universität in Washington habe auf mich großen Eindruck gemacht.
Nach meiner Rückkehr nach Washington 1956 sprach ich mit Foster über diese Begegnung.
Das letzte Jahr der Freundschaft zwischen Adenauer und Dulles war von Trauer überschattet. Kurz nach dem Chruschtschow-Ultimatum vom 27. November 1958 erkrankte Foster. Zwar konnte er noch am NATO-Treffen in Paris teilnehmen, doch war er zum ersten Mal so krank, daß sich seine Berater und Gesprächspartner ernsthaft um ihn sorgten. Den ganzen Dezember schonte er sich keinen Tag, aber bei seiner letzten Europareise im Januar waren seine Schmerzen und die körperliche Anstrengung offenkundig. Wieder einmal schwirrten Gerüchte durch die Luft, zum Teil verursacht durch die Bemühungen der Sowjets, den Status von Berlin zu ändern. Andere Gerüchte gingen auf das Konto aufflackernder deutscher Nervosität wegen gelegentlicher Differenzen mit England und Frankreich.
Als Foster nach Bonn reiste, wußte Adenauer von seiner schweren Krankheit. Mit herzlicher Geste begrüßte Adenauer ihn am Flughafen, hielt den Schirm über Foster, um ihn vor dem Regen zu schützen. Die beiden Männer scherzten darüber, daß Wind und Wetter ihrer Freundschaft keinen Abbruch tun könnten, und setzten sich dann zum Gespräch zusammen, ohne daß von ihrer nervlichen Anspannung viel zu merken gewesen wäre.
Adenauer hatte gehört, daß Foster Haferschleimsuppe gut vertrage, und er hatte sie ihm zubereiten lassen. Tatsächlich war Fosters Krankheit jedoch schon so weit fortgeschritten, daß er selbst eine so milde Diät nicht mehr zu sich nehmen konnte. Adenauer war zweifellos über Fosters Gesundheitszustand erschüttert. Foster versicherte ihm, er müsse zwar Anfang Februar operiert werden, doch hätten ihm die Ärzte gesagt, sie schlössen Krebs als Krankheitsursache aus, und er hoffe, nach dem Eingriff wieder gesund zu werden. Als die Ärzte ihm am 13. Februar erklärten, daß er tatsächlich einen ernsthaften Krebsrückfall habe, ging Foster die Zusicherung, die er Adenauer gegeben hatte, nicht mehr aus dem Sinn. Ein paar Stunden später rief er deshalb meinen Bruder Allen zu sich und bat ihn, Adenauer zu benachrichtigen, Foster sei guten Glaubens gewesen, als er ihm gesagt habe, er hoffe wieder gesund zu werden, und daß er keinen Krebs vermutet habe. Fosters Frau Janet hat die Schwere der Erkrankung wohl geahnt, aber ich bin sicher, daß Foster in seiner von Grund auf optimistischen Einschätzung seiner selbst und der

Probleme, die auf ihn zukamen, nicht mit dem Schlimmsten gerechnet hat.
Adenauer hat mir diese Geschichte erzählt. Er hatte dabei Tränen in den Augen. Er zeigte mir das Foto, das Foster ihm mit der Widmung „Meinem guten Freund" geschenkt hatte. Das Bild stand auf seinem Schreibtisch in seinem Bundestagsbüro und ist auch in seinem Rhöndorfer Arbeitszimmer ausgestellt, wo ich es bei einem Besuch in Begleitung seines Sohnes nach Adenauers Tod sah.

Ich bin ganz sicher, daß sich die beiden Männer in ihren Gefühlen und Gedanken tiefer als auf bloßer intellektueller Ebene verstanden. Sie strebten beide nach den gleichen Idealen, hatten die gleiche Haltung zur Menschheit und zum Dienst an ihrem Land. Ihr Verhältnis umfaßte einen tiefen Gefühlsinhalt und klare Logik zugleich. Ihre Fähigkeit zur Zusammenarbeit und ihre anfeuernde Wirkung auf ihre Mitarbeiter im Dienste des Staates waren das Ergebnis des Ineinandergreifens ihrer Persönlichkeiten und ihrer Überzeugungen.

Tag um Tag verstrich und Fosters Behandlung in der Walter-Reed-Klinik blieb ohne nennenswerten Erfolg – er wurde zusehends schwächer. Einmal ließ er mich rufen und sagte: „Ich weiß, daß du nach Berlin mußt. Man erwartet dich dort. Ich möchte nicht, daß du meinetwegen die Reise verschiebst."

Also flog ich im April nach Berlin, wo ich zehn Tage später die Nachricht erhielt, sofort heimzukehren.

Mein letztes Gespräch mit ihm galt Deutschland. Bekanntlich dachte Adenauer damals daran, sein Amt als Bundeskanzler zur Verfügung zu stellen und für die Wahl zum Bundespräsidenten zu kandidieren. Würde sich dies bewahrheiten, hieße sein Nachfolger entweder Franz Etzel oder Ludwig Erhard. Foster fragte mich, wie es damit stehe und welcher der beiden für Deutschland der bessere Mann sei. Er wolle die Meinung des Bundeskanzlers dazu wissen, sagte er.

Als wir eine halbe Stunde miteinander gesprochen hatten, sagte er: „Ich bin müde. Ich glaube, wir sollten jetzt nicht weiterreden." Als ich ihn wiedersah, hatte er sich bereits von Janet und Allen verabschiedet. Allen und ich verließen gemeinsam die Klinik.

Als ich mit Janet und meinen Geschwistern in der Washingtoner Kathedrale saß, trennten mich nur wenige Schritte von den führenden Staatsmännern aus der ganzen Welt, die hier im Kirchenschiff Platz genommen hatten. Ich sah mich nach dem Kanzler um; seine Züge waren reglos wie immer, aber da ich ihn oft gesehen hatte, spürte ich förmlich seine Bewegung. Mehr als alle dort anwesenden Persönlichkeiten empfand er den Verlust eines treuen, unersetzlichen Freundes.

Im Januar 1962 quittierte ich den Dienst im Außenministerium, reiste aber noch einmal als „Altbeamtin" über Bonn nach Berlin. Der Bundeskanzler empfing mich im Palais Schaumburg. Zuerst sprach er über meinen Bruder und ihr enges Verhältnis. Dann überreichte er mir ohne großes Zeremoniell – nur ein Pressefoto wurde gemacht – das Große Verdienstkreuz. Er sprach von meinen Verdiensten um Deutschland. Ich war überrascht und bewegt, und ich faßte dies als persönliche Ehrung, aber auch als Geste des Andenkens an meinen Bruder auf. Der Bundeskanzler hatte ein feines Verhältnis zum

Zeremoniell, doch trat er den meisten Menschen einfach und zurückhaltend gegenüber.

1967 dachte ich dreitausend Meilen von Washington entfernt in einem Dom an den Tag zurück, an dem der Gedächtnisgottesdienst für Foster stattgefunden hatte. Ich war mit meinem Bruder Allen und Präsident Johnson nach Deutschland gekommen, um dem Mann die letzte Ehre zu erweisen, der außer Winston Churchill mehr für das Wohl Europas geleistet hatte als jeder andere. Ich dachte an die Kraft und Rechtschaffenheit zweier großer Männer – Dulles und Adenauer. Ich empfand Dankbarkeit für ihre Freundschaft und ihr Einvernehmen. In der Musik des Hochamts hörte ich protestantische Choräle mitklingen, und ich wußte, daß jeder der beiden für die Zukunft des Friedens und der Zusammenarbeit gekämpft und zumindest die halbe Schlacht gewonnen hatte. Gemeinsam hatten sie den Weg gewiesen und damit das Beste in Europa bewahren helfen. Ihre Differenzen waren nur gering gewesen. Ihr gemeinsames Streben hatte ihnen in einer Zeit der Gefahr und einem Jahrzehnt schöpferischer Staatskunst Halt gegeben.

Während ich diesen Aufsatz über die Beziehungen zweier vielschichtiger und schöpferischer Staatsmänner schreibe, ist mir, als blicke Foster über meine Schulter. Er hätte die Ziele und Vorstellungen der Politik ähnlich dargestellt; die Notwendigkeit der Stärke, das Vermeiden der Fehleinschätzung und die absolute Unerläßlichkeit der europäischen Einigung ebenso wie das ständige Bemühen, Gefahren richtig zu deuten und Schwäche zu vermeiden. Es war ein Glücksumstand, daß die Unmöglichkeit einer Neutralität Deutschlands ebenso fester Bestandteil beider Philosophie war wie die Würde von Menschen und Nationen. Ich hatte in ihren Begegnungen erlebt, wie sehr diese beiden Schwerpunkte ihres Denkens immer wieder zum Ausdruck kamen. Über sieben Jahre waren sie einfach und in brüderlicher Herzlichkeit miteinander im Gespräch gewesen.

GIULIO ANDREOTTI

Adenauer und de Gasperi

Im September 1921 begab sich eine kleine Abordnung des italienischen Partito Popolare zu einem Besuch nach Deutschland. Diese nach Kriegsende entstandene neue politische Formation hatte seit zwei Jahren die Katholiken mitten in die Wahlkämpfe und Schlachten im Parlament gestellt, nachdem sie zunächst praktische Erfahrung in den Gemeindeverwaltungen gewonnen hatte. Man empfand jedoch bereits, wie notwendig eine Kontaktaufnahme über die Grenzen hinweg mit politischen Kräften war, die von den gleichen Idealen beseelt und sich des Unheils bewußt waren, das ein frenetischer Nationalismus den Völkern Europas und der Welt gebracht hatte.

Die Besuchergruppe, die die Möglichkeit zur Bildung einer christlich-demokratischen Internationale sondieren sollte, bestand aus Luigi Sturzo (dem Autor des Aufrufs „An die Freien und die Starken", das den Geburtsakt des Partito Popolare darstellt), dem Mailänder Abgeordneten Stefano Jacini und Alcide de Gasperi, der seit wenigen Monaten im Wahlkreis Trient als Abgeordneter ins italienische Parlament gewählt worden war, nachdem er während drei Legislaturperioden dem österreichischen Reichsrat angehört hatte.

Bei dem Besuch nahmen die drei Politiker Kontakte mit Gewerkschaftsexponenten und Zentrumspolitikern auf, mit denen es zu hoffnungsvoll gestimmten Gesprächen kam. Doch leider waren die Zeiten noch nicht reif, und infolge wachsender innenpolitischer Schwierigkeiten und heftiger sozialer Konflikte in Italien wurden solche hohen aber fernliegenden Ziele aus den Augen verloren.

Eine der Begegnungen sollte jedoch in der Erinnerung des jungen Trientiner Abgeordneten fest haften bleiben: die mit dem Kölner Oberbürgermeister. Zum ersten Mal hatten zwei Männer Gelegenheit, sich in die Augen zu schauen, die 30 Jahre später wegen des von ihnen geleisteten Werks in die Geschichte eingehen sollten, als sie ihre im Zweiten Weltkrieg niedergeworfenen Länder beim moralischen und materiellen Wiederaufbau führten, sowie wegen ihres Beitrags zur Entstehung der europäischen Einheit als demokratischer Friedenspfeiler.

Dazu, daß im Laufe der Jahre die Erinnerung an dieses erste Kennenlernen nicht verblaßte, muß bei de Gasperi gewiß auch das Bedauern darüber beigetragen haben, daß die Gedanken über eine auf großen geistigen und staatsbürgerlichen Idealen beruhende internationale Zusammenarbeit, die der Zeit weit voraus in dem Kölner Gespräch diskutiert wurden, fruchtlos blieben, während andere auf der Verherrlichung der Macht und Gewalttätigkeit basierende Ideen den alten Kontinent neuen Katastrophen entgegenführten.

An jenes lange zurückliegende Treffen muß de Gasperi beim ersten offiziellen Besuch des Bundeskanzlers in Italien im Juni 1951 gedacht haben. Als er am Schluß einer Sitzung der beiden Delegationen mit einer Gruppe Journalisten sprach, drückte er seine Zufriedenheit über die erneuerte Freundschaft mit einer Anspielung aus: „Ich habe Adenauer früher gekannt, aber ihn jetzt nach 30 Jahren wiedergesehen, und deshalb sehe ich in seinem Gesicht alle die Erfahrung einer harten Vergangenheit gezeichnet, die seine Persönlichkeit geformt hat." Trotz dieser ganz im Stil de Gasperis knapp das Wesentliche besagenden Worte entging den Journalisten nicht, was sie auch ein wenig an persönlicher Erinnerung enthielten, an menschlicher mehr noch als an politischer Sympathie. Von der Aktualität der behandelten Themen eingenommen, sprach er dann sogleich von den Ergebnissen und von den konkreten Aussichten, die die Freundschaft zwischen den beiden Völkern sichern und eröffnen konnten.

Gewiß, der italienische Ministerpräsident war sich bewußt, welchen Beitrag für eine solche Sache die persönlichen Beziehungen und das gegenseitige Verstehen mit einem Mann bedeutet, der ihm in so vielen Punkten, nach Temperament, kultureller Bildung und der Befähigung, konkret zu sein, zusammen mit einer hohen Moral, ähnlich ist. Er hielt sich jedoch nicht dabei auf, ablehnend wie er war, Gefühle und Emotionen durchblicken zu lassen. Für die Journalisten fügte er vielmehr hinzu: „Es ist nicht zu leugnen, daß Adenauer einer der angesehensten Staatsmänner ist, der sich in einer schwierigen Lage befindet und klaren Weitblick zeigt, und vor allem, was uns gefällt, sich der Aufgabe bewußt ist, sein Land und Europa wiederaufzubauen. Das ist ein ganz anderes Bild als die Eindrücke, die man haben könnte, wenn man an die jüngste Vergangenheit Deutschlands denkt: das Bild einer europäischen Zusammenarbeit in demokratischem Sinn, im Sinn freier Kräfte unter dem Zeichen des Rechts unter den Nationen und der Gleichberechtigung unter Menschen und Klassen."

Dementsprechende Überlegungen drückte de Gasperi in dem Trinkspruch aus, mit dem dieser für Italien, Deutschland und ganz Europa bedeutende Tag endete: „Diese Begegnung", sagte der italienische Ministerpräsident, „hat unser Vertrauen in Ihre Friedensgesinnung und in Ihre loyale Absicht bekräftigt, ein neues demokratisches Deutschland im Rahmen eines geeinten Europa zu errichten, das sich seiner Verpflichtungen gegenüber der Zivilisation und dem freien Regime der Völker bewußt ist. Italien hat mit tiefem Interesse Ihre Bemühungen um die Schaffung eines neuen Europa verfolgt, die sich mit dem Ideal unseres Landes decken. Wir wünschen uns, daß diese Anstrengungen, die sich mit dem gleichen heißen Wunsch auch in Frankreich und den anderen Ländern des Westens treffen, zu einer immer engeren Zusammenarbeit im Interesse der Demokratie und des Friedens führen mögen. Ich betrachte deshalb Ihren Besuch, Herr Bundeskanzler, als einen Akt des Glaubens an das Geschick Europas und als Unterpfand, immer intensiver für den Frieden zu arbeiten und, in Zusammenarbeit auch mit dem freien Volk Amerikas, für die Sicherheit Europas."

Die Hochachtung der ganzen italienischen Regierung für die Person und das Werk des Kanzlers wurde im übrigen in einer Ministerratssitzung bekräftigt, die de Gasperi eigens einberufen hatte, und die mit einem Kommuniqué schloß, in dem Adenauer als ein Staatsmann begrüßt wird, „der standhaften Charakters

sich immer dem Hitlerregime entgegengestellt hatte, und der heute weitblikkend sich ehrlich mit den Staatsmännern anderer Länder verbunden hat, die das Entstehen eines geeinten Europa als einziges Mittel zur Sicherung des Friedens und eines höheren Lebensniveaus für alle Europäer verfechten".
Die Freundschaft zwischen de Gasperi und Adenauer wurde bald zum Symbol der deutsch-italienischen Freundschaft. Sie äußerte sich bestimmt nicht nur in dem herzlichen Ton der offiziellen Kommuniqués und dem Fortschritt der bilateralen Beziehungen, sondern wirkte auch im stillen bei den diplomatischen Kontakten mit Drittländern und bei den zahlreichen und heftigen Konferenzen, die die Fortschritte auf dem Weg der atlantischen Kooperation und des Aufbaus Europas zeichneten.
Besonders war de Gasperi dauernd bemüht, die deutsch-französische Annäherung zu fördern und zu beschleunigen, als unerläßliche Voraussetzung für jeden effektiven europäischen Fortschritt. Vielleicht nicht rein zufällig waren es drei christlich-demokratische Persönlichkeiten, die die Beendigung einer Rivalität ermöglichten, die zwei Weltkriege hatte entstehen lassen und als ständige Konfliktsituation auch die Friedenszeiten geprägt hatte. Adenauer, Schuman und de Gasperi waren die Hauptpersonen in einem engen Netz von Beziehungen, die sich auf gegenseitiges Vertrauen und guten Willen stützten und komplexe und gefährliche Fragen, wie die der Saar, ausräumten und bis zu dem großen Plan der Verteidigungsintegration gelangten, die mit der EVG geschaffen wurde, die dann wegen der zahlenmäßigen Schwäche der Christlichen Demokraten im französischen Parlament fehlschlug.
Auch realpolitisch gesehen, versteht man die Unterstützung, die die Regierung de Gasperi in allen internationalen Organisationen allen Thesen gab, die das Prestige und die politische Stärke des Bundeskanzlers Adenauer mehren konnten.
Zwei Monate nach der Begegnung in Rom befand sich de Gasperi im September 1951 in Ottawa zur Sitzung des Atlantikrats, der die Ausweitung des Bündnisses über die rein militärischen Interessen hinaus (der berühmte Art. 2) diskutieren sollte. Auf einer der schwierigsten Sitzungen vertrat er die Notwendigkeit der Wiedervereinigung des deutschen Volkes. Dafür sprächen nicht nur Gründe geschichtlicher Gerechtigkeit, sondern ganz präzise Bewertungen des allgemeinen Interesses der atlantischen Länder. „Wenn Adenauer stürzt", sagte er in jenen Tagen zu einem seiner unmittelbarsten Mitarbeiter, „muß man das gesamte kontinentale Gleichgewicht als gestört ansehen."
Im Juli 1952 nahm de Gasperi direkt an der Außenministerkonferenz in Paris teil und übte persönlich starken Druck auf die französischen und die deutschen Vertreter aus, sie sollten das Problem direkt anpacken und damit die Polemik in den Zeitungen zum Schweigen bringen, die erneut im Begriff waren, die Beziehungen zwischen Paris und Bonn zur Glut zu treiben. Schuman und Adenauer griffen die Aufforderung auf. Mit der Anerkennung einer Reihe von Positionen des anderen und gegenseitiger Klärung kamen die Verhandlungen wieder in Gang. Von alldem nahm der italienische Ministerrat in seiner Sitzung vom 28. Juli 1952 Kenntnis und drückte über die Aufnahme der Verhandlungen seine Erleichterung und seine Glückwünsche dazu aus.
15 Monate später, während die politisch-diplomatische Schlacht um die

EVG immer ungewisser und auch beunruhigender wurde, ließ de Gasperi den interessierten Kanzleien den italienischen Standpunkt übermitteln: „Erstens: auf der EVG bestehen; zweitens: die These Adenauers unterstützen; drittens: verständlich machen, daß die EVG nicht in Gegensatz zur deutschen Einheit steht; viertens: die Zustimmung zum Gipfeltreffen davon abhängig machen, daß die ersten beiden Punkte akzeptiert werden, sowie von vorhergehenden Beratungen der Atlantikpaktländer zusammen mit denen der EVG."
Im September 1952 kam es zu einem erneuten Treffen zwischen de Gasperi und Adenauer, diesmal in Deutschland anläßlich eines Besuchs des italienischen Ministerpräsidenten in Bonn auf der Rückreise von Aachen, wo ihm für seine Verdienste im Kampf um Europa der Karlspreis verliehen worden war. Auch dieses Mal war die Begegnung natürlich herzlich. In den Korrespondentenberichten aus jenen Tagen kann man lesen, daß de Gasperi seine Anerkennung ausdrückte über den „persönlichen Einsatz des Bundeskanzlers, Deutschland aus den enormen Zerstörungen des Krieges wieder emporzuführen, was für die Regierung und das deutsche Volk ein Anlaß zum Stolz sein muß". In den neuen demokratischen Institutionen – fuhr de Gasperi fort – habe das deutsche Volk ein sicheres Mittel gefunden, seine Fähigkeiten des Fleißes und der Disziplin im Dienst der gemeinsamen Interessen zu entwickeln. Die Italiener verfolgten dieses vom Bundeskanzler Adenauer geführte Wiederaufbauwerk mit lebhafter Sympathie und hofften, daß es bald von der Wiedererlangung der nationalen Einheit in Frieden und Sicherheit gekrönt werde.
In einem der Presseberichte wurde die dreißigjährige Freundschaft betont, die die beiden Männer verband, die Parallelen in der politischen Laufbahn und der Position der beiden Staatsmänner, die beide von der extremen Linken und der extremen Rechten bei ihrem Wiederaufbauwerk befeindet wurden.
Ein direktes Urteil, das de Gasperi bei seiner Rückkehr nach Italien ausdrückte, gibt der Sonderkorrespondent des „Popolo", der Tageszeitung der Democrazia Cristiana, wieder: „Adenauer, dieser bei offiziellen Anlässen so kühle und reservierte Mann, ist im direkten Kontakt und bei persönlichen Begegnungen von extremer Herzlichkeit und Vertrautheit. Das hat die Gespräche sehr erleichtert, aus denen, so glaube ich, sich für Italien ein konkreter Nutzen ergeben wird."
Ihre Ähnlichkeit im Charakter zeigte sich auch in den Lebensgewohnheiten außerhalb des Rahmens ihrer offiziellen Verpflichtungen. Beide hatten Sinn für Einfaches und Echtes, für ein zurückgezogenes Privatleben, in dessen Mittelpunkt die Liebe zur Familie stand. Auch in den kurzen Mußestunden zeigten sie die gleichen Neigungen, wie die Leidenschaft fürs Bocciaspiel, das sie immer mit guten alten Freunden betrieben. Für diese Leidenschaft legte Adenauer auch ein konkretes Zeugnis ab: Bei seinem Besuch in Rom 1951 schenkte er der ACLI-Gruppe von Monteverde die vollständige Einrichtung für die Anlage von zwei großen Bocciabahnen, die er sich 1963 ansehen ging, als er – neun Jahre nach dem Hinscheiden de Gasperis – wieder eine offizielle Reise nach Italien unternahm.
Es sei betont, daß die hohe Wertschätzung, die de Gasperi für Adenauer empfand, vom Bundeskanzler in gleichem Maße erwidert wurde. Ich möchte diese kurze Erinnerung an die zwischen den beiden Staatsmännern verlaufenen

Beziehungen mit dem Zitat eines Wortes beenden, das Konrad Adenauer zum zehnjährigen Todestag des italienischen Ministerpräsidenten für die von mir geleitete Zeitschrift „Concretezza" geschrieben hat. „Alcide de Gasperi gehörte zu den hervorragenden politischen Persönlichkeiten, die mit Schlichtheit, Klarheit und Entschlossenheit ihrem Volk und Europa den Weg in eine Zukunft der Sicherheit und des Friedens gewiesen haben. Sein ganzes Lebenswerk muß für uns eine Verpflichtung bedeuten, auf diesem Weg fortzuschreiten. De Gasperi hat uns als beispielhaftes Zeugnis hinterlassen, wie christliches Verantwortungsbewußtsein, moralische Rechtschaffenheit, persönlicher Einsatz und kraftvolle politische Führung die Eigenschaften sind, die zum Nutzen des eigenen Volkes, Europas und der Freiheit der westlichen Welt gereichen."

PAUL WILHELM WENGER

Schuman und Adenauer

Im Jahre der 100. Wiederkehr der Geburt Konrad Adenauers wird das Gründungsfundament der europäischen Einigung 25 Jahre alt: Am 18. April 1951 unterzeichneten die Außenminister Frankreichs, der Bundesrepublik Deutschland, Italiens und der drei Benelux-Staaten in Paris die Gründungsakte der Montan-Union.
Das in die Zukunft weisende Ziel dieser gemeinsamen Tat Robert Schumans und Konrad Adenauers war die Überwindung der jahrhundertealten deutsch-französischen Erbfeindschaft, die dem Kontinent die apokalyptischen Schübe zweier Weltkriege beschert hat, an deren Ende – so Charles de Gaulle am 23. Juli 1964 – „nur Amerika und Rußland noch wirkliche Macht besaßen, und diese war um so beträchtlicher, als alle anderen erschüttert waren, die Besiegten im Abgrund ihrer bedingungslosen Niederlage, die europäischen Sieger völlig zugrunde gerichtet"[1].
Den Teufelskreis von Rache und Vergeltung zu durchbrechen und den zerstörten Kontinent wieder als Friedensfaktor aufzurichten, war das gemeinsame, vom christlichen Ethos geprägte Motiv der beiden Staatsmänner, die in den Jahren nach dem Inferno die Außenpolitik Frankreichs und Deutschlands unter das hohe Ziel der Versöhnung und der Zusammenarbeit zum Wohl Europas stellten. Beide nützten entschlossen die Gunst der Stunde, jenen „kairos" der alten Griechen, der nicht wiederkehrt, wenn er durch mutloses Zaudern verpaßt wird.
Zum 85. Geburtstag Konrad Adenauers hat Robert Schuman den „kairos" seines Zusammenwirkens mit dem ersten deutschen Bundeskanzler wie folgt gewürdigt:
„In den ersten Jahren nach dem Kriege konnte der Anstoß zu einer europäischen Politik nur von Frankreich kommen. Unentbehrliches Fundament war die deutsch-französische Versöhnung. Die deutsche Haltung war von höchster Bedeutung; sie entschied. Vom Kanzler hing der Erfolg unserer ganzen Initiative ab: Hätte er abgewiesen, ja auch nur unverbindlich, ausweichend geantwortet, hätte es kein Europa gegeben, keinen europäischen Bau und Wiederaufbau. Der erstaunliche wirtschaftliche Wiederaufschwung Deutschlands und anderer europäischer Länder wäre nicht denkbar gewesen ohne diese ‚Außenpolitik' – richtiger gesagt ‚europäische Politik'. Kaum vorzustellen vermag man sich – angesichts der wachsenden internationalen Spannungen und der Beanspruchung der Vereinigten Staaten von Amerika durch andere Kontinente und durch innenpolitische Schwierigkeiten –, wo die in blühender Konjunktur lebenden europäischen Völker heute stünden, wäre nicht schon erreicht, was einer rasch lebenden Generation allzu schnell selbstverständlich erscheinen mag, was vor wenigen Jahren aber noch unerhört hart erkämpft werden mußte gegen rücksichtslose Gegnerschaft."[2]

Der gemeinsame Leidensweg

Die Entschlossenheit, mit der Schuman und Adenauer handelten, als sie die Macht dazu hatten, gründet auf einem langen, gemeinsamen Leidensweg: Beider Leben war wiederholt von Hitlers Gestapo bedroht, beide hatten schon nach dem Ersten Weltkrieg vergeblich versucht, die heraufziehende Katastrophe durch die Verflechtung der deutschen mit der französischen Wirtschaft und die Förderung der paneuropäischen Bewegung des Grafen Richard Coudenhove-Kalergi abzuwenden. Coudenhove registriert in seinem Buch „Ein Leben für Europa" über die Vorkriegsgeschichte seiner Bewegung[3]: „Innerhalb des Zentrums waren die Reichskanzler Marx und Wirth, der Kölner Oberbürgermeister Dr. Adenauer und Prälat Kaas Paneuropa besonders gewogen."

Die geistige Verwandtschaft Schumans und Adenauers reicht in ihre Bonner Studienzeit zurück. Beide waren in Bonn Mitglieder katholischer, nicht farbentragender Verbindungen (Adenauer bei KV Arminia, Schuman bei Unitas-Salia), in welchen der dem Wilhelminismus abholde Geist Ludwig Windthorsts und das soziale und staatspolitische Erbe des Bischofs Emmanuel von Ketteler und der Zentrumspartei gepflegt wurde. Obwohl Adenauers Vater auf dem Schlachtfeld von Königgrätz wegen herausragender Tapferkeit aus dem Mannschaftsstand zum Offizier befördert worden war, stand sein Sohn Konrad schon in jungen Jahren, noch bevor er 1894 in Freiburg die Rechtswissenschaften zu studieren begann, den machtpolitischen Ansprüchen des Bismarckreiches ablehnend gegenüber und fürchtete, wie er mir mehrfach sagte, ab 1900 den Ausbruch des Weltkriegs infolge der russisch-französischen Doppelbedrohung des 1871 in Versailles gegründeten Reiches. Als Kölner Oberbürgermeister hatte er seit 1917 sich der hereinbrechenden Katastrophe des verlorenen Krieges zu stellen. Mit der Umwandlung des veralteten Festungsgürtels in eine Parklandschaft setzte er dann nach 1919 seine erste kommunalpolitische Großtat.

In der ersten größeren Rede Adenauers als Vorsitzender der rheinischen CDU schlug sich diese Kritik an der jüngeren deutschen Vergangenheit am 24. März 1946 wie folgt nieder:

„Das deutsche Volk krankt seit vielen Jahrzehnten in allen seinen Schichten an einer falschen Auffassung vom Staat, von der Macht, von der Stellung der Einzelperson. Es hat den Staat zum Götzen gemacht und auf den Altar erhoben. Die Einzelperson, ihre Würde und ihren Wert hat es diesem Götzen geopfert. Die Überzeugung von dem Vorrang des Staates und der im Staat gesammelten Macht vor allen anderen, den dauernden, den ewigen Gütern der Menschheit, ist in zwei Schüben in Deutschland zur Herrschaft gelangt. Zunächst breitete sich diese Überzeugung von Preußen ausgehend nach den Freiheitskriegen aus. Dann eroberte sie nach dem siegreichen Krieg von 1870/71 ganz Deutschland. Die materialistische Weltauffassung des Marxismus hat zu dieser Entwicklung in sehr großem Umfange beigetragen. Wer eine Zentralisierung der politischen und wirtschaftlichen Macht beim Staate oder bei einer Klasse erstrebt, ist ein Feind der Freiheit der Einzelperson, er bereitet zwangsläufig den Weg der Diktatur im Fühlen und Denken seiner Anhänger vor, wenn schließlich auch ein anderer den so bereiteten Weg der Diktatur beschreitet. Daß die Entwicklung zwangsläufig ist, zeigt die Geschichte solcher Staaten, in denen Karl Marx der Messias und seine Lehre das Evangelium ist. Der Nationalsozialismus war nichts anderes als eine bis ins Verbrecherische hinein vorgetriebene Konsequenz der sich aus der materialistischen Weltanschauung ergebenden Anbetung der Macht und Mißachtung, ja Verachtung des Wertes des Einzelmenschen. Die Auffassung von der Vormacht, von der Allmacht des Staates, von seinem Vorrang vor der Würde und der Freiheit des einzelnen widerspricht dem christlichen Naturrecht. Wir wollen die Grundsätze dieses Naturrechts wiederherstellen."[4]

Diese Kritik der Vorkriegsära hätte Wort für Wort auch von Robert Schuman stammen können, denn er sprach immer wieder in seinen auf die Einigung Europas drängenden Reden von der „Häresie des Nationalismus", und er verstand sein politisches Engagement für Europa expressis verbis als die notwendige Korrektur des in der Großen Französischen Revolution statuierten überzogenen Souveränitätsbegriffs. Beide Politiker wurden auch physisch zu Opfern des totalen staatlichen Machtwahns. Adenauer wurde 1933 aus dem Kölner Amt gejagt; er verbarg sich in Maria Laach, nachdem er aus Köln, um der Verhaftung zu entgehen, am 13. März 1933 – an der schlafenden Wachmannschaft vorbeischleichend – geflohen war. Nach dem 20. Juli 1944 wurde er verhaftet und in das zum Konzentrationslager umgewandelte Gelände der von ihm gegründeten Kölner Messe in Deutz verbracht. Damit er nicht „auf der Flucht erschossen" wurde, schmuggelten Freunde ihn in ein Kölner Krankenhaus. Von dort floh er in eine Mühle im Siebengebirge. Jedoch erpreßte die Gestapo seine Frau durch unmenschlichen Druck; beide wurden ins Gefängnis Brauweiler bei Köln überführt und erlebten dort als Gefangene den Tag ihrer Silbernen Hochzeit.

Daß auch Robert Schuman in die Fänge der Gestapo geriet, ist in Deutschland kaum bekannt.

Nach der Eroberung Elsaß-Lothringens waren seine Eltern aus Abneigung gegen die preußische Okkupation und die Annektierung ihrer Heimat Metz nach Luxemburg emigriert. Dort wurde Robert Schuman als nunmehr deutscher Staatsangehöriger am 29. Juni 1886 geboren. Er studierte 1904 an der Bonner Universität, begegnete dort aber dem zehn Jahre älteren Adenauer nicht.

Im Ersten Weltkrieg diente Schuman als Reserveoffizier in der deutschen Armee, und deshalb riefen ihm in der französischen Nationalversammlung die Kommunisten bei der Einbringung der Montanunionsvorlage „sale boche" zu. 1919 wurde er französischer Staatsbürger. Er ließ sich als Rechtsanwalt in Metz nieder und war dann sofort von 1919 bis 1940 Abgeordneter für das Departement Moselle im französischen Parlament als Mitglied der Volksdemokratischen Partei. Im März 1940 wurde er Unterstaatssekretär für Flüchtlingsfragen im Kabinett Reynaud und blieb in gleicher Funktion bis zum 11. Juli 1940 kurzfristig im Kabinett des Marschalls Pétain. Dann kehrte er nach Metz zurück. Dort wurde er sofort als „politisch total unzuverlässig" von der Gestapo verhaftet und deportiert. Jedoch mit Hilfe der französischen Widerstandsbewegung gelang ihm 1942 die Flucht. Er versteckte sich in Klöstern und Waisenhäusern bei Lyon und widmete sich vor allem der Flüchtlingsfürsorge in engem Kontakt mit Widerstandsgruppen gegen das Terrorregime Hitlers. Im Oktober 1944 kehrte er in seine Heimat Metz zurück und wurde am 21. September 1945 von dem durch ihn mitgegründeten Mouvement Républicain Populair – MRP – in die neu entstandene französische Nationalversammlung gewählt und dort, wie schon vor dem Krieg, Vorsitzender des Finanzausschusses.

Im Sommer 1946 und im Herbst 1947 war Schuman Finanzminister in den Kabinetten Bidault und Ramadier und zugleich stellvertretender Vorsitzender der Weltbank und des Internationalen Währungsfonds. Nach kurzem Debüt als Außenminister im Kabinett Marie war er dann Ministerpräsident vom 31. August bis zum 8. September 1948, also zur selben Zeit, als Adenauer in Bonn an die Spitze des Parlamentarischen Rates trat. Dann blieb er von September 1948 bis Januar 1953 permanenter Außenminister in den sieben Kabinetten Queuille, Bidault II, Queuille II, Pleven I und II, Faure und Pinay.

Auch der Dritte im Bund, der langjährige italienische Ministerpräsident Alcide de Gasperi, war vor seiner Regierungszeit ein Opfer des totalitären Machtwahns gewesen. Am 3. Juni 1881 in Pieve Tesino bei Trient geboren, war de Gasperi von 1911 bis 1918 Mitglied des österreichischen Reichsrats in Wien gewesen, um dort die italienische Bevölkerung des Trentino zu vertreten, die auf die Vereinigung mit Italien drängte. Als Österreicher geboren, wurde er 1919 Italiener und seit 1921 Abgeordneter der Katholischen Volkspartei des Don Sturzo. Nach der Ermordung des sozialistischen Politikers Matteotti durch Mussolini legte er aus Protest sein Mandat am 21. August 1924 nieder. 1926 wurde er von den Faschisten ins Gefängnis geworfen. Durch Intervention des Erzbischofs von Trient kam er 1929 frei und fand Unterschlupf beim Carnegie-Institut des Vatikans, wo er vor allem deutsche Literatur übersetzte. Er war – noch in der Illegalität – Mitbegründer der Christlich Demokratischen Partei Italiens, dann im Juni 1946 nach der Abwahl der Monarchie vorläufiges Staatsoberhaupt Italiens und vom 10. Dezember 1945 bis zum 28. Juli 1953 Ministerpräsident, wobei er seit Juli 1951 auch das Außenministerium führte. Er starb am 19. August 1954 in Sella di Valsugana.

Auch Belgiens langjähriger sozialdemokratischer Ministerpräsident und Außenminister Paul-Henri Spaak, der erstmals am 15. Mai 1938 Premier geworden war, mußte vor dem Terror Hitlers seine Heimat verlassen und ins Exil nach London gehen. Gleiches gilt für Luxemburgs langjährigen Ministerpräsidenten und Außenminister Joseph Bech, der Schumans und Adenauers spontaner Kombattant bei der Gründung der Montan-Union gewesen ist.

Die Vorahnung der Gestapo

Als die Gestapo im September 1940 Schuman in Metz verhaftete, warf sie ihm u.a. vor, er sei ein Freund des ehemaligen Kölner Oberbürgermeisters Konrad Adenauer. Sie irrte dabei in bezug auf die persönliche Bekanntschaft, jedoch nicht im Hinblick auf die politische Geistesverwandtschaft der beiden und ihre zukunftsträchtige Virulenz. Die vier christlich-demokratischen Gründer der Montan-Union – Schuman, Adenauer, de Gasperi, der in Wien studiert hatte, und Bech – wurzelten in ihrem politischen Denken in der christlichen Sozial- und Subsidiaritätslehre. Mit den Mitgründern – dem belgischen Sozialdemokraten Spaak und dem niederländischen liberalen Außenminister und späteren NATO-Generalsekretär Dirk Stikker – verband sie der Wille, das neue Europa auf eine humane Demokratie zu gründen.

Bei Adenauer und Schuman lag darüber hinaus noch eine besonders enge Gedankengemeinschaft vor, denn beide entwickelten unabhängig voneinander nach dem Ersten Weltkrieg die Idee, den nach 1870 entstandenen engen Verbund zwischen der Saarkohle und dem lothringischen Erzbecken zur deutsch-französischen Wirtschaftsgemeinschaft auszuweiten, um die Erbfeindschaft beider Völker endlich zu überwinden.

Im Gegensatz zu der Vermutung der Gestapo lernten die beiden Gesinnungsgenossen sich jedoch erst im August 1949 kennen.

Schuman berichtet darüber[5]: „Während eines Verhörs, dem ich im September 1940 von der Gestapo unterzogen wurde, befragte man mich mit Dringlichkeit über die Beziehungen, die ich angeblich mit Konrad Adenauer unterhalten haben sollte, als dieser Bürgermeister von Köln war, d. h. vor der Machtergreifung Hitlers. Im Juli 1932 hatte ich an einem Kongreß teilgenommen, der in der rheinischen Hauptstadt stattfand. Damals war ich dem Oberhaupt dieser großen Stadt nicht begegnet. Zu jener Zeit galt er als einer der bemerkenswertesten Spezialisten kommunaler Angelegenheiten in der deutschen Republik. In Wahrheit sah ich ihn zum erstenmal im August 1949, als ich in meiner Eigenschaft als Außenminister eine Inspektionsreise durch Deutschland unternahm.

Damals standen wir vor der Inkraftsetzung der Konstitution des Bundesstaates, und Dr. Adenauer sollte einer der Kandidaten auf den Kanzlerposten sein. Die Zusammenkunft fand auf Veranlassung und in der Residenz des Oberkommissars des Landes Nordrhein-Westfalen statt. Dieser hohe Funktionär war Herr Hettier de Boislambert, der zukünftige Abgeordnete der RPF. Die Unterhaltung trug somit keinen amtlichen Charakter; für mich war sie um so wertvoller, weil sie außerhalb der üblichen Vorsichtsmaßnahmen und des protokollarischen Zwangs stattfand. Unter anderem erinnere ich mich daran, daß mein Gesprächspartner unter den verschiedenen Themen auch die Idee einer dauernden wirtschaftlichen Verbindung zwischen Frankreich und Deutschland zur Sprache brachte, die zum Beispiel in Form eines gemeinsamen elektrischen Verkehrsnetzes, das die Saar und Lothringen verband, zur Ausführung kommen konnte. Sechs Monate später schlug Frankreich die Gründung einer Europäischen Gemeinschaft für Eisen und Kohle vor; diese ging weit über den Rahmen des zweiseitigen Vertrags von Deutschland und Frankreich hinaus, und zwar nicht nur durch ihren geographischen Umfang, sondern auch vor allem durch die Kühnheit ihrer Struktur.

Inzwischen hatte Dr. Adenauer übrigens gleich nach seiner Wahl zum Bundeskanzler die Schaffung einer Wirtschaftsunion zwischen den beiden benachbarten Ländern vorgeschlagen, dieses Projekt war nicht verwirklicht worden, ebensowenig das einer französisch-italienischen Union, die 1947 beschlossen wurde. Heute haben diese Gedanken durch die Europäische Wirtschaftsgemeinschaft, die sechs Länder mit 160 Millionen Einwohnern umfaßt, Gestalt gewonnen."

So Schuman über seine erste persönliche Begegnung mit Konrad Adenauer. Die deutsch-französische Wirtschaftsunion hatte Adenauer am 7. März 1950 vorgeschlagen, zwei Monate, bevor Robert Schuman am 9. Mai 1950 die Welt mit dem Vorschlag der Montan-Union überraschte. Für diese größere, nicht nur bilaterale Lösung hatten Robert Schuman und Paul Ramadier die französische Regierung im Prinzip schon am 18. August 1948 dadurch gewonnen, daß zum Ziel der französischen Außenpolitik „die Idee der Europäischen Union und des Europäischen Parlaments" erhoben und „die anderen Mitglieder der Westeuropäischen Union aufgefordert wurden, an ihrer Verwirklichung mitzuwirken"[6].

Dieser Beschluß der französischen Regierung war am 20. Juli 1948 auf der Tagung der fünf Außenminister der Westeuropäischen Union im Haag durch Georges Bidault angekündigt worden. Er war die Frucht des ersten Europa-Kongresses, den Winston Churchill zum 7. Mai 1948 nach Den Haag einberufen hatte, nachdem Stalin sein Jalta-Versprechen, in Osteuropa demokratische Regierungen zu dulden, durch die gewaltsame Beseitigung des westlich orientierten tschechischen Außenministers Jan Masaryk (10. März 1948) in Prag ebenso gebrochen hatte wie zuvor im Oktober 1947 in Warschau durch die Entmachtung des Ministerpräsidenten Mikolajczyk. Gleichzeitig wurde beiden Ländern die Annahme der Marshall-Plan-Hilfe verboten, und im April 1948 folgte Stalins Blockade gegen Berlin. Die Westmächte reagierten darauf mit der Aufforderung an die elf westdeutschen Ministerpräsidenten vom 1. Juli 1948, einen parlamentarischen Rat zur Ausarbeitung einer demokratischen und föderalistischen Verfassung einzuberufen. Der Verfassungskonvent trat am 1. September 1948 in Bonn zusammen, und in dem am 23. Mai 1949 verabschiedeten Grundgesetz der Bundesrepublik Deutschland schlug sich die europäisch motivierte Genesis ihrer Gründung in der Zielsetzung der Präambel nieder, „als gleichberechtigtes Glied in einem vereinten Europa dem Frieden der Welt zu dienen". Der Art. 24 des Grundgesetzes gab den Weg nach Europa dadurch frei, daß zur Übertragung von Hoheitsrechten auf übernationale Behörden schon die einfache Mehrheit ausreicht.

Adenauers Unionsouvertüre von 1945

Adenauers Fazit aus der Katastrophe des Ersten Weltkrieges war der Entschluß, durch wirtschaftliche Verflechtung Deutschlands mit Frankreich den Frieden in Europa zu sichern und die Unglückskette der Rivalitätskriege zwischen den beiden Erben des Karolingerreiches für immer zu beenden.

Doch bevor der Weg für dieses Friedenswerk frei wurde, brach das Inferno des Zweiten Weltkriegs über den Kontinent herein, der nun seine weltpolitische Führungsrolle verloren hatte.

Sofort nach dem Zusammenbruch, der ihn auf den Stuhl des Kölner Oberbürgermeisters zurückgeführt hatte, verfolgte Adenauer inmitten der Trümmer seine alte Lieblingsidee der deutsch-französischen Verflechtung, und dies führte am 6. Oktober 1945 zu seiner Entlassung durch den britischen General Barraclough wegen angeblichen Versagens bei der Trümmerbeseitigung. Gleichzeitig erhielt Adenauer politisches Betätigungsverbot, an das er sich jedoch nicht hielt: Er wurde durch den britischen Eingriff frei für die Führung der CDU in der britischen Besatzungszone.

Das politische Betätigungsverbot zielte gegen Adenauers deutsch-französische Kooperationspläne. Er hatte diesen Plan Anfang Oktober 1945 zwei britischen Journalisten mitgeteilt und darüber am 9. Oktober ein Gedächtnisprotokoll angefertigt, das er der mit ihm befreundeten Kölner Stadtverordneten Sibylle Hartmann zur Aufbewahrung übergab. Diese fand es erst 1964 in ihrer Bibliothek wieder und überreichte es Adenauer am 5. Januar 1964 zu seinem 88. Geburtstag. Es ist ein zeitgeschichtliches Schlüsseldokument für die politische Konzeption Adenauers. Hier sein Wortlaut[7]:

„Am 5.10.45 waren ein Vertreter des News Chronicle und der Associated Press (Miß Barbara Page), empfohlen durch Herrn Stern-Rubarth, bei mir. Ich habe ihnen in sehr unterstrichener Weise meine Befürchtungen wegen der Absicht der Alliierten, der deutschen Bevölkerung keine Kohlen zum Kochen zu geben, zur Kenntnis gebracht. Ich habe auf die sehr verwerflichen Folgen, Tod ungezählter Tausender, Schwächung der übrigen, Krankheiten, Epidemien, hingewiesen. Ich habe ihnen weiter gesagt, de Gaulle habe in diesen Tagen eine Rede in Saarbrücken gehalten und laut Londoner Sender in ihr gesagt, Franzosen und Deutsche müßten einen Strich unter die Vergangenheit machen, zusammenarbeiten und eingedenk sein, daß sie Europäer seien. Die Journalisten sagten, sie seien bei dieser Rede zugegen gewesen, de Gaulle habe sogar gesagt, Franzosen und Deutsche müßten eingedenk sein, daß sie Westeuropäer seien. Ich erwiderte, ich wollte, daß einmal ein englischer Staatsmann von uns als Westeuropäern gesprochen hätte. Der Vertreter des News Chronicle fragte nach meiner Ansicht über den Rhein-Ruhr-Staat. Ich habe auf diese Frage folgendes geantwortet: Nach den Vorgängen der letzten hundert Jahre verstände ich den Ruf Frankreichs und Belgiens nach Sicherheit. Es sei aber falsch, einen Rhein-Ruhr-Staat aus dem nicht russisch besetzten Gebiete Deutschlands herauszutrennen und von Deutschland loszulösen. Der von Rußland besetzte Teil sei für eine nicht zu schätzende Zeit für Deutschland verloren. Beide Journalisten stimmten dem zu. Wenn man einen Rhein-Ruhr-Staat losgelöst von den anderen Teilen Deutschlands bilde, erhebe sich sofort die Frage, was denn aus den Teilen Deutschlands nördlich und südlich dieses Rhein-Ruhr-Staates staatsrechtlich werden solle. Rußland würde getreu seinen imperialistischen Tendenzen sofort erklären, der von ihm besetzte Teil, das ist die Hälfte des alten Deutschlands, sei das deutsche Reich. Die drei zerschnittenen Teile der nicht russisch besetzten Zonen würden schon automatisch nach Wiedervereinigung mit diesem russisch besetzten alten Reich streben.

Man kehre ihr Gesicht geradezu nach dem Osten, nicht nach dem Westen. Es sei notwendig, die drei Teile des nicht russisch besetzten Gebietes, die bei Schaffung eines Rhein-Ruhr-Staates entstünden, in einem staatsrechtlichen Verhältnis miteinander zu belassen. Es könne das eventuell bundesstaatlich sein. Vor allem aber sei es meiner Ansicht nach nötig, die Wirtschaft dieses

Teiles, insbesondere die Wirtschaft des Rhein-Ruhr-Staates mit derjenigen Frankreichs und Belgiens zu verflechten, damit dadurch gemeinsame wirtschaftliche Interessen entstünden.
Gemeinsame wirtschaftliche Interessen seien meines Erachtens die sicherste und beste Grundlage für die Annäherung der Völker und Sicherung des Friedens. Auf die Frage des Vertreters des News Chronicle, ob denn Köln in diesem Falle französisch besetzt werden müsse, habe ich geantwortet, das sei zur Verwirklichung des obigen Gedankens nicht notwendig. Die Forderungen Frankreichs und Belgiens auf Sicherung könnten auf die obige Weise und durch internationale Kontrolle erfüllt werden; wenn es aber nicht anders gehe, müsse es auch um des höheren Zweckes willen schließlich in Kauf genommen werden. Es sei dies eine Frage von zweiter Bedeutung."

Die britische Antwort war Adenauers sofortige Entfernung aus dem Amt des Kölner Oberbürgermeisters, denn er hatte sich mit seinen deutsch-französischen Verflechtungsplänen gegen den Plan eines separierten, unter britischer Kontrolle stehenden Rhein-Ruhr-Staates gestellt.

Das Dokument belegt höchst eindrucksvoll den in den beiden ersten Nachkriegsjahren herrschenden Streit der Siegermächte um die deutsche Beute und vor allem die französisch-britische Rivalität beim Kampf um die Kontrolle des Ruhrgebiets.

Es war die große historische Tat Robert Schumans, daß er – gestützt auf den Konsens mit Konrad Adenauer und Joseph Bech sowie mit de Gasperi – diesen Teufelskreis von Rache und Vergeltung durch die Konzeption der Montan-Union durchbrochen hat. Die Initiative dazu konnte nur von jenem Lande ausgehen, das im Ringen um die Hegemonie in Europa 1870, 1914 und 1940 drei deutsche Einmärsche erlebt und erlitten hatte. Dabei darf nicht übersehen werden, daß erst die 1945 vollzogene Rückkehr Elsaß-Lothringens nach Frankreich dem Lothringer Robert Schuman die politische Basis für den europäischen Durchbruch in Paris verschafft hat: Das jahrhundertelang zwischen Deutschland und Frankreich hin und her gerissene Elsaß-Lothringen war der feste Stützpunkt und das sichere Wählerreservoir für die außenpolitische Führung Frankreichs durch die christlich-demokratische MRP Schumans und Bidaults, und später für die gaullistische Bewegung, denn seine Bevölkerung drängte auf die Verwandlung des Rheines vom Grenzstrom zur lebendigen Schlagader Europas, und sie wurde für ihr europäisches Engagement auch dadurch belohnt, daß Straßburg zum Sitz des Europarats erhoben wurde.

Wie schwer der Weg Schumans gewesen ist, Deutschland aus dem Getto herauszuführen, in das es durch Hitler geworfen worden war, schildert er selbst in seinem Buch „Für Europa" mit folgender Kritik an der Verlängerung der Jaltapolitik[8]:

„Man führte diese neue Politik mit den alten Methoden aus: gierig erfeilschte Konzessionen, die von zurückhaltenden und mißtrauischen Siegern den gedemütigten, aber ihrer wiedererwachten Kräfte immer mehr bewußten Besiegten entrissen wurden. Die moralische Rehabilitation entsprach nicht der schrittweisen Wiederherstellung der politischen Freiheiten.
Frankreich zögerte am meisten und maß die Gefahren jedes neuen Verzichts auf Rechte ab, die als Sicherheiten angesehen wurden.

Die Statuten von Saar und Ruhr, die übrigens einseitig ohne deutsche Beistimmung festgesetzt worden waren, stellten die wichtigsten Ursachen der Mißstimmung dar."

Dieser Absage an die Vergeltungspolitik ließ Schuman seine Gegenkonzeption mit diesen Worten folgen[9]:

„Wir glaubten nicht, mit der europäischen Föderation beginnen zu müssen. Das Zusammenfallen der beiden Kategorien von Problemen (das französisch-deutsche und das europäische) brachte uns dazu, eine konkrete Lösung anzustreben, die beiden Vorhaben gerecht würde.

Man konnte sich natürlich nicht anmaßen, die Ausarbeitung einer europäischen Wirtschaftsform sofort und auf allen Gebieten gleichzeitig zu unternehmen. Aufgrund der technischen Komplikationen und ungenügenden geistigen Vorbereitung mußte man etappenweise vorgehen, eine Wahl treffen.

Diesen neuen Erfahrungen war ein Gebiet zugänglich: das von Kohle und Stahl; dort schienen uns alle Bedingungen eines technischen Gelingens, einer sowohl politischen als auch wirtschaftlichen Wirkungskraft gegeben. Gegenstand gieriger Wettbewerbe bis 1950, waren die Bedingungen einer friedlichen und konstruktiven Zusammenarbeit günstig.

Diese beiden Schlüsselindustrien hatten in der Tat eine beschränkte Zahl von Unternehmungen inne (tausend in den sechs Ländern der Gemeinschaft); sie machten von denselben Arbeitsmethoden Gebrauch und beschäftigten vorwiegend spezialisierte Arbeiter. Die Arbeitsgeräte waren in allen Erzeugerländern die gleichen, wenn auch verschieden modern. Im Gegensatz zur Landwirtschaft zum Beispiel waren sie vom Klima und örtlichen Gewohnheiten unabhängig. Somit schien man ihre Koordination ohne außergewöhnliche Schwierigkeiten verwirklichen zu können.

Im Interesse von Erzeugern und Verbrauchern lag es, die beiden notwendigen Produkte zu den besten Bedingungen und auf einem sehr umfassenden Markt zugänglich zu machen. Die Ausdehnung dieses Marktes war eine Garantie der wirtschaftlichen Expansion und der Hebung des allgemeinen Lebensstandards; durch die Erleichterung von Ein- und Ausfuhr wurde eine bessere Verteilung der Produkte möglich, was folglich die Gefahren von Überproduktion und Arbeitslosigkeit verhinderte.

Durch eine Spezialisierung der Unternehmungen, eine Verteilung der Aufgaben und Investierungen im Rahmen eines erweiterten Marktes konnten Methoden und Ausrüstung der Produktion rationalisiert werden.

In diesen wirtschaftlichen Aussichten sahen wir die großen wirtschaftlichen Vorteile, welche dieselben auf politischem Gebiet mit sich bringen würden.

Die Bildung einer dauerhaften und beaufsichtigten Union für Kohle und Stahl bedeutete in der Tat, daß jedem der beteiligten Länder die Möglichkeit genommen wurde, einen Krieg gegen die anderen zu führen oder auch nur vorzubereiten; denn wenn man nicht mehr frei über Energie und Stahl – die Grundlagen jedes kriegerischen Unternehmens – verfügte, kann man keinen Krieg mehr erklären."

Schumans Geheimcoup

Die erste Begegnung zwischen Adenauer und Schuman hatte erst in der zweiten Augusthälfte 1949 – nach der ersten Bundestagswahl vom 14. August und vor der Wahl Adenauers zum Bundeskanzler am 15. September – in Düsseldorf stattgefunden.

Seither wußte Adenauer, daß Schuman die europäische Wende der französischen Politik vorbereitete. Aus diesem Grunde setzte er mit voller Energie das Zwischenstadium des Petersbergabkommens am 20. November 1949 durch, denn es brachte, wenn auch unter alliierter Kontrolle der Ruhr, die Beendigung der Demontage und war das definitive Ende der Pläne für einen separaten Rhein-Ruhr-Staat. Dabei nahm er die Schmähung des SPD-Vorsitzenden Dr. Kurt Schumacher, er sei der „Kanzler der Alliierten", gelassen in Kauf, denn er wußte, daß Schuman bereits am Werk war, um über die Montan-Union das gemeinsame europäische Fundament zu legen. Die deutsche Bereitschaft signalisierte er nach Paris offen am 7. März durch den Vorschlag einer deutsch-französischen Union. Daß Schuman schon seit Monaten die Sechsergemeinschaft über die Montan-Union vorbereitete, durfte Adenauer nicht durchsickern lassen, weil Schuman seinen technischen Architekten Jean Monnet ohne Wissen der übrigen französischen Kabinettsmitglieder zur Ausarbeitung der Montan-Akte angesetzt hatte.

Diese Kühnheit, das eigene zögernde Kabinett in Paris durch ein fait accompli mitzureißen, war das Kernstück der politischen Strategie Schumans. Er schildert es selbst wie folgt[10]:

„Nachdem der Leitgedanke gefunden und wohl erwogen war, mußte er in die Realität umgesetzt werden. Das geschah in einer Rekordzeit: In weniger als einem Jahr wurde der Vertrag ausgearbeitet und unterzeichnet.

Hier möge man mir gestatten, die außergewöhnlichen Verdienste eines Mannes, meines Freundes Jean Monnet, hervorzuheben. Jean Monnet hat [...] mit seinen Mitarbeitern in wenigen Monaten, ohne Publizität, ohne Wissen des Publikums und selbst der Regierung, die Grundlagen einer Wirtschaftsgemeinschaft für Kohle und Stahl ausgearbeitet.

Wir wußten, daß dieser Gedanke am Anfang, ganz besonders am Anfang, Zweifel und selbst eine gewisse Feindseligkeit hervorrufen würde. Durch Anwendung der gewöhnlichen Methoden und zahlloser vorhergehender Befragungen, hätte man endlose Einwände und Aufschiebungen hervorgerufen.

Aufgabe des Außenministers war es, die politischen Gefahren dieser Initiative auf sich zu nehmen. Da er sich mit der politischen Seite der Probleme beschäftigte, hatte er die Gewohnheit, für die technischen Aspekte Spezialisten heranzuziehen und sich selbst die Verantwortlichkeit vorzubehalten, die Männer auszuwählen, ihre Schlußfolgerungen zu akzeptieren oder abzulehnen und sie bei der Regierung und vor dem Parlament zu verteidigen.

Somit wurde das Projekt in den beiden Sitzungen vom 3. und 9. Mai 1950 dem Ministerrat vorgelegt, der von dieser Maßnahme nicht die geringsten Kenntnisse hatte. In fünf Tagen wurde die französische Regierung eingeweiht und stimmte zu.

Ehe wir die Bombe platzen ließen, mußten wir wissen, wie die wichtigsten

Gesprächspartner unsere Vorschläge aufnehmen würden. Der wichtigste unter ihnen war die Bundesregierung, und darum hatten wir uns vor dem 9. Mai die prinzipielle Zustimmung des Bundeskanzlers gesichert. Ohne diese Zustimmung wäre nichts möglich gewesen. Die Regierungen der anderen Länder, von Großbritannien, Italien, Amerika und der Beneluxstaaten wurden 24 Stunden vor der offiziellen Bekanntgabe in Kenntnis gesetzt.
Die Überraschung war allgemein. Niemand, weder in noch außerhalb von Frankreich, hatte eine solche Initiative vor allem von französischer Seite erwartet."
Dieser Schilderung seines dramatischen Geheimcoups ist noch beizufügen, daß Schuman, der sich nur der Zustimmung Adenauers und des Luxemburgers Bech sicher wußte, zögernde Politiker in Rom, Brüssel und Den Haag durch die Ankündigung gewonnen hatte, notfalls mit der Bundesrepublik und Luxemburg allein anzufangen. Er formulierte diese Pression wie folgt[11]:
„Die Tatsache, daß Deutschland seine Zustimmung öffentlich bekanntgegeben und Frankreich sich entschlossen hatte, das Projekt selbst mit einem einzigen Partner weiter zu verfolgen, hatte zuerst den Anschluß Italiens und dann den der Beneluxländer bewirkt, die inzwischen genau über unsere Absichten und Konzeptionen informiert worden waren."
Wer heute von der primär wirtschaftlich orientierten Neunergemeinschaft der EG zur Politischen Union voranschreiten will, sollte Schumans Methode, die Zögernden durch die Bildung eines Bundes der Entschlossenen mitzureißen, ständig vor Augen haben. Notfalls muß die Teilnahme an der Politischen Union als innerer Ring von der Mitgliedschaft in der Wirtschaftsgemeinschaft getrennt werden, um ein integrierendes Beispiel zu setzen, dem dann später die zunächst Zögernden doch folgen.

Das britische Contra

Seine große Enttäuschung erlebte Schuman durch das britische Nein zur Montan-Union, dem dann später noch das EFTA-Contra zur EWG folgen sollte – und dann schließlich unter Edward Heath der um 20 Jahre verspätete Gang Londons nach Brüssel zum 1. Januar 1973.
Die Enttäuschung war deshalb so groß, weil Winston Churchill in seiner berühmten Rede vor der Zürcher Universität am 19. September 1946 als erster zur Bildung der Vereinigten Staaten von Europa aufgerufen hatte. Er hatte allerdings – und das hat man auf dem Kontinent offenbar nicht ernst genug genommen – ein Vereinigtes Europa ohne Großbritannien konzipiert, weil er angenommen hatte, Großbritannien werde zusammen mit dem Commonwealth neben den USA, der Sowjetunion und dem Vereinigten Europa als Weltmacht weiterbestehen können.
Diese Utopie, die Großbritannien den Platz einer Garantiemacht für das vereinigte Europa und damit einen erhöhten Rang zuwies, hat Churchill in Zürich mit diesen Worten postuliert[12]:
„Bei diesem so dringend notwendigen Werk müssen Frankreich und Deutschland zusammen die Führung übernehmen. Großbritannien, das Britische Com-

monwealth, das mächtige Amerika und, wie ich hoffe, auch die Sowjetunion – denn in diesem Fall würde tatsächlich alles gut sein – müssen dem neuen Europa als wohlwollende Freunde gegenüberstehen und ihm zu seinem Lebensrecht verhelfen."

Auf dem Hintergrund dieser gigantischen Utopie folgte dann Churchills Appell an Frankreich und Deutschland, die Vereinigten Staaten von Europa ins Leben zu rufen: Er tat es mit diesen Worten:

„Ich will jetzt etwas sagen, was Sie vielleicht in Erstaunen setzen wird: Der erste Schritt bei der Neubildung der europäischen Familie muß ein Zusammengehen zwischen Frankreich und Deutschland sein. Nur so kann Frankreich die Führung in Europa wieder erlangen. Es gibt kein Wiedererstehen Europas ohne ein geistig großes Frankreich und ein geistig großes Deutschland [...] Daher muß es unser ständiges Ziel sein, die Organisation der Vereinten Nationen zu stärken. Innerhalb dieser weltumspannenden Konzeption aber müssen wir die europäische Familie in einem regionalen System, den Vereinigten Staaten von Europa, wiederherstellen. Der erste Schritt hierzu wäre es, einen Europäischen Rat ins Leben zu rufen. Wenn alle Staaten Europas dieser Union fürs erste nicht beitreten wollen oder können, so müssen wir doch alle jene sammeln, die willens und imstande sind, es zu tun."

Im Rückblick auf das britische Contraspiel läßt sich die Vermutung nicht unterdrücken, daß Churchill seinen Zürcher Appell von 1946 an Frankreich in der Annahme machte, Paris werde im Hinblick auf die drei deutschen Einmärsche von 1870, 1914 und 1939 doch nicht sein Herz über die Hürde werfen, um sich mit Deutschland zu versöhnen.

Trotz der in der Zürcher Rede Churchills ausgesprochenen Nichtteilnahme Großbritanniens versuchte Robert Schuman, London zu gewinnen, weil große Teile der französischen Bevölkerung nicht ohne britische Teilnahme mit Deutschland im Boot sitzen wollten.

Er fuhr – und das ist kaum ins deutsche Bewußtsein getreten – sofort am Tag nach der Proklamation der Montan-Union, also am 10. Mai 1950, zusammen mit Jean Monnet und seinem Kabinettschef François Seydoux de Clausonne nach London, um die Briten zur Teilnahme an der Montan-Union zu gewinnen. Er berichtet über seinen Mißerfolg[13]:

„Ich konnte die Betroffenheit (das Wort ist hier noch zu schwach) feststellen, als ich mich am 10. Mai zu einer seit längerer Zeit geplanten Konferenz nach London begab. Ich konnte sofort fühlen, daß dieses Projekt von unseren englischen Freunden sehr kühl aufgenommen wurde. Jean Monnet begleitete mich. Wir gaben weitere Auskünfte über unsere Ideen, nicht nur über die, welche in der Erklärung des 9. Mai enthalten waren, sondern auch über unsere Gedanken, unsere endgültigen Absichten [...] Bald erkannte man, daß es sich nicht um eines dieser diplomatischen ‚Feuerwerke' handelte, die zwar viel Aufsehen erregen, aber keine praktische Wirkungskraft haben. Diesmal war es ernst. Wir fanden eine recht gemischte Aufnahme. Einige Labourabgeordnete – diese Partei hatte noch die Regierungsgewalt inne – waren über die von uns ausgehende Idee begeistert und gaben uns ihre volle und ganze Zustimmung. Das war die erste Reaktion. Nachdem sie darüber nachgedacht hatten, glaubten unsere englischen Freunde jedoch, daß man das Projekt schwerlich der Situation ihres Landes und der britischen Geisteshaltung anpassen könne.

Wir Franzosen hatten hingegen gehofft, daß England nach einigen eventuellen Abänderungen unserem Plan voll zustimmen würde. In dem Augenblick, als wir die Einberufung einer Konferenz verlangten, an der nur die Länder teilnehmen sollten, die im voraus der Einrichtung einer übernationalen Autorität zustimmten, haben wir die Ausdehnung des uns trennenden Grabens feststellen können. Die Forderung einer solchen prinzipiellen Verpflichtung hat geteilte Meinungen hervorgerufen. Trotzdem haben wir im Monat Mai 1950 Großbritannien vorgeschlagen, der Montan-Union durch rein vertragsmäßiges Band ohne institutionelle Unterordnung beizutreten."

Zu den wenigen Briten, die damals London in der Montan-Union sehen wollten, gehörte Edward Heath, der dann erst zum 1. Januar 1973 London nach Brüssel in die EG führen konnte. Er zielte als Mitstreiter Coudenhoves von Anfang an über die wirtschaftliche Integration auf die Politische Union, die durch die britische Weigerung von 1950 bis zur Stunde ausgeblieben ist.

Londons Absage an die Montan-Union nahm der europäischen Einigungsbewegung den Schwung, den Churchill ihr in seiner Zürcher Rede vom September 1946 verheißen hatte.

Er selbst handelte, als er im Herbst 1950 wieder an die Regierung kam, konstant gegen das in Zürich proklamierte Ziel: Er verweigerte dem durch seine Initiative ins Leben gerufenen Straßburger Europarat die über unverbindliche Empfehlungen hinausgehenden politischen Kompetenzen. Er war gegen den Beitritt zur Montan-Union. Noch schlimmer: Unter dem Eindruck des Koreakriegs rief er 1950 zur Gründung der Europäischen Verteidigungsgemeinschaft – der EVG – auf. Aber als der Appell in Paris als Pleven-Plan akzeptiert und verfolgt wurde, verweigerte Churchill die Teilnahme der in der Bundesrepublik stationierten britischen Rheinarmee.

Paris fühlte sich nun doppelt im Stich gelassen: In Vietnam versagten ihm Amerika und Großbritannien die erhoffte Unterstützung gegen den kommunistischen Druck, und in Europa fühlte es sich nicht stark genug, ohne die Integration der britischen Rheinarmee – gewissermaßen allein mit Deutschland im Boot – dem sowjetischen Übergewicht widerstehen zu können. Hinzu kam die Angst, durch den deutschen Wunsch nach Wiedervereinigung in direkte Konflikte mit der Sowjetunion verwickelt zu werden, zumal die auf Wiedervereinigung drängenden deutschen Kräfte in den EVG-Vertrag die automatische Erstreckung der militärischen Integration auf ein wiedervereinigtes Deutschland hineingeschrieben hatten und diese aggressiv wirkende Illusionsklausel erst strichen, nachdem es zu spät war. Die Folge war jener 30. August 1954, an welchem die Pariser Kammer das EVG-Projekt mit 319 : 264 ohne Diskussion in der Versenkung verschwinden ließ. Damit war der erste große Anlauf zur westeuropäischen Integration gescheitert, und im Bewußtsein der Deutschen blieb die Schuld an Frankreich hängen, weil man vergessen hat, daß der EVG-Plan von Churchill angeregt und dann von ihm sabotiert worden war. Als die britische Weigerung sich abzeichnete und die Verabschiedung der EVG-Akte auch im deutschen Bundesrat durch die baden-württembergische FDP-SPD-Koalition unter Führung Reinhold Maiers, der dies später tief bereut hat, vom 20. Juni 1952 (bis zum 15. Mai 1953) blockiert worden war, verlor Robert Schuman in Paris seinen Kredit und mußte am 23. Dezember 1952 den Quai d'Orsay für immer verlassen.

Im Oktober 1954 nahmen dann die Ersatzkonstruktionen für die gescheiterte EVG ihren Anfang: Der britische Außenminister Eden stellte die Weiche für die Aufnahme der Bundesrepublik in den ursprünglich zu ihrer Kontrolle gegründeten Brüsseler Pakt der Westeuropäischen Union und für die Aufnahme der Bundesrepublik in die NATO, für die Adenauer den Weg freimachte durch die Gewaltverzichtserklärung vom 27. Februar 1955, die jedoch genauso wie der Eintritt in die NATO auf das geschlossene Nein der SPD, einschließlich Willy Brandts, stieß.

Als zweiter Strang wurde die Gründung der Europäischen Wirtschaftsgemeinschaft durch die Römischen Verträge in Angriff genommen, wobei man hoffte, die wirtschaftliche Integration durch die EWG werde automatisch auch zur politischen Union führen. Aber gerade die politische Union, die das gemeinsame Hauptziel Schumans und Adenauers gewesen ist, fiel zwischen NATO und EWG ins Leere, weil man in Bonn befürchtete, den Schutz der Amerikaner zu verspielen, falls man de Gaulles Drängen auf ein primär „europäisches Europa" folgen sollte. Als er am 3. Juli 1964 zu diesem Zweck der Bundesrepublik die deutsch-französische Union anbot, sagten Adenauers Nachfolger nein. Schuman, der am 4. September 1963, kurz vor Adenauers Rücktritt in Scy-Chazelles bei Metz gestorben war, hat diesen düsteren Schlußpunkt unter sein europäisches Projekt nicht mehr erlebt. Seit Januar 1953 saß er nicht mehr am Steuer der französischen Außenpolitik, denn das französische Parlament hatte ihm den Geheimcoup bei der Gründung der Montan-Union nicht verziehen. Er hinterließ dazu diesen Kommentar:

„Das französische Parlament war auch nicht zufrieden. Ich wurde davon als Außenminister betroffen. Das französische Parlament hätte über den Stand der Arbeiten, ich möchte sagen von einem Tag zum anderen, auf dem laufenden sein mögen. Das war technisch unmöglich gewesen. Wenn man einen so langen und komplizierten Text ausarbeitet, kann man keinesfalls täglich zwei Fassungen vorlegen. Das Parlament zögerte vor einer schnellen Entscheidung. Die Macht der parlamentarischen Unentschiedenheit ist so groß, daß jede verfrühte Intervention im vorbereitenden Stadium den Fortgang der Arbeiten hindert. Darum war ich der Ansicht, daß wir, um ans Ziel zu gelangen, es auf uns nehmen sollten, bei gewissen Leuten Anstoß zu erregen oder eine verständliche Ungeduld aufkommen zu lassen. Wir konnten es uns nicht leisten, durch Aufschub eine Gelegenheit vorbeigehen zu lassen, die sich zweifellos nie wieder bieten würde."[14]

So sein Bericht über den „kairos" und die mit dem Sturz bezahlte Schnelligkeit seines Handelns. Er schließt mit dem Blick auf das politische Fernziel der Montan-Union:

„Dies ist also die erste effektive Verwirklichung auf dem Wege der Vereinigung Europas. Die Bresche wurde geschlagen und wird sich notwendigerweise vergrößern. Das war unsere Absicht. Wir haben das nicht verborgen und am 9. Mai (1950, d. Verf.) ausdrücklich erklärt."[15]

Für die Haltung Englands hinterließ er die Prognose:

„England wird den Zusammenschluß mit Europa nur unter dem Druck der Ereignisse annehmen.“[16]

Das Nein der SPD

Obwohl bei den Debatten des Parlamentarischen Rates vor allem die SPD-Abgeordneten Dr. Rudolf Katz, der spätere Vizepräsident des Bundesverfassungsgerichts, und Dr. Fritz Eberhard, später Intendant von Radio Stuttgart, gegen den auf eine Zweidrittelmehrheit pochenden Dr. Seebohm von der Deutschen Partei die einfache Mehrheit des Art. 24 für die Übertragung von Souveränitätsrechten auf übernationale Behörden durchgesetzt hatten, setzte der SPD-Vorsitzende Dr. Kurt Schumacher der Gründung der Montan-Union ein hartes Nein entgegen. Dr. Adenauer überspielte ihn im Bündnis mit dem DGB-Vorsitzenden Hans Böckler durch die Einführung der Mitbestimmung in der Montan-Industrie. Dabei unterstützten ihn die SPD-Bürgermeister der Hansestädte Hamburg und Bremen: Brauer und Kaisen.

Schumacher griff die Montan-Union als „kleinsteuropäische Lösung“ an und pochte auf den Vorrang der Wiedervereinigung, die er durch die westeuropäische Integration gefährdet sah. Er zwang dadurch Adenauer zu der werbenden Behauptung, die Westintegration werde auch die Wiedervereinigung bringen – eine These, an die er – siehe das Dokument vom 5. Oktober 1945 – im Grunde seines Herzens nicht glaubte, denn er sah die russisch okkupierte Zone Deutschlands auf sehr lange Zeit in der Hand der Sowjetunion.

Konfessionelle, nationalistische und ideologische Ressentiments verführten Dr. Schumacher dazu, die Montan-Union als „Ultramontanunion“ zu schmähen und sie am 9. April 1951 als „kapitalistisch, kartellistisch, konservativ und klerikal“ zu beschimpfen.

Er stellte dabei die Fehlprognose:

„Wird der Schuman-Plan unterschrieben, so wird auch der Pleven-Plan unterzeichnet, dann ein Agrarplan, ein Energie- und Verkehrsplan, und Deutschland, zu dessen Lasten alle diese Planungen gehen, befindet sich endgültig in der Rolle der Zweitklassigkeit innerhalb der europäischen Gemeinschaft.“[17]

Schlimmer als diese inzwischen evident widerlegte Fehlprognose war die Schmähung der „Ultramontanunion“ durch die vier „K“ des „kapitalistisch, kartellistisch, konservativ und klerikal“, die vom „Spiegel“ noch durch den Vorwurf der „Abendländlerei“ und der „Rheinbündelei“ mit Erfolg vertieft wurden.

Die vier „K“ Schumachers erlebten Ende der sechziger Jahre in den Reihen der Jungsozialisten ihre schauerliche Urständ: Sie sehen in der als „kapitalistisch und kartellistisch“ verschrieenen EWG lediglich ein Instrument zur Verhinderung der ersehnten Sozialisierung Deutschlands und Westeuropas sowie eine gegenüber der Sowjetunion feindliche und Brandts Ostverträgen zuwiderlaufende „Blockbildung“ und sind daher entschiedene Gegner der Fortsetzung der europäischen Integration. Einer ihrer Wortführer, Karsten Voigt, formulierte diese Gegenpolitik am 11. März 1973 mit den Worten:

„Die EWG entstand auf der Grundlage einer von kapitalistischen Interessen geprägten Konzeption. Die Vorschläge der Jungsozialisten, die auf eine sozialistische Umgestaltung Westeuropas abzielen, haben Parallelen in Strategien von anderen westeuropäischen Organisationen, wie der Kommunistischen Partei Italiens.
Um die Zersplitterung der Arbeiterbewegung Westeuropas [...] aufzuheben, ist [...] die Zusammenarbeit zwischen den antikapitalistischen Kräften im kapitalistischen Teil Europas zu verstärken. Dazu gehören: die Sozialdemokratischen Parteien und Gewerkschaften; jene linkssozialistischen und kommunistischen Parteien und politischen Gruppierungen, die zu einer Zusammenarbeit bereit sind und die in Italien und Frankreich große Teile der Arbeiterbewegung repräsentieren. In diesem Zusammenhang muß nach den bisherigen Erfahrungen mit den USA die Anwesenheit amerikanischer Truppen in Westeuropa als ständige Bedrohung für sozialistische Transformationsstrategien angesehen werden."[18]

Deutlicher kann man das Gegenkonzept zu Adenauer und Schuman nicht markieren. Es lautet: Fort mit der NATO, weil sie die Umwandlung der EWG zur Sozialisierungsmaschine für ganz Westeuropa verhindert. Das Ziel dieser Antieuropäer ist die Neutralisierung und Sozialisierung der Bundesrepublik, also die umgekehrte Wiedervereinigung unter dem Machtschatten Moskaus – die Finnlandisierung ganz Westeuropas.

Europäische Integration oder Wiedervereinigung?

Von Anfang an war die Gründung der auf die politische Union zielenden Montan-Union durch die Doppelhypothek der kleinen und der großen deutschen Wiedervereinigung belastet. Die Gegner der westeuropäischen Union spielten die ungelöste Saar-Frage in den Vordergrund, weil Frankreich im Montan-Parlament die 1945 von Deutschland losgelöste Saar vertrat.

Die endgültige Lösung der Saar-Frage sollte beim Abschluß der Montan-Union einem künftigen Friedensvertrag vorbehalten bleiben.

Ein solcher Friedensvertrag aber konnte nur Schlechteres bringen als der Entschluß zur europäischen Integration. Um über den in Bonn am 11. Januar 1952 mit 232:143 Stimmen vom Bundestag ratifizierten Schuman-Plan zur EVG – am 9. Mai 1950 in Paris vorgestellt – und zur politischen Union zu kommen, mußte die Saar-Frage in dieses übergreifende europäische Unionswerk integriert und vorweg gelöst werden.

Aus diesem Grunde schlug der Verfasser am 8. Juni 1951 im „Rheinischen Merkur" jene „Europäisierung der Saar" vor, die am 25. September 1953 vom Europarat empfohlen, dann nach dem niederländischen Politiker Goes van Naters benannt und am 23. Oktober 1955 von 67,7% der Wähler im Saarland verworfen wurde. Ziel dieses Planes war es gewesen, Saarbrücken zur Regierungszentrale der geplanten EVG und der Montan-Union zu machen und den Zwang zur sofortigen Bildung der Wirtschaftsunion der sechs Montan-Staaten auszulösen. Die kulturelle Verbundenheit des Saarlandes mit Deutschland sollte dabei durch die starke Position der Bundesrepublik in der geplanten

EVG-Regierung garantiert werden, denn diese sollte gesamthänderisch der Souverän des europäisierten Saarlandes werden. Diese Verknüpfung wurde im Wahlkampf der Saarbevölkerung unterschlagen, so daß sie die Europäisierung als ewige Trennung von Deutschland mißverstanden hat.
Der Hauptgegner des Plans, der liberal firmierende ehemalige NSDAP-Gauredner Dr. Heinrich Schneider, gibt diese Initiative in seinem Buch „Das Wunder an der Saar – Ein Erfolg politischer Gemeinsamkeit“[19] wie folgt wieder[20]:
„In der deutschen öffentlichen Diskussion wurde der Gedanke einer Europäisierung der Saar-Frage, genauer gesagt: einer europäischen Zwischenlösung, schon früh in die Debatte gebracht. So schrieb die Zeitung ‚Rheinischer Merkur‘ am 8. Juni 1951 in dem Artikel von P. W. Wenger ‚Die Saar – für oder gegen Europa?‘ u. a.:
‚Dann sollte es aber auch nicht schwer fallen, den Sprung über die Hürde gemeinsam zu machen und eine wahrhaft europäische Zwischenlösung zu finden, die an der Saar jene europäische Ordnung vortreibt, die noch von allen freien Staaten Europas auf dem schwierigen Wege der Teilföderation schließlich erreicht werden soll. Eine solche entspannende Zwischenlösung aus dem Geist des Schuman-Plans ließe sich wie folgt umreißen: Alle Mitgliedstaaten des Europarates erklären die Saar gemeinsam zum ersten europäischen Verwaltungsgebiet, das so lange aus dem deutsch-französischen Dualismus ausgeklammert bleibt, bis alle europäischen Staaten ihr Ziel – den europäischen Bundesstaat – erreicht und damit den Vorzug und Vorsprung der Saar eingeholt haben ... Der Europarat selbst würde zwischenzeitlich zum europäischen Regenten an der Saar ...‘“
Schneider fährt dann fort:
„Nun wußten wir, daß von allen Pressestimmen der ‚Rheinische Merkur‘ den französischen und auch saarländischen Vorstellungen über das Saarproblem – gelinde gesagt – das größte Verständnis entgegenbrachte. Wir kannten auch die guten Beziehungen der Redakteure des ‚Merkur‘ zum Bundeskanzleramt, waren aber doch überrascht, in dem 1972 erschienenen Buch ‚Jakob Kaiser‘ von Conze-Kosthorst-Nebgen (S. 325) zu lesen: ‚Adenauer tat nach den Londoner Gesprächen konsequent die nächsten Schritte und skizzierte auf der Konferenz des Ministerkomitees des Europarates im März 1952 (18. bis 20.) Schuman seine Vorstellungen schon ziemlich konkret: politische, wirtschaftliche und kulturelle Autonomie des Saarlandes im Rahmen des Europarates; als Symbol der Europäisierung Saarbrücken als Sitz der Montanunion-Behörden. Das Saargebiet nicht mehr als trennendes Element zwischen Frankreich und Deutschland, sondern als erstes europäisches Territorium, als Trittstein nach Europa! Das war die Parole, die jetzt aus dem Stadium des wahrscheinlich von Adenauer inspirierten Gedankenspiels des ‚Rheinischen Merkur‘ vom Juni 1951 in die aktuelle Politik transferiert wurde.‘“
Schneider fügt dann hinzu:
„Es ist erstaunlich, daß der Kanzler selbst in seinen sonst sehr ausführlichen ‚Erinnerungen‘ auf diesen wohl wichtigsten Abschnitt der Saarverhandlungen mit dem Ziel einer ‚Europäisierung‘ nicht eingegangen ist. Inzwischen bestätigte Dokumente aus meinem Besitz, vor allem durch den Nachlaß von Jakob

Kaiser, lassen jetzt die vollständige Darstellung der Vorgänge vom Frühjahr 1952 zu. Konrad Adenauer war bereits am 18. März 1952 in Paris, obwohl die Sitzung des Ministerkomitees des Europarates erst am 20. März stattfand, und führte bereits an diesem ersten Tag seines dreitägigen Aufenthaltes in Paris vertrauliche Gespräche im Quai d'Orsay mit dem französischen Außenminister Robert Schuman. Thema: Saarlösung!
Das Ergebnis der Besprechungen fand seinen Niederschlag in einem Schreiben vom 19. März 1952, das der Bundeskanzler persönlich an Schuman richtete und diesem übergeben ließ. Diesem Schreiben waren zwei Anlagen beigefügt, von denen die erste Adenauers Vorschlag zur Europäisierung der Saar enthielt, die zweite den Entwurf für eine Erklärung in einem Kommuniqué, das dann am 20. März in abgeänderter Form von der deutschen Seite veröffentlicht worden ist."

Diese Darstellung Heinrich Schneiders ist nur in dem einen Punkt zu korrigieren, wo er irrigerweise vermutet, der Artikel des „Rheinischen Merkur" vom 8. Juni 1951 sei „wahrscheinlich von Adenauer inspiriert" gewesen.

In Wahrheit war es ein Alleingang ohne vorherige Absprache mit Adenauer. Dieser erwärmte sich für die Europäisierung der Saar erst, nachdem sie spontan von Alcide de Gasperi empfohlen worden war und der Führer der Südtiroler Volkspartei, Dr. Gamper, diesen Plan als Modell für die Bereinigung der Südtirol-Frage zwischen Wien und Rom aufgegriffen hatte. Den Ausschlag für Adenauers Zustimmung aber gab die Bereitschaft Robert Schumans, Saarbrücken anstelle Luxemburgs zur Residenz der Montan-Behörden zu machen.

Daß Adenauer in seinen „Erinnerungen" über sein Engagement für die Saar-Europäisierung schweigt, erklärt sich daraus, daß er eine schwere Niederlage hatte hinnehmen müssen, denn sein großer Gegenspieler war – im Bunde mit der SPD, der FDP und großen Teilen der CDU – der gesamtdeutsche Minister Jakob Kaiser gewesen, der in der Hoffnung, erster gesamtdeutscher Kanzler zu werden, stets der Politik der Wiedervereinigung den Vorzug vor der nach seiner Überzeugung wiedervereinigungsschädlichen europäischen Integrationspolitik Adenauers gegeben hat.

Als die französische Kammer am 30. August 1954 die EVG von der Tagesordnung absetzte, war die Saar-Frage noch immer nicht entschieden, und gerade davor hatte Robert Schuman 1953 eindringlich, aber vergeblich gewarnt.

Der Europäisierung der Saar war nach der Ablehnung der EVG der tragende Grund entzogen. Der linksliberale französische Regierungschef Mendès-France, der angetreten war, den verlorenen Vietnamkrieg zu liquidieren, torpedierte die EVG vor allem mit Blick auf die Sowjetunion und die alte französisch-russische Freundschaft. Seine Investitur war mit den Stimmen der französischen KP erfolgt, und in seiner Antrittsrede vom 17. Juni 1954 weckte er alte antideutsche Ressentiments mit dem Satz, eine deutsche Beteiligung an einer europäischen Verteidigungsorganisation sei „eine grausame Perspektive für alle Franzosen"[21].

Adenauer und Schuman haben am 30. August 1954 eine schwere Niederlage erlitten und ihr Hauptziel, über die Europäisierung der Saar und die EVG den großen Sprung zur wirtschaftlichen und politischen Union zu machen, nicht erreicht. Nun triumphierten ihre Gegner nicht nur in der SPD.

Bundespräsident Theodor Heuss erklärte bei seinem ersten Besuch im Saarland am 26. Januar 1957, die glückliche Regelung der Saar-Frage werde mit Recht ein Modell für die Wiedervereinigung des gesamten Vaterlandes genannt; doch das Gespräch darüber, wann ein Volksentscheid frei sei, werde mit Moskau oder Pankow schwer oder noch gar nicht zu führen sein[22].

Jedoch: Am 24. Februar 1955 hatte er in einem Brief, den Heinrich Schneider in seinem Buch in Faksimile veröffentlichte[23], den FDP-Vorsitzenden Thomas Dehler beschworen, den Widerstand gegen das europäische Saarstatut aufzugeben und dabei bemerkt, daß die FDP auch „bei der Gestaltung von Wehrgesetz und Sozialreform eine verteufelt ungeschickte Rolle neben der SPD“ spiele. In der CDU wurde, um den Vorwurf nationaler Unzuverlässigkeit abzuwehren, hinterher die Legende kolportiert, Adenauer habe die Europäisierung der Saar nur zum Schein vorgeschlagen, um am Ende die Rückkehrlösung von 1955 zu erhalten.

Diese Legende ist unhaltbar. In seiner Bochumer Rede vom 2. September 1955[24] zum Beginn des saarländischen Abstimmungskampfes hatte Adenauer an die Wähler an der Saar appelliert, „nicht nur emotional zu denken“, sondern „das europäische Interesse“ im Auge zu halten. Er hielt auch und gerade nach dem Scheitern der EVG im Hinblick auf die geplante EWG die Europäisierung der Saar für einen nützlichen Weg zur Wirtschaftsunion. Wer weiß, wie sehr ihm die schnelle Integration am Herzen lag, kann der hinterher fabrizierten Legende nicht folgen, zumal Adenauer niemals bereit gewesen wäre, ausgerechnet seinen Freund Schuman arglistig zu hintergehen, nachdem dieser französische Widerstände gegen Saarbrücken als Sitz der Montan-Union mühsam gebrochen hatte.

Schuman, nach dem Scheitern der EVG und des europäischen Saarstatuts noch Justizminister, hat mir in einem Brief vom 30. November seine tiefe Enttäuschung über die nationalistischen Explosionen von 1955 mit diesen Sätzen mitgeteilt:

„Mehr noch als der Ausgang des Referendums sind die angewandten Methoden bedenklich und besorgniserregend. Das haben wir alle schon mal erlebt.“

Und genauso dachte auch Konrad Adenauer, denn beide waren mit ihrem großen Wurf für die schnelle Gründung der politischen Union gemeinsam gescheitert. Darum steht in Adenauers letzter großer Rede, die er in Madrid am 16. Februar 1967 gehalten hat, die Mahnung[25]:

„In unserer Epoche dreht sich das Rad der Geschichte mit ungeheurer Schnelligkeit. Wenn der politische Einfluß der europäischen Länder weiterbestehen soll, muß gehandelt werden. Wenn nicht gleich die bestmögliche Lösung erreicht werden kann, so muß man eben die zweit- oder drittbeste nehmen. Wenn nicht alle mittun, dann sollen die handeln, die dazu bereit sind. Ich glaube, daß Frankreich und Deutschland den Kern der politischen Union Europas in Zusammenarbeit bilden können. Man sollte nicht allzu großen Wert auf die juristische Form eines solchen Zusammenschlusses legen. Ob nun eine Föderation oder Konföderation entsteht, oder welche Rechtsform es immer sein mag: Handeln, Anfangen ist die Hauptsache.“

1 Vgl. Europa-Archiv, Folge 16/1964, S. D403.
2 Zitiert nach Otto Kopp, Der Kanzler, Adenauers Leben und Werk, Olten-Lausanne 1961, S. 4.
3 Vgl. Richard Coudenhove-Kalergi, Ein Leben für Europa. Meine Lebenserinnerungen, 2. Auflage, Köln-Berlin 1966, S. 132.
4 Vgl. Kopp, S. 41.
5 Vgl. Robert Schuman, Für Europa, Hamburg–Genf–Paris 1963, S. 107ff.
6 Vgl. Coudenhove-Kalergi, S. 310.
7 Vgl. Konrad Adenauer, Erinnerungen 1945–1953, Stuttgart 1965, S. 34f.
8 Vgl. Schuman, S. 172.
9 Vgl. Schuman, S. 176ff.
10 Vgl. Schuman, S. 183ff.
11 Vgl. Schuman, S. 187.
12 Für einen Auszug aus der Rede Churchills vom 19. September 1946 vgl. Keesing's Archiv der Gegenwart, 16./17. Jahrg. (1946/47), S. 871.
13 Vgl. Schuman, S. 185ff.
14 Vgl. Schuman, S. 191.
15 Vgl. Schuman, S. 194.
16 Vgl. Schuman, S. 127.
17 Vgl. Keesing's Archiv der Gegenwart, 21. Jahrg. (1951), S. 2899.
18 Vgl. Die Welt vom 12. März 1973.
19 Stuttgart 1974.
20 Vgl. Schneider, S. 202f.
21 Für den Wortlaut der Rede vgl. Europa-Archiv, Folge 13/1954, S. 6712ff., besonders S. 6714.
22 Vgl. Keesing's Archiv der Gegenwart, 27. Jahrg. (1957), S. 6234.
23 Vgl. Schneider, S. 429ff.
24 Für einen Auszug vgl. Bulletin des Presse- und Informationsamtes der Bundesregierung, Nr. 166 vom 6. September 1955, S. 1389f.
25 Vgl. Konrad Adenauer, Erinnerungen 1959–1963. Fragmente, Stuttgart 1968, S. 238ff., besonders S. 242.

EARL OF LONGFORD (LORD FRANCIS PAKENHAM)

Erfahrungen mit Adenauer als Minister für die britische Besatzungszone

„Große Männer" miteinander vergleichen ist bekanntlich schwierig. Doch schält allgemeine Übereinkunft einige wenige heraus und erhebt sie über die anderen. In Europa herrschte bis 1939 ein deutlicher Mangel an Kandidaten. Seither aber bieten sich Churchill, de Gaulle und Adenauer unübersehbar an. Für mein Teil würde ich de Valera hinzufügen, auch wenn er im Gegensatz zu den anderen nur einem kleinen Lande vorstand.

Unsere großen Männer qualifizieren sich einerseits durch Persönlichkeit und andererseits durch Leistung. Ich gehe davon aus, daß in beidem das Urteil qualitativ und ethisch sein muß und nicht nur quantitativ und statistisch sein darf. Jedes Eichmaß, das Hitler, Mussolini und Stalin nicht ab initio ausschlösse, bliebe unbefriedigend. In meinen Augen wird Adenauer allen Kriterien gerecht. Übrigens auch Churchill und de Gaulle, aber ersterer leistete seinen hervorragenden Dienst an der Menschheit während eines kürzeren Zeitraums, und der Nationalismus des letzteren beeinträchtigt seinen Anspruch auf universelle Anerkennung.

Andere Beiträge in diesem Buch gehen ausführlich auf Adenauers Leistung ein. Meine Erinnerung an ihn beruht hauptsächlich auf meinen zahlreichen Gesprächen mit ihm im Rheinland der Jahre 1947/48. Ich war damals Minister für die britische Besatzungszone Deutschlands, er die herausragende Gestalt der CDU. Eine deutsche Regierung gab es noch nicht. Adenauers politisches Schicksal lag noch im Dunkel völliger Ungewißheit. Er war schon über 70 Jahre alt.

Zum erstenmal begegnete ich ihm in Düsseldorf. Als neuernannter Minister voller Tatendrang war ich nach Deutschland gekommen mit der leidenschaftlich entschlossenen Absicht, es – wenn nur menschenmöglich – dem Hungertod, dem materiellen Chaos und der seelischen Hoffnungslosigkeit zu entreißen. Kurz zuvor war Dr. Adenauer mit Sir William (dem späteren Lord Beveridge) bei dessen Besuch der britischen Besatzungszone zusammengetroffen. Er wußte, daß ich Sir Williams persönlicher Referent gewesen war. Als er meine Ernennung erfuhr, lautete sein Kommentar: „Wenn der Schüler nur etwas von seinem Meister hat, darf Deutschland dankbar sein."

Mit Erleichterung hatte er erfahren, daß ich zwar wie mein Vorgänger Sozialist, aber immerhin Katholik war und darum im Gegensatz zu den meisten meiner Ministerkollegen der CDU vielleicht aufgeschlossener gegenüberstünde. Damals und auch später, besonders aber in der Anfangszeit, schätzte er die Bevorzugung, die die britischen Behörden der SPD angedeihen ließen, zu hoch ein. Ganz grundlos war seine Klage nicht, doch wenn er in meiner Haut gesteckt hätte, hätte er gewußt, wie sehr uns unsere sozialistischen Kollegen dafür kritisierten, nicht „voreingenommen" genug zu sein. Bei meiner Ankunft in Düsseldorf wußte ich von all dem noch sehr wenig, und rückblickend schäme ich mich meiner Unwissenheit der nationalen Bedeutung Adenauers in der Weimarer Zeit.

Unter der Führung deutscher Landesminister und Wohlfahrtsbeamter machte ich meinen Gang durch die Trümmer. In einer Schule – sie war noch in einem riesigen Bunker untergebracht – verließen wir die hohlwangigen Schulkinder, nachdem sie ein Gedicht aufgesagt hatten, das etwa wie folgt ging: „Lern des Bettlers Kleider tragen in den Augen aller Welt." Es war nur zu wahr. Adenauer bekleidete damals noch keinerlei Regierungsamt. Er beobachtete mich genau, blieb aber im Hintergrund.

Während des Essens, das unserer Stadtbesichtigung folgte, sagte er leise zu mir: „Ich möchte gerne mit Ihnen sprechen, aber nicht hier." Ich spürte die Kraft seiner gewichtigen, zurückhaltenden Persönlichkeit, doch galt er in amtlichen britischen Kreisen damals als gefährlich, als jemand, vor dem man sich in acht nehmen mußte, der deutlich antibritisch war. Es war nicht Absicht, sondern halb unbewußtes Befolgen der Meinung meines Beraters, daß ich seiner Einladung nur zögernd nachkam. Wenn ich sage, daß ich unheimlich viel anderes zu tun hatte, so ist das keine Ausrede, sondern die einfache Wahrheit.

Im Sommer 1947 war seine Entlassung als Kölner Oberbürgermeister natürlich schon eine alte Geschichte. Dieser Schritt war vollendete Dummheit gewesen, für die es niemals eine auch nur einigermaßen ernsthafte Rechtfertigung gab, und wer die Verantwortung dafür trägt, ist, gelinde gesagt, im dunkeln geblieben. Das Verbot, die Stadt Köln zu betreten, wo Adenauers Frau schwerkrank lag, war eine zusätzliche Dummheit. Die ihn entlassen hatten, kannten den Zustand seiner Frau nicht, aber es wäre ihre Pflicht gewesen, so etwas zu wissen. Bis heute ist umstritten, ob diese üble Behandlung in ihm schwärte. Meiner Meinung nach dürfte es so gewesen sein, wenn er auch nie mit mir anders als humorig darüber gesprochen hat. Er pflegte den Brigadegeneral, der ihn tatsächlich (wenn auch auf höhere Anordnung) entlassen hatte, zu verulken, er sei der eigentliche Gründer der CDU. Wäre er nicht entlassen worden, so meinte er, hätte er seine politische Tätigkeit auf Köln begrenzt. Das bezweifle ich freilich sehr. Sicher war er der Meinung, persönliche Gefühle hätten in seinen politischen Entscheidungen keinerlei Rolle gespielt. Aber ich bin und bleibe überzeugt, daß er sich in seinem Stolz getroffen fühlte, und zwar unauslöschlich. Zwar war die Wunde verheilt, konnte aber jederzeit neu aufbrechen.

Gewiß brachte ihn diese Episode in die Rolle eines Widerparts oder wenigstens in Gegensatz zu den britischen Behörden. Dieses Verhältnis war sehr offenkundig, und zwar auf beiden Seiten, als ich die Szene betrat. Natürlich läßt sich manches dafür anführen, daß sich all das letztlich zum Guten wendete. Wäre er in den Tagen des großen Hungers und der Demontage persona grata bei den Alliierten gewesen, so wäre es ihm vielleicht nie gelungen, sein Volk unter seine Führung zu scharen. Vielleicht hätte er nie die Früchte ernten können, als die Möglichkeit zur Freundschaft herangereift war. So aber machte er sich zum Wortführer der Kritik an den Alliierten, die der Durchschnittsdeutsche nur hinter vorgehaltener Hand zu äußern wagte. Adenauer wäre nicht Adenauer gewesen, hätte er nicht scharfe Worte gefunden, wenn seine Pflicht es zu verlangen schien. Niemand kann also sagen, was geschehen wäre, wenn er Oberbürgermeister von Köln geblieben wäre.

Karl Arnold, der Ministerpräsident von Nordrhein-Westfalen, galt damals als der Prototyp des „guten Deutschen". Adenauer war das Gegenteil, obwohl ihm nie jemand eine Sympathie für die Nazis vorwerfen konnte. Das schlimmste, was Ernest Bevin vor meinen Ohren jemals über ihn sagte, war, er sei ein katholischer Nationalist; man hätte dies wohl von de Gaulle sagen können, aber auf Adenauer paßte es weder damals noch irgendwann danach. Die Komplimente an Arnolds Adresse waren mehr als gerechtfertigt. „Arnold ist ein Heiliger", sagte Victor Gollancz im Verein mit Dick Stokes und dem Bischof von Chichester, dem größten Vorkämpfer für Deutschland in dessen dunkelsten Stunden. „Aber", so fügte er hinzu, „er bringt sich für das deutsche Volk noch um." Er starb auch jung. Aus meiner Sicht betrachtet hatte er die ideale soziale Auffassung: Er war ein linker Katholik. In England wäre er Mitglied der Labour Party gewesen. Adenauer hätte gewiß zu den Konservativen gezählt, wenn auch mit etwas altmodischer liberaler Neigung.

Es dauerte sehr lange, bis sich das Mißtrauen gegen Adenauer legte. Im Herbst 1947 hielt ich in der Düsseldorfer Oper vor einem großen Publikum eine Rede zugunsten der Demontage. Ich habe sie seither immer bereut. Danach tauchte zum ersten und einzigen Mal die Gefahr einer Konfrontation zwischen den britischen Behörden und der deutschen Bevölkerung auf. Aber am nächsten Morgen suchten Adenauer und Arnold mich und den Oberbefehlshaber Sholto Douglas (später Lord Douglas) auf. Gegen ein paar ziemlich nominelle Konzessionen zur Wahrung des Gesichts war er bereit, sein Volk zu einer Politik der Zusammenarbeit zu führen.

Einen Augenblick eile ich der Zeit voraus und erinnere mich, wie ich ihm 1948 bei meinem Abschiedsbesuch mein Buch über den englisch-irischen Vertrag überreichte. Wir sprachen über die Zukunft und er sagte zum Schluß: „Wenn Sie meinen, ein halber Laib Brot für den Anfang sei besser als gar nichts, dann bin ich völlig Ihrer Meinung." In späteren Jahren sah ich fasziniert aus der Ferne zu, wie er beständig diese Politik verfolgte.

Aber zurück zum Herbst 1947. Ich war überglücklich über seine Bereitschaft, in einem kritischen Zeitpunkt seine hilfreiche Hand zu leihen, aber die britischen Behörden erblickten in Adenauer immer noch sehr stark das Schreckgespenst, und niemand wollte irgend etwas tun, was ihm politisch förderlich sein konnte.

Sholto Douglas hatte damals genug von Deutschland und stand kurz vor seiner Abreise. Die eigentliche Führung der Kontrollkommission lag in den Händen von Brian Robertson (später Lord Robertson). Er war in vieler Hinsicht ebenso bemerkenswert wie Adenauer, wenn er auch eher der ausführende und nicht der politisch-kreative Typ war. Er war stark, kühl, hochintelligent, gelegentlich scharfzüngig, hielt seine ausgeprägten persönlichen Gefühle eisern unter Kontrolle und diente dem öffentlichen Interesse mit Leib und Seele. Damals und noch einige Zeit danach stand er Adenauer alles andere als positiv gegenüber, und meine wachsende Vertrautheit mit dem letzteren verursachte ihm Unbehagen, wie mir schien.

Dr. Adenauer war viel zu korrekt, als daß er Brian Robertson mir, dem britischen Minister, gegenüber kritisiert hätte. Am nächsten kam er einer solchen Kritik einmal, als er die Haltung der Kontrollkommission mit der der Besatzer nach 1918 verglich. Welch kaltherzige Okkupation ist dies doch, sagte er einmal zu mir. Während meiner Zeit standen Adenauer und Brian Robertson gelinde gesagt auf kühlem Fuß.

Das alles änderte sich aber später völlig. 1950 (ich war damals Luftfahrtminister) besuchte ich Adenauer, kurz bevor Brian Robertson seine Mission beendete. Adenauer war des Lobes über Robertson voll. Er frage sich, wie er ohne ihn auskommen solle; wie würde er je mit dem Nachfolger Sir Ivone Kirkpatrick arbeiten können? (Tatsächlich klappte dieses Verhältnis nachher sehr gut.) Fast möchte ich sagen, er habe in Robertson einen Mann so recht nach seinem Herzen gefunden: fest, klug, von leicht zynischem Humor, prinzipientreu. Robertson hat mir in späteren Jahren oft gesagt und dies auch öffentlich bekundet, wie sehr er Adenauer bewundern gelernt habe. Robertson war so etwas wie der Engländer nach Adenauers Geschmack.

Einmal verglich Adenauer die emotionslosen Briten mit den überemotionalen Deutschen – und der Vergleich ging zuungunsten der letzteren aus. Dies war natürlich zum Teil auch Höflichkeit gegenüber einem britischen Minister, aber eben doch nicht nur. Er besaß die Eigenschaft, sich außerhalb der Deutschen stellen zu können, wie ein liebender, aber nichtsdestoweniger kritischer Vater oder Großvater. Er wußte nur zu gut, welcher Schwächen Opfer sie geworden waren. Ihm ging es vor allem um eine Politik, die die nationalen Tugenden stärkte und die traditionellen Fehler ausschaltete. Ich habe dies schon früh in die Formel gebracht, die mir auch heute noch die beste zu sein scheint: „Eine liebevolle und doch klarsichtige Einschätzung seines Volkes.“ In diesem höchsten Streben vereinten sich sein Geist und sein Herz. Aber er wußte auch andere Seiten des britischen Charakters zu schätzen, nicht nur die Zurückhaltung.

Damals und sicher auch später hegte er größte Hochachtung vor Sir Winston Churchill. Er führte die deutsche Delegation bei der Haager Europakonferenz im Frühjahr 1948 an. Als Deutschlandminister oblag mir die Erteilung der notwendigen Genehmigungen. Sir Winstons Schwiegersohn Duncan Sandys – einer der ersten Befürworter der Europäischen Bewegung – dankte mir ironisch: „Wenn die Gegenrevolution ausbricht“, sagte dieser Mann der Opposition zu dem britischen Minister, „werden wir versuchen, Sie auszusparen.“

Adenauer erzählte mir später, wie tief es ihn berührt habe, daß Churchill ihn persönlich empfing. Er sagte: „Ich wollte Herrn Churchill sagen, daß ich und wir alle ihm unser Leben verdanken; wir waren ja alle Hitlers Gefangene, und ohne Churchill wären wir heute nicht mehr am Leben. Das wollte ich ihm sagen und ihm von Herzen danken.“ – „Und, haben Sie es getan?“ fragte ich. – „Nein“, antwortete er, „ich habe es nicht getan. Ich weiß, daß man den Deutschen nachsagt, sie kröchen in der Niederlage auf dem Bauche. Churchill hat einmal von uns gesagt, entweder habe man uns an der Gurgel oder zu den Füßen, und ich dachte, daß ich den Interessen meines Landes nicht dienen würde, wenn ich im Augenblick der nationalen Demütigung einen widerlich kriecherischen Anblick böte.“

Damit komme ich zu seiner Haltung zu Europa. In der verzweifelten materiellen Not brachte das Auftauchen der Europaidee Anfang 1948 den ersten Hoffnungsschimmer für die Deutschen. Sie wollten pflichtbewußt gute Demokraten sein. Das Problem war nur, daß ihnen Demokratie so oft von fremden Podesten gepredigt wurde. Wie mir einmal ein deutscher Minister sagte: „Wir möchten so gerne auch Sie einmal etwas lehren. Wie wär's mit Musik?" Daran dachte ich bei der 700-Jahr-Feier des Kölner Doms. Dr. Adenauer legte seine ganze Ehre darein, mich an den einen Aussichtspunkt zu führen, von wo man seiner Ansicht nach den besten Blick auf die angestrahlte Kathedrale genießen konnte. Bewegt vom Anblick der Kathedrale und der Hunderttausende, die an der großen religiösen Feier teilnahmen, sagte ich zu ihm ganz ehrlich: „Wir kommen nach Deutschland, um Sie vieles zu lehren, aber dies hier ist etwas, was wir von Ihnen lernen sollten." Wie aus der Pistole geschossen kam seine Antwort: „Von Köln, ja. Von Berlin, nein."

Mit dem Europakonzept erschloß sich plötzlich eine ungeahnte Aussicht auf Partnerschaft. Sogar Ernest Bevin (der gewiß kein Freund Deutschlands war, auch wenn er sich um Gerechtigkeit bemühte) sagte etwas später im Unterhaus, das neue Europa sei etwas, an dem die Deutschen teilhaben, vielleicht sogar eines Tages gleichberechtigt teilhaben könnten. Adenauer war genau der richtige Mann, um das deutsche Echo in Worte zu fassen. In seinem eindrucksvollen Adenauer-Buch beschreibt Terence Prittie[1] die beiden Hauptgründe für Adenauers Anspruch auf Unsterblichkeit: Er habe dem westdeutschen Staat die volle Souveränität zurückgewonnen; er habe die Bundesrepublik unauflöslich mit Westeuropa verwoben.

Die Einleitung zu diesem Buch schrieb Sir Christopher Steel, und kein Engländer der Nachkriegszeit wäre dafür qualifizierter gewesen. Insgesamt ist sein Tribut sehr positiv, aber er betrauert die „mysteriöse Macht", die de Gaulle in den letzten Jahren über Adenauer gewonnen habe, und die Rolle des letzteren beim Ausschluß Englands vom Gemeinsamen Markt. Es steht mir nicht zu, dies näher zu untersuchen, doch möchte ich etwas sagen, was vielleicht nicht allgemein bekannt ist.

Oben bereits erwähnte ich meinen Besuch bei Adenauer im Jahre 1950 zu einer Zeit, als der Schuman-Plan gerade Gestalt annahm. Die britische Haltung war wenig aussichtsreich, aber doch anscheinend noch nicht endgültig. Dr. Adenauer bat mich inständig und wiederholt, sofort nach meiner Rückkehr mit Attlee und Bevin zu sprechen und sie zu überreden, sie sollten England in die neue Organisation bringen. Er schien zu glauben, die ganze Zukunft Europas hänge von der richtigen Antwort ab.

Tatsächlich war mein Einfluß nur gering, und jedenfalls hätte ich mich nicht gegen das allgemeine Empfinden in der Labour Party und vielen amtlichen Kreisen durchsetzen können, wo man davon sprach, wir dürften uns „nicht an einen Leichnam binden". Aber, wenn es nach Adenauer gegangen wäre, so wäre England 1950 und nicht erst in den siebziger Jahren zu Europa gestoßen.

Habe ich seine künftige Größe vorausgesehen, als ich 1948 von ihm Abschied nahm? Die Frage teilt sich unvermeidlich in mehrere Fragen auf. Ich war von Anfang an überzeugt – auch als ich Deutschland ohne Nahrung, Geld und Regierung daliegen sah –, daß die Deutschen der Demokratie zum Erfolg verhelfen würden, wenn man ihnen die Chance gab, und daß sie wirtschaftlich wieder ein blühendes Land schaffen würden. Das letztere war mir selbstverständlich. Das größte – wenn auch historisch verständliche – Hindernis für sie war das Potsdamer Abkommen, nach dem sie auf unbestimmte Zeit in vielerlei Hinsicht darniedergehalten werden sollten. Ich war von Anfang an ein scharfer Gegner der Potsdamer Konzeption, und hätte ich mehr zu sagen gehabt, so hätte ich sie umwerfen helfen, bevor sie unter dem Fehlverhalten und der Drohung Sowjetrußlands von selbst zerbrach.

Die Dinge haben sich in dieser Richtung viel schneller entwickelt, als ich je zu hoffen gewagt hätte, freilich zu dem hohen Preis russischer Tyrannei in anderen Richtungen.

In meinen langen Gesprächen mit Adenauer erkannte ich Eigenschaften an ihm, die mich davon überzeugt sein ließen, daß er der größten Rolle mit Auszeichnung gerecht werden würde, wenn ihm Gelegenheit dazu geboten würde. Seine vollkommene Selbstbeherrschung und Höflichkeit lagen klar zutage. Er wußte, wieviel Schreckliches Deutsche der Welt zugefügt hatten und welches Leid sie deshalb nun selbst erwartete. Aber die Ansprüche der Alliierten konnte er nicht immer ganz ernst nehmen. Den Anspruch auf Allmacht – im Augenblick ja. Aber dieses Heute würde nicht ewig währen. Anspruch auf Allwissenheit – nie. Dennoch blieb er stets korrekt und respektvoll.

Seine Auffassungsgabe war höchst eindrucksvoll. Suchte er mich auf, so standen mir alle erdenklichen Sachverständigen zur Verfügung. Er kam gewöhnlich allein, und zu jeder Frage hatte er die Fakten im Kopf. Damals konnte ich noch nicht die phänomenale physische Ausdauer ermessen, die er später bewies, doch wird mir immer seine moralische Stärke, seine völlige Integrität und sein Bekenntnis zur Wahrheit, wie sie sich ihm darstellte, lebendig im Gedächtnis bleiben. Er besaß die Vision eines Deutschland, das von höheren Prinzipien geleitet wurde als je in seiner Geschichte. Dieses Deutschland war Teil eines größeren Ganzen, eines Europa, das seine historische Inspiration aus dem Heiligen Römischen Reich bezog und dennoch nach vorne gerichtet war.

Er wurde zu früh geboren, als daß er noch das ganze Maß seiner Staatskunst hätte entfalten können. Aber die Verständigung mit Israel liefert den überzeugenden Beweis, daß es für seine kühne Vorstellung von den internationalen Beziehungen keine Grenze gab.

Ich gebe gerne zu, daß ich überrascht war, als er so bald seine Chance bekam. Nicht überraschte mich aber, daß er diese große Gelegenheit, als sie sich bot, zu solch edlem und veredelndem Zweck genutzt hat zum Vorteil Deutschlands und Europas.

1 Vgl. Terence Prittie, Konrad Adenauer. Vier Epochen deutscher Geschichte, Stuttgart 1971, S. 63.

JOHN J. MCCLOY

Adenauer und die Hohe Kommission

Niemandem, dünkt mir, dürfte es leichtfallen, eine angemessene Würdigung des „Alten" anläßlich seines 100. Geburtstags zu verfassen, doch für mich scheint mir dies in besonderem Maße zu gelten. Zunächst einmal umfaßten meine amtlichen Beziehungen zu dem Bundeskanzler nur einen kurzen Zeitraum. Darüber hinaus entsprachen sie keineswegs dem Üblichen. Ich war der Verteter einer ausländischen Macht gewesen, die sein Land nach einem vernichtenden Krieg besetzt hatte. Auch als Mitglied der Alliierten Hohen Kommission, die darüber wachte, wie er die Geschäfte der neugebildeten Regierung führte, war mein Verhältnis zu ihm etwas ungewöhnlich und formell. Und doch war es gerade in dieser Zeit und in seiner Rolle als Bundeskanzler, daß Konrad Adenauer sehr deutlich als einer der überragenden Staatsmänner seiner Epoche Gestalt zu gewinnen begann.

Es war eine recht erregende Zeit, eine Zeit, in der sich die Dinge formten. Mit ihr verbindet mich eine Unzahl persönlicher Erinnerungen, die es aus dem Versuch herauszuhalten gilt, den Beitrag zu würdigen, den Adenauer für sein Land geleistet hat, und die Rolle zu untersuchen, die er in der Geschichte der Hohen Kommission gespielt hat. Doch die Erinnerungen und der Versuch einer Wertung vermengen sich nur allzu leicht miteinander – und wahrscheinlich kann es wohl kaum anders sein.

Ich werde bemüht sein, mich möglichst auf die Eindrücke zu beschränken, die ich von Bundeskanzler Adenauer gewonnen habe, als ich zunächst während der Besatzungszeit Militärgouverneur und später Hoher Kommissar der Vereinigten Staaten in der Bundesrepublik war. In späteren Jahren traf ich zwar noch gelegentlich mit ihm zusammen, doch meist nur inoffiziell und ganz sporadisch.

Selbst auf die nicht unerhebliche Gefahr hin, dieser Würdigung eine zu persönliche Note zu geben, könnte es vielleicht doch von Nutzen sein, einige Stationen meines Lebens im Vergleich zu seinem hier kurz nachzuzeichnen, bis hin zu jenem Augenblick, da uns ein Zufall der Geschichte zusammenbrachte. Auf einem anderen Kontinent geboren und aufgewachsen, war ich bei unserer ersten Begegnung etwa 20 Jahre jünger als er. Ich hatte an zwei Weltkriegen gegen sein Vaterland teilgenommen, und nach beiden war ich an seiner Besetzung beteiligt. Obgleich die Familie meiner Frau in den Vereinigten Staaten entfernt mit der verstorbenen zweiten Frau Adenauers verwandt gewesen war, hatten weder meine Frau noch ich Adenauer, seine Frau oder irgendein Mitglied seiner Familie jemals persönlich kennengelernt oder mit ihnen in Verbindung gestanden, bevor wir nach Kriegsende unsere Posten in Berlin und Frankfurt antraten. Meine Kenntnis der deutschen Sprache war, gelinde ausgedrückt, etwas rudimentär.

Die Alliierte Hohe Kommission trat zum ersten Mal auf der Höhe des Petersbergs zusammen. Wie es zur Wahl gerade dieser Örtlichkeit kam, weiß ich heute nicht mehr. Jedenfalls lag meines Wissens der Wahl keine politische Überlegung zugrunde. Mein geschätzter, aber bisweilen etwas spöttischer Kollege François-Poncet meinte, vermutlich sei es geschehen, um uns von „niedrigen" Kommissaren zu unterscheiden. Er bezeichnete gelegentlich den Petersberg auch als Parnaß, da seinen Worten nach unser Einfluß auf die Deutschen rein poetischer Natur sei. Der Bundeskanzler hatte jedenfalls nicht viel für den Petersberg übrig. Der steile Weg bergauf, kaum länger als der zu seinem eigenen Haus oberhalb Rhöndorfs, war ihm irgendwie zuwider. Gerüchteweise hieß es, er glaube, der Petersberg sei als eine Art Revanche für die Demütigungen gewählt worden, denen Neville Chamberlain 1938 im Hotel Dreesen auf der anderen Rheinseite während der Konferenz in Bad Godesberg ausgesetzt worden war (an der mein britischer Kollege, Sir Ivone Kirkpatrick, teilgenommen hatte). Später zogen wir um, hinunter an den Rhein, wo sich jeder wohler zu fühlen schien. Beim ersten Besuch, den der neue Bundeskanzler den Hohen Kommissaren auf dem Petersberg abstattete, trug sich jedoch etwas zu, das vielleicht festgehalten zu werden verdient.

Nach dem damals in der Kommission eingehaltenen Turnus führte ich den Vorsitz, und wir hatten eine ziemlich umfangreiche Tagesordnung zu erledigen, wozu auch die Abgabe gewisser Zuständigkeiten gehörte, deren Übertragung mit dem Besuch des Bundeskanzlers zusammenfallen sollte. Als wir uns dem Ende unserer Arbeit näherten, meldete mir ein Bote die Ankunft des Bundeskanzlers. Ich sagte, man möge ihn ins Haus geleiten und ihn bitten, es sich bequem zu machen, während wir uns bemühen würden, unsere Arbeiten so schnell wie möglich abzuschließen. Kurz darauf kehrte der Bote zurück und berichtete, der Bundeskanzler habe sich geweigert, das Gebäude zu betreten, und warte draußen. Da ich unter allen Umständen verhindern wollte, daß der Anfang unserer neuen Beziehungen unter einem schlechten Stern stand, schloß ich die Sitzung, zwar nicht sofort, aber so schnell ich konnte und ging zum Eingang, um den Bundeskanzler zu begrüßen. Da stand er mit seinem Vizekanzler und den übrigen Ministern im Regen, und es fielen, wenn ich mich recht erinnere, sogar einige Schneeflocken. Es war nicht zu übersehen, daß er tief beleidigt war. Seine normalerweise schon ernste Miene schien nun fast unnahbar in ihrer herben Strenge. Mit gespielter Leutseligkeit ging ich auf ihn zu und sagte das erste beste, was mir in den Sinn kam: „Ich kann mir gut vorstellen, was Sie jetzt denken, Herr Bundeskanzler." Da ihm der Sinn nicht nach Scherzen stand, fügte ich schnell hinzu: „Ich wollte sagen, Sie denken jetzt sicher an Canossa." Einen Augenblick schien er verwundert, aber dann sah er mich seltsam an, und über sein Gesicht huschte die leise Andeutung eines Lächelns. Ich glaube, im ersten Augenblick war er etwas überrascht, daß dieser Amerikaner, den es hierher verschlagen hatte, jemals etwas von Canossa gehört hatte. Auf jeden Fall war das Eis gebrochen. Ob ihm dieser Gedanke wirklich durch den Kopf gegangen ist, möchte ich bezweifeln, aber ich schildere diesen Vorfall, weil er zeigt, wie überaus bewußt er sich der Verantwortlichkeiten seines Amtes war und wie empfindlich, wenn es um den Respekt ging, den man seines Erachtens der jungen Bundesrepublik

erweisen sollte. Gleichzeitig wird daran deutlich, daß er seinem Wesen nach ein Mann von gesundem Menschenverstand war und nicht dazu neigte, Schwierigkeiten zu vermehren oder aufzubauschen.
Ich war oft überrascht, wenn ich erlebte, wie sich sein Ernst und seine Rationalität miteinander verbanden. Seine Haltung erinnerte mich an die Äußerung eines britischen Beamten, den das Auftreten eines anderen Deutschen in einer annähernd vergleichbaren Situation nach dem Ersten Weltkrieg zu der Bemerkung veranlaßte: „Er bewahrte die Würde der Niederlage." Von Dr. Adenauer ging fast immer ein Hauch von Autorität und Würde aus, doch wirkte er nie steif. Die Römer dürften bei ihren Staatsmännern, die diese Eigenschaft besaßen, von der gravitas gesprochen haben. Wie immer man sie nennen mag – Adenauer hatte sie. Er verfügte auch über eine ungewöhnliche körperliche und geistige Ausdauer. Nachdem er aus seinem Amt als Oberbürgermeister von Köln schon lange zuvor entfernt worden war und die 70 bereits erheblich überschritten hatte, schien er mit der schweren Aufgabe, vor die ihn sein neues Amt stellte, zu neuer Tatkraft erwacht. Nach unserem Umzug ins Tal hinunter saßen wir, wenn ich mich recht erinnere, mindestens zweimal mit ihm die ganze Nacht hindurch am Verhandlungstisch, bis wir die Sonne über dem Rhein aufgehen sahen. Dies war hauptsächlich auf sein Drängen zurückzuführen, die Lösung der manchmal recht verwickelten Probleme zu beschleunigen, die sich beim wirtschaftlichen und politischen Wiederaufbau seines Landes stellten. Gewöhnlich von Hallstein und Blankenhorn flankiert, konnte er uns alle zur völligen Erschöpfung bringen, bevor die Tagesordnung erledigt war. Er feilschte nicht um Details. Wenn sich die Mitarbeiter festgefahren hatten, schaltete er sich ein und setzte sich über ihre Einwände und Bedenken hinweg, da es ihn mit Ungeduld erfüllte, wenn die Dinge zu sehr aufgehalten wurden. Er war ein einfallsreicher, geschickter und beharrlicher Verhandler. Zu den Sitzungen mit den Hohen Kommissaren erschien er stets gut vorbereitet. In den internen Angelegenheiten und in der Politik zeigte er ein sicheres Gespür, das ihm gewöhnlich einen Vorsprung vor den meisten seiner politischen Gegner sicherte. Anfangs war ich verwundert über seine, wie mir schien, extreme Naivität in außenpolitischen Angelegenheiten und insbesondere seine Unkenntnis der Vereinigten Staaten und deren konstitutionelle Spielregeln. Aber ebenso überraschte mich dann die Schnelligkeit, mit der er sich zurechtfand, die Lücken seiner außenpolitischen Kenntnisse schloß und Selbstsicherheit auf diesem Gebiet gewann. Bekanntlich hat er später, als sein eigener Außenminister, mit großer Kompetenz Abkommen mit den Alliierten und der Sowjetunion ausgehandelt.
Dr. Adenauer hatte ein tief verwurzeltes Geschichtsbewußtsein, gleichzeitig einen feinen, wenn auch etwas verborgenen Humor. Gelegentlich war ich aufs äußerste überrascht, wie gegenwärtig ihm Karl der Große und dessen Reich waren. Ich hatte den Eindruck, daß diese Vorstellungen für ihn die feste Grundlage bildeten, auf der er den Gedanken eines vereinigten Europas akzeptierte und nachhaltig vertrat. Seine Bindung an Männer wie Schuman, de Gasperi, Monnet und auf paradoxe Weise vielleicht auch an de Gaulle ist möglicherweise gerade auf diese Ideen zurückzuführen. Er fühlte sich, wie ich glaube, den lateinischen Völkern in der Grundausrichtung enger ver-

bunden als den Angelsachsen.
Abgesehen von den Maßnahmen zur Übertragung von Befugnissen auf den neuen Staat, gab es viele andere weitreichende Schritte, die während des Bestehens der Hohen Kommission getan wurden. Dazu gehörten das Ende der Demontagen, die Einführung des Marshall-Plans, das Wiedererstehen einer freien Presse, der Lastenausgleich, die Reform der Universitäten und andere Bereiche von gleicher Wichtigkeit. Sie alle beschäftigten Adenauer natürlich in hohem Maße, aber ich bringe sie weder in einen besonderen Zusammenhang mit der Rolle, die der Bundeskanzler spielte, noch betrachte ich sie als seinen wesentlichen Beitrag. Er lag weniger in bestimmten konkreten Maßnahmen, als vielmehr in dem Gefühl der Zuversicht und des Vertrauens, in dem Gefühl, daß die Dinge wieder Sinn und Richtung haben, das er dem deutschen Volk zu einer Zeit vermittelte, als überall Enttäuschung, Verwirrung und Verzweiflung herrschten. Es war klar, daß infolge der Verirrungen der Nazi-Jahre und des Schocks des verlorenen Kriegs das Vertrauen des deutschen Volkes in seine Fähigkeit, sich selbst zu regieren, ernsthaft erschüttert worden war. Es war die Integrität und Persönlichkeit Adenauers, die mehr als jeder andere Faktor dies Vertrauen wiederherstellten. Er bot den Deutschen das Vorbild und die Wirklichkeit einer erfahrenen, reifen und scharf umrissenen Persönlichkeit, die durchaus imstande war, mit der neuen Regierung einen vernünftigen Kurs zu steuern. Seine Ablehnung des Hitlerregimes war eindeutig und mutig gewesen und überall bekannt. Sein Auftreten ließ ebenso wie seine Vergangenheit eine starke und feste Hand am Steuer erkennen. Kurz, seine Größe war es, daß er dem großen Imperativ seiner Stunde in der deutschen Geschichte zu entsprechen vermochte – der Wiederherstellung nationaler Selbstachtung ohne Erneuerung der Intransigenz. Ich habe Kritiker von heute – darunter viele Deutsche – sagen hören, er sei nicht liberal genug, nicht empfänglich genug für die sich verändernden Kräfte einer neuen Welt gewesen. In dieser Hinsicht – so heißt es – sage er der heutigen Jugend nichts. Er habe der Ruhr, der Kirche und dem Rheinland zu nahegestanden. Als es aber darauf ankam, entsprach er in Wahrheit gerade dem, was das deutsche Volk in seiner Gesamtheit brauchte. Daß sein Bild heute denen nicht gefallen mag, die damals noch nicht geboren oder noch zu unreif waren, die Rolle zu verstehen, die der Bundeskanzler in jener Zeit ausfüllen mußte, ist kaum von Belang. Seine Führungsqualitäten und sein Charakter standen zur Verfügung, als sie gebraucht wurden – und das bestimmt seinen Rang. Dies und seine Idee einer Gemeinschaft Europas, mit Deutschland und Frankreich als Kern, wird ihm seinen Platz in der Geschichte zuweisen.
Ich hatte keine Gelegenheit, Adenauers administrative Fähigkeiten aus der Nähe zu beobachten, aber was ich von seiner Arbeit sah, machte mir deutlich, daß er nichts auf die lange Bank schob. Er oder seine Mitarbeiter, an die er Vollmachten delegierte, schienen die Fähigkeit zu besitzen, in verhältnismäßig kurzer Zeit eine ansehnliche Bundesverwaltung aufzubauen. Ich gewann den Eindruck, daß er in seine unmittelbaren Mitarbeiter größeres Vertrauen setzte als er geneigt war, seinen ihm fernerstehenden Kollegen zu gewähren. Er hatte eine zynische Ader, die ihn nicht allzuviel von anderen Politikern und deren Arbeit halten ließ. Er hatte auch eine Gewohnheit, die mich und

einige meiner Mitarbeiter gelegentlich in Harnisch brachte: Er schenkte Mitteilungen, die ihm hinterrücks zugetragen worden waren, mehr Glauben als Informationen aus direkten Quellen. Diese Neigung störte gelegentlich die Verbindung zwischen ihm und der Kommission, aber schließlich siegte der ihm angeborene gesunde Menschenverstand über sein Mißtrauen, und der Kontakt zwischen uns war wieder frei von Belastungen. Manche nannten ihn einen alten Fuchs, eine Bezeichnung, die der Mann auf der Straße wohl gern hörte, doch wurde sie weder dem Charakter des Bundeskanzlers noch seiner Klugheit gerecht. Aufgrund vieler Begegnungen unter wechselnden Umständen erschien er mir als ein bemerkenswert scharfsinniger Politiker, aber auch als ein Mann von hohen Grundsätzen und tiefer Hingabe an seine große Verantwortung.

Es mag unpassend erscheinen, wenn ich versuche, seine administrativen Fähigkeiten, sein Auftreten oder seine Arbeit zu analysieren. Denn nachdem der neue Staat gegründet war, ging all dies die Kommission strenggenommen und rechtmäßig nichts mehr an. Und doch habe ich sie hier kurz erwähnt, weil die Persönlichkeit des Bundeskanzlers in ihrem vollen Ausmaß natürlich ein wichtiger, wenn auch schwer faßbarer Faktor bei der Festlegung und zeitlichen Abfolge des Arbeitsprogramms der Kommission war. Ich wiege mich gern in dem Glauben, daß die Kommission schon verhältnismäßig früh die Fähigkeiten und das politische Geschick des Bundeskanzlers ebenso erkannte wie sein unerschütterliches Bekenntnis zu den Grundsätzen und Formen der parlamentarischen Demokratie.

Einige Autoren und Kommentatoren haben den Eindruck zu erwecken versucht, daß die Amtszeit der Kommission aus einer Folge scharfer Konfrontationen bestand, die durch das Drängen des Kanzlers einerseits und die Unnachgiebigkeit der Kommission andererseits hervorgerufen wurden. Nicht selten war diese Darstellung an den Haaren herbeigezogen. Im großen und ganzen bestand bei den Mitgliedern der Kommission oder bei den durch sie vertretenen Regierungen wenig Neigung, die Aufsicht über deutsche Angelegenheiten übermäßig zu verlängern, nachdem sie erst den Eindruck gewonnen hatten, daß die Zukunft der Bundesrepublik in der Hand von Männern liege, die trotz oder gerade wegen des jüngsten Traumas fest auf demokratischem Boden standen. Ich glaube, die Kommission fühlte sehr bald, nachdem die Bundesregierung im Amt war, wie vorbehaltlos sich der neue Bundeskanzler nicht nur zur Form, sondern auch zu Geist und Wesen parlamentarischer Demokratie bekannte. Daß der Bundeskanzler in so überzeugender Weise auch weiterhin seine parlamentarische Geschicklichkeit und seine erstaunliche Standhaftigkeit unter Beweis stellte, bildete meines Erachtens ein wichtiges, wenn auch vielleicht unbewußtes Element in der Haltung der Kommission.

Die Geschichte wird eines Tages Adenauer vielleicht vorwerfen, er habe sich, wie es seine Kritiker behaupten, mit der Trennung der beiden Deutschland zu bereitwillig abgefunden. Mit Fug und Recht könnte er darauf erwidern, daß dafür jene die Verantwortung trügen, die den Krieg begonnen, wie auch die Alliierten, die ihn gewonnen hätten. Wie echt seine Verbundenheit mit den deutschen Ostgebieten auch gewesen sein mag – es gab wenig oder nichts, was er hier ausrichten konnte. Es läßt sich vielleicht, wenn auch nur fruchtlos, darüber spekulieren, welchen Weg die Entwicklung genommen hätte, wenn sich der Bundeskanzler Thüringen und Sachsen genauso verbunden gefühlt hätte wie dem Rheinland. Andere, die solche Bindungen fraglos besaßen, dürften auch nicht mehr erreicht haben, als die Reihe an sie kam, mit der Realität der Trennung und den ihr zugrunde liegenden Kräften fertig zu werden. Adenauer baute solide auf dem auf, was ihm verblieben war. Sein Instinkt und seine Erfahrung zwangen ihn, auf ein Wegzeichen zurückzugreifen, das auf den künftigen Frieden in Europa wies und dessen er sich schon nach dem Ersten Weltkrieg bedient hatte. Von neuem spürte er die Notwendigkeit einer europäischen Gemeinschaft, in der Frankreich und Deutschland die Kernstücke bildeten. Diese bedeutsame Idee war sein Beitrag zur Geschichte. Sie erhielt jetzt neuen Auftrieb, nicht nur aus anderen Teilen Europas, sondern auch von jenseits des Atlantik. Das Zusammenwirken all dieser Kräfte schuf, trotz einiger anhaltender Störungen, letztlich doch etwas, was als eine der bedeutenden Leistungen dieses Jahrhunderts bestehen bleiben wird. Wenn wir der 100. Wiederkehr seines Geburtstags gedenken, wurzelt Adenauers Ruhm bereits fest und zu Recht zwischen den sagenumwobenen Höhen des Rheines. Mit Gewißheit wird er sich eher mehren als verblassen, solange der Rhein fließt.

NAHUM GOLDMANN

Adenauer und das jüdische Volk

Ich bin den Herausgebern dieses Gedenkbuches dankbar, mich zu einem Beitrag eingeladen zu haben, weil ich schon seit längerem das Bedürfnis fühle, vor einer größeren Öffentlichkeit meine Einschätzung und Verehrung Konrad Adenauers zum Ausdruck zu bringen, wozu ich mit einer Ausnahme – abgesehen von jüdischen Konferenzen – kaum die Möglichkeit hatte. Es sei mir darum gestattet, bevor ich über meine Verhandlungen mit ihm in Fragen der Entschädigung für jüdische Nazi-Opfer berichte, einige Bemerkungen über seine Persönlichkeit zu machen, wie ich sie empfunden und erlebt habe. Ich glaube, eine gewisse Kompetenz dazu zu haben, einmal, weil ich in einer ganzen Reihe von Jahren, von 1951 bis zu seinem Hinscheiden, ihn jedes Jahr mehrere Male zu meist längeren Gesprächen traf und nicht nur die gemeinsamen Probleme der Entschädigung und Wiedergutmachung erörterte, sondern allgemeine Fragen der Politik, besonders der amerikanischen – ich lebte damals in Amerika und er war sehr an Auskünften und Informationen über die amerikanische politische Situation interessiert –, und darüber hinaus auch über Fragen der Kunst, Musik, Religion, Judentum und Christentum und anderes mehr. Zusätzlich habe ich in den vielen Jahren meiner öffentlichen Wirksamkeit eine große Zahl politischer Führer, Diplomaten und Staatsmänner kennengelernt und habe dadurch die Möglichkeit eines Vergleichs, was mir die Bewertung und Einschätzung seiner Persönlichkeit erleichtert.

Unter den vielen Staatsmännern, mit denen ich zu tun hatte, war er für mich eine der eindrucksvollsten Persönlichkeiten. Was ihn vom ersten Moment der Begegnung an charakterisierte, war das ungewöhnliche, spezifische Gewicht seiner Persönlichkeit: das, was mit einer gewissen Nuance die Franzosen „présence“ zu nennen pflegen. Vom ersten Moment, da man ihn kennenlernte, wußte man, daß man es mit einer starken Persönlichkeit zu tun hatte, die man akzeptieren oder ablehnen, anerkennen oder bekämpfen, verehren oder negieren konnte, die man aber keinesfalls zu ignorieren imstande war. Das, was man mit Persönlichkeit, Autorität, Charisma oder mit anderen Ausdrücken zu bezeichnen pflegt, ist eine der rational kaum erklärbaren Eigenschaften großer Männer. Sie ist nicht eine Frage der Intelligenz, der Begabung oder anderer spezifischen Qualitäten, sondern etwas, das man hat oder nicht hat. Sie ist, um einen schlechten Vergleich zu benutzen, wie ein Edelmetall: Über die Edelmetalle habe ich in der Schule gelernt, daß sie in einer Verbindung nicht zu wirken brauchen, sondern einfach durch ihr Dasein den Charakter dieser Verbindung bestimmen. Er hatte, wenn man so will, etwas von einer mittelalterlichen gotischen Holzfigur. Er war nicht geschmeidig, er war nicht charmant, aber man spürte sofort – mir jedenfalls ging es so –, daß man, ich möchte beinahe sagen, einer Naturkraft gegenüberstand, einer Figur, die man nicht vergessen kann und die man in ihrem Gewicht und ihrer Einmaligkeit permanent im Gedächtnis behalten wird.

Ich habe oft nach den Gesprächen, die ich mit ihm hatte, versucht, mir zu erklären, was seine spezifischen Charakteristika sind, und ich will hier nur einige in aller Kürze skizzieren. Er repräsentierte eine seltene Synthese zwischen moralischen und religiösen Prinzipien und großem politischen Talent; ich würde sogar nicht zögern, ihn als politisches Genie zu bezeichnen. Diese Kombination ist sehr selten; in unserer Generation war Franklin Delano Roosevelt ein sehr eindrucksvolles Beispiel dafür. Üblicherweise meinen Politiker und Diplomaten, daß zu starke Überzeugungen und moralische Prinzipien, an denen man festhält, wirkliche Diplomatie erschweren oder gar unmöglich machen, aber wenn man die großen Staatsmänner von bleibender Wirkung in der Geschichte, und auch die wenigen unserer Generation analysiert und versteht, wird man einsehen müssen, daß diese Synthese das Geheimnis ihrer Größe und ihrer historischen Wirkung erklärt.

Bevor ich die Verhandlungen mit Adenauer begann und auch noch zu Beginn der Gespräche, hatten mich viele seiner politischen Gegner davor gewarnt, dem, was er eventuell aus politischem Opportunismus zusagen würde, irgendwelchen Glauben zu schenken. Sehr viele jüdische Führer hatten, in ihrer damals verständlichen negativen Einstellung zu allem, was deutsch war, die gleiche Besorgnis. In vielen Verhandlungsjahren und Dutzenden von Vereinbarungen habe ich jedoch nie erfahren müssen, daß er mich irregeführt hat, daß er eine Zusage machte, die er nicht einhielt. Er hätte – heute ist es möglich, es öffentlich zu sagen – wahrscheinlich die Vereinbarung mit Israel „billiger" haben können, und – wie ich noch berichten werde – es gab einen Moment, wo er, unter dem Einfluß von Finanzminister Schäffer und anderen Kabinettsmitgliedern und vor allem von Vertretern der Industrie und der Banken, für mich unakzeptable Summen anbot. Angesichts der damaligen katastrophalen Lage Israels hatte mich Ben Gurion zu einer sofortigen Unterredung gebeten und mich gewarnt, die Verhandlungen abzubrechen – wie ich es androhte –, und wollte mich im Gegenteil dazu bewegen, eine kleinere Summe anzunehmen, als wir schließlich bekamen (drei Milliarden DM). Die Tatsache, daß Adenauer, der bestimmt in genügendem Maße realpolitisch dachte, um zu verstehen, daß Israel vielleicht auch eine kleinere Summe akzeptiert hätte, gegen den Rat seiner meisten Mitarbeiter den relativ großen Betrag schließlich anbot, ist der beste Beweis, daß er in all diesen Verhandlungen nicht nur von politischen, sondern auch von tief moralischen Motiven geleitet war.

Ein zweites Charakteristikum, das mich immer wieder beeindruckte, war seine Art, große politische Probleme zu sehen und zu formulieren. Er drang immer zum Kern eines Problems vor. Er war kein Mann der Nuancen. Er sah Probleme in ihrer wesentlichen Essenz, in großen Zusammenhängen – er hatte nichts von dem Provinzialismus vieler deutscher Politiker – und reduzierte sie auf die einfachste Formel. Das ist der Hauptgrund, der mich dazu bewegt, ihn ein politisches Genie zu nennen. Ich glaube, es war Edgar Friedel, der einmal gesagt hat, nur Talente seien originell, während Genies immer wieder die einfachen ewigen Wahrheiten wiederholen. Adenauers Allergie gegen sogenannte Intellektuelle war, wie mir scheint, eine Folge dieser seiner Einstellung.

Er sah Dinge groß und versuchte, sie groß zu lösen – durch bleibende historische Entscheidungen. Er konnte es tun, weil er eine ungewöhnliche Entschlußkraft hatte. Er war kein Mann der großen Worte. Irgendwer hat einmal etwas maliziös, aber nicht ganz unberechtigt gesagt, daß sein Wortschatz nicht mehr als tausend oder zweitausend Wörter hatte. Für seine Art, die Dinge in ihrer Essenz zu sehen, genügte dieser Sprachschatz vollkommen. Das machte Verhandlungen mit ihm, jedenfalls nach meiner Erfahrung, relativ einfach. Überzeugte man ihn von der Berechtigung einer Forderung, konnte man seine Reaktion beinahe unmittelbar erwarten, und auf eine Zusage von ihm, jedenfalls habe ich die Erfahrung in jahrelangen Verhandlungen mit ihm gemacht, konnte man sich durchaus verlassen. Es war unvorstellbar – was so oft der Fall ist, wenn man Zusagen von Führern erhält –, daß die Beamten und Bürokraten sie entweder hinschleppen, sabotieren oder wieder zunichte machen konnten. Niemand hätte gewagt, seine Entscheidung anzuzweifeln, weil er ein ungewöhnliches Maß von Autorität hatte. Er war, glaube ich, ein überzeugter Demokrat, aber, wie ich ihm oft sagte, war es eine Form der demokratischen Autokratie, die er verkörperte. Es ist hier nicht der Platz, über die moderne Form der parlamentarischen Parteiendemokratie zu sprechen; es gilt von ihr, was Churchill einmal sagte, daß sie das schlechteste Regime sei, das es gäbe, nur seien leider alle anderen noch schlechter. Die feste Hand, mit der Adenauer jahrelang die Bundesrepublik regiert hat, ist, meiner Ansicht nach, allgemein gut und nötig, um die Gefahren der chaotischen Auswirkungen einer übertriebenen Parteiendemokratie, in der die Innenpolitik meist die Außenpolitik gefährdet oder ruiniert, zu überwinden.

Daß er der erste Kanzler des Nachfolgestaates des Dritten Reiches wurde, das zwölf Jahre von Hitler regiert worden war, ist einer der großen Glücksfälle der deutschen Geschichte, die leider nicht – jedenfalls in der modernen Zeit – allzu reich an großen staatsmännischen Figuren ist. Dieses deutsche Volk nach der Katastrophe, nicht nur vom wirtschaftlichen Standpunkt aus gesehen, sondern vor allem vom Seelischen und Psychologischen her, war in der Gefahr eines totalen inneren Chaos, eines seelischen Zusammenbruchs, allen Gefahren der Demagogie, Hysterie und Irrationalität ausgesetzt. Daß das deutsche Volk in der damaligen Lage einen Adenauer zum Führer fand, rettete es in einem hohen Maße, und die Tatsache, daß für viele Jahre das Volk spürte, daß es mehr als einen Führer, nämlich einen Vater in Adenauer hatte, erleichterte es ihm, seine seelische Balance wiederzufinden, und war die Voraussetzung für das Wirtschaftswunder, das später, auf der Basis der Erhardschen Wirtschaftspolitik, Deutschland wieder zu einer Macht werden ließ. Er sprach öfters sehr offen mit mir über seine Konzeption demokratischer Führung, und seine Bewunderung für eine Figur wie de Gaulle, der in gewisser Hinsicht als Autokrat ihn noch überragte, war zum Teil, wie ich ihm mehrere Male sagte, auch der Ausfluß eines gewissen Neids, daß er nicht mit derselben absoluten Autorität regieren konnte, wie es de Gaulle für eine Weile möglich war.

Ob ohne das Gewicht seiner Persönlichkeit die Entschädigungsverhandlungen zu einem guten Ende geführt worden wären, bezweifle ich; zwar waren nicht nur der Finanzminister, sondern – wie ich glaube – eine Majorität seines Kabinetts im Prinzip durchaus für ein solches Abkommen, aber sie hatten mehr als Zweifel bezüglich der Größe der Beträge, die schließlich vereinbart wurden, besonders wenn man bedenkt, daß die Bundesrepublik das Wirtschaftswunder damals noch nicht erlebt hatte. Ohne Adenauers unanfechtbare Autorität und seine tiefe Überzeugung, daß eine große Geste seitens der Bundesrepublik nötig sei, auch wenn sie echte Opfer involvierte – die glücklicherweise für Deutschland nach dem Wirtschaftswunder keine wirklichen Opfer waren –, bezweifle ich, ob es zum Luxemburger Abkommen gekommen wäre.

Es ist hier nicht der Ort, die Geschichte der Verhandlungen, die zu diesem Abkommen geführt haben, im einzelnen darzulegen, einmal weil nicht nur meine Autobiographie[1], sondern auch verschiedene andere Werke über dieses Abkommen berichten, vor allem aber auch, weil es zu viel Platz einnehmen würde. Ich will hier nur über einige Phasen und Aspekte dieser Verhandlungen berichten, weil sie für das Verständnis der Persönlichkeit Adenauers und seinen entscheidenden Verdienst an dem Erfolg der Verhandlungen charakteristisch sind.

Das wichtigste Gespräch, das auch in vollem Umfang die Entschlußfähigkeit und die Denkweise Adenauers illustriert, war das erste, das ich mit ihm im Dezember 1951 im Londoner Hotel Claridge hatte. Ich habe ausführlich darüber in meiner Autobiographie berichtet und kann mich daher hier kurz fassen. Schon ein halbes Jahr vor der Zusammenkunft im Dezember 1951 wurden Versuche gemacht, eine Begegnung zwischen dem Kanzler und mir herbeizuführen. Ich weigerte mich, eine Einladung anzunehmen, solange nicht eine Erklärung vom Kanzler im Bundestag abgegeben würde, worin die Bundesrepublik feierlich ihre Bereitschaft erklärte, ihre Verantwortung – nicht ihre Schuld – für die Vernichtung der Millionen Juden anzuerkennen, da sie dasselbe deutsche Volk repräsentierte, in dessen Namen Hitler das Verbrechen begangen hatte. Von verschiedenen Seiten waren jüdische Vertreter an den Kanzler herangetreten, um ein Entschädigungsangebot zu erzielen, wobei es sich meist um völlig unrealistische kleine Summen handelte, die die jüdischen Weltorganisationen und Israel niemals akzeptiert hätten. Der Kanzler fand sich schließlich bereit, die von mir zur Voraussetzung für Besprechungen gemachte Erklärung abzugeben, und sandte den sozialdemokratischen Abgeordneten Altmaier, der ein großes Interesse an den Entschädigungsfragen nahm, zu mir nach Paris, um mir den Entwurf zu zeigen und um etwaige Bemerkungen zu bitten. Ich machte verschiedene Vorschläge – von denen Adenauer einige annahm, einige ablehnte –, und schließlich kam es zu der historischen feierlichen Erklärung des Kanzlers am 27. September 1951 im Bundestag, nachdem die Abgeordneten durch Erheben von den Plätzen ihre Anteilnahme mit den Opfern des Nazismus zum Ausdruck brachten.

Daraufhin lud ich 21 der wichtigsten jüdischen Organisationen zu einer Konferenz nach New York ein, wo beschlossen wurde, die „Conference on Jewish Material Claims against Germany" zu etablieren, und ich als Vorsitzender gewählt wurde. Gleichzeitig wurde beschlossen, entgegen den Protesten verschiedener extremer Organisationen, mich zu bevollmächtigen, mit dem Kanzler in Verbindung zu treten. Ben Gurion erklärte mir, daß er bei der Knesset, dem israelischen Parlament, um eine Verhandlungsvollmacht erst nachsuchen würde, wenn ich mich mit dem Kanzler getroffen hätte, um zu wissen, auf welcher Basis die Verhandlungen erfolgen könnten. Israel hatte ein Memorandum an die vier Siegermächte – Vereinigte Staaten, England, Frankreich und Sowjetrußland – gerichtet, worin es diese Mächte bat, bei der bundesdeutschen Regierung zu verlangen, eine Milliarde Dollar für die Kosten der Eingliederung von Hunderttausenden jüdischer Nazi-Opfer, die nach Israel gekommen waren, und eine halbe Milliarde von der DDR zu verlangen. Die drei Westmächte antworteten auf dieses Memorandum hin, daß sie im Prinzip der Bundesrepublik empfehlen würden, eine Entschädigung zu zahlen, sie selbst aber nicht die Verhandlungen führen könnten, sondern daß es Israel und die jüdischen Weltorganisationen selbst tun müßten. Dies veranlaßte mich zu der Schaffung der „Claims Conference".

Es wurde dann durch Vermittlung von Ministerialdirektor Blankenhorn, der einen großen Anteil an der Vorbereitung und Durchführung dieser Verhandlungen – gemeinsam mit Staatssekretär Hallstein – hatte, ein geheimes Treffen zwischen dem Bundeskanzler und mir im Claridge vereinbart. Ich traf den Kanzler, und es war vorher vereinbart worden, daß, falls es bekannt würde, beiderseits das Treffen dementiert würde. Ich entsinne mich, daß ich durch den Eingang für Lieferanten ins Hotel kam, damit etwaige Journalisten mich nicht sehen sollten.

Am Tage vorher hatte Herr Blankenhorn sich mit mir getroffen, um das Gespräch vorzubereiten, und ich sagte ihm, daß ich den Kanzler darum bitten würde, mir zuzusichern, daß die israelische Forderung auf eine Milliarde Dollar die Grundlage der Verhandlungen sein würde. Blankenhorn erklärte mir, daß ich nicht erwarten könne, daß der Kanzler eine solche Entscheidung treffe, ohne zuerst seinen Finanzminister, das Kabinett und eventuell die Parteiführer zu konsultieren, da es sich ja für die damalige Bundesrepublik um eine sehr große Summe handele. Ich erwiderte Herrn Blankenhorn, daß ich Ben Gurion nicht empfehlen könne, die Sache vor die Knesset zu bringen, solange ich nicht eine Antwort haben würde, und eventuell müßte man das Ganze aufschieben.

Ich habe in meinem Leben viele bedeutsame Unterhandlungen mit wichtigen Staatsmännern gehabt, aber sehr wenige nur, die inhaltlich so wichtig und positiv waren und psychologisch mich so beeindruckt haben, wie das Gespräch mit Konrad Adenauer in seinem Salon im Claridge. Herr Blankenhorn war mit ihm beim Gespräch, ich war begleitet vom damaligen Vorsitzenden der europäischen Exekutive des Jüdischen Weltkongresses, Noah Barou, der sich schon seit langem um die Reparationsfragen bemüht hatte. Den Eindruck, den die Persönlichkeit Adenauers vom ersten Augenblick an auf mich machte, habe ich schon geschildert. Es begann damit, daß ich ihm sagte, es sei ohne Übertreibung ein historischer Moment, daß ein Vertreter Israels und des jüdischen Volkes sich mit einem deutschen Kanzler nach der Naziperiode treffe, und ich bäte ihn darum, mir die Möglichkeit zu geben, 20 bis 25 Minuten zu sprechen, ohne von ihm unterbrochen zu werden. Ich legte ihm dar, was die Naziperiode für das jüdische Volk bedeutet habe, und daß eine der Voraussetzungen einer beginnenden Normalisierung der Beziehung zwischen Juden und Deutschen eine positive Lösung der Reparationsfrage sein müsse, die nicht im herkömmlichen Stil diplomatischer Verhandlungen erreicht werden könne und nicht mit den üblichen Methoden der Diskussion von Finanzfragen, mit einem Streit um die Summen usw., sondern daß das Ganze ein moralisches Problem ersten Ranges sei, das nur mit einem vollen Verständnis für den moralischen Charakter dieses tragischen Problems gelöst werden könne. Der Kanzler saß unbeweglich da, doch spürte ich, daß meine Darlegung ihn nicht unberührt ließ. Nachdem ich geendet hatte, sagte er zu mir: „Herr Goldmann, Sie kennen mich erst seit heute, aber meine Freunde werden Ihnen sagen, daß ich ein Mann der kurzen Worte bin und pathetische Erklärungen nicht mag. Deswegen werden Sie verstehen, was es mir bedeutet, wenn ich Ihnen sage, daß ich, während Sie zu mir sprachen, die Flügel der Weltgeschichte in diesem Raume verspürte." Ich war sehr beeindruckt von dieser Erwiderung und sagte: „Ich will mit Ihnen nicht diplomatisch, sondern sehr offenen Herzens sprechen. Ich habe gestern Herrn Blankenhorn angekündigt, daß ich Sie um die Zusicherung bitten würde, daß die Milliarde Dollar, um die Israel bat, die Grundlage der Verhandlungen sein müßten, woraufhin Herr Blankenhorn mir erklärte, daß Sie aus politischen und konstitutionellen Gründen nicht in der Lage seien, mir eine sofortige Antwort zu geben. Nachdem ich jedoch jetzt über eine halbe Stunde bei Ihnen bin, Herr Kanzler, habe ich den Eindruck, daß Sie eine Persönlichkeit sind, die sich in solch historischen Fragen über Schwierigkeiten der Prozedur und des politischen Opportunismus hinwegsetzen kann, und daher erlaube ich mir, Sie nicht nur um eine mündliche Zusicherung zu bitten, sondern um eine Bestätigung dieser Zusicherung in schriftlicher Form." Der Kanzler erwiderte: „Lieber Herr Goldmann, Sie kennen mich viel kürzer als mein Freund Blankenhorn, aber Sie verstehen mich besser als er. Wenn wir dieses Gespräch beendet haben werden, werde ich Ihnen meine Sekretärin ins Nebenzimmer senden. Diktieren Sie den Brief, und ich werde ihn bis heute nachmittag unterschreiben. Sie können ihn dann abholen lassen." Nach unserer Unterhaltung diktierte ich den Brief. Die einzige Änderung, die der Kanzler machte, war, daß er statt des Wortes „Basis" „Grundlage" vorschlug.

Daraufhin bat Ben Gurion die Knesset um Zustimmung für Verhandlungen mit der Bundesrepublik und nach heftigen Protesten, die sogar zu Steinwürfen führten, stimmte die Mehrheit zu. Es wurde dann beschlossen, daß die Verhandlungen in Holland stattfinden sollten. Von jüdischer Seite wurden zwei Delegationen gewählt, die israelische und diejenige der Claims Conference, die für die Entschädigung der einzelnen Nazi-Opfer verhandelte, die ja finanziell viel bedeutender war, als die Summe, die Israel bekam.

Ich selbst beteiligte mich nicht an den Verhandlungen, sondern griff nur ein, wenn es zu einer Schwierigkeit oder einer unüberbrückbaren Meinungsverschiedenheit zwischen den jüdischen und deutschen Delegationen kam; ich fuhr dann gewöhnlich zum Kanzler, um einen Ausgleich zu finden. Der Kanzler stand die ganze Zeit unter dem Druck nicht nur des Finanzministeriums und mehrerer Minister bezüglich der Höhe des Betrages, sondern vor allem auch der Industrie und Finanzwelt, da um die gleiche Zeit Herr Abs in London Verhandlungen wegen der Regelung der deutschen Vorkriegsschulden führte und von seinem Standpunkt aus mit Recht argumentierte, daß, wenn die Bundesrepublik Israel ohne jede juridische Verpflichtung solch große Summen zur Verfügung stellen würde, er es natürlich sehr schwer haben würde, vor den Gläubigern, bei denen es sich um juridische Forderungen handelte, zu plädieren, daß Deutschland nicht in der Lage sei, die Schulden in der geforderten Höhe zurückzuzahlen.

Wie schon erwähnt, führten diese Meinungsdifferenzen zu einem Abbruch der Verhandlungen. In dieser Periode, die einige Wochen anhielt, zeigte der Kanzler wieder seine charakteristische Einstellung und seine Entscheidungsfähigkeit. Entgegen dem Rat vieler seiner Mitarbeiter entschloß er sich, Herrn Böhm, einen der beiden deutschen Vertreter, zu mir nach Paris zu schicken, um eine Summe anzubieten, die einigermaßen den israelischen Forderungen entsprach, und auf deren Basis die Verhandlungen wieder aufgenommen werden konnten. Ohne die Einzelheiten der Kabinettsberatung zu kennen, weiß ich doch so viel, daß er von Anfang an Vorwürfe bekam von Finanzminister Schäffer und anderen Kabinettsmitgliedern wegen seiner eigenmächtigen Entscheidungen bezüglich des Betrages, daß er aber mit seiner Autorität und Entschlossenheit sich gegen diese Opposition immer wieder durchsetzte. Auch im letzten Stadium der Verhandlungen, in denen ich, nachdem die drei Milliarden für Israel festgesetzt worden waren, eine Forderung von 500 Millionen für die Claims Conference, für die Wiederherstellung jüdischer pädagogischer, religiöser und kultureller Institutionen in Europa stellte, die durch die Nazis vernichtet worden waren, und in denen seitens der deutschen Unterhändler – in diesem Stadium besonders seitens Herrn Hallstein – Schwierigkeiten gemacht wurden, zeigte Adenauer wieder sein Verständnis für die Größe des Problems und erklärte in der entscheidenden Sitzung, die bei ihm stattfand, unter Beteiligung der Herren Hallstein, Abs und anderen: „Die Bibel sagt schon, der Mensch lebe nicht von Brot allein, und daher hat die Bundesrepublik eine Verpflichtung, den kulturellen Wiederaufbau des deutschen Judentums zu erleichtern", und bewilligte die 500 Millionen für diesen Zweck.

Mit dem Luxemburger Abkommen war die Frage bei weitem nicht gelöst. Kein Mensch ahnte den Umfang der Forderungen der individuellen Nazi-Opfer. Um nur ein Beispiel dafür zu geben: Als ich Herrn Schäffer zum ersten Mal traf, sagte er mir, er sei im Prinzip durchaus für eine Entschädigung und verstehe, daß es sich um ein moralisches Problem handele, müsse aber, als Finanzminister, vor allem wissen, um welche Gesamtsumme es sich handele. Ich antwortete ihm, daß meine Experten glaubten, daß sechs Milliarden DM ausreichen würden. Herr Schäffer erwiderte, seine Beamten seien überzeugt, es würde acht Milliarden kosten, und das sei für die Bundesrepublik zuviel. Darüber gab es eine wochenlange Diskussion. Bis heute hat die Bundesrepublik schon weit über 50 Milliarden ausgegeben, und die Schätzung ist nicht übertrieben, daß bis zum Ende aller Zahlungen die Summe 70 bis 80 Milliarden erreichen wird. Das ist ein Beweis für die großzügige Art, in der die verschiedenen Regierungen und der Bundestag, der immer wieder neue Gesetze bestätigen mußte, die Frage behandelt haben, und ein eindrucksvoller Beweis für das Verständnis der großen Mehrheit der Parteien und der Führer der Bundesrepublik für die Größe und Bedeutung des Problems.

Was vor allem durch Adenauers Haltung erreicht worden ist, ist ein historisches

Geschehen von bleibender Bedeutung. Vom Standpunkt Israels gesehen, haben die Zahlungen an Israel, die zum größten Teil in Waren erfolgten und deswegen faktisch die drei Milliarden überstiegen, und die vielen Millionen, die in deutscher Währung als Zahlung an die einzelnen Nazi-Opfer nach Israel flossen, für Israel eine entscheidende ökonomische Bedeutung gehabt. Es gab Jahre, in denen die Geldsumme, die nach Israel aus der Bundesrepublik kam, größer war als alle Beiträge, die andere Regierungen, vor allem der Vereinigten Staaten, und die Juden der Welt Israel zur Verfügung stellten. Das ganze Verkehrswesen Israels – Eisenbahn, Schiffe, das Telefonnetz – und viele Industrieanlagen beruhten auf Lieferungen der Bundesrepublik zur Verwirklichung des Luxemburger Abkommens. Verschiedene Untersuchungen werden jetzt angefertigt über die Bedeutung der Reparationsleistungen für den Aufbau des Staates Israel.

Vom allgemein jüdischen Standpunkt aus gesehen, hat das Abkommen Hunderttausenden von jüdischen Nazi-Opfern ermöglicht, eine neue Existenz aufzubauen durch die Pensionen, Renten und einmaligen Zahlungen, die sie erhielten.

Für das weitaus schwierigere und historisch bedeutsamere Problem der Normalisierung der Beziehungen des jüdischen Volkes mit Deutschland nach der Nazitragödie war das Luxemburger Abkommen die entscheidende Voraussetzung. Ohne dieses Abkommen wäre die Herstellung diplomatischer Beziehungen mit Israel, für die der kühne Entschluß des Kanzlers Erhard – wiederum gegen den Rat vieler seiner Mitarbeiter – entscheidend war, undenkbar, und die immer intensiver werdenden ökonomischen, politischen und kulturellen Beziehungen zwischen der Bundesrepublik und Israel wären unmöglich gewesen ohne die Luxemburger Vereinbarung. Was das sehr komplizierte und delikate Problem der psychologischen Beziehungen zwischen Juden und Deutschen nach dieser einmaligen Tragödie der Naziperiode betrifft, würde es zu weit führen, wenn ich es hier eingehend behandeln würde. Wie alle psychologischen Probleme erfordert es Zeit. In den vielen Rencontres des jüdischen Volkes mit allen möglichen Völkern, Ländern und Kulturen im Laufe seiner zweitausendjährigen Diasporageschichte nimmt das Kapitel der Beziehung zwischen Deutschen und Juden eine einzigartige Stellung ein. Es gibt kein Volk, das, historisch gesehen, auf das Judentum in moderner Zeit einen solchen Einfluß ausgeübt hat wie das deutsche. Das Ostjudentum lernte westeuropäische Kultur in erster Reihe durch die deutsche Kultur kennen, einmal wegen der geographischen Nähe und zum anderen weil ja das Jiddisch das mittelalterliche Deutsch als Grundlage hat. Für die ostjüdische Intelligenz bedeutete Europa vor allem Lessing, Heine und Schiller – vielmehr als Shakespeare oder Racine. Berlin war viele Jahrzehnte lang ein großes Kulturzentrum, nicht nur für deutsche Juden, sondern auch für Ostjuden. Nur als kleine Illustration sei die Tatsache erwähnt, daß die Hauptideologen des Zionismus und seine Führer in der ersten Generation, Theodor Herzl und Max Nordau, aus dem deutschen Sprachkreis stammten und daß die zionistischen Kongresse bis zum Ersten Weltkrieg fast ausschließlich in deutscher Sprache geführt wurden. Die religiöse Reformbewegung im modernen Judentum, die Wissenschaft des Judentums des 19. und 20. Jahrhunderts, hat ihren Ursprung und ihre Basis in Deutschland. Auf der anderen Seite hat das jüdische Volk von keinem Volk so viel leiden müssen wie von dem deutschen in der Hitlerperiode. Dies allein zeigt schon, wenn auch nur oberflächlich gesehen, die Größe, die Bedeutsamkeit und die Komplexität dieses Problems, das nicht durch rein diplomatische und finanzielle Gesten und Akte, so wichtig sie sind, zur vollen Lösung kommen kann. Ich bin sehr befriedigt, einiges zu dem Prozeß der Normalisierung beigetragen zu haben. Es war nicht immer leicht, und ich habe einmal dem Kanzler gesagt, ich sei seit Jahren eine Brücke zwischen Juden und Deutschen, wobei ich meinen Vorgänger als Präsidenten der Zionistischen Organisation, Chaim Weizmann, zitierte, der sagte, eine Brücke habe große Vorteile, der Nachteil sei, daß alle darauf treten.

Das deutsche Volk muß verstehen, daß es Geduld haben muß in diesem Prozeß der Normalisierung und daß besonders die Generation, in der noch Hunderttausende Nazi-Opfer leben, die in Auschwitz, Dachau und Bergen-Belsen waren, viele innere Hemmungen überwinden muß, um eine volle Normalisierung der Beziehungen mittragen zu können. Voraussetzung ist, daß sowohl Deutsche wie Juden das Verbrechen der Naziperiode weder verdrängen noch vergessen dürfen, sondern durch langsame Verbesserung und Vertiefung der Beziehungen einer Normalisierung zustreben, ohne die Nazivergangenheit zu vergessen.

Vom deutschen Standpunkt aus gesehen, hat, glaube ich, das Reparationsabkommen Wesentliches beigetragen zu der Stellung Deutschlands in der westlichen Welt. Adenauer selbst hat das völlig verstanden. Als er zum ersten Mal nach New York kam, war die erste Funktion, in der er auftrat, ein Bankett, das die Foreign Policy Association ihm im Waldorf-Astoria gab, und an dem das ganze amerikanische Establishment – finanzielles, politisches, kulturelles, religiöses – teilnahm. Auf Wunsch des Kanzlers war auch ich anwesend. Der Kanzler fing seine Rede mit den Worten an: „Wenn ein deutscher Bundeskanzler nach der Naziperiode heute den Mut hat, nach New York zu kommen, der Stadt mit der größten jüdischen Bevölkerung der Welt, so verdanke ich es zum Teil Nahum Goldmann, der hier im Saale ist, und seinen Mitarbeitern, die zu dem Luxemburger Abkommen geführt haben."

Historisch und allgemein gesehen ist das Luxemburger Abkommen ein einmaliger Akt, der vom Standpunkt internationalen Rechts erstmalig und von unabsehbarer Bedeutung ist. Daß Entschädigungen nach einem verlorenen Krieg gezahlt werden ist so alt wie die Tatsache, daß es Kriege in der menschlichen Geschichte gibt. Aber daß ein Land Entschädigung zahlt an einen Staat wie Israel, der noch gar nicht existierte, als das Verbrechen begangen wurde, und an Hunderttausende Individuen, die weder Bürger der Siegerstaaten noch des besiegten Staates sind, ist eine völlige Neuerung im internationalen Recht. Wenn man auch hoffen soll, daß es zu gleichen Verbrechen nicht mehr kommen wird, und dieser Präzedenzfall nicht angewandt werden muß, so kann niemand in diesem turbulenten und brutalen 20. Jahrhundert sicher sein, ob dieses Vorbild und Beispiel nicht auch reelle und praktische Bedeutung eines Tages haben kann.

All dies sei erwähnt, um zu unterstreichen, wie bedeutsam die Stellungnahme Adenauers, wie wichtig ihre Konsequenzen in dieser Frage waren. Sie war eine der eindrucksvollsten Manifestationen seiner ungewöhnlichen Persönlichkeit, und ich bin überzeugt, daß in der Bewertung seiner Bedeutung in der modernen europäischen und deutschen Geschichte das, was er in dieser Sphäre getan hat, sein Verständnis, seine Haltung, seine Entschlußkraft und seine Fähigkeit, Dinge groß zu sehen und groß zu lösen, einen wichtigen Teil seiner historischen Leistung darstellen wird.

1 Vgl. Nahum Goldmann, Staatsmann ohne Staat. Autobiographie, Köln–Berlin 1970.

FRANZ BÖHM

Das deutsch-israelische Abkommen 1952

Als mit der militärischen Besetzung des letzten deutschen Dorfs, mit der Kapitulation der deutschen Streitkräfte die nationalsozialistische Herrschaft in Deutschland ihr Ende fand, ging zugleich die deutsche Staatsgewalt in die Hände von vier Besatzungsmächten über. Nicht eine deutsche Regierung, sondern vier Regierungen der Siegermächte waren es, denen in den folgenden Jahren die Aufgabe zufiel, sich mit der Hinterlassenschaft des Hitlerregimes auseinanderzusetzen.

Zu dieser Hinterlassenschaft gehörten die grausigen Folgen des Ausrottungs- und Beraubungskrieges, mit dem die nationalsozialistische Gewaltherrschaft das jüdische Volk heimgesucht hatte. In allen Ländern und Gebieten, die das „Großdeutsche Reich" vor und während des Krieges unter seine Gewalt gebracht hatte, ja selbst in den Ländern einiger seiner Verbündeten, waren die dort lebenden Mitglieder des jüdischen Volkes ohne Unterschied ihrer Staatszugehörigkeit in Lager deportiert, durch Zwangsarbeit zugrunde gerichtet und in Massenvernichtungsanlagen getötet worden. Es war ein Krieg gegen ein unbewaffnetes Volk ohne eigenes Siedlungsgebiet, ohne staatliche Organisation und ohne Schutzmacht, geführt mit einem beispiellosen Grad von Vernichtungswillen und Unmenschlichkeit.

Als das Hitlerreich zusammenbrach, befanden sich die überlebenden Opfer der Judenverfolgung teils in Ländern, in die sie sich noch rechtzeitig hatten flüchten können, zum weit überwiegenden Teil aber in den Konzentrations- und Vernichtungslagern innerhalb und außerhalb unserer Grenzen, wo sie jeweils von den einmarschierenden Truppen der Alliierten vorgefunden worden waren. Von dort aus wurden sie später entweder in ihre alten Heimatgebiete entlassen oder aber in provisorischen Deportierten-, Sammel- und Übergangslagern untergebracht. Denjenigen Lagerinsassen, die als heimatentwurzelte, ihrer Familien beraubte Unglückliche nicht mehr in ihre alten Wohnsitze zurückkehren konnten oder wollten, sondern die Absicht hatten, in andere Länder, vor allem in das Mandatsgebiet Palästina, das heutige Israel, auszuwandern, stand noch eine lange Leidenszeit bevor. Da die britische Mandatsmacht die Einwanderung nach Palästina gestoppt hatte, mußten die Palästinaheimkehrer in vielen Fällen in Lagern – etwa auf Zypern – oder auf Transporten zur See oder zu Land zubringen. Erst nach der Gründung des Staates Israel stand ihnen die Einwanderung offen. Zuweilen, so in den Balkanländern, fanden die Rückkehrer ihre ehemaligen Wohnstätten von Einheimischen besetzt vor. Sie wurden mit Haß und Verbitterung empfangen. Ganze Gruppen von ihnen begaben sich erneut auf Wanderschaft und versuchten, auf eigene Faust Israel zu erreichen.

Das jüdische Volk war das einzige von Hitler angegriffene Volk, das nach dem Zusammenbruch des Angreifers nicht dem Kreis der siegreichen Mächte angehörte. Es konnte seine Interessen nicht in Verhandlungen von gleich zu gleich mit den Alliierten geltend machen oder gar sich durch direkten Zugriff auf Faustpfänder in den besetzten Gebieten selbst schadlos halten. Es hängt das damit zusammen, daß das jüdische Volk kein Staat war, ja im Zustand der Zerstreuung überhaupt keine völkerrechtliche Repräsentanz besaß. In einigen östlichen Staaten erfreute sich die jüdische Bevölkerung während der Völkerbundsära wenigstens eines völkerrechtlich garantierten Minderheitsschutzes; aber dieser Minderheitenschutz hatte sich mit dem Ende des Völkerbunds und dem Entstehen russischer Satellitenstaaten in nichts aufgelöst.

So fehlte es denn in dem Zeitpunkt, in dem das Hitlerreich zusammenbrach und damit die Wiedergutmachung politisch möglich und zugleich aufs äußerste dringlich wurde, nicht nur an einer deutschen Staatsgewalt und einem leistungsfähigen Schuldnerstaat, sondern auch an einer völkerrechtlich zureichend ausgestatteten jüdischen Repräsentation.

Die Note der Jewish Agency vom 20. September 1945

Diese Mängel machten sich besonders im frühesten Stadium der Besatzungsära geltend. Die politischen Reparationsansprüche der Sieger – in einem Geheimprotokoll von Jalta auf insgesamt 20 Milliarden Dollar geschätzt – rivalisierten mit den Entschädigungsansprüchen der jüdischen Verfolgungsopfer.

In diesem Zeitpunkt, wenige Wochen nach der Potsdamer Konferenz, erhob denn auch die „Jewish Agency", eine im Statut des Völkerbundsmandats Palästina völkerrechtlich anerkannte „internationale Körperschaft ohne Staatscharakter", die dem Kontakt zwischen der nationalen jüdischen Heimstätte und dem Weltjudentum einerseits und der Mandatsmacht und anderen Mächten andererseits diente, ihre Stimme. „In Vertretung des jüdischen Volkes" richtete ihr Präsident Chaim Weizmann, der nachmalige erste Staatspräsident des Staates Israel, am 20. September 1945 eine Note an die USA, die UdSSR, England und Frankreich, in der die Einbeziehung gewisser globaler Entschädigungsansprüche des jüdischen Volkes in die Reparationen-Zuteilungspolitik der Alliierten gefordert wurde[1].

Die Ansprüche des jüdischen Volkes auf Beteiligung an den Reparationen umschrieb und begründete Chaim Weizmann mit folgenden Argumenten:

1. Deutschland hat nicht nur jüdische Individuen und Organisationen verfolgt, sondern einen Vernichtungskrieg gegen das jüdische Volk geführt. Dieser Krieg hat nicht nur jüdische Menschen getroffen, sondern auch überindividuelle jüdische Einrichtungen und Werte zerstört. Das jüdische Volk war das erste Volk, dem das nationalsozialistische Deutschland den Krieg erklärt hat; dieser Krieg ist erbarmungsloser und völkerrechtswidriger geführt worden als der deutsche Krieg gegen jedes andere Volk.
2. Das jüdische Volk beansprucht vor allem das gesamte Vermögen verstorbener jüdischer Verfolgter, das dem deutschen Staat deshalb anheimgefallen ist, weil auch die Erben in der Judenverfolgung umgebracht worden sind. Weiz-

mann fordert mit Nachdruck, daß gesetzliche Bestimmungen, nach denen der Staat gesetzlicher Erbe ist, wenn weder Verwandte, noch ein Ehegatte vorhanden sind, im Fall des Massenmords an einem Volk keine Anwendung finden dürfen. Der wahre Erbe der erbenlos gestorbenen jüdischen Verfolgungsopfer sei das jüdische Volk.

3. Die überlebenden Opfer der Judenverfolgung haben nicht nur Anspruch auf Entschädigung und Rückerstattung, sondern auch Anspruch auf „Rehabilitation". Der Begriff der Rehabilitation wird in der Note nicht näher erläutert und ist auch später nicht in die Gesetzessprache eingegangen. Gemeint ist jedoch offenkundig der Anspruch vertriebener, entrechteter und entwürdigter Verfolgungsopfer auf die volle soziale, bürgerliche und politische Wiedereingliederung in einen Staat ihrer Wahl als Bürger dieses Staates und als Juden, d. h. als Mitbürger des jüdischen Volkes. Es ist das nichts anderes als der auch im deutschen bürgerlichen Recht sowie im Schadensersatzrecht vieler Nationen anerkannte Anspruch auf Naturalrestitution, auf Wiederherstellung des früheren Zustands, angewendet auf Schaden, der durch Vertreibung und Entwurzelung von Personen verursacht ist.

Die Note der Jewish Agency hatte, soweit sie eine Beteiligung des jüdischen Volkes an den Reparationsforderungen der Siegermächte anstrebte, keinen Erfolg. Selbst die Westmächte, die – wie sich später zeigte – der gesetzlichen Individualentschädigung jüdischer Verfolgungsopfer und vor allem der individuellen Rückerstattung geraubten Eigentums große Bedeutung beimaßen und niemals zögerten, auch ihre besatzungsrechtliche Autorität in Anspruch zu nehmen, um ihrerseits Gesetze zu erlassen oder um die Befolgung gewisser Mindestgrundsätze durch den deutschen Wiedergutmachungsgesetzgeber zu sichern, lehnten eine Einbeziehung überindividueller Globalansprüche irgendwelcher Vertretungen des jüdischen Volkes ab. Sie ließen keinen Zweifel daran, daß sie die reparationsrechtliche Liquidierung des Zweiten Weltkrieges für eine Angelegenheit hielten, die nur die kriegsbeteiligten Staaten etwas anging.

Obwohl der Weizmann-Note kein unmittelbarer Erfolg beschieden war, so sind doch sehr bedeutsame Wirkungen von ihr ausgegangen. Vor allem machte sie den Zusammenhang deutlich, der zwischen Judenverfolgung und zionistischer Bemühung um eine nationale Heimstätte der Juden oder einem jüdischen Staat bestand und besteht. Sodann hat sie die Aufmerksamkeit der Welt auf das Problem der Rehabilitierung flüchtiger und entwurzelter Verfolgungsopfer gelenkt und darauf, daß diese Rehabilitierung praktisch durch Eingliederung in einen Staat erfolgt. Ein jüdischer Staat, errichtet als nationale Heimstätte verfolgungsbedrohter und verfolgter Juden, hat Anspruch darauf, daß ihm die Kosten der Eingliederung von demjenigen ersetzt werden, der die Verantwortung für die Verfolgung trägt. Insofern lieferte die Weizmann-Note schon damals eine eindrucksvolle und stichhaltige Begründung für die spätere Forderung des später entstandenen Staates Israel auf Ersatz der Eingliederungskosten für eine halbe Million von Opfern der Hitlerverfolgung. Es kommt also nicht darauf an, ob der Staat Israel zur Zeit der Hitlerverfolgung bereits existiert hat, sondern allein darauf, ob er jüdische Verfolgungsopfer eingegliedert hat und ob er dazu legitimiert war.

Die individuelle Wiedergutmachung

Nach dem ersten Scheitern der jüdischen Globalansprüche rückte die Frage der individuellen Wiedergutmachung in den Vordergrund des Interesses der Besatzungsmächte.
Das erste Teilproblem, das geregelt wurde, war die Rückerstattung geraubten feststellbaren Vermögens. Die Regelung erfolgte durch Militärregierungsgesetze. In der Zeit zwischen November 1947 und Juli 1949 ergingen Rückerstattungsgesetze der Militärregierung für die amerikanische, britische und französische Besatzungszone und der Alliierten Kommandantur Berlin für das Land Berlin.
Im Zusammenhang mit der Frage des Rückerstattungsrechts wurde auch das Problem des erbenlosen Vermögens von Verfolgungsopfern geregelt, das in der Weizmann-Note aufgeworfen worden war. In allen vier alliierten Rückerstattungsgesetzen wurde, wenn auch nicht in übereinstimmenden Formulierungen, vorgesehen, daß der Erbe erbenlosen jüdischen Vermögens nicht der deutsche Staat, sondern frei gebildete, von der jeweils zuständigen Besatzungsbehörde anerkannte Nachfolgeorganisationen sein sollten. Diese Nachfolgeorganisationen vertraten jedoch nicht, wie Weizmann vorgeschlagen hatte, das jüdische Volk, sondern jeweils nur diejenige Gruppe von Verfolgten, die sie kraft Satzung oder Zweckbestimmung vertraten. Die Verwendung des rückerstatteten Vermögens bestimmte sich nach der Satzung der betreffenden Nachfolgeorganisation.
Das zweite, viel umfassendere Teilproblem, nämlich die Entschädigung der Verfolgungsopfer oder ihrer Rechtsnachfolger für Schaden an Leben, an Körper und Gesundheit, an Freiheit, für Plünderungsschäden, Schäden durch Zahlung von Judenabgaben, Geldstrafen, Bußen und Kosten und Schaden an beruflichem und wirtschaftlichem Fortkommen, sollte nach Absicht der Alliierten einer künftigen deutschen Gesetzgebung vorbehalten werden. Es mußte also der Wiederaufbau einer deutschen gesetzgebenden Gewalt abgewartet werden. Die Westalliierten, besonders die amerikanische Besatzungsmacht, nahmen freilich nachhaltigen Einfluß auf die Wiedergutmachungsgesetzgebung der neu entstehenden Länderverwaltungen und bestanden darauf, daß der Inhalt der Gesetze bestimmten Mindestansprüchen genügte. Auch nach Entstehung der Bundesrepublik blieb die Entschädigungsgesetzgebung zunächst noch formal Sache der Länder. Zu der Zeit, als die Vertragsverhandlungen der Bundesrepublik mit Israel begannen, gab es noch kein Bundesentschädigungsgesetz.

Die Grenzen der Individualentschädigung und ihre Ergänzung durch Reparationsverträge

Die Tatsache, daß die ersten deutschen Entschädigungsgesetze Ländergesetze waren, sowie die Tatsache der deutschen Spaltung haben dazu geführt, daß für die Frage, wer Anspruch auf individuelle Entschädigung haben soll, dem Umstand, wo der Verfolgte zu Beginn der Verfolgung gewohnt hat, eine entscheidende Bedeutung zukommt. Das aber bedeutet, daß die durch nationalsozialistisches Verfolgungsunrecht Geschädigten in zwei Gruppen zerfallen: in eine privilegierte Gruppe derer, die gegen die Bundesrepublik einen individuellen Entschädigungsanspruch geltend machen können, und in die benachteiligte Gruppe derer, die einen solchen individuellen Entschädigungsanspruch nicht besitzen. Diejenigen Opfer der Judenverfolgung, die erst während des Krieges als Einwohner militärisch besetzter Gebiete wie Frankreich, Belgien, Holland, Norwegen, Polen, Tschechoslowakei, Jugoslawien, Griechenland oder Rußland oder als Einwohner von verbündeten Satellitenstaaten wie Ungarn, Rumänien, Bulgarien von der Verfolgung getroffen worden sind, haben, wenn man von einigen, freilich bedeutsamen Ausnahmen absieht, keinen Anspruch auf individuelle Entschädigung. Das aber ist zweifellos die große Mehrheit der von Hitler verfolgten Juden.

Diese von der gesetzlichen Entschädigung ausgeschlossenen überlebenden Verfolgungsopfer können Entschädigung nur erlangen, wenn der Staat, dem sie bei Beginn der Verfolgung angehört haben, mit der Bundesrepublik einen Reparationsvertrag abschließt. In diesem Fall verpflichtet sich die Bundesrepublik dem betreffenden Staat gegenüber, eine bestimmte Geldsumme zu zahlen, aus der dann der Empfängerstaat seine verfolgungsgeschädigten Bürger nach Grundsätzen abfindet, die er selbst aufstellt.

Tatsächlich hat die Bundesrepublik im Laufe der Zeit eine ganze Reihe solcher Reparationsverträge abgeschlossen. Zunächst mit Staaten der westlichen Welt und mit Jugoslawien, sehr viel später mit vereinzelten Ostblockstaaten.

Die Empfänger dieser indirekten Entschädigungen sind natürlich sehr benachteiligt. Einmal ist der Inhalt der Entschädigungsleistung nicht durch Gesetz bestimmt, sondern durch Ermessensentscheidungen des Empfängerstaates. Zweitens sind sie sehr viel niedriger. Drittens hängt der Zeitpunkt des Abschlusses solcher Reparationsverträge von den politischen Verhältnissen ab. Gewiß nicht wenige Überlebende der „Endlösung“ warten heute noch auf eine Abfindung.

So ungerecht eine solche Lösung ist, so läßt sich die Beschränkung einer gesetzlichen Individualentschädigung unter dem Aspekt des Wohnsitzes der Verfolgten wenigstens mit praktischen Überlegungen begründen. Der Staat, der außerhalb seiner Grenzen im Krieg eine Vernichtungsaktion gegen Juden durchgeführt hat, wird, wenn er im Frieden das Unrecht wiedergutzumachen versucht, d. h. mit Mitteln, die ihm innerhalb seiner Grenzen zur Verfügung stehen, auf große Schwierigkeiten stoßen, auch nur die Tatbestände zuverlässig zu ermitteln, wenn er Wiedergutmachungsverfahren gegenüber Massen rechtsuchender Ausländer, abwesender Personen meist ohne rechtskundigen Beistand, durchzuführen hat. Wir haben ja inzwischen eine Anschauung davon, was es verwaltungsmäßig und forensisch bedeutet, riesenhaftes Verfolgungsunrecht individuell wiedergutzumachen, auch wenn man sich auf die eigene Bevölkerung beschränkt. Dafür reicht der normale Verwaltungs- und Gerichtsapparat nicht aus. Die Ausdehnung der individuellen Wiedergutmachung auf ausländische Verfolgungsopfer würde darüber hinaus die zwischenstaatliche Organisation einer sehr ins einzelne gehenden Rechts- und Verwaltungshilfe notwendig gemacht haben. Wie aber hätte etwas Derartiges geleistet werden können, dazu noch unter den Bedingungen des Ost-West-Konflikts und konträrer Gesellschaftssysteme!

Es bleibt noch ein Wort zu sagen zu dem Begriff Reparationsvertrag. Bisher hat man darunter vornehmlich zwischenstaatliche Verträge zwischen Siegern und Besiegten verstanden, in denen sich ein besiegter Staat den Siegerstaaten gegenüber verpflichtet, die Kriegszerstörungsschäden zu ersetzen, wobei fingiert wird, daß der besiegte Staat am Krieg schuld ist.

Hier aber soll unter Reparationsvertrag jeder Vertrag verstanden werden, in dem sich ein Staat einem anderen Staat oder einer Organisation gegenüber zum Ersatz eines von ihm anerkanntermaßen zu verantwortenden Schadens verpflichtet. Auch wenn der Vertrag freiwillig abgeschlossen und die Verantwortung für den Schaden aus Überzeugung übernommen wird. Juristisch haben solche frei geschlossenen Reparationsverträge vor den klassischen Reparationsverträgen den Vorzug der echten Freiwilligkeit voraus.

Es kommt nun freilich im zwischenstaatlichen Rechtsverkehr nicht häufig vor, daß sich ein Staat dem anderen gegenüber freiwillig zum Ersatz eines aus eingestandenem Unrecht erwachsenen Schadens erbietet. Eben dies war aber sowohl bei den oben erwähnten Reparationsverträgen mit am Krieg beteiligten Staaten, als auch beim Israel-Vertrag der Fall. Aus Gründen, über die kein Wort zu verlieren ist.

Die Note des Staates Israel vom 12. März 1951

Beklemmend am System unserer gesetzlichen Individualentschädigung einschließlich der Reparationen an kriegsbeteiligte Staaten war die Tatsache, daß die Hauptmasse der ausländischen jüdischen Verfolgungsopfer ohne Entschädigung geblieben war, und zwar gerade diejenigen, die durch den Vollzug der sogenannten Endlösung am bittersten getroffen wurden, die Überlebenden aus den Vernichtungslagern, denen es unter nicht zu beschreibenden Schwierigkeiten schließlich gelungen ist, in Israel eine neue Heimat zu finden. Ein Teil dieser Unglücklichen wurde zwar von den deutschen Landesentschädigungsgesetzen der amerikanischen Besatzungszone erfaßt, nämlich diejenigen, die sich zufällig am 1. Januar 1947 in einem DP-Lager in der Bundesrepublik aufgehalten hatten, bevor sie nach Palästina weiterzogen. Aber auch diese Bevorzugten erlangten keine Entschädigung für ihr Hauptunglück, nämlich die Entwurzelung, weil unsere Wiedergutmachungsgesetze einen Rehabilitierungsanspruch vertriebener Verfolgungsopfer nicht gewähren. Zwar waren die meisten von ihnen inzwischen rehabilitiert worden, aber nicht von uns, dem Urheber ihrer Entwurzelung, sondern von der Jewish Agency und, nach seiner Aufrichtung im Mai 1948, vom Staat Israel. Kein Gesetz, kein Vertrag sah einen Ersatz für die vom aufnehmenden Staat aufgewendeten Eingliederungskosten vor. Es handelte sich um die Eingliederung von einer halben Million Menschen.

Erst nachdem die Bundesrepublik entstanden war, die Länderwiedergutmachungsgesetze in den westlichen Besatzungszonen in Kraft getreten waren und das Ende der Besatzungszeit nahe bevorstand, wurde von jüdischer Seite der Anspruch auf Ersatz der Eingliederungskosten für die in Israel angesiedelten und noch anzusiedelnden Verfolgungsopfer erneut geltend gemacht, und zwar in einer Note des israelischen Außenministers an die vier Besatzungsmächte vom 12. März 1951[2].

In dieser Note bezifferte die israelische Regierung ihre Globalforderung an „Deutschland" auf 1,5 Milliarden Dollar, davon 1 Milliarde an die Adresse der Bundesrepublik und eine halbe Milliarde an die Adresse der DDR. Diese Summe wurde als Ersatz für die Kosten der Eingliederung von 500000 flüchtigen Opfern der Hitlerverfolgung gefordert. Die Eingliederungskosten je Person wurden also auf 3000 Dollar veranschlagt.

Die Note ist an die Alliierten gerichtet und „fordert dringend, daß die Besatzungsmächte keiner deutschen Regierung, ganz gleich welcher, ihre Vollmachten übertragen, ohne sich die Frage der Reparationszahlungen an Israel ausdrücklich vorzubehalten". Den deutschen Regierungen solle die Auflage erteilt werden, die auf sie entfallende Summe an Israel zu zahlen. Von der Übernahme und Erfüllung dieser Verpflichtung solle die Einräumung der Souveränität und der Gleichberechtigung abhängig gemacht werden.

Es geht der israelischen Regierung noch immer – wie der Jewish Agency sechs Jahre zuvor – um eine angemessene Beteiligung des jüdischen Volkes an der Gesamtregelung der deutschen Reparationen. Da die Besatzungsmächte dem Wunsch der Jewish Agency, bei der Zuteilung von Reparationen berücksichtigt zu werden, in den Jahren nach 1945 nicht entsprochen hatten, so sollte wenigstens jetzt bei der Schlußabrechnung die „Mindestforderung erfüllt" werden, „die im Namen derer vorgelegt wird, die am meisten unter dem Nazi-Regime gelitten haben".

Der Zeitpunkt des israelischen Schrittes war offenbar unter dem Eindruck politischer Dringlichkeit gewählt. Denn tatsächlich zeichnete sich damals bereits das Ende der Besatzungsära ab. Schon existierte auf deutschem Boden seit Mai 1949 – ein Jahr nach der Entstehung des Staates Israel – wieder ein deutscher Staat[3]. Freilich war dieser Staat damals völkerrechtlich nicht souverän, sondern besaß lediglich den Status eines besetzten Gebietes. Aber der Vorgang der Verselbständigung war in voller Bewegung.

Gerade in den Tagen, in denen die israelische Note den Besatzungsmächten zuging, wurde das Besatzungsstatut für die drei westlichen Besatzungszonen geändert (6. März 1951); der Bundesrepublik wurden weitgehende Vollmachten für einen regulären auswärtigen Dienst übertragen. Am 25. März 1951 übernahm Bundeskanzler Adenauer das Amt eines Bundesaußenministers. Ein halbes Jahr später, am 14. September 1951, beauftragten die Außenminister der drei Westmächte ihre Hohen Kommissare, mit der Bundesrepublik über die Ablösung des Besatzungsstatuts durch ein System von Verträgen zu verhandeln. Eine völlige Gleichberechtigung Deutschlands wurde vorgesehen. Diese Verhandlungen begannen am 24. September 1951 und endeten am 26. März 1952 mit dem Abschluß des Deutschland-Vertrages.

Die Note der israelischen Regierung fand bei den Alliierten nicht die erwartete Aufnahme. Die Sowjetunion bestätigte lediglich ihren Eingang, hat aber niemals eine Antwort erteilt. Die USA, Frankreich und England antworteten am 5. Juli 1951. Sie nahmen Kenntnis von dem Reparationsanspruch Israels, erklärten aber, weder eingreifen, noch auch nur vermitteln zu können. Sie empfahlen der israelischen Regierung, direkte Verhandlungen mit der Bundesrepublik anzubahnen, wiesen jedoch auf deren mangelnde Leistungsfähigkeit hin und warnten vor Illusionen über die realen Aussichten.

Dieser Antwort entsprach das tatsächliche Verhalten der Alliierten. Sie haben in den Verhandlungen über den Deutschland-Vertrag niemals Entschädigungszahlungen der Bundesrepublik an Israel zur Sprache gebracht und der Bundesrepublik in diesem Vertrag auch keine solchen Zahlungen auferlegt. Ihr aktives Interesse an deutschen Wiedergutmachungsleistungen beschränkte sich durchaus auf die individuelle Wiedergutmachung. Als dann später die deutsch-israelischen Verhandlungen in Gang gekommen waren, da ließ zwar der amerikanische Hohe Kommissar gelegentlich Beunruhigung und Sorge erkennen, wenn Stockungen eintraten. Aber irgendwelcher Einmischungen in den Gang der Verhandlungen haben sich die Besatzungsmächte strikt enthalten.

Die Initiative Adenauers

Nunmehr stand also fest, daß die Initiative in der Frage deutscher Entschädigungszahlungen an den Staat Israel auf die beiden unmittelbar beteiligten Regierungen übergegangen war.

Von der israelischen Regierung konnte allerdings nicht erwartet werden, daß sie als Bittstellerin vor der Tür eines deutschen Staates erschien und um die freiwillige Zahlung einer Entschädigung bat, deren Auferlegung von den Alliierten soeben abgelehnt worden war.

Blieb also der Weg, daß sich die Bundesrepublik in einer öffentlichen Kundgebung bereit erklärte, mit Israel über den geltend gemachten Entschädigungsanspruch zu verhandeln.

Das bedeutete freilich, daß die Bundesrepublik diesen Entschädigungsanspruch der Sache nach für berechtigt hielt und die Legitimation des Staates Israel, ihn geltend zu machen, nicht bestritt.

Israel aber forderte den Ersatz der Eingliederungskosten für die Eingliederung von 500000 jüdischen Verfolgungsopfern, weil diese Kosten ihm, dem Staat, entstanden waren oder – zu einem kleinen Teil – noch entstehen würden. Das Recht, diesen Anspruch geltend zu machen, war einmal aus dem individuellen Anspruch vertriebener jüdischer Verfolgter auf Rehabilitierung, d. h. auf soziale und politische Wiedereingliederung, zum anderen aus dem verfassungsmäßigen Staatszweck Israels abgeleitet, jüdischen Flüchtlingen eine nationale Heimstätte zu bieten. Wenn die Bundesrepublik die Pflicht zur Wiedergutmachung als eine moralische Verpflichtung verstand, dann konnte es für die durch Hitler entwurzelten Überlebenden, die durch alliierte Truppen aus den östlichen Konzentrations- und Vernichtungslagern befreit worden waren, keine sinnvollere Wiedergutmachung geben als die Anerkennung der Befugnis des israelischen Staates, diese von uns geschuldete Eingliederung zu vollziehen und die Erstattung der Kosten von uns zu fordern.

Die Überlegung, daß der Staat Israel zur Zeit des Krieges und der nationalsozialistischen Judenverfolgung noch nicht existiert hatte und infolgedessen auch nicht selbst ein Opfer dieser Verfolgung gewesen ist, spielt in diesem Zusammenhang keine Rolle. Entscheidend ist, daß dieser Staat zahllosen Opfern der individuellen Verfolgung geholfen und ihnen gegenüber Leistungen erbracht hat, die von Rechts wegen der Wiedergutmachungsschuldner Deutschland hätte erbringen müssen. Und wenn Deutschland diese Leistungen in natura nicht erbringen konnte, weil die Hitleropfer ja nicht nach Deutschland geflüchtet waren, sondern nach Palästina, so schuldete es wenigstens dem Staat Israel, der nach seiner Entstehung hierzu in der Lage war und die Verfolgungsopfer tatsächlich eingegliedert hatte, Ersatz.

Die „Globalentschädigung" an den Staat Israel stellt also ein Stück elementarer Individualentschädigung dar. Das heißt, die Anerkennung der Entschädigungsforderung Israels bedeutete praktisch eine Teilentschädigung großer Massen überlebender Opfer der Endlösungsphase, und zwar die Entschädigung für einen Schaden besonderer Art, nämlich für den Entwurzelungsschaden, der nach den übrigen Wiedergutmachungsgesetzen gar nicht entschädigt wird.

Das waren die Gründe, die den Bundeskanzler Dr. Adenauer bestimmten, in einer öffentlichen Erklärung namens der Bundesregierung vor dem Deutschen Bundestag am 27. September 1951 nicht nur die allgemeine Bereitschaft des deutschen Volkes zur Wiedergutmachung auszusprechen, sondern auch die Bereitschaft zu Verhandlungen mit „Vertretern des Judentums und des Staates Israel, der so viele heimatlose jüdische Flüchtlinge aufgenommen hat", zu erklären[4]. Die einzige Begrenzung, die sich die Bundesregierung ausdrücklich vorbehielt, war die Rücksicht auf die „Grenzen, die der deutschen Leistungsfähigkeit durch die bittere Notwendigkeit der Versorgung der zahllosen Kriegsopfer und der Fürsorge für die Flüchtlinge und Vertriebenen gezogen sind".

Sprecher aller Fraktionen erklärten ihre Zustimmung. Der Bundestagspräsident Hermann Ehlers sprach die Schlußworte:

„Es wird die Aufgabe des Deutschen Bundestages sein, in Verfolg der Regierungserklärung die erforderlichen gesetzlichen Maßnahmen zu treffen. Ich schlage Ihnen vor, daß sich der Deutsche Bundestag, bevor diese Aufgaben von ihm in Angriff genommen und erledigt werden, zum Zeichen dessen, daß er in dem Mitgefühl für die Opfer einig und gewillt ist, Folgerungen aus dem, was geschehen ist, zu ziehen, von seinen Plätzen erhebt."[5]

Der Brief Adenauers an Nahum Goldmann vom 6. Dezember 1951

Die Resonanz der Bundestagserklärung bei der Bevölkerung Israels und bei den Juden in der Welt war zunächst überwiegend ablehnend, ja leidenschaftlich ablehnend. Wohl hatten sich führende Persönlichkeiten wie Ben Gurion, Moshe Sharett (der israelische Außenminister), Dr. Nahum Goldmann, Dr. Noah Barou schon seit längerer Zeit mit dem Gedanken vertraut gemacht, die Probleme der Wiedergutmachung in direkten Verhandlungen mit der Bundesregierung zu lösen, zumal seitdem ihnen die Haltung Dr. Adenauers bekannt geworden war. Für die große Mehrzahl der Juden jedoch war die Vorstellung, mit den Deutschen, die seit dem Zusammenbruch des Hitlerreichs vom Schauplatz der Geschichte gleichsam verschwunden waren, über Blutgeld zu verhandeln, unerträglich. Beim ersten Bekanntwerden der Möglichkeit solcher Verhandlungen legten sie heftige Verwahrung ein. In den Straßen Jerusalems und Tel Avivs kam es zu Demonstrationen. Die Männer, die im Verdacht standen, der Aufnahme von Verhandlungen das Wort zu reden, mußten um ihre persönliche Sicherheit besorgt sein.

Dr. Nahum Goldmann, der Präsident mehrerer jüdischer Organisationen in den USA, hatte sich inzwischen mit der israelischen Regierung, besonders mit dem Ministerpräsidenten Ben Gurion und dem Außenminister Moshe Sharett ins Benehmen gesetzt. Diese glaubten, die Genehmigung einer Parlamentsmehrheit zur Aufnahme direkter Verhandlungen vielleicht erwirken zu können, aber nur dann, wenn die deutsche Einladung an Israel förmlich und unter ausdrücklicher Bezugnahme auf die Entschädigungsforderung erfolge, die Israel in seiner Note an die Alliierten geltend gemacht und begründet habe.

Nunmehr erbat Dr. Nahum Goldmann über den Ministerialdirektor Blankenhorn, den langjährigen Mitarbeiter Dr. Adenauers und späteren Botschafter, eine persönliche Begegnung mit dem Bundeskanzler. Er betonte, daß dies im Einvernehmen mit der israelischen Regierung geschehe.

Diese denkwürdige Begegnung, deren Verlauf in der Autobiographie Dr. Goldmanns höchst eindrucksvoll beschrieben ist, fand am 6. Dezember 1951 in London statt. Dr. Goldmann berichtete von den Schwierigkeiten, in denen sich die israelische Regierung angesichts der Unruhen im Lande dem Parlament gegenüber befinde, und bat Dr. Adenauer, die Verantwortung für das Zustandekommen direkter Verhandlungen auf sich zu nehmen, und zwar in der Form eines Briefes, in dem die Bereitschaft ausgesprochen werde, die israelische Entschädigungsforderung vom 12. März 1951 zur Grundlage der Verhandlungen zu machen. Der Bundeskanzler gab dieser Bitte statt und ließ den zugesagten Brief Dr. Goldmann noch am gleichen Tage zugehen.

Dieser Brief hat folgenden Wortlaut:

„Unter Bezugnahme auf die Erklärung, die die Bundesregierung am 27. September 1951 im Bundestag abgab und in der sie sich bereit erklärte, mit Vertretern des jüdischen Volkes und Israels Verhandlungen wegen der Wiedergutmachung der unter dem nazistischen Regime entstandenen Schäden aufzunehmen, möchte ich Ihnen mitteilen, daß die Bundesregierung den Zeitpunkt für gekommen erachtet, in dem solche Verhandlungen beginnen sollten. Ich bitte Sie in Ihrer Eigenschaft als Vorsitzender der Conference on Jewish Claims against Germany, sowohl dieser Konferenz als auch der Regierung Israels von dieser Bereitschaft Kenntnis zu geben.

Ich möchte dazu bemerken, daß die Bundesregierung in dem Problem der Wiedergutmachung vor allem eine moralische Verpflichtung sieht und es für eine Ehrenpflicht des deutschen Volkes hält, das Möglichste zu tun, um das an dem jüdischen Volk begangene Unrecht wiedergutzumachen. Die Bundesregierung wird in diesem Zusammenhang die Möglichkeit begrüßen, durch Warenlieferungen zu dem Aufbau des Staates Israel einen Beitrag zu leisten. Die Bundesregierung ist bereit, bei diesen Verhandlungen die Ansprüche, die die Regierung des Staates Israel in ihrer Note vom 12. März 1951 gestellt hat, zur Grundlage der Besprechungen zu machen."[6]

Am 9. Januar 1952 erteilte die Knesset mit 61 gegen 50 Stimmen und fünf Enthaltungen der israelischen Regierung die Ermächtigung, auf der Grundlage des Goldmann-Briefes in Verhandlungen mit der Bundesregierung einzutreten. Während der Sitzung ereigneten sich schwere Straßenunruhen. Das Parlamentsgebäude wurde mit Steinen beworfen. Unter dem Eindruck dieser Kundgebungen legte der für die Delegationsleitung bestimmte damalige Staatssekretär und Mitverfasser der israelischen Note an die Alliierten vom 12. März 1951, David Horowitz, dieses Amt nieder.
Der Beschluß des israelischen Parlaments wurde dem Bundeskanzler am 17. Februar von Dr. Goldmann offiziell mitgeteilt. Dr. Adenauer kam mit Dr. Goldmann überein, daß die Verhandlungen in der zweiten Hälfte März beginnen sollten.

Die Gründung der Claims Conference

Es bleibt noch eine wichtige Einzelheit nachzutragen.
In den Besprechungen mit Dr. Goldmann waren nicht nur Verhandlungen mit dem Staat Israel, sondern auch Verhandlungen mit den jüdischen Weltverbänden vorgesehen, die sich am 25. Oktober 1951 zu einem Dachverband, der Conference on Jewish Material Claims against Germany (Claims Conference) zusammengeschlossen hatten. Ihm gehörten 52 jüdische Organisationen aus den Vereinigten Staaten, England, Kanada, Australien, Südafrika, Frankreich und Argentinien an. Zum Präsidenten wurde Dr. Nahum Goldmann gewählt.
Die Anregung zu einem solchen Zusammenschluß war im Sommer 1951 von dem israelischen Außenminister Moshe Sharett ausgegangen, der es für wichtig hielt, daß die Entschädigungsforderungen des Staates Israel von einer repräsentativen Gesamtvertretung der außerhalb Israels lebenden Juden unterstützt werde. Diese Gesamtvertretung werde dann auch ihrerseits mit solchen Globalansprüchen des jüdischen Volkes hervortreten, die nicht von Israel wahrgenommen werden. Also etwa mit der Forderung auf Ersatz für geraubtes, aber nicht zurückerstattetes jüdisches Vermögen, für die Kosten der Eingliederung flüchtiger Verfolgungsopfer außerhalb Israels, für den Wiederaufbau zerstörter jüdischer religiöser, kultureller und sozialer gemeinnütziger Einrichtungen, für die Unterstützung notleidender jüdischer Verfolgungsopfer, namentlich solcher, die von den gesetzlichen Wiedergutmachungsansprüchen deshalb ausgeschlossen sind, weil sie die geographischen Stichtagsvoraussetzungen nicht erfüllen. Außerdem werde die Gesamtvertretung eine Verbesserung und Vereinheitlichung der innerdeutschen Wiedergutmachungsgesetze fordern.
Am 11. Februar 1952 setzte die Claims Conference die Höhe ihrer Globalforderung auf die Summe von 500 Millionen Dollar, also etwa 2,1 Milliarden DM fest. Mit der israelischen Regierung wurde vereinbart, daß die Claims Conference die Forderung Israels in den Verhandlungen unterstützen werde und ihr den Vorrang vor ihrer eigenen Globalforderung einräume.
Damit waren auf allen Seiten die für den Beginn der Verhandlungen erforderlichen Vorentscheidungen getroffen und die Weichen für Verhandlungen ge-

stellt, die nach menschlicher Voraussicht zu einer baldigen Einigung zu führen versprachen. Alles übrige war, wie es schien, eine Sache der diplomatischen Routine und gelegentlicher Expertengutachten.

Meine Berufung zum Delegationsleiter

So lagen die Dinge, als anläßlich einer Zufallsbegegnung in Frankfurt am Main am 31. Dezember 1951 Professor Hallstein, damals Staatssekretär des neu errichteten Auswärtigen Amtes und mein Vorgänger als Rektor der Universität Frankfurt, die Frage an mich richtete, ob ich bereit sei, in den geplanten Verhandlungen mit Israel die Leitung der deutschen Delegation zu übernehmen. Wenn ich zusage, wolle er mich dem Bundeskanzler vorschlagen.
Ich erklärte mich bereit unter der Voraussetzung, daß wirklich eine seriöse Wiedergutmachung beabsichtigt sei.
In diesem Zeitpunkt hatte ich noch keinerlei Kenntnis vom Stand der Angelegenheit. Nur die Erklärung der Bundesregierung vor dem Bundestag war mir bekannt. Dagegen wußte ich nichts von der Existenz und vom Inhalt der israelischen Note vom 12. März 1951 an die Alliierten, nichts vom Brief Adenauers an Goldmann vom 6. Dezember 1951, auch nichts von der Errichtung der Claims Conference. Ich war bisher auch nicht mit Wiedergutmachungsangelegenheiten befaßt, im Unterschied zu Rechtsanwalt Otto Küster, der, wie mir Hallstein sagte, als stellvertretender Delegationsleiter ausersehen sei und der damals das Amt des Wiedergutmachungsbeauftragten des Landes Baden-Württemberg bekleidete. Herr Hallstein hatte wahrscheinlich deshalb an meine Person gedacht, weil er meine Ansichten kannte und wußte, daß ich während des Dritten Reiches wegen meiner Kritik an der nationalsozialistischen Judenpolitik in ernstliche Schwierigkeiten geraten war. Im übrigen war ich als Professor für bürgerliches und Wirtschaftsrecht an der Universität Frankfurt tätig.
Mein erstes Zusammentreffen mit Bundeskanzler Adenauer fand am 21. Februar 1952 statt. Herr Hallstein stellte mich vor.
Der Kanzler kam schon zu Beginn darauf zu sprechen, daß in der nächsten Woche die Schuldenregelungskonferenz in London zusammentreten werde, von deren Erfolg die Fähigkeit der Bundesrepublik abhänge, hohe Wiedergutmachungsentschädigungen zu zahlen. Herr Abs, der die deutsche Delegation in London leiten werde, sei etwas unglücklich darüber, daß unsere Verhandlungen mit Israel zur gleichen Zeit stattfinden sollten. Er bitte mich, sogleich Fühlung mit Herrn Abs aufzunehmen. Jedenfalls werde es meine Aufgabe sein, die Verhandlungen mit dem israelischen Partner zunächst hinhaltend zu führen, damit wir abwarten könnten, wie die Dinge in London liefen.
Auf meine Frage, was denn dann in Den Haag eigentlich verhandelt werden solle, meinte Dr. Adenauer: „Stellen Sie doch einmal fest, was die Herren eigentlich wollen.“ Ich war etwas überrascht; denn die israelische Forderung war ja in der Note an die Alliierten auf Heller und Pfennig präzisiert. Der Bundeskanzler fuhr fort, die Berechtigung der geltend gemachten israelischen Entschädigungsforderung müsse dem Grund und der Höhe nach ja ohnehin geprüft werden. Das erfordere eine gewisse Zeit.

Ich sagte, die bisherigen offiziellen Schritte der Bundesregierung gäben Israel doch wohl Grund zu der Erwartung, daß über seine Entschädigungsforderung ernsthaft verhandelt werde. Auch meine eigene Bereitschaft, die Leitung der Verhandlungsdelegation zu übernehmen, sei unter der Voraussetzung erfolgt, daß etwas herauskomme. Der Kanzler sagte langsam, nachdenklich und ernst: Ja gewiß, es soll etwas herauskommen, und wiederholte diesen Satz.

Ich fragte den Kanzler, ob ich mich in den Verhandlungen auf die bloße Entgegennahme und Vorprüfung der Forderungen beschränken solle. Adenauer erwiderte: Nein, ich solle vielmehr die Bereitschaft zur Übernahme gewisser Verpflichtungen nach Maßgabe seiner bisherigen Erklärungen ausdrücken.

Dieses erste Gespräch mit dem Bundeskanzler war für mich überraschend. Ich hatte angenommen, daß mir präzise Weisungen erteilt werden würden, aufgrund eines Kabinettsbeschlusses, mit festen Verhandlungslimiten. Statt dessen sah ich mit Erstaunen, daß in bezug auf die Hauptfrage, nämlich auf den Inhalt der deutschen Verhandlungsangebote, offenbar überhaupt noch keine Entscheidung getroffen war. Die Frage der Grenzen unserer wirtschaftlichen und finanziellen Leistungskraft war also noch völlig offen, hing zum Teil von den Ergebnissen einer anderen Konferenz ab, die gleichzeitig tagte, und war offenbar Gegenstand eines innenpolitischen Kräftespiels, das noch gar nicht ausgetragen war, sondern erst noch bevorstand. Es war also denkbar, daß unsere Verhandlungen scheiterten, und zwar nur daran, daß wir nicht darauf vorbereitet waren, die Erwartungen zu erfüllen, die wir erweckt und ermutigt hatten.

Dieser unbehagliche Eindruck wurde bestärkt durch Gespräche, die ich im Anschluß an den Empfang mit Hallstein und dem mir bislang noch nicht bekannten Ministerialdirektor Herbert Blankenhorn hatte. Herr Hallstein sagte mir, das Auswärtige Amt habe, ehe sich der Bundeskanzler zu meiner Ernennung entschloß, sondiert, um zu erfahren, wie meine Ernennung bei unseren Verhandlungspartnern aufgenommen werde. Die Resonanz sei derartig gewesen, daß sie gar keine andere Wahl gehabt hätten, jemanden anderen zu ernennen als mich. Das aber bedeute, daß ich im Bonner Kräftespiel eine starke Position besitze. Und er halte es nicht für ausgeschlossen, daß Situationen eintreten könnten, in denen ich von dieser Karte Gebrauch machen müsse. Und Herr Blankenhorn sagte zu mir: „Wenn Sie diesen Job annehmen, dann müssen Sie sich eine große Dosis Härte zulegen; wohlgemerkt nicht im Haag, sondern in Bonn."

Die Israelverhandlungen und die Schuldenregelungskonferenz

Ich setzte mich umgehend mit Herrn Abs in Verbindung.

Herr Abs gab seiner Bestürzung Ausdruck, daß der Bundeskanzler entgegen seinem ausdrücklichen Abraten die Einladung zu Verhandlungen an die israelische Regierung habe ergehen lassen, ohne das Ergebnis der Schuldenregelungskonferenz abzuwarten, von dem es doch abhänge, ob wir überhaupt nennenswerte Entschädigungsleistungen an Israel würden zahlen können. Wir könnten doch nicht von den Gläubigern des Reiches die Gewährung von Schuldennachlässen erwarten, wenn wir gleichzeitig, sozusagen hinter ihrem Rücken, in einer getrennten Verhandlung, mit Israel eine neue Schuld kontrahierten, zu deren Übernahme wir völkerrechtlich nicht verpflichtet seien. Eine Schuld, die nach unserer Erklärung in Form unentgeltlicher deutscher Warenlieferungen ins Ausland erfüllt werden solle. Nach seiner Auffassung handele es sich bei entgeltlosen Warenlieferungen ins Ausland um Transferleistungen, die in Konkurrenz stünden mit den Zahlungsleistungen in ausländischer Währung, die wir den alten Gläubigern des Reichs schuldeten. Und welchen Charakter habe diese von Israel geforderte Leistung? Von einer Reparationsleistung könne keine Rede sein, denn diese setze als Gläubiger einen kriegsbeteiligten Staat voraus. Israel aber habe zur Zeit des Krieges noch gar nicht existiert. Die Legitimation Israels, Globalentschädigungen im eigenen Namen geltend zu machen, müsse bestritten werden.

Herr Abs betonte – und diese Tatsache fand ich dann auch in den Akten bestätigt –, daß er diesen Standpunkt dem Bundeskanzler bereits am 3. Dezember 1951 in London vorgetragen habe, nachdem ihm bekannt geworden sei, daß Dr. Adenauer beabsichtige, in den nächsten Tagen an die Adresse Israels bzw. des Herrn Dr. Goldmann Erklärungen abzugeben. Über den Inhalt dieser Erklärungen sei er niemals unterrichtet worden. Erst nachdem er bereits mit der Leitung der Schuldenregelungsdelegation betraut worden sei, habe er zufällig erfahren, daß auch Verhandlungen mit Israel und den Verbänden unmittelbar bevorstünden. Sollte der Bundeskanzler darauf bestehen, Entschädigungspflichten gegenüber Israel und den Verbänden zu übernehmen, solange die Schuldenregelungskonferenz noch nicht beendet sei, dann sei er entschlossen, den Auftrag zurückzugeben.

Herr Abs sah den einzig praktikablen Ausweg darin, daß wir uns in Den Haag darauf beschränkten, die Forderungen der beiden Delegationen entgegenzunehmen, über deren Berechtigung dem Grunde und der Höhe nach zu verhandeln und unsere Bereitschaft dazu damit zu begründen, daß es uns darauf ankomme, zu verhüten, daß auf der Londoner Konferenz Entscheidungen erfolgen, die geeignet seien, israelische und jüdische Ansprüche, die wir für begründet hielten, zu gefährden.

Ich stimmte Herrn Abs darin zu, daß die Londoner Gläubiger von unserer Absicht, mit Israel und den Verbänden über die von ihnen geltend gemachten globalen Entschädigungsforderungen zu verhandeln, in Kenntnis gesetzt werden müßten und daß wir sie später auch darüber verständigen sollten, in welcher Höhe wir diese Ansprüche für begründet hielten. Daß die Bundesregierung bei ihren Entschließungen auf ihre Verpflichtungen gegenüber den Londoner Gläubigern Bedacht nehmen und überhaupt die Grundsätze einer soliden Schuldnermoral respektieren müsse, sei ein Postulat der wirtschaftlichen Vernunft und der rechtlichen Redlichkeit. Ein Mitbestimmungsrecht der Londoner Gläubiger lasse sich daraus aber nicht ableiten.

Im übrigen habe auch Israel einen Anspruch darauf, von unserer Absicht, eine solche Prozedur einzuhalten, rechtzeitig verständigt zu werden; denn nach den bisherigen Erklärungen der Bundesregierung seien sie berechtigt, eine zügige Verhandlung und diskussionsreife deutsche Vorschläge zu erwarten.

Herr Abs fragte mich, ob ich bereit sei, meine Auffassung auch dem Kanzler gegenüber zu vertreten. Er sei im Begriff, nach Bonn zu fahren und den

Bundeskanzler zu bitten, uns beide zu einer gemeinsamen Besprechung zu empfangen. Den Termin werde er mir telegraphisch mitteilen. Ich erklärte mich einverstanden. Herr Abs reiste ab. Es kam auch, wie ich später hörte, zu einer Unterredung mit dem Kanzler. Aber es kam nicht zu dem verabredeten Telegramm.

Vorbereitungen

Inzwischen war auch der stellvertretende Delegationsleiter, Herr Otto Küster, in Bonn eingetroffen. Zum Geschäftsführer der Delegation war Dr. Abraham Frowein vom Auswärtigen Amt ernannt worden. Auch die anderen Mitglieder der Delegation, Beamte des Bundesfinanzministeriums, des Wirtschaftsministeriums und des Justizministeriums fanden sich ein. Es fanden eine Reihe von Vorbesprechungen statt, meist unter dem Vorsitz von Herrn Hallstein oder von Herrn Blankenhorn.
Zwischen Herrn Küster, Herrn Frowein und mir stellte sich schon vom ersten Tag an eine vollkommene Übereinstimmung in der Sache her, die während der ganzen Dauer unserer Zusammenarbeit Bestand hatte. Das war um so wichtiger, weil unser Auftrag, mindestens in der Anfangsphase der Verhandlungen, sehr begrenzt und prekär war.
Ich wurde nicht ermächtigt, in dieser ersten Phase in Verhandlungen über den Hauptgegenstand einzutreten. Ich solle mich vielmehr darauf beschränken, den israelischen Entschädigungsanspruch auf seine Berechtigung dem Grunde und der Höhe nach zu prüfen. Was die Claims Conference betreffe, so sollten Verhandlungen über den Globalanspruch zurückgestellt, dafür aber die Vorschläge zum Ausbau der bundesdeutschen Entschädigungsgesetze eingehend erörtert werden. Nach Abschluß der ersten Phase wäre dann zu erklären, daß die Bundesregierung Vorschläge über die Höhe der Entschädigungsleistungen erst machen könne, wenn sie die deutsche Leistungsfähigkeit geprüft habe. Dies könne frühestens geschehen, wenn sich ein Ergebnis der Londoner Schuldenkonferenz abzeichne. Unsere Aufgabe werde es dann sein, die Einwilligung der israelischen Verhandlungspartner in eine befristete Vertagung zu erreichen.

Die erste Verhandlungsphase

Die Verhandlungen begannen am 21. März 1952 in Wassenaar, einem kleinen holländischen Städtchen in der unmittelbaren Nähe von Den Haag.
Die israelische Delegation stand unter der Leitung von Dr. Giora Josephthal und Dr. Felix E. Shinnar, wobei die Vertretung nach außen Dr. Josephthal oblag. Die Delegation der Claims Conference wurde von Mr. Moses A. Leavitt angeführt.
Die erste Begegnung der Delegation fand in einer Atmosphäre beklemmender Förmlichkeit und Zurückhaltung statt.
Am Vormittag wurden die Eröffnungserklärungen der israelischen und der Claims-Delegation verlesen und die Ansprüche unterbreitet. Am Nachmittag erfolgte die Verlesung unserer Eröffnungserklärung.

Der Eröffnungstag war ein Freitag; am nächsten Tag, einem Sabbat, wurde nicht verhandelt. Auf den Sonntag hatten die beiden israelischen Delegationsleiter eine persönliche Begegnung zwischen ihnen, Herrn Küster und mir vorgeschlagen. Wir besprachen im wesentlichen sitzungsorganisatorische Fragen. Es zeigte sich, daß alle vier Teilnehmer dieser Begegnung aus Süddeutschland stammten. Die Herren Dr. Shinnar und Küster waren Stuttgarter, hatten sogar die gleiche Schule besucht. Dr. Josephthal war geborener Nürnberger. Ich selbst stammte aus Karlsruhe. Wir dachten alle an die furchtbaren Ereignisse, die uns hier zusammengeführt hatten.

In der ersten Verhandlungswoche kamen wir schnell vorwärts. Dr. Shinnar erläuterte die israelischen Vorschläge und belegte die Einzelheiten mit Urkunden, von denen die wichtigsten, wie etwa die Haushaltspläne der Mandatsverwaltung und des Staates Israel, zum Teil aber auch die aufgegliederten Einwandererlisten veröffentlicht waren und im Druck vorlagen. Über eine Einzelheit, die wir zur Sprache gebracht hatten, nämlich den Kausalzusammenhang zwischen Hitlerverfolgung und Einwanderung einer Gruppe überlebender Juden aus Balkanländern, die zunächst versucht hatten, in ihrer alten Heimat wieder Fuß zu fassen, ehe sie nach Israel einwanderten, berichtete in Ausführungen, die niemand von uns vergessen wird, Dr. Josephthal, der schon in der Mandatszeit mit der Unterbringung von Flüchtlingen befaßt war.

Um ein Urteil über die Höhe der Eingliederungskosten zu gewinnen, hatte ich den damaligen Bundesvertriebenenminister Dr. Lukaschek um Beistand gebeten. Er war ein Mann des Widerstandes, der am Gegenstand unserer Verhandlungen lebhaften Anteil nahm, und schickte uns unverzüglich einen Ministerialdirektor seines Hauses und zwei Sachbearbeiter, die mit der Eingliederung von Millionen unserer Flüchtlinge aus dem Osten befaßt waren und ihre Erfahrungen mit den israelischen Experten austauschten.

Schon am Ende der ersten Verhandlungswoche waren wir so weit, daß wir glaubten, der Bundesregierung vorschlagen zu können, anzuerkennen, daß der israelischen Regierung aus der vollendeten, zu einem kleinen Rest noch bevorstehenden Eingliederung von einer halben Million jüdischer Verfolgungsopfer Kosten in Höhe von drei Milliarden DM entstanden seien. Was die Höhe der Eingliederungskosten je Kopf betrifft, so hielten wir allerdings den von Israel zugrunde gelegten Betrag von 3000 Dollar, also etwa 12600 DM für zu hoch. Nach der Auskunft des Bundesvertriebenenministeriums belief sich der Betrag für die Eingliederung eines deutschen Flüchtlings im Bundesgebiet auf weniger als 9000 DM. Unter Berücksichtigung des Umstandes, daß Israel ein erst in den Anfängen industrieller Entwicklung stehender Staat war, hielten wir die Zugrundelegung eines Betrages von 9000 DM je Kopf für angemessen. Die gesamten Eingliederungskosten würden sich demnach auf 4,5 Milliarden DM belaufen haben. Da von der Bundesrepublik bloß zwei Drittel dieses Gesamtbetrages gefordert wurden, so ergab sich ein zu entschädigender Betrag in Höhe von drei Milliarden DM.

Damit war also die erste, bloß informatorische Verhandlungsphase abgeschlossen. Da ich zu eigentlichen Verhandlungen nicht ermächtigt war, blieb nur übrig, eine Verhandlungspause anzuregen, damit die Bundesregierung den weiteren Verlauf der Londoner Verhandlungen beobachten und sich ein Bild

über die wirtschaftliche Leistungsfähigkeit der Bundesrepublik machen könne.
Diese Eröffnung wurde, wie nicht anders zu erwarten war, von der israelischen Seite mit Unwillen aufgenommen. Besonderen Anstoß nahmen die israelischen Delegierten daran, daß wir einen Zusammenhang zwischen unseren Verhandlungen und den Verhandlungen in London unterstellten. Sie befürchteten, daß etwaige Schuldennachlässe unserer Londoner Gläubiger in gleicher Höhe auch Israel gegenüber in Anspruch genommen würden, und betonten, es sei völlig unzulässig, unsere Entschädigungspflicht für die Verbrechen der Judenverfolgung mit Auslandsverpflichtungen geschäftlicher Art auf eine Linie zu stellen; das bedeute eine Verkennung der Natur und Einmaligkeit der israelischen Forderung. Wir entgegneten, es sei keineswegs eine Koppelung solcher Art zwischen unseren und den Londoner Verhandlungen beabsichtigt, sondern es handele sich lediglich darum, daß die Bundesregierung unsere wirtschaftliche Leistungsfähigkeit prüfen müsse, diese aber vom Ausgang der Londoner Verhandlungen in Mitleidenschaft gezogen werde.
Die israelische Delegation behielt sich für den 8. April eine schriftliche Begründung ihres Standpunktes vor.

Die Bonner Sitzung vom 5. April 1952

Inzwischen hatte ich in Bonn um Anberaumung einer Sitzung zum Zwecke der Berichterstattung gebeten. Es kam vor allem darauf an, in dieser Sitzung zu erreichen, daß die Bundesregierung sich dazu entschloß, den Schadensbetrag zu nennen, den sie für gerechtfertigt hielt, um damit zu bekunden, daß von nun an die Höhe ihres Verhandlungsangebots nur noch von der Rücksicht auf unsere Leistungsfähigkeit abhänge.
Die Sitzung fand unter dem Vorsitz des Bundeskanzlers am 5. April 1952 im kleinen Kabinettsaal in Bonn statt. Anwesend waren außer dem Bundeskanzler der Vizekanzler Blücher, Bundeswirtschaftsminister Erhard, Staatssekretär Hallstein, Ministerialdirektor Blankenhorn, Herr Abs, Herr Küster und ich.
Wie mir Herr Blankenhorn vor Beginn der Sitzung mitteilte, hatte der amerikanische Hochkommissar McCloy am Vortage beim Kanzler angerufen, um mitzuteilen, die israelische Regierung sei wegen des unbefriedigenden Verlaufs der Verhandlungen in eine Krise geraten, und um vorzuschlagen, der Bundeskanzler möge den Dingen eine stabilisierende Wendung geben.
Die Sitzung schien unter einem unglücklichen Stern zu stehen. Sie begann sehr unerfreulich. Der Kanzler unterbrach mich schon zu Beginn meines Berichtes und meinte, ich könne mir die vielen Zahlen ersparen, mit denen wir uns offensichtlich hinters Licht hätten führen lassen. Wir hätten statt dessen, wie uns nahegelegt worden sei, die Stiftung eines Krankenhauses anbieten sollen. Ich bezog mich auf den Brief des Bundeskanzlers an Dr. Goldmann, in dem die Milliardenforderung der Israel-Note an die Alliierten als Grundlage der Verhandlungen anerkannt war und nicht die Stiftung eines Krankenhauses. Herr Küster unterstützte mein Argument, hatte aber zunächst ebenfalls Mühe, vollständig gehört zu werden. Es war das Verdienst Küsters, der bei zunehmender Erwärmung außerordentlich eindrucksvoll sprach, daß eine vollständige

Wendung eintrat. Der Bundeskanzler stimmte ihm zu, als er ausführte, unsere Verhandlungspartner hätten ein Recht darauf, wenn wir ihnen schon einmal eine Verhandlungspause zumuteten, wenigstens das Ergebnis unserer Verhandlungen über Grund und Höhe des von ihnen geltend gemachten Entschädigungsanspruchs zu erfahren. Er erhob keine Einwendungen mehr dagegen, als wir vorschlugen, auf Grund der vorgelegten Dokumente anzuerkennen, daß ihrem Land Eingliederungskosten in Höhe von drei Milliarden DM entstanden seien.

Wir baten darum, ermächtigt zu werden, in Wassenaar dieses Anerkenntnis auszusprechen mit der Erklärung, daß nunmehr noch geprüft werden müsse, ob die Bundesrepublik wirtschaftlich in der Lage sei, eine Entschädigung in dieser Höhe anzubieten. Die Entscheidung hierüber könne erst in einiger Zeit getroffen werden, wenn sich ein Ergebnis der Londoner Schuldenregelungskonferenz abzeichne.

Dem widersprach Herr Abs mit großer Entschiedenheit. Es sei verhandlungstaktisch falsch, überhaupt eine Zahl zu nennen. Wenn wir jetzt einräumten, daß dem Staat Israel ein Kostenaufwand in Höhe von drei Milliarden DM entstanden sei, dann hätten wir uns de facto festgelegt und könnten hinter diesen Betrag nicht mehr zurückgehen, auch wenn wir uns die Prüfung unserer Leistungsfähigkeit vorbehielten. Als der Bundeskanzler diesen Einwand nicht gelten ließ, erklärte Herr Abs, er wisse nicht, ob er, wenn so verfahren werde, imstande sei, weiterhin in London zu verhandeln.

Professor Hallstein und Herr Blankenhorn unterstützten unsere Darlegungen mit Nachdruck.

Der Bundeskanzler forderte Herrn Küster auf, schriftlich zu formulieren, was der israelischen Delegation (und auch der Öffentlichkeit) mitgeteilt werden solle, und genehmigte sowohl diesen Entwurf, als auch seine Veröffentlichung in Form einer Pressenotiz.

Anschließend beauftragte der Bundeskanzler Herrn Abs, den Hochkommissar McCloy vom Ergebnis der Sitzung zu unterrichten, und ordnete an, daß Herr Küster und ich Herrn Abs begleiten sollten.

Die Besprechung fand noch am gleichen Tage statt. Herr Abs berichtete über die Entscheidung des Kanzlers, nicht ohne zu erwähnen, daß er persönlich die Stiftung eines Krankenhauses und eine ehrliche, einstweilige Vertagung vorgezogen haben würde. Im übrigen gab er zu bedenken, daß uns die USA durch Entgegenkommen in der Frage unserer Verpflichtungen aus der Wirtschaftshilfe als auch der Freigabe beschlagnahmten deutschen Vermögens die Übernahme hoher Wiedergutmachungsleistungen wesentlich erleichtern könne. Es schien, als teile McCloy die von Abs vorgetragenen Befürchtungen wegen der Erfüllbarkeit der israelischen Forderungen. Vielleicht hörte er im Geiste schon künftige bundesdeutsche Hilferufe, falls die Bundesrepublik mit der Zahlung an Israel in Schwierigkeiten geraten sollte. Aber der Bundeskanzler hatte angeordnet, daß dem Hochkommissar sein Brief an Dr. Goldmann mitgeteilt werde. McCloy las den Brief sorgfältig und wiederholte mehrmals: a strong statement, a strong statement.

Herr Küster und ich übermittelten am 7. April in Wassenaar unseren Auftrag in einem Gespräch mit Dr. Shinnar. Die Resonanz war kühl. Für ihn stand

begreiflicherweise im Vordergrund, daß wir auf eine Verhandlungspause abzielten, daß wir also nicht darauf vorbereitet waren, die Verhandlungen fortzusetzen, obwohl der Bundeskanzler im Goldmann-Brief erklärt hatte, „die Bundesregierung halte den Zeitpunkt für gekommen, in dem Verhandlungen beginnen sollten". Die verfahrensmäßige Trennung zwischen Anerkennung des Schadens und Entschädigungsangebot kam ihm wahrscheinlich künstlich und unpraktisch, vielleicht bedenklich vor.
Am folgenden Tage, dem 8. April, forderte die israelische Delegation in einer schriftlich begründeten Erklärung eine klare Antwort auf ihre genau spezifizierten Vorschläge. Wir stellten in der nächsten Sitzung ebenfalls in einer schriftlichen Antwort eine Stellungnahme zu den israelischen Vorschlägen frühestens in einem Monat in Aussicht.
Damit trat dann in den Verhandlungen mit Israel zwar nicht, wie es auch hätte geschehen können, ein Abbruch, wohl aber eine Pause ein. Die Verhandlungen mit den Vertretern der Claims Conference wurden fortgesetzt. Auf diese Verhandlungen einzugehen, bei denen es um höchst wichtige Fragen der individuellen Wiedergutmachung ging, muß ich hier sehr zu meinem Leidwesen verzichten.

Die Verhandlungspause

Während der Verhandlungspause war unsere Delegation bis auf weiteres zur Inaktivität verurteilt. Denn die jetzt zu entscheidende Frage, welchen Einfluß die Berücksichtigung unserer wirtschaftlichen Leistungsfähigkeit auf unser Vertragsangebot haben solle, war eine Expertenfrage oder besser eine von einflußreichen Experten mitbestimmte innenpolitische Machtfrage, und zwar eine Machtfrage, die bisher noch nicht ausgetragen war. Auch der Bundeskanzler wußte damals noch nicht, ob und wie sich die beachtlichen Widerstände, die teils von Überzeugungen, teils von rivalisierenden Interessen ausgingen, würden überwinden lassen.
Natürlich spielte es eine große Rolle, wie man die wirtschaftliche Zukunftsentwicklung einschätzte. Erhard war zuversichtlich. Schäffer erklärte mit Nachdruck, die Aufbringung einer Entschädigung von solcher Höhe sei für ihn ein ungelöstes Rätsel. Er sah die aus der Erfüllung der israelischen Forderung entstehende Belastung im Zusammenhang mit der Belastung, die aus der gesamten Wiedergutmachung auf uns zukommen mußte. Er rechnete mit enormen Zahlen. Seine Schätzungen kamen uns damals weit übertrieben vor, sind aber von der Wirklichkeit um ein Erhebliches überboten worden. Herrn Abs bereitete insbesondere die Frage des Transfers und die Gesamtheit unserer transferbedürftigen Schuldverpflichtungen Sorgen, und zwar sachlich durchaus begründete Sorgen.
Der Bundeskanzler war sich wahrscheinlich schon damals klar darüber, daß er bei dieser schweren Entscheidung wohl oder übel eine Ermessensentscheidung würde treffen müssen. Er war aber damals durch die Verhandlungen über den Deutschland-Vertrag und über die Europäische Verteidigungsgemeinschaft über den Rand seiner Kräfte hinaus in Anspruch genommen und hätte die Entscheidung über das Angebot an Israel gewiß gern eine Zeitlang

aufgeschoben, wenn sie nicht so dringend gewesen wäre.
Meine Sorge, die von Küster geteilt wurde, ging dahin, daß nach Eintritt der Verhandlungspause der Entscheidungsdruck nicht mehr empfunden werden würde und daß die Angelegenheit versandete. Es kam dazu, daß gerade jetzt die Verhandlungen mit den Westalliierten über den Deutschland-Vertrag ihren Höhepunkt erreichten. Sie fanden in Mehlem bei Bonn statt. In diesen Wochen wurde der Bundeskanzler für uns nahezu unerreichbar. Selbst Staatssekretär Hallstein und Ministerialdirektor Blankenhorn verbrachten ihre Tage immer häufiger in Mehlem.
In dieser Zeit der Pause bis zum Ausbruch der akuten Krise ereignete sich folgendes:
Am 19. April fanden in Bonn Gespräche der Herren Dr. Goldmann, Dr. Barou und Dr. Shinnar mit Herrn Abs statt. Es kam die Befürchtung zur Sprache, daß die Bundesrepublik zunächst ihre anderen Gläubiger zufriedenstellen wolle und daß Israel und die Organisationen mit dem vorliebnehmen müßten, was übrigbleibe. Wie aus einem Aktenvermerk hervorgeht, haben die Erklärungen von Herrn Abs die jüdischen Vertreter zunächst zufriedengestellt.
Unter Bezugnahme auf diese Besprechung erstattete ich an den Bundeskanzler am 23. April einen umfassenden Bericht über den Stand der Dinge, wie er sich mir darstellte[7]. Ich ging von der Feststellung aus, daß die Globalansprüche Israels und der Claims Conference, gemessen an unserer Leistungsfähigkeit, zwar hoch sind, gemessen am zugefügten Schaden jedoch ohne Zweifel gemäßigt, und daß es sich bei der Entschädigung um denjenigen deutschen Beitrag zur Wiederaufrichtung einer freien Welt handele, der in höherem Grade als jede andere innen- oder außenpolitische Entscheidung das Ergebnis eines freien deutschen Willensaktes sei. Von dem Energiegrad, mit dem diese Entscheidung getroffen werde, hänge nicht nur die Wirkung gegenüber den Verfolgungsopfern und gegenüber der Welt, sondern auch die moralisch erzieherische Wirkung im Innern ab.
In derselben Zeit kam es zu einem Zusammenstoß zwischen dem Bundesfinanzminister Schäffer und Herrn Küster in meiner Gegenwart. Verletzende Bemerkungen Schäffers veranlaßten Küster zu einem Rücktrittsgesuch an den Bundeskanzler. Zwar erklärte sich Herr Küster auf die Bitte des Bundeskanzlers bereit, seinen Antrag noch einmal zu bedenken; aber es bestand wenig Aussicht auf eine versöhnliche Geste des Ministers. Jedenfalls wurde die Tatsache des Rücktrittsgesuchs vorerst nicht öffentlich bekannt.
Dieser Schlag – für mich war es ein harter Schlag – ereignete sich nicht auf dem Schauplatz des Israelvertrages, sondern auf dem Schauplatz der individuellen Wiedergutmachung, über die in Wassenaar mit der Delegation der Claims Conference verhandelt wurde. Es ging auch hier um sehr wichtige Dinge.
Am 6. Mai 1952 beschloß die Knesset einstimmig, die Verhandlungen in Wassenaar sollten nicht wieder aufgenommen werden, bis ein verbindlicher, alle Einzelheiten enthaltender Vorschlag der Bundesregierung vorliege.
Am 10. Mai 1952 befaßte sich der Auswärtige Ausschuß des Bundestages auf Initiative seines Vorsitzenden, des Bundestagsabgeordneten Professor Carlo Schmid, mit der Frage des Zusammenhanges zwischen den Verhandlungen

mit Israel und den Verhandlungen mit den Londoner Gläubigern. Herrn Abs und mir wurde Gelegenheit zur Stellungnahme gegeben. Ich vertrat den Standpunkt, daß bei einem Zusammentreffen von Vertragsschulden und Unrechtsschulden, besonders wenn es sich um Unrechtsschulden von der geschichtlichen Einmaligkeit unserer Wiedergutmachungsverpflichtungen handele, den Unrechtsschulden ein Vorrang eingeräumt werden müsse. Es wurde folgende Entschließung angenommen:

„Der Ausschuß war einmütig der Auffassung, daß die Verhandlungen deutscherseits unter dem Gesichtspunkt weitergeführt werden sollten, daß die Verpflichtung zur Wiedergutmachung, zu der sich Bundestag und Bundesregierung Israel gegenüber bekannt haben, nur dann voll erfüllt wird, wenn ihr das Recht auf bevorrechtigte Befriedigung anerkannt wird.“[8]

Etwa um die gleiche Zeit berief Bundesfinanzminister Schäffer eine Sitzung von Experten, vorwiegend Bankiers, ein. Es sollte über die Frage diskutiert werden, wie sich die Erfüllung der israelischen Forderung auf die Leistungskraft der Bundesrepublik und vor allem auf die Währung auswirken werde. Im Vordergrund stand die Frage der Warenlieferungen. Der Bundeskanzler hatte im Goldmann-Brief im Einverständnis mit dem Bundeswirtschaftsminister Warenlieferungen vorgeschlagen, weil uns harte Devisen nicht zur Verfügung standen. Auch verblieben dann Arbeitslöhne und Gewinne im Lande.

Die meisten Redner argumentierten, man habe mit Sachleistungen zum Zwecke der Reparationszahlung nach dem Ersten Weltkrieg die schlimmsten Erfahrungen gemacht; ja sie behaupteten geradezu, unentgeltliche Warenlieferungen bedeuteten galoppierende Inflation. Mit Ausnahme von Herrn Abs ging kein einziger Redner auf den Entstehungsgrund der Wiedergutmachung ein. Um so häufiger wurde der Einwand vorgebracht, Israel habe zur Zeit des Krieges noch nicht existiert und sei von Deutschland nicht geschädigt worden. Individuelle Wiedergutmachung ja, globale Wiedergutmachung nein. Es herrschte eine Atmosphäre unterkühlter Reserviertheit, die uns, die wir lediglich als Zuhörer anwesend waren, deprimierte und mit Unmut erfüllte. Lediglich Herr Abs stellte das Diskussionsproblem in den geschichtlichen und moralischen Zusammenhang, dem es zugehörte.

Nach Schluß der Sitzung fragte ich Herrn Blankenhorn nach seinem Eindruck. Er äußerte sich ergrimmt und drastisch. Herr Küster fragte mich, wie lang ich dieses Spiel noch mitzuspielen gedenke. Ich sagte, solange der Kanzler nicht aufgebe, bestehe kein Anlaß zur Resignation. Küster gab mir recht.

Ich schrieb unverzüglich an den mir befreundeten Nationalökonomen Professor Wilhelm Röpke und bat ihn um eine Stellungnahme zur Frage der Warenlieferungen. Seine postwendende Antwort leitete ich Hallstein zu.

Die Krise

Am 15. Mai teilte mir Professor Hallstein mit, Herr Abs sei beim Kanzler gewesen und habe ihm den Plan unterbreitet, der israelischen Seite vorzuschlagen, sich für die nächsten vier Jahre mit Warenlieferungen in Höhe von 100 Millionen jährlich zufriedenzugeben. Dieser Betrag könne auf 200 Millionen

DM aufgestockt werden, falls uns eine Auslandsanleihe gewährt werde. Dr. Adenauer habe Abs gebeten, am nächsten Vormittag in der Kabinettsitzung über den Stand der Londoner Verhandlungen zu referieren und bei dieser Gelegenheit seinen Vorschlag zu Gehör zu bringen. Der Kanzler lasse mich bitten, an dieser Kabinettsitzung teilzunehmen.

Herr Hallstein, nicht weniger alarmiert als ich, äußerte die Befürchtung, der Kanzler werde Herrn Abs in der Tat autorisieren, bei den Leitern der israelischen Delegation, die sich zur Zeit in London befänden, in diesem Sinne zu sondieren.

In der Kabinettsitzung vom 16. Mai 1952 erstattete Herr Abs sein Referat und berichtete, daß die Gleichzeitigkeit der Israelverhandlung eine Einigung in London erschwere und daß es deshalb erwünscht sei, Israel für ein Provisorium zu gewinnen. Er denke an das Angebot einiger Jahreslieferungen für die nächsten vier Jahre und hoffe, die Ermächtigung zu erhalten, in diesem Sinne zu sondieren.

Eine Aussprache fand nicht statt. Vielmehr wurde die Sitzung unterbrochen, weil die Anwesenheit der Bundesregierung im Plenum des Bundestages gewünscht wurde.

Im Gedränge sah ich, wie sich Herr Abs vom Bundeskanzler verabschiedete. Als es mir gelungen war, zum Kanzler vorzudringen, bat ich ihn inständig, die erbetene Ermächtigung nicht zu erteilen, weil der Vorschlag für Israel unzumutbar sei und bindenden Erklärungen der Bundesregierung zuwiderlaufe. Adenauer antwortete, er habe seine Zusage schon gegeben. Wenn ich so große Bedenken hätte, dann sei er damit einverstanden, daß ich Herrn Abs nach London begleite. Ich entgegnete, das müsse ich ablehnen: Ich hielte die beabsichtigte Sondierung für verhängnisvoll und könne mich nicht auch noch an ihr beteiligen.

Auf dem Vorplatz traf ich Herrn Abs und fragte ihn, wann ich wohl vom Ergebnis seiner Aktion hören werde. Er sagte, das wisse er nicht. Er gedenke, vorerst in London zu bleiben, und habe nicht die Absicht, dauernd zwischen London und Bonn hin und her zu fahren.

Ich war verzweifelt und fragte mich, aus welchem Grunde Abs diesen Vorstoß gerade jetzt unternommen hatte, nachdem es ihm doch drei Wochen zuvor offenbar gelungen war, den Herren Goldmann, Barou und Shinnar Erklärungen abzugeben, die sie beruhigten. Wieso war er plötzlich auf sein altes Rezept zurückgekommen, der israelischen Delegation eine vorläufige Abfindung anzubieten und sie dann auf unbestimmte Zeit nach Hause zu schicken? Früher war es die Stiftung eines Krankenhauses. Jetzt griff er tiefer in den Beutel und bot eine Abfindung von mehreren Millionen DM an, dafür dann aber offenbar eine Vertagung auf Jahre hinaus.

Die Annahme, daß Abs Israel brüskieren wollte, schied völlig aus. Blieb also nur die Vermutung, daß er glaubte, Grund zur Annahme zu haben, die israelische Regierung werde sein Angebot ohne Rücksicht auf die Stimmung im Lande akzeptieren. Kurz vor meiner Rückfahrt nach Frankfurt fragte ich Hallstein, der ebenso bestürzt war wie ich, ob er es für denkbar halte, daß sich Israel auf den Vorschlag einlasse. Hallstein hielt das für völlig ausgeschlossen. Wenige Tage später erfuhr ich jedoch aus dem Munde von Dr. Josephthal, daß sich Israel in großer Bedrängnis befinde; seine Regierung habe sich um eine englische Anleihe bemüht und sei abgewiesen worden. Herr Abs habe davon Kenntnis gehabt.

Auf der Fahrt nach Frankfurt wurde mir die Unmöglichkeit klar, mich an einem solchen Spiel zu beteiligen. Ich faßte also den Entschluß, meinen Rücktritt zu erklären. Diese Erklärung mußte aber sofort erfolgen, d. h. ehe Herr Abs seine Sondierung unternommen hatte, und bevor es bekannt wurde, wie die israelische Seite reagierte.

Trotzdem überschlief ich die Sache noch einmal und faßte erst am nächsten Morgen, einem Samstag, mein Rücktrittsschreiben an den Bundeskanzler ab. Nachdem ich es zur Post gegeben hatte, rief ich Herrn Küster in Stuttgart an und informierte ihn über meinen Entschluß und über die Ereignisse vom Wochenende.

Herr Küster erwiderte, er werde unverzüglich dem Bundeskanzler mitteilen, daß er an seinem bereits erklärten Rücktritt festhalte. Auch werde er eine Presseerklärung abgeben. Ich sagte, mein Rücktritt solle erst bekannt werden, nachdem mein Brief dem Bundeskanzler zugegangen sei.

Am Montag vormittag (19. Mai) kam ein Anruf aus Bonn, der Kanzler wünsche mich um 15 Uhr zu sprechen; vorher möge ich Herrn Blankenhorn aufsuchen. Blankenhorn empfing mich mit den Worten, nun seien also unsere gemeinsamen Bemühungen um einen Wiedergutmachungsvertrag mit Israel gescheitert. Er könne nicht ausdrücken, wie ihm zumute sei. Der Kanzler sei außer sich über meinen Brief; ich werde das ja gleich selbst sehen. Sodann begleitete er mich zum Bundeskanzler.

Adenauer empfing mich mit versteinertem Gesicht. Er fragte mich, ob ich mir bewußt sei, welchen Schaden ich meinem Lande zugefügt habe. „Ich, Herr Bundeskanzler?" erwiderte ich. Das Gespräch verlief lange Zeit in heftigen Formen. Er warf mir den Rücktritt vor, ich erwiderte mit Angriffen auf den Sondierungsauftrag. So emotional diese Aussprache aber auch war, so wurde sie doch ausschließlich mit Sachargumenten geführt. Adenauer äußerte wiederholt, er begreife nicht, was ich gegen ein Provisorium habe; Rom sei ja auch nicht in einem Tag gebaut worden. Ich entgegnete unter anderem, die Wiedergutmachung sei eine Aufgabe, die mit der Zeit nicht populärer, sondern unpopulärer werde. Adenauer sagte mit einiger Bewegung, das sei wahr. Ich stieß nun nach und sagte, eben aus diesem Grunde könnten die Verhandlungen nicht vertagt werden; ich müsse sagen, daß ich kein Vertrauen in eine Regierung habe, die eine Wiedergutmachungsentscheidung, die heute spruchreif sei, auf unbestimmte Zeit vertage. Der Kanzler erwiderte, er finde es sehr bedauerlich, daß ich ihm ins Gesicht sage, ich hätte kein Vertrauen zu ihm. Ich schwieg. Um diese Zeit erschien ein Diener mit irgendeiner Mitteilung, und Adenauer bat Blankenhorn, sich der Sache anzunehmen.

Die Tür hatte sich noch nicht hinter Herrn Blankenhorn geschlossen, als der Kanzler seine Hand auf meinen Arm legte und sagte: „Also Herr Böhm, was machen wir jetzt?"

Ich schlug vor, der israelischen Delegation die Zahlung von drei Milliarden DM, erfüllbar in Warenleistungen während einer Dauer von acht bis zehn Jahren vorzuschlagen und damit die Verhandlungen in Wassenaar wieder in

Gang zu bringen. Er erbat sich von mir Auskunft über eine Reihe von Einzelheiten, die er auf kleinen Zetteln notierte. Er habe die Absicht, bemerkte er, diesen meinen Vorschlag in einer Kabinettsitzung zur Sprache zu bringen, die noch am gleichen Abend stattfinde.

Danach nahm das Gespräch den Charakter einer sehr persönlichen und sehr vertraulichen Aussprache an. Der Kanzler sagte, ich möge mich von den mancherlei Widerständen, die unsere Verhandlungen in Wassenaar erschweren, nicht entmutigen lassen. Kein Finanzminister der Welt werde einen Milliardenposten für eine Wiedergutmachungsleistung widerstandslos schlucken. Er kam dann auf die innenpolitischen, auch länderpolitischen Rücksichten zu sprechen, die es ihm zuweilen unmöglich machten, zu entscheiden, wie er es für richtig halte. Zum Schluß verabschiedete er mich mit der Bemerkung, er werde heute abend versuchen, sein möglichstes zu tun.

Ich fuhr nach Frankfurt zurück. Um Mitternacht rief Blankenhorn an. Er beginne wieder zu hoffen. Der Bundeskanzler habe sich im Kabinett nachdrücklich und wirksam für meinen Vorschlag eingesetzt. Beschlüsse seien noch nicht gefaßt worden. Des ferneren seien jetzt Nachrichten aus London gekommen. Die israelischen Herren hätten den Vorschlag Abs mit emotionaler Entschiedenheit zurückgewiesen. Der Bundeskanzler habe Herrn Abs auf Mittwoch nachmittag zum Bericht nach Bonn beschieden und lasse mich bitten, an der Besprechung teilzunehmen.

Am folgenden Tag ging dem Bundeskanzler ein vom 19. Mai datierter Brief von Dr. Nahum Goldmann zu. Dr. Goldmann brachte seine „tiefe Enttäuschung" über den Vorschlag Abs zum Ausdruck und erinnerte an die Erklärung der Bundesregierung vom 27. September 1951 sowie an den Kanzlerbrief an ihn vom 6. Dezember 1951, in dem Dr. Adenauer die Forderung des Staates Israel in Höhe von 1 Milliarde US-Dollar als Grundlage der Verhandlungen akzeptiert habe. Er fürchte, daß die jüdische öffentliche Meinung im Lichte dieser früheren Erklärungen den jetzigen Vorschlag als beleidigend empfinden werde, und bitte deshalb Dr. Adenauer, die Verhandlungen „wieder zu dem hohen moralischen Niveau zurückzuführen", von dem er sie bisher betrachtet habe. Der Bundeskanzler möge mit seiner ganzen Autorität dafür sorgen, „daß schnellstens ein Angebot unterbreitet wird, das es ermöglichen wird, die offiziellen Verhandlungen baldigst wieder aufzunehmen"[9].

Die vom Bundeskanzler anberaumte Besprechung fand am 21. Mai 1952 in den Geschäftsräumen des amerikanischen Hochkommissars in Mehlem statt. Anwesend waren außer dem Kanzler die Herren Blankenhorn, Abs, Frowein und ich. Wir saßen in einer Art Vorhalle. Die Türen einiger anschließenden Dienstzimmer standen nach amerikanischer Sitte offen. Von Zeit zu Zeit durchquerten Besucher die Vorhalle, darunter der französische Hochkommissar François-Poncet und der französische Außenminister Robert Schuman. Niemand nahm von irgendwem Notiz.

Herr Abs erstattete Bericht. Die israelischen Gesprächspartner hätten eine völlig unnachgiebige Haltung eingenommen. Bei dieser Verhandlung habe er sich aber davon überzeugt, daß auch ich mich täusche, wenn ich glaube, die Israelis würden sich auf meinen Vorschlag einlassen (drei Milliarden DM, bloß in Waren, zehn Jahre Laufzeit). Sie hätten vielmehr mit äußerster Härte

auf ihrer eigenen Forderung bestanden: 4,2 Milliarden DM, ein Drittel davon in Waren, zwei Drittel aber in harten Devisen, fünf Jahre Laufzeit.
Der Bundeskanzler fragte mich, was ich dazu meine. Ich sagte, ich sei überzeugt, daß die israelische Seite meinen Vorschlag als eine faire Verhandlungsgrundlage gelten lasse und in eine sofortige Wiederaufnahme der Verhandlungen einwilligen werde. Darauf der Kanzler: „Herr Böhm, Sie haben mir Ihren Rücktritt erklärt. Ich frage Sie: Sind Sie bereit, in meinem Auftrag nach Paris zu fahren, dem Herrn Dr. Goldmann Ihren Vorschlag als privaten Vorschlag zu unterbreiten und mich von der Resonanz zu unterrichten?" Ich erklärte mich bereit.

Die Besprechung mit Nahum Goldmann

Meine Besprechung mit Dr. Goldmann in Paris fand am 23. Mai statt. Ich teilte mit, beauftragt zu sein, ihm einen Vorschlag bekanntzugeben, den ich selbst der Bundesregierung unterbreitet habe, über den aber noch kein Beschluß gefaßt worden sei. Der Bundeskanzler wünsche, seine, Dr. Goldmanns Stellungnahme kennenzulernen, bevor die Bundesregierung selbst mit einem Angebot hervortrete.
Mein Vorschlag sah vor: Eine Gesamtsumme von drei Milliarden DM, eine Erfüllungszeit von minimal acht, maximal zwölf Jahren, jährliche Lieferungen in Waren, deren Zusammensetzung jeweils von einer gemischten Kommission festgelegt werden sollten, Anfangsannuitäten in Höhe von jeweils 200 Millionen DM für die ersten zwei Jahre. Außerdem alternativ: Teilweise Zahlung in Devisen unter der Voraussetzung, daß es der Bundesregierung möglich sei, eine Auslandsanleihe zu diesem Zweck zu erhalten.
Dr. Goldmann reagierte ausgesprochen freundlich. Hier werde, so meinte er, eine geschlossene Gesamtlösung dargeboten und eine erhebliche Wiedergutmachungsleistung vorgesehen. Der Vorschlag habe freilich auch Schönheitsfehler, z. B. zu geringe Anlaufsannuitäten, Beschränkung auf Warenleistungen, zu weit gespannter Zeitrahmen. Aber darüber könne man ja noch verhandeln. Im übrigen möge ich dem Bundeskanzler sagen: Wenn sich die Bundesregierung entschließen könne, meinen privaten Vorschlag zu ihrem eigenen Vorschlag zu machen, dann könnten die Verhandlungen in Wassenaar morgen wieder aufgenommen werden.
Es wurde dann noch über die Globalforderung der Claims Conference gesprochen. Hier sei ja wohl mit einem größeren Schnitt zu rechnen. Aber vielleicht könne man die Verstimmung der amerikanischen Juden darüber durch ein Entgegenkommen in den Zahlungsmodalitäten mildern. Daß dadurch für die Bundesrepublik aufs neue ein Transferproblem entstehe, räumte Dr. Goldmann ein.
Anschließend hatte Dr. Goldmann die Herren Dr. Josephthal, Dr. Shinnar, Dr. Avner und Dr. Barou zum Essen geladen, so daß ich die Gelegenheit hatte, meinen Vorschlag auch mit den führenden Herren der Israel-Delegation zu erörtern.
Die Kritik der israelischen Regierungsvertreter war schärfer, konzentrierte sich aber im wesentlichen auf zwei Fragen (Devisenanteil und Geringfügigkeit

der ersten Jahreszahlungen), während die in meinem Vorschlag vorgesehene Herabsetzung der Gesamtsumme von 4,2 auf 3 Milliarden DM nur beiläufig diskutiert wurde.

Im Vordergrund des Gesprächs über die Frage der Devisenzahlungen stand ein Vorschlag von Dr. Shinnar. Er wies darauf hin, daß die Bundesrepublik bei der Europäischen Zahlungsunion über ein hohes Sterlingguthaben verfüge, das wir mit Zustimmung des Schuldnerstaates England an Israel abtreten könnten. England werde seine Zustimmung davon abhängig machen, daß sich Israel zu Warenbestellungen in England verpflichte. Israel aber sei an englischen Öllieferungen in höchstem Grad interessiert: Es handele sich hier um einen äußerst empfindlichen Engpaß für das devisenarme Israel. Ebenso lebenswichtig für Israel seien hohe deutsche Jahreszahlungen für die ersten zwei Jahre.

Als Ergebnis der Aussprache wurde festgestellt, daß man, wenn der Bundeskanzler erkläre, über meinen Vorschlag nicht hinausgehen zu können, in Wassenaar über Modalitäten verhandeln könne.

Zum Schluß bat mich Dr. Goldmann, dem Bundeskanzler zu berichten, daß eine baldige Entscheidung viel bedeute. Er werde es außerordentlich begrüßen, wenn der Bundeskanzler ihm schon bei seiner Anwesenheit in Paris Anfang nächster Woche bindende Erklärungen abgeben könne.

Am Abend erwartete mich Dr. Josephthal am Pariser Bahnsteig. Er habe das Bedürfnis, mir zu erklären, warum für sein Land der Wunsch, Devisen zu erhalten, so dringend geworden sei. Israel habe in den letzten Wochen versucht, in London eine Anleihe zu erhalten, sei aber gescheitert. Die Verlegenheit, die damit für Israel entstanden sei, veranlasse ihn, mir zu erklären, daß Israel bereit sei, in die von mir vorgesehene Herabsetzung der Gesamtsumme zu willigen, wenn sich die Bundesregierung dazu verstehen könne, einen Teil der Jahresleistungen für die nächsten Jahre in Devisen zu erfüllen. Dr. Shinnar sei bereit, die Einzelheiten dieser Fragen mit dem Bundeswirtschaftsminister zu erörtern, wenn das gewünscht werde.

Durch Vermittlung unserer Pariser Botschaft gab ich einen kurzen telegraphischen Bericht nach Bonn; ihm folgte ein ausführlicher Bericht nach meiner Rückkehr[10].

Wenige Tage danach, am 27./28. Mai 1952, hielt sich der Bundeskanzler in Paris auf, um den Vertrag über die Europäische Verteidigungsgemeinschaft zu unterzeichnen. Die vorgesehene Begegnung mit Dr. Goldmann fand statt; doch konnte der Bundeskanzler zu diesem Zeitpunkt verständlicherweise noch keine bindende Erklärung abgeben. Immerhin kam es zu dem von Dr. Goldmann vorgeschlagenen Pressekommuniqué, in dem der Bundeskanzler für die nahe Zukunft eine erneute Besprechung und die Unterbreitung eines konkreten Vorschlags in Aussicht stellte.

Das Angebot des Bundeskanzlers

Die vereinbarte Besprechung fand am 10. Juni 1952 in Bonn statt. Sie erwies sich als das entscheidende Ereignis unserer Wiedergutmachungsverhandlungen.

Es waren zwei Sitzungen vorgesehen: Eine vorbereitende Sitzung für den Vormittag im Bundeskanzleramt unter Vorsitz des Staatssekretärs Hallstein und eine Hauptsitzung für den Nachmittag; sie fand unter dem Vorsitz des Bundeskanzlers im Kanzlerzimmer des Bundeshauses statt.
Weitere Teilnehmer beider Sitzungen waren Dr. Goldmann, Dr. Shinnar, Ministerialdirektor Blankenhorn, Herr Abs, Dr. Frowein und ich.
In der Vormittagssitzung wurde über eine Reihe von Punkten Einigung erzielt mit dem Vorbehalt der Entscheidung Adenauers. So zunächst über die Höhe der an Israel zu leistenden Entschädigung. Sie sollte drei Milliarden DM betragen.
Eingehender, weil zum erstenmal seit Beginn der Wassenaar-Verhandlungen, wurde über die Globalforderung der Claims Conference diskutiert. Dr. Goldmann war bereit, in eine Herabsetzung der ursprünglich geforderten Summe auf 500 Millionen DM zu willigen, unter der Voraussetzung, daß Zahlung in Devisen vorgesehen werde, da die zu unterstützenden Verfolgungsopfer weder mit Warenlieferungen, noch mit Sperrmark-Guthaben etwas anfangen könnten. Auf den Widerspruch von Herrn Abs, der mit großer Festigkeit an seinem seit jeher betonten Standpunkt festhielt, daß die Bundesrepublik vor Ende der Londoner Schuldenregelungskonferenz keine Zahlungsverpflichtungen in fremder Währung übernehmen könne, machte Dr. Goldmann den Vorschlag, den Betrag von 500 Millionen DM in Waren ebenfalls an Israel zu leisten, und zwar als 13. und 14. Jahreslieferung. Israel werde sich dann in einem Vertrag mit der Claims Conference zur Abführung des Gegenwerts verpflichten. Die endgültige Einigung wurde auf den Nachmittag vertagt. Dasselbe geschah mit dem Vorschlag Dr. Shinnars betreffend die Abtretung unseres Sterlingguthabens bei der EZU an Israel zur Zahlung israelischer Rohölbezüge.
Keine Einigung wurde erzielt in der heiß umstrittenen Frage der Zahlungsdauer. Dr. Shinnar insistierte auf einer Höchstdauer von zehn Jahren, während wir auf eine Dauer von zwölf Jahren (zusammen mit den Warenlieferungen zugunsten der Claims Conference von 14 Jahren) Wert legten, aber für den Fall, daß uns eine Auslandsanleihe gewährt werde, eine Beschleunigung der Vertragsabwicklung ins Auge faßten.
In der Nachmittagssitzung referierte zunächst Hallstein über die Punkte, in denen am Vormittag eine Einigung erzielt war. Adenauer gab seine Zustimmung.
Der Bundeskanzler ging dann zuerst auf die Frage ein, welche Art von Waren geliefert werden sollten. Nach israelischem Vorschlag sollte nur ein symbolisch kleiner Anteil (3%) aus Konsumgütern bestehen. Adenauer schlug einen höheren Anteil vor, besonders an Nahrungsmitteln und landwirtschaftlichen Erzeugnissen (Butter): Er habe gehört, daß gerade an solchen Waren in Israel empfindlicher Mangel herrsche. Dr. Shinnar, aber auch Dr. Goldmann erklärten dagegen, daß die deutschen Lieferungen ganz überwiegend dem Aufbau und Ausbau der wirtschaftlichen Grundlage des jungen Staatswesens dienen sollten, deshalb müßten sie sich in Israel vorerst noch mit Margarine behelfen. Der Kanzler wandte sich an seine Mitarbeiter und bemerkte: „Meine Herren, Sie sehen, wie sehr wir dieses kleine mutige Volk bewundern müssen."

In der Frage der Zahlungsdauer beharrte der Bundeskanzler auf unserem Vorschlag von zwölf (bzw. 14) Jahreslieferungen, willigte aber in einen von Herrn Abs vorgeschlagenen Kompromiß ein, der vorsah, daß die beiden letzten Jahresraten, d. h. die 13. und 14., vorzeitig gezahlt werden sollten, wenn es der Bundesregierung gelinge, ein Darlehen in dieser Höhe und zu diesem Zweck zu erhalten[11].

Dagegen stimmte der Kanzler der Abtretung deutscher Guthaben bei der Europäischen Zahlungsunion für Zwecke israelischer Rohöleinkäufe in England zu, nachdem er sich unter dem Eindruck der Darlegungen von Dr. Shinnar von der überragenden Bedeutung überzeugt hatte, die dieses Entgegenkommen für den auf Öl als einzige Energiequelle völlig angewiesenen Staat Israel besaß. Diese Entscheidung bedeutete, daß Israel, worauf es so großen Wert gelegt hatte, wenigstens für die ersten wichtigen Anlaufjahre auch in den Besitz von Devisen gelangte.

Damit war über so gut wie alle wichtigen Einzelheiten der abzuschließenden Vertragswerke eine Übereinstimmung erzielt und das bundesdeutsche Angebot durch klare und eindeutige Entscheidungen des Bundeskanzlers endgültig fixiert. Kein wichtiger Punkt war ausgelassen.

Nach Stunden intensiven Verhandelns mußte der Kanzler die Sitzung vorübergehend verlassen, um eine Besprechung mit den Parteiführern wahrzunehmen. Er schlug vor, das Ergebnis in einer protokollarisch beurkundeten Niederschrift festzuhalten, und bat die Herren Hallstein, Dr. Shinnar und Abs, diese Niederschrift während seiner Abwesenheit anzufertigen. Obwohl Herr Abs befürchtete, seinen Zug nach London zu versäumen, beharrte Dr. Adenauer auf seiner Teilnahme und Unterzeichnung.

Als bei der Rückkehr des Kanzlers die fertiggestellte und von den drei Herren unterschriebene Niederschrift übergeben war, richtete Dr. Adenauer an Herrn Abs die Frage, welches nach seiner Meinung die Reaktion der Londoner Gläubiger auf die Einigung sein werde; Abs erwiderte, er glaube, daß es ihm gelingen werde, seine Verhandlungspartner von dem Gewicht der Gründe zu überzeugen, die für die Bundesregierung ausschlaggebend gewesen seien. Eine Woche später erteilte das Bundeskabinett seine Zustimmung.

Am 28. Juni wurden die Verhandlungen in Wassenaar wieder aufgenommen. Anfang September wurden die zu Ende verhandelten Vertragstexte von der Bundesregierung gebilligt.

Am 10. September 1952 wurden die Verträge in Luxemburg von Bundeskanzler Adenauer, dem israelischen Außenminister Moshe Sharett und Nahum Goldmann unterzeichnet. Ihr Inhalt beruhte auf der am 10. Juni in Bonn erzielten Einigung.

Ich habe versucht, den Verlauf der Verhandlungen über die Globalansprüche Israels und der Claims Conference so genau darzustellen, wie mir das nach meinen Erinnerungen und unter Benutzung der veröffentlichten Materialien möglich war. Soweit diese Materialien die Vorgänge bis zur Krise im Mai 1952 zum Gegenstand haben, weichen die Aufzeichnungen anderer Autoren, an einem Punkt auch die Aufzeichnungen Konrad Adenauers, mitunter von den meinigen ab. Übereinstimmung aber besteht in allen Darstellungen über das Eingreifen des Bundeskanzlers nach dem 19. Mai 1952. An einem einzigen

Nachmittag brachte er binnen weniger Stunden eine protokollierte Übereinstimmung über eben jenen Vertragsinhalt zustande, der ihm bereits vorgeschwebt hatte, als er mit seinem Brief an Dr. Goldmann vom 6. Dezember 1951 die Verhandlungen anregte und in Gang brachte. Wie Dr. Adenauer dabei zu Werk gegangen ist, seine Kunst des Improvisierens und Verhandelns, seine Entschlußkraft, sein Einfühlungsvermögen haben die Bewunderung aller gefunden, die damals unmittelbare Zeugen dieser Vorgänge waren. Mir selbst hat sich die ihm eigene unpathetische Natürlichkeit und ihre eindrucksvolle Verbindung mit tiefem Ernst eingeprägt. Jedenfalls steht fest, daß Konrad Adenauer der einzige ist, der – auf deutscher Seite – den Anspruch erheben kann, Anreger und Vollender der Luxemburger Wiedergutmachungsverträge zu sein.

1 Für einen Auszug aus dieser Note vgl. Felix E. Shinnar, Bericht eines Beauftragten. Die deutsch-israelischen Beziehungen 1951–1966, Tübingen 1967, S. 20ff.

2 Für den Wortlaut der Note vgl. Rolf Vogel (Hrsg.), Deutschlands Weg nach Israel, Stuttgart 1967, S. 29ff.

3 Genau gesagt zwei Staaten: die Bundesrepublik Deutschland und die Deutsche Demokratische Republik. Aber nur die Bundesrepublik Deutschland erhebt den Anspruch, als Vorstadium eines gesamtdeutschen Staates das Deutsche Reich fortzusetzen und Träger der Rechte und Verpflichtungen dieses Reichs zu sein, während sich die Deutsche Demokratische Republik selbst als einen rein sezessionistischen, völlig neuen Staat versteht und jeden staatsrechtlichen Zusammenhang mit der politischen Vorgeschichte bestreitet. Als neuer Stern am Staatenhimmel betrat sie den Schauplatz der Geschichte, geläutert und entsühnt durch eine neue Gesellschaftsordnung, rein an Herz und Seele, mit Hitler weder verwandt noch verschwägert.

4 Für den Wortlaut der Rede Adenauers vgl. Verhandlungen des Deutschen Bundestages. 1. Wahlperiode 1949. Stenographische Berichte. Bd. 9, S. 6697f.

5 Vgl. Verhandlungen des Deutschen Bundestages. 1. Wahlperiode 1949. Stenographische Berichte. Bd. 9, S. 6700.

6 Vgl. Vogel, S. 39.

7 Auszugsweise abgedruckt in Konrad Adenauer, Erinnerungen 1953–1955, Stuttgart 1966, S. 144f. Für den vollen Wortlaut vgl. Vogel, S. 49ff.

8 Vgl. Shinnar, S. 39.

9 Für den Wortlaut des Briefes vgl. Vogel, S. 52ff.

10 Vgl. Vogel, S. 54ff.

11 In der Tat gewährte die Deutsche Bank sechs Jahre später (am 28. November 1958) an die Israel-Mission, der der Einkauf der Vertragswaren in der Bundesrepublik oblag, ein Darlehen in Höhe von 450 Millionen DM, das aus den beiden letzten Jahresraten von 1964/65 und 1965/66 zurückzuzahlen war.
Die Zahl von 450 Millionen (anstatt 500 Millionen) DM erklärt sich daraus, daß aus dem an die Claims Conference zu zahlenden Betrag ein Betrag von 50 Millionen DM zugunsten der christlichen Verfolgungsopfer abgezweigt wurde, die von Hitler ihrer Rasse wegen als Juden verfolgt worden waren.

LUCIUS D. CLAY

Adenauers Verhältnis zu den Amerikanern und die deutsch-amerikanischen Beziehungen nach 1945

Ich empfinde es als Ehre und Vorzug, einen Aufsatz zu der Festschrift aus Anlaß des 100. Geburtstages von Konrad Adenauer beitragen zu dürfen, gibt es mir doch die Gelegenheit, dem Manne Tribut zu zollen, der Weltruhm als Staatsmann in einem Alter erwarb, in dem man normalerweise die aktive Szene längst verlassen hat. Seinem unermüdlichen Wirken für die Nordatlantische Gemeinschaft und die Sache der Freiheit ist es mit zu verdanken, daß in einer unruhigen Welt jenes Gleichgewicht der Kräfte und wenigstens jener schwankende Friede wiederhergestellt werden konnten, die über ein Vierteljahrhundert bis auf den heutigen Tag andauern.

Thema meines Beitrages sollte „Die amerikanische Berlin- und Deutschlandpolitik des Jahres 1961" sein, des Jahres also, in dem die Berliner Mauer gebaut wurde und ich als Persönlicher Beauftragter Präsident Kennedys nach Berlin zurückkehrte. Ich dachte, dieser Aufsatz lasse sich leicht in klaren und unmißverständlichen Worten schreiben. Doch bald stellte ich fest, daß es kein einziges Dokument des Außenministeriums gibt, das eine spezifische Politik für 1961 umschreibt, noch ist damals oder zu einem anderen konkreten Zeitpunkt eine größere Veränderung unserer Politik eingetreten. Diese Politik hatte sich vielmehr über die Jahre herausgebildet und läßt sich wohl auch gar nicht mit Definitionen umschreiben; am nächsten kommt man ihr mit dem Versuch einer Darstellung, welches Verhältnis zwischen unseren Völkern und Regierungen zustande gekommen ist. Hat man das einmal begriffen, dann gewinnt die Rolle Konrad Adenauers ihre wirkliche Bedeutung.

Dazu muß ich die Entwicklung dieses Verhältnisses in der ganzen Nachkriegszeit Revue passieren lassen. Gewiß werden andere dieses selbe Thema in größerer Ausführlichkeit behandeln, so daß ich manches wiederholen mag, was sie schon gesagt haben. Ich will aber versuchen, weniger von Einzeldaten und -ereignissen als vielmehr von dem Gesamtrahmen zu berichten, in dem die Bundesrepublik Deutschland zu einer führenden Nation der freien Welt werden und beim Wiederaufbau des politischen und wirtschaftlichen Lebens Westeuropas eine bedeutsame Rolle spielen sollte.

Bei Kriegsende stand Amerika in einer Drei-Mächte- und nach dem Hinzutreten Frankreichs Vier-Mächte-Verwaltung Deutschlands, das als Ganzes verwaltet werden sollte, bis eine neue, demokratische deutsche Regierung gewählt werden und ihre Amtsgeschäfte aufnehmen konnte. Jede der vier Mächte besaß ihre eigene Besatzungszone. In Westdeutschland bestand uneingeschränkte Verkehrs- und Bewegungsfreiheit zwischen den drei Zonen, aber die sowjetische Zone wurde von Anfang an von den anderen durch das abgeschnitten, was Winston Churchill den Eisernen Vorhang genannt hat. Östlich des Eisernen Vorhangs ergriff überall die kommunistische Partei die Macht, gestützt auf die Drohung der sowjetischen militärischen Stärke, und ihr Drang nach Westen wurde nur durch die dünne Linie amerikanischer und britischer Truppen an der Zonengrenze aufgehalten. Sogar in Westeuropa gewannen die kommunistischen Parteien immer mehr an Stärke, so daß sie eine Beteiligung an Koalitionsregierungen verlangen und auch erreichen konnten und mancherorts sogar die politische Vorherrschaft zu gewinnen drohten. Die meisten westeuropäischen Länder waren nicht in der Lage, wirtschaftliche Stabilität zu erzielen, und die Sorge des Menschen um sein Überleben minderte seinen Freiheitswillen.

Immer deutlicher schälte sich heraus, daß es eine Vereinigung Deutschlands unter einer deutschen Regierung nicht geben konnte. Dies stellten die Vereinigten Staaten mit der Rede von Außenminister Byrnes am 8. September 1946 fest, der die vier Ministerpräsidenten der amerikanischen Zone beiwohnten und in der er unsere Absicht kundtat, unsere Truppen solange in Deutschland zu lassen, als irgendeine andere Nation dort noch Truppen unterhielt; das amerikanische Volk wolle außerdem dem deutschen Volk helfen, seinen ehrenvollen Platz in der Gemeinschaft der freien und friedliebenden Völker der Welt wiederzuerringen. Diese schon 1946 ausgesprochene Politik blieb über Jahre hinweg die der Vereinigten Staaten.

Kurz darauf einigten sich die Außenminister Byrnes und Bevin im Dezember 1946 in New York, die amerikanische und britische Zone in einer Wirtschaftseinheit zusammenzufassen, womit eine enge Koordinierung der britischen und amerikanischen Bemühungen in Deutschland notwendig wurde. Die Beziehungen mit den sowjetischen Vertretern in Deutschland besserten sich nicht, und bald wurde offenkundig, daß die Sowjets kein Interesse an der Schaffung einer deutschen Regierung für ein vereinigtes Deutschland hatten. Im März 1947 kehrte General Marshall von einer ergebnislosen Außenministerkonferenz der vier Besatzungsmächte in Moskau zurück und bat mich, ihn am Flughafen Tempelhof zu treffen, wo er mir die Vollmacht gab, unsere Bemühungen zur Wiederherstellung der deutschen Wirtschaft in der Bizone zu verstärken. Kurz danach hielt er am 6. Juni 1947 seine Rede in Harvard, in der er allen Ländern Europas einschließlich Rußlands beträchtliche Hilfe anbot. Unter der Führung von Ernest Bevin akzeptierten die Länder Westeuropas sofort. In Osteuropa gab die Tschechoslowakei zuerst ihre Zustimmung, zog sie dann aber unter sowjetischem Druck wieder zurück. Der Eiserne Vorhang war schon heruntergegangen! Zu jener Zeit stand noch nicht fest, ob Westdeutschland an der Marshall-Plan-Hilfe teilhaben durfte. Die Länder Westeuropas waren nicht dafür. Aber die Mitglieder des Ausschusses des Repräsentantenhauses der Vereinigten Staaten, die unter Führung von Herrn Herter die Bedingungen in Westeuropa untersuchten, kamen zu dem Schluß, ein Wiederaufbau Westeuropas sei unmöglich, wenn man durch Ausschluß des Landes mit dem größten Produktionspotential ein wirtschaftliches Vakuum schaffe. Außerdem hatte unsere politische Führung erkannt, daß Freiheit dem Menschen zwar sehr viel bedeute, aber an Bedeutung verliere, wenn Hunger und Armut herrschen. Glücklicherweise setzten sich diese Auffassungen durch und wurde Deutschland in das ERP-Programm einbezogen. Ein interessantes Detail: In den zur Verwirklichung des Programms geschaffenen europäischen

Gremien entstammten die Vertreter Westdeutschlands den Militärregierungen, hatten jedoch deutsche Sachverständige bei sich, auf die sie sich völlig verließen. Binnen kurzer Zeit gewannen diese deutschen Sachverständigen das Vertrauen der westeuropäischen Mitglieder und wurden aus eigenem Recht akzeptiert.
Im Herbst 1947 fand in London eine weitere Konferenz der vier Außenminister statt, die nicht nur ergebnislos blieb, sondern auch von Molotow als Forum für Angriffe auf die Westmächte mißbraucht wurde. Am Ende der Konferenz erhielten General Robertson und ich von unseren Außenministern Marshall und Bevin die Erlaubnis, für die Bizone eine deutsche Verwaltung aufzubauen, und Außenminister Bidault erklärte, Frankreich wolle seine Zone mit den unsrigen verschmelzen. Im April 1948 fand in London eine Konferenz der drei Westmächte statt, der auch Vertreter der Benelux-Staaten beiwohnten, und man einigte sich auf die Einzelheiten der Errichtung einer begrenzten Regierung für Westdeutschland unter einer Verfassung, die von einer verfassunggebenden Versammlung ausgearbeitet werden sollte. Dem stimmten alle Regierungen zu, und die Wahl einer solchen Versammlung wurde den Ministerpräsidenten der Länder übertragen. In Anbetracht der Teilung Deutschlands nannten sie die Versammlung „Parlamentarischer Rat" und die Verfassung „Grundgesetz". Der Parlamentarische Rat trat im September 1948 zusammen und wählte Konrad Adenauer zu seinem Vorsitzenden.
Inzwischen hatten die Militärregierungen Westdeutschlands im Juni 1948 eine drastische Währungsreform durchgeführt. Das war eine wesentliche Voraussetzung für jede Gesundung Deutschlands. Sie wäre jedoch für eine gewählte Regierung kaum durchführbar gewesen. Die sowjetische Regierung nahm dies zum Vorwand für die Verhängung der Blockade über Berlin. Dieses Vorgehen, das die Luftbrücke zur Folge hatte, beschleunigte die Bemühungen der deutschen Politiker, selbst die Verantwortung zu übernehmen, und trug überdies wesentlich dazu bei, daß Westdeutschland in die westliche Völkerfamilie aufgenommen wurde.
Doch die Einberufung des Parlamentarischen Rates hatte noch ein anderes wichtiges Ergebnis, wenngleich man das damals vielleicht noch nicht erkannte: Konrad Adenauer betrat die Szene. Auch zu jener Zeit gab es in Deutschland zwei große politische Parteien, die CDU im Bunde mit der bayerischen CSU und die SPD. Konrad Adenauer hatte beim Aufbau der CDU und ihrer Verbindung mit der CSU eine bedeutende Rolle gespielt. Bevor der Parlamentarische Rat zusammentrat, wußte ich von ihm nur, daß er als Bürgermeister für Köln vorgesehen war, als diese Stadt noch unter dem Oberbefehl der amerikanischen Streitkräfte stand, und ich hatte natürlich die – wahre oder unwahre – Geschichte gehört, die Engländer hätten ihn später abgesetzt, weil er für das Amt zu alt sei.
Als Vorsitzender des Parlamentarischen Rates hatte er auch den Vorsitz des Ausschusses inne, der von Zeit zu Zeit mit den Militärgouverneuren zusammentraf. In dieser Eigenschaft habe ich ihn kennen- und seine Fähigkeiten hoch schätzengelernt. Die Verhandlungen zwischen dem Ausschuß und den drei Militärgouverneuren waren nie einfach. Natürlich, denn die zur Verhandlung anstehenden Fragen waren nicht leicht lösbar. Außerdem gab es innerhalb des Ausschusses politische Meinungsverschiedenheiten, so daß er nicht immer

mit einer Stimme sprach, und andererseits interpretierten die drei Militärgouverneure ihre Instruktionen nicht immer einheitlich. Es gelang uns aber, trotz dieser Schwierigkeiten alle Probleme zu lösen, und so verabschiedete der Parlamentarische Rat am 8. Mai das Grundgesetz, das die Militärgouverneure am 12. Mai billigten. Das war weitgehend dem Vorsitzenden des Rates zu verdanken. (Ich muß hinzufügen, daß das führende SPD-Mitglied im Rat, Professor Carlo Schmid, ebenfalls sehr dabei behilflich war, wenn wir Meinungsverschiedenheiten aufzulösen suchten.) Ich schrieb damals: „Dr. Adenauer ist eine interessante Persönlichkeit; man möchte bei seiner Aktivität und Energie nicht glauben, daß er schon 73 Jahre alt war. Er ist ein fähiger Politiker, der im Laufe einer langen politischen Karriere eine führende Position erreicht hat. Er steht heute an der Spitze der Christlich-Demokratischen Union. Seine gründlichen Kenntnisse von den Regierungsgeschäften und den parlamentarischen Verfahrensweisen machten ihn bei seiner Geschicklichkeit und Intelligenz zu einem Führer mit wirklicher Durchschlagskraft [...] Wenn er sich über das Niveau der Parteipolitik erhebt, besitzt er staatsmännische Klugheit und Qualität. Er hat diese Fähigkeiten bei kritischen Situationen im Parlamentarischen Rat bewiesen."[1] Er sollte es als deutscher Bundeskanzler immer wieder tun, und selbst meine damals schon hohe Einschätzung seiner Qualitäten blieb weit hinter dem zurück, was seinen späteren Leistungen Genüge tun würde.

Nach Verabschiedung des Grundgesetzes wurden Wahlen abgehalten, und im September übernahm eine deutsche Regierung die Verantwortung für die Regierung im Innern. An die Stelle der Militärgouverneure traten Hohe Kommissare. Zwar übte die neue Regierung nur begrenzte Souveränität aus, denn Rüstung und Industrie, die Kriegsmaterial herstellen könnte, unterlagen Beschränkungen, und die Außenpolitik blieb ihr vorenthalten; aber sie war eine vom deutschen Volk gewählte, repräsentative Regierung, und Konrad Adenauer war Bundeskanzler. Unsere eigene Deutschlandpolitik zu jener Zeit war offenkundig, wenn sie auch nicht speziell definiert worden ist. Im Juli 1949 hatten wir den Nordatlantik-Vertrag unterschrieben, und wir hofften und erwarteten, daß die Bundesrepublik Deutschland eines Tages Mitglied werde. Unsere Politik bestand darin, ihre Aufnahme als freies und unabhängiges Land in die Gremien der freien Länder Westeuropas zu fördern, soweit nur irgend möglich die Festschreibung ihrer Grenzen zu vermeiden, weil damit die Wiedervereinigung erschwert würde, und mit der neuen westdeutschen Regierung jede Maßnahme und jeden Beschluß zu besprechen, die sie berühren könnten. Eine fortschrittliche Politik unter den herrschenden Umständen, die aber für die britische Regierung und auch für die französische Regierung noch akzeptabel war, solange Robert Schuman im Amt war. So stand im September 1949 Konrad Adenauer als erster Bundeskanzler der Bundesrepublik einer Regierung mit eingeschränkter Souveränität und Macht vor. Sie war zustande gekommen dank der Zusammenarbeit dreier fähiger Außenminister – Acheson, Bevin und Schuman. Für die Vereinigten Staaten war es die logische Fortentwicklung der Zusage von Byrnes, daß amerikanische Streitkräfte in Europa blieben und dem deutschen Volk geholfen werden solle, seine politische und wirtschaftliche Unabhängigkeit wiederzuerlangen, und eine Weiterentwicklung des Drängens von Außenminister Marshall, wonach die wirtschaftliche Wiedergesundung Deutschlands wesentlich war für den wirtschaftlichen Wiederaufstieg Westeuropas.

Hier muß daran erinnert werden, daß damals weder diese Staatsmänner den neuen Bundeskanzler kannten noch er sie. Es war den Militärgouverneuren aufgetragen, den klugen Gedanken der Wiedererrichtung einer deutschen Regierung in die Tat umzusetzen. Damit fiel Bundeskanzler Adenauer die Aufgabe zu, eine neue Regierung zu schaffen, den für ihr Funktionieren notwendigen Apparat aufzubauen und gleichzeitig die Staatsmänner der Welt kennenzulernen, um ihre Zustimmung zur vollen Souveränität der Bundesrepublik Deutschland zu erringen, damit diese ihren Platz unter den Völkern der Welt einnehmen konnte. All das mußte geschehen inmitten der immer noch bitteren Nachwehen des Zweiten Weltkriegs.

Glücklicherweise hatten sich die nordatlantischen Länder einschließlich der Vereinigten Staaten als Ergebnis des Nordatlantik-Vertrags auf eine gemeinsame Verteidigung geeinigt, und diese setzte die fortdauernde Anwesenheit amerikanischer Streitkräfte in Europa voraus. In Deutschland standen diese Streitkräfte zu jener Zeit noch als Besatzungstruppen, aber die sowjetische Berlinblockade hatte ihnen bereits einen neuen Status als Verteidigungstruppen für Westeuropa verschafft. Immer klarer trat zutage, daß die NATO, um wirksam zu sein, Westdeutschland als Mitglied brauchte.

Trotzdem blieb der Aufbau einer starken und gesunden Bundesrepublik Deutschland, die auch als solche von den Nationen der Welt akzeptiert wurde, eine ungeheure Aufgabe. In dieser wichtigen und kritischen Phase der Bildung der neuen Regierung kamen dem Bundeskanzler mehrere Faktoren zu Hilfe, nicht etwa zufällig, sondern weil er sie erkannte und nach Kräften nutzte. Bei seinem Amtsantritt fühlte er sich einigermaßen sicher, daß die Politik der Vereinigten Staaten das Ziel verfolgte, beim Wiederaufbau der deutschen Wirtschaft mitzuhelfen, die Souveränitätsbeschränkungen des neuen Landes so schnell abzubauen, wie andere verantwortliche Regierungen es zuließen, und es wieder in die freie Völkerfamilie einzuführen. Die amerikanischen Truppen sollten in Europa nicht mehr Besatzungstruppen sein, sondern Teil einer gemeinsamen Verteidigung Westeuropas, an der die Vereinigten Staaten bald Westdeutschland beteiligt zu sehen hofften. Intern befand sich die deutsche Wirtschaft dank der Währungsreform und Marshall-Plan-Hilfe unter der klugen Führung von Professor Erhard bereits auf dem Weg zum Wiederaufstieg, und Erhard sollte auch in der neuen Regierung diese Aufgabe wahrnehmen. Die Bildung der neuen Regierung war vielleicht die am wenigsten schwierige Angelegenheit für Konrad Adenauer. Entgegen einer verbreiteten Ansicht verlor er sich keineswegs im Detail, sondern er ernannte fähige Männer zu seinen Gehilfen und räumte ihnen die Vollmacht ein, verantwortliche Regierungsarbeit zu leisten. So wurde die neue Regierung mit großer Geschwindigkeit und Geschicklichkeit eingerichtet und war leistungsfähig, und so konnte Konrad Adenauer sein Talent darauf konzentrieren, daß das Freie Deutschland als freie und unabhängige Nation ihr Verhältnis mit anderen Nationen verantwortlich in die Hand nehmen konnte.

In dieser kritischen Phase der Außenbeziehungen hatte er zumindest hinsichtlich der Vereinigten Staaten das Glück, daß John McCloy zum ersten Hohen

Kommissar für Deutschland ernannt wurde. Die Auffassungen dieses hervorragenden Amerikaners genossen hohe Achtung in beiden großen amerikanischen Parteien, er stand auf freundschaftlichem Fuß mit vielen gewichtigen Persönlichkeiten Westeuropas, und er war zutiefst von der Wichtigkeit eines stabilen und unabhängigen Westdeutschlands für ganz Europa überzeugt. Er und der Bundeskanzler sollten bleibende Freundschaft schließen, die viel zur Schaffung einer wohlwollenden Haltung beider Regierungen zueinander und zum Vertrauen westlicher Politiker auf die Aufrichtigkeit und den guten Willen der neuen Regierung und ihrer Verantwortlichen beigetragen hat. Auch lernte General Eisenhower als NATO-Oberbefehlshaber Bundeskanzler Adenauer kennen, woraus gegenseitige Achtung und Wertschätzung entsprangen, was wiederum gewiß dazu beigetragen hat, daß Adenauer und Dulles Freunde wurden, als letzterer Außenminister in der Eisenhower-Regierung war. Diese Freundschaft war besonders interessant, denn die beiden hatten viel gemeinsam. Beide wirkten nach außen streng, geradezu puritanisch in ihrem religiösen Glauben, hatten einen ausgeprägten Familiensinn, und doch war jeder von ihnen ein politischer Fuchs und ein Meister der Kunst des Kompromisses. Beide waren Freunden treu ergeben, aber Adenauer hatte, wenn er gelöst war, mehr Spaß an Geselligkeit als Dulles. Beide waren überzeugte Demokraten, wenngleich sie ihr eigenes Geschäft ziemlich autokratisch betrieben. Beide waren oder wurden Freunde de Gaulles, der ihnen an Strenge und Autokratie nicht nachstand. Interessanterweise wurden, als Frankreich bessere Beziehungen mit Deutschland anstrebte, Adenauer und de Gaulle Freunde, während de Gaulles Freundschaft mit Dulles zu verblassen schien. Es gab sogar politische Stimmen in den Vereinigten Staaten, die wähnten, Adenauer tausche die Vereinigten Staaten gegen französisches Wohlwollen ein. Diese Sorge wurde allerdings in der Regierung nicht geteilt, die darin nur die logische Konsequenz der deutschen Unabhängigkeit erblickte. Und tatsächlich ist Frankreich deshalb zwar nicht uneingeschränktes Mitglied der NATO geblieben, aber es hat doch die vollständige Lostrennung verhindern helfen.

Zweifellos ist die Entwicklung dieses freundschaftlichen Verhältnisses mit Frankreich ein Indiz dafür, wie schnell sich die Bundesrepublik als unabhängiger Staat hat Anerkennung verschaffen können. Als Adenauer 1949 sein Amt antrat, war die deutsche Beteiligung in ERP-Gremien noch auf Fachberater beschränkt. Bald wurden sie als Vertreter ihres Landes akzeptiert. 1951 schuf die Bundesrepublik Deutschland zusammen mit Frankreich und den Benelux-Staaten die Europäische Gemeinschaft für Kohle und Stahl.

Im Oktober 1954 stimmten die Westmächte der Wiederherstellung der vollen Unabhängigkeit und Souveränität der Bundesrepublik Deutschland zu, die im Mai 1955 in Kraft trat, und Deutschland wurde vollberechtigtes NATO-Mitglied. Von nun an war Deutschland Herr seiner Außenpolitik und wirkte voll am Gemeinsamen Markt mit. Konrad Adenauer hatte das Vertrauen der westlichen Regierungen gewonnen, und nachdem diese die neue Regierung anerkannt hatten, folgten bald weitere Staaten – gewiß eine beträchtliche Leistung für einen Mann, der die Weltarena mit über 70 Jahren überhaupt erst betreten hatte und außerhalb seines Landes fast unbekannt war, ja nicht einmal im eigenen Land kannte man ihn gut! Bei dieser Leistung genoß er die Unterstützung der Vereinigten Staaten, deren Vertreter in der NATO und den NATO-Ländern ihr bestes gaben, um sie ohne übermäßigen Druck, der ja genau das Gegenteil hätte erreichen können, dazu zu überreden, daß sie der deutschen Souveränität zustimmten. Aber die Leistung hat er vollbracht!

In jener Zeit traf ich mit Bundeskanzler Adenauer immer dann zusammen, wenn er Washington besuchte oder ich durch Bonn kam. Obwohl ich unter Eisenhower nicht der Regierung angehörte, besuchte ich den Präsidenten doch häufig und dabei kamen wir immer auf Deutschland zu sprechen, wo ich, als er noch Militärgouverneur war, sein Stellvertreter gewesen war. So wußte ich, daß er meine hohe Achtung und Wertschätzung für Bundeskanzler Adenauer teilte. Tatsächlich empfing der erste amerikanische Militärgouverneur – nun als Präsident der Vereinigten Staaten – den ersten Präsidenten der Bundesrepublik Deutschland als Staatsgast. Von Präsident Eisenhower zum Staatsbankett eingeladen, sollte ich die US-Marine-Band die deutsche Nationalhymne zur Begrüßung von Bundespräsident Heuss intonieren hören, die nur wenige Jahre zuvor in Deutschland auf Weisung meiner Regierung verboten worden war. Damals konnte ich nur staunen, wie schnell die deutsche Regierung unter Konrad Adenauer für ihr Land einen Platz als freie und unabhängige Nation errungen hatte.

Während der ganzen Zeit der Regierung Eisenhower ließ sich die Politik der Vereinigten Staaten mit einem einzigen Wort – Freundschaft – beschreiben, und die Beziehungen zwischen den beiden Regierungen spiegelten die persönliche Freundschaft zwischen Außenminister Dulles und Bundeskanzler Adenauer wider. Mit Dulles' schwerer Krankheit endete dieses Verhältnis, aber die gegenseitige Achtung und das beiderseitige Vertrauen zwischen Präsident Eisenhower und Bundeskanzler Adenauer sorgten für weitere freundschaftliche Beziehungen zwischen unseren Ländern. Es gibt kein Dokument und keine Dokumentenreihe, die die Politik der Vereinigten Staaten in dieser Zeit näher beschreiben. Mein Land trat allgemein dafür ein, daß die Bundesrepublik gleichberechtigt in den Kreis der Völker der Welt aufgenommen wurde, bekannte sich zu ihrer Sicherheit als Mitglied der NATO, bekannte sich zur Verteidigung West-Berlins und verpflichtete sich, im Zusammenhang mit der Sicherheit Berlins, mit der Demarkationslinie zwischen Ost- und Westdeutschland und mit den Grenzen Deutschlands keine Entscheidung zu treffen, ohne die Bundesrepublik Deutschland vorher konsultiert zu haben. Natürlich mußten in der Zeit des Übergangs der neuen Republik von der begrenzten zur vollen Souveränität und der Veränderung des Auftrags der amerikanischen Truppen in Deutschland von dem der Besatzung zu dem der Verteidigung viele Probleme im Wege des Kompromisses und der Verständigung so gelöst werden, daß unsere freundschaftlichen Beziehungen dabei nicht Schaden litten.

Als Präsident Kennedy 1961 die Nachfolge von General Eisenhower antrat, sah er sich in der ganzen Welt schweren Problemen gegenüber, die seine Aufmerksamkeit notgedrungen weithin beanspruchten. Zwar hatte Präsident Eisenhower den Koreakrieg zu Ende gebracht, aber dieser Friede war doch unsicher, und die Rolle Chinas in diesem Krieg hatte unserer Asienpolitik eine neue Dimension zugefügt. Präsident Eisenhower hatte Militärberater zur

Unterstützung Südvietnams entsandt, und Präsident Kennedy sollte diese Unterstützung ausweiten. Und kaum hatte er sein Amt angetreten, als schon die katastrophale „Schweinebucht"-Invasion auf Kuba ein unrühmliches Ende fand. Zwar ist nicht klar, inwieweit die Vereinigten Staaten den Versuch angeregt oder Unterstützung zugesagt hatten, doch hatten sie sich in den Augen der Welt nicht deutlich genug dafür oder dagegen ausgesprochen, und das löste Zweifel aus, ob sie denn wirklich entschlossen seien, ihren weltweiten Verpflichtungen nachzukommen. Bundeskanzler Adenauer teilte in gewissem Umfang diese Zweifel, die bei ihm wohl weitgehend darauf zurückzuführen waren, daß er das Gefühl hatte, die so lange genossene persönliche Beziehung zu Amerika verloren zu haben. Gewiß achteten sich Bundeskanzler Adenauer und Präsident Kennedy gegenseitig, aber der Altersunterschied war doch wohl für beide zu groß.

Als dann im August die Berliner Mauer gebaut wurde, entstand deshalb das Gefühl, die Vereinigten Staaten hätten mehr tun sollen, um sie zu verhindern. Es gibt keinerlei Hinweis darauf, daß der Westberliner Senat oder die Bundesregierung damals irgendwelche Empfehlungen oder Anregungen ausgesprochen hätten. Eines steht fest: Ihre Verbündeten in Berlin und in der NATO waren gegen Gewaltanwendung. Unterhalb dieser Schwelle stellte Präsident Kennedy unverzüglich unter Beweis, daß wir entschlossen waren, die Unversehrtheit West-Berlins zu verteidigen: Er verlegte zusätzliche Truppen in die Stadt und sandte den Vizepräsidenten der Vereinigten Staaten nach Berlin, um seine Bevölkerung unserer anhaltenden Unterstützung zu versichern. Auf Bitte des Vizepräsidenten forderte Präsident Kennedy mich auf, Johnson zu begleiten. Am Abend vor der Abreise wohnte ich einer Besprechung im Weißen Haus bei, auf der beschlossen wurde, aus protokollarischen Gründen müsse Vizepräsident Johnson zuerst in Bonn bei Bundeskanzler Adenauer haltmachen. Damit erhob sich die Frage, welche Antwort gegeben werden sollte, wenn Bundeskanzler Adenauer den Wunsch äußerte, die Delegation nach Berlin zu begleiten. In Deutschland fand gerade ein Bundestagswahlkampf statt, in dem sich Bundeskanzler Adenauer und der Regierende Bürgermeister von Berlin, Willy Brandt, als Hauptgegner gegenüberstanden. Präsident Kennedys Berater machten sehr deutlich, wenn der Bundeskanzler Vizepräsident Johnson begleite, würde dies als Unterstützung für ihn und damit als Einmischung in die inneren Angelegenheiten eines anderen Staates ausgelegt, und Präsident Kennedy folgte diesem Rat. Botschafter Bohlen wurde die Aufgabe übertragen, dies Dr. Adenauer verständlich zu machen, wenn es notwendig würde – und es wurde notwendig. Diese Entscheidung hat Dr. Adenauer nicht nur überrascht, sondern tief betrübt. Ich erinnere mich nicht, mich zur Entscheidung geäußert zu haben, da ich mich als Gast des Vizepräsidenten empfand, aber bis zum heutigen Tag bin ich nicht sicher, ob es eine kluge Entscheidung war. Ich weiß aber, daß sie in dem aufrichtigen Glauben getroffen wurde, sie liege im besten Interesse der Beziehungen zwischen unseren beiden Ländern. Sie kennzeichnete das Ende der persönlichen Diplomatie, und fortan lag uns mehr am Verhältnis zwischen unseren Völkern als am persönlichen Verhältnis zwischen unseren Staatsmännern. Dies mußte und sollte so sein. Und doch: Ohne die persönliche Freundschaft zwischen Adenauer und McCloy und dann zwischen Adenauer und Dulles hätte die Entwicklung einer gesunden Beziehung zwischen den Regierungen viel länger gedauert, und diese wäre wohl nie so eng geworden.

Im September 1961 alarmierten Nachrichten über ein anscheinendes Absinken des Durchhaltewillens in West-Berlin Präsident Kennedy, und er bat mich, als sein Persönlicher Beauftragter nach Berlin zurückzukehren und damit seine Anteilnahme zu unterstreichen. Wann immer er nach Berlin kam, lud mich der Bundeskanzler zum Mittagessen ein und führte lange und informelle Gespräche mit mir. Zwar konnte er weder genug Englisch noch ich genug Deutsch, als daß wir unmittelbar hätten miteinander reden können, doch unterhielten wir uns mit Hilfe eines Dolmetschers über zahlreiche Themen. (Ich glaube allerdings, daß er recht ordentlich Englisch verstand, denn immer wieder korrigierte er seinen Dolmetscher, aber er sprach es nicht so flüssig, daß er bequem ein Gespräch hätte führen können.) Da ich keinerlei Verantwortlichkeit gegenüber der Bundesrepublik innehatte, wo Amerika durch Botschafter Dowling vertreten wurde, konnten wir rückhaltlos und formlos miteinander sprechen und taten das auch. (Nebenbei fiel mir in diesen Begegnungen die Freude zu, seine Liebe für das Rheinland, das rheinische Brauchtum und den Rheinwein zu erfahren und zu teilen.) In diesen Gesprächen erfuhr ich, welche Hochachtung er für Präsident Kennedy empfand. Allerdings ließ ihn sein Alter nicht recht glauben, daß Kennedy schon die nötige Erfahrung und Klugheit besitze. Interessanterweise sollte ich später hören, wie Präsident Kennedy der Leistung Adenauers hohen Respekt zollte, zugleich aber auch Zweifel äußerte, ob man in seinem Alter noch die Veränderungen in der Welt erkennen könne. Später errang sich Präsident Kennedy durch seine Behandlung der Kubakrise Adenauers Bewunderung, und als Kennedy Westdeutschland und West-Berlin besuchte, brachte ihm sein Charme nicht nur unglaubliche Ovationen, sondern auch Adenauers Wohlwollen ein. Obwohl diese Ereignisse nach meiner Zeit stattfanden, war auch ich froh, daß sich die beiden Persönlichkeiten, die ich beide sehr bewunderte, besser verstanden.

1961 sah damit eine Veränderung im Verhältnis unserer Länder – nicht eindeutig definierbar –, aber die Beziehungen verlagerten sich beträchtlich auf die Regierungen, wurden von der Berufsdiplomatie getragen und hingen viel weniger als früher von persönlicher Freundschaft zwischen Regierungschefs und Außenministern ab. Es gab zwar keinen grundsätzlichen Wandel der Politik, aber es entstand doch eine gewisse Beunruhigung, weshalb sich im November 1961 die Regierungschefs in Washington trafen, zu welcher Konferenz mit Kennedy und seinen Mitarbeitern Adenauer die Herren Schröder, Strauß, Carstens, General Steinhoff und weitere Sachverständige mitbrachte. Ich wurde zur Teilnahme eingeladen, und die freundschaftliche Atmosphäre sowie die Bereinigung kleinerer Meinungsverschiedenheiten auf dem Kompromißwege ließen in mir kaum das Gefühl aufkommen, ich wohne einer internationalen Konferenz bei. Im Grunde gab es keine größeren Meinungsverschiedenheiten, die beizulegen gewesen wären. Die meisten Fragen drehten sich um Dinge wie Truppenstärke, Bewaffnung der Bundeswehr, Aufteilung der NATO-Verteidigungskosten und wurden von den verantwortlichen Ministern und Beamten schnell erledigt, so daß in der Schlußsitzung eigentlich nur noch Wohlwollensbekundungen ausgetauscht wurden. Übrigens konnte ich kein einziges Papier finden, in dem die Absprachen festgehalten worden wären – nicht einmal ein gemeinsames Kommuniqué am Ende der Begegnung. Ich erinnere mich, einen Gesprächsvorschlag gelesen zu haben, der Präsident Kennedy vor der ersten gemeinsamen Sitzung vorgelegt wurde, denn dieses Papier beeindruckte mich sehr, weil damals nur ganz wenige wirkliche Fragen zwischen uns offen waren. Im wesentlichen wurde dem Präsidenten geraten, die deutschen Vertreter der Unterstützung der Bundesrepublik durch die Vereinigten Staaten zu versichern bei der Schaffung besserer Beziehungen mit anderen Ländern, insbesondere den NATO-Staaten, und Amerika habe hierfür ein konkretes Programm. Er sollte unsere Zusagen zur Sicherung Berlins erneuern, und wir würden alles – mit Ausnahme von Gewaltanwendung – tun, um die Verbindungen mit dem östlichen Teil der Stadt wiederherzustellen. Die Vereinigten Staaten würden auch weiterhin die Europäische Gemeinschaft unterstützen und Mitglied der NATO bleiben. In ihren Beziehungen mit anderen Staaten würden sie darauf achten, daß sie keine Position einnähmen, die der Wiedervereinigung Deutschlands abträglich sein könnte, und sie würden ohne Konsultation mit der Bundesrepublik auch keine Veränderung der Grenzlinie zwischen Ost- und Westdeutschland und der Außengrenzen Deutschlands anerkennen. Obwohl nicht ausdrücklich gesagt, glaube ich doch, daß impliziert war, es würden keine Verpflichtungen eingegangen, ehe sich die beiden Regierungen geeinigt hätten. Eine interessante Diskussion entspann sich über die Frage, ob zu beiden Seiten der Demarkationslinie eine breite Inspektionszone durchführbar sei, in der jede Seite die militärischen Einrichtungen und Vorbereitungen der anderen Seite inspizieren könnte. Dr. Adenauer drang auch darauf, die Vereinigten Staaten sollten keine Anstrengung unterlassen, um die drei Atommächte dazu zu bewegen, daß sie dem Entstehen weiterer Atommächte weder Förderung noch Hilfe zuteil werden ließen. Ich glaube nicht, daß dieser Konferenz gewichtige konkrete Ergebnisse zuzuschreiben sind, doch hatte sie sehr wohl dazu gedient, das gegenseitige Vertrauen wiederherzustellen.

Am Ende der Begegnungen war ich Gast eines Abendessens, das Bundeskanzler Adenauer in der deutschen Botschaft gab. Nach Tisch lud er John McCloy und mich ein, noch ein bißchen zu bleiben und Erinnerungen auszutauschen bei einem Glas Rheinwein, den er so gut kannte. Diese Gespräche nach Tisch genossen Dr. Adenauer wie alle, die daran teilnahmen, immer besonders. Noch während wir so dasaßen, kam überraschend Präsident Kennedy auf einen Sprung vorbei, und dieser Besuch bereicherte nicht nur einen ohnehin zauberhaften Abend, sondern gab auch Zeugnis davon, wie zufrieden er mit dem Konferenzergebnis war. Ich merkte, wie sehr die Spontaneität des Besuchs Bundeskanzler Adenauer gefiel. Ich sah den Bundeskanzler zwar später noch, aber dann jedesmal bei formellen Anlässen, und so war dies mein letztes informelles Zusammensein mit ihm.

Ich habe nicht vergessen, daß ich über die amerikanische Deutschlandpolitik von 1961 schreiben sollte; ich kann dazu nur sagen, daß sie die Beziehungen zwischen unseren Völkern widerspiegelte, aber nie besonders formuliert wurde. So möchte ich sie allgemein umschreiben. Ich halte die fortdauernde Anwesenheit amerikanischer Truppen in Deutschland nicht für einen Bestandteil dieser Politik. Für beide Länder ergab sich das aus ihrer Beteiligung an der NATO. Es schafft zwar viele Probleme, die auf unser Verhältnis zurückwirken könnten, doch stellen diese Probleme keinen Konflikt der Politik beider Seiten dar. Selbst unsere Wirtschafts- und Währungsprobleme sind nicht nur Probleme zwischen den Vereinigten Staaten und der Bundesrepublik Deutschland, obwohl auch sie Schwierigkeiten zwischen uns hervorrufen können. Letztlich sind es Probleme zwischen uns und dem Gemeinsamen Markt. Lassen wir die für unser Verhältnis ausschlaggebenden Verteidigungs- und Wirtschaftsprobleme einmal beiseite, weil sie in den Rahmen internationaler Vereinbarungen gehören, die beide Länder eingegangen sind, dann läßt sich die Deutschlandpolitik der Vereinigten Staaten im Jahre 1961 ganz einfach so ausdrücken: Wir wollten Freunde sein, unsere Meinungsverschiedenheiten durch Verhandlung und Ausgleich beilegen und internationale Verpflichtungen, die den anderen berührten, nur nach umfassender Diskussion miteinander eingehen. Zwar hat das wirtschaftliche und industrielle Wachstum die weltweiten Verantwortlichkeiten Deutschlands vergrößert und vielleicht sogar neue Probleme zwischen uns und mit anderen geschaffen, aber ich glaube, daß dies auch heute noch unsere Politik ist. Wenn wir Freunde bleiben, können wir unsere Probleme immer besprechen, um Lösungen zu finden, die unsere Freundschaft nicht zerstören. Hoffen wir, daß diese Freundschaft von Dauer ist, bleibenden Frieden zwischen uns gewährleistet und damit zum Weltfrieden beiträgt. Wer vermöchte Konrad Adenauers Anteil daran zu messen – ich kann nur sagen: ohne ihn wäre es wohl nie dazu gekommen!

Als ich 1967 mit Präsident Johnson im hohen Dom zu Köln die Staatsmänner der Welt versammelt sah, die einem Manne die Ehre gaben, der Staatsmann von Weltruhm wurde in einem Alter, da die meisten Menschen schon ihr aktives Leben beschlossen haben, da dachte ich, daß Deutschland nach dem Kriege den richtigen Mann wählte, der ein neues und demokratisches Deutschland aufbaute und ihm wieder Anerkennung und Achtung in der Welt verschaffte. Er hinterließ ein Erbe der Freundschaft für sein Land und der Achtung für dessen neue Regierung.

John McCloy und ich standen am Ufer des Rheins im Garten der amerikanischen Botschaft und sahen das Boot der Bundesmarine, auf dessen Deck die sterbliche Hülle des Bundeskanzlers zwischen den Matrosen in Habachtstellung aufgebahrt lag, unter dem Blick Tausender an den beiden Ufern seiner letzten Ruhestätte entgegengleiten, und uns war, als sei dies der richtige und natürliche letzte Gang dieses aufrechten Mannes, der den Rhein und seine Sagen so sehr geliebt hat. Hatten die Krieger dieses Landes einst ihre Kraft zum Eigennutz vergeudet, so hatte er die seine in den Dienst seines Landes gestellt, um es aus den Ruinen des Krieges wieder aufzubauen und ihm die Anerkennung und Freundschaft jener zu gewinnen, mit denen es gekämpft hatte.

Deutschland und die Welt verdanken ihm viel.

1 Vgl. Lucius D. Clay, Entscheidung in Deutschland, Frankfurt am Main o. J., S. 453.

KURT BIRRENBACH

Adenauer und die Vereinigten Staaten in der Periode seiner Kanzlerschaft

Als Konrad Adenauer am 15. September 1949 zum ersten Bundeskanzler der Bundesrepublik Deutschland gewählt wurde, hatten sich im Verhältnis der Siegermächte des Zweiten Weltkrieges bereits tiefgreifende Änderungen vollzogen. Auf seiten des Westens erwiesen sich die Vereinigten Staaten als der eigentliche Sieger. Großbritannien, das im Kriege noch zu den „großen Drei" gehört hatte, und Frankreich hatten einen solchen Machtverlust erlitten, daß sie im Vergleich zu den beiden Supermächten nicht mehr den Einfluß behalten haben, den sie im 19. und noch zu Beginn dieses Jahrhunderts gehabt hatten. Die Sowjetunion hatte Ost- und Mitteldeutschland bis zur Elbe einschließlich des Ostteils von Berlin besetzt. West-Berlin kontrollierten seit Auflösung des alliierten Kontrollrats die drei Westmächte.

Die Vereinigten Staaten waren daher der entscheidende Adressat der Politik Westdeutschlands. Den Vereinigten Staaten verdanken die Gebiete diesseits der Elbe umfangreiche Hilfsmaßnahmen: die Aufhebung der schlimmsten Produktionsbeschränkungen und Demontagen – ein Ergebnis der zunächst eingeschlagenen Politik der Roosevelt-Ära –, die Zusammenfassung der drei westlichen Besatzungszonen in ein einheitliches Wirtschaftsgebiet, die Einbeziehung in den Marshall-Plan sowie eine Währungsreform, die zu einer freien Wirtschaftsordnung führen sollte und die mit dem Namen Ludwig Erhards immer verbunden bleiben wird. Mit der Beendigung der Kriegsallianz mit der Sowjetunion im Zeichen der Truman-Doktrin, des sowjetischen Gewaltstreichs in der Tschechoslowakei und der Überwindung der Berlinblockade unter maßgeblicher Mitwirkung der Vereinigten Staaten war der Versuch einer gemeinsamen Deutschlandpolitik der Siegermächte gescheitert.

Als nach der tschechoslowakischen Krise die Gefahr eines Vordringens der Sowjetunion über die Demarkationslinie immer bedrohlicher erschien, erfolgte auf Initiative des englischen Außenministers Ernest Bevin 1947 der Zusammenschluß Frankreichs, Großbritanniens und der Benelux-Staaten zum Brüsseler Pakt. Er bildete eine zweite Etappe auf dem Wege, den Großbritannien und Frankreich mit dem Abschluß des Dünkirchener Vertrages beschritten hatten; ihm folgte – im wesentlichen auf Initiative der Vereinigten Staaten – am 4. April 1949 die Unterzeichnung des Nordatlantik-Vertrages. Die Periode des Kalten Krieges hatte begonnen. Sie mußte sich auf das Verhältnis der Westalliierten, insbesondere der Vereinigten Staaten, zu dem unter ihrer Kontrolle stehenden Teil Deutschlands entscheidend auswirken. Die Gründung der Bundesrepublik Deutschland auf föderativer Grundlage und unter der Kontrolle einer alliierten Hohen Kommission lagen in der Konsequenz dieser Entwicklung.

Die Truman-Ära und der Kalte Krieg

Welches waren, vor diesem weltpolitischen Hintergrund gesehen, die Ziele[1], die Konrad Adenauer der Außenpolitik der Bundesrepublik Deutschland setzte? Auf einen knappen Nenner gebracht: die Beendigung des Besatzungsregimes, die Einbeziehung der Bundesrepublik in eine künftige europäische Föderation, die eindeutige Sicherung gegen eine militärische Bedrohung seitens Moskaus durch Eingliederung der Bundesrepublik in das westliche Verteidigungssystem und die Wiedergewinnung der deutschen Einheit. Keines dieser Ziele war erreichbar ohne die volle Unterstützung durch die Vereinigten Staaten.

Adenauer brachte Präsident Truman, der die entscheidende Wende der amerikanischen Politik nach dem Tode Roosevelts herbeigeführt hatte, großen Respekt entgegen[2].

Konrad Adenauer hatte seinerseits vor der Übernahme seiner politischen Nachkriegsaufgaben keine persönlichen oder politischen Beziehungen zu den Vereinigten Staaten gehabt. In der Weimarer Republik waren seine Gedanken auf Grund seiner Herkunft und Erfahrungen als Rheinländer auf das westliche Kontinentaleuropa konzentriert. Die Tatsache, daß die Herrschaft über den Rhein jahrhundertelang Gegenstand deutsch-französischer Auseinandersetzungen und Kriege war, hat das außenpolitische Profil seiner Persönlichkeit entscheidend geprägt. Die preußische Idee wie auch die politische Vision Stresemanns, eine unabhängige Politik zwischen West und Ost zu verfolgen, waren ihm fremd. Diese Haltung ist weitgehend lebensbestimmend für ihn gewesen und bis zu seinem Tode geblieben. Die Weltpolitik sah er im wesentlichen aus kontinentaleuropäischer Perspektive[3].

Natürlich war ihm die gewaltige Änderung der Machtkonstellation nach dem Zweiten Weltkrieg und insbesondere die Tatsache, daß Freundschaft und Macht der Vereinigten Staaten der einzig wirksame Schutz gegen eine sowjetische Expansionspolitik waren, eindeutig klar. Der Zugang zur amerikanischen Welt und ihrer Denkungsart ergab sich für ihn aber erst aus den persönlichen Kontakten mit Männern wie Dean Acheson, General Lucius D. Clay, John J. McCloy und anderen. Voller Anerkennung war Konrad Adenauer für Dean Acheson[4], dem er im November 1949 erstmalig begegnete. Acheson führte in der Periode von 1949 bis 1953 als Nachfolger George Marshalls die Außenpolitik der Vereinigten Staaten. Er hatte seit 1947 maßgeblichen Anteil an der Schaffung des Marshall-Planes, der Einbeziehung Westdeutschlands in die OEEC und nicht zuletzt an dem Abschluß des NATO-Vertrages. General Lucius D. Clay hatte in seiner Eigenschaft als Militärgouverneur als einer der ersten auf die Notwendigkeit hingewiesen, die Morgenthau-Pläne und alle darauf zurückgehenden Maßnahmen außer Kraft zu setzen. Er hatte ferner eine entscheidende Rolle bei der Überwindung der Berlinblockade gespielt. Noch enger wurde Adenauers Kontakt zu dem amerikanischen Hohen Kommissar, John J. McCloy, der im Kriege Stellvertreter des Kriegsministers Stimson gewesen war und sich wie dieser von Anbeginn an gegen die Idee der Morgenthau-Pläne gewandt hatte. Diese von Vertrauen und Wärme geprägten persönlichen Beziehungen Konrad Adenauers zu John J. McCloy haben sich bis zu seinem Tode erhalten. Sie beruhten auch auf dessen tiefem Verständnis für die Ziele der deutschen Nachkriegspolitik, dies insbesondere auch in der deutschen Frage. John J. McCloy hat bei der Schaffung einer deutsch-amerikanischen Freundschaft fraglos eine entscheidende Rolle gespielt.

Die Dankbarkeit der Bundesrepublik gegenüber den Vereinigten Staaten hat niemand deutlicher gewürdigt als Konrad Adenauer in seiner ersten Regierungserklärung vom 20. September 1949. Hierin erklärte er: „Ich glaube nicht, daß jemals in der Geschichte ein siegreiches Land es versucht hat, dem besiegten Land in der Weise zu helfen und zu seinem Wiederaufbau und seiner Erholung beizutragen, wie das die Vereinigten Staaten gegenüber Deutschland getan haben und tun.“[5]

Schon zwei Monate nach Bildung der neuen Bundesregierung gelang Konrad Adenauer in zähen Verhandlungen der Abschluß des Petersberger Abkommens, das neben der weitgehenden Beendigung der Demontagemaßnahmen in der westdeutschen Wirtschaft eine entscheidende Etappe auf dem Wege der Ablösung des Besatzungsstatuts werden sollte[6]. Auch hier hatten die Vereinigten Staaten, insbesondere der amerikanische Hochkommissar John J. McCloy, eine entscheidende Rolle gespielt.

Wenn man die Beziehungen der Bundesrepublik zu den Vereinigten Staaten unter der Kanzlerschaft Konrad Adenauers überblickt, so zeichnen sich vier einigermaßen klar unterscheidbare Perioden ab: die der Präsidentschaft Trumans, die der Zusammenarbeit zwischen Adenauer und Dulles in der Zeit von 1953 bis 1959, die Schlußperiode Eisenhowers und die Kennedy-Jahre ab 1960 bis zum Rücktritt Adenauers am 15. Oktober 1963. In den ersten beiden Zeitabschnitten standen – von einigen wichtigen Ausnahmen abgesehen – die Beziehungen der Bundesrepublik Deutschland zu den Vereinigten Staaten im Zeichen weitgehender Harmonie. Sie ergab sich einmal aus der Konfrontation des Kalten Krieges, die eine enge Zusammenarbeit beider Staaten zugleich notwendig machte und erleichterte, zum anderen aus dem wechselseitigen Verständnis der handelnden Persönlichkeiten auf beiden Seiten. In den beiden letzten Perioden deckten sich häufig die globalen Interessen der Vereinigten Staaten nicht mehr hinreichend mit den spezifischen Belangen der Bundesrepublik. Die bis 1959 nahezu völlige Harmonie des beiderseitigen Verhältnisses nahm in der Schlußphase der Eisenhower-Administration und unter Kennedy zusehends ab.

Entscheidend für den Wandel in der westlichen Außenpolitik war nach der Krise in der Tschechoslowakei und der Berlinblockade der Ausbruch des Koreakrieges am 25. Juni 1950 und hier insbesondere die spätere Intervention Chinas, welche die Gefahr eines Krieges zwischen den beiden großen Mächten aufkommen ließ und geeignet zu sein schien, den Vereinigten Staaten die Verteidigung Europas zu erschweren. Gleichzeitig waren die französischen Streitkräfte in Indochina in eine militärische Auseinandersetzung verwickelt, die auch den französischen Einsatz in Europa beeinträchtigen mußte. Schon im Herbst 1949, insbesondere unter dem Eindruck der Berliner Blockade, hatten sich in den Vereinigten Staaten die Joint Chiefs of Staff, aber auch Regierung und Kongreß Gedanken über eine Wiederaufrüstung der Bundesrepublik Deutschland und ihre Eingliederung in ein westliches Verteidigungssystem gemacht.

Am 9. Mai 1950 hatte der französische Außenminister Robert Schuman parallel zu den Bemühungen auf dem Verteidigungssektor einen von Jean Monnet entwickelten Plan vorgeschlagen, die Kohle- und Stahlindustrie der westeuropäischen Staaten unter der Kontrolle einer gemeinsamen Behörde zusammenzufassen. Der Vertrag über die Montan-Union wurde am 18. April 1951 unterzeichnet; er trat am 23. Juli 1952 in Kraft. Dem Vorschlag zur Bildung der Montan-Union war unter dem Druck der amerikanischen Aufrüstungswünsche in bezug auf die Bundesrepublik am 24. Oktober 1950 seitens der französischen Regierung die Vorlage des Pleven-Planes gefolgt[7], der die Integrierung auch kleiner deutscher Verbände in eine europäische Armee vorsah.

Der Kalte Krieg gab Bundeskanzler Adenauer Gelegenheit, in einer höchst subtilen staatsmännischen Taktik zwei zentrale Ziele der alliierten und deutschen Politik zu verfolgen: zum einen die Einbeziehung Westdeutschlands in ein europäisches Integrationssystem und zum anderen die Durchsetzung der Gleichberechtigung Westdeutschlands auch im zentralen Bereich der Verteidigung in Entsprechung alliierter Wünsche nach Aufstellung deutscher militärischer Verbände[8]. Schon kurz nach Abschluß des Petersberger Abkommens, am 3. Dezember 1949, hatte Konrad Adenauer der amerikanischen Zeitung „Cleveland Plain Dealer" in sehr indirekter Form die eventuelle Bereitschaft der Bundesrepublik angedeutet, sich an der Verteidigung des Westens zu beteiligen[9]. Die Bedingungen des Pleven-Planes erschienen Konrad Adenauer ebenso wie der amerikanischen Regierung nicht annehmbar.

In Gesprächen mit Schuman und Monnet versuchte der Bundeskanzler, primär die Idee der künftigen Montan-Union, in der er den Kern einer zukünftigen europäischen Föderation sah, zu fördern und ihr konkrete Gestalt zu geben[10]. Von amerikanischer Seite wurden dieser Politik keine Bedenken entgegengesetzt. John J. McCloy, ein Freund Monnets, hatte sie von Anfang an in Bonn und in Washington auf das wärmste unterstützt[11]. So entwickelte sich bei der Verfolgung der beiden Projekte eine enge deutsch-amerikanische Zusammenarbeit, die sich auf den politischen, militärischen und wirtschaftlichen Bereich erstreckte, zumal auch die Erhardsche Wirtschaftspolitik die volle Unterstützung der amerikanischen Regierung genoß. Angesichts dieser Entwicklung nimmt es nicht wunder, daß das Interesse insbesondere der amerikanischen Regierung an einer gesunden Entwicklung der deutschen Demokratie dazu führte, daß auf der Außenministerkonferenz in New York am 19. September 1950 von den drei Westmächten in Aussicht gestellt wurde, in absehbarer Zeit den Kriegszustand mit Deutschland zu beenden.

Darüber hinaus kamen die Westmächte überein, daß ein Angriff auf das Territorium der Bundesrepublik Deutschland als ein Angriff auf das eigene Territorium der drei Westmächte anzusehen sei[12]. Die meisten dieser Maßnahmen traten im März 1951 in Kraft – ein großer Erfolg des Bundeskanzlers, der im gleichen Jahr sein eigener Außenminister wurde. Parallel zu den Verhandlungen über die Ersetzung des Besatzungsstatuts durch eine freie Vereinbarung zwischen der Bundesrepublik und den drei Westmächten mit den Hohen Kommissaren wurden zunächst auch die Besprechungen über eine Verbesserung der Bedingungen des Pleven-Planes noch fortgesetzt, obwohl die Widerstände Frankreichs stark blieben.

Noch während diese Bemühungen der drei Westmächte um die Eingliederung der Bundesrepublik Deutschland in die westliche Welt im Gang waren, übersandte die Sowjetunion plötzlich am 10. März 1952 eine Note an die Westmächte, in der sie den Abschluß eines Friedensvertrages mit Deutschland auf der Grundlage von Wahlen vorschlug. Der Vorschlag sah eigene deutsche Streitkräfte, aber auf der Grundlage einer eindeutigen Neutralisierung Deutschlands, vor. Die Ablehnung einer Resolution der Vollversammlung der Vereinten Nationen vom 20. Dezember 1951 seitens der Sowjetunion, die in beiden Teilen Deutschlands herrschenden Verfassungsbestimmungen durch eine Kommission auf ihre Eignung für freie Wahlen zu prüfen, machte neben anderen Bedingungen, insbesondere denen über die Wahlbeteiligung der sogenannten demokratischen Organisationen, die Annehmbarkeit des sowjetischen Vorschlags praktisch unmöglich und ließ auch seine Ernsthaftigkeit zweifelhaft erscheinen[13]. Aus dem Zusammenhang des sowjetischen Vorschlages mit der ihm vorausgehenden und nachfolgenden sowjetischen Politik ergeben sich hinreichende Zweifel daran, daß die Sowjetunion bereit war, die Wiedervereinigung eines unabhängigen Deutschlands auf demokratischer Grundlage wirklich ernsthaft in Betracht zu ziehen. Auf der Berliner Konferenz von 1954 lautete jedenfalls die Antwort Molotows auf die Frage Bidaults, ob die Sowjetunion im Falle eines Verzichtes des Westens auf die Pariser Verträge die Wiedervereinigung akzeptieren würde, dieser Verzicht bedeute in den Augen der Sowjetunion nur „eine Geste der Entspannung“[14].

Die Westmächte, insbesondere die Vereinigten Staaten, lehnten die Neutralisierung Deutschlands ab. Adenauer sah dadurch nicht nur die Sicherheit Westdeutschlands und Europas, sondern auch eine Integrierung der Bundesrepublik in den Westen als gefährdet an. Der Zweck der sowjetischen Note schien ihm der zu sein, den Abschluß des Deutschland-Vertrages und die Schaffung einer Europäischen Verteidigungsgemeinschaft zu verhindern[15].

Am 26. Mai 1952 kam es in Bonn zur Unterzeichnung des Deutschland-Vertrages und am 27. Mai in Paris zur Unterzeichnung des EVG-Vertrages zu für die Bundesrepublik Deutschland annehmbaren Bedingungen. Ohne den massiven Einsatz der Vereinigten Staaten wäre der Abschluß der beiden Verträge nie möglich gewesen. Die Grundlage für eine Entwicklung der Bundesrepublik Deutschland als gleichberechtigter Partner der westlichen Kontinentalstaaten schien damit gesichert, auch wenn der Bundeskanzler bedauerte, daß Großbritannien sich weder an der Kohle- und Stahlgemeinschaft noch an der EVG beteiligte[16]. Aber während im Laufe der nächsten zwei Jahre fünf der europäischen Partner den EVG- und Deutschland-Vertrag ratifizierten, blieb die Entscheidung Frankreichs unsicher. Keine Regierung sorgte sich mehr um diese Entwicklung als die der Vereinigten Staaten.

Die deutsch-amerikanischen Beziehungen im Zeichen der Freundschaft Adenauer – Dulles

Im November 1952 war General Eisenhower als Nachfolger von Harry Truman zum Präsidenten gewählt worden. Die Sorge Konrad Adenauers, Senator Taft werde die Nomination auf dem republikanischen Konvent erhalten, womit in den Vereinigten Staaten eine vielleicht nicht isolationistische, in der Weltpolitik aber doch deutlich zurückhaltendere Richtung zum Zuge kommen könnte, hatte sich nicht bestätigt[17]. Die Befürchtung einer amerikanischen Neutralitätspolitik während der Regierungszeit Adenauers beruhte auf einer Fehleinschätzung der amerikanischen globalen Interessenlage. Dean Acheson – ein Mann von schärfstem Intellekt und großer Charakterstärke, der sich als eindeutiger Verfechter einer Politik der Festigung des westlichen Bündnisses gegen die Sowjetunion sowie als Befürworter einer möglichst engen Bindung der Bundesrepublik Deutschland an den Westen hervorgetan hatte[18], wurde durch John Foster Dulles ersetzt. Die Republikaner hatten den Wahlkampf unter dem Zeichen des „roll back", d. h. unter der Parole der Zurückdrängung des sowjetischen Einflusses geführt, während die Politik des Realisten Acheson auf das „containment" gerichtet war, d. h. auf die Blockierung eines sowjetischen Vordringens nach Europa[19]. Während sich Acheson mit dem Gedanken der Integrierung der Bundesrepublik Deutschland in die NATO – mittelbar über die EVG – schließlich abgefunden hatte, unterstützte zunächst sein Nachfolger angesichts der Unsicherheit der Lage in Deutschland die Ratifizierung des EVG-Vertrages mit größtem persönlichem Einsatz.

Die Losung der Befreiung der unterdrückten Völker von der Sowjetunion, Wahlziel der Republikanischen Partei, schien Adenauer im Rahmen seiner Deutschlandpolitik vorteilhaft zu sein. Jedenfalls nahm ihn die Verbindung der europäischen Idee mit der einer aktiven Politik nach Osten sofort in hohem Maße für John Foster Dulles ein. Ein engeres persönliches Verhältnis entwickelte sich bereits mit dem ersten Besuch Adenauers in den USA im April 1953[20]. John Foster Dulles, Presbyterianer, Moralist und Antikommunist, genoß jedenfalls in der ersten Administration das volle Vertrauen seines Präsidenten, der anders als Truman sein Land mehr als Monarch denn als Chief Executive regierte. Für Dulles gab es in der ideologischen Auseinandersetzung zwischen Ost und West keine Brücke, jedenfalls nicht bis zu Beginn des sowjetischen Berlin-Ultimatums. Der Politik des Bundeskanzlers kam er in seinen politischen Auffassungen näher als irgendein anderer amerikanischer Außenminister. Es nimmt daher nicht wunder, daß sich zwischen beiden Männern über die Jahre hin eine echte Freundschaft entwickelte. Mittler zwischen beiden war der überaus fähige amerikanische Botschafter in Bonn, David Bruce.

Der Tod Stalins am 5. März 1953 hatte in einer Reihe von Ländern der westlichen Welt die Hoffnung geweckt, daß ein Neubeginn der Politik gegenüber der Sowjetunion möglich sei. Im Zeichen des „roll back" gehegte Erwartungen wurden aber schon wenige Wochen nach dem Tode Stalins ebenso wie die Hoffnung auf eine Wiederaufnahme der Verhandlungen zwischen Ost und West nach dem Scheitern der Pariser Konferenz 1950 auf eine Probe gestellt, die sie nicht bestand und auch nicht bestehen konnte. Am 17. Juni 1953 entwickelte sich aus einem Streik der Bauarbeiter in Ost-Berlin ein Aufstand der Bevölkerung im Bereich der sowjetischen Besatzungszone, der in wenigen Tagen unter den Panzern der Besatzungsmacht zusammenbrach. Keine der westlichen Schutzmächte machte auch nur den Versuch, bei der sowjetischen Regierung zu intervenieren, geschweige denn, die „Zone" von der russischen Herrschaft zu befreien.

Indessen waren nicht nur Vertreter des „containment"-Konzepts wie Kennan und Harriman, sondern auch prominente Mitglieder des amerikanischen Kongresses zu der Auffassung gelangt, die Wiedervereinigung unter gleichzeitiger Zugehörigkeit der Bundesrepublik Deutschland zur NATO lasse sich nicht verwirklichen[21]. Das mag richtig gewesen sein. Nur waren die Schlußfolgerungen dieser Politiker nicht realistisch. Damit begann, wenngleich erst zögernd, ein Denkprozeß, der im weiteren zu nicht unbeträchtlichen Differenzen u. a. zwischen der Bundesrepublik und der amerikanischen Schutzmacht führen sollte. Die Nichtintervention der Vereinigten Staaten ergab sich aus der Erwägung, daß eine militärische Unterstützung der ostdeutschen Bevölkerung mit größter Wahrscheinlichkeit zu einem dritten Weltkrieg führen würde – eine Möglichkeit, die kein Staat im Westen, auch nicht die Bundesrepublik Deutschland, in Kauf zu nehmen bereit war.

Unter diesem nicht ohne Resignation bestehenden Eindruck gewann der in der Bundesrepublik Deutschland überaus populäre Gedanke der europäischen Einigung einen noch stärkeren Impuls, zumal sich die Zusammenarbeit in der Montan-Union überaus positiv entwickelt hatte. Das große Hindernis war hier aber Frankreich. Am 30. August 1954 lehnte es die französische Nationalversammlung ab, den EVG-Vertrag in der Kammer zu behandeln. Eine Mehrheit für die Ratifizierung des Vertrages war nicht in Sicht. John Foster Dulles drohte zwar der französischen Regierung schon kurz vor dem von ihm erwarteten negativen Votum der französischen Kammer mit einem „agonizing reappraisal“ der amerikanischen Europa-Politik. Seine mit außerordentlichem Einsatz angestellten Bemühungen waren aber zum Scheitern verurteilt. Die Idee der französischen „identité“ und „indépendence“ einerseits und der noch wache Widerstand gegen ein erstarkendes Deutschland andererseits blieben ausschlaggebend. Die Enttäuschung bei Bundeskanzler Adenauer über die Weigerung Frankreichs, den EVG-Vertrag zu ratifizieren, ging tief und hat ihn nie verlassen[22].

Indessen versuchten John Foster Dulles und Anthony Eden trotz des französischen Widerstandes, die unmittelbare Eingliederung der Bundesrepublik in das Verteidigungssystem des Westens durchzusetzen – nunmehr im Sinne eines unmittelbaren Eintritts der Bundesrepublik in das Nordatlantische Bündnis. Schließlich gelang es Eden, im Wege über die Einbeziehung der Bundesrepublik Deutschland in die WEU die französische Regierung umzustimmen. Die Bundesrepublik mußte sich einer Reihe rüstungstechnischer Beschränkungen unterwerfen. Darüber hinaus verzichtete sie einseitig gegenüber den NATO-Staaten auf die Herstellung von ABC-Waffen, insbesondere von Atomwaffen. Kurz vor dieser Entscheidung war John Foster Dulles, ohne Paris zu berühren, am 11. September 1954 nach Bonn gekommen. Die Begegnung verlief überaus konstruktiv[23]. Ihr sollten übrigens noch sieben weitere bis zum Rücktritt des Bundeskanzlers 1963 folgen.

Angesichts der drohenden Gefahr aus dem Osten, einer Isolierung Europas und damit einer Gefährdung der französischen Europapolitik hatte die französische Regierung und kurze Zeit darauf auch die französische Kammer den Verträgen zugestimmt. Um diese Entscheidung zu erleichtern, hatte sich Großbritannien verpflichtet, auf Dauer eigene militärische Kontingente auf dem europäischen Kontinent zu halten. Am 23. Oktober 1954 erfolgte die Unterzeichnung des Pariser Vertragswerkes, das am 6. Mai 1955 endgültig in Kraft gesetzt wurde. Mit der Ratifizierung des Pariser Vertragswerks trat die Bundesrepublik in das Atlantische Bündnis ein. Mit dem Deutschland-Vertrag endete das Besatzungsregime. Die Bundesrepublik wurde mit gewissen Einschränkungen ein souveräner gleichberechtigter Staat. Die Rechte und Pflichten der auf deutschem Boden stationierten Streitkräfte wurden vertraglich festgelegt. Die Westmächte verpflichteten sich im Rahmen der Vier-Mächte-Verantwortung, an der Wiedervereinigung des deutschen Volkes in Frieden und Freiheit mitzuwirken und die Sicherheit West-Berlins zu gewährleisten.

In der europäischen Frage hatten nach dem Scheitern der EVG Männer wie Monnet, Schuman, Spaak und andere den Versuch einer „relance" des europäischen Einigungsprozesses gemacht, der zu der vom 1. bis 3. Juni stattfindenden Konferenz der Außenminister der Sechs in Messina führte. Aus ihr ging schließlich die Gründung der Europäischen Wirtschaftsgemeinschaft und von Euratom hervor. Die entsprechenden Verträge wurden am 25. März 1957 unterzeichnet und traten am 1. Januar 1958 in Kraft. Auch diese Entwicklung fand die wärmste Unterstützung seitens der amerikanischen Administration.

Nachdem im Jahre 1949 die Sowjetunion die A-Bombe und 1953 die Wasserstoffbombe entwickelt hatte, die militärische Erstarkung der NATO wie insbesondere auch die Aufstellung militärischer Verbände in der Bundesrepublik viel mehr Zeit in Anspruch nahmen, als ursprünglich angenommen worden war (die Verhandlungen über die EVG hatten den Westen Jahre gekostet), tauchte bei den Westmächten der Gedanke auf, die im Jahre 1950 abgebrochenen Verhandlungen mit der Sowjetunion wiederaufzunehmen, um zu einer Rüstungsbeschränkung zu kommen.

Diese Bestrebungen führten zur Genfer Konferenz vom 17. bis 23. Juli 1955. Auf der Gipfelkonferenz standen die Ost-West-Beziehungen, das Deutschland-Problem, die europäische Sicherheit und die Abrüstung zur Debatte[24]. Für den Bundeskanzler, dem am 7. Juni Heinrich von Brentano als Außenminister gefolgt war, stand die Frage im Vordergrund, ob die Alliierten bei den Verhandlungen über die Abrüstung die Wiedervereinigung Deutschlands zu einer Vorbedingung machen würden oder ob Abrüstungs- und Deutschlandverhandlungen parallel laufen würden. Die erstgenannte deutsche These stieß in den Vereinigten Staaten auf den Widerspruch politisch wichtiger Persönlichkeiten, wie Kennan und Harriman, oder einflußreicher Mitglieder des Kongresses, wie Mansfield und Humphrey. So führten die Verhandlungen dann auch zu keinem konkreten Ergebnis. In den Direktiven der Regierungschefs an die westlichen Außenminister für die Genfer Konferenz war das Junktim zwischen Fortschritten in der Wiedervereinigungsfrage und europäischer Sicherheit noch berücksichtigt. Im Prinzip erkannten auch die Sowjets diese Verbindung noch an, ließen sich aber auf keine konkreten Zugeständnisse ein.

Nicht zuletzt unter dem Gesichtspunkt des Junktims stieß ein Vorschlag des englischen Premierministers zur Errichtung einer „Inspektions- und Rüstungsbeschränkungszone" in Europa auf den eindeutigen Widerspruch des Bundeskanzlers. Praktisch hätte sich dieser Vorschlag als ein weiterer Schritt zur Anerkennung der Teilung Deutschlands ausgewirkt. Präsident Eisenhower lancierte die Idee eines „offenen Himmels", d. h. der Freistellung der wechselseitigen Beobachtung von Operationen aus der Luft. Zu einer Entscheidung kam es nicht. Der Bundeskanzler und Bundesaußenminister von Brentano fürchteten, daß es im Laufe der künftigen Verhandlungen zu einer Trennung der beiden Verhandlungsgegenstände „Sicherheit in Europa und Deutschland" und „Abrüstung" in dem Sinne kommen würde, daß die Wiedervereinigungsfrage von der Behandlung des Abrüstungsproblems abgetrennt würde[25]. Noch stützte Dulles die deutsche These, jedenfalls bei regionalen Abrüstungsverhandlungen die Sicherheits- und die deutsche Frage zu koppeln, während der amerikanische Präsident offenbar bereit war, hier durch Setzung entsprechender Prioritäten den Sowjets entgegenzukommen. Unter dem Eindruck des „Geistes von Genf", der sich nach der Gipfelkonferenz vom Juli 1955 auszubreiten schien, und in dem Bedürfnis, die nationalen Anliegen nicht einfach der Entscheidung der früheren Siegermächte auszuliefern, hielt es der Bundeskanzler nunmehr für angezeigt, einer Einladung der sowjetischen Führung zu einem Besuch in Moskau zu folgen. Die Verhandlungen endeten am 13. September 1955 mit der Vereinbarung diplomatischer Beziehungen und der sowjetischen Zusage, die Rückkehr der noch in der UdSSR verbliebenen deutschen Kriegsgefangenen zu ermöglichen. Konrad Adenauer entschied sich hierbei gegen den Rat Heinrich von Brentanos und Staatssekretär Hallsteins in dem Sinne, daß er ein mit der Aufnahme diplomatischer Beziehungen durchaus verbundenes Risiko auf sich zu nehmen bereit war[26]. Der Kontakt mit der sowjetischen Führung schien ihm die Chance einer unmittelbaren Einflußnahme auf die Sowjetunion zu bieten – aber eine skeptische Zurückhaltung auf seiten der USA wurde deutlich[27]: Sollte die Bundesrepublik Deutschland doch eines Tages den Weg zwischen den beiden Fronten beschreiten?

Der Gipfelkonferenz folgte in der Zeit vom 27. Oktober bis 16. November eine Sitzung der Außenminister mit der gleichen Thematik, auf der die Sowjetunion auch in der Deutschland-Frage keinerlei Entgegenkommen zeigte und sich vielmehr darum bemühte, entsprechend den Befürchtungen Adenauers den Punkt 1 der Tagesordnung nicht zu behandeln und sich statt dessen auf die Abrüstungsfrage zu konzentrieren. Diese Forderung wurde von den Westmächten damals noch abgelehnt.

Gegen generelle Abrüstungsverhandlungen waren die Einwände Adenauers weniger stark. Von 1955 bis 1958 kam es dann zu eingehenden Verhandlungen zwischen dem Abrüstungsbevollmächtigten Präsident Eisenhowers, Stassen, und den Sowjets, die Gegenstand ständiger Sorge des Bundeskanzlers waren[28]. In der Zeit vom 19. März bis 5. Mai 1955 legte der Unterausschuß der UN-Abrüstungskonferenz in London unter Teilnahme der Vereinigten Staaten, der Sowjetunion, Großbritanniens, Frankreichs und Kanadas neue Abrüstungsvorschläge vor, ohne daß es zu konkreten Ergebnissen gekommen wäre. In den folgenden Jahren wurden dann zwischen den Westmächten und der Sowjetunion eine Reihe von Fragen erörtert, wie die Vereinbarung von Bodenbeobachtungsposten, überlappenden Radarsystemen, Inspektionszonen zur Verhinderung von Überraschungsangriffen, Verringerung der Militärhaushalte, Austausch von Informationen über militärische Anlagen und die Dislozierung von Streitkräften sowie die Reduzierung von militärischen Verbänden[29]. Die Behandlung dieser Fragen ging 1962 auf die Abrüstungskonferenz der 18 Mächte der Vereinten Nationen über, die 1962 erstmalig zusammentrat. Ab 1956 wurde immer deutlicher, daß die Westmächte langsam von dem Junktim Abrüstung bzw. Rüstungskontrolle und Deutschland-Frage abrückten[30]. Die Besorgnisse des Bundeskanzlers erfuhren somit eine Bestätigung.

Es zeichneten sich allmählich Gewichtsverlagerungen zwischen der Dullesschen Politik und der seines Präsidenten ab, der bestrebt war, sich in den bevorstehenden Wahlen als „Friedenspräsident" zu präsentieren. Parallel hierzu entwickelte sich eine weitere Differenz zwischen den Vereinigten Staaten und der Bundesrepublik. Diesmal ging es, abgesehen von der Frage der Verteidigungskosten und der immer wieder von den Vereinigten Staaten bedauerten Verzögerung der Aufrüstung der deutschen Bundeswehr, um den sogenannten Radford-Plan[31]. Admiral Radford, der Oberkommandierende der amerikanischen Streitkräfte, schlug einem Senatsausschuß vor, die amerikanischen Streitkräfte von 2,8 Mio. auf 2 Mio. zu verringern und das Schwergewicht des amerikanischen militärischen Beitrages auf den nuklearen Bereich zu legen. Dulles hatte schon in seiner Rede vom Januar 1954 in New York mit der Lancierung der Doktrin der „massiven Vergeltung" versucht, ein Maximum an Abschreckung mit einem Minimum von Kräfteaufwand zu verbinden. Der Bundeskanzler befürchtete eine Schwächung der an sich schon unzureichenden Landstreitkräfte im europäischen Zentralabschnitt, in der er eine Gefahr für die Sicherheit Europas sah. Nach seiner Meinung würde eine Verringerung der Streitkräfte zugleich die Glaubhaftigkeit des amerikanischen Einsatzes verringern und die Kampfmoral der europäischen Verbündeten beeinträchtigen. Da es auch in Washington Widerstände gegen den Radford-Plan gab, insbesondere auf seiten der Demokratischen Partei, wurde er nach starken persönlichen Interventionen des Bundeskanzlers bei Dulles[32] zurückgezogen.

Die Abrüstungspläne des amerikanischen Präsidenten und seine Neigung zur stärkeren Betonung der nuklearen Abschreckungskomponente gaben Anlaß, in der Bundesrepublik die Frage der Mitkontrolle der taktischen atomaren Waffen aufzuwerfen. Adenauer machte – mit besonderer Unterstützung des Verteidigungsministers Strauß – dahingehende Ansprüche gegenüber der amerikanischen Seite geltend. Er verlangte, in der Mitkontrolle taktisch-atomarer Waffen Frankreich und Großbritannien gleichgestellt zu werden. Seine Bemühungen schlugen indessen fehl. Auf der NATO-Tagung im Dezember 1956 verwies der amerikanische Verteidigungsminister Wilson nachdrücklich auf die restriktiven Bestimmungen der amerikanischen Atomgesetzgebung, die eine Weitergabe von Waffen zur freien Verfügung verbot.

Im Oktober 1956 wurde das Bündnis erneut einer harten Probe unterworfen: In Ungarn war ein Aufstand gegen die Sowjetunion ausgebrochen, der in seiner Intensität noch weit über den Aufstand in Ostdeutschland von 1953 hinausging. Als der ungarische Aufstand durch den Einsatz sowjetischer Panzer niedergewalzt wurde, reagierte die westliche Welt zwar mit Empörung, aber es erwies sich erneut, daß die Idee des „roll back" von der republikanischen Administration und wohl auch von der amerikanischen Nation nie ernsthaft als außenpolitisches Handlungskonzept angesehen worden war, sondern nur ideologisch verstanden wurde.

Zur gleichen Zeit, im November 1956, widersetzte sich im Nahostkonflikt die amerikanische Regierung, insbesondere John Foster Dulles, mit großer Schärfe dem Versuch Englands und Frankreichs, mit Hilfe Israels die Verstaatlichung des Suezkanals durch eine militärische Operation rückgängig zu machen. Gleichzeitig griff die Sowjetunion mit wenig glaubhaften atomaren Drohungen in den Konflikt ein. Alle drei Nationen zogen ihre Truppen zurück. Das Kabinett Eden wurde gestürzt. In Frankreich begann eine Entwicklung, die sich langsam auf eine Verselbständigung Frankreichs innerhalb der NATO hinbewegte. Die Rückwirkungen auf das Bündnis waren unübersehbar. Die Sorge, daß sich die beiden Weltmächte in den großen weltpolitischen Fragen über die Köpfe ihrer Verbündeten einigen würden, wurde in Europa[33] laut. Im Falle Frankreichs kam hinzu, daß die französische Regierung nach Beendigung des Indochinafeldzuges in eine Auseinandersetzung über die Unabhängigkeit von Algerien verwickelt war und tiefe Enttäuschung darüber empfand, daß die Vereinigten Staaten Frankreich nicht unterstützten. In dieser kritischen Situation kam es im Jahre 1957 zu ersten deutsch-französischen Besprechungen über die Möglichkeit einer beschränkten Zusammenarbeit auf nuklearem Gebiet[34], die aber bereits nach dem Sturz des Kabinetts Gaillards im August 1958 ihr Ende fanden.

Im Jahre 1957 legte der amerikanische Präsident Vorschläge für Luftinspektionen im kritischen Raum Europas vor, die im wesentlichen darauf abzielten, Inspektionszonen für Atomsprengköpfe zu schaffen[35]. In ähnliche Richtung bewegten sich 1957 einsetzende Bemühungen um ein Disengagement der Streitkräfte des atlantischen Bündnisses und des Warschauer Paktes. Nach dem Eden-Plan 1955 war es zunächst der Vorschlag des englischen Oppositionsführers Hugh Gaitskell vom Januar 1957[36], der den Abzug der ausländischen Truppen aus Mitteleuropa und eine Wiedervereinigung Deutschlands auf Grund freier Wahlen vorsah. In ähnliche Richtung ging der Plan George F. Kennans vom November 1957[37], der aber die Frage der Einordnung eines neutralisierten Deutschlands in ein europäisches Sicherheitssystem, offenließ. Große Bedeutung gewann aber erst der zunächst von Gromyko am 27. März 1956 angebotene, dann von dem polnischen Außenminister Adam Rapacki aufgenommene Plan einer atomwaffenfreien Zone in Mitteleuropa[38]. Hier war von einer gleichzeitigen Lösung der Deutschland-Frage keine Rede mehr. Die Schaffung einer solchen Zone hätte nach Auffassung Adenauers die Gefahr einer endgültigen Zementierung der Teilung Deutschlands und eines Abzugs der amerikanischen Truppen aus Europa mit sich gebracht[39].

In den Vereinigten Staaten wurde immerhin die Frage vielfach diskutiert, ob die Schaffung einer atomwaffenfreien Zone in Europa in Verbindung mit der Neutralisierung Deutschlands nicht eine den Frieden fördernde Lösung sein könnte. Wiederum standen Kennan, dessen Einfluß der Bundeskanzler wohl über Gebühr fürchtete, und im Kongreß Männer wie Mansfield und Fulbright, der gerade zum Vorsitzenden des Auswärtigen Ausschusses im Senat gewählt worden war, sowie der Senator John F. Kennedy in der vordersten Linie derer, die die bisherige Politik der Integration der Bundesrepublik in den Westen zur Diskussion stellten. Präsident Eisenhower hatte zwar auf seiner Pressekonferenz vom 2. Mai 1958 eine gewisse Sympathie für eine neutrale Zone in Europa anklingen lassen – so etwa schon bei der Beurteilung des Eden-Planes von 1955. Doch rückte er unter dem Einfluß von Dulles und Acheson[40] von der Idee des Disengagements eindeutig ab, die damit endgültig aufgegeben wurde. Die Entwicklung des Bündnisses stand nicht zum besten.

Mit dem erfolgreichen Start des Erdsatelliten „Sputnik" trat im Oktober 1957 ein neues Ereignis ein, das erneut allen Verbündeten vor Augen führte, daß nur die engstmögliche Zusammenfassung aller westlichen Kräfte die Verteidigung Europas sichern könnte: Dieses Ereignis stellte vielerorts den Glauben an die absolute amerikanische Überlegenheit auf nuklearem Gebiet in Frage. Außerdem hatte die Doktrin der massiven Vergeltung an Glaubwürdigkeit verloren und wurde durch das Konzept der „abgestuften Erwiderung" ersetzt, das die Atomschwelle anhob und vorsah, im Konfliktfall vor dem Einsatz von Kernwaffen eine Pause einzulegen[41]. Innerhalb der NATO wurde vereinbart, daß die Vereinigten Staaten der Bundesrepublik atomare Raketen zur Verfügung stellen, die atomaren Sprengköpfe aber im amerikanischen Gewahrsam und nationaler Verfügungsmacht entzogen bleiben sollten. Diese Lösung befriedigte den Bundeskanzler und die Bundesregierung nicht[42]. Sie war aber immerhin ein erster Schritt in Richtung auf eine stärkere Beteiligung der Bundesrepublik an atomaren Regelungen.

Das Jahr 1958 begann mit dem Inkrafttreten der Verträge über die Europäische Wirtschaftsgemeinschaft und Euratom. Dieses Ereignis leitete eine neue wichtige Periode in der europäischen Entwicklung ein, die den folgenschweren Fehlschlag der EVG wenigstens teilweise ausglich. Diese Entwicklung wurde von der amerikanischen Administration ebenso wie vom Kongreß, insbesondere aber von John Foster Dulles, außerordentlich begrüßt. Die Vereinigten Staaten hatten die Hoffnung, damit sei ein wichtiger Schritt zur Konsolidierung des Westens und der Atlantischen Gemeinschaft erfolgt, der früher oder später dazu führen würde, die Schutzfunktion der Vereinigten Staaten in Europa zu entlasten.

Am 27. März 1958 vollzog sich ein entscheidender Wechsel in der sowjetischen Führung. Chruschtschow, seit Herbst 1953 erster Sekretär des Zentralkomitees der KPdSU, löste Bulganin als Ministerpräsident ab. Damit lag in seiner Hand die Führung von Partei und Staat. Angesichts der Erfahrungen, die der Bundeskanzler in den vergangenen Jahren mit seinen westlichen Partnern gemacht hatte, hielt er nun den Zeitpunkt für eine eigene politische Initiative in der deutschen Frage für gekommen: In einem Gespräch mit dem sowjetischen Botschafter am 19. März 1958 bot er ein Moratorium in der Wiedervereinigungsfrage für den Fall an, daß Moskau einer Umwandlung der DDR in einen neutralen demokratischen Staat – nach dem Beispiel Österreichs – Raum gebe. Dieser Gedanke wurde von ihm in noch konkreterer Form dem stellvertretenden sowjetischen Ministerpräsidenten Mikojan vorgelegt, als dieser im April 1958 die Bundesrepublik besuchte. Die Sowjetunion war indessen für einen solchen Vorschlag nicht zu gewinnen[43].

Ebenso wie in Osteuropa erfolgte auch im Westen ein Führungswechsel von historischer Bedeutung. Inmitten der den französischen Staat in seinen Grundfesten erschütternden Algerienkrise wurde am 1. Juni 1958 Charles de Gaulle von der französischen Nationalversammlung zum Ministerpräsidenten gewählt. Die Lösung der Algerienkrise und die Konsolidierung des französischen Staates sollten zunächst im Vordergrund des politischen Interesses des neuen Ministerpräsidenten stehen.

Im Herbst 1958 wurde der Westen, insbesondere aber die Bundesrepublik, einer neuen schweren Belastungsprobe ausgesetzt[44]. Im November 1958 kündigte Chruschtschow in einer Note an die Westmächte die interalliierten Abkommen über den Status Berlins und forderte, mit der DDR über die den Zugang zu Berlin betreffenden Fragen zu verhandeln. Sollte dem innerhalb von sechs Monaten nicht entsprochen werden, werde die Regelung der Zufahrtswege nach Berlin in einem ausschließlich bilateralen Vertrag von der Sowjetunion mit der DDR getroffen werden. Die Bundesregierung protestierte sofort mit aller Entschiedenheit gegen den drohenden Bruch internationaler Vereinbarungen durch die Sowjetunion. Die erste amerikanische Reaktion war vorsichtiger und beschränkte sich auf eine Betonung der Vier-Mächte-Rechte. Gewisse Meinungsverschiedenheiten zwischen John Foster Dulles und dem Präsidenten in Grundfragen der westlichen Politik schwächten deutlich seinen Einfluß in Washington und beeinträchtigten offenbar auch seine eigene Haltung in der Behandlung der West-Ost-Fragen. Diese Feststellung war für Konrad Adenauer um so schmerzlicher, als er einen wesentlichen Teil seiner Außenpolitik auf sein enges Verhältnis zu John Foster Dulles gestützt hatte. Als Dulles nach dem Berlin-Ultimatum der Sowjetunion in einer Pressekonferenz am 26. November 1958 die Idee entwickelte, der DDR könnte als Agent der Sowjetunion die Kontrolle der Zufahrtswege übertragen werden, glaubte er, darin die nachlassenden Kräfte des amerikanischen Außenministers erkennen zu müssen. Die Akzeptierung der Agentenrolle schien Adenauer der Beginn einer De-facto-Anerkennung der DDR zu sein[45]. Jedenfalls aber zeigte sich, mit welcher Vorsicht die Vereinigten Staaten und auch Großbritannien dem sowjetischen Ultimatum begegneten.

Die Nachricht erreichte den Bundeskanzler bei seiner zweiten Begegnung mit General de Gaulle in Bad Kreuznach, der eine erste entscheidende in Colombey-les-deux-Eglises vorausgegangen war. Diese Begegnungen sollten für beide Staaten, für Europa und das Verhältnis Europas zu den Vereinigten Staaten große Bedeutung gewinnen. De Gaulle und Adenauer waren sich darüber einig, daß eine engere Zusammenarbeit der beiden Staaten das Gebot der Stunde sei und daß der Einfluß Europas auf die USA, insbesondere im politischen Bereich, wesentlich verstärkt werden müßte[46]. Ob oder inwieweit der französische Staatspräsident dem Bundeskanzler damals seine weitergehenden Vorstellungen schon angedeutet hat, ist nicht klar. Jedenfalls hatte de Gaulle in einer diesem Besuch vorausgehenden Besprechung in Paris mit Dulles schon den Vorschlag eines amerikanisch-französisch-britischen Dreierdirektoriums gemacht – ein Vorschlag, der nicht zuletzt auch im Interesse der Bundesrepublik von Eisenhower abgelehnt wurde. Besonders skeptisch äußerte sich de Gaulle in der Besprechung mit dem Bundeskanzler über Großbritannien. Er schlug ihm die Ablehnung des englischen Vorschlages der Schaffung einer europäischen Freihandelszone vor. Dem stimmte Adenauer zu.

Wenige Tage später ging Chruschtschow noch einen Schritt über seinen ersten Vorschlag hinaus und drohte, die Sowjetunion werde ihre Besatzungsrechte

durch einen Separatfrieden auf die DDR übertragen, falls West-Berlin nicht innerhalb von sechs Monaten in eine entmilitarisierte freie Stadt verwandelt würde. Zwar war die westliche Reaktion auf diese Note eindeutig zurückweisend, aber es zeigte sich, daß insbesondere die angelsächsischen Mächte sich offenbar bemühten, einen für beide Seiten tragbaren Kompromiß zu suchen. In seiner Pressekonferenz vom 13. Januar 1959 ging Dulles sogar so weit, zu sagen, daß freie Wahlen in Deutschland zwar für die Lösung des deutschen Problems ein natürlicher Vorgang seien, daß sie aber nicht unbedingt die einzige Methode seien, durch die eine Wiedervereinigung erreicht werden könne. Als Variante zu den bisherigen Vorschlägen brachte er den Gedanken einer Konföderation zwischen der Bundesrepublik Deutschland und der DDR als eines ersten Schrittes in Richtung auf eine Wiedervereinigung ins Spiel. Diese Initiative war nicht mit der Bundesregierung abgestimmt. Insoweit erwiesen sich die Sorgen Adenauers und de Gaulles über die Mängel im politischen Konsultationssystem der NATO als gerechtfertigt.
Im Februar 1959 trat Dulles seine letzte Europareise an, die ihn auch nach Bonn führte[47]. Dulles versicherte den Bundeskanzler noch einmal seiner vollen Unterstützung. Dennoch ist festzustellen, daß sich die Lage in den Vereinigten Staaten inzwischen geändert hatte und daß die schwindende Kraft des todkranken Mannes dem Bundeskanzler in dieser letzten Begegnung kein klares Bild über die politische Linie der amerikanischen Regierung zu geben vermochte. In den USA nahm man die sowjetische Drohung überaus ernst und konzentrierte alle Energien auf eine diplomatische Lösung des Konfliktes. Am 24. Mai 1959 erlag John Foster Dulles seinem Leiden, nachdem er kurz vorher als Secretary of State zurückgetreten war. Der Tod von Dulles hat Konrad Adenauer auf das tiefste erschüttert[48]. Niemandem unter den ausländischen Staatsmännern hatte er sich in der bisherigen Amtszeit in politischer Anschauung und Haltung so nahe gefühlt wie diesem amerikanischen Außenminister.

Das Ende der Administration Eisenhower

Die Beziehungen des Bundeskanzlers zu Präsident Eisenhower hatten sich abgekühlt seitdem erkennbar war, daß Eisenhower nicht mehr auf einem Junktim zwischen Abrüstungsverhandlungen und der Deutschland-Frage bestand. Präsident Eisenhower berief als Nachfolger von Dulles Christian Herter, einen Mann von untadeligem Charakter und großer Bildung. Er war auch ein Mann, der für die Einigung Europas wie für die deutsche Frage Verständnis hatte. Seine menschliche Zurückhaltung machte es ihm aber so schnell nicht möglich, einen ähnlich nahen Kontakt mit dem Bundeskanzler zu bekommen, zumal dieser auf Grund der Erfahrungen der letzten Zeit von starkem Mißtrauen gegenüber der amerikanischen Politik erfüllt war. Der Bundeskanzler bezweifelte, ob Herter den gleichen Einfluß auf den Präsidenten wie Dulles haben und in Verhandlungen mit der Sowjetunion eine ähnliche Härte aufbringen würde[49].
Herter vertrat die Vereinigten Staaten in der Zeit von Mai bis August 1959 auf der Genfer Außenministerkonferenz. Er legte der Konferenz einen Stufenplan zur Regelung der Frage der Wiedervereinigung Deutschlands im Rahmen

eines europäischen Sicherheitssystems vor[50]. Den Direktiven der Regierungschefs für die Konferenz von 1955 wurde Rechnung getragen, d. h. Wiedervereinigung und Abrüstung sollten in einem unlösbaren Zusammenhang stehen. Der Stufenplan sah als erste Stufe die Wiederherstellung der Einheit Berlins auf der Grundlage freier Wahlen vor, auf der zweiten Stufe die Bildung eines gemischten deutschen Ausschusses und auf der dritten Stufe Wahlen für eine gesamtdeutsche verfassunggebende Versammlung. Erst die daraufhin gewählte gesamtdeutsche Regierung sollte verantwortlich für die Aushandlung eines gesamtdeutschen Friedensvertrages sein. Die damit in jeder Stufe koordinierten Abrüstungsverhandlungen sahen Gewaltverzichtserklärungen, den Austausch von Informationen über militärische Kräfte, die Begrenzung der Gesamtstärken der Streitkräfte der Vier Mächte, Inspektionsmaßnahmen und später den Abzug aller fremden Truppen vor, falls die gesamtdeutsche Regierung dies beantragen sollte. Dieser Vorschlag stieß auf kategorische Ablehnung der Sowjetunion. Am Ende der Konferenz bot der amerikanische Außenminister der Sowjetunion in einem Kompromißvorschlag eine Interimslösung an, die zu einer künftigen Wiedervereinigung durch freie Wahlen führen sollte. Danach sollten die Rechte der Westmächte in West-Berlin offiziell anerkannt und ein freier Zugang zu Berlin garantiert werden. Die Westmächte sollten sich ihrerseits verpflichten, in Berlin weder Atomwaffen zu stationieren noch ihre Streitkräfte zu verstärken. Die politische Propaganda in beiden Teilen der Stadt sollte der Kontrolle einer UNO-Kommission unterworfen werden. Der Vorschlag wurde von der Sowjetunion kategorisch abgelehnt. Seine uneingeschränkt kritische Beurteilung durch Bundeskanzler Adenauer[51] wurde der damaligen politischen Gesamtsituation wohl nicht voll gerecht.

Einen Monat später besuchte Chruschtschow die Vereinigten Staaten. Von amerikanischer Seite erfolgten bei dieser Gelegenheit keine neuen Initiativen in der Berlin-Frage. Der „Geist von Camp David" sollte bedeutungslos bleiben. Das zeigte sich auch auf der Pariser Gipfelkonferenz im Mai 1960, die sich wegen des U-2-Zwischenfalles nur auf einen Tag beschränkte.

Im Juli 1960 fand ein drittes Treffen zwischen Adenauer und General de Gaulle statt[52]. Im Mittelpunkt der Erörterungen standen die Sorge des Bundeskanzlers in bezug auf die amerikanische Haltung in der Berlin-Frage und die engere Zusammenarbeit zwischen Paris und Bonn einerseits und im Europa der Sechs andererseits. De Gaulle stützte in den diplomatischen Kontakten zwischen den drei Westmächten die Adenauersche Berlin-These einer eindeutigen Härte gegenüber der größeren Konzessionsbereitschaft der angelsächsischen Mächte, während Adenauer den de Gaulleschen Auffassungen einer Umorganisation der NATO Verständnis entgegenbrachte. Das Konsultationssystem innerhalb des Bündnisses war allerdings verbesserungsfähig. Das hatte sich u. a. auch bei der amerikanischen Operation im Libanon 1957 gezeigt. Der französische Staatspräsident zog indessen aus seiner Beurteilung der NATO nur Folgerungen, die auf längere Frist gesehen nicht im Sinne der Bundesrepublik sein konnten. Im März 1959 hatte de Gaulle die französische Mittelmeerflotte dem Kommando der NATO entzogen. De Gaulle deutete Adenauer darüber hinaus an, daß Frankreich nach den amerikanischen Präsidentschaftswahlen der NATO kaum in der bisherigen Form weiter angehören

könnte. Adenauer war und blieb aber überzeugt, was er auch de Gaulle gegenüber betonte, daß der amerikanische Schutz eine Grundbedingung der Sicherheit in Europa sei und bleiben müsse.
Wenn man die letzte Periode der Eisenhower-Administration würdigt, so sollte nicht übersehen werden, daß in der Frage einer Mitkontrolle atomarer Waffen von amerikanischer Seite bemerkenswerte Vorschläge gemacht worden waren. General Norstad, der überaus verdienstvolle und für die deutschen Belange sehr aufgeschlossene Oberkommandierende der alliierten Truppen in Europa, hatte vorgeschlagen, den europäischen Mitgliedern der NATO und damit auch der Bundesrepublik die unmittelbare Kontrolle über einen Teil der von den USA in Europa stationierten taktischen atomaren Waffen einzuräumen. Dieser Vorschlag wurde mit der Maßgabe verknüpft, daß diese Waffen nur im Extremfall, aber dann ohne vorherige Ermächtigung durch den amerikanischen Präsidenten eingesetzt werden konnten[53]. Dies war immerhin ein weitgehender Schritt. Die Vorschläge waren Gegenstand langwieriger Diskussionen und stießen zunehmend auf den Widerstand starker politischer Kräfte in den Vereinigten Staaten, insbesondere aber auch in Europa. Der amerikanische Präsident selbst schien dem neuen Konzept am Ende seiner Amtsperiode skeptisch gegenüberzustehen.
Ein abweichender Vorschlag wurde dann im Dezember 1960 auf der NATO-Konferenz von Christian Herter vorgelegt[54]. Er lief darauf hinaus, die NATO selbst zur vierten Atommacht zu machen und ihr zu diesem Zweck fünf nuklear angetriebene Unterseeboote mit 80 Polaris-Raketen und 100 landgestützte Trägerwaffen zur Verfügung zu stellen. Dieser Vorschlag erschien der Bundesregierung sehr interessant. Sie bemühte sich im darauffolgenden Jahr um die Präzisierung dieses Vorschlages, dies insbesondere auf der NATO-Konferenz im Mai 1961, die also schon in die Kennedyperiode fiel. Auch dieser Vorschlag fand aber schließlich nicht die Zustimmung der verbündeten Regierungen, weder in den Vereinigten Staaten noch bei den anderen Westmächten, was immer wieder übersehen wird.
In jahrelangen Auseinandersetzungen über den Umfang des deutschen Verteidigungsbeitrages und die Zahlung von Stationierungskosten, die mit der Wiedererlangung der deutschen Souveränität eingestellt worden waren, forderten die Vereinigten Staaten schon am Ende der Eisenhowerperiode einen Devisenausgleich für die Währungsverluste, welche die Stationierung amerikanischer Truppen in der Bundesrepublik verursachte. Eine sofortige Einigung mit den amerikanischen Unterhändlern Anderson und Dillon kam aber nicht zustande, weil der Bundeskanzler den Abschluß der neuen Administration vorbehalten wollte. Daran scheiterte auch eine Verständigung über die Frage der Rückgabe des im Kriege in den USA beschlagnahmten deutschen Vermögens. Das Problem des Devisenausgleiches wurde seit der Kennedy-Ära durch immer wieder erneuerte Abkommen mit zweijähriger Laufzeit gelöst.

Das Auf und Ab der Kennedy-Jahre

Am 8. November 1960 wurde John F. Kennedy, der Kandidat der Demokratischen Partei, zum amerikanischen Präsidenten gewählt. Der Bundeskanzler schien mit der Wahl des bisherigen Vizepräsidenten Nixon gerechnet zu haben[55]. Das Wahlergebnis beunruhigte ihn, da frühere Erklärungen des Senators Kennedy bei ihm Zweifel erweckt hatten, daß die neue Administration in ihrer Außenpolitik die Belange der Bundesrepublik genügend berücksichtigen würde[56].

Schon in seiner Antrittsrede zeigte der neue Präsident – der jüngste der amerikanischen Geschichte –, daß er sowohl in der Innen- als auch in der Außenpolitik neuen Ufern zustrebte. Die gesamte Außen- und Verteidigungspolitik Amerikas sollte einer grundlegenden Überprüfung unterzogen werden. Eine Reihe von Erklärungen, die John F. Kennedy noch als Senator zum Bündnis und zu außenpolitischen Fragen abgegeben hatte, veranlaßte Adenauer, auf ein baldmögliches Treffen mit dem neuen Präsidenten zu drängen. Nach acht Jahren republikanischer Administration wechselten nicht nur das gesamte Kabinett, sondern auch die meisten führenden Persönlichkeiten in den Schlüsselpositionen unterhalb der Kabinettsebene, und dies sowohl im Weißen Haus wie auch im State Department und im Pentagon. Die Politik des neuen Präsidenten war somit nur schwer im voraus abschätzbar. Zu Johnson, dem erfahrenen Führer der Demokraten im Senat und neuen Vizepräsidenten, gewann der Bundeskanzler zwar ein besonders vertrauensvolles Verhältnis. Indessen fand er zu dem neuen Außenminister Dean Rusk kaum ein ähnlich vertrauensvolles Verhältnis wie zu Dulles oder Acheson, obwohl Rusk in der Deutschland- und der Bündnispolitik den Auffassungen des Bundeskanzlers sehr nahe kam. Sein Einfluß auf den Präsidenten war auch geringer als der Achesons und Dulles' auf Truman und Eisenhower.

Im April traf Adenauer in Washington ein[57]. Der Bundeskanzler gewann einen ersten positiven Eindruck in seinen Besprechungen mit dem amerikanischen Präsidenten und seinen Beratern, hatte aber das Gefühl, daß das Spektrum der außenpolitischen Interessen John F. Kennedys noch stärker an globalen Perspektiven (Südostasien, Lateinamerika und Afrika) orientiert war als das seiner Vorgänger. Der Bundeskanzler gewann insbesondere den Eindruck, daß Präsident Kennedy einen intensiveren Dialog mit der Sowjetunion anstrebte und dementsprechend weniger auf Westeuropa konzentriert sein würde[58]. Offenbar war Kennedy sehr gegensätzlichen Ratschlägen ausgesetzt. Das State Department jedenfalls empfahl ebenso wie eine Reihe wichtiger Berater mit Entschiedenheit eine Kontinuität der amerikanischen Politik in Europa und damit auch gegenüber der Bundesrepublik. Schon in der ersten Besprechung wurde indessen deutlich, daß die Altersdifferenz den Kontakt zwischen dem amerikanischen Präsidenten und dem Bundeskanzler nicht eben erleichterte. Kennedy repräsentierte für Adenauer einfach eine andere Welt[59]. Diese erste Besprechung schien aber die Türen für eine gemeinsame Politik noch offen zu lassen, und Konrad Adenauer war von dem intellektuellen Format des Präsidenten immerhin sehr beeindruckt[60].

Noch im gleichen Monat sah sich der Präsident einer ersten schweren außenpolitischen Bewährungsprobe ausgesetzt. Der völlige Fehlschlag der ersten Kubakrise bedeutete eine schwere Beeinträchtigung seiner Autorität, was sich auch in dem Treffen mit Chruschtschow zwei Monate später zeigte. Chruschtschow begegnete dem Präsidenten mit großem Selbstbewußtsein, stellte kompromißlos seine Forderungen in der Berlin-Frage und gab ihm zu verstehen, daß sich ohnehin der Kommunismus früher oder später geschichtsnotwendig durchsetzen werde[61]. Die Berlinkrise hatte also an Schärfe nicht verloren, obwohl die Sechsmonatsfrist inzwischen längst abgelaufen war. Eine neue Frist war von Chruschtschow nicht gesetzt worden, wohl aber legte er in einem Aide-mémoire dem Präsidenten die früheren Vorschläge erneut vor. Der Präsident antwortete Chruschtschow am 25. Juli[62], daß für eine Regelung der Berlin-Frage drei Punkte wesentlich seien: die Präsenz der Truppen der drei Westmächte in Berlin, die unbedingte Freiheit des Zuganges nach Berlin zu Lande, zu Wasser und in der Luft sowie die Lebensfähigkeit der Stadt, gesichert durch die Erhaltung der bestehenden politischen, rechtlichen und wirtschaftlichen Bindungen zwischen Berlin und der Bundesrepublik Deutschland. Wie aus den drei sogenannten „essentials" erkennbar wird[63], setzte der Präsident den Akzent auf den Status des westlichen Teils der Stadt Berlin. Die Vier-Mächte-Rechte für ganz Berlin blieben unerwähnt, eine Tatsache, die von Konrad Adenauer im Hinblick auf die Offenhaltung der deutschen Frage mit Besorgnis registriert wurde. Die Sorgen des Bundeskanzlers steigerten sich aber noch auf Grund zusätzlicher Stimmen in den Vereinigten Staaten in und außerhalb der Administration sowie im Kongreß, die Varianten zu den in Wien vorgelegten Bedingungen andeuteten[64]. Angesichts dieser Lage lehnte der Bundeskanzler, offenbar im Einvernehmen mit dem französischen Staatspräsidenten, neue Verhandlungen über Berlin zu diesem Zeitpunkt ab.

Während der Vorbereitung einer schriftlichen Antwort der Alliierten auf das Aide-mémoire Chruschtschows zog sich ein drohendes politisches Unwetter über Berlin zusammen. West-Berlin war seit Schaffung der Demarkationslinie des Haupttor, durch welches Flüchtlinge die DDR verließen, um zum Westen überzuwechseln. Die Flüchtlingsziffer, die schon in vorhergehenden Jahren beachtlich war, schwoll im ersten Halbjahr 1961 weiter stark an und erreichte allein im Juli 1961 31000. Angesichts dieser Bedrohung für die DDR riegelten am 13. August völlig überraschend Einsatztruppen der DDR im Einverständnis mit der sowjetischen Regierung zunächst mit Stacheldrahtzäunen und unmittelbar darauf durch den Bau einer Mauer West-Berlin hermetisch von Ost-Berlin ab. Die westlichen Schutzmächte äußerten sich vier Tage lang nicht bis auf ein Protestschreiben der drei westlichen Stadtkommandanten an den sowjetischen Kommandanten.

Der Bundeskanzler und von Brentano waren besorgt[65], daß eine zu scharf formulierte Erklärung einen neuen Aufstand in der DDR provozieren könnte, dem dann der Westen, wie schon 1953, tatenlos zusehen müßte. Adenauer beschränkte sich deshalb darauf, öffentlich zu erklären, daß man im Verein mit den Alliierten die erforderlichen Gegenmaßnahmen treffen werde. Die Empörung der Bevölkerung in der Bundesrepublik, insbesondere in Berlin, war außerordentlich. Erst vier Tage später ging eine Protestnote der westlichen Alliierten an die sowjetische Regierung, die aber als Reaktion auf diesen flagranten Bruch des Vier-Mächte-Status von Berlin in der Bundesrepublik allgemein als völlig unzureichend angesehen wurde[66].

Am 19. August flog der amerikanische Vizepräsident Johnson nach Bonn und von dort nach Berlin[67]. Er wurde begleitet von General Lucius D. Clay, unter dessen Kommando die Luftbrücke 1948 organisiert worden war. Johnson bekräftigte in Berlin im Namen der amerikanischen Regierung noch einmal die Sicherheitsgarantie der USA und wies darauf hin, daß die Abriegelung Ost-Berlins ein Eingeständnis der Schwäche der kommunistischen Machthaber der DDR sei. Gleichzeitig mit dem Besuch Johnsons in Berlin wurden 1500 amerikanische Soldaten als zusätzliche Kampfeinheit zur Verstärkung der Verteidigung nach Berlin verlegt. Als die Abriegelungsmaßnahmen der Ostberliner Stellen immer intensiver wurden, gingen amerikanische Panzer an der Sektorengrenze in Stellung. Am gleichen Tage beschuldigte die Sowjetunion die Westmächte in einer Note, die Luftkorridore zu mißbrauchen und erklärte, West-Berlin gehöre nicht zur Bundesrepublik. Der amerikanische Präsident antwortete nunmehr innerhalb von 24 Stunden. Jeder Eingriff in den freien Zugang nach West-Berlin stelle einen Akt der Aggression dar. Er wies die Behauptung der sowjetischen Note zurück und betonte das Recht der Deutschen, ihre Lebensform selbst zu bestimmen. Die Botschafter aller drei Westmächte überreichten dem sowjetischen Botschafter in Ost-Berlin am 26. August gleichlautende Protestnoten, in denen die Beschränkungen an der Sektorengrenze als eindeutige Verletzung des Vier-Mächte-Status von Berlin verurteilt und gleichzeitig der uneingeschränkte Zugang nach Berlin gefordert wurden. Eine westliche Außenministerkonferenz[68] in Washington beauftragte am 16. September 1961 den amerikanischen und britischen Botschafter in Moskau, bei Gromyko zu sondieren, ob Verhandlungsmöglichkeiten für eine friedliche Lösung der Berlin-Frage bestünden. Die französische Regierung hielt sich zum großen Bedauern Adenauers zurück.

Im Auftrage des Bundeskanzlers hatte ich im Oktober 1961 Gelegenheit, in den Vereinigten Staaten mit führenden politischen Persönlichkeiten der Administration die neu entstandene Lage zu besprechen. In meinen Unterredungen begegnete ich folgenden Argumenten: Der Bau der Mauer sei für die Vereinigten Staaten völlig überraschend gekommen und von keinem Geheimdienst irgendeiner Nation vorher angekündigt worden. Der amerikanische Präsident sei entschlossen, die Rechte der Alliierten in West-Berlin auch unter Einsatz von Waffengewalt zu verteidigen. Das gelte aber nur, falls alle anderen Mittel, der Krise Herr zu werden, erschöpft seien. Selbst wenn amerikanische Panzer die Stacheldrahtverhaue und die in Entstehung begriffene Mauer niedergewalzt hätten, hätte die DDR sie in gewisser Entfernung von der Demarkationslinie neu aufbauen können. Ein militärischer Einsatz hätte nach amerikanischer Auffassung unweigerlich den Krieg bedeutet. Die Teilung Europas in eine westliche und östliche Einflußzone sei nun einmal das Ergebnis des Zweiten Weltkrieges. Eine amerikanische Intervention innerhalb des sowjetischen Herrschaftsbereiches sei ebenso unmöglich wie 1953 bei dem Aufstand in der sowjetischen Besatzungszone und 1956 in Ungarn. Keiner der NATO-Partner sei zu einer Intervention dieser Art bereit gewesen. Wenn man also keinen neuen Weltkrieg wolle – und das sei doch auch wohl die deutsche Auffassung –, so bliebe, so wurde mit größtem Nachdruck betont, nur der Verhandlungsweg. Dieser würde aber von Frankreich und der Bundesrepublik abgelehnt. Die amerikanische Regierung hätte erwartet, daß die Bundesregierung sich stärker mit der Berlinkrise identifiziert, Vorschläge für die Verhandlungen mit der

Sowjetunion gemacht und durch die Verabschiedung einer militärischen Eventualplanung auch ihre militärische Bereitschaft unterstrichen hätte. Statt dessen sei die Bundesregierung durch den langen Wahlkampf und die Verzögerung der Regierungsbildung praktisch für Monate handlungsunfähig gewesen. Wenn es also zu der notwendigen Verhandlung käme, so hieß es, so müßte irgendein Kompromiß gesucht werden, um die Sowjetunion von ihrer drohenden Haltung abzubringen. Selbstverständlich denke man nicht an eine De-jure-Anerkennung der DDR. Von keiner offiziellen Stelle ist dies auch nur angedeutet worden, obwohl hier und da von inoffizieller Seite dieser Gedanke anklang. Im übrigen bestehe noch immer die Drohung der Sowjetunion, einen Friedensvertrag mit der DDR abzuschließen und die Kontrolle der Zufahrtswege an die DDR abzutreten. Die Mauer sei nun einmal da und regele jedenfalls für den Augenblick das akute Problem der DDR.

In den Besprechungen erwogen meine amerikanischen Gesprächspartner unter anderem die Schaffung von Ost-West-Kommissionen, welche die Zufahrtswege nach Berlin kontrollieren könnten, etwa in Form einer permanenten internationalen Institution, die Verlegung des Hauptsitzes oder einer Teilorganisation der Vereinten Nationen nach Berlin, die Umwandlung Berlins in eine Freie Stadt unter Kontrolle der Vereinten Nationen, einen gegenseitigen Gewaltverzicht zwischen NATO und Warschauer Pakt, die Anerkennung der Oder-Neiße-Linie oder gewisse Abrüstungsmaßnahmen.

Jedenfalls war eines klar: Die Errichtung der Mauer war für die Vereinigten Staaten kein Anlaß zu einer militärischen Intervention. In dem Gesamtzusammenhang der Noten, aber auch meiner Unterredungen, wurde der Gedanke des Vier-Mächte-Status für beide Teile Berlins von amerikanischer Seite nicht erwähnt. Wer die Ereignisse der Jahre 1953 und 1956 erlebt hatte, konnte über diese Haltung der Vereinigten Staaten und ihrer westlichen Alliierten kaum überrascht sein. Die Vorstellung eines „roll back“ war nie eine echte Alternative zu der Politik des „containment“ der Trumanperiode. Nach dem Treffen zwischen Gromyko und Rusk aus Anlaß der Vollversammlung der Vereinten Nationen Ende September betonte Chruschtschow erneut die Notwendigkeit eines Friedensvertragsabschlusses mit der DDR, ohne jedoch einen Termin zu nennen.

Am 30. Oktober 1961 trat Bundesaußenminister von Brentano von seinem Amt zurück. Von Brentano hat sich insbesondere um die deutsch-amerikanischen und überhaupt um die Westbeziehungen große Verdienste erworben. Er zeigte sich dabei flexibler als Konrad Adenauer, während dieser in der Frage der Ostbeziehungen wesentlich pragmatischer war als von Brentano. Bei der Kabinettsbildung vom 14. November wurde von Brentano durch Gerhard Schröder ersetzt.

Die im November 1961 eingeleiteten sowjetisch-amerikanischen Besprechungen, bezüglich deren Führung der Bundeskanzler und seine ihn begleitenden Bundesminister sich bei einem Treffen in Washington vom 20. bis 22. November mit der amerikanischen Regierung abgestimmt hatten, konzentrierten sich im wesentlichen auf die Berlin-Frage. Der Bundeskanzler hätte es vorgezogen, wenn auch die französische Regierung in dieser Frage aktiv geworden wäre. Konrad Adenauer hat diesen Wunsch auf der Dezember-Konferenz 1961 in

Paris de Gaulle gegenüber deutlich zum Ausdruck gebracht[69]. Der französische Präsident hielt sich aber eindeutig zurück und erklärte die Zurückhaltung Frankreichs seit dem Bau der Mauer mit dem Hinweis, Berlin wäre sicherlich heute schon in russischer Hand, wenn man versucht hätte, den Bau der Mauer mit militärischen Mitteln zu verhindern.

Die relativ kurze Phase amerikanisch-deutschen Einverständnisses nach der akuten Berlinkrise erfuhr aber eine jähe Unterbrechung, als das State Department im April 1962 der Bundesregierung mit einer Frist zur Stellungnahme von 24 Stunden seine Vorschläge für die nächste Verhandlungsrunde mit der Sowjetunion mitteilte[70]. Hauptgegenstand der Vorschläge war die Bildung einer mit 13 Mitgliedern besetzten internationalen Kontrollbehörde, in der unter anderen die DDR und Ost-Berlin vertreten sein sollten. Daneben erwog das State Department noch einen Nichtangriffspakt zwischen NATO und Warschauer Pakt und eine beiderseitige Verpflichtung der USA und der Sowjetunion zur Nichtweitergabe atomarer Waffen. Als diese Vorschläge auf Grund einer angeblichen Indiskretion von deutscher Seite in der Öffentlichkeit bekannt wurden, protestierte der Leiter der Europa-Abteilung im State Department, Kohler, mit großer Schärfe bei dem deutschen Botschafter in Washington. Wenige Tage später erklärte Rusk in einer Pressekonferenz, man müsse, um den Zugang zu Berlin zu sichern, auch mit der DDR Verhandlungen führen, ohne diese politisch anzuerkennen oder der Teilung Deutschlands zuzustimmen. Der neue Vorsitzende der CDU/CSU-Fraktion, von Brentano, erschien am 30. April in Washington und machte schwerste deutsche Bedenken geltend, insbesondere hinsichtlich der Einbeziehung der DDR in die geplante Kontrollbehörde für die Überwachung der Zufahrtswege nach Berlin. Am 7. Mai lehnte Konrad Adenauer auf einer Pressekonferenz diese Regelung kategorisch ab. Das State Department warf daraufhin der Bundesregierung vor, von deutscher Seite seien bisher überhaupt keine Vorschläge zur Regelung der Berlin-Frage gemacht worden. Nahezu gleichzeitig wurde der verdiente deutsche Botschafter in Washington, Professor Grewe, der den Standpunkt des deutschen Bundeskanzlers mit großer Eindeutigkeit gegenüber der amerikanischen Regierung vertreten hatte, auf Grund entsprechender amerikanischer Vorstellungen zurückgezogen[71]. Die deutsch-amerikanischen Beziehungen waren damit auf einem bisher nie erreichten Tiefpunkt angelangt.

Bei dem Besuch des amerikanischen Außenministers in Bonn Ende Juni 1962 kam es unter dem Vorsitz Adenauers zu eingehenden Besprechungen über die Berlin-Frage. In dem abschließenden Kommuniqué hieß es, die Besprechungen hätten in allen Punkten Übereinstimmung ergeben. Auf der in diesen Besprechungen gefundenen Basis strebten die drei Westmächte neue Vierergespräche mit der Sowjetunion über Berlin an. Die sowjetische Antwort bestand darin, die Stadtkommandantur von Berlin aufzulösen und damit das letzte Element des Vier-Mächte-Status von Berlin aufzugeben. Darüber hinaus lehnte die Sowjetunion in einer Note an die Westmächte Vierergespräche zum Zwecke der Verminderung der Spannungen in Berlin ab. Die Lage in Berlin könne nur auf der Grundlage einer Friedensregelung normalisiert werden. Die Westmächte beantworteten das sowjetische Vorgehen mit der Erklärung, die Auflösung der sowjetischen Kommandantur in Berlin berühre die alliierten Rechte in Berlin nicht. Die Sowjetunion bleibe weiterhin für die Erfüllung ihrer Verpflichtungen in Ost-Berlin verantwortlich.

Die Berlinkrise ging dann ungelöst in die Kubakrise über, als die Vereinigten Staaten durch Fernaufklärer die Installierung sowjetischer Raketenwaffen auf der Insel Kuba feststellten. Die amerikanische Regierung sah darin eine unmittelbare Bedrohung ihres Territoriums. In einer erregenden Auseinandersetzung zwischen den beiden Weltmächten gab die Sowjetunion nach der Blockade Kubas schließlich und vor allem auf Grund der Flotten- und Luftüberlegenheit der USA im Raum der Karibischen See dem amerikanischen Druck nach. Die Lösung der zweiten Kubakrise war die eindrucksvollste Aktion der Kennedy-Administration und zeigte, daß die Vereinigten Staaten bereit waren, im Ernstfall auch militärische Konsequenzen zu ziehen[72], und daß die Sowjetunion – jedenfalls in einem geographischen Bereich, wo ihre Überlegenheit nicht eindeutig war – schließlich nachgeben würde. Diese Krise sollte sich als eine entscheidende Zäsur in den Beziehungen zwischen den Vereinigten Staaten und der Sowjetunion erweisen. Die Haltung der USA fand den Beifall sowohl des Bundeskanzlers als auch des französischen Staatspräsidenten. Mit dieser Entwicklung war praktisch auch das Berlin-Ultimatum erledigt. Spätere Erklärungen der Sowjetunion zu dieser Frage waren nur noch unerhebliche Nachhutgefechte, auch wenn die Drohung mit einem Separatfrieden mit der DDR verbal aufrechterhalten wurde.

In der Zwischenzeit hatte sich in Europa eine für das Verhältnis der Vereinigten Staaten zu Europa, aber auch zur Bundesrepublik, überaus wichtige Entwicklung vollzogen. Großbritannien hatte sich im Frühjahr 1961 entschlossen, der EWG beizutreten, falls die britischen Verpflichtungen gegenüber dem Commonwealth, der EFTA und die britischen Agrarinteressen berücksichtigt würden. Die Beitrittsverhandlungen begannen am 10. Oktober 1961.

Auf Grund französischer Vorschläge, die schon auf den Herbst 1960 zurückgingen, war am 10. und 11. Februar 1961 in Paris eine Konferenz der Staats- und Regierungschefs der sechs EWG-Staaten zusammengetreten, um über eine verstärkte politische Zusammenarbeit unter den sechs EWG-Partnern zu beraten. Die Verhandlungen über die politische Integration des Europas der Sechs zogen sich über ein Jahr hin. Zwei Vorschläge der Fouchet-Kommission scheiterten schließlich an dem Widerspruch der Benelux-Staaten und Italiens. Die Gründe waren im wesentlichen der Wunsch Belgiens und der Niederlande, die Frage der politischen Integration nicht zu präjudizieren, bevor die Entscheidung über den Eintritt Großbritanniens in die EWG gefallen sei (die betreffenden Verhandlungen liefen in der Zwischenzeit weiter) und ferner das Beharren Frankreichs auf dem Konzept eines „Europas der Staaten". Diese Vorstellung wurde von allen übrigen Partnern abgelehnt, weil sie an der Idee der Integration festhielten, die sich bisher jedenfalls relativ gut bewährt hatte.

De Gaulle, aber auch Adenauer hatten im Verlaufe der EWG-Verhandlungen zunehmend Zweifel, daß Großbritannien die Bedingungen für den Eintritt in die EWG akzeptieren würde[73]. Der französische Präsident sah in den britischen Forderungen mit Bezug auf Commonwealth und EFTA-Staaten eine Verwässerung der Europaidee. Konrad Adenauers Stellungnahme war nicht von der gleichen Eindeutigkeit wie die des französischen Staatspräsidenten.

Die Erinnerung an die Zürcher Rede Churchills, die den Anstoß für die europäische Gemeinschaftsbildung gegeben hatte, das britische Engagement unter der Regierung Anthony Edens für den Eintritt der Bundesrepublik in die NATO, ganz besonders aber auch der amerikanische Wunsch, Großbritannien in die EWG einbezogen zu sehen, erschwerten seine Entscheidung. Der amerikanische Präsident, beraten vor allem durch George Ball, sah in der Mitgliedschaft Großbritanniens im Gemeinsamen Markt eine zusätzliche Garantie dafür, daß dieser sich weltaufgeschlossen (outward looking) und nicht protektionistisch entwickeln würde; darüber hinaus sollte Großbritannien auch wegen seiner traditionellen „special relationship" mit den Vereinigten Staaten ein wichtiges Verbindungsstück zwischen den USA und Europa bilden.

Im Dezember 1962 hatte sich de Gaulle in einer kritischen Phase der EWG-Verhandlungen mit dem englischen Premierminister Macmillan in Paris getroffen[74]. Eine Einigung zwischen beiden Staatsmännern in der Europafrage kam nicht zustande. Darüber hinaus war auch im Laufe der Konferenz die Frage der atomaren Bewaffnung Großbritanniens Gegenstand der Diskussion gewesen (das Skybolt-Projekt war inzwischen von amerikanischer Seite aufgegeben worden). Macmillan kündigte de Gaulle seine unmittelbar bevorstehende Besprechung mit dem amerikanischen Präsidenten auf den Bahamas an, ohne allerdings erkennen zu lassen, daß Großbritannien mit den Vereinigten Staaten hierbei ein Abkommen schließen werde, das im Gegensatz zur Zielsetzung der französischen Atomrüstung die künftige britische Nuklearwaffe von den Vereinigten Staaten abhängig machen würde.

Als die Entscheidung von Nassau bekannt wurde, war der Entschluß de Gaulles gefaßt. Am 14. Januar 1963 sprach sich der französische Präsident auf einer Pressekonferenz in Paris gegen den Beitritt Großbritanniens zur EWG zum gegenwärtigen Zeitpunkt aus. Am 29. Januar 1963 vertagte der Ministerrat der EWG die Entscheidung über den von Frankreich gewünschten Abbruch der Beitrittsverhandlungen sine die. Die britische Regierung reagierte auf dieses Veto mit tiefer Verbitterung. Diese Entscheidung sollte sich auch unmittelbar auf das europäisch-amerikanische Verhältnis auswirken.

Am 4. Juli 1962 hatte der amerikanische Präsident in Philadelphia am Jahrestag der Unabhängigkeitserklärung den europäischen Staaten eine atlantische Partnerschaft vorgeschlagen, die aus zwei „Säulen" bestehen sollte: einer amerikanischen und einer europäischen[75]. Dieses Konzept setzte die Bildung einer politischen Einheit Europas voraus. Die Partnerschaft sollte eine Verbindung unter Gleichen sein. Vorgesehen war eine umfassende Zusammenarbeit auch auf militärischem Gebiet. Zu diesem Punkt erklärte Kennedy in seiner Rede aber lediglich, Europa würde innerhalb dieser Form der „Atlantischen Gemeinschaft eine größere Rolle in der gemeinsamen Verteidigung spielen". Dieser Vorschlag ist von amerikanischer Seite nie präzisiert worden. Lediglich eine Rede des Sicherheitsberaters des amerikanischen Präsidenten, McGeorge Bundy, vom September 1962 in Kopenhagen gab eine etwas konkretere, aber ebensowenig eindeutige Interpretation, wenn er erklärte, „in der fernen Zukunft" sei eine wirksame nukleare Verteidigung ohne Integration aller europäischen nuklearen Streitkräfte nicht möglich[76]; einschränkend fügte er hinzu, das Schwergewicht müsse aber notwendigerweise bei den Vereinigten Staaten ver-

bleiben. Die westliche Verteidigung sei eben unteilbar. Ob diese Charakterisierung nur quantitativ gemeint war, blieb offen.
So ist es bis heute geblieben. Präsident Kennedy hat auch in seiner Rede in der Paulskirche im Juni 1963[77] ebensowenig wie in der Nixonperiode Henry Kissinger in seiner Rede vom 23. April 1973 in New York[78] das Angebot einer Partnerschaft konkretisiert. Für den Kennedyschen Vorschlag war aber der Beitritt Großbritanniens zur EWG und einer später sich verwirklichenden Politischen Union eine conditio sine qua non. Mit dem Veto de Gaulles vom Januar 1963, d. h. sechs Monate nach dem Vorschlag Kennedys, die Entscheidung über den Beitritt Großbritanniens auf unbestimmte Zeit zu vertagen, wurde auch von dieser Seite dem amerikanischen Vorschlag der Boden entzogen.
Anläßlich des Besuches des französischen Präsidenten in der Bundesrepublik im September 1962 beschlossen der Bundeskanzler und de Gaulle eine engere politische, aber auch militärische Zusammenarbeit zwischen beiden Staaten, die bis heute die Grundlage für die deutsch-französische Freundschaft darstellt[79]. Nahezu gleichzeitig mit dem Abbruch der EWG-Verhandlungen mit Großbritannien erfolgte am 22. Januar 1963 die Unterzeichnung des deutsch-französischen Freundschaftsvertrages. Das zeitliche Zusammentreffen des französischen Vetos gegen den Eintritt Großbritanniens in die EWG mit der Unterzeichnung des Vertrages über eine engere deutsch-französische Zusammenarbeit brachte Frankreich, aber auch der Bundesrepublik Kritik von seiten der USA und der übrigen NATO-Mitglieder, die schon in den vorhergehenden Monaten die Bestrebungen Frankreichs, sich aus der Organisation des Bündnisses zu lösen, scharf kritisiert hatten. Die Befürchtung, de Gaulle würde nach der Mittelmeerflotte früher oder später auch die Nordatlantikflotte aus dem NATO-Verband herausziehen, bestätigte sich im Juni 1963. Inzwischen hatte Frankreich die für den Einsatz in Algerien abgezogenen Divisionen nicht wieder in die NATO integriert, die Integration der Luftverteidigung abgelehnt und im ganzen Schritte unternommen, die ein künftiges totales Ausscheiden aus der militärischen NATO-Integration wahrscheinlich machten[80].
Die Haltung Adenauers, der den Führungsanspruch der Vereinigten Staaten eindeutig akzeptierte, war in dieser Frage mit der des französischen Staatspräsidenten nicht identisch. Andererseits hielt Adenauer mit seiner Kritik an der mangelnden politischen Konsultation innerhalb der NATO nicht zurück[81]. Eine deutsch-französische Sonderregelung innerhalb der EWG stellte gewiß auch schon ein europäisches Problem dar, da mit ihr unterschiedliche Grade von Solidarität innerhalb einer Gemeinschaft eingeführt wurden. Die Vereinigten Staaten glaubten indessen fürchten zu müssen, daß die gaullistische Einstellung auf die Bundesrepublik übergreifen könnte. Der amerikanische Präsident scheint deshalb kurz vor der Unterzeichnung des Vertrages noch den Versuch gemacht zu haben, den Bundeskanzler zu einer Aussetzung der Entscheidung über die Unterzeichnung des Vertrages zu bewegen, obwohl dieser bei seinem letzten Treffen mit Außenminister Rusk bereits eine bevorstehende engere Bindung der Bundesrepublik an Frankreich angedeutet hatte. Auch andere, mit der deutschen Nachkriegsgeschichte maßgeblich verbundene amerikanische Persönlichkeiten versuchten, auf den Bundeskanzler im gleichen Sinne

Einfluß zu nehmen. Aber diese Interventionen blieben erfolglos. Nach der Unterzeichnung des Vertrages kam es dann zu Demarchen der amerikanischen Administration sowohl in Washington als auch in Bonn.

In den Vereinigten Staaten wurde bald offenkundig, daß andere Kräfte in der Bundesrepublik Bedenken gegen Form und Zeitpunkt des Vertrages vorgebracht hatten. Der Streit zwischen Europäern und Atlantikern hatte sich – je stärker der Bundeskanzler sich auf de Gaulle stützte – auch innerhalb der CDU/CSU-Fraktion entwickelt, obwohl alle Atlantiker gleichzeitig auch europäisch orientiert waren, aber annahmen, der gaullistische Kurs werde früher oder später zu einem Konflikt zwischen der Bundesrepublik und den Vereinigten Staaten führen. Bundeskanzler Adenauer entsandte bereits am 5. Februar 1963 Staatssekretär Carstens in die USA, wo dieser sich bemühte, den amerikanischen Präsidenten, Dean Rusk und andere politisch maßgebliche Persönlichkeiten für den Vertrag zu gewinnen[82]. Mit dem Blick auf die Ratifikationsbedürftigkeit des Vertrages mußte der Bundeskanzler äußerste Vorsicht walten lassen.

In der CDU/CSU-Fraktion einigte man sich schließlich auf eine Präambel zum deutsch-französischen Vertrag – so ungern sie von französischer Seite, aber auch von Adenauer gesehen wurde –, mit der die Kritik in der Bundesrepublik, in den übrigen europäischen Partnerstaaten und in den Vereinigten Staaten gemildert oder sogar zum Schweigen gebracht werden konnte. Sie betonte die Gemeinsamkeit der Verteidigung im atlantischen Rahmen, die Integration der Streitkräfte und die Einbeziehung Großbritanniens in die europäische Einigung. Der Bundeskanzler schwenkte schließlich auf diesen Kurs ein. Die Außenpolitik seines neuen Außenministers Schröder setzte zudem die Prioritäten, wenn auch nur graduell, etwas anders als sein Vorgänger. Die Sicherheit der Bundesrepublik, garantiert im wesentlichen durch die Vereinigten Staaten, hatte jedenfalls Vorrang vor allen anderen Erwägungen.

Man würde Adenauer nicht gerecht, wenn man die Pläne für eine engere Zusammenarbeit mit Frankreich auch auf militärischem Gebiet nicht im Zusammenhang mit den Veränderungen sähe, die sich während der Kennedy-Ära im strategischen Konzept wie in der Ost-West-Politik der USA vollzogen hatten. In dem Bestreben, der Vermeidung eines atomaren Konflikts vorrangig Rechnung zu tragen, betonte die neue Administration in ihrem strategischen Konzept, das mit den Namen des Verteidigungsministers McNamara[83] und des neuen Oberbefehlshabers der amerikanischen Streitkräfte, Maxwell Taylor[84], verbunden war, den Vorrang der konventionellen Komponente. Der Abschuß des ersten Sputnik 1957 hatte den Vereinigten Staaten deutlich gemacht, daß zum ersten Mal in ihrer Geschichte ihr eigenes Territorium direkt der Gefahr der Zerstörung ausgesetzt war – und zwar durch das nukleare Potential der Sowjetunion. Dementsprechend hatten die Vereinigten Staaten zunächst in massivster Form ihr nukleares Potential so verstärkt, daß es dem sowjetischen eindeutig überlegen blieb. Hiervon ging der amerikanische Präsident in seiner Verteidigungsbotschaft vom 28. März 1961[85] aus.

Abschreckung allein schien aber der neuen Administration zur Vermeidung eines Krieges nicht auszureichen. Daher beschloß John F. Kennedy, nach entsprechender Überprüfung des strategischen Konzepts, die amerikanische

Sicherheit auf zwei neue Elemente aufzubauen: zum einen auf der Strategie der „flexible response", die die der „massiven Vergeltung" abzulösen hatte, zum anderen auf dem Versuch, mit der Sowjetunion zu Vereinbarungen über Abrüstung und Rüstungskontrolle zu kommen. Die neue Strategie erforderte aber eine wesentliche Verstärkung der konventionellen Streitkräfte[86]. Die Vereinigten Staaten selbst vergrößerten die Zahl ihrer einsatzfähigen Divisionen von elf auf 16 und erwarteten ähnliche Verstärkungen von ihren Verbündeten. Dieser Erwartung entsprach die Bundesregierung durch Verlängerung der Wehrdienstzeit auf 18 Monate und eine erhebliche Verstärkung ihrer militärischen Verbände. Auf der NATO-Konferenz in Athen am 17. April 1962 hatten sich die NATO-Partner in der nuklearen Frage auf Vorschlag der Vereinigten Staaten auf die sogenannten Athener Richtlinien geeinigt, die eine gewisse Mitwirkung der nichtnuklearen Allianzpartner in der Nuklearpolitik der Vereinigten Staaten und Großbritanniens vorsahen[87]. Diese ermöglichten jedenfalls eine schrittweise Beteiligung und Mitverantwortung der Nicht-Nuklearmächte an der Nuklearplanung für den Einsatz von Kernwaffen und legten das Verfahren zur Durchführung der vereinbarten Konsultationen fest.
Die neue, nach dem Verteidigungsminister McNamara benannte Doktrin sah den Einsatz von Waffen auf jeder Stufe einer militärischen Auseinandersetzung entsprechend dem Vorgehen des präsumptiven Gegners vor[88]. Die Logik dieser abgestuften Strategie schien auf den ersten Blick zwingend zu sein, ließ aber auch wichtige Fragen offen. Wenn McNamara in seiner die Doktrin der „flexible response" darstellenden Rede in Ann Arbor/Michigan am 16. Juni 1962 erklärte: „Wir geben dem möglichen Gegner den denkbar stärksten Anreiz, sich vor einem Schlage gegen unsere Städte zurückzuhalten"[89], so warf dies immerhin die kritische Frage auf, ob die Sowjetunion, die auf eine „counter city strategy" eingestellt war, sich von einer derart subtilen strategischen Konzeption überzeugen lassen würde. Darüber hinaus setzte diese Strategie voraus, daß die Vereinigten Staaten die zentrale Kontrolle über sämtliche nuklearen Streitkräfte des Bündnisses mit einem eindeutig integrierten Verteidigungssystem behielten, da die USA andernfalls auch gegen ihren Willen in einen sie auch unmittelbar bedrohenden Konflikt hineingezogen werden könnten. Die amerikanische Sorge war, daß auch andere Staaten nach dem Beispiel Frankreichs ein nationales, nichtintegriertes Nuklearpotential aufbauen könnten. McNamara bestand in seiner Rede nicht auf der Exklusivität der amerikanischen Kontrolle nuklearer Waffen, wohl aber auf der Einheitlichkeit der Einsatzentscheidung, falls eine europäische strategische Nuklearstreitmacht geschaffen werden sollte.
Diese Strategie hatte, wie man in Europa mancherorts glaubte, den entscheidenden Nachteil, daß die Vereinigten Staaten möglicherweise planten, die Territorien der beiden Supermächte in einer kriegerischen Auseinandersetzung auszusparen und sich auf einen konventionellen, allenfalls auch taktisch atomaren Krieg auf dem europäischen Kontinent zu beschränken. Dementsprechend ging die deutsche Gegenvorstellung, die im wesentlichen von Bundesverteidigungsminister Strauß im Namen des Bundeskanzlers vorgetragen wurde[90], dahin, daß jeder Krieg auf dem europäischen Kontinent verhindert werden müßte und daher die Eskalationskette von den konventionellen über taktisch

atomare zu den strategischen Waffen unter keinen Umständen unterbrochen werden dürfe, wenn Abschreckung auf der Basis glaubhafter Verteidigungsmöglichkeiten auch für Europa voll wirksam werden solle. Bisher hatten die europäischen Staaten immer damit gerechnet, daß die nukleare Abschreckung der Vereinigten Staaten allein genügen werde, um einen Krieg in Europa selbst zu verhindern. Seit der Wende der amerikanischen Strategie in der Kennedyperiode sind die Zweifel in Europa nicht mehr verstummt, ob die Vereinigten Staaten in einer Auseinandersetzung auf dem europäischen Kontinent zu einem vollen Einsatz ihrer strategischen Waffen bereit sein würden.
Diese Zweifel bildeten eine der Sorgen, die Konrad Adenauer und General de Gaulle bewegten, als sie im Herbst 1962 eine engere Zusammenarbeit auch auf dem Gebiet der Verteidigung planten. Indessen ist dem Konzept de Gaulles gegenüber einzuwenden, daß das im Verhältnis zu den USA viel verwundbarere Frankreich von Anfang an die These einer völlig unabhängigen, rein auf den Schutz der französischen Nation beschränkten nuklearen Verteidigung auf der Basis einer „counter city"-Doktrin vertreten hat, die jedenfalls mit den amerikanischen Vorstellungen überhaupt nicht zu vereinbaren war. Dazu ist das französische Potential selbst heute unvergleichlich geringer als das sowjetische. Es bleibt daher fraglich, inwieweit die französischen nuklearen Waffen wirklich einen abschreckenden Effekt haben und ob Frankreich etwa seine eigene Existenz riskieren würde, um einen Allianzpartner zu schützen[91].
Den zweiten Anlaß zur Sorge, der speziell Konrad Adenauer bewegte und ihn für die engere deutsch-französische Kooperation motivierte, gab die Ost-West-Politik der Kennedy-Administration[92]. Der amerikanische Präsident hatte in einem Interview gegenüber dem Chefredakteur der sowjetischen Regierungszeitung „Iswestija", Adschubej, Ende November 1961 eine Erklärung zur Frage der Wiedervereinigung abgegeben, mit der deutlich wurde, daß eine aktive Förderung der Wiedervereinigung unter Aufopferung eigener vitaler Interessen, z. B. in der Frage der Abrüstung, kaum noch eine praktische Möglichkeit amerikanischer Politik sei. Dasselbe gilt aber auch – abgesehen von anderen Alliierten – für Frankreich. Zwar hatte de Gaulle in seiner Pressekonferenz vom März 1959 für die Wiedervereinigung Verständnis gezeigt, allerdings unter der Voraussetzung, daß das wiedervereinigte Deutschland voll in den Westen integriert würde[93]. Diese Bedingung war aber schon seit Beginn der fünfziger Jahre von der Sowjetunion abgelehnt worden.
Die Distanzierung von der Wiedervereinigung durch die Westmächte hatte sich auch in den Abrüstungsverhandlungen der letzten Jahre gezeigt und wurde bei den Rüstungskontrollverhandlungen erneut sichtbar, bei denen von westlicher Seite ein Junktim zwischen Abrüstung und Fortschritten auf dem Gebiet der Deutschland-Frage nicht mehr verlangt wurde. Diese neue Einstellung, die sich auf amerikanischer Seite schon Ende der fünfziger Jahre abgezeichnet hatte, wurde auch in den Teststopp-Verhandlungen erkennbar.
Am 25. Juli 1963 war in Moskau ein Abkommen über die Einstellung von Kernwaffenversuchen paraphiert und am 5. August von den Vereinigten Staaten, Großbritannien und der Sowjetunion unterzeichnet worden. Über gewisse, sie besonders betreffende Einzelheiten der Vertragsverhandlungen war die Bundesregierung erst unmittelbar vor deren Abschluß informiert worden[94].

Diese mangelnde Konsultation wurde in Bonn um so empfindlicher aufgenommen, als der Vertrag nicht nur die drei Nuklearmächte, sondern alle Staaten und besonders Deutschland betraf, zumal auch die DDR Partner des Vertrages werden sollte. In dem Abschlußkommuniqué vom 25. Juli war auch die Möglichkeit eines Nichtangriffsvertrages zwischen Atlantischem Bündnis und Warschauer Pakt angedeutet worden, ohne daß von Fortschritten in der Deutschland-Frage die Rede war, obwohl dies zu Beginn der Verhandlungen von den Vereinigten Staaten noch in Aussicht gestellt wurde. Es gelang Konrad Adenauer noch in letzter Stunde, die amerikanische Regierung zu bewegen, mit der Ratifizierung eine Erklärung zu verbinden, wonach ein Beitritt der DDR keine Anerkennung bedeuten würde und die Ratifikationsurkunden des Vertrages für die Bundesrepublik lediglich in Washington hinterlegt werden sollten.

Mit dieser Entwicklung zeichnete sich jener Bilateralismus zwischen den beiden Supermächten ab, der sich zwangsweise aus der Möglichkeit gegenseitiger nuklearer Vernichtung ergibt und der auch heute noch eine außerordentlich wichtige Rolle in den europäisch-amerikanischen Beziehungen spielt. Für weltweite Abrüstungsregelungen hatte der Bundeskanzler noch in seiner Erklärung vom 9. Oktober 1962 Verständnis gezeigt, nicht aber für regionale Regelungen. Insbesondere beunruhigte ihn aber das Gefühl, daß sich seine westlichen Alliierten nicht mehr in dem erhofften Maße für die Wiedervereinigung einsetzten. Deshalb entschloß sich Konrad Adenauer zu einer letzten eigenen Ostinitiative[95].

Er schlug am 6. Juni 1962 Botschafter Smirnow den Gedanken eines Burgfriedens vor: Man könne das Problem der Wiedervereinigung für einen Zeitraum von zehn Jahren ruhen lassen, falls die Sowjetunion bereit wäre, der Bevölkerung der DDR größere menschliche und politische Freiheiten zu gewähren und nach Ablauf dieser Frist freie Wahlen in der Ostzone zu gestatten. Adenauer hatte erkannt, daß sein ständiges „Nein" gegenüber den westlichen Versuchen, mit der Sowjetunion zu einem Modus vivendi auf der Basis einer Abrüstungsvereinbarung zu kommen, auf die Dauer die Beziehungen der Bundesrepublik zu ihren westlichen Partnern gefährden würde. Darüber hinaus war er, damals wohl zu Unrecht, der Meinung, die Entwicklung Chinas würde die Sowjetunion früher oder später zwingen, sich im Verlauf der vorgeschlagenen Zwischenperiode den Rücken nach Westeuropa durch eine positivere Haltung in der Deutschland-Frage freizumachen[96]. Schon am 2. Juli 1962 traf eine negative Antwort der Sowjetunion ein.

Die Verstimmung zwischen der Bundesrepublik und den Vereinigten Staaten über den deutsch-französischen Vertrag war im Sommer 1963 abgeklungen, als der amerikanische Präsident am 23. Juni seine Reise in die Bundesrepublik antrat. Vermutlich war der hauptsächliche Zweck der Reise, den Effekt auszugleichen, den der Besuch de Gaulles im September 1962 bei der deutschen Bevölkerung ausgelöst hatte. In solcher Perspektive gesehen wurde Kennedys Reise ein großer Erfolg. Höhepunkte waren seine Reden in der Frankfurter Paulskirche und vor dem Westberliner Rathaus. In der ersten Rede beschwor Kennedy die Atlantische Partnerschaft – doch außer dem Hinweis auf die Unteilbarkeit der westlichen Verteidigung präzisierte er diesen Begriff nicht weiter, als er dies am 4. Juli 1962 in Philadelphia getan hatte. In der Berliner Rede identifizierte er die Sicherheit der Stadt Berlin mit der der Vereinigten Staaten und schloß mit den die Bevölkerung Berlins wie der Bundesrepublik begeisternden Worten „Ich bin ein Berliner". Zweifellos hat der allgemeine Enthusiasmus in der Bundesrepublik auch in den Vereinigten Staaten ein starkes Echo gefunden.

Gleichzeitig bemühten sich die „Europäer" im State Department, also Männer wie George Ball, Eugene Rostow, Gerard Smith, Robert Bowie, Livingston Merchant, Robert Schaetzel und William R. Tyler, den Gedanken einer nuklearen Zusammenarbeit im atlantischen Rahmen über eine MLF zu reaktivieren[97]. Die MLF sollte aus einer Flotte von 25 mit Polaris-Raketen bestückten Einheiten bestehen – als gemeinsames Eigentum, unter gemeinsamer Kontrolle und mit national gemischten Besatzungen. Noch am Abend der Pressekonferenz de Gaulles am 16. Januar hatte George Ball dem Bundeskanzler diese Ideen vorgetragen und war dabei auf starkes Interesse gestoßen. Die MLF-Idee – keinesfalls vergleichbar mit dem ursprünglichen Norstad- oder Herter-Plan – beschäftigte die Kabinette noch bis Ende 1965. Die Gründung der Nuklearen Planungsgruppe (NPG) löste das MLF-Konzept praktisch ab, das schon an dem Widerstand zahlreicher europäischer Partner – darunter Frankreich und Großbritannien – scheiterte.

Inwieweit die Bedeutung des Miteigentums an Nuklearwaffen, die grundlegend für die MLF-Idee war, mit Blick auf die Erzielung ausreichender Mitbestimmung in der nuklearen Planung überschätzt wurde, wie dies wohl teilweise in der Bundesregierung der Fall war, mag dahingestellt bleiben. Die entscheidende Frage war und ist die einer Beteiligung der Bundesrepublik in jeder Phase des nuklearen Entscheidungsprozesses. Dem in dieser Hinsicht bestehenden Bedürfnis wurde im Rahmen der Nuklearen Planungsgruppe nur bis zu einem gewissen Grade Rechnung getragen. Der Abstand zu dem Norstad- oder Herter-Plan blieb außerordentlich groß.

Am 15. Oktober 1963 trat Konrad Adenauer nach einer Amtszeit von 14 Jahren zurück. Als sein Nachfolger wurde Ludwig Erhard zum Bundeskanzler gewählt. Überblickt man den Abschnitt deutscher Nachkriegsgeschichte unter der Kanzlerschaft Konrad Adenauers, so wird man abschließend feststellen können: Für Adenauers Politik gegenüber den Vereinigten Staaten war vor allem anderen die Einsicht entscheidend, daß die Sicherheit der Bundesrepublik wie auch Westeuropas letztlich vom amerikanischen Schutz abhing. Er erkannte dankbar die militärische und politische Unterstützung der Vereinigten Staaten an. In diesem Sinne stand auch der Führungsanspruch Amerikas für ihn außer Frage. Die Uneinigkeit Europas und seine machtpolitische Schwäche einerseits sowie die nicht völlige Übereinstimmung der Interessen beiderseits des Atlantiks hatten zur Folge, daß Abstimmung und Konsultation innerhalb der NATO, insbesondere im Verhältnis der Vereinigten Staaten zu den einzelnen NATO-Partnern, nicht so harmonisch verliefen, wie dies der Idee einer atlantischen Partnerschaft entsprochen hätte. Nach Auffassung Konrad Adenauers sollte die politische Einigung Europas auf der Grundlage einer engen deutsch-französischen Freundschaft der Stimme Europas und der Bundesrepublik ein größeres Gewicht gegenüber der amerikanischen Führungsmacht ge-

ben. Dies hat Konrad Adenauer in seiner letzten öffentlichen Rede am 16. Februar 1967 in Madrid noch einmal eindeutig zum Ausdruck gebracht[98].
Da sich die politische Integration Europas in der Regierungszeit Konrad Adenauers nicht realisieren ließ, versuchte der Bundeskanzler durch eine engere politische Zusammenarbeit mit General de Gaulle zu erreichen, was ihm auf dem Wege über die europäische Einigung nicht gelungen war. Dieser Versuch konnte aber nicht voll erfolgreich sein, da weder die französischen und deutschen Interessen, insbesondere in der Frage des Verhältnisses zu den Vereinigten Staaten und Großbritannien, noch die amerikanischen und französischen in entscheidenden Bereichen zur Deckung zu bringen waren. Die außerordentlich starke Anlehnung Konrad Adenauers an de Gaulle in der Endphase seiner Regierungszeit lag weder auf der Linie Heinrich von Brentanos und noch ungleich weniger auf der Gerhard Schröders.
Zum anderen entwickelten sich Divergenzen zwischen der Bundesrepublik und den Vereinigten Staaten aus der Tatsache der Unmöglichkeit einer Überwindung der deutschen Teilung, der Preisgabe des dafür gedachten Instruments des Junktims zwischen Abrüstungsverhandlungen und Fortschritten in der deutschen Frage sowie aus offenen Fragen der nuklearen Strategie, um nur die wichtigsten Punkte zu nennen. Im Kern beruhte die seit 1959 wachsende Spannung zwischen den Vereinigten Staaten einerseits und Europa und der Bundesrepublik andererseits auf dem spezifischen Charakter einer bipolaren Grundstruktur des internationalen Systems – vorgegeben vor allem durch das nuklearstrategische Gegenüber zweier Supermächte. Die Pflicht zur bilateralen Kooperation der Supermächte, bei aller Gegensätzlichkeit der durch sie angeführten bzw. kontrollierten Bündnisse, beruhte auf dem Zwang zur ständigen „Zurückhaltung" (restraint) angesichts der Rivalität der beiden Mächte in allen Teilen der Welt, in erster Linie aber auf der Erkenntnis der Möglichkeit gegenseitiger Zerstörung. Diese einzigartige Beziehung („unique relationship", wie sie Henry Kissinger in seiner Rede in New York am 23. April 1973 bezeichnet hatte) rief ständig eine Gefahr herauf, die Adenauer nie aus den Augen verlor, daß nämlich dieser Zwang zur Kooperation auf der Basis des Status quo die Aufopferung von Interessen der Bündnispartner mit sich bringen könne, dies insbesondere im Falle der Bundesrepublik, die wegen ihrer prekären Lage im Schnittpunkt entscheidender Supermachtinteressen nur zu leicht zu deren Objekt werden konnte. Dem vorzubeugen, galt Adenauers ständiges Bemühen um die volle Einbeziehung der Bundesrepublik in eine hinreichend machtvolle und mit den USA partnerschaftlich verbundene europäische Einheit. Da es hieran fehlte, war auch sein Versuch, auf bilateralem pragmatischem Weg ohne Preisgabe der deutschen Option Teilregelungen mit der Sowjetunion zu finden, insbesondere Ausdruck der von ihm empfundenen Notwendigkeit, einem Abgleiten der Bundesrepublik in eine Objektrolle entgegenzuwirken.
Der enge Kontakt zu den Vereinigten Staaten, den der Bundeskanzler im Laufe seiner Regierungszeit gewonnen hatte, hatte persönliche wie politische Gründe. Die Quelle des Vertrauens, soweit sie in seiner Person begründet war, entsprang seiner eindeutigen politischen Integrität in der Zeit des Nationalsozialismus und seinem nie in Frage gestellten Bekenntnis zur Demokratie

und zu den entscheidenden Werten der westlichen Welt. Politisch beruhte das Vertrauen Amerikas auf Adenauer in der erwiesenen Bündnistreue der von ihm geführten Bundesregierungen und seinem starken, dennoch nationalbewußten, eindeutigen Engagement für die Idee der europäischen Einigung und nicht zuletzt auch auf seiner Haltung in der jüdischen bzw. Israel-Frage. Trotz aller Differenzen, die in der Schlußperiode der Regierungszeit Adenauers zwischen den Vereinigten Staaten und der Bundesrepublik Deutschland aufgetreten waren und die sich zwangsläufig aus der veränderten Weltkonstellation ergaben, stellen die Bemühungen Konrad Adenauers um die Schaffung möglichst enger freundschaftlicher Beziehungen zu den Vereinigten Staaten als der wichtigsten Schutzmacht der westlichen Welt eine Leistung von historischer Bedeutung dar.

1 Vgl. Konrad Adenauer, Erinnerungen 1945–1953 (Bd. 1), 2. Auflage, Stuttgart 1973, S. 41, S. 242 und S. 244ff.
2 Vgl. Adenauer, Erinnerungen, Bd. 1, S. 551ff.
3 Vgl. Adenauer, Erinnerungen, Bd. 1, S. 42 und Arnulf Baring, Außenpolitik in Adenauers Kanzlerdemokratie, Bd. 1, Stuttgart 1971, S. 94ff. und S. 113ff.
4 Vgl. Adenauer, Erinnerungen, Bd. 1, S. 263 und S. 265.
5 Vgl. Verhandlungen des Deutschen Bundestages. 1. Wahlperiode 1949. Stenographische Berichte. Bd. 1, S. 30.
6 Vgl. Adenauer, Erinnerungen, Bd. 1, S. 273ff.
7 Vgl. die ausführliche Darstellung bei Baring, Außenpolitik, Bd. 1, S. 171ff.
8 Vgl. Adenauer, Erinnerungen, Bd. 1, S. 355ff.
9 Vgl. Adenauer, Erinnerungen, Bd. 1, S. 341ff.
10 Vgl. Adenauer, Erinnerungen, Bd. 1, S. 331 und S. 336.
11 Vgl. Adenauer, Erinnerungen, Bd. 1, S. 333.
12 Vgl. Roger Morgan, Washington und Bonn. Deutsch-amerikanische Beziehungen seit dem zweiten Weltkrieg, München 1975, S. 52.
13 Vgl. Konrad Adenauer, Erinnerungen 1953–1955 (Bd. 2), Stuttgart 1966, S. 60ff.
14 Vgl. Le Monde vom 19. Februar 1954.
15 Vgl. Adenauer, Erinnerungen, Bd. 2, S. 69ff.
16 Vgl. Adenauer, Erinnerungen, Bd. 1, S. 494.
17 Vgl. Adenauer, Erinnerungen, Bd. 2, S. 188.
18 Vgl. Dean Acheson, Present at the Creation, New York 1969, S. 583ff. und S. 629ff.
19 Vgl. Roger Morgan, Deutsch-amerikanische Beziehungen, in: Handbuch der deutschen Außenpolitik. Hrsg. von Hans-Peter Schwarz, München 1975, S. 241ff., besonders S. 243.
20 Vgl. Adenauer, Erinnerungen, Bd. 1, S. 567 und S. 570.
21 Vgl. Morgan, Washington und Bonn, S. 39ff. und S. 50ff.
22 Vgl. Adenauer, Erinnerungen, Bd. 2, S. 302ff.
23 Vgl. Adenauer, Erinnerungen, Bd. 2, S. 289 und S. 295; vgl. dazu auch die bei Arnulf Baring, Außenpolitik in Adenauers Kanzlerdemokratie, Bd. 2, Stuttgart 1971, S. 277ff. zitierten Äußerungen Adenauers; vgl. Arnulf Baring, Sehr verehrter Herr Bundeskanzler! Heinrich von Brentano im Briefwechsel mit Konrad Adenauer 1949–1964, Hamburg 1974, S. 141ff.
24 Vgl. Heinrich von Siegler, Dokumentation zur Deutschlandfrage. Von der Atlantik-Charta 1941 bis zur Genfer Außenministerkonferenz 1959, Bonn 1959, S. 306ff.
25 Vgl. Konrad Adenauer, Erinnerungen 1955–1959 (Bd. 3), Stuttgart 1967, S. 32.

26 Vgl. Baring, Sehr verehrter Herr Bundeskanzler!, S. 173ff. und S. 303.
27 Vgl. das bei Baring, Sehr verehrter Herr Bundeskanzler!, S. 178f. zitierte Schreiben Dulles' an Adenauer vom 3. Oktober 1955.
28 Vgl. Adenauer, Erinnerungen, Bd. 3, S. 123 und S. 176.
29 Vgl. Charles R. Planck, Sicherheit in Europa. Die Vorschläge für Rüstungsbeschränkungen und Abrüstung 1955–1965, München 1968, S. 28ff.
30 Vgl. dazu insbesondere Baring, Sehr verehrter Herr Bundeskanzler!, S. 189 und das dort zitierte Interview Guy Mollets vom 4. April 1956.
31 Vgl. Adenauer, Erinnerungen, Bd. 3, S. 197ff. und Baring, Sehr verehrter Herr Bundeskanzler!, S. 195.
32 Vgl. Adenauer, Erinnerungen, Bd. 3, S. 211ff.
33 Vgl. Baring, Sehr verehrter Herr Bundeskanzler!, S. 202.
34 Vgl. Adenauer, Erinnerungen, Bd. 3, S. 326ff.
35 Vgl. Planck, S. 59ff.
36 Vgl. Hugh Gaitskell, Disengagement: Why? – How?, in: Foreign Affairs, Bd. 36 (1958), S. 539ff.
37 Vgl. Reith Lectures, Oxford 1955; vgl. auch Adenauer, Erinnerungen, Bd. 3, S. 143ff.
38 Vgl. Adenauer, Erinnerungen, Bd. 3, S. 361ff. und von Siegler, S. 698ff.
39 Vgl. Baring, Sehr verehrter Herr Bundeskanzler!, S. 225, S. 233 und S. 237.
40 Vgl. Dean Acheson, The Illusion of Disengagement, in: Foreign Affairs, Bd. 36 (1958), S. 3ff.
41 Vgl. John Foster Dulles, Challenge and Response in United States Policy, in: Foreign Affairs, Bd. 36 (1958), S. 25ff.
42 Vgl. Adenauer, Erinnerungen, Bd. 3, S. 320 und S. 323.
43 Vgl. Bruno Bandulet, Adenauer zwischen West und Ost. Alternativen der deutschen Außenpolitik, München 1970, S. 230ff; vgl. auch Adenauer, Erinnerungen, Bd. 3, S. 369ff. und S. 383ff.
44 Vgl. Adenauer, Erinnerungen, Bd. 3, S. 446ff. und S. 454ff.
45 Vgl. Morgan, Washington und Bonn, S. 96 und Adenauer, Erinnerungen, Bd. 3, S. 464.
46 Vgl. Adenauer, Erinnerungen, Bd. 3, S. 426ff.
47 Vgl. Adenauer, Erinnerungen, Bd. 3, S. 471ff.
48 Vgl. Adenauer, Erinnerungen, Bd. 3, S. 537.
49 Vgl. Adenauer, Erinnerungen, Bd. 3, S. 539.
50 Vgl. von Siegler, S. 128ff. und Baring, Sehr verehrter Herr Bundeskanzler!, S. 239ff.
51 Vgl. Baring, Sehr verehrter Herr Bundeskanzler!, S. 248.
52 Vgl. Konrad Adenauer, Erinnerungen 1959–1963. Fragmente (Bd. 4), Stuttgart 1968, S. 58ff.
53 Vgl. Timothy W. Stanley, Atlantic Security in the Seventies, London 1971, S. 198 und S. 231.
54 Vgl. Stanley, Atlantic Security, S. 200 und S. 203.
55 Vgl. Baring, Sehr verehrter Herr Bundeskanzler!, S. 305 und S. 315; vgl. Walther Stützle, Kennedy und Adenauer in der Berlin-Krise 1961–1962, Bonn 1973, S. 40ff.
56 Vgl. Adenauer, Erinnerungen, Bd. 4, S. 60 und S. 64; vgl. Stützle, S. 22ff.
57 Vgl. Adenauer, Erinnerungen, Bd. 4, S. 91ff.; zu den Vorbereitungen vgl. Baring, Sehr verehrter Herr Bundeskanzler!, S. 306ff.
58 Vgl. Adenauer, Erinnerungen, Bd. 4, S. 97.
59 Vgl. Theodore C. Sorensen, Kennedy, München 1966, S. 525ff.

60 Vgl. Adenauer, Erinnerungen, Bd. 4, S. 92; vgl. auch Baring, Sehr verehrter Herr Bundeskanzler!, S. 316.
61 Vgl. Morgan, Washington und Bonn, S. 102
62 Vgl. Arthur M. Schlesinger jr., Die tausend Tage Kennedys, Bern–München–Wien 1967, S. 361 ff.; vgl. auch Sorensen, S. 550 ff.
63 Vgl. Stützle, S. 106 ff.
64 Vgl. Morgan, Washington und Bonn, S. 114.
65 Vgl. Baring, Sehr verehrter Herr Bundeskanzler!, S. 332.
66 Vgl. Adenauer, Erinnerungen, Bd. 4, S. 132 und S. 138.
67 Vgl. Bandulet, S. 161 ff. und Stützle, S. 142 ff.
68 Vgl. Stützle, S. 156 ff. und Baring, Sehr verehrter Herr Bundeskanzler!, S. 334.
69 Vgl. Adenauer, Erinnerungen, Bd. 4, S. 119 ff., besonders S. 122.
70 Vgl. Morgan, Washington und Bonn, S. 116 ff.
71 Vgl. Bandulet, S. 169.
72 Vgl. Morgan, Deutsch-amerikanische Beziehungen, S. 244 ff.
73 Vgl. Adenauer, Erinnerungen, Bd. 4, S. 161.
74 Vgl. Adenauer, Erinnerungen, Bd. 4, S. 201 ff.
75 Vgl. Europa-Archiv, Folge 14/1962, S. D 375.
76 Vgl. Morgan, Washington und Bonn, S. 128.
77 Vgl. Europa-Archiv, Folge 14/1963, S. D 352 ff.
78 Vgl. Europa-Archiv, Folge 10/1973, S. D 219 ff.
79 Vgl. Adenauer, Erinnerungen, Bd. 4, S. 192 ff.
80 Vgl. Timothy W. Stanley, NATO in Transition: The Future of the Atlantic Alliance, New York–Washington–London 1965, S. 315.
81 Vgl. Adenauer, Erinnerungen, Bd. 4, S. 92 ff.
82 Vgl. Adenauer, Erinnerungen, Bd. 4, S. 215 und Bandulet, S. 205 ff.
83 Vgl. vor allem William W. Kaufmann, The McNamara Strategy, New York–Evanston–London 1964, besonders S. 135 ff.
84 Vgl. Maxwell D. Taylor, The Uncertain Trumpet, New York 1959/60, S. 72 ff.
85 Vgl. Europa-Archiv, Folge 8/1961, S. D 253.
86 Vgl. Adenauer, Erinnerungen, Bd. 4, S. 92.
87 Vgl. Stützle, S. 223 ff.
88 Vgl. Kaufmann, S. 47 ff.; vgl. auch Europa Archiv, Folge 6/1962, S. Z 52.
89 Vgl. Europa-Archiv, Folge 14/1962, S. D 363 ff. und Stützle, S. 60.
90 Bundestagssitzung vom 15. März 1961; vgl. Verhandlungen des Deutschen Bundestages. 3. Wahlperiode. Stenographische Berichte. Bd. 48, S. 8633 und Bandulet, S. 145 ff. und S. 183 ff.
91 Vgl. Pierre Messmer, Notre politique militaire, in: Revue de Défense Nationale vom 1. Mai 1963; auszugsweise nachgedruckt in: Europa-Archiv, Folge 12/1963, S. D 305 ff. und Bandulet, S. 177 ff.
92 Vgl. Adenauer, Erinnerungen, Bd. 4, S. 119.
93 Vgl. von Siegler, S. 992 ff.
94 Vgl. Bandulet, S. 113 ff.
95 Vgl. Bandulet, S. 233 f. und Adenauer, Erinnerungen, Bd. 4, S. 225.
96 Vgl. Adenauer, Erinnerungen, Bd. 4, S. 203 ff. und S. 225.
97 Vgl. Stanley, NATO, S. 236 ff. und Alastair Buchan, The Multilateral Force: An Historical Perspective, Adelphi Papers, Nr. 13, Oktober 1964, S. 3 ff.
98 Vgl. Adenauer, Erinnerungen, Bd. 4, S. 238 ff.

KLAUS DOHRN

Das Amerikabild Adenauers

1953 war ich zum ersten Male bei Dr. Hans Globke, der kurz vorher Adenauers Staatssekretär geworden war und zu dem mich mein Vetter Dieter Sattler, damals Leiter der Kulturabteilung des Auswärtigen Amtes und später deutscher Botschafter am Hl. Stuhl, gebracht hatte. Nach wenigen, allerdings manchmal länger auseinanderliegenden Gesprächen, brachte er mich zum Bundeskanzler. Ich war darüber sehr froh; denn ich konnte und kann den einzigen Sinn und die einzige Rechtfertigung einer Existenz „zu beiden Seiten des Ozeans" nur darin erblicken, die eine der anderen zu erklären, Amerika, meine neue, Deutschland meiner alten „Heimat", wenn sich dieses Wort auf die Emigranten- und Remigrantenexistenz überhaupt anwenden läßt. Ich wußte, daß ich mich nie ganz in Amerika und nie wieder ganz in Europa, in Deutschland, zu Hause fühlen konnte, und beschloß, aus der Not eine Tugend, aus der Zugehörigkeit zu beiden Seiten eine Aufgabe zu machen, statt nirgendwo wirklich hinzugehören.

Nichts konnte mir dafür so sinnvoll und nützlich erscheinen, wie gerade Adenauer meine Ansichten und Erkenntnisse und Erfahrungen vorzutragen und auf seine Fragen zu antworten, womöglich, was bald der Fall war, auch Kontakte für ihn einzuleiten, die auf offiziellem Wege nicht oder nur mit großer Verspätung zustande gekommen wären, oder Botschaften und Anregungen von ihm auf eine durchaus private und nicht offizielle Weise „drüben" in der geeigneten Weise weiterzugeben. Auf diese Weise brachte ich meinen amerikanischen Freunden die besondere Bedeutung dieses Mannes nicht nur als Partner für Amerika, sondern auch als Exponent einer bestimmten deutschen, d. h. europäischen Entwicklung nahe. Adenauer erschien und erscheint mir als die Erfüllung und Verkörperung aller Wünsche und Zielvorstellungen, die ein katholischer Gegner des Nationalsozialismus und Feind jeglicher Form von Nationalismus, als geborener Deutscher besonders des deutschen, und ein Rückkehrer aus Amerika haben konnte, ohne daß ich mir diese Rückkehr damals als endgültig vorstellte. Sie ist erst später dauerhafter geworden.

Ich kann mich leider nicht erinnern, wann die erste dieser Begegnungen mit Adenauer stattfand, und Aufzeichnungen habe ich mir leider – eine Gewohnheit aus den unsteten Jahren der Emigration – nie gemacht. Die letzte fand nicht lange vor Adenauers Tod statt und ist mir fast noch in jedem Wort, jeder Geste, dem Gesichtsausdruck des alten Mannes, der Inflektion seiner Stimme, ja sogar der Beleuchtung und Lüftung seines Büros im Bundestag in Erinnerung. Ich werde sie später beschreiben, obwohl sie keineswegs hauptsächlich über Amerika ging. Ganz ausgelassen wurde dieses Thema aber in keiner der Unterhaltungen, die ich durch all die Jahre mit Adenauer hatte. Er hatte mich offenbar unter Amerika „gebucht", und ich hatte stets das Gefühl, in diesem Punkte besonders nützlich sein zu können.

In der ersten Zeit war es keineswegs nur ich, der sich um eine Unterhaltung bemühte, sondern ich erhielt auch die Aufforderung zu kommen durch den Staatssekretär Globke oder die Anfrage, ob und wann ich eventuell nach Bonn kommen könnte, was ja während meiner Tätigkeit als „europäischer Spezialreporter" für den Herausgeber von „Time" und „Life", Henry Luce, nicht immer leicht und schnell möglich war. Anfangs war der Staatssekretär immer bei den Unterhaltungen anwesend, sagte aber aus eigenem Antrieb und außer auf Fragen des Kanzlers nie etwas. Wir hatten aber die Gewohnheit, vorher kurz zu besprechen, was zur Sprache kommen sollte und resümierten auch nachher häufig das Gespräch – oft auch im gastlichen Hause Globke, im Kreise der Familie. Ich hatte diese Art von geschlossenem, bescheidenem, in sich ruhendem und an sich nicht zweifelndem, bürgerlichen deutschen Familienleben eigentlich noch nie, jedenfalls noch nicht seit der Emigration, erlebt und verdanke gerade diesen Gesprächen viel, vor allem für meine Argumentation „drüben" bei meinen amerikanischen Freunden. Selbstverständlich sah ich Globke nicht nur aus Anlaß von Gesprächen mit dem Bundeskanzler, sondern auch unabhängig davon und zur Besprechung vieler anderer Pläne und Eindrücke, die keineswegs immer nur mit Amerika zu tun hatten. Ich habe von diesen Unterhaltungen viel profitiert und hatte den Eindruck, dem Staatssekretär, bei dem das sicher nicht leicht war, auch menschlich nahegekommen zu sein. Das dauerte auch nach seinem Rücktritt bis zu seinem Tode an.

Ich wußte aus familiären Gründen, lange ehe ich Globke persönlich kennenlernte, daß er nie Nazi gewesen war. Wie wenig sich aber Globke in Wirklichkeit vorzuwerfen hatte, erfuhr ich erst später und nach und nach. Jahre später zeigte er mir die Sammlung aller Briefe und Zeugnisse von Preysing über Josef Müller, „Ochsensepp", bis zu dem amerikanischen Ankläger im Nürnberger Prozeß, Kempner, der einmal sein Kollege im Innenministerium gewesen war. Ich habe nie begriffen, warum er nicht zur eigenen Verteidigung von diesem außerordentlich überzeugenden Dossier systematisch Gebrauch gemacht hat. Es schien mir ein Gebot der Fairness meinerseits bei meinen Freunden in diesem Sinne aufklärend zu wirken, weil mein Weg das Gegenteil von dem Globkes gewesen war: der der Emigration. Ich habe nie irgend etwas mit dem Nationalsozialismus zu tun gehabt, ihn vielmehr von Anfang an bekämpft, wo ich konnte. Ich konnte aber auch nie aktiv etwas tun oder Menschen helfen. Daß mein eigener Schwager, Christoph Probst, mit den Geschwistern Scholl hingerichtet worden war, erfuhr ich erst viel später, kurz vor meiner ersten Reise nach Europa. Beide Wege, Globkes wie meiner, schienen und scheinen mir legitim. Er konnte vorher etwas für andere Menschen tun, ich nachher. Als eine Weise das zu tun, erschien es mir, soviel ich konnte, zur Aufklärung des wirklichen „Falles Globke" beizutragen. Gebeten hat mich Globke darum nie, mit Adenauer darüber gesprochen habe ich ebenfalls nie.

Sehr bald fiel mir auf, daß immer, wenn ich auf Wunsch Globkes nach Bonn kam, um ihn oder Adenauer zu sprechen, auch mein Freund Robert Ingrim da war. Auf der Bonner Bühne, zumal damals, ist es ja unmöglich, einander nicht zu treffen. Wir waren beide bestrebt, gegenseitig Diskretion zu üben. Es fiel mir aber bei einer Unterhaltung mit dem Bundeskanzler auf, daß Ingrim ihm offenbar in einer Sache genau dasselbe gesagt haben mußte und daß Adenauer das wohl für verabredet gehalten haben mochte. Ich schlug dann Ingrim vor, da wir doch ohnehin voneinander wüßten, warum wir so häufig zur gleichen Zeit in Bonn seien, daß es besser sei, wir stimmten unsere Interpretationen und Analysen vorher ein wenig aufeinander ab, damit sie nachher weniger „verabredet" wirkten. Ich habe im Leben wenig Menschen getroffen, mit denen ich in so vielen Punkten, vor allem aber in der amerikanischen „politischen Psychologie", so übereinstimmte wie mit Ingrim. Wir kannten uns auch schon viele Jahre, seit der Zeit, wo er noch als Franz Klein römischer Mitarbeiter der von mir in Wien redigierten Wochenschrift „Der christliche Ständestaat" war, bis zu den gemeinsamen Tagen in New York, wo ich an seiner Zeitschrift „Liberation" mitarbeitete, und später in der Schweiz.

Sehr bald gesellten sich zu meinen Gesprächen mit Adenauer und Globke auch solche mit Heinrich Krone. Ich hatte ihn durch unseren gemeinsamen Freund, Johannes Schauff, wie Krone schon Mitglied des Reichstages der Weimarer Republik, kennengelernt, diesen wiederum nach 1934 in Rom durch den früheren Reichskanzler Joseph Wirth. Krones lautere Persönlichkeit und sein durch und durch auf Praxis und Instinkt beruhendes präzises politisches Urteil hatten es mir von Anfang an angetan. Im Gespräch mit ihm kam ich mir manchmal reichlich theoretisch und spekulativ vor, vor allem was das Grenzgebiet zwischen Politik und Psychologie angeht. Ich habe von dem viel älteren Freund in dieser Beziehung viel gelernt und mich im Gespräch mit ihm immer um Präzision und Kürze bemüht. Gleichzeitig gab es niemand, an dem man politische Theorien so gut ausprobieren konnte. Unsere Gespräche gingen von Anfang an nicht nur über Amerika, und so ist es bis heute geblieben. Für die Gespräche mit Adenauer waren unsere Unterhaltungen vorher und nachher immer ein großer Gewinn, weil sie mich zu größerer Konkretheit und Einfachheit zwangen, zum Verzicht auch auf Kombinationen und Spekulationen, die mir vorher durchaus einleuchtend, ja verführerisch erschienen waren.

Ein weiterer, indirekter Teilnehmer an diesen Gesprächen, wenn auch meist nur schriftlich und aus der Ferne, war mein 1974 verstorbener Freund Christopher Emmet, Gründer und Leiter des „American Council on Germany"; aber auch sonst um die Wiederherstellung der deutsch-amerikanischen Freundschaft verdient wie sonst wenige, ein hervorragender Interpret Deutschlands in Amerika und Amerikas in Deutschland. Emmet war einer der idealistischsten Amerikaner, die man sich denken kann, und das will viel sagen, gleichzeitig aber ein nüchterner und umsichtiger Analytiker der amerikanischen Politik und der amerikanischen öffentlichen Meinung. Er hat durch mich, aber auch direkt, viele Anregungen, Informationen und Kritiken an deutsche Freunde in Regierung und Opposition geleitet und sich um entsprechende Aufklärung drüben bemüht. Dabei verstand er es, in hervorragender Weise Unterstützung und Unterschrift maßgebender Persönlichkeiten aus allen Lagern zu organisieren. Seine Tätigkeit in der anti-nationalsozialistischen und anti-isolationistischen Aufklärung während des Krieges und sein Auftreten für die vom kommunistischen Totalitarismus beherrschten Völker Osteuropas nach dem Kriege machten ihn dazu in besonderer Weise geeignet.

Man hatte mir Adenauers politische Ansichten – keineswegs nur von parteipolitischen Gegnern – als opportunistisch und ideologisch bedingt geschildert. Abgesehen davon, daß beide an sich schwer miteinander zu vereinbaren sind, habe ich sie im Gegenteil realistisch und prinzipiell gefunden. Auf keinen Fall waren sie „klerikal", wenn auch katholisch fundiert und geformt, d. h. der Ideologie gegenüber eigenständig, aber den christlichen Prinzipien untergeordnet.

Unter der ideologischen Bedingtheit hat man wohl einen primitiven Antikommunismus verstehen wollen. Der Kommunismus stand in der Tat allem entgegen, von dem Adenauer überzeugt war und was er als Prinzipien des politischen Handelns ansah: dem Glauben, der Freiheit, der Einheit Europas und dem Selbstbestimmungsrecht der Deutschen, die in seiner Wertrangordnung eindeutig vor der bloßen Forderung nach nationaler Wiedervereinigung kam. All dies war klarerweise nur im Rahmen eines einigen Europa zu erreichen und zu verteidigen.

Ich hatte vorher schon in Amerika von Adenauers angeblich beschränktem Wortschatz und der Simplizität seiner Gedanken gehört – auch wieder keineswegs nur von parteipolitischen Gegnern. Mir schien schon nach der ersten Unterhaltung, daß diese Kritiker Klarheit mit Einfalt verwechselten. Tausend Worte, die sitzen, sind besser als zehntausend Redensarten und Klischees. Karl Kraus hätte an Adenauers Deutsch sicher mehr Freude gehabt als viele seiner Zeitgenossen auf Kathedern, in Publizistik und Parlament. In einer unserer Unterhaltungen sagte mir Adenauer einmal, von Grillparzer stamme das Wort, das Problem des einfachen Menschen sei, daß er komplizierte Tatbestände nicht verstehe oder nicht ausdrücken könne, das Problem der Gebildeten, der „Intellektuellen" hingegen, daß sie einfache Tatbestände nicht verstünden oder sich genierten, sie auszusprechen. Ich habe Carl Burckhardt, der Adenauers Denk- und Ausdrucksweise hoch schätzte und mit dem ich häufig Eindrücke aus Gesprächen verglich, nach diesem Zitat gefragt, aber er kannte es auch nicht. Wie ich hielt er es aber für treffend und richtig.

Diese Einfachheit und Klarheit der Gedankenführung und Ausdrucksweise disponierten Adenauer in hohem Maße, Amerika gerecht und dort verstanden zu werden. Man hat auch oft der amerikanischen Politik – und nicht immer zu Unrecht – Simplifizierung und Weltverbesserungsillusionen vorgeworfen. Adenauer war davon weit entfernt. Ich fand bei ihm großes Interesse für die These, daß eben diese auch von vielen Amerikanern, wie Walter Lippmann, für „unerwachsen" gehaltene, angeblich adoleszente oder pubertäre Art die Weltpolitik und die eigene Rolle in ihr zu sehen, über die so viele Europäer sich so erhaben vorkamen, in Wirklichkeit ein wichtiges Motiv für ein Interesse Amerikas an irgendeiner Form von weltpolitischem Engagement war. Mehrfach fragte mich Adenauer, wie hoch ich die „isolationistische Gefahr" im amerikanischen Denken veranschlage. Ich warnte vor ihrer Unterschätzung, die Europäer immer wieder dazu verführte und verführt, das Weiterbestehen dieses Engagements für sicher zu halten, gleichgültig was Europa tut oder unterläßt, weil es ja Amerikas eigenstes Interesse sei. Davon allerdings war Adenauer seinerseits zutiefst überzeugt, aber er wußte, daß es absurd war, sich darauf zu verlassen, daß Amerika seine Interessen immer gleich sehen und immer danach handeln werde.

Er gab mir recht, daß es eigentlich erstaunlich sei, wenn ausgerechnet die Europäer, die immer wieder gegen ihre eigenen Interessen gehandelt hätten – z. B. gegenüber Hitler und 1938 gegenüber der ČSR – und die sich den Amerikanern geistig so überlegen glaubten, sich nun darauf verließen, daß das so viel weniger „erwachsene" und in der Tat mit historischen Kategorien unvertraute Amerika werde seine Interessen immer richtig einschätzen und sich dementsprechend verhalten. Es werde z. B. Europa auf das höchste eigene Risiko hin verteidigen, auch wenn dieses nicht oder nur wenig dazu bereit war, etwas zur eigenen Verteidigung zu tun oder auch nur Vorkehrungen zu treffen. Die europäische Einigung war für Adenauer nie, was sie für viele Europäer war und immer noch ist: eine Alternative zum Bündnis mit Amerika, sondern dessen Vorbedingung und Voraussetzung. Ich habe in diesen Gesprächen nie einen Moment erlebt, in dem ich hätte glauben können, für Adenauer gäbe es ernsthaft irgend etwas wie eine Wahl zwischen „Europäismus" und „Atlantizismus", Bündnis mit Frankreich und Bündnis mit Amerika, gar irgend etwas wie „Gaullismus" und „Amerikanismus". Er wußte vielmehr zu jeder Zeit, daß ein möglichst enges Verhältnis zu Frankreich nicht nur keine Alternative zu einem möglichst engen Verhältnis zu Amerika sei, sondern geradezu dessen Voraussetzung; auch wenn es noch so viele Irritationen und Mißverständnisse zwischen beiden gab. Adenauer, so schien mir, fühlte sich durch den Vorwurf des „Gaullismus" nicht nur nie getroffen, sondern er hielt diesen Begriff für in sich unsinnig und unanwendbar, auch wenn es ihn irritierte, daß so viele „Atlantiker", die seine Politik unterstützten, glaubten, hier nicht nur eine Alternative sehen, sondern gar diese noch für sich ausnutzen zu können. – Sozusagen dafür in Washington belohnt zu werden, daß man momentanen Irritationen gegen Paris, die ja de Gaulle wahrhaftig provozierte, Rechnung trug und bewies, daß man doch der bessere und treuere Bundesgenosse sei. Zwischen Adenauers Einstellung zu dieser Form von Atlantizismus und zu verschiedenen Formen des deutschen Nationalismus besteht eine gewisse Parallele – er verband die Benutzung beider geschickt für seine Ziele, verschrieb sich aber keiner und blieb beiden gegenüber zutiefst skeptisch und ablehnend. Er wußte, daß man sich in Washington nicht auf Kosten von Paris lieb Kind machen konnte – und umgekehrt. Viele, die Adenauer unterstützten und von ihm verwendet wurden, bis in seine nächste Umgebung und die eigene Partei hinein, wußten das nicht und meinten gar noch „der Alte sei auf de Gaulle hereingefallen" und dergleichen. Bedauerlicher-, wenn auch oft begreiflicherweise fanden solche Kurzschlüsse immer wieder bei gewissen Amerikanern, gerade unter den bewährten Freunden Deutschlands im State Department und anderwärts, neue Nahrung. Man konnte dort oft zwischen noch so verständlichen und auch berechtigten Irritationen über Frankreich und dem viel „braveren", daher oft bequemeren Verhalten Deutschlands und den wirklichen Interessen amerikanischer Europapolitik nicht unterscheiden. Man erlag der Versuchung, hier billige momentane Vorteile oder auch nur Gefühlsbefriedigungen einzukassieren und dazu sogar gute Beziehungen zu deutschen Freunden Amerikas zu mißbrauchen.

Dergleichen war Adenauer gegenüber völlig ausgeschlossen, weswegen jenseits des Ozeans viele, im Kongreß übrigens weniger als in der Administration und in der Diplomatie, gereizt auf „den bösen alten Mann in Bonn" reagierten, der sich dann doch immer wieder als der verläßlichste Ratgeber und Bundesgenosse erwies, auch oder gerade weil er nicht immer bequem war.

Man hat der amerikanischen Politik ebenso wie Adenauer immer wieder ihre ideologische Orientierung vorgeworfen und darin sogar Gründe für die Übereinstimmung und das gegenseitige Verstehen gesehen. Es handelte sich da aber um sehr verschiedene Dinge. Der amerikanischen Neigung, Politik ideologisch zu begründen, eignete immer ein moralisierender, pädagogischer, fast missionarischer Zug: „to make the world ripe for democracy", wie es unter Wilson hieß, bis hin zur religiös ausgerichteten Politik von John Foster Dulles. Adenauer lag das fern. Der Beweis ist leicht zu führen: Überall, wo der Einsatz der Macht der Vereinigten Staaten rein ideologisch – sei es auch noch so antitotalitär – motiviert schien, stieß er bei ihm auf Unverständnis und Kritik.

Er fand mit der manchmal verblüffenden Direktheit und Einfachheit seines Urteils kurzerhand jeden Einsatz dieser Macht außerhalb Europas gefährlich und verwerflich, nicht nur im Interesse Deutschlands und Europas, sondern auch im Interesse Amerikas, der Verteidigung der westlichen Welt und der Freiheit – was für ihn identisch war. So war Adenauer von Beginn an gegen den Vietnamkrieg, nicht weil er ihn für grauenhafter und moralisch verwerflicher hielt als jeden anderen, weniger „photogen" geführten Krieg, sondern weil er Amerika auf dem seiner Ansicht nach falschen Kriegsschauplatz band und auf dem richtigen, einzig entscheidenden schwächte. Zudem war er von de Gaulle bestärkt in der festen Meinung, daß er nicht zu gewinnen war und folglich zu immer neuen, kostspieligen und gefährlichen amerikanischen Einsätzen führen müsse. Ja, er sah die amerikanische Politik in Versuchung, einmal anderwärts – z. B. in Europa – Ballast abzuwerfen oder sich dort durch Zugeständnisse „freizukaufen". Er befand sich darin in Übereinstimmung mit zahlreichen amerikanischen Politikern, hauptsächlich aus der Demokratischen Partei, wie Dean Acheson und George Ball und einem damals noch nicht so bekannten, aber von ihm hochgeschätzten Politologen namens Henry Kissinger. Nicht aus eigener Erfahrung, aber gestützt auf das Zeugnis des damaligen Auslandsredaktors der „Neuen Zürcher Zeitung", Albert Müller, auf dessen Urteil Adenauer viel gab, kann ich sagen, daß sein Urteil über das vorherige Eingreifen in Korea genauso negativ war: „Der falsche Krieg zur falschen Zeit am falschen Ort." Bestimmt hat er Dean Acheson nie zum Vorwurf gemacht, daß er Korea nicht in seine Umschreibung des amerikanischen „Defense-Perimeters" einbezogen hatte, obwohl schon damals sehr wohl zu argumentieren war, daß man damit den Kommunismus geradezu zum Angriff einlud, der ja dann auch erfolgte. Den Einwand, der Krieg könne nur verhindert werden, wenn man glaubhaft mache, daß man bereit und willens sei, ihn zu führen, wollte Adenauer in diesem Fall nicht gelten lassen, obwohl er auf anderen Gebieten zutiefst davon überzeugt war.

Sogar das aktive Interesse Amerikas an Kuba irritierte ihn. Ich erinnere mich, daß ich bei einem Gespräch vergeblich versuchte, ihm die zentrale und vitale Natur dieses Problems vom amerikanischen Standpunkt aus klarzumachen. Ich argumentierte, Amerika handele hier keineswegs ideologisch und als selbsternannter „Weltpolizist", sondern auf Grund eben derselben „Evidenz der

Geographie" und des Eigeninteresses, den er für Europa in Anspruch nähme. Merkwürdig wenig Verständnis zeigte er auch für das Argument, man gäbe der isolationistischen Propaganda in Amerika Einwände in die Hand, wenn man der öffentlichen Meinung zumute, ein so vitales Problem, verbunden mit einer direkten Bedrohung Amerikas, zu ignorieren und sich dafür auf ein der Mehrzahl der Amerikaner doch ferner liegendes – wie Europa – zu konzentrieren. Ich möchte allerdings sagen, daß sich all das auf die Zeit vor der eigentlichen Konfrontation Kennedy–Chruschtschow bezog. Gegen deren Erledigung durch Kennedy konnte Adenauer kaum etwas haben, außer, daß der Präsident eben nicht den Weg gefunden hatte, Chruschtschow von seiner eigenen Entschlossenheit zu überzeugen, als sich die beiden in Wien zum ersten Mal trafen, und Chruschtschow sozusagen dem neuen Mann in Washington Maß nahm.

Der wichtigste Punkt aber, in dem er mit einer ideologisch ausgerichteten amerikanischen Politik und folglich mit einigen ihm sonst nahestehenden antikommunistischen amerikanischen Freunden in theoretischen Konflikt geriet, war China. Hier nämlich, und das war immerhin ein sehr wesentlicher Unterschied gerade zur Politik seines Freundes John Foster Dulles, sah er nicht nur die defensiven Interessen Europas und der westlichen Welt, sondern eine, vielleicht sogar die große, offensive, konstruktive Chance gefährdet. Ihre Wahrnehmung setzte allerdings wiederum voraus, daß die amerikanische Politik auch realistisch und machtpolitisch zu denken bereit war und eben nicht nur ideologisch, und sei es auch ideologisch noch so „richtig".

Eine Politik, die mit Rußland diplomatische Beziehungen nicht nur aufrechterhielt, sondern besonders pflegte und zeitweilig sogar als ihr Hauptanliegen zu betrachten schien, mit China aber jede Beziehung ablehnte, schien ihm unlogisch, jedenfalls aber den europäischen Interessen widersprechend. Eine rein antikommunistische Politik mußte logischerweise mit beiden kommunistischen Großmächten gleich gut oder vorzugsweise gleich schlecht stehen. Mit der einen gute Beziehungen zu pflegen, mit der anderen aber jeden Kontakt abzulehnen, kam der Ausstellung eines guten Leumundszeugnisses für die erste gleich. So sagte selbst ein Mann vom Weitblick Dulles' am 28. Juni 1957 in San Francisco: Die UNO sei keine Besserungsanstalt für schlechte Regierungen, und Handel mit China sei nicht zulässig, weil es von einem Staatsapparat kontrolliert sei und danach strebe, mit seinen geringen Währungsreserven so schnell wie möglich ein gewaltiges Militärpotential zu schaffen. Also genau der Einwand, den Rotchina heute gegen Kredite an Rußland erhebt, wahrscheinlich mit mehr Recht. Auch Dulles' Argument, mit einer Anerkennung von Rotchina entmutige man „freiheitsliebende Chinesen in zahlreichen Ländern", galt schon damals gegenüber Rußland genauso wie gegenüber China, und die Preisgabe Formosas hätte schon damals nicht schwerer gewogen als die Preisgabe Ostdeutschlands – zumindest durch die Bundesrepublik –, die ihr so viele Amerikaner und Westeuropäer, vor allem Franzosen, allerdings nie Dulles und Acheson, empfahlen.

All das heißt nicht, daß Adenauer den Faktor Ideologie gering einschätzte wie de Gaulle, besonders nicht beim Gegner, oder daß er gar bereit gewesen wäre, im Grundsätzlichen Konzessionen zu machen. Ich hatte dabei den Eindruck, daß ihn meine Argumente, die Nichtanerkennung Chinas sei gerade vom Standpunkt antikommunistischer Prinzipien aus unlogisch, sehr interessierten und er annahm, daß ich diese Einstellung auch in Gesprächen mit amerikanischen Freunden zum Ausdruck brachte, die das durchaus anders sahen, von Adenauer aber sehr geschätzt wurden. Von Globke weiß ich es, weil wir darauf mehrfach zu sprechen kamen, wie auch auf die fatale Neigung mancher, gerade Deutschland wohlgesinnter, konservativer Amerikaner, innerhalb Amerikas die kommunistische Gefahr klar zu sehen, außerhalb aber in der Weltpolitik Rußland ohne es zu wissen in die Hände zu arbeiten.

Ich bin sicher, daß Adenauer nicht bereit war, aus rein ideologischen Gründen etwas zu tun oder zu befürworten, was ihm sonst sinnlos oder unzweckmäßig oder gar gefährlich erschienen wäre, aber auch, daß er tagespolitischen Vorteilen zuliebe nie gewillt war, irgendeine grundsätzliche Position zu opfern oder etwas zu tun, was auf lange Sicht den Gegner, den sowjetischen Kommunismus, gestärkt oder ermutigt hätte.

Rein machtpolitisch gesehen hingegen konnte immerhin für die Vereinigten Staaten Zweifel darüber bestehen, wer nun Feind Nummer eins sei, die Sowjetunion oder China. Das hing davon ab, wo man in der „Zwei-Ozean-Strategie", die für Amerika in etwa der Problematik des Zweifrontenkrieges Preußen-Deutschlands gleich kam, den Kriegsschauplatz Nummer eins sah: Pazifik oder Atlantik. Für Europa konnte eine solche Fragestellung nie bestehen, da war Rußland immer, wenn nicht Feind, so doch Problem Nummer eins. Sich gar einer amerikanischen Politik zu fügen, die nicht nur den Verzicht auf jede politische Beziehung zu China, sondern auch auf jede Handelsbeziehung verlangte, gleichzeitig aber Entgegenkommen an Rußland, schien ihm absurd. Auch als Preis des Bündnisses sei das zu hoch, dem man ja durch Erfüllung eines „Übersolls" auch keinen wirklichen Gefallen tat.

Etwas anderes war es, im Interesse des Bündnisses gewisse Eigeninteressen teil- oder zeitweise den Wünschen des größeren Bündnispartners nach außen hintan einzuordnen. Ich argumentierte einmal mit Adenauer, daß es zumindest für die inneramerikanische, propagandistische Bewältigung des Bündniskomplexes – vor allem in dem von isolationistischen Gedankengängen beeinflußten Westen – nicht zweckmäßig sein könne, zu fordern, die Vereinigten Staaten sollten sich nur für die Freiheit Europas einsetzen, sich aber an der Freiheit Ostasiens desinteressiert zeigen. Ich erinnere mich, dabei den alten Vers „Heiliger St. Florian, verschon' mein Haus, zünd' anderen ihres an" zitiert, bei Adenauer aber nicht mehr als ein etwas gequältes Lächeln hervorgerufen zu haben. Immerhin sagte ihm sein unfehlbarer politischer Instinkt, daß die Betonung dieses Punktes unzweckmäßig sei.

Zahlreiche führende Politiker und Publizisten, die man höchst übertriebenerweise als die „China-Lobby" zu bezeichnen sich gewöhnt hatte, und von denen Adenauer wußte, daß ich sie gut kannte, zählten auf der anderen Seite zu den sichersten Stützen der amerikanischen Deutschlandpolitik, z. B. Senator William Knowland (Republikaner, ein „Isolationist"), Senator Paul Douglas (Demokrat, ein „Internationalist"), der Abgeordnete Walter Judd, ein wahrhaft missionarischer Arzt, der sich in China größte Verdienste erworben hatte, Henry Luce, dessen Blätter grundlegende Arbeit zur Aufklärung über Deutschland, besonders aber über die Person und Politik Adenauers geleistet hatten, und Christopher Emmet, auf dessen Analysen und Ratschläge Adenauer sehr häufig zurückkam. Man hat die Ansichten dieser Gruppe in Europa häufig mißverstanden, als seien sie stur auf die Verteidigung Tschiang Kai-scheks durch dick und dünn eingeschworen gewesen.

In Wirklichkeit gab es damals so viele gegenteilige Kurz- und Trugschlüsse, die einer Anerkennung Chinas zum falschen Zeitpunkt und aus den falschen Gründen das Wort redeten, daß diese Bremswirkung durchaus am Platze war. Die chinesischen Kommunisten, so hieß es, seien in Wirklichkeit gar keine Kommunisten, sondern – wie das recht demagogische Schlagwort damals lautete – nur „Agrarreformer". Da spielte dann auch das Schlagwort vom „korrupten Kuomintang-Regime" eine Rolle, das man möglichst bald fallen lassen müsse, eine Forderung, die sich auch in bezug auf andere treue Bundesgenossen Amerikas mit fataler Regelmäßigkeit wiederholen sollte. Diese Form von ideologischem Wunschdenken von „Anti-Anti-Kommunismus" lag Adenauer ebenfalls fern. Er hat keinen Moment die chinesischen Kommunisten für weniger kommunistisch und ideologisch weniger gefährlich gehalten, sondern als vom europäischen Standpunkt aus die sekundäre Gefahr, vor allem aber eine immer größer werdende, lastende Sorge für Rußland. Darin sah er sich bestätigt, als Chruschtschow ihm in Moskau, wie er mir bald nach seinem Besuch dort erzählte, gesagt habe: „Ihr Problem ist Amerika, unseres China." Damals deutete sich schon an, daß die beiden kommunistischen Großmächte nicht trotz, sondern wegen des gemeinsamen Dogmas in Konflikt geraten könnten, obwohl das Adenauer damals bestimmt noch nicht als eine realistische Grundlage für weltpolitische Entscheidungen erschienen wäre. Ihm genügten machtpolitische und demographische Erwägungen, Gesetze der Geschichte und der Geographie. Manche, primär ideologisch argumentierende Antikommunisten, darunter sogar große Bewunderer des Bundeskanzlers, trauen ihm noch heute ein vereinfachendes Wunschdenken zu, die Chinesen könnten einmal die Russen angreifen, um Europa zu helfen, sozusagen die Marotte eines sonst großen alten Mannes.

Die Quintessenz der Adenauerschen Gedankenführung war vielmehr – verkürzt aus mehreren Gesprächen dargestellt – (das Thema kam immer wieder auf): Der Moment wird (oder kann) kommen, wo eine Konfrontation Moskau-Peking unvermeidlich wird. Dieser Moment wird unsere größte, vielleicht einmal unsere einzige Chance sein, gerade Rußland gegenüber. Wir können nichts tun, ihn herbeizuführen, aber wenn er kommt, muß er uns „so stark und so geeint wie möglich" vorfinden. Es schien mir manchmal, daß diese langfristige Hoffnung für den Kanzler sogar noch ein zusätzliches Motiv für die europäische Einigung darstellte, falls er eines solchen noch bedurft hätte.

Daß es einmal von China selbst proklamiert werden würde, hätte ihn vielleicht gar nicht so erstaunt wie uns heute. Nie war andererseits für Adenauer die Hoffnung auf chinesisch-russische Gegensätze ein Grund dafür, sich Illusionen zu machen, die Hände in den Schoß zu legen und die eigene militärische Bereitschaft zu vernachlässigen.

Immer wieder betonte er, wie vollkommen er gerade in bezug auf China mit de Gaulle übereinstimmte. Ob das nun eine Folge oder eine Ursache des tiefen Einklangs zwischen den beiden bildete, jedenfalls hat er sich diese Gedankengänge nicht von de Gaulle „einreden" lassen. Antiamerikanische Nebengeräusche, die bei diesem mitgetönt haben, genau wie in der Ablehnung der amerikanischen Vietnampolitik, spielten selbstverständlich bei Adenauer nicht die geringste Rolle.

Fest steht hingegen, daß die damals erschienene Schrift von Wilhelm Starlinger „Grenzen der Sowjetmacht"[1] in seiner Ideenbildung eine große Rolle gespielt hat. Er hatte sie durch Robert Ingrim vorgelegt und kommentiert bekommen, wie sowohl er selber als auch Ingrim mir erzählten, und er hat sie schon zu einem sehr frühen Zeitpunkt de Gaulle zur Lektüre empfohlen, übrigens auch zahlreichen Besuchern wie mir. Es war aber für ihn nicht Grund zu seiner Gesamteinschätzung dieses Komplexes, sondern nur eine höchst willkommene Bestätigung sozusagen durch einen „Augenzeugen".

Adenauers Verhältnis zu Amerika war auch außerhalb dieser Probleme nicht völlig störungsfrei. Er hielt es nie für eine Vorbedingung verläßlicher Bündnistreue, dem großen Bundesgenossen nie zu widersprechen und immer nach dem Munde zu reden; im allgemeinen nicht, aber besonders nicht gegenüber Amerika, weil er bei seiner Instinktsicherheit genau spürte, daß man damit gerade bei der dortigen Mentalität sehr wenig ausrichten, leicht aber Mißtrauen und Geringschätzung ernten könnte. Im übrigen hätte er aber auch ein nur auf Unterordnung und widerspruchslose Hinnahme begründetes Bündnis nie für ein verläßliches gehalten. Ich erinnere mich besonders seiner Enttäuschung und Gereiztheit, die der damals gerade bekanntgewordene Radford-Plan bei ihm hervorrief und die auch vor John Foster Dulles keineswegs haltmachte. Admiral Arthur W. Radford, ein Mann aus der Schule General MacArthurs, war Chef des vereinigten Generalstabes. Eisenhower und Dulles hatten damals die Politik der „massive retaliation", der Drohung mit dem atomaren Vergeltungsschlag, als militärpolitische Doktrin proklamiert. Aus der Presse nun konnte es scheinen, als sei Radford geneigt, zu deren Gunsten die konventionelle Rüstung einzuschränken und die amerikanische Truppenpräsenz in Europa in Frage zu stellen bzw. auf den berühmten „Alarmdraht" zu beschränken. Dies war ohnehin das Schreckgespenst, nicht nur für Adenauer, sondern für fast alle Europäer und ist es geblieben. Da für Adenauer zu dieser Zeit weitgehend sein Verhältnis zu Dulles auch sein Verhältnis zu Amerika war, schien mir diese Krise besonders bedauerlich. Ich sah zu der Zeit, als sie aktuell war, in Rom Clare und Henry Luce und machte sie darauf aufmerksam. Clare Luce, damals US-Botschafterin am Quirinal, hatte bald Gelegenheit, Dulles darauf anzusprechen, und bat mich, Adenauer unter Berufung auf sie zu sagen, es habe sich um eine rein militärische Studie, einen Eventualplan gehandelt, wie sie von Generalstäben immer wieder ausgearbeitet würden, und Dulles habe nichts davon gewußt. Da das auch mein Eindruck gewesen war, fuhr ich eigens nach Bonn, um Adenauer diese private Botschaft zu überbringen, besonders da Adenauer eine sehr hohe Meinung von Mrs. Luce hatte. Ich meinte, damit sei dieses Mißverständnis aus der Welt geschafft. Weit gefehlt! Adenauers unmittelbare Reaktion war: „Was ist das für ein Staat, wo der Außenminister nichts davon weiß, daß sein Generalstabschef eine so fundamentale Änderung des Verteidigungskonzepts auch nur in Erwägung zieht." Diese

Kritiken führten dann immerhin zu einer weiteren Festlegung auf die Beibehaltung der amerikanischen Truppenpräsenz in Europa durch Dulles und Eisenhower, dem unzählige weitere gefolgt sind, ohne je in Europa ein wirkliches Sicherheitsgefühl hervorgerufen zu haben.

Zuzugeben ist, daß dieser Plan ja in der Tat den Weg in die Öffentlichkeit gefunden hatte. Die Art, in der in den Vereinigten Staaten bereits damals auch die intimsten Erwägungen auf den „großen Markt" kamen, war nicht nur Adenauer, sondern fast allen Europäern unverständlich und schlechterdings nicht erklärbar. Sie ist die Haupthypothek auf der Freundschaft mit Amerika für jeden Bundesgenossen geblieben, obwohl die damaligen Zustände mit den heutigen auch nicht annähernd verglichen werden können. Es ist fraglich, ob das bei dem amerikanischen Verhältnis zur öffentlichen Meinung und der Neigung, alles und jedes an die große Glocke zu hängen oder in Frage zu stellen, je anders werden wird.

Die Frage liegt daher nahe, wie sehr eigentlich Adenauer Amerika „traute". Grundsätzlich hatte ich den Eindruck, er traue überhaupt nichts und niemandem und halte jede Enttäuschung von jedem Menschen und erst recht von jedem Staate für möglich. Ich versuchte ihm einmal, die verschiedenen Rollen der Mitteilung, der Diskussion, überhaupt der Sprache in Amerika und in Europa zu erklären. In einem Falle stehe die Mitteilung am Anfang, im anderen am Ende des Denkprozesses. Gerade einem Mann von der Denk- und Sprachdisziplin Adenauers mußte es fernliegen, aufs Geratewohl Thesen und Fragen abzufeuern, um die Reaktion des Gesprächspartners zu sehen und in den eigenen Denk- und Entscheidungsprozeß einzubauen. „Voraussetzungslose Ideenproduktion" hat das der Korrespondent der „Neuen Zürcher Zeitung" in Washington, Werner Imhoff, einer der besten Kenner Amerikas, einmal genannt.

Ähnliche Zweifel hat es aus verschiedenen Anlässen noch häufig gegeben, wodurch auch viele positive und negative Mißverständnisse – z. B. in bezug auf Amerikas Haltung zum Nichtverbreitungsvertrag, zur MLF und last not least übrigens auch zur späteren deutschen Ostpolitik – zu erklären sind.

Mir schien nie, daß Adenauer ein instinktives oder spezifisches Mißtrauen gegenüber Amerika hatte, weit eher schon gegenüber England oder „Großbritannien", wie er immer sagte. Albert Müller berichtet, Adenauer habe ihm gegenüber häufig – zumindest in Frageform – die Zweifel über die Zuverlässigkeit Amerikas, insbesondere angesichts der überstürzten Abrüstung nach dem Kriege, geäußert. Einmal habe er sich sogar auf ein Memorandum Brünings bezogen, der allerdings auch aufgrund wirklicher oder vermeintlicher persönlicher Enttäuschungen kein unvoreingenommener Zeuge in bezug auf Amerika war. Mir schien, Adenauer hielt Amerika nicht für unverläßlich, sondern für unvorausberechenbar, was allerdings ein spezifischer amerikanischer Zug genannt werden kann. Es hat mit der amerikanischen Abneigung gegen abstrakte Erwägungen und theoretische Festlegungen zu tun, die andererseits auch ihre guten Seiten haben. Die Weigerung, sich vorher festzulegen, hat auch zur Folge, daß man nachher sehr rasch – auch wieder voraussetzungslos – umdenken und umdisponieren kann. Gerade Adenauer hat davon profitiert, denn nur so war der rasche und realistische Wandel in der amerikanischen Deutschlandpolitik nach dem Kriege zu erklären. Sie aber war die Grundlage für Adenauers erfolgreiche Politik.

Wenn es bei Adenauer eine, wie die Erfahrung mit dem Radford-Plan zeigt, auch nicht absolute Ausnahme gab, so war es zweifellos John Foster Dulles, mit dem Adenauer auch ein enges menschliches Verhältnis verband. Dulles hat sich mindestens so oft auf Adenauer berufen wie Adenauer auf Dulles, was in Deutschland und in Amerika zu der gelegentlich geäußerten Witzelei führte (z. B. bei Adlai Stevenson und Kennedy), der eigentliche Staatssekretär der Vereinigten Staaten hieße Konrad Adenauer. Ich habe den Bundeskanzler nie so erschüttert gesehen wie an dem Tage, an dem er mir von Dulles' Mitteilung sprach, seine Krankheit sei unheilbar. Nach Dulles' Tod kam das in einer fast paradoxen, rührenden Form zum Ausdruck. Es war kurz nach dem ersten großen Besuch Eisenhowers in Bonn ohne Dulles. Für den Präsidenten hatte Adenauer nie ein annähernd so großes Verständnis gehabt wie für Dulles. Er war dann sehr angenehm überrascht und sagte mir einige Tage nachher, man dürfe Eisenhower auch nicht unterschätzen. Er habe ihn gerade heraus gefragt: „Herr Präsident, kann ich mit Ihnen genauso offen reden wie mit Herrn Dulles?" Mir schien das bezeichnend für die Gleichsetzung von Dulles mit Amerika, denn schließlich war der eine ja nur Außenminister, der andere Staatsoberhaupt.

Sehr positiv war auch Adenauers Verhältnis zu Dean Acheson, nur der Art beider Herren entsprechend wesentlich kühler. Adenauer hielt aber den Unterschied zwischen dem demokratischen und dem republikanischen Staatssekretär in den für ihn entscheidenden Fragen der amerikanischen Außen- und Deutschland-, vor allem aber in der Berlinpolitik, für wesentlich geringer als die meisten Exponenten beider Parteien in Amerika, besonders in der Presse. Was sie außenpolitisch einte, war in seinen Augen viel entscheidender, als was sie innenpolitisch trennte.

Daß Adenauer auf der innerpolitischen Szene Amerikas überhaupt nicht auf eine Seite, z. B. die „rechte" oder republikanische, einzuordnen war, beweist sein besonders enges Verhältnis zu dem Gewerkschaftsführer George Meany. Ich machte ihn darauf aufmerksam, wie sehr dieser außenpolitisch auf der Adenauerschen Linie läge und diese zu unterstützen bereit sei, was ich meinerseits durch ausführliche Gespräche mit Meany selbst und seinem außenpolitischen Berater, Jay Lovestone, wußte. Bisher waren deutsche Kontakte zu den amerikanischen Gewerkschaften auf einer mehr innenpolitischen und sozialpolitischen Ebene vom DGB und der SPD gepflegt worden, wie nicht anders zu erwarten war. Die Gemeinsamkeiten mit der Adenauerschen Politik waren weniger offenkundig, aber viel größer. Es handelte sich nur darum, dies beiden Seiten bewußt zu machen. Nachdem das einmal geschehen war, entstand daraus eine überaus fruchtbare politische und persönliche Beziehung durch die Jahre, die Adenauer sehr gut zu nutzen verstand. Später beschloß er, sowohl Meany wie Lovestone mit hohen deutschen Auszeichnungen zu bedenken, zu welchem Anlaß beide mit einer größeren Gruppe Gewerkschaftsfunktionäre nach Bonn kamen. Ich habe Adenauers persönliche Gewandtheit und gesellschaftlichen Charme trotz fehlender sprachlicher Voraussetzungen nie mehr bewundert als bei einem Essen, das er damals in kleinem Kreise im Bundeskanzleramt für Mr. und Mrs. Meany gab, die ihrerseits kein Wort Deutsch verstanden. Die Kontakte mit Lovestone waren besonders eng und fruchtbar. Lovestone war damals schon und bis in die jüngste Vergangenheit Leiter der außenpolitischen Aktivitäten der AFL. Früher einmal Generalsekretär der amerikanischen KP, ist er bis heute einer der besten Kenner totalitärer Programme und Taktiken und ein unermüdlicher Warner vor Illusionen in der Détente-Politik. Von Adenauer bis Solschenizyn rief er immer wieder wirkungsvolle Zeugen gegen solche Illusionen auf und verhalf ihnen zu einem Echo in Amerika, wo sich seit jeher die Gewerkschaften von niemandem in bezug auf Antitotalitarismus übertreffen lassen und übertreffen lassen wollen.

Es gab einmal eine äußerst gefährliche Situation, in der es so schien, und die jedenfalls in Deutschland weitgehend so dargestellt wurde, daß die damalige Opposition der Demokraten geschlossen für die sogenannte „Disengagement-Politik" auftrete, wie sie George Kennan in seinen viel beachteten Reith-Vorlesungen in England proklamiert hatte. Kennan galt in Deutschland weitgehend als der maßgebende Exponent der Außenpolitik der Demokraten. Mein Freund Christopher Emmet brachte damals eine Stellungnahme führender Demokraten gegen Kennans Thesen zustande. Er machte aber insbesondere den wirklichen Chef der außenpolitischen Gremien der Demokraten, Dean Acheson, auf die Gefahr dieses Mißverständnisses aufmerksam, worauf dieser eine eindeutige Ablehnung der Disengagement-Idee mit einer scharfen persönlichen Distanzierung von Kennan verband und Emmet zur Verfügung stellte. Acheson schrieb damals, er könne die persönliche Versicherung abgeben, daß Mr. Kennans Meinung von keinem verantwortlichen Politiker in der Demokratischen Partei der Vereinigten Staaten geteilt werde. Während die „Neue Zürcher Zeitung" diese Kontroverse sehr ausführlich zur Kenntnis ihrer Leser brachte und kommentierte, war es gar nicht so leicht, in Deutschland dieselbe Beachtung zu finden. Die ganze Aktion schien mir aber als ein gutes Beispiel für gegenseitige Koordination und auch ein großer persönlicher Erfolg für Christopher Emmet. Ich freute mich darauf, dem Bundeskanzler über den Vorgang im einzelnen zu berichten. Er dämpfte aber meinen Enthusiasmus in der für ihn charakteristischen Weise, dem Partner „gegen den Mund zu reden", mit der trockenen Bemerkung, ihm schiene die ganze Debatte nicht so wichtig, für ihn sei die neu gestartete Disengagement-Welle nichts weiter als ein „Störmanöver der großbritannischen Politik", wobei er sicher nicht nur das technische Detail meinte, daß sie im Rahmen der Reith-Vorlesungen erfolgte. Diese nun schien ihm, was auch bei manchen Divergenzen mit Erhard eine Rolle spielte, für genauso traditionell und starr festgelegt, besonders gegen die Einigung Europas, wie er die amerikanische für fluktuierend und unberechenbar, daher aber eben auch durch eigene Argumente und Festigkeit beeinflußbar und pragmatisch bestimmt ansah. Die eine war zu sehr vorausberechenbar, die andere vielleicht zu wenig.

Für die Zusammenarbeit im Bündnis schien er die Fähigkeit zum raschen Umdisponieren und Umdenken aber wohl vorzuziehen. Dabei war ihm klar, daß sich das auch einmal gegen ihn und gegen die von ihm vertretene Politik wenden könne, was er im Grunde jeden Morgen von neuem für möglich hielt. Seine Skepsis in diesem Sinne stieg unter Kennedy, dessen viel gerühmter Glanz ihn durchaus nicht beeindruckte, vielmehr eher als ein zusätzlicher Unsicherheitsfaktor erschien. Als größter Unsicherheitsfaktor mußte ihm aber der Ruf besonderer Unberechenbarkeit der Deutschen erscheinen, den Adenauer bestimmt nicht für unverdient hielt. Ich werde meine letzte Unterhaltung mit ihm kurz vor seinem Tode nie vergessen, wo er mir das mit erschütterndem Ernst darlegte. Es sei, sagte er, seine Hauptaufgabe gewesen, vor allem bei den Franzosen diesen Ruf zu ändern. Sie hätten weniger vor der Macht und der Tüchtigkeit als vor der Irrationalität und Unberechenbarkeit der Deutschen Angst. Man könne ihnen das auch nicht verübeln. Gegenüber Amerika bestehe dagegen die Gefahr einer gegenseitigen Bestätigung in dieser Neigung, die zwar – wie er mir zugeben wolle – sehr verschiedene Ursachen habe, aber doch zu einer Art Eskalation führen könne. Leider sei ihm das nur in sehr geringem Ausmaß gelungen. Dafür sei sein Leben nicht lang genug gewesen. Diesen Pessimismus, der allerdings auch bis zum letzten Moment nicht Resignation wurde, kann man heute vielleicht zu düster finden, aber eben weitgehend aufgrund seines Wirkens und Nachwirkens. Wie sehr dieses das Amerikabild der Deutschen beeinflußt hat, wage ich nicht zu sagen, aber das Deutschlandbild Amerikas hat es grundlegend verändert, wovon noch heute das gegenseitige Verhältnis der beiden Bündnispartner profitiert, obwohl es da seither neue Höhepunkte und Impulse gegeben hat. Niemand, auch der parteipolitische Gegner nicht, wird leugnen können, daß sie ohne Adenauer nicht möglich gewesen wären. Mit der einzigen möglichen Ausnahme von Ernst Reuter hat niemand im gleichen Maße dazu beigetragen, daß in Amerika Deutschland nicht mehr als der besiegte Feind von gestern, sondern als der verläßliche Bundesgenosse von heute und morgen gesehen wird.

1 Würzburg 1955.

DIRK U. STIKKER

Die NATO-Politik Adenauers

Das erste Mal begegnete ich Konrad Adenauer im Februar 1950. Er war schon seit September 1949 Bundeskanzler, und ich war seit Mitte 1948 Außenminister der Niederlande und seit Januar 1950 gleichzeitig „Konziliator" der Organization of European Economic Cooperation für die Vorbereitung der Europäischen Zahlungsunion. Einige Monate später wurde ich Vorsitzender der OEEC.

Vor dem Kriege hatte ich in einer der holländischen Großbanken und in der Industrie geschäftlich gearbeitet, in diesen Jahren reiste ich viel nach Asien, Afrika, Nord- und Südamerika. Während der Nazi-Besatzung war ich in verschiedenen Organisationen der Industrie tätig; ich versuchte zu verhindern, daß die Nazi-Besatzungsorgane in den Niederlanden eine Arbeitsfront herstellen konnten; in der Widerstandsbewegung spielte ich unter anderem eine Rolle bei der Finanzierung der über 30000 Eisenbahnbediensteten während des von London befohlenen neunmonatigen Eisenbahnerstreiks. Und ich war seit 1941 Vorsitzender einer Gruppe, die nach dem Kriege die freien Arbeitgeber und Gewerkschaften zusammenfassen wollte in einer gemeinsamen Organisation, in der sogenannten „Stiftung der Arbeit". Diese heute noch bestehende „Stiftung der Arbeit" wurde am Tag der Befreiung ins Leben gerufen. Die Absicht war, den Wiederaufbau nach dem Kriege zu fördern. Während des Krieges hatte ich auch Verbindung mit einer Widerstandsgruppe in Berlin.

Politisch war ich früher nicht an eine Partei gebunden: In meinem Denken war ich liberal, aber durch all meine Tätigkeiten war ich interessiert an den sozialen und wirtschaftlichen Beziehungen zwischen Staat und Gesellschaft. Meine Arbeit hatte mich vor eine Reihe tieferer philosophischer Fragen über die menschliche Freiheit, Verantwortlichkeit und Toleranz gestellt. Und als im Jahre 1946 einige junge Liberale mich baten, ob ich zusammen mit ihnen eine neue liberale Partei unter dem Namen „Partei der Freiheit" gründen würde, habe ich dem zugestimmt. Das brachte praktisch das Ende meiner Arbeit in der Wirtschaft; der endgültige Schlußpunkt wurde gesetzt, als ich im August 1948 Außenminister in einer Koalitionsregierung von Sozialisten, Katholiken, Protestanten und Liberalen wurde.

Zu Beginn meiner Ministertätigkeit wurde ich völlig durch unsere indonesischen Probleme mit Beschlag belegt. Aber bald war auch bei uns in den Niederlanden politisch und wirtschaftlich die Zukunft Europas, d. h. in Wirklichkeit die Deutschland-Frage, das Hauptthema unserer Sorgen. Denn nach unserer Meinung war keine Zukunft für Europa möglich ohne Deutschland.

Nach einem Kriege, in dem in der ganzen Welt Millionen Menschen auf beiden Seiten gekämpft und getötet hatten mit einem raffinierten Waffenmaterial und aus einer erbitterten psychologischen Haltung heraus, wie sie die Menschheit

noch nie gekannt hatte, war es unvermeidlich, daß nach dem Kriege Haß und Mißtrauen nicht so schnell den Platz räumten für Frieden und Idealismus.
Vielleicht war Amerika die einzige Großmacht, die 1944 glaubte, daß die Zeit der Notwendigkeit des Gleichgewichts der Mächte vorbei sei. Cordell Hull erklärte in einer Rede über die geplante Charta der Vereinten Nationen und über die Moskau-Erklärung (die die Einrichtung einer allgemeinen internationalen Organisation, gegründet auf dem Grundsatz der souveränen Gleichberechtigung aller friedliebenden Staaten forderte): „Wenn diese Bestimmungen in Kraft treten, wird keine Notwendigkeit für Einflußsphären, Bündnisse, Gleichgewicht der Mächte oder irgendwelche anderen besonderen Vorkehrungen mehr bestehen, mit dessen Hilfe die Völker in einer leidvollen Vergangenheit versucht hatten, ihre Sicherheit zu gewährleisten und ihre Interessen zu fördern."
Rußland benötigte am Ende des Krieges nur zwei Jahre, um uns von diesen utopischen Gedanken in die Wirklichkeit zurückzuführen. Die Berliner Blockade war eine letzte Warnung.
Das bedeutete, daß wir uns reorganisieren mußten, und bald nacheinander entstanden deshalb in der westlichen Welt in einer konstruktiven Atmosphäre die Marshall-Hilfe, die OEEC, der Brüsseler Pakt, die NATO und die Montan-Union. Wir alle wünschten Wiederaufbau, Sicherheit und Einheit, aber in dieser Zeit konnten wir in Europa das noch nicht allein realisieren. Wir brauchten die Hilfe von Amerika und Kanada. Und wenn wir Einheit in Europa wünschten, wie konnten wir das schaffen ohne Deutschland? Und wie konnten wir in Europa die Wirtschaft aufbauen, die Wohlfahrt zurückgewinnen, wenn wir weiter in Haß und Mißtrauen verharrten und wenn die Demontagen der Industrie in Deutschland bis zu Ende durchgeführt werden sollten. Es war in den ersten Nachkriegsjahren insbesondere Frankreich, viel stärker als zum Beispiel England, das hierauf bestand, bis schließlich Robert Schuman und Jean Monnet eine Lösung der Problematik fanden.
Paul Hoffmann, der über seine erste Reise als Chef der neu errichteten Economic Cooperation Administration (ECA) im Jahre 1948 schrieb – er hatte damals Angst, daß seine Kritiker, die seine Pläne als „Operation Rattenloch" bezeichneten, recht behalten könnten –, sagte: „Leute wie Frankreichs Außenminister Robert Schuman geben mir Mut. Er glaubte fest daran, daß Europa gerettet werden könne, aber nur, wenn der Wiederaufbau ganz Europas einschließlich Deutschlands geplant werde. ‚Die Zeit ist vorüber', sagte er, ‚in der wir es uns leisten konnten, die Kräfte des französischen und deutschen Volkes zu vergeuden, indem der eine den anderen bekämpft.'" Hoffmann schrieb, daß er erstaunt war, daß auch ich erklärte, der Wiederaufbau Deutschlands sei der Schlüssel zum Wiederaufbau Europas. Ich antwortete ihm: „In Europa ist zu viel zu tun, als daß wir jetzt noch Zeit zum Haß finden könnten." Aber Schuman und ich sprachen damals vom Wiederaufbau Europas, noch nicht von seiner Einheit[1].
Es ist hier nicht meine Aufgabe, auf die Resultate der Konferenzen von Jalta oder Potsdam zurückzukommen, aber einige Fakten möchte ich doch erwähnen, um die französische und amerikanische Politik aus dieser Zeit deutlich zu machen.

Bei den Verhandlungen in Potsdam wurde über die Frage gesprochen, ob Deutschland als wirtschaftliche Einheit behandelt werden sollte. Frankreich wollte das akzeptieren, aber die zentrale Administration sollte nicht in deutschen, sondern in alliierten Händen liegen. Außerdem verlangte Frankreich: Die Saar müsse von Frankreich annektiert, das Rheinland sollte ein separater Staat und die Ruhr international kontrolliert werden. Man wollte in dieser Zeit die deutsche Stahlproduktion zurückdrehen auf 50% des Niveaus von 1938.

Wenn man sich daran erinnert, was General Clay in der amerikanischen Zone im Jahre 1946 bezüglich der Einstellung der Demontage von Industriewerken getan hat und an die Vorschläge von Außenminister Byrnes über eine fünfundzwanzigjährige Garantie gegen eine neue deutsche Aggression oder über die Notwendigkeit des Zusammenschlusses der amerikanischen und britischen Besatzungszonen (was Frankreich noch 1947 verweigerte), dann sieht man, daß Amerika schon eine ganz neue Deutschlandpolitik verfolgte. Noch deutlicher wurde das, als im März 1947 Dulles, der damals Berater von General Marshall war, in einer Rede in New York sagte, daß Deutschland wieder eine wirtschaftliche Einheit werden sollte, aber derselbe Grund bestehe auch für eine wirtschaftliche Einigung Europas, eine Regelung der Deutschland-Frage solle die Einheit in Europa fördern anstatt zurückzukehren zu der Struktur der unabhängigen, unverbundenen, souveränen Staaten. Mir scheint, daß Adenauer mit diesen Worten, die Dulles 1947 aussprach, völlig übereingestimmt hätte.

Wie reagierten die Niederlande in dieser Zeit? Anfang Juni 1947 hatte Marshall seine berühmte Rede über den Wiederaufbau Europas gehalten. Europäische Hoffnungen auf eine baldige Wiederherstellung des wirtschaftlichen Gleichgewichts, das durch den Krieg und die Ereignisse der Jahre zwischen 1945 und 1947 vollkommen verlorengegangen war, wurden plötzlich wieder lebendig. Nach der Ablehnung Rußlands, sich an der Marshall-Hilfe zu beteiligen, beriefen England und Frankreich zum 12. Juli 1947 eine Konferenz nach Paris ein, an der 16 Staaten teilnahmen. Die Benelux-Länder kamen als eine Delegation unter Leitung des Holländers Dr. Hirschfeld. Auch hier bestanden wir auf der Wichtigkeit des deutschen Problems und erreichten, daß – als ein Kompromiß mit Frankreich – in einem Anhang des Protokolls gesagt wurde: Wenn die europäische Zusammenarbeit wirksam sein soll, dann muß die deutsche Wirtschaft in die europäische Wirtschaft eingegliedert werden, so daß sie zu einer allgemeinen Verbesserung des Lebensstandards beitragen kann.

Psychologisch war das dennoch eine schwierige Aufgabe für die Bevölkerung in Holland. Die Ausplünderungspolitik der Nazi-Besatzungsmacht und die Kriegszerstörungen hatten in Holland einen kolossalen Schaden angerichtet, dreieinhalbmal so groß wie unser Volkseinkommen im Jahre 1952. Das Währungssystem war zusammengebrochen, und wir standen vor einer dreifachen Aufgabe: die Kriegsschäden zu beseitigen, die Wirtschaftsstruktur der neuen Situation anzupassen (Indonesien war im Begriff, ein souveräner Staat zu werden) und die Volkswirtschaft in ein Verhältnis zu der rasch wachsenden Bevölkerung zu bringen.

Am 1. Januar 1948 standen der Niederländischen Bank nur noch 15 Millionen

Dollar zur Verfügung. Wir mußten die Importe um 40% reduzieren und Gold verkaufen. Ohne die Marshall-Hilfe wären wir zu weit tiefgreifenderen Maßnahmen gezwungen gewesen. Aber die Marshall-Hilfe kam, und im April 1948 wurde die Organization of European Economic Cooperation gegründet, gleichzeitig mit der Errichtung der amerikanischen Marshall-Plan-Verwaltung. 16 europäische Länder und die Oberbefehlshaber der drei westlichen Besatzungszonen Deutschlands waren die ursprünglichen Unterzeichner des Vertrages. Am 21. Oktober 1949 traten die Delegierten der Bundesrepublik Deutschland an die Stelle der Besatzungsbehörden.

„Amerikas Rolle sollte aus freundschaftlicher Hilfe beim Entwurf eines europäischen Programms bestehen", hatte Marshall gesagt. Das Programm brachte bald Resultate. Im Jahre 1949 war der Index der industriellen Produktion der OEEC-Länder (auf der Basis 1938 = 100) auf über 110 gestiegen, aber der Index des innereuropäischen Handels hatte nur 90 erreicht, weil kein multilaterales Zahlungssystem existierte. Ende Januar 1950 nahm ich als Berater sogleich meine Besprechungen zur Errichtung der europäischen Zahlungsunion auf. Im Februar war ich in Bonn. Die EZU nahm ihre Arbeit am 1. Juli 1950 (man konnte damals noch schnell arbeiten) auf, und Ende 1950 brachte der fortgesetzte Liberalisierungsprozeß des Handels zusammen mit sechs Monaten Arbeit der EZU den Index des innereuropäischen Handels von 90 auf 140. Leider hat die EZU nicht lange bestanden, weil verschiedene Länder sich befreien wollten von ihren multilateralen Verpflichtungen. Jedenfalls hat sie im Jahre 1950 durch ihren erstaunlichen Erfolg die Grundlage gelegt für alle weiteren Planungen in Europa. Und wir brauchten neue Planungen! Nicht nur für die wirtschaftlichen Fragen, sondern auch für unsere Sicherheit und Einigung.

Im Februar 1950 ging ich nicht nach Bonn, um als holländischer Außenminister nochmals deutlich zu machen, daß die Deutschland-Frage an erster Stelle unserer Sorgen stand. Ich ging auch nicht alleine, um mich zu erkundigen über die Auffassungen von Adenauer und Erhard über die europäische Zahlungsunion. Wie ich erwartet hatte, war Adenauer Anhänger einer europäischen Integration und infolgedessen auch einer Zahlungsunion. Vielleicht sah Erhard schon damals auf diesem finanztechnischen Gebiet etwas weiter. Er warnte davor, die Multilateralisierung der Zahlung nicht allein auf Europa zu beschränken. Denn es wäre falsch, Europa auf den Weg der Autarkie zu führen. Und er bestand auf einer Öffnung Europas für den Welthandel. Aber dieser Gedankenaustausch war nicht der Zweck meines Besuches. Ich wollte mehr.

Wenn die Deutschland-Frage wirklich so wichtig war, wie Amerika vorgab und wie auch wir in den kleinen Niederlanden dachten, dann wollte ich den neuen Bundeskanzler, den Menschen Adenauer kennenlernen. Denn er hatte, möglicherweise, eine große Rolle zu spielen. Im Haag wußten wir noch wenig über ihn.

Hatte er die Absicht und hatte er die Möglichkeiten, mit Erfolg das deutsche Volk nach den grauenvollen Nazi-Jahren davon zu überzeugen, daß nicht Macht, sondern der Wert und die Würde des einzelnen Menschen die höchsten Güter sind; darüber hatte er in den Wahlen gesprochen. Die souveräne Staatsmacht sollte nie absolut sein, sondern unterworfen unter Gott und Gesetz:

Debet esse sub deo et lege – wie es seit Jahrhunderten in England heißt. Es war zu erwarten, daß er es als seinen Auftrag betrachten würde, aus Westdeutschland wieder einen souveränen Staat zu machen. Aber sollte dieser Staat auch seine eigene Wehrmacht haben, sogar eine atomare Bewaffnung, oder glaubte er, daß Frieden und Sicherheit genügend gewährleistet wären durch kollektive Selbstverteidigung, wie wir es in der NATO gemäß Art. 51 der Vereinten Nationen festgelegt hatten? Welche Rolle spielte die Kirche in seinem politischen Denken? Konnte er die Geduld aufbringen für alle komplexen Probleme, die Frankreich möglicherweise noch stellen würde? Hatte er Verständnis für die neue Macht in Amerika? Und für die Tatsache, daß England, das die pax britannica nicht mehr sichern konnte, eben deswegen unsere besondere Sorge verdiente? War er bereit, dafür zu sorgen, daß in der Zukunft Deutschland den kleineren Ländern Gleichberechtigung einräumen würde, d. h., daß sich keine Triumvirate, aber auch keine Quartette oder Quintette bildeten, die den Ton angeben. In meinen Jahren als Außenminister habe ich nichts als so schwer zu akzeptieren gefunden wie diese eigenmächtigen Triumvirate.

Alle diese Fragen bedeuten, daß ich mich schon im Februar 1950 mit dem Problem quälte, ob Deutschland mit Adenauer als Bundeskanzler ein richtiges und zuverlässiges Mitglied der NATO werden könnte. Und wenn ja, konnte man mit ihm über diese Fragen frei und offen sprechen, wie das in den späteren Jahren zwischen uns möglich war? Konnte man ihm vielleicht bisweilen helfen und Rat geben und mit ihm gemeinsam überlegen? Natürlich war ich mir bewußt, daß die Niederlande in diesen Problemen im Verhältnis zu den Großmächten eine bescheidene Rolle zu spielen haben. Aber auch wir müssen eine Politik auf lange Sicht führen. Genauso natürlich war es, daß ich all diese rückblickend formulierten Fragen in meinen verschiedenen Besprechungen in Bonn im Jahre 1950 nicht direkt gestellt habe. Dennoch war es mir möglich, in den Kontakten mit Adenauer selbst, mit seinen Kollegen und mit der Opposition, mit den Hohen Kommissaren der Besatzungsmächte und mit der Presse und mit all den Menschen, denen man bei so einer Gelegenheit begegnet, mir eine Vorstellung davon zu machen, was der Mensch Adenauer war und wie er dachte.

Jedenfalls, ich war beruhigt und wartete ab, welche Vorschriften, Gesetze, Debatten, Interviews oder Erklärungen über Entmilitarisierung oder Wiederaufrüstung uns deutlich machen könnten, was auf diesem Gebiet in Deutschland vor sich ging.

In einer Zeittafel der im Jahre 1975 von dem Militärgeschichtlichen Forschungsamt in Freiburg herausgegebenen Studie[2] finde ich jetzt die folgenden bedeutungsvollen Erklärungen: Schon im November 1949 lehnt der Bundeskanzler eine nationale deutsche Armee ab. Im Dezember 1949 lehnen alle Parteien eine deutsche Wiederaufrüstung ab und erklärt Adenauer die Bereitschaft zur Stellung eines deutschen Kontingents für eine europäische Armee. Im März 1950 spricht Churchill, in der Opposition, sich für einen deutschen Verteidigungsbeitrag aus. Im Juni 1950 tritt ein Gesetz der Hohen Kommissare zur Verhinderung der deutschen Wiederaufrüstung in Kraft. Im Juli 1950 erklärte General de Gaulle die deutsche Wiederaufrüstung als unvermeidlich.

Nur einen Monat nach dem Inkrafttreten des Nordatlantischen Vertrages brachte die Sowjetunion eine Atombombe zur Explosion; im Juni 1950 drangen nordkoreanische Truppen in Südkorea ein. Der Aufbau der westlichen Verteidigung wurde doppelt dringlich, aber die Verteidigungsmaßnahmen des Westens waren noch weithin im Stadium der Planung, und was es an Streitkräften gab, war mehr ein Durcheinander als eine Organisation. Im Dezember 1949 hatte das Verteidigungskomitee der NATO das erste strategische Konzept einer integrierten Verteidigung des Nordatlantikbereichs beschlossen. Im Januar 1950 war der „master defense plan" angenommen, und im April folgte ein mittelfristiger Verteidigungsplan, aber im Mai 1950 wurde klar, wie später Lord Ismay schrieb, daß „ein Mangel an Zusammenarbeit bestand zwischen den militärischen und den zivilen Organen der NATO". Dazu kamen noch die Schwierigkeiten in Deutschland; die ursprünglichen Demarkationslinien zwischen den amerikanischen, englischen und französischen Besatzungszonen, die nach wie vor bestanden, waren unter den Gesichtspunkten der Okkupation und der Verwaltung, nicht aber der Verteidigung gezogen worden. Feldmarschall Montgomery stellte dazu fest: „So wie die Lage heute ist und in voraussehbarer Zukunft sein wird, würde ein Angriff der Russen zu einem entsetzlichen, unvorstellbaren Durcheinander in Westeuropa führen."[3] Als ich selbst zum ersten Mal die strategische Planung für Mitteleuropa sah, erschrak ich. Sie war aufgebaut auf der Verteidigung der Rhein-Ijssel-Linie, das bedeutete, daß die Nordprovinzen der Niederlande und ganz Deutschland östlich des Rheins aufgegeben werden sollten. Außerdem verlangte der Plan die Evakuierung eines Teils der holländischen Bevölkerung nach Deutschland, den Abtransport der britischen Zivilisten in Deutschland nach England und den Marsch mehrerer Divisionen aus Deutschland in die Verteidigungsstellungen hinter der Rhein-Ijssel-Linie.

Das bedeutete für mich die Vision einer chaotischen Situation, die entstehen würde, wenn all diese zivilen und militärischen Menschenmassen in einem engen Gebiet Europas während eines russischen Angriffs sich in entgegengesetzten Richtungen bewegen würden. Das war das Bild, als der NATO-Rat im September 1950 in New York zusammentrat.

In New York trafen wie gewöhnlich die Großen Drei sich am Tage vor der Ratssitzung, aber jetzt kamen auch drei kleine Länder, d. h. Kanada, Norwegen und die Niederlande zusammen. Ich erklärte meinen Kollegen meine schweren Bedenken und sagte, daß Adenauer, der jetzt deutscher Regierungschef war, kurz vorher die Teilnahme Deutschlands an der Verteidigung Westeuropas angeboten habe. Ich schlug deshalb vor, daß wir einen Weg suchen sollten, um es Deutschland zu ermöglichen, seinen Anteil an der Verteidigung Westeuropas zu übernehmen. Am Abend versuchten wir, noch Bevin und Schuman zu erreichen, jedoch vergeblich. Wir trafen spät am Abend nur mit Acheson zusammen. Er erzählte uns, daß dieselben Fragen bei der Zusammenkunft der Großen Drei von diesen behandelt worden waren, aber daß sie keine Einigung erreicht hätten. Acheson sagte, er würde nur zu glücklich sein, wenn einer von uns im Rate die Kugel ins Rollen brächte.

Am folgenden Morgen gab ich im Rat meine ungeschminkte Meinung über die Verteidigungsplanung der Rhein-Ijssel-Linie bekannt. „Diese Art von Ver-

teidigung ist meiner Meinung nach – ich hoffe, Sie nehmen mir dieses Wort nicht übel – nichts als absoluter Wahnsinn.“ Ich malte die Wirkung auf die Moral der verbündeten Länder aus, falls eine Verteidigungsplanung am Rande Europas beabsichtigt würde, und ich bemerkte, daß entweder eine Lösung zu finden war durch Stationierung von noch mehr amerikanischen, englischen und kanadischen Truppen in Europa – neben den Truppen, die die kontinentalen Länder zur Verfügung zu stellen hätten – oder eine Lösung vielleicht auch zu finden wäre durch Übernahme eines Anteils an der westlichen Verteidigung durch Deutschland. Damit war das erste Mal der Beitritt Deutschlands zum NATO-Pakt angedeutet. Verschiedene Minister zogen es vor, ihre Meinung noch nicht auszusprechen. Frankreich war dagegen, und nachdem Amerika ausdrücklich seinen Standpunkt erklärt hatte, daß eine deutsche Beteiligung in der richtigen Weise und zum richtigen Zeitpunkt notwendig sei, wurde nach einigen weiteren Auseinandersetzungen die Zusammenkunft um zehn Tage verschoben, um den Mitgliedern Gelegenheit zu geben, ihre Regierungen zu konsultieren. Als wir wieder zusammenkamen, erzielten wir Übereinstimmung über eine Vorwärtsstrategie, über integrierte Streitkräfte unter einem obersten Befehlshaber der NATO. Die deutsche Beteiligung sollte weiter von den drei Besatzungsmächten erörtert werden, und das Verteidigungskomitee wurde beauftragt, für den Rat Empfehlungen auszuarbeiten, auf welche Weise Deutschland den nützlichsten Beitrag leisten könnte.
Bald nach der Sitzung in New York sagte Schuman mir, er erwäge den Gedanken einer europäischen Armee auf ähnlichen Grundsätzen wie der Montan-Union. Ich war schon damals der Meinung, daß die französische Regierung einerseits Deutschland in Schach und unter Kontrolle halten wollte, aber andererseits beabsichtigte, Deutschland in eine europäische Föderation einzubauen – allerdings nicht als gleichberechtigten Partner.
Im Prinzip hatte ich nichts gegen eine Europäische Verteidigungsgemeinschaft, auch nichts gegen eine Föderation, aber ich glaubte schon damals, daß der französische Plan die zahlreichen Hindernisse nicht überwinden könnte. Ich fürchtete, daß der Plan zu langen Verhandlungen führen würde mit negativem Ausgang und daß wir als Ergebnis wertvolle Zeit verlieren würden. Daher schlug ich in der NATO vor, alle Streitkräfte, die in Deutschland stationiert werden sollten, unter einer einheitlichen zivilen und militärischen Kontrolle im Rahmen der NATO zu integrieren. Acheson wollte lieber den französischen Führern die Zeit geben, ihre eigene Idee auszuarbeiten.
Im Februar 1951 kam die Konferenz über die EVG in Paris zusammen; die Konferenz schleppte sich hin bis der Vertrag endlich am 27. Mai 1952 unterzeichnet wurde. Während der viele Monate dauernden Verhandlungen hatten wir uns mit der Rückgabe der deutschen Souveränität, mit der Saar-Frage und mit der Frage der deutschen Wiedervereinigung befaßt. Wir hatten uns die Frage gestellt, ob die Diskriminierung gegen Deutschland fortbestehen sollte; sollten z. B. die deutschen Einheiten auf Bataillone, Regimenter oder kleine Divisionen beschränkt sein? Immer wieder traten die Befürchtungen Frankreichs in den Vordergrund. Einmal fühlte Schuman sich genötigt, in Frankreich zu erklären, daß er den Beitritt Deutschlands zur NATO nicht akzeptieren könnte und immer wieder versuchte er von Amerika und Großbri-

tannien Zusicherungen für den Schutz vor Deutschland zu bekommen. Schon viele derartige Verträge waren zustande gekommen, und sie waren inspiriert durch die Furcht vor Deutschland. Jean Monnet hat einmal gesagt „Europa wird die Frucht nicht der Angst, sondern des Selbstvertrauens sein". Aber im Jahre 1952 waren wir von der Verwirklichung dieser Konzeption noch weit entfernt. Während alle anderen Mitglieder sich um die Ratifikation des EVG-Vertrags bemühten, befand sich Frankreich in ernsten außen- und innenpolitischen Schwierigkeiten. Frankreich versuchte, den Vertrag zu ändern in einer Richtung, die offenkundig diskriminierend für Deutschland war, und die anderen fünf Unterzeichnermächte lehnten es ab, diese Änderungen zu akzeptieren. Schließlich faßte die französische Nationalversammlung im August 1954 ihren endgültigen Beschluß, der bedeutete, daß die Ratifizierung des Vertrags nicht mehr auf dem Programm des Parlaments stand, kurz gesagt: Die EVG war beerdigt.

Nach dem Scheitern der EVG mußte natürlich eine Lösung gefunden werden. Der einzige Mann, der die Möglichkeit dazu hatte, war in dieser Zeit Anthony Eden. Und er begab sich sofort nach Brüssel, Bonn, Rom und Paris. Schon früher, das heißt im März 1952, nach dem Lissaboner Treffen des Nordatlantischen Rates, hatte Eden mich zu einem Essen in die Pariser britische Botschaft eingeladen, um die EVG-Fragen zu besprechen. Ich habe ihm damals klargemacht, daß die holländischen Generalstaaten genau wie die französische Nationalversammlung es sehr schwierig finden würden, wie vorgesehen, vermittels der EVG die automatische Hilfsklausel des Brüsseler Paktes auf Deutschland auszudehnen, wenn Großbritannien, das der EVG nicht angehören würde, nicht auch seinerseits eine ähnliche Ausdehnung seiner Beistandsverpflichtung auf Deutschland konzediere. Eden wollte mir gegenüber diese Garantie nicht aussprechen, auch nicht Schuman gegenüber, mit dem er sich am nächsten Tag traf. In seinen Memoiren schreibt Eden über diese Episode: „Wir neigten mehr dazu, uns an die Zeitdauer des Atlantik-Pakts zu halten, der in etwa siebzehn Jahren ablaufen werde."[4] Nach seiner Auffassung war offenbar die Mitgliedschaft Großbritanniens in der NATO vollauf genügend. Die Beistandsverpflichtung in der NATO war jedoch nicht dieselbe wie in dem Brüsseler Pakt. Aber der nächste Satz seines Textes liefert den Schlüssel für die schließliche Lösung dieses Problems, denn Eden sagte: „Ich sah nicht voraus, wie nützlich mir der Brüsseler Vertrag in einem anderen Zusammenhang noch werden würde." Als Eden als ehrlicher Makler auf die Reise ging, waren Adenauer, Dulles und sogar Mendès-France nur zu glücklich, jemanden zu haben, der einen Ausweg aus der Sackgasse suchte. Dulles hatte schon einige Monate vorher gedroht, daß eine Ablehnung der EVG durch Frankreich ihn zu einer „schmerzlichen Überprüfung" der amerikanischen Europapolitik zwingen würde. Ich glaube, daß dabei für Dulles die Haltung des Kongresses eine besondere Rolle spielte, denn Dulles hatte dem Kongreß die EVG und nicht die NATO plus Brüssel-Lösung als das Mittel des Zusammenschlusses Europas verkauft. Das Ergebnis von Edens Fühlungnahmen in den verschiedenen Hauptstädten war die Einberufung einer Konferenz für den 28. September 1955 von neun Ländern nach London, wo ich damals der holländische Botschafter war. Die Verhandlungen waren nicht einfach. Die Reichweite der anstehenden Probleme und die Zahl der Vorschläge, die der Konferenz vorlagen, waren enorm. Die Besatzung Deutschlands sollte beendet werden. Die drei Großmächte sollten eine Erklärung über Berlin abgeben. Deutschland sollte in die NATO eintreten, und Deutschland und Italien sollten sich dem Brüsseler Pakt anschließen und durch ihren Beitritt die Westeuropäische Union ins Leben rufen. Deutschland erklärte seine Bereitschaft, auf die Herstellung der ABC-Waffen in Deutschland zu verzichten, und die kontinentalen Mitglieder der WEU, die auf das Recht der Herstellung der ABC-Waffen nicht verzichtet hatten (d. h. in diesem Fall nur Frankreich), sollten sich hinsichtlich der Quantitäten dieser Waffen, die auf ihrem Territorium gelagert würden, einer Mehrheitsentscheidung der WEU unterwerfen.

Eden hatte damit gerechnet, daß die Konferenz nur zu einem Erfolg führen würde, wenn England eine Geste gegenüber dem Kontinent machte. Aber er hütete sein Geheimnis, und seine Konferenztechnik war perfekt. Genau im richtigen Augenblick bot er eine Zusicherung des Vereinigten Königreichs an, seine Streitkräfte auf dem Kontinent nicht entgegen den Wünschen seiner Partner zurückzuziehen. Dulles hatte der Konferenz bereits erklärt, er werde dem Präsidenten empfehlen, den Alliierten Amerikas eine ähnliche Zusicherung zu geben, wie sie vorher der EVG angeboten worden war.

In diesem Zusammenhang möchte ich darauf hinweisen, daß Frankreich die Verpflichtung, die es damals bei der Unterzeichnung auf sich genommen hat, am 15. April 1961 einseitig aufgekündigt hat.

Während dieser ganzen Periode zeigte Adenauer große Geduld und Mäßigung. Die Erwartung, Deutschland werde sich durch die französische Haltung verletzt fühlen und diese Gefühle würden für eine lange Zeit die europäischen Beziehungen beeinflussen, hatte sich nicht bewahrheitet.

Deutschland reagierte niemals mit Ressentiments gegenüber Frankreich, und vielleicht hat die Arbeit des hervorragenden französischen Botschafters in Bonn, André François-Poncet, damit etwas zu tun. Vielleicht hat auch das Hauptprinzip der Politik Adenauers, daß gute deutsch-französische Beziehungen die grundlegende Vorbedingung des Friedens in Europa und der europäischen Zusammenarbeit mit den Vereinigten Staaten seien, ihren Einfluß auf die Deutschen ausgeübt. Adenauers Vision einer europäischen Föderation ist für ihn, glaube ich, immer gültig geblieben, und sein Plan einer solchen Föderation ist von der Überzeugung begleitet gewesen, daß sie nicht ohne Frankreich erreicht werden kann. Getreu diesen Ideen hat Adenauer gezeigt, daß er um ihrer schließlichen Realisierung willen bereit war, zuweilen auf die supranationalen Grundsätze zu verzichten und über die Geringfügigkeit des französischen Beitrages zur europäischen Verteidigung hinwegzusehen und sogar Frankreichs Widerruf gewisser Verpflichtungen, die es in den Pariser Verträgen von 1954 übernommen hatte, zu akzeptieren.

So war also im Mai 1955 Adenauers Ziel, wie ich mir das im Jahre 1950 vorgestellt hatte, erreicht.

Am 5. Mai 1955 wurde die Bundesrepublik ein souveräner Staat, und am 9. Mai 1955 trat sie als 15. Mitglied der NATO bei.

Eine ruhige Zeit folgte. Und Deutschland hat im Laufe der Jahre bewiesen, daß es ein treues Mitglied der NATO ist, auf das man bauen kann.

Es kann in diesem Zusammenhang nicht meine Aufgabe sein, genau zu beschreiben, was sich in der NATO in den Jahren 1955 bis 1963 ereignete und was verhandelt wurde. Auch hier kann ich nur auf wenige Fakten hinweisen.

Ich glaube, daß man sagen kann, daß Adenauer sich in diesen Jahren in der NATO mehr um die Behandlung der großen außenpolitischen Fragen, wie zum Beispiel die Suezkrise und das Algerienproblem, das heißt um die politische Konsultation, gekümmert hat und weniger um die rein technisch-militärischen Probleme, obwohl er natürlich große Sorge hatte um eine adäquate Verteidigung Europas und sicher sein wollte, daß das Gleichgewicht der strategischen und konventionellen Waffen zwischen der NATO und dem Warschauer Pakt bestehen blieb. Dem Ost-West-Verhältnis galt immer seine ganz besondere Aufmerksamkeit.

Im WEU-Rat, wo ich in London der holländische Vertreter war, haben wir immer dafür gesorgt, uns nicht mit denselben Fragen, die in der NATO behandelt wurden, zu befassen. Genauso wie wir uns davor hüteten, als die NATO im Jahre 1949 ihre Arbeit aufnahm, etwa eine Doppelgleisigkeit auf technisch-wirtschaftlichem Gebiet zu errichten, da doch die OEEC für derartige Aufgaben eigens geschaffen war; auch sollte die WEU keine eigenen Studien machen über Fragen, die schon längst in der NATO behandelt worden waren.

Leider wird dieses Prinzip der Vermeidung einer Doppelorganisation zur gegenwärtigen Zeit bezüglich der politischen Konsultationen nicht mehr beachtet. Die EWG und NATO bemühen sich in unterschiedlichen Gremien um dieselben Fragen. Es ist unvermeidlich, daß dies zu Verwirrung oder sogar Unzufriedenheit für diejenigen Länder führt, die nicht gleichzeitig in beiden Organisationen Mitglied sind.

Genauso wie in der NATO die Großen Drei, die wegen Berlin gesondert zusammenkommen müssen, aber auch oft miteinander darüber hinausgehende Fragen behandeln, und zwar Angelegenheiten, die auch die Partner der NATO angehen und dadurch Schwierigkeiten hervorrufen, so kann ich mir vorstellen, daß zum Beispiel Amerika nunmehr nicht gerade glücklich ist, wenn die Neun der EWG zusammen eine einheitliche Meinung zu erreichen suchen über große politische Fragen, die eigentlich zu dem Arbeitsgebiet der NATO gehören. Man kann sich sogar vorstellen, daß diese neuen Methoden der politischen Konsultation dazu führen könnten, daß Amerika in seinen bilateralen Verhandlungen mit Rußland aus Unkenntnis weniger acht gibt auf die politischen Auffassungen, die unter seinen europäischen Bündnispartnern bestehen.

In den späteren Jahren, als Adenauer und ich am Comer See oft zusammenkamen, habe ich bemerkt, daß er schon damals in Sorge war, daß schließlich die zwei Großmächte Entscheidungen treffen würden, die von großer Bedeutung sein könnten für das Ost-West-Verhältnis in Europa, ohne daß Amerika vorher ausreichende Beratungen mit seinen Partnern in Europa geführt hätte.

Adenauer betrachtete die politische Konsultation, für die sich der kluge Spaak als Generalsekretär während seiner Amtszeit im NATO-Rat stark eingesetzt hatte, als eine Kernaufgabe der NATO. Aber auch Spaak beklagte sich oft im NATO-Rat über das „Schweigen von den Botschaftern". Was bedeutete das Schweigen? Hatte man keine Instruktionen? Stimmte man zu? War man

nicht einverstanden? Wollte man sich nicht mit der Sache befassen?
Inzwischen war im Jahre 1956 der Bericht des Dreierausschusses über „Die nichtmilitärische Zusammenarbeit im Rahmen der NATO“ veröffentlicht worden[5]. Dieser Report wird auch im Jahre 1973 noch als eines der „basic NATO documents“ betrachtet. Aber oft frage ich mich, ob (seit auch die EWG mit politischen Konsultationen angefangen hat) die früher bestehenden Schwierigkeiten, über die sich Spaak im Jahre 1960 beklagte und über welche Adenauer sich in derselben Zeit Sorgen machte, nicht noch größer geworden sind.
Seit 1958 war ich selbst in den NATO-Rat als Botschafter zurückgekehrt. Auch hatten wir eine Villa am Comer See gekauft, ganz nahe dem Haus, wo Adenauer – was ich damals noch nicht gewußt hatte – immer begleitet von einer seiner Töchter, seine Ferien verbrachte.
Natürlich sahen wir einander regelmäßig und sprachen ganz frei und offen über all die Fragen, die ich mir im Jahre 1950 gestellt hatte. Zwischen den beiden Familien entstand eine wirkliche Freundschaft. Wir spielten Boccia, er viel besser als ich, und wir haben viel Freude gehabt und gelacht, wenn er sich mit seinem etwas sarkastischen, aber immer freundlich gemeinten Humor ausließ über bestimmte Verhältnisse oder Personen.
Bisweilen war es mir möglich, in meinem Hause verschiedene Freunde aus der NATO, wie zum Beispiel Spaak, Norstad, Blankenhorn und de Staercke zu versammeln. Die Presse sprach von „Kriegsräten in Menaggio“, aber immer waren es freundliche Zusammenkünfte. Wir konnten Adenauer direkt informieren über neue strategische Theorien wie die „flexible response“ anstatt Dulles' „immediate retaliation“, die in Wirklichkeit nie vom NATO-Rat angenommen worden war, und über Bewaffnungsfragen wie der MLF, über Verhandlungen über eine mögliche Détente mit dem Osten, über Observationsposten in Polen, in der ČSSR und in der Bundesrepublik, wobei ich jedoch erwähnen möchte, daß Adenauer mit diesem letzten Punkt nicht einverstanden war.
Natürlich sprachen wir mit Spaak und den anderen auch über Frankreich, über de Gaulle und seine Schwierigkeiten in Algerien; in dieser Frage, so war unsere Auffassung, sollten alle NATO-Länder de Gaulle freie Hand bei der Suche nach einer Regelung lassen.
Im April 1961 war ich Generalsekretär der NATO geworden. Und in diesen späteren Jahren sprachen Adenauer und ich lange und oft über die Menschen de Gaulle und Kennedy.
Wir hatten in diesen Jahren das befriedigende Stadium erreicht, daß wir in aller Ruhe auch über die Probleme sprechen konnten, über die wir wegen unserer verschiedenen Ausgangspunkte im wesentlichen nicht zu einer gemeinsamen Meinung kommen konnten. Woran lag das hauptsächlich?
War ich vielleicht zu sehr Pragmatiker? Adenauer hat mir einmal dazu gesagt, das Wort Pragmatismus sei ein elegantes Wort: Es klingt gut im Ohr und gibt dem Gespräch einen gewissen Glanz, aber es drückt nichts aus. Oder war Adenauer ungeachtet seines bisweilen scharfen Urteils, das er in der Politik verhüllen konnte, mit äußerlicher Geduld und aus einer inneren Ethik heraus, dennoch stark bewegt durch unbewußte Sentiments und instinktive Erwägungen?

Wie dem auch sei, ich glaube, daß, als wir einmal stundenlang unsere Gedanken in aller Freundschaft über die zwei großen Männer de Gaulle und Kennedy austauschten, wir eigentlich über zwei verschiedene Gedankensphären, die durch die zwei Männer personifiziert waren, sprachen.
Adenauer sah de Gaulle als das Symbol für Frankreich, mit dem er nach den Jahrhunderte andauernden Spannungen und Kriegen in Europa Frieden schließen mußte, wenn er ein vereinigtes Europa mit seiner alten Kultur erreichen wollte. Ich sah mehr pragmatisch die NATO als das einzige Instrument, das in unseren Zeiten den Weltfrieden bringen konnte. Voraussetzung dafür war, daß Amerika mit seinen neuen Techniken und seiner Macht dem immer noch geteilten Europa als Partner zur Seite stand.
Natürlich hatten wir erst über unsere persönlichen Erfahrungen gesprochen. Auf seinen Reisen nach Amerika wurde Adenauer, wie er mir sagte, stark beeindruckt: durch die Rassendiskriminierung, die allgemeine materialistische Einstellung, die Weite des Landes, bei der er sich nicht vorstellen konnte, daß ein einheitlicher Zusammenhang möglich war, durch den großen Reichtum und die bittere Armut – natürlich bewunderte er, was er von dem intellektuellen Politiker und dem jungen Präsidenten lernen konnte. Aber Amerika blieb für ihn eine neue und fremde Welt, ganz anders als wenn er nach Frankreich kam und de Gaulle begegnete, dem großen Mann, den er bewunderte, sogar verehren konnte.
Für mich als Holländer war Frankreich immer noch das Land, das sich während des Krieges mit seiner Vichy-Regierung schlecht verhalten hatte und auch seinem Gouverneur in Indochina erlaubt hatte, unter der japanischen Besatzung in seinem Palast zu wohnen; in Wirklichkeit hatte Frankreich den japanischen Angriff auf Singapur und Indonesien ermöglicht.
Natürlich hatte de Gaulle damit nichts zu tun gehabt, und ich bewunderte de Gaulle genauso wie die meisten Holländer, weil er nach dem Kriege ganz allein zweimal sein Land gerettet hat. Aber ich konnte nicht verstehen, woher de Gaulle, nachdem er am 1. Juni 1958 durch die Algerienkrise wieder an die Macht gekommen war, sich wegen der Grandeur Frankreichs das Recht nehmen konnte, schon im September 1958 in einem geheimen Memorandum und unter Drohung vorzuschlagen, daß ein Triumvirat, bestehend aus Amerika, England und Frankreich, über die ganze Weltstrategie entscheiden sollte. De Gaulle wollte die NATO reorganisieren, aber kein Land, auch nicht Deutschland, hat sich mit seinen Gedanken einverstanden erklärt. Aber es war keine leere Drohung gewesen. Viele glaubten damals, daß de Gaulle und Frankreich uns am Ende in eine Katastrophe ziehen würden. Ich war nicht so pessimistisch und bin das auch heute nicht, denn ich glaubte, daß sowohl die NATO als auch der Gemeinsame Markt stärker seien, wie sich das dann auch erwiesen hat.
Der erste Testfall in der NATO kam mit der Frage der Integration der westlichen Luftverteidigung. Dadurch, daß Frankreich nicht an dieser Integration teilnahm, schadete es sich selbst mehr als dem Bündnis, weil die anderen Nationen weiterarbeiteten und vorwärtsschritten mit der Integration.
Ich könnte eine lange Liste mit vielen Vorgängen über die Jahre, die folgten, aufstellen, aber beschränke mich auf die dramatische Pressekonferenz, die de

Gaulle am 14. Januar 1963 hielt, womit er mit einem Strich Englands Eintritt in den Gemeinsamen Markt vereitelte, Kennedys großes Konzept einer atlantischen Partnerschaft blockierte und Hindernisse gegen eine multilaterale Atomstreitkraft auftürmte.

Einige Wochen vorher, am 14. Dezember 1962, hatte McNamara den wesentlichen Unterschied zwischen den strategischen Theorien der Eisenhower- und Kennedy-Regierung im NATO-Rat deutlich gemacht, und am 21. Dezember 1962 folgte die Veröffentlichung des Kommuniqués der Nassau-Konferenz. Sofort bat Adenauer mich, nach Bonn zu kommen, insbesondere wegen der McNamara-Theorie. Ich wußte damals schon, daß man in Washington sagte: „Natürlich glauben die Vereinigten Staaten ans Evangelium gemäß McNamara, aber wenn dies keine Konvertiten bringt, dann werden wir uns eine andere Religion machen."

In diesen aufregenden Tagen unterzeichneten de Gaulle und Adenauer am 22. Januar 1963 den deutsch-französischen Vertrag. Über diesen Vertrag haben mir die Chefs aller NATO-Abteilungen Bericht erstattet. Der allgemeine Eindruck war, daß der Vertrag nicht so sehr im Lichte der gleichzeitig eingetretenen Entwicklung im Gemeinsamen Markt beurteilt werden sollte, sondern daß er vielmehr als der Höhepunkt der deutsch-französischen Versöhnung anzusehen sei, die in Schumans Zeit angefangen hatte. Die einzige offenkundige Gefahr, die unserer Meinung nach in dem Vertrag lag, war die Möglichkeit, daß Frankreich und Deutschland sich zusammentun und strategische und taktische Doktrinen befürworten könnten, die im Gegensatz zu den damals geltenden ständen und namentlich unvereinbar mit denjenigen wären, die von SACEUR gefordert wurden. Wir nahmen insbesondere Kenntnis von der nach der Unterzeichnung des Vertrages abgegebenen Erklärung des deutschen Verteidigungsministers, die die „unteilbare Verteidigung der westlichen Welt" betonte[6].

In diesen Wochen war es mein Auftrag, herumzureisen und zu versuchen, viele erbitterte Staatsmänner etwas zu beruhigen. Als ich Adenauer erklärte, daß sich Deutschland in diesen Tagen in einer Schlüsselposition befinde, erwiderte er, zwar sei Deutschlands Verteidigungsbeitrag besonders gut, aber seine politische Position innerhalb des Bündnisses sei dem nicht angepaßt. „Wir sind brave Kinder", sagte er, „zu brav, und brave Kinder kriegen niemals, was sie sich wünschen." Ich antwortete ihm: „Bitte, bleibt weiter brave Kinder. Es wird sich lohnen."

Nach meiner Meinung hatte Deutschland damals schon bestimmt eine Schlüsselposition in der NATO erreicht.

An dem Tage, als Adenauer und ich so lange über Kennedy und de Gaulle gesprochen hatten, sagte ich am Ende: „Mein guter Freund, jetzt haben wir lange genug geredet. Es ist klar, daß Sie es als Ihre Lebensaufgabe betrachten: Frieden zu machen mit Frankreich; das ist Ihnen gelungen. Und Sie verehren de Gaulle. Lassen Sie mich jetzt die Hoffnung ausdrücken, daß Kennedy, den ich sehr hoch schätze, das amerikanische Volk davon überzeugt, welche Fehler wir in der Zukunft auch machen könnten, daß es doch nie eine Alternative für die atlantische Zusammenarbeit geben kann."

Vielleicht darf ich noch hinzufügen, daß bei mir bei all meinen Kontakten mit Adenauer die feste Überzeugung gediehen ist, daß Adenauer in die Reihe all dieser großen Männer paßt wie Schuman und auf seine Weise auch de Gaulle, Eden, Kennedy, Truman, Acheson oder Marshall, die so viel geleistet haben für den Wiederaufbau und die Sicherheit Europas.

1 Vgl. Dirk U. Stikker, Bausteine für eine neue Welt. Gedanken und Erinnerungen an schicksalhafte Nachkriegsjahre, Wien–Düsseldorf 1966, S. 148.

2 Vgl. Verteidigung im Bündnis. Planung, Aufbau und Bewährung der Bundeswehr 1950–1972. Hrsg. vom Militärgeschichtlichen Forschungsamt, München 1975, S. 310ff.

3 Vgl. Marshall Montgomery, Memoiren, München 1958, S. 573f.

4 Vgl. Sir Anthony Eden, Memoiren 1945–1957, Köln–Berlin 1960, S. 64.

5 Vgl. NATO. Organisation des Nordatlantikvertrages. Tatsachen und Dokumente, Paris 1963, S. 283ff.

6 Vgl. das Fernsehinterview des Bundesministers der Verteidigung von Hassel vom 22. Januar 1963; Bulletin des Presse- und Informationsamtes der Bundesregierung, Nr. 15 vom 24. Januar 1963, S. 120.

BRUNO DÖRPINGHAUS

Die Genfer Sitzungen – Erste Zusammenkünfte führender christlich-demokratischer Politiker im Nachkriegseuropa

Unter „Genfer Sitzungen“ versteht man die Zusammenkünfte führender Persönlichkeiten christlich-demokratischer Parteien, die in Genf, Schweiz, vor sich gingen. Sie begannen am 16. und 17. November 1947 und endeten im Sommer 1956. Für die letzte Sitzung hatte man Paris als Treffpunkt gewählt. Beteiligt waren aus:

Belgien	PSC	(Parti Social Chrétien)
Deutschland	CDU/CSU	(Christlich-Demokratische Union/Christlich-Soziale Union)
Frankreich	MRP	(Mouvement Républicain Populaire)
Italien	DC	(Democrazia Cristiana)
Niederlande	KVP	(Katholieke Volkspartij)
Österreich	ÖVP	(Österreichische Volkspartei)
Schweiz	SKV	(Schweizerische Konservative Volkspartei)

Zwei Umstände sind es, welche die Eigenart der Sitzungen besonders kennzeichnen.

Zum ersten: Von den vorbezeichneten Parteien waren jeweils nur zwei bis vier Vertreter bei den Sitzungen anwesend. Die deutsche Vertretung, die einmal fünf Personen umfaßte, nämlich Dr. Konrad Adenauer, Jakob Kaiser, Dr. Josef Müller, Ulrich Steiner und mich, war eine Ausnahme.

Zum zweiten: Über die Sitzungen wurden keine Verlautbarungen an die Presse gegeben.

Der nachfolgende Beitrag umfaßt die Zeit vom 3. Juli 1947 bis zum Frühjahr 1951, in welchem das Generalsekretariat der Arbeitsgemeinschaft der CDU/CSU Deutschlands seine Tätigkeit beendete. Es hatte seinen Sitz in Frankfurt am Main und ging danach in der neugegründeten Bundesgeschäftsstelle der CDU in Bonn auf. Zur gleichen Zeit legte auch der Verfasser sein Amt als Generalsekretär nieder. Zu den Obliegenheiten des Generalsekretariats gehörte die Federführung der Korrespondenz mit dem Genfer Kreis. Sie bestand einerseits darin, Informationen und Einladungen zu den Sitzungen zu versenden und andererseits mit den hierfür zuständigen Büros in Zürich und Genf in Kontakt zu bleiben. Auch diese Obliegenheiten wurden von der Bundesgeschäftsstelle übernommen.

Zur Vorgeschichte

Der Zweite Weltkrieg war kaum zu Ende, da fanden sich bereits politisch engagierte Deutsche verschiedener Richtungen zusammen, um sich Gedanken zu machen über den politischen und wirtschaftlichen Wiederaufbau des deutschen Reiches, das damals in einer schwer vorstellbaren Katastrophe zu Ende gegangen war. Sie gründeten die Arbeitsgemeinschaft „Demokratisches Deutschland“ und gaben ein Mitteilungsblatt heraus, das den Willen zur Wiedergutmachung der ungeheuren Schuld bekundete, die das Nazi-Regime im Namen des deutschen Volkes auf sich geladen hatte. Aber ebenso waren diese Deutschen in der Schweiz von dem Willen beseelt, für die berechtigten Interessen des deutschen Volkes einzutreten, damit es wieder zu einem gleichberechtigten Glied der europäischen Völkerfamilie werde.

Zum Hauptvorstand der Arbeitsgemeinschaft gehörten: Dr. Otto Braun, preußischer Ministerpräsident a. D.; Dr. Josef Wirth, Reichskanzler a. D.; Dr. Wilhelm Hoegner, Staatsanwalt und ehemaliges Mitglied des Reichstages; Dr. J. J. Kindt-Kiefer, Schriftsteller; H. G. Ritzel, Oberregierungsrat a. D. und ehemaliges Mitglied des Reichstages.

Die Arbeitsgemeinschaft hatte drei politische Gruppen gebildet:

a) Union deutscher Sozialisten und Gewerkschaften in der Schweiz
b) die Vereinigung Christlicher Demokraten
c) die Liberaldemokratische Vereinigung.

Dem Vorstand der Vereinigung Christlicher Demokraten gehörten Dr. Josef Wirth, Dr. J. J. Kindt-Kiefer, Fräulein Resi Koller, Dr. Franz Rosenfeld und Dr. Paul Schmidt an.

Dr. Josef Wirth, das verdient sicherlich festgehalten zu werden, war vor 1933 Reichskanzler gewesen und hatte 1940, vor der Westoffensive der Wehrmacht, die sich gegen die Niederlande, Belgien und Frankreich richtete, Friedensvermittlungen zwischen Premierminister Chamberlain und der deutschen Heeresleitung unternommen. England wäre zu Verhandlungen bereit gewesen, wenn die deutsche Armeeführung das Nazi-Regime beseitigt hätte.

Dr. J. J. Kindt-Kiefer hatte bereits 1942 an einer Studie mitgearbeitet, die später in Form eines Memorandums praktische Vorschläge für den Wiederaufbau Deutschlands zum Inhalt hatte.

Unter diesen Voraussetzungen ist es nicht von ungefähr, wenn Dr. J. J. Kindt-Kiefer bei seinen Besuchen in den drei westlichen Besatzungszonen die politische Entwicklung der CDU/CSU nicht nur beobachtete, sondern diese Partei mit allen ihm zur Verfügung stehenden Möglichkeiten aktiv zu fördern suchte.

Dies ist eine, wenn auch nur kurze Skizzierung des Hintergrundes für den Beginn der Genfer Konferenzen.

Am 3. Juli 1947 fand – festgehalten in einem Aktenvermerk [1] – eine Besprechung zwischen Dr. Kindt-Kiefer und mir als dem damaligen Generalsekretär der CDU/CSU-Arbeitsgemeinschaft statt. Dabei wurde die Frage erörtert, ob es wohl unter den gegebenen Umständen möglich sei, eine Zusammenkunft führender Persönlichkeiten christlich-demokratischer Parteien aus den westlichen Staaten Europas und Mitgliedern der CDU/CSU in die Wege zu leiten. Als Treffpunkt sollte ein Ort in der Schweiz ausgewählt werden. Von deutscher Seite aus könnte man acht bis zehn Teilnehmer entsenden, Dr. Kindt-Kiefer wollte es übernehmen, die technischen Voraussetzungen hierfür zu schaffen. Mir fiel die Aufgabe zu, zunächst den Vorsitzenden des CDU-Landesverbandes in „Großhessen", Dr. Werner Hilpert, seinerzeit stellvertretender Ministerpräsident, über alle Einzelheiten zu unterrichten.

Die Begegnung mit Dr. Kindt-Kiefer zählt wohl zu den bedeutendsten und folgenreichsten meiner politischen Tätigkeit. Sein Vorschlag machte für die CDU/CSU den Weg zu unmittelbaren Verbindungen mit christlich-demokratischen Parteien westeuropäischer Länder frei. Für mich eröffnete sich damit die konkrete Aussicht, aktiv an der politischen Integration Europas mitwirken zu können. Den Zusammenschluß westeuropäischer Länder zu einem vereinigten Europa sah ich als eines der größten Ziele deutscher Nachkriegspolitik an. Mein erstes persönliches Gespräch mit Dr. Adenauer kam mir dabei in den Sinn. Es fand am 19. Juli 1946 im Büro des Zonensekretariates in Köln, Herwarthstraße 17 statt[2]. Unmittelbar nach der Begrüßung fragte Dr. Adenauer: „Was halten Sie eigentlich von der Brückentheorie[3] Jakob Kaisers?" Auf die Frage Dr. Adenauers erwiderte ich: „Gar nichts, die Sowjetunion lebt unter einer Diktatur. Man kann ihr nur mit einer kompromißlosen Politik der Härte und Entschlossenheit begegnen." „Das bedeutet", meinte Dr. Adenauer, „wir müssen politische Freunde im Westen gewinnen." „Ja", sagte ich darauf, „allein sind wir zu schwach, um dem Kommunismus entgegentreten zu können." Die Übereinstimmung in politischen Ansichten und Auffassungen, die sich im Verlauf des weiteren Gespräches herausstellte, ist wohl als Grundlage für den Beginn einer überaus vertrauensvollen Zusammenarbeit in den nächsten Jahren anzusehen.

Bereits in den Sitzungen des Außenpolitischen Komitees und des Vorstands, beides Gremien der Arbeitsgemeinschaft, die am 24. Juli 1947 in Frankfurt am Main vor sich gingen, ergab sich die Gelegenheit, die Teilnehmer über die vorgesehene Zusammenkunft christlich-demokratischer Politiker in der Schweiz zu unterrichten. Es wurde beschlossen, die entsprechenden Vorbereitungen hierzu weiter zu verfolgen.

Inzwischen versetzten die erfolgreichen Bemühungen um das Zustandekommen des Vorhabens Dr. Kindt-Kiefer in die Lage, mir am 13. September 1947 mitzuteilen, wie weit die geplante Aktion gediehen war. Im Schreiben hieß es:

„Die beiden Unterzeichneten, Victor Koutzine, Genf, Rue de Lausanne 125, Chargé de Mission Française en Suisse, und Dr. J. J. Kindt-Kiefer, Otelfingen-Zürich, Mitglied des Vorstandes und Vicepräsident der Aufsichtskommission der Christlichen Nothilfe, Zürich, Mitbegründer der Arbeitsgemeinschaft ‚Demokratisches Deutschland' in der Schweiz, Mitbegründer der Vereinigung Christlicher Demokratischer Deutscher in der Schweiz, haben die Ehre, Sie zu einer Aussprache zwischen französischen und deutschen Vertretern einzuladen. Diese Aussprache soll in einem geschlossenen Kreise in der Schweiz Mitte Oktober stattfinden. Gegenstand der Aussprache soll das aktuelle französisch-deutsche Verhältnis sein.

Die Unterzeichneten möchten ausdrücklich darauf hinweisen, daß diese Einladung im engsten Einvernehmen mit den maßgebenden französischen amtlichen Stellen in Paris erfolgt. Sie benutzen die Gelegenheit dieser Einladung, auf die Wichtigkeit dieser Begegnung auch mit Rücksicht auf den Zeitpunkt vor der Londoner Konferenz hinzuweisen.

Voraussetzung für das Gelingen der Aussprache ist die streng vertrauliche Behandlung der gesamten Angelegenheit.
Der Überbringer dieses Schreibens, Herr Rudolf v. Moers, ist auf deutscher Seite mit der Organisation der Zusammenkunft beauftragt und ermächtigt, die diesbezüglichen Verhandlungen zu führen."[4]
Veranlaßt und ermutigt durch das vorstehende Schreiben, informierte ich am 15. September 1947 brieflich die Vorstandsmitglieder der Arbeitsgemeinschaft: Dr. Konrad Adenauer, Dr. Erich Köhler, Dr. Josef Müller, Jakob Kaiser und Dr. Friedrich v. Prittwitz über die geplante Zusammenkunft zwischen Vertretern christlich-demokratischer Parteien und der CDU/CSU. Dabei bezog ich mich auf die letzte Vorstandssitzung, in der ich bereits die Besprechung mit Dr. Kindt-Kiefer bekanntgegeben hatte. Im Schreiben selbst vermerkte ich: „Da ich nicht weiß, wer von der anderen Seite zu diesem Gespräch kommt, möchte ich es Ihnen anheimstellen, zu entscheiden, ob Sie an dieser Besprechung teilnehmen wollen oder ob Sie es für richtiger halten, zunächst eine Delegation zusammenzustellen, die nicht zu sehr exponierte Persönlichkeiten in Ihren Reihen aufweist."[5] Des weiteren bat ich darum, geeignete Vorschläge zu machen, und fügte noch hinzu, in einem nachfolgenden Schreiben sei der Wunsch geäußert worden, man werde es gerne sehen, wenn bei der deutschen Delegation auch zwei bis drei kundige Diplomaten wären. Gedacht wurde an die Herren v. Prittwitz und v. Herwarth.
Bemerkenswert bleibt es wohl, daß im Generalsekretariat der Arbeitsgemeinschaft in Frankfurt am Main weder seitens der unterrichteten Vorstandsmitglieder, noch seitens der einzelnen Landesverbände entsprechende Vorschläge zur Teilnahme an dem Treffen in der Schweiz eingingen. Das hat mehrere Gründe: Einmal ist es die Beschaffung der Reisepapiere, auf die ich noch zurückkomme, zum zweiten die Tätigkeit Rudolf v. Moers', der im Auftrage Dr. Kindt-Kiefers, mit den nötigen Vollmachten ausgestattet, die Landesverbände aufsuchte, um die Namen möglicher Teilnehmer zu erfahren und ihnen hinsichtlich der Vorbereitung der Reise behilflich zu sein. Die im Züricher Schreiben vom 13. September 1947 angeführte Vertraulichkeit war unter allen Umständen zu beachten. Denn in den einzelnen Besatzungszonen wachten die zuständigen Kontrollorgane ungemein streng darüber, daß die zugelassenen Parteien keine Tätigkeiten aufnahmen, die sich über die Grenzen Deutschlands hinaus entfalteten. Das bedingte eine gewisse Tarnung aller Vorbereitungen, insbesondere das, was Vorhaben und Ziel der Aktion anging. Im Briefwechsel zwischen Zürich und Frankfurt sowie bei den Anträgen zur Ausreisegenehmigung und Visaerteilung kommt dies deutlich zum Vorschein. Und, um es an dieser Stelle gleich vorwegzunehmen, trotz der Vorsichtsmaßnahmen scheiterte die Teilnahme der deutschen Delegation an der ersten Sitzung, obwohl die Eidgenössische Fremdenpolizei in Bern am 23. Oktober 1947 ihre Vertretungen in Berlin, Stuttgart und Frankfurt angewiesen hatte, den deutschen Staatsangehörigen Karl Dumont, Herman Katzenberger, Dirk Forster, Hans Kunze und mir ein Visum für die Einreise in die Schweiz zur Teilnahme an Besprechungen mit der Christlichen Nothilfe in Zürich zu erteilen. Die Schwierigkeiten, im Jahre 1947 eine Ausreisegenehmigung durch die jeweiligen Besatzungsbehörden zu erhalten, waren oft genug einfach nicht zu meistern.

Nur mir allein gelang es, für meine Person die erforderlichen Reisepapiere zur ersten Sitzung zu beschaffen. Dr. v. Prittwitz besaß zwar ein Visum für die Schweiz, jedoch keine Ausreisegenehmigung der französischen Besatzungsbehörde. Infolge der Paß- und Visaschwierigkeiten mußte der zunächst für Mitte Oktober vorgesehene Termin in den nächsten Monat, also auf den 15. bis 19. November, verschoben werden.

Für den Abschluß des ersten Kapitels könnte wohl nichts Besseres gewählt werden, als einer Dankespflicht zu genügen. Die Genfer Sitzungen wären nie zustande gekommen, wenn nicht Dr. Kindt-Kiefer und Victor Koutzine die Initiative zu ihrer Verwirklichung ergriffen hätten. Diese beiden bemühten sich, die organisatorischen, technischen und finanziellen Voraussetzungen zu schaffen. Die Bestätigung: „The Consul of Switzerland confirms that the costs for the petitioner's maintenance in Switzerland will be defrayed by the relatives and/or the friends of the applicant“[6], im Schreiben des Schweizer Konsulats in Frankfurt am Main vom 6. November 1947 an die amerikanische Militärverwaltung gibt Veranlassung, anzuzeigen, daß die ersten Treffen ohne finanzielle Unterstützung der CHN (Christliche Nothilfe) in Zürich nicht hätten zustande kommen können.

Dem Einsatz von Dr. Kindt-Kiefer, unterstützt von Dr. Alois Stegerwald, ist es zu verdanken, daß im Rahmen der CHN ein Fonds bereitgestellt wurde, mittels dessen man die finanziellen Aufwendungen der Aktion bestreiten konnte.

Unter den Verhältnissen des Jahres 1947 ist das Gelingen des Zieles als eine große Leistung anzusehen. Dr. Kindt-Kiefer und Victor Koutzine errichteten damit die Plattform für die Begegnung zwischen führenden Persönlichkeiten christlich-demokratischer Parteien. Das war mehr als die Herstellung freundschaftlicher Verbindungen parteipolitischer Art. Es war ein bedeutendes Mitwirken am Aufbau Europas. Ihre Aufgabe diente diesem Ziel. Und wenn ein vereinigtes Europa zustande kommt, sie hätten das Ihrige dazu beigetragen. Zu danken ist auch Rudolf v. Moers, der 1947 unter schwierigsten politischen und wirtschaftlichen Verhältnissen durch seine kluge Tätigkeit in Hinsicht auf die Vorbereitung und Organisation der ersten Genfer Besprechung mitwirkte.

St. Niklausen

Die erste der Genfer Sitzungen ging am 16. November 1947 in St. Niklausen am Vierwaldstätter See vor sich. Sie hatte eigentlich mehr den Charakter eines Gespräches. Die französische Delegation setzte sich aus Mitgliedern der MRP (Mouvement Républicain Populaire) zusammen. Erschienen waren Pierre Pflimlin, Abgeordneter und derzeitiger Minister für Landwirtschaft, Jean Morin, Mitglied im Kabinett von Ministerpräsident Georges Bidault, und Victor Koutzine. Auf ihren Wunsch hin war in diesem Ort ein kleines, hinsichtlich der Gästezahl überschaubares Hotel ausgewählt worden. Der Vertraulichkeit wegen sollte kein Vertreter der Presse anwesend sein. Als deutsche Teilnehmer sind zu nennen: Andreä, der Verfasser sowie Dr. Kindt-Kiefer, v. Moers und Dr. Stegerwald, die als deutsche Staatsbürger in der Schweiz lebten. Meinen Notizen nach wurden folgende Themen besprochen:

a) Die Stellung der CDU/CSU in Deutschland

b) Politische Haltung der CDU/CSU gegenüber europäischen Staaten

c) Wie kann vom christlichen Standpunkt aus das Deutschland- und Europaproblem gelöst werden?

d) Wie kann bei der gegenwärtigen Position Deutschlands der Friede vorangebracht werden?

Zu a) Es interessierte die französischen Teilnehmer natürlich sehr, wie hoch der Einfluß von CDU/CSU auf die deutsche Politik im Bereich der vier Besatzungszonen einzuschätzen war; insbesondere die Ansicht, ob sie so stark werden könnte, in Zukunft die politische Form eines künftigen Deutschlands hinsichtlich der Staatsverfassung, der Wirtschafts-, Sozial- und Kulturordnung vorwiegend bestimmen zu können, und ob sie die Chancen hätte, später einmal die deutsche Regierung zu stellen.

Zutiefst davon überzeugt, daß die CDU/CSU in Deutschland eine führende Rolle spielen wird, beantwortete ich die Fragen im positiven Sinne.

Zu b) Schon die Rede Winston Churchills, die er 1946 in Zürich hielt, gab mir damals die innere Gewißheit, Europa befindet sich auf dem Wege zu einer innerpolitischen Einheit. Für die CDU/CSU eröffnete sich die konkrete Aussicht, im Verein mit christlich-demokratischen Parteien anderer Länder nicht nur das Gesicht Europas zu bestimmen, sondern es auch bezüglich seiner Formen maßgeblich mitprägen zu können. Die CDU/CSU würde mit allen ihr zur Verfügung stehenden Kräften an der Bewältigung dieser Aufgabe mitwirken.

Zu c) Dieses Thema, das auch in späteren Sitzungen zwischen 1947 und 1949 verschiedentlich ernsthaft angeschnitten wurde, läßt es zweckmäßig erscheinen, wenn man ihm einige Worte gesondert widmet. In einem Anhang zum übernächsten Kapitel wird der „Christliche Standpunkt" – so wie er hier zu verstehen ist – beleuchtet werden.

Zu d) Bei der Erörterung zu diesem Punkt ist von mir die allgemeine Notlage Deutschlands geschildert worden. Die Sorge um das alltäglich, unumgänglich Notwendige stand den Bürgern im Gesicht geschrieben. Rationierte Lebensmittel, Wohnungsnot, Arbeitslosigkeit, Flüchtlingselend, Vertreibung aus den deutschen Ostprovinzen, Suche nach vermißten Kriegsteilnehmern und die Zwangseinquartierungen bedrückten die Bevölkerung. Dazu kamen die Sorgen um die politische Einheit.

Wer die Stimmung jener Zeit nacherleben will, der lese einmal das Kommuniqué der Londoner Sechs-Mächte-Konferenz, von dem Dr. Adenauer in seiner Erklärung dazu sagte, es sei ein Dokument zur weiteren Niederhaltung Deutschlands. Ferner befasse er sich mit dem Artikel im Deutschland-Union-Dienst „Partnerschaft in Ketten", in dem es heißt: „Das Kommuniqué läßt dem deutschen Volk wenig Hoffnung, daß es endlich nicht mehr nur Objekt Fremder [...] wird."[7]

Zwar zeitigte die am 25. Juni 1947 erfolgte Konstituierung des bizonalen Wirtschaftsrates in Frankfurt am Main ein zunehmend besseres Verständnis der amerikanischen und der britischen Besatzungsbehörden für den Wiederaufbau notwendiger überregionaler Verwaltungsbehörden mit gewissen Regierungsvollmachten, aber die französische lockerte ihre Machtbefugnisse noch nicht; die sowjetische arbeitete bereits sichtbar auf eine Spaltung hin. Man denke auch an die Intervention des Volkskongresses der SED in Ost-Berlin, der damit versuchte, die Konferenz in London im Sinne der UdSSR zu beeinflussen. In dieser Situation, da weder bei der Außenministerkonferenz in Moskau noch bei der Konferenz in London eine Einigung über das Deutschlandproblem erreicht werden konnte, ist es auch aufschlußreich, die Initiative des Vorstandes der Arbeitsgemeinschaft der CDU/CSU Deutschlands kennenzulernen. Anläßlich seiner Sitzung in Berlin (13. bis 15. März 1947) war er darum bemüht, die politischen Parteien zu einer gemeinsamen Aktion hinsichtlich der bedrohten Einheit Deutschlands zu veranlassen. Im Schreiben vom 15. März 1947 an die Sozialdemokratische Partei Deutschlands (Dr. Kurt Schumacher) in Hannover, die Sozialistische Einheitspartei Deutschlands (Wilhelm Pieck und Otto Grotewohl) und die Liberaldemokratische Partei Deutschlands (Dr. Wilhelm Külz), beide in Berlin, machte der Vorstand den Vorschlag, sich zusammenzufinden, um die erste Stufe einer gesamtdeutschen Vertretung des Volkes vorzubereiten und diese Vertretung bis zu ihrer Verwirklichung zu repräsentieren. Leider blieb das Schreiben ohne jede Resonanz.

Fehlen darf in diesem Stimmungsbild auch nicht der Hinweis auf die fortschreitende Zerrüttung der deutschen Währung. (Auf dem Schwarzen Markt in Berlin kosteten 1947 zwanzig amerikanische Zigaretten 150 RM, 1 kg Kaffee 1100 RM, ein Ei 12 RM und eine Schachtel Streichhölzer 5 RM[8].)

Von dieser zwar nur schlaglichtartig beleuchteten deutschen Wirklichkeit aus – so sollte man meinen – ließ sich damals kaum ein überragendes, über die Grenzen hinausgreifendes europäisches Ziel ansteuern. Trotzdem, es war die Lage, von der die deutschen Delegierten 1947 und Anfang 1948 bei den Genfer Sitzungen auszugehen hatten. Die Frage, wie der Frieden in Deutschland voranzubringen wäre, konnte unter diesen Umständen nur von der Plattform des Wunschdenkens aus beantwortet werden.

Bei einem abendlichen Spaziergang mit Pierre Pflimlin besprach ich besonders vertrauliche Angelegenheiten. Sie betrafen u. a. die Haltung der französischen Besatzungsmacht zur CDU und das Verhältnis der Bevölkerung zu ihr. Außerdem kam das Saarproblem sowie die Tätigkeit der damaligen CVP (Christliche Volkspartei unter Vorsitz von Johannes Hoffmann im Saarland) an die Reihe.

Ich war sehr davon angetan, als sich schließlich die gemeinsame Auffassung herausschälte, nach der das Saarland kein Zankapfel zwischen Deutschland und Frankreich und kein Hindernis für ein vereinigtes Europa werden dürfe.

Nach Beendigung der ersten Sitzung blieb ich noch mehrere Tage in der Schweiz und hatte Gelegenheit, verschiedene, politisch wichtige Persönlichkeiten kennenzulernen. Allen war anzumerken, wie sehr sie wünschten, über die Zustände und Lebensverhältnisse der deutschen Bevölkerung informiert zu werden.

Die erste Genfer Sitzung war ein vielversprechender Anfang. Obwohl an ihr kein Pressevertreter teilnahm, zeitigte sie eine für mich unerwartete Konsequenz. Sie bestand in einer strengen Empfehlung Dr. Adenauers, die nachstehend abgedruckt ist:

Dr. K. Adenauer Rhöndorf/Rhein, den 8. Dezember 1947
Zennigsweg 8a

Herrn
Bruno Dörpinghaus,
Frankfurt (Main),
Bettinastr. 64

Sehr geehrter Herr Dörpinghaus!
Aus der Schweiz habe ich gehört, daß Sie an Besprechungen außenpolitischer Natur dort teilnehmen. Ich halte es für unmöglich, daß Sie an außenpolitischen Besprechungen irgendwelcher Art im Ausland teilnehmen, ohne Zustimmung des Vorstandes der Arbeitsgemeinschaft. Wenn Sie an solchen Besprechungen teilnehmen, so wird man, auch wenn Sie entgegengesetzte Erklärungen abgeben, bestimmt annehmen, daß die von Ihnen vertretenen Gedanken mit denen der Arbeitsgemeinschaft übereinstimmen.
Mit freundlichen Grüßen
Ihr ergebener
Adenauer

Doch derlei kleine „Mißbilligungen" kamen ab und zu vor. Die letzte hatte ich fernmündlich – ich wohnte zu dieser Zeit noch in Frankfurt am Main – entgegenzunehmen, als ich 1949 unmittelbar nach der Wahl zum ersten Bundestag in einem Interview, das ich an die großen Nachrichtenagenturen gegeben hatte, sagte: Die CDU/CSU werde unter keinen Umständen bei der Regierungsbildung eine Koalition mit der SPD eingehen. Auf die Frage Dr. Adenauers wieso ich dazu komme, solch eine wichtige Erklärung ohne Abstimmung mit dem Vorstand abzugeben, antwortete ich: „Weil ich sie für richtig hielt." Dr. Adenauer, ich merkte es an seinem Verhalten, gefiel diese Erklärung und auch die Antwort. Die „Mißbilligungen" änderten jedoch nichts am gegenseitigen guten Vertrauensverhältnis zwischen uns beiden. Das Versäumnis, Dr. Adenauer unmittelbar nach meiner Rückkehr schriftlich zu unterrichten, hatte diese Reaktion ausgelöst. Eigentlich plante ich für die nächste Vorstandssitzung der Arbeitsgemeinschaft, das Ergebnis der ersten Genfer Sitzung auf die Tagesordnung zu setzen, um auf diese Weise alle Mitglieder des Vorstandes gleichzeitig informieren zu können.

Persönliche Erinnerungen zur Teilnahme Dr. Adenauers an den Genfer Sitzungen

Bereits vor der ersten Zusammenkunft des Genfer Kreises hatte sich Dr. Kindt-Kiefer, unterstützt von Victor Koutzine, darum bemüht, Dr. Adenauer für eine Teilnahme an diesen Sitzungen zu gewinnen. Um das zu erreichen, nahm er Verbindung mit Dr. Adenauer auf, und er erwartete ihn bereits zum ersten Treffen in St. Niklausen im Hotel „Kastanienbaum", zumal dort die französischen Teilnehmer an einem Gespräch mit ihm sehr interessiert waren.
Das gab in Paris den Anlaß – meiner Erinnerung nach war es im Februar 1948 – von seiten der MRP aus ein Ferngespräch mit mir zu führen. Man

fragte mich, ob es mir möglich sei, Dr. Adenauer zu bewegen, bei der nächsten Sitzung des Genfer Kreises mit anwesend zu sein. Darauf erwiderte ich: „Wenn Sie mir versprechen können, daß Sie Ihren Ministerpräsidenten Georges Bidault mitbringen, dann verspreche ich Ihnen, Dr. Adenauer mitzubringen." Die Antwort lautete: „Einverstanden, wir werden Sie in den nächsten acht Tagen anrufen und Bescheid geben." Unverzüglich wurde Dr. Adenauer von mir über den Wunsch der MRP-Freunde in Paris unterrichtet. Er gab dem Vorschlag seine Zustimmung. Als kurz darauf ebenso die Zusage aus Paris bei mir in Frankfurt eintraf, war damit die Angelegenheit positiv entschieden.

Von der zweiten Sitzung ab, die vom 21. bis 22. März 1948 vor sich ging, war Genf als Treffpunkt ausgewählt worden. Für Dr. Adenauer war es die erste, an der er teilnahm. Von Frankfurt aus fuhren wir mit meinem Auto dorthin. (Aus dem Depot der USA-Militärverwaltung war mir ein geräumiger Horch-Reisewagen zugeteilt worden.) Dr. Adenauer ließ sich mit dem Wagen eines Parteifreundes von Rhöndorf aus in meine Wohnung bringen. Später, als Präsident des Parlamentarischen Rates, stand ihm selbst ein Wagen zur Verfügung. Von da ab fuhr ich manchmal auch in seinem Wagen mit. Die Reise führte uns zum größten Teil über ungewöhnlich leere Landstraßen mit romantischen Bildern bis nach Lörrach. Jenseits der Grenze erwartete uns meistens Dr. Kindt-Kiefer, der uns mit seinem Auto bis nach Zürich brachte. Von dort aus ging die Fahrt mit dem Zug bis nach Genf weiter. Meinen Wagen mußte ich ja in Lörrach zurücklassen.

Es ist verständlich, daß während des stundenlangen Fahrens nicht nur laufende Parteiangelegenheiten und die politische Lage besprochen wurden. Das Gespräch kam wie von selbst auf persönliche Angelegenheiten und Verhältnisse. Darüber war ich immer sehr erfreut. Denn auch zu der Zeit, als Dr. Adenauer noch nicht Bundeskanzler war, hielt es schwer, einen Termin zu einer Besprechung zu bekommen. Um wieviel weniger gab es Gelegenheit zu einem Gedankenaustausch, der nicht an die Zeit gebunden war. Zwei dieser Gespräche sind mir bis zum heutigen Tage wegen des eigenartigen Inhalts in Erinnerung geblieben. Einmal ging es um die Form des Systems für die Wahlen zum ersten Bundestag. Ich vertrat die Auffassung, dieses System weise bestimmte Mängel auf. Dr. Adenauer fragte: „Wie meinen Sie das?!" „Nun", sagte ich, „stellen Sie sich einen Kumpel aus dem Ruhrgebiet vor. Worin besteht seine politische Unterrichtung? Vielleicht hört er gefilterte Sendungen im Rundfunk. Er liest sein Gewerkschaftsblatt und seine SPD-Zeitung. Wie soll er bei dieser einseitigen Information darüber entscheiden können, ob Sie besser Bundeskanzler werden oder Kurt Schumacher?" „Und was für ein Wahlrecht möchten Sie einführen?" „Ich würde die Bürger unmittelbar nur die Kandidaten wählen lassen, die sie persönlich kennen oder kennenlernen können. Das sind die Bürgermeister in Dörfern und kleinen Städten, auch noch die Mitglieder eines Kreistages. Für das Landes- und demnächst für das Bundesparlament halte ich es für besser, ein Gremium von Wahlmännern dazwischenzuschalten, die das Vertrauen der Bürger haben müßten. Sie hätten den nötigen Sachverstand und könnten die Kandidaten beurteilen. Gegenwärtig hat die Presse einen viel zu großen Einfluß auf die Meinungsbildung der Bürger." Ich erhielt eine unerwartete Antwort: „Nun", meinte Dr. Adenauer, „im Grunde Ihres

Herzens sind Sie aber kein Demokrat." „Wenn Sie es so sehen wollen ... ich bin eben mehr für eine autoritäre Demokratie, eine Demokratie der Besten und nicht der Meisten." Ein anderes Mal nach einer Pause fragte Dr. Adenauer: „Glauben Sie eigentlich alles, was die Kardinäle unserer Kirche sagen?" „Das kommt darauf an", sagte ich, „wenn das kirchliche Lehramt spricht, dann glaube ich es." „Und Sie haben keine Schwierigkeiten?" „Nein", erwiderte ich, „Glauben und Wissen liegen für mich nicht auf der gleichen Ebene. Denn das Wissen ist an das durch Zeit und Raum begrenzte Vorstellungsvermögen gebunden, der Glaube jedoch überschreitet diese Grenze zum Metaphysischen hin. Im übrigen stehe ich den Erkenntnissen der Wissenschaft, soweit sie sich nicht auf die Erfahrung stützen, sehr kritisch gegenüber." „Interessant, was Sie da sagen." Wieder folgte eine nachdenkliche Pause.

Anläßlich der ersten Sitzung, an der Dr. Adenauer teilnahm, gab er drei Schweizer Journalisten ein Interview. Das war im Foyer des Hotels „Zum Storchen" in Zürich. Unter dem Eindruck des unaufhaltsamen Vordringens der Sowjetunion im östlichen Teil Europas befaßte sich das Interview auch mit der militärischen Sicherheit der westlichen Länder. Vor der sowjetischen Machtausweitung hatte man zu jener Zeit Furcht und Sorge. Man sprach von der Möglichkeit, deutsche Truppenkontingente aufzustellen. Sie sollten in ein europäisches Verteidigungssystem einbezogen werden. Dr. Adenauer sagte, es sei für die Sowjetunion ein leichtes, bei der derzeitigen Schwäche des Westens, aus der deutschen Ostzone heraus mit ihren Panzern über Lübeck und Hamburg hinaus bis an die atlantische Küste Frankreichs vorzustoßen. Als er gefragt wurde, wie viele Divisionen man Deutschland zubilligen müsse, um das verhindern zu können, antwortete Dr. Adenauer: „Mindestens 80." Darauf sagte einer der Journalisten: „Dann können wir aber nicht mehr mit Deutschland machen, was wir wollen." Überrascht blickten Dr. Adenauer und ich uns gegenseitig an. Damals sprach man in vertraulichem Kreise mit Befürchtung über die neuralgischen Punkte und Linien auf der politischen Landkarte. Gemeint war damit die gewaltsame Erweiterung des sowjetischen Einflußgebietes in Europa. Wenn das geschähe, so glaubte man fest, würde eine militärische Auseinandersetzung mit den USA unvermeidlich werden. (Die 1948 versuchte Abschnürung West-Berlins durch die Sowjetunion und deren Überwindung durch die von den USA eingerichtete Luftbrücke, löste nicht nur in Deutschland zuerst Unsicherheit und Furcht, dann Erleichterung und Zuversicht aus. In den Genfer Sitzungen dieses Jahres wurde eingehend darüber gesprochen, wie sich auch die westeuropäischen Länder keine geringen Sorgen über den Ausgang der Konfrontation machten.)

Wie selbstverständlich wurde Dr. Adenauer bereits von der ersten Sitzung an als der bedeutendste Vertreter der deutschen Delegation angesehen. Seine sachkundigen Ausführungen über deutsche Fragen und Probleme beeindruckten die Teilnehmer sehr. Seine persönliche Autorität ließ darüber hinaus seinen Worten ein besonderes Gewicht zukommen. Auf die Ausführungen anderer Teilnehmer der Sitzungen kam er meistens mit sehr präzisen Fragen zurück. So war es denn sicherlich Dr. Adenauer neben Jakob Kaiser und Dr. Josef Müller zu einem guten Teil zuzusprechen, wenn von den anderen christlich-demokratischen Parteien die Spitzenpersönlichkeiten nach Genf kamen. Für

Dr. Adenauer gaben die Sitzungen die Gelegenheit, in persönlichen Gesprächen die Einstellung der ausländischen Parteifreunde kennenzulernen. Soweit ich zugegen war, erinnere ich mich an den Meinungsaustausch über europäische Sicherheit und die Integration Europas, die bedrohte Einheit Deutschlands, die Verfassungsvorschläge des Parlamentarischen Rates und anderes mehr. Das gemeinsame Mittagessen und das abendliche Treffen, meistens im Hotel „La Résidence", einem Hotel, welches in der Zeit der Völkerbundtagungen nach dem Ersten Weltkrieg viele prominente Gäste beherbergte, zeigten Dr. Adenauer oft in bester Laune. Bei seinen Scherzen brach der rheinische Humor durch. Einmal stiftete er mich dazu an, Frau Dr. Lina Morino, die einzige Dame, die dem Kreise angehörte, in Verlegenheit zu bringen durch das Verstekken ihrer Handtasche. Ihr Suchen danach bereitete ihm viel Spaß. Jedoch selbst die beste Flasche Wein oder Champagner konnten ihn nicht dazu bewegen, den gemütlichen Abend bis in die Nacht hinein mitzumachen. Dr. Adenauer war Frühaufsteher. Ich bin es nicht, und so hörte ich es, wenn die Stimmung des Abends heiter und fröhlich wurde, nicht gern, wenn er zu mir sagte: „Am besten, Herr Dörpinghaus, nehmen wir morgen den Zug, der um sechs Uhr vom Gare Cornavain abfährt."

Gewiß haben nicht nur die Übereinstimmung der politischen Auffassungen und das persönliche Vertrauensverhältnis zwischen Dr. Adenauer und mir sowie die unterschiedlichen Beziehungen zu den anderen Mitgliedern des Vorstands der Arbeitsgemeinschaft der CDU/CSU mit dazu beigetragen, wenn die Zusammenarbeit mit Dr. Adenauer hinsichtlich der Genfer Sitzungen besonders eng wurden. Die inneren Parteiverhältnisse auf personeller, politischer und organisatorischer Ebene brachten es so mit sich. Auch als Dr. Adenauer bereits Bundeskanzler war, interessierten ihn die Genfer Sitzungen sehr. Ein Nachlesen im persönlichen Schriftverkehr mit ihm zeigt denn auch, wie er selbst Vorschläge für die Zusammensetzung der deutschen Delegation machte oder meine Vorschläge entgegennahm und billigte. So lag ihm daran, daß auch führende Mitglieder der CSU an den Sitzungen teilnehmen sollten. Dabei dachte er besonders an Franz Josef Strauß und Dr. Ehard, die er namentlich für eine Einladung benannte. Meine Aufgabe blieb es, ihn über alles, was Genf anging, auf dem laufenden zu halten. In persönlichen Rücksprachen erfolgte das mehr als in schriftlicher Form.

Die nachfolgenden Sitzungen

Als Termin für die zweite Sitzung war der 21./22. März 1948 in Genf festgelegt worden. Bei dieser Gelegenheit lernte ich Georges Bidault, den französischen Ministerpräsidenten und späteren langjährigen Außenminister, sowie Robert Bichet, Minister a. D. und damaligen Generalsekretär der NEI (Nouvelles Equipes Internationales), kennen. Weitere Mitglieder der MRP und noch andere führende Vertreter christlich-demokratischer Parteien waren ebenfalls zugegen. Im Laufe der sich anschließenden Sitzungen erweiterte sich der Kreis der vorhin genannten Persönlichkeiten. Hingewandt zu den deutschen Teilnehmern wäre zu sagen, neben Dr. Adenauer verdienen stellvertretend für die ganze Gruppe die Namen von Dr. Heinrich v. Brentano, Jakob Kaiser, Dr. Josef Müller und Dr. Fritz Schäffer erwähnt zu werden. Sie waren als eine ausgezeichnete Repräsentanz der CDU/CSU anzusehen. In ihren Ausführungen wurden nicht nur die den Besatzungszonen eigenen politischen Verhältnisse geschildert. Vielmehr war auch das, was sie zur Gestaltung des künftigen Europas zu sagen hatten, konstruktive Mitarbeit im besten Sinne des Wortes. Natürlich stimmten sie – das trifft besonders auf Dr. Josef Müller zu – nicht immer mit den Auffassungen Dr. Adenauers überein. Aber das wirkte sich im Genfer Kreise niemals negativ aus.

Man traf sich zu der zweiten Sitzung in Genf in der Wohnung von Victor Koutzine, die sich in der Rue St. Laurent Nr. 4 befand. Zu dieser Zeit hatte auch Dr. Kindt-Kiefer einen festen Wohnsitz in der gleichen Stadt. Wenn auch in der Regel als Treffpunkt für die Sitzungen die Wohnung von Victor Koutzine beibehalten wurde, so wählte man doch verschiedentlich auch eine Villa in der Avenue Bel-Air dazu aus. Die Teilnehmerzahl bewegte sich zwischen zwölf bis zu 18 Personen. Das Protokoll über den Verlauf der Sitzungen schrieb Victor Koutzine. Es wurden nur einige Exemplare für die französischen Teilnehmer angefertigt. Das blieb auch so bis zum Frühjahr 1951; in der Folgezeit nahm ich an den Sitzungen nicht mehr teil.

Das Präsidium führte Dr. Kindt-Kiefer bei den ersten 16 Sitzungen. Ihm zur Seite stand ein Co-Präsident, der jeweils aus einer der anwesenden Delegationen hinzugewählt wurde. Die Tagesordnungen standen formlos auf einem Handzettel. Soweit diese mir noch aus den Jahren von 1948 bis 1951 vorliegen, habe ich einige davon ausgesucht, um anzuzeigen, mit welchen Fragen und Problemen sowie aktuellen Vorgängen und Entwicklungen sich die Genfer Sitzungen befaßten. Von ihren Themen sei angeführt:

Besprechung der politischen Lage in den betreffenden Ländern
Militärische Probleme, Schaffung einer europäischen Armee
Aufstellung gemeinsamer Richtlinien
Beziehungen zu Spanien
Das Problem der westeuropäischen Sicherheit
a) innere Sicherheit,
b) Wiederaufrüstung Deutschlands
Politische Organisation Europas
a) Bilanz der Augustsession in Strasbourg,
b) Ausarbeitung einer gemeinsamen Linie für die Novembersession
Aussprache über die christlich-demokratische Doktrin
Prüfung der möglichen Folgen der Aufrüstung des Westens auf dem wirtschaftlichen, sozialen und politischen Gebiet (eventuelle Maßnahmen gegenüber der kommunistischen Propaganda)
Europäische Armee und Atlantische Armee; Aufklärung der beiden Begriffe; Koordination
Das deutsche Problem und die Viererkonferenz
Das jetzige Stadium der Schuman-Plan-Konferenz
Organisation des Büros Genf
a) Aufbau einer ständigen Verbindung,
b) Austausch von vertraulichen Informationen

Die vorhin erwähnten Handzettel dienten verschiedentlich auch als Mittel für kurze Nachrichten. So steht auf der für mich bestimmten Tagesordnung zur Sitzung vom 11. Dezember 1950 schlicht vermerkt: „Die Teilnehmer an der Sitzung vom 2. Dezember (sie mußte auf den 11. Dezember verschoben werden), werden ungefähr die gleichen sein wie bei der letzten. Cappi wird Taviani und Tosi begleiten, wenn sein Gesundheitszustand es erlaubt. Maurice Schumann kommt mit Colin, Fontanet und Bichet. Die Österreicher werden anwesend sein." Diese Form der Benachrichtigung soll anzeigen, wie einfach und unkonventionell die technischen Angelegenheiten damals behandelt wurden. Sie läßt aber gleichfalls die vertraute und freundschaftliche Art der Beziehungen zwischen Dr. Kindt-Kiefer, Victor Koutzine und mir erkennen. In ihren Händen lag die wichtige Vorbereitung und organisatorische Durchführung der Sitzungen. Sie hatten die entsprechende Korrespondenz für Terminabstimmungen und die Einladungen zu führen. Wie man sich denken kann, war gerade die Abstimmung eines Termins für die Sitzungen mit den Führungsspitzen der Parteien in sieben verschiedenen Ländern keine leichte Aufgabe. Wie lange es dauerte, bis das bereits Ende 1950 geplante „Büro Genf" verwirklicht wurde, ist mir nicht mehr bekannt geworden, da ich mein Amt als Generalsekretär der Arbeitsgemeinschaft der CDU/CSU Deutschlands im Frühjahr 1951 niederlegte.

Das Verhältnis des Genfer Kreises zur NEI war vom Beginn der Sitzungen an ein sehr enges. Die meisten seiner Mitglieder hatten bereits vor der ersten Sitzung in St. Niklausen an großen Kundgebungen in verschiedenen Ländern teilgenommen und sich dabei persönlich kennengelernt. Von 1948 an, so läßt es sich den Informationsdiensten der NEI entnehmen, waren sie nicht nur bei ihren großen Veranstaltungen dabei, wie beispielsweise in Sorrent bei Neapel – 12. bis 14. April 1950 – (Dr. H. v. Brentano, der Verfasser und C. Schröder neben Dr. J. J. Kindt-Kiefer und V. Koutzine), sie finden sich auch auf den Anwesenheitslisten der Tagungen ihrer einzelnen Komitees.

Die Verhandlungssprache bei den Genfer Sitzungen war französisch. Victor Koutzine, der das Protokoll führte, übersetzte des besseren Verständnisses wegen die Ausführungen der einzelnen Redner jeweils ins Deutsche oder Französische.

Nachstehend wird anhand eines Protokolls der Verlauf der Sitzung vom 8. März 1949 in zusammengefaßter Form beschrieben. Damit soll im allgemeinen das charakteristische Bild der Sitzungen vermittelt werden. Gleichzeitig werden dabei auch Fragen, Probleme, Pläne und Hoffnungen sowie Vorgänge und Entwicklungen zum Aufleuchten gebracht, die 1949 die politische Szenerie der europäischen Bühne mit ihrem Spiel um Macht und Einfluß ausfüllten.

Wie dem Teilnehmerverzeichnis des Protokolls zu entnehmen ist, waren neben Dr. J. J. Kindt-Kiefer und V. Koutzine die nachstehend angeführten Delegationen anwesend:

für die PSC Belgiens: Prof. Dr. R. Houben, für die Arbeitsgemeinschaft der CDU/CSU Deutschlands: Dr. K. Adenauer, der Verfasser, J. Kaiser und Dr. Fr. v. Prittwitz, für die MRP Frankreichs: R. Bichet, G. Bidault, J. Fontanet und A. Gortais, für die DC Italiens: M. Cingolani und Frau Dr. L. Morino, für die KVP der Niederlande: J. J. Gielen und P. J. S. Serrarens, für Österreich:

Dr. F. Hurdes und L. Weinberger, für die Schweiz: J. Escher und Dr. M. Rosenberg. Präsidiert wurde die Sitzung von Nationalrat Escher. Hauptsächlich standen zwei Themen zur Behandlung an:
a) die Situation in den betreffenden Ländern und
b) die Lage in Europa.
In seinen Begrüßungsworten sagte Escher, die öffentliche Meinung in der Schweiz sei sehr bewegt über die Verfolgung der Christen in den östlichen Ländern Europas. Der Prozeß gegen den Erzbischof Mindszenty in Ungarn sei ein schwerwiegendes Ereignis. Andererseits, die Erklärungen des Führers der Kommunistischen Partei Frankreichs, Thorez[9], und die Entwicklung der Kominform seien für Europa von großer Bedeutung. Das gegenwärtige Problem bestehe darin, Europa aufzubauen und zu schützen.

Über die innere Lage Belgiens berichtete Professor Dr. Houben:

Verschiedene Gruppen aus Landwirtschaft, Handel und Industrie seien gegenüber einer Vereinigung Europas mißtrauisch eingestellt. Besonders kleine Landwirte würden in die Ecke gedrängt. Es müsse zu einer gerechten Koordinierung kommen. Die Benelux-Staaten wären ein gutes Beispiel hierfür. Sonst würden die kleinen Landwirte keinen Lebensraum mehr haben. Man sei daher für eine langsame Evolution und halte einen Generalplan mit schnellen Maßnahmen nicht für richtig.
In der sich anschließenden Diskussion wurden Vorschläge für eine bessere Zusammenarbeit gemacht. Die Vertretung der NEI in einer späteren Fraktion wurde erörtert. Weitere Vorschläge befaßten sich mit einer Koordinierung der Wirtschaft.
Im weiteren Bericht über Belgien wurde angeführt, daß man mit Sorge die Propaganda der kommunistischen Partei beobachte. Die Koalition in der Regierung zwischen Sozialisten und der PSC bringe laufend Schwierigkeiten. Und das gehe schon so seit 1946. Doch habe man die Sozialisierung von Schlüsselindustrien verhindern können. Die Währung sei stabil geblieben. Ein ungelöstes Problem bleibe die Mitbestimmung für die Arbeitnehmer. Ansonsten wäre ein Machtkampf zwischen Sozialisten, Katholiken und PSC entbrannt. Es gehe um die Rückberufung des Königs Leopold. Die Sozialisten unter Führung von Paul Henri Spaak hätten die Majorität. Konzessionen, die man in dieser Angelegenheit innenpolitisch habe zugestehen müssen, hätten eine Mißstimmung bei den Wählern ausgelöst. Es gebe keine kommunistischen Gewerkschaften im eigentlichen Sinne. Die christlichen Gewerkschaften zählten jetzt 450000 Mitglieder. Vor dem Kriege seien es 300000 gewesen. Interessant sei die Propaganda der kommunistischen Partei, derzufolge die Arbeitslosigkeit die Konsequenz des Marshall-Plans sei. Diese Propaganda habe sogar Boden bei bürgerlichen Gruppen der Mittelklassen. Trotz wachsenden Exports zeige sich eine paradox ansteigende Arbeitslosigkeit. Die Sozialisten wollen eine neue Wahl bevor die Frauen wählen können (21. Juli). Wenn danach die PSC nicht in der Regierung bleibt, bedeute das Instabilität. Das wäre nicht gut für das neue Europa.

Georges Bidault sprach über die Lage in Frankreich:

Mit viel Anstrengung betreibe die KPF die Propaganda für den Frieden. Die von ihr angeregten Petitionen verschiedener Gruppen und Organisationen beeinflußten die öffentliche Meinung und vervielfachten damit ihre Wirkung. Die Methode sei klassisch. Auf der Gegenseite sei die Propaganda geteilt. Europa sei ein weniger konkretes Thema und auch weniger populär als der Friede. Die Propaganda der KPF beweise, daß sie selbst ein Instrument der sowjetischen Macht sei, daß sie jegliche Autonomie verloren habe und daß ihr jede nationale Reaktion verboten sei. Allerdings sei das auch ein Beweis für die Disziplin der moskauhörigen Satelliten. Was solle man von der Umbildung der sowjetischen Regierung halten? Molotow sei untragbar geworden im Bereich der internationalen Beziehungen, vielleicht sogar in seinem eigenen Land. Er habe strenge Prinzipien gehabt, sein Nachfolger habe sie nicht. Er, Wyschinskij, sei weicher und brillanter in seiner Art. Was werde er machen? Die Entwicklung der innerpolitischen Lage Frankreichs sei im engen Zusammenhang mit der internationalen zu sehen. Man befände sich, was Europa anbetreffe, vor drei schwierigen Fragen. Dabei handele es sich um Frankreich, Deutschland und Italien. In Frankreich nähre sich jede der zwei politisch extremistischen Kräfte von der Aktion der anderen. Die RPF habe der KPF geholfen sich zu halten, wenn nicht sogar, sich zu vergrößern. Zwar scheine die Mitgliederzahl der KPF leicht zugenommen zu haben, aber ihre Festigkeit sei weniger stark als zuvor. Bei ihr gebe es weniger Kämpfer als Wähler. Werde die äußere Sicherheit gewonnen, so könnten auch die inneren Probleme gelöst werden. Die äußere Unsicherheit mache die Voraussage über das, was möglicherweise komme, ebenso schwierig wie die Anbahnung einer konstruktiven Aktion von längerer Dauer. Die UdSSR habe durch ihre Politik gegenüber den USA und in Osteuropa einen enormen Kredit verspielt und den ihr nach dem Kriege entgegengebrachten Enthusiasmus enttäuscht. Aber ihre politischen Führer seien alle auf ihrem Posten geblieben. Völlig blind verfolgten sie immer noch ihre alten und gleichen Ziele. Aber was seien das für Ziele? Man könne drei Hypothesen aufstellen:

a) Die Entwicklung des russischen Patriotismus, der Stalingrad als sein Symbol zeige

Die kommunistischen Parteien auf nationaler Ebene könnten eine patriotische Haltung einnehmen. Man könnte versuchen, sie auf der Ebene der Kooperation in die Demokratie einzuordnen. Vielleicht wäre der klassische Prozeß von der Revolution zum Directoire und schließlich vom Konsulat zum Empire möglich gewesen. Aber, diese Hypothese habe jetzt keinen Boden mehr. Konform mit den marxistischen Prinzipien werde zur Änderung der Gesellschaftsordnungen nur die Anwendung der Macht in Frage kommen; das gelte für die Gesellschaft der nationalen wie auch der internationalen Bevölkerungen.

b) Ein sofortiger Krieg

Wenn es die UdSSR unmittelbar nach dem Mißlingen der Konferenz von Moskau (Ostern 1947) zu einem Konflikt hätte kommen lassen, so wäre es ihr möglich gewesen, mit ihren Armeen bis in die Mittelmeerlandschaft vorzudringen. Doch über die militärische Frage hinaus wären andere Hindernisse aufgetreten. Zwar könne die UdSSR Millionen von Tonnen Stahl herstellen, aber sie sei nicht fähig, eine fachgerechte und perfekte Produktion von Kriegsmaterial zu sichern. Allerdings, würde sie im Westen genügend Fachleute und Techniker finden sowie die Werkzeuge und Maschinen, die ihr fehlten, beschaffen können und würde sie zu ihren Produktionsbasen in der Ukraine, im Ural und in Sibirien noch das Ruhrgebiet hinzufügen können, dazu noch das nordfranzösische und das norditalienische Industriepotential, so könnte Europa unter das schreckliche Joch einer kommunistischen Diktatur gelangen. Es würde eine politische und militärische Macht entstehen, die fähig wäre, auch den USA Paroli zu bieten. Und die Verwirklichung dieser Hypothese sei noch nicht ausgeschlossen.

c) Ein zukünftiger Krieg

Möglich sei in der Zukunft ein Krieg, wenn sich die UdSSR in der Lage sehe, selbst Atomwaffen sowie biologische und bakteriologische Waffen herzustellen. Deutsche Wissenschaftler seien kürzlich nach der UdSSR deportiert worden. Es wäre wichtig zu wissen, für welches Fachgebiet sie als Spezialisten gelten und was die Konsequenzen dieser Aktionen seien. Die UdSSR habe einen großen Vorteil. Ihre Bevölkerung lebe viel weiter zerstreut in ihrem Lande. Darum sei sie auch weniger verletzlich als die Bevölkerung in den USA und in Westeuropa. Eine vierte Hypothese biete sich noch an.

d) Eine Machtergreifung ohne Krieg

Die Eroberung Westeuropas durch die kommunistische Herrschaft ohne Krieg zu führen sei ebenso möglich. Der Marxismus nehme an, daß die liberalen Gesellschaftsordnungen von innen her ausgehöhlt und angegriffen werden können. Was nicht für das sowjetische System zutreffe. Die UdSSR glaube fähig zu sein, wirtschaftliche Krisen für ihre Ziele ausnützen zu können. In den Ländern der Freiheit könne man eine Panikstimmung hervorrufen. Aus Unruhe und existentieller Unsicherheit heraus lasse sich leicht ein politischer Profit schlagen. Das gebe die geeignete Plattform für eine gezielte Änderung. Auf diese Art und Weise könne die Kominform ein Machtinstrument für eine gefährliche Strategie zur Überwindung freiheitlicher Ordnungen werden.

Von diesen vier Hypothesen sei die erste nicht aufrechtzuerhalten. Die Wahrscheinlichkeit werde wohl in der Kombination der drei weiteren liegen. Das bedeute, den Kalten Krieg ausbrechen zu lassen ohne den Krieg mit Waffen auszuschließen, aber auch, ohne ihn vorzuziehen. Von daher finde sich die Erklärung für die Versuche, den Marshall-Plan zu sabotieren. Die Aktionen der Infiltration und die Erzeugung von Angst lägen auf der gleichen Ebene wie die Dumping-Methoden mit russischem Getreide. Mit dem letzteren solle die wirtschaftliche Schwäche des Westens demonstriert werden. Stalin werde bald 70 Jahre alt. In diesem Alter wünsche man wohl kaum noch einen Krieg. Aber die Herde für den Zündstoff blieben. Es seien Berlin, Korea und Griechenland.

Grundsätzlich scheine der Schutz für Frankreich und für Europa untrennbar miteinander verbunden zu sein. Es existiere eine neue Münchner Tendenz. Demgegenüber müsse man unabdingbar sagen, es sei die Feigheit, die zum Kriege führe. Nur Mut und Beharrlichkeit sicherten den Frieden.

Dr. Konrad Adenauer sprach über deutsche Probleme:

Das Grundgesetz für die Verfassung, das gegenwärtig in Bonn im Parlamentarischen Rat diskutiert werde, sei sehr vielfältig. Die Besatzungsmächte hätten entschieden, daß ihr Kontrollrat gegenüber den deutschen Behörden den Vorrang habe. Aber seit sie diesen Entschluß gefaßt hätten, seien die Alliierten nie in der Lage gewesen, sich untereinander einig zu sein. Der Parlamentarische Rat werde im Inland wie auch im Ausland gleichermaßen kritisiert. Er habe keine Regierung, die ihm Vorlagen unterbreite und keine Regierungsbeamten, die diese Vorlagen anfertigten.
Die Kontroverse zwischen CDU/CSU und SPD gehe weiter. Die SPD sei klar zentralistisch, die CDU/CSU betont föderalistisch ausgerichtet. Die letztere möchte, daß die einzelnen Länder die Regierungsaufgaben übernähmen, die ihnen gemäß seien, und andererseits der Bund für alle überregionalen Aufgaben zuständig sei. Der Entwurf für das Grundgesetz habe nunmehr drei Lesungen durchlaufen. Es sei jetzt Obliegenheit der einzelnen Militärregierungen, den Entwurf ihren eigenen Regierungen vorzulegen. Werde er abgelehnt, so würden die Beschlüsse der Londoner Konferenz hinfällig sein. Aber man wünsche, zu einer Vereinbarung zu kommen, und möchte den Eindruck vermeiden, das Grundgesetz sei Deutschland aufgezwungen worden. Aktuelle Punkte seien noch die Wahl von Bundestag und Bundesrat, die Wahl des Präsidenten der künftigen Bundesrepublik und der Modus zur Wahl des Bundeskanzlers. Die ersten Wahlen seien für Juni vorgesehen. Ihre Bedeutung überschreite die Grenzen Deutschlands. Wenn SPD und KPD zusammen die Mehrheit errängen, so gebe es eine sozialistische Regierung und einen sozialistischen Kanzler. Diese Regierung werde wahrscheinlich mit der Labour-Regierung in London zusammengehen. Die Politik beider Länder werde dann auf starke Sozialisierungsmaßnahmen hinzielen. Auf das ganze Europa habe das einen zersetzenden Einfluß. Die Wahlaussichten für die CDU/CSU seien gut. Von seiten des Zentrums sei nichts zu befürchten. Diese Partei zersetze sich selbst. Da die Alliierten sich über ein Besatzungsstatut nicht einigen könnten, sei es nicht verwunderlich, wenn das Statut den Deutschen im ersten Artikel alle Rechte gebe, diese Rechte jedoch in den folgenden 30 Artikeln wieder rückgängig machen würde. Aber das schließe eine Änderung der Fassung durch eine allmähliche Modifizierung nicht aus.

Jakob Kaiser schilderte die Lage in Berlin:

Kaiser sagte, die Bevölkerung Berlins hoffe fest darauf, daß die ehemalige Hauptstadt des Deutschen Reiches an Westdeutschland angeschlossen werde. Ostdeutschland dürfe kein eigener, für sich existierender Staat werden. Das solle nicht heißen, das künftige Deutschland müßte ein zentralistischer Staat sein. Man wolle ein geeintes, gesamtes Deutschland. Das bedeute, dem Sowjetregime den Trumpf aus der Hand zu nehmen.

Über Italien berichtete Frau Dr. Lina Morino:

In Italien sei die kommunistische Partei eine andere als in Frankreich. Sie sei mehr auf soziale Reformen hin ausgerichtet und weniger auf die große Außenpolitik. Die sozialistische Minderheit um Saragat spiele sich auf wie Hamlet. In der Öffentlichkeit glaube man nicht an ihre Friedenspropaganda. Die DC habe selbst in den Vororten von Mailand die Mehrheit erobert. Jedenfalls, bei den jüngsten Wahlen habe die KPI verloren. Zur inneren Lage der DC werde gesagt, es gebe einen rechten und einen linken Flügel. In der Mitte liege das Zentrum. Es sei eben eine Partei der freien Bürger. Natürlich gebe es Auseinandersetzungen zwischen den drei Gruppierungen. Hinsichtlich der Parteidoktrin herrsche eine volle Übereinstimmung. Die Disziplin sei gut. In Kammer und Senat habe de Gasperi ein hervorragendes Prestige. Bei der Parteijugend finde man viele Intellektuelle. Die Jugend wolle helfen, aber zuerst müsse die Vergangenheit bewältigt werden. Sie fordere konkrete politische Richtlinien. Zwischen DC und Katholischer Aktion gebe es keinen Gegensatz. Die Zusammenarbeit sei gut.

Bericht über Österreich, gegeben von Dr. Felix Hurdes:

Von diesem Lande werde gesagt, das Problem des Staatsvertrages sei nun gelöst. Die Sowjetunion wolle vielleicht eine große Tat zeigen. Wenn der Vertrag unterzeichnet werde, müßte die Sowjetunion Ungarn und Rumänien räumen. Es bestehe aber die Gefahr, daß die kommunistischen Parteien in diesen Ländern die Regierungsmacht ergriffen, wenn die Truppen abzögen. Vor dem Zustandekommen des Staatsvertrages dürfe in Österreich kein Heer aufgestellt werden. Das Land bezahle an die Sowjetunion fünf Milliarden Schilling. Das sei die Hälfte des Betrages, den es auf Grund des Marshall-Plans erhalten habe. Jeder dritte Schilling vom Einkommen der Bürger gehe an die Besatzungsmächte. Aber trotz dieser hohen Abgaben befinde sich das Land in einem Aufstieg. Möglich sei dies, weil die Sozialisten in der Regierung mitgearbeitet hätten und kein Streik ausgebrochen wäre. Die Wahlen im Oktober würden allerdings die Gegensätze wieder verschärfen. Zwar wolle die SPÖ die Regierung übernehmen, die Bevölkerung glaube aber, das bedeute den halben Weg zum Kommunismus hin. Schwierigkeiten machten Splitterparteien aus dem marxistischen Lager. Im Ausland werde mehr darüber geschrieben als die Sache wert sei (so wie bei der Deutschen Union). Die christlich-demokratischen Parteien hätten die große Aufgabe, angesichts der Gefahren des Kalten Krieges, Frieden und Freiheit sichern zu helfen. Durch ihre Schwäche würden sie mit die Schuld daran tragen, daß in den Nachbarländern die „Volksdemokratie“ zur Macht gekommen sei. Nach dieser Methode soll mit Hilfe der Sozialisten ganz Europa erobert werden. Auf uns komme es an, ob das gelingt.

Bericht über die Niederlande von F. J. S. Serrarens:

Die wichtigste außenpolitische Angelegenheit sei Indonesien. Sie stehe zur Entscheidung im Sicherheitsrat an. Als Beklagte fühlten sich die Niederlande nicht wohl dabei, obgleich immer eine gute Kolonialpolitik gemacht worden sei. Jedenfalls werde Indonesien seine volle Souveränität erhalten.
Sodann wurde die Lage der Gewerkschaften geschildert. Gegenüber den christlichen Gewerkschaften würden die sozialistischen nicht mehr lange die stärksten sein. Die kommunistische Partei habe es erreicht, mit acht Abgeordneten im Parlament vertreten zu sein. Zwei Entschließungen zur europäischen Integration habe die Katholische Volkspartei durchsetzen können. Gegen die Verurteilung des Kardinals Mindszenty habe man geschlossen und einmütig protestiert.

Die Aussprache über das Sicherheitsproblem

Der politische Hintergrund für die Frage der Sicherheit war die harte Konfrontation zwischen den USA und der Sowjetunion. Ausgelöst wurde sie von der zuletzt genannten Großmacht und der von ihr beherrschten kommunistisch gelenkten Zone. Durch eine Abschnürung Berlins sollte diese Stadt mit Gewalt von allen westlichen Bindungen gelöst werden mit dem Ziel, sie auf diese Art und Weise zwangsläufig der sowjetisch besetzten Zone einzuverleiben. Durch die Einrichtung einer Luftbrücke, getragen von den USA und Großbritannien in der Zeit vom 26. Juni 1948 bis zum 12. Mai 1949, wurde jedoch diese Absicht zunichte gemacht. In der Zeit, da diese Sitzung vor sich ging, erreichte der Kalte Krieg seinen Höhepunkt. Diese Situation macht die nachstehend geschilderten Ängste und Befürchtungen verständlich, die aus dem Bericht über die Sicherheit erkennbar werden. Die kritische Durchleuchtung des Themas war somit Inhalt einer von Sorge überschatteten Erörterung.
Zum Thema selbst sagten Bidault und andere französische Teilnehmer, daß das Rüstungsmaterial des letzten Krieges, technisch betrachtet, bereits überholt sei. Die USA dagegen würden modernste Waffen besitzen. Man habe versucht, davon wenigstens einen kleinen Teil zu bekommen. Die USA hätten das aber abgelehnt. Man frage sich daher, in welchen Händen liegt unsere Sicherheit überhaupt? Etwa bei der Brüsseler Allianz, dem Pakt der Fünf? Europa müsse sich selbst helfen. Die konventionelle Rüstung wieder zu erneuern, sei das Gebot der Stunde. Aber habe man noch Zeit? Bis man wieder gerüstet sei, wäre der Waffenstand vielleicht schon zweitklassig geworden. Unser Kontinent sei alt geworden. Auch in Großbritannien wären die Möglichkeiten wieder aufzurüsten nicht größer als in Frankreich. Feldmarschall Montgomery vertrete die Auffassung, wenn es zu einer kriegerischen Auseinandersetzung käme, müsse man sich am Rhein schlagen. Er – Bidault – müsse dazu sagen, wenn sich bei der gegenwärtigen Lage die Russen uns in den Weg stellten, so hätte man gar keine andere Wahl. Es sei ein Trost, daß in Berlin die amerikanische Flagge wehe. Die Russen, so meinte der Vortragende weiter, blieben ihren Absichten treu. In dieser Unsicherheit der politischen Lage gäben aber die Interventionen der USA neue Hoffnungen. Der Atlantikpakt sei auch nicht

so viel wert, wie man annehme. Es müsse eine europäische Verteidigungsorganisation geschaffen werden. Frankreich könne nicht mehr die Rolle von einst spielen. Aber ein vereinigtes Europa werde einmal Widerstand leisten. Jetzt habe es nicht die Kraft dazu. Amerika dagegen werde noch für eine unabsehbare Zeit eine starke militärische Macht sein.

Dr. Adenauer antwortete darauf, die Schilderungen überschatteten alle internen Vorgänge. Die russische Gefahr sei für die westlichen Länder noch größer geworden. Hätten sie noch die Kraft zum Widerstand? Es gebe mit der Sowjetunion keine Verständigung. Man habe Sorgen wie in den Jahren vor Ausbruch der beiden letzten Weltkriege. Vielleicht habe man jetzt wirklich nur noch wenig Zeit, um sich vorbereiten zu können. Doch sei die Lage nun eine andere, da auf westlicher Seite keine Armee einsatzbereit wäre. Frankreich solle einmal sagen, wie weit die Vorbereitungen für eine Verteidigung vorangeschritten wären. Alle Bemühungen politischer, wirtschaftlicher und sozialer Art hingen in der Luft. Deutschland befinde sich in einem tragischen Konflikt. Die eine Hälfte sei wehr- und waffenlos, die andere von der Sowjetunion besetzt. In England sei eine Krise zu erwarten. Wenn Rußland sich zu einem Krieg entschließe, gehe auch England verloren. Dieses Land verkenne die Gefahr, in der sich Europa befindet. England glaube noch, bei einem Vormarsch sowjetischer Truppen würden diese an der Küste haltmachen. Das sei eine Illusion. Aber das Land wolle sich nicht engagieren. Europa könne nur Widerstand leisten, wenn die USA die Mittel hierzu zur Verfügung stellen würden. Aber es sei von den USA zuviel verlangt, sich allein für die Sicherheit Europas einzusetzen. Man höre von Gerüchten, denen zufolge heimlich zwischen den USA und der Sowjetunion Fäden gesponnen würden. Falls das zuträfe, dürfe man wenigstens für eine gewisse Zeit hoffen, die Gefahr eines Krieges sei gebannt. Doch sei dabei nicht zu verkennen, werde ein Nichtangriffspakt zwischen den beiden Großmächten zustande kommen, so werde das auf Kosten Europas gehen, das in diesem Falle völlig ungeschützt dastehe.

Kaiser meldete sich zum Wort. Er sei erschrocken über den Ernst der Lage, und es falle ihm schwer, daran zu glauben. Rußland habe erkannt, die Ausbreitung kommunistischer Ideen verspreche gegenwärtig wenig Erfolg. Das politische Gefüge des Westens sei nicht so erschüttert, um es den Russen ratsam erscheinen zu lassen, sich in kriegerische Verwicklungen zu verstricken. Die Ersetzung Molotows durch Wyschinskij als neuem russischen Außenminister sei doch irgendwie ein Zeichen zum Einlenken. Wichtig wäre es, auf westlicher Seite unbedingt festzubleiben. Man sollte dabei einmal an München denken.

Cingolani antwortete darauf, die Tatsache der harten Konfrontation – gemeint war die Berliner Blockade – müßte ernst genommen werden. De Gasperis platonische Antworten würden hier nicht weiterhelfen. Zu begrüßen sei allerdings der Vorschlag, Truman und Stalin sollten eine Kommission zur Behandlung außenpolitischer Fragen einsetzen. Von italienischer Seite aus werde gesagt, hinter den kommunistischen Parteien verschiedener Länder stünde der bewaffnete Aufstand. Es gebe ausländische kommunistische Parteien – er meine dabei speziell Jugoslawien –, die stark bewaffnet wären. Doch sei es die Pflicht christlich-demokratischer Parteien, die Freiheit zu verteidigen. Die Frage sei nur „wie“ es geschehen könnte. Der Atlantikpakt sei zu prüfen, ob er

auch in der Lage wäre, den bedrohten Mittelmeerraum schützen zu können. Wie könnte das Mittelmeer gesichert werden?
Man antwortete ihm darauf, vielleicht würden autoritäre Maßnahmen in Zeiten der Krise unerläßlich sein. Die Freiheit habe ihre Schwächen und eine gewisse Vorkriegsstimmung sei nicht zu leugnen. Die Sowjetunion habe es leichter, militärische Maßnahmen einzuleiten. Der Kalte Krieg bewege sich jetzt auf einem gefährlichen Grat. Eine Gefahr sei auch darin zu sehen, daß sich die Bürger allmählich an den Kalten Krieg gewöhnten. Es sei daher dringend geboten, mittels Aufklärung und Propaganda gegen die Kriegsstimmung energisch anzugehen. Berlin und Griechenland seien echte Gefahrenpunkte geworden. Cingolani fragte, welche Aktionen die MRP vorgesehen habe, um den Gefahren begegnen zu können? Die Mehrheit der Bürger wolle Frieden und Freiheit. Das habe damals, im Jahre 1938, doch schon das Münchner Abkommen gezeigt.
Sodann bat Gortais ums Wort. Er stellte die Frage zur Diskussion, ob es möglich sei, wirtschaftspolitische Voraussetzungen schaffen zu können, um in diesem Bereich eine Front gegen die Sowjetunion aufzubauen. Man sei der Meinung, das könne wohl ein politisch integriertes Europa, aber nicht einzelne seiner Länder. Außerdem müßten dann schon an erster Stelle die USA mit in der Front stehen.
Ein italienischer Teilnehmer sagte, sein Land sei vollständig entwaffnet und zähle zwei Millionen Arbeitslose. Sei eine europäische Wirtschaftskrise zu befürchten?
Auf die Bedeutung der italienischen Wahlen für Europa hinweisend, meinte ergänzend dazu Frau Dr. Morino, wenn die sozialistischen und kommunistischen Parteien die Wahlen gewinnen würden, so gäbe es einen sozialistischen Präsidenten und Kabinettschef. Würden dazu noch Labour Party und Sozialdemokraten in England und Deutschland an die Macht kommen, dann gebe es in Europa eine Vorherrschaft der englischen Politik. Das könnte den Weg öffnen für eine Sozialisierung von Wirtschaft und Gesellschaft, und ebenso würde dann die Europäische Föderation sozialistisch geprägt.
Gegen Ende der Sitzung gab es eine lebhafte Diskussion über den Stand der angestrebten europäischen Integration. Man befaßte sich mit Fragen wie eine europäische Föderation zu organisieren wäre. Bis zu welchem Zeitpunkt wohl mit der Konstituierung eines europäischen Parlaments zu rechnen sei. Man sprach über die Anzahl der Abgeordneten, die es aufnehmen soll. Die Zahl von 100 Abgeordneten wurde genannt. Andere meinten, es müßten wenigstens 250 bis 300 sein.
Des weiteren wurde gefragt, wie es um den Plan stehe, einen Internationalen Rat zu gründen, dem 40 Mitglieder aus allen europäischen Ländern angehören sollten, wobei den sieben Ländern hinter dem „Eisernen Vorhang" 14 Vertreter zuzubilligen wären. Dr. Adenauer setzte sich dafür ein, für deutsche Vertreter die ihnen zukommende Anzahl von Sitzen offenzuhalten.
Dies ist im großen und ganzen der Inhalt der Sitzung vom 8. März 1949. Die einzelnen Referate lassen unbeabsichtigt erkennen, welche tiefe Bedeutung der Aussöhnung und späteren Zusammenarbeit zwischen Deutschland und Frankreich beizumessen ist. Es ist das Kernproblem der europäischen Integra-

tion. Ohne seine volle Respektierung und die Verwirklichung aller Konsequenzen daraus kann Europa niemals eine dritte Macht im Kräftespiel der Weltpolitik werden.

Doch zurückdenkend an die Sitzungen des Jahres 1949 ist eine zu nennen, die mir lebendig in der Erinnerung blieb. Es war die Sitzung, die am 10. Juni 1949 in der bereits erwähnten Villa in der Avenue Bel-Air in Genf stattfand. Dr. Adenauer und Bidault waren zum letzten Male dabei. Während ihres Verlaufes kam es zu einem lebhaften Austrag einer Meinungsverschiedenheit zwischen Bidault und mir, die folgendes zum Grunde hatte.

Im Hinblick auf die immer noch unklare Haltung, die die französische Regierung zum konkreten Aufbau eines politisch vereinten Europas einnahm, hatte ich gesagt, nicht nur die CDU/CSU Deutschlands, auch die uns befreundeten Parteien der anderen Länder würden von Frankreich eine klare Stellungnahme erwarten. Dabei wies ich auf den zunehmenden Einfluß der britischen Politik hin, die damals von einer Labour-Regierung bestimmt wurde. Eine Verständigung und Zusammenarbeit zwischen der sie tragenden Labour Party und der SPD sei nicht auszuschließen, wenn es um die Integration Europas gehe. Wenn Frankreich wünsche, daß die künftige Europapolitik in Straßburg und nicht in London gemacht werde, dann müsse sich Frankreich entscheiden. Es sei aufgerufen, sich mehr und aktiver für das vereinigte Europa einzusetzen. Nach der Sitzung sagte Dr. Adenauer zu mir: „Waren Sie nicht doch zu scharf in Ihren Ausführungen gegen Georges Bidault?“ „Nein“, erwiderte ich, „es ging mir darum, Bidault als Chef der Regierung aus der reservierten Haltung herauszuholen und ihn zu einer klaren Aussage zu veranlassen.“ Nachmittags hatte ich Gelegenheit, Bidault allein zu sprechen. Zurückkommend auf meine Befürchtungen betreffs der englischen Politik sagte ich: „M. Bidault, bitte verstehen Sie, was ich eigentlich sagen wollte. Wenn jetzt Frankreich die Fahne der Integration in die Hand nimmt, wird Italien folgen, die Benelux-Staaten und auch wir, die Deutschen. Aber die Chance, Europa aufbauen zu können, wird nicht lange dauern. 1950 noch, ja, 1951 vielleicht, aber danach wird es für lange, lange Zeit keine Integration mehr geben, die Europa als politische Macht ins Spiel bringt.“ Bidault sagte dazu, Frankreich werde sich der Aufgabe gewiß nicht entziehen. Zu bedenken seien doch auch die großen Hindernisse, die in den innerpolitischen Zuständen Frankreichs zu sehen wären. Überdies seien die gegenwärtigen Machtverhältnisse in Europa dem Zusammenschluß gegenüber teils als förderlich, teils als hemmend und abträglich zu bewerten.

Unzweifelhaft waren die Genfer Sitzungen auf dem Höhepunkt ihrer politischen Bedeutung in der Zeit vom 22. März 1948 bis zum 10. Juni 1949, als Dr. Adenauer und Bidault öfters an ihnen teilnahmen. Das wird verständlich, wenn man an das Kernproblem der europäischen Integration denkt. Es bestand darin, daß Deutschland und Frankreich zwar im Rahmen der Gemeinschaft der „Sechs Länder“, aber doch mit einem ersten gemeinsamen Schritt den Weg zu einer stetig enger werdenden, beiderseitigen Zusammenarbeit begonnen hätten. Dieser Weg hätte als nächstes Ziel eine verstärkte wirtschaftliche Kooperation angesteuert, um dann zu einer gemeinsamen Außenpolitik zu führen. Die gemeinsame Außenpolitik könnte ein erster Grundstein für

das Werden des Vereinigten Europas sein. Die anderen Staaten der Gemeinschaft wären im Spannungsfeld dieser wachsenden europäischen Macht sicher eher bereit gewesen, bei sich selbst die Hindernisse hinwegzuräumen, die der Einigung im Wege standen. Dr. Adenauer war dieser Idee gegenüber sehr aufgeschlossen. Sein und de Gaulles Werk, nämlich der Abschluß des deutsch-französischen Freundschaftsvertrages – gemeint ist der Vertrag der Bundesrepublik Deutschland und der Französischen Republik über die deutsch-französische Zusammenarbeit, am 2. Juli 1963 in Kraft getreten –, enthielt im Grunde genommen bereits eine konkrete Möglichkeit zur Verwirklichung der Idee.
Daß Dr. Adenauer so dachte, wurde mir in den letzten Gesprächen, die ich 1966 mit ihm führte, zur absoluten Gewißheit. Als ich ihm vorschlug, dieser Weg sollte von der damaligen Regierung aus eingeschlagen werden, ich würde darüber mit führenden einflußreichen CDU-Mitgliedern sprechen, um sie dafür zu gewinnen, sagte er auf meine Frage, ob er diesen Schritt billige: „Ich billige ihn nicht nur, Sie können ausdrücklich sagen, ich stehe voll und ganz dahinter. Sie können sich auf mich berufen." (Durch meine persönlichen Beziehungen zur unmittelbaren Umgebung de Gaulles und zum Quai d'Orsay wußte ich, daß auch in Paris für eine Zusammenarbeit speziell in diesem Sinne zwischen Deutschland und Frankreich sich der Verwirklichung des Planes gute Chancen eröffneten.) Der Beginn der großen Koalition unter Bundeskanzler Dr. Kiesinger am 1. Dezember 1966 bereitete diesem Weg ein Ende. Noch heute habe ich das Gefühl, besser noch: die innere Gewißheit, daß mit der Nichtausschöpfung des Vertrages vom 2. Juli 1963 eine Sternstunde der europäischen Politik vertan wurde. Es ist zwar kein Trost, sich sagen zu müssen, vielleicht war die Zeit nicht reif und die politischen Kräfte, die das nicht wollten, zu stark, aber Realitäten hat man anzuerkennen.
Dessenungeachtet gebe ich aber die Hoffnung nicht auf, Europa kann und wird sich vereinigen, wenn auch die gegenwärtigen politischen Machtverhältnisse – europäisch und weltweit gesehen – einen anderen Weg erfordern.
Doch wieder an die Genfer Sitzungen denkend, bleibt nachzutragen, ich hatte nach dem 10. Juni 1949 den Eindruck, die politische Einigung Europas rückt langsam in die Ferne. Indem der Wille, das zu vollbringen, bei den hierfür zuständigen Regierungen und insbesondere bei den Parlamentariern christlich-demokratischer Parteien auf immer größer werdende Schwierigkeiten innen- und außenpolitischer Art stieß und das Bewußtsein für die große Aufgabe in der Bevölkerung, abgesehen von beachtlichen Bewegungen und Gruppen, verblaßte, verloren zwangsläufig auch die Genfer Sitzungen mehr und mehr an Bedeutung. Doch eines ist ihnen nicht abzusprechen, solange sie einberufen wurden, haben sie von Anfang bis Ende dem Bemühen gedient, die Integration Europas zu fördern. Welcher Wert ihrem historischen Sinne beizumessen ist, bleibt im Rahmen der Geschichte der NEI noch darzustellen.

Der christliche Standpunkt

Im Halbmonatsblatt „Neue Generation", einem Sprachrohr der Jungen Union, findet sich im Leitartikel vom 30. August 1950 unter dem Thema: „Christentum

als politisches Programm", die ideologische Grundlage der NEI. Geschrieben wurde er von Dr. Leo Schürmann, damals Präsident der Jüngeren-Sektion der NEI. Er beginnt mit den Worten:
„Die im Jahre 1947 in Luzern anläßlich eines Treffens christlicher Politiker Europas zur Gründung vorbereitete Vereinigung der christlich-demokratischen Parteien dieses Kontinents will europäische Politik verstehen und verwirklichen auf Grund der Lehren des christlichen Naturrechts. Die NEI wollen einen regelmäßigen Kontakt zwischen solchen politischen Gruppierungen und Persönlichkeiten herbeiführen, die, wie es in Art. 3 der Statuten heißt, ‚s'inspirent des principes de la démokratie chrétienne'." Diese beiden Sätze träfen den Kern der Gesinnung, die von ihren Politikern erwartet würde. Sie umschrieben zugleich die Grundlage, von der aus eine christlich orientierte Politik zu verwirklichen wäre. Für die Parteien, die das Wort „Christlich" in ihrem Namen führten, werde das Recht beansprucht, sich international zu organisieren und zu vereinigen für ein künftig integriertes Europa. Sozialisten und Liberale hätten das bereits für sich realisiert. Soweit Dr. Schürmann. Worauf aber weiter hinzuweisen wäre, sind die geistigen Grundlagen der zwei genannten Richtungen hinsichtlich Denken, Wollen und Handeln der ihnen angehörenden Politiker. Ihre geistigen Grundlagen basieren zwar auf philosophisch fundierten Ideologien nach Ideen des 18., 19. und 20. Jahrhunderts, doch keine von ihnen kann die Frage nach dem Sinn des Lebens beantworten. Die geistige Grundlage für den christlichen Politiker liegt auf einer anderen Ebene. Anstelle einer Ideologie ist es der Glaube an das Wort Gottes, der ihn im Gewissen verpflichtet, gemäß den christlichen Normen zu sprechen und zu handeln. Dieser fundamentale Unterschied kennzeichnet die geistigen Grundlagen, denen zufolge in Zukunft mehr noch als bisher, die Neuformung der Gesellschaft und das Verhalten des Bürgers zum Staat bestimmt wird.
Nur unter diesem Aspekt betrachtet, ist es möglich, sich die Beziehungen zwischen Christentum und Politik vorzustellen, so wie sie damals verstanden wurden. Diese Politik fühlte sich noch der abendländischen Tradition verbunden. Sie sah es als eine Verpflichtung an, deren Erbe lebendig zu erhalten gegenüber einem atheistisch, materialistisch und weltanschaulich indifferenten Glauben an den Fortschritt, einer Umwertung aller Werte, einer schrankenlosen Liberalisierung hinsichtlich der moralischen und sittlichen Bindungen, die für den Bestand einer Gesellschaft unerläßlich sind. Denn bereits im Genfer Kreise stellte man sich die Frage, welches Gesicht wird Europa später einmal haben, ein christliches, ein liberales oder ein sozialistisches? Überdies waren die christlichen Politiker jener Jahre zutiefst davon überzeugt, nur eine auf den geistigen und moralischen Grundlagen des Christentums und dessen Normen basierende Politik wäre imstande, den Frieden zu erhalten und die Wunden des Zweiten Weltkrieges zu heilen. Vor allem aber – und das war auch die Meinung im Genfer Kreise – würden die militärischen und wirtschaftlichen Voraussetzungen für die Sicherung des Friedens allein nicht genügen, wenn sich dazu nicht auch eine geistige Widerstandskraft, gestützt auf Verantwortungsbewußtsein, Opfer- und Einsatzbereitschaft, beigesellt. Bei einer möglichen Auseinandersetzung mit dem militanten Kommunismus der Sowjetunion und deren atheistisch orientierten Ideologie, sah man das Christentum als die zuverläs-

sigste, unverzichtbare geistige Kraft im Rahmen der westlichen Front an. Bei manchen Gesprächen im Genfer Kreise, aber auch bei anderen Gelegenheiten, erlebte ich diese Gesinnung und Haltung. Ein Beispiel, das für viele gelten kann, sei angeführt. Als Dr. Felix Hurdes, damals Kultusminister in der österreichischen Regierung und Generalsekretär der ÖVP, am Kongreß der Katholischen Volkspartei der Niederlande in Utrecht am 12. und 13. November 1949 teilnahm – von deutscher Seite aus waren Frau Dr. Helene Weber und ich anwesend – beendete er seine Ansprache mit den Worten: „Das künftige Europa wird christlich sein oder es wird überhaupt nicht sein!" Wer den tosenden begeisterten Beifall der sicher mehr als tausend Delegierten und Gäste hörte, wird die Größe der Stunde niemals vergessen.
Des weiteren braucht man nur die Gründungsaufrufe, Programme, die Grundlagen und Leitsätze der CDU/CSU von 1945 und den Jahren danach durchzulesen, um das bestätigt zu finden. Die damals tiefgreifende Hinwendung zum christlichen Glauben in großen Bevölkerungsteilen europäischer Länder findet wohl auch ihre Erklärung darin, daß bei vielen Bürgern, die die Furien des Krieges kennengelernt hatten, eine Sehnsucht nach einer anderen Welt wach wurde. Man wünschte sich das Leben und seine Umwelt wieder nach sittlichmoralischen Wertmaßstäben ausgerichtet. Man wünschte es sich – bildlich gesagt –, wieder festen Boden unter die Füße zu bekommen.
Anfang der sechziger Jahre – der Kulturkongreß der CDU 1963 in Gelsenkirchen zeigte es bereits erkennbar – wandelte sich das Verhältnis zwischen Kirche und Partei. Es war eine Folge des unaufhaltsam fortschreitenden Laizismus und der Säkularisierung der Gesellschaft. Das weltanschauliche „Bekennen" in der Öffentlichkeit trat langsam und immer leiser werdend in den Hintergrund. Zugunsten des Übergangs in eine alle Bürger umfassende Volkspartei verlor die CDU, auf das Wort „Christlich" hin bezogen, an Profil. Zwangsläufig verblaßten die Konturen. Sie wurden unscharf und fließend.
In der Rückschau auf diese Entwicklung, insbesondere aber auf die ersten Jahre nach dem Zweiten Weltkrieg, bleibt mir ein Gespräch mit Dr. Adenauer – geführt im Sommer 1966 – unvergeßlich in der Erinnerung. Es handelte sich um das reservierte Verhalten der katholischen Kirche bei den Wahlen zum Landtag von Nordrhein-Westfalen. Dr. Adenauer konnte ihre distanzierter werdende Einstellung nicht fassen und wollte sich nicht damit abfinden. Es war schwer, ihm darzulegen, welcher Entwicklung das zuzuschreiben war.

Rückschau

Eine Rückschau auf die Genfer Sitzungen läßt die Frage auftauchen, ob sie aus der Sicht der Gegenwart betrachtet, ihre Aufgabe erfüllt und ihr eigentliches Ziel erreicht haben. Gerechterweise muß darauf geantwortet werden, was sie in ihrer Zeit unter den damals herrschenden Tendenzen und Zuständen bewirken konnten, das haben sie erfüllt. Als Beispiel sei an dieser Stelle der Entwurf des Schuman-Plans genannt, der den Anstoß zu der am 18. April 1951 erfolgten Gründung der Montan-Union gab. Der Entwurf wurde bereits im Laufe des Jahres 1950 in den Genfer Sitzungen eingehend behandelt. Das hat viel zur gegenseitigen Abstimmung in der Sache beigetragen. Daß es mehr hätte sein können, liegt nicht an ihnen, sondern an den Voraussetzungen und Machtverhältnissen, die den Ablauf der Politik in den Jahren von 1947 bis 1956 bestimmten.

Sicherlich, die Genfer Sitzungen hätten die Ausgangsbasis für den Aufbau einer festen Organisation christlich-demokratischer Parteien auf internationaler Basis werden können. Einer Organisation, die im Verein mit der NEI vielleicht entscheidend den Weg zur politischen Integration Europas freigemacht hätte. Aber dieser Weg war durch unüberbrückbare Hindernisse versperrt. Zu Anfang der fünfziger Jahre trat eine Wende in der europäischen Politik ein. Langsam zwar, aber stetig verloren die Fronten des Kalten Krieges ihre Härte. Die Sowjetunion, bisher auf Konfrontation ausgerichtet, änderte ihre politischen Methoden. Strategie und Taktik stellten sich auf Anpassung und Respektierung der Wirtschafts- und Gesellschaftssysteme der westlichen Länder ein, ohne daß die eigentlichen Ziele, nämlich Europa in ihren Einflußbereich zu bringen, aufgegeben wurden. Hinsichtlich der Integration Europas verschoben sich die Gewichte. Nicht mehr die künftige staatsrechtliche Form der Einigung stand im Vordergrund, sondern der Aufbau wirtschaftlicher Gemeinschaften. Sie sollten im Sinne der sie tragenden Staaten und Institutionen die Basis für eine Vereinigung werden. Europa, im Endziel als ein Bundesstaat ersehnt, trat in den Hintergrund der politischen Bühne. Die Gemeinschaften, die ihrer Aufgabe und ihrer Struktur nach mehr Zweckverband als politische Machtgebilde sein konnten, nahmen fortan die erste Stelle ein.

Unter diesem Aspekt gesehen, kommt der Reorganisierung der christlich-demokratischen Internationale, die in der am 28. Juni 1965 vollzogenen Umbenennung der NEI in „Europäische Union Christlicher Demokraten" ihren Ausdruck fand, eine besondere Bedeutung zu. Diese Union wird eine große Aufgabe zu übernehmen haben. Denn ihr obliegt es, auf die Fragen nach neuen Wirtschafts- und Gesellschaftsformen in Europa eine ihrem Geiste und ihrer Gesinnung entsprechende Antwort zu geben. Es wird entscheidend an ihr liegen, welches Gesicht das zukünftige Europa haben wird. Ohne Zweifel, die Union geht in eine schwere Probe der Bewährung hinein. Möge in ihren Mitgliedern der Geist lebendig sein, der die Teilnehmer der Genfer Sitzungen beseelte. Sie handelten in freundschaftlicher Gesinnung, in gegenseitigem Vertrauen und in dem Glauben, einer großen Aufgabe zu dienen.

Teilnehmerliste zu den Genfer Sitzungen:
(Die Liste ist nicht vollständig)

Belgien:

Frans van Cauwelaert: Präsident der Kammer, Minister

Theodore Lefèvre: Abgeordneter, Vorsitzender der Christlich-Sozialen Partei, Ministerpräsident

Robert Houben: Parteipräsident, Minister

August de Schrijver: Gründer und erster Vorsitzender der Christlich-Sozialen Partei, Minister

Deutschland:

Dr. Konrad Adenauer: Präsident des Parlamentarischen Rates, Bundeskanzler

Herbert Blankenhorn: Leiter des CDU-Sekretariats der britisch besetzten Zone, Botschafter

Dr. Heinrich v. Brentano: Mitglied des Parlamentarischen Rates, MdB, Außenminister

Bruno Dörpinghaus: Generalsekretär der Arbeitsgemeinschaft der CDU/CSU Deutschlands

Jakob Kaiser: Vorsitzender der CDU in der sowjetisch besetzten Zone, Bundesminister

Dr. Johann Jakob Kindt-Kiefer: Schriftsteller, Präsident der Dr.-Kindt-Kiefer-Stiftung

Dr. Otto Lenz: Mitglied der Arbeitsgemeinschaft der CDU/CSU, Staatssekretär, MdB

Dr. Josef Müller: Vorsitzender der CSU, Staatsminister

Dr. Friedrich v. Prittwitz: Außenpolitischer Berater des Vorstandes der Arbeitsgemeinschaft der CDU/CSU, früherer Botschafter

Fritz Schäffer: MdB, Bundesfinanzminister

Carl Schröder: Mitglied der Arbeitsgemeinschaft der CDU/CSU, Vorsitzender der CDU-Landtagsfraktion in Kiel

Karl Graf v. Spreti: MdB, Botschafter

Ulrich Steiner: Mitglied des Vorstandes der Arbeitsgemeinschaft der CDU/CSU

Frankreich:

Robert Bichet: Generalsekretär der NEI, Abgeordneter des MRP

Georges Bidault: Präsident des MRP, Ministerpräsident

André Colin: Abgeordneter des MRP, Minister

Joseph Fontanet: Abgeordneter, stellvertretender Generalsekretär des MRP

Albert Gortais: Generalsekretär des MRP

Victor Koutzine: Journalist

François de Menthon: Abgeordneter, Fraktionsvorsitzender des MRP, Präsident der Beratenden Versammlung des Europarats

Jean Morin: Leiter des Ministerbüros für Auswärtige Angelegenheiten

Pierre Pflimlin: Abgeordneter des MRP, Minister, Ministerpräsident

Maurice Schumann: Abgeordneter, Parteivorsitzender des MRP

Robert Schuman: Abgeordneter des MRP, Außenminister, Ministerpräsident

Pierre H. Teitgen: Stellvertretender Ministerpräsident, Minister

Italien:

Mario Cingolani: Minister, Senatspräsident

Dr. Lina Morino: Abgeordnete der DC

Enrico Tosi: Abgeordneter, Leiter des Außenpolitischen Büros der DC

Paolo Emilio Taviani: Abgeordneter der DC, Minister

Niederlande:

Josephus J. Gielen: Abgeordneter der Katholischen Volkspartei, Minister

Emanuel Sassen: Abgeordneter der Katholischen Volkspartei, Minister
Petrus J. S. Serrarens: Mitglied der Ersten und Zweiten Kammer des niederländischen Parlaments, Generalsekretär der Internationalen Föderation christlicher Gewerkschaften

Österreich:
Ferdinand Graf: Staatssekretär, Minister
Franz Grubhofer: Staatssekretär
Eduard Heinl: Minister
Dr. Felix Hurdes: Generalsekretär der ÖVP, Minister
Lois Weinberger: Stellvertretender Bürgermeister von Wien, Minister

Schweiz:
Dr. Josef Escher: Nationalrat
Dr. Martin Rosenberg: Generalsekretär der Konservativen Volkspartei

1 Vgl. Archiv Bruno Dörpinghaus.
2 Vgl. ebenda.
3 Mit Brückentheorie wurde die Auffassung bezeichnet, das künftige Deutschland werde die Aufgabe haben, zwischen östlichen und westlichen Länderinteressen die Rolle des Vermittlers zu übernehmen. Eine Trennung in zwei deutsche Staaten wurde damals, trotz der immer noch katastrophalen Lage, nicht als eine vorstellbare Realität angesehen.
4 Vgl. Archiv Bruno Dörpinghaus.
5 Vgl. ebenda.
6 Vgl. ebenda.
7 Vgl. Deutschland-Union-Dienst. Ausgabe C. Informationsblatt der Arbeitsgemeinschaft der CDU Deutschlands, Nr. 32 vom 11. Juni 1948.
8 Vgl. Werner Stein, Kulturfahrplan, Darmstadt 1962, S. 1169.
9 Es handelte sich um die Erklärungen der Führer der kommunistischen Parteien Frankreichs und Italiens – Thorez und Togliatti –, denen zufolge eine Unterstützung der UdSSR im Kriegsfalle zugesagt wird.

GÜNTER HENLE

Vom Ruhrstatut zur Montan-Union

I.

„Der Schuman-Plan war der Anfang der europäischen Einigung. Mit der Unterzeichnung des Montan-Union-Vertrages begann in meinen Augen ein neuer Abschnitt der europäischen Geschichte."

In diese Worte hat Konrad Adenauer in seinen „Erinnerungen" die politische und geschichtliche Bedeutung des am 18. April 1951 zum Abschluß gelangten Vertragswerks, so wie er sie stets sah, zusammengefaßt[1]. Mit diesem Vertrag wurde die Europäische Gemeinschaft für Kohle und Stahl ins Leben gerufen, und zwar in einer Form, die für die damalige gesamtpolitische Lage etwas ganz Neues enthielt, nämlich die Anerkennung der Bundesrepublik Deutschland in einem internationalen Vertragswerk als ein mit den anderen Kontrahenten völlig gleichberechtigter Partner. Damit wurde nicht nur ein erster, sich deutlich abzeichnender Erfolg auf dem Wege zur europäischen Einigung erzielt, sondern auch ein Schlußpunkt hinter die sechs Jahre nach dem totalen Zusammenbruch des Hitlerreiches von 1945 gesetzt, während deren man im Osten wie im Westen in Deutschland in erster Linie immer noch den geschlagenen Feind sah, dessen Neuerstarkung es zu verhindern gelte.

Die akute Notlage, in der sich nach dem Ende des Zweiten Weltkriegs fast ganz Europa befand, machte freilich schon vor dem Schuman-Plan ein Beschreiten neuer Wege nötig, wenn der alte Kontinent überhaupt wirtschaftlich wieder auf die Beine kommen sollte. Die entscheidende Wende in dieser Hinsicht trat am 5. Juni 1947 mit der großartigen amerikanischen Initiative des Marshall-Plans ein, der wenigstens die westeuropäische Wirtschaft vor einem Untergang in Lethargie bewahrte, und aus dem dann auch der deutschen Wirtschaft Mittel in Höhe von 1,7 Milliarden Dollar zu einem ersten Wiederaufbau zuflossen. Zur Durchführung des Marshall-Plans wurde dann auch 1948 die Organisation für europäische wirtschaftliche Zusammenarbeit (OEEC) in Paris ins Leben gerufen. Aber in den Besatzungszonen, in die Deutschland damals noch aufgeteilt war, hielt doch, wenn auch in unterschiedlichem Grade, der alte, auf Verhinderung einer deutschen Wiedererstarkung abzielende Kurs zunächst weiter an, der sich mit der Fortführung der Demontagen und mit der Einsetzung zahlreicher Kontrollinstanzen auf die Wirtschaft schwer schädigend und lähmend auswirkte. Zur besonderen Überwachung der Kohle- und Stahlindustrie des Ruhrgebiets wurde Ende 1948 vor allem auf französisches Drängen hin von den Vereinigten Staaten, Großbritannien, Frankreich und den Benelux-Ländern in London das Ruhrstatut beschlossen, das die Schaffung einer Internationalen Ruhrbehörde vorsah. Ihr sollte fortan die Aufteilung der Kohle-, Koks- und Stahlerzeugung des Ruhrgebiets auf das In- und Ausland obliegen.

Diese Internationale Ruhrbehörde wurde im Frühjahr 1949 errichtet und nahm im Juli in Düsseldorf ihre Tätigkeit auf. Der damals in Bildung begriffenen Bundesrepublik Deutschland war das Recht eingeräumt worden, einen Vertreter in diese Behörde zu entsenden. Auch zu dem durch Satzung vom 5. Mai 1949 begründeten Straßburger Europarat sollte die Bundesrepublik Deutschland als freilich zunächst nur assoziiertes Mitglied Vertreter entsenden können.

Das war die Lage, und das waren die Fragen, denen sich Adenauer gegenübergestellt sah, als er am 15. September 1949 zum Bundeskanzler gewählt worden war, wobei ihm natürlich als besonders dringlich zu erreichendes Ziel die Einstellung der Demontagen vor Augen stand. In jeder Sitzung mit den Hohen Kommissaren der drei Westmächte, zu der es damals kam, brachte er dieses Anliegen vor, stieß aber bis Ende Oktober 1949 immer wieder nur auf Ablehnung. Die folgenden Wochen brachten dann die sehr schwierigen Verhandlungen Adenauers mit den Hohen Kommissaren, die ihm schließlich am 22. November 1949 mit dem Abschluß des Petersberger Abkommens einen ersten weithin sichtbaren außenpolitischen Erfolg eintrugen. Dieses Abkommen führte zur Streichung zahlreicher deutscher Werke von der alliierten Demontageliste und brachte auch sonst auf wirtschaftlichem Gebiet Erleichterungen, die dem Wiederaufbau der deutschen Wirtschaft den Weg ebneten.

In diesen Verhandlungen sagte der Bundeskanzler den Hohen Kommissaren am 17. November 1949 auch bereits den deutschen Beitritt zur Ruhrbehörde zu, wie denn Adenauer überhaupt ungeachtet der Entrüstung, die die Schaffung dieser Behörde in der deutschen Öffentlichkeit ausgelöst hatte, der Ansicht war, daß das Ruhrstatut, wenn es im richtigen Geist ausgeübt werde, „den Beginn einer europäischen Föderation darstellen" könnte[2]. Als Adenauer dann über das Petersberger Abkommen am 24. November 1949 im Bundestag eine Regierungserklärung abgab, stieß er zwar auf heftige Kritik der Opposition gegen den Beitritt zur Ruhrbehörde, fand für diesen aber überraschende Unterstützung vom Deutschen Gewerkschaftsbund durch ein Telegramm Hans Böcklers, der darüber hinaus in vielen Fragen ein einsichtsvoller Mann war.

Die Ruhrbehörde, die zu der 1952 dann an ihre Stelle tretenden Montan-Union nur ein recht kurzlebiges und wenig glücklich gestaltetes Vorspiel darstellte, erwies sich für die westdeutsche Wirtschaft im ersten Jahr ihres Bestehens als ein immerhin noch zu ertragender Störungsfaktor. Sie war in ihrer eigenen Tätigkeit stark behindert, weil die ihr zugedachten Aufgaben großenteils bereits von anderen Stellen, nämlich den britischen und amerikanischen Besatzungsbehörden und der Hohen Kommission auf dem Petersberg, wahrgenommen wurden. Auch äußerte der Generalsekretär der Ruhrbehörde, der Belgier Kaeckenbeeck, schon Anfang August 1949, man werde mit der eigentlichen Arbeit warten, bis die Bonner Regierung ihren Vertreter in die Ruhrbehörde entsandt habe. Das geschah dann im Dezember 1949 in der Person von Franz Blücher, dem damaligen Vizekanzler. Kaeckenbeeck, mit dem ich alsbald in nähere persönliche Verbindung trat, war übrigens eine angesehene und auch gerade in Deutschland wegen seiner ehemaligen langjährigen Tätigkeit als Präsident des Internationalen Schiedsgerichts für Oberschlesien sehr geachtete Persönlichkeit, die dann in Düsseldorf eher auf ein Kurztreten bedacht war.

Als Folge davon machte sich schon rasch, zumal bei den Franzosen, die Ansicht breit, die Ruhrbehörde habe ja eigentlich gar nichts zu tun. Bereits im Januar 1950 sprach der bekannte deutsche Rundfunkreporter Peter von Zahn von einem „Dornröschenschlaf" der Ruhrbehörde, während der Londoner „Economist" schrieb, man müsse ihre Funktionen erweitern oder sie auflösen. Und am 29. März 1950 verlangte der Auswärtige Ausschuß der französischen Nationalversammlung nachdrücklich die Übertragung aller statutgemäßen Funktionen an die Ruhrbehörde, verurteilte die Tendenzen auf eine Erhöhung der – ohnehin minimalen – deutschen Stahlquote und wendete sich gegen alle Pläne einer gelegentlich angeregten Ausdehnung der Autorität der Ruhrbehörde auf andere Länder. Trotzdem hieß es noch im September 1950 in der Presse, die Ruhrbehörde sei „eingeschlafen", „praktisch arbeitslos", „überflüssig" und werde „bald sterben".

Ein Wandel trat ein, als sich im Oktober 1950 infolge des im Juli 1950 ausgebrochenen Koreakriegs die Lage auf dem Weltkohlenmarkt wesentlich änderte. War der Kohlenabsatz zuvor eher flau gewesen, setzte nun die Ruhrbehörde eine Exportquote für die wieder interessant gewordene Ruhrkohle fest, gegen deren für unseren heimischen Bedarf zu große Höhe bei künstlich niedrig gehaltenen Preisen der deutsche Vertreter schon im Dezember protestierte, die aber trotzdem in den nun folgenden schwierigen Verhandlungen nur geringfügig herabgesetzt wurde. Nun schlug auch in der Presse der Wind um. Deutsche Blätter seufzten über die „harte Entscheidung" der Ruhrbehörde und ziehen sie einer „rigorosen Kohlenpolitik". Dem nun auch merklich angestiegenen Kohlebedarf der deutschen Industrie konnte nur in ungenügendem Ausmaß entsprochen werden; der Inlandskohlenmarkt geriet in beträchtliche Nöte.

II.

Konrad Adenauer war am 9. Mai 1950, dem Tag der Bekanntgabe des Schuman-Plans, in einer Kabinettsitzung zunächst mit einer anderen Frage, nämlich dem Beitritt der Bundesrepublik Deutschland zum Straßburger Europarat, befaßt. Auch diese Frage war zu einem heißen Eisen geworden, weil Frankreich gleichzeitig den gesonderten Beitritt des Saargebiets als ebenfalls assoziiertes Mitglied des Europarats betrieb, weshalb in der deutschen Öffentlichkeit lautstark die Ansicht vertreten wurde, durch einen gleichzeitigen Beitritt Bonns und Saarbrückens werde ja vor aller Welt der endgültige Verzicht auf das Saargebiet deutscherseits bestätigt. Adenauer war aber trotzdem für die Vollziehung des Bonner Beitritts, da sein außenpolitisches Hauptziel, die Integration Deutschlands in die westeuropäische Welt, dadurch gefördert werden konnte, während ein Verzicht auf den Beitritt einer Absage an den Europagedanken gleichkommen mußte. Da geschah es, daß dem Bundeskanzler in diese Kabinettsitzung hinein zwei soeben von einem Pariser Sonderbeauftragten überbrachte Schreiben des französischen Außenministers Robert Schuman hineingereicht wurden. Ihr Inhalt war die Übermittlung des Schuman-Plans.

Dieser Plan sah vor, eine supranationale Gemeinschaft zur Errichtung eines gemeinsamen Marktes für Kohle und Stahl in Europa zwischen der Bundesrepublik Deutschland und Frankreich zu gründen, der aber auch weitere europäische Länder beitreten könnten. An der Spitze dieser Gemeinschaft sollte eine Hohe Behörde zur Ausübung der supranationalen Befugnisse stehen. In der Verlautbarung der französischen Regierung hieß es zudem zur Begründung ihres Vorschlags aber ausdrücklich: „Cette proposition réalisera les premières assises concrètes d'une Fédération européenne indispensable à la préservation de la paix."[3] Das hob deutlich den Charakter des ganzen Vorschlags als einen Schritt von eminent politischer Bedeutung hervor. Adenauer hat in seinen „Erinnerungen" geschrieben, Schumans Plan habe voll und ganz seinen seit langem vertretenen Vorstellungen einer Verflechtung der europäischen Schlüsselindustrien entsprochen. Er teilte denn auch unverzüglich Robert Schuman mit, daß er seinem Vorschlag aus ganzem Herzen zustimme. Adenauer kannte zu diesem Zeitpunkt Robert Schuman bereits persönlich von einem Gespräch, das er im Oktober 1948 mit ihm in Baffenheim geführt hatte, das aber inhaltlich hauptsächlich der Saar-Frage galt.

Die Schuman-Plan-Initiative traf ihn jedoch unerwartet. Doch war er sich über ihre Tragweite sofort völlig im klaren, ebenso über die bei ihrer positiven Beantwortung zu erwartende Erleichterung für die zukünftige Regelung wichtiger Fragen, besonders der des Fortbestands der Ruhrbehörde, der Saar-Frage und damit auch der des Beitritts zum Europarat. So führte er sofort einen Beschluß des bei ihm versammelten Kabinetts über den deutschen Beitritt zum Schuman-Plan herbei und unterrichtete von der französischen Initiative auch gleich den Auswärtigen Ausschuß des Bundestags, dem ich damals angehörte. Auf einer Pressekonferenz am Abend des 9. Mai 1950 sagte er, daß er den Schuman-Plan als einen großherzigen Schritt Frankreichs gegenüber Deutschland betrachte. Die Zusammenlegung der Produktion von Kohle, Eisen und Stahl schaffe eine echte Voraussetzung dafür, daß zwischen Frankreich und Deutschland in Zukunft jeder Konflikt ausgeschaltet sein werde.

Der Vorschlag des Schuman-Plans überraschte nicht nur auf das höchste die Bonner, sondern auch viele andere Regierungen wie überhaupt weite Teile der Weltöffentlichkeit. Die „New York Times" war zwar wieder einmal hellhöriger als die anderen und hatte schon am 4. Mai 1950 in einer Meldung über die Pariser Pläne zu berichten gewußt, Schuman werde die Vereinheitlichung der europäischen Grundindustrien in einem Konsortium vorschlagen, das die britische Kohle, den Ruhrstahl und das Lothringer Erz umfassen solle. Doch davon nahm man merkwürdigerweise kaum Notiz. Der erste Eindruck nach dem 9. Mai 1950 war: Überraschung und zwiespältige Aufnahme in Frankreich, Enthusiasmus in Bonn, lebhaftes Lob von amerikanischer Seite; leichte Kühle und Verstimmung herrschten dagegen in England, wo man sich nicht nur ärgerte, die Überrumpelung Frankreichs bei der letzten Pfundabwertung in dieser Weise heimgezahlt zu bekommen, sondern wohl auch sofort Gefahren für die eigene Sozial- und Wirtschaftspolitik, ja für die englische Souveränität witterte.

Die Begeisterung Dr. Adenauers und auch deutscher industrieller Kreise für den Schuman-Plan wirkte auf die Franzosen fast erschreckend. Im Auswärtigen Ausschuß der französischen Nationalversammlung gelang es nur mit der einen Stimme des Vorsitzenden, einen Antrag zu Fall zu bringen, der die Zustimmung des Parlaments vor jedweder Entscheidung verlangte; das Stimmverhältnis war 18 zu 17. Die Pariser „Epoque" wollte den ganzen Plan nur als „Versuchsballon" gelten lassen. Die Moskauer „Prawda" sah natürlich in dem Ganzen nichts anderes als die Schaffung eines Rüstungsrings unter amerikanischer Bevormundung.

Ich selbst nahm wenige Tage nach der Veröffentlichung des Schuman-Plans auf Aufforderung der „United Press", die baldmöglichst die Meinung eines Ruhrindustriellen kennenlernen wollte, in einer Erklärung dazu Stellung. Es hieß darin, daß der von Frankreich unternommene mutige Vorstoß ein internationales Ereignis von größter Tragweite darstelle. Politisch gesehen würde die Verwirklichung dieses Gedankens einen unermeßlichen Fortschritt in Richtung auf die deutsch-französische Verständigung bedeuten und den Weg zu einem vereinigten Europa öffnen. Wirtschaftlich würde der Plan der Integrierung Europas dienen, für die er in einem entscheidenden Punkt einen sehr konkreten Vorschlag mache. Die französische Initiative werde desto besser in der Lage sein, die Grundlage für die politische und wirtschaftliche Integration zu bilden, je mehr andere europäische Länder sich ihr anschlössen.

Im Weiterverlauf des Mai blieb das Echo auf den Schuman-Plan besonders positiv in den Vereinigten Staaten, wo der Marshall-Plan-Administrator Hoffman ihn mit dem sehr richtigen Hinzufügen begrüßte „speed is of the essence", während der Senator Lodge ihn „die beste Neuigkeit aus Europa seit dem Ende des letzten Krieges" nannte. Walter Lippmann schrieb zum Schuman-Plan: „This is a bus which we simply cannot afford to miss." In Paris setzte sich zwar Maurice Duverger im „Le Monde" dringlich für die Überwindung aller Widerstände ein, doch verhärtete sich die Haltung der französischen Rechten, was sich in abfälligen Bemerkungen de Gaulles über das Vorgehen der Regierung und in der Äußerung des alten Louis Marin, er habe genug vom „Briandismus", kundtat. Auf deutscher Seite fühlte sich damals Thomas Mann bemüßigt, von Stockholm aus ähnliche Töne anzuschlagen, indem er sich vernehmen ließ, Schuman mache sich Illusionen über die großen Industriebarone an der Ruhr; Frankreich laufe Gefahr, zu einer deutschen Wirtschaftsprovinz zu werden. Hatte schon der amerikanische Hohe Kommissar McCloy zu Adenauer geäußert, der Schuman-Plan habe wie eine kleine Atombombe gewirkt, so kam es in der Folge laut „Neuer Zürcher Zeitung" in Washington noch zu einer „politischen Superbombe" auf Grund eines Pariser Berichts der „New York Times", die Franzosen sähen im Schuman-Plan ein Mittel, sich dem amerikanischen Einfluß zu entziehen und Europa aus der atlantischen Gemeinschaft herauszuhalten; dabei wurde auch Adenauer zum Vorwurf gemacht, er habe gleichfalls von einer „Dritten Macht" gesprochen. Das brachte am 30. Mai 1950 auch die Londoner „Times" in Harnisch. Sie schrieb, es könne keine größere „trahison des clercs" geben, als wenn die Europäer aus Abneigung gegen Coca Cola den totalitären Kommunismus wählten!

Vergegenwärtigt man sich dieses damalige Stimmengewirr, so drängt sich die Feststellung auf, wonach ein Umstand entscheidend dazu beitrug, daß der Schuman-Plan nach seiner Bekanntgabe in der Weltöffentlichkeit nicht rasch zerredet und um seine Erfolgschancen gebracht wurde, nämlich die Tatsache, daß es sich um einen Vorschlag der französischen Regierung handelte. Wäre er von anderer oder gar von deutscher Seite ausgegangen, so wären wahrscheinlich die französische Presse und Öffentlichkeit unter den ersten gewesen, die ihn als eine gefährliche Falle abgelehnt hätten. So aber war es nur London, das eine sauersüße Miene an den Tag legte und in einem französisch-britischen Notenwechsel vom 26. Mai bis zum 3. Juni 1950 eine Beteiligung an den vorgeschlagenen Verhandlungen ablehnte, wohingegen die Aufnahme in Italien und den Benelux-Ländern durchaus positiv ausfiel. Bei der Bonner Regierung hatte Robert Schuman keinerlei vorherige Sondierung vorgenommen, wie sie sich zu seinem Plan stellen werde, obwohl der deutschen Stellungnahme natürlich entscheidende Bedeutung zukam. Er brauchte das aber auch nicht, denn in Paris wußte man im voraus, daß die deutsche Antwort positiv sein werde. Auch ohne Kenntnis des Plans hatte Adenauer selbst dafür gesorgt, daß man in Frankreich wissen mußte, woran man in dieser Hinsicht sei.

Daß die Europäisierung der Kohle- und Stahlmärkte sein besonderes Anliegen sein müsse, stand für Adenauer schon im November 1949 fest. Bereits am 7. November ließ er der französischen Hohen Kommission in Bonn ein Aide-mémoire zugehen, in dem er sich unter anderem zur Erörterung eines Beitritts Deutschlands zum Ruhrstatut und einer möglichst frühzeitigen Beteiligung Deutschlands an der engeren wirtschaftlichen Verbindung zwischen Frankreich, Italien und den Benelux-Staaten bereit erklärte, von der damals die Rede war. Und am gleichen Tage gab er dem Vertreter des „Baltimore Sun" in Bonn ein Interview, in dem es hieß, er sei der Auffassung, die französischen Forderungen nach deutschen Sicherheitsgarantien könnten dadurch erfüllt werden, daß die Franzosen in der deutschen Industrie, besonders in Stahlwerken, Investierungen bis zur Höhe von 40% vornehmen dürften. Anfang 1950 ging der Bundeskanzler darüber noch wesentlich hinaus, indem er in einem Interview vom 7. März 1950 mit dem amerikanischen Journalisten Kingsbury-Smith das Angebot einer vollständigen Union Frankreichs und Deutschlands als Grundstein für die Vereinigten Staaten von Europa machte. Mit Genugtuung konnte er feststellen, daß de Gaulle sich am 16. März zustimmend zu diesem Vorschlag äußerte; er ergänzte selbst noch sein Angebot in einem weiteren Interview mit Kingsbury-Smith vom 21. März dahin, daß man von einem allmählichen Verschmelzen beider Länder in bezug auf Zölle und Wirtschaft nach dem Vorbild des Deutschen Zollvereins von 1833 ausgehen solle.

Adenauer berief sich auch darauf, daß er den Gedanken einer deutsch-französischen Zollunion schon immer vertreten habe. Am 22. März 1950 sagte er den Hohen Kommissaren in einer Besprechung, schon 1925 habe er den Plan einer solchen Zollunion der damaligen Regierung Marx vorgetragen und auch deren Billigung gefunden, nur sei man seinerzeit durch zum Teil widrige Umstände nicht weitergekommen[4]. Adenauer trat erneut Ende April 1950 in einem Interview für das Blatt „Italia" für eine totale Union Deutschlands, Frankreichs und Italiens nach schweizerischem Vorbild ein. Es war übrigens nicht nur Adenauer, sondern auch der damalige Ministerpräsident von Nordrhein-Westfalen, Karl Arnold, der öffentlich wiederholt den Vorschlag einheitlicher Zusammenfassung der Kohle- und Stahlmärkte zumindest Deutschlands, Frankreichs und der Benelux-Länder machte. Das veranlaßte die Londoner

„Times" sogar dazu, im Mai 1950 zu schreiben, Arnold sei der eigentliche Urheber der Idee des Schuman-Plans gewesen.

Wie groß auch immer die Wirkung der Appelle zum Zusammengehen aus deutschem Mund gewesen sein mag, das Verdienst, die Initiative zur Verwirklichung einer Europäischen Gemeinschaft für Kohle und Stahl ergriffen zu haben, kommt doch der damaligen französischen Regierung, dabei im besonderen aber dem französischen Außenminister Robert Schuman, zu. Natürlich hatte der Plan auch in Frankreich seine Vorgeschichte, in der Jean Monnet, der von 1946 bis 1950 Leiter des Planungsamts der französischen Regierung war, die wichtigste Rolle gespielt hat. Schon im ersten Jahr seiner Tätigkeit trat dieser hervorragende Wirtschaftspolitiker mit dem nach ihm benannten Monnet-Plan hervor, der ein großes Modernisierungsprogramm für die gesamte französische Wirtschaft darstellte. Die französische Stahlproduktion der Vorkriegszeit von rund zehn Millionen Tonnen sollte danach bis 1952 auf 15 Millionen Tonnen erhöht werden.

Diese Zielsetzung fand eine Ergänzung durch den Alphand-Plan, so genannt nach dem damaligen Generaldirektor für Wirtschafts-, Finanz- und technische Fragen im französischen Außenministerium Hervé Alphand, demzufolge die deutsche Ruhrindustrie fortan auf die Produktion von fünf Millionen Tonnen Stahl im Jahr verzichten und statt dessen eine entsprechende Menge Stahl zur Weiterverarbeitung von Frankreich kaufen sollte. Mit der Durchführung dieser Verlagerung der Produktion sollte jede künftige Erhöhung der deutschen Stahlerzeugungsquote unnötig gemacht werden. Die Ruhrindustrie sollte jedoch nach Lothringen Hochofen- und Stahlwerksanlagen sowie Kohle und Koks liefern. Dieser noch ganz vom Denken an Reparationen und Streben nach Schwächung der deutschen Industrie beherrschte Vorschlag fand – vielleicht nicht zuletzt aus diesem Grunde – den Beifall des damaligen Ministerpräsidenten Bidault, der sich auf der Moskauer Konferenz von 1947 für die Durchführung dieses Plans einsetzte.

In das Jahr 1947 fiel auch noch die Absprache zur Schaffung einer Zoll- und Wirtschaftseinheit zwischen den Niederlanden, Belgien und Luxemburg, deren volle Verwirklichung sich zwar bis 1960 hinziehen sollte, aber doch schon damals zur zusammenfassenden Bezeichnung Benelux für die drei Länder führte. Auch die Herstellung einer französisch-italienischen Zoll- und Wirtschaftsunion wurde im September 1947 ins Auge gefaßt, aber freilich nur recht zögernd weiterbetrieben. Die Folgezeit erlebte dann noch die Aufstellung weiterer Pläne zum wirtschaftlichen Zusammenschluß Frankreichs, Italiens und der Benelux-Länder von freilich nur kurzer Lebensdauer; denn je mehr man sich mit dem Problem beschäftigte, um so deutlicher wurde es, daß jeder europäische Wirtschaftszusammenschluß, der nicht auch zumindest die westdeutsche Wirtschaft mit umfaßte, unbefriedigend bleiben mußte und keine wahre Integration der europäischen Wirtschaft heraufführen konnte.

Viele Franzosen, Politiker wie Wirtschaftler, wandten sich nun mit neu erstarktem Interesse wieder der Saar-Frage zu. Was nach 1919 mißglückt war, wollte man nun jedenfalls erreichen, nämlich den endgültigen Zuwachs der Kohlevorkommen an der Saar und der dortigen Stahlindustrie zum französischen Industriepotential. Weitsichtiger aber war man im staatlichen Planungsamt, wo

Jean Monnet jetzt zum „wirtschaftlichen Organisator des Schuman-Plans", ja zum „Hauptmotor des ganzen Planes", wie Adenauer ihn genannt hat[5], wurde. Monnet gelang es dann wohl auch, Robert Schuman ganz für den Plan zu gewinnen, während das Kabinett diesem Versuch immerhin seine Zustimmung gab, freilich ohne deshalb die Hoffnung auf den endgültigen Gewinn der Saar, den namentlich der französische Hohe Kommissar in Saarbrücken mit Eifer betrieb, schon abzuschreiben.

III.

Was nun nach der grundsätzlichen Annahme des Schuman-Plans durch die Bundesrepublik folgen mußte, waren die Verhandlungen zur Ausarbeitung und Aushandlung des Vertrags über die Gründung der Europäischen Gemeinschaft für Kohle und Stahl. Sie sollten am 20. Juni 1950 durch ein erstes Treffen der Delegationen der in Frage kommenden Staaten in Paris aufgenommen werden. Am 23. Mai 1950 sprach zur Vorbereitung dieser Verhandlungen Jean Monnet in Bonn bei Adenauer vor, wobei Monnet den Rat gab, möglichst keine technischen Sachverständigen, sondern europäisch denkende Persönlichkeiten mit weitem wirtschaftlichem Horizont als Delegierte zu entsenden, um so den Schuman-Plan davor zu bewahren, mit Problemen aus dem technischen Bereich zerredet zu werden. Adenauer konsultierte wegen dieser Frage den bekannten Volkswirtschaftler Wilhelm Röpke vom Genfer Institut Universitaire des Hautes Etudes Internationales, der ihm die Ernennung des Frankfurter Professors für das Recht der internationalen Wirtschaftsbeziehungen, Walter Hallstein, vorschlug, den der Bundeskanzler dann auch zum Vertreter bei den Verhandlungen bestellte. Diese Verhandlungen, bei denen es ja zahllose Einzelheiten festzulegen galt, sollten sich dann bis zum 19. März 1951, d. h. neun Monate lang, hinziehen. Sie fanden natürlich unter Ausschluß der Öffentlichkeit statt, so daß diese sich nicht einmischen konnte.

Doch nicht nur in Paris, auch in Bonn und überhaupt in der Bundesrepublik fiel im Sommer 1950 viel Arbeit für die Verwirklichung des Schuman-Plans an. Was mich betraf, so legte ich in einer für den Bundeskanzler auf dessen besonderen Wunsch verfaßten Denkschrift vom 10. Juni 1950 meine Gedanken und Überlegungen zum Schuman-Plan nieder. Wir müßten – so schrieb ich darin – Wert darauf legen, daß uns für die Zusammenfassung der Grundindustrien gleiche Bedingungen als Partner zuerkannt würden. Einer der wichtigsten französischen Beweggründe für den Plan sei sicherlich der Wunsch, durch Verschmelzung der Märkte Frankreich einen größeren Absatzraum für seine Stahlerzeugung zu verschaffen und Sicherungen für die Beibehaltung des so erzielten Vorsprungs in der Stahlerzeugung des Kontinents auch für die Zukunft zu gewinnen. Dennoch sei anzunehmen, daß die politischen Beweggründe ungleich gewichtiger seien, nämlich die Verwirklichung des Europagedankens von der wirtschaftlichen Seite her, die Entschärfung der Saar-Frage und die Anbahnung des deutsch-französischen Ausgleichs in einer Frankreich angemessen absichernden Form. Aufgabe des Schuman-Plans müsse die zusammenfassende Koordinierung der beteiligten Volkswirtschaften auf dem Gebiet von

Kohle und Stahl sein. Durch ihn solle zwar reguliert, nicht aber dirigiert werden. Auch für uns müsse die Stahlausfuhr wieder wie früher ein erheblicher Devisenbringer werden. Die vorgesehene Aufhebung der Zölle werde sich allerdings stark zu unseren Lasten auswirken. Einen Ausgleich für diese vom deutschen Standpunkt aus negativ zu wertende Folgewirkung müsse der zu erhoffende allgemeine wirtschaftliche Aufschwung in Auswirkung der Bildung des Einheitsmarktes bieten. Schließlich müsse jetzt endlich mit der Neuorganisation unserer Grundindustrien unter alliierter Ägide Schluß gemacht werden. Es sei mit dem Gedanken der Montan-Union nicht vereinbar, daß bei uns eine Dekonzentration fortgesetzt werde, während sich in Frankreich seit zwei Jahren der genau umgekehrte Vorgang vollziehe.

In der Folgezeit hatte ich dann mit Adenauer mehrfache Besprechungen über diese Fragen. Er zog mich gelegentlich auch als Sachverständigen zu Kabinettsitzungen und zu Besprechungen auf dem Petersberg mit den drei Hohen Kommissaren hinzu. Aber auch sonst ergaben sich nun laufende Besprechungen mit den Dienststellen der Hohen Kommissare in Bonn, besonders mit den Leitern der Wirtschaftsabteilungen, ebenso in der Fraktion der CDU/CSU und deren Vorstand sowie im Auswärtigen Ausschuß über dieses außenpolitische Thema Nummer eins. Darüber hinaus wurde in Bonn noch ein aus CDU/CSU-Fraktionsmitgliedern sowie Montan-Industriellen bestehendes inoffizielles Gremium gebildet, das sich in einen Kohle- und einen Stahlbereich (dieser unter meinem Vorsitz) teilte.

So war es auch nur selbstverständlich, daß laufend Besprechungen mit leitenden Herren von der Kohle- und Stahlindustrie nebenhergingen. An der Erhaltung des positiven Interesses dieses Kreises war dem Bundeskanzler begreiflicherweise gelegen. Die zu erwartenden Nachteile und Belastungen für unsere Seite wurden dabei natürlich gebührend erörtert und geprüft, weil wir nun einmal mehr Leistungen in das Geschäft einbringen mußten als wir empfingen. Dem Einwand, daß wir ohne den Schuman-Plan auf nicht absehbare Zeit unter dem Regime des Ruhrstatuts verbleiben würden, war aber schließlich nichts Durchschlagendes entgegenzusetzen. Insgesamt bleibt festzustellen, daß sich die leitenden deutschen Montan-Industriellen von Anfang an dem Projekt gegenüber sehr aufgeschlossen verhalten haben mit der Bereitschaft, auch die Debetseite in Kauf zu nehmen. Gelegentliche entgegengesetzte Behauptungen in der Auslandspresse entbehrten jeder wirklichen Grundlage.

Demselben Ziel dienten auch zahlreiche Vortragsveranstaltungen, Diskussionen in kleinerem Kreise wie auch Publikationen und sonstige Aufklärungsarbeit bei der Wählerschaft für die Durchsetzung des großen Vorhabens. Was heute Wirklichkeit ist, begegnete damals naturgemäß doch auch noch mancherlei Zweifeln und Unentschlossenheit.

Im übrigen aber nahm im Jahr 1950 auch die außenpolitische Gesamtentwicklung ihren Fortgang, was wiederum nicht ohne Auswirkung auf das Gelingen des Montan-Union-Projekts bleiben konnte.

Diese Wechselwirkung wurde besonders deutlich durch die Tatsache, daß bereits fünf Tage nach Beginn der Pariser Verhandlungen der Angriff der nordkoreanischen Kommunisten auf Südkorea erfolgte, was dann zum Koreakrieg führte, der, abgesehen von allem sonstigen, auch rasch seine Auswirkungen auf die Nachfrage nach Kohle und Stahl auf dem Weltmarkt hatte. Was dabei zunächst in Europa in Erscheinung trat, war eine verstärkte negative Haltung Großbritanniens gegenüber dem Schuman-Plan. Der schon erwähnte französisch-britische Notenkrieg von Ende Mai und Anfang Juni 1950, der zu einer klaren britischen Absage an den Plan führte, war für Paris in hohem Maße unbefriedigend. In London hinterließ er ein Gefühl der Verärgerung und eines gewissen Isoliertseins, dem zumal die konservative englische Presse mit deutlicher Unruhe Ausdruck gab.

In diese Atmosphäre platzte dann noch am 12. Juni 1950 das schroff und unglücklich formulierte Manifest der Labour Party „European Unity" hinein, das als eine eindeutige Absage an jeden Gedanken der politischen und wirtschaftlichen Einigung Westeuropas überhaupt verstanden werden mußte. Es wirkte im gesamten Ausland weit stärker als in England selbst wie eine Riesensensation, ja wie eine Enthüllung des insularen, dem Kontinent gegenüber isolationistischen Denkens der Engländer. Dies war um so mehr der Fall, als zunächst sogar ein Leitartikel der Londoner „Times" offenkundige Sympathie mit den Gedankengängen des Labour-Manifestes an den Tag legte.

Als dann freilich die „New York Times" schrieb, es sei lange her, daß man aus Europa etwas so Negatives und Destruktives wie dieses Manifest gehört habe, und die New Yorker „Herald Tribune" von dem „fast monumentalen Ungeschick" dieser Veröffentlichung sprach und meinte, solch extremen Isolationismus habe man selbst in den Weststaaten der USA nicht erlebt, blieb das auch in England nicht ohne Auswirkung. Attlee geriet im Unterhaus gegenüber den Fragen der Opposition sogar in rechte Verlegenheit, aus der er durch nachdrückliche Unterscheidung zwischen Labour Party und Labour-Kabinett herauszukommen suchte. Die britische Politik freilich geriet so in den Verdacht, dem Schuman-Plan nicht nur fernbleiben zu wollen, sondern geradezu eine Verhinderung jeder kontinentalen Einigung anzustreben.

Die Sache nahm dann ihren Fortgang mit der großen Debatte im Straßburger Europarat im August 1950. Schon gleich zu Beginn warteten die britischen Konservativen mit der Forderung einer Abwandlung des Planes auf, derzufolge jedes Mitglied der Kohle- und Stahlgemeinschaft ein Vetorecht behalten und die Gemeinschaft selbst der Autorität des Ministerkomitees des Europarats unterstellt werden sollte. Die darin liegende Verfälschung des Pariser Vorhabens war nicht zu übersehen. In einer Debatte im Europarat am 14. August 1950 schossen dann die britischen Vertreter, Labour-Angehörige wie Konservative, wahre Breitseiten gegen den Schuman-Plan ab, obschon Robert Schuman selbst diesen vor der Versammlung vier Tage zuvor wirkungsvoll verteidigt hatte. Zum Glück ließen sich die Partner der Pariser Verhandlungen hierdurch nicht beirren. Äußerungen zufolge, die Robert Schuman dann in Paris machte, rechnete der französische Außenminister mit neuen Gegenvorschlägen der britischen Labour-Regierung für Ende September, die „merklich anders" aussehen würden als das Straßburger Projekt der britischen Konservativen.

Im Bonner Bundestag gab schon vorher, am 13. Juni 1950, eine Debatte über den deutschen Beitritt zum Europarat dem Bundeskanzler Gelegenheit, auch auf den Schuman-Plan einzugehen, wobei er unterstrich, daß dessen Bedeutung in erster Linie politisch und nicht wirtschaftlich sei. Die Saar-Frage, die bisher bei der Frage des Beitritts zum Europarat eine solche Rolle gespielt hatte, werde sich, wenn der Schuman-Plan verwirklicht würde, aus sich heraus lösen. Man könne nicht die Einladung zum Europarat abschlagen, aber mit dem Schuman-Plan zu einem föderativen Europa gelangen wollen. Wer die Einladung ablehne, präjudiziere so auch seine Stellung zum Schuman-Plan. Auch ich unterstützte Adenauer in unserer Fraktion immer wieder mit dem Argument, daß wir als Mitglied im Europarat auf die europäische Weiterentwicklung einen größeren Einfluß entfalten könnten, als wenn wir ihm fernblieben. Der gleiche Gesichtspunkt galt übrigens auch schon für die Entsendung eines deutschen Vertreters in die Ruhrbehörde. Am 15. Juni wurde dann das Gesetz zum Beitritt der Bundesrepublik Deutschland zum Europarat vom Bundestag mit 220 gegen 152 Stimmen angenommen, worauf fortan nun auch deutsche Vertreter in Straßburg zu Wort kamen.

Im Sommer 1950 zeigte sich dann noch eine bedrohliche Wolke am politischen Horizont mit der damals akut werdenden Frage einer westdeutschen Wiederaufrüstung oder, wie man zu sagen vorzog, eines deutschen Beitrags zur Verteidigung Westeuropas. Daß sich hierbei leicht Komplikationen auch für den Schuman-Plan ergeben konnten, lag auf der Hand. Mit dem Blick auf den Koreakrieg hatte Churchill in einer Straßburger Rede vom August 1950 die Schaffung einer europäischen Armee vorgeschlagen, worauf zumal in den USA etliche Politiker, darunter namhafte Senatoren, öffentlich für eine Wiederbewaffnung Westdeutschlands eintraten, ein Gedanke, der in Frankreich natürlich recht gemischte Aufnahme, ja weithin Ablehnung fand. Am 9. September 1950 wurde dann bekannt, daß Washington für die Aufstellung einer europäischen Armee von 50 Divisionen, darunter zehn westdeutschen, sei. Das klang anders als die Auffassung der Londoner „Times", die noch am 11. September sehr vorsichtig von der Möglichkeit eines deutschen Kontingents in einer „internationalen Brigade" sprach. Nun plädierte aber auch Churchill am 12. September im Unterhaus für je acht bis zehn deutsche und italienische Divisionen in einer schleunigst zu bildenden europäischen Armee.

Das war für französische Ohren etwas viel auf einmal! Das Kabinett René Pleven, seit dem 12. Juli im Amt, bemühte sich nun, für das Problem des deutschen Verteidigungsbeitrags selbst die Führungsrolle zu gewinnen, indem es am 24. Oktober 1950 einen Plan – den sogenannten Pleven-Plan – veröffentlichte, der die Gründung einer Europäischen Verteidigungsgemeinschaft vorschlug; durch den Einbau westdeutscher Streitkräfte in eine supranationale Organisation nach dem Muster des Schuman-Plans sollte dabei den französischen Befürchtungen vor dem Wiedererstehen einer nationalen deutschen Armee begegnet und zugleich die europäische Integration gefördert werden. Das erste Echo war freilich allgemeine Skepsis, auch in Paris selbst; aber schon am 26. Oktober gab die französische Nationalversammlung dem Pleven-Plan zunächst einmal ihre Zustimmung, die, wie sich dann später herausstellte, freilich nur vorläufiger Art bleiben sollte.

Kaum aber waren die Dinge so weit gediehen, da wurde auch schon in Paris von einem Junktim zwischen Schuman-Plan und Pleven-Plan gesprochen, was in Bonn irritierend wirkte und ein verständliches Kopfschütteln auslöste. Prima vista wurde dieses Junktim als ein Druck empfunden, als erwarte man von

Bonn beträchtliche Vorleistungen im Rahmen des Schuman-Plans und ein rasches Nachgeben in den bei den Verhandlungen strittig gewordenen Fragen. Es handelte sich dabei um gewisse Schwierigkeiten wirtschaftlich-technischer Art; als ärgste Klippe wirkten belgische Forderungen nach hohen Ausgleichszahlungen, um die Umstellung Belgiens auf den Einheitsmarkt zu erleichtern. Der Gedanke schien der zu sein, daß, wenn Bonn in diesen Fragen nachgäbe, man den Deutschen dann auch wieder ein Uniformtragen erlauben könne, wonach sich diese aber, wie weithin in der Welt bekannt war, in keiner Weise sehnten. Zum Glück stellte sich dann aber heraus, daß dem Gerede vom Junktim ein Mißverständnis zugrunde lag. Was die Franzosen damit meinten, war vielmehr nur, daß Frankreich durch die Verwirklichung des Schuman-Plans eine sehr bedeutsame Sicherheitsgarantie gewinnen werde, die es ihm gestatte, sich über die eigenen Hemmungen gegenüber jedweder Art deutscher Wiederbewaffnung hinwegzusetzen. Insofern habe der Pleven-Plan die Verwirklichung des Schuman-Plans zur unbedingten Voraussetzung.

Die Verhandlungen über die Montan-Union nahmen so in Paris einen von dem sogenannten Junktim ungestörten Fortgang, wobei es gelang, auch für die erwähnten Schwierigkeiten und die Hürde der Ausgleichszahlungen an Belgien annehmbare Lösungen zu finden. Wesentlich trug dazu bei, daß Jean Monnet als der Vertreter Frankreichs sich immer wieder mit unermüdlicher Energie darum bemühte, ein gutes Ergebnis zu erreichen. Wenn trotzdem in der deutschen Wirtschaft manche Besorgnis laut wurde, so hatte das vor allem den Grund, daß in der Bundesrepublik Deutschland die alliierten britischen und amerikanischen Besatzungsstellen ungeachtet allen Verhandelns in Paris mit ihrer nun schon jahrelang betriebenen Entflechtungs- und Neuordnungspolitik für die deutschen Grundindustrien fortfuhren, ohne daß ein rasches Ende in Sicht kam. Blieb es dabei, so mußte Deutschland bei Inkraftsetzung der Montan-Union von einer Position untergeordneten Ranges aus starten, die einer nicht übersehbaren Diskriminierung gleichkam. Anfang Oktober 1950 ordneten dann die Besatzungsbehörden für die sechs bedeutendsten Altgesellschaften des Ruhrgebiets deren Liquidation an. Auf die in sich widerspruchsvolle Haltung der Westmächte gegenüber der deutschen Grundindustrie warf diese Maßnahme ein grelles Schlaglicht. Auch die Anordnung der Besatzungsstellen zur Auflösung des einheitlichen deutschen Ruhrkohleverkaufs illustrierte die alliierte Zweigleisigkeit. In dieser besonderen Frage fand man schließlich den Ausweg, für die künftige Hohe Behörde der Montan-Union die Befugnis zur Schaffung neuer ständiger Organe vorzusehen, die eine nachteilige Auswirkung der Auflösung des zentralen Kohleverkaufs verhindern sollten.

Zu den ungelösten Problemen zwischen Deutschland und den westlichen Alliierten gehörte Ende 1950 auch noch die Frage der Beibehaltung oder Abschaffung des vertikalen Aufbaus der Ruhrindustrie, mit anderen Worten, die der Verbundwirtschaft von Kohle und Stahl. Daß auch von französischer Seite der Fortbestand dieses Verbunds als unzulässig angefochten wurde, war in sich widersprüchlich, da die Franzosen den bei ihnen in Lothringen bestehenden Verbund von Erzbergbau und Eisenschaffung als selbstverständlich ansahen. Um die Anerkennung des Grundsatzes der Verbundwirtschaft auch für die Ruhr wurde von deutscher Seite damals mit den alliierten Stellen durch Monate hart gerungen, bis schließlich ein Kompromiß erzielt wurde, der die Verbundwirtschaft für die großen Hüttenwerke wenigstens zu 75% zuließ. Das war übrigens eine Art Vorwegerfolg des Schuman-Plans, wenn auch kein voll befriedigender, denn man kann ja einen solchen Grundsatz anerkennen oder verwerfen, aber kaum nur mit einem gewissen Prozentsatz für zulässig erklären.

Ein weiterer Sorgenpunkt war, daß die Frage des Verschwindens der Ruhrbehörde nach dem Inkrafttreten der Montan-Union in Paris nicht in die Verhandlungen einbezogen werden konnte, weil Großbritannien und die USA zwar Partner des Ruhrstatuts waren, aber nicht an den Schuman-Plan-Verhandlungen teilnahmen. Wegen der Vereinigten Staaten brauchte man sich in Bonn in dieser Frage keine Sorge zu machen, zumal Präsident Truman persönlich in einer Ansprache am 6. November 1950 in Independence deutlich für die Verwirklichung des Schuman-Plans eintrat. Doch die britische Haltung blieb ungewiß. Das nahm Adenauer zum Anlaß, um am 7. November 1950 dem französischen Hohen Kommissar François-Poncet unzweideutig zu sagen, daß die Beseitigung der Ruhrbehörde für Deutschland die unbedingte Voraussetzung zur Unterzeichnung des Schuman-Plans sei.

Zu den schon genannten verschiedenen Problemen, die noch vor dem Abschluß des Montan-Union-Vertrags der Bereinigung bedurften und, solange diese nicht erfolgte, die deutsche Bereitwilligkeit zum Vertragsabschluß naturgemäß beeinträchtigten, kam noch als weiterer leicht hemmender Umstand die Befürchtung hinzu, die vorgesehene „Hohe Behörde“ könne sich zu einem Instrument des Dirigismus, d. h. behördlicher Bevormundung und Lenkung der Wirtschaftsunternehmen, entwickeln. Diese Befürchtung war nicht aus der Luft gegriffen, zumal gerade in Frankreich schon seit Jahren eine Neigung zu planwirtschaftlichem Eingreifen in die Marktwirtschaft unverkennbar war. Allzu schwer brauchten Bedenken dieser Art freilich nicht zu wiegen, denn der Vertragsentwurf für die Montan-Union sollte der Hohen Behörde keine Allmacht verleihen, sondern enthielt mit dem vorgesehenen Ministerrat, der parlamentarischen Versammlung und dem Gerichtshof hinreichende Gegengewichte.

Die hier behandelten Fragen erörterte ich auch in einem Vortrag, den ich am 9. Januar 1951 in der Volks- und Betriebswirtschaftlichen Vereinigung im rheinisch-westfälischen Industriegebiet hielt. In ihm betonte ich, daß der Schuman-Plan zwar keine Entscheidung zwischen freier oder geplanter Wirtschaft, zwischen Sozialisierung und Privatwirtschaft habe treffen wollen, daß er aber auf die Beibehaltung der Grundsätze des Wettbewerbs keinesfalls verzichten dürfe. Die vorgesehene Hohe Behörde dürfe natürlich nicht in planwirtschaftliche Methoden abgleiten; sie solle regulieren und nicht dirigieren. Das entscheidend Neue sei das Anstreben der Einigung Europas nicht auf internationaler, sondern auf übernationaler Grundlage. Europa solle von unten her durch die Schaffung einer echten Interessengemeinschaft auf einem Hauptgebiet des Wirtschaftslebens aufgebaut werden. Der Schuman-Plan sei damit gleichsam zum großen Prüfstein geworden, ob es denn nun wenigstens diesen Weg zu einem einheitlichen Europa gebe, dessen Schaffung die so völlig verän-

derte Weltlage mit einer Dringlichkeit fordere, über die sich alle im Westen einig seien. Der Vortrag wurde in Frankreich von industrieller Seite übersetzt und innerhalb der dortigen Industrie verbreitet.
Ein weiterer Stein des Anstoßes blieb schließlich die Saar-Frage, worauf noch zurückzukommen sein wird. Namhafte deutsche Politiker wie der Bundestagsabgeordnete Professor Carlo Schmid vertraten die Auffassung, eine deutsche Unterschrift unter den Schuman-Plan würde dazu führen, daß aus dem De-facto-Zustand an der Saar eine Art von Rechtstitel Frankreichs auf die Saar würde, wenn dem nicht durch deutlichen deutschen Vorbehalt vorgebeugt werde. Dennoch war es übertrieben, wenn im Februar 1951 ein Teil der Auslandspresse den Schuman-Plan als beträchtlich gefährdet hinstellte, die „Ruhrmagnaten" als Störenfriede wieder einmal durch den Blätterwald geisterten, ja der bekannte, wenn auch umstrittene amerikanische Publizist Walter Lippmann sich sogar zu einem abwegigen Artikel über die „Rebellion der Ruhrindustriellen" verleiten ließ. Größere Bedeutung kam hingegen dem Vorgehen der Sowjetregierung zu, der es darum ging, jedwede Art deutscher Wiederbewaffnung zu verhindern, weshalb sie in etlichen Noten einer Viererkonferenz mit den drei Westmächten das Wort redete. Es kam dann auch am 5. März 1951 in Paris zu einer Vorkonferenz mit Gromyko, der damals stellvertretender Außenminister war; doch zwei Tage zuvor erklärte Außenminister Robert Schuman, Frankreich werde eine Neutralisierung Deutschlands nicht annehmen und es auch nicht in die Isolierung treiben, sondern strebe vielmehr eine europäische Union an. Das war gut so, denn manche Organe wie das Pariser Blatt „Le Monde" hatten zum Jahresbeginn schon wieder deutliche Hinneigung zu der Formel Wiederherstellung deutscher Einheit unter Neutralisierung ganz Deutschlands bei gleichzeitigem Verzicht auf deutsche Wiederbewaffnung erkennen lassen. Wenige Tage der erwähnten Vorkonferenz genügten dann aber, um alle in diese Richtung zielenden Erwartungen rasch herunterzuschrauben, so daß „Le Monde" von einem „Dialog der Tauben", die Londoner „Times" von einer „debate of attrition" und die „Herald Tribune" von einem „virtual deadlock" berichteten. Gromyko sprach seinerseits auf der Vorkonferenz von den „Adenauers und Krupps, die nicht Friedensengel, sondern Kriegsdämonen" seien.
Die französische Regierung ließ sich aber nicht beirren. Schon am 15. Februar 1951 hatte sie in Paris die Pleven-Plan-Konferenz zusammentreten lassen und machte sich nun an die Prüfung des von dem Landwirtschaftsminister Pierre Pflimlin entworfenen und nach ihm benannten Pflimlin-Plans, der eine Integration der europäischen Landwirtschaft zum weitgesteckten Ziel hatte, dessen Verfolgung dann freilich vorerst einmal zurückgestellt werden mußte. Zunächst galt es für sie, den Schuman- und den Pleven-Plan unter Dach und Fach zu bringen. Die Schuman-Plan-Verhandlungen wurden im März 1951 abgeschlossen mit der Fertigstellung der Texte des Vertrags über die Gründung der Europäischen Gemeinschaft für Kohle und Stahl und des diesen begleitenden Abkommens über die Übergangsbestimmungen. Am 19. März 1951 wurden diese Texte von den Delegationsleitern der sechs Staaten paraphiert. Der amerikanische Außenminister Acheson begrüßte die Paraphierung und drückte sein Vertrauen in einen baldigen vollen Abschluß aus. Die amerikanische Publi-

zistin Anne O'Hare McCormick feierte den Schuman-Plan als Beginn eines „revolutionären Friedensvertrags" und nannte ihn den wichtigsten Schritt zum Frieden seit dem Kriege. Die „New York Herald Tribune" ließ sich vernehmen, die „Ruhrbarone" hätten nun offenbar, wenn auch widerstrebend, die Wahl getroffen, den Schuman-Plan zu unterstützen. Das erreicht zu haben, galt als Verdienst des amerikanischen Hohen Kommissars in Bonn, McCloy. Dieser habe schwerer um den Schuman-Plan gerungen als Jakob mit dem Engel, berichtete sogar die „New York Times" aus Frankfurt am Main. McCloy und Monnet galten nun als die Männer des Tages. In Wirklichkeit lagen die Dinge freilich anders. McCloys zweifellos großes Verdienst bestand darin, daß er die amerikanischen und britischen Entflechter und Neuordner der westdeutschen Grundindustrie, die sicherlich gern noch weitere Jahre mit diesem einträglichen Geschäft verbracht hätten, zu einer Reihe von Entscheidungen nötigte, die für die deutsche Industrie wenigstens halbwegs tragbar waren und damit tatsächlich für sie den Weg zur Montan-Union ebneten.

IV.

Als Datum für die feierliche Unterzeichnung des Montan-Union-Vertrags, die in Paris erfolgen sollte, schlug die französische Regierung den 18. April 1951 vor. Adenauer, der inzwischen als Außenminister auch die persönliche Leitung des in Bonn neubegründeten Auswärtigen Amts übernommen hatte, war damit grundsätzlich einverstanden. Es bedurfte jedoch dazu noch in zwei Punkten einer Klarstellung, die der Unterzeichnung des Vertrags vorausgehen mußte. Das war einmal die Tragweite des Vertragsabschlusses für die Saar-Frage und zweitens die Sicherstellung des Verschwindens der Ruhrbehörde.

Das Saarthema nahm der Bundeskanzler mit Jean Monnet wieder auf, als dieser in der ersten Aprilhälfte nach Bonn kam. In den Pariser Verhandlungen war die Saar-Frage im Einverständnis zwischen Monnet und Hallstein bewußt unbehandelt gelassen worden, und die französische Regierung zeigte auch sonst keine Neigung, das Saarproblem im Zusammenhang mit dem Schuman-Plan anzuschneiden. Ihr genügte es, daß sie damals die tatsächliche Verfügung über die Saarwirtschaft in der Hand hatte. Adenauer aber hielt die unter anderen von Carlo Schmid geforderte Klarstellung für dringend erwünscht, damit die Unterzeichnung des Vertrags nicht als Rechtstitel Frankreichs auf die Saar ausgelegt werden konnte. Die endgültige Bereinigung dieses Sorgenpunktes sollte dann Verhandlungen zwischen Adenauer und Schuman vorbehalten bleiben, die der Vertragsunterzeichnung in Paris noch vorauszugehen hatten.

Das gleiche galt für die Frage der Ruhrbehörde. In dieser Angelegenheit kannte allerdings Adenauer bereits die Haltung der Engländer. Der britische Hohe Kommissar in Bonn, Kirkpatrick, hatte ihm schon Ende November 1950 mitgeteilt, auch der britische Außenminister Bevin sei der Überzeugung, daß die Ruhrbehörde mit Abschluß des Schuman-Plans ihre Daseinsberechtigung verliere, Ruhrstatut und Ruhrbehörde dann also abzuschaffen seien[6].

In Paris kam Adenauer in beiden Punkten, Saar-Frage und Ruhrbehörde, mit Robert Schuman rasch ins reine, wobei der Bundeskanzler einen ausgesprochenen Erfolg verzeichnen konnte. Es gelang ihm, die namentlich in der Frage der Ruhrbehörde noch aufgetauchten letzten Schwierigkeiten aus dem Weg zu räumen. In der Saar-Frage fand am Unterzeichnungstag zwischen Adenauer und Schuman ein Briefwechsel statt, in dem der französische Außenminister für seine Regierung die Erklärung abgab, daß sie in der Unterzeichnung des Montan-Union Vertrags durch die Bundesregierung keine Anerkennung des gegenwärtigen Status der Saar durch die Bundesrepublik erblicke. Der Vertrag greife nach ihrer Auffassung nicht der endgültigen Regelung dieser Frage vor, die durch einen Friedensvertrag oder einen statt dessen abgeschlossenen Vertrag zu regeln sei. Dieser Briefwechsel wurde dem Montan-Union-Vertrag als Anlage beigefügt und in den Art. 79 des Vertrags ein ausdrücklicher Hinweis auf ihn aufgenommen. In einem weiteren Brief Schumans an Adenauer vom gleichen Tag hieß es, die von der Ruhrbehörde ausgeübten Funktionen müßten nach Auffassung der französischen Regierung in dem Maß erlöschen, in dem die Hohe Behörde für Kohle und Stahl die Befugnisse zur Ausübung ihrer Zuständigkeit erhalte, und spätestens mit der Errichtung des Gemeinsamen Marktes für Kohle und Stahl außer Kraft treten.

Die außenpolitische Arbeit zum Zustandekommen der Europäischen Gemeinschaft für Kohle und Stahl war damit vollbracht. Die Regierungen der sechs Partner der Gemeinschaft standen fortan vor der innenpolitischen Aufgabe, das Vertragswerk in ihren Parlamenten durchzubringen.

Das Presseecho auf den Unterzeichnungsakt in Paris brachte kaum neue Gesichtspunkte. Das Thema Schuman-Plan war ja schon reichlich ausdiskutiert. Das Pariser Blatt „Le Monde“ veröffentlichte einen sachlichen und trockenen Kommentar ohne jede Begeisterung. In London nannte man es „regrettable“, daß Paris Bonn die Zusicherung wegen der Ruhrbehörde gegeben habe, ohne deswegen vorher die britische Regierung zu befragen. Die Londoner „Times“ meinte dazu, die Ruhrbehörde sei ja auf französisches Verlangen geschaffen worden; mit ihrem Verschwinden werde der Traum einer ständigen Kontrolle Deutschlands nun aus sein. Am 21. und 22. Mai 1951 wurden dann in Paris französisch-englisch-amerikanische Besprechungen über eine „Änderung“ der Ruhrbehörde geführt, die Entscheidung aber späterer Beschlußfassung der Minister der Signatarstaaten vorbehalten. Man scheint sich dabei jedoch im grundsätzlichen schnell einig geworden zu sein. Der sowjetrussischen Verärgerung über die ganze Entwicklung gab der Moskauer Delegierte Arutjunjan in Genf Anfang Juni 1951 mit der Feststellung Ausdruck, der Schuman-Plan sei „ein Komplott der Ruhrstahlbarone, um die westeuropäische Industrie zu unterjochen“. In Frankreich trat de Gaulle in einer Rede vom 22. Juni 1951 für eine Verständigung mit Deutschland ein – auch in bezug auf die Saar –, behielt sich seine Stellungnahme zum Schuman-Plan aber noch vor.

V.

Das innenpolitische Ringen in der Bundesrepublik Deutschland begann mit der Vorlage des Entwurfs eines Gesetzes betreffend den Vertrag über die Gründung der Europäischen Gemeinschaft für Kohle und Stahl. Als erste

Instanz nahm der Bundesrat in einem Schreiben an den Bundeskanzler vom 27. Juni 1951 hierzu Stellung. Darin hieß es, der Bundesrat sei der Auffassung, daß vor der Verabschiedung des Ratifizierungsgesetzes eine verbindliche Zusage aller in Frage kommenden ausländischen Mächte darüber vorliegen müsse, daß spätestens mit der Errichtung des Gemeinsamen Marktes für Kohle und Stahl die Ruhrbehörde, die alliierten Kohle- und Stahlkontrollgruppen, die Eingriffsrechte der alliierten Sicherheitsbehörde in die Kohle- und Stahlwirtschaft und die Beschränkung der Stahlkapazität und -produktion vollständig fortfallen müßten. Außerdem verlangte der Bundesrat, daß seine Mitwirkung vor der Ratifizierung im Gesetz sichergestellt werde. Obschon so die endgültige Stellungnahme noch vorbehalten wurde, ließ dieses Schreiben doch die künftige Zustimmung erkennen, falls die vorgenannten Bedingungen erfüllt seien. Das deckte sich weitgehend mit der Auffassung der Bundesregierung.

Im Bonner Bundestag fand die erste Lesung des Ratifizierungsgesetzes am 12. Juli 1951 statt[7]. Nach den einleitenden Ausführungen des Bundeskanzlers, mit denen er das Gesetz dem Bundestag zur Annahme empfahl, eröffnete ich die Debatte für die Regierungsparteien. Ich führte aus, daß es um die schicksalsschwere Frage gehe, ob die Deutsche Bundesrepublik bereit sei, bei der Verwirklichung des wohl kühnsten Versuchs, der bisher unternommen wurde, mit Hand anzulegen, um die überkommene Aufspaltung Europas in nationalstaatliche Einheiten, deren jede unbedingt Herr im eigenen Hause sein wolle, zu überwinden. Das sei gewiß ein Wagnis, aber ein notwendiges. Bei Prüfung des Montan-Union-Vertrags müsse natürlich auch Kritik geübt werden, aber nicht rein negativ, sondern im Interesse eines Gelingens des Gesamtwerks. Ich ging dann auf die Punkte ein, wo noch Wünsche durchzusetzen seien. Daß nun die Ruhrbehörde verschwinden werde, sei nicht durch den lauten Entrüstungssturm gegen ihr Vorhandensein, sondern durch die überlegene und kluge Behandlung dieser Frage durch den Bundeskanzler bewirkt worden, der allein schon damit eine staatsmännische Leistung von historischem Ausmaß vollbracht habe. Weiter wandte ich mich gegen laut gewordene Befürchtungen, die Hohe Behörde der Montan-Union könne eine „Institution von Managern" werden; allenfalls könne man etwas Sorge vor einer gewissen Neigung zum Dirigismus hegen. Der Schuman-Plan untersage aber ausdrücklich alle Kartellbildungen. Dann warnte ich vor einem alles in Frage stellenden Mißtrauen gegenüber Frankreich. Das führe schließlich zu dem Fehlurteil, den Schuman-Plan als Instrument der französischen Machtpolitik hinzustellen. Auch die Saar-Frage eigne sich nicht zum Sturmbock gegen den Schuman-Plan. Bei allen Vertragsklauseln komme es auf den Geist an, in dem sie gehandhabt würden. Da aber sei Vertrauen und nicht Skepsis am Platz. Was uns leite, sei der große Gedanke des Zusammenschlusses der freien Völker Europas, diese letzte Hoffnung unseres alten kulturtragenden Kontinents. Von Adenauer erhielt ich tags darauf den nachfolgenden Brief: „Es ist mir ein besonderes Bedürfnis, Ihnen für Ihre gestrigen ausgezeichneten und wirkungsvollen Darlegungen zu danken, mit denen Sie die Haltung der CDU/CSU zum Ratifizierungsgesetz des Schuman-Plans begründet haben. Die erste Lesung des Gesetzes bedeutet einen großen Schritt vorwärts auf dem Wege zu der neuen Gestaltung Europas, die uns allen so sehr am Herzen liegt."

Anschließend ergriff für die SPD der wortgewaltige Professor Carlo Schmid das Wort. Er polemisierte heftig gegen das ganze Vertragswerk, darunter besonders gegen die vorgesehenen Organe der Montan-Union, indem er die Hohe Behörde einen „Konvent von Managern" nannte. Auch am Montan-Union-Parlament, das nichts könne und nichts dürfe, konnte er keinen Gefallen finden. In der Hohen Behörde werde es um die Austragung nationaler Interessen gehen, und zwar unter natürlicher Blockbildung der fünf Partner gegen den einen deutschen. Der Schuman-Plan sei kein Anfang Europas und führe auch nicht nach Europa, er sei einfach eine Fortsetzung der Politik der Nachkriegszeit.

Die einzelnen gegen das Vertragswerk vorgebrachten Argumente der Opposition waren im Grunde genommen ohne erhebliche Bedeutung, weil diese Opposition sich eben grundsätzlich gegen Adenauers gesamte Politik der Eingliederung der Bundesrepublik Deutschland in den westlichen Staatenverband richtete. Der Oppositionsführer Dr. Schumacher hatte sich in Reden darauf festgelegt, daß der Schuman-Plan ein wirtschaftliches Unding sei. Er war es auch, der gesagt hatte, er warne vor der Verwendung des Wortes „europäisch" in diesem Zusammenhang, da er nur die Ecke Europas umfasse, die „die Brutstelle des Kapitalismus, des Klerikalismus und der Kartelle" sei. Nach einer Aussprache mit Adenauer am 25. September 1951 erklärte Dr. Schumacher vor der Presse, durch den Schuman-Plan werde die Wirtschaftskraft Deutschlands, durch den Vertrag über den Pleven-Plan das Menschenpotential Deutschlands in den Dienst der französischen Diplomatie gestellt. Die Weiterbehandlung der Gesetzesvorlage erfolgte dann in den Ausschußberatungen.

Leider verschlechterte sich im Herbst 1951 das gesamte politische Klima zusehends. Zwar gaben am 19. Oktober 1951 die Westalliierten in einem Kommuniqué der Bundesrepublik die gemeinsam beschlossene Aufhebung der Ruhrbehörde sowie der Produktionsbeschränkungen und der Kontrollen bei Kohle und Stahl nach Inkrafttreten der Montan-Union bekannt. Ferner erklärte die Regierung der Vereinigten Staaten gleichzeitig die endgültige formelle Beendigung des Kriegszustands zwischen Deutschland und den USA durch Präsident Truman sowie den Verzicht auf weitere Überwachung der Beachtung des Grundgesetzes und der Länderverfassungen durch die Besatzungsstellen in Deutschland.

Das alles fand aber in der breiteren deutschen Öffentlichkeit, abgesehen von den wirtschaftlich interessierten Fachkreisen, ebenso geringe Beachtung wie die Nachricht von der Paraphierung des sogenannten Dachvertrags zum Deutschland-Vertrag durch Adenauer und die Alliierten in Paris am 22. Oktober 1951, die Adenauer als „historisches Ereignis" bezeichnete. Denn die Aufmerksamkeit dieser Öffentlichkeit blieb stärkstens abgelenkt auf das von sowjetrussischer Seite jetzt ins Gespräch gebrachte Thema einer möglichen Wiederherstellung der deutschen Einheit. Wenn je ein politisches Störmanöver mit Erfolg gestartet wurde, so muß dies dem Grotewohl-Angebot freier Wahlen in ganz Deutschland vom 15. September 1951 zugebilligt werden, das mit einer Erklärung des Generals Tschujkow vom 20. September auch noch sozusagen die amtliche sowjetrussische Gegenzeichnung erfuhr. Schnell setzte sich die von den Engländern unterstützte Ansicht durch, man solle Grotewohl, der damals Ministerpräsident der DDR war, beim Wort nehmen. In Frankreich stürzte sich die öffentliche Meinung geradezu mit Eifer auf die Möglichkeiten, die das Angebot zu eröffnen schien: neue Viererkonferenz, Einigung mit Moskau, Fortbestehen eines entwaffneten Deutschlands unter Vier-Mächte-Kontrolle, kurz eine Fülle von Wunschbildern, die begehrenswerter schienen als die europäische Armee und Schumans in Ottawa am 22. September 1951 verkündeter Plan einer Hohen Behörde für Außenpolitik. Blieb der Quai d'Orsay auch skeptisch, so ließen die Artikelschreiber sich kaum zügeln. „Le Monde" ging am 22. September 1951 sogar so weit zu behaupten, die französische Regierung würde die Einheit eines entwaffneten Deutschlands der Wiederbewaffnung eines Teils von Deutschland vorziehen; es hänge nur von Moskau ab, ob es dazu komme.

Bei alledem machte sich in der Auslandspresse zunehmend Skepsis geltend, ob es Adenauer überhaupt gelingen könne, seine politischen Zielsetzungen auch zu erreichen. Es dauerte bis zur Pariser Tagung der Vereinten Nationen im November 1951, ehe die westliche Welt sich davon Rechenschaft gab, daß sie wieder einmal im politischen Feld einer schillernden Seifenblase erlegen war. Auf dieser Tagung wurde die Bildung einer Investigationskommission der Vereinten Nationen zur Überprüfung der Möglichkeit freier gesamtdeutscher Wahlen beschlossen. Die „New York Times" war einsichtig genug, gleich zu schreiben, „the resolution will have no more than propaganda value", wie überhaupt die Amerikaner mit Acheson an der Spitze sich bemühten, der Welt klarzumachen, daß es sich bei allem Gerede von gesamtdeutschen Wahlen nur um Manöver der Sowjetpolitik handele. Daß dies natürlich auch Adenauer sofort klar war, bedarf kaum der Erwähnung.

Zur Überwindung der entstandenen Malaise in der deutschen wie europäischen Politik trug es bei, daß Adenauer Anfang Dezember 1951 einer britischen Einladung folgend nach London reiste, wo er bei der konservativen Regierung auf weniger Ablehnung des mit der Annahme des Schuman-Plans beschrittenen politischen Weges stieß als zuvor bei den Vertretern der Labour-Regierung unter Attlee. Mit Premierminister Churchill und Außenminister Eden hatte Adenauer am 4. Dezember eine von Aufgeschlossenheit und freundschaftlichem Geist getragene offene Aussprache, in der Adenauer sagte, er trete für Westeuropa und die Integration der Bundesrepublik in Westeuropa ein. Am 8. Dezember sprach er in London vor der Foreign Press Association, wobei er als Grundlinie der deutschen Außenpolitik die Eingliederung Deutschlands in die Gemeinschaft der freien Völker bezeichnete. Während Adenauer noch in London weilte, begann in der Pariser Nationalversammlung am 6. Dezember 1951 bereits die abschließende Debatte über die Ratifizierung des Montan-Union-Vertrags, nachdem der Auswärtige Ausschuß des Parlaments schon am 30. November sich mit 28 gegen 18 Stimmen für dessen Annahme ausgesprochen hatte.

Die Annahme durch das Plenum der Nationalversammlung wurde trotzdem für das Kabinett Pleven zu einem harten Stück Arbeit. Die Debatte zog sich volle acht Tage hin, weil die Regierung zweimal die Vertrauensfrage stellen mußte, um die gegen die Annahme der Vorlage gerichteten Manöver zu überwinden. Dramatisch gestaltete sich die Nacht vom 7. zum 8. Dezember mit einem in frühester Morgenstunde abgehaltenen Ministerrat unter Vorsitz des in der Nacht aus Rambouillet herbeigeholten Präsidenten Auriol, mit dessen Ermächtigung Pleven dann um 5 Uhr 50 früh im Parlament die Vertrauensfrage stellte. Am 13. Dezember 1951 waren es im wesentlichen nur noch die Gaullisten und Kommunisten, die sich der Vorlage widersetzten. Die Annahme des Vertrags durch die französische Nationalversammlung erfolgte schließlich mit 377 gegen 233 Stimmen.

Der Ablauf der Debatte war übrigens die beste Widerlegung der in Deutschland von der Opposition verbreiteten These, der ganze Schuman-Plan sei nur eine raffiniert ersonnene Kombination, um die deutsche Wirtschaft den französischen Zielen dienstbar zu machen. In den Vereinigten Staaten war man wegen der Annahme des Vertrags in Paris voll des Lobes, mit Acheson an der Spitze, während die Londoner „Times" am 14. Dezember schrieb, die Hohe Behörde sei „not in any real sense" eine supranationale Behörde; das größte Risiko für Frankreich sei, daß sich auf die Dauer die deutsche Stahlindustrie als zu stark für die Franzosen erweisen könne.

Im Bonner Bundestag kam es zur entscheidenden zweiten und dritten Lesung des Ratifizierungsgesetzes zum Montan-Union-Vertrag erst in einer dreitägigen Debatte, die am 12. Januar 1952 endete. Der Bundesregierung kam es dabei zustatten, daß der Vorsitzende der Alliierten Hohen Kommission in einem Schreiben vom 18. Dezember 1951 dem Bundeskanzler nochmals ausdrücklich bestätigt hatte, daß nach Abschluß der Maßnahmen zur Durchführung des alliierten Gesetzes Nr. 27, d. h. des in diesem niedergelegten Dezentralisations- und Reorganisationsprogramms für die deutsche Grundindustrie, das so schnell wie möglich zu Ende geführt werde, die deutsche Kohle- und Stahlindustrie keinen beschränkenden Bedingungen mehr außer denen unterliegen werde, die sich aus den Bestimmungen der Montan-Union ergäben. Das war natürlich eine sich aus der ganzen Sachlage eigentlich zwangsläufig ergebende Zusicherung, die aber in ihrer politisch-parlamentarischen Bedeutung wohl nur von den Fachleuten der Politik, besonders des Zeitpunktes der Erklärung wegen, voll gewürdigt werden konnte.

Auch in dieser Debatte[8] zur zweiten und dritten Lesung des Ratifizierungsgesetzes sprach ich als erster Redner der Regierungsparteien nach dem Bundeskanzler, der den Schuman-Plan als „das größte Werk seit dem Grundgesetz" und als einen „Kristallisationspunkt für Europa" bezeichnete. In dieser letzten parlamentarischen Auseinandersetzung – so sagte ich – würden wohl alle die alten Argumente nochmals fröhliche Urständ feiern, was unwillkürlich an das Goethe-Wort erinnere: „Ihr naht euch wieder, schwankende Gestalten." Nach gründlicher Auseinandersetzung mit dem Für und Wider gipfelte mein Beitrag darin, daß Europas Einigung nie zustande kommen werde, wenn wir den Europagedanken statt mit Realisierungen nur mit Idealforderungen am Leben erhalten wollten. Die Annahme des Schuman-Plans bedeute eine gewonnene unblutige Schlacht für die Sache der Welt des Westens und damit der Freiheit, ein Scheitern aber eine nie wiedergutzumachende Niederlage.

Nach mir sprachen für die CDU/CSU in der Debatte noch Franz Etzel, der spätere Bundesfinanzminister, Dr. Gerhard Schröder, später Innen- und Außenminister, und Heinrich von Brentano, der Fraktionsvorsitzende und späterhin Bundesaußenminister, sowie noch weitere Angehörige der Regierungsparteien; von den Vertretern der Opposition bezeichnete Ollenhauer die Schaffung der Montan-Union als eine „kalte Ruhrbesetzung“. Zahlreiche weitere Oppositionssprecher, wie Schoettle und Wehner, sowie auch Vertreter der KPD, kamen dabei zu Wort. Im weiteren Verlauf der Debatte äußerte sich dann nochmals der Bundeskanzler und sagte, es berühre ihn eigenartig, daß ausgerechnet ich als Angehöriger der Montan-Industrie für die Montan-Union eingetreten sei, die Vertreter der SPD aber dagegen gesprochen, während sich hinwiederum die Einheitsgewerkschaften dafür erklärt hätten.

VI.

Es war ein wahrer Segen, daß das Vertragswerk im deutschen Parlament noch am 12. Januar 1952 mit 232 gegen 143 Stimmen bei drei Enthaltungen zur Annahme gebracht werden konnte. Denn noch im gleichen Monat türmten sich im deutsch-französischen Verhältnis wieder einmal Wolken auf, die eine ernste Gefährdung der Ratifizierung hätten bewirken können. Was nun geschah, war wie der jähe Ausbruch einer Art von Kinderkrankheit in dem sich neu anbahnenden deutsch-französischen Verhältnis. Anlaß dazu gab die am 25. Januar 1952 erfolgte Ernennung des französischen Hohen Kommissars im Saargebiet, Grandval, zum Botschafter und die Zulassung einer diplomatischen Vertretung des Saargebiets in Paris. Und am 27. Januar 1952 forderte Hallstein auf der 4. Pariser Ministerkonferenz über den Pleven-Plan Deutschlands Beitritt zum Atlantikpakt, worauf Schuman sofort die Sitzung abbrach. Die Grandval-Ernennung ließ unverzüglich die deutsche Presse hochgehen, während sich die französische Presse ebenso über Hallsteins Forderung erregte. Am 4. Februar 1952 meldete die deutsche Presseagentur dann auch noch, Adenauer habe in der Fraktionssitzung der CDU erklärt, er werde die Verträge so lange nicht unterzeichnen, wie die deutschen Wünsche betreffend den Atlantikpakt und die Saar nicht erfüllt seien. Diese Meldung löste in der Pariser Nationalversammlung einen Sturm aus. Das am 5. Februar folgende berichtigende Dementi Adenauers fand in Paris keinen wirklichen Glauben, und die französische Presse zeterte über die Pression, die Bonn mit unannehmbaren Bedingungen versuche. Es war ein wahrer Jammer, daß diese Umstände die günstige Auswirkung, die die Annahme der Montan-Union in Paris und Bonn eigentlich hätte haben müssen, weitgehend verschütteten und eine Lage schufen, die alles bisher Erreichte beinahe wieder in Frage stellte.

Man fragt sich noch nachträglich, ob es sich bei dem zähen französischen Weiterverfolgen ihrer Saarpolitik, die den Anschluß des Saargebiets an Frankreich oder die Schaffung eines von Frankreich weitgehend abhängigen eigenen Saarstaates à la Luxemburg ungeachtet des Schuman-Plans zum Ziel hatte, nur um die Befolgung der alten Maxime handelte, einen bisherigen Kurs jedenfalls nicht eher aufzugeben, als bis ein sich bietender neuer Alternativkurs auch bereits bewährt hat, oder mußte Robert Schuman dabei dem Druck politischer Faktoren in Frankreich weichen, die seiner ganzen Politik ohnehin nicht gewogen waren und lieber die anscheinend ja bequem greifbare Frucht der bisherigen Politik pflücken wollten, statt sich für die Taube auf dem Dach zu entscheiden, als die ihnen die Montan-Union erschien. Wahrscheinlich war die letztgenannte Version zutreffend.

In welchem Maße diese Vorgänge schon 1952 bei Adenauer beträchtliche Sorge auslösten, läßt ein recht bezeichnender Vorgang erkennen, über den der damalige holländische Wirtschaftsminister, spätere Ministerpräsident und jetzige Präsident der Bank der Niederlande, Jelle Zijlstra, mir brieflich unlängst folgendes mitgeteilt hat:

„Im September 1952 fand die erste Sitzung der Minister der Montan-Union in Luxemburg statt. Obwohl den späteren Sitzungen des Ministerrats stets die Wirtschaftsminister beiwohnten, vollzog der festliche Antritt sich in Anwesenheit auch der Außenminister. Herr Adenauer führte den Vorsitz. Abends richtete er ein Gastmahl im Hotel Brasseur aus.

Ich war damals kaum einige Wochen Wirtschaftsminister und der jüngste (34 Jahre alt) in dieser Gesellschaft von Ministern. Adenauer bat mich nach dem Essen, mich neben ihn auf eine Art Sofa hinzusetzen. Er sagte mir folgendes:

‚Ich bin ein alter Mann, und Sie sind noch jung. Die europäische Einheit ist eine wesentliche Bedingung für die Zusammenarbeit unserer Völker. Ich weiß, daß Sie darüber genauso denken. Nun sieht alles einfach aus, jeder ist heute begeistert. Später wird sich herausstellen, wie schwer es sein wird. Ich werde das nicht mehr erleben. Versprechen Sie mir durchzuhalten, auch wenn es schwer sein wird.‘

Ich war sehr beeindruckt von seiner einfachen, kristallklaren Ausdrucksart und von seiner starken Persönlichkeit. Er besaß eine große Überzeugungskraft. Ich werde sie nie vergessen.“

Sehr zutreffend hat dann später Adenauer in seinen „Erinnerungen“ noch das, was von deutscher Seite zu der Anfang 1952 eingetretenen Entwicklung zu sagen war, in die Worte gefaßt: „Wir wollten, daß ein Krieg in Europa, ein Krieg zwischen Deutschland und Frankreich ein für allemal unmöglich gemacht würde. Das war eines der Hauptziele, die ich in meiner Politik verfolgte, ein Ziel, das man über die augenblicklichen Spannungen hinaus nicht aus den Augen verlieren durfte. Darum betrachtete ich die Schaffung einer Europäischen Verteidigungsgemeinschaft neben der Schaffung des Schuman-Plans als ein ganz wesentliches Element einer dauerhaften Befriedung Europas. Das große Fernziel, die Verhütung europäischer Kriege, durfte über den gegenwärtigen Spannungen und Schwierigkeiten nicht außer acht gelassen werden. Jede Geburt vollzieht sich unter Wehen, und ich war mir darüber im klaren, daß auch die Geburt des neuen Europas Wehen und krisenhafte Phasen mit sich bringen würde.“[9]

Daß solche krisenhaften Phasen aber auch für die besten Vorhaben leicht tödlich enden konnten, sollte das Schicksal des Pleven-Plans zeigen, der schließlich doch noch am 30. August 1954 an einem Votum der französischen Nationalversammlung scheiterte. Doch das gehört nicht mehr hierher, ebensowenig wie die bekannte sowjetrussische Notenoffensive, die am 10. März 1952 einsetzte und nach Adenauers Überzeugung vor allem bezweckte, den Schuman-Plan und den Pleven-Plan zu Fall zu bringen. Sie rief nicht nur in Deutschland,

sondern allgemein im Westen manche trügerische Hoffnung wach und ließ den westlichen Verteidigungswillen wieder einmal merklich schwächer werden. Bis zum heutigen Tag unterliegt diese westliche Abwehrbereitschaft immer wieder solchen Schwächeanwandlungen im Zeichen einer an sich gewiß durchaus wünschenswerten, doch mitunter allzu gutgläubig und erwartungsfreudig betriebenen Politik der Entspannung und Kooperation mit dem Osten.
Zum Glück für Adenauers Politik wurde die Montan-Union von diesen neuen Entwicklungen politischer Art nicht mehr in Mitleidenschaft gezogen. Das Vertragswerk trat vielmehr am 25. Juli 1952 in Kraft. Im August nahm bereits die Hohe Behörde in Luxemburg ihre Tätigkeit auf. An ihre Spitze trat als ihr erster Präsident verdientermaßen Jean Monnet. Sie verdankte ihre Entstehung seinem Planungs- und Organisationstalent und seiner überzeugt europäischen Gesinnung, die er mit Konrad Adenauer teilte. Ohne dessen und Robert Schumans entschlossene Mitwirkung an der Verwirklichung und ohne Adenauers immer wieder bewiesenes politisches Durchstehvermögen wäre die Montan-Union wohl niemals zu dem bedeutsamen Faktor in der europäischen Wirtschaft geworden, den sie nun schon seit über zwei Jahrzehnten darstellt. Insofern kommt ihrem Zustandekommen auch im politischen Gesamtwerk Adenauers ein hervorragender Rang und eine ganz außerordentliche Bedeutung zu. Daß der Montan-Union-Vertrag in weniger als Jahresfrist nach der Bekanntgabe des Schuman-Plans bereits unterzeichnet werden konnte, war zugleich auch ein Beweis für Adenauers großes Geschick in der Führung außenpolitischer Verhandlungen. Er zeigte so in geradezu vorbildlicher Weise, wie man eine große Sache zielbewußt, ohne Schwanken und unter voller Durchsetzung des eigenen von vornherein festgelegten Standpunkts verfolgen kann.
Die Zusammensetzung der Hohen Behörde der Montan-Union in Luxemburg sollte noch ein kleines Vorspiel haben, zu dessen Schauplatz unser privates Jagdhaus im Westerwald ausersehen wurde. Ein Deutscher sollte stellvertretender Präsident der Hohen Behörde werden, was wegen der Größe unseres Anteils an der Produktion von Kohle und Stahl gewiß vollauf gerechtfertigt war. Für diesen Posten war von Adenauer Franz Etzel, der spätere Bundesfinanzminister, vorgesehen; doch sollte vor seiner Ernennung noch ermittelt werden, ob Etzel mit Monnet, den er noch nicht kannte, auch guten Kontakt finden würde. So trafen sich die beiden erstmalig zu einem Wochenendaufenthalt bei uns auf dem Lande, wo sie bei unseren Gesprächen in zwangloser Atmosphäre rasch aneinander Gefallen fanden. Etzel wurde danach auch unverzüglich zum stellvertretenden Präsidenten ernannt, eine Stellung, in der er sich ausgezeichnet bewähren sollte. Monnet schrieb damals in das Gästebuch unseres Jagdhauses:
„En marche vers l'Europe nous nous sommes arrêtés dans ce lieu de paix et y avons pris de forces nouvelles."

VII.

Es kann nicht überraschen, daß im Laufe der folgenden Jahrzehnte hier und dort Zweifel laut geworden sind, ob die Gründung der Montan-Union wirklich im deutschen Interesse, dabei namentlich natürlich der deutschen Kohle- und Stahlindustrie, gelegen hat. Wir waren uns von Anbeginn an im klaren darüber, daß der Zusammenschluß für unsere beteiligte Industrie nicht nur Vorteile, sondern – ebenso wie allen anderen Beteiligten – auch Nachteile bringen würde, dem einen mehr, dem anderen weniger. Doch das Angebot des Schuman-Plans war in erster Linie ein politischer Vorgang von großer Tragweite, und es mußte deshalb auch vornehmlich vom politischen Standpunkt entschieden werden, wie Adenauer sofort richtig erkannte und dann auch immer wieder betont hat. Zudem bereitete unser Beitritt zur Montan-Union der einseitigen Drosselung der deutschen Grundindustrie durch die Siegermächte des Zweiten Weltkriegs ein Ende und ebnete auch den Weg zu einer Lösung der Saar-Frage im deutschen Sinne.

Bei Gründung der Montan-Union konnte man die Zuversicht hegen, daß damit ein erster Schritt zu einem wirtschaftlichen und politischen Zusammenschluß des freien Europa getan wurde. Ein solcher politischer Zusammenschluß läßt freilich auch heute noch auf sich warten. Es widerstrebte aber von vornherein dem Sinn des Europagedankens, die wirtschaftliche Integration gewissermaßen zu einer Art Einbahnstraße werden zu lassen. Wenn es daher jedenfalls zeitweise zu Unausgewogenheiten kam, so war das weitgehend auf die uneinheitlichen Wettbewerbsbedingungen und das Ausbleiben einer wirklichen Harmonisierung zumal auf steuerlichem Gebiet zurückzuführen, die mit dem Zollabbau hätte Hand in Hand gehen müssen. Die Hohe Behörde in Luxemburg wurde auch nicht zu dem erhofften supranationalen Ministerium für den Gesamtbereich der Montan-Industrie. Es wäre indessen ungerecht, ihr die Schuld an der Entwicklung, soweit sie unbefriedigend war, zuschieben zu wollen; denn schließlich war es Sache jedes Landes, dafür zu sorgen, daß die eigene Industrie wettbewerbsfähig blieb und nicht zwangsläufig im Gemeinsamen Markt ins Hintertreffen geriet.

Durch den Vertrag von Rom wurde 1957 die Montan-Union zur Europäischen Gemeinschaft erweitert, wobei diese durch den inzwischen erfolgten „zweiten“ (und hoffentlich letzten) Beitritt von Großbritannien und dem Hinzukommen von zwei weiteren Ländern nunmehr bereits neun Staaten umfaßt. Auch wenn diese Gemeinschaft es über eine Wirtschafts- und Zollunion noch nicht wesentlich hinausgebracht hat, dürfte heute doch kaum jemand bezweifeln, daß unsere positive Entscheidung für den Schuman-Plan allein richtig und möglich gewesen ist. Aus der Politik und Wirtschaft der Welt von heute kann diese Entwicklung nicht mehr weggedacht werden.

1 Vgl. Konrad Adenauer, Erinnerungen 1945–1953, Stuttgart 1965, S. 423.
2 Vgl. Adenauer, S. 249.
3 Vgl. Agence France-Presse. Information et Documentation, Nr. 291 vom 13. Mai 1950, S. 30.
4 Vgl. Adenauer, S. 319. Adenauer ist hierbei möglicherweise ein kleiner Irrtum unterlaufen, denn ein Kabinett Marx gab es zwar schon seit November 1923 in der Weimarer Republik, aber 1925 nur noch in der ersten Januarhälfte und dann erst wieder nach dem Rücktritt Luthers vom Mai 1926 an. Vom Januar bis April 1925 war Wilhelm Marx preußischer Ministerpräsident, Adenauer von 1920 bis 1933 neben

seinem Amt als Oberbürgermeister von Köln Präsident des Preußischen Staatsrats. Am 16. Mai 1950 ist Adenauer vor den Hohen Kommissaren dann nochmals auf das Jahr 1925 mit der Bemerkung zurückgekommen, der Schuman-Plan sei genau der Plan, den er mit zwei Freunden nach der Beendigung des passiven Widerstands der damaligen Reichsregierung vorgelegt habe. Vgl. Adenauer, S. 335. Der passive Widerstand, den es Frankreich gegenüber nur im Ruhrkonflikt von 1923 gab, wurde vom Kabinett Stresemann aber schon am 26. September 1923 abgebrochen.

5 Vgl. Adenauer, S. 336.

6 Vgl. Adenauer, S. 435.

7 Für den Wortlaut der Debatte vgl. Verhandlungen des Deutschen Bundestages. 1. Wahlperiode 1949. Stenographische Berichte. Bd. 8, S. 6499ff.

8 Für den Wortlaut vgl. Verhandlungen des Deutschen Bundestages. 1. Wahlperiode 1949. Stenographische Berichte. Bd. 10, S. 7583ff., S. 7652ff. und S. 7793ff.

9 Vgl. Adenauer, S. 522f.

KARL CARSTENS

Das Eingreifen Adenauers in die Europa-Verhandlungen im November 1956

Die erste Phase der europäischen Integrationspolitik, die von der Kohle- und Stahlgemeinschaft über die Verteidigungsgemeinschaft zur politischen Gemeinschaft führen sollte, erlitt am 30. August 1954 einen schweren Rückschlag, als die französische Nationalversammlung den Vertrag über die Europäische Verteidigungsgemeinschaft vom 27. Mai 1952 ablehnte. Damit wurde auch das Projekt der Errichtung einer europäischen politischen Gemeinschaft mit bundesstaatlichen Strukturen hinfällig, welches seit März 1953 vorlag. Aus der ersten Phase der europäischen Einigungspolitik blieb nur ein Torso stehen: die Gemeinschaft für Kohle und Stahl, die aufgrund der Initiative Robert Schumans im Jahre 1951 errichtet worden war.

Es dauerte einige Zeit, bis sich die Anhänger des europäischen Zusammenschlusses in den sechs Mitgliedstaaten der Montan-Gemeinschaft von diesem Schlag erholt hatten. Erst im Juni 1955 unternahmen sie einen neuen großen Versuch, das europäische Einigungswerk fortzuführen. Nachdem sich die militärische Integration als besonders schwierig erwiesen hatte, entschloß man sich, auf dem mit der Montan-Gemeinschaft begonnenen Wege einer wirtschaftlichen Integration fortzufahren. Auf der Konferenz in Messina am 1. und 2. Juni 1955 verabschiedeten die Außenminister der Mitgliedstaaten der Montan-Gemeinschaft eine Entschließung, in der sie die Verschmelzung der Nationalwirtschaften durch Errichtung eines Gemeinsamen Marktes und durch Harmonisierung ihrer Sozialpolitik als das zunächst anzustrebende Ziel bezeichneten.

Sie forderten ferner die Errichtung einer gemeinsamen Organisation zur Entwicklung der Atomenergie für friedliche Zwecke.

Mit der Ausarbeitung der zu diesem Zweck zu schließenden Vertragswerke beauftragten sie einen Ausschuß von Regierungsvertretern, dessen Vorsitz sie dem belgischen Außenminister Paul-Henri Spaak übertrugen.

Die Bedeutung der Konferenz von Messina wurde von den Zeitgenossen zunächst verkannt.

Manche Beobachter sprachen damals spöttisch von den „Ausgrabungen von Messina", um damit anzudeuten, daß veraltete, überholte Pläne hier eine verspätete Auferstehung gefeiert hätten. Die britische Regierung, die zur Teilnahme an den Arbeiten des Spaak-Ausschusses aufgefordert worden war, zog sich nach einigen Monaten zurück in der Überzeugung, daß aus dieser Sache nichts werden würde.

Aber die Skeptiker täuschten sich. Am 21. April 1956, elf Monate nach der Konferenz von Messina, legte Spaak den Regierungen der sechs Mitgliedstaaten der Montan-Gemeinschaft einen Bericht vor, der detaillierte und konkrete Vorschläge für die Errichtung eines Gemeinsamen Marktes und für die Schaffung

einer Europäischen Atomgemeinschaft „Euratom“ enthielt. Einen Monat später, am 30. Mai 1956, beschlossen die sechs Regierungen auf einer Konferenz in Venedig, auf der Grundlage des Spaak-Berichts Regierungsverhandlungen einzuleiten. Zu diesem Zweck wurde für den 26. Juni 1956 eine Konferenz nach Brüssel einberufen, deren Vorsitz wiederum Paul-Henri Spaak übertragen wurde. Die Brüsseler Konferenz verhandelte zügig und hatte bis zum Herbst 1956 eine Einigung über große Teile der beiden Vertragswerke erzielt.
Grundlegend für diese Arbeiten war der Wille, mit dem Gemeinsamen Markt in Europa einen großen Wirtschaftsraum zu schaffen, in dem die Voraussetzungen für eine gemeinsame Wirtschaftspolitik im weitesten Sinne durch stufenweisen Abbau aller Handelshemmnisse, durch Herstellung normaler Wettbewerbsbedingungen aufgrund bestimmter Wettbewerbsregeln und durch Freizügigkeit der Arbeitskräfte, des Kapitalverkehrs und anderer Produktionsfaktoren gesichert waren.
Bemerkenswert war auch die der damaligen Zeit vorauseilende Erkenntnis von der Bedeutung der friedlichen Nutzung der Atomenergie für die Versorgung Europas.

Die Verhandlungskrise vom Oktober 1956

Indessen stellte sich heraus, daß eine Reihe von schwierigen Fragen, die sich sowohl auf den Bereich des Gemeinsamen Marktes wie auf den Bereich Euratom bezogen, mit den Mitteln und im Rahmen der Brüsseler Konferenz nicht gelöst werden konnten. Frankreich zögerte, dem Gemeinsamen Markt ohne eine Reihe besonderer, der französischen Lage gerecht werdender Bestimmungen beizutreten. Auch bestand in Frankreich eine Tendenz, das Projekt des Gemeinsamen Marktes zeitlich hinauszuschieben und das Euratom-Projekt vorab in Kraft treten zu lassen, um dadurch einen sichtbaren neuen Schritt auf dem Wege der europäischen Integration zu tun, ohne der französischen Wirtschaft schon gleich die Risiken eines freien Wettbewerbs im Gemeinsamen Markt aufzubürden.
In Deutschland war die Beurteilung genau umgekehrt. Die Bundesregierung ebenso wie die interessierten Wirtschaftskreise erhoffte sich von dem Gemeinsamen Markt einen starken Impuls in Richtung auf eine Verschmelzung der Volkswirtschaften und damit auch auf eine politische Einigung Europas, während das Euratom-Projekt von vielen Deutschen skeptisch bewertet wurde. Vor allem erschienen die darin vorgesehenen Beschränkungen des Handels mit Uran und Kernbrennstoffen als eine unnötige Erschwerung wirtschaftlicher Betätigung.
Es handelte sich bei diesen Auseinandersetzungen vorwiegend um einen deutsch-französischen Gegensatz. Die anderen Partnerstaaten neigten in den den Gemeinsamen Markt betreffenden Fragen eher der deutschen Position zu, während sie umgekehrt in den Euratom betreffenden Fragen Sympathie für den französischen Standpunkt zeigten.
Im einzelnen betraf die Kontroverse folgende Punkte:
Die Franzosen forderten, daß bestimmte soziale Bereiche harmonisiert sein

müßten, bevor der Gemeinsame Markt endgültig geschaffen würde. Sie nannten dies „Harmonisierung der sozialen Lasten". Darunter verstanden sie u.a. eine Angleichung der Arbeitslöhne, eine einheitliche Regelung der wöchentlichen Arbeitszeit und eine einheitliche Festlegung der Überstundenzuschläge in allen Gemeinschaftsstaaten.

Frankreich stand damals auf dem Standpunkt, daß sein soziales System fortschrittlicher als das der übrigen Mitgliedstaaten sei und daß daraus der französischen Wirtschaft Lasten erwüchsen, die sie im Wettbewerb mit den anderen Mitgliedstaaten benachteiligten. Die deutsche Regierung lehnte diese französischen Forderungen ab. Unter anderem mit der Begründung, daß es sich um Regelungen handele, die in Deutschland von den autonomen Tarifpartnern zu treffen seien.

Die Franzosen beanspruchten ferner für sich das Recht, bestimmte Exportbeihilfen und Importsteuern, die den Wettbewerb der französischen Wirtschaft gegenüber ihrer ausländischen Konkurrenz erleichterten, auch nach der Errichtung des Gemeinsamen Marktes beizubehalten. Die deutsche Regierung sah in dieser französischen Forderung einen Verstoß gegen das Grundprinzip des Gemeinsamen Marktes und lehnte sie daher ebenfalls ab.

Frankreich wollte weiter das Recht haben, bei schweren Zahlungsbilanzkrisen einseitig Schutzklauseln in Anspruch zu nehmen, mit deren Hilfe die Einfuhren nach Frankreich beschränkt werden konnten. Die deutsche Regierung stand dieser Forderung nicht grundsätzlich ablehnend gegenüber, wünschte aber verfahrensmäßige Kautelen gegen einen Mißbrauch.

Die französische Regierung forderte schließlich, das Inkrafttreten des Vertrages über den Gemeinsamen Markt in Frankreich zeitlich hinauszuschieben und den Übergang von der ersten zur zweiten Etappe des Gemeinsamen Marktes von einer einstimmigen Entscheidung aller sechs Mitgliedstaaten abhängig zu machen. Auch hier vertrat die deutsche Regierung eine progressivere Linie.

Im Bereich von Euratom betraf die deutsch-französische Kontroverse vor allem den Komplex der sogenannten gemeinsamen Versorgung. Der Spaak-Ausschuß hatte in seinem Schlußbericht vorgesehen, daß die Mitgliedstaaten und die Unternehmen in den Mitgliedstaaten Kernbrennstoffe und das Ausgangsmaterial für diese Kernbrennstoffe, vor allem Uran, nur über Euratom sollten beziehen können. Man glaubte damals, daß die reichsten Uranvorkommen der Welt in Belgisch-Kongo lägen. Belgien wollte dieses Uran der Gemeinschaft zur Verfügung stellen, verlangte aber als Gegenleistung die zentrale Beschaffung aller für die Gemeinschaft bestimmten Erze – wohl mit der Absicht, dem Kongo auf diese Weise eine begünstigte Position gegenüber anderen Lieferländern zu verschaffen. Außerdem sollte durch die zentrale Beschaffung und Verteilung die Kontrolle gegen eine mißbräuchliche Verwendung von Kernenergie zu anderen als friedlichen Zwecken erleichtert werden. Die deutsche Regierung befürchtete, daß ein solcher, vermutlich schwerfälliger Versorgungsapparat zu Schwierigkeiten bei der Belieferung, insbesondere im Falle einer Verknappung der Rohstoffe, führen könnte. Außerdem hatte die deutsche Wirtschaft die Sorge, daß auf diese Weise höhere Preise gefordert würden, als wenn man die benötigten Brennstoffe bilateral aus Drittländern direkt beziehen könnte.

Im engen Zusammenhang mit der Frage der Versorgung stand die Frage des Eigentums an den Kernbrennstoffen. Die französische Regierung forderte eine Regelung, bei der das Eigentum an sämtlichen in der Gemeinschaft erzeugten oder in die Gemeinschaft eingeführten Kernbrennstoffen der Europäischen Gemeinschaft zustehen sollte. Diese Regelung schloß sich an die in den USA geltende Gesetzgebung an. Die deutsche Regierung zweifelte an der Nützlichkeit einer solchen letztlich nur rechtlichen Fiktion.

Zur Überwindung der aufgetretenen Schwierigkeiten trat am 20. und 21. Oktober 1956 eine Außenministerkonferenz der sechs Staaten in Paris zusammen. An ihr nahmen für Deutschland Außenminister Heinrich von Brentano, Bundeswirtschaftsminister Ludwig Erhard und der Bundesminister für Atomfragen, Franz Josef Strauß, sowie der Staatssekretär des Auswärtigen Amtes, Walter Hallstein, neben einer Reihe von beamteten Mitarbeitern teil. Die belgische Delegation wurde von Paul-Henri Spaak geleitet. Frankreich war durch Außenminister Christian Pineau, Italien durch Außenminister Gaetano Martino, Holland durch Joseph Luns und Luxemburg durch Joseph Bech vertreten.

Die Konferenz nahm einen dramatischen Verlauf. Zwar kam es im Bereich der sogenannten Harmonisierung der Soziallasten zu einer gewissen Annäherung der Standpunkte. In einigen anderen bisher strittigen Fragen zeichnete sich ebenfalls eine Einigung ab. Aber in sehr wichtigen Fragen blieben die Gegensätze bestehen: Frankreich forderte vor allem eine Angleichung der wöchentlichen Arbeitszeit und eine Vereinheitlichung der Überstundenzuschläge spätestens nach sechs Jahren seit Inkrafttreten des Vertrages. Die deutsche Delegation lehnte diesen Vorschlag ab. Da die Einigung über jede Frage unter dem Vorbehalt stand, daß man sich auch über alle anderen Punkte einig würde, endete die Pariser Konferenz mit einem völligen Fehlschlag. Der sechs Außenminister, die am letzten Verhandlungstag noch einmal zu einer Sitzung im kleinsten Kreis zusammenkamen, bemächtigte sich eine tiefe Niedergeschlagenheit. Einige von ihnen sahen das große Werk dem Scheitern nahe. Auch die Stimmung der deutschen Delegation war auf einem Tiefpunkt.

Die Vertreter des Bundeswirtschaftsministeriums warfen die Frage auf, ob man nicht die Verhandlungen unterbrechen und zunächst ein Gespräch mit den Briten führen sollte, die gerade durch ihren Schatzkanzler Macmillan eine Assoziierung Großbritanniens mit dem Gemeinsamen Markt in Form einer partiellen Freihandelszone angeboten hatten. Die Vertreter des Auswärtigen Amtes widersprachen diesem Vorschlag. Sie vertraten die Ansicht, daß das britische Interesse an der Assoziierung erlöschen würde, wenn die Verhandlungen der Sechs nicht zu einem konkreten Ergebnis geführt werden könnten.

Heinrich von Brentano gab zu erwägen, ob man die Schwierigkeiten dadurch vermindern könnte, daß man einen sehr viel einfacheren und kürzeren Rahmenvertrag schlösse; daß man versuche, die Hauptgrundsätze in wenigen Paragraphen niederzulegen und alles weitere der künftigen Entwicklung zu überlassen. Auch Ludwig Erhard wandte sich gegen das, was er den Perfektionismus der Verträge nannte. Damit würden Probleme unnötigerweise heraufbeschworen. Franz Josef Strauß hob hervor, daß die Brüsseler Regierungskonferenz die ursprünglichen einfachen Grundsätze von Messina immer weiter zu vervollkommnen versucht habe und daß dadurch das Vertragswerk immer komplizierter geworden sei.

Andere Mitglieder der deutschen Delegation wandten sich gegen den Gedanken einer Vereinfachung des Vertragswerks. Die Probleme seien nun einmal kompliziert. Wenn man ihnen nicht jetzt zu Leibe gehe, sondern alles der Entwicklung überlasse, würde die Zukunft von vornherein mit schweren Hypotheken belastet sein. Jetzt gebe es einen starken Druck der öffentlichen Meinung, in Europa zu einem Ergebnis zu kommen. Ob dieser Druck anhalte, wisse man nicht.

In dieser Verfassung verließ die deutsche Delegation Paris.

Nach der Rückkehr ergriff das Auswärtige Amt eine auf den Bundeskanzler zielende Initiative. In einer für Adenauer bestimmten Aufzeichnung wurde dargelegt, daß nach Auffassung des Auswärtigen Amtes auch in der schwierigen und umstrittenen Frage der Harmonisierung der Soziallasten Einigungsmöglichkeiten vorhanden wären, wenn die deutsche Delegation mit einem größeren Verhandlungsspielraum als auf der Pariser Konferenz die Verhandlungen wieder aufnehmen würde. So wichtig der Komplex der Harmonisierung der Soziallasten sei, so sei er doch nur ein Teilbereich. Ein Scheitern des europäischen Einigungswerkes wegen dieses Teilbereichs sei nicht zu verantworten. Die künftigen Verhandlungen würden in entscheidender Weise erleichtert werden, wenn es gelinge, zunächst eine Verständigung zwischen der deutschen und der französischen Seite herbeizuführen. Der nächste Besuch des Bundeskanzlers in Paris, der für den 6. November 1956 vorgesehen war, biete die Gelegenheit zu einer Erörterung des Fragenkomplexes zwischen ihm und dem französischen Ministerpräsidenten Guy Mollet.

Adenauer stimmte diesem Gedanken zu. In einer unter seinem Vorsitz geführten Ressortbesprechung, an der Brentano, Strauß, Professor Müller-Armack und andere Vertreter der beteiligten Ressorts teilnahmen, kam es zu einer Einigung auf der Grundlage der vom Auswärtigen Amt dem Bundeskanzler übermittelten Vorschläge. Adenauer verwies auf die sehr beunruhigende internationale Lage. Ein Auseinanderfallen Europas in dieser Situation sei nicht zu verantworten.

Der Volksaufstand in Ungarn

In der Tat veränderte sich die Weltlage in jenen Tagen in dramatischer Weise. An zwei Krisenherden brannte es gleichzeitig: in Ungarn und im Nahen Osten. Der 20. Parteitag der KPdSU hatte im Februar 1956 Beschlüsse zur „Entstalinisierung“ und „Demokratisierung“ und einer damit verbundenen Lockerung der Kontrollen durch Staat und Partei gefaßt. Der Beschluß führte zu bedeutenden Veränderungen in den kommunistischen Parteien aller osteuropäischen Staaten. Am stärksten waren die Auswirkungen in Polen und Ungarn. Nachdem Ende Juni ein Aufstand von Arbeitern und Studenten in Posen blutig niedergeschlagen worden war, kehrte im Oktober 1956 Wladislaw Gomulka in das ZK der Kommunistischen Partei Polens zurück, aus dem er 1949 auf sowjetischen Druck ausgeschlossen worden war. In einer Nachtsitzung am 19./20. Oktober kam es zu einer heftigen Auseinandersetzung zwischen Gomulka und Chruschtschow, der zusammen mit Mikojan und Molotow nach Warschau geeilt war, um zu verhindern, daß Polen gegenüber der Sowjetunion eine selbständige politische Position innerhalb des kommunistischen Lagers bezog. Chruschtschow drohte mit einer militärischen Intervention. Gomulka erwiderte, er werde sich über den Rundfunk an das polnische Volk wenden[1]. Aber in den Morgenstunden wurde eine Verständigung erzielt. Der Ausbruch eines offenen Konfliktes konnte vermieden werden.

Anders in Ungarn: Auch hier begann es mit Veränderungen an der Spitze der kommunistischen Partei. Der als orthodoxer Stalinist geltende Erste Sekretär der kommunistischen Partei, Mátyás Rákosi, mußte abtreten. Der im Jahre 1949 wegen „titoistischer Abweichungen" hingerichtete frühere Außenminister László Rajk wurde rehabilitiert. Mit großer Schnelligkeit breitete sich im Lande eine Bewegung aus, die freie Wahlen, Presse- und Meinungsfreiheit, Reorganisation des Wirtschaftslebens und die Wiedereinsetzung des früheren Ministerpräsidenten Imre Nagy forderte. Gleichzeitig verlangten studentische und andere Gruppen eine größere Unabhängigkeit Ungarns gegenüber der Sowjetunion. In der Nacht vom 23. auf den 24. Oktober brach ein Aufstand aus, an dem sich Hunderttausende von Menschen beteiligten. Immer lauter wurde die Forderung nach Abzug der das Land beherrschenden sowjetischen Truppen erhoben.

Zunächst hatte es den Anschein, als wenn die Sowjetunion auf diese Forderung eingehen würde. Am 30. Oktober teilte das ungarische Verteidigungsministerium mit, daß die sowjetischen Truppen in Budapest bis zum 31. Oktober morgens ihre Rückzugsbewegungen abgeschlossen haben würden. Auch Radio Moskau gab bekannt, daß die sowjetische Regierung den Befehlshaber der sowjetischen Truppen in Ungarn angewiesen habe, Budapest zu räumen. Indessen erwies sich diese Hoffnung als trügerisch. Bereits am 1. November wurde deutlich, daß sich die sowjetischen Truppen nicht zurückzogen, sondern daß sie im Gegenteil im Begriff waren, sich umzugruppieren und die wichtigsten strategischen Punkte des Landes zu besetzen. Auch trafen ständig neue sowjetische Truppeneinheiten in Ungarn ein. Am 4. November 1956 verbreitete Ministerpräsident Nagy über Radio Budapest folgende Mitteilung: „In den frühen Stunden dieses Morgens haben die sowjetischen Truppen einen Angriff auf die ungarische Hauptstadt unternommen mit dem offensichtlichen Ziel, die demokratische Regierung der ungarischen Volksrepublik zu stürzen. Unsere Truppen stehen mit den sowjetischen Kräften im Kampfe. Die ungarische Armee ist in Bereitstellung. Das ist meine Botschaft an das ungarische Volk und die gesamte Welt."[2]

Aber sein Appell vermochte den Gang der Ereignisse nicht mehr aufzuhalten. Mehrere Sitzungen des Sicherheitsrates der Vereinten Nationen und ein dringender Brief Eisenhowers an Bulganin blieben ergebnislos. Im Sicherheitsrat kam es infolge des sowjetischen Vetos zu keinem Beschluß. Eine Resolution der Vollversammlung, die den Abzug der sowjetischen Truppen aus Ungarn forderte, und die mit 50 gegen sieben Stimmen verabschiedet wurde, ließ

die Sowjetunion unbeachtet – ebenso wie die Botschaft von Präsident Eisenhower an Ministerpräsident Bulganin vom 4. November 1956, in der es u.a. hieß: „Besonders entsetzlich ist, daß diese erneute Anwendung von Gewalt gegen die ungarische Regierung und das ungarische Volk in einem Augenblick stattfand, in dem Verhandlungen zwischen Ihren Vertretern und denen der ungarischen Regierung über den Abzug der sowjetischen Truppen im Gange waren [...]
Ich beschwöre Sie im Namen der Menschheit und des Friedens, daß die Sowjetunion unverzüglich die sowjetischen Truppen aus Ungarn zurückziehe und dem ungarischen Volk gestatte, die allen Völkern in der Charta der Vereinten Nationen garantierten Menschenrechte und Grundfreiheiten zu erlangen und von ihnen Gebrauch zu machen.“[3]
Aber das Schicksal der ungarischen Freiheitsbewegung war besiegelt. János Kádár, der sich zunächst auf die Seite von Nagy gestellt hatte, rief am 4. November eine Gegenregierung aus. Mit seiner und der sowjetischen Truppen Hilfe wurde der ungarische Volksaufstand niedergeschlagen. Nagy wurde trotz Zusicherung freien Geleits zunächst nach Rumänien verschleppt und später (1958) in einem Geheimprozeß zum Tode verurteilt und hingerichtet. 200000 Ungarn flüchteten ins Ausland.
Als Adenauer am 5. November 1956 nach Paris fuhr, war deutlich, daß der ungarische Kampf mit einer Niederlage der für ihre Freiheit Kämpfenden geendet hatte. Die Sowjetunion hatte gezeigt, daß sie, wenn es sich um ihrer Meinung nach vitale sowjetische Interessen handelte, vor der Anwendung von Gewalt nicht zurückschreckte. Wenn sich auch die sowjetische militärische Aktion nicht gegen einen westeuropäischen Staat richtete, so fiel doch der dunkle Schatten der ungarischen Ereignisse auf alle Staaten Europas.

Der Suezkonflikt

Noch unmittelbarer als durch die Ereignisse in Ungarn wurde Westeuropa durch den Suezkonflikt in Mitleidenschaft gezogen, der gleichfalls Anfang November 1956 seinen Höhepunkt erreichte.
Angefangen hatte es im Sommer des Jahres 1956. Als die amerikanische Regierung ihre früher gegebene Zusage für eine Finanzierung des Assuan-Staudammes zurückzog, antwortete der ägyptische Staatschef Gamal Abdel Nasser mit einer sofortigen Gegenaktion. Er verstaatlichte die internationale Suezkanalgesellschaft und erklärte, die finanziellen Mittel, die die Amerikaner ihm verweigerten, würde er nun aus den Einkünften der Suezkanalgesellschaft ziehen. Großbritannien und Frankreich, die an der verstaatlichten Suezkanalgesellschaft maßgeblich beteiligt gewesen waren und die außerdem für die Freiheit der Schiffahrt im Suezkanal fürchteten, sahen die ägyptische Entscheidung als eine gegen ihre Interessen gerichtete Maßnahme an. Beide Länder versuchten, die übrigen Staaten, deren Schiffe den Suezkanal benutzten, zu einer solidarischen Haltung gegenüber Ägypten zu bringen. Diesem Zweck dienten die beiden Suez-Konferenzen in London im Sommer 1956. Ägypten lehnte jedoch die Vorschläge der Konferenz, die auf eine internationale Kon-

trolle des Suezkanals abzielten, ab. In der weiterhin anhaltenden spannungsgeladenen Lage kam es zu einem militärischen Konflikt zunächst zwischen Ägypten und Israel. Israelische Truppen überschritten am 29. Oktober die ägyptische Grenze und stießen in das ägyptische Gebiet vor. Darauf entschlossen sich auch Frankreich und Großbritannien zum Eingreifen. Sie richteten am 30. Oktober ein auf zwölf Stunden befristetes Ultimatum an Ägypten, in welchem sie die sofortige Einstellung der Kriegshandlungen, die Räumung einer Zehn-Meilen-Zone beiderseits des Suezkanals und die Erlaubnis für die vorübergehende Besetzung der ägyptischen Städte Port Said, Ismailia und Suez durch britische und französische Truppen forderten. Ein gleichlautendes Ultimatum wurde an Israel gerichtet – pro forma, wie man wohl sagen muß; denn Israel hatte die Zehn-Meilen-Zone auf der Ostseite des Suezkanals zu diesem Zeitpunkt noch nicht erreicht. Ägypten lehnte das Ultimatum ab, und die beiden Westmächte begannen darauf mit militärischen Operationen: Zunächst griffen ihre Luftwaffen Ziele in Ägypten an, und am 5. November landeten sie Truppen in Port Said.

Am gleichen Tage schaltete sich die sowjetische Regierung in massiver Form in den Konflikt ein. Ministerpräsident Bulganin richtete Botschaften an den britischen Premierminister und den französischen Ministerpräsidenten, in denen es wörtlich hieß: „Wir sind fest entschlossen, durch Gewaltanwendung die Aggressoren zu zerschlagen und den Frieden im Osten wiederherzustellen."[4] In seinem Brief deutete Bulganin an, daß die Sowjetunion genötigt sein könnte, ihre Raketenwaffen gegen England und Frankreich einzusetzen.

Warum die Sowjetunion erst zu diesem verhältnismäßig späten Zeitpunkt in dieser massiven Form in den Konflikt eingriff, während sie in den Tagen davor in der UNO eher eine maßvolle Haltung eingenommen hatte, ist Gegenstand vieler Spekulationen gewesen[5]. Zwei Gründe scheinen mir überzeugend zu sein: Es wurde immer deutlicher, daß die amerikanische Regierung das britisch-französische Vorgehen mißbilligte. Vor allem aber war bis zum Abend des 5. November der Kampf in Budapest praktisch entschieden, so daß die sowjetische Führung ihre volle Handlungsfreiheit nach außen zurückgewonnen hatte.

Der Brief Bulganins an den französischen Ministerpräsidenten Guy Mollet ging in der Nacht vom 5. zum 6. November 1956 in Paris ein, wenige Stunden, bevor Konrad Adenauer auf dem Gare du Nord mit dem Sonderzug aus Bonn dort eintraf.

Adenauer in Paris am 6. November 1956

Sicher war dies einer der kritischsten Augenblicke in der europäischen Nachkriegsgeschichte. In Ungarn brach der Freiheitskampf eines Volkes gegen die dem Lande von außen aufgezwungene Herrschaft zusammen. England und Frankreich standen nach einer in der Weltöffentlichkeit allgemein verurteilten und unzulänglich durchgeführten militärischen Operation in Ägypten einer unmittelbaren militärischen Bedrohung seitens der Sowjetunion gegenüber, und die europäischen Einigungsverhandlungen befanden sich seit dem Scheitern der Pariser Konferenz vom 20. und 21. Oktober 1956 in einer tiefen Krise. Ein einziger Lichtblick war zu verzeichnen: Am 27. Oktober 1956 hatten die beiden Außenminister Heinrich von Brentano und Christian Pineau in Luxemburg den deutsch-französischen Vertrag zur Regelung der Saar-Frage unterzeichnet und damit einen jahrzehntelangen Streitgegenstand zwischen ihren Ländern endgültig aus der Welt geschafft.

Adenauer begab sich sofort in das Hotel Matignon, den Sitz des französischen Ministerpräsidenten. Er traf dort auf Guy Mollet, Außenminister Pineau und eine Reihe weiterer französischer Minister, die in der Nacht über die Lage, insbesondere den sowjetischen Drohbrief beraten, mit der britischen und der amerikanischen Regierung Fühlung genommen hatten und kaum zum Schlafen gekommen waren. Wohl keiner der deutschen Teilnehmer hat die drückende und beklemmende Atmosphäre vergessen, die den schönen Herbsttag an der Seine überlagerte.

Nach einem ersten Gedankenaustausch in Anwesenheit beider Delegationen wurde deutlich, daß die zur Diskussion stehenden Fragen nicht in dem großen Kreis, der um den Verhandlungstisch versammelt war, erörtert werden konnten. Es war vielmehr nötig, die Gesprächsrunde aufzuteilen. Adenauer und Guy Mollet einigten sich darauf, daß die auf der Pariser Konferenz strittig gebliebenen Fragen aus den Bereichen Gemeinsamer Markt und Euratom von einer kleinen Verhandlungsgruppe behandelt werden sollten. Auf der französischen Seite bestellte Guy Mollet Robert Marjolin zum Sprecher in dieser Gruppe, Adenauer benannte mich als den deutschen Sprecher. Adenauer und Guy Mollet zogen sich mit den beiden Außenministern und einigen Beratern zur Erörterung der weltpolitischen Lage zurück. Robert Marjolin und ich siedelten mit unseren Kollegen in das Außenministerium am Quai d'Orsay über. Wir haben dort den ganzen Tag verhandelt und sind in allen strittig gebliebenen Fragen zu einer Einigung gelangt. Das Ergebnis dieser Einigung, welches schriftlich festgehalten wurde, wurde den beiden Regierungschefs zur Billigung vorgelegt. Sie genehmigten es ohne Diskussion und ohne daß sie an dem vorgeschlagenen Text etwas änderten. In der besonders schwierigen Frage der sogenannten Harmonisierung der sozialen Lasten einigte man sich auf die folgende Formel: „Die hohen vertragschließenden Teile halten es übereinstimmend für notwendig, die Verbesserung der Lebens- und Arbeitsbedingungen der werktätigen Bevölkerung zu fördern, die deren Angleichung nach oben ermöglichen. Sie sind der Auffassung, daß sich eine solche Entwicklung ebenso aus der Wirkungsweise des Gemeinsamen Marktes selbst, der die Harmonisierung der sozialen Systeme begünstigt, ergeben wird, wie aus den Verfahren, die im gegenwärtigen Vertrag vorgesehen sind und aus der Annäherung der in Frage kommenden Gesetzgebung."

Der Kompromiß, der hier erzielt wurde, bestand also darin, daß man die Angleichung bestimmter sozialer Verhältnisse nicht mehr zur Vorbedingung für den Übergang in die zweite Etappe des Gemeinsamen Marktes machte, sondern daß man sie sich zum Ziel gemeinsamer Bemühungen und Anstrengungen setzte.

Frankreich verpflichtete sich, seine bisher gewährten Ausfuhrbeihilfen und Einfuhrabgaben abzubauen und über den jeweiligen Stand der Europäischen

Gemeinschaft jährlich zu berichten. Frankreich stimmte auch zu, daß der Ministerrat der Europäischen Gemeinschaft die Aufhebung des französischen Systems der Beihilfen und Abgaben sollte beschließen können, wenn sich die laufende französische Zahlungsbilanz ein Jahr lang im Gleichgewicht befunden habe und die Währungsreserven eine befriedigende Höhe erreicht hätten[6].
Wie so oft bei internationalen Verhandlungen bewahrheitete sich auch hier die Erfahrung, daß manche Regelungen, um die am heftigsten gerungen wird, später an Gewicht verlieren und gar nicht zur Anwendung kommen. Ein Beispiel für die mangelnde prognostische Kraft des Menschen! Dabei darf man allerdings nicht übersehen, daß die Entwicklung in Algerien im Jahre 1956 die französische Lage noch schwer belastete. Nach dem Inkrafttreten der Römischen Verträge besserte sich die wirtschaftliche Situation in Frankreich, nicht zuletzt durch die Lösung der Algerien-Frage durch de Gaulle, so nachhaltig, daß die für Frankreich vorgesehenen Schutzklauseln nicht angewendet zu werden brauchten. Darüber hinaus konnte mit Zustimmung Frankreichs der Abbau der Binnenzölle innerhalb des Gemeinsamen Marktes sogar schneller und die erste Angleichung der nationalen Zolltarife an den gemeinsamen Außenzolltarif der Gemeinschaft sogar eher durchgeführt werden, als dies im Vertrag vorgesehen war[7].
Im Bereich von Euratom erklärte sich die deutsche Seite mit dem Prinzip der zentralen Versorgung durch eine europäische Agentur einverstanden. Jedoch sollten die Mitgliedstaaten ihren Bedarf aus Ländern außerhalb der Gemeinschaft dann direkt decken können, wenn die Agentur zur Deckung des Bedarfs nicht in der Lage sein würde oder wenn die Lieferbedingungen oder die Preise der Agentur mißbräuchlich sein würden. Dieses Versorgungssystem sollte einer periodischen Überprüfung unterliegen. Soweit die deutsch-französische Einigung über die europäischen Fragen.
Was den Suezkonflikt anlangt, so wiesen die britische und die französische Regierung noch im Laufe des 6. November ihre Befehlshaber an, die militärischen Operationen in Ägypten einzustellen. Nach vorliegenden Pressemeldungen hat sich Adenauer gegenüber Mollet gleichfalls für eine sofortige Feuereinstellung in Ägypten ausgesprochen[8]. In ihrem gemeinsamen Schlußkommuniqué gaben beide Regierungschefs ihrer Empörung über die brutale Niederschlagung des ungarischen Freiheitskampfes Ausdruck. Sie beklagten die ungenügende Zusammenarbeit der Westmächte in der kritischen weltpolitischen Lage und forderten ein höheres Maß an Solidarität. Zu den Europa-Verhandlungen hieß es in dem Kommuniqué: „Die beiden Regierungschefs hatten weiterhin eine sehr befriedigende Aussprache über die Euratom und den Gemeinsamen Markt betreffenden Probleme, deren Ergebnis nach Billigung durch die anderen an der Brüsseler Konferenz beteiligten Delegationen die Überwindung der Schwierigkeiten ermöglicht, die bei der Konferenz der Außenminister am 20. und 21. Oktober zu Tage getreten waren."[9]
Adenauer kehrte befriedigt über das Ergebnis seines Parisbesuches nach Bonn zurück. Auch die Presse gab dieser Stimmung Ausdruck: „Weitgehende Einigung in Paris" („Frankfurter Allgemeine Zeitung" vom 7. November 1956), „Der Kanzler tief befriedigt" („Frankfurter Allgemeine Zeitung" vom 8. November 1956), „Einigung über Europapolitik bei Treffen Adenauer – Mollet"

(„Die Welt" vom 7. November 1956), „Wieder grünes Licht für Europa" („Le Monde" vom 19. November 1956).

In einer großen Rede vor dem Deutschen Bundestag vom 8. November 1956 berichtete Adenauer über seine Pariser Reise[10]. Er machte deutlich, daß die Bundesregierung nicht hinter der militärischen Aktion Frankreichs und Großbritanniens gestanden hatte. „Es kam zu kriegerischen Handlungen, die wir bedauern, da wir überzeugt sind, daß auch legitime Ziele der Politik nicht mit Waffengewalt verwirklicht werden sollten."

Er rechtfertigte den Zeitpunkt seiner Reise, der von der SPD kritisiert worden war[11], weil der Eindruck hätte entstehen können, als wenn die Bundesregierung eine Aggression unterstütze.

Das Ergebnis seiner Reise, so sagte Adenauer, zeige, daß es richtig gewesen sei, zu fahren. Er sei von seinen Pariser Gesprächen sehr befriedigt. „Wir haben Ratschläge erteilt und Ratschläge entgegengenommen." Er schloß mit einem leidenschaftlichen Appell für die Einigung Europas. „Seit Jahren bemüht sich die Bundesregierung, die letzten Zweifelnden von der Notwendigkeit einer engen und unverbrüchlichen Zusammenarbeit der europäischen Völker zu überzeugen. Nur wenn wir dieses Ziel rasch und entschlossen verwirklichen, werden wir vor der Geschichte unserer Völker bestehen können."

Adenauer wies die an den Brüsseler Verhandlungen beteiligten Ressorts der Bundesregierung unverzüglich an, die Verhandlungen auf der Brüsseler Regierungskonferenz anhand der zwischen ihm und Guy Mollet vereinbarten Texte wiederaufzunehmen.

In den folgenden Wochen gelang es auf dieser Grundlage, in Brüssel zu allen bis dahin strittigen Fragen übereinstimmende Regelungen zwischen allen sechs Partnern zu finden. Fortan herrschte in Brüssel die Überzeugung, das große Einigungswerk werde gelingen.

Zwar war die Herbstkrise 1956 nicht die letzte Krise in den Europa-Verhandlungen. Im Frühjahr 1957 kam es noch einmal zu einer sehr schwierigen Auseinandersetzung über die Frage der Assoziierung der überseeischen Länder und Hoheitsgebiete, welche damals der Hoheitsgewalt Frankreichs, Italiens und der Niederlande unterstanden. Auch in diese Verhandlungen schaltete sich Adenauer schließlich persönlich ein. Auch hier wurde durch seine Mitwirkung ein vertretbarer Kompromiß gefunden, so daß das Vertragswerk über den Gemeinsamen Markt und Euratom am 27. März 1957 in Rom unterzeichnet werden konnte.

Aber die schwerste Krise der Verhandlungen über EWG und Euratom war die des Herbstes 1956. Sie wurde durch Adenauers persönliches Eingreifen überwunden. Er spürte die weltgeschichtliche Bedeutung des Augenblicks und griff zu. Angesichts der tragischen Ereignisse in Ungarn und der drohenden sowjetischen Haltung gegenüber Großbritannien und Frankreich wäre es absurd gewesen, wenn die Einigung Europas an der Frage der Bezahlung der Überstunden oder an der Frage einer zentralen Versorgung der Gemeinschaftsunternehmen mit Kernbrennstoffen gescheitert wäre.

1956, wie auch früher und später, hat die sowjetische Politik unzweifelhaft eine starke Hebelwirkung auf den europäischen Einigungsprozeß ausgeübt und ihn dadurch gefördert. Dies festzustellen hindert nicht, die große politische

Leistung Adenauers zu würdigen, dem das Ziel der Einigung Europas unverrückbar vor Augen stand und der die Gabe besaß, Probleme in der richtigen Dimension zu sehen, die wichtigen Dinge wichtig zu nehmen und die sekundären Fragen auf den zweiten Platz zu verweisen. Für ihn war die dauerhafte politische Einigung Europas das wichtigste außenpolitische Ziel. Den wirtschaftlichen Zusammenschluß sah er als eine Etappe auf dem Weg zu diesem Ziel an. Seine damals innenpolitisch heftig umstrittenen Thesen erweisen sich heute, 20 Jahre später, immer noch als die unverzichtbare Voraussetzung für die Erhaltung einer freiheitlichen Ordnung in Europa.

1 Vgl. Curt Gasteyger, Die Sowjetunion und die Volksdemokratien, in: Die internationale Politik 1956/57. Jahrbücher des Forschungsinstituts der Deutschen Gesellschaft für Auswärtige Politik. Hrsg. von Wilhelm Cornides, München 1961, S. 435ff. und S. 462.

2 Vgl. Archiv der Gegenwart. 26. Jahrg. (1956), S. 6070.

3 Vgl. Europa-Archiv, Folge 22/23/1956, S. 9391.

4 Vgl. Europa-Archiv, Folge 24/1956, S. 9446f.

5 Vgl. Fritz Steppat, Die arabischen Staaten zwischen Ost und West, in: Die internationale Politik 1956/57, S. 671ff. und S. 714 und Sir Anthony Eden, Memoiren 1945–1957, Köln-Berlin 1960, S. 592ff.

6 Eine ausführliche Darstellung der Verhandlungsergebnisse vom 6. November 1956 gibt Pierre Drouin. Vgl. Le Monde vom 19. November 1956.

7 Vgl. Europäische Wirtschaftsgemeinschaft. Kommission. Vierter Gesamtbericht über die Tätigkeit der Gemeinschaft. (15. Mai 1960–30. April 1961), S. 26 und S. 34.

8 Vgl. The Times vom 8. November 1956 und Frankfurter Allgemeine Zeitung vom gleichen Tage.

9 Vgl. Bulletin des Presse- und Informationsamtes der Bundesregierung, Nr. 210 vom 8. November 1956, S. 2009.

10 Vgl. Verhandlungen des Deutschen Bundestages. 2. Wahlperiode 1953. Stenographische Berichte. Bd. 32, S. 9259ff.

11 Vgl. die Rede des Abgeordneten Mellies (SPD); Verhandlungen des Deutschen Bundestages. 2. Wahlperiode 1953. Stenographische Berichte. Bd. 32, S. 9267.

JEAN LALOY

Konrad Adenauer – Erinnerungen und Betrachtungen

Im Herbst 1948 hatte André François-Poncet gerade seine Tätigkeit in Deutschland aufgenommen, man begann von Jean Monnet zu hören. Robert Schuman hatte in Paris Georges Bidault abgelöst. In der französischen Politik kündigte sich eine Wende an. In Bonn oblag François de Laboulaye und mir unter der freundschaftlichen Autorität von François Seydoux die Verbindung zum Parlamentarischen Rat, jenem noch zerbrechlichen Gremium, aus dem die Bundesrepublik Deutschland hervorgehen sollte. Dieses Unternehmen entsprach unseren Wünschen und Hoffnungen. Seit 1945 wußten wir, daß sich eine einmalige Gelegenheit bot: die Verständigung nicht nur zwischen Frankreich und Deutschland, sondern zwischen Franzosen und Deutschen. Nach so vielen kräftezehrenden Siegen und neue Kräfte freisetzenden Niederlagen hatten die beiden Völker endlich instinktiv begriffen, daß damit Schluß sein mußte. Ernsthaftere Aufgaben als die einer Revanche lagen vor ihnen.
Schon 1945 hatte ich das unter verschiedenen Pseudonymen in der Zeitschrift „Esprit" geschrieben, in der Joseph Rovan die gleichen Vorstellungen vertrat. Trotz des Geschreis derer, die sich Richelieu-Jünger dünkten (aber 1945 hätte Richelieu die Dinge vielleicht anders gesehen), hielt ich den 1948 eingeleiteten Zusammenschluß der westeuropäischen Völker unter Einbeziehung Deutschlands für den eigentlichen Auftrag der Nachkriegszeit.
Dazu bedurfte es aber deutscherseits eines Ansatzpunktes und eines Echos. Wir suchten deshalb die Begegnung und das Gespräch mit den deutschen Politikern. Und so kam eines Abends der Präsident des Parlamentarischen Rates zum Abendessen in unser kleines Haus in der Bonner Joachimstraße. Wir hatten ihn in den Sitzungen des Rates gesehen und gehört, waren beeindruckt von seiner Würde, seiner hohen Gesinnung, seiner von Humor gemilderten Strenge. Wie er freilich privat sein würde, das wußten wir nicht so recht. Wir waren jung damals. Er schien uns sehr alt.
Ohne sich in Details zu verlieren, sprach er nicht von Frankreich und Deutschland, sondern erläuterte uns seine politische Konzeption. Man müsse, so etwa sagte er, Deutschland wieder in das werdende westliche System einfügen. Sein Platz sei dort. Es habe etwas einzubringen, es könne viel gewinnen. Es brauche die frische Seeluft, es brauche den Odem der Freiheit, es müsse aus der Sackgasse – Apathie oder Wut – heraus, in die es infolge der Katastrophe von 1945 geraten sei. Das sei die Aufgabe, die er sich gestellt habe und die er ohne Mitwirkung Frankreichs nicht vollenden könne. Werde man ihn hören? Diese Worte schienen uns entscheidend.
Große geschichtliche Veränderungen bahnen sich in der Tiefe des kollektiven Bewußtseins an, Wirklichkeit aber können sie nur werden, wenn einige herausragende Persönlichkeiten die unterschwelligen Kräfte katalysieren, die Rich-

tung weisen, den Weg freischlagen. Konrad Adenauer war ein solcher Mann. Nach dieser Begegnung und diesen Worten wußten wir, daß es im Westen etwas Neues gab.

Man stelle sich nun Adenauer nicht etwa als einen feierlichen Greis vor, der sich an erhabenen Worten labte. Er war witzig, mokierte sich gern, provozierte auch gelegentlich. Ich erinnere mich, wie er uns bei einem Empfang im Winter 1948/49 einen etwas herben Weißwein anbot. Es waren viele Parlamentarier zugegen. Schon nach dem ersten Schluck meinte er, es sei eben ein Saarwein. Schon damals hegte ich größte Zweifel an der Richtigkeit der französischen Saarpolitik. Durch Adenauers Bemerkung etwas aus dem Gleichgewicht gebracht, stotterte ich so etwas wie, der Wein sei schon gut, kratze aber ein wenig im Hals. In Adenauers strenges Gesicht kroch ein Lächeln, gleich schaute er ganz anders drein.

Ich habe ihn später oft bei deutsch-französischen Zusammenkünften oder der Vorbereitung schwieriger Ost-West-Verhandlungen während der Berlinkrise zwischen 1959 und 1962 wiedergesehen. Er hatte noch an Statur gewonnen, war Bundeskanzler der Bundesrepublik Deutschland und Staatsmann von Weltruf geworden. Und doch war diese Würde bei ihm zugleich natürlich und einfach. Ergriff er in der Diskussion das Wort, nicht ohne sich Zeit zum Nachdenken genommen zu haben, dann hatte man den Eindruck, ein anderes Register sei gezogen worden. Er stieß geradewegs zum Wesentlichen vor und gab die Richtung an. Und so löste er manchen kunstvoll geschürzten Knoten.

Dieser weitblickende Mann war gleichzeitig ein Mann seiner heimatlichen Erde. Im hohen Alter ist er viel gereist, aber die Erfahrung der großen Räume der Welt hatte er nicht. Die Vorstellung, die er von Ländern wie Amerika, China oder der Sowjetunion hatte, schien uns nicht immer ganz maßstabgerecht zu sein. Er konnte sich auch im Netz interner Intrigen verfangen. Und doch entwand er sich ihm immer wieder. Wie war das möglich?

Zum einen war er nicht der einzige, dem das passierte. Jeder Mensch ist irgendwo eng, und dies ist nicht immer seine schlechteste Seite. Was Adenauer der Mittelmäßigkeit entrinnen ließ, war zunächst eine intuitiv richtige Menscheneinschätzung. Wenn er seine Gesprächspartner charakterisierte, so benutzte er griffige und scharfsinnige Formulierungen, die unvergessen sind. In der Tiefe dieses Gemüts, das vom kaiserlichen Deutschland geprägt worden war, brannte ein Licht, lag eine Originalität begründet, die es ihm erlaubte, sich über sich selbst zu erheben und zu verstehen, intelligere, im Innern zu lesen.

Etwas anderes kam hinzu. Wie wir alle, nur vielleicht noch ausgeprägter, war er ein Mensch mit mehreren Dimensionen: Als Privatperson war er der etwas altmodische Rheinländer, und er war es gern („Sie sind der typische Großbürger," rief ihm einmal der Kommunist Max Reimann zu, und Adenauer griff den Zwischenruf genußvoll auf: „Das bin ich wohl!"); als Mann der Öffentlichkeit war er der Wiedererbauer des demokratischen Deutschland; als moralische Persönlichkeit ließ er sich von Überzeugungen leiten, die hoch über der Politik standen. Seine Größe kam nicht aus ihm, sondern von anderswo. Deswegen fühlte er sich wohl und unbeengt. Er war sich selbst keine Last.

So erkläre ich mir sein Einvernehmen mit General de Gaulle. Waren den beiden Männern auch manche Züge gemeinsam, so trennten sie doch auch viele andere Eigenschaften. Liest man heute in den „Erinnerungen" des Bundeskanzlers seine Darstellung des Gesprächs von Colombey vom September 1958, so ermißt man, wie groß die Chancen für eine Verständigung, zugleich aber auch die Gefahren von Meinungsverschiedenheiten waren. Zwischen Adenauer und Robert Schuman hatte stilles Einverständnis geherrscht, das zwar auch nicht frei war von Vorbehalten und Umwegen, aber doch stark genug, allen Schwierigkeiten zu begegnen, und weiß Gott hat es daran nicht gemangelt. Zwischen 1948 und 1958 hatte die deutsch-französische Verständigung wirkliche Prüfungen bestanden: die Wiederherstellung eines deutschen Staates, die allmähliche Beseitigung der auf ihm lastenden Beschränkungen, das Drama der EVG. All dies war bewältigt. Der Weg stand offen. Aber die Hindernisse konnten neu entstehen. Würde de Gaulle seine Politik von 1944/45 wiederaufgreifen? Würde er sich mit den Vereinigten Staaten überwerfen? Oder aber an ihrer Seite eine führende Rolle beanspruchen, Deutschland in Ungewißheit und Wirrsal zurückstoßen? Würde Deutschland seinerseits der Versuchung einer rein nationalen Idee erliegen? Würde es dabei Schaukelpolitik zwischen Ost und West betreiben? Oder sich ausschließlich für Amerika entscheiden?

All das war 1958 möglich. Und in Frankreich wie in Deutschland hat es ja auch all diese Tendenzen gegeben. Wenn sie nicht wirklich Gestalt gewonnen haben, so verdanken wir das großenteils der Begegnung vom September 1958, von der Wirkungen auf beide Partner ausgingen. Gewiß, der aufs Schlimmste gefaßte Adenauer war hingerissen, so sehr, daß er sich manchmal von seinen politischen Kampfgefährten der Anfangsjahre entfernte. Aber auch de Gaulle blieb nicht unbeeinflußt. Im hohen Flug seiner Träume, erkannte er Europa als wesentliche politische Realität. Von da an wurden beiderseits die großen Orientierungen möglich, die heute noch fortwirken.

Das bei Kriegsende begonnene Werk ist im Jahre 1976 keineswegs vollendet. Und es wird noch lange nicht vollendet sein. Die Lektionen Konrad Adenauers verdienen auch heute noch bedacht zu werden.

Seine Politik war weder reiner Pragmatismus noch reiner Ehrgeiz. Sie war zu beidem fähig, aber sie entsprang einigen großen Ideen, die von höherer Warte kommen, aus jenem Bereich, in dem Politik an die Grundentscheidungen angrenzt. Ohne dieses Offensein nach oben gibt es keine sichere, geschweige denn eine dauerhafte Politik, und vielleicht überhaupt keine Politik, die im eigentlichen Sinne des Wortes gelingen kann.

HORST OSTERHELD

Adenauers Abschiedsbesuch bei de Gaulle – Ein Stück deutsch-französische Freundschaft

Es ist Ende August 1963. Adenauer befindet sich auf seinem letzten Urlaub als Kanzler in Cadenabbia. Er denkt an seinen Abschied. Am 15. Oktober wird er vom Amt des Bundeskanzlers zurücktreten. Nicht freiwillig in des Wortes eigentlicher Bedeutung, sondern in Erfüllung einer Zusage, die ihm seine Fraktion und die FDP im vergangenen Dezember abgenötigt haben. Mancher würde verbittert davongehen, ohne Abschiedsfeier, gleichsam „den Staub voll Verachtung von den Füßen schüttelnd". Adenauer wird anders handeln; er wird sich gehörig und würdig verabschieden, bei so vielen Stellen, als ihm die verbleibenden Wochen noch gestatten. Das gilt auch für das Ausland.

Italien wird darunter zählen. Er ist gerade Gast des Landes und kann die Besuche zwanglos mit der Heimreise verbinden. Dabei soll die italienische Regierung auch stellvertretend für die europäische Sechsergemeinschaft stehen; denn für die drei Benelux-Länder reicht die verbleibende Zeit nicht, und Frankreich ist ein Sonderfall. In Rom wird er auch den neugewählten Papst aufsuchen, als ranghöchstes Staatsoberhaupt und als Führer eines großen Teils der Christenheit, aber auch, weil Adenauer noch immer neugierig ist. Er hat Pius XII. sehr geschätzt, Johannes XXIII. nicht; wie wird der neue Mann sein?

Ein Besuch in Amerika? Normalerweise wäre er hingefahren. Von seinen bis dahin 75 Auslandsbesuchen galten elf den Vereinigten Staaten. Er empfing auch viele Amerikaner in Bonn; nicht nur, weil die USA die stärkste Macht der Erde sind; nicht nur, weil er mit vielen amerikanischen Politikern befreundet war und ist, an der Spitze Dulles, sondern auch, weil er sich in amerikanischer Umgebung generell besonders wohlfühlt. Nirgends sonst war er so frei, gelöst, manchmal fast übermütig wie im Kreis von Amerikanern. Aber diesmal wäre eine Reise unangebracht. Der Besuch Kennedys in der Bundesrepublik liegt erst zwei Monate zurück, und in diesen zwei Monaten hatte Adenauer mit der amerikanischen Regierung wegen des Abkommens über die Einstellung der Atomversuche eine sehr heftige Auseinandersetzung. Er hatte das zwar gerade vor Antritt des Urlaubs wieder in Ordnung gebracht und mit Rusk zu einer guten Atmosphäre zurückgefunden; aber die Wunden waren noch zu frisch. Und sicher würde es sein Nachfolger an der Pflege der Beziehungen zu den USA nicht fehlen lassen.

Bleibt Frankreich. Und zwar nicht nur, weil Erhard sich vielleicht nicht intensiv genug darum kümmern könnte, sondern auch, weil de Gaulle unter den amtierenden Regierungschefs dem Kanzler am nächsten steht und weil Adenauer das Verhältnis zu Frankreich für fundamental wichtig hält.

Schon in den zwanziger Jahren hatte er sich für eine Zusammenarbeit der beiden Nachbarvölker eingesetzt und erst recht nach dem Zweiten Weltkrieg. „Ich bin entschlossen", erklärte er wenige Wochen, nachdem er Bundeskanzler geworden war, „die deutsch-französische Verständigung zum Angelpunkt meiner Politik zu machen."[1] Im März 1950 sprach er sich in zwei berühmt gewordenen Interviews für eine Wirtschaftsunion zwischen Deutschland und Frankreich aus, „als ersten Schritt zu einer vollständigen politischen Union"[2]. Für diese Union sprach ein ganzes Bündel von Gründen: die darin praktizierte Gleichberechtigung, die Wiederaufnahme in die Familie der Völker, die Verankerung im Westen, die Verstärkung des Damms gegen Osten, eine Gewähr gegen französische Flirts mit Moskau sowie ein Selbstschutz gegen östliche Sirenenklänge. Selbst die Saar-Frage, die das Verhältnis so belastete, verlöre an Schärfe. Noch wertvoller freilich als all dieses wäre der allgemeine Auftrieb, der entstehen müßte, wenn Deutsche und Franzosen wieder mit Zuversicht in die Zukunft – eben eine gemeinsame Zukunft – schauen könnten. Und das wiederum gäbe „dem ganzen schwer erkrankten Europa neues Leben". Wäre de Gaulle damals französischer Staatschef gewesen, hätte die Entwicklung vielleicht diese Richtung genommen. Denn er, der sich schon 1947 für eine deutsch-französische Verständigung ausgesprochen hatte, begrüßte Adenauers Interviews lebhaft, erinnerte an die Schlacht auf den Katalaunischen Feldern, wo Gallier und Germanen gemeinsam die Hunnen besiegt hatten, bezeichnete eine deutsch-französische Union als die Fortsetzung des Werkes Karls des Großen und zeigte sich „geradezu geblendet von der Kraft eines solchen Zusammengehns"[3].

Aber die Entwicklung nahm einen anderen Verlauf. Man schuf die Montan-Union,den Gemeinsamen Markt und Euratom und hoffte, durch weitere supranationale Gemeinschaften Europa immer enger zusammenzuschließen. Auf wirtschaftlichem Gebiet erwies sich diese Methode als geeignet, auf dem politischen (außenpolitischen) allerdings nicht, zumindest von dem Zeitpunkt an nicht mehr, an dem de Gaulle 1958 das Steuer in Frankreich wieder übernahm. Der französische Staatspräsident hielt nichts von Integration und Abgabe souveräner Rechte an anonyme Institutionen. Europa, das auch er wollte, konnte nur durch die praktische Zusammenarbeit der Staaten entstehen und nicht durch – in seinen Augen – künstliche Konstruktionen. Zwischen den Staaten war er dann zu enger Kooperation und zu einem dichteren Aneinanderrücken bereit als vier Gemeinschaftsländern lieb war, die französische Selbstherrlichkeit fürchteten. Und diese Meinungsverschiedenheiten über Art und Dichte des Zusammenschlusses waren letztlich der eigentliche Grund, an dem die politische Einigung scheiterte. Als das Mißlingen im April 1962 feststand, griffen Adenauer und de Gaulle auf ihre alten Pläne zurück, das heißt, auf den Versuch, es zu zweit zu wagen.

De Gaulle hatte nicht vergessen, was es heißt, schwach zu sein, als er im letzten Krieg – ein stolzer Bettler – Frankreichs Position zwischen den USA, Großbritannien und Rußland mit Zähnen und Klauen zu behaupten suchte. Diesmal wollte er stärker sein. Und dafür war nichts geeigneter, als ein Zusammengehen mit Deutschland. Ob es allerdings möglich war, hing von der französischen „Volksseele" ab, deren Einstellung für de Gaulle sehr wichtig war, so sehr er sie auch auf eigenwillige Weise interpretierte. Und als sie bei Adenauers großem Frankreichbesuch im Juli 1962 „ihre Zustimmung kundtat", worin de Gaulle „das Göttliche an dem ungeheuren Unterfangen" sah[4], war die Entscheidung praktisch gefallen. „Der elementare Ausbruch der Begeisterung", den er dann bei seinem Gegenbesuch, zwei Monate später, in Bonn und Köln, Düsseldorf, Hamburg, München und Ludwigsburg erlebte, „überwältigte" ihn und bestärkte ihn in seinem Entschluß. Was könnten Deutsche und Franzosen nicht alles vollbringen, rief er, „wenn sie ihre Zusammenarbeit organisierten?" und „ein neues Leben begännen?" – „welche Revolution gegen früher!"

Der Jubel – Adenauer war von Anfang an skeptischer – muß in de Gaulle tiefe Schichten berührt haben, Vorstellungen von einer Art Blutsbrüderschaft, wo man Seite an Seite ausschreitet, „um gemeinsam große Dinge zu tun"[5].

Welche Genugtuung muß es ihm bereitet haben, als der Freundschaftsvertrag am 22. Januar 1963 wirklich unterzeichnet wurde, obwohl noch kurz zuvor starke Kräfte von allen Seiten herbeigestürmt waren, um den Pakt zu verhindern.

Und welche Gefühle mochten ihn dann andererseits beschleichen, als es denen, die den Vertrag nicht hatten vereiteln können, gelang, ihn zu verwässern? Die Präambel, die der Deutsche Bundestag dem Vertrag voransetzte, minderte in de Gaulles Augen seinen Wert. Adenauer versuchte abzuschwächen; er hatte auch Erklärungen für das Hinschleppen der Ratifizierung über ein halbes Jahr. Aber de Gaulle fand, daß ein Teil der Deutschen, kaum daß sie halbherzig zugestimmt hatten, schon feurige Blicke nach Washington und London warfen. Ihm war klar, daß sie Amerika mehr brauchten als er; aber, daß sie die Freundschaft, die Frankreich bot, weniger achteten, war eine zehrende Enttäuschung. Der Jubel, den sie Kennedy entgegenbrachten, als der im Juni 1963 Deutschland besuchte und de Gaulles Empfang vom Vorjahr ausstechen wollte – was ihm teilweise gelang –, ernüchterte.

Für Adenauer, weniger gefühlsbetont, war der Vertrag auch mit Präambel wertvoll. Man konnte viel damit machen, wenn man unverdrossen blieb. Man mußte nur anfangen, das Feld der Zusammenarbeit geduldig erweitern und – unter allen Umständen – Kontakt halten und jede Gelegenheit nutzen, um sich mit dem andern aus- und abzusprechen.

Selbstverständlich wird er sich also von de Gaulle verabschieden. Er will eine Tradition begründen helfen. Er will den General wieder für gemeinsame Aufgaben erwärmen. Das heißt, er wird zu de Gaulle fahren, auch wenn er für sonst niemanden mehr Zeit hätte.

Er hat in Paris anfragen lassen. De Gaulle ist einverstanden. Als Termin werden der 21. und 22. September 1963 vereinbart.

Adenauer ist nur einen Tag, am 20. September, in Bonn, um nach dem Urlaub und den Rombesuchen das Dringendste zu erledigen. Für die Vorbereitung des Treffens mit de Gaulle braucht er nicht viel Zeit; er weiß, was er dem französischen Staatspräsidenten sagen will. Aber da ist in letzter Zeit ein Ereignis eingetreten, das er für sehr wichtig hält, nämlich die großen sowjetischen Weizenkäufe in Kanada, Australien und den USA. Die Nachricht hat ihn elektrisiert. Schon lange meint er, daß Rußlands gewaltige Rüstungsanstrengungen die sowjetische Wirtschaft überfordern, zumal es wegen der Spannungen mit China Ostsibirien beschleunigt ausbauen muß, ein Gebiet, mehr als halb so groß wie die Vereinigten Staaten. Er hat sich mit diesen Fragen in letzter Zeit besonders befaßt. Die Weizenkäufe sprechen von einer rückständigen Landwirtschaft, von Mangel an Düngemitteln, Landmaschinen und allgemein zu geringer industrieller Produktion; sie sind nur die Spitze des Eisbergs. Endlich erhält der Westen eine Chance, einige seiner Wünsche durchzudrücken. Er braucht nichts anderes zu tun, als seine Wirtschaftskraft auch einmal politisch einzusetzen, wie es Moskau seit langem tut. „Oder ist es unbillig", fragt Adenauer, „für die Linderung der Not der russischen Bevölkerung auch die Linderung der Not unserer Landsleute zu fordern?"[6] und der Not der osteuropäischen Völker? oder die Beseitigung der Mauer in Berlin? Ist es nicht eine Fügung, „ein Geschenk des Himmels", daß sich am Ende seiner Kanzlerschaft noch eine Möglichkeit zu bieten scheint, auf die er 14 Jahre gewartet hat? – Und so erfährt sein Besuch plötzlich noch eine hochaktuelle Bedeutung.

Am Samstag, dem 21. September, um 9.45 Uhr steigt er auf dem Flugplatz Köln/Bonn in das Militärflugzeug, das ihn nach Frankreich bringen wird. Er hat ein Memorandum über die russischen Weizenkäufe bei sich, das er de Gaulle überreichen möchte, um die Bedeutung zu unterstreichen, die er dieser Frage beimißt, und um de Gaulle, wenn möglich, zu bewegen, sich im gleichen Sinn einzusetzen. Das Memorandum enthält die wesentlichen Punkte; aber Adenauer, der es erst am Morgen in Rhöndorf erhielt, möchte es erweitern und noch grundsätzlicher gestalten; und so fängt er denn im Flugzeug, kaum daß es in der Luft ist, an zu diktieren. Das ist sehr ungewöhnlich. Er macht nur noch selten längere Exposés. So gut ihm Briefe und kurze Aufzeichnungen gelingen, so trefflich er korrigieren kann, größere Ausarbeitungen fallen ihm schwer. Zu viele Details erscheinen ihm festhaltenswert, und er will zu ausführlich begründen. Dadurch wird der Text zu breit, auch jetzt während des Flugs. Es macht ihn ärgerlich; aber er arbeitet unverdrossen bis zur Landung.

Um 11.30 Uhr setzt die Maschine in Villacoublay auf, einem Militärflughafen im Südwesten von Paris. De Gaulle ist da, ihn zu begrüßen – eine große Ehre; denn der General ist sehr protokollbewußt. Die Eingeweihten ersehen viel daraus, ob er die Gäste auf der Freitreppe des Elysée-Palastes empfängt, im Foyer, an der oberen Treppe oder im Arbeitszimmer und wo und wie er sie verabschiedet. Zum Flugplatz kommt de Gaulle im allgemeinen nur bei großen Besuchen eines Staatsoberhaupts; Adenauer ist protokollarisch einen Rang niedriger.

Auf dem Flugplatz sind weder Zuschauer noch Presse. Die beiden Staatsmänner schütteln sich herzlich die Hand, setzen sich in den großen Citroën und fahren, gefolgt von einigen anderen Wagen, dreiviertel Stunde durch das Mantois, die anmutige Gegend zwischen Paris und Chartres, nach Rambouillet. Das schöne Wetter und das Land gemahnen den Kanzler an manche Autofahrt während des großen Frankreichbesuchs im Juli vergangenen Jahres. Straßenschilder rufen berühmte Namen wach: Versailles, Malmaison, Marly-le-Roi,

Port-Royal; und dann der Staatswald von Rambouillet, „wo seit Jahrhunderten der Ritus der offiziellen Jagden abrollt“, zu dem Schloß, für das de Gaulle eine Vorliebe bekennt, „das so viele unserer Könige sah, unserer Valois, Bourbonen, Kaiser und Präsidenten“[7]. Es ist namentlich für kleinere Begegnungen geeignet, und de Gaulle möchte diesem letzten Treffen mit dem Bundeskanzler den Charakter des Befreundeten, des fast Familiären geben. Deshalb auch hier keine Öffentlichkeit, keine Presse; nur Madame de Gaulle, drei Mitarbeiter und ein Dolmetscher. Auch Adenauer kommt mit der kleinsten Begleitung seit langem, seiner ältesten Tochter, einem Mitarbeiter, einem Dolmetscher, einer Sekretärin und zwei Sicherheitsbeamten. Insoweit schließt sich der Kreis, der vor genau fünf Jahren in Colombey-les-deux-Eglises begann, auch dort im intimen, ganz persönlichen Rahmen, nur darauf gerichtet, einander wirklich kennenzulernen und womöglich näherzukommen. Jetzt, zum Abschluß, im Sommersitz des Staatspräsidenten, ist es ein wenig feierlicher – aber vertraut genug für ungestörte, dichte Gespräche.

De Gaulle läßt es sich nicht nehmen, den Gästen selbst die Zimmer zu zeigen, für Adenauer zwei Räume im Turme Franz' I., für seine Tochter die Gemächer der Marie Antoinette. Dann kommen Adenauer und der General zu einem ersten kurzen Gespräch zusammen: über Adenauers gerade beendete Besuche bei der italienischen Regierung und beim Papst, über das Teststoppabkommen und de Gaulles sehr beachtete Erklärung zu Vietnam. Um 13.30 Uhr beginnt das Mittagessen in familiärer Runde, mit wohlgewählten Gängen, angenehmer Unterhaltung, ohne Tischreden und ziemlich rasch, wie de Gaulle es liebt. Dann zieht man sich auf die Zimmer zurück.

Auf Adenauers Schreibtisch liegen schon die Seiten, die er im Flugzeug diktierte. Er überfliegt sie, korrigiert, merkt aber bald, daß er in der Mittagspause nicht viel weiter kommt. Er legt sich aufs Bett, ohne Schlaf zu finden. Er ist irgendwie unzufrieden, innerlich verspannt. Nicht, als ob er sich gegenüber de Gaulle unfrei fühlte; das war er – manchen Erzählungen zum Trotz – eigentlich nie. Er weiß, daß de Gaulle ihm in der einen oder anderen Hinsicht überlegen ist, aber das stört ihn nicht. Er weiß, daß er andere Gaben hat und in der Summe ebensoviel kann und ist. Er war de Gaulle gegenüber selten befangen, nicht häufiger als der Franzose ihm gegenüber, fühlte sich vielmehr im allgemeinen frei und sicher, gefordert und fordernd zugleich. Was ihn heute belastet, ist das Wissen, daß er wegen seines baldigen Rücktritts nur noch raten und bitten, aber nichts mehr versprechen und vollbringen kann. Das ist ganz anders als in Colombey-les-deux-Eglises, als er der erfahrene, erfolgreiche Mann war, unbestritten in seinem Land und einflußreich im ganzen Westen. De Gaulle hatte vom Kriege her einen großen Namen, aber niemand wußte damals, ob er noch viel vollbringen würde. Heute ist de Gaulle hochangesehen und unangefochten an der Spitze Frankreichs, während Adenauer vor der wohl letzten Möglichkeit steht, für die Deutschen jenseits der Elbe und für den deutsch-französischen Bund noch etwas zu tun.

Die Uhr mahnt aufzustehen. Er geht hinunter durch die Zimmer, Säle mit kostbaren Vertäfelungen, Möbeln, Wandteppichen: in den Marmorsaal des Schlosses, wo ihn de Gaulle erwartet. Mehr als 30 Gespräche unter vier Augen haben die beiden in den fünf Jahren geführt. Über 100 Stunden, schreibt

de Gaulle, hätten sie miteinander gesprochen[8]; und das ist eher zu wenig. Über drei Stunden wird das Gespräch dauern, das sie nun, am Nachmittag des 21. September, beginnen.
Wir wissen nicht genau, worüber sie sich unterhalten; denn während Adenauer den Großteil der Dolmetscherprotokolle seiner Gespräche mit de Gaulle in den „Erinnerungen" ziemlich unverändert abgedruckt hat, fehlt der Abschiedsbesuch. Möglicherweise zufällig; denn Adenauer war erst dabei, die Materialien für den vierten Band zu sichten, als ihm der Tod die Feder aus der Hand nahm. Den genauen Inhalt der Gespräche vom September 1963 werden wir also erst erfahren, wenn die Protokolle entsiegelt sind. Bestimmte Passagen sind jedoch rekonstruierbar.
Sicher hat Adenauer die Weizensache vorgebracht, und zwar in aller Breite; der Westen müsse die Gunst der Stunde nutzen; auch die NATO müsse sich mit dieser Frage befassen, was er von Bonn aus in den nächsten Tagen in die Wege leiten werde. De Gaulle zeigt Verständnis, Sympathie, aber auch Skepsis. Würden sich die Australier, Amerikaner und Kanadier das Geschäft entgehen lassen? Würden sie, wenn Weizen nur gegen politische Zugeständnisse geliefert werden solle, nicht dasselbe für den übrigen Warenverkehr und Kredite fordern? Und würden die USA überhaupt „mitziehen", die, über das Weizengeschäft hinaus, an Kontakten mit der Sowjetunion zunehmend interessiert seien?
Wie meist erörtern sie zahlreiche Themen: den sowjetischen Druck auf Berlin, Chruschtschows Wink mit einem Besuch in Bonn, seine Versuche, den Westen zu spalten, die Schwäche der atlantischen Allianz, die „Politik der Bewegung". Als Kennedys Name fällt, denkt keiner der beiden, wie bald, schon binnen eines Vierteljahres, der junge Präsident sterben wird.
Dann wenden sich die beiden Alten dem deutsch-französischen Vertrag zu, auf der Suche nach Bereichen, auf denen sich Gemeinsames schaffen läßt. So könnten sie auf intensivere Kontakte ihrer Außenministerien achten, könnten veranlassen, daß die deutschen und französischen Botschaften in Drittländern enge Verbindung halten. Ähnlich dem deutsch-französischen Jugendaustausch, der bereits beschlossen ist, könnten Verbindungen auf anderen Gebieten gefördert werden, Besuche, Partnerschaften, das Erlernen der anderen Sprache. Gemeinsame Projekte in Entwicklungsländern – das wären weithin wirkende Zeichen. Es müßte möglich sein, Wirtschaftsunternehmen, Energie- und Verkehrsvorhaben gemeinsam anzupacken.
Und im Bereich der Verteidigung? Sie ist für de Gaulle das Wichtigste; und Enttäuschungen auf diesem Gebiet sind die ärgsten. Wieviel hatte er in Mourmelon im Juli 1962 erhofft, als er und Adenauer gemeinsam „die Parade einer französischen und einer deutschen Panzerdivision abnahmen, deren jede die andere überstrahlen wollte"[9]! Zwei Monate später hatte er in der Führungsakademie der Bundeswehr in Hamburg gar von einer deutsch-französischen Militärunion gesprochen und „dem Ziel einer einzigen und gemeinsamen Verteidigung"[10].
Aber ein halbes Jahr später schien alles verflogen, zerstoben. In Paris kursierte das gekränkte, beunruhigende Wort von „den Rosen und den jungen Mädchen, die ihre Zeit haben, die nur einen Tag blühen – so wie mancher Vertrag ...".

Adenauer hatte das Wort bei de Gaulles Besuch im Juli 1963 direkt aufgegriffen: Wohl hätten Mädchen und Rosen ihre Zeit, aber die Rosen in seinem Garten hätten den vergangenen Winter glänzend überstanden. Die Rose – davon verstehe er etwas – sei eine der ausdauerndsten Pflanzen überhaupt. Jahr um Jahr treibe sie Knospen und bringe Blüten über Blüten ...[11]
Aber Adenauer weiß, wie enttäuscht de Gaulle ist; und so spricht er die Verteidigung im Gespräch vom 21. September nur behutsam an, tastend zunächst, aber nicht ohne Erfolg. Es gelingt ihm anscheinend, de Gaulles Interesse wieder zu wecken. Denn nicht von ungefähr spricht der Staatssekretär des französischen Außenministeriums zwei Tage später, am 23. September 1963, öffentlich von europäischer atomarer Zusammenarbeit; und nicht von ungefähr stimmt Adenauer im „Figaro" zu, das Thema gleich auf eine europäische Atomstreitmacht spezifizierend[12]. Und wenn nichts daraus würde – so mag das Gespräch der beiden weitergegangen sein –, blieben dann nicht genügend bilaterale Möglichkeiten bei der Ausbildung der Soldaten, der Rüstung, der Forschung und Finanzierung?
So sitzen sie einander gegenüber, „der alte Franzose und der sehr alte Deutsche", wie de Gaulle später schreibt[13], ihre Gedanken tauschend, bis sie glauben, das Wesentliche gesagt zu haben. Im Park um das Schloß wird es dunkel. Sie erheben sich und beide sind nicht ohne Hoffnung.
Zum Abendessen versammelt sich derselbe kleine Kreis wie zum Mittag. Wieder keine Tischreden, aber ein herzlicher Toast. Die Atmosphäre ist entspannt, gehoben. Im Anschluß an das Essen läßt de Gaulle einen Film zeigen, was er manchmal gern macht: eine Ballonfahrt über Frankreich, unterhaltsam, gekonnt. Dann begeben sich alle auf ihre Zimmer.

Am nächsten Morgen, am Sonntag dem 22. September 1963, versammelt man sich um 9.00 Uhr in der Schloßkapelle zum Gottesdienst. Beide, Adenauer und de Gaulle, sind weder klerikal noch im streng kirchlichen Sinne fromm. Aber die Existenz Gottes ist für sie keine Frage, und vom Metaphysischen her bestimmen sich Aufgabe und Ziel, auch die Würde des Menschen.
Die Sonne fällt durch die alten Fenster auf die kleine Gemeinde. Die Stunde läßt sich mit dem Gottesdienst in der Kathedrale von Reims nicht vergleichen, als im vergangenen Jahr in einem großartigen Augenblick Geschichte sichtbar wurde. Aber auch hier, in der bescheidenen Schloßkapelle von Rambouillet „vereinigen sich der erste Deutsche und der erste Franzose im Gebet, damit zu beiden Seiten des Rheins die Werke der Freundschaft für immer die Leiden des Krieges überwinden"[14]. In dieser Stunde, meist in einem Gebetbuch lesend, wird Adenauer von innen her ruhig.
Nach der Messe gehen sie in den Park. Es ist ein herrlicher Spätsommermorgen, frisch, aber nicht kalt. Kein Laut weit und breit. Der Nebel hängt noch in den Wipfeln der Bäume, aber der blaue Himmel kündigt sich für den späteren Tag schon an. Die beiden Staatsmänner und die beiden Damen, der Dolmetscher dicht aufgeschlossen, die anderen dahinter, so wandelt die kleine Gruppe an der „Majestät der Wasserbecken" vorbei zur „Bergerie nationale", einem Gehöft in einiger Entfernung, in dem die berühmten Merinoschafe von Rambouillet seit fast 200 Jahren gezüchtet werden. Man besichtigt die alten Stallun-

gen und einige höchst moderne Einrichtungen. De Gaulle ist nicht ohne Stolz. Dann kehrt man zum Schloß zurück; und das weite herbstliche Land und der sich färbende Wald offenbaren den Gästen, was de Gaulle bei den Treffen in Rambouillet vermitteln möchte, nämlich „den Adel Frankreichs in seiner Bonhomie und die Stetigkeit in den Wechselfällen seiner Geschichte“[15].

Wie zwei Gutsherren über ihre Ländereien, so schreiten sie, wie zwei Großbauern, die sich am Sonntagmorgen von der harten Arbeit der Woche ein wenig erholen. De Gaulle schwerer und noch größer als Adenauer, der eine 72, der andere 87 Jahre alt, aber beide noch ohne Schwächen des Alters, festen Schritts der eine, lockerer der Ältere.

Beide kamen früh zu Einfluß und Ehren. Beide stürzten tief und lebten – beide zwölf Jahre lang – in der Abgeschiedenheit, ehe sie erneut zu Macht und Ansehen kamen.

Christentum, Familie, Demokratie, das sind die Fundamente. Das Geistige hat Vorrang vor dem Materiellen. Sie wenden sich gegen das A-Menschliche reiner Diesseitigkeit und mühen sich um die innere und äußere Freiheit der Menschen.

Sie sind weitblickend und scharfsichtig zugleich, Menschenkenner, mit großen kombinatorischen Gaben und mit Gespür für Entwicklungen. Mit großer Arbeitskraft, Mut vor Menschen und Mut, Entscheidungen zu treffen; mit Vaterlandsliebe und Verantwortungsbewußtsein.

De Gaulle ist ideenmächtiger, bluternst und leidenschaftlich – wichtige Eigenschaften für einen Politiker. Adenauer hat Humor, auch eine wichtige Gabe, größere Distanz – auch zu sich selbst – und geringere Verletzlichkeit. Darin ist er dem Franzosen über.

Bei aller Beweglichkeit im einzelnen ist Adenauer in den großen Linien konsequent, „ein Genie flexibler Taktik und des ehernen Konzepts“[16]. Schwer kalkulierbar im Täglichen, in der Grundrichtung aber verläßlich und unbeirrt. Spektakuläre Wendungen, wie de Gaulle sie gelegentlich – wenn auch selten – macht, gibt es bei ihm kaum.

De Gaulle ist die größere dramatische Begabung. Mit Sorgfalt bereitet er Pressekonferenzen und Fernsehauftritte vor; „mit immer schmerzlicher, endloser Mühe arbeitet er seine Reden aus“[17]; oft lernt er sie auswendig. Darin ist Adenauer anders. Er weiß, wie wichtig Reden für einen Politiker sind; er möchte sich verständlich machen und überzeugen; aber er ist kein „homme de lettre“. Seine Reden bezwecken nur politische Wirkung; auf die schöne oder imponierende Form mag er weder viel Zeit noch Kraft verwenden.

De Gaulle wünscht Jubel, Ovationen, Ergebenheit und breite Zustimmung. Auch Adenauer weiß sie zu schätzen, aber er strengt sich dafür nicht übermäßig an. Bei de Gaulle ist nichts improvisiert, auch das Detail ist vorbereitet, oft in glänzender Form. Auch daran wendet Adenauer weniger Zeit und Kraft. Er traut sich zu, rasch zu improvisieren und aus jeder Lage noch einen brauchbaren Ausweg zu finden.

„Groß sein, heißt sich mit Großen und um Großes schlagen“, lautet ein Schlüsselwort de Gaulles[18]. Adenauers Motto wäre das nicht. De Gaulle möchte Eindruck machen und als der Große, der Größte gelten. Auch Adenauer möchte der Erste sein, aber nur in dem ihm zustehenden Kreise.

Nicht nur für sich, sondern mehr noch für Frankreich erstrebt de Gaulle Größe und Ruhm. Es ist ihm „eine große Genugtuung", daß Frankreich unter seiner Führung „das politische Spiel in der Welt mit einem Schlag tiefgreifend verändert hat" und „wieder zum Star in einem Stück geworden ist, in dem man es nur als Statist gesehen hat". „Ein Frankreich, das keine Weltverantwortung trägt, verdient den Namen nicht", und „alles kommt darauf an, daß Frankreich im ersten Gliede steht"[19]. Adenauer ist maßvoller. Er kämpft für die Gleichberechtigung seines Volkes, wehrt sich entschieden gegen Diskriminierung, aber er wünscht es nicht im ersten Glied und will auch selbst nicht dominieren. Er weiß, wie mißtrauisch die Welt noch gegen die Deutschen ist und möchte alles vermeiden, was die Rückkehr in die Familie der Völker behindern könnte. Die Rolle, die Deutschland spielt, kommt erst in zweiter Linie. Vielleicht hängt das damit zusammen, daß sein Blick durch die lange Zeit als Oberbürgermeister auf die konkreten Sorgen und Wünsche der Menschen gerichtet ist, während für de Gaulle, den Offizier und Historiker, Glanz und Rang der Nation im Vordergrund stehn.

Beide sehen die Gefahr in verschiedener Richtung. Zwar lehnt auch de Gaulle den Kommunismus ab, „die abscheuliche Tyrannisierung des einzelnen", „die grausige Atmosphäre des Totalitarismus". Er weiß, „welche Gefahren Frankreich für Leib und Seele drohen würden, wenn vor ihm Deutschland wankte"[20]. Aber diese Gefahr erscheint ihm fern. Für bedrohlicher hält er das höchst labile Gleichgewicht zwischen den beiden Supermächten. Wenn es nicht durch weitere Pfeiler gestützt wird, „droht es, eines Tages in einem Krieg unvorstellbaren Ausmaßes zu zerbrechen"[21]. Ein solcher Pfeiler soll Europa sein – auf der Basis eines engen deutsch-französischen Bundes. Dem werden sich, meint de Gaulle, andere westeuropäische Länder bald anschließen und eines Tages, wie er hofft, auch osteuropäische: damit Europa wieder zusammenfinde vom Atlantik bis zum Ural; mit Frankreich, wie er wünscht, als dem geborenen Sprecher – ein mächtiger Garant des Friedens.

Adenauer verschließt sich diesen Gedankengängen nicht, aber er sieht die Gefahr näher – bevor es zur Einigung Europas kommt, und bevor sich (was auch er hofft) der Osten wandelt. Adenauer kennt den Expansionsdrang der Russen, der sich in der kommunistischen Lehre und dem diktatorischen Regime bedrohlich formiert hat. Manches gemahnt ihn an Erfahrungen aus dem Dritten Reich. Auch da begann es mit der Mißachtung der Individuen, der Unterdrükkung Andersdenkender und der Vergötzung des Kollektivs. Viele im Westen schlossen damals die Augen davor, gingen ihren Geschäften nach und glaubten, den Tyrannen besänftigen und ihn durch Verträge zähmen zu können, bis dann der Ausbruch erfolgte, der die Welt erschütterte und unzählige Opfer forderte. Adenauer meint, vergleichbare Symptome erneut zu erkennen. Nichts ist also wichtiger als ein fester Zusammenhalt des Westens und, da viele die Gefahr nicht sehen: der deutsch-französische Vertrag.

Sie sind am Schloß angelangt. De Gaulle bittet den Kanzler zu einem letzten Gespräch. Sie setzen ihre Unterhaltung über die künftige Zusammenarbeit der Deutschen und Franzosen fort, wobei es Adenauer unter anderem – er hätte nicht er selbst sein dürfen – mit leichter Hand gelingt, von de Gaulle aufgefordert zu werden, ihn auch nach dem Rücktritt wieder zu besuchen.

De Gaulle wiederholt diese Einladung später bei Tisch, sozusagen vor Zeugen – und er hat sich, das sei festgestellt, in seltener Treue daran gehalten, hat Adenauer bei allen späteren Besuchen in Bonn aufgesucht und ihn in Paris wiederholt empfangen.
Um 12.00 Uhr treffen Couve de Murville, der französische Außenminister, und Innenminister Joxe in Rambouillet ein, um an der Schlußbesprechung teilzunehmen; sie dauert noch eine gute Stunde. Adenauer weiß, daß Frankreich seinen Plänen bezüglich der russischen Weizenkäufe Wohlwollen entgegenbringt, sie aber nicht sehr unterstützen wird. Gleichwohl schneidet er dieses Thema noch einmal an, weil es ihm zu wichtig ist, und weil er möchte, daß der französische Außenminister, der bald offiziell damit zu tun haben wird, Gründe und Absichten aus des Kanzlers eigenem Munde erfährt. Ein ausführliches Memorandum wird er in Kürze senden.
An der Mittagstafel ist der Kreis etwas größer. Diesmal gibt es Tischreden; beide sind herzlich, mit Wärme, die Adenauers mit Bewegung. Beide Staatsmänner äußern ihre Befriedigung, bekunden ihre Hochachtung für den andern; Adenauer dankt ausdrücklich, daß de Gaulle mit ihm den deutsch-französischen Vertrag unterzeichnet habe, und er ist glücklich, als ihm de Gaulle versichert, daß „die französischen Politiker ihre ganze Kraft einsetzen werden, um die Freundschaft und die Zusammenarbeit zu beleben und zu entwickeln".
In angeregter, gehobener Stimmung verabschiedet man sich dann reihum. Die Wagen sind auf den Kieswegen vorgefahren. Adenauer und seine Begleitung steigen ein. De Gaulle steht auf der Freitreppe und hebt die Hand, bis die Autos hinter dem eisernen Portal verschwunden sind.
In Villacoublay wartet die Militärmaschine. Beim Überfliegen der Grenze sendet Adenauer de Gaulle ein herzlich gehaltenes Telegramm. Der wichtigste Abschiedsbesuch außerhalb Deutschlands ist vorüber.

Es waren zwei denkwürdige Tage, nicht wehmütig oder überschattet, vielmehr sehr bewußt, dicht, Stunde um Stunde, bewegend und unvergeßlich.
Und politisch? Ein Glied in der Kette. Noch zur großen Phase des Zueinanderfindens gehörig und zugleich schon einer der ersten Schritte auf dem fortan gemeinsamen Weg. Ein wichtiger Schritt.
Adenauer und de Gaulle wollten das Zusammengehen aus verschiedenen Motiven und für unterschiedliche Ziele – aber für welche Verbindung gälte das nicht? –; stärker jedoch als das Trennende und Unzulängliche war ihr Entschluß, beieinander zu bleiben und der Zukunft gemeinsam entgegenzugehen. Und dieser Wille, der nach de Gaulles anfänglichem Überschwang und seiner anschließenden Enttäuschung etwas geschwankt haben mag, wurde durch die beiden Tage in Rambouillet bleibend gefestigt. Der Bund zwischen Deutschland und Frankreich wurde besiegelt.
Zwischen de Gaulle und ihm, sagte Adenauer in der Tischrede, bestehe nicht nur ein Verhältnis wie zwischen zwei Staatsmännern, sondern, wie er mit Freude feststelle, „das Verhältnis zweier Menschen, die gleich stark der Erreichung eines Zieles verbunden sind".
Ohne de Gaulle wäre der Freundschaftsvertrag nicht gelungen. Kein französischer Politiker, auch Robert Schuman nicht, mit dem Adenauer das europäische

Einigungswerk begonnen hatte, besaß die Kraft, die Franzosen dahin zu bringen, daß sie Furcht und Argwohn vergaßen und ein Zusammengehen mit dem Erbfeind riskierten. Mit de Gaulle wagten sie es, fast ohne Zögern. Sein Mut und seine Sicherheit teilten sich ihnen mit.

Und sicher bedurfte es Adenauers. Kein deutscher Staatsmann hatte, wie er, den unbestechlichen Blick, die erdnahe Vernunft, den verantwortungsbewußten Mut, die Entschlossenheit und die eiserne Geduld.

In seiner Tischrede sagte Adenauer auch, daß er den deutsch-französischen Vertrag als das Hauptwerk seiner vierzehnjährigen Tätigkeit als Bundeskanzler betrachte. – Auch wenn man meint, er habe noch Größeres vollbracht – der Vertrag steht mit an der Spitze. Er bringt letztlich nur Gutes.

Es war Adenauer und de Gaulle nicht gegeben, nachdem sie den Grundstein gelegt hatten, auch noch das Haus gemeinsam zu bauen. Sie hätten die beiden Völker, „deren Gebiete, Arbeit und deren Genius sich so gut ergänzen"[22], enger aneinander geschweißt. Welche Kraft hätte entstehen können! Was für Konstellationen!

So blieb der Bund locker. Aber sie haben die Feindschaft beendet, die vor über 400 Jahren in den Kriegen Franz' I. von Frankreich gegen Kaiser Karl V. begonnen hatte, die seither in jeder Generation Opfer gefordert, die Beziehungen in Europa vergiftet und in den beiden Weltkriegen die ganze Welt in Mitleidenschaft gezogen hatte. „Nie wieder", hatte de Gaulle im September 1962 vor der Feldherrnhalle in München erklärt, „darf es dahin kommen, daß in Frankreich und Deutschland Birkenkreuze aufgerichtet werden."[23] Sie haben diese Feindschaft beendet und stießen darüber hinaus zur Zusammenarbeit vor.

Sie haben ein Blatt der Geschichte gewendet.

1 Vgl. Interview mit „Die Zeit" vom 2. November 1949.

2 Vgl. die Interviews mit dem Chefkorrespondenten der amerikanischen Nachrichtenagentur INS, Kingsbury-Smith, vom 7. und 21. März 1950; Konrad Adenauer, Erinnerungen 1945–1953, Stuttgart 1965, S. 311 ff.

3 Am 16. März 1950; vgl. Keesing's Archiv der Gegenwart. 20. Jahrg. (1950), S. 2302.

4 Für den Wortlaut der Ansprache in der Präfektur von Reims am 8. Juli 1962 vgl. Bulletin des Presse- und Informationsamtes der Bundesregierung, Nr. 123 vom 10. Juli 1962, S. 1066.

5 Vgl. die Ansprachen vom 20. Juni 1961 in Paris (anläßlich des Staatsbesuchs von Bundespräsident Lübke), vom 5. September 1962 auf dem Marktplatz in Bonn und am Abend desselben Tages auf dem Petersberg sowie am 6. September 1962 in der August-Thyssen-Hütte in Duisburg; Bulletin des Presse- und Informationsamtes der Bundesregierung, Nr. 112 vom 22. Juni 1961, S. 1085 f. und Hans Stercken (Hrsg.), De Gaulle hat gesagt ... Eine Dokumentation seiner Politik, Stuttgart 1967, S. 189 ff.

6 Erste Meldungen über große sowjetische Weizenkäufe kamen in der ersten Septemberhälfte des Jahres 1963. Adenauer äußerte sich bis zu seinem Rücktritt als Bundeskanzler mehrmals dazu, so am 1. Oktober 1963 vor der Arbeitsgemeinschaft demokratischer Kreise in Bad Godesberg, in „Le Figaro" vom 5./6. Oktober 1963, vor der Presse am 9. Oktober 1963, in einem Interview mit „Bild" vom 10. Oktober

1963; vgl. auch Anneliese Poppinga, Meine Erinnerungen an Konrad Adenauer, Stuttgart 1970, S. 56ff.

7 Vgl. Charles de Gaulle, Memoiren der Hoffnung. Die Wiedergeburt 1958–1962, Wien–München–Zürich 1971, S. 256f.

8 Vgl. de Gaulle, Memoiren, S. 224.

9 Vgl. ebenda.

10 Am 7. September 1962. Vgl. Bulletin des Presse- und Informationsamtes der Bundesregierung, Nr. 168 vom 11. September 1962, S. 1427.

11 Am 5. Juli 1963. Vgl. Bulletin des Presse- und Informationsamtes der Bundesregierung, Nr. 117 vom 6. Juli 1963, S. 1051.

12 Vgl. die Erklärung des Staatssekretärs Habib Deloncle vom 23. September 1963 vor der Beratenden Versammlung des Europarats; Archiv der Gegenwart. 33. Jahrg. (1963), S. 10816; vgl. Adenauers Erklärung in „Le Figaro" vom 5./6. Oktober 1963.

13 Vgl. de Gaulle, Memoiren, S. 218.

14 Vgl. de Gaulle, Memoiren, S. 225.

15 Vgl. de Gaulle, Memoiren, S. 257.

16 Vgl. das Vorwort von Bruno Heck zu: Konrad Adenauer, Ziele und Wege. Hrsg. von der Konrad-Adenauer-Stiftung, Mainz 1972, S. 11; ähnlich Franz Josef Strauß auf Schallplatte zu Adenauers 90. Geburtstag und Georg Adenauer, zitiert bei Paul Weymar, Konrad Adenauer. Die autorisierte Biographie, München 1955, S. 437.

17 Vgl. de Gaulle, Memoiren, S. 355.

18 Vgl. Vorspruch zu Charles de Gaulle, Le Fil de l'Epée, Paris 1933.

19 Vgl. de Gaulle, Memoiren, S. 202f., S. 252 und S. 255.

20 Vgl. de Gaulle, Memoiren, S. 168 und Stercken, S. 188.

21 Vgl. de Gaulle, Memoiren, S. 201.

22 De Gaulle am 3. Juli 1962; vgl. Stercken, S. 184.

23 Am 8. September 1962; vgl. Hermann Schreiber, Zwischenzeit. So leben wir, Stuttgart 1964, S. 214.

GEORG SCHRÖDER

War Konrad Adenauer ein Gaullist?

Was ein französischer Gaullist ist, läßt sich leicht beantworten. Aber was ist und was war ein deutscher Gaullist? Auch auf die Gefahr hin, Selbstverständlichkeiten aneinanderzureihen, muß diese Frage zunächst beantwortet werden.

Der innenpolitische Aspekt des Gaullismus – Präsidialdemokratie und Zurückdrängen des Einflusses der Parteien – hat für jene, die man in den sechziger Jahren deutsche Gaullisten im Gegensatz zu deutschen Atlantikern nannte, nie eine Rolle gespielt. Auch nicht für Konrad Adenauer, obwohl 1959, dem so unerquicklichen Jahr der Wahl des zweiten deutschen Bundespräsidenten, nicht ganz ohne Grund davon gemunkelt wurde, der von de Gaulle vorgelebte Gedanke der Präsidialdemokratie sei nicht ganz ohne Lockungen für den Bundeskanzler gewesen.

Ist es also die außenpolitische Sicht Charles de Gaulles gewesen, die jene teilten, die man bei uns landläufig Gaullisten nannte im Streit um den außenpolitischen Kurs Bonns? Der französische Staatschef hat weder in seinen Memoiren noch in seinen Beratungen mit Konrad Adenauer je verhehlt, welche Ziele er anstrebte: die nationale Unabhängigkeit Frankreichs nach allen Seiten; die Führung aller an Frankreich angrenzenden Staaten des Kontinents durch Paris; die diplomatische und militärische Unabhängigkeit von den beiden großen Blöcken in der Hoffnung, beim Streit zwischen Moskau und Washington selber den Ausschlag geben zu können. Die Anerkennung der Oder-Neiße-Grenze nicht zuletzt in der Hoffnung, die Bindung zwischen Warschau und Moskau lockern zu können, gleichzeitig aber auch die Entente zwischen Paris und Moskau gehörten zu diesem Programm. Charles de Gaulle, der Adenauer für seine Politik gewinnen wollte, hat sich gehütet, je öffentlich oder auch gegenüber dem Bundeskanzler unter vier Augen sich gegen die Wiedervereinigung auszusprechen. Kein Zweifel besteht daran, daß er die Bundesrepublik Deutschland als ein Vorfeld sah von größter Bedeutung für Frankreichs militärische Sicherheit, daß deshalb de Gaulle Gegner aller Pläne war, die auf eine Neutralisierung Deutschlands direkt oder indirekt hinausliefen. Aber Wiedervereinigung? De Gaulles erster Ministerpräsident Debré hat noch vor kurzem öffentlich ausgesprochen, was er und seine Gesinnungsgenossen immer gedacht haben: Ein wiedervereinigtes Deutschland wäre durch sein Gewicht eine Gefahr für Frankreichs Position.

Das Paradoxe ist, daß jene, die man deutsche Gaullisten nannte, öffentlich jedenfalls nahezu alle Positionen de Gaulles ablehnten. Sie waren ja Anhänger der supranationalen Einigung Europas, von tiefem Mißtrauen gegen den Gedanken eines Entspannungskurses mit Moskau erfüllt und auch keineswegs gewillt, die Oder-Neiße-Grenze anzuerkennen. Auf was lief dann im Kern der Streit zwischen Gaullisten und Atlantikern in den Unionsparteien hinaus? Auf die Antwort, was Vorrang haben solle für die deutsche Außenpolitik: das Bündnis mit Washington oder jenes mit Paris.

All das vorausgeschickt sei versucht, die Frage zu beantworten, ob Konrad Adenauer ein Gaullist war. Die persönliche Meinung des Verfassers sei vorweg gesagt: Adenauer war kein Gaullist. Er war es schon deswegen nicht, weil er im Unterschied zu manchem CDU-Politiker oder auch Journalisten, die sich damals lautstark als Gaullisten bekannten, aus seiner Außenpolitik ebensowenig wie de Gaulle je eine Ideologie gemacht hat. Konrad Adenauer war ein harter Realist und als der Verfasser ihn auf eine sehr direkte Frage des Bundeskanzlers einmal so bezeichnete, erhielt er nach sekundenlangem Stocken die Replik: „Aber das ist ja eigentlich ein Lob." So sei es auch gemeint und nicht anders, merkte damals der Verfasser im Gespräch mit dem Bundeskanzler an.

Dieser harte Realismus hatte vorrangig in Adenauers Außenpolitik immer ein Ziel: die Sicherung des frei gebliebenen Teiles Deutschlands, also der Bundesrepublik, die enge, möglichst unlösbare Verbindung mit dem Westen, die Aussöhnung mit Frankreich, das Verhindern einer Rückkehr Deutschlands, das nun keine mitteleuropäischen Positionen und Chancen hatte, zu einer freischwebenden Politik zwischen den gewaltigen Blöcken. Später dann auch zwangsläufig der Versuch eines Abbaus der Spannungen mit der Sowjetunion – das sind auf wenige Worte zusammengedrängt die Gedanken, von denen sich Adenauer in seiner Außenpolitik vom ersten bis zum letzten Tage leiten ließ, wobei er stets anstrebte, die deutsche Frage zumindest offenzuhalten.

Nie hat Adenauer auch nur einen Augenblick die absolute oder zumindest relative Schwäche der Bundesrepublik Deutschland im weltpolitischen Spiel übersehen. War er überpessimistisch in der Beurteilung der Fakten und der Menschen, nicht zuletzt seiner deutschen Landsleute? Sein Pessimismus gründete sich auf bittere Lebenserfahrungen. Er hatte miterlebt, wie die Epigonen Bismarcks in einer kraftmeierischen „Weltpolitik" Deutschland in die Isolierung hineinmanövrierten. Die Weimarer Jahre konnten sein Urteil über das politische Talent der Deutschen nicht gerade mildern. Und dann erst Hitler und der Nationalsozialismus, der Zweite Weltkrieg!

War es deshalb wirklich ein Wunder, daß der durch das Scheitern der Europäischen Verteidigungsgemeinschaft tief getroffene Bundeskanzler 1954 seufzte: „Mein Gott, ich weiß nicht, was meine Nachfolger tun werden, wenn sie sich selbst überlassen sind, wenn sie nicht in fest vorgezeichneten Bahnen gehen müssen, wenn sie nicht an Europa gebunden sind."[1] Dieser Stoßseufzer ist durch die damalige Veröffentlichung im „Spiegel" weithin bekannt. Daß sich seine pessimistische Einschätzung über die Jahre nicht geändert hat, zeigte dem Verfasser am 18. Mai 1962 eine mehr als einstündige Aussprache mit Konrad Adenauer unter vier Augen.

Aus meinen Notizen sei zitiert: „Adenauer schüttete sein Herz darüber aus, daß er ausgerechnet in diesen Zeiten Politik machen müsse. Es kommen mehr Dumme in das Himmelreich als Kluge, habe ihm Pater Leiber, ein enger Mitarbeiter von Papst Pius XII., einmal gesagt. Bekümmert klagte Adenauer darüber, daß die Qualität der Abgeordneten aller Fraktionen immer mehr nachlasse, daß sie von Politik nichts verstünden, daß die großen Wirtschaftsführer politisch nicht denken könnten, daß sie sich dem Staat nicht zur Verfügung stellten. Als Beispiel nannte er Henle, der, als er ihm seinerzeit den Botschafterposten in Washington anbot, ablehnte, weil er sich um sein Werk kümmern müsse. Kummer über die schlechten Schulverhältnisse in Deutschland. Eine Jugend wachse heran, die viel weniger wisse als die französische. Was solle einmal aus Deutschland werden? Ich bin so alt, ich werde das nicht mehr erleben."

In der Erinnerung vieler ist stärker als manches andere der Eindruck verblieben, den große geschichtsträchtige Bilder ihnen eingeprägt haben. Da ist der Juli 1962, an dem de Gaulle und Adenauer einen Staatsakt in Reims' Kathedrale zelebrierten, der nicht zufälligerweise vom französischen Staatschef gewählten Krönungskathedrale der Franzosen. Da ist de Gaulle, der im September 1962 auf dem Marktplatz von Bonn den Deutschen zurief, sie seien ein großes Volk. Und da ist im Januar 1963 die Unterzeichnung des deutsch-französischen Freundschaftsvertrages in Paris. Nicht vergessen ist auch von vielen, wie hart und oft der aus seinem Amt gezwungene Konrad Adenauer in seinen letzten Lebensjahren den Außenminister Gerhard Schröder direkt und damit indirekt seinen Nachfolger Ludwig Erhard öffentlich ob ihrer Außenpolitik gescholten hat, welche Stürme und Reibungen das damals in der CDU/CSU verursachte. Mehr noch als zuvor wurde hier deutlich, daß der Kampf zwischen sogenannten Gaullisten und Atlantikern in den Unionsparteien auch höchst persönliche Motive hatte, daß es eben kein Zufall war, daß jene Männer ohne Regierungsverantwortung wie Franz Josef Strauß, Eugen Gerstenmaier, Freiherr von Guttenberg und nun auch Konrad Adenauer mit außenpolitischen Argumenten auf Ludwig Erhard und Gerhard Schröder einstachen.

Aber zurück zu der Frage, ob Adenauer ein Gaullist war. Verband ihn eine Freundschaft mit dem seinem Wesen in vielen Zügen so konträren Franzosen? Bei allen begründeten Vorbehalten, die man bei dem Wort „Freundschaft" machen muß, wenn es um zwei ausländische Staatsmänner geht, eine politische Freundschaft zwischen Adenauer und dem amerikanischen Außenminister John Foster Dulles hat es zweifellos gegeben: „Unser gemeinsames Ziel war der Kampf für die Freiheit, die Abwehr des atheistischen Kommunismus. Das war die Grundlage unserer gesamten Politik. Darin stimmten wir überein. Er sah genau wie ich darin ein ethisches Problem, nicht nur ein rein politisches." Das ist ein Wort Adenauers nach dem Tode jenes Mannes, zu dem er Jahre zuvor nach dem Scheitern der Europäischen Verteidigungsgemeinschaft auf dem Bonner Flughafen gesagt hatte: „Es ist immer noch wahr, daß die besten Europäer aus den Vereinigten Staaten kommen."

Aber Freundschaft zu de Gaulle? Der Verfasser erinnert sich, Worte des Respekts über die geschichtliche Figur de Gaulles in Gesprächen mit Konrad Adenauer gehört zu haben. Es ist auch kein Zweifel, daß er in der Schlußphase seiner Kanzlerschaft und in den darauffolgenden Jahren es mehr als nur sympathisch empfand, daß Charles de Gaulle es nicht an Gesten der Hochschätzung für ihn fehlen ließ.

Aber der Verfasser kann aus seinen Notizen über Gespräche mit dem Bundeskanzler auch anderes zitieren. Am 11. November 1960 äußerte sich der Bundeskanzler über de Gaulle in einem Maße verbittert und enttäuscht, wie er es bis dahin nie getan hatte: „Adenauers Besorgnis über die Entwicklung in Frankreich ist groß. Sein Wunsch ist, daß das Verhältnis zwischen dem deutschen und dem französischen Volk nicht belastet wird, wobei er andeutet, daß ja die Ära de Gaulle auch einmal zu Ende gehen würde. Adenauer schilderte noch einmal seine ersten Besprechungen, bei denen sich doch de Gaulle sehr vernünftig und europäisch gezeigt habe. Seine Jubelreisen in Frankreich, die Triumphempfänge in Amerika und London seien de Gaulle zu Kopf gestiegen. Keiner sage ihm die unangenehmen Wahrheiten. Keiner seiner Minister, auch die Amerikaner nicht, nur er, Adenauer. Seine Besprechungen mit de Gaulle am 4. Dezember würden nicht angenehm werden." Am Rande gesagt, es kam nicht zu ihnen, sie wurden verschoben.

Warum war Adenauer 1960 so verärgert und kritisch über de Gaulle und seine Politik? Warum sollte sich das später ändern?

Die im vierten Band der „Erinnerungen" Konrad Adenauers wiedergegebenen Notizen über seine Besprechungen mit de Gaulle und mit Debré im Dezember 1959 und dann im Laufe des Jahres 1960 liefern den dokumentarischen Beweis für einen durch de Gaulles Pläne geschockten Adenauer: „Dann ging die Besprechung auf die Beziehungen zwischen Europa und Amerika über. Dabei erklärte Minister Couve de Murville, es beginne die Periode, in der sich die Probleme, namentlich die NATO-Probleme, veränderten, weil sich die Amerikaner von Europa zurückziehen würden [...] Seine Ausführungen waren erschreckend, genau wie die Ausführungen Debrés. Sie zielten darauf hin, daß sich Europa in der nun beginnenden Periode selbst verteidigen müsse und daß dabei Frankreich und Deutschland die Führung übernehmen müßten. Ich habe diesen Erwägungen entschieden widersprochen." An dem gleichen 1. Dezember 1959 fragte Adenauer den Staatssekretär Louis Joxe, „den ich bisher immer für einen realistisch denkenden Mann gehalten hatte", wie er zu diesen Erwägungen stehe: „Zu meiner Überraschung sprach Joxe noch viel negativer als Couve de Murville in einer meines Erachtens völlig unrealistischen Richtung. Er sagte unter anderem auch, daß Europa durch eine Union Frankreich–Deutschland verteidigt werden müsse."[2]

Charles de Gaulle stellte Adenauer seit 1960 vor die Wahl zwischen den USA und Frankreich. Damit auch vor den Entschluß, die bisherige Basis seiner Außenpolitik aufzugeben. Erst die wachsende Furcht Adenauers vor einer amerikanisch-britisch-sowjetischen Verständigung auch auf Kosten der Bundesrepublik Deutschland, auch die wachsende Furcht davor, daß die von de Gaulle angestrebte Entente zwischen Paris und Moskau eine antideutsche Spitze erhalten könnte, ließ später Adenauer sich Schritt um Schritt dem Konzept de Gaulles annähern. Aber an einem entscheidenden Punkt beugte er sich dem französischen Staatspräsidenten nie: Die Integration der deutschen Truppen in die NATO und die Stationierung amerikanischer Kampfverbände auf deutschem Boden blieben für ihn unverzichtbare Schwerpunkte deutscher Verteidigungs- und Sicherheitspolitik.

War für Konrad Adenauer der deutsch-französische Vertrag von 1963 ein Stück jener von ihm gesuchten Garantie, daß seine Nachfolger nicht aus seinem Kurs der festen Verbindung mit dem Westen ausscheren könnten? Sah er

den Vertrag auch als Garantie dafür, daß weder Paris noch Bonn ihre Beziehungen mit der Sowjetunion je gegeneinander ausspielen würden? Oder versprach er sich von der Achse Bonn–Paris eine Rückversicherung für den Fall, daß die USA ihr Engagement in Deutschland militärisch, politisch, diplomatisch auf der Suche nach Entspannung mit den Sowjets verringern würden?
Schwärmer werden solche Fragen unwillig abwehren aus dem Gefühl heraus, sie seien der historischen Bedeutung des Vertrags, eben der Besiegelung der deutsch-französischen Freundschaft, nicht angemessen. Aber Adenauer war kein Schwärmer, war auch als deutscher Bundeskanzler nicht das, was man bei uns landläufig einen ob der französischen Kultur und Lebensart verzückten Frankophilen nennt. Er war bei all seiner lebenslangen Entschlossenheit zur Versöhnung mit Frankreich und zur Ausräumung des historischen Streites zwischen den Völkern der harte Realist. Er baute seine Außenpolitik nicht auf noch so wertvolle Gefühle auf, sondern auf politische Fakten, sonst hätte er nicht eine Ära unserer Geschichte prägen können.
Ehe wir die von uns gestellten Fragen nach Adenauers Motiven für den deutsch-französischen Vertrag von 1963 zu beantworten suchen, müssen wir einen Blick zurück werfen auf den ersten Abschnitt seiner Außenpolitik. Viele haben vergessen, daß Bundeskanzler Adenauer bereits am 7. März 1950 in einem Interview mit dem International News Service eine Union zwischen Frankreich und Deutschland vorgeschlagen hatte. Dieser Union sollten Großbritannien und die Niederlande ebenfalls beitreten können, falls sie es wünschten. Am 21. März wiederholte Adenauer seinen Vorschlag. Charles de Gaulle, damals ein Wanderer in der Wüste, sprach sich positiv für die Aktion des nach den Verträgen für Außenpolitik überhaupt noch nicht zuständigen deutschen Bundeskanzlers aus. Die französische Regierung aber bereitete dem Vorstoß ein Begräbnis, ein Begräbnis erster Klasse allerdings, denn nur zwei Monate später, am 9. Mai, schlug Schuman die Bildung einer Montan-Union vor.
Als Adenauer sich 1950 unbekümmert um ihm von den Besatzungsmächten nicht zugebilligte Zuständigkeiten als geistiger Nachfolger Churchills betätigte, der 1940 auf Anregung Monnets und de Gaulles eine britisch-französische Union vorgeschlagen hatte, um die französische Regierung von Waffenstillstandsverhandlungen abzuhalten, da wollte er französische Widerstände aus dem Weg räumen. Frankreich hatte alle bisherigen Versuche verhindert, durch zentrale Behörden ein wirksames Vier-Mächte-Regime für Deutschland zu sichern. Jetzt war Frankreich dabei, das Saargebiet auch staatsrechtlich immer stärker von Deutschland abzulösen. Zum anderen ging es um die Wiederaufrüstung und um die Wiedergewinnung der – wie auch immer eingeschränkten – Souveränität. Das und im nur scheinbaren Widerspruch dazu die feste Einbindung der Bundesrepublik Deutschland in ein vereintes Westeuropa waren die Nah- und Fernziele Konrad Adenauers. Die Wiedervereinigung? Die Hoffnung, daß diese eines Tages möglich sein würde, hat Adenauer nie aufgegeben. Aber er sah das Ziel angesichts der sowjetischen Haltung und der in Relation zu Amerika wachsenden militärischen Stärke der Sowjetunion in immer weitere Ferne rücken.
Die deutsch-französische Verständigung, eine Versöhnung, die eine enge Zusammenarbeit ermöglichen würde, sie war eine der Voraussetzungen für die

Erreichung sowohl der deutschen Souveränität wie eines europäischen Bundes. In London und in Washington urteilte man nicht anders. Die aktive Unterstützung Amerikas für ein Deutschland, das aus einem Objekt wieder zu einem Subjekt werden könnte, das wirtschaftlich wieder auf die Beine käme, konnte der Bundeskanzler bald als Faktum in seine Rechnung einsetzen. Ohne sanften, oft auch weniger sanften Druck Washingtons auf Paris wären viele Barrieren nicht oder doch erst viel später aus dem Weg geräumt worden.

Ein einmaliger Glücksfall in der Geschichte des 20. Jahrhunderts bahnte sich an: Zum erstenmal war Deutschland nicht mit einer schwachen Macht, sondern mit der stärksten Macht der Welt verbunden, die zunächst Protektor, dann Verbündeter der Bundesrepublik und zugleich Garant ihrer Sicherheit wurde. Zweiter Glücksfall: Diese Supermacht begrüßte nicht nur, sondern förderte aktiv die Aussöhnung zwischen Frankreich und Deutschland und die angestrebte Bildung der Vereinigten Staaten von Europa.

1958/59 sind die Jahre der Wende in der Außenpolitik. Nicht als ob Adenauer sie gesucht hätte, sie wurde ihm aufgezwungen: Im Mai 1958 kehrt de Gaulle an die Macht zurück. Im November 1958 eröffnet Chruschtschow mit seinem Berlin-Ultimatum eine Offensive, deren Ziel es ist, die völkerrechtliche Anerkennung des Status quo und damit der deutschen Teilung und des Verlustes der deutschen Ostgebiete durch den Abschluß eines Friedensvertrages zu erzwingen. Die westliche Front wird bröckelig. Der britische Premierminister Macmillan, der ernsthaft befürchtet, an Berlin könne sich ein Krieg entzünden, trägt sich mit Disengagement-Plänen. Auch John Foster Dulles fordert Adenauer an der Jahreswende 1958/59 auf, sich flexibler zu zeigen, einigt sich aber bei seinem letzten Bonnbesuch mit dem Bundeskanzler in der Ablehnung aller Disengagement-Vorstellungen. Kurz danach stirbt Dulles.

Schwere Jahre folgten für Adenauer. Die immer ihn bedrückende Furcht vor einer Wiederkehr der amerikanisch-britisch-sowjetischen Weltkriegskoalition auf Kosten Deutschlands raubte ihm jetzt den Schlaf. Zu einem zweiten Alpdruck wurde für ihn de Gaulles Bemühung um eine französisch-sowjetische Entente. 1960 war Chruschtschow zweimal in Frankreich. Ende des gleichen Jahres schlägt de Gaulle Washington vor, an die Spitze der NATO ein amerikanisch-britisch-französisches Dreierdirektorium zu setzen. Adenauer sagt hart Nein und liefert den Amerikanern damit das gewünschte Stichwort zur Ablehnung. 1961 wird die Mauer in Berlin gebaut. Nicht Nixon, sondern John F. Kennedy heißt der neue Präsident der USA, jene „Kreuzung zwischen einem jungen Marineoffizier und einem katholischen Pfadfinder", zu der Adenauer nie echtes Vertrauen gewann.

Hier ist nicht der Ort, die diplomatischen Schachzüge jener Jahre im einzelnen aufzuzählen. Die knappe Skizze der Lage soll nur verdeutlichen, daß sich Adenauer buchstäblich über Jahre hinweg zwischen Scylla und Charybdis befand und immer ein Scheitern befürchten mußte. Dort die Scylla de Gaulle, die eine Abweichung Adenauers von den USA, von der NATO und seine Option für Frankreich forderte; hier die Charybdis Macmillan und Kennedy, die auf eine Entspannung mit Moskau durch Bonner Zugeständnisse drängte. Der Bundeskanzler suchte durch wechselvolle Züge auf dem Schachbrett seinen König zu schützen. Da mobilisierte er im März 1959 de Gaulle gegen britische

Disengagement-Pläne und für eine harte Haltung in der Berlin-Frage. Dann suchte er im Gegensatz zu de Gaulle nicht eine Schwächung der NATO, sondern ihre politische Stärke auf die Tagesordnung zu setzen und damit zugleich die Solidarität mit den USA zu stärken. Später, im Mai 1962, flüchtete er mit harten Worten gegen England in die Öffentlichkeit, dem er vorwarf, pausenlos mit neuen Vorschlägen in Richtung Moskau hervorzutreten. Zugleich begann er selber im geheimen Fäden nach Moskau spinnen: Ein Briefwechsel mit Chruschtschow, Gespräche, wenn auch noch nicht offizielle Verhandlungen, die in seinem Auftrag Botschafter Kroll über den Kopf von Außenminister Schröder hinweg in Moskau über eine Lösung des Deutschlandproblems führte. Einen von Adenauer schon geplanten Chruschtschowbesuch in Bonn ließ er plötzlich wieder fallen, aber er bot dann über Botschafter Smirnow dem Kreml ein Stillhalteabkommen für zehn Jahre an. Das war die letzte große außenpolitische Aktion Adenauers vor seinem Ausscheiden aus dem Amt. Moskau ging über den Vorschlag schweigend hinweg, nicht anders als 1958, als Adenauer gegenüber Smirnow die Österreich-Lösung für die „DDR" vorgeschlagen hatte.

Im Zusammenhang mit diesem Spiel Adenauers mit drei Bällen muß auch der deutsch-französische Vertrag von 1963 gesehen werden. Auf dem Wege nach Moskau war der Kanzler nicht weiter gekommen. Das Verhältnis zu den USA war mit wechselseitigen Vorbehalten und Reibungen belastet. „Ich weiß, daß die NATO keine Ewigkeitssache ist. Ich habe schon bei der NATO-Tagung im Dezember 1957 in Paris Eisenhower darauf angesprochen, was würde, wenn 1965 ein anderer Präsident in den USA am Ruder sei, also zu einem Zeitpunkt, wo die Kündigungsmöglichkeit für den NATO-Vertrag gegeben sei. Eisenhower hat mir damals beruhigende Erklärungen gegeben. Aber insofern ist auch für mich NATO kein Dogma", so Adenauer am 20. Februar 1959 gegenüber dem Verfasser. Aber damals betonte er auch, wie stets, daß es ein vorrangiges deutsches Interesse an der NATO, an der Stationierung amerikanischer Truppen in Deutschland gäbe und daß die deutsche Politik deshalb darauf ausgerichtet sein müsse, das eine wie das andere zu erhalten. War der deutsch-französische Vertrag also nur eine Rückversicherung, da er ja stillschweigend von dem deutsch-französischen Dissens in der Verteidigungspolitik ausging? Der Abschluß dieses Vertrages fiel mit dem Veto de Gaulles gegen den Beitritt Großbritanniens zur Europäischen Gemeinschaft zeitlich zusammen. Das war kein Zufall. In dem Europa des Generals war kein Platz für Großbritannien, das er als Trojanisches Pferd der Amerikaner sah. De Gaulle hatte schon in seinem ersten Gespräch mit Adenauer in Colombey-les-deux-Eglises diese Meinung nicht verhehlt, hatte sie, wie man im vierten Band der Memoiren Adenauers nachlesen kann, immer deutlicher und härter ausgesprochen. Lesen kann man auch, daß Adenauer nicht widersprach, er brauchte von de Gaulle zur Ablehnung Großbritanniens nicht überredet zu werden. So wußte denn der französische Staatschef 1963, daß sein Veto nicht auf Widerspruch des Bundeskanzlers stoßen würde. Einkalkuliert aber hatte de Gaulle mit Sicherheit nicht, daß die Haltung Adenauers in Bonn nur von einer Minderheit seiner Fraktion geteilt und auf entschlossenen Widerspruch der großen Mehrheit im Bundestag stoßen würde.

Adenauer wußte dies im Gegensatz zu de Gaulle. Er hatte deshalb über Monate, ja Jahre hinweg mit doppelter Zunge gesprochen. Öffentlich schien er ein Freund des auch von den Amerikanern gewünschten britischen Beitritts zu sein. In vertraulichen Gesprächen ließ er aber immer deutlicher durchblicken, daß er England keineswegs in einer politischen Union und in der Wirtschaftsgemeinschaft zu sehen wünschte, es sei denn, es ließe sich gar nicht vermeiden. Im August 1962 sagte der Bundeskanzler in einem langen Gespräch unter vier Augen dem Verfasser: „Wenn ich britischer Premierminister wäre, dann würde ich jetzt auf der Commonwealth-Konferenz versuchen, mit den weißen Commonwealth-Ländern einen viel festeren Block zu bilden." Dann hätte Großbritannien auch gegenüber den USA ein größeres Gewicht, und dies sei auch vom englischen Standpunkt aus der vernünftigste Weg. In dem gleichen vertraulichen Gespräch begründete Adenauer seine profranzösische Politik, die er selber so nannte, damit, de Gaulle habe gegenüber Macmillan in der Gegenwart des Bundeskanzlers einmal darauf hingewiesen, daß die Bundesrepublik von Frankreich aus gesehen ein militärisches Vorfeld sei, leider ein zu kleines. Im Kern – so Adenauer – handele es sich um einen englisch-französischen Wettstreit um die Hegemonie in Westeuropa. Wie zuvor auf einer Sitzung des Fraktionsvorstandes zählte er dem Verfasser Kohle-, Textilindustrie und Landwirtschaft als Hindernisgründe für Englands Beitritt zur Wirtschaftsgemeinschaft auf. Er sprach von der Möglichkeit einer französisch-britischen Koalition gegen uns, die nach britischer Zugehörigkeit zur angestrebten politischen Union möglich würde, ferner von der weicheren Haltung Großbritanniens gegenüber der Sowjetunion. General Clay habe ihn mehrfach davor gewarnt. „Wenn ich Engländer wäre, würde ich genauso denken, nämlich daß, wenn die Russen Westeuropa überrennen würden, sie die britische Insel in Frieden lassen würden, weil sie sonst den Konflikt auf Leben und Tod mit Amerika hätten", so damals Adenauer.

Von all den Argumenten des Bundeskanzlers war das letztgenannte nach Meinung des Verfassers das, was seine Haltung wirklich bestimmte. Adenauer hatte Gründe für sein Urteil. Man hat oft gesagt, der Bundeskanzler habe keine Sympathien für die Engländer empfunden, habe ihnen seine in den Formen so rüde Absetzung als Oberbürgermeister von Köln nie vergeben. Das eine wie das andere mag zutreffen, aber es wäre eine Fehleinschätzung des Staatsmannes Adenauer, wenn man daraus seine Politik gegenüber Großbritannien ableiten wollte.

1955 Eden-Vorschlag für eine Zone begrenzter Rüstung in Deutschland; im kritischen Februar 1959 Macmillans Reise nach Moskau ohne vorherige Absprache mit Bonn; Macmillans Disengagement-Pläne; 1962 Londons ständiges Drängen in Washington, Moskau neue Vorschläge in der Berlin- und Deutschland-Frage zu unterbreiten – das ist eine lange Kette von Fakten, die Adenauers Haltung vor allem beeinflußte. Böse grollend sagte der Bundeskanzler am 11. März 1959 im Palais Schaumburg: „Ich habe das noch nie öffentlich gesagt, aber Herrn Macmillan werde ich sagen: Solange ich hier sitze, wird es keine deutsche Unterschrift unter einen Diktatfrieden geben, einen Diktatfrieden nähme ich nicht hin." Dies ist ein Teilstück des Hintergrundes für Adenauers Haltung. Also doch Rückversicherung als Adenauers Hauptmotiv für den

Abschluß des deutsch-französischen Vertrages? Aus Adenauers eigenen Worten weiß man aber auch, daß er in ihm eine Garantie gegen eine französisch-sowjetische Entente über den Kopf Deutschlands hinweg sah. Ein drittes Motiv kam hinzu: Die Hoffnung des Mannes, der wußte, daß seine Uhr ablief, der sein Ausscheiden aus dem Amt schriftlich hatte zusagen müssen, doch noch in diesen außenpolitisch für ihn so negativen Jahren einen Erfolg von historischer Tragweite davonzutragen.

Der Vertrag brachte nicht die Union, die de Gaulle wünschte. „Es lebe die französisch-deutsche Union", stand als Widmung auf einem Foto des Generals, das man im Dezember 1962 in Adenauers Arbeitszimmer sehen konnte. Was wäre die deutsch-französische Union gewesen? Weder Adenauer 1950 noch de Gaulle 1962 haben sie je exakt definiert. Sollte das Konsultationsabkommen nach dem Willen Adenauers Keimzelle einer deutsch-französischen Union werden? Auch diese Frage muß offenbleiben. Sie ist politisch gesehen auch müßig geworden, da die vom Bundestag dem Vertrag vorangesetzte Präambel mit ihrer Bekundung zur NATO und zur gewünschten Zugehörigkeit Großbritanniens zum europäischen Einigungswerk de Gaulles Zielsetzung des Vertrages unmöglich machte. Die Rose, die de Gaulle in Händen zu haben glaubte, war schnell verblüht, wie er melancholisch bei seinem nächsten Bonnbesuch sagte.

1 Vgl. Der Spiegel, Nr. 41 vom 6. Oktober 1954.

2 Vgl. Konrad Adenauer, Erinnerungen 1959–1963. Fragmente, Stuttgart 1968, S. 16.

EARL OF AVON (SIR ANTHONY EDEN)

Von der EVG zur NATO

Niemand hat für Europas Wiederaufstieg nach dem Zweiten Weltkrieg härter und konsequenter gearbeitet als Bundeskanzler Konrad Adenauer. Schon früh hatte er klar erkannt, daß die Mächte Westeuropas zusammenarbeiten und eng mit den Vereinigten Staaten verbunden sein müßten, wenn sie überleben und wieder etwas aus ihrem Dasein machen wollten. Und er hatte begriffen, daß nur diese festgegründete politische Partnerschaft die tragfähige Basis abgeben konnte für Verhandlungen mit den Mächten jenseits des Eisernen Vorhangs. Welchen Maßstab man auch anlegt: Adenauer war ein Staatsmann von ungewöhnlichem Format und Mut.

Im Herbst 1951 brachten die Wahlen in meinem Lande die Konservative Partei unter Winston Churchills Führung wieder an die Regierung, und ich wurde – nun zum dritten Mal in meinem politischen Leben – britischer Außenminister. Mehr als fünf Jahre lang genoß ich dann den Vorzug, mit Bundeskanzler Adenauer zusammenzuarbeiten, zunächst als Außenminister und später als Premierminister des Vereinigten Königreichs. Nie in all den Jahren, die gespickt waren mit schwierigen und oft genug quälenden Problemen, mangelte es zwischen uns an Verständnis für die Meinung des anderen. So kamen wir gut voran, und für mich war der Bundeskanzler immer ein fairer und entschlossener Gesprächspartner. Beide Eigenschaften habe ich hoch geschätzt. Gewiß, er war vorsichtig, aber das mußte er auch sein in einer Zeit, in der er so oft auf Treibsand stand.

Auch unser persönliches Verhältnis war herzlich, und mir kommt ein Anlaß in den Sinn, wo Konrad Adenauers ausgesuchte Aufmerksamkeit meine Frau und mich tief bewegte. Es war 1953, und ich lag nach mehreren chirurgischen Eingriffen schwerkrank darnieder. Der Bundeskanzler weilte damals gerade zu Gipfelgesprächen in London. Natürlich war sein Programm übervoll und jede Minute kostbar. Dennoch fand er Zeit für einen Besuch bei meiner Frau, bei der er sich angelegentlich nach mir erkundigte, und für einen herzlichen Gruß an mich.

Unsere Zusammenarbeit begann mit den verwickelten EVG-Verhandlungen. Die französische Regierung befand sich damals in einer besonders schwierigen Lage, denn die öffentliche Meinung Frankreichs war in dieser Frage tief, ja bitterlich gespalten. Die Folge war, daß die französischen Sicherheits- und Garantieforderungen an London und Washington zusehends drängender wurden. Zum Glück stand Amerika damals unter der Führung von Präsident Truman und Außenminister Acheson, jeder von ihnen ein gerader und solider Kollege, auf dessen einmal gegebenes Wort man sich unbedingt verlassen konnte. Falschheit war ihnen unbekannt.

Dennoch waren die Gespräche schwierig und langwierig. Acheson und ich wollten dem aufrichtigen und hart arbeitenden französischen Außenminister Schuman helfen, wo wir nur konnten, aber unter dem Druck der gespaltenen französischen Öffentlichkeit kletterten die Forderungen immer höher.

Am 24. Mai 1952 waren wir alle – Acheson, Schuman und ich – in Bonn bei Dr. Adenauer. Nach zwei Tagen angestrengter Verhandlungen und zahlreichen Telefongesprächen zwischen Paris und Bonn waren die unmittelbaren Hindernisse endlich überwunden, und wir unterzeichneten die vertragliche Abmachung mit der Bundesrepublik Deutschland, mit der das Land größtenteils seine Angelegenheiten wieder in die eigenen Hände übernahm. Dies war Dr. Adenauer zu verdanken, der wesentlichen Anteil daran hatte, daß Vertrauen entstand. Acheson und ich freuten uns aus vielerlei Gründen über das gelungene Werk, nicht zuletzt, weil es die Position des Bundeskanzlers verdient stärkte.

Von Bonn reisten wir nach Paris, wo Acheson und ich der Unterzeichnung des EVG-Vertrages beiwohnten und namens unserer beiden Regierungen zusammen mit der Regierung Frankreichs eine Erklärung abgaben, die wiederum in letzter Minute bindender gefaßt worden war. Unsere anglo-amerikanische Verpflichtung lautete jetzt: Wenn irgendeine Maßnahme von irgendeiner Seite die Integrität der Gemeinschaft bedrohe, würden die beiden Regierungen dies als eine Bedrohung ihrer eigenen Sicherheit ansehen. Sie würden im Einklang mit Art. 4 des Nordatlantik-Vertrages handeln.

Unterdessen tat die sowjetische Regierung alles Erdenkliche, um die EVG zu torpedieren. Um den Versuch zu machen, die Frage der Wiedervereinigung Deutschlands voranzubringen, hatten die neue amerikanische Regierung, die französische Regierung und wir zugestimmt, in einer Viererkonferenz in Berlin im Januar 1954 mit den sowjetischen Vertretern unter der Leitung Molotows zusammenzukommen. Dies geschah im Anschluß an ein langes und sehr nützliches Gespräch, das ich anläßlich einer Tagung des Nordatlantikrats in Paris mit Dr. Adenauer geführt hatte, und in dem wir über die sowjetische Politik gesprochen hatten. Die Berliner Konferenz trat allerdings auf der Stelle, außer vielleicht in einem Punkt: Wir besprachen auch die Frage eines Staatsvertrages mit Österreich, und Molotow behandelte die österreichische Delegation und ihren tapferen Leiter Dr. Figl äußerst brutal. Dies trug den Österreichern in den Augen der Welt sicherlich Sympathien ein, und als Dr. Adenauer und ich später diesen Vorfall erörterten, waren wir beide der Meinung, die daraus folgende Reaktion habe vielleicht den sonst so zugeknöpften Kreml zu einer Änderung seiner Haltung veranlaßt. Jedenfalls wurde der österreichische Staatsvertrag im Jahr darauf unterzeichnet.

Was nun freie Wahlen in Deutschland anbelangte, war eine Bemerkung Molotows mir gegenüber höchst aufschlußreich. Auch er sei der Meinung, so sagte er, daß in Deutschland freie Wahlen stattfinden sollten, aber die vier Besatzungsmächte müßten sich doch vorher einigen, welche Regierung dann aus den freien Wahlen hervorgehen solle.

Inzwischen kam die Ratifizierung des EVG-Vertrags durch die französische Nationalversammlung kaum vom Fleck. Schließlich beschloß sie Ende August mit erheblicher Mehrheit, „zur Tagesordnung überzugehen": Die EVG war tot.

Am Tage vor der Abstimmung regte die amerikanische Regierung eine Acht-

Mächte-Konferenz unter Ausschluß Frankreichs an. Natürlich sollte damit die Isolierung Frankreichs unterstrichen werden, aber ich fand keinen Geschmack an diesem Plan, denn wenn wir auch das französische Vorgehen nicht billigten, so brauchten wir doch Frankreich, und sicherlich war wenig damit geholfen, es wie ein ungezogenes Kind in die Ecke zu stellen. Glücklicherweise kam die Idee nicht zur Ausführung.

Aber die Probleme drängten; seit Monaten hatten wir im Foreign Office mögliche Alternativen für den Fall einer Ablehnung der EVG ausgearbeitet. Von allen denkbaren Lösungen gefiel mir diejenige am besten, die einen Beitritt der Bundesrepublik zur NATO vorsah unter gewissen Sicherungen, die schon ihren Beitritt zur EVG begleitet hatten. Um diesem Plan denkbar breite Zustimmung zu sichern, wollte ich ihn möglichst in einen besonderen Rahmen bringen, und ich war ziemlich sicher, daß Dr. Adenauer diese Auffassung teilen würde. Nach einiger Überlegung beschloß ich, eine Änderung des Vertrags von Brüssel vorzuschlagen, der ursprünglich vor allem als Schutz vor einem möglichen Wiederaufleben deutscher Aggressionsgelüste geschaffen worden war. Gelang es uns, dieses Instrument nach dem Modell von Locarno in einen Pakt gegenseitiger Unterstützung umzuwandeln und Deutschland und Italien als Mitglieder einzubeziehen, so konnte daraus vielleicht sogar gleichzeitig ein wundervolles Instrument der westeuropäischen Zusammenarbeit werden.

Schon hatte ich Verbindung mit Dr. Adenauer aufgenommen wegen einer möglichen deutschen NATO-Mitgliedschaft, und so schlug ich Sir Winston Churchill vor, falls das erste Echo des Bundeskanzlers positiv ausfalle, sollte ich sofort in die hauptsächlich betroffenen europäischen Hauptstädte reisen, ihnen meinen Vorschlag zum Vertrag von Brüssel vortragen und die Auswirkungen mit ihnen diskutieren. Ging alles glatt, so würde ich eine baldige Konferenz der neun hauptsächlich betroffenen Mächte in London einzurichten versuchen. Der Premierminister sagte ja.

Als die positive Antwort Dr. Adenauers einging, mußte ich prüfen, in welcher Reihenfolge ich die Hauptstädte besuchen wollte. Ich beschloß, zuerst nach Brüssel zu gehen, wo ich die Vertreter der Benelux-Staaten treffen konnte, und dann nach Bonn, weil die Reaktion Adenauers ausschlaggebend war, danach nach Rom, wo ich zuversichtlich ein positives Echo erwartete, und schließlich nach Paris, der unter den Umständen kritischsten Station der Reise.

Unsere Benelux-Freunde waren begeistert, und so flog ich am 12. September nach Bonn, wo der Bundeskanzler mir ein Essen gab, und ich ihm unsere Überlegungen und meine Brüsseler Gespräche auseinandersetzte. Der Bundeskanzler war an meinem Vorschlag zum Vertrag von Brüssel besonders interessiert, weil er hier die Möglichkeit sah, einen Brennpunkt der Europapolitik zu schaffen. Hierin hatte er zweifelsohne recht, auch wenn die spätere WEU nie den von ihm und mir erhofften Entwicklungsstand erreichte.

Nach einer Stunde Pause, in der Dr. Adenauer meine Vorschläge überdenken konnte, nahmen wir unser Gespräch wieder auf, und der Bundeskanzler machte mir deutlich, seiner Meinung nach lasse sich die künftige Einheit Westeuropas am besten durch unser Vorhaben des deutschen NATO-Beitritts einerseits und die Erweiterung des Vertrages von Brüssel auf Deutschland und Italien andererseits verwirklichen. Er fügte hinzu, je mehr er sich unsere Pläne überlege, desto glücklicher sei er darüber, und so unterstütze er jetzt den Gedanken der Londoner Konferenz der neun Mächte, die möglichst bald nach Abschluß meiner Europareise stattfinden müsse. Nach einem weiteren kurzen Gespräch am nächsten Tag verließ ich Bonn sehr ermutigt und wieder einmal durch die weitblickende Staatskunst des Bundeskanzlers beeindruckt.

In Rom verhielten sich die italienischen Minister sehr hilfreich. Sowohl Ministerpräsident Scelba als auch Außenminister Piccioni boten großzügig ihre Unterstützung an. Die italienische Regierung, so sagten sie, werde ihren Einfluß in unserem Sinne geltend machen.

Als ich am nächsten Morgen gerade zum Flughafen fahren wollte, kam ein amerikanischer Botschaftsrat mit einer Nachricht von Außenminister Dulles, der um sofortige Antwort bat. Dulles teilte mir mit, er wollte am gleichen Tag nach Bonn und am folgenden Freitag nach London fliegen. Ob ich ihn am Freitag empfangen könne? Ich sagte gerne ja, war aber doch etwas beunruhigt, was ihn wohl veranlaßt haben mochte, Bonn, nicht aber Paris zu besuchen, zumal die Botschaft von Dulles unseren Plan der Umwandlung des Brüsseler Vertrages kritisch beurteilte. Ich äußerte meine Meinung zu dieser kritischen Haltung und vertraute im übrigen darauf, daß Dr. Adenauer mithelfen würde, seinen unvermittelten Besucher zu bekehren.

In Paris begrüßte Ministerpräsident Mendès-France den Gedanken des Brüsseler Vertrages als guten Ausgangspunkt, so daß – wenngleich noch viel zu tun blieb – wir doch mit Dulles' Zustimmung die Neun-Mächte-Konferenz auf den 28. September nach London einberufen konnten.

Dies ist nicht der Ort für eine eingehende Beschreibung der Londoner Konferenz. Ich will es bei dem Hinweis belassen, daß zwar mehrere Regierungen, darunter unsere eigene, positiv zur Einigung beigetragen haben, wir sie aber nicht erzielt hätten ohne Dr. Adenauers beharrliche Geduld und Vernünftigkeit. Um Vertrauen zu schaffen, bot er einige Zugeständnisse freiwillig an, und das Ergebnis war denn auch so, daß Mendès-France das Gefühl hatte, er könne die französische Nationalversammlung mit Fug und Recht um Zustimmung bitten.

Einen Monat später trafen wir uns wieder in Paris, um an die Abkommen letzte Hand anzulegen und sie zu unterzeichnen. Der erweiterte Brüsseler Vertrag wurde in Westeuropäische Union umbenannt. Das Besatzungsregime in Deutschland sollte beendet und die Bundesrepublik Deutschland zur Mitgliedschaft in der NATO und der WEU aufgefordert und damit als Teil des NATO-Verteidigungssystems akzeptiert werden.

Aus all dem entstand ein bemerkenswertes Postscriptum. Die Zukunft der Saar und ihrer Wirtschaftsproduktion war seit Jahren ein dornenvolles Problem zwischen der französischen und der deutschen Regierung gewesen. Der Erfolg der Londoner Verhandlungen führte nun zu einem weiteren Versuch, diese Frage unmittelbar zwischen Dr. Adenauer und Herrn Mendès-France beizulegen. Die Schlußverhandlungen fanden in der britischen Botschaft in Paris während meines Aufenthalts dort statt, wenngleich ich an den Gesprächen nicht selbst teilnahm. Ihr Ausgang war ausschließlich der Staatskunst des deutschen Bundeskanzlers und des französischen Ministerpräsidenten zu verdanken.

Zwar stellte die Ratifizierung der jetzt als Pariser Abkommen bezeichneten Abmachungen Mendès-France noch vor einige Probleme, doch war der Ratifizierungsprozeß zum Jahresende bei allen beteiligten Mächten abgeschlossen. War das Ergebnis in der Praxis auch nicht die Erfüllung aller unserer Wünsche, so steht doch fraglos fest, daß die freien Völker des Westens gemeinsam einen höchst bedeutsamen Schritt nach vorn getan hatten. Danach führte der deutsche Bundeskanzler sein Werk des Friedens und der Verständigung fort und errang dabei ein Ansehen, das nie geschmälert werden kann. Es war ein Glück für uns alle, daß sein Land in jenen Jahren von einem Staatsmann seines außergewöhnlichen Zuschnitts geführt worden ist.

KARL-GÜNTHER V. HASE

Adenauer und Großbritannien

I.

Im Zeitalter zunehmender politischer Interdependenz, verstärkt durch das Streben nach Multilateralität und Integration, ist es schwer, eine auf den ersten Blick zweiseitige Beziehung wie die Adenauers zu Großbritannien isoliert zu betrachten. Das britisch-deutsche Verhältnis, das den Rahmen für eine solche Untersuchung darstellt, ist schon seit dem Beginn der neunziger Jahre des vorigen Jahrhunderts „kein reines Beispiel einer nur zweiseitigen Beziehung“[1]. Die deutsch-britischen Beziehungen sind – in zunehmendem Maße nach dem Zweiten Weltkrieg – Teil der vielfältigen europäischen und weltweiten Verpflichtungen beider Länder. Im Kern sind sie Teil einer vierseitigen Beziehung, die auch Frankreich und die Vereinigten Staaten einschließt. Jede Verbindung, die diese Mächte (einzeln, zu zweit oder zu dritt) miteinander eingehen, hat Auswirkungen auf alle Vier. Adenauer hat die Gesamtheit dieses Parallelogramms der Kräfte bei seinen politischen Konzeptionen berücksichtigt. Seine Einstellung zu Großbritannien muß daher vorwiegend als Teil der europäischen und euroatlantischen Beziehungen verstanden werden.

II.

Jeder, der über das Verhältnis Adenauers zu Großbritannien schreibt, sieht sich dem Meinungsklischee gegenüber, daß Konrad Adenauer „pro-französisch“ und „anti-britisch“ war. Was stimmt daran? Zunächst ist festzustellen, daß sich beide Einstellungen nicht bedingen müssen. Eine pro-französische Haltung hat keineswegs anti-britische Gefühle zur zwingenden Voraussetzung, und umgekehrt trifft das ebensowenig zu. Sicher ist, daß im Denken Adenauers wegen der so besonders tragischen und langwierigen Feindschaft zwischen Deutschland und Frankreich die Beziehung zu Frankreich die Primärrolle gespielt hat. Ebenso sicher ist aber auch, daß nur wenige ausländische Staatsmänner ungewollt eine so wichtige Rolle für die Geschichte Englands gespielt haben wie er. Denn auf die mit dem Namen Adenauer eng verbundenen Römischen Verträge, deren Voraussetzung und Grundlage die von Großbritannien stets vorbehaltlos unterstützte deutsch-französische Aussöhnung war, ging letztlich der EWG-Eintritt Englands zurück, der wahrscheinlich von großer historischer Folgewirkung für die Inselmacht sein wird.

III.

Es verzerrt die Perspektive einer Untersuchung des Verhältnisses des ersten Kanzlers der Bundesrepublik Deutschland zu Großbritannien, wenn man dieses Verhältnis immer wieder in Relation zum deutsch-französischen setzt. Das Grundelement Adenauerscher Politik war die harmonische Eingliederung aller nicht unter dem Einfluß der Sowjetunion stehenden Teile des Deutschen Reiches in die westliche Völkerfamilie. Hierbei galt es Prioritäten zu setzen und klare Entscheidungen zu treffen, selbst wenn manche wichtigen Optionen dadurch nicht mehr offengehalten werden konnten. Adenauers besondere Bemühungen um Frankreich mußten letztlich so verstanden werden, daß er wußte und spürte, daß die Aussöhnung Deutschlands und Frankreichs wegen der Hypothek der Geschichte und der nationalen Temperamente die schwierigere Aufgabe und zugleich für das europäische Einigungswerk auch die absolute conditio sine qua non war. Jede Verbesserung der Beziehung im deutsch-französischen Verhältnis war notwendiger, spektakulärer, ermutigender und lohnender als die Wiederherstellung und anschließende Verbesserung normaler Beziehungen zu anderen ehemaligen Kriegsgegnern. Mit Frankreich war es ein Beginn nicht von der Stunde Null an, es mußte zunächst der in Jahrhunderten angestaute Minussaldo abgebaut werden. Es war daher, ganz unabhängig von einer persönlichen Einstellung Adenauers, zwingend notwendig, das deutsch-französische Verhältnis zum Leitmotiv der europäischen Politik zu machen. Etwas anschaulicher ausgedrückt und damit soll zu einer an Ereignissen und Personen orientierten Betrachtung übergeleitet werden: Auch wenn Köln 1945 französische Besatzung gehabt hätte und Adenauer als Oberbürgermeister nicht von einem britischen, sondern einem französischen General entlassen worden wäre, hätte das auf seine politischen Prioritäten keinerlei Einfluß gehabt.

Dennoch muß die Frage gestellt werden, ob es in Adenauers Jugend, seiner Ausbildung und den ersten prägenden Berufsjahren Hinweise für die Entwicklung besonderer Sympathien und Antipathien zu den großen Nachbarländern gibt. Die Jugend Adenauers, sein Heranwachsen in einer nicht auf Rosen gebetteten, rheinisch-katholischen Beamtenfamilie, Studium, Berufslaufbahn und Aufstieg in seiner Vaterstadt Köln bis zum Oberbürgermeister im Kriegsjahr 1917 lassen eher erkennen, daß Beschäftigung und Kontakte mit europäischen Nachbarländern, Sprachen und Kulturen selbst im Milieu einer rheinischen Großstadt relativ gering waren. Irgendwelche Hinweise auf prägende Einflüsse besonderer Art liegen nicht vor. Adenauer hat, soweit wir wissen, bis zum Ende des Ersten Weltkrieges fast keine Auslandsreisen unternommen. Entsprechend der damaligen Rangordnung der Weltsprachen und als Folge der geographischen Lage und der mannigfaltigen Verbindungen des Rheinlandes zu Frankreich war er mit der französischen Sprache und Kultur sehr viel besser vertraut als mit der englischen.

Erst mit dem Ende des Ersten Weltkrieges betritt Adenauer praktisch die Arena nationaler und internationaler Politik und kommt so auch in Verbindung mit Großbritannien. Aus in erster Linie britischen Quellen geht hervor, daß Adenauer nach der Besetzung Kölns im Dezember 1918 mit den britischen

Stellen eine erträgliche und sachliche, von seiner Seite in erster Linie auf die Beseitigung der großen Not gerichtete Zusammenarbeit hatte. Wo nötig sparte er auch nicht mit Kritik – direkt oder indirekt – an der Besatzungsmacht, wie etwa bei der Behandlung der Grußpflicht von deutschen Zivilpersonen gegenüber den britischen Offizieren. Die turbulenten ersten Nachkriegsjahre sahen auch das Tauziehen vieler politischer Kräfte, um dem Rheinland eine gegenüber dem Reich und Preußen unabhängigere Stellung zu verschaffen. Adenauer war kein Freund der staatlichen Idee, der politischen Philosophie und des Zentralismus Preußens. Ebenso richtig ist aber, daß er ein Zusammenspiel mit Frankreich bzw. den gelegentlich auch politisch recht selbständig operierenden Organen der französischen Besatzungsmacht zugunsten der Separatisten ablehnte. Die britische Besatzungsmacht hat sich nie auch nur in den Verdacht einer Unterstützung der Separatisten bringen lassen. In einem Gespräch, das Adenauer im November 1920 mit dem französischen Botschafter Charles Laurant in Berlin hatte, verglich Adenauer die aktive Unterstützung Frankreichs für die Separatisten mit dem „fairen Verhalten der britischen Behörden in Köln". Auch die Rhein-Ruhrbesetzung durch Frankreich und Belgien am 11. Januar 1923 ohne eine Beteiligung der Vereinigten Staaten und Englands, dürfte Adenauers Verhältnis zu Frankreich strapaziert haben. Die britischen Behörden unterstützten Adenauer gegenüber französischen Beschwerden, daß er „Sabotageakte und deutschen Nationalismus" fördere. Die britisch-französische Kontroverse über die Ruhrbesetzung, die nicht ohne Einfluß auf die damalige Einschätzung der Besatzungsmächte durch Adenauer geblieben sein kann, wird – vielleicht etwas überzeichnet – deutlich aus einem Bericht der britischen Transport and General Workers Union unter Führung des Unterhausabgeordneten Ben Tillett, die das Ruhrgebiet besucht hatten: „Falls die Franzosen nicht binnen weniger Wochen wieder aus dem Ruhrgebiet herausgehen, wäre es besser für die Welt im allgemeinen und Europa im besonderen gewesen, wenn die Deutschen den Krieg gewonnen hätten."[2]

Man kann nicht umhin, vor dem Hintergrund von Adenauers Erfahrungen mit der französischen Besatzungsmacht in den zwanziger Jahren festzustellen, daß seine niemals schwankende Linie fester Zusammenarbeit mit Frankreich nach 1945 ein Beweis seiner politischen Charakterstärke und klaren Zielsetzung war. Obwohl er viele ernsthafte politische Kontroversen mit der französischen Besatzungsmacht hatte, verlor er nie die große Linie der Notwendigkeit einer Aussöhnung und engen Zusammenarbeit mit Frankreich aus den Augen. Er gestattete sich nicht den Luxus, Gefühle, Animositäten oder lokale Erlebnisse und Personen Einfluß auf seine einmal als richtig erkannten Grundsatzentscheidungen nehmen zu lassen. Das gilt auch im Umkehrschluß. Einen in erster Linie um Großbritannien bemühten Adenauer hätte es gegeben, wenn die historische, politische und psychologische Situation das Ansetzen der Hebel bei Großbritannien erforderlich gemacht hätte. Nach der Räumung des Ruhrgebietes bis zur Machtübernahme durch Hitler genoß Adenauer den Höhepunkt seiner kommunalen Karriere, ohne daß außenpolitische Akzente oder Aspekte der internationalen Zusammenarbeit bestimmend hervorgetreten wären. Nach seiner Entlassung durch die Nationalsozialisten 1933 und während des Zweiten Weltkrieges hat er, ständig observiert durch das Nazi-Regime und später inhaftiert, keinerlei öffentliche Rolle gespielt, sondern sich ganz seiner großen Familie, seinem Haus und einzelnen Interessengebieten gewidmet. Bei seiner Rehabilitierung gegenüber dem Vorwurf der NS-Machthaber, die Separatisten begünstigt zu haben, spielte der ehemalige britische Militärgouverneur von Köln, General Sir George Sydney Clive, eine sehr positive und hilfreiche Rolle, die ihm Adenauer sicher nicht vergessen hat. Seine dem NS-Staat verdächtige politische Einstellung und die immer angespannter werdende Devisenlage verboten praktisch auch schon vor Kriegsausbruch jeden Kontakt mit dem Ausland. Vor und während des Krieges hat er oft Nachrichten des BBC gehört und konnte sich somit frühzeitig ein objektiveres Bild verschaffen und gleichzeitig ein britisches Nachrichtenmedium kennenlernen.

An der Schwelle zur großen Politik stand Adenauer, als er durch die Amerikaner, in deren Angriffsstreifen Köln lag, wieder zum Oberbürgermeister seiner Heimatstadt berufen wurde. Es war dann eine List der Geschichte, daß der britische General Barraclough, der im Juni 1945 nach der endgültigen Aufteilung der Besatzungszonen für das Nordrhein-Gebiet zuständig wurde, durch die bekannte Entlassung die Weiche für Adenauers Aufstieg stellte. Adenauer hat später selbst dazu gesagt, er habe es eigentlich den Engländern zu verdanken, daß er Bundeskanzler geworden sei. Sie hätten ihn als Oberbürgermeister von Köln seines Dienstes enthoben und damit – gerade noch rechtzeitig – auf die Parteiarbeit verwiesen. Daraufhin sei er Bundeskanzler geworden. Mit dieser Bemerkung zeigte Adenauer wohl auch an, daß er den Briten seine Entlassung vergeben hatte. Es ist kein Zweifel, daß er zunächst hierüber verbittert war. Der Vorgang ist ausführlich in seinen Memoiren geschildert, in denen er auch feststellt, daß der Übergang der Militärregierung von den Amerikanern auf die Briten einen sofortigen negativen Klimawechsel bewirkte.

In der Phase der Neuaufstellung und Konsolidierung der Parteien in den einzelnen Besatzungszonen hat Adenauer oft unter dem Eindruck gestanden, daß die britischen Besatzungsbehörden die Sozialdemokratische Partei bevorzugten. Von britischer Regierungsseite ist zu diesem Vorwurf erklärt worden, daß Weisungen vorgelegen hätten, sich aus der Parteienbildung weitgehend herauszuhalten, um sich nicht dem Vorwurf der Einmischung und Begünstigung auszusetzen. Der Eindruck einer Bevorzugung der SPD, so argumentieren einige britische Persönlichkeiten, könnte bei Adenauer dadurch entstanden sein, daß sie die SPD Dr. Kurt Schumachers kräftig gegen die KPD, aber nicht gegen die CDU, unterstützten. Es gab allerdings direkte Kontakte zwischen Labour Party und SPD, in die sich die britische Militärregierung – britischer Tradition der säuberlichen Trennung zwischen Partei und Staat entsprechend – nicht einmischen wollte. Daß sich die Konservative Partei herzlich wenig um die CDU gekümmert hat, zumal sie in ihr auch keinen eigentlichen „kongruenten“ Partner sah, wird Adenauers Eindruck von der besseren Unterstützung der SPD noch verstärkt haben, ohne daß er das den Briten vorwerfen konnte. Recht freimütig hat sich John Hynd (Deutschlandminister von September 1945–April 1947) in einer anläßlich des Rücktritts Adenauers 1963 veröffentlichten Stellungnahme[3] zum Problem der Parteienunterstützung durch die britische Besatzungsmacht geäußert. Er erklärte, daß es sinnlos sein würde, nicht zuzugeben, daß man die unmittelbare Zusammenarbeit mit sozialistischen Kollegen bevorzugt habe. Im übrigen habe man bei allen Alliierten mit den überlebenden Weimarer Parteien, dem Zentrum und der SPD, als stärkste Parteien gerechnet, „mit der CDU aber nur als einer neuen Erscheinung auf der demokratischen Bühne, deren Zukunft ungewiß war". – John Hynd hat sich in späteren Jahren als Labour-Abgeordneter in London bis zu seinem Tode besonders aktiv um die deutsch-britischen Beziehungen bemüht.

Trotzdem dürfte alles in allem Adenauers Verhältnis zur britischen Besatzungsmacht keinesfalls besonders schlecht gewesen sein. Keine Besatzung ist für den Besiegten erfreulich, es ergeben sich immer Reibungspunkte, das wäre in der französischen und amerikanischen Zone nicht anders gewesen. Zu den führenden amtlichen britischen Persönlichkeiten dieses Zeitabschnittes, d. h. zu General Sir Brian Robertson, dem Militärbefehlshaber und späteren Hochkommissar, sowie zu Sir Christopher Steel, der politischer Berater und 1949 stellvertretender Hochkommissar war, hatte Adenauer gute sachliche und menschliche Kontakte. Gute Verbindungen hatte Adenauer auch zu einigen hervorragenden britischen Persönlichkeiten des öffentlichen Lebens, die frühzeitig für eine Unterstützung Deutschlands eintraten, z. B. zu Victor Gollancz, der in Adenauers Memoiren wie nur wenige hervorgehoben und ausgezeichnet wird. Mit Sir Christopher – der von 1957 bis 1963 zum vierten Mal in Deutschland, und zwar als Botschafter seines Landes diente, verband ihn die besondere Beziehung, daß Lady Steel Tochter des schon erwähnten britischen Generals Sir George Sydney Clive war. Gut waren auch die Beziehungen zu dem Deutschlandminister (1947/1948) Lord Pakenham (jetzt Earl of Longford), der sich stets im Unterhaus für Freundschaft mit einem gleichberechtigten Deutschland eingesetzt hatte.

Vor der Gründung des Landes Nordrhein-Westfalen im Juli 1946 wurde Adenauer – ebenso wie Schumacher – von den britischen Behörden in seiner Eigenschaft als Führer einer der beiden großen Parteien in der britischen Besatzungszone konsultiert. Adenauer war im Gegensatz zu Schumacher mit dem Konzept einverstanden. Lord Robertson hat hierüber später folgendes gesagt: „Im Jahre 1946 zog ich ihn das erste Mal ernstlich zu Rate, als es darum ging, das Land Nordrhein-Westfalen zu gründen. Seitdem verhandelte ich mit ihm fünf Jahre lang ständig über viele schwierige Fragen. Wir konnten uns nicht immer einigen. Ich war der Sprecher meines Landes, er war der Chef seines Landes. Aber unsere Unterhaltungen waren immer offen; nicht ein einziges Mal betrog er mich, noch, hoffe ich, betrog ich ihn."[4] Durch die Gründung wurde Nordrhein-Westfalen, das Herzstück der britischen Besatzungszone, zugleich zum Ausgangspunkt des Wiedererstarkens der deutschen Wirtschaftskraft. Adenauers Entschluß, so weit wie möglich mit den Besatzungsmächten zusammenzuarbeiten, und das betraf praktisch für ihn bis zum Zusammentritt des Parlamentarischen Rates (1948) bzw. bis zur Gründung der Bundesrepublik (1949) in erster Linie die britische Besatzungsmacht, war frühzeitig gefaßt und gegen manche Anfeindungen und Verunglimpfungen von ihm auch durchgehalten worden. So besuchte er regelmäßig auch den Zonenbeirat der britischen Zone (British Zonal Advisory Council) und nützte ihn als „Klagemauer" und Informationsquelle.

Preußen war durch Kontrollratsbeschluß Nr. 46 vom 25. Februar 1946 aufgelöst worden. Adenauer sorgte auch dafür, daß das Hauptquartier der CDU nicht nach Berlin, wo er sowjetischen Einfluß fürchtete, sondern nach dem Westen kam. Adenauer hat Preußen als Staat nicht viele Tränen nachgeweint, wenngleich er selbst manche preußischen Tugenden verkörperte. Seine kritische Haltung gegenüber Preußen teilen viele Engländer, oft allerdings auch ohne recht zu wissen, welche positiven und negativen Charaktereigenschaften und Staatsmerkmale nun eigentlich unter „preußisch" zu verstehen sind. Manche Engländer entdeckten schon in den vierziger Jahren der Zusammenarbeit bei Adenauer ihnen nicht unsympathische, dem britischen way of life durchaus konforme Eigenschaften. So hebt die britische Presse seine Zähigkeit und Entscheidungskraft, seine zurückhaltende Würde, seinen Sinn für geschichtliche Perspektiven, seine politische Mäßigung, seine Integrität, das Fehlen jeder Hysterie, Emotion und Gestelztheit, seine einfache und klare Sprache und nicht zuletzt auch seinen rheinischen Humor hervor. Kritisch bewertet wurden Starrheit, Mißtrauen, „katholischer Nationalismus" und Verschlagenheit. Hilfreich war für Adenauers Ansehen in Großbritannien neben seinem antipreußischen auch sein antimilitaristisches und antinazistisches Image. Das wesentlichste Ergebnis der ersten Nachkriegsjahre – von 1945 bis zum Beginn des Parlamentarischen Rates – im Verhältnis Adenauers zur britischen Besatzungsmacht dürfte gegenseitiger Respekt, beginnendes Vertrauen und eine bemerkenswerte Unabhängigkeit für den Status des Besiegten gegenüber dem Sieger gewesen sein.

Nach Churchills großem Anstoß im Jahre 1946 in Zürich sahen die Jahre 1947 bis 1949, als Folge der sowjetischen Bedrohung, eine Reihe von wichtigen westlichen Bündnisgruppierungen entstehen. Im Oktober 1947 formierten die Benelux-Staaten eine Union. Im März 1948 wurde die Westeuropäische Union durch die fünf Gründerstaaten Frankreich, Großbritannien, Belgien, Holland und Luxemburg gebildet. Im April 1948 wurde die OEEC gegründet, und im Juni 1949 schlossen sich zunächst zwölf Länder zur NATO zusammen. Schließlich kam es im Mai 1949 zur Gründung des Europarates. Vorher war es im März 1948 zum Bruch im Berliner Kontrollrat gekommen, dem die Blockade Berlins und die Einführung der D-Mark (West) und der Ostmark folgten.

Das Verhältnis zwischen den ehemaligen Kriegsalliierten hatte sich gründlich geändert. Das änderte auch das Verhältnis der Besatzungsmächte im Westen zur deutschen Bevölkerung. General Robertson sprach schon 1948 vor dem Landtag von Nordrhein-Westfalen von dem „gemeinsamen Feind" – ohne die UdSSR beim Namen zu nennen. Er führte weiter aus: „Haben Sie Mut, und Sie werden sie (die Rettung) erzielen. Gehen Sie vorwärts in dem Entschluß, für den größeren Teil Ihres Vaterlandes, der auf der rechten Seite des Eisernen Vorhanges liegt, das Beste zu erzielen. Alles andere wird sich mit der Zeit ergeben. Wir bieten Ihnen unseren guten Willen und unsere Zusammenarbeit an. Lassen Sie sich von Unruhestiftern, die ‚Kollaborateure' schreien, nicht einschüchtern. Es ist an der Zeit einzusehen, daß die Interessen aller Europäer zusammenlaufen. Ihre Bedürfnisse und die unseren können nicht getrennt behandelt werden, denn sie machen alle einen Teil Europas aus."[5] Die Rede Robertsons macht deutlich, welche wichtige und aktive Rolle Großbritannien bei der Entwicklung der Besatzungszonen in Richtung auf mehr Selbständigkeit und Einschränkung der Kontrollrechte gespielt hat. Der nächste Markstein auf diesem Weg war der Parlamentarische Rat, der unter dem Vorsitz Adenauers am 1. September 1948 seine Arbeit aufnahm. Schumacher, der Vorsitzende der SPD, hatte – wohl nicht zuletzt auch aus Krankheitsgründen – das Feld des Parlamentarischen Rates Adenauer überlassen. In der Praxis ist Schumachers schroff ablehnende Haltung gegenüber den Besatzungsmächten und ihren Vertretern nicht ohne indirekte Auswirkung auf das Verhältnis Adenauers zu den Besatzungsmächten geblieben. Es kam Adenauer zugute, daß sein in dieser Zeitspanne einziger Rivale von Statur es den Besatzungsmächten, insbesondere aber den Briten, nicht schwer machte, in Adenauer den Hauptansprechpartner zu sehen. Adenauer ging in den Wahlkampf 1949 gestärkt durch sein im Parlamentarischen Rat gewonnenes Prestige. Vorher hatte eine Rede von ihm in Bern (23. März 1949) wesentlich zum weiteren Aufbau seiner Position beigetragen, zumal Adenauer nicht gezögert hatte, auch an den Besatzungsmächten Kritik zu üben. Im übrigen forderte er in dieser Rede eine Annäherung mit Frankreich sowie den Aufbau einer Westeuropäischen Union unter Einschluß Großbritanniens. Über die Rede gab es einige Aufregung auch in der britischen Presse. In Deutschland wurde es als durchaus richtig empfunden, auch einmal die Besatzungsmächte öffentlich zu kritisieren. Von dem schon erwähnten Lord Pakenham stammt der Ausspruch, daß „Adenauer von der Besatzung in moralischer Hinsicht wenig beeindruckt war, auch nicht von der Legitimation der Engländer oder irgendwelcher anderer Ausländer, in Deutschland alles in Ordnung zu bringen"[6].

Der Wahlkampf 1949 wurde hauptsächlich mit wirtschaftspolitischen Argumenten geführt. Die britischen Behörden hatten, wie schon erwähnt, einen Sieg der SPD erwartet. Im Wahlkampf profilierte sich Adenauer endgültig als der künftige Bundeskanzler, alle Überlegungen, die ihm – wegen seines Alters – das Amt des Bundespräsidenten zugedacht hatten, traten in den Hintergrund. Mit der Wahl zum Bundeskanzler trat Adenauer in die bedeutendste Periode seines politischen Schaffens ein. Noch vor der Wahl gab er ein Zeitungsinterview – „Manchester Guardian" vom 8. September 1949 –, das manchen Aufschluß über seine Einstellung zu Großbritannien gibt. Zu Meldungen, nach denen er versucht hatte, einen Keil zwischen England und Frankreich zu treiben, sagte er: „Eine solche Politik würde ich für vollkommen falsch halten. Nur ein geeintes Westeuropa kann den Wiederaufbau eines neuen Europa durchführen. Ich würde mich freuen, wenn die britische Regierung und britische öffentliche Meinung die Tatsache anerkennen, daß England eine europäische Macht ist, daß seine Geschichte mit der Westeuropas eng verbunden ist und daß es die Pflicht hat, seine Rolle in der europäischen Entwicklung zu spielen." In demselben Interview beschwerte sich Adenauer auch noch einmal darüber, „daß die britische Regierung offen die SPD in ihrer Besatzungszone unterstützt habe und daß ihre Vertreter Einfluß auf den Nordwestdeutschen Rundfunk, die Nachrichtenagenturen und die Zeitung ‚Die Welt' genommen hätten". Als Mitglied der CDU – so schloß Adenauer das Interview – müsse er dieser Politik energisch entgegentreten. In seinen Memoiren berichtet Adenauer auch von dem Verdacht, daß ein britischer Offizier die SPD zu ihrem Widerstand gegen den Entwurf des Grundgesetzes, der auf dem SPD-Parteitag in Hannover am 19./20. April 1949 abgelehnt wurde, ermutigt habe, da er ein teilweises Eingehen auf die Forderungen der SPD in Aussicht stellen konnte. Die harte Haltung der SPD wurde dann auch tatsächlich honoriert; in einer Note der Alliierten vom 22. April 1949 zeigten sich die Hohen Kommissare kompromißbereit, was von der SPD zum Ärger Adenauers als Erfolg gebucht werden konnte[7]. In der Rückschau auf die Periode der Zusammenarbeit Adenauers mit Großbritannien in den Jahren nach der Besetzung Kölns 1945 bis zur Wahl zum Bundeskanzler 1949 läßt sich folgendes sagen: Unter den gegebenen Sachzwängen, die natürliche Gegenpositionen erforderten – wie Interessenlage Besatzungsmacht gegenüber Interessenlage der sich formierenden Bundesrepublik –, ferner unter Berücksichtigung der Erschwerung der Zusammenarbeit durch die parteipolitische Situation (Labour-Regierung – CDU) muß das Verhältnis Adenauers zu Großbritannien als durchaus zufriedenstellend bezeichnet werden. Es ist jedenfalls leicht vorstellbar, daß die Nachkriegsgeschichte einen anderen Weg genommen hätte, wenn nicht auf beiden Seiten an der Spitze maßvolle, zum Ausgleich bereite, auf langfristige, konstruktive politische Perspektiven eingestellte Persönlichkeiten gestanden hätten. Adenauer hat in den ersten fünf Jahren von 1945 bis 1949 von allen Besatzungsmächten zweifellos die Briten am besten kennengelernt, in kleinen und in großen Fragen. Man darf annehmen, daß er – von Natur aus eher mißtrauisch als gutgläubig – sicherlich keine Illusionen hinsichtlich der britischen Interessen und Haltung in wirtschaftlichen, politischen und ideologischen Fragen gehabt hat. Andererseits ließ er sich in seinen politischen Entscheidungen weder von „antibritischen" Gefühlen, negativen Vorurteilen, oder gar einem tiefen Gekränktsein leiten.

Im Zusammenhang mit dieser Feststellung ist sicher die Frage erlaubt, ob die britische Seite rechtzeitig erkannt hat, welche persönliche und politische Potenz sich gerade in ihrer Besatzungszone entwickelte. Für die Briten war es sicher schwierig, die vielseitigen Aspekte konfessionellen, ideologischen, politischen und überregionalen Charakters, die mit der Gründung der CDU immer mehr zur Wirkung kamen, richtig einzuschätzen. Großbritannien war nach 1945 stark mit sich selbst beschäftigt. Ein Europakonzept gab es noch nicht – man wußte in bezug auf Europa eigentlich nur, was man nicht wollte. Eine zu starke Solidarisierung und Zusammenarbeit mit dem Exponenten der Besiegten hätte diesen wahrscheinlich in ein falsches Licht bei seinen eigenen Landsleuten gebracht und Schwierigkeiten mit den anderen Besatzungsmächten verursacht. Trotzdem bleibt es zumindest eine interessante Frage für Geschichtswissenschaftler, ob das Verhältnis Adenauers zu Großbritannien sich aktiver entwickelt hätte, wenn etwa eine konservative Regierung unter Churchill den von diesem schon in Zürich 1946 gemachten Vorschlag zum Zusammenschluß Europas energisch angefaßt hätte. Adenauer selbst unterstreicht in seinen Memoiren, daß Churchill die Aufgabe Europas rechtzeitig erkannt habe und daß es ihm wegen seines großen Ansehens in der Welt und im eigenen Lande vielleicht als einzigem möglich gewesen wäre, Großbritannien entschlossen auf einen europäischen Kurs zu führen. Als Churchill erst 1951 wieder im Amt war, lag die auf „Abwarten" gerichtete Haltung Großbritanniens gegenüber Europa fest, ganz abgesehen davon, daß auch Churchill sich mit dem Gedanken eines mit dem Kontinent integrierten Großbritannien zu keiner Zeit anfreunden konnte.

Nach der Gründung der Bundesrepublik setzte Adenauer seine zähen Bemühungen zur Beseitigung der Reste des Besatzungsstatutes fort. Neuer Hoher Kommissar der Briten war Sir Ivone Kirkpatrick, mit dem Adenauer rasch ein gutes Verhältnis herstellte. Sir Ivone, Berufsdiplomat, mit besonderem politischen Gespür, liebte ebenso wie Adenauer die geschliffene, oft mit schlagfertigen Bonmots angereicherte Auseinandersetzung am Verhandlungstisch. Es hat sich nach allem was wir wissen in den Verhandlungen mit den Hohen Kommissaren zu keiner Zeit eine Situation entwickelt, die zu starren Fronten und ständigen Verbündeten oder Gegnern zwischen Adenauer und einzelnen Hohen Kommissaren geführt hätte. Natürlich war es Adenauers taktisches Recht, und sein besonderes diplomatisches Geschick half ihm dabei, hier und da den Versuch des „divide" zu machen, um die Hohen Kommissare, zwar nicht zu „beherrschen", aber für seine Ziele zu gewinnen. Dabei blieb er aber immer seiner Grundüberzeugung treu, daß der einzig mögliche Weg für Deutschland wieder frei zu werden, ein gutes Einvernehmen mit allen Hohen Kommissaren war.

Die erste große außenpolitische Frage von europäischer Dimension, mit der sich die erste Regierung Adenauer auseinanderzusetzen hatte, war der Schuman-Plan vom 9. Mai 1950, der zugleich der Grundstein aller späteren europäischen Einigung wurde. Adenauer hat es uneingeschränkt bedauert, daß sich Großbritannien nicht in der Lage sah, diesem Vertragswerk beizutreten. Gerade weil nach seiner Auffassung die britische Machtstellung in der Welt durch den Verlust der Seeherrschaft und die damit Hand in Hand gehende Lockerung der Bindungen zwischen dem Mutterland und den Überseebesitzungen deutlich gemindert war, hielt er eine Beteiligung Großbritanniens nicht nur im Interesse Europas, sondern auch im Interesse des Vereinigten Königreichs selbst für geboten.

Premierminister Attlee hatte im Juni 1950 im Unterhaus erklärt, daß Großbritannien wichtige wirtschaftliche Entscheidungen nicht einer europäischen Behörde übertragen könne. Eine solche Handlungsweise sei für Großbritannien undemokratisch und daher nicht akzeptabel. Die konservative Opposition (Eden) räumte im Unterhaus zwar ein, daß ein Erfolg des Schuman-Plans durchaus willkommen sei, trat aber auch nicht für eine Beteiligung ein. In einem in den Memoiren Adenauers ausführlich wiedergegebenen Gespräch in Bonn mit Lord Henderson[8], dem parlamentarischen Staatssekretär im Foreign Office unter Außenminister Herbert Morrison, wies Adenauer noch einmal im März 1951 mit Nachdruck darauf hin, daß Großbritannien nicht abseits stehen dürfe. Henderson präzisierte erneut die britische Ablehnung einer supranationalen Behörde und war lediglich bereit, einen losen Anschluß in Erwägung zu ziehen. Man wolle ein Europa durch praktische Zusammenarbeit mit dem Ziel der Erhaltung der demokratischen Lebensformen der europäischen Völker bilden. Man bevorzuge die funktionelle Methode der europäischen Integration und sei nicht bereit, Souveränitätsrechte abzugeben. Adenauer insistierte – ohne Erfolg –, daß Großbritannien in der europäischen Entwicklung von vornherein die Rolle spielen müsse, die ihm aufgrund seiner Lebensform, seiner Macht, seiner Bedeutung sowie seiner Tradition und Erfahrung zukomme.

Auch gegenüber dem Pleven-Plan und dem sich daraus entwickelnden Projekt der Europäischen Verteidigungsgemeinschaft (EVG) nahm Großbritannien zum Bedauern Adenauers eine ähnlich abwartende, in bezug auf den eigenen Beitritt, negative Haltung ein. In einem ebenfalls in den Memoiren wiedergegebenen Gespräch, das Adenauer mit Außenminister Herbert Morrison im Mai 1951 hatte, wird insbesondere die Frage der Bedrohung Europas durch die UdSSR und die dadurch notwendig werdende Wiederbewaffnung der Bundesrepublik erörtert[9]. Adenauer bemühte sich Morrison darzulegen, daß die Bundesrepublik Deutschland, Frankreich, Italien und die Benelux-Staaten allein nicht die Kraft hätten, dem kommunistischen Druck zu widerstehen. Europa müsse durch den Beitritt Großbritanniens gestärkt werden. Wenn Großbritannien nicht in Westeuropa fest verwurzelt sei, könne es auch seine Aufgaben in den übrigen Teilen der Welt und gegenüber dem Commonwealth nicht erfüllen. Morrison verwies auf die Schritte, die Großbritannien in Richtung auf eine Bindung an Europa bereits getan hätte (Mitglied der WEU, Mitglied der NATO, Mitglied der OEEC usw.) und die für das Inselreich schon eine „beinahe revolutionierende Entwicklung" bedeuteten. Er versagte sich aber im letzten gegenüber der EVG mit ähnlichen Argumenten wie sein Parlamentarischer Staatssekretär gegenüber der Montan-Union, wobei für beide die unantastbare Suprematie des britischen Parlamentes die entscheidende Rolle spielte.

Adenauer hat während seiner Amtszeit als Bundeskanzler Großbritannien insgesamt achtmal besucht, dem stehen 26 Besuche in Frankreich, elf in den USA und neun in Italien gegenüber. Sein erster Besuch in London, der noch auf eine Einladung durch die Labour-Regierung zurückging, fand im Dezember 1951 statt. Inzwischen war Churchill nach den Wahlen vom 25. Oktober 1951 wieder Premierminister und Eden wieder Außenminister geworden. Die meisten britischen Blätter widmeten ihm schon vor Eintreffen freundliche Begrüßungsartikel, die allerdings auch durchweg vermerkten, daß er Großbritannien gegenüber gewisse Vorbehalte habe. Die „Times" schrieb am 3. Dezember 1951 unter der Überschrift „Willkommener Gast": „In seinem Charakter und seinem Lebenslauf ist er der vollkommene Gegensatz zu dem aggressiven Typ des deutschen Staatsmannes. Das bedeutet nicht, daß er etwa ohne Stolz sei oder zögere, nationale deutsche Interessen zu verfechten, aber als Rheinländer alten Stils, frommer Katholik und Mann von Kultur, wie das Wort in Westdeutschland im neunzehnten Jahrhundert verstanden wurde, ist er nordischen Mythen unzugänglich und betrachtet seit seiner Jugend sein Land als ein Glied der gemeinsamen abendländischen Kultur Westeuropas."

Adenauer ging nach London mit dem Ziel, Churchill für eine aktive Beteiligung an dem europäischen Einigungswerk zu gewinnen. Er war von der Aufgeschlossenheit und dem freundschaftlichen Geist, in dem er vor allem von Churchill und Eden empfangen wurde, angenehm berührt. Adenauer legte Churchill gegenüber ausführlich seine Politik, insbesondere auch die Einstellung zum Schuman- und Pleven-Plan dar. Er bar, daß Großbritannien – wenn es schon nicht beitreten könne – wenigstens eine Unterstützung für die europäische Einigung und mehr als eine „wohlwollende Interessenlosigkeit" zeige. Churchill ließ keinen Zweifel an seiner Sympathie für ein starkes und einiges Europa und insbesondere an seinem Wunsch nach einer dauerhaften Aussöhnung zwischen Deutschland und Frankreich aufkommen. Da Deutschland stärker sei als Frankreich, müsse mit Englands Hilfe das Gleichgewicht hergestellt werden. Gleichzeitig bemühte er sich, Adenauers Sorgen zu zerstreuen, daß es zu einer Verständigung mit der Sowjetunion auf Kosten Deutschlands kommen könne. Vor der britischen Gruppe der Interparlamentarischen Union hat Adenauer während seines ersten Besuches aufschlußreiche Ausführungen zu seinem Verständnis der inneren Kraft des Commonwealth gemacht: „Zu dem Wiederaufbau des Unterhauses haben alle Staaten beigetragen, die im Commonwealth zusammengeschlossen sind. Ich habe mir in den Jahren, als mir die Machthaber des Dritten Reiches zu solchen Betrachtungen Muße ließen, manchmal die Frage vorgelegt, warum das Commonwealth so viele Stürme unerschüttert überdauert hat. Mir scheint deshalb, weil es nicht auf Macht gegründet ist, sondern auf die sittlichen Werte der angelsächsischen Rechtsordnung und die gemeinsame Überzeugung über die Grundwerte des persönlichen, des gesellschaftlichen und des politischen Lebens; vor allem aber, weil den Angelsachsen eine geistige Grundhaltung eigentümlich ist: der Sinn für Maß und die Abneigung gegen theoretische Spekulationen. Die natürliche Veranlagung der Briten zu der von mir gekennzeichneten Geisteshaltung hat eine starke Förderung erhalten durch den insularen Charakter des Landes. Er zwang seine Bewohner, sich gegenseitig abzuschleifen und zu einem Grad von Homogenität zu kommen, der für das Ganze ungemein förderlich war [...] Ich habe geglaubt, auf die historische Entwicklung hinweisen zu sollen, um damit darzutun, daß die Gegensätze zwischen den kontinentalen Völkern Europas, die Unterschiede in der Entwicklung gegenüber Großbritannien, durch Umstände herbeigeführt worden sind, die zeitbedingt waren. Diese Verschiedenheiten sind aber deshalb kein Grund, der den Zusammenschluß der Völker, den unsere Zeit zwingend verlangt, unmöglich machen könnte. Die seit 1918 eingetretene Entwicklung in der Welt, die völlig andere Verteilung und Schichtung der Macht verlangen zwingend einen solchen Zusammenschluß."[10]

In derselben Rede sprach er auch von der Haltung der Opposition im Bundestag zur europäischen Verständigung: „Ich habe kein Mandat, hier für die Opposition im Deutschen Bundestag zu sprechen. Ich kann mir aber nicht denken, daß die Sozialdemokratische Partei Deutschlands die Tradition ihres Kampfes für die europäische Verständigung je aufgeben würde. Vor allem wissen die deutschen Gewerkschaften, die mit der Bundesregierung bei dem Aufbau Deutschlands so erfolgreich zusammenarbeiten, wo ihre unversöhnlichen Feinde stehen, nämlich im nationalistischen und totalitären Lager."

Adenauers erster Besuch in London hat sich auf sein Verhältnis zu Großbritannien zweifellos positiv ausgewirkt, er schreibt in seinen Memoiren: „Ich spürte, daß eine Gemeinschaft der westlich-christlichen Kultur und Tradition uns sehr stark miteinander verband."[11] Eine entscheidende Änderung der britischen Europapolitik konnte der Besuch allerdings nicht bewirken. In einem erneuten

Gespräch mit Adenauer im Mai 1953 skizzierte Churchill mit drei sich überschneidenden Kreisen die Interdependenz der Zusammenarbeit Großbritanniens mit den Vereinigten Staaten, dem Commonwealth und dem Vereinigten Europa. Großbritannien blieb nach diesem Konzept weiter eigenständig im Schnittpunkt der drei Kreise.

Der erste Londonbesuch Adenauers leitete – so kann man rückblickend feststellen – die während der gesamten vierzehnjährigen Regierungszeit Konrad Adenauers fruchtbarste Spanne der deutsch-britischen Beziehungen ein. Sie fand ihren Höhepunkt in der historischen Initiative des britischen Außenministers Eden – nach dem Scheitern des EVG-Vertrages in der französischen Nationalversammlung – zur Erweiterung der WEU durch die Bundesrepublik Deutschland und Italien. Damit wurde auch die gleichberechtigte Aufnahme der Bundesrepublik in die NATO gesichert. Das Verhältnis zwischen Eden und Adenauer entwickelte sich in diesen Jahren besonders gut, und Eden (jetzt Earl of Avon) hat in seinen Memoiren wiederholt bekundet, welches Vertrauen er in die politischen Grundüberzeugungen Adenauers und in seine Person hatte. „Mit dem deutschen Bundeskanzler sprach ich mich stets sehr gern über Weltpolitik aus [...] Dr. Adenauer spricht klar und eindrucksvoll und behält stets sein Ziel im Auge. Er erkennt die volle Wirklichkeit der kommunistischen Gefahr, daß sie viel mehr bedeutet als eine Linksbewegung, und reagiert auf sie mit der ganzen Überzeugung eines Europäers und rheinischen Katholiken. Dennoch habe ich in meinen vielen Unterredungen mit ihm nie erlebt, daß er bei der Darstellung seiner Probleme unsachlich gewesen wäre."[12] Adenauer hat das Scheitern der EVG damals als den größten Rückschlag seiner Europapolitik betrachtet und war Eden um so dankbarer für seine schnelle und erfolgreiche diplomatische Initiative. Durch die historische Verpflichtung Großbritanniens, vier Divisionen und eine taktische Luftflotte auf dem Kontinent zu stationieren, wurde die Situation gerettet.

Der Deutschland-Vertrag in seiner ersten Fassung vom 26. Mai 1952, die schon erwähnte Erweiterung des Brüsseler WEU-Vertrages und die Lösung der Saar-Frage waren die Errungenschaften der ersten Hälfte der fünfziger Jahre, bei denen Großbritannien aus seiner Interessenlage heraus der Bundesrepublik Deutschland oft mehr Verständnis entgegenbringen konnte als Frankreich. Es spricht für Adenauers unbeirrbare politische Entschlossenheit und Zielstrebigkeit, daß er der deutsch-französischen Aussöhnung und der Verbesserung der Beziehungen zu Frankreich trotz des Rückschlages mit der EVG unverändert erste Priorität gab.

Obwohl sich für Adenauer der Beitritt der Bundesrepublik zur NATO stets mit der Initiative der Regierung Churchill/Eden verband, hat ihm andererseits die seit Stalins Tod (1953) in Bewegung gekommene Ost-West-Politik und der Gedanke eines möglichen Entgegenkommens Großbritanniens auf die Vorschläge der Sowjetunion beunruhigt. Immer wieder zieht sich durch alle Gespräche mit britischen Politikern – auch schon mit Churchill – die Sorge, es könnte Sicherheitsarrangements auf Kosten der Bundesrepublik geben. Im Januar 1954 hatte Eden seinen Deutschland-Plan unterbreitet, der freie Wahlen und eine frei gewählte Nationalversammlung mit dem Auftrag zur Ausarbeitung einer Verfassung und Einleitung von Friedensverhandlungen zur Grund-

lage hatte. Aus der Ablehnung des Planes durch die Sowjetunion und deren in Form des Molotow-Planes vorgelegten Alternative, die den Fortbestand der Teilung Deutschlands zementieren sollte, konnte durch die Westmächte nur der Schluß gezogen werden, daß sich an der Haltung der Sowjetunion wenig geändert hatte. Eden ließ sich durch die Ablehnung nicht entmutigen, er bereitete einen neuen Plan für die Genfer Gipfelkonferenz der Vier Mächte vor, zu dessen Grundlinien er sich Adenauers Einverständnis hatte geben lassen.
Adenauer befürchtete in bezug auf Großbritannien, daß das wirtschaftliche Interesse zu politischen Konzessionen führen würde und daß die natürlich nicht nur auf Europa beschränkte Politik Großbritanniens globalen oder Commonwealth-Interessen den Vorrang geben könnte. Deutlich zurückhaltend waren konservative wie Labour-Regierungen auch in bezug auf die Oder-Neiße-Grenze. Das äußerste, was Adenauer hier erreichen konnte, war die Anerkennung des Grundsatzes, daß die endgültige Grenze erst in einem Friedensvertrag festgelegt werden würde. Die Sorgen, die Adenauer hinsichtlich der britischen Haltung gegenüber der Sowjetunion hatte, verstärkten sich nach der praktisch ergebnislos verlaufenen Genfer Gipfelkonferenz von 1955. Als Folge der Verhandlungen und der allgemeinen Entwicklung schien Adenauer das Junktim zwischen der Wiedervereinigung Deutschlands und einer Abrüstungs- bzw. Sicherheitsregelung gefährdet. Die nachfolgende Genfer Außenministerkonferenz brachte nicht nur keinen Fortschritt, sondern eher einen Rückschritt, da Molotow in brüsker Form jede Wiedervereinigung Deutschlands ablehnte. Die spätere Einladung Edens an Bulganin und Chruschtschow zu einem Besuch in London behagte ihm nicht, da er fürchtete, daß daraus falsche Schlüsse durch die Öffentlichkeit in bezug auf die Entspannung gezogen werden würden. Adenauer war beunruhigt durch Stimmen in der britischen Öffentlichkeit, daß es sich nicht lohne, um Deutschlands willen auf eine Verständigung mit der Sowjetunion zu verzichten. In einem Brief an John Foster Dulles spricht der Kanzler besorgt von der „Rehabilitierung Rußlands durch die angelsächsischen Mächte“[13].
Auch Churchills Aachener Rede zur Verleihung des Karls-Preises 1956 war wenig geeignet, Adenauer zu beruhigen, da Churchill in einer weitausgreifenden Vision die Aufnahme der Sowjetunion in die NATO vorschlug.
Die Jahre zwischen der Wiederherstellung der deutschen Souveränität im Mai 1955 und dem Berlin-Ultimatum der Sowjetunion vom Oktober 1958 waren, wenn man von der Ungarn- und Suezkrise absieht, für die Bundesrepublik außenpolitisch verhältnismäßig ruhig. Mit dem Beschluß der Außenminister der Sechs von Messina wurde dann der Weg beschritten, der – leider ohne Großbritannien, das sich weiter versagte – zur Unterzeichnung der Verträge von Rom im März 1957 führte. Damit begann vor fast zwei Jahrzehnten die Epoche europäischer Einigungsbestrebungen, die erst jetzt mit dem durch das Referendum vom 5. Juni 1975 besiegelten Beitritt Großbritanniens zur EWG ihren Abschluß und, wie alle Europäer hoffen, zugleich auch neuen Ausgangspunkt gefunden hat.
Adenauer hat das Fehlen Großbritanniens bei den Römischen Verträgen mit im Laufe der Jahre nachlassender Intensität bedauert. Für die deutsche Politik begann das Dilemma der Wahl zwischen guten Beziehungen zu Frankreich

und dem Wunsch auf Einschluß weiterer Partner in die EWG. Dieses Dilemma wurde überlagert durch eine ähnliche Situation im Sicherheitsbereich, wo Bonn immer wieder vor die Alternative Paris oder Washington gestellt wurde.

In diese Zeit fällt die Rückkehr de Gaulles und der Beginn seines Wirkens als französischer Regierungschef und Staatspräsident. Die Jahre von 1958 bis zu Adenauers Ausscheiden im Oktober 1963 müssen als die Periode einer Lockerung seiner Beziehungen zu Großbritannien gesehen werden. Vor seiner ersten Begegnung mit de Gaulle in Colombey-les-deux-Eglises war Adenauer noch recht skeptisch, wie sich seine Zusammenarbeit gestalten würde. Er hat dann bald gespürt, daß es nur die Alternative gab, mit de Gaulle der deutsch-französischen Aussöhnung und Zusammenarbeit zum endgültigen, auch von der großen Mehrheit des französischen Volkes respektierten Durchbruch zu verhelfen oder das Kernstück seiner Lebensarbeit, die deutsch-französische Freundschaft und damit die Grundlage Europas, zu gefährden. Der Priorität dieser Freundschaft zuliebe hat Adenauer manches Opfer gebracht und dabei auch zunehmend für Großbritannien weniger Interesse gezeigt. Das war keine „anti-britische" Haltung, sondern ergab sich als Folge der geschilderten Priorität. Adenauer hielt sich an die Maxime: „Wer alles will erreicht nichts." Es kam hinzu, daß Adenauer mit Macmillan nicht so freundschaftliche Beziehungen herstellen konnte wie mit anderen britischen Staatsmännern. In seinen Memoiren hat sich Macmillan im ganzen anerkennend und taktvoll über Adenauer geäußert, aber einige Seitenhiebe konnte er sich nicht versagen. So schreibt er über einen Besuch in Bonn im Juni 1954: „Nach einem Abendessen, das er mir zu Ehren gegeben hatte, nahm er (Adenauer, d. Verf.) mich zu einem Gespräch beiseite. Er hielt einen langen und faszinierenden Diskurs, in dem er nicht nur auf die unmittelbaren Probleme einging, sondern in dem er die ganze Geschichte der deutschen Völker von der Römerzeit bis hin zur Gegenwart nachzeichnete. Für mich war dieser Monolog höchst interessant, zumindest an diesem Tage, als ich ihn zum ersten Male hörte. Während der nächsten neun Jahre sollte es mein Schicksal sein, ihn bei jeder unserer Begegnungen zu hören."[14]

Macmillans unerwartete Moskaureise 1959 noch während der Berlinkrise nach Chruschtschows Ultimatum stieß bei Adenauer auf besondere Kritik, er sah in der Reise einen „Triumph für Chruschtschow". Die Genfer Außenministerkonferenz vom Sommer 1959, auf der der Westen den „Herter-Plan" vorlegte, der vom britischen Außenminister Selwyn Lloyd geschickt vertreten wurde, brachte wegen der starren Position Gromykos das Deutschland- und Berlinproblem nicht weiter. Aber es wurde zunächst vor Chruschtschows Reise nach den Vereinigten Staaten etwas stiller um Berlin. Adenauer war mit einigen westlichen Konzessionen amerikanischen und britischen Ursprungs, die im Laufe der Konferenz in das Gespräch kamen, nicht einverstanden gewesen. Während der Konferenz starb in Washington John Foster Dulles. Die folgenden zwei Konferenzen (Dezember 1959 Konferenz der drei Westmächte in Paris, zu der Adenauer mit eingeladen wurde, und das westliche Vierertreffen am Vorabend des geplatzten Ost-West-Gipfeltreffens vom Mai 1960 in Paris) sahen Adenauer mehr und mehr enge Tuchfühlung mit de Gaulle in der Deutschland-Frage suchen. Er vermutete Großbritannien als außenpolitischen

Führer der angelsächsischen Mächte bei einer Schwenkung gegenüber der UdSSR.
Der Bau der Berliner Mauer am 13. August 1961 und das Ergebnis der Bundestagswahlen von 1961 mit dem Verlust der absoluten Mehrheit für die CDU engten den politischen Spielraum Adenauers ein. Er konzentrierte sich immer mehr auf die Festigung des Verhältnisses zu Frankreich. Im Jahre 1961 vollzog Macmillan, nachdem das Projekt einer Freihandelszone bzw. einer Assoziation zwischen EWG und EFTA gescheitert war, die historische Schwenkung seiner Europapolitik und kündigte am 31. Juli 1961 an, daß ein Antrag auf Eröffnung von Verhandlungen über einen Beitritt des Vereinigten Königreichs zur EWG gestellt werden würde. Adenauer, der in den fünfziger Jahren stets den Beitritt Großbritanniens befürwortet hatte, war nicht gegen die Eröffnung von Verhandlungen, zeigte sich aber, jetzt stärker durch de Gaulle beeinflußt, auch nicht sehr begeistert. Er ließ noch einmal sorgfältig prüfen, ob der Beitritt auch der wirtschaftlichen Interessenlage der Bundesrepublik entsprach. Im übrigen störte es ihn sehr – und er vermutete dahinter die Briten –, daß die Holländer die Forderung stellten, Großbritannien müsse von Anfang an bei den Verhandlungen über die Bildung einer politischen Gemeinschaft der Sechs beteiligt werden. Durch diese Forderung, auf die Frankreich unter keinen Umständen eingehen wollte, wurde die Entwicklung der politischen Gemeinschaft blockiert.
Am 15. Januar 1962 stellte de Gaulle dann in seiner Pressekonferenz Forderungen für den Beitritt des Vereinigten Königreichs, die praktisch ein Veto gegen den Beitritt bedeuteten. Es kam zu einer dramatischen zeitlichen Zuspitzung, als die Unterzeichnung des deutsch-französischen Freundschaftsvertrages fast mit dem historischen Veto des Generals gegen den Beitritt Großbritanniens zusammenfiel. Adenauer sah sich zu Hause starkem politischem Druck ausgesetzt. Die „Atlantiker" in der Bundesrepublik forderten, die Bemühungen zum Beitritt Großbritanniens fortzusetzen und die Tür nicht endgültig zuzuschlagen. Die Briten bemühten sich, auch die öffentliche Meinung in Deutschland hierfür zu gewinnen, und machten kräftig von ihren guten Verbindungen zu deutschen Presseorganen Gebrauch. Um Mißdeutungen des deutsch-französischen Vertrages auszuschließen, wurde schließlich die Präambel vereinbart. Es war ein Ausweg für Adenauer, der gleichzeitig das eine Lebensziel, die deutsch-französische Aussöhnung, verwirklichte, das andere, die Einigung Europas und die Zusammenarbeit mit Amerika, gefährdet sah.
Es wäre falsch anzunehmen, daß Adenauers Haltung gegenüber England sich erst unter dem Einfluß de Gaulles verschlechterte. Schon in den fünfziger Jahren hatte Großbritannien, wie wir gesehen haben aus seinem maritimen Denkansatz heraus, Vorstellungen seines Verhältnisses zu Europa entwickelt, die sich von Adenauers kontinentaler Konzeption mehr und mehr entfernten. Aus diesem Grund ergaben sich zunehmend sachlich divergierende politische Meinungen, oft nur über die Wege, gelegentlich aber auch über das Ziel. Weder Adenauer noch die Briten ließen sich von Gefühlen leiten, sie wußten, daß alles Irrationale die Außenpolitik nur erschwert. Adenauer war nicht bereit, seine Überzeugungen zu opfern. Die britische Haltung gegenüber den Vorschlägen der Konferenz von Messina und die Ablehnung der Römischen Ver-

träge schienen ihm endgültig zu beweisen, daß Großbritannien Europa den Rücken zukehre. Er hatte besonders auf eine Änderung der britischen Europapolitik nach Suez (1956) gehofft. Frankreich dagegen hatte sich durchaus kooperativ gezeigt. Als Großbritannien später seine Meinung änderte, hat es zu große Erwartungen gehegt, daß Adenauer die britischen Kastanien aus de Gaulles Feuer holen würde. Adenauers Weigerung das zu tun und damit eine Auseinandersetzung mit Paris zu riskieren, hat in Whitehall seinerzeit sehr verstimmt, was auch die britische Presse wiedergegeben hat. Wohl zu dieser Zeit verfestigte sich in besonderem Maße in Großbritannien der Eindruck, Adenauer sei antibritisch und übertrieben frankophil. Da Adenauer ungerührt bei seiner Überzeugung blieb, haftete ihm dieses Klischee auch weiter an. Die Tatsache, daß das spätere britische Beitrittsgesuch durch de Gaulle – mit dem Adenauer so glänzende Beziehungen hatte – abgelehnt wurde, hat den britischen Vorwurf, Adenauer sei antibritisch, noch verstärkt. Es bleibt historische Tatsache, daß Adenauer die Briten ursprünglich als Mitglied in der EWG haben wollte. Später – als eine kostbare Dekade vertan war – hatte er sich dann die Meinung gebildet, daß die Briten nur an dem wirtschaftlichen Zusammenschluß interessiert seien und in der politischen Gemeinschaft nur die Schiedsrichterrolle der Zusammenarbeit ohne eigene Bereitschaft zur Integration anstrebten.

In der Mitte der fünfziger Jahre wurde es auch in England mehr und mehr zwischen den beiden großen Parteien zu einem Wettstreit, wie die Beziehungen zur Sowjetunion am besten zu entwickeln seien. Im Zusammenhang hiermit gab es in Parlament und Öffentlichkeit dann politische Forderungen zur Anerkennung der DDR, zur Einführung von atomwaffenfreien Zonen, für Disengagement-Pläne und ähnliche Vorstellungen, aber wenig Begeisterung für die Wiedervereinigung und andere deutsche Anliegen. Obwohl die britischen Regierungen letztlich immer die bündniskonformen Positionen vertraten, wurde Adenauers – von Natur aus starkes – Mißtrauen immer wieder genährt. Während einer langen Zeit seiner Kanzlerschaft, besonders gegen Ende, war die britische öffentliche Meinung trotz aller Bemühungen der beiderseitigen amtlichen Stellen dem Kanzler und der Bundesrepublik gegenüber wenig aufgeschlossen. Ein großer Teil der Medien, die BBC, die Gewerkschaften, große Teile der Labour Party, der rechte Flügel der Konservativen und die Mehrheit der Zeitungen gaben oft Schilderungen der Politik der Bundesrepublik, die in Bonn als wenig zutreffend empfunden wurden und für Adenauer oft alles andere als schmeichelhaft waren. Dieses Echo stand auch in klarem Gegensatz zu dem Bild Adenauers und seiner Politik nicht nur in Frankreich, sondern auch in Amerika. Viele britische Freunde Deutschlands sind in dieser Zeit der Meinung gewesen, daß die britische Politik gegenüber der Bundesrepublik und die öffentliche Meinung im Vereinigten Königreich eine freundschaftliche Zusammenarbeit erschwere.

IV.

Wenn man das Auf und Ab der Tagesereignisse unberücksichtigt läßt, so stellen sich die großen Linien des Verhältnisses Adenauers zu Großbritannien

in Zusammenfassung wie folgt dar:
Er war bei Ende des Zweiten Weltkrieges ohne besondere gefühlsmäßige Bindung zu Großbritannien, aber auch ohne das sonst bei vielen Deutschen im Verhältnis zu England vorherrschende „Trauma der verschmähten Liebe". Die Erfahrungen mit Großbritannien in der Besatzungszeit nach dem Ersten Weltkrieg hatten keine negative Vorbelastung seiner Einstellung hinterlassen. Er war 1945 nüchtern aufgeschlossen gegenüber Großbritannien als einem zu Europa gehörenden Land mit großer demokratischer und rechtsstaatlicher Tradition. Die Entlassung im Herbst 1945 als Oberbürgermeister durch die Briten war eine herbe Enttäuschung, sie hat sein Verhältnis zu Großbritannien aber nicht grundlegend bestimmt oder verändert. Als CDU-Vorsitzender in der britischen Zone hatte er viele natürliche Reibungspunkte mit der Besatzungsmacht und zudem den nicht ganz unbegründeten Verdacht, daß die SPD von der Militärregierung und insbesondere der Schwesterpartei in Großbritannien mehr Interesse und Unterstützung erfuhr, als die CDU, um die sich auch die Konservative Partei wenig kümmerte. Das Verhältnis zu Großbritannien besserte sich zunehmend nach dem Amtsantritt als Bundeskanzler und im Zuge der Zusammenarbeit mit den Hohen Kommissaren. In seiner Europakonzeption hatte Großbritannien einen festen, Frankreich vergleichbaren Platz. In dem Maße, in dem sich Großbritannien unter Hinweis auf seine Commonwealth-Verpflichtungen und sein besonderes Verhältnis zu Amerika den europäischen Plänen versagte, modifizierte Adenauer – zuletzt stark unter dem Einfluß de Gaulles – seine Haltung gegenüber Großbritannien. Seinen Höhepunkt erreichte das Verhältnis zu Großbritannien zweifellos mit der Londoner Konferenz von 1954 (WEU). Adenauer war zu dieser Zeit besonders enttäuscht und besorgt über Frankreich und wollte mit Frankreich im Rahmen der „Sechs" nicht allein gelassen werden.
Mit dem Regierungsantritt de Gaulles und in dem Verhältnis, in dem sich sein Vertrauen und seine Freundschaft zu de Gaulle festigten und damit auch eine gewisse Abhängigkeit von ihm entstand, trat Großbritannien mehr in den Hintergrund der Überlegungen Adenauers. Die Tatsache, daß er auch Kontroversen mit de Gaulle hatte – z. B. über den französischen Plan des Dreierdirektoriums für die NATO –, änderte daran nichts. England und Frankreich wurden mit verschiedenem Maß gemessen. Das Fehlen eines für die europäische Politik kongenialen Partners für Adenauer in der britischen Führungselite, wie sie ihm in Frankreich z. B. mit Robert Schuman, Jean Monnet, Pinay und de Gaulle zur Verfügung standen, erschwerte die Situation. Das Verhältnis wurde dadurch weiter belastet, daß die Kontroverse um den Abbruch der Beitrittsverhandlungen in die deutsche Innenpolitik durchschlug und sich innerhalb der CDU/CSU „Atlantiker" und „Gaullisten" stritten und dem Kanzler das Leben schwer machten. Je schwieriger sich die europäische Zusammenarbeit gestaltete, desto energischer, ja beschwörender betrieb er den deutsch-französischen Freundschaftsvertrag, in dem er eine auf Dauer angelegte Verbindung des Schicksals der beiden Länder und damit auch eine Sicherung gegen sowjetische Lockungen an die Adresse Frankreichs sah. Er hat stets vor der Gefahr einer Wiederholung der Umklammerung Deutschlands durch ein russisch-französisches Bündnis gewarnt.

Bei seinem Rücktritt wurden Adenauer von britischer Seite durch Regierung und öffentliche Meinung fairer Tribut für seine Leistung gezollt. Auch Kritik wurde offen geäußert, nicht selten schwang aber auch dabei ein Unterton von Anerkennung mit („der alte Fuchs ist nicht mehr unter uns"). In den gut drei Jahren, die ihm nach dem Rücktritt noch geschenkt waren, hat sich Adenauers Urteil über Großbritannien wieder ein wenig gebessert und an Schärfe verloren, wohingegen die Bindung zu de Gaulle eher etwas lockerer wurde und eine gewisse Distanz erfuhr. Seine letzten Gedanken und Kräfte waren nicht mehr allein auf das deutsch-französische Verhältnis fixiert, sondern galten buchstäblich bis zum letzten Atemzuge der Einigung Europas.

V.

Adenauer ist heute nicht der populärste deutsche Politiker in der Vorstellung der Briten. Wahrscheinlich hat er in Großbritannien sogar mehr Kritiker als Bewunderer. Ein konservativer deutscher Politiker hat es ohnehin grundsätzlich schwerer gegenüber der Gesamtheit der öffentlichen Meinung in Großbritannien, als eine der Mitte oder der Linken angehörende politische Persönlichkeit. Aber Adenauer genießt selbst bei seinen Kritikern ein hohes Maß von Achtung. Keinem Deutschen hat man in Großbritannien mit dem diesem Lande eigenen untrüglichen Geschichtsbewußtsein einen so gesicherten und geachteten Platz unter den deutschen Staatsmännern unseres Jahrhunderts zugewiesen wie Konrad Adenauer. Das bestätigt bis heute den frühen Ausspruch Churchills – lange bevor Adenauer im Zenit seines Erfolges stand –, daß er seit Bismarck der größte deutsche Staatsmann sei.

Den dritten und entscheidenden Anlauf Großbritanniens zum Eintritt in die EWG hat Adenauer nicht mehr erlebt. Er hätte sich in dem Auf und Ab der Beitrittsverhandlungen und „Neuverhandlungen" (renegotiations) wahrscheinlich mit manchen seiner Sorgen hinsichtlich Großbritanniens bestätigt gefühlt. Sicher ist aber, daß er die durch das Referendum bekräftigte, endgültige Zugehörigkeit Großbritanniens zur Europäischen Gemeinschaft zustimmend begrüßt hätte, in der Hoffnung, daß es allen Partnern gelingen würde, daraus auch eine die Kraft und Handlungsfähigkeit Europas stärkende politische Gemeinschaft als Bollwerk gegen die sowjetische Bedrohung zu entwickeln.

1 Vgl. Karl Kaiser und Roger Morgan (Hrsg.), Strukturwandlungen der Außenpolitik in Großbritannien und der Bundesrepublik (= Schriften des Forschungsinstituts der Deutschen Gesellschaft für Auswärtige Politik, Bd. 29), München–Wien 1970, S. 200.

2 Vgl. Terence Prittie, Konrad Adenauer. Vier Epochen deutscher Geschichte, Stuttgart 1971, S. 63.

3 Vgl. Der Spiegel, Nr. 41 vom 9. Oktober 1963.

4 Vgl. ebenda.

5 Vgl. Konrad Adenauer, Erinnerungen 1945–1953 (Bd. 1), Stuttgart 1965, S. 135f.

6 Vgl. Prittie, S. 188.

7 Vgl. Adenauer, Erinnerungen, Bd. 1, S. 170ff.

8 Vgl. Adenauer, Erinnerungen, Bd. 1, S. 492ff.

9 Vgl. Adenauer, Erinnerungen, Bd. 1, S. 495 ff.
10 Vgl. Bulletin des Presse- und Informationsamtes der Bundesregierung, Nr. 18 vom 8. Dezember 1951, S. 123.
11 Vgl. Adenauer, Erinnerungen, Bd. 1, S. 511.
12 Vgl. Sir Anthony Eden, Memoiren 1945–1957, Köln–Berlin 1960, S. 337.
13 Vgl. Konrad Adenauer, Erinnerungen 1953–1955 (Bd. 2), Stuttgart 1966, S. 480.
14 Vgl. Harold Macmillan, Erinnerungen, Frankfurt am Main–Berlin 1972, S. 111 ff.

MAX SCHULZE-VORBERG

Die Moskaureise 1955

In nebeligen Herbsttagen des Jahres 1955 läutete im Lager Friedland die Glokke. Sie begrüßte die Heimkehrer aus der Sowjetunion. Ausgemergelte Gestalten, in deren Augen sibirische Sorgen und heimatliche Hoffnung jäh wechselten.

Konrad Adenauer hatte im September 1955 um ihr Schicksal im Kreml verhandelt.

Um dieser deutschen Soldaten willen wagte er die Moskaureise. Ihre unverzügliche Heimkehr war die Bedingung, die Voraussetzung für jede weitere Abmachung mit der Sowjetunion.

Parteivorsitzender Chruschtschow und Ministerpräsident Bulganin, die zunächst bestritten hatten überhaupt noch deutsche Kriegsgefangene in den Weiten der Sowjetunion zurückzubehalten – sie versprachen dem Kanzler Adenauer schließlich deren sofortige Heimkehr. Die dramatischen Stunden, die dieser mündlichen Abmachung vorausgingen – sie wurde also nicht schriftlich fixiert – sind oft und ausführlich geschildert worden.

Hier soll versucht werden, die Stimmungen in Bonn um die Moskaureise 1955 festzuhalten, so wie sie sich in der Presse und in Pressegesprächen spiegelten. Vor allem aber stützt sich der Bericht auf die sorgfältigen Erwägungen des ersten Bundeskanzlers und seiner Berater.

Dr. Adenauer mußte für diesen politischen „Fahrplan“ engste politische Freunde, auch seinen eigenen Außenminister Heinrich von Brentano, erst gewinnen. Und begleitende Journalisten machte er mit seinen Plänen vertraut.

Die sowjetische Note vom 7. Juni 1955 mit der Einladung nach Moskau wurde in der Welt als ein politischer „Paukenschlag“ empfunden. Nach dem 5. Mai war gerade ein Monat vergangen – nach jenem 5. Mai 1955, an dem die Bundesrepublik Deutschland ihren festen Platz in der westlichen Gemeinschaft, als Mitglied der Nordatlantischen Verteidigungsgemeinschaft, gefunden hatte. Die Gegner dieser Politik befürchteten oder erhofften damals „eine Art von russischem Boykott gegenüber dem gegenwärtigen Bundeskanzler“. Die „Neue Zürcher Zeitung“ schrieb am 12. Juni 1955 – und so wurde die sowjetische Einladung an Dr. Konrad Adenauer oft gewertet: „Die Einladung an den Staatsmann, der in zäher Beharrlichkeit die Annahme der Verträge in Westdeutschland durchgesetzt hatte, bedeutete eine realistische Anerkennung seines Erfolges, zugleich aber auch die Eröffnung einer neuen Partie, die für Adenauer nicht leicht sein wird.“

Keine der vielen Akte der Westmächte haben das Herz und die Phantasie der Deutschen auch nur annähernd so bewegt, wie die Note aus Moskau – so meinte ein amerikanischer Beobachter in Bonn. Er hatte Hoffnungen verspürt, nun werde wohl der Kalte Krieg zu überwinden sein.

„Der Kalte Krieg ist die für das Nachkriegsstadium der sowjetischen Expansionspolitik bezeichnende Methode. Sie entspricht der kommunistischen Absicht, das Nachkriegschaos, die Not und den Hunger, die Unsicherheit, die anwachsenden sozialen Spannungen und die Friedenssehnsucht der Völker auszunutzen, um den Sowjets eine weitere Ausweitung ihres Machtblocks zu gestatten [...] In diesem Kalten Krieg hatten die Sowjets solange die Initiative, bis sich die USA zur Marshall-Plan-Hilfe entschlossen, die den freien Völkern wieder Selbstvertrauen und Zuversicht zurückgaben."

In dieser Definition aus dem offiziellen Handbuch sozialdemokratischer Politik wurde besonders auf die „Versuche zur Bildung gesamtdeutscher Repräsentationen" verwiesen, „die unter Mißbrauch der Parole von der Wiederherstellung der deutschen Einheit das sowjetische Ziel, ganz Deutschland in den Machtbereich der Sowjets zu bringen, erreichen wollen"[1].

Also fragte am 16. Juni 1955 auch „Christ und Welt": „Was wollen die Russen? Die so sorgfältig stilisierte Note und ihre gar nicht zu überhörende Begleitmusik zielen darauf ab, die Lösung der deutschen Frage einer direkten Verhandlung zwischen Moskau und Bonn vorzubehalten. Erstes Ziel der Russen ist es also, die deutsche Frage aus den Gesprächen mit den drei Westmächten herauszulösen und sie auch in Genf nach Möglichkeit schon auszuklammern. Wir kennen den Ton. Wir haben ihn schon einmal gehört. Das war im Sommer 1939. Aus dem ‚faschistischen Untier' Hitler wurde damals über Nacht der ‚große deutsche Staatsmann'. So soll jetzt über Nacht aus dem ‚Lakaien des amerikanischen Monopolkapitalismus' Adenauer ein geschätzter Gast des Kreml werden."

Conrad Ahlers zeichnete die Entwicklung der russischen Deutschlandpolitik auf, „nachdem die ursprüngliche Konzeption Stalins, nämlich die Zerstückelung und Aufteilung Deutschlands, fallengelassen worden war". In seinem Leitartikel vom 10. Juni 1955 schrieb er in der „Welt": „Die russische Einladung an Bundeskanzler Adenauer setzt den Schlußstrich unter die bisherige Nachkriegspolitik der Sowjetunion gegenüber Deutschland. Sie ist das Eingeständnis des Fehlschlages dieser Politik, die darauf abzielte, die deutsche Frage durch ein Abkommen der Siegermächte untereinander und ohne eine wirkliche Beteiligung der Deutschen zu regeln. Die Sowjetunion hat zwar ihre Deutschlandpolitik mehrfach den wechselnden Verhältnissen angepaßt und auch der Entwicklung zweier Staaten auf dem deutschen Staatsgebiet Rechnung getragen. Aber sie hat bis zu der Überreichung der Einladung nicht ihr großes Ziel aus dem Auge verloren: den nationalen und internationalen Status eines wiedervereinigten Deutschlands in ihrem Sinne festzulegen, bevor das deutsche Volk in freier Entscheidung seinen zukünftigen Weg wählen konnte."

Hans Zehrer fragte – „Die Welt" vom 2. Juli 1955 –: „Was will Rußland?" Als „Ergebnis einiger Wochen intensiver und kritischer Umfragen in Moskau" meinte er zunächst: „Die Sowjetregierung wünscht eine wirkliche Verständigung mit der Deutschen Bundesrepublik. Zusammengefaßt: Rußland will Frieden und eine internationale Entspannung, die nicht auf Jahre, sondern vielleicht auf Jahrzehnte berechnet sind. Es will diese Entspannung – bei der es selber nicht nur gewinnen kann, sondern auch zahlen muß – in zähen, langwierigen Verhandlungen aushandeln, bei denen es von der gleichen zähen Geduld und

Festigkeit seiner Partner abhängen wird, wie diese Verhandlungen ausgehen werden. Deshalb brauchen wir heute neben dem Tau, das uns mit dem Westen verbindet, auch den Draht nach Moskau, den der Bundeskanzler mit den Vorbesprechungen geknüpft hat."

Am 13. August 1955 hing dann für Hans Zehrer alles an einem „seidenen Faden" – („Aber keine seidene Schnur") –. Da schrieb er wieder für die „Welt": „Genau drei Monate nach der Einladung der Sowjetunion vom 7. Juni 1955 wird der Bundeskanzler in Moskau das Gespräch mit den Russen führen. Sein Ergebnis hängt an einem seidenen Faden. Nämlich an den sechs Zeilen der russischen Note, in denen es heißt: ‚daß die Anbahnung und Förderung normaler Beziehungen zwischen der Sowjetunion und der Deutschen Bundesrepublik die Lösung strittiger Fragen, die ganz Deutschland betreffen, erleichtern und so helfen würde, das hauptsächlich nationale Problem des deutschen Volkes zu lösen: die Errichtung eines wiedervereinigten deutschen demokratischen Staates'.

Es ist nach den Erklärungen der Russen in Genf, in Ost-Berlin und vor dem Obersten Sowjet nicht sicher, ob dieser seidene Faden überhaupt noch existiert. Nur um dies festzustellen, fliegt der Bundeskanzler nach Moskau, denn nur dieser seidene Faden rechtfertigt die Reise."

Bedenken gegen die Einladung aus dem Kreml und die Reise nach Moskau hatte in der Bundesrepublik vor allem der „Rheinische Merkur" angemeldet. Otto B. Roegele schrieb am 12. August 1955: „Ganz offenkundig ist die Parole ausgegeben worden, die Wiedervereinigung sei, wenn überhaupt, dann nur durch direkte Verhandlungen zwischen Bonn und Pankow denkbar. Hatte bis zum Besuch der Kreml-Führung in Ost-Berlin das Unisono der Zeitungen gelautet ‚Adenauer zwingen, nach Moskau zu fahren', so lautet es jetzt, nachdem Adenauer zu fahren bereit ist: ‚Die Einheit kann nur durch die Deutschen in Ost und West verwirklicht werden', ‚Einheit durch Annäherung', ‚Einheit durch Zusammenrücken zwischen Westdeutschland und Ostdeutschland'. Das zeigt, was den Kanzler in Moskau erwartet. Es setzt die Anerkennung Pankows voraus, es bedeutet Regierungsverhandlungen zwischen Bonn und Pankow mit dem Ziel, daß die Wiedervereinigung nicht durch freie Wahlen, sondern allenfalls durch Verhandlungen zwischen zwei gleichberechtigten Partnern erreicht werden soll – kurz: Das zahlenmäßige Übergewicht der Bundesrepublik mit ihren 50 Millionen Einwohnern soll durch einen grotesken Trick ‚unschädlich' gemacht werden. Zugleich würde dadurch das Regime im Osten jene internationale Legitimation erfahren, deren es seit dem 17. Juni 1953 noch dringender bedarf als zuvor."

P. W. Wenger zitierte am 2. September 1955 „die Warnung Dr. Dehlers vor den weitreichenden Konsequenzen, die sich aus dem sofortigen Austausch diplomatischer Beziehungen für die Verhärtung der deutschen Spaltung ergeben könnten". Paul Sethe hatte für die „Frankfurter Allgemeine Zeitung" die sowjetische Note geprüft und schrieb am 13. Juni 1955 „Zwischen Hoffnung und Sorge":

„In der Note ist allerdings von dem wiedervereinigten deutschen Staate die Rede; aber erst als Folge der Normalisierung des Verhältnisses zwischen Sowjetunion und Bundesrepublik. Mit dieser Reihenfolge wurde als Grundlage aller Betrachtungen vorausgesetzt, daß deutsche Teilstaaten für absehbare Zeit nebeneinander bestünden. Die Wiedervereinigung wird als ein spätes Fernziel angesehen, nicht als der unmittelbare Gegenstand der Besprechung. Allerdings sind die Sätze der Note vieldeutig. Aber das Organ der mitteldeutschen Bolschewiken, das ‚Neue Deutschland', hat gestern ausdrücklich davon gesprochen, daß der Kreml bei seiner Haltung bleibe: keine Gespräche über die Wiedervereinigung nach der Ratifizierung der Pariser Verträge. Diese Ost-Berliner Darstellung ist ein Hilfsmittel dafür, die kommenden Verhandlungen zu werten, freilich nicht mehr als eben ein Hilfsmittel."

Paul Sethe schloß – mehr in Sorge, denn mit Hoffnung:

„Als die russische Diplomatie zu der Erkenntnis gelangte, daß die Neutralisierung Österreichs und Deutschlands zu gleicher Zeit nicht möglich sei, entschloß sie sich dazu, allein Österreich zu neutralisieren. Jetzt scheint der zweite Schritt aus dieser Erkenntnis zu folgen: Indem sie normale, ja freundschaftliche Beziehungen zu beiden deutschen Staaten herstellt, will sich die Sowjetunion so viel Sicherheit an ihren westlichen Grenzen schaffen, wie es unter den gegenwärtigen Umständen möglich ist. Das würde bedeuten, daß eines Tages ein westdeutscher Botschafter neben einem mitteldeutschen in Moskau amtierte, daß in Bonn ein geschickter Diplomat mit seinem Gefolge aus Rußland ankäme und daß Maschinen aus Nürnberg und Schiffe von Hamburger Werften nach Rußland, russisches Getreide und bulgarischer Tabak nach Westdeutschland kämen. Aber die Fahnen der deutschen Einheit müßten dann auf Halbmast gesetzt werden."

In Bonn sichtete man die Stimmen – die besorgten und die hoffenden, die deutschen und die ausländischen. Hoffnungen flammten auf – Heinrich Krone hat sie im Juni 1955 seinem Tagebuch anvertraut[2]. Da sollte der österreichische Außenminister Figl dem CSU-Landesvorsitzenden Hanns Seidel gesagt haben, daß „die Russen die Absicht hätten, einer Wiedervereinigung Deutschlands in Freiheit zuzustimmen". Auch kursierten Meldungen in Wien, „daß die Sowjets bei einem Besuch des Bundeskanzlers in Moskau bereit sein würden, weitergehende Angebote als bisher zu machen. So sei es denkbar, daß sie Gebiete jenseits der Oder-Neiße-Linie, etwa Schlesien, anbieten könnten". Bonner Journalisten hörten solche Meldungen. Im Kanzleramt wurden sie skeptisch aufgenommen. Der Kanzler fürchtete, Moskau wolle „sich den Weg nach Westdeutschland und Westeuropa bahnen". Und zwar – so hat es Hans-Peter Schwarz für die Adenauer-Studien formuliert[3], „durch eine Kombination von diplomatischen Manövern, politisch-militärischem Druck und innerer Subversion". Schwarz schildert, wie Adenauer in seinen „Erinnerungen" unaufhörlich seinen Alptraum ausmalt:

– eine entscheidende Wiederbelebung des amerikanischen Isolationismus, die eine automatische Stärkung der sowjetischen Macht zur Folge haben würde;

– nationale Rivalitäten zwischen den freien Staaten, die die sowjetische Gier anstacheln, die USA zum Rückzug von dem in sich zerstrittenen Kontinent veranlassen und der Moskauer Diplomatie vielfach wirksame Hebel in die Hand geben würden;

– ein Wiederaufleben des Mißtrauens gegen Deutschland, ausgelöst durch westdeutschen Nationalismus oder Neutralismus, die die Kriegsallianz erneut

zusammenführen, damit aber wiederum die sowjetischen Einwirkungsmöglichkeiten vergrößern könnten;
– einen Dialog der Supermächte zur Schaffung von Rüstungskontrollzonen bzw. neutralisierten Gebieten, aus der sich die Ausgliederung der Bundesrepublik aus dem Schutz der Allianz, damit aber ihre Zugänglichkeit für russische Pressionen ergeben könnte.

Adenauer erkannte die furchtbare Spannung, in die er in Moskau zwangsläufig geraten müsse. Er hörte auch die Warnungen, vor allem seines Außenministers von Brentano. Doch er war und blieb entschlossen, die Reise zu wagen. Seine Erwägungen wurden von seinen Beratern sorgsam formuliert. In vielen freimütigen Gesprächen mit Politikern, Diplomaten und Journalisten feilte Adenauer sie.

„Normale Beziehungen" zur Sowjetunion erschienen dem Bundeskanzler angebracht „besonders im Hinblick auf unser politisches Hauptanliegen, die Wiedervereinigung Deutschlands". Auch die SPD hatte – u. a. durch Erich Ollenhauer und Carlo Schmid – die Aufnahme diplomatischer Beziehungen zur Sowjetunion gefordert – und sich davon eine Förderung der Wiedervereinigungsgespräche versprochen.

In vorbereitenden Gesprächen mit den Fraktionen des Bundestages wurden „die allgemeinen Vorteile diplomatischer Beziehungen mit einer so bedeutenden Macht wie der Sowjetunion" betont – und vorgetragen:

„Nach Lage der Dinge wird die Sowjetunion in der Frage der Wiedervereinigung ein entscheidendes, wenn nicht das entscheidende Wort zu sagen haben. Die Möglichkeit, auf normalem diplomatischem Weg mit ihr direkt sprechen zu können, sollte deshalb ergriffen werden.

Dabei ist sich die Bundesregierung darüber klar, daß die Wiedervereinigung nicht im Alleingang mit der Sowjetunion gelöst werden kann. Da aber die Frage grundsätzlich und praktisch im Kreise der großen Vier Mächte behandelt und vielleicht entschieden wird, wir aber über Einflußmöglichkeiten auf die drei Westmächte bereits verfügen, ist der jetzt noch fehlende direkte Draht zur vierten, vielleicht entscheidenden Macht besonders wertvoll.

Dabei könnten wir auch die sogenannte DDR überspielen, da das Pankow-Regime danach nicht mehr allein der Sowjetunion gegenüber als Vertreter der deutschen Interessen auftreten kann.

Wir befänden uns taktisch in einer wesentlich günstigeren Position als die sogenannte DDR. Nach Aufnahme der diplomatischen Beziehungen mit der Sowjetunion, die wahrscheinlich die Aufnahme diplomatischer Beziehungen zu den übrigen Ostblockstaaten (natürlich mit Ausnahme der ‚DDR') zur Folge haben wird, hätte die Bundesrepublik mit allen Staaten der Welt diplomatische Beziehungen, während dies bei der ‚DDR' nicht der Fall wäre.

Die Bundesregierung erhebt ausdrücklich den Anspruch, als die einzige deutsche Regierung betrachtet zu werden, die frei und rechtmäßig gebildet und daher befähigt ist, für ganz Deutschland als Vertreter des deutschen Volkes in internationalen Angelegenheiten zu sprechen, wenn die Sowjetunion in Kenntnis dieser Ansprüche diplomatische Beziehungen zur Bundesregierung aufnimmt, erfahren die Position und die Ansprüche der ‚DDR' eine wesentliche Schwächung."

Doch auch die möglichen Nachteile der Aufnahme diplomatischer Beziehungen zur Sowjetunion wurden vor der Moskaureise gesehen und gewürdigt:

„Unsere Position gegenüber Tendenzen zur Anerkennung der sogenannten DDR bei Staaten wie Ägypten, Indien, Indonesien, Birma, Finnland, vielleicht auch Jugoslawien u.a. könnte geschwächt werden. Diese Staaten könnten sich des Arguments bedienen, wir seien inkonsequent und wendeten offenbar zweierlei Maß an: Mit einem Staat, der bereits diplomatische Beziehungen zur sogenannten DDR unterhalte (Sowjetunion), nehme die Bundesrepublik nun Beziehungen auf, während sie selbst anderen Staaten, die Beziehungen zur sogenannten DDR erst aufnehmen wollten, die aber Beziehungen zur Bundesrepublik bereits unterhielten, mit der Zurückziehung ihres diplomatischen Vertreters drohe.

Dieser Nachteil muß wohl in Kauf genommen werden im Hinblick auf die Vorteile, die sich für uns durch die Aufnahme diplomatischer Beziehungen mit der Sowjetunion ergeben. Es handelt sich hier um eine Frage, die in einem größeren Zusammenhang abgewogen werden muß.

Im übrigen wird die Bundesregierung alles tun, um etwaigen Tendenzen zur Anerkennung der ‚DDR' durch dritte Staaten zu begegnen, z. B. durch Überreichung einer Zirkularnote an alle Staaten, zu denen wir diplomatische Beziehungen unterhalten. Darin würde dargelegt werden, daß sich unser Standpunkt hinsichtlich der sogenannten DDR auch nach der Aufnahme diplomatischer Beziehungen mit der Sowjetunion nicht ändert. Die Bundesregierung würde sich nach wie vor als die einzige frei und rechtmäßig gebildete deutsche Regierung betrachten, die allein befugt ist, für ganz Deutschland zu sprechen. Sie müßte weiterhin jede offizielle Kontaktaufnahme zur sogenannten DDR durch dritte Staaten, mit denen die Bundesrepublik bereits diplomatische Beziehungen unterhält, als unfreundlichen Akt betrachten."

Sorgfältig war der Vorbehalt auf die deutschen Gebiete jenseits von Oder und Neiße vorbereitet. Dabei ging die Bundesregierung von der völkerrechtlichen Praxis aus, nach der mit der Aufnahme diplomatischer Beziehungen grundsätzlich eine gegenseitige Anerkennung des Gebietsstandes gegeben ist.

„Obwohl die fraglichen deutschen Ostgebiete nach dem Potsdamer Abkommen vom 2. 8. 45 nur unter zeitweilige sowjetische bzw. polnische Verwaltung gestellt worden sind und die Entscheidung über ihr endgültiges Schicksal der friedensvertraglichen Regelung vorbehalten bleibt, sind sie de facto der Sowjetunion bzw. Polen bereits einverleibt worden. Würden wir keinen Vorbehalt machen, so könnte dies später als Zustimmung ausgelegt werden."

Danach wären die Verhandlungen in Moskau abgebrochen worden, „wenn die Sowjets eine Weiterführung der Verhandlungen davon abhängig machen, daß die Bundesrepublik auf ihren in der territorialen Frage gemachten Vorbehalt ausdrücklich verzichtet. Die Sowjets bzw. Polen könnten sonst bei Friedensverhandlungen behaupten, Deutschland habe die Annektion der betreffenden Gebiete akzeptiert.

Die Verhandlungen können jedoch weitergeführt werden, wenn die Sowjets zwar erklären, den im Vorbehalt niedergelegten Standpunkt der Bundesrepublik nicht teilen zu können, jedoch die Aufnahme diplomatischer Beziehungen

nicht von einer Änderung des deutschen Standpunkts abhängig machen. In diesem Fall könnte später nicht behauptet werden, Deutschland habe die Annektion der Gebiete akzeptiert."
Der Vorbehalt hinsichtlich der Nichtanerkennung der DDR ergab sich aus der Regierungserklärung vom 7. April 1954 und aus der danach von allen Fraktionen des Bundestages gebilligten Entschließung. Darin wird festgestellt, daß es nur einen deutschen Staat gibt.
„Würde es sich um einen dritten, nicht von der Bundesrepublik anerkannten Staat handeln, mit dem die Sowjetunion Beziehungen unterhält, so wäre in einer Aufnahme diplomatischer Beziehungen zwischen der Bundesrepublik und der Sowjetunion keine Anerkennung dieses dritten Staates durch die Bundesrepublik zu erblicken. Es handelt sich jedoch bei der sogenannten DDR, um ein illegitimes, von der Sowjetunion auf deutschem Territorium errichtetes Staatsgebilde. Würden wir keinen Vorbehalt machen, so könnte daraus der Schluß gezogen werden, die Bundesrepublik sei bereit, einen Eingriff der Sowjetunion in das deutsche Staatsgebiet hinzunehmen. Außerdem könnte darin eine wesentliche Schwächung des Anspruchs der Bundesrepublik, alleinige Vertreterin Gesamtdeutschlands in außenpolitischen Fragen zu sein, gesehen werden.
Die Verhandlungen müssen abgebrochen werden, wenn die Sowjets eine Weiterführung der Verhandlungen davon abhängig machen, daß die Bundesrepublik auf ihren Vorbehalt verzichtet. Die Verhandlungen können jedoch weitergeführt werden, wenn die Sowjets zwar erklären, den im Vorbehalt niedergelegten Standpunkt der Bundesregierung nicht teilen zu können, jedoch die Aufnahme diplomatischer Beziehungen nicht von einer Änderung des deutschen Standpunkts abhängig machen."
Bei den Bonner Überlegungen vor der Moskaureise wurde der mögliche Wirtschaftsaustausch gewürdigt.
„Für die Bundesrepublik bedeutet die Wiederherstellung normaler Vertragsbeziehungen mit einem so großen bisher verschlossenen Wirtschaftsraum eine wertvolle Ergänzung und strukturelle Verbesserung des Außenhandels, der im Interesse einer möglichst weiten Streuung auf keinen Markt der Welt verzichten kann. Gefährlich ist jedoch die mangelnde Kontinuität des russischen Handels. Der Primat des Politischen bringt es mit sich, daß heute einem Partner ein Großteil seiner Überschüsse abgenommen, er morgen aber im Stich gelassen wird. Wirtschaftlich auf Sowjetrußland angewiesen zu sein, schließt deshalb die Gefahr der Abhängigkeit in besonderer Weise ein."
Jedoch war man der Meinung, daß das Handelsvolumen für die nächsten Jahre nicht mit den Maßen der zwanziger oder dreißiger Jahre gemessen werden könne. Im Bundeswirtschaftsministerium rechnete man wohl mit einer Steigerung der Ausfuhr in die Sowjetunion von 50 Millionen DM im Jahre 1954 auf das Fünffache, also bis 250 Millionen DM. Die Bundesregierung ging von einem besonderen Interesse der Sowjetunion aus:
„Es besteht anscheinend insbesondere ein akuter Stahlmangel in der Sowjetunion. Russische Produktion 1955=45 Mio. t. Lieferverpflichtungen (inklusive der eingegangenen Verpflichtungen nach China, Indien)=55 Mio. t."
Doch wurde auch eine mögliche „Großofferte" der Sowjetunion – wie sie

Anfang 1954 auch gegenüber England mit einem Volumen von fünf Milliarden DM erfolgt war – mit ihren politisch-wirtschaftlichen Konsequenzen bedacht.

„Einem Wirtschaftsabkommen sollte prinzipiell zugestimmt werden, selbst wenn in der Frage der Wiedervereinigung keine Fortschritte erzielt werden. Wir eröffnen uns einen neuen Markt. Ferner kann über die laufenden Handelsbeziehungen vielleicht eine Atmosphäre geschaffen werden, in der auch vorwärtsweisende politische Gespräche geführt werden können."

Hier spiegeln sich die Überlegungen, die Professor Ludwig Erhard in seiner Denkschrift vom 23. August 1955 an den Bundeskanzler vorgetragen hat[4]:

„Man sollte demgegenüber von deutscher Seite betonen, solange die Gesamtfrage der Wiedervereinigung nicht gelöst ist, wirtschaftliche, kulturelle und diplomatische Beziehungen nur interessant sind, wenn wenigstens gewisse, klar in die Richtung der Wiedervereinigung weisende Teilforderungen erfüllt werden [...] Wir sollten uns bei unseren Vorschlägen auf Dinge beschränken, durch die die Freiheit, der Rechtsschutz und die Beweglichkeit der Menschen in der Ostzone verbessert werden können. Man sollte hierbei begrenzte Teilforderungen aufstellen, deren Erfüllung geeignet wäre, den Grad der totalitären Herrschaft in der Ostzone direkt oder durch ihre indirekten Auswirkungen fühlbar zu mildern."

Auch mögliche Vor- oder Nachteile eines Kulturaustausches und eines zu schließenden Kulturabkommens mit der Sowjetunion wurden vor der Reise detailliert erörtert.

„Da in kommunistisch beherrschten Staaten auch die Kultur nur als Mittel für politische Zwecke angesehen und entsprechend eingesetzt wird, besteht die ernste Gefahr einer verstärkten kommunistischen Propaganda unter dem Deckmantel der Pflege rein kultureller Beziehungen."

Vorteile erhoffte die Bundesregierung für den damals stark erschwerten wissenschaftlichen Austausch und in rechtlichen Fragen, wie z. B. den Schutz des Urheberrechtes.

In bezug auf die deutsche Wiedervereinigung hielten die Berater des Bundeskanzlers folgende sowjetische Vorschläge für möglich:

„1. Europäisches Sicherheitssystem unter Einschluß der Bundesrepublik und der sogenannten DDR mit nachgängiger Auflösung der WEU, der NATO und des Warschauer Paktsystems.

2. Austritt der Bundesrepublik aus NATO und WEU.

Variante:

Austritt aus NATO allein.

3. Dauernde militärische Neutralisierung Deutschlands.

4. Kollektiver Sicherheitspakt im Rahmen der UNO.

Hinsichtlich der sowjetischen Gegenleistung könnte jeweils mit folgenden Varianten gerechnet werden:

a) Spätere Verhandlungen über Wiedervereinigung (wahrscheinlich).

b) Annahme sofortiger freier gesamtdeutscher Wahlen nach dem Modell des Eden-Plans (unwahrscheinlich).

c) Annahme sofortiger freier gesamtdeutscher Wahlen nach dem Modell des Eden-Plans und teilweise Rückgabe der Ostgebiete (höchst unwahrscheinlich).

(Eine Annahme des Eden-Plans einschließlich seiner negativen Bindungsklausel durch die Sowjets ist nach Lage der Dinge nicht zu erwarten.)
Die Vorschläge 1 bis 3 haben offen oder verkappt die Neutralisierung Deutschlands und damit die Herauslösung Deutschlands aus dem westlichen Verteidigungssystem zum Ziel. Sie müßten, selbst in der verlockenden Form der Variante c) nach Auffassung der Bundesregierung abgelehnt werden. Die Opposition wird mit den bekannten Argumenten widersprechen.
Die Variante bei 2. (Austritt lediglich aus NATO) ist wegen der Verknüpfung zwischen WEU und NATO kaum durchführbar und hätte jedenfalls eine Änderung des Pariser Vertragswerks zur Voraussetzung, über die nicht von uns allein entschieden werden kann. (Eine solche Variante wäre bei der Konstruktion der EVG möglich gewesen.)
Vorschlag 4 (Kollektiver Sicherheitspakt im Rahmen der UNO) müßte zunächst konkretisiert werden und dürfte sich dabei wohl als irreal erweisen. Auch hierüber könnte die Bundesrepublik allein in Moskau nicht entscheiden.
Neue Vorschläge der Sowjets, die nicht auf die Neutralisierung Deutschlands (und die Auflösung der NATO) abzielen, sind also kaum zu erwarten. Da die Bundesrepublik die oben aufgeführten Vorschläge wegen der mit ihnen verbundenen großen Gefahr für ihre Sicherheit ablehnen muß, kann mit wesentlichen Fortschritten in der Frage der Wiedervereinigung in Moskau nicht gerechnet werden."
Die Überlegungen in bezug auf die DDR, die für Konrad Adenauer gültig waren und blieben, wurden vor der Moskaureise so formuliert:
„1. Die Anerkennung des gegenwärtigen Pankow-Regimes ist für uns nicht möglich, weil es sich nicht auf ein echtes Mandat der Bevölkerung stützt. Es wird von der überwältigenden Mehrheit des deutschen Volkes abgelehnt. Deshalb können wir das gegenwärtige Pankow-Regime nicht als deutschen Verhandlungspartner akzeptieren.
2. An eine Revision unserer Haltung könnte jedoch unter Umständen gedacht werden, wenn die in der SBZ herrschende Rechtsunsicherheit und Unfreiheit beseitigt wären. Die Verfassung der sogenannten DDR ist durch einen Staatsstreich zustande gekommen, man könnte jedoch unter ihr leben, wenn sie eine Wirklichkeit und keine bloße Fassade wäre. Sie sieht dem Buchstaben nach freie Wahlen vor, auf ihrer Grundlage könnten, wenn man wollte, die Freiheit der Listenwahl wiederhergestellt und der Terror beseitigt werden. Die Sowjets werden sich heute vielleicht nicht mehr der Einsicht verschließen, daß – wie in Österreich – auch ein nicht-kommunistisches Regime u. U. als ‚befreundet' gelten kann. Deshalb könnte ein Entgegenkommen deutscherseits in anderen Fragen mit dem Verlangen gekoppelt werden, daß der Kreml auf eine Verwirklichung der Verfassung in der sogenannten DDR und damit auf eine echte Wiederherstellung rechtsstaatlicher Verhältnisse hinarbeitet. Die Sowjetunion würde damit zwar ihre Machthaber in der SBZ preisgeben, aber nicht durch sofortige Auflösung der von ihr installierten Staatlichkeit zu einem Rückzug genötigt sein, der das Ansehen des Erzwungenen hätte und von dem daher – in sowjetischer Sicht – ungünstige Auswirkungen in den Satellitenstaaten zu befürchten wären. Erhielte die sogenannte DDR durch freie Wahlen

die Möglichkeit, eine Regierung zu bestellen, die ein echtes Mandat des Volkes hat, dann brauchten Verhandlungen – natürlich mit den entsprechenden Vorbehalten – nicht mehr abgelehnt zu werden und die Annäherung der beiden Teile Deutschlands könnte echte Fortschritte machen. Es sollte erwogen werden, ob wir nicht unter stillschweigender vorläufiger Zurückstellung der Forderung freier gesamtdeutscher Wahlen (Eden-Plan) unsere Anstrengungen in Moskau darauf konzentrieren sollten, auf die Durchführung freier Wahlen in der sogenannten DDR zu dringen.

3. Die ‚Annäherung' zwischen der Bundesrepublik und der sogenannten DDR wird, so müßte man den Sowjets gegenüber weiter argumentieren, gerade durch das Pankow-Regime gehemmt, wie zahlreiche verkehrshemmende Maßnahmen (z. B. die exorbitante Erhöhung der sowjetzonalen Straßenbenutzungsgebühren für westdeutsche Fahrzeuge) beweisen. Die Sowjetunion müßte auf den Abbau solcher von Pankow aufgerichteten Hindernisse dringen. Dies gilt im übrigen für alle Vorschläge hinsichtlich einer sogenannten ‚kleinen' Lösung (Erleichterung des Verkehrs zwischen der Bundesrepublik und der SBZ), zu der die Bundesrepublik – bei Aufrechterhaltung ihres Standpunkts hinsichtlich der Nicht-Anerkennung des gegenwärtigen ‚DDR'-Regimes – durchaus bereit ist."

Zu erwartende sowjetische Vorschläge mit dem Ziel, Berlin zu „internationalisieren", wurden damals in Bonn so beurteilt:

„Jede Änderung des augenblicklichen Vier-Mächte-Status Berlins, sei es durch Neutralisierung, Internationalisierung, Freien Stadt-Status oder ähnliches, hätte das Ende der Vier-Mächte-Verwaltung zur Folge. Damit entfiele jedoch die alliierte Sicherheitsgarantie für Berlin und für die Verbindungswege zwischen der Bundesrepublik und Berlin. Eine Garantie neutraler Staaten wäre im Falle eines Konflikts wahrscheinlich unwirksam, ebenso wäre die Wiedererrichtung einer Luftbrücke kaum noch möglich. Die enge Verbindung zwischen der Bundesrepublik und Berlin (West) wäre aufgehoben, die Hilfeleistung für Berlin von seiten der Bundesrepublik und des Westens in Frage gestellt. Im übrigen würde die gesamtdeutsche Verpflichtung der Alliierten – an der wir ein Interesse haben – eingeschränkt werden."

Da die SPD die Regierung Adenauer immer wieder beschuldigte, keine Konzeption für die Wiedervereinigung zu besitzen, wurden auch in der Vorbereitung der Moskaureise Vorschläge ausgearbeitet, die allerdings alle ausdrücklich von der Annahme gesamtdeutscher freier Wahlen abhängig gemacht wurden.

„1. Angebot einer Beschränkung der deutschen Aufrüstung auf zwölf Divisionen sowie einer Verpflichtung, keine ABC-Waffen zu produzieren. Diese Beschränkungen sind zwar schon in den Pariser Verträgen enthalten. Diese Verträge können jedoch revidiert werden. Gleichzeitig hätte das Angebot für die Sowjetunion, wenn es sich in schriftlichen Abmachungen mit ihr niederschlägt, einen ungleich höheren Wert. Da die Sowjetunion eine lawinenartig sich fortsetzende deutsche Aufrüstung offenbar sehr fürchtet, läge hier ein echtes Interesse der Sowjetunion vor.

2. Militärisch neutralisierter Status der SBZ in einem wiedervereinigten Deutschland, wobei, um eine Diskriminierung Deutschlands zu vermeiden, auch ein militärisch neutralisierter Status von Gebieten angrenzender Staaten

zu fordern wäre. Dieses Angebot würde den von den Sowjets gefürchteten Vormarsch der NATO bis zur Oder-Neiße vermeiden und dem Kreml helfen, bei Aufgabe der Zone das Gesicht zu wahren. Der Westen hätte damit immerhin ein Vorfeld gewonnen.
3. Stärkemäßig gestaffelte Truppen-Dislozierung (Truppenbegrenzung) auf beiden Seiten der gegenwärtigen Grenze Bundesrepublik/‚DDR' oder Rückzug der alliierten Truppen westlich hinter Ems-Rhein-Neckar und östlich etwa hinter Oder-Neiße bzw. in gleicher Distanz östlich und westlich der gegenwärtigen Grenzlinie. Der Rückzug könnte allerdings erst erfolgen, wenn Deutschland über eigene Truppen verfügt.
4. Deutsch-sowjetischer Nichtangriffspakt oder ‚Nicht-Gewaltanwendungspakt' hinsichtlich der territorialen Fragen.
5. Stärkere Ausweitung des deutsch-russischen Handels- und Wirtschaftsaustauschs.
Falls keine Aussicht besteht, daß die Sowjetunion überhaupt zu Zugeständnissen hinsichtlich einer direkten Wiedervereinigung zu für uns annehmbaren Bedingungen bereit ist, wäre zu erwägen, ob nicht folgender Vorschlag zur Erörterung gestellt werden sollte:
Bereitschaft zu Verhandlungen mit der sogenannten DDR, wenn dort rechtsstaatliche Verhältnisse (u.a. Regierung mit echtem Mandat des Volkes auf Grund echt freier Wahlen) wiederhergestellt sind."
Bundeskanzler Konrad Adenauer wollte also den „direkten Draht" zur Sowjetunion als der „vielleicht entscheidenden Macht" in der deutschen Frage sofort, nachdem die Verträge mit den Westmächten geschlossen waren.
Er war sich im klaren, daß die Wiedervereinigung nicht im Alleingang mit der Sowjetunion gelöst werden könne. Doch ein solcher Alleingang Adenauers wurde im Westen gewiß nicht befürchtet. Der Kanzler hatte seinen Ruf als der niemals wankelmütige, immer verläßliche Staatsmann fest gegründet. „Er wird auch in Moskau nicht auf rot setzen", so sagte damals ein amerikanischer Diplomat, „denn der Kanzler kennt das Geheimnis des politischen Spiels. Darum bleibt er bei dem, auf das er nach gründlicher Prüfung gesetzt hat."
Die Einladung aus Moskau hatte ihm bestätigt: Die feste Westbindung machte Ostpolitik überhaupt erst möglich. So flog er in den Kreml, um den Frieden zu sichern – und vor allem, um unsere Kriegsgefangenen frei zu bekommen. Die Freilassung war dabei eine absolute Voraussetzung seiner Verhandlungen. Sie wären ohne die unverzügliche Freilassung gescheitert. Doch genügte dem Kanzler das Wort, das Ehrenwort, des Parteivorsitzenden Chruschtschow und des Ministerpräsidenten Bulganin. Adenauer bestand – im fast schroffen Gegensatz zu seinem Außenminister Heinrich von Brentano nicht auf schriftlicher Vertragsform. Doch war und blieb Brentano überhaupt gegen Verhandlungen mit den Kreml-Herren, die er in einem Interview sogar als „kidnapper" bezeichnet hat. Brentano wußte aus den Vorgesprächen, daß Adenauer eine sowjetische Forderung, die DDR an den Verhandlungen über die Entlassung der Kriegsgefangenen zu beteiligen, zwar mit dem Hinweis auf die Zuständigkeit der Bundesregierung für alle Deutschen zunächst ablehnen wollte – doch wäre er letzten Endes bereit gewesen zu einer Zusammenarbeit mit der DDR im Interesse der deutschen Soldaten, wenn auch möglichst nur auf Referentenebene.

Jedenfalls wollte er an dieser Frage die Verhandlungen nicht scheitern lassen. Zum Abbruch entschlossen aber war Kanzler Adenauer, falls die Sowjets einen ausdrücklichen Verzicht der Bundesrepublik auf den Vorbehalt in der territorialen Frage „hinsichtlich der deutschen Ansprüche auf die deutschen Gebiete jenseits der Oder-Neiße" fordern sollten.

Adenauer konnte sich dabei der Unterstützung durch die SPD sicher sein. Fritz Erler formulierte noch 1965: „Die Oder-Neiße-Linie ist weder von den Deutschen noch von den Polen gezogen worden, sondern ihnen von anderen auferlegt worden, möglicherweise auch mit der Nebenabsicht der dauernden Verfeindung beider Völker."[5]

Professor Carlo Schmid nahm als stellvertretender Vorsitzender des Außenpolitischen Ausschusses im Deutschen Bundestag an der Moskaureise teil. In der SPD hatte es darüber zunächst eine heftige Diskussion gegeben. Erich Ollenhauer spottete damals, daß es „viele Schwarze und nur ein Roter" waren, wobei „der nicht einmal Marxist war", „die gen Moskau wallten"[6]. Schließlich hatte die Union in der Wahl 1953 plakatiert: „Alle Wege des Marxismus führen nach Moskau."

Adenauer erkannte im Kreml – er betonte es noch einmal in seinen „Erinnerungen" – das starke Sicherheitsbedürfnis der Sowjetunion – er erkannte deren wachsende Sorge vor China – es keimte die Hoffnung, die Rote Armee werde also wohl einmal im Westen reduziert werden müssen.

Doch bleiben die Moskauer Tage mir in Erinnerung, vor allem wegen der Wortgefechte zwischen Adenauer und Chruschtschow. Den Journalisten wurden die Texte aller ausgetauschten Reden und Erklärungen unverzüglich überreicht. Als der deutschen Delegation vorgeworfen wurde, die Deutschen seien nicht imstande gewesen, sich von Hitler zu befreien, da konterte der Kanzler: „Wer hat denn eigentlich das Abkommen mit dem Verbrecher Hitler abgeschlossen – Sie oder ich?" Als er dann noch – an die Adresse aller Großmächte hinzufügte: „Warum haben Sie ihn nach 1933 so groß werden lassen?", da war diese Moskauer Konferenz zum Zerreißen gespannt.

Konrad Adenauer selbst forderte Professor Carlo Schmid auf zu sprechen. Schmid hielt dann in den Moskauer Verhandlungen eine Rede, die Adenauer für so wichtig hielt, daß sie in seinen „Erinnerungen" in vollem Wortlaut nachzulesen ist[7]. Auch darum ist es erstaunlich, daß diese nachhaltig bemerkenswerte Rede in dem offiziellen Werk „Die Auswärtige Politik der Bundesregierung Deutschland", herausgegeben vom Auswärtigen Amt[8], völlig fehlt. Schmid rief nicht – so beteuerte er – nach Gerechtigkeit. „Lassen Sie Gnade walten" – die Kriegsgefangenen zurückkehren. „Hinter dieser Bitte steht das ganze deutsche Volk."

Kurt Georg Kiesinger festigte in Moskau seinen Ruf als Redner, als er abends am Bolschoi-Theater vor einer großen Gruppe russischer Jugendlicher sprach: „Die russische Jugend will den Frieden", so erklärte er, „und die deutsche Jugend will den Frieden – alle Völker wollen ihn. Darum ist es richtige Politik, die Völker zu versöhnen, zu vereinen – und falsche Politik, die Völker zu teilen oder gar ein Volk, unser deutsches Volk, gegen seinen Willen zu teilen." Diese improvisierte Kiesinger-Rede entstand aus der Stimmung nach dem Ballett „Romeo und Julia". Das war der festliche Programmpunkt der Moskauer Tage. Ich habe die Szene damals im Bayerischen Rundfunk so beschrieben: Auf dem Friedhof erscheinen die Grafen Montague und Capulet; von der leidvollen Liebe ihrer Kinder überwältigt, reichen sie sich über deren Leichen die Hände zur Versöhnung.

Das Stück ist aus, der Vorhang fällt. Das Licht flammt auf und der Beifall setzt zuerst zaghaft ein. Die Menschen blicken zurück in die Zarenloge der Romanows und der Bolschewiki, in der Adenauer und Bulganin sich erheben, sich die Hände reichen, beide Hände so miteinander verschränken wie die Väter eben auf der Bühne – über den Leichen ihrer Kinder.

Der Moskauer September 1955 – wie weit ist er uns entrückt. Gewiß: Unsere Kriegsgefangenen wurden unverzüglich entlassen. Und ihre Heimkehr hat sich eingeprägt. Doch welche politischen Konsequenzen hatte die Adenauerreise in den Kreml?

Mühsam nur entwickelten sich die Beziehungen mit der Sowjetunion. Das Auswärtige Amt verzögerte die Ernennung eines deutschen Botschafters für Moskau und behandelte den ersten sowjetischen Botschafter Sorin so spröd, wie der sich selber gab. Das änderte sich auch nur zögernd mit Kroll in Moskau – und als Botschafter Smirnow nach Bonn kam. Mehr und mehr suchte Adenauer selbst das Gespräch mit ihm, und die Bundesrepublik schloß in drei Jahren mit der Sowjetunion all die Abkommen, die zwischen Staaten mit normalen Beziehungen üblich sind.

Der sowjetische Botschafter Andrej Smirnow hat dazu im Bayerischen Rundfunk in der Sendereihe „Politik aus erster Hand" am 5. November 1958 erklärt:

„Etwa drei Jahre sind seit der Aufnahme der diplomatischen Beziehungen zwischen unseren beiden Ländern vergangen. In dieser Zeit konnten wir einander besser kennenlernen. Im Frühjahr dieses Jahres haben wir gemeinsam den Vertrag über die Entwicklung der wirtschaftlichen Beziehungen und den Konsularvertrag abgeschlossen. In diesem Monat wird eine sowjetische Regierungsdelegation in der Bundesrepublik eintreffen, die über den Abschluß des Handelsprotokolls für 1959 verhandeln soll.

Es wurde eine Vereinbarung erzielt, daß im Laufe des Jahres Verhandlungen stattfinden sollen, um die kulturellen und wissenschaftlich-technischen Beziehungen zwischen den beiden Staaten auf eine festere Grundlage zu stellen. Die Verwirklichung dieser Vereinbarung wird neue Möglichkeiten für eine fruchtbare Entwicklung der gegenseitigen Beziehungen eröffnen."

Um diese Rundfunkrede des sowjetischen Botschafters Smirnow gab es 1958 eine große, heute kaum mehr verständliche Erregung. Leider erhielt der deutsche Botschafter in Moskau damals keine entsprechende Möglichkeit, zur sowjetischen Bevölkerung zu sprechen. Auch darum weiß man heute in der Sowjetunion so wenig von den Verträgen, die von der Bundesregierung nach 1955 geschlossen worden sind. Es waren Verträge, die von dem Prinzip der Gegenseitigkeit ausgingen.

1 Vgl. Handbuch sozialdemokratischer Politik. Hrsg. vom Vorstand der Sozialdemokratischen Partei Deutschlands, Bonn 1953, S. 102f.

2 Vgl. Heinrich Krone, Aufzeichnungen zur Deutschland- und Ostpolitik 1954–1969,

bearbeitet und eingeleitet von Klaus Gotto, in: Rudolf Morsey und Konrad Repgen (Hrsg.), Adenauer-Studien III: Untersuchungen und Dokumente zur Ostpolitik und Biographie (= Veröffentlichungen der Kommission für Zeitgeschichte, Reihe B, Bd. 15), Mainz 1974, S. 138ff.

3 Vgl. Hans-Peter Schwarz, Das außenpolitische Konzept Konrad Adenauers, in: Rudolf Morsey und Konrad Repgen (Hrsg.), Adenauer-Studien I (= Veröffentlichungen der Kommission für Zeitgeschichte, Reihe B, Bd. 10), Mainz 1971, S. 81.

4 Für den Wortlaut vgl. Alfred Müller-Armack, Auf dem Weg nach Europa. Erinnerungen und Ausblicke, Tübingen–Stuttgart 1971, S. 81ff.

5 Vgl. Fritz Erler, Demokratie in Deutschland, Stuttgart 1965, S. 87.

6 Vgl. die Bundestagsrede Ollenhauers vom 23. September 1955; Verhandlungen des Deutschen Bundestages. 2. Wahlperiode 1953. Stenographische Berichte. Bd. 26, S. 5653ff., besonders S. 5656.

7 Vgl. Konrad Adenauer, Erinnerungen 1953–1955, Stuttgart 1966, S. 538f.

8 Vgl. Die Auswärtige Politik der Bundesrepublik Deutschland. Hrsg. vom Auswärtigen Amt unter Mitwirkung eines Wissenschaftlichen Beirats, Köln 1972.

HANS GLOBKE †

Überlegungen und Planungen in der Ostpolitik Adenauers

Vorbemerkung

Der vorstehende Beitrag ist von Hans Globke nach enger Konsultation mit Heinrich Krone im Sommer 1970 verfaßt worden und fand sich im Nachlaß des am 13. Februar 1973 verstorbenen langjährigen Staatssekretärs und engen Beraters von Konrad Adenauer. Er ist im Zusammenhang mit den Diskussionen um den Moskauer Vertrag vom 12. August 1970 und um den Warschauer Vertrag vom 7. Dezember 1970 entstanden.

Hans Globke hatte bei der Niederschrift sowohl historische wie politische Beweggründe: Er wollte dokumentieren, daß verbreitete Vorstellungen in Politik und Wissenschaft, unter Konrad Adenauer habe Ost- und Deutschlandpolitik nicht stattgefunden und Überlegungen zu diesen Problemen seien erst gar nicht angestellt worden, irrige Legenden seien. Dann wollte er klarmachen, welche politischen Grenzmarken Adenauer sich und seiner Politik gegenüber dem Osten bei aller Flexibilität gesetzt hatte. Zwei Grundsätze galten: Jegliche vertragliche Regelung mußte sofort und garantiert freiere Verhältnisse und konkret die Geltung der Menschenrechte in der DDR enthalten; alle Überlegungen zu den territorialen Fragen, welche Richtung sie auch immer annahmen, konnten letztlich nur auf breiter Basis und durch den verbindlichen Entscheid des Souveräns, des Volkes, sanktioniert werden.

Diese Niederschrift Hans Globkes war bei der späteren Publikation des sogenannten Globke-Plans noch nicht bekannt. (Vgl. Der Globke-Plan zur Wiedervereinigung, bearbeitet und eingeleitet von Klaus Gotto, in: Rudolf Morsey und Konrad Repgen [Hrsg.], Adenauer-Studien III: Untersuchungen und Dokumente zur Ostpolitik und Biographie [= Veröffentlichungen der Kommission für Zeitgeschichte, Reihe B, Bd. 15], Mainz 1974, S. 202ff.; vgl. auch die Interpretation bei Klaus Gotto, Adenauers Deutschland- und Ostpolitik 1954–1963, in: Adenauer-Studien III, S. 49ff.)

Daß Hans Globke hier nicht vom „Globke-Plan" spricht, sondern vom „Burgfriedensplan", liegt auf der Hand. Er bestätigt jedoch eindrucksvoll, daß der Anfang 1959 entstandene Globke-Plan und der 1962 dem sowjetischen Botschafter Smirnow mitgeteilte Burgfriedensplan im wesentlichen identisch sind. Die Fassung des Globke-Plans vom 17. November 1960 und der hier referierte Inhalt des Smirnow übermittelten Vorschlags sind deckungsgleich.

Neue Einzelheiten sind der Schilderung Globkes über die Überlegungen und Versuche zu entnehmen, den Plan in konkrete Politik umzusetzen. So etwa, daß man an den indischen Ministerpräsidenten Nehru und an den norwegischen Außenminister Lange als Vermittler dachte, daß der amerikanische Außenminister Rusk bereits im Sommer 1962 über das Gespräch mit Smirnow unterrichtet wurde und daß die vier Siegermächte sowie die Bundesrepublik Deutschland und die DDR als Unterzeichnerstaaten vorgesehen waren. Der Beitrag vermittelt nicht zuletzt einen unmittelbaren Einblick in die politischen Beweggründe und in die politische Methodik, die Adenauers Handeln zugrunde lagen.

Klaus Gotto

I.

Bei seinen Verhandlungen mit den Westmächten, die zu einer Verankerung der Bundesrepublik Deutschland im westlichen Bündnis führten, ließ Adenauer nie außer acht, daß die Bundesrepublik auch zu einem Ausgleich mit den Mächten des Ostblocks, insbesondere mit der Sowjetunion, kommen mußte. Er ließ sich aber durch keine Verlockungen der Sowjetunion davon abhalten, zunächst die Verhandlungen mit dem Westen abzuschließen. Dann aber nahm er jede sich bietende Gelegenheit wahr, zu einer Verbesserung des Verhältnisses mit der Sowjetunion zu kommen, die ohne Verzicht auf deutsche Rechte zu erreichen war. Dabei aber war er immer davon überzeugt, daß die Bundesrepublik nicht zwischen West und Ost stehenbleiben konnte, daß sie daher weder in eine wie immer geartete Neutralität zurückfallen noch gar eine Mittlerrolle zwischen West und Ost erstreben konnte: Letzteres deshalb, weil die anderen Völker angesichts der jüngsten deutschen Vergangenheit einer solchen Rolle von vornherein innerlich ablehnend gegenübergestanden hätten, dann aber auch, weil die Bundesrepublik zu leicht in die Gefahr gekommen wäre, daß man ihr die gleiche Schaukelpolitik vorgeworfen hätte, die nach seiner Meinung das Deutsche Reich früher in den Ruf der politischen Unzuverlässigkeit gebracht hatte.

Wenn demnach auch das Verhältnis der Bundesrepublik zum Westen anders sein mußte als das zum Osten, so stand doch nach Auffassung Adenauers nichts im Wege, die Beziehungen der Bundesrepublik zur Sowjetunion in einer korrekten, für beide Teile zufriedenstellenden und nützlichen Weise zu regeln. Allerdings berücksichtigte Adenauer, der bei jedem Schritt nicht nur die positiven, sondern auch die negativen Seiten genau abwog, bei seinen Erwägungen auch die Mentalität der in der Sowjetunion maßgebenden Kreise: Diese Kreise seien als Russen Imperialisten – die Sowjetunion sei das einzige Land, das aus dem Zweiten Weltkrieg mit einem beträchtlichen Landzuwachs auf Kosten der verschiedensten Staaten hervorgegangen sei; sie seien aber als Kommunisten auch Anhänger der Weltrevolution. Das den sowjetrussischen Führern immanent innewohnende Expansionsbedürfnis und die ihnen zu seiner Befriedigung nach ihrer Weltanschauung gerechtfertigt erscheinenden Mittel durften danach bei den Verhandlungen nie außer acht gelassen werden. Gleichwohl hielt Adenauer einen Ausgleich für möglich, wenn man nur mit Geduld und äußerer Rücksichtnahme auf das sowjetrussische Selbstbewußtsein, aber auch mit Selbstbehauptungswillen und Härte die offenen Fragen behandelte. Er verwies dabei auf den österreichischen Staatsvertrag, bedauerte aber, daß das deutsche Volk leider nicht wie etwa Franzosen und Polen die Geduld als Mittel des politischen Kampfs einsetze – was seien schon 20 Jahre im Leben der Völker, wenn man eine günstige Gelegenheit abwarten müsse.

Nach Adenauers Auffassung mußte eine Verständigung zunächst mit der Sowjetunion gesucht werden: Dann werde auch ein Ausgleich mit den übrigen Staaten des Ostblocks nicht mehr schwierig sein; ohne die Verständigung mit der Sowjetunion aber werde es nie zu diesem Ausgleich kommen, so betrüblich diese Entwicklung auch sei. Die Bestimmungen des Potsdamer Abkommens, das die Siegermächte untereinander geschlossen hatten, könnten als Folge des von Hitler verschuldeten Krieges nicht in Frage gestellt werden; Nachteile für die Bundesrepublik, die über das für Deutschland im psychologisch ungünstigsten Moment geschlossene Abkommen hinausgingen, erschienen Adenauer jedoch als nicht zumutbar. Gewiß könne man über Auslegungen, Änderungen usw. verhandeln, aber nach dem Grundsatz: keine Konzession der einen ohne eine Konzession der anderen Seite.
Der wesentliche Punkt im Verhältnis zur Sowjetunion war zu Adenauers Zeiten die Deutschland-Frage einschließlich der Berlin-Frage. Andere Fragen wie Gewaltverzicht und dergleichen, die schon in anderen Verträgen geregelt waren und nur bestätigt werden sollten, traten demgegenüber zurück. Adenauer war sich darüber klar, daß er die Deutschland-Frage nicht auf einmal befriedigend lösen konnte, weil er die sowjetrussische Empfindlichkeit schonen wollte. Er sprach daher 1958 den stellvertretenden Ministerpräsidenten der Sowjetunion, Mikojan, bei seinem Deutschlandbesuch zunächst nur auf menschliche Erleichterungen für die Bewohner der DDR und von Ost-Berlin an. Mikojan zeigte Verständnis, in Moskau aber lehnte man jedes Entgegenkommen ab. Bei der zunehmenden Verhärtung der sowjetrussischen Einstellungen kam es dann Anfang 1959 zu Überlegungen, wie man die Haltung der Sowjetunion und auch der DDR auflockern könne. Daraus erwuchs dann der sogenannte Burgfriedensplan. Dabei kam es Adenauer darauf an, nach einer zehnjährigen Burgfriedensperiode, die zu einer politischen Abkühlung führen sollte, nicht nur formell, sondern auch materiell eine endgültige demokratische Lösung zu erreichen und auch während des Zwischenstatus in allen Teilen Deutschlands die menschlichen Freiheiten entsprechend der Menschenrechtsdeklaration der Vereinten Nationen sicherstellen zu lassen. Wesentlich erschien ihm dabei die völlige Gleichbehandlung der Bundesrepublik und der DDR, wobei beide Teile Deutschlands die vorübergehende Einschränkung auch wesentlicher Souveränitätsrechte mit in Kauf nehmen mußten, aber kein Teil behaupten konnte, ungünstiger als der andere gestellt zu sein.

II.

Der Burgfriedensplan sah vor, daß die vier Siegermächte, die Bundesrepublik Deutschland und die DDR ein Abkommen schlossen, das vier wesentliche Punkte enthielt:
1) eine Volksabstimmung über die Wiedervereinigung innerhalb von zehn Jahren, und zwar sowohl in der Bundesrepublik Deutschland wie in der DDR und in Berlin (Ost-Berlin und West-Berlin);
2) die eigentliche Burgfriedensregelung, einen Zwischenstatus für die zehn Jahre bis zur Volksabstimmung;

3) eine Neuregelung des Status von Berlin sowohl für die Periode des Burgfriedens als auch für die Zeit danach;
4) eine Einschaltung der Vereinten Nationen bei der Durchführung der Punkte 1–3; dabei war es Adenauer klar, daß für diese Regelung die Zustimmung der Vereinten Nationen erforderlich war.

Zu 1): Die Volksabstimmung führte zur Wiedervereinigung Deutschlands, wenn sich sowohl in der Bundesrepublik wie in der DDR die Mehrheit der Abstimmenden für die Wiedervereinigung aussprachen. Wurde auch nur in einem der beiden Teile diese Mehrheit nicht erreicht, wurden beide Teile vom Tage der Volksabstimmung an getrennte souveräne Staaten. Gleichzeitig mit der Volksabstimmung wurde die Volksvertretung gewählt; die Amtsperioden von Bundestag und Volkskammer endeten am Tage vor der Wahl. Für das Stimmrecht bei der Volksabstimmung, das Wahlrecht zur Volksvertretung sowie die Parteienbildung galten in beiden Teilen Deutschlands die gleichen Vorschriften. Führte die Volksabstimmung zur Wiedervereinigung, so sollte die Volksvertretung innerhalb von 30 Tagen nach der Wahl zusammentreten und innerhalb einer weiteren Woche den Regierungschef wählen, der sein Kabinett bildete. Im Falle der Ablehnung der Wiedervereinigung bildeten die in der Bundesrepublik gewählten Volksvertreter den Bundestag, die in der DDR gewählten die Volkskammer. Diese Regelung sollte sicherstellen, daß das politische Leben in beiden Teilen Deutschlands im Rahmen der jeweils geltenden Verfassungsbestimmungen ohne Unterbrechung fortgesetzt werden konnte.

Für das wiedervereinigte Deutschland galten trotz der Feststellung, daß es ein souveräner Staat sei und seine inneren Angelegenheiten selbst regele, gewisse Auflagen:
a) alle in der Erklärung der Vereinten Nationen vom 10. Dezember 1948 bezeichneten Menschenrechte wurden gewährleistet;
b) bei einer Entscheidung des wiedervereinigten Deutschland auf Zugehörigkeit zur NATO blieb das Gebiet der bisherigen DDR, bei einer Entscheidung auf Zugehörigkeit zum Warschauer Pakt das Gebiet der bisherigen Bundesrepublik Deutschland von allen militärischen Verbänden, Einrichtungen und Anlagen frei;
c) das wiedervereinigte Deutschland trat den allgemeinen Abkommen über Abrüstung und Sicherheit bei;
d) es verzichtete feierlich auf Gewaltanwendung, insbesondere auch zur Änderung seiner Grenzen, es sei denn im Falle eines unprovozierten Angriffs;
e) es erging eine Amnestie für strafbare Handlungen gegen die Bundesrepublik Deutschland und die DDR.

Zu 2): Im Zuge der Entspannung des Verhältnisses zwischen Bundesrepublik und DDR war vorgesehen, daß die Bundesrepublik und DDR innerhalb sechs Monaten amtliche Beziehungen zueinander aufnahmen. Es wurde vermieden, von völkerrechtlichen Beziehungen zu sprechen, um die Trennung zwischen Bundesrepublik und DDR bis zur Entscheidung über die Wiedervereinigung nicht zu vertiefen. Im Interesse einer Angleichung der Verhältnisse, vor allem aber von menschlichen Erleichterungen wurden in beiden Teilen Deutschlands die Menschenrechte und der freie Verkehr untereinander gewährleistet. Innerhalb eines Jahres sollten nach den Vorschriften für die Wahl der endgültigen Volksvertretung sowohl in der Bundesrepublik als auch in der DDR Wahlen zu einer Volksvertretung stattfinden; nach 30 Tagen sollten diese Volksvertretungen zusammentreten und nach einer weiteren Woche den Regierungschef wählen. Im übrigen blieben Verfassung und Gesetze der Bundesrepublik und der DDR unberührt; sie unterlagen der Disposition des jeweiligen Gesetzgebers. Es änderte sich nichts daran, daß während des Zwischenstatus die Bundesrepublik Mitglied der NATO, die DDR Mitglied des Warschauer Pakts blieben.

Zu 3): Ein Kernstück des Plans war der Ersatz des Vier-Mächte-Status von Berlin, und zwar von West-Berlin und von Ost-Berlin, durch einen Status als Freie Stadt unter Garantie der Vereinten Nationen.

Die Freie Stadt Berlin sollte unter einem Senat ihre sämtlichen Angelegenheiten einschließlich ihrer Beziehungen zur Bundesrepublik und zur DDR selbständig regeln. Lediglich für ihre Beziehungen zu ausländischen Staaten war ein Hoher Kommissar der Vereinten Nationen in Berlin zuständig. Wie in der Bundesrepublik und in der DDR und gegebenenfalls in einem wiedervereinigten Deutschland wurden die Menschenrechte auch in der Freien Stadt Berlin gewährleistet. Der Verkehr mit der Außenwelt, die Freizügigkeit der Bewohner und Besucher, der ungehinderte Handel sowie die Beförderung von Waren sowohl in östlicher als auch in westlicher Richtung wurden gewährleistet. Zur Deckung von Haushaltsdefiziten konnte die Freie Stadt Berlin finanzielle Zuschüsse annehmen oder Darlehen aufnehmen. Grundsätzlich durften in der Freien Stadt Berlin keine militärischen Verbände, Einrichtungen und Anlagen bestehen. Lediglich die Vereinten Nationen sollten eine Streitmacht von 5000 Mann unterhalten, die sich zu gleichen Teilen aus Kontingenten von Frankreich, Großbritannien, der Sowjetunion und der Vereinigten Staaten zusammensetzte. Die Unterhaltung von politischen oder militärischen Nachrichtendiensten in der Freien Stadt Berlin oder durch die Freie Stadt Berlin wurde ausgeschlossen. Der Aufbau einer ausreichenden Polizei war zugelassen.

Innerhalb von drei Monaten nach Inkrafttreten des Vertrages mußten sowohl die Bundesrepublik als auch die DDR alle Dienststellen aus der Freien Stadt Berlin zurückziehen. Es waren lediglich Vertretungen der Bundesrepublik und der DDR bei dem Senat der Freien Stadt Berlin vorgesehen.

Die Bevölkerung der Freien Stadt Berlin nahm nach dem Burgfriedensplan an der Volksabstimmung über die Wiedervereinigung und die damit verbundene Wahl zur Volksvertretung teil. Dabei wurden die in West-Berlin abgegebenen Stimmen mit den in der Bundesrepublik, die in Ost-Berlin abgegebenen Stimmen mit den in der DDR abgegebenen Stimmen zusammengerechnet. Im Falle der Wiedervereinigung wurde Berlin Hauptstadt des wiedervereinigten Deutschland.

Gleichzeitig mit der Abstimmung über die Wiedervereinigung war eine Abstimmung über den Status von Berlin für den Fall vorgesehen, daß das Ergebnis der Volksabstimmung nicht zur Wiedervereinigung führen würde. Dabei hatten die Berliner drei Möglichkeiten zur Auswahl:

a) die Beibehaltung des Status als Freie Stadt unter Garantie der Vereinten Nationen;

b) die Zugehörigkeit zur DDR oder
c) die Zugehörigkeit zur Bundesrepublik Deutschland.
In den beiden letzteren Fällen traten die gewählten Volksvertreter je nachdem in die Volkskammer oder in den Bundestag ein. Bei einer Entscheidung über die Beibehaltung des Status als Freie Stadt fand auf Grund der Wahl keine Berufung von Volksvertretern statt; statt dessen sollte innerhalb von 30 Tagen die Berliner Volksvertretung neu gewählt werden.
Zu 4): Alle in dem Burgfriedensplan vorgesehenen Volksabstimmungen und Wahlen sowie alle darin der Bevölkerung der Bundesrepublik, der DDR und von Berlin gewährleisteten Rechte sollten unter der Aufsicht und Garantie der Vereinten Nationen stehen. Es war vorgesehen, daß sie zur Wahrnehmung der ihnen obliegenden Garantieverpflichtungen in Berlin eine ständige Hohe Kommission einsetzten, der je ein Vertreter der weder der NATO noch dem Warschauer Pakt angehörenden europäischen Länder angehören sollte, d. h. Vertreter der Länder Finnland, Irland, Jugoslawien, Österreich, Schweden, Schweiz und Spanien (Albanien hatte zur Zeit der Abfassung des Plans seine Mitarbeit im Warschauer Pakt noch nicht eingestellt). Unter den Mitgliedern sollte der Vorsitz in der Kommission jährlich in alphabetischer Reihenfolge wechseln; der Vorsitzende führte die Bezeichnung Hoher Kommissar der Vereinten Nationen in Berlin. Die Hohe Kommission hatte insbesondere die Vorbereitung, Durchführung und Überwachung der Volksabstimmungen und Wahlen zu übernehmen. Ihre Entscheidungen waren unmittelbar wirkendes Recht; sie gingen den Entscheidungen der deutschen Behörden vor.

III.

Bei jedem Vorschlag Adenauers bestand die Gefahr, daß die Sowjetunion die ihr passenden Teile annahm und sie als von beiden Seiten akzeptiert und demgemäß als außer weiterer Diskussion befindlich bezeichnete, auch wenn für die Gegenseite diese Teile nur in Verbindung mit anderen Teilen annehmbar waren, die die Sowjetunion dann aber ablehnte. Um einem solchen Verfahren gegenüber freiere Hand zu behalten, erwog Adenauer den Gedanken, einen ausländischen Staatsmann zu gewinnen, der den Plan als eigenen Vermittlungsvorschlag vorlegte. Das hätte Adenauer je nach der Reaktion der Sowjetunion ermöglicht, auch seinerseits von diesem oder jenem Punkt abzurücken, wenn dies zur Erlangung sowjetrussischer Konzessionen zweckmäßig erschienen wäre. Adenauer dachte bei seinen Überlegungen zunächst an den damaligen österreichischen Außenminister Kreisky, der schon einmal in den Beziehungen zwischen der Bundesrepublik und der Sowjetunion eine inoffizielle, von beiden Seiten gut aufgenommene Vermittlerrolle übernommen hatte. Die engen persönlichen Beziehungen Kreiskys zu dem damaligen Regierenden Bürgermeister von Berlin, Brandt, ließen es Adenauer aber schließlich zu seinem Leidwesen als untunlich erscheinen, diesen Gedanken weiterzuverfolgen. Statt dessen versuchte er, den indischen Ministerpräsidenten Nehru einzuschalten. Mitte August 1961 wurde ein vertrauter Freund Nehrus informiert, der diesen auf der Anfang September 1961 stattfindenden Konferenz der blockfreien Staaten in Belgrad für Adenauers Plan gewinnen wollte. Nehru fand sich jedoch nicht zu einer Mitwirkung bereit, weil er sich grundsätzlich aus den Beziehungen Bundesrepublik–DDR heraushalten wolle. Adenauer überlegte daraufhin eine Einschaltung des norwegischen Außenministers Lange, sah aber schließlich davon ab, weil die Tatsache, daß Lange Repräsentant eines NATO-Landes war, der Sowjetunion einen zusätzlichen Vorwand für dic Ablchnung des Vorschlags hätte geben können, wenn eine Erörterung nicht in ihr politisches Konzept gepaßt hätte. Adenauer sprach daher am 6. Juni 1962 den sowjetrussischen Botschafter Smirnow unmittelbar auf die Aufnahme von deutsch-sowjetrussischen Verhandlungen an, bei der aber nicht nur ein vorliegender sowjetrussischer Vorschlag, sondern auch deutsche Vorschläge erörtert werden sollten. Er denke an eine Art Burgfrieden von zehn Jahren; in dieser Zeit könnten sich die teilweise sehr verhärteten Gemüter der Regierungen, Politiker und Einwohner der Bundesrepublik und der DDR beruhigen, so daß dann die endgültige Entscheidung in einer entspannteren Atmosphäre getroffen werden könne. Einen genauen deutschen Plan werde er Smirnow mitteilen, wenn dieser ihm die Zustimmung Moskaus zu Verhandlungen auf Grund der Vorschläge beider Seiten mitteile. Er bat Smirnow, die Moskauer Entscheidungen zu beschleunigen, da er den amerikanischen Außenminister Rusk informieren wolle, der im letzten Drittel Juni nach Bonn komme. Smirnow ließ zwar zunächst nichts von sich hören, gleichwohl informierte Adenauer (Rusk, d. Hrsg.) kurz über seine Absichten. Eingehender unterrichtete er de Gaulle während seines Frankreichbesuchs Anfang Juli 1962 über seinen Plan. Dieser meinte, daß Adenauer ruhig den Versuch einer unmittelbaren deutsch-sowjetrussischen Einigung machen solle, wenn er auch angesichts der sowjetrussischen Einstellung wenig Hoffnung auf einen Erfolg habe. Am 21. Juli 1962 überbrachte dann Smirnow die sowjetrussische Antwort, man sei an einer Lösung nach zehn Jahren nicht interessiert, es bedürfe daher auch keiner Spezifikation der deutschen Vorschläge, die Sowjetunion habe gute Vorschläge für eine sofortige Lösung gemacht, man solle hierüber und über nichts anderes verhandeln. Adenauer erklärte Smirnow, diese Antwort sei sehr unbefriedigend, wenn die Sowjetunion Verhandlungen nur über eigene Vorschläge zustimme, erscheine ein Erfolg ausgeschlossen. Im November 1962 unterrichtete Adenauer auch Kennedy über das Fehlschlagen seines mit Rusk besprochenen Versuchs; er wolle ihn aber zu gegebener Zeit erneuern. Kennedy meinte dazu, er halte unmittelbare deutsch-sowjetrussische Verhandlungen für wenig aussichtsreich, Adenauer müsse aber selbst entscheiden.

Auf deutscher Seite waren über Adenauers Plan mehrere Minister informiert. Außerdem beriet sich Adenauer in dieser Angelegenheit ständig mit dem Vorsitzenden der CDU/CSU-Fraktion, Krone. Unterrichtet war auch Botschafter Kroll. Dieser kam nach Abstimmung mit dem Bundeskanzleramt nach seiner Abberufung aus Moskau in einem nicht offiziellen Gespräch mit Smirnow auf den Vorschlag zurück und bedauerte, daß diese Gelegenheit zu einer Verständigung verpaßt worden sei. Auf Wunsch Smirnows stellte Kroll im Bundeskanzleramt fest, daß Adenauer nach wie vor bereit war, in deutsch-sowjetrussische Verhandlungen einzutreten, wenn über die Vorschläge beider Seiten verhandelt werden könne. Nach mehreren, sich wegen der Rückfragen in Moskau längere Zeit hinziehenden Besprechungen zwischen Kroll und Smirnow, bei denen die beiderseitigen Standpunkte näher erläutert wurden, übermittelte Smirnow schließlich inoffiziell das Einverständnis Chruschtschows dazu, daß auf diplomatischem Wege die Aufnahme von Verhandlungen über die Vorschläge beider Seiten angeregt werde. Mittlerweile war es aber Mai 1963 geworden; Adenauer sollte im Oktober zurücktreten. Er ließ daher Smirnow mitteilen, daß er nunmehr keine Möglichkeit mehr zur Aufnahme von Verhandlungen sehe, da er diese selbst nicht zum Abschluß bringen könne; weitere Schritte in dieser Hinsicht müßten der Initiative der neuen Regierung überlassen bleiben. Ob Verhandlungen Adenauers zu einem Erfolg geführt hätten, läßt sich natürlich nicht sagen. Die Weltöffentlichkeit hätte aber in jedem Fall erkannt, daß nicht die deutsche Seite für das Scheitern einer Verständigung verantwortlich war.

ALOIS MERTES

Ein Gespräch mit Konrad Adenauer im Sommer 1964: Deutschland zwischen Rußland und dem Westen

Im Herbst 1963 hatte Konrad Adenauer seine vierzehnjährige Kanzlerschaft beendet. Das Auswärtige Amt entsprach seinem Wunsch, ihm gelegentlich deutsche Auslandsbeamte zu schicken, mit denen sich der nach wie vor geistig wache und wißbegierige Altbundeskanzler über die Entwicklung des Auslandes unterhalten wollte. Auf Vorschlag des Leiters der Politischen Abteilung des Auswärtigen Amtes, Ministerialdirektor Dr. Josef Jansen, empfing mich Konrad Adenauer am Vormittag des 15. Juli 1964 – drei Monate vor Chruschtschows Sturz – in seinem Bundeshausbüro zu einem ausgiebigen Gespräch. Ich war damals – nach fünfjähriger Tätigkeit an der Deutschen Botschaft in Paris – seit einem Jahr politischer Referent (Legationsrat Erster Klasse) an der Deutschen Botschaft in Moskau. Den ersten Teil des Gespräches bestritt Adenauer mit Fragen an mich. Meine Antworten kommentierte er jeweils kurz. Seine Dialogfähigkeit überraschte mich um so mehr, als ich es gewohnt war, daß Politiker bei solchen Begegnungen eher belehren als erfahren wollen und vom Zuhörenkönnen wenig halten. Über dieses einzige Gespräch, das ich unter vier Augen mit Adenauer führen konnte, habe ich eine persönliche Aufzeichnung gefertigt, die ich auch dem Auswärtigen Amt vorgelegt habe. Es folgen Auszüge aus meinen Notizen und diesem Bericht:

I.

Adenauers Stellungnahme zu meinen Antworten im ersten Teil des Gespräches fasse ich zusammen:

1. Der Wille der sowjetischen Führer, die politische Erstarkung Europas zu einer eigenständigen Macht im Bündnis mit Amerika zu verhindern und den Zusammenhalt der Freien Welt systematisch zu schwächen, ist ungebrochen. Ihre Methoden sind raffinierter geworden. Aber wer Augen hat sieht, wohin die Stoßrichtung der Politik Moskaus geht.
Demgegenüber ist es deprimierend zu sehen, wie stark in der Atmosphäre einer sogenannten Entspannung das von den Sowjets geschickt geförderte Wunschdenken im Westen verbreitet ist, das Augen und Ohren vor der Entschlossenheit, der Intelligenz und der Systematik der sowjetischen Politik verschließt.

2. Dies gilt vor allem für die Deutschland-Frage, die für die Sowjets angesichts der geographischen und politischen Schlüsselstellung des geteilten deutschen Volkes nach wie vor einen absoluten Vorrang hat. Das Drängen Deutschlands auf die Beseitigung der eigentlichen Spannungsursache in Europa, der deutschen Spaltung in einen freien und einen unterjochten Teil, verbunden mit

einem Anwachsen unserer Position innerhalb des Westens, ist für die Sowjets ein Alptraum, dem sie mit Maximalforderungen, in den letzten Jahren aber vor allem mit den bekannten sogenannten Entspannungsforderungen begegnen, die im Kern stets auf eine Veränderung in den Fundamenten der Lage in Deutschland zugunsten der Sowjets abzielen. Mit der Taktik gleichzeitiger Maximalforderungen in der Berlin- und Deutschland-Frage und dem Vorgaukeln eines Entspannungswillens, der mit den westlichen Entspannungsvorstellungen nichts zu tun hat, ist es Chruschtschow gelungen, in der Deutschland-Frage die Sowjetunion vor der Weltöffentlichkeit von der langjährigen Rolle des Beklagten völlig zu befreien, hingegen die Bundesrepublik als Entspannungsgegner auf die Anklagebank zu bringen.

3. Die Sowjets haben die Bedeutung eines engen Einvernehmens Deutschlands mit Frankreich, wie z. B. ihre Reaktion auf den deutsch-französischen Vertrag vom Vorjahr zeigt, erkannt. Sie versuchen nun mit allen Mitteln, den deutsch-französischen Widerstand gegen ihre Deutschlandkonzeption zu mindern. Sie schätzen die Stellung Frankreichs in der Welt richtig ein und übersehen keineswegs, daß die Verbindung Paris–Washington historisch erprobt und trotz zeitweiliger Spannungen im Grunde solide ist. Gerade deshalb fürchten sie sich vor jeder psychologischen, politischen und militärischen Stärkung der deutschen Position innerhalb des westlichen Lagers durch das Zusammengehen mit Frankreich. Das gilt vor allem auch im Hinblick auf bestimmte Moskauer Vorstellungen einer sowjetisch-amerikanischen Entspannung, die Deutschland für immer militärisch ohnmächtig machen und uns auf den Weg einer langsamen Anerkennung des Status quo drängen soll. Diese Vorstellungen finden in Washington leider in wachsendem Maße Anklang, ja Zustimmung.

Adenauer äußerte starke Zweifel, ob die Außenpolitik seines Nachfolgers Ludwig Erhard und des Ministers Gerhard Schröder die Bedeutung Frankreichs für die deutschen Interessen richtig erkenne. Frankreich sei zwar ein besonders schwieriger Partner; aber man müsse diesen Nachbarn, auf den so vieles ankomme, nun einmal nehmen wie er ist.

4. Zur inneren Entwicklung der Sowjetunion (über die sich Adenauer offenbar immer wieder erkundigt): Alle Kenner der Herrschaftsmethoden Stalins und seiner Nachfolger bestätigen, daß sich insbesondere im Bereich der Rechtssicherheit Wesentliches geändert hat. Die ständige Angst vor dem Genickschuß besteht nicht mehr. Es ist durchaus auch möglich, daß auf sehr lange Sicht eine weitere innere Entspannung Rußlands in verschiedenen Bereichen eintritt, wenn der Westen festbleibt und nicht durch einseitige Nachgiebigkeit die Vertreter der „harten Linie" ermuntert, hart zu bleiben. Die bisherige Entwicklung rechtfertigt es nicht, wegen dieser Hoffnung auf stärkere Liberalisierung – ohne entsprechende Gegenleistungen – substantielle deutsche Konzessionen an die Sowjets zu machen. Denn die Sowjets haben die Struktur ihres Systems nicht verändert. Der Terror hängt wie ein Damoklesschwert als Möglichkeit über allen Regungen geistiger und politischer Opposition. Es herrscht nach wie vor eine totale Diktatur der kommunistischen Partei, die sich gegenüber der lethargisch wirkenden Bevölkerung auf einen gewaltigen Polizei- und alle Lebensbereiche erfassenden Kontrollapparat stützen kann. Das Prinzip des

rigorosen Staatskapitalismus und Kollektivismus in der Wirtschaft bleibt. Das Regime fürchtet sich vor einer objektiven Information der Bevölkerung über die Verhältnisse im Westen. Die Tendenz zur Abschnürung echter Gesprächskontakte zum Ausland ist geblieben; desgleichen die Unterdrückung der individuellen Freiheit und der Religion. Der Kampf gegen die Religion hat sich zwar verfeinert, ist aber nicht zu übersehen. Geblieben ist vor allem der sowjetrussische Expansionsdrang nach Westen sowie die offen und versteckt zu hörende selbstsichere Auffassung der Funktionäre, daß der Westen letzten Endes sich selbst seine Gruben gräbt.

II.

Den zweiten Teil des Gespräches, in dem Adenauer seine Sicht der sowjetrussischen Politik darlegte, gebe ich – nach der Erinnerung – so wörtlich wie möglich wieder.

Adenauer: „Nun will ich Ihnen folgendes sagen: Da gibt es auch das Problem des russischen Elements in der sowjetischen Politik. Kennen Sie das Buch ‚Das russische Perpetuum mobile' von Dieter Friede?"[1] (Ich verneinte.) „Das müssen Sie einmal lesen. Dort ist der immerwährende Expansionsdrang Rußlands ausgezeichnet beschrieben. Dieser russische Drang nach Westen verbindet sich heute mit dem Kommunismus. Die Sowjetpolitik hat heute vor allem Westeuropa zum Ziel. Nicht, daß die Sowjetunion die Länder Westeuropas zu ihren Satelliten machen will. Aber sie möchte erreichen, daß Westeuropa außenpolitisch in Moskaus Kielwasser schwimmt, daß Westeuropa auf die großen Ziele der russischen Politik ständig Rücksicht nimmt. Dafür braucht Westeuropa, dessen Potential die Sowjets klar sehen, keineswegs ein voller Satellit zu werden.

Als ich im September 1955 in Moskau war, sagte mir Chruschtschow einmal folgendes, und zwar in Anwesenheit von Herrn von Brentano: ‚Sehen Sie doch bitte, Herr Bundeskanzler, in welch schwieriger Lage ich mich befinde: Im Osten habe ich die Chinesen, im Westen die Amerikaner. Das schafft große Probleme. Wir wollen aber unser Land in Frieden aufbauen und unserem Volk einen hohen Lebensstandard geben. Deshalb brauche ich Ihr Verständnis, ja Ihre Hilfe.' Deutschland spielt bei diesem Streben nach der indirekten Herrschaft über Westeuropa natürlich eine Schlüsselrolle. Gelingt es den Russen, die feste Verbindung Deutschlands mit dem Westen durch einen neuen, neutralistischen Nationalismus oder Pazifismus zu lösen, dann haben sie gewonnenes Spiel. Darauf aber geht ihr Sinnen und Trachten. Dazu in erster Linie dient auch die Aufrechterhaltung des Regimes in der Zone; diese ungelöste Frage ist der Köder, den man ständig den Deutschen hinhält, damit sie nachgeben. Um der Hoffnungen willen, die sie sich mit dieser Politik der Lockung machen, sind die Russen bereit, sich immer wieder den Krakeel der ganzen Welt wegen dieser Zone zuzuziehen. Die Lockung der Deutschen ist das wichtigste. In der Sache bleiben sie hart und unerbittlich. Ich möchte Ihnen nur zwei Bestätigungen für meine Auffassung geben, nämlich das Gespräch Chruschtschows mit Guy Mollet Ende Oktober 1963 in Moskau und das Gespräch, das Ihr

Botschafter (Horst Groepper, d. Verf.) noch kürzlich mit Chruschtschow hatte und über das er einen Bericht gemacht hat, den ich sehr aufmerksam studiert habe und den Sie wohl kennen.
Guy Mollet gegenüber hat Chruschtschow etwa folgendes gesagt: ,Täuschen Sie sich nicht über die Deutschen. Die sind ein fleißiges und intelligentes Volk. Und es wächst die Zahl der Deutschen die einsehen, daß dem Sozialismus die Zukunft gehört. Außerdem sind die Deutschen sehr geschäftstüchtige Leute, die ihren Vorteil im internationalen Geschäft zu wahren wissen. Schon jetzt beginnen die Deutschen stärker einzusehen, daß sie von einer freundlicheren Politik gegenüber uns Vorteile, insbesondere gute Verkaufsgeschäfte erwarten können. So werden Sie, Herr Mollet, verstehen, an wen sich die Sowjetunion wenden wird, wenn Frankreich auf unsere Vorschläge einer Erneuerung der russisch-französischen Freundschaft nicht eingeht. Außerdem liegt eine solche Annäherung zwischen Moskau und Bonn ganz im Sinne der Entspannung, um die wir uns immer erfolgreicher mit den Amerikanern und Engländern bemühen!" (An dieser Stelle bemerkte ich, daß man in Moskau diese Gesprächstendenz der Russen oft bemerken könne. Adenauer sagte dann, leider hätte nur die „Kölnische Rundschau" seinerzeit über die wichtigen Gespräche der SFIO mit den Sowjets berichtet; das sei typisch für die Dummheit und Kurzsichtigkeit der Presse.) „Die Russen spekulieren jetzt auf Frankreich und Deutschland. Solange de Gaulle an der Macht ist, haben sie von Frankreich für ihre eigentlichen Ziele in Europa nichts zu erwarten und müssen mit einem stabilen Frankreich rechnen. Was aber dann? Pflimlin hat mir gesagt, das MRP als Partei sei und bleibe sehr schwach. Maurice Faure hat mir gesagt, die Radikalsozialisten seien zerschmettert. Dann bleiben die Kommunisten als die stärkste und bestorganisierte Partei, und sie werden mit der SFIO eine starke Linksmacht bilden, die sehr gefährlich werden kann. Dies zumal deshalb, weil die Gaullisten nach de Gaulle keine so geschlossene Gruppe mehr bilden und dann mit den Resten der Unabhängigen, des MRP, der Radikalsozialisten und einigen Sozialisten möglicherweise keine geschlossene antikommunistische Front aufbauen können. Um Frankreich mache ich mir also gewisse Sorgen. Mehr noch aber um Deutschland. Unser Volk ist nicht besser und nicht schlechter als andere Völker. Aber unser Volk hat zu viele Erschütterungen mitmachen müssen: Da war der Erste Weltkrieg mit seinen Folgen, da war die Weimarer Republik mit ihrem Hin und Her, da war der Nationalsozialismus und die furchtbare Katastrophe, in die er uns gestürzt hat. Da waren zwei Inflationen und die schweren Nachkriegsjahre, die Millionen von Toten, die Vernichtung der staatlichen und anderen Autoritäten. Von soviel kann ein Volk sich nur langsam erholen. Und unser deutsches Volk ist auch wirklich noch krank und labil, glauben Sie mir das! Ich weiß nicht, ob unsere politische Stabilität sich hält, wenn es einmal zu einer wirtschaftlichen Baisse kommt. Und dann denken Sie an die Köder, mit denen die Russen locken! Sie sind Meister im Locken! Fast mehr noch als im Drohen! – Das französische Volk ist im Vergleich dazu viel gesünder, ausgeglichener und infolge seiner Lage wie seiner Stellung in der Welt viel weniger gefährdet. Nur weiß ich nicht, ob genügend Franzosen sehen, wie wichtig es für sie ist, daß die Deutschen fest bleiben gegenüber den Drohungen und Lockungen Rußlands. De Gaulle

sieht es. Deshalb ist er so fest in Berlin und in der Frage der Anerkennung des kommunistischen Systems in der russischen Zone. Leider sehen sogar bei uns viele Leute diese tieferen Zusammenhänge nicht. Sie lassen sich gern täuschen, wenn das vorübergehend den Schein der Entspannung bewirkt. Und außerdem ist das viel bequemer, wenigstens eine Zeitlang.

Natürlich müssen Deutschland und Frankreich eine Politik treiben, die von dem Bündnis mit Amerika ausgeht. Schließlich habe ich selbst lange Jahre gegen die SPD für diese feste Verbindung mit Amerika kämpfen müssen, um unser Volk vor gefährlichen Illusionen in Machtfragen zu bewahren. Glauben die Leute denn, ich wollte das jetzt gefährden? Ich weiß auch genau, daß de Gaulle keineswegs eine Loslösung von Amerika will. Aber wir müssen doch ganz nüchtern sehen, daß die amerikanische Politik immer mehr Unsicherheitsfaktoren aufweist, gegen die wir in Europa ein Gegengewicht schaffen müssen, zumal wir das unmittelbare Ziel der Russen sind. Wenn aber Westeuropa einmal außenpolitisch im sowjetischen Kielwasser schwimmt, dann ist doch auch Amerika bedroht. Daß man das in Washington jetzt nicht mehr sieht und Entspannungsillusionen nachläuft!

Ich will Ihnen aber auch die Schwäche Sowjetrußlands sagen: Es ist in erster Linie sein Wirtschaftssystem! Hier ist ein Punkt, wo wir die Sowjets zu politischen Konzessionen bewegen können. Aber was geschieht? Wir helfen ihnen, diese Schwierigkeiten sozusagen gratis immer wieder zu überwinden, indem wir ihnen die nötigsten Güter gern und ohne jede vernünftige Gegenleistung liefern. Am unzuverlässigsten und uneinsichtigsten sind in dieser Beziehung derzeit die Engländer."

Adenauer sagte dann, er habe kürzlich einen in Moskau lebenden westlichen Journalisten zu einem Gespräch empfangen. Dieser habe berichtet, auf einer kürzlichen Reise durch Südrußland sei er nicht nur Nahrungsmittelmangel, sondern zuweilen hungersnotähnlichen Zuständen begegnet. Ob ich das bestätigen könne? Ich konnte weder bestätigen noch bestreiten. Doch bemerkte ich bei dieser Gelegenheit, die Moskauer Presse hätte die Adenauerschen Äußerungen über die Notwendigkeit politischer Gegenleistungen und echter Gutwillensbeweise Moskaus für westliche Ernährungs- und Wirtschaftshilfe stark beachtet und als „kapitalistische Erpressung" öfters gegeißelt. Sowjetische Gesprächspartner hätten mir ähnliches gesagt. Daraufhin lächelte Adenauer und meinte: „Neulich sprach ich mit Botschafter Smirnow auf dem Empfang in der amerikanischen Botschaft aus Anlaß des amerikanischen Nationalfeiertages. Der Botschafter war wie immer besonders freundlich zu mir. Ich fragte ihn: ‚Warum schimpft und wettert Herr Chruschtschow immer so über mich?' Als Smirnow mit der Antwort zögerte, sagte ich: ‚Er hat eben eine Haß-Liebe für mich!' Smirnow erwiderte, es gäbe im Russischen ein Sprichwort, wonach es vom Haß zur Liebe nur ein Schritt sei! Ich fügte dem hinzu: ‚Nun, dieser Schritt muß getan werden, und das ist nicht so leicht, wie manche Träumer meinen.'"

Adenauer griff dann wiederum das Thema der amerikanischen Entspannungspolitik auf und meinte, er wisse nicht recht, welche Politik Johnson eigentlich mache. Man müsse die amerikanischen Wahlen einmal abwarten, aber gewisse Erklärungen und Tendenzen Johnsons beunruhigten ihn sehr. Nach dem Stichwort „Wahlen" fragte ich, ob er meine, daß die Entspannungsparole im amerikanischen Wahlkampf zugkräftig sei und daß Johnson hier in erster Linie wahltaktisch agiere. Die Antwort Adenauers war – wiederum dem Sinne nach – folgende: „Wieweit die Entspannungspolitik in Amerika populär ist, werden wir zunächst einmal an der Zahl der Stimmen für Goldwater beim Konvent der Republikaner sehen. In bezug auf Johnson gebe ich wieder, was mir kürzlich ein wohlinformierter amerikanischer Besucher, dessen Urteil ich seit langem sehr schätze, gesagt hat: ‚Es gibt drei Johnsons: Der erste Johnson war der gewiefte Innenpolitiker und parlamentarische Taktiker; der zweite Johnson war der über seine politische Ohnmacht tief unglückliche Vizepräsident unter Kennedy; der dritte Johnson ist der Präsident – und den kennen wir noch nicht.' Wissen Sie, Herr Mertes, um Außenpolitik zu betreiben, bedarf es nicht nur des gesunden Menschenverstandes, innenpolitischer Erfahrungen und theoretischer Kenntnisse, sondern einer Summe von außenpolitischen Erfahrungen, über die Herr Johnson nun einmal nicht verfügt."

Adenauer brachte dann das Gespräch auf den früheren Moskauer Botschafter Kroll. Was ich dazu meinte. Da ich Kroll nicht persönlich erlebt hatte, wohl aber – aus dem Munde seiner früheren Mitarbeiter – über die Presseberichte hinaus etliches über Krolls Absichten und Methoden gehört hatte, sagte ich etwa: „Was mich – unter vielen anderen Meisterleistungen – bei den Sowjets so beeindruckt, ist die zielstrebige Disziplin in ihrem außenpolitischen Denken und vor allem auch in ihrem Sprechen. Auch Chruschtschow ist ein disziplinierter Kämpfer und benutzt sogar sein eigenes Naturell, auch seinen Humor, geschickt als Mittel in der Auseinandersetzung mit seinen Gegnern." Als Adenauer dem zustimmte, fuhr ich fort: „Einem solchen Manne gegenüber bedarf es wohl gerade auf seiten des deutschen Botschafters strengster gedanklicher und mündlicher Disziplin beim Gespräch." Adenauer: „Was Sie da von der notwendigen Disziplin im Umgang mit den Sowjets sagen, ist sehr richtig. Und ob Herr Kroll diese Disziplin im Gespräch mit Chruschtschow immer aufgebracht hat, ja (nachdenklich), das bezweifle ich sehr." Ich: „Die Sowjets sind wie Buchhalter und halten jeden Lapsus fest. Jeden Millimeter Geländegewinn im Gespräch mit dem Botschafter oder Verhandler Bonns werden sie irgendwie und irgendwann einmal geschickt auszunützen wissen."

Adenauer gab dann dem Gespräch eine abschließende, mehr persönliche Wendung. Zunächst erkundigte er sich, ob ich Russisch spreche und ob ich Gelegenheit hätte, wie man so sage, „dem Volk aufs Maul zu schauen". Nach meiner Antwort riet er mir: „Machen Sie Augen und Ohren weit auf, studieren Sie Land und Leute, soweit das in dem Goldenen Käfig, in dem Sie sich befinden, möglich ist. Sowjetrußland treibt eine – von seinem Standpunkt aus gesehen – kluge, überlegte, weit vorausschauende Politik. Aber es ist eine furchtbare Macht. Sammeln Sie, wo Sie jetzt die Gelegenheit haben, so viele Eindrücke wie möglich von Rußland, denn wir brauchen Leute mit solchem Wissen, um unser Urteil zu bilden."

Folgendes hat mich an Konrad Adenauer bei dieser Begegnung insbesondere beeindruckt:

1. die innere souveräne Ruhe seiner Sprache;

2. die frische Lebendigkeit seiner Gedanken;
3. sein konkretes Wissen über aktuelle Fragen (z. B. über den Guy-Mollet-Besuch in Moskau; über die innenpolitischen Gruppen Frankreichs);
4. seine differenzierte Sicht der Sowjetunion und der Rolle Rußlands in Geschichte und Gegenwart, die von jedem plumpen Antisowjetismus frei war;
5. die Klarheit und Zielstrebigkeit seiner politischen Überlegungen, bisweilen verbunden mit Ironie oder Schalk, so wie ich sie zum einzigen Mal von ihm in einem persönlichen Gespräch selbst erleben konnte.

1 Vgl. Dieter Friede, Das russische Perpetuum mobile, Würzburg 1959.

ERNST MAJONICA

Adenauer und China

Konrad Adenauers große außenpolitische Leistung war die Zuordnung der Bundesrepublik Deutschland zum freien demokratischen Westen. Die Eingliederung der Bundesrepublik in die europäischen Gemeinschaften, in die NATO ist die Grundlage für ihre freiheitliche Entwicklung, ihren Wohlstand und die Sicherung des Friedens. Der Preis für diese positive Entwicklung der Bundesrepublik sei aber – so eine weitverbreitete Ansicht – die Aufrechterhaltung der Spaltung Deutschlands gewesen. Dies habe Adenauer in Kauf genommen. Ihm sei mehr oder weniger bewußt gewesen, daß die außenpolitische Zuordnung eines Teiles von Deutschland zum Westen die Wiedervereinigung unmöglich machte. Ganz abgesehen davon, ob es eine realistische Option zwischen Westorientierung und Wiedervereinigung unter demokratischen Vorzeichen jemals gegeben hat: Adenauer hat einen derartigen Gegensatz niemals akzeptiert. Für ihn war seine Westpolitik immer auch Wiedervereinigungspolitik. Die staatliche Einheit Deutschlands war für ihn allerdings nur dann erstrebenswert, wenn sie sich in Freiheit verwirklichen ließ. Dazu mußte zunächst die Freiheit der Bundesrepublik gesichert sein. Wie, unter welchen Vorzeichen und mit welchen Mitteln die Einheit Deutschlands verwirklicht werden sollte, haben jüngste Veröffentlichungen gezeigt[1]. Adenauer wäre sicherlich auch elastisch genug gewesen, andere Wege zu gehen, hätte es eine wirkliche Gesprächsbereitschaft dazu in Moskau gegeben. Sein ganzes Bestreben war darauf gerichtet, daß die Zeit nicht für Moskau und damit für die Verfestigung der Spaltung Deutschlands arbeite. Machterweiterung der Sowjetunion im Westen, verstärkte Einflußnahme auf Westeuropa aber hätten nach seiner Ansicht die Sowjets nicht gesprächsbereiter in der deutschen Frage gemacht, sondern nur den Status quo verfestigt oder zu einem Status quo minus geführt. Der Machtausweitung hätte jede Form der Neutralisierung der Bundesrepublik gedient. Diese Gesprächsbereitschaft war nur dann zu erwarten, wenn die Sowjets die Grenzen ihrer Macht nicht nur im Westen erkannten. Diese Erkenntnis erwartete Adenauer von dem Bewußtwerden der Gefahr, die China für die Sowjetunion darstellte. Vom Gegensatz zwischen Moskau und Peking erhoffte er eine erhebliche Veränderung der Machtverhältnisse in Mitteleuropa und eine Änderung der Interessenlage der Sowjetunion. Er tat dies zu einer Zeit, wo der chinesisch-sowjetische Konflikt noch nicht zu einem beliebten Gegenstand der Kommentatoren, Zeitgeschichtler und der Politischen Wissenschaft geworden war, ja wo sein Vorhandensein meist abgestritten oder auf eine ferne Zukunft vertagt wurde. Die Sensibilität eines großen Staatsmannes sieht oft weiter als das Fachwissen der Experten. Wie war Adenauer schon sehr früh, in den fünfziger Jahren, zu dieser Lagebeurteilung gekommen? Wie reagierte er darauf, und welche Konsequenzen zog er daraus?

Wenn China diese Rolle in seinen politischen Zukunftserwartungen spielte, warum leitete er dann keine aktive Chinapolitik der Bundesrepublik ein? Der Versuch, mit Peking über die deutsche Frage ins Gespräch zu kommen, wurde ja erst unter seinem Nachfolger Ludwig Erhard von Außenminister Gerhard Schröder unternommen[2]. Die Untersuchung dieser Fragen ist sicherlich wichtig und reizvoll zu einem Zeitpunkt, zu dem Bonn immer noch auf der Suche nach einer konstruktiven China- und Ostasienpolitik ist. Der zeitliche Abstand zur Ära Adenauer erlaubt überdies zu untersuchen, welche seiner Erwartungen und in welcher Form Wirklichkeit geworden sind und welche nicht. Welche Rolle könnte China heute bei der Lösung der deutschen Frage spielen?

Adenauers Überzeugung von einem baldigen scharfen Gegensatz zwischen Moskau und Peking hat sich zwischen Sommer 1954 und Frühjahr 1955 als feste Größe seiner außenpolitischen Lagebeurteilung herausgebildet[3], also volle fünf Jahre früher, bevor dieser Konflikt 1960 publik wurde[4]. Noch im Sommer 1954 war er nicht so sicher, ob Rotchina auf die Dauer im sowjetischen Block bleiben werde und ob es gegenwärtig hundertprozentig dazugehöre[5]. Deutschland sei nicht in der Lage, sein Verhalten auf die eine oder andere Hypothese aufzubauen, es könne nur beobachten. Es bleibe nichts übrig, als den Lauf der Ereignisse abzuwarten. Wünschenswert wäre es natürlich, wenn der kommunistische Block, unter dem er Sowjetrußland und die Satelliten verstehe, nicht noch um Rotchina vergrößert würde. Ob Rotchina sich auf die Dauer an Moskau binde oder nicht, könne nicht vorausgesagt werden, da die Dinge noch im Fluß seien. Jedenfalls schloß Adenauer aber nicht aus, daß Peking eine von Moskau unabhängige Politik betreiben werde. Er sah es nicht als für alle Zeiten gegeben an, daß Moskau Führer eines sino-sowjetischen kommunistischen Blocks sein werde. Als verantwortlicher Staatsmann eines Landes, das so viele ungelöste, vitale Probleme mit der Sowjetunion hatte, konnte er nicht wünschen, daß Moskau durch eine Vorherrschaft über China eine so erhebliche Machterweiterung erfahre. Er war aber so vorsichtig, Wunsch und Wirklichkeit nicht miteinander zu verwechseln.

Seine vorsichtige und sehr differenzierte Ansicht über das sowjetisch-chinesische Verhältnis gab er dann auf, als ein Mann und ein Buch ihm den Beweis zu liefern schienen, daß es nicht nur zu einer eigenständigen Politik Pekings kommen werde, sondern zwangsläufig zu einem Gegensatz zwischen der UdSSR und der Volksrepublik. Dieser Mann hieß Professor Wilhelm Starlinger und sein Buch, das damals Aufsehen erregte, „Grenzen der Sowjetmacht“[6]. Starlinger war als Arzt lange Jahre in sowjetischen Gefängnissen und Lagern gewesen. Hier kam er mit sowjetischen Gefangenen zusammen, die früher in mittleren führenden Positionen gewesen waren. Aus den Gesprächen mit ihnen gewann er die Überzeugung, die Sowjetrussen fürchteten sich vor China. Diese Furcht resultiere aus der Angst vor dem Bevölkerungsdruck durch die Chinesen auf die sowjetische Grenze. „[...] und was soll werden, wenn in wenigen Jahren ein Volk von 700 Millionen unter Raumdruck steht? [...] Dies aber bedeutet, daß China unter den gegebenen Bedingungen seines Daseins nur nach Nord und Nordwest ausweichen kann, und dieses zumal im Überschwang seiner Neuwerdung, im Gefühl bereits errungener Siege genauso tun wird, wie es schon geschah [...] als das chinesische Bauerntum

[...] die Mandschurei in einem Menschenalter mit Abermillionen unterwanderte. Friedlich, wenn Rußland weicht, sonst aber, wenn Rußland hart bleibt, früher oder später im Kampf – in der letzten Auseinandersetzung des Blutes um des Bodens Willen."[7] Starlinger zog daraus die Konsequenz: „Aus dieser Entwicklung, die früher oder später [...] China und Rußland gegeneinander stellt, wird sich eine totale Veränderung der großpolitischen Weltlage ergeben."[8] Mochte Adenauer diese Blut-und-Boden-Sprache auch zu sehr an eine unglückliche Vergangenheit erinnern, die Grundgedanken Starlingers machten auf ihn einen großen Eindruck[9]. Botschafter a. D. Herbert Blankenhorn erinnert sich daran, daß Adenauer Starlingers Buch ganz besonders interessiert habe[10]. Welche Bedeutung er den Ideen Starlingers beimaß, geht daraus hervor, daß er gemeinsam mit ihm auf einer Großkundgebung in Hannover sprach[11]. Adenauer ging zwar in seiner Rede nicht auf das chinesische Problem ein, aber er hätte sicherlich dem gemeinsamen Auftreten nicht zugestimmt, wenn er Starlingers Thesen nicht geteilt und sich davon nicht eine Unterstützung seiner Politik versprochen hätte. Starlinger führte in seiner Rede aus, daß die Russen wegen des wachsenden Bevölkerungsdrucks der 700 Millionen Chinesen eines Tages Rückendeckung an ihrer Westgrenze suchen würden. Dann sei eine große Stunde gekommen, die Stunde des Ausgleichs mit der Sowjetunion. Starlingers Rede wurde von der Bundesgeschäftsstelle der CDU als Rednerdienst verteilt[12]. Auch das ein Indiz dafür, welches Interesse Adenauer – Bundesvorsitzender der CDU – daran hatte, daß die Gedanken Starlingers weite Verbreitung fanden.

Wie sehr sich Adenauer die Gedanken Starlingers zu eigen gemacht hatte, geht aus seinen „Erinnerungen" hervor. Danach stellte er im Frühjahr 1955 folgende Betrachtungen an: „Die freie Welt sollte die augenblickliche Schwäche der Russen auszunutzen versuchen und die Russen dazu bringen, ihren Druck nach Westen aufzugeben und sich vor allem der Gefahr zuzuwenden, die sie wirklich bedrohte, nämlich Rotchina. Rotchina nahm jährlich um elf bis zwölf Millionen zu [...] Die Erhöhung der Bevölkerungszahlen werde in etwa zehn Jahren zu einem sehr starken Bevölkerungsdruck auf Sowjetasien führen. Es war deshalb nicht zu optimistisch anzunehmen, daß in nicht ferner Zukunft die Hauptsorge der Sowjetunion Rotchina sein werde."[13] Adenauer war dank Starlinger nunmehr sicher, ein Element in der Weltpolitik entdeckt zu haben, das der Verfestigung des Status quo entgegenwirkte. Es ist mehr als verständlich, daß er diese Thesen dankbar aufgriff und nun alles sorgfältig beobachtete, was das sowjetisch-chinesische Verhältnis und dessen Auswirkungen auf die westliche Politik berührte. Aus seinem Urlaubsort Mürren schrieb er am 27. Juli 1955 an Bundesaußenminister von Brentano[14], die Annäherung zwischen den USA und China, die anscheinend durch englische Vermittlung in Genf begonnen habe[15], sei für uns von größtem Interesse, da dadurch die Stärke Rußlands auch uns gegenüber vermindert werde. Adenauer gab Brentano den Auftrag, alle diesbezüglichen Nachrichten sorgfältig zu sammeln und ihm eine Zusammenstellung schicken zu lassen. Er sah in der vermuteten Annäherung Chinas an Washington eine mögliche Abkehr von Moskau und damit den Beginn einer auch für die Bundesrepublik positiven Entwicklung.

Wie groß man auch den Einfluß Starlingers auf Adenauer einschätzen mag, er wurde noch übertroffen durch die Eindrücke, die er bei seinem Moskauaufenthalt im Herbst 1955 hatte. Hoffnungen und Theorien hinsichtlich eines chinesisch-sowjetischen Konflikts wurden ihm hier zur Gewißheit. Nach seinen „Erinnerungen" sprach ihn Chruschtschow unmittelbar auf die Gefahr an, die der UdSSR durch China drohe: „Chruschtschow kam wieder auf Rotchina zu sprechen. Er bezeichnete Rotchina als das größte Problem [...] ‚Helfen Sie uns, mit Rotchina fertigzuwerden.' Zögernd fügte er hinzu: ‚Und mit den Amerikanern.'"[16] An anderer Stelle heißt es: „Chruschtschow sagte: ‚[...] Was soll aus Rotchina werden?' Chruschtschow war im Herbst 1954 als russischer Verhandlungsführer auf einer Konferenz in Peking gewesen, als deren Ergebnis die Russen erhebliche Zugeständnisse an Rotchina machen mußten. Die Sorge vor Rotchina klang bei den Gesprächen deutlich durch."[17] „Ich gewann den deutlichen Eindruck, die sowjetische Führung begann, sich klarzuwerden, daß ihre Hauptaufgaben – Verbesserungen des Lebensstandards ihrer Bevölkerung, den gleichen Stand der nuklearen Aufrüstung wie die Vereinigten Staaten zu erreichen, sich vorzubereiten auf Auseinandersetzungen mit Rotchina – nicht gleichzeitig von ihr bewältigt werden konnten."[18] In der Unterredung mit dem indischen Ministerpräsidenten Nehru sagte der Bundeskanzler im Rückblick auf Moskau, Chruschtschow habe in Sorge wegen China zu ihm gesagt: „Was kann man doch alles tun mit Menschen, die nur von einer Handvoll Reis leben."[19] Auch Kennedy gegenüber kam Adenauer auf seine Moskauer Eindrücke zurück[20]. Chruschtschow habe damals aus seinem Herzen keine Mördergrube gemacht und von den beiden Gegnern gesprochen, denen Rußland in der Welt gegenüberstehe: den Vereinigten Staaten und Rotchina. In diesem Gespräch habe Chruschtschow ihn gebeten, Rußland gegen diese beiden Feinde, von denen er besonders Rotchina hervorhob, zu helfen. Auch bei seinem ersten Besuch bei de Gaulle im September 1958 schlug Adenauer das gleiche Thema an. Chruschtschow habe damals bei seinem Besuch in Moskau deutlich Furcht vor der Entwicklung in China gezeigt[21]. Auch die engsten Mitarbeiter Konrad Adenauers erinnern sich daran, daß der Moskaubesuch und die dort gewonnenen Eindrücke sein Bild vom Gegensatz zwischen Moskau und Peking bestimmt haben[22]. Adenauer war nunmehr nicht mehr auf noch so interessante Spekulationen angewiesen, er stützte sich auf seine eigenen Erfahrungen. Wie stark er beeindruckt war, geht daraus hervor, daß er nicht nur immer wieder gegenüber führenden Staatsmännern auf die Moskauer Erlebnisse zurückkam, er sprach das Thema des chinesisch-sowjetischen Gegensatzes und die Bestätigung dieses Gegensatzes durch Chruschtschow auch gegenüber weniger prominenten Besuchern an, wie etwa gegenüber Journalisten, in Vorbesprechungen für Auslandsbesuche oder gegenüber anderen Besuchern aus dem Ausland[23]. Auch der Verfasser kann sich an zahlreiche derartige Gespräche erinnern und auch daran, daß Ende der fünfziger Jahre diese Äußerungen Adenauers meist auf große Skepsis stießen. Zwar war die Auffassung sehr verbreitet, daß es zu einem Gegensatz zwischen Moskau und Peking kommen werde, aber man erwartete ihn für einen viel späteren Zeitpunkt[24] und äußerte die Ansicht, Adenauer verlege ihn schon deshalb in die Gegenwart, weil er bei seinem hohen Alter ihn noch selbst erleben wolle. 1960 wurden die Skeptiker dann durch die Ereignisse dementiert und Adenauer bestätigt.

Adenauer hielt an den Thesen Starlingers, die durch die eigenen Moskauer Erfahrungen bestätigt wurden, fest, obwohl sie damals von fachkundigen Sinologen heftig kritisiert wurden. Allan S. Whiting[25] sagte noch 1959 in einer Auseinandersetzung mit Starlinger, daß sich die sowjetische Politik in jüngster Zeit nicht wesentlich von den Befürchtungen leiten ließe, die abgelegenen Sowjetgebiete könnten von Millionen Chinesen überschwemmt werden[26]. Er wies dabei auf sowjetische Maßnahmen hin, die einem chinesischen Zuzug ins Grenzland neue Möglichkeiten eröffneten. Für sowjetische Befürchtungen gäbe es auch keinen triftigen Grund, da die Mandschurei mit 45 Millionen Chinesen bei einer Kultivierung der noch unbebauten Landstriche eine Verdoppelung der Bevölkerungszahl verkraften könne. Außerdem machten die tatsächlichen Lebensverhältnisse jenseits der Grenzflüsse das Einströmen der Chinesen in sowjetisches Gebiet unwahrscheinlich[27]. Whiting beschloß seine Untersuchung mit der Feststellung, daß irgendwelche Hoffnungen auf eine Auflösung des chinesisch-sowjetischen Bündnisses wegen der gemeinsamen politischen Interessen beider Partner fehl am Platze seien. „Der Gedanke an eine angeblich ‚unvermeidbare' chinesisch-sowjetische Spaltung soll offenbar als intellektuelles Aspirin gegen unsere politischen Kopfschmerzen dienen, die uns im Hinblick auf Moskau und Peking plagen. Ebenso wie bei der Behandlung mit Aspirin wird hiermit das Problem nur aufgeschoben, nicht aber aufgehoben."[28] Auch die zuständigen Diplomaten im Auswärtigen Amt teilten die Skepsis der Sinologen. So bezeichnete das Generalkonsulat Hongkong in einem Bericht vom Juli 1955 Starlingers Auffassungen als eine in ferne Zukunft zielende Vision, die im nächsten Jahrzehnt kein Gewicht haben werde. Dieser Bericht wurde dem Kanzler vorgelegt[29], ohne ihn aber zu beeindrucken. Generalkonsul Dr. Dittmann vom Generalkonsulat Hongkong führte in einem Vortrag auf der Konferenz der Missionschefs in Tokio am 19. Februar 1957 aus, eine Chance, daß die derzeitig ausgezeichneten chinesisch-sowjetischen Beziehungen vielleicht doch nicht von Dauer sein würden, sehe er erst für den Zeitpunkt, wenn China wirtschaftlich auf eigenen Füßen stehen könne. Das werde aber erst teilweise nach Abschluß des 3. Fünfjahresplanes, also etwa 1970, in vollem Umfang jedoch erst um die Jahrtausendwende der Fall sein. Die Hoffnung auf einen so langen Zeitraum hin sei aber nicht stark und nicht real genug, um als konkreter Faktor in außenpolitische Überlegungen einbezogen zu werden. Im Auswärtigen Amt wurde die Auffassung des Generalkonsulats Hongkong geteilt. Peking habe klar herausgestellt, daß es nach seiner Ansicht nur einen Weg zum Kommunismus gebe, und zwar den Weg, den die Sowjetunion gegangen sei. Die Schwäche der Sowjetpolitik und die Vorgänge im Innern des Ostblocks[30] hätten automatisch dazu geführt, daß die chinesische Politik kühner und aktiver geworden sei. Damit sei China nicht in Gegensatz zum östlichen Lager geraten, es habe vielmehr mit Wissen und Wollen der Sowjetunion Schwächeerscheinungen im Ostblock bekämpft. Es sei zu einem Hineinwachsen Chinas in die Rolle des echten Partners der Sowjetunion gekommen. Noch im Oktober 1959 stand das Generalkonsulat Hongkong auf dem Standpunkt, daß der Bruch zwischen Moskau und Peking in absehbarer Zeit außerhalb des Bereiches des Möglichen liege. Nach einem Bericht der deutschen Botschaft in Tokio stimmten japanische Chinaexperten dem zu, wenn auch mit der Einschränkung, daß bei etwaigen Meinungsverschiedenheiten die Frage der Führung im internationalen Kommunismus eine Rolle spielen könnte.

So wenig die Meinung seiner Diplomaten Adenauer beeindruckte, so wenig bedeutete dieser Meinungsunterschied jedoch auch für die damals praktizierte deutsche Außenpolitik. Sie war auf weitgehende Neutralität in der chinesischen Frage, Distanz zu Peking bei Wahrung nationaler deutscher Interessen gerichtet. Hätte Adenauer sich von einer aktiven deutschen Chinapolitik positive Ergebnisse versprochen, hätte er sicherlich seine ganze Kraft und sein internationales Ansehen dafür eingesetzt, sie auch im Rahmen des Möglichen einzuleiten. Warum er sich von der Herstellung und dem weiteren Ausbau bilateraler Beziehungen zwischen Bonn und Peking nichts versprach, wird bei der Darstellung seiner Konzeption noch darzulegen sein. Auf jeden Fall hätte der Kanzler eine sorgfältige Güterabwägung vornehmen müssen, denn die Nachteile direkter Beziehungen zu Peking lagen klar zutage. Sie wären – wenn überhaupt – nur durch eine sehr umfassende und sorgfältige diplomatische Strategie zu beseitigen gewesen. Dies hat Adenauer aber nie versucht.

Da war einmal der große Gegensatz zwischen Washington und Peking. Hatte Washington nach der kommunistischen Machtergreifung in China zunächst eine abwartende, neutrale Haltung eingenommen, so wandelte sich das total nach dem Ausbruch des Koreakrieges und dem Einsatz „chinesischer Freiwilliger"[31]. Washington sah noch 1958 in einer diplomatischen Anerkennung Chinas eine wesentliche Unterstützung des Versuchs der chinesischen Kommunisten, die kommunistische Herrschaft über ganz Asien auszudehnen. Außerdem befänden sich die chinesischen Kommunisten in einer engen Verbindung mit der UdSSR. Beide Partner mäßen der Blockeinheit gegenüber der freien Welt große Bedeutung bei und seien aufeinander angewiesen. Engere Beziehungen zu Peking würden die chinesischen Kommunisten in der Richtigkeit ihrer Politik auch hinsichtlich einer Zusammenarbeit mit Moskau nur bestätigen[32]. Bei dieser amerikanischen Einstellung hätte Adenauer eine schwere Belastung des deutsch-amerikanischen Verhältnisses – das wichtigste Element seiner Außen- und Sicherheitspolitik – riskiert, hätte er konkrete Fühler nach Peking ausgestreckt. Wie groß diese Belastung sein konnte, haben seine Nachfolger erfahren, als sie 1964 Gespräche mit den Chinesen in Bern einleiteten[33]. Adenauers Bestreben aber war es, immer die Einheit der westlichen Welt aufrechtzuerhalten.

Vielleicht noch schwerwiegender für die deutsche Politik aber war es, daß China diplomatische Beziehungen zur DDR aufgenommen hatte[34]. Damit wurde ein Grundelement deutscher Außenpolitik berührt: die Nichtanerkennungspolitik gegenüber Staaten, die ihrerseits die DDR anerkannt hatten. Es erwuchs aus dem Alleinvertretungsanspruch der Bundesrepublik für ganz Deutschland und aus dem Willen, völkerrechtliche oder politische Erschwernisse für die staatliche Wiedervereinigung zu verhindern. Die Bundesregierung lehnte die Zwei-Staaten-Theorie für Deutschland ab und tat alles, um deren internationale Anerkennung auszuschalten. Zudem hatte China nicht nur diplomatische Beziehungen zur DDR hergestellt, es bemühte sich auch, deren internationale Position zu stärken. In der sowjetischen und in der chinesischen Deutschlandpolitik gab es zunächst keinerlei Unterschiede. 1955 unterzeichneten Grotewohl und Tschou En-lai in Peking einen Freundschaftsvertrag[35] und auch später noch unterstützte Peking alle sowjetischen Forderungen in der deutschen Frage und stimmte in der Polemik gegen Bonn vollkommen mit der SED überein[36]. Die besonders engen Beziehungen zwischen Pankow und Peking resultierten daraus, daß beide noch um die internationale Anerkennung zu kämpfen hatten und sich als Außenposten des „sozialistischen Weltsystems" betrachteten. So konnte die Bundesregierung wegen ihres Festhaltens an der Eindeutschlandpolitik auch nicht positiv auf die Versuche Pekings reagieren, diplomatische Beziehungen mit der Bundesrepublik aufzunehmen. Peking unternahm diese Versuche, als die Sowjetunion ihrerseits einen derartigen Vorschlag an die Adresse Bonns gemacht hatte[37]. Diese Versuche wurden nicht offiziell unternommen, sondern über Presse und Rundfunk lanciert. Hallstein, damaliger Staatssekretär im Auswärtigen Amt, lehnte es in einem Telegramm an das Generalkonsulat Hongkong ab, auf die chinesischen Sondierungen einzugehen. Ende des Jahres 1955 erklärte ein Sprecher des AA, daß die Bundesregierung nicht beabsichtige, diplomatische Beziehungen zu den Ländern aufzunehmen, die mit der SBZ derartige Beziehungen unterhielten. Die Sowjetunion stelle als vierte Besatzungsmacht eine Ausnahme dar[38]. Diese Ablehnung der Aufnahme diplomatischer Beziehungen zur Volksrepublik ist ein Beispiel für die distanzierte Politik, die Bonn gegenüber Peking betrieb. Zwar wurde der Handel mit China gefördert, und nach vielen politischen Schwierigkeiten konnte 1957 der Ostausschuß der deutschen Wirtschaft in Peking ein handelsvertragsähnliches Abkommen unterzeichnen[39]. Aber politische Beziehungen sollten nicht hergestellt werden. Obwohl jedoch Peking sich so eindeutig auf die Seite der SED gestellt hatte, vermied es Bonn trotzdem, sich ebenso eindeutig gegen China zu wenden. Es wahrte Neutralität in der chinesischen Frage[40] und wehrte sich gegen eindeutige Erklärungen gegen die VRCh. So versagte es sich dem amerikanischen Wunsch, in der Quemoy-Krise im Jahre 1958 eine Stellungnahme abzugeben[41]. Durch diese Enthaltsamkeit wollte sich Bonn schon damals den späteren Weg nach Peking offenhalten. Deshalb nahm es keinerlei amtliche Beziehungen zu Nationalchina auf. Als Adenauer 1954 Griechenland einen Staatsbesuch abstattete, sprach ihn der dortige nationalchinesische Botschafter auf die Aufnahme diplomatischer Beziehungen zwischen Bonn und Taipeh an. Der Kanzler antwortete ausweichend. Das Auswärtige Amt telegraphierte an die deutsche Botschaft in Athen, daß die Bundesrepublik von ihrer abwartenden Haltung nicht abgehe. Dieser Vorgang sollte sich noch einige Male wiederholen[42]. Die mehr oder weniger neutrale Haltung gegenüber China wurde nur dann aufgegeben, wenn es das nationale Interesse erforderte, so wenn China Aufnahmeanträge für internationale Organisationen stellte. Die Bundesrepublik stimmte gegen diese Anträge, und zwar wegen der negativen Einstellung Chinas zur deutschen Frage, wie sie der stellvertretende Ministerpräsident Tschen Yi formulierte: Die beiden Teile Deutschlands sollten die Lösung der deutschen Frage untereinander, und zwar auf der Basis völliger Gleichheit regeln[43]. Das entsprach genau der sowjetischen Deutschlandpolitik und der Zwei-Staaten-Theorie. Bei dieser Einstellung Chinas hätte die Aufnahme Pekings in internationale Organisationen den Kreis der Staaten vergrößert, die für eine Aufnahme der DDR eintraten. Das wollte Bonn aber unter allen Umständen verhindern. Die Bundesrepublik enthielt sich der Stimme, wenn Nationalchina ähnliche Anträge stellte. Dies wurde selbst dann durchgehalten, als die USA zugunsten Nationalchinas intervenierten[44].

Adenauer ließ sich also weder auf eine prinzipiell antichinesische Linie festlegen, noch nahm er Rücksicht auf Peking, wenn unmittelbar deutsche Belange berührt wurden. Er erwartete zwar viel von China beziehungsweise vom chinesisch-sowjetischen Konflikt, aber nichts von einem Alleingang der Bundesrepublik gegenüber China. Chinas Druck auf die Sowjetunion würde sich nach des Kanzlers Ansicht nur dann positiv im Sinne seiner Ziele auswirken, wenn die Sowjetunion auf der anderen Seite einem geschlossenen und einigen Westen gegenüberstehen würde. Deutsch-chinesische Beziehungen, die um den Preis eines Streites im Westen erkauft würden, erschienen ihm schädlich und zudem überflüssig.

Diese Konzeption hatte er schon im Frühjahr 1952 gegenüber George Kennan entwickelt[45]. Die Integration Europas müsse den Sowjets klarmachen, daß ein weiteres Vordringen in Europa nicht möglich sei. Dann würden die innenpolitischen und wirtschaftlichen Probleme der UdSSR und das im Hintergrund drohende Rotchina die Möglichkeit für eine friedliche Verständigung mit der Sowjetunion eröffnen. Nur die Verhinderung der Machtausweitung Rußlands in Europa ließ nach Adenauer den Druck Chinas, verbunden mit den innenpolitischen Problemen der Sowjets, sich zugunsten Europas auswirken. Eine Eroberung oder eine auch nur indirekte Beherrschung Westeuropas hätte nach seiner Ansicht die Sowjetunion wirtschaftlich und militärisch stärker werden lassen als die USA und die sowjetische Widerstandskraft gegenüber Rotchina erheblich gefestigt[46]. Deshalb war in Adenauers Augen die westeuropäische Einigung gleichzeitig auch aktive Ostpolitik. Sie mußte vor allen Gefahren bewahrt und tatkräftig vorangetrieben werden. Eine derartige Gefahr sah Adenauer nach dem Abschluß des österreichischen Staatsvertrages, da dieser den Anfang zu weiterer Neutralisierung darstellen könne, gemäß dem sowjetischen Ziel, einen neutralen Gürtel in Europa zu schaffen. Dieser neutrale Gürtel und auch andere europäische Staaten würden dann zum Einflußbereich der Sowjetunion gehören, was deren Widerstandskraft gegen Rotchina stärken würde[47]. Adenauer war sich aber bewußt, daß Westeuropa allein es nicht verhindern konnte, in den Machtbereich der Sowjets gezogen zu werden. Deshalb gehörten ein enges Verhältnis zu den USA und die Stärkung der NATO ebenfalls in dieses Konzept – immer unter dem Gesichtspunkt, daß die sowjetische Position gegenüber China nicht durch Machtausweitung im Westen und dessen Schwächung gefestigt werde[48]. Deshalb beurteilte er das amerikanische Engagement in Asien sehr kritisch, es war für ihn ein Engagement am falschen Platz[49]. Der Druck, der die Sowjetunion zum Einlenken bringen sollte, sollte von Europa im Bündnis mit den USA und von China ausgehen. Der amerikanische Einsatz in Asien diente nicht der Verstärkung dieses Druckes, er verminderte ihn. Damit verhinderte diese amerikanische Politik ein Entgegenkommen der Sowjets in Europa.

Adenauer wollte die deutschen und europäischen Probleme mit der Sowjetunion lösen. Das Emporkommen Chinas werde eine Änderung im Denken der Russen verursachen. Moskau werde sich eines Tages mit Europa und den USA verständigen, um sich gegenüber Rotchina behaupten zu können[50]. Die Verständigung der Sowjets mit Europa war nach des Kanzlers Ansicht nicht ohne die Wiedervereinigung Deutschlands möglich, auf die sich die Westmächte vertraglich festgelegt hatten. Es ging ihm immer darum, einen Schlüssel für die Lösung der deutschen Frage zu finden. Ihn glaubte er im chinesisch-sowjetischen Konflikt gefunden zu haben. Das stellte auch Louis Fischer nach einer langen Unterredung mit Adenauer fest: „Daher stammt übrigens Adenauers prächtiger Optimismus, daß die Wiedervereinigung Deutschlands schließlich doch erfolgen wird."[51] Gegenüber de Gaulle sagte er im Dezember 1961, daß der Tag kommen werde, an dem die Sowjetunion, wenn auch unfreiwillig, der Schutzwall der weißen Welt gegenüber China sein werde[52]. De Gaulle stimmte Adenauer zu. Er werde, wenn sich die Gelegenheit ergebe, gemeinsam mit ihm diplomatisch etwas hinsichtlich der Sowjetunion zum Thema Deutschland und Europa unternehmen – unter besonderer Berücksichtigung des wachsenden chinesischen Druckes, den er genauso beurteile wie der Kanzler[53]. De Gaulle hatte dies schon vorher versucht. Nach seinen Memoiren entwickelte er Chruschtschow anläßlich dessen Besuchs in Frankreich 1960 seine Konzeption der Überwindung der Blöcke in Europa durch Entspannung, Verständigung und Zusammenarbeit. Dies werde dem deutschen Problem einschließlich Berlins seine Virulenz nehmen, dann die Bundesrepublik und die DDR einander nähern und zusammenkommen lassen und schließlich das ganze germanische Gebilde fest in ein Europa des Friedens und Fortschritts einordnen[54]. Aber auf die Fragen zu China habe Chruschtschow mit offensichtlich geheucheltem Optimismus geantwortet: „Zwischen Moskau und Peking geht alles sehr gut. Gewiß glauben viele, die gewaltige chinesische Bevölkerung, die im eigenen Land weder genügend Raum noch Hilfsmittel besitzt, werde sich diese früher oder später bei ihren Nachbarn beschaffen, und dann werde es zum Konflikt mit Sowjetrußland kommen, dessen ungeheure Landstriche in Sibirien und Zentralasien auf einer Länge von 6000 Kilometern an China angrenzen. Aber die solche Voraussagen machen, berücksichtigen die Möglichkeiten des modernen Fortschritts nicht. China umschließt riesige Wüstenbereiche [...], die man bloß zu bewässern, zu verbessern und zu bevölkern braucht, damit sie fruchtbar werden. Außerdem hat die Industrialisierung dort noch kaum eingesetzt; China braucht sich nur zu entwickeln, um Hunderte von Millionen ernähren zu können. Mit dieser Blickrichtung helfen wir Russen China nach Kräften. Auch dort arbeiten wir für den Frieden."[55] Zwar hatte de Gaulle das Problem der deutschen Einheit nicht unmittelbar mit der chinesischen Frage verknüpft, aber sie wurde doch wohl gestellt, um Chruschtschow gegenüber französischen Vorstellungen geneigter zu machen. Dabei ist es interessant, daß sich der sowjetische Ministerpräsident so ausführlich mit Starlingers Thesen auseinandersetzte. Ein Ergebnis hatte de Gaulles Hinweis auf China nicht. Er hatte mit seiner Intervention ebensowenig Erfolg, wie Adenauer 1958 gegenüber Mikojan bei dessen Besuch in Bonn. Als er den sowjetischen Besucher nach dem Stand des chinesisch-sowjetischen Verhältnisses fragte, antwortete dieser, es sei gut, man habe dort keine Truppen stationiert wie im Westen[56]. Was hätte aber auch Mikojan anderes antworten sollen zu einem Zeitpunkt, wo der chinesisch-sowjetische Konflikt noch von beiden Beteiligten offiziell geleugnet wurde? Mikojan hatte nicht die Stellung Chruschtschows, der sich aufgrund seiner Position gegenüber Adenauer bei dessen Aufenthalt in Moskau offener äußern konnte und damit sicherlich die Absicht verfolgte, den Kanzler seinen politischen Zielen geneigter zu machen. Dies erreichte er nicht, im Gegenteil, der Kanzler schloß aus den Äußerungen Chruschtschows, daß seine und die Position des Westens aufgrund der chinesischen Gefahr besser sei, als es der Anschein einer chinesisch-sowjetischen Harmonie erwarten ließ.

Nach der Konzeption Adenauers war es nur konsequent, wenn er zu China Distanz hielt. Er erwartete damals nichts von Peking direkt, wie etwa daß Peking Druck auf Moskau hinsichtlich einer positiven Lösung der deutschen Frage ausüben werde. Er lehnte es deshalb ab, direkten Kontakt zu China herzustellen, mochten derartige Vorschläge von der Opposition[57] oder von de Gaulle[58] kommen. Direkte deutsche Kontakte hätten nur die Einheit des Westens gefährdet und damit die Voraussetzungen dafür zerstört, daß sich der Druck Chinas positiv auswirken konnte. So verurteilte er die gespaltene Haltung des Westens bei der Abstimmung in der UNO über die Zulassung Chinas. Dies sei eine Frage der Partnerschaft und der Solidarität[59]. Die enthaltsame Chinapolitik Adenauers war aber auch dadurch bestimmt, daß er den chinesisch-sowjetischen Konflikt als einen Kampf um die Führung im kommunistischen Lager auffaßte, bei dem die Bundesrepublik keine Möglichkeit hatte, Einfluß auszuüben. Ja, jeder Versuch einer Intervention des Westens hätte kontraproduktiv wirken können, indem er die Solidarität der kommunistischen Großmächte hätte wiederherstellen können. Schon das Eingreifen Chinas in Europa anläßlich der polnischen und ungarischen Ereignisse 1956 sah er als einen schweren Schlag gegen die sowjetische Führungsrolle an. Es sei unwahrscheinlich, daß der Kreml den Rückgang seines Einflusses kampflos hinnehmen werde[60]. Wenn Rotchina stärker als die Sowjetunion geworden sei, werde die Rivalität zwischen den beiden kommunistischen Weltmächten eine wichtige, eine entscheidende Rolle spielen[61]. Eines Tages werde sich daraus eine echte Verhandlungsbereitschaft der Sowjets ergeben, wenn sie einsähen, daß der Kalte Krieg im Westen keine weiteren Vorteile mehr bringe und daß die Erstarkung Rotchinas so bedrohlich würde, daß sie den Rücken nach Europa frei haben müßten. „Bis zu diesem Zeitpunkt mußten wir geduldig warten."[62]

Bei einer Beurteilung der Adenauerschen Konzeption bleibt zunächst festzuhalten, daß er als erster Staatsmann im Westen den chinesisch-sowjetischen Konflikt vorausgesehen beziehungsweise erkannt und daraus seine Konsequenzen für das eigene Verhalten gezogen hat. Erst 1971 kündigte Präsident Nixon in einer Botschaft an den amerikanischen Kongreß an, daß er bereit sei, einen Dialog mit China zu führen[63]. Washington bemühte sich, mit den beiden verfeindeten kommunistischen Mächten bessere Beziehungen zu unterhalten als diese untereinander und versprach sich davon einen größeren Spielraum für die eigene Politik. Als Nixon dies ankündigte, gab es schon elf Jahre einen immer mehr eskalierenden Streit zwischen Peking und Moskau, der in aller Öffentlichkeit geführt wurde. 16 Jahre vorher hatte Adenauer erkannt, daß der Gegensatz zwischen Moskau und Peking ein Element positiver, auf Ausgleich bedachter westlicher Politik sein könne. Der Wandlungsprozeß der chinesischen Außenpolitik, der in diesen 16 Jahren stattgefunden hatte – die Sowjetunion wurde zum Feind Nummer 1 für Peking, die Ablehnung der USA trat dahinter zurück, Peking bezog eine positive Einstellung zur westeuropäischen Einigung und eine realistische Position gegenüber der NATO –, erlaubte dem amerikanischen Präsidenten, den direkten Dialog mit Peking zu suchen. Zu Adenauers Zeit waren diese Tendenzen der chinesischen Politik noch nicht vorhanden. Deshalb und wegen der damals negativen Einstellung Pekings zur deutschen Frage verbot sich für Adenauer der Weg, den Nixon und Kissinger dann gegangen sind. Er hätte ihn auch wohl kaum vor den Amerikanern beschreiten noch ihnen damals diesen Schritt empfehlen können. Der Gegensatz zwischen Washington und Peking war zu groß. Daß aber auch Adenauer eine direkte Kontaktaufnahme mit Peking nicht für alle Zeiten ausschloß, zeigt seine Weigerung, mit Nationalchina amtliche Beziehungen aufzunehmen. Das geschah mit Rücksicht auf Peking und auf die Möglichkeit späterer Aufnahme diplomatischer Beziehungen zu ihm. Adenauer wäre flexibel genug gewesen, auf die Änderungen der chinesischen Politik zu reagieren. Das feste Element seiner außenpolitischen Analyse war die Unvermeidbarkeit und Unüberwindbarkeit des chinesisch-sowjetischen Konflikts. Dies war die Konstante, die Konsequenzen waren variabel. Selbst als er die Konsequenz zog, der Konflikt werde Rußland verhandlungsbereiter machen und er sei dann zu diesen Verhandlungen bereit, verbaute er sich die Alternative dazu nicht: eine spätere aktive deutsche Chinapolitik.

Trotz der richtig vorhergesehenen Verschärfung des chinesisch-sowjetischen Konfliktes und der Stärkung Chinas – atomare Macht – haben sich die Hoffnungen Adenauers nicht erfüllt. Weder ist es zu einem allgemeinen, umfassenden Ausgleich des Westens mit der Sowjetunion gekommen, noch konnte die deutsche Frage im Sinne seiner Vorstellungen gelöst werden. Es kam zu einer Reihe von Ersatzlösungen wie dem SALT-Abkommen zwischen den USA und der UdSSR, dem Abschluß der Konferenz über Sicherheit und Zusammenarbeit in Europa (KSZE) am 1. August 1975[64] und dem deutsch-sowjetischen Vertrag. Wenn man die chinesischen Reaktionen auf alle diese west-östlichen Abkommen, Vereinbarungen und Verhandlungen untersucht[65], wird man die Vermutung nicht von der Hand weisen können, daß sie von der Sowjetunion auch im Hinblick auf den Gegensatz zu China angestrebt wurden. China spielte eine Rolle bei den West-Ost-Kontakten. So war auch der Eindruck des Hauptunterhändlers bei den deutsch-sowjetischen Verhandlungen, dem damaligen Staatssekretär Egon Bahr[66]. Auch der langjährige deutsche Botschafter in Moskau (1968–1972), Helmut Allardt, beurteilt die KSZE unter diesem Gesichtspunkt. In einem Interview sagte er: „Da ist z. B. das Verhältnis zu China. Je geordneter, gesicherter und unverletzlicher die Grenzen im Westen sind, um so beruhigter können sie (die Sowjets, d. Verf.) sich der ideologischen und machtpolitischen Problematik zum großen Nachbarn im Osten zuwenden.“[67] Die Sowjets haben naturgemäß nie offen gesagt, daß sie diese Abmachungen auch wegen China träfen, das hätte ihre Verhandlungsposition nur geschwächt. Jedenfalls sind sie von den Chinesen als deutlich antichinesische

Maßnahmen begriffen worden, schon deshalb, weil sie Moskau stärken. Anders ist die negative Reaktion Pekings nicht zu erklären. Zur KSZE wurden sorgfältig die kritischen Stimmen der CDU/CSU-Opposition registriert[68], zwar ohne eigenen Kommentar, aber doch so, daß die Sympathie für diese Kritik deutlich wurde. Jen Min Jih Pao schrieb dazu unter dem 12. Juli 1975: „Der Grund, weshalb die Sowjet-Revisionisten sich derart eifrig für die Einberufung dieser Konferenz einsetzen, ist der, daß sie die Herbeiführung eines ‚kollektiven Sicherheits-Systems in Europa' als Mittel zur Ausübung der Vorherrschaft benutzen." All die äußeren Umstände ließen erkennen, daß die Europäische Sicherheitskonferenz in Wirklichkeit eine europäische Gefahrenkonferenz sei, da die drohende Gefahr einer kriegerischen Auseinandersetzung in Westeuropa durch sie nicht eingedämmt werde. Die westeuropäischen Staaten und Völker müßten sich mehr und mehr um ihre Einigung bemühen, eine gemeinsame Verteidigung aufbauen, gegen die ihnen aus der Sowjetunion drohende Gefahr gewappnet sein, um die Sicherheit ihres eigenen Landes und Westeuropas auch wirklich gewährleisten zu können. Die Sowjetunion gab in der Auseinandersetzung mit den chinesischen Angriffen gegen die KSZE dann auch indirekt zu, daß diese Konferenz auch einen antichinesischen Aspekt habe. Die chinesische Führung verfälsche in ihren verleumderischen Äußerungen Inhalt und Aufgabe der Europäischen Sicherheitskonferenz, und zwar aus leicht erkennbaren Motiven. „Die chinesische Führung mußte erkennen, daß eine Gesundung der Lage in Europa objektiv den Aktionsradius der hegemonialen Strategie Pekings verringert. Darüber hinaus befürchten die chinesischen Führer ein Übergreifen des Entspannungsprozesses auf Asien."[69] Was hier als Verringerung des chinesischen Aktionsradius' festgestellt wird, bedeutet ja gleichzeitig eine Vergrößerung des sowjetischen, und das Übergreifen des Entspannungsprozesses auf Asien kann ja nach sowjetischer Auffassung nur eine Einschränkung des chinesischen Einflusses zur Folge haben, etwa nach dem Vorschlag von Parteisekretär Breschnew, ein asiatisches kollektives Sicherheitssystem zu errichten. In den sowjetischen Vorschlägen auf der Wiener Konferenz über die Reduzierung von Truppen in Europa (MBFR) sieht Peking nur Täuschungsmanöver, um die bestehende Disparität zugunsten der Staaten des Warschauer Paktes aufrechtzuerhalten. „Die Sowjetrevisionisten verstärken von Tag zu Tag ihre Rüstungsexpansion und ihre Kriegsvorbereitungen, während sie laufend von ‚Entspannung' und ‚Abrüstung' sprechen."[70] Jen Min Jih Pao faßt die chinesische Gesamtbeurteilung der sowjetischen Politik folgendermaßen zusammen: „Stalin lehrt, der vom Imperialismus gepriesene Pazifismus verfolgt nur ein Ziel: Einen neuen Krieg vorzubereiten [...] Die sowjetrevisionistischen neuen Zaren handeln dementsprechend, sie schreien laut nach Frieden, aber gleichzeitig strecken sie ihre Hände nach allem aus, sie plündern, begehen Aggression und Expansion. Hinter dem sowjetischen Rauchvorhang vom ‚Frieden' lauert der Krieg."[71] China befürchtet, daß die Sowjetunion durch die Abkommen mit der westlichen Welt so gestärkt werde, daß es die Auseinandersetzung mit ihm verstärkt aufnehmen könne[72]. Erhoffte Adenauer vom Druck der Chinesen ein Einlenken der Sowjetunion, so sieht Peking nun die Gefahr, daß die Sowjetunion ohne reale Zugeständnisse – also bei voller Aufrechterhaltung, ja Verstärkung ihrer Machtposition – im Westen entlastet wird. Adenauer hätte dieser Beurteilung aller Wahrscheinlichkeit nach zugestimmt. Er war, wie wir gesehen haben, nicht gegen eine Entlastung der Sowjetunion im Westen, damit sie sich erfolgreich mit China auseinandersetzen konnte. Aber er wollte erhebliche Konzessionen von der sowjetischen Seite, wie etwa das Zugestehen der deutschen Wiedervereinigung mit der damit verbundenen realen Veränderung der Machtverhältnisse in Europa. Er sah richtig voraus, daß der chinesisch-sowjetische Konflikt für Moskau ein Element und ein Motiv des Ausgleichs mit dem Westen sein würde. Er erwartete aber einen höheren sowjetischen Preis. In den gefundenen Ersatzlösungen hätte er eher ein Hindernis für die von ihm angestrebte Gesamtlösung mit Moskau gesehen als einen Schritt darauf zu, da Moskau nach seiner Auffassung – wie sie aus der von ihm entwickelten Konzeption abzulesen ist – aus einer Zwangslage entlassen wurde und damit jedes Motiv für spätere Zugeständnisse entfiel.

Es würde den Rahmen dieser Untersuchung sprengen, wenn nunmehr eine genaue Analyse der Veränderungen vorgenommen werden sollte, die dazu führten, daß der Westen den Versuch des Ausgleichs mit der Sowjetunion auf der Grundlage eines prekären Status quo vorgenommen hat und nicht seine grundlegende Verbesserung forderte. Trotzdem soll hier angemerkt werden, daß die westliche Welt seit der Zeit, als Adenauer seine Konzeption entwickelte, um vieles schwächer geworden ist. China wurde stärker, aber die Einheit Europas, ein wichtiger Bestandteil von Adenauers Überlegungen, kam nicht zustande, und die westeuropäischen Länder befinden sich in einer Krise, die etwa 1960 nicht vorauszusehen war. Die ständigen Sorgen Adenauers wegen des mangelhaften Zusammenhalts der NATO haben sich in einer Weise bestätigt, die selbst er nicht erwartet hatte. Außerdem hat die Kubakrise des Jahres 1962 gezeigt, daß mit dem Atom ein neues Element in die internationalen Beziehungen eingetreten ist. Die totale Vernichtung und Selbstvernichtung wurde möglich, das Überleben der Nationen bekam Priorität. Der amerikanische Außenminister Henry Kissinger wird nicht müde, diesen Tatbestand zur Rechtfertigung seiner Entspannungspolitik immer wieder vorzutragen[73]. Der Druck auf den Gegner hat da seine Grenze, wo die Gefahr einer atomaren Auseinandersetzung droht. Das begünstigt den, der im Besitz umstrittener Gebiete und Positionen ist, vor allem, wenn er sie für so vital ansieht, daß er bis über die atomare Schwelle hinaus zum Widerstand entschlossen ist. Ob bei größerer Hartnäckigkeit und stärkerer Solidarität der westlichen Welt mehr für das Erträglichmachen der Spaltung Europas und Deutschlands herauszuholen gewesen wäre, ist eine zwar berechtigte, aber nun hypothetische Frage, die durch die historische Entwicklung überholt wurde.

Nicht überholt wurde die Bedeutung, die China trotzdem heute noch für die deutsche Politik hat[74]. So wirkt China einmal an dem militärischen Gleichgewicht der Kräfte auch in Europa mit. Die NATO wäre gezwungen, eine höhere Rüstungslast zu tragen, wenn die Sowjetunion nicht auch in einem erheblichen Umfang in Asien gebunden wäre. Bis es zu einer allgemeinen Abrüstung – ein erstrebenswertes Ziel, dessen Realisierung aber noch in weiter Ferne liegt – kommt, ist die NATO und ihr Mitglied, die Bundesrepublik, daran interessiert, daß das Gleichgewicht der Kräfte aufrechterhalten bleibt und damit auch daran, daß China daran mitwirkt[75]. Wenn China somit auch nicht zur Überwindung des Status quo beiträgt, wie es Adenauer erwartete, so hilft es doch, ihn vor einer Verschlechterung zuungunsten des Westens zu sichern, indem es den politischen und militärischen Spielraum der Sowjetunion einengt. Zum anderen unterstützt Peking den Prozeß der westeuropäischen Einigung[76]. Nach einem Besuch des Vizepräsidenten der EG-Kommission, Christopher Soames, entschloß sich China, offizielle Beziehungen mit der Europäischen Gemeinschaft aufzunehmen[77]. Welches Interesse Peking an der EG hat, geht daraus hervor, welche Ziele es bei der Sowjetunion gegenüber der EG vermutet. Sie habe der EG gegenüber seit je eine feindselige Einstellung eingenommen. Sie sehe nämlich in ihr ein sehr ernstzunehmendes Hindernis für ihre Expansion und Infiltration sowie für ihre Vorherrschaft in Westeuropa. „Die Sowjetrevisionisten werden jede sich ihnen bietende Gelegenheit wahrnehmen, um unter Einsatz aller Kräfte die EWG zu untergraben."[78] China sieht in der EG ein Gegengewicht gegenüber der Sowjetunion, das dem Gleichgewicht in Europa dient. Gleichgewicht und Bindungen in einem Teil der Welt wirken aber auch stabilisierend auf andere regionale Bereiche ein, zumal wenn sie Mächte betreffen, die in beiden Regionen vertreten sind. Da die Bundesrepublik ein wichtiges Mitglied der EG ist, kommt ihr das aktive Interesse Pekings an ihr zugute. Die chinesische Führung hätte sich mit der Ostpolitik der sozialliberalen Koalition vielleicht nicht so relativ schnell abgefunden – auch wenn sie nicht akzeptiert wurde –, wenn sie die führende Stellung der Bundesrepublik in der EG nicht zu würdigen wüßte. So wird das deutsch-chinesische Verhältnis auch in Zukunft ganz wesentlich davon beeinflußt werden, welchen Stellenwert die europäische Einigung auch auf politischem Gebiet in der deutschen Außenpolitik hat[79]. China akzeptiert und unterstützt jetzt damit jene Prämisse der Adenauerschen Außenpolitik, daß die Voraussetzung für die Aufrechterhaltung der Freiheit Westeuropas seine Einigung ist. Die Freiheit Westeuropas ist aber auch die Voraussetzung dafür, daß es zu einer gerechten Friedensordnung in Europa kommt, in der „das deutsche Volk in freier Selbstbestimmung seine Einheit wiedererlangt"[80]. Schon anläßlich des Besuches des damaligen Bundesaußenministers Walter Scheel in Peking erklärten die Chinesen, daß sie die Spaltung Deutschlands als anormal ansähen. Sie erwarteten, daß ein Friedensvertrag später einmal die Wiedervereinigung bringe[81]. Noch deutlicher wurde der chinesische Ministerpräsident in einem Gespräch mit skandinavischen Journalisten. Tschou En-lai erklärte, es sei nicht möglich, dem deutschen Volk eines Tages die Wiedervereinigung zu verwehren[82]. Diese Einstellung der chinesischen Führung bekam der Bundesvorsitzende der CDU, Ministerpräsident Helmut Kohl, bestätigt. Nach seiner Chinareise betonte er, daß die Frage des Selbstbestimmungsrechtes der Deutschen im geteilten deutschen Vaterland in Peking mit einer Leidenschaftlichkeit vertreten werde, die nur als erfreulich bezeichnet werden könne. „Es gibt dort eine schroffe Ablehnung für die These der DDR von den zwei deutschen Nationen. Man kann es am besten in dem Satz sagen, den einer der maßgebenden Sprecher und wichtigsten Mitglieder der chinesischen Führung so formulierte: ‚Kant und Goethe und Marx und Engels, gehören die zu dieser oder jener deutschen Nation? Sie gehören zu der einen deutschen Nation!'"[83] Der chinesischen Einstellung entsprechend war die sowjetische Reaktion. Radio Moskau sprach von der Herzensliebe der Maoisten zur westdeutschen Reaktion. Sie gäben der westdeutschen Politik den Ratschlag, wie schon zur Zeit Adenauers, eine klare und reaktionäre Linie durchzuführen, und das sei für die Mao-Führung die Alleinvertretungsanmaßung, die gewaltsame Einverleibung der DDR und die Liquidierung ihrer sozialistischen Ordnung. „Wenn nun Peking Adenauer eine so glänzende Charakteristik gibt, dann muß es auch mit dem Inhalt dieser Politik Adenauers einverstanden sein."[84] Welches auch immer die Motive Chinas sein mögen, die deutsche Frage als ein ungelöstes Problem anzusehen, für die deutsche Politik ist es wichtig, daß eine Großmacht mit starker Resonanz in vielen Ländern der Dritten Welt diese Einstellung hat. Das wirkt der Verfestigung des Status quo entgegen. China würde diese Haltung aber nicht einnehmen, wenn die Bundesrepublik nicht die Einigung Europas betriebe, das Hauptanliegen der Chinesen in diesem Teil der Welt. Auch dadurch wird Adenauers Grundkonzeption bestätigt, daß die Einigung Westeuropas die Voraussetzung für die Lösung der außenpolitischen Probleme der Bundesrepublik Deutschland ist. Seit der Zeit, da Adenauer die deutsche Außenpolitik leitete, hat es naturgemäß manchen Wandel gegeben. Um so erstaunlicher bleibt, daß er die Elemente sehr frühzeitig erkannte, die trotz allem Wandel für die weltpolitische Situation maßgebend waren und sind. Das gilt vor allem für den Faktor China im internationalen Kräftefeld und seine Auswirkungen auf die deutsche und europäische Politik.

1 Vgl. Der Globke-Plan zur Wiedervereinigung, bearbeitet und eingeleitet von Klaus Gotto, in: Rudolf Morsey und Konrad Repgen (Hrsg.), Adenauer-Studien III: Untersuchungen und Dokumente zur Ostpolitik und Biographie (= Veröffentlichungen der Kommission für Zeitgeschichte, Reihe B, Bd. 15), Mainz 1974, S. 202ff.

2 Vgl. Ernst Majonica, Bonn–Peking, Stuttgart 1971, S. 90ff.

3 Nach seinen Erinnerungen will Adenauer schon 1952 Überlegungen angestellt haben, daß Sowjetrußland nicht auf die Dauer mit dem Westen im gegenwärtigen Spannungsverhältnis leben könne, zumal die chinesische Gefahr im Hintergrund auftauche. Sowjetrußland sei bestrebt, Asien nach seinen Vorstellungen kommunistisch zu machen. Es werde daher zwangsläufig mit den Chinesen in Konflikt geraten, die gleichzeitig versuchten, Asien zu bolschewisieren, jedoch nach chinesischen Vorstellungen. Vgl. Konrad Adenauer, Erinnerungen 1953–1955 (Bd. 2), Stuttgart 1966, S. 65ff. Es waren aber offenbar noch sehr vage Erwartungen, obwohl das so wichtige ideologische Moment in den chinesisch-sowjetischen Auseinandersetzungen richtig erkannt wurde. Den späteren Stellenwert in Adenauers außenpolitischen Analysen hatte der Konflikt zwischen Moskau und Peking damals offenbar aber noch nicht, obwohl er schon zu dieser Zeit (Frühjahr 1953) diese Gedanken gegenüber George Kennan entwickelte. Vgl. Adenauer, Erinnerungen, Bd. 2, S. 124.

4 Vgl. u.a. William E. Griffith, The Sino-Soviet Rift, Massachusetts 1964, S. 23ff.

5 Ausführungen auf der Sitzung des Auswärtigen Ausschusses des Deutschen Bundestages vom 6. Juli 1954. Vgl. Aufzeichnungen des Verfassers.

6 Würzburg 1955. Später faßte er seine Thesen in dem Buch „Hinter Rußland China" (Würzburg 1957) zusammen.

7 Vgl. Starlinger, Grenzen der Sowjetmacht, S. 118.

8 Vgl. ebenda.

9 Sein langjähriger außenpolitischer Mitarbeiter, Botschafter a. D. H. Osterheld, spricht von den Anregungen, die Adenauer durch Starlinger erfahren habe. Vgl. Brief an den Verfasser vom 8. Mai 1975.

10 Vgl. Brief an den Verfasser vom 12. Mai 1975.

11 Am 13. Februar 1955. Vgl. Hannoversche Allgemeine Zeitung v. 14. Februar 1955.

12 Vgl. Rednerdienst der CDU Deutschlands, Bonn 1955, Nr. 3.

13 Vgl. Adenauer, Erinnerungen, Bd. 2, S. 451.

14 Vgl. Akten des Auswärtigen Amtes. Derartige Anfragen an das AA sollten sich später noch häufig wiederholen, oft mit genauen Wünschen hinsichtlich bestimmter Fragen wie die innere Lage Chinas, die Haltung der Armee, die wirtschaftliche Lage, Abkommen Pekings mit Moskau und ob die Sowjetunion die vereinbarten Lieferungen einhalten könne. Weitere Informationen erhielt er vom Bundesnachrichtendienst und von in- und ausländischen Besuchern. Vgl. Brief Botschafter a. D. Osterhelds an den Verfasser vom 8. Mai 1975.

15 Am 26. Juli 1955 hatte der amerikanische Außenminister einen Überblick über die Schritte gegeben, die zur Aufnahme der chinesisch-amerikanischen Botschaftergespräche führten. Die Gespräche wurden am 1. August 1955 in Genf aufgenommen.

16 Vgl. Adenauer, Erinnerungen, Bd. 2, S. 528.

17 Vgl. Adenauer, Erinnerungen, Bd. 2, S. 527.

18 Vgl. Adenauer, Erinnerungen, Bd. 2, S. 553.

19 Besuch Nehrus am 15. Juli 1956; vgl. Konrad Adenauer, Erinnerungen 1955–1959 (Bd. 3), Stuttgart 1967, S. 187 ff. Diese „Handvoll Reis" kam oft, wie der Verfasser bestätigen kann, in seinen Gesprächen vor.

20 Besuch in Washington, April 1961; vgl. Konrad Adenauer, Erinnerungen 1959–1963. Fragmente (Bd. 4), Stuttgart 1968, S. 94.

21 Vgl. Adenauer, Erinnerungen, Bd. 3, S. 427.

22 Vgl. Brief von Botschafter a. D. H. Osterheld vom 8. Mai 1975; vgl. Brief von Prof. W. Hallstein an den Verfasser vom 29. Mai 1975; vgl. Brief von Staatssekretär a. D. F. v. Eckardt an den Verfasser vom 22. Mai 1975.

23 Vgl. Brief Botschafter H. Osterhelds, vgl. Anm. 14 und 22.

24 Diese Auffassung vertrat auch der Verfasser gegenüber dem Bundeskanzler.

25 Bedeutender amerikanischer Sinologe, damals Mitarbeiter der Rand-Corporation.

26 Vgl. Allan S. Whiting, Differenzen zwischen Moskau und Peking. Vortrag auf der Jahreskonferenz der American Political Science Association, die vom 10.–12. September 1959 in Washington stattfand. Nachgedruckt in: Ostprobleme, 11. Jahrg. (1959), S. 722 ff.

27 Vgl. Whiting, S. 727.

28 Vgl. Whiting, S. 727. Aber auch Whiting äußert die Auffassung, daß es gut sei, weiterhin das chinesisch-sowjetische Bündnis zu beobachten, um künftig auftretende Meinungsverschiedenheiten und Konflikte festzustellen und sie gegebenenfalls im Interesse der westlichen Politik auszunutzen. Vgl. Whiting, S. 727.

29 Für dies und die folgenden Ausführungen vgl. Akten des AA, die nicht im einzelnen zitiert werden dürfen, die der Verfasser aber eingesehen hat.

30 Aufstand in Ungarn, Gomulkas Machtantritt in Polen.

31 Vgl. Majonica, Bonn–Peking, S. 16 ff.

32 Vgl. das Memorandum des State Departments vom 11. August 1958. Abgedruckt in: Europa-Archiv, Folge 18/1958, S. 11075 ff.

33 Vgl. Majonica, Bonn–Peking, S. 97 ff. Bundeskanzler Erhard und Außenminister Schröder stießen auf starken amerikanischen Widerstand. Nur ist es ein immer wiederholtes Märchen, die Gespräche seien deshalb von deutscher Seite eingestellt worden. Sie scheiterten am Widerstand der Chinesen, Berlin in irgendeiner Form

in ein Abkommen mit Bonn aufzunehmen, obwohl die deutschen Unterhändler dies als eine unverzichtbare Bedingung bezeichnet hatten. Vgl. Majonica, Bonn–Peking, S. 95 und S. 111.

34 Vgl. Majonica, Bonn–Peking, S. 20ff.

35 Vgl. Majonica, Bonn–Peking, S. 38ff.

36 Vgl. Majonica, Bonn–Peking, S. 62ff.

37 Vgl. Majonica, Bonn–Peking, S. 34ff.

38 Vgl. Majonica, Bonn–Peking, S. 36ff.

39 Vgl. Majonica, Bonn–Peking, S. 42ff.

40 Chinesische Frage: Peking und Taipeh beanspruchen beide, ganz China zu vertreten.

41 Vgl. Majonica, Bonn–Peking, S. 49.

42 Vgl. Akten des AA.

43 Vgl. Majonica, Bonn–Peking, S. 52.

44 Vgl. Majonica, Bonn–Peking, S. 53.

45 Vgl. Adenauer, Erinnerungen, Bd. 2, S. 124.

46 Vgl. Adenauer, Erinnerungen, Bd 2, S. 243.

47 Vgl. Adenauer, Erinnerungen, Bd. 2, S. 441.

48 Vgl. Adenauer, Erinnerungen, Bd. 3, S. 481.

49 Vgl. Adenauer, Erinnerungen, Bd. 2, S. 446. So auch der Kanzler in vielen Gesprächen mit dem Verfasser.

50 Vgl. Adenauer, Erinnerungen, Bd. 4, S. 202.

51 Vgl. Louis Fischer, Wiedersehen mit Moskau, Frankfurt o. J., S. 105. In dieser Unterredung war Adenauer auch auf seine Moskauer Erlebnisse zu sprechen gekommen.

52 Vgl. Adenauer, Erinnerungen, Bd. 4, S. 121.

53 Vgl. Adenauer, Erinnerungen, Bd. 4, S. 204.

54 Vgl. Charles de Gaulle, Memoiren der Hoffnung. Die Wiedergeburt 1958–1962, Wien 1971, S. 275.

55 Vgl. de Gaulle, S. 277.

56 Vgl. Adenauer, Erinnerungen, Bd. 3, S. 394ff.

57 Vgl. die Rede des Abgeordneten Dr. Meyer (SPD)vom 12. Juni 1959; Verhandlungen des Deutschen Bundestages. 3. Wahlperiode. Stenographische Berichte. Bd. 43, S. 4144.

58 Vgl. Adenauer, Erinnerungen, Bd. 4, S. 183.

59 Vgl. Adenauer, Erinnerungen, Bd. 4, S. 94, Gespräch mit Präsident Kennedy.

60 Vgl. Adenauer, Erinnerungen, Bd. 3, S. 234.

61 Vgl. Adenauer, Erinnerungen, Bd. 2, S. 202.

62 Vgl. Adenauer, Erinnerungen, Bd. 2, S. 63.

63 Vgl. Majonica, Bonn–Peking, S. 154ff.

64 Vgl. Frankfurter Allgemeine Zeitung vom 2. August 1975 und Neue Zürcher Zeitung vom 2. August 1975.

65 Etwa zu dem deutsch-sowjetischen Vertrag vom 12. August 1970, vgl. Majonica, Bonn–Peking, S. 141ff. Vertragsverhandlungen und Vertragsabschluß veranlaßte die VRCh zu einer äußerst scharfen Polemik gegen Moskau und Bonn.

66 Ausführungen vor dem Auswärtigen Ausschuß des Bundestages, Aufzeichnungen des Verfassers.

67 Vgl. Interview in: Die Welt vom 23. Juli 1975; vgl. auch Helmut Allardt, Moskauer Tagebuch, Düsseldorf 1973, S. 12 und S. 95ff.

68 Vgl. Hsinhua vom 5. Juli 1975 und vom 27. Juli 1975.

69 Radio Moskau vom 23. Juli 1975.

70 Vgl. Hsinhua vom 22. Februar 1975.

71 Vgl. Jen Min Jih Pao vom 29. Januar 1975.

72 Umgekehrt befürchtet Moskau bei jeder Kontaktaufnahme von deutschen Politikern mit China, die in Europa erreichten Ziele könnten dadurch gefährdet werden. So kritisierte Radio Moskau am 13. Dezember 1974 im Anschluß an den Besuch des Bundesvorsitzenden der CDU, Helmut Kohl, in Peking, die chinesischen Führer hätten für seine Ausschweifungen hinsichtlich einer einheitlichen deutschen Nation, des Rechtes der Deutschen auf Selbstbestimmung, die an die Zeit Adenauers erinnerten, ein verständnisvolles Ohr gehabt. Sie selbst hätten die These der DDR von den beiden deutschen Staaten als historisch unannehmbar gebrandmarkt. Die gleiche polemische Behandlung erfuhr der Besuch des Vorsitzenden der CSU, Franz Josef Strauß, in China. Eine auffallende Ähnlichkeit sei zwischen ihm und den chinesischen Führern über die Notwendigkeit, die NATO zu stärken, festzustellen, und im Gleichklang redeten sie über die sowjetische Gefahr. Abenteurertum und Revanchismus sei für die gemeinsame Plattform kennzeichnend. Vgl. TASS vom 6. Januar 1975. Diese Polemik ist ein Indiz dafür, daß Moskau durch die Abmachungen mit dem Westen die Gefahr bannen wollte, daß Westeuropa und China gemeinsam die Ziele anstrebten, die hier so polemisch charakterisiert werden. Abmachungen mit dem Westen waren also auch ein Instrument zur Isolierung Pekings.

73 Am ausführlichsten in der Erklärung des amerikanischen Außenministers Henry R. Kissinger vor dem Außenpolitischen Ausschuß des Senats am 19. September 1974 über die Politik gegenüber der Sowjetunion. Nachgedruckt in: Europa-Archiv, Folge 20/1974, S. D 463 ff.

74 Vgl. Ernst Majonica, Das Interesse der Bundesrepublik Deutschland an der Volksrepublik China, in: Die Außenpolitik Chinas. Schriften des Forschungsinstituts der Deutschen Gesellschaft für Auswärtige Politik. München–Wien 1975, S. 435 ff.

75 Vgl. Majonica, Das Interesse der Bundesrepublik Deutschland, S. 438.

76 Vgl. Majonica, Das Interesse der Bundesrepublik Deutschland, S. 442 ff.

77 Vgl. dpa vom 8. Mai 1975.

78 Vgl. Jen Min Jih Pao vom 24. Juni 1975.

79 Vgl. Majonica, Das Interesse der Bundesrepublik Deutschland, S. 443 ff.

80 Vgl. Brief des damaligen Außenministers Walter Scheel zur deutschen Einheit, in: Die Verträge der Bundesrepublik Deutschland mit der UdSSR und mit der Volksrepublik Polen. Presse- und Informationsamt der Bundesregierung, Bonn o. J., S. 12.

81 Vgl. Frankfurter Allgemeine Zeitung vom 13. Oktober 1972.

82 Vgl. Frankfurter Allgemeine Zeitung vom 13. November 1972.

83 Vgl. das Interview des Ministerpräsidenten Helmut Kohl im DFS vom 13. September 1974; vgl. auch das Interview Kohls im WDR II vom 16. September 1974.

84 Radio Moskau vom 16. Oktober 1974.

WILHELM G. GREWE

Der Deutschland-Vertrag nach zwanzig Jahren

I.

Gut 20 Jahre sind seit dem Inkrafttreten jenes Vertrages verstrichen, der die Fundamente der Adenauerschen Außenpolitik legte und den Konrad Adenauer – entgegen den Neigungen seiner Vertragspartner und entgegen der schwerfälligen offiziellen Bezeichnung („Vertrag über die Beziehungen zwischen der Bundesrepublik Deutschland und den Drei Mächten") – schlicht „Deutschland-Vertrag" nannte.

Nach zwei Jahrzehnten erscheint es legitim, die Frage nach seiner Bewährung zu stellen: Hat er die Erwartungen erfüllt, die Adenauer selbst an ihn knüpfte, als er am 23. Oktober 1954 im Rahmen des Gesamtpakets der Pariser Verträge seine Unterschrift unter dieses Vertragswerk setzte? War dieser Vertrag eine geeignete und tragfähige Grundlage für die Verwirklichung seiner Konzeption? Bot er der Bundesrepublik eine innen- und außenpolitisch genügend gesicherte Position und ausreichende Bewegungsfreiheit für eine eigenständige aktive Außenpolitik?

II.

Als im Frühjahr 1951 die Zeit für eine Beendigung des Besatzungsregimes und die Umwandlung der deutsch-alliierten Beziehungen in ein vertragliches Verhältnis freiwilliger Zusammenarbeit heranreifte, schwebte dem damaligen Bundeskanzler ein Vertragsmodell vor, das sich von dem später unterzeichneten Deutschland-Vertrag erheblich unterschied.

Adenauers Vorstellungen fanden ihren Ausdruck in einem Vertragsentwurf, der sich auf Diskussionen zwischen ihm und seinen engsten Beratern auf dem Bürgenstock oberhalb des Vierwaldstätter Sees am 1./2. August 1951 gründete und der daher meist als „Bürgenstock-Entwurf" bezeichnet wird.

Die Vorgeschichte dieses Entwurfes[1] reicht weit in das Jahr 1950 zurück, d. h. in die Zeit, in der Adenauer in dem durch den Ausbruch des Koreakrieges veränderten politischen Klima und unter dem Eindruck der sich intensivierenden Diskussion über einen deutschen „Verteidigungsbeitrag" beharrlich die Ersetzung des Besatzungsstatuts durch einen Sicherheitspakt oder ein System von Verträgen gefordert hatte. Es dauerte mehr als ein Jahr, bis sich die drei westlichen Außenminister auf ihrer Konferenz in Washington vom 10. bis 14. September 1951 darauf einigten, Verhandlungen mit der Bundesregierung über „die Ersetzung des gegenwärtigen Besatzungsstatuts durch eine neue Form der Beziehungen" aufzunehmen. Bevor sie sich dazu verstanden, bedurfte es einer Vorklärung aller jener Fragen, die einer vertraglichen Regelung für bedürftig und zugänglich erschienen. Diese Vorklärung fand von Mai bis August 1951 in „Sondierungsgesprächen" von „Sachverständigen" auf dem Petersberg, dem Sitz der Alliierten Hohen Kommission, statt. Die deutsche Delegation bei diesen Gesprächen zu leiten, war die erste Aufgabe, die ich in Bonn übernahm.

Da ich seit diesem Zeitpunkt an allen einschlägigen Verhandlungen, an der Formulierung des Bürgenstock-Entwurfes sowie des schließlich aus den Verhandlungen hervorgegangenen Deutschland-Vertrages gleichermaßen intensiv beteiligt war, mag es gestattet sein, diesen Entwicklungsprozeß in der Form eines persönlichen Erlebnisberichtes zu schildern:

Es hatte damit begonnen, daß mich der damalige Staatssekretär des Auswärtigen Amtes, Walter Hallstein, im März telegrafisch aufforderte (ich war damals Professor für öffentliches Recht und Völkerrecht in Freiburg), ihn in Bonn zu einer Unterredung aufzusuchen. Ich kannte den Absender seit Jahren als juristischen Fachkollegen (wenn auch mit anderen Spezialgebieten), wir hatten im Vorstand des Deutschen Juristentages zusammengearbeitet, 1948 hatte er mir als Dekan der Frankfurter Rechtsfakultät eine Berufung auf den dortigen Lehrstuhl für öffentliches Recht angetragen. Das Gespräch in Bonn führte dazu, daß ich mich für die „Sondierungsgespräche" und für die zu erwartenden Anschlußverhandlungen anwerben ließ – zunächst unter eingeschränkter Fortsetzung meiner Freiburger Lehrtätigkeit.

Hallstein sagte mir sehr offen und freundschaftlich, weshalb er auf mich verfallen sei: Ich kennte mich in der komplizierten Materie des Besatzungsrechtes und aller staats- und völkerrechtlichen Implikationen des Verhandlungsstoffes aus, hätte ein Organ für die politische Seite der Aufgabe und vor allem die Gabe, zwischen extrem entgegengesetzten Positionen vermittelnde Lösungen zu finden.

Zu diesem Urteil war er natürlich nicht allein auf der Grundlage unserer akademischen Bekanntschaft und unserer Zusammenarbeit im Vorstand des Juristentages gelangt. Wichtiger war wohl für sein Urteil, daß wir auf dem Haager Europakongreß (1947) kooperiert hatten, daß er mein 1948 veröffentlichtes Buch „Ein Besatzungsstatut für Deutschland"[2] gelesen hatte und daß er vor allem im gleichen Jahr einen Vortrag gehört hatte, den ich in einem kleinen privaten Diskussionszirkel im Wiesbadener Hause meines Freundes Otto Veit (damals Präsident der Hessischen Landeszentralbank) über das gleiche Thema gehalten hatte, und der eine lebhafte Diskussion auslöste.

Dieses alles erschien mir plausibel. Insbesondere war ich selbst leicht von der Logik des Gedankens zu überzeugen, daß jemand, der wie ich im Jahre 1948 den Erlaß eines Besatzungsstatuts gefordert hatte (um nämlich dem Zustand ein Ende zu machen, daß sich die Besatzungsmächte an keinerlei Rechtsnormen gebunden fühlten), auch dazu berufen sei, an der Abschaffung dieses inzwischen erlassenen Besatzungsstatuts zugunsten einer vertraglichen Regelung mitzuwirken.

Nach dieser Aussprache ging alles sehr rasch: Für den 25. April wurde ich zur Vorstellung zum Bundeskanzler geladen. Es war meine erste persönliche Begegnung mit Adenauer. Nur aus der Distanz hatte ich ihn zuvor erlebt, nämlich auf dem berühmten Haager Kongreß der Europäischen Bewegung im Mai 1947. Dort standen andere Persönlichkeiten im Vordergrund: Winston Churchill, Harold Macmillan, Duncan Sandys, Paul-Henri Spaak, Paul van Zeeland, Maurice Faure u. a. Adenauer blieb im Hintergrund, er war damals nur Vorsitzender der CDU der britischen Besatzungszone und noch keineswegs eine auf der europäischen Bühne bekannte Figur. Neben ihm stand im Haag eine konkurrierende Führungspersönlichkeit der westdeutschen CDU: Karl Arnold, Ministerpräsident von Nordrhein-Westfalen. Ein kleiner Zwischenfall, der sich damals auf der Anreise der deutschen Delegation nach Den Haag an der niederländischen Grenzstation Venlo abspielte, scheint mir für Temperament und Statur dieser beiden Männer sehr bezeichnend. Grenzübertritte waren im Jahre 1947 für Deutsche noch eine komplizierte Angelegenheit: Alle Reisenden mußten den Zug verlassen und sich vor einem Kontrollschalter der niederländischen Grenzbeamten zur Kontrolle ihrer Papiere in einer langen Schlange anstellen, mitten darin auch Adenauer und Arnold. Während man noch mehr oder minder geduldig auf die ziemlich zeitraubende Abfertigung wartete, rief der niederländische Stationsvorsteher einen Telefonanruf für einen Reisenden aus. In seinem mit stark holländischem Akzent gefärbten Deutsch rief er in die Menge, am Telefon werde dringend „Ministerpräsident Adenauer" verlangt. Alle Blicke richteten sich gespannt auf die beiden in Frage kommenden Adressaten: auf den Ministerpräsidenten, der nicht Adenauer hieß, und auf Adenauer, der nicht Ministerpräsident war. Wer von den beiden war gemeint, und wer würde sich angesprochen fühlen? Bevor sich Arnold entschließen konnte, hatte sich Adenauer schon in Bewegung gesetzt und schritt, ohne einen Anflug von Zweifel oder Unsicherheit, mit größter Selbstverständlichkeit dem Telefon entgegen. Wem der Anruf wirklich gegolten hat, vermag ich nicht mehr zu sagen, aber das ist auch unwichtig: Bemerkenswert bleibt nur die augenblickliche Reaktion der beiden Betroffenen, die von einigen in der Menge Stehenden – so auch von mir – mit oder ohne Schmunzeln registriert wurde.

Das Gespräch vom 25. April 1951 verlief in freundlicher Atmosphäre, hinterließ aber bei mir ein Gefühl der Enttäuschung; es ging nicht über einige Banalitäten hinaus, von den bevorstehenden Verhandlungen und dem, was angestrebt werden sollte und was von mir erwartet wurde, war kaum die Rede. Jedenfalls war mir schon nach diesem Gespräch klar, daß der Umgang mit dem eigenwilligen und selbstbewußten alten Herrn nicht einfach sein werde – eine Einsicht, die ich nie zu korrigieren brauchte.

Wenig später, am 10. Mai 1951, fand auf dem Petersberg, damals noch Amtssitz der Alliierten Hohen Kommission, die erste Sitzung zur Eröffnung der Verhandlungen statt. Als Sprecher der deutschen Seite trat bei dieser ersten Sitzung Hallstein auf – rechts und links eingerahmt von Herbert Blankenhorn (damals Ministerialdirektor und Leiter der Politischen Abteilung des Auswärtigen Amts) und mir. Von der zweiten Sitzung an, d. h. mit dem eigentlichen Beginn der Sachgespräche, ging die Delegationsleitung auf mich über, Hallstein und Blankenhorn blieben den Sitzungen fern. Hallstein leitete jedoch weiterhin den im Auswärtigen Amt gebildeten Instruktionsausschuß, der mir die Weisungen für die Verhandlungsführung erteilte. Dieses Gremium, das in leicht modifizierter Zusammensetzung bis zur Unterzeichnung der Verträge am 26. Mai

1952 und später wieder in der zweiten Verhandlungsrunde im Herbst 1954 meine Verhandlungsführung kontrollierte, erwies sich als außerordentlich wichtig und wertvoll. Ich habe von ihm gelernt, wie dankbar ein Unterhändler dafür sein muß, daß jede Formel, jeder Satz, jeder Punkt und jedes Komma, die er vorschlägt oder akzeptiert, von einem kleinen, sachkundigen, nicht auf Kritik oder Polemik, sondern auf loyale Kooperation bedachten Gremium laufend überprüft und durchleuchtet wird. Es zeigt sich nämlich sehr rasch, daß ein einzelnes Augenpaar nicht ausreicht, um alle in einer Vertragsformulierung versteckten Fallstricke, Abgründe und Sackgassen rasch zu entdecken und zu eliminieren. Diese Gruppe von sechs bis zehn Experten, die häufig bis Mitternacht in Hallsteins Zimmer im Palais Schaumburg diskutierte, analysierte, Formulierungen ausfeilte, ist für mich stets ein hervorragendes Beispiel produktiven Teamworks geblieben. Ich glaube, daß bei komplizierten und weittragenden Vertragsverhandlungen eine solche Kontrolle ganz unentbehrlich ist und daß man es gar nicht verantworten kann, darauf zu verzichten.

Nach dem 10. Mai fuhr ich mit meinen Begleitern regelmäßig einmal in der Woche zur Sitzung auf den Petersberg. Was sich dort abspielte, war noch keine eigentliche „Verhandlung". Man muß sich daran erinnern, in welcher Lage wir uns befanden: Sechs Jahre nach der bedingungslosen Kapitulation lebten wir immer noch unter einem Besatzungsregime, das sich 1945 selbst die „oberste Gewalt" in Deutschland zugesprochen hatte und in den ersten Jahren entschlossen war, sie im Geiste einer Straf-, Besserungs- und Erziehungsdiktatur auszuüben. Nur die zunehmende Verschärfung des Kalten Krieges mit dem Osten und insbesondere die Zuspitzung der internationalen Lage nach dem Staatsstreich in Prag 1948, der Blockade gegen Berlin und dem Ausbruch des Koreakrieges (1950) führten allmählich zu einer schrittweisen Änderung der Besatzungspraktiken und zu einer neuen Auffassung über die Rolle der Deutschen in der veränderten Weltkonstellation des Ost-West-Konflikts. Das wenig befriedigende Besatzungsstatut vom 21. September 1949 wurde am 6. März 1951 revidiert, während gleichzeitig bereits der von Adenauer propagierte Gedanke seiner mehr oder weniger weitgehenden Ersetzung durch vertragliche Beziehungen im Kreise der drei westlichen Regierungen geprüft wurde. Die Bereitschaft hierzu war politisch bedingt durch den zunehmend dringenden Wunsch, die Bundesrepublik zu einem Verteidigungsbeitrag in Gestalt eines in die westliche Verteidigungsorganisation integrierten Truppenkontingents zu veranlassen. Parallel zu meinen Gesprächen lief demgemäß auf dem Petersberg schon seit Monaten eine andere Gesprächsrunde, die sich mit den technischen Modalitäten eines deutschen militärischen Verteidigungsbeitrages befaßte. (Leiter dieser Delegation war Theodor Blank, MdB, der die Amtsbezeichnung „Beauftragter des Bundeskanzlers für die mit der Vermehrung der alliierten Truppen zusammenhängenden Fragen" trug, unterstützt von den ehemaligen Generälen Adolf Heusinger und Hans Speidel sowie dem ehemaligen Obersten Johann Adolf Graf von Kielmannsegg als Sekretär.) Alles dieses bedeutete jedoch nicht, daß man auf alliierter Seite die Grundkonzeption eines Besatzungsregimes aufzugeben bereit war und die Attitüde der Inhaber einer unumschränkten Besatzungsgewalt abgelegt hätte. Man glaubte vielmehr auf alliierter Seite, sich auf vertragliche Abmachungen mit der deutschen Seite beschränken zu können, die nicht die alliierten Hoheitsrechte selbst, sondern nur deren Ausübung zum Gegenstand haben sollten. Die „oberste Gewalt" der Besatzungsmächte sollte erhalten bleiben – dieser Grundgedanke zog sich wie ein roter Faden durch die Gesprächs- und Verhandlungsführung der Drei Mächte. Demgemäß hatte man der Bundesregierung am 27. Februar 1951 eine Liste überreicht, auf der 39 Einzelthemen verzeichnet waren, über die man zu sprechen bereit war. Das beschränkte Ziel der ersten Gesprächsrunde vom Mai bis August 1951 bestand lediglich darin, deutsche Stellungnahmen zu diesen Punkten entgegenzunehmen und sie durch Rückfragen zu konkretisieren. Bei einem solchen Verfahren konnte es kaum zu dramatischen Zuspitzungen kommen. Eine solche blieb denn auch buchstäblich der allerletzten Sitzung vorbehalten: Am 3. August sollten die Gespräche, die von der deutschen Öffentlichkeit als Auftakt zur Beendigung des Besatzungsregimes gewertet wurden, mit der Vereinbarung eines Kommuniqués beendet werden. Der mir von der Gegenseite vorgelegte Entwurf ließ jedoch mit keinem Wort erkennen, daß man über die Liquidation des Besatzungsregimes gesprochen hatte. Mir war sofort klar, daß ich mit einem solchen Kommuniqué den Petersberg nicht verlassen konnte. Schließlich, so sagte ich meinen Gesprächspartnern, führe meine Dienststelle die Bezeichnung „Delegation zur Ablösung des Besatzungsstatuts". Auf der Gegenseite zeigte sich nach längerem Hin und Her keinerlei Bereitschaft zum Einlenken. Daraufhin erklärte ich, daß unter diesen Umständen die Besprechungen leider nicht an diesem Tage abgeschlossen werden könnten, da meine Instruktionen die Unterzeichnung eines Textes, wie des mir vorgelegten, nicht erlaubten. Diese Erklärung hatte eine überraschende Wirkung. Eine Verlängerung der Gesprächsrunde war im Hinblick auf den Terminkalender (die Außenminister sollten Anfang September zusammentreten und das Ergebnis prüfen) höchst unerwünscht, noch weniger jedoch wollte man ein Auseinandergehen ohne Kommuniqué, wobei nicht verborgen bleiben würde, welches der Konfliktpunkt gewesen war. Eine öffentliche Diskussion dieses höchst unpopulären Standpunktes der Drei Mächte zu diesem Zeitpunkt kam mehr als ungelegen. Also Pause, Beratungen der Drei unter sich, dann Fortsetzung des Gesprächs nur zwischen mir und den drei anderen Delegationsleitern, schließlich Durchbruch: Man war bereit, von der Suche nach einer „neuen Grundlage" des Verhältnisses zwischen der Bundesrepublik und den Alliierten zu sprechen. Das genügte vorerst. Befriedigt mit diesem Teilerfolg fuhr ich nach Bonn zurück. Immerhin einigten sich die Außenminister dann im September auf eine etwas abgeschwächte, aber ähnliche Formel (eine „neue Form der Beziehungen").

Bevor noch das Schlußkommuniqué unserer Gesprächsrunde verabschiedet war, wurde ich zur Berichterstattung zum Bundeskanzler bestellt, der sich bereits in sein Urlaubsquartier auf dem Bürgenstock hoch über dem Vierwaldstätter See begeben hatte. Mit mir zusammen waren auch Blank und Kielmannsegg dorthin bestellt, außerdem waren Hallstein, Blankenhorn, Globke und Rust (dieser als persönlicher Referent Adenauers) anwesend. Am 1. August war Schweizer Nationalfeiertag, rings um den See loderten Feuer von den Bergen, mitten darin führten wir unsere Gespräche, unterbrochen von einem Spaziergang und einem Abendessen in gelockerter Atmosphäre. Dieses war nun meine erste Arbeitsbegegnung mit Adenauer, und ich sah ihr mit gespannten Erwartungen entgegen. Aber jetzt zeigte sich erst recht, wie schwierig es war, mit ihm zu argumentieren – oder überhaupt zusammenhängend zu Worte zu kommen. Daß er sich nicht allzu intensiv für meinen Bericht über die Petersberg-Gespräche interessierte und ihn ungeduldig abkürzte, war gewiß verständlich: Dic 39 Einzelthemen, die wir dort erörtert hatten, waren in diesem Augenblick, in dem es um ein Gesamtkonzept für die Verhandlungen ging, für den Regierungschef kein adäquates Thema. Ihm ging es darum, mit uns die großen Linien eines „Sicherheitsvertrages" mit den Alliierten zu erörtern, der ihm vorschwebte. Mir konnte das nur recht sein, denn auch mich interessierte dieses Hauptthema viel mehr als alles andere, außerdem hatte ich das Ergebnis der Petersberg-Gespräche bereits am 30. Juni in einem schriftlichen Bericht festgehalten, mit dem sich zunächst die Ressortminister beschäftigen mochten.

Indessen hatte ich die letzten drei Monate nicht nur mit der Erörterung dieser Nebenfragen (die freilich alle ihr eigenes Gewicht besaßen) verbracht. Es gab in der alliierten Traktandenliste, die den Gesprächen auf dem Petersberg zugrunde gelegen hatte, einige Punkte, bei deren Besprechung das der alliierten Seite vorschwebende Grundkonzept durchschimmerte, und ich hatte nicht versäumt, diesen Indizien außerhalb des Konferenzraumes in einigen persönlichen Gesprächen nachzugehen. Dabei war mir zustatten gekommen, daß ich in der amerikanischen Hohen Kommission auf einen alten Freund aus Vorkriegszeiten gestoßen war, der zwar nicht zum Kreise meiner offiziellen Verhandlungspartner gehörte, der aber über die alliierten Vorstellungen gut unterrichtet war oder über genügend Möglichkeiten verfügte, sich informieren zu lassen: Charles Thayer, damals Leiter der Verbindungsstelle zwischen der amerikanischen Hohen Kommission und dem Bundestag, den ich als jungen Vizekonsul in Berlin 1937 in einem privaten Kreise (ich war damals Assistent in einem wissenschaftlichen Forschungsinstitut) kennengelernt hatte. Er gehörte zusammen mit seinem Schwager Chip Bohlen zum Kreise der amerikanischen Rußlandexperten, die in den dreißiger Jahren in Moskau in enger Verbindung mit Hans von Herwarth und der Familie des deutschen Botschaftsrates Hilger gestanden hatten. Von einem Berliner Faschingsball kommend hatten wir in den frühen Morgenstunden des 4. Februar 1938 auf der Hardenbergstraße beim Bahnhof Zoo die neuesten Meldungen über die Absetzung des Generals von Fritsch und die Entmachtung der Reichswehrführung diskutiert. In Hamburg, wo er Anfang des Krieges Generalkonsul geworden war, hatten wir auf nächtlichen Spaziergängen am Ufer der Alster Möglichkeiten und Aussichten des Widerstandes diskutiert[3]. Aus dieser Zeit her konnte ich seines Vertrauens sicher sein. (Er schied später – ein Opfer der McCarthy-Verfolgungen – aus dem auswärtigen Dienst aus, wurde freier Journalist und verstarb in den sechziger Jahren.)

Aus meinen Unterhaltungen mit Thayer und einigen kompetenten Gesprächspartnern, die er mir zuführte, war mir klar, wie weit die Vorstellungen des deutschen Bundeskanzlers und der Alliierten über den zu schließenden Vertrag auseinanderklafften. Wenngleich die Außenminister der drei Westmächte in ihrem Washingtoner Kommuniqué vom 14. September verkündet hatten, die

Verträge sollten die Wirkung haben, „den Charakter der Beziehungen der Drei Mächte zu der Bundesrepublik vollständig zu ändern", so waren sie doch keineswegs bereit, die „Oberste Gewalt", die sie 1945 übernommen hatten, völlig preiszugeben und sie durch ein normales völkerrechtliches Vertragsverhältnis mit der Bundesrepublik zu ersetzen. Auch das im gleichen Kommuniqué bekräftigte „Hauptziel" der „Integration der Bundesrepublik in eine europäische Gemeinschaft auf der Grundlage der Gleichberechtigung" blieb zweideutig infolge des einschränkenden Satzes: „Die Teilung Deutschlands verhindert gegenwärtig eine derartige Regelung." Noch viel weniger waren die Drei Mächte bereit, der Bundesrepublik eine so weitgehende Sicherheitsgarantie zu geben, wie Adenauer sie wünschte. Das mußte schon deswegen auf unüberwindbare Schwierigkeiten stoßen, weil die Vereinigten Staaten noch nie einem anderen Lande eine solche Sicherheitsgarantie gegeben hatten, die im Widerspruch zu obersten Grundsätzen der amerikanischen Außenpolitik seit den Zeiten George Washingtons stehen und vom amerikanischen Senat nie akzeptiert werden würde. Aus diesem Grunde hatte man selbst dem Atlantikpakt keine automatische Beistandsklausel einfügen können.

Adenauer mit diesen Schwierigkeiten vertraut zu machen, erwies sich als äußerst schwierig. Schon auf dem Bürgenstock zeichnete sich eine Situation ab, die sich dann in den späteren Verhandlungen häufig ergab: Er war geneigt, seine Ziele zunächst sehr weit zu stecken, weiter, als sie bei realistischer Einschätzung der Lage im Bereiche des Erreichbaren lagen. Das war zunächst kein Nachteil, denn bei jeder Verhandlung muß man seine Ausgangspositionen weit vorschieben, um später nachgeben zu können. Häufig kam es aber dazu, daß er von dem Augenblick an, in dem er die Unerreichbarkeit seiner Verhandlungsziele erkannte, weiter zurückzufallen bereit war, als es mir notwendig erschien. In den späteren Verhandlungen vom Herbst 1951 und Frühjahr 1952 war ich oft unglücklich darüber, daß er Positionen rascher und mit geringerem Widerstand preisgab, als es die Verhandlungslage nach meiner Ansicht erforderte. Rückblickend muß man ihm zugestehen, daß er auf diese Weise eine weitere Verschleppung der ohnehin langwierigen Verhandlungen verhütete und daß die Innehaltung eines bestimmten Terminkalenders von politischen Kalkulationen bestimmt war, die nur er selbst überblicken konnte. Tatsächlich gerieten die meisten Zugeständnisse, die er gemacht hatte, nach einigen Jahren in Vergessenheit.

Das Ergebnis der Bürgenstock-Gespräche war demgemäß, daß ich den Auftrag erhielt, seine Vorstellungen in die Form eines Vertragsentwurfes umzusetzen. Ich akzeptierte den Auftrag in der Gewißheit, daß wir diesen Entwurf nicht durchsetzen würden, aber auch in der Überzeugung, daß es von Vorteil war, die eigenen Verhandlungsziele zunächst sehr weit zu stecken.

Der Entwurf, den ich diesem Auftrag entsprechend ausarbeitete, enthielt eine kurze Präambel, die drei Gedanken betonte: daß das deutsche Volk auf dem Gebiete der Bundesrepublik sein Staatswesen im Geiste der Demokratie und des Friedens neu geordnet habe und seinen Platz unter den freien und friedliebenden Völkern der Welt wieder einnehmen sollte, daß der Kriegszustand beendet sei und daß die Zeit gekommen sei, die Beziehungen zwischen den drei Westmächten und der Bundesrepublik auf frei vereinbarte Verträge zu gründen, die den Entschluß der Vertragschließenden bekräftigten, auf dem Boden der Gleichberechtigung freundschaftlich zusammenzuarbeiten.

Um das Adenauersche Ziel der Sicherheitsgarantie mit den alliierten Hemmungen in dieser Frage soweit wie möglich in Einklang zu bringen, nahm der erste Artikel des Vertragsentwurfes auf die New Yorker Deutschlanderklärung vom September 1950 Bezug. Dort hatten die drei Außenminister namens ihrer Regierungen erklärt, daß diese „jeden Angriff gegen die Bundesrepublik oder Berlin als einen gegen sie selbst gerichteten Angriff ansehen" würden. Diese wenige Monate nach Ausbruch des Koreakrieges formulierte Erklärung wurde der Bundesregierung übermittelt, um in diesem kritischen Zeitpunkt einer Demoralisierung der westdeutschen Bevölkerung vorzubeugen. Sie war eine einseitige Erklärung, keine vertragliche Verpflichtung; die Aufnahme in den Vertragstext, wenn auch nur in der Form der Bezugnahme auf diese Erklärung, sollte ihr eine so weit wie möglich verstärkte Bindungskraft geben. Zugleich schloß sich im nächsten Absatz die Verpflichtung der Drei Mächte an, im Bundesgebiet und in den übrigen strategisch wichtigen Gebieten Europas Streitkräfte zu unterhalten, die zusammen mit von den der Bundesrepublik und gegebenenfalls von anderen Staaten der atlantischen Gemeinschaft gestellten Kräften so stark sein sollten, daß jeder Angriff zu einem großen militärischen Risiko für den Angreifer würde. Die Vereinigten Staaten insbesondere sollten sich verpflichten, ihre Truppen so lange auf dem Gebiet der Bundesrepublik und in den übrigen strategisch wichtigen Gebieten Europas zu unterhalten, bis die europäische Verteidigungsgemeinschaft über ausreichende militärische Kräfte verfügte, um diese Verpflichtungen zu erfüllen.

Die Gegenleistung der Bundesrepublik sollte darin bestehen, daß sie ihrerseits einen militärischen Beitrag zur Verteidigung der Bundesrepublik, Berlins und des übrigen Westeuropas im Rahmen einer internationalen Streitmacht leistete, der die deutschen Kontingente gleichberechtigt eingeordnet sein sollten.

Konsequenz dieser Grundvereinbarung sollte sein, daß das Besatzungsstatut außer Kraft treten und das Verhältnis der Bundesrepublik zu den drei Westmächten sich in Zukunft ausschließlich nach den zwischen ihnen abgeschlossenen Verträgen und den allgemeinen Regeln des Völkerrechts bestimmen sollte. Die Rechtsstellung der im Bundesgebiet stationierten Truppen, ihre Unterbringung und Versorgung sowie die Verteilung der Kosten für ihre Unterhaltung sollten in einem besonderen Vertrag geregelt werden. Hieraus in Verbindung mit den eben erwähnten Bestimmungen über das künftige Rechtsverhältnis der Bundesrepublik zu den Drei Mächten ergab sich, daß diese Truppen nicht mehr kraft Besatzungshoheit, sondern auf Grund vertraglicher Zustimmung der Bundesrepublik im Bundesgebiet stationiert sein würden.

Den mir bekannten Vorstellungen der Alliierten kam dieser Entwurf insofern entgegen, als er ihnen einige Vorbehaltsrechte einräumte: in bezug auf Berlin, auf die Verantwortung für die Wiedervereinigung Deutschlands und in bezug auf Notstandsmaßnahmen zur Sicherung der alliierten Streitkräfte im Kriegsfalle oder im Falle schwerer innerer Unruhen, soweit Bund und Länder nicht imstande sein sollten, selbst Sicherheit und Ordnung zu gewährleisten.

Adenauers Verständnis dafür zu gewinnen, daß es gefährlich und nicht ratsam sei, die in den Vier-Mächte-Vereinbarungen von 1945 umschriebenen Rechte und Verantwortlichkeiten der Besatzungsmächte mit einem Schlag zu liquidieren, erwies sich als mühsam. Seiner ursprünglichen Konzeption lag dieser Gedanke fern. Konnten wir aber riskieren, die Besatzungshoheit der drei Westmächte in Berlin und ihre darauf basierende Gewährleistung der Freiheit und Sicherheit West-Berlins, des unkontrollierten Luftzugangs dorthin, der Aufrechterhaltung eines Mindestmaßes von Zirkulationsfreiheit innerhalb Gesamt-Berlins und auf den Land- und Wasserwegen zwischen Berlin und Westdeutschland aufs Spiel zu setzen? Die Bundesrepublik war weder politisch noch militärisch im entferntesten in der Lage, diese Funktionen zu übernehmen. Sie besaß auch im Rechts- und Vertragssystem der Nachkriegszeit keinen gesicherten, allgemein anerkannten Rechtstitel, auf den sie sich hätte stützen können, um Freiheit und Sicherheit Berlins mit eigenen Mitteln zu schützen. Ebensowenig konnten wir ein Interesse daran haben, die 1945 von der Sowjetunion anerkannten und teilweise in bezug auf ihre Ausübung vertraglich geregelten Besatzungsrechte der drei Westmächte in Berlin in Frage zu stellen und zu schwächen.

Darüber hinaus waren sich im Bundestag wie in der Völkerrechtswissenschaft alle Sachkenner darüber einig, daß die 1945 für Gesamtdeutschland mit der ausdrücklichen Zielsetzung der Aufrechterhaltung seiner staatlichen Einheit und dem Verzicht auf Annexion und „dismemberment", d. h. Teilung, übernommene Besatzungshoheit die wichtigste völkerrechtliche Klammer war, die Deutschland als Ganzes noch zusammenhielt. Sollten wir selbst diese Klammer auflösen und den Sicherheitsvertrag als ein Instrument der Spaltung Deutschlands konstruieren?

Die Bürgenstock-Gespräche gaben mir die Möglichkeit, diese Fragen aufzuwerfen und zu erläutern und schließlich in den Vertragsentwurf entsprechende Klauseln einzufügen, die dann auch vom Bundeskanzler akzeptiert wurden. Sie trafen sich, wenigstens zum Teil, mit alliierten Wünschen und boten insofern auch in den späteren Verhandlungen keine größeren Schwierigkeiten: Der Berlin-Vorbehalt und der sogenannte „Gesamtdeutsche Vorbehalt" (erstreckt auch auf die Verantwortung der Drei Mächte in bezug auf einen Friedensvertrag) sind in den endgültigen Vertragstext von 1952/54 eingegangen. Langwierige Auseinandersetzungen gab es dagegen um das von den Alliierten beanspruchte dritte Vorbehaltsrecht der Truppenstationierung und eines damit verbundenen Notstandsrechtes. Während der von mir entworfene Text die Truppenstationierung zu einer vertraglich vereinbarten Konsequenz der alliierten Sicherheitszusagen machte und das ihnen eingeräumte Notstandsrecht auf den unmittelbaren Schutz ihrer Streitkräfte beschränkte, zeigte sich bald, daß die Alliierten die besatzungsrechtliche Grundlage der Truppenstationierung beibehalten wollten und daß ihnen ein Notstandsrecht vorschwebte, das ihnen erlaubte, im zeitlichen Rahmen eines von ihnen selbst proklamierten Ausnahmezustands die volle Souveränität und ihre praktische Ausübung jederzeit wieder zu übernehmen.

Dieses Thema enthielt den meisten Zündstoff für den innerpolitischen Kampf um die Vertragsannahme. Die sozialdemokratische Opposition benutzte es jahrelang als Munition in ihrer Kritik der Verträge. Mit den Alliierten gingen die Auseinandersetzungen bis zur Unterzeichnung der revidierten Fassung der Verträge in Paris im Oktober 1954 fort – und sollten selbst damit noch nicht zu Ende sein.

Der auf dem Bürgenstock konzipierte Vertragsentwurf enthielt darüber hinaus einige Lieblingsgedanken Adenauers, die sich nur teilweise als durchsetzbar erwiesen: Ziemlich aussichtslos war die von ihm gewünschte Verpflichtung der Drei Mächte, „die bisherige wirtschaftliche Unterstützung der Bundesrepublik fortzusetzen, um wirtschaftliches Chaos und Arbeitslosigkeit und die sich daraus entwickelnde Gefahr totalitärer Systeme auszuschließen".

Diese Forderung, die im Zuge der wirtschaftlichen Erholung der Bundesrepublik rasch an Überzeugungskraft verlor, ist bald sang- und klanglos fallengelassen worden. Bessere Aussichten hatte Adenauers Bestreben, eine ostpolitische Konsultationsklausel zu erlangen. Die Vertragschließenden sollten sich verpflichten, einander im Hinblick auf alle Fragen zu konsultieren, die ihre Beziehungen zu den Staaten des Ostblocks betrafen. Dieser Gedanke konnte durchgesetzt werden und fand seinen Niederschlag in den Art. 3 und 7 des Vertragstextes von 1954:

Art. 3, Abs. 3: Bei Verhandlungen mit Staaten, mit denen die Bundesrepublik keine Beziehungen unterhält, werden die Drei Mächte die Bundesrepublik in Fragen konsultieren, die deren politische Interessen unmittelbar berühren.

Art. 7, Abs. 4: Die Drei Mächte werden die Bundesrepublik in allen Angelegenheiten konsultieren, welche die Ausübung ihrer Rechte in bezug auf Deutschland als Ganzes berühren.

Infolge der schon einige Monate nach Inkrafttreten der Verträge vereinbarten Aufnahme diplomatischer Beziehungen mit der Sowjetunion ist die Konsultationsklausel insoweit jedoch ohne praktische Bedeutung geblieben. Nachdem inzwischen mit allen Staaten des Ostblocks diplomatische Beziehungen hergestellt sind, bleibt für die Zukunft nur der in Art. 7 enthaltene Teil der Konsultationsklausel von Bedeutung.

Andere Klauseln meines Entwurfes sind in mehr oder minder modifizierter Form in den endgültigen Vertragstext eingegangen: die „Aufrechterhaltung der freiheitlich demokratischen Ordnung in der Bundesrepublik" als „Ziel der gemeinsamen Politik", eine „Friedensregelung für ganz Deutschland auf der Grundlage eines zwischen Deutschland und seinen ehemaligen Gegnern frei vereinbarten Vertrages" als „Endziel ihrer Politik", die Verpflichtung der Bundesrepublik, ihre Politik im Einklang mit den Prinzipien der Charta der Vereinten Nationen und den im Statut des Europarats niedergelegten Zielen zu halten.

Eine umfassende Schiedsklausel sollte gewährleisten, daß alle Streitfragen, die sich bei der Auslegung oder Anwendung des gegenwärtigen Vertrages und der ihm beigefügten Einzelverträge ergaben, von einem paritätisch besetzten gemischten Schiedsgericht unter einem neutralen Vorsitzenden entschieden würden. Daß davon nur ein Bruchteil übrigbleiben würde, war zu befürchten. Der endgültige Vertragstext hat denn auch den gesamten Bereich der Vorbehaltsrechte der Schiedsgerichtsbarkeit entzogen.

Der Entwurf des Sicherheitsvertrages war, bevor er dem Bundeskanzler vorgelegt wurde, mit Hallstein und seiner Beratergruppe abgestimmt worden. Adenauer hat einige seiner Gedanken zunächst in Einzelgesprächen mit den Hohen

Kommissaren verwandt, bevor diese zu dem entscheidenden Außenministertreffen in Washington (14. September 1951) abreisten. Den vollen Text hat er erst nach ihrer Rückkehr in der Sitzung vom 24. September, durch die die Vertragsverhandlungen eröffnet wurden, übergeben[4]. Wenn der Text überhaupt eine Chance gehabt hatte, als Verhandlungsgrundlage zu dienen, so war diese Chance jedenfalls zu diesem Zeitpunkt verpaßt. Denn am 24. September legten die Hohen Kommissare dem Bundeskanzler einen alliierten Entwurf vor, der sich auf die Beschlüsse von Washington stützte. Ob die Außenminister ihn selbst beraten hatten, war nicht genau festzustellen. In Bonn hatte man jedenfalls den Eindruck, daß dieser Text hinter dem Geist der Washingtoner Beschlüsse zurückblieb und sehr viel rigoroser an den bisherigen Konzeptionen festhielt, als wir erhofft hatten.

Die Eröffnung des eigentlichen Verhandlungsabschnitts stand demgemäß unter keinem günstigen Stern. Ich war, ebenso wie meine alliierten Gesprächspartner vom Petersberg, zu dieser Sitzung am 24. September, die auf Schloß Ernich, dem Sitz des französischen Hohen Kommissars, François-Poncet, stattfand, nicht zugezogen worden, ebensowenig wie zu der am 1. Oktober folgenden zweiten Sitzung auf Schloß Röttgen, dem Sitz des britischen Hohen Kommissars, Sir Ivone Kirkpatrick. Der Bundeskanzler ließ sich zu diesen Konferenzen, wohl auch in Vorahnung unerfreulicher Zusammenstöße, nur von Hallstein und Blankenhorn begleiten. Erst im Laufe der folgenden, arbeitsreichen und von vielen harten Auseinandersetzungen begleiteten Wochen und Monate errang ich mir allmählich das Vertrauen des mißtrauischen alten Herrn.

Noch am Abend des 24. September beschäftigte sich die Beratergruppe mit dem am Vormittag übergebenen alliierten Vertragsentwurf, wobei Hallstein über den Verlauf der Sitzung berichtete. Niemand machte sich Illusionen über den wenig ermutigenden Charakter des alliierten Dokuments.

Es war geprägt von dem Grundgedanken, daß die Drei Mächte die 1945 übernommene oberste Gewalt prinzipiell zu behalten beabsichtigten und lediglich bereit waren, auf die Ausübung der darin beschlossenen Hoheitsrechte insoweit zu verzichten, als es sich nicht um bestimmte Vorbehaltsgebiete handelte, auf denen sie weiterhin alle bisherigen Machtvollkommenheiten auszuüben gedachten.

Dieser nüchterne Grundgedanke folgte einer langatmigen und phrasenreichen Präambel, in der jedoch bezeichnenderweise der Satz des Washingtoner Kommuniqués fehlte, wonach die Bundesrepublik „auf der Basis der Gleichberechtigung in eine europäische Gemeinschaft eingegliedert werden" sollte.

Der weitere Inhalt des alliierten Entwurfes entsprach diesem Ansatz: weitgefaßte Vorbehaltsrechte der Drei Mächte, umfassende Notstandsbefugnisse, ein Botschafterrat als permanentes Kontrollorgan, Verpflichtungen der Bundesrepublik zur Leistung eines Verteidigungsbeitrages ohne angemessene politische Gegenleistungen der Alliierten (z. B. in bezug auf die Gleichberechtigung der Bundesrepublik und die Unterstützung ihrer grundlegenden deutschlandpolitischen Ziele), ein Schiedsgericht, dessen Zuständigkeit auf Fragen beschränkt war, die nicht in den weiten Bereich der Vorbehaltsrechte fielen; in den „Zusatzverträgen" eine lange Liste von Regelungen auf dem Gebiete der Wirtschaft, der Finanzen, der Reparationen und Restitutionen, der Kriegsverbrecher und der Flüchtlinge – alles in allem ein Quasi-Friedensvertrag.

III.

Sieben Monate lang wurde darum gerungen, dem alliierten Entwurf einige „Giftzähne" zu ziehen und ihn den deutschen Vorstellungen anzunähern. Dies spielte sich auf drei Ebenen ab: Auf der untersten Ebene kämpfte ich mit meinen Mitarbeitern in einer größeren Zahl von Verhandlungsgruppen um eine Verbesserung der Vertragsbedingungen in zahllosen Einzelfragen; was nicht bereinigt werden konnte oder an politische Grundsatzfragen rührte, kam auf die nächsthöhere Ebene, einen „Lenkungsausschuß", der sich aus den politischen Beratern der drei Hohen Kommissare und dem Staatssekretär des Auswärtigen Amts zusammensetzte; in letzter Instanz fielen die Entscheidungen in einer Serie von Zusammenkünften des Bundeskanzlers mit den drei Hohen Kommissaren. Bis zur Unterzeichnung des Vertragswerkes in seiner ursprünglichen Form (d. h. in Verbindung mit dem EVG-Vertrag) am 26. Mai 1952 kam es zu dreißig, großenteils mehrstündigen und oft bis in die späte Nacht dauernden Sitzungen auf höchster Ebene (die letzte, am 17. Mai 1952, dauerte 17 Stunden), in denen erbittert um jeden Artikel des sogenannten „Generalvertrages", d. h. des politischen Grundvertrages und der zahlreichen, z. T. sehr technischen, aber in ihrer Bedeutung ebenfalls schwerwiegenden „Zusatzverträge", gerungen wurde.

In einer dieser Marathon-Sitzungen übergab der Bundeskanzler, übermüdet und unter dem Eindruck, daß die Tagesordnung keine Punkte von fundamentaler politischer Bedeutung mehr enthielt, den Vorsitz der deutschen Delegation an Hallstein und zog sich zurück. Mir gegenüber saß Robert Bowie, mit dem ich viele Tage und Nächte hindurch unter sechs Augen (seine britischen und französischen Kollegen hatten ihn zeitweise zu ihrem gemeinsamen Sprecher gemacht, während ich zur Protokollführung einen meiner jüngeren Mitarbeiter mitbrachte) über strittige Formulierungen des „Generalvertrages" erbittert gerungen hatte und der mir jetzt, unter Anspielung auf unsere eigene Übermüdung, bedeutete, daß auch er es vorziehen würde, nunmehr aufzustehen und nach Hause zu gehen. Ich rief ihm halblaut über den Tisch hinüber zu: „Quod licet Iovi non licet Bowie." Bei den Umsitzenden erzielte ich damit einen rauschenden Heiterkeitserfolg, Bowie ergab sich in sein Schicksal – was er wohl ohnehin getan hätte –, und die Verhandlung plätscherte noch ein bis zwei Stunden weiter dahin. Kleine Zwischenfälle wie diese zeigen, wie sich die Atmosphäre gegenüber der Anfangszeit verändert hatte: Je länger wir uns auf beiden Seiten bemühten, bei hartnäckiger Wahrung der eigenen Interessen zu einem tragbaren Kompromiß und einem fairen Ergebnis zu kommen, desto mehr erwärmte sich das menschliche Klima; die eisige Kühle, die anfangs häufig geherrscht hatte, schwand dahin.

In diesem monatelangen intensiven Verhandlungsprozeß lernten sich alle beteiligten Partner sehr genau kennen – und in vielen Fällen respektieren und schätzen. Adenauers Zähigkeit und Standfestigkeit, aber auch sein Sinn für

Augenmaß, der ihn davor bewahrte, die Verhandlungen wegen zweitrangiger Fragen sich festfahren zu lassen, nicht zuletzt sein Talent, schwierige Situationen durch ein schlagfertiges Scherzwort aufzulockern, verschafften ihm bei den Hohen Kommissaren Achtung und menschliche Sympathie, die sich in den späteren Jahren als höchst wertvolle Aktivposten seiner außenpolitischen Position erwiesen: François-Poncet blieb nach Auflösung der Alliierten Hohen Kommission als Botschafter in Bonn, Sir Ivone Kirkpatrick wurde Staatssekretär des Foreign Office, John J. McCloy war nach seiner Rückkehr in die Vereinigten Staaten einflußreicher Berater verschiedener Präsidenten und ein höchst wirksamer Förderer der deutsch-amerikanischen Freundschaft.

Ich selbst habe später von den damals geknüpften persönlichen Beziehungen nicht minder profitiert: In den Jahren meiner Botschaftertätigkeit in Washington (1958–62) erwiesen sich McCloy und die Mitglieder seines Stabes, die meine Verhandlungspartner waren, Männer wie Robert Bowie, Shepard Stone, Eli Debevoise, als zuverlässige und hilfsbereite Freunde.

Alles dieses konnte jedoch nicht darüber hinwegtäuschen, daß das Verhandlungsergebnis, das schließlich erzielt wurde, weit von dem Modell des Bürgenstock-Entwurfes entfernt war und viele im Sommer 1951 gehegte Hoffnungen enttäuscht hatte. Für Konrad Adenauer war es eine besonders bittere Enttäuschung, daß der mit dem Deutschland-Vertrag verknüpfte und am 27. Mai 1951 in Paris unterzeichnete EVG-Vertrag die Hürde der Ratifikation infolge des Widerstandes der französischen Nationalversammlung nicht überwinden konnte und dort im August 1954 scheiterte. Durch dieses Hindernis verzögerte sich das Inkrafttreten des Deutschland-Vertrages – und damit die Beendigung des Besatzungsregimes – um drei Jahre. An die Stelle der EVG trat eine andersartige Vertragskonstruktion: Die Bundesrepublik unterwarf sich im Rahmen des zur Westeuropäischen Union (WEU) umgebauten Brüsseler Vertrages von 1947 einer freiwilligen Rüstungskontrolle und trat als im übrigen gleichberechtigtes Mitglied dem Nordatlantik-Pakt bei. Im Laufe einiger mit fieberhafter Aktivität gefüllter Wochen und zweier großer Konferenzen (Londoner Neun-Mächte-Konferenz vom 28. September bis 3. Oktober und Pariser Konferenz vom 20. bis 23. Oktober 1954) wurde eine neue Lösung erzielt, die einerseits zwar dem europäischen Einigungsprozeß einen schweren und nie wieder verheilten Schlag versetzte, auf der anderen Seite jedoch die deutsche Wehrhoheit fest etablierte und der Atlantischen Allianz eine neue Dimension verlieh. Auch der Deutschland-Vertrag erfuhr gegenüber dem 1952 unterzeichneten Text Modifikationen – und zwar eindeutige Verbesserungen, die der inzwischen eingetretenen Entwicklung, der politischen und wirtschaftlichen Konsolidierung der Bundesrepublik, Rechnung trugen:

Das Wort „Souveränität" fand endlich Eingang in den Vertragstext (Art. 1); die weitgehende Notstandsklausel wurde gestrichen und durch eine sehr viel restriktivere Übergangsregelung ersetzt, die den Fortfall der alliierten Notstandsbefugnisse für den Augenblick vorsah, in dem eine deutsche Notstandsgesetzgebung in Kraft gesetzt würde; der deutschen Forderung, die Truppenstationierung auf Vertragsbasis zu stellen, wurde durch einen entsprechenden besonderen Vertrag Rechnung getragen; der den rechtlichen Status dieser Truppen während ihres Aufenthalts in der Bundesrepublik regelnde

Truppenvertrag von 1952 sollte durch „neue Vereinbarungen" auf der Grundlage des für alle Bündnispartner geltenden NATO-Truppenstatuts von 1951 ersetzt werden (entsprechende neue Vertragsvereinbarungen wurden am 3. August 1959 unterzeichnet und am 26. Juni 1963 in Kraft gesetzt); die viel umstrittene und in ihrer Tragweite und Bedeutung schwer übersehbare „Bindungsklausel" des alten Textes (Art. 7, Abs. 3, wonach das wiedervereinigte Deutschland die Rechte aus diesen Verträgen erhalten sollte, wenn es sich entscheiden würde, auch die darin enthaltenen Verpflichtungen zu übernehmen) wurde gestrichen; die Befugnisse des 1952 vorgesehenen Schiedsgerichts zur Entscheidung von Streitigkeiten aus den Verträgen wurden insoweit eingeschränkt, als sie dieses Gericht zu eigenen Rechtsetzungsakten zur Vollstrekkung seiner Entscheidungen ermächtigt hatten; die Möglichkeiten zur Revision des Vertrages wurden verbessert; gestrichen wurde die gesamte Präambel, die einige ideologisch verbrämte Ansatzpunkte für künftige Einwirkungen der Drei Mächte auf innere Angelegenheiten enthalten hatte; schließlich gab es einige Verbesserungen im Bereiche des Finanz- und des Überleitungsvertrages.

Eingefügt in ein ganzes Bündel von Verträgen (den „Pariser Verträgen") wurde der Deutschland-Vertrag in dieser neuen Fassung am 23. Oktober 1954 erneut unterzeichnet. Nach dem Vorliegen aller erforderlichen Ratifikationen trat er am 5. Mai 1955 in Kraft. Damit war das Besatzungsregime beendet und die Souveränität der Bundesrepublik hergestellt[5].

IV.

Sowohl um die erste wie auch um die zweite, verbesserte Fassung des Deutschland-Vertrages hat es erbitterte politische Auseinandersetzungen gegeben. Die Opposition versagte ihm bis zum Schluß ihre Zustimmung. Erst später verstand sich die SPD zu der Erklärung, daß sie den von der Parlamentsmehrheit gebilligten und völkerrechtlich verbindlich gewordenen Vertrag als eine gegebene Tatsache betrachte und ihre künftige Politik auf dem Boden dieser Tatsache zu führen gedenke.

Die gegen den Deutschland-Vertrag erhobenen Einwände – um nur die wichtigsten zu nennen – bezogen sich auf drei eng mit einander verwobene Komplexe: Aufrüstung, Souveränität, Wiedervereinigung. Die Aufstellung deutscher Streitkräfte und ihre Eingliederung in das westliche Bündnissystem werde die Teilung Deutschlands in zwei Staaten mit entgegengesetzter Bündnisbindung faktisch besiegeln und die Aussichten auf eine Wiedervereinigung endgültig zunichte machen – so wurde argumentiert. Die Bundesrepublik werde dem Risiko ausgeliefert, von den verfeindeten Großmächten zum Schlachtfeld eines Atomkrieges gemacht zu werden. Die ihr als Köder in Aussicht gestellte Souveränität sei mit so schwerwiegenden Vorbehaltsrechten belastet, daß man von Souveränität nicht sprechen könne; das gelte insbesondere von den Notstandsrechten, kraft deren die drei Westmächte ihre oberste Gewalt jederzeit wieder reaktivieren und unumschränkt ausüben könnten. Die politischen Gegenleistungen der westlichen Vertragspartner beschränkten sich auf verbale

Deklamationen und seien praktisch wertlos. Keiner der atlantischen Verbündeten sei ernstlich an der Wiedervereinigung interessiert, die meisten seien entschieden dagegen; die Oder-Neiße-Grenze werde von allen als endgültig betrachtet.

Waren die Einwände stichhaltig? Welches Gewicht muß man ihnen – nach zwanzigjähriger Geltungsdauer des Vertrages – beimessen?

Adenauer machte sich keine Illusionen über das, war er erreicht hatte – auch wenn er in der öffentlichen Verteidigung des Vertragswerkes häufig genötigt war, das Ergebnis optimistischer zu interpretieren, als es seiner inneren Überzeugung entsprach. Seine Berater – ich jedenfalls möchte das für mich in Anspruch nehmen, doch gilt das gleiche meines Wissens auch für alle anderen, auf die der Kanzler hörte – haben ihm keine schönfärberischen Darstellungen und Deutungen geliefert. Adenauer wußte, welche Hypotheken der Deutschland-Vertrag der formal eingeräumten Souveränität der Bundesrepublik aufbürdete. Er wußte, welche Privilegien die früheren Besatzungstruppen auch nach dem Mai 1955 behielten, welches politische Gewicht ihrer Anwesenheit zukam, wie schwierig es sein würde, die Gleichberechtigung der deutschen Streitkräfte innerhalb der Allianz zu etablieren und zu behaupten. Auch über die deutschlandpolitischen Vorstellungen der alliierten Regierungen und ihrer Völker machte er sich keine Illusionen.

Stärker als alle seine Sorgen und Befürchtungen waren jedoch seine Zuversicht und sein Vertrauen darauf, daß dieses von ihm geleitete Staatswesen mit einer künftigen Armee von nahezu 500000 Mann, mit seiner 60-Millionen-Bevölkerung, die ihre wirtschaftliche Dynamik, ihre technische Leistungsfähigkeit und – wenn die Erfahrungen der ersten Nachkriegsjahre nicht trogen – ihre politische Vernunft bereits bewiesen hatte, sich mit unwiderstehlicher Zwangsläufigkeit durchsetzen und seine Unabhängigkeit kraft seines politischen, wirtschaftlichen und militärischen Potentials automatisch erringen werde.

V.

Diese grundlegende Kalkulation hat sich als richtig erwiesen. Schon nach wenigen Jahren war die Bundesrepublik ein weltweit geachtetes Staatswesen, dessen Souveränität niemand bezweifelte – am wenigsten die Verbündeten, die miteinander wetteiferten, Bonn zu umwerben.

Die sogenannten Vorbehaltsrechte haben sich kaum als Belastungen und Beschränkungen der deutschen Souveränität, sondern ganz überwiegend als eine Stütze und Stärkung aller aufeinanderfolgenden Bundesregierungen bei ihrer Berlin und Deutschland betreffenden Politik erwiesen.

Das gilt in allererster Linie für die Aufrechterhaltung der Besatzungsrechte in Berlin. Dadurch wurde die fortdauernde Verantwortlichkeit der drei Westmächte für Berlin in einer Klarheit und Unzweideutigkeit bestätigt, die für den Verlauf der großen Berlinkrise von 1958 bis 1962 von höchster Bedeutung war. Wäre diese Rechtsposition 1954 aufgegeben oder geschmälert worden, so hätte es kaum ein amerikanisches Engagement von gleicher Entschlossenheit für die Freiheit West-Berlins gegeben. Welche Folgen das für die erfolgreiche

Bewältigung dieser Krise gehabt hätte, kann man sich ohne viel Phantasie leicht ausmalen.

Davon sind wohl heute alle Parteien der Bundesrepublik gleichermaßen überzeugt. Jedenfalls hat die Regierung Brandt-Scheel 1970 bei der Verhandlung und dem Abschluß des Berlin-Abkommens zwischen den vier ehemaligen Besatzungsmächten – nicht weniger als eineinhalb Jahrzehnte zuvor die Regierung Adenauer – größten Wert darauf gelegt, daß die aus der Situation von 1945 abgeleitete Rechtsposition der drei Westmächte in Berlin nicht angetastet werde.

Entsprechend hat sich die gegenwärtige zweite Bundesregierung der sozialliberalen Koalition auf der Konferenz für Sicherheit und Zusammenarbeit in Genf und Helsinki verhalten: Auch sie legte Wert auf Formulierungen, die die Rechtsposition der Drei Mächte in bezug auf Berlin sowohl wie in bezug auf Deutschland als Ganzes und einen künftigen Friedensvertrag nicht in Frage stellten.

In seiner Bundestagserklärung vom 25. Juli 1975 – wenige Tage vor der Unterzeichnung der Schlußakte in Helsinki – betonte Bundesaußenminister Genscher die „Unberührtheit bestehender Rechte und Verpflichtungen" und bemühte sich, nachdrücklich klarzustellen, „daß die Konferenzergebnisse – einmal ganz abgesehen davon, daß sie keinen völkerrechtlichen Charakter haben – die Rechtslage in Deutschland nicht verändern können, daß die Rechte und Verantwortlichkeiten der Vier Mächte in bezug auf Deutschland als Ganzes und auf Berlin in keiner Weise beeinträchtigen werden". Gleiches gilt für unsere Verträge, fuhr der Minister fort, und bezog sich hierbei ausdrücklich auch auf den Deutschland-Vertrag: „In Helsinki werden die Regierungschefs und Staatschefs unserer drei Partner des Deutschland-Vertrages, also der Vereinigten Staaten, Frankreichs und Großbritanniens, mit dem Bundeskanzler zusammenkommen, so wie das auch vor anderen wichtigen internationalen Konferenzen üblich ist, und damit noch einmal sichtbar vor der ganzen Welt die gemeinsame Verantwortung für die deutsche Sache zum Ausdruck bringen."[6] Deutlicher kann nicht festgestellt werden, daß diese tragenden Prinzipien des Deutschland-Vertrages in zwei Jahrzehnten von allen deutschen Regierungen und Parteien anerkannte fundamentale Bestandteile der deutschen Außenpolitik geworden sind, die niemand in Frage stellt.

Die drei Westmächte haben sich in 20 Jahren an die politischen Zusagen gehalten, die sie im Deutschland-Vertrag gegeben hatten. Sie haben die Bundesregierung in allen Angelegenheiten konsultiert, welche die Ausübung ihrer Rechte in bezug auf Deutschland als Ganzes berührten (Art. 7 Abs. 4). Sie haben sich um eine gemeinsame Politik bemüht, deren Ziel eine zwischen Deutschland und seinen ehemaligen Gegnern frei vereinbarte friedensvertragliche Regelung für ganz Deutschland war (Art. 7, Abs. 1, Satz 1). Sie haben daran festgehalten, daß die endgültige Festlegung der Grenzen Deutschlands bis zu dieser Regelung aufgeschoben werden muß (Art. 7, Abs. 1, Satz 2). Die Vier-Mächte-Konferenzen in Berlin (1954) und Genf (1955 und 1959) haben in ihrer Zielsetzung und in ihrer Durchführung (d. h. auch in der prozeduralen Form der Konsultation bzw. Beteiligung der Bundesregierung) diesen Stil des engen Zusammenwirkens in der Deutschland-Frage deutlich sichtbar

gemacht. Ad-hoc-Arbeitsgruppen und die permanente Bonner Vierergruppe haben diese Zusammenarbeit auch zwischen und nach den Konferenzen praktiziert. Es hat in der deutschen Frage keinen Notenwechsel mit der Sowjetunion gegeben, der nicht sorgfältig vorher im Viererkreise abgestimmt worden wäre.
Auch die mit dem Deutschland-Vertrag verknüpfte, in das Pariser Vertragswerk eingefügte Londoner Erklärung vom 3. Oktober 1954, worin die drei Westmächte (wie schon in der New Yorker Deutschland-Erklärung von 1950) bestätigten, daß sie „die Regierung der Bundesrepublik Deutschland als die einzige deutsche Regierung betrachten, die frei und rechtmäßig gebildet und daher berechtigt ist, für Deutschland als Vertreterin des deutschen Volkes in internationalen Angelegenheiten zu sprechen", ist stets respektiert worden – bis die Bundesregierung selbst ihren „Alleinvertretungsanspruch" aufgab und im Grundlagenvertrag mit der DDR 1970 die Anerkennung eines zweiten deutschen Staates vollzog. Keine Vertragsbestimmung konnte unsere Partner danach noch verpflichten, in dieser Frage deutscher als die Deutschen zu sein.
Es soll hier nicht behauptet werden, daß die Westmächte 20 Jahre lang unter Verdrängung ihrer innersten Gefühle und Wunschvorstellungen alles darangesetzt hätten, die Wiedervereinigung Deutschlands herbeizuführen. Kein Vertrag konnte das bewirken oder gewährleisten. Wer solches vom Deutschland-Vertrag erwartet hatte, kann schwerlich als Realist gelten. Auch der Text stützt derart weitgehende Erwartungen nicht. Aber er schloß eine Politik aus, die offen auf die Konsolidierung des Status quo der deutschen Teilung gezielt hätte, und er bot der Bundesregierung – ohne daß sie sich in jedem Falle auf den Text hätte berufen müssen – wertvolle Stützen, wenn sich bei den Verbündeten Tendenzen entwickelten, politisch riskante Experimente im Umgang mit der Sowjetunion zu wagen, die auf Kosten der deutschen Interessen gegangen wären. Solche Tendenzen gab es während der Berlinkrise von 1960 bis 1962 mehrfach in Washington und London, in Paris im Zusammenhang mit de Gaulles Öffnung nach Osten und seinem rhetorisch-diplomatischen Spiel mit der Oder-Neiße-Linie und bei den kleineren Verbündeten in dem periodisch auftretenden Bestreben, mit der DDR bereits zu einem Zeitpunkt ins Geschäft zu kommen, in dem diese noch keine Anstalten machte, ihre Beziehungen zur Bundesrepublik auf eine erträgliche Basis zu stellen. Wäre es einer Bundesregierung gelungen, positive Erfolge auf einem Wege zur Überwindung der Spaltung zu erzielen, so hätten die Unterzeichner des Deutschland-Vertrages sich dem kaum widersetzen können. So haben sie auch bei den KSZE-Verhandlungen der Bundesregierung ihre Unterstützung zur Durchsetzung einer Klausel gegeben, die die Möglichkeit friedlicher Grenzänderungen offenhielt und das sowjetische Bestreben vereitelte, alle europäischen Grenzen für immer einzufrieren und jeder Veränderung zu entziehen.

VI.

Als die Pariser Verträge unterschrieben waren, blieben einige Zweifelsfragen in bezug auf die Truppenstationierung offen: Die Auffassung der Bundesregierung, daß sie durch den Deutschland-Vertrag den Charakter eines Vorbehaltsrechtes verloren habe und nur noch auf Vertragsbasis beruhe, wurde zwar von Dulles bestätigt, von Eden und Mendès-France jedoch in einer Weise kommentiert, die zu Zweifeln Anlaß gab. In den folgenden 20 Jahren hat sich darüber niemand mehr den Kopf zerbrochen. Dazu hätte es vielleicht Anlaß gegeben, wenn wir den Abzug der Truppen gewünscht hätten. Tatsächlich war das Gegenteil der Fall. Wenn es Auseinandersetzungen über die Anwesenheit ausländischer Truppen in der Bundesrepublik gab, so ging es fast immer darum, daß die Bundesregierung ihr Verbleiben wünschte und sich gegen Verminderungen der stationierten Kontingente wehrte.

Gewiß, der Truppenvertrag gab zunächst den alliierten Soldaten mehr Privilegien und ihren Befehlshabern mehr Rechte, als sie nach dem NATO-Truppenstatut in anderen verbündeten Ländern besaßen. Ein gewisser „Überhang" von Besatzungsrecht war geblieben. Es gab Bestimmungen, die für die Bevölkerung und die Behörden der Bundesrepublik lästig waren: Sie betrafen z.B. Gerichtsbarkeit, Polizei, Manöverrechte, Jagd- und Fischereiprivilegien, finanzielle Belastungen. Zwischenfälle und Reibungen blieben nicht aus. Nach mehrjährigen Neuverhandlungen wurde der Truppenvertrag jedoch 1963 außer Kraft gesetzt und durch das NATO-Truppenstatut (in einer durch ein Zusatzprotokoll angepaßten Form) ersetzt. Insgesamt wird man auch zu diesem Komplex feststellen dürfen, daß die Regelungen des Deutschland-Vertrages und der von ihm vorgesehenen Folgeabmachungen zu beiderseits tragbaren Kompromissen geführt haben. Es dürfte kaum Beispiele in der Geschichte dafür geben, daß ein so großer militärischer Fremdkörper von einer Millionenbevölkerung auf dichtbesiedeltem Raum mit einem solchen Mindestmaß an Reibungen absorbiert wurde.

VII.

Ein besonders umstrittenes und angefochtenes Kapitel der Vorbehaltsrechte fand nach einer Reihe von Jahren (die Dauer war von der deutschen Seite zu verantworten) seine vollständige Erledigung: Die Notstandsrechte der Drei Mächte wurden 1968, nachdem sich die Bundesrepublik selbst ein begrenztes und rechtsstaatlich weitgehend abgesichertes Notstandsrecht geschaffen hatte, aufgehoben – so wie es der Vertragstext von 1954 vorgesehen hatte. Die in der Öffentlichkeit entfachte Kampagne gegen die gesetzliche Festlegung der Notstandsbefugnisse der Bundesregierung verlief nach einiger Zeit (genauso wie die Kampagne gegen Wiederbewaffnung und „Atomtod") sang- und klanglos im Sande. Besseres hatte sie auch nicht verdient, da sie von vornherein ein wenig rühmliches Kapitel politischer Demagogie, ja Schizophrenie darstellte: Die Notstandsgesetzgebung war das vertraglich vorgeschriebene und daher unumgängliche Erfordernis für die Beseitigung der alliierten Notstandsrechte. Wer sie zum Scheitern brachte, verlängerte damit auf unabsehbare Zeit die viel weitergehenden und rechtsstaatlich kaum abgesicherten Notstandsbefugnisse dreier ausländischer Regierungen in Deutschland. Als es 1954 gelang, in der Neufassung des Deutschland-Vertrages die zeitliche Begrenzung der alliierten Notstandsbefugnisse und ihre Ablösung durch eine deutsche

Notstandsgesetzgebung zu erreichen, hielt ich das für einen wichtigen Verhandlungserfolg und ließ mir nicht träumen, daß es einmal politische Kräfte in der Bundesrepublik geben würde, die aus innenpolitischen Gründen diese Ablösung zu verhindern suchen würden. Das war eine Selbsttäuschung, aber die Kalkulation blieb richtig, da es der Parlamentsmehrheit gelang, Vernunft und Logik zum Siege zu verhelfen.

VIII.

Die erste Fassung des Deutschland-Vertrages hatte 1952 in ihrem Art. 4, Abs. 4 statuiert: „Die Bundesrepublik wird sich an der Europäischen Verteidigungs-Gemeinschaft beteiligen, um zur gemeinsamen Verteidigung der freien Welt beizutragen." Nach dem Scheitern der EVG verzichtete man 1954 auf eine Vertragsbestimmung in diesem Rahmen über den deutschen NATO-Beitritt. Man wollte kein neues „Junktim", nachdem das alte mit der EVG die Beendigung des Besatzungsregimes um Jahre verzögert hatte. Der Vertrag bindet jedoch einige seiner Bestimmungen an das „Inkrafttreten der Abmachungen über den deutschen Verteidigungsbeitrag". Diese Abmachungen wurden am gleichen Tage wie der Deutschland-Vertrag, am 23. Oktober 1954, in Paris unterzeichnet: das „Protokoll zum Nordatlantikvertrag über den Beitritt der Bundesrepublik Deutschland".

Der Beitritt der Bundesrepublik Deutschland zur NATO bildet einen integrierenden Bestandteil der Pariser Verträge. Er muß, auch wenn das formelle Junktim gelöst wurde, doch als essentielles Element des Deutschland-Vertrages betrachtet werden. Auch hierfür gilt daher die Frage: Wie sieht es damit nach 20 Jahren aus?

Kein verantwortungsbewußter deutscher Politiker zweifelt heute noch daran, daß wir die Atlantische Allianz in den letzten 20 Jahren bitter nötig gebraucht haben, daß unsere Mitgliedschaft und unser militärischer Beitrag notwendig waren – und daß sie es auch in Zukunft sein werden, weil auch realistische Entspannungspolitik nur von einer Basis ausreichender militärischer Stärke aus getrieben werden kann. Die Bundeswehr ist unumstritten, ihr Prestige im Steigen, die Zahl der Wehrdienstverweigerer geht zurück.

Was die Stellung unserer Streitkräfte im Bündnis anlangt, so gelten sie als die bestbewaffnete, bestdisziplinierte und stärkste Armee Europas und werden als solche vom Pentagon am höchsten bewertet. Im NATO-Rat und in den integrierten Kommando-Stäben spielen die deutschen Vertreter seit langem eine adäquate Rolle und nehmen eine geachtete Position ein. Es läßt sich kaum bezweifeln, daß die NATO ohne die deutsche Mitgliedschaft heute nicht mehr lebensfähig wäre. Von deutscher Seite kommen daher auch seit langem die wichtigsten Impulse zur Stärkung, Straffung und Gesundung der Allianz, und die Fürsprecher solcher Bestrebungen sind seit 1969 Verteidigungsminister aus den Reihen der SPD.

In einer Hinsicht allerdings ist die grundsätzliche Gleichheit und Gleichberechtigung der Allianzpartner durchbrochen: in bezug auf die Nuklearbewaffnung. Nur Amerikaner, Briten und Franzosen verfügen über Nuklearwaffen. Die

Bundeswehr verfügt zwar über Nukleartrüger, hat jedoch keine Verfügungsgewalt über atomare Sprengköpfe. Diese unterliegen, auch soweit sie auf dem Bundesgebiet eingelagert sind, amerikanischer „custody and control", ihre Freigabe ist nur im Kriegsfalle möglich.

Die Bundesrepublik hat auch niemals eine nationale Verfügungsgewalt über Atomwaffen angestrebt. Konrad Adenauer hat 1954 auf der Londoner Neun-Mächte-Konferenz den Verzicht auf „ABC-Waffen" (=atomare, bakteriologische und chemische Waffen) ausgesprochen – in der Form einer einseitigen, freiwilligen, an die übrigen Konferenzteilnehmer adressierten Erklärung, die sich auf die Herstellung dieser Waffen im eigenen Lande bezog. Er hat in seinen „Erinnerungen"[7] wiederholt, was er oft auch an anderer Stelle ausgesprochen hatte: daß er mit Dulles darüber einig gewesen sei – und daß die anderen Konferenzpartner dieses stillschweigend zur Kenntnis genommen hätten –, daß dieses eine Verpflichtung „rebus sic stantibus" gewesen sei. Jedenfalls hat sich Adenauer stets geweigert, für die Bundesrepublik generell und für alle Zeiten förmlich und völkerrechtsverbindlich auf Atomwaffen zu verzichten. Wenn er auch keine nationale Nuklearbewaffnung der Bundesrepublik erstrebte, so hat er doch stets eine europäische oder NATO-Nuklearstreitmacht für wünschenswert, wenn nicht sogar für unentbehrlich gehalten. Daher seine Unterstützung für Norstads Projekt einer NATO-Atomstreitmacht, und später, wenngleich ohne großen Enthusiasmus, für das amerikanische Projekt einer „Multilateralen Atomstreitmacht" (MLF); daher auch seine Abneigung gegen den Atomsperrvertrag, mit dem genau das geschah, was er stets zu vermeiden trachtete: die völkerrechtliche Herabstufung der Bundesrepublik in den zweiten Rang und die Aufrichtung von völkerrechtlichen, sowjetische Einmischung herausfordernden Barrieren gegen eine künftige, mit allen modernen Waffen ausgestattete europäische Verteidigungsstreitmacht.

IX.

Das Ergebnis dieser Bilanz ist erstaunlich positiv – erstaunlich im Hinblick auf die Widerstände, die der Ratifikation dieses Vertrages durch Jahre hindurch entgegengesetzt wurden; auf seine komplizierte juristische Konstruktion und die noch viel kompliziertere Realität, die er betraf; auf die miserable Ausgangslage, in der sich die deutschen Unterhändler anfangs befanden; auf die Zugeständnisse, Lasten und Opfer, die er forderte; auf das Schicksal anderer Verträge, die bald nach der Unterzeichnung in Auslegungsstreitigkeiten gerieten oder nach wenigen Jahren infolge veränderter Umstände obsolet wurden.

Über den politischen Teil des Deutschland-Vertrages hat es kaum Auslegungsstreitigkeiten gegeben. Soweit es solche über die Zusatzverträge gab, wurden sie schiedsgerichtlich oder auf andere Weise gütlich bereinigt. Keine Streitfrage über die Anwendung dieses Vertragswerkes hat je zu einer ernsten Belastung des Verhältnisses der Vertragspartner zueinander geführt (notabene: nicht zuletzt auch wegen der juristischen Sorgfalt, mit der dieses Vertragswerk erarbeitet wurde).

Adenauers Kalkulation ist – auch wenn der Deutschland-Vertrag anders aussah, als er sich das 1951 auf dem Bürgenstock vorgestellt hatte – durch den Ablauf der Ereignisse in zwei Jahrzehnten gerechtfertigt worden: Er schuf die Grundlage, die den Kanzler außenpolitisch aktionsfähig machte, ermöglichte ihm die Anlehnung an die europäischen und atlantischen Freunde, die er für seine Deutschland- und Europapolitik brauchte, sicherte die Bundesrepublik und Berlin verteidigungspolitisch und schützte sie gegen politische Erpressung, legte einige außenpolitische Grundlinien fest, die noch heute nach 20 Jahren von seinen Nachfolgern und früheren Opponenten vertreten und praktiziert werden.

Man wird daher sagen dürfen, daß der Deutschland-Vertrag einer der dauerhaftesten und solidesten Erfolge des Staatsmannes Adenauer war.

1 Die bisher vollständigste und klarste Übersicht über diese Vorgeschichte findet sich bei Arnulf Baring, Außenpolitik in Adenauers Kanzlerdemokratie, München-Wien 1969, S. 124ff.

2 Stuttgart 1948.

3 Charles W. Thayer hat darüber in seinem Buch „Die unruhigen Deutschen" (Stuttgart 1958, amerikanische Ausgabe: „The unquiet Germans", New York 1957) berichtet, wo er mich unter dem Pseudonym „Otto X." auftreten ließ.

4 Vgl. Konrad Adenauer, Erinnerungen 1945–1953, Stuttgart 1965, S. 477 und S. 487.

5 Über den Gesamtkomplex der Verhandlungen von 1951–54 habe ich damals in mehreren Zeitschriftenaufsätzen berichtet, die im wesentlichen in meinem Buche „Deutsche Außenpolitik der Nachkriegszeit" (Stuttgart 1960) abgedruckt sind.

6 Vgl. Deutscher Bundestag. Stenographischer Bericht. 7. Wahlperiode. 183. Sitzung, S. 12797ff.

7 Vgl. Konrad Adenauer, Erinnerungen 1953–1955, Stuttgart 1966, S. 347.

GERHARD SCHRÖDER

Außenpolitik im Übergang Adenauer–Erhard

I. Einleitung

Zehn Jahre lang habe ich in den Kabinettsitzungen jeder Woche und bei zahlreichen anderen Gelegenheiten neben Adenauer gesessen. Von 1953 bis 1961 als Innenminister, von 1961 bis zu seinem Ausscheiden aus dem Amte als Außenminister. In der Regierung Erhard war ich Außenminister von 1963 bis zum Ende der beiden Regierungen Erhard im November 1966.

Denken wir zurück an den August 1961. Ich werde nie vergessen, daß mich Anfang August 1961 ein Kollege in Kampen besucht hat und daß wir lange über die Wahlaussichten vom September 1961 sprachen. Beide waren wir damals davon überzeugt, daß die CDU/CSU mit einer großen absoluten Mehrheit zu rechnen habe. Die CDU/CSU hatte eine knappe absolute Mehrheit im Wahlkampf 1957 errungen. Die meisten Voraussagen für den Wahlausgang 1961 lagen beträchtlich über den Erwartungen, die sich 1957 erfüllt hatten. Daß es anders gekommen ist, wissen wir alle. Entscheidend dafür war der Bau der Mauer durch Berlin vom 13. August 1961. Im Ergebnis würde Adenauer die Regierungsgeschäfte mit einer reduzierten Mehrheit zu betreiben haben. Es ist unvergeßlich, wie er trotz des Rückschlags, den der Wahltag brachte, am nächsten Tage mit großer Entschlossenheit daran ging, sich selbst als Regierungschef in das öffentliche Bewußtsein zu rücken und die notwendige Mehrheit zusammenzubringen.

Für ihn war von vornherein klar, daß die notwendige Mehrheit nur aus CDU/CSU und FDP bestehen könnte. Natürlich wußte er, daß die Wahlaussagen der FDP auf eine Regierung unter Erhard gerichtet waren. Nach seiner festen Überzeugung sprachen die Zeitläufte jedoch für eine Fortsetzung seiner Tätigkeit als Regierungschef.

Ich will nicht die Schwierigkeiten beschreiben, die die Bildung der neuen Regierung mit sich brachte. Das Entscheidende war, daß Adenauers Amtszeit auf die Hälfte der Legislaturperiode begrenzt wurde. Dies war ein Vorgang, dem er sich nach Lage der Dinge beugen mußte, den er aber – verständlicherweise – innerlich nie ganz akzeptieren konnte.

Im Frühjahr 1963 gab es einen Vorstoß im Fraktionsvorstand der CDU/CSU mit dem Ziel, den Kanzlerkandidaten für den Herbst 1963, also für die 2. Hälfte der Legislaturperiode, festzulegen. Adenauer sprach sich gegen Erhard als Nachfolger im Kanzleramt aus, ohne dessen Nominierung verhindern zu können.

Die erste Erinnerung, die hier wiedergegeben werden soll, bezieht sich auf die Zeit, in der sich der Fraktionsvorstand der CDU/CSU-Bundestagsfraktion auf Erhard festgelegt hatte. Aus dienstlichem Anlaß war ich mit Adenauer in seinem Haus in Rhöndorf verabredet. Er saß sozusagen auf gepackten Koffern, um nach Cadenabbia zu fahren. Wir waren allein. Adenauer war voll Bitterkeit über den Ablauf der jüngsten Vorgänge. Er habe den Wahlsieg 1961, wenn auch unter sehr erschwerten Bedingungen, erfochten. Nach seiner Auffassung und seiner inneren Einstellung stehe ihm die politische Gestaltung während der ganzen Legislaturperiode von 1961 bis 1965 zu. Er habe nicht zum fünften Male (1965) zum Bundeskanzler gewählt werden wollen. Er werde sich zwar auch an dem Wahlkampf 1965 mit Nachdruck beteiligen, aber das Ziel einer fünften Kandidatur habe er nicht verfolgt, weil er in der dann (1965) einsetzenden Legislaturperiode 90 Jahre alt werden würde. Er verstehe, daß dann mancher annehmen werde, er sei zu alt für sein Amt. Meine Antwort entsprach meiner inneren Einstellung. Mein Standpunkt sei, er solle solange im Amte bleiben, wie er nach eigenem Urteil kräftemäßig dazu in der Lage sei.

Es kam zu seinem Rücktritt und der Wahl des Bundeskanzlers Erhard im Herbst 1963.

Adenauers Ausscheiden aus dem Amte des Bundeskanzlers war von großer Bitterkeit begleitet. Er hatte zu seinem Nachfolger, mit dem er seit 14 Jahren in der Regierung verbunden gewesen war, nicht die innere Einstellung, die eine weitere Zusammenarbeit leicht gemacht hätte. Der Nachfolger war gegen seinen Willen bestellt worden und hatte von ihm nur Kritik und Schwierigkeiten zu erwarten. Ich verzichte darauf, hier die persönlichen Beziehungen beider darzustellen, weil der richtige Zeitpunkt dafür noch nicht gekommen ist. Es gibt im Leben tiefreichende persönliche Verschiedenheiten und Gegensätzlichkeiten, die besser nicht durch nahe Beteiligte dargestellt werden.

Die neue Regierung, in der ich das Amt des Außenministers fortführte, stieß auf herbe Adenauersche Kritik. Die Regierung sah bereits nach kurzer Zeit, daß eines ihrer schwersten Hemmnisse gerade diese Kritik sein werde. Natürlich war das für mich als Außenminister besonders schwierig. Mein Anliegen war es, daß sich dieser unerquickliche Zustand möglichst schnell ändern solle. Diese Auffassung traf sich mit der des verstorbenen Parlamentarischen Geschäftsführers der Bundestagsfraktion der CDU/CSU, des Kollegen Will Rasner. Er hatte zu Adenauer immer ein besonders gutes Verhältnis gehabt. Zu seinen Verdiensten gehörte unstreitig, daß er die neue Büromöglichkeit für Adenauer im Nordflügel des Bundeshauses geschaffen hatte. Nach dem Ausscheiden Adenauers aus dem Amte hatte er zahlreiche Unterhaltungen mit ihm, die ihn mit ähnlicher Sorge erfüllten, wie die, die ich gerade beschrieben habe. Es war Anregung und Vermittlung Rasners zugleich, daß ich irgendwann im Frühjahr 1964 in dem genannten Büro eine Unterhaltung mit Adenauer unter vier Augen hatte. Bei dieser Unterhaltung stellte ich Adenauer das dar, was den Grundton der nachfolgenden Schilderung abgeben wird: nämlich die Linie der Außenpolitik, die von der neuen Regierung verfolgt würde. Ich stellte die auswärtige Politik, die wir betrieben, sozusagen in Blöcken vor und erläuterte im einzelnen die Kontinuierlichkeit der Linie. Ich verfüge leider nicht über eine Niederschrift oder eine Nachschrift dieser Unterhaltung, sondern stütze mich ganz auf mein Gedächtnis. Bei dem Abschied nach dieser mindestens zweistündigen Besprechung sagte mir Adenauer: „Sie müssen der getreue Ekkehard der neuen Regierung sein." Ich erinnere mich an diesen Ausspruch gerade deswegen, weil er im Munde Adenauers – jedenfalls meinem Wissen nach – ganz ungebräuchlich war, und also in einem solchen Augenblick einen besonderen Eindruck machte. Ich empfand, daß mir damit eine Rolle zugedacht wurde, die möglicherweise beträchtliche Schwierigkeiten zur Folge haben könnte. Meine Antwort war: „In der neuen Regierung werde ich nur dann etwas im Sinne der Kontinuierlichkeit der auswärtigen Politik ausrichten können, wenn ich das volle und uneingeschränkte Vertrauen des neuen Bundeskanzlers habe." Dies war die einzige grundsätzliche Unterhaltung, die ich mit Adenauer nach seinem Ausscheiden aus dem Amte über auswärtige Politik gehabt habe. Die Zusammentreffen mit ihm in anderen Gremien, vor allem denen der Partei, führten nicht zu einer sachlichen Unterhaltung.

Bei der Bildung der Regierung Erhard nach den Wahlen 1965 gab es eine Besprechung in größerem Kreise, bei der ich die bisherige Linie vertrat. Es ist genügend bekannt und belegt, daß Adenauer ein gutes Stück innerparteilicher und außerparteilicher öffentlicher Kritik an der Regierung Erhard anbrachte. Wenn man die Fakten zusammenhält, die verglichen werden können und müssen, so wird sich herausstellen, daß ein großer Teil dieser Kritik unberechtigt war, soviel öffentliches Aufsehen diese Kritik seinerzeit auch erregt hatte. Der Übergang der Außenpolitik von Adenauer zu Erhard ist nach meiner Überzeugung durchaus kontinuierlich verlaufen. Die Wertung, die Adenauer demgegenüber gab, halte ich für unzutreffend.

Ich habe diese beiden Erinnerungen hier wiedergegeben, weil sie mein Verhältnis zu Adenauer zeigen. Sie sind typisch für die gegebene Situation und für meine Einsicht in den Tatbestand, daß Adenauer sich mit seinem Nachfolger weder abfinden wollte noch abfinden konnte. Sicher war dies eins der natürlichen Erschwernisse der deutschen Politik jener Jahre. Es läßt sich nur aus der Grundverschiedenheit der Personen erklären. Nur dann, wenn jemand bereit ist, menschliche Größe einerseits und menschliche Irrtümer andererseits für etwas Natürliches zu halten, wird er sich mit diesem Tatbestand abfinden können. Für mich brachte diese Adenauersche Haltung zahlreiche Schwierigkeiten, die ich nicht beklagen will, die ich vielmehr als unvermeidlich in einer solchen Situation angesehen habe und weiter ansehe. Die Wahrheit liegt wohl darin, daß Adenauer sich weder den einen noch den anderen noch überhaupt einen Nachfolger vorzustellen bereit war. Er war wahrscheinlich im Tiefsten instinktiv der Überzeugung, daß es keine Möglichkeit einer konstruktiven Nachfolge gäbe. Innerlich verfügte er – höchstwahrscheinlich – nicht über die Fähigkeit, die so außergewöhnliche Lage mit den Maßstäben der Umwelt zu sehen und zu messen. Das Schiff fuhr weiter, ohne seinen bisherigen Steuermann. Der Gedanke an die sich darin ausdrückende Wirklichkeit war für Adenauer unvorstellbar, unerträglich, in den praktischen Auswirkungen für ihn nicht vollziehbar.

Ich verstehe, daß es ein gewisses Risiko bedeutet, die beiden Erinnerungen, die ich wiedergegeben habe, hier zu schildern. Meine Gründe dafür liegen auf der Hand. Als Außenminister beider – oder im Grunde dreier – Regierungen war für mich die Aufgabe, die Kontinuierlichkeit herzustellen und zu bewahren und neuen Erfordernissen der Entwicklung zu entsprechen, besonders geprägt.

Ich verstehe, daß man ein Stück Subjektivität in meiner Schilderung sehen oder doch nicht ausschließen wird. Mir bleibt daher nur das Vertrauen darauf, daß sich die Richtigkeit meiner Darlegungen aus den sachlichen Umständen ergibt.

Ich möchte jetzt ein Wort zur Methode dieser Arbeit sagen. Ich halte es für am beweiskräftigsten, wenn die Darstellung auf die Regierungserklärungen von Adenauer und Erhard selbst gestützt wird. Aus der in Betracht kommenden Zeit liegen vier Regierungserklärungen vor. Zwei von Adenauer, zwei von Erhard[1]. In die Schilderung wird die Rede einbezogen werden müssen, die Adenauer auf dem Parteitag im März 1966 gehalten hat[2]. Besonders aussagekräftig erscheint mir auch die Rede, die Adenauer am 16. Februar 1967, wenige Wochen vor seinem Tod, in Madrid gehalten hat[3].

Kernstück der Betrachtung sind also die vier Regierungserklärungen. Man muß, meine ich, für alle, die der Regierungsarbeit nicht nahestehen oder nahegestanden haben, betonen, daß die Regierungserklärungen – in aller Regel jedenfalls – Richtlinien der Politik darstellen; sie enthalten also nicht etwa Einzelweisungen. Die Regierungserklärungen werden durch die zuständigen Ministerien sehr sorgfältig vorbereitet, sie werden danach vom Regierungschef (unterstützt von seinen unmittelbaren Mitarbeitern) mit Sorgfalt ausgearbeitet.

So sind die Regierungserklärungen nicht etwa Tageserzeugnisse oder Vorträge zu Tagesereignissen, die ihre Bedeutung schnell verlieren. Man kann also, wie ich meine, gestützt auf die Regierungserklärungen, die Grundlinien der Politik der betreffenden Regierung erfassen und nachzeichnen.

Ich war bei Abgabe einer der Regierungserklärungen, die ich seit 1953 alle miterlebt habe, einmal sehr verblüfft, neben Adenauer auf der Regierungsbank sitzend, zu sehen, daß er Teile der Regierungserklärung mit Bleistift geschrieben hatte. Ich fragte ihn, wann das geschehen sei. Seine Antwort: In der Nacht vorher. Das zeigt eben, daß Regierungserklärungen höchstpersönliche Darlegungen der Politik sind. Hier möchte ich nur bemerken, daß die in einigen Passagen aus Bleistift-Niederschrift bestehenden Teile einer der Adenauerschen Regierungserklärungen sich nicht etwa auf auswärtige Politik bezogen haben! Ich weiß zwar nicht mehr, welches der Gegenstand war. Wäre er aber auswärtige Politik gewesen, hätte sich das mir sicherlich unverlierbar eingeprägt!

II. Die Regierungserklärungen

Die Aufgaben der deutschen auswärtigen Politik ergaben sich aus der deutschen Lage nach 1945, aus der Situation des ganzen Deutschland, aus dem Zustand und den Entwicklungstendenzen unserer Nachbarn im engeren und weiteren Sinn, aus den geistigen, den ideologischen, wirtschaftlichen, sozialen und machtpolitischen Strömungen in den Kontinenten und zwischen den Kontinenten.

Uns ist die behütete und abgeschirmte Idylle versagt. Wir sind keine Macht großen Umfangs. Wir sind ein geteiltes Land, ob wir immer daran denken oder nicht. Unsere Interessen reichen tief in die geistigen und geistlichen

Prozesse in der Welt, ganz zu schweigen von dem, was uns materiell täglich beschäftigt, unserer Stellung als Industriestaat und als zweitgrößter Handelsmacht der Welt.

Versuchen wir, Lage, Interessen und Ziele unseres Landes zu kondensieren, so ergeben sich für den Übergang, von dem hier zu sprechen ist, die nachstehenden Themen und Aufträge ohne Anspruch auf exakte Priorität:

1. Militärische und politische Sicherheit für Deutschland, eng verknüpft mit dem Atlantischen Bündnis und den Vereinigten Staaten von Amerika als Führungsmacht in diesem Bündnis, darüber hinaus als stärkste Macht dessen, was wir „freie westliche Welt" nennen wollen.
2. Engerer Zusammenschluß des kooperationsbereiten freien Europas – europäische Einigung, wobei das Verhältnis der beiden großen benachbarten Staaten – Frankreich und Deutschland – natürlicherweise eine schwierige, aber erstrangige Rolle spielt.
3. Das geteilte Deutschland im Herzen Europas ist in besonderer Weise darauf angewiesen, zu den Staaten Osteuropas einschließlich der Sowjetunion eine konstruktive politische Linie zu entwickeln.
4. Unsere Interessen und unser innerer Antrieb zugleich reichen über die sich entwickelnden Länder in der Welt zu allen jenen, die schon eine gefestigtere Struktur haben, unbeschadet der auch dort wirksamen Strömungen der Umgestaltung und der Weiterentwicklung.
5. Unser Beitrag zum Frieden in der Welt, zur Verwirklichung der Menschenrechte, unser Bekenntnis zu möglichst viel Freiheit, die nach unserem Verständnis von Verantwortung unterlagert sein muß.
6. Unser Land in Frieden als ein Land der Freiheit wieder zusammenzuführen und zu erneuern, ist nicht nur unser verfassungsmäßiger Auftrag, sondern der Grundstrom deutscher Politik.

Legen wir diesen Maßstab an die genannten Regierungserklärungen!

Sie behandeln folgende Themen, von denen ich dann später vier näher beleuchten will:

1. Europäischer Zusammenschluß (deutsch-französische Zusammenarbeit, Beitritt Großbritanniens)
2. Europäische Sicherheit, allgemeine, kontrollierte Abrüstung; Atomteststopp-Vertrag, Nichtverbreitungsvertrag
3. Vereinigte Staaten von Amerika – NATO – Sicherheit der freien Welt
4. Sowjetunion – Warschauer Pakt – Gewaltverzicht der Bundesrepublik Deutschland – der Kommunismus in Deutschland (hier sind eingeschlossen und als besonders empfindlich angefügt: Berlin und Deutschland als Ganzes)
5. Entwicklungshilfe
6. Israel und die arabischen Staaten
7. Volksrepublik China.

Ich sagte, daß ich vier Themen etwas näher beleuchten möchte. Es sind folgende:

1. Atlantisches Bündnis
2. Europäische Einigung
3. Osteuropa
4. Israel/Nahost.

Ich möchte auch an dieser Stelle bemerken, daß sich für denjenigen, der sich die Mühe macht, die von mir genannten Dokumente nachzulesen, eine beinahe nahtlose Übereinstimmung in den Grundelementen der Regierungserklärungen zeigen wird. Dabei ist, wie ich schon betont habe, daran zu denken, daß die Formulierungen in den Regierungserklärungen sorgfältig überlegt und vom Regierungschef voll zu verantworten sind. Sie sind der Grundriß seiner Politik, den er dem Parlament unterbreitet, über den das Parlament diskutiert, von dem jedermann erwartet, daß er in der Politik der folgenden Zeit seine Verwirklichung finden wird. Alle diejenigen werden fehlgehen, die etwa hinter der Übereinstimmung in den Regierungserklärungen Adenauers und Erhards einen tiefgehenden Gegensatz vermuten. Sicherlich hat es von manchen Seiten kritische Bemerkungen zur außenpolitischen Linie gegeben. Ich möchte aber darauf hinweisen, daß sich in solchen Bemerkungen bei dem einen oder anderen Beteiligten leicht Strömungen des Augenblicks niederschlagen und dabei eine Kritik zum Ausdruck kommt, die sich an aktuellen Vorgängen entzündet; daß man aber solche Äußerungen – seien sie gesprächsweise gefallen, seien es Interviews oder andere Beiträge in den Massenmedien – nur im Zusammenhang werten darf. Diesen Zusammenhang aber stellen die Regierungserklärungen her, von denen ich gerade sprach.

Atlantisches Bündnis

Eine Konstante der Politik Adenauers war die Mitwirkung der Bundesrepublik Deutschland im Nordatlantischen Bündnis und die enge Verbindung zu den Vereinigten Staaten. Es kann gar kein Zweifel daran bestehen, daß Adenauer die unverzichtbare Rolle der Vereinigten Staaten im Nordatlantischen Bündnis zur Sicherung einer freien Entwicklung in Europa immer richtig eingeschätzt hat und daß, um es einmal aus dem Gegensatz zu formulieren, zwischen ihm und de Gaulle nie ein vollständiges Einvernehmen über die Rolle der Vereinigten Staaten geherrscht hat. Daran ändert auch die Tatsache nichts, daß de Gaulle den Adenauerschen Formulierungen über die Bedeutung der Vereinigten Staaten für die europäische Sicherheit nicht öffentlich widersprochen hat. Der Gegensatz blieb bestehen. Adenauer hielt an seiner, aus deutscher Sicht allein richtigen Einschätzung der Rolle der Vereinigten Staaten fest.
Man kann diese Seite der Adenauerschen Politik kaum behandeln, ohne ein paar Jahre weiter zurückzublenden, nämlich bis zum Hamburger Parteitag der CDU 1953. Zu diesem Parteitag kam Adenauer gerade von seiner ersten Amerikareise, der im Laufe der Zeit noch zehn weitere Reisen gefolgt sind. Er war von dieser Reise sehr tief beeindruckt und prägte seine Eindrücke von Amerika tief in das allgemeine Bewußtsein der Partei und weit darüber hinaus. Für ihn war diese Reise ein Zeichen der Wiederaufnahme Deutschlands in die große Welt gewesen. Er schilderte in Hamburg die Bewegung und die Rührung, die ihn erfaßt hatten beim Besuch des Heldenfriedhofs in Arlington, wobei ihm die amerikanische und die deutsche Flagge vorangetragen wurden. Das war ein Erlebnis, auf das er auch später gerne zurückgekommen ist, und das man als einen Markstein seines politischen Weges nicht vergessen

darf. Zum besseren Verständnis der Situation erinnere ich daran, daß damals in Deutschland die Europäische Verteidigungsgemeinschaft im Bundesrat und im Bundestag durchgesetzt worden war und wir uns gerade anschickten, durch das große europäische Werk der EVG in den Verteidigungsring der freien westlichen Welt einzutreten.

Im Lichte dieser Erinnerung muß man dic Sätze hören, die in Adenauers Regierungserklärung vom 29. November 1961 wiedergegeben sind. Übrigens ist diese Regierungserklärung damals nicht von Adenauer selbst vorgetragen, sondern von Professor Erhard verlesen worden, da Adenauer nach Rückkehr von der voraufgegangenen Amerikareise im November erkrankt war.

Es war auch die erste Regierungserklärung, die ich als Außenminister mit vorbereitet hatte. Adenauer berichtete in ihr von den Gesprächen in Washington.

Er legte ein klares Bekenntnis zur Führungsrolle der Vereinigten Staaten in der freien Welt ab. Er versicherte, daß Amerikaner und Deutsche sich aufeinander verlassen könnten. Die Bündnispolitik bilde die Grundlage für die Bewahrung von Frieden und Freiheit.

Die Nordatlantische Verteidigungsgemeinschaft müsse gestärkt werden. Dazu gehöre eine verbesserte politische Konsultation und – in militärischer Beziehung – die baldige Verwirklichung einer gemeinsamen NATO-Atomstreitmacht. Adenauer betonte in diesem Zusammenhang, die Bundesregierung wolle keine Atomwaffen für sich selbst. Es gehe ihr um die Stärkung des Bündnisses, die im Augenblick die dringendste Aufgabe sei.

In der anderen Regierungserklärung Adenauers, die ich hier heranziehe, abgegeben am 6. Februar 1963, bilden wiederum die Bündnispolitik und das Verhältnis zu den Vereinigten Staaten einen besonderen Schwerpunkt. Adenauer erklärte: „Das Bündnis hat sich glänzend bewährt [...] Wir sind der Ansicht, daß neben dem militärischen Zusammenwirken auch die politische Zusammenarbeit im Rahmen des Nordatlantischen Vertrags immer enger und vertrauensvoller werden wird."

Er betonte, daß die Bundesrepublik Deutschland bereit sei, die volle Verantwortung in einer gemeinsamen nuklearen Abschreckungsmacht der NATO mitzutragen. Er wies weiter darauf hin, daß die konventionelle Verteidigung in Europa verstärkt werden müsse.

Entscheidend für unsere Sicherheit bleibe unser Verhältnis zu den Vereinigten Staaten. Präsident Kennedy und er hätten kurz nach dem Höhepunkt der Kubakrise bei ihren Gesprächen in Washington volle Übereinstimmung über die Beurteilung der Lage erzielt. Es müsse auch in Zukunft eine enge Verbindung zwischen dem freien Europa und den Vereinigten Staaten geben. Sie sei aus den beiderseitigen grundlegenden Interessen notwendig. Adenauer prägte die Formulierung, daß es unsere tägliche Pflicht sei, die Einigung der freien Völker zu wahren.

An dieser Auffassung Adenauers änderte sich auch nichts, nachdem er aus dem Amt des Bundeskanzlers ausgeschieden war. Dies wird besonders deutlich in seiner Madrider Rede vom 16. Februar 1967, wenige Wochen vor seinem Tode. Man dürfe nicht glauben, so sagte er, daß die politische Einigung Europas uns in Gegensatz zu den USA bringen werde. Die Interessen Europas und die der USA seien sicher nicht immer identisch. Aber das Wesentliche und Grundsätzliche, nämlich die Erhaltung der Freiheit und des Friedens als die höchsten Güter der Menschheit, seien in den Vereinigten Staaten und in Europa in gleicher Weise Ziel der Politik.

Bundeskanzler Erhard hielt an der deutschen Bündnispolitik und an der engen Verbindung zu den Vereinigten Staaten unbeirrt fest. Er war sich darüber völlig klar, daß dies im deutschen Interesse lebensnotwendig sei. Er stellte in seiner ersten Regierungserklärung nach der Übernahme des Amtes des Bundeskanzlers am 18. Oktober 1963 unmißverständlich fest, daß die Bedrohung weiter bestehe. Für die Bundesregierung bleibe die NATO ein Grundpfeiler ihrer Politik. Er sagte über die Haltung der Bundesregierung:

„Sie ist sich bewußt, daß die Sicherheit Europas und der Bundesrepublik Deutschland nur durch die NATO im Zusammenwirken der europäischen und nordamerikanischen Partner auf politischem und militärischem Gebiet gewährleistet werden kann [...] Wir sind uns mit unseren Verbündeten darin einig, daß wir angesichts der weltpolitischen Situation in unseren gemeinsamen Anstrengungen auf dem Gebiet der Verteidigung nicht nachlassen dürfen."

Er unterstrich kräftig die Bedeutung eines engen Verhältnisses zu den Vereinigten Staaten:

„Das deutsche Volk ist sich bewußt, wieviel es den Vereinigten Staaten beim Wiederaufbau seines Landes nach dem Kriege zu verdanken hat, wie sehr die Freiheit und Sicherheit der Bundesrepublik einschließlich Berlins von der Macht und Entschlossenheit der Vereinigten Staaten abhängen, und welche hervorragende Rolle den Vereinigten Staaten bei der Wiederherstellung der Einheit Deutschlands zukommt. Es ist darum nur zu verständlich, daß das deutsche Volk der engen Freundschaft und Verbundenheit mit den Vereinigten Staaten, wie sie bei dem Besuch von Präsident Kennedy im Juni dieses Jahres eindrucksvoll demonstriert wurde, einen besonders hohen Wert beimißt. Die Bundesregierung wird deshalb fortfahren, in allen Fragen gemeinsamen Interesses sich in enger und freundschaftlicher Konsultation mit der amerikanischen Regierung abzustimmen."

Als ein Mittel, das zur Stärkung der NATO und ihres Zusammenhalts geeignet sei, betrachtete schon Adenauer das von amerikanischer Seite vorgeschlagene Projekt einer multilateralen Atomstreitmacht der NATO, das unter der Abkürzung „MLF" bekannt geworden ist. In Adenauers Regierungserklärung vom 29. November 1961 hieß es dazu:

„Nach Auffassung der Bundesregierung sollte der Plan einer NATO-Atomstreitmacht baldmöglichst verwirklicht werden. Die Aufstellung einer solchen Streitmacht ist erforderlich, um die Streitkräfte der NATO in ihrer Abwehrkraft auf die gleiche waffentechnische Stufe zu heben, auf der sich der Gegner befindet.

Mit dieser Forderung entkräftet die Bundesregierung zugleich den Vorwurf, atomare Waffen für sich selbst zu erwerben. Die Bundesregierung hat diese Forderung niemals erhoben."

Dieser Linie folgend begrüßte Adenauer in der Regierungserklärung vom 6. Februar 1963 das im Dezember 1962 zwischen Kennedy und Macmillan in Nassau auf den Bahama-Inseln vereinbarte Abkommen über die Lieferung

amerikanischer Polaris-Raketen für britische U-Boote, die einer – demnächst zu schaffenden – MLF-Flotte zugeteilt werden sollten. Er sagte:
„Wir sehen das Abkommen von Nassau als einen großen Schritt auf dem Wege zur Schaffung einer wirksamen multilateralen nuklearen Abschreckungsmacht der NATO an. Präsident Kennedy hat uns durch den Unterstaatssekretär Ball seine Ansichten hierüber erläutern lassen. Wir haben uns entschlossen, an der Verwirklichung dieser Pläne nach Kräften mitzuarbeiten. Für uns sind zwei Gesichtspunkte wesentlich: Einmal wollen wir die volle Unterstützung an einer wirksamen nuklearen Abschreckungsmacht der NATO mittragen. Zum anderen soll die Abschreckung jede Art von Krieg unmöglich machen."
Bundeskanzler Erhard verfolgte dieses Vorhaben weiter. Er stellte am 18. Oktober 1963 fest:
„Die Bundesregierung unterstützt [...] nachdrücklich alle Bemühungen, welche geeignet sind, die politische Zusammenarbeit der NATO-Partner zu vertiefen und die Integration der Verteidigungsmittel der NATO zu stärken.
Eine multilaterale nukleare Streitmacht würde einen wesentlichen Beitrag zur Verwirklichung dieser Ziele leisten. Die Bundesregierung beteiligt sich aktiv an den Verhandlungen über diesen Plan. Wir sind der Ansicht, daß eine solche vollintegrierte Streitmacht, über die keine einzelne Nation ein autonomes Verfügungsrecht besitzt, neue Wege der politischen und militärischen Zusammenarbeit im Rahmen der NATO weisen wird. Die Bundesregierung würde es deshalb begrüßen, wenn sich möglichst viele NATO-Staaten an dieser integrierten Streitmacht beteiligten."
Das klare Festhalten am Bündnis und an der engen Verbindung zu den Vereinigten Staaten bleibt ein Grundelement der deutschen Außenpolitik unter Bundeskanzler Erhard. In seiner Regierungserklärung nach der Bundestagswahl im Herbst 1965 und der Bildung der Bundesregierung betont er, die Gefahr eines atomaren Krieges sei nicht gebannt, und weist darauf hin, daß sich die NATO bewährt habe. Sie bilde die Grundlage der deutschen Verteidigungspolitik. Er unterstreicht die Bedeutung der Vereinigten Staaten für die Sicherheit der Bundesrepublik Deutschland nachdrücklich:
„Die Vereinigten Staaten tragen die Hauptverteidigungslast der NATO; sie besitzen ein Arsenal von Kernwaffen, das dem der Sowjets überlegen ist. Sie unterhalten darüber hinaus voll einsatzbereite Truppen in Stärke von 240000 Soldaten in Deutschland, die einen unverzichtbaren Bestandteil der gemeinsamen Verteidigung ausmachen. Sie haben entscheidend dazu beigetragen, die Freiheit West-Berlins und die Verbindung zu dieser Stadt zu erhalten. Unser Lebensinteresse gebietet uns, mit den USA politisch und militärisch eng zusammenzuarbeiten."
Er legt dabei Wert darauf, das gemeinsame Interesse zu unterstreichen:
„Deutschland kann sich nicht allein verteidigen, aber ohne Deutschland kann auch Europa nicht verteidigt werden. Europa kann seine Freiheit nicht ohne Amerika bewahren, aber auch Amerikas Freiheit ist im letzten von der Verteidigung Europas abhängig."
Das Projekt der MLF findet sich in der bisherigen Form nicht mehr, doch das Problem, das sie lösen sollte, wird angesprochen:
„Die Bundesregierung glaubt, daß eine Anpassung der NATO an neue politi-

sche und militärische Sachverhalte notwendig ist. Insbesondere müssen jene Probleme gelöst werden, die sich aus der Tatsache ergeben, daß nunmehr einige Mitglieder der Allianz über eigene Kernwaffen verfügen, andere aber nicht. An der nuklearen Verteidigung müssen indessen die Bundesgenossen nach dem Grad ihrer Bedrohung und dem Grad ihrer Lasten beteiligt werden. Wir denken dabei an Formen einer gemeinsamen nuklearen Organisation und beteiligen uns an den Beratungen mit den verbündeten Mächten. Wir haben wiederholt bekundet, daß wir keine nationale Kontrolle über Kernwaffen anstreben."

Bei einer vergleichenden Gegenüberstellung der Äußerungen Adenauers und Erhards in ihren wichtigsten Regierungserklärungen ergibt sich, daß die Grundeinschätzung der Bedeutung des Nordatlantischen Bündnisses und seiner Führungsmacht, der Vereinigten Staaten von Amerika, für die Lebensinteressen des deutschen Volkes und besonders für seine Sicherheit bei den beiden Politikern durchaus übereinstimmend gewesen ist. Diesen elementaren Tatbestand gilt es im Auge zu behalten.

In diesem Zusammenhang ist es noch von Interesse, einen Blick auf die Einstellung beider Bundeskanzler zum Thema Sicherheit und Abrüstung zu werfen. Dies gilt besonders im Blick auf die Konferenz für Sicherheit und Zusammenarbeit in Europa, deren Abschluß durch das Treffen in Helsinki wir im Sommer 1975 erlebt haben.

Am 29. November 1961 stellte Adenauer fest:

„Eines der obersten Ziele der deutschen Außenpolitik bleibt [...] die allgemeine und kontrollierte Abrüstung."

Er sagte aber auch ganz entschieden:

„Die Probleme der europäischen Sicherheit können nur in Verbindung mit der Wiederherstellung der deutschen Einheit erörtert werden [...] Die Bundesregierung ist nicht bereit, Maßnahmen zuzustimmen, die unter der Bezeichnung ‚Europäische Sicherheit' in Wirklichkeit die Unsicherheit vergrößern würden. Sie ist bereit, nicht nur solchen Maßnahmen zuzustimmen, die geeignet sind, die Lösung der politischen Probleme Europas zu ermöglichen, sondern darüber hinaus auch solchen, die der Wahrung eines gerechten Friedens dienen."

Welch ein blasser Schatten ist davon in Helsinki geblieben!

Adenauer spricht von der „Hauptforderung des Westens – Aufrechterhaltung eines ausgeglichenen Kräfteverhältnisses Ost–West". Wenn wir damit die Erwartungen vergleichen, die hier hinsichtlich der aktuellen Konferenz in Wien über Truppenreduzierungen (MBFR) gehegt werden, so zeigt das, daß zwar die Thematik bis heute unverändert geblieben ist, daß sich aber die Lösungsmöglichkeiten eher zuungunsten des Westens verschoben haben.

Als positiven Beitrag zur weltweiten Bemühung um Abrüstung betrachtete Adenauer ein Abkommen über die kontrollierte Einstellung der Kernwaffenversuche. Er betonte:

„Die Bundesregierung wünscht dringend einen baldigen Vertrag der Atommächte über die kontrollierte Einstellung dieser Versuche."

Erhard äußerte sich zu der Thematik am 18. Oktober 1963. Er konnte dabei in Erinnerung rufen, daß das Atomteststopp-Abkommen inzwischen unterzeichnet worden war. Er warnte jedoch vor Illusionen:

„Dabei gibt sich die Bundesregierung in Übereinstimmung mit ihren Bundesgenossen nicht der trügerischen Hoffnung hin, daß sich durch dieses Abkommen die weltpolitische Lage entscheidend verändert hätte. Die Bedrohung bleibt bestehen; die Unterdrückung der Freiheit dauert auch auf deutschem Boden an."
Er stellte fest, daß die Bundesregierung an ihrer Forderung nach einer allgemeinen, kontrollierten Abrüstung mit Nachdruck festhalte, und fügte hinzu:
„Aber da wir uns darüber im klaren sind, daß eine allgemeine und vollständige, kontrollierte Abrüstung nur schrittweise verwirklicht werden kann, gebietet es unser Interesse, auch an weltweiten Teil-Maßnahmen mitzuwirken, sofern sichergestellt ist, daß sie das Kräfteverhältnis zwischen Ost und West nicht zu unserem Nachteil verschieben und uns nicht diskriminieren."
Diese feste Linie wurde beibehalten und in der Regierungserklärung vom 10. November 1965 unterstrichen:
„Die Bundesregierung hat die allgemeine kontrollierte Abrüstung seit jeher als eines ihrer Hauptziele betrachtet. Wir bekennen uns erneut dazu und erklären uns bereit, alle jene internationalen Bemühungen zu unterstützen, die die Welt diesem Ziel näherbringen. Aber täuschen wir uns nicht: Abrüstung allein ist kein Allheilmittel gegen die Unruhe der Völker, gegen Spannungen und Konflikte, die die Welt erschüttern [...] Darum muß eine Abrüstungspolitik, wie die Bundesregierung sie versteht, Hand in Hand gehen mit einer Politik, die – ich wiederhole es – darauf gerichtet ist, die Spannungs- und Unruheherde zu beseitigen."
Erhard stellte dann drei Forderungen an ein allgemeines Abrüstungsprogramm auf:

- es müsse umfassend sein, und zwar in einem dreifachen Sinne:
  - es müsse die nukleare wie die konventionelle Rüstung einschließen,
  - es müsse alle Staaten verpflichten, und
  - es dürfe kein Land diskriminieren;
- Abrüstungsmaßnahmen dürften das Kräftegleichgewicht weder global noch regional einseitig verschieben;
- es müsse sich um ein Gesamtprogramm handeln, auch wenn dieses nur stufenweise verwirklicht werden könne.

Erhard kam dann auf den für die deutschen Interessen entscheidenden Punkt und wandte sich klar dagegen, daß ein „System von Abrüstungs-, Entspannungs- oder Sicherheitsmaßnahmen auf der Konzeption eines geteilten Deutschlands errichtet und dadurch die Spaltung unseres Landes noch mehr vertieft wird". Er erinnerte in diesem Zusammenhang an den Verzicht der Bundesrepublik Deutschland, ABC-Waffen auf ihrem Gebiet herzustellen, den Adenauer 1954 bereits ausgesprochen hatte. Er stellte dazu fest:
„Mit dieser Verpflichtung haben wir das wesentliche Element eines Vertrages über die Nichtweitergabe von Atomwaffen bereits vor elf Jahren erfüllt."
Es ist hier, wie ich meine, von Interesse, was Adenauer im Februar 1967 in seinem Madrider Vortrag als den Kern des Abrüstungsproblemes bezeichnete:
„Europa will helfen, die Gefahr eines nuklearen Krieges zu beseitigen. Ehe Bindungen erfolgen, muß aber Europa wissen, worum es sich handelt. Im Interesse Europas ist es aber nicht möglich, ja geradezu absurd, daß nur nicht-

nukleare Mächte kontrolliert werden sollen, nukleare Mächte aber nicht. Wir können nicht kontrollierte Objekte der herrschenden nuklearen Staaten werden."

Zu den Verhandlungen über einen Vertrag zur Nichtverbreitung von Atomwaffen, die damals zwischen den Vereinigten Staaten und der Sowjetunion im Gange waren, bemerkte Adenauer:

„Warum wollen die Vereinigten Staaten auf das Verlangen der Sowjetunion nach einer Kontrolle aller nichtnuklearen Mächte durch die Sowjetunion eingehen? Warum stellt die Sowjetunion ein derartiges, vollkommen unberechtigtes Verlangen? Nun, als der dänische Ministerpräsident Krag im vergangenen Jahr im Kreml mit Kossygin die Frage des damals schon diskutierten Vertrages besprochen hat, erklärte ihm Kossygin unverblümt, ihn interessiere an diesem Vertrag nur die Unterschrift der Deutschen [...] Sowjetrußland will über das gesamte atomare Gebiet in Deutschland die Kontrolle erhalten, weil es damit die Kontrolle jeder Herstellung von atomarer Kraft in der Bundesrepublik erhält, und damit, bei der rapiden Steigerung der Verwertung von Atomkraft im wirtschaftlichen Leben auch die Kontrolle in größtem Umfang über die deutsche Wirtschaft."

Adenauer rief geradezu beschwörend dazu auf, den von ihm aufgezeigten Gefahren durch die rasche Schaffung einer europäischen politischen Union zu begegnen.

Wenn hier kritische Töne Adenauers zur amerikanischen Nuklearpolitik anklingen, dürfen diese bei einer Gesamtwürdigung des Verhältnisses Adenauers zu Amerika, im Vergleich zu einer Gesamtwürdigung des Verhältnisses Erhards zu Amerika, keine Überbewertung erfahren.

Ich lasse hier die Frage offen, ob durch die Vereinbarungen, die seit 1967 getroffen worden sind, die Ratifizierung des Nichtverbreitungsvertrages, die der Bundestag vorgenommen hat, vertretbar war oder nicht. Ich bejahe diese Frage, ohne die Einzelheiten weiter zu erörtern.

Europäische Einigung

Das zweite Grundelement der deutschen Außenpolitik, und zwar seit Gründung der Bundesrepublik Deutschland, war die Politik der europäischen Einigung. Sie hatte über Rückschläge – wie das Scheitern der EVG im Jahre 1954 – und Erfolge, wie sie vor allem die Römischen Verträge von 1957 darstellten, bedeutende Fortschritte gebracht. Es galt jedoch, die europäische Gemeinschaft enger zusammenzuschließen mit dem Ziel, zu einer politischen Union zu kommen. Weiter ging es darum, den Beitritt der hierzu bereiten europäischen Staaten zu den europäischen Gemeinschaften zu ermöglichen. Dies betraf vor allem Großbritannien, Dänemark und Norwegen.

Bei der Politik der europäischen Einigung spielte naturgemäß das Verhältnis zwischen der Bundesrepublik Deutschland und Frankreich eine besondere, man könnte sagen, eine Schlüsselrolle.

In seiner Regierungserklärung vom 29. November 1961 wies Adenauer darauf hin, daß die Grundlage der europäischen Einigungspolitik die deutsch-französi-

sche Aussöhnung sei. Zum europäischen Zusammenschluß stellte er fest:
„Eine besonders erfreuliche Entwicklung – trotz aller Krisen in der Welt – ist auf dem Gebiet des europäischen Zusammenschlusses zu verzeichnen. Unsere vor elf Jahren begonnene Arbeit für die Integration Europas hat bereits zur Bildung eines Kraftzentrums in Europa geführt, dem wirtschaftlich und politisch große Bedeutung zukommt, und das auch zur inneren Stabilität der Mitgliedstaaten beiträgt. Die Bundesregierung hofft, daß in den kommenden Jahren ein weiterer bedeutender Schritt in Richtung auf einen politischen Zusammenschluß der Mitgliedstaaten der EWG getan werden kann.
Die Bundesrepublik, die mit den fünf anderen europäischen Staaten zu einer immer engeren Gemeinschaft zusammenwächst, wünscht und hofft, daß Großbritannien und andere europäische Staaten baldmöglichst den europäischen Gemeinschaften beitreten.
Ein gesundes, starkes und freies Europa wird nur unter gewissen Opfern und in unablässiger Arbeit geschaffen werden können. Europa ist aber unsere Hoffnung. Gelingt es uns, es zu schaffen, so wird das entscheidend dazu beitragen, daß uns und unseren Kindern Frieden und Freiheit erhalten bleiben."
Gut 14 Monate später, am 6. Februar 1963, lag die Unterzeichnung des deutsch-französischen Vertrages – am 22. Januar 1963 – gerade kurze Zeit zurück. Adenauer betonte, daß ohne die Freundschaft zwischen Frankreich und Deutschland Europa nicht bestehen könne. Er wies darauf hin, daß die Zusammenarbeit zwischen beiden Völkern kein Ersatz für die europäische Integration sei, sie sei vielmehr eine ihrer wesentlichen Voraussetzungen. Er fuhr dann fort:
„Wir haben auf dem Weg zur europäischen Einigung Enttäuschungen erlebt; wir haben uns aber in der Vergangenheit, auch im vorigen Jahr, als wir dicht vor dem Abschluß der politischen Union standen, nicht entmutigen lassen und haben weiter an dem Werk gearbeitet, dabei auch Erfolge gehabt. Ich versichere Ihnen, daß wir auch in Zukunft weiter an Europa arbeiten werden, trotz aller Hindernisse, trotz aller Schwierigkeiten."
Er kam dann auf die Beitrittsverhandlungen zwischen der EWG und Großbritannien zu sprechen, die am 29. Januar 1963 unterbrochen worden waren. Adenauer betonte, diese Verhandlungen seien nur ins Stocken geraten, sie seien nicht etwa abgebrochen. Er erklärte weiter:
„Das Brüsseler Geschehen ist außerordentlich bedauerlich, die Krise ist ernst, aber sie ist heilbar. Alle Beteiligten, insbesondere auch wir, werden uns bemühen, die Verhandlungen wieder in ein normales Geleise zu bringen [...] Lassen Sie mich wiederholen, was das Kabinett unter meinem Vorsitz vor einer Woche erklärt hat: ‚Die Bundesregierung nimmt mit Genugtuung davon Kenntnis, daß Großbritannien seinen Willen zum Beitritt zur EWG aufrechterhält. Die Bundesregierung ist der Überzeugung, daß die jetzt eingetretene Lage konstruktiv überwunden werden muß. Sie wird dahin wirken, daß bald die Einigkeit unter den EWG-Partnern wieder hergestellt und der Beitritt Großbritanniens zur EWG ermöglicht wird.'"
Bundeskanzler Erhard sprach sich am 19. Oktober 1963 mit Nachdruck für die Fortführung der Politik der Einigung Europas aus.
Er erinnerte an Robert Schuman, Alcide de Gasperi, Adenauer und Churchill

und an den Weg, der zum Abschluß der Römischen Verträge geführt hatte. Er sagte dazu:

„An deren Beginn stand ein politisches Bekenntnis, das nicht verlorengehen und vergessen sein darf. Im gleichen Geist bekennt sich die Bundesregierung mit dem Hohen Haus eindeutig und nachdrücklich zu der Verpflichtung, die europäische Integration fortzuführen. Aber wir bleiben auch dessen eingedenk, daß die Zusammenführung der ‚Sechs' von Anbeginn an nicht als das letzte Ziel gelten sollte.

Die europäische Integration ist in ein kritisches Stadium geraten. Die Ursache hierfür ist wohl z. T. in interessengebundenen Differenzierungen zu suchen. Aber vom Grundsätzlichen her kommen die Zweifel aus der Überlegung, ob eine nur wirtschaftliche Integration ohne politische Bindungen dem praktischen Leben und den staatspolitischen Gegebenheiten der beteiligten Länder gerecht zu werden vermag. Aus dieser Sicht ist mit jeder weiteren Übertragung nationaler Souveränitätsrechte auf europäische Organe die Frage zu stellen, ob nicht der Abbau der nationalen Zuständigkeit und Verantwortung, so wie es die Römischen Verträge wollen, in dem Aufbau einer europäischen politischen Gestalt mit parlamentarisch-demokratischer Verantwortung eine Entsprechung finden muß. Die Bundesregierung wird deshalb ihr ganzes Bemühen darauf richten, durch neue Aktivität in der politischen Formierung Europas Fortschritte zu erreichen."

Im Anschluß an diese Ausführungen hob Erhard die Bedeutung des deutsch-französischen Vertrages vom Januar 1963 hervor. Er stellte fest, dieser Vertrag dokumentiere die Aussöhnung der beiden Völker, und äußerte den Wunsch, er möge zu einer „bewegenden Kraft für die Einigung Europas" werden. Es sei die Aufgabe, den deutsch-französischen Vertrag über gegenseitige Konsultation und Zusammenarbeit mit immer mehr Leben zu erfüllen:

„Die Zusammenarbeit zwischen den beiden Völkern gründet sich auf gegenseitiges Verständnis und Vertrauen. Es liegt mir am Herzen zu versichern, wie sehr ich bereit bin, in den Beziehungen der Bundesrepublik zu Frankreich diese Haltung und Gesinnung zu bezeugen."

Erhard betonte die Notwendigkeit enger Beziehungen zwischen Großbritannien und der EWG. Er sagte:

„Wenn auch eine sofortige Wiederaufnahme der Beitrittsverhandlungen Großbritanniens zum Gemeinsamen Markt derzeit nicht möglich erscheint, so gibt die Bundesregierung dieses Ziel nicht preis. Sie wird auch nicht aufhören, nach Mitteln und Wegen zu suchen, die Beziehungen zu den außerhalb der EWG stehenden Ländern zu intensivieren. Wir entsprechen damit Vorstellungen und Wünschen unserer europäischen Freunde."

Zwei Jahre später, am 11. November 1965, nimmt Erhard wieder ausführlich zur Europapolitik Stellung:

„Der große Plan eines europäischen Zusammenschlusses war, ist und bleibt Ziel unserer Politik.

Der Gedanke und der Glaube an ein geeintes Europa hat unseren politischen Willen geprägt und uns Hoffnung gegeben. Die alte, die überlieferte europäische Ordnung genügt nicht mehr dem Geist und den Erfordernissen unseres Jahrhunderts. Mit Allianzen, Verträgen und Einzelabsprachen alten Stils ist es nicht mehr getan. Ein neues, ein vereintes und großes Europa muß neben den Vereinigten Staaten und der Sowjetunion jene Geltung erlangen, die der geschichtlichen, geistigen und kulturellen Leistung seiner Völker entspricht. Europa muß sich politisch, wirtschaftlich und militärisch formieren.

Die Entwicklung in den letzten beiden Jahrzehnten hat uns in der Erkenntnis bestärkt, daß hierin die einzige Chance liegt, unserem alten Kontinent auf fester und dauerhafter Grundlage weltpolitischen Rang zu sichern. Die Politik der europäischen Einigung, die sich zunächst auf die Kooperation der Volkswirtschaften erstreckte, ist in eine Krise geraten. Wir müssen konstatieren, daß das Zusammengehörigkeitsgefühl der europäischen Völker derzeit politisch noch nicht organisierbar zu sein scheint. Trotzdem darf und wird die deutsche Politik in ihrem Streben nach der Einigung Europas nicht nachlassen. Unser Ziel bleibt unverändert.

Die Bundesrepublik hat einer Politik der europäischen Solidarität bewußt den Vorzug gegenüber einer Politik des nationalen Egoismus gegeben. Sie wird konsequent auf diesem Wege bleiben. Das war auch der gute Sinn meiner bisherigen Bemühungen, eine Plattform für politische Gespräche unter den Sechs auf höchster Ebene zu finden."

Erhard legte Wert auf die Feststellung, daß die europäische Einigung sich nicht auf die EWG-Staaten beschränken, sondern rechtzeitig das ganze freie Europa einschließen solle. Er betonte:

„Wir hoffen daher, daß sich dieser Einigung weitere Länder anschließen werden. Es ist naheliegend, dabei in erster Linie an Großbritannien zu denken. Darüber hinaus aber sind auch die nordischen Staaten und letztlich alle, die ein Europa der Freien und Gleichen wollen, unmittelbar angesprochen. Wir sollten diesen Gedanken, gerade auch in der gegenwärtigen Situation, nicht aus dem Auge verlieren."

Erhard war sich darüber klar, welch bedeutende Rolle gerade bei der Verfolgung der europäischen Einigung dem Verhältnis zwischen der Bundesrepublik Deutschland und Frankreich zukam:

„Die Freundschaft zwischen unserem Volk und dem französischen ist ein Unterpfand der Hoffnung aller Europäer, daß dieser Kontinent politische Gestalt finde. Auf dieses Ziel hin sind alle Möglichkeiten des deutsch-französischen Freundschaftsvertrages voll auszuschöpfen."

Es ist, wie ich glaube, wichtig, sich in diesem Zusammenhang vor Augen zu führen, wie sich Adenauer auf dem Parteitag der CDU 1966 und ein Jahr später bei seiner Rede in Madrid äußerte.

Auf dem Parteitag der CDU sagte er:

„Aber ich will Ihnen sagen, was unsere größte Aufgabe jetzt ist: Europa muß geschaffen werden und Europa wollen wir schaffen. Wenn wir nicht sofort das Ideal erreichen, nun, dann erreichen wir eben das Mögliche und das Weitere wird sich dann finden."

Im Ateneo in Madrid behandelte Adenauer die Notwendigkeit der politischen Einigung Europas eingehend. Seine Kernsätze waren:

„Ich meine, es müßte jedem, der an verantwortlicher Stelle steht, im Laufe dieser Jahre klargeworden sein, wie groß die Gefahr für Europa ist, und daß Europa nicht mehr die Zeit hat, geruhsam abzuwarten, bis vielleicht einmal

die perfekte Lösung, die allen Partnerstaaten gleichermaßen gefiele, zustandekommt. In unserer Epoche dreht sich das Rad der Geschichte mit ungeheurer Schnelligkeit. Wenn der politische Einfluß der europäischen Länder weiter bestehen soll, muß gehandelt werden.
Wenn nicht gleich die bestmögliche Lösung erreicht werden kann, so muß man eben die zweit- oder drittbeste nehmen. Man sollte nicht allzu großen Wert auf die juristische Form eines solchen Zusammenschlusses legen. Ob nun eine Föderation oder Konföderation entsteht, oder welche Rechtsform es immer sein mag: Handeln, Anfangen ist die Hauptsache."
Adenauer unterstrich, wie schon oben erwähnt, daß die politische Einigung Europa keineswegs in Gegensatz zu den Vereinigten Staaten bringen werde. Auch wenn die Interessen Europas und die der Vereinigten Staaten nicht immer identisch seien, so bildeten doch die Erhaltung der Freiheit und des Friedens als die höchsten Güter der Menschheit in gleicher Weise die Ziele der Politik.

Ostpolitik

Ein drittes, aus der deutschen Interessenlage zwingend notwendiges Element der deutschen Politik begann sich in der Übergangszeit von Adenauer zu Erhard bewußter und stärker zu entwickeln. Diese Politik stand zunächst jedoch im Schatten der am 13. August 1961 errichteten Berliner Mauer. Wenn wir Adenauers Ausführungen vom 29. November 1961 betrachten, müssen wir daran denken, daß die dramatischen Vorgänge in Berlin erst etwa drei Monate zurücklagen. Zum Mauerbau stellte Adenauer in seiner Regierungserklärung fest:
„Mit den Gewaltmaßnahmen des 13. August 1961 in Berlin, mit den Evakuierungen an der Demarkationslinie und mit der Steigerung des Terrors in ganz Mitteldeutschland hat das dortige Regime von neuem seine brutale Unmenschlichkeit offenbart. Unablässig werden menschliche Grundrechte verletzt. Unbeschreiblich ist die seelische Not der durch Stacheldraht und Betonmauern von uns getrennten Menschen. Die Bundesregierung fordert mit Nachdruck die Wiederherstellung des Rechts in ganz Deutschland. Vor allem müssen die Sperrmaßnahmen in Berlin wieder aufgehoben werden. Die Schandmauer muß verschwinden! Freie Verbindungswege zwischen Berlin und Westdeutschland müssen gewährleistet sein."
Die Äußerungen zur Berlinsituation im besonderen lagen nahe, weil diese Monate gekennzeichnet waren durch die schwere Erschütterung, die der Bau der Mauer in Berlin ausgelöst hatte. Aber in Verbindung damit war gleichzeitig die Gesamtsituation gegenüber der Sowjetunion darzustellen. Es lagen noch unerledigt in der Luft die sowjetische Drohung eines Separat-Friedensvertrages mit der SBZ und die Atomdrohung Chruschtschows. Als das Ziel der sowjetischen Politik bezeichnete Adenauer die Isolierung der Bundesrepublik Deutschland und die Zerstörung der NATO. Er sagte:
„Chruschtschow hofft, daß eine irgendwie geartete Anerkennung der Sowjetzone das Bündnis zwischen der Bundesrepublik und ihren Partnern zersetzen

wird. Gleichzeitig versucht er, der Bundesrepublik innerhalb des Atlantischen Bündnisses einen minderen Status aufzuzwingen und auch auf diese Weise die von ihm gewünschte Isolierung einzuleiten."

Er hob hervor, daß Präsident Kennedy mit aller Deutlichkeit die drei vitalen Interessen der Vereinigten Staaten in Berlin definiert habe, zu deren Verteidigung die USA auch die größten Risiken zu übernehmen bereit seien. Diese drei „Essentials" seien:

– die Anwesenheit der Truppen der drei Westmächte in Berlin
– der freie Zugang nach Berlin
– die Freiheit und Lebensfähigkeit Berlins.

Für Verhandlungen unter den Beteiligten über eine Entschärfung der Lage und einen vernünftigen Ausgleich stellte Adenauer drei Grundsätze heraus, die nicht preisgegeben werden dürften:

– die Sicherheit der Bundesrepublik;
– die Erhaltung der bestehenden politischen, rechtlichen und wirtschaftlichen Bindungen zwischen Berlin und der Bundesrepublik;
– die Aufrechterhaltung der gemeinsamen Deutschlandpolitik, d.h. die Wiedervereinigung unseres Landes in Frieden und Freiheit, die Nichtanerkennung des sowjetisch besetzten Teils Deutschlands und des dort herrschenden Regimes und die Regelung der Grenzfragen in einem wirklichen Friedensvertrag, der mit einer gesamtdeutschen Regierung abzuschließen ist und für dessen Zustandekommen wir uns weiter mit aller Kraft einsetzen wollen.

Adenauer stellte fest, das unverrückbare deutsche Ziel bleibe die Wiederherstellung der Einheit Deutschlands in Frieden und Freiheit, auch wenn sich heute noch kein Zeitpunkt für seine Verwirklichung angeben lasse. Keinem Volk könne das Selbstbestimmungsrecht auf die Dauer vorenthalten werden. Dieses Recht sei zu einem verbindlichen allgemeinen Grundsatz des Völkerrechts geworden und in der Satzung der Vereinten Nationen verankert. Es dürfe nichts geschehen, was die Wiedervereinigung erschweren oder verhindern könne.

Das SED-Regime kennzeichnete Adenauer in entschiedener Weise:

„Die Machthaber Mitteldeutschlands sind keine Regierung, die auf Grund des nationalen Selbstbestimmungsrechts zustandegekommen ist. Sie sind lediglich Vollzugsorgane der sowjetischen Besatzungsmacht [...] In der SBZ lehnt das Volk mit überwältigender Mehrheit nicht nur das Regime, sondern auch die Existenz eines separaten deutschen Teilstaates ab. Dies vor allem ist es, was die SBZ von allen Staaten in der Welt unterscheidet. Dies ist der Grund, warum die Bundesregierung die Aufnahme diplomatischer Beziehungen mit dem Regime in der SBZ oder die Unterzeichnung eines separaten sogenannten Friedensvertrages mit dem Regime der Zone als einen unfreundlichen Akt gegen das deutsche Volk und als Stellungnahme gegen die Wiedervereinigung und für die fortdauernde Spaltung Deutschlands ansehen muß."

Adenauer erneuerte die Versicherung, daß die Bundesregierung das Ziel der Wiedervereinigung nur auf friedlichem Wege erreichen wolle:

„Die Bundesregierung hat mehrfach erklärt, daß sie auf die Anwendung von Gewalt oder die Drohung mit Gewalt zur Erreichung ihrer politischen Ziele ein für allemal verzichtet. Sie erneuert diese Versicherung in diesem Augenblick und sie ist bereit, in jeder geeigneten Weise diesen Gewaltverzicht auch zum Gegenstand internationaler Verhandlungen zu machen."

Adenauer wies in seiner Regierungserklärung am 6. Februar 1963 auf die Ziele des Kommunismus in Deutschland hin. Er betonte, wie im Fall Kuba sei die Wachsamkeit auch in Deutschland und Berlin notwendig. Er zitierte, was Chruschtschow am 20. Januar 1963 in Fürstenberg an der Oder gesagt habe: „Es kommt die Zeit, und ich denke, daß sie nicht allzu fern liegt, dann kommt das einheitliche Deutschland. Das wird kein kapitalistisches, sondern ein sozialistisches Deutschland sein." Dies sei, sagte Adenauer, das eigentliche Ziel der kommunistischen Führer. Da es nicht sofort erreichbar sei, wollten die Kommunisten die Spaltung Deutschlands aufrechterhalten in der Hoffnung, schließlich ihre Herrschaft auf ganz Deutschland ausdehnen zu können. Adenauer aber stellte klar:

„Weder hinsichtlich der Wiedervereinigung noch der Freiheit Berlins gibt es für uns und unsere Freunde faule Kompromisse."

Adenauer erhob mit Nachdruck die Forderung nach Selbstbestimmung für das ganze deutsche Volk und fügte hinzu:

„Wir werden zeigen, daß das Band zu unseren Landsleuten in der Zone, die gemeinsame Kultur, Geschichte und Sprache, stärker sind und länger währen als alle Spaltungsversuche."

Er bekräftigte, daß die Bundesregierung fest zum freien Berlin stehe, das untrennbar zum freien Teil Deutschlands gehöre. Es werde alles geschehen, um die Lebensfähigkeit West-Berlins zu erhalten und weiter zu steigern, jedes dafür notwendige Opfer werde gebracht.

Adenauer wandte sich dann dem Verhältnis zur Sowjetunion zu und verwies darauf, daß er am 9. Oktober 1962 vor dem Bundestag, an die Adresse der Sowjetunion gerichtet, folgende Ausführungen gemacht habe:

„Die Bundesregierung ist bereit, über vieles mit sich reden zu lassen, wenn unsere Brüder in der Zone ihr Leben so einrichten können, wie sie es wollen. Menschliche Überlegungen spielen hier für uns eine noch größere Rolle als nationale."

Leider habe es eine Antwort der Sowjetunion darauf nie gegeben. Er werde jedoch weiter darauf hoffen, „daß auch die Sowjetunion eines Tages einsehen wird, daß sie durch die Unterstützung des Terrorregimes in der Zone, durch ihren Druck auf Berlin und ihr gespanntes Verhältnis zu uns letztlich nicht gewinnen wird".

Ein halbes Jahr später: Regierungserklärung Erhards vom 18. Oktober 1963. Er stellte fest, der Wille des deutschen Volkes zur Wiederherstellung seiner Einheit sei eine weit stärkere Realität als die Teilung unseres Landes. An die Adresse Moskaus gerichtet, sagte er dann:

„Die Sowjetunion wäre deshalb gut beraten, dieser Realität Rechnung zu tragen und dem ehrlichen Friedenswillen des deutschen Volkes zu vertrauen.

Die sowjetische Haltung gegenüber der deutschen Frage beruht auf einem Irrtum, nämlich auf der Annahme, daß den sowjetischen Interessen besser durch die Teilung als durch die Wiederherstellung der Einheit Deutschlands gedient wäre."

Erhard erinnerte an die besondere Verantwortung der Vier Mächte für die

Regelung der Deutschland-Frage. Er betonte, man müsse sich darüber im klaren sein, daß auf dem Wege der Wiederherstellung der deutschen Einheit große Schwierigkeiten zu überwinden seien und fügte hinzu:

„Der Weg mag lang und dornenvoll sein; er wird uns Entbehrungen, materielle und auch psychische Belastungen auferlegen. Wir wollen in unserem Willen, in unserer Zähigkeit nie erlahmen und – wenn es nottut – entschlossen sein, Opfer auf uns zu nehmen. Am Ende dieses Weges muß nach der Überzeugung der Bundesregierung ein Friedensvertrag stehen, der von einer in freien Wahlen gebildeten, gesamtdeutschen Regierung frei verhandelt und geschlossen wird. In diesem Vertrag – und nur in ihm – können und müssen die endgültigen Grenzen Deutschlands, das nach gültiger Rechtsauffassung in seinen Grenzen vom 31. Dezember 1937 fortbesteht, festgelegt werden."

In der Zwischenzeit, betonte Erhard, dürften wir die Hände nicht in den Schoß legen, insbesondere dürften wir niemals in dem Eifer erlahmen, die persönlichen Verbindungen zwischen den Menschen in beiden Teilen Deutschlands zu festigen und neu zu knüpfen. Er legte dann die unabdingbaren Grundsätze der deutschen Berlinpolitik dar:

„1. Die Anwesenheit der Westmächte und ihre Zuständigkeiten für Berlin beruhen auf internationalem Recht, und deshalb muß jede neue Vereinbarung über Berlin auf diesen Rechten aufbauen.

2. Der freie Zugang nach Berlin muß ungeschmälert aufrechterhalten bleiben.

3. Berlin gehört zum freien Teil Deutschlands. Die mit Billigung der Schutzmächte in den vergangenen Jahren durchgeführte enge politische, rechtliche und wirtschaftliche Verflechtung Berlins mit der Bundesrepublik ist ein Grundpfeiler für die Lebensfähigkeit der Stadt. Pläne zur Bildung einer sogenannten ‚freien Stadt Westberlin' sind indiskutabel.

4. Jede Vereinbarung über Berlin hat den eindeutigen Willen der Berliner zu achten, die in den letzten 18 Jahren der Welt mutig und unverzagt gezeigt haben, daß sie zu Deutschland und zur freien Welt gehören. Die Bundesregierung kann nicht aufhören zu fordern, daß die untragbaren, den Frieden der Welt gefährdenden Maßnahmen der Gewalthaber der Zone aufgehoben werden."

Erhard faßte dann die Grundsätze und Grundforderungen für Berlins Zukunft in vier Punkten zusammen:

- die Anwesenheit der drei Verbündeten in Berlin
- der uneingeschränkte freie Zugang nach Berlin
- die Zugehörigkeit Berlins zum freien Teil Deutschlands
- die Respektierung des eindeutigen Willens der Berliner.

Zur Deutschland-Frage hielt Erhard fest, daß dieses Problem ungelöst sei. Es sei unsere Pflicht, immer wieder die Aufmerksamkeit der Welt darauf zu lenken. Hier liege eine der Hauptursachen für die Spannungen in der Welt. Man könne daher nicht hoffen, diese Spannungen zu beseitigen, wenn die Deutschland-Frage ungelöst bleibe.

Erhard wandte sich mit Entschiedenheit gegen eine Anerkennung oder eine internationale Aufwertung des SED-Regimes in der SBZ. Dort handele es sich um eine Fremdherrschaft und ein Gewaltsystem, das gegen den Willen des Volkes bestehe. Erhard sagte:

„Man sagt uns, die Teilung unseres Volkes sei eine ‚Realität', die hingenommen werden müsse. Sicher haben wir es hier mit einer Realität zu tun, aber mit einer unerträglichen. Auch eine Krankheit ist eine Realität, und doch wird es niemandem einfallen, den zu tadeln, der sich vor ihr zu schützen und sie zu heilen sucht. Auch Unrecht ist Realität, und doch wird man alles daran setzen müssen, es zu beseitigen."

An die osteuropäischen Staaten gewandt, bemerkte Erhard:

„Die Bundesregierung wird der weiteren Verbesserung des Verhältnisses zwischen der Bundesrepublik Deutschland und den osteuropäischen Staaten ihre volle Aufmerksamkeit widmen. Sie ist bereit, mit jedem dieser Staaten Schritt für Schritt zu prüfen, wie man auf beiden Seiten Vorurteile abbauen und vorhandenen Sorgen und Befürchtungen den Boden entziehen kann. Im Zuge eines solchen Prozesses ist die Bundesregierung auch bereit, im Rahmen ihrer Möglichkeiten den Wirtschaftsaustausch mit diesen Ländern zu erweitern. In gleicher Weise begrüßt sie die Verstärkung kultureller Kontakte, wie sie sich mit einigen Ostblockländern bereits angebahnt haben."

Hier ist festzuhalten, daß in der Zwischenzeit Vereinbarungen über den Abschluß von Handelsverträgen und die gegenseitige Einrichtung von Handelsmissionen im März 1963 mit Polen und im Oktober 1963 mit Rumänien getroffen worden waren. Entsprechende Abmachungen mit Ungarn und Bulgarien folgten im November 1963 bzw. im März 1964.

Die zweite Regierungserklärung des Bundeskanzlers Erhard wurde am 10. November 1965 abgegeben, nach den Wahlen zum 5. Bundestag.

Die Probleme des geteilten Deutschlands wurden mit besonderem Nachdruck behandelt. Erhard erklärte:

„Die Wiedervereinigung Deutschlands wird nicht zuletzt von unserer Fähigkeit abhängen, die uns freundschaftlich verbundenen und die uns vorerst indifferent begegnenden, ja sogar gegnerischen Mächte an dieser Wiedervereinigung politisch und wirtschaftlich zu interessieren."

Erhard wies auf die Bemühungen um Entspannung hin und stellte fest, angesichts der begrenzten Fortschritte könne man von einer echten Entspannung nicht sprechen. Eine Frage, so betonte er, sei aber von diesen Bemühungen überhaupt unberührt geblieben, nämlich das Problem der Teilung des deutschen Volkes.

Erhard erinnerte an die deutsch-sowjetische Erklärung vom September 1955, in der erklärt worden war:

„Beide Seiten gehen davon aus, daß die Herstellung und Entwicklung normaler Beziehungen zwischen der Bundesrepublik Deutschland und der Sowjetunion zur Lösung der ungeklärten Fragen, die das ganze Deutschland betreffen, beitragen und damit auch zur Lösung des nationalen Hauptproblems des gesamten deutschen Volkes – der Wiederherstellung eines deutschen demokratischen Staates – verhelfen werden."

Erhard stellte fest, daß sich die darauf gegründeten Hoffnungen nicht erfüllt hätten. Er erklärte weiter:

„Das lag weder an mangelndem Willen, noch an Trägheit oder an doktrinärer Unbeweglichkeit der deutschen Politik, sondern allein an der Tatsache, daß die Sowjetunion die Wiedervereinigung des deutschen Volkes in Freiheit bisher nicht gewollt hat und noch immer nicht will."

Erhard betonte, die Bundesregierung bestehe darauf, daß das ganze deutsche Volk in freier Selbstbestimmung über sein Schicksal entscheiden könne, und wies auf die Verpflichtungen und Verantwortungen der Vier Mächte hin. Er rief dazu auf, den inneren Zusammenhalt zwischen den beiden Teilen unseres getrennten Volkes zu festigen, und erklärte die Bereitschaft der Bundesregierung, alles in ihren Kräften Stehende dafür zu tun. Er hob jedoch hervor, daß die Bundesregierung nicht bereit sei, „um der Klarheit vor aller Welt willen" einen politischen Preis dafür zu zahlen. Er wandte sich an die Deutschen im anderen Teil Deutschlands mit einer Anerkennung für ihre Leistung:

„Den Leistungen, die unsere deutschen Landsleute unter schwersten Bedingungen beim Wiederaufbau in der Zone vollbringen, zollen wir um so mehr unsere Bewunderung, als sie in einem unwürdigen und unfruchtbaren Gesellschaftssystem erzielt wurden."

Erhard unterstrich das Recht der Bundesregierung, für alle Deutschen zu sprechen:

„Die Bundesregierung hält seit ihrem Bestehen an ihrem Alleinvertretungsrecht für alle Deutschen fest. Das heißt, daß wir in einer Anerkennung oder einer internationalen Aufwertung der Zone einen unfreundlichen Akt erblicken würden, der sich gegen die Wiederherstellung der deutschen Einheit richtet. Wir werden in unseren Anstrengungen, eine solche Entwicklung zu verhindern, nicht nachlassen. Selbst auf die Gefahr hin, da oder dort als störendes Element zu gelten."

Erhard wies darauf hin, daß der Weg zur Wiedervereinigung weit sein könne, daß er Entbehrungen und Opfer fordern werde. Die Deutschen müßten diesen Weg dennoch gehen. Er sagte weiter:

„An seinem Ende wird ein Friedensvertrag stehen, verhandelt und geschlossen von einer freigewählten gesamtdeutschen Regierung. Nur mit und in diesem Vertrag können und müssen die endgültigen Grenzen Deutschlands festgelegt werden, das nach gültiger Rechtsauffassung in seinen Grenzen vom 31. Dezember 1937 fortbesteht, solange nicht eine freigewählte gesamtdeutsche Regierung andere Grenzen anerkennt. Die Wiedervereinigung Deutschlands ist der Friede Europas."

Erhard behandelte dann die sowjetische Haltung in der Deutschland-Frage und sagte dazu:

„Würde die Sowjetunion den Deutschen in der Zone das Selbstbestimmungsrecht gewähren und damit die Wiedervereinigung unseres Volkes ermöglichen, so würde sie vielmehr ein entscheidendes Hindernis für eine dauerhafte Entspannung zwischen Ost und West beseitigen."

Mit Bedauern mußte Erhard jedoch feststellen:

„Die sowjetische Regierung aber beharrt in ihrem Irrtum, daß es der Sowjetunion mehr diene, wenn Deutschland geteilt als wenn es wiedervereinigt sei. Sie soll indessen wissen – und wir haben auch das erklärt: Das deutsche Volk und jede gesamtdeutsche Regierung werden bereit sein, dafür Garantien zu geben, daß Rußland und unseren östlichen Nachbarn aus der Wiedervereinigung Deutschlands keine Gefahr erwächst."

Erhard wies die Sowjetunion auf die Gesprächsbereitschaft der Bundesregierung hin:

„Der Sowjetunion gegenüber hat sich die Bundesregierung mehrfach bereit erklärt, falls eine Einigung über das wichtigste zwischen uns und der Sowjetunion bestehende Problem, nämlich der Wiedervereinigung, nicht sofort möglich sei, doch Schritte zur Verbesserung des gegenwärtigen Verhältnisses zu unternehmen."

Erhard mußte jedoch feststellen, daß die sowjetische Taktik, nachdem Moskau mit seinen ultimativen Drohungen sein deutschlandpolitisches Ziel nicht erreicht habe, jetzt darauf abziele, den gegenwärtigen Status zunächst einmal sanktionieren zu lassen. Die Sowjetunion arbeite dabei mit dem Begriff der friedlichen Koexistenz, doch seien ihre Ziele die Zerstörung des westlichen Sicherheitssystems, die Durchsetzung der Anerkennung der SBZ in aller Welt und die Etablierung West-Berlins als besonderer politischer Einheit. Die Sowjetunion wolle den Eindruck erwecken, als störe der Wunsch des deutschen Volkes nach Wiedervereinigung den Weltfrieden und die Entspannung. Sie bezeichne die Wiedervereinigung als Sache der „beiden deutschen Staaten" und wolle sich aus ihrer Vier-Mächte-Verantwortung lösen.

Zur deutschen Ostpolitik allgemein und zu den Beziehungen zu Ost- und Südosteuropa rief Erhard eine einstimmig angenommene Entschließung des Deutschen Bundestages vom 14. Juni 1961 in Erinnerung und zitierte aus ihr die Forderung, „eine Ostpolitik zu führen, deren Ziel die Wiederherstellung eines freien Gesamtdeutschlands ist, das auch mit der Sowjetunion und allen osteuropäischen Staaten friedliche und gedeihliche Beziehungen unterhält. Zu diesem Ziel soll die Bundesregierung jede sich bietende Möglichkeit ergreifen, um ohne Preisgabe lebenswichtiger deutscher Interessen zu einer Normalisierung der Beziehungen zwischen der Bundesrepublik und den osteuropäischen Staaten zu gelangen."

Erhard fügte hinzu:

„Wir sind uns darüber klar, daß wir erst am Anfang einer solchen Politik stehen und daß sie fortgesetzt werden muß. Die Bundesregierung wird auch in Zukunft bestrebt sein, die Beziehungen zu den Staaten in Ost- und Südosteuropa weiter zu entwickeln, den Handel zu fördern, die kulturellen Kontakte zu verstärken und gegenseitiges Verständnis zu wecken."

Es läßt sich mit aller Klarheit feststellen, daß der Übergang Adenauer–Erhard die deutschen Grundpositionen in der Ostpolitik wie in der Deutschland- und Berlinpolitik in gar keiner Weise verändert hat. Von einer Veränderung kann nur insoweit die Rede sein, als einige der Probleme deutlicher angesprochen wurden, als das vorher der Fall war.

Israel/Nahost

Ein sehr sensibles Kapitel der deutschen Außenpolitik waren die Beziehungen zu Israel und zu den arabischen Staaten. Zu den letzteren waren diplomatische Beziehungen seit dem Jahre 1952, beginnend mit Ägypten, wiederaufgenommen worden. Sie konnten an das traditionell gute deutsch-arabische Verhältnis anknüpfen.

Zu Israel bestanden zu Anfang der sechziger Jahre noch keine formellen diplomatischen Beziehungen. Dies ergab sich aus dem besonderen Verhältnis zwischen Deutschen und Juden, das unter dem Schatten der nationalsozialistischen Verbrechen an den Juden stand. Dazu kam der Konflikt zwischen Israel und seinen arabischen Nachbarn. Es mußte unter diesen Umständen notwendigerweise sehr schwierig sein, die Beziehungen zu Israel und zu den arabischen Staaten in einer Weise zu behandeln, die alle Faktoren – politischer und wirtschaftlicher, aber auch moralischer Art – richtig einbezog.

Die Bundesrepublik Deutschland war sich ihrer Verpflichtung bewußt, nach ihren Kräften für eine Wiedergutmachung wenigstens der materiell faßbaren Schäden einzutreten, die Juden durch nationalsozialistische Verfolgungs- und Vernichtungsaktionen erlitten hatten. Darauf beruhte das Wiedergutmachungsabkommen zwischen Israel und der Bundesrepublik Deutschland, das am 10. September 1952 in Luxemburg abgeschlossen worden war. Im Vollzug dieses Abkommens leistete die Bundesrepublik Deutschland umfangreiche Wirtschaftshilfe an Israel. Eine schwierige Komponente kam in das deutsch-israelische Verhältnis mit einer Abmachung über Waffenlieferungen, die lange geheim blieb. Aus deutscher Sicht war besonders zu beachten, daß die weitere Gestaltung der Beziehung zu Israel nicht losgelöst werden konnte von der Tatsache der Teilung Deutschlands und von dem von der Sowjetunion unterstützten Streben der DDR nach internationaler Etablierung. Es ging daher darum, für die Aufnahme diplomatischer Beziehungen zwischen der Bundesrepublik Deutschland und Israel einen Weg zu finden, der den Bruch mit der arabischen Welt vermied, den sich, wie vorauszusehen war, die DDR zu Nutzen machen würde.

Bundeskanzler Erhard erklärte am 15. Oktober 1964 im Bundestag:

„Die Spannungen im Nahen Osten stellen nach wie vor einen Gefahrenherd für den Weltfrieden dar. Unsere Nahostpolitik bedarf daher ganz besonderer Sorgfalt und Behutsamkeit. Wir haben in diesem Gebiet keine politischen Sonderinteressen, sondern wünschen nur, daß seine Völker, mit denen wir gleichmäßig gute Beziehungen pflegen wollen, in einer friedlichen Ordnung wirtschaftliche und soziale Fortschritte erzielen können.

Unser Verhältnis zum Staate Israel ist nicht nur von politischen Erwägungen bestimmt. Es läßt sich nicht von der Bürde trennen, die der Nationalsozialismus dem deutschen Volke auferlegt hat. Wir haben versucht zu heilen, was mit Menschenkraft geheilt werden kann. Aber wir wissen, daß kein noch so guter Wille das Geschehene vergessen läßt."

Staatssekretär Professor Carstens erklärte am 4. November 1964 für die Bundesregierung in einer Fragestunde des Bundestages:

„Die Bundesregierung beabsichtigt zur Zeit nicht, diplomatische Beziehungen mit dem Staat Israel aufzunehmen. Die Frage muß außer unter den von Ihnen (Abg. Dr. Friedensburg, d. Verf.) genannten unter einer Reihe weiterer Gesichtspunkte geprüft werden."[4]

Als Bundesminister des Auswärtigen erwiderte ich auf eine entsprechende Frage im Bundestag am 3. Dezember 1964 – unter Hinweis auf die Antwort Carstens' –, an der Auffassung der Bundesregierung habe sich seitdem nichts geändert. Die Richtung meiner Überlegungen deutete ich an, als ich auf eine Zusatzfrage antwortete:

„Ich bin der festen Überzeugung, daß sich beiderseits befriedigende Lösungen finden lassen. Lösungen müssen nicht immer hundertprozentige Lösungen sein. Es gibt auch Lösungen, die unter hundert Prozent sind und trotzdem befriedigend sein können."[5]
Dr. Rainer Barzel erklärte am 17. Februar 1965 im Bundestag:
„Wir kapitulieren nicht vor Nasser, sondern stellen uns auf die sowjetische Offensive ein. Nur das tun wir, wenn wir Israel bitten, mit uns ein Gespräch über unsere Hilfe zu führen. Wir werden keinen Vertrag brechen. Aber wir bitten um Verständnis für unsere Lage. Würde die Bundesrepublik Deutschland durch Moskau mittels Pankow aus dem Nahen Osten hinausgedrängt, so wäre dies ein Triumph des Kommunismus, an dem keiner in der freien Welt – auch Israel nicht – interessiert sein kann."[6]
Es gelang jedoch nicht, einen Weg zu finden, der den Bruch mit der Mehrzahl der arabischen Staaten vermieden hätte.

III. Schlußbemerkungen

Überblickt man den in den Regierungserklärungen ausgebreiteten Stoff und seine Zuordnung an Adenauer oder Erhard, so wird sicher jeder kritische Betrachter von der beinahe selbstverständlichen Übereinstimmung der Sicht beider Männer überrascht sein. Sicher ist diese Sicht von den Erlebnissen und Erfahrungen geprägt, die beide gehabt haben. Ich werde hierbei nur bis 1945 zurückgehen und alle Betrachtungen weglassen, die sich auf die Zeit davor beziehen. Adenauer und Erhard sind im Jahre 1949 zusammengetroffen und haben dabei den Akkord geschlossen, der dazu geführt hat, daß die CDU/CSU die Bundestagswahl 1949 gewann und eine großartige Gestaltungsmöglichkeit bekam. Erhard kam von der Frankfurter Verwaltung der „Bizone", deren Direktor für Wirtschaft er war. Seine Erfahrungen beruhten stark auf der Zusammenarbeit mit der amerikanischen Besatzungsmacht, insbesondere mit General Clay. Adenauer war – von der kurzen Zeit nach dem Kriege abgesehen, in der er bis zu seiner Entlassung durch den britischen Gouverneur der Nord-Rheinprovinz wieder Oberbürgermeister in Köln war – in keiner öffentlichen Stellung mehr gewesen. Seine Erfahrungen lassen sich kurz beschreiben mit den Stichworten „Zonenbeirat der britischen Zone, Landtag von Nordrhein-Westfalen, Zusammenführung der CDU zunächst in der britischen Besatzungszone, dann darüber hinaus, schließlich Mitglied des Parlamentarischen Rates, der das Grundgesetz geschaffen hat". Es kamen also damals 1949 der Präsident des Parlamentarischen Rats, der frühere Oberbürgermeister von Köln, und der „Wirtschaftsminister" des Vereinigten Wirtschaftsgebiets zusammen. Die Erfahrungen, die Adenauer mit anderen Staaten gemacht hatte, waren begrenzt. Seine Aufgaben als Bundeskanzler brachten ihn jedoch schnell in eine umfassende Berührung nicht nur mit den höchsten Vertretern der drei Besatzungsmächte, also den Hochkommissaren auf dem Petersberg, sondern mit vielen Politikern in Europa und in den Vereinigten Staaten. Erhards große Leistungen für die deutsche Geschichte standen im Zusammenhang mit der erfolgreich durchgeführten Währungsreform und der

Freikämpfung des Weges für die Soziale Marktwirtschaft. Das erste war eine bereits abgeschlossene und übersehbare Tat, das zweite ein Prozeß, der sich noch durch Jahre hindurchzog, aber schließlich damit endete, daß die Gegner der Sozialen Marktwirtschaft beigaben und die Soziale Marktwirtschaft eigentlich unumstritten wurde. Aus diesem Stück gemeinsamen Weges zwischen Erhard und Adenauer ergab sich immer stärker eine enge Bindung an die Vereinigten Staaten. Ich habe geschildert, wie unmittelbar intensiv das Adenauer im Jahre 1953 erfahren hat. Man darf nicht übersehen, daß die Voraussetzungen für einen Erfolg seiner damaligen Reise in die Vereinigten Staaten in den ersten vier Jahren begründet lagen, die er Bundeskanzler gewesen war. Zu den Präsidenten Eisenhower und Kennedy hatte Adenauer ein sehr gutes Verhältnis.

Dabei spielte der große Altersunterschied zwischen ihm und Präsident Kennedy keine Rolle. Kennedy sah zu ihm als dem weitaus älteren und sehr erfahrenen Staatsmann in ähnlicher Weise auf, wie man das zu einem Vater tut. Unvergeßlich bleibt, wie Adenauer neben Präsident Kennedy dessen Sohn auf den Arm nimmt, sozusagen großväterlich hält.

Erhard hatte ein besonders gutes Verhältnis zu Präsident Johnson, dem Nachfolger des ermordeten Präsidenten Kennedy. Ende Dezember 1963 waren Bundeskanzler Erhard und ich Gäste Johnsons auf dessen Farm in Texas. Mir ist die abendliche Autofahrt mit dem Präsidenten am Steuer unvergeßlich. Er war begleitet von Außenminister Rusk, dazu Erhard und ich, auf unserer Seite Dolmetscher Weber. Die Unterhaltung während der Fahrt drehte sich um die amerikanische Präsenz in Deutschland. Erhard vertrat den Standpunkt, daß die Amerikaner gern in Deutschland seien, Präsident Johnson war der Meinung, sie würden es vorziehen, hier in Texas den Abend genießen zu können.

Eine spätere Reise von Professor Erhard und mir nach Washington wurde damit abgeschlossen, daß Präsident Johnson uns in seiner Maschine nach Cap Canaveral (Kennedy) brachte, wo wir die sehr beeindruckenden Weltraumfahrtanlagen kennenlernten. Ich erinnere mich, daß ich nach den Vorträgen dort zum ersten Mal die Überzeugung gewann, ein Flug zum Mond und zurück sei tatsächlich in unmittelbarer Vorbereitung und stehe in relativ kurzer Zeit bevor.

Die europäische Linie, die Adenauers Regierungen mit Konsequenz und Tatkraft verfolgten, deckte sich weithin mit der öffentlichen Meinung in Deutschland. Der Weg über die Ruhrbehörde, über den Petersberger Industriedemontagestopp, zum Europarat, zur Montan-Union und zur Europäischen Verteidigungsgemeinschaft wurde geradezu in Sprüngen zurückgelegt. Hinzuzufügen ist, daß parallel zu den Verhandlungen über die Europäische Verteidigungsgemeinschaft sich schon eine hervorragende Gruppe europäischer Politiker um die Formulierung eines Statuts für die politische Union Europas bemühte. Dies alles vollzog sich – wie bekannt – unter amerikanischem Beifall und unter gezielten Gegenoperationen der sowjetischen Politik.

Der massivste Rückschlag war 1954 das Scheitern der EVG im französischen Parlament. Wenn dieser Rückschlag auch in rascher Folge – nicht zuletzt durch Edens Bemühungen – zur Mitgliedschaft der Bundesrepublik Deutschland in der Westeuropäischen Union und in der NATO führte, so war doch der große Elan zur Bildung eines Staats oder einer Staatengemeinschaft in Europa gebrochen. Wenn man sich die Auswirkungen dieser negativen EVG-Entscheidung in der französischen Nationalversammlung vor Augen halten will, muß man Adenauers Worte auf dem Parteitag der CDU im März 1966 nachlesen:

„Der Rückschlag, der mir selbst wirklich etwas Schreckliches war."

Die Römischen Verträge von 1957, der Kampf um die Entwicklung und Ausdehnung der Europäischen Wirtschaftsgemeinschaft – dies alles unendlich mühselig – konnte nicht wettmachen, was gegenüber der Anfangsgeschwindigkeit verlorengegangen war. „Supranationalität" war ein deutsches Ziel. De Gaulle bezeichnete sie als „Märchen aus 1001 Nacht" (Pressekonferenz vom Mai 1962), Debré gerade wieder als „Hirngespinst" (August 1975).

Auf militärischem Gebiet war und ist die NATO die weitest integrierte Verteidigungsinstitution. Frankreich löste sich aus dieser Integration. Die weitere Entwicklung der nationalen nuklearen Streitkräfte läßt die Eingliederung oder Rückgliederung in die NATO praktisch ausgeschlossen erscheinen. Wir sollten darüber keine neuen Illusionen hegen oder auslösen. Adenauers Weg zu de Gaulle und ein Stück weit mit ihm hat den deutsch-französischen Vertrag vom Januar 1963 hervorgebracht, dessen Konsultationsregeln eine häufige Abstimmung beider Partner zur Folge hatten und weiter haben werden.

Erhard hat 14 Jahre lang in von Adenauer geführten Kabinetten das Auf und Ab der europäischen Entwicklung miterlebt und an der Grundlinie mitgearbeitet. Er hat oft von einem Europa der „Freien und Gleichen" gesprochen. Von den Phänomenen der Wirtschaft hat er sich für Europa einiges versprochen, anderes befürchtet – zu Recht, wie uns jetzt die Wirtschaftsflaute zeigt. Die Europäische Gemeinschaft muß und wird enger werden, wenn sich der Geist der Zusammenarbeit kräftigt und praktische Früchte gezogen werden. Einigung ohne einen überragenden Einiger? Das ist sehr schwierig, aber eine große Aufgabe, ein notwendiges Ziel. Alle Potenzen Europas sind gefordert. Europäischer Realismus ist gefragt.

Adenauer hat praktische Teillösungen erreicht, sein Ziel nie aufgegeben. Erhards Verdienst liegt in der Weite des Blicks auf die Freien und Gleichen. Unsere Aufgabe bleibt, in Freiheit weitere Fortschritte zu machen. Der Kampf um die Behauptung der Freiheit ist das europäische Thema Nummer 1 geworden.

Fragt man nach dem Thema der auswärtigen Politik, das im Übergang Adenauer–Erhard das Neue bildet, so ist es sicher die Osteuropapolitik, sind es die Bemühungen um den Aufbau von Handelsmissionen in Polen (März 1963), Rumänien (Oktober 1963), Ungarn (November 1963), Bulgarien (März 1964).

Auf der Fahrt zur Tagung des NATO-Rats nach Athen im Frühjahr 1962 besuchte ich Adenauer in Cadenabbia. Ich berichtete ihm über einen bevorstehenden Vertragsabschluß im Rahmen der Osteuropapolitik. „Verzeihen Sie, ich meinte nicht Budapest, sondern Bukarest." Seine Antwort: „Je weiter östlich, desto besser ..."

Daß auch die Osteuropapolitik sozusagen „übergangsneutral" war, brauche ich nicht erst auszuführen.

Beim Nachdenken über den hier behandelten Ausschnitt aus der deutschen auswärtigen Politik liegt der Gedanke verlockend nahe, eine Bilanz von heute aufzustellen und sie mit einer Bilanz vom Übergang oder im Übergang zu vergleichen. Ein amerikanischer Politologe hat das getan. Sein Urteil ist vielleicht etwas zugespitzt, aber richtig. Er meint: Unsere Politik habe maximale Ziele mit minimalen Konzessionen angestrebt. Heute sei es umgekehrt: Für minimale Ziele würden maximale Konzessionen gemacht.

1 Für den Wortlaut der Regierungserklärungen des Bundeskanzlers Adenauer vom 29. November 1961 und vom 6. Februar 1963 vgl. Verhandlungen des Deutschen Bundestages. 4. Wahlperiode. Stenographische Berichte. Bd. 50, S. 22ff. und Verhandlungen des Deutschen Bundestages. 4. Wahlperiode. Stenographische Berichte. Bd. 52, S. 2574ff.; für den Wortlaut der Regierungserklärungen des Bundeskanzlers Erhard vom 18. Oktober 1963 und vom 10. November 1965 vgl. Verhandlungen des Deutschen Bundestages. 4. Wahlperiode. Stenographische Berichte. Bd. 53, S. 4192ff. und Verhandlungen des Deutschen Bundestages. 5. Wahlperiode. Stenographische Berichte. Bd. 60, S. 17ff.

2 Für den Wortlaut der Rede Adenauers vom 21. März 1966 vgl. 14. CDU-Bundesparteitag. Bonn, 21. bis 23. März 1966. Niederschrift. Hrsg.: Christlich Demokratische Union. Bundesgeschäftsstelle, Bonn o. J., S. 31ff.

3 Für den Wortlaut der Rede Adenauers im Ateneo in Madrid vgl. Konrad Adenauer, Erinnerungen 1959–1963. Fragmente, Stuttgart 1968, S. 238ff.

4 Vgl. Verhandlungen des Deutschen Bundestages. 4. Wahlperiode. Stenographische Berichte. Bd. 56, S. 7095.

5 Vgl. Verhandlungen des Deutschen Bundestages. 4. Wahlperiode. Stenographische Berichte. Bd. 56, S. 7362.

6 Vgl. Verhandlungen des Deutschen Bundestages. 4. Wahlperiode. Stenographische Berichte. Bd. 57, S. 8117f.

Abkürzungsverzeichnis

AA	Auswärtiges Amt
ABC-Waffen	atomare, biologische und chemische Waffen
ACLI	Associazioni Cristiane Lavoratori Italiani
AFL – CIO	American Federation of Labor – Congress of Industrial Organizations
BBC	British Broadcasting Corporation
BDI	Bundesverband der Deutschen Industrie
BHE	Bund der Heimatvertriebenen und Entrechteten
BM	Bundesministerium
BP	Bayernpartei
BWM	Bundeswirtschaftsministerium
CDU	Christlich-Demokratische Union
CSU	Christlich-Soziale Union
CHN	Christliche Nothilfe
CIA	Central Intelligence Agency
ČSR	Československá Republika
ČSSR	Československá Socialistická Republika
CVP	Christliche Volkspartei
DC	Democrazia Cristiana
DDR	Deutsche Demokratische Republik
DGB	Deutscher Gewerkschaftsbund
DP	Deutsche Partei
dpa	Deutsche Presse-Agentur
DP-Lager	Displaced-Person-Lager
ECA	Economic Cooperation Administration
ECE	Economic Commission for Europe
EFTA	European Free Trade Association
EG	Europäische Gemeinschaft
ERP	European Recovery Program
Euratom	European Atomic Energy Community
EVG	Europäische Verteidigungsgemeinschaft
EWG	Europäische Wirtschaftsgemeinschaft
EZU	Europäische Zahlungsunion
Fardip-Ausschuß	Farben-Dispersal-Panel-Ausschuß
FDP	Freie Demokratische Partei
FF	französischer Franc
GATT	General Agreement on Tariffs and Trade
IG	Industriegewerkschaft
INS	International News Service

KP	Kommunistische Partei
KPF	Kommunistische Partei Frankreichs
KPI	Kommunistische Partei Italiens
KPdSU	Kommunistische Partei der Sowjetunion
KSZE	Konferenz für Sicherheit und Zusammenarbeit in Europa
KV	Kartellverband der katholischen deutschen Studentenvereine
KVP	Katholieke Volkspartij
MBFR	Mutual Balance Force Reduction
MLF	Multilateral Force
MRP	Mouvement Républicain Populaire
NATO	North Atlantic Treaty Organization
NEI	Nouvelles Equipes Internationales
NPG	Nukleare Planungsgruppe
NS	Nationalsozialismus
NSDAP	Nationalsozialistische Deutsche Arbeiterpartei
OECD	Organization for Economic Cooperation and Development
OEEC	Organization for European Economic Cooperation
ÖVP	Österreichische Volkspartei
PSC	Parti social-chrétien
RM	Reichsmark
RPF	Rassemblement du Peuple Français
SA	Sturmabteilung
SACEUR	Supreme Allied Commander Europe
SALT	Strategic Arms Limitation Talks
SBZ	Sowjetische Besatzungszone
SED	Sozialistische Einheitspartei Deutschlands
SFIO	Section Française de l'Internationale Ouvrière
sfr.	Schweizer Franken
SKV	Schweizerische Konservative Volkspartei
SPD	Sozialdemokratische Partei Deutschlands
TASS	Telegrafnoje Agentstwo Sowjetskowo Sojusa
UNO	United Nations Organization
USA	United States of America
UdSSR	Union der Sozialistischen Sowjetrepubliken
VRCh	Volksrepublik China
WEU	Western European Union
ZK	Zentralkomitee

Personenregister

Der Name von Bundeskanzler Konrad Adenauer wurde nicht aufgenommen.

Autorenverzeichnis

ABS, Hermann J.
(1901), Dr. h. c.; Teilhaber Bankhaus Delbrück, Schickler & Co., Berlin (1935); Vorstandsmitglied der Deutschen Bank AG (1938); Vorsitzender des Aufsichtsrats der Deutschen Bank AG (seit 1967); zahlreiche weitere Aufsichtsratsmandate.
Veröffentl. u. a.: Zeitfragen der Geld- und Wirtschaftspolitik (1959).

ADENAUER, Paul
(1923), Dr. rer. pol., Prälat; Priesterweihe (1951); Direktor des kath. Zentralinstituts für Ehe- und Familienfragen (1963); Prosynodalrichter (1965); Pfarrer in Schildgen (seit 1969) und Dechant des Dekanats Bergisch Gladbach; Mitglied des Kuratoriums der Stiftung Bundeskanzler-Adenauer-Haus.

ANDREOTTI, Giulio
(1919), Dr. jur.; Leiter der Jugendorganisation der Democrazia Cristiana (1944); Mitglied der verfassunggebenden Versammlung (1946); Unterstaatssekretär im Ministerpräsidium und Sekretär des Ministerrats in allen Kabinetten de Gasperi (1947–53) und im Kabinett Pella (1953–54); Innenminister (Jan./Febr. 1954); Finanzminister (1955–58); Schatzminister (1958–59); Verteidigungsminister (1959–66); Minister für Industrie und Handel (1966–68); Vorsitzender der Kammerfraktion der Democrazia Cristiana (1968–72); Ministerpräsident (1972–73); Verteidigungsminister (März–Nov. 1974); Minister für Haushalt und Wirtschaftsplanung (seit Nov. 1974).
Veröffentl. u. a.: Concerto a sei voci (1945), De Gasperi e il suo tempo (1956).

AVON, Earl of (Anthony Eden)
(1897), D. C. L., LL. D.; konservativer Unterhausabgeordneter (1923–57); parl. Privatsekretär von Außenminister Sir Austen Chamberlain (1926–29); parl. Staatssekretär des Foreign Office (1931–33); Lord Privy Seal (1934–35); Minister ohne Portefeuille für die Angelegenheiten des Völkerbundes (1935); Außenminister (1935–38); Minister für die Angelegenheiten der Dominien (1939–40); Kriegsminister (1940); Außenminister (1940–45); stellv. Oppositionsführer (1945–51); Außenminister und stellv. Premierminister (1951–55); Premierminister (1955–57).
Veröffentl. u. a.: Foreign Affairs (1939), Freedom and Order (1949), The Eden Memoirs: Full Circle (1960), Facing the Dictators (1962), The Reckoning (1965), Towards Peace in Indo-China (1966).

BACH, Franz Josef
(1917), Dr.-Ing., Botschafter a. D.; verschiedene Stationen im auswärtigen Dienst; Bundeskanzleramt, persönlicher Referent Konrad Adenauers und Leiter des außenpolitischen Büros (1957–60); Generalkonsul in Hongkong (1961–64); Botschafter in Teheran (1964–68); MdB/CDU (1969–72).

BARZEL, Rainer
(1924), Dr. jur., Ministerialrat a. D.; Tätigkeit bei der Landesregierung von Nordrhein-Westfalen (1949–56); MdB/CDU (seit 1957); Mitglied des CDU-Bundesvorstands (1960); Bundesminister für gesamtdeutsche Fragen (1962–63); Vorsitzender der CDU/CSU-Bundestagsfraktion (1964–73); Bundesvorsitzender der CDU (1971–73); Mitglied der Führungsmannschaft der CDU/CSU (seit 1975).
Veröffentl. u. a.: Die geistigen Grundlagen der politischen Parteien (1947), Souveränität und Freiheit (1950), Die deutschen Parteien (1951), (Hrsg.) Karl Arnold. Grundlegung christlich-demokratischer Politik in Deutschland (1961), Gesichtspunkte eines Deutschen (1968).

BIRRENBACH, Kurt
(1907), Dr. jur., Dr. h.c.; MdB/CDU (seit 1957); Sonderbeauftragter der Bundesregierung für die Aufnahme diplomatischer Beziehungen zu Israel (1965); diplomatische Missionen in den Vereinigten Staaten für die Bundeskanzler Adenauer, Erhard und Kiesinger; Verwaltungsratsvorsitzender der Thyssen Vermögensverwaltung GmbH; stellv. Aufsichtsratsvorsitzender der August Thyssen-Hütte AG; Vorsitzender des Kuratoriums der Fritz Thyssen-Stiftung; Präsident der Deutschen Gesellschaft für Auswärtige Politik (seit 1973).
Veröffentl. u. a.: Die Zukunft der Atlantischen Gemeinschaft (1962).

BÖHM, Franz
(1895), Dr. jur., Dr. h.c., Prof.; hessischer Kultusminister (1945–46); o. Prof. in Frankfurt (1946–62), Rektor der Universität (1948–49); Leiter der dt. Delegation bei den Wiedergutmachungsverhandlungen mit Israel (1952); MdB/CDU (1953–65).
Veröffentl. u. a.: Wettbewerb und Monopolkampf (1933), Wirtschaftsordnung und Staatsverfassung (1950), Freiheitsordnung und soziale Frage (1954), Der Rechtsstaat und der soziale Wohlfahrtsstaat (1954), Die verantwortliche Gesellschaft (1957), Privatrechtsgesellschaft und Marktwirtschaft (1966), Wirtschaftsordnung und Geschichtsgesetz (1974).

BRANDT, Willy
(1913), Dr. h.c., Journalist; MdB/SPD (1949–57 und seit 1969); Präsident des Berliner Abgeordnetenhauses (1955–57); Regierender Bürgermeister von Berlin (1957–66); Präsident des Deutschen Städtetages (1958–63); Vorsitzender der SPD (seit 1964); Bundesminister des Auswärtigen (1966–69); Bundeskanzler (1969–74); Träger des Friedensnobelpreises (1971).
Veröffentl. u. a.: Ernst Reuter. Ein Leben für die Freiheit (1957, mit Richard Löwenthal), Von Bonn nach Berlin (1957), Mein Weg nach Berlin (1960), Begegnungen mit Kennedy (1964), Friedenspolitik in Europa (1968), Der Wille

zum Frieden. Perspektiven der Politik (1971), Über den Tag hinaus (1974), Briefe und Gespräche. 1972 bis 1975 (mit Bruno Kreisky und Olof Palme; 1975).

CARSTENS, Karl
(1914), Dr. jur., LL.M., Prof., Staatssekretär a.D.; Ständiger Vertreter der Bundesrepublik beim Europarat (1954–55); Ministerialdirektor (1958) und Staatssekretär im Auswärtigen Amt (1960); Staatssekretär im Bundesverteidigungsministerium (1966–67); Staatssekretär im Bundeskanzleramt (1967–69); MdB/CDU (seit 1972); Vorsitzender der CDU/CSU-Bundestagsfraktion (seit 1973).
Veröffentl. u. a.: Grundgedanken der amerikanischen Verfassung und ihre Verwirklichung (1954), Das Recht des Europarats (1956), Politische Führung. Erfahrungen im Dienst der Bundesregierung (1971).

CLAY, Lucius D.
(1897), General a.D.; stellv. Militärgouverneur der US-Besatzungszone (1946–47); Oberbefehlshaber der amerikanischen Truppen in Europa und Militärgouverneur der US-Besatzungszone (1947–49); persönlicher Beauftragter des amerikanischen Präsidenten (im Range eines Botschafters) für Berlin (1961–62).
Veröffentl. u.a.: Decision in Germany, dt.: Entscheidung in Deutschland (1950).

DOHRN, Klaus
(1909) Journalist; Korrespondent deutscher Blätter in Rom (bis 1933); publizistische Tätigkeit als Chefredakteur des „Christlichen Ständestaats“ in Wien (bis 1938) und der „Österreichischen Post“ in Paris (bis 1940); Flucht über Spanien und Portugal in die USA; europäischer Vertreter des Verlagshauses Macmillan; nach dem Kriege europäischer Spezialkorrespondent von „Time“ und „Life“; enge persönliche Kontakte mit führenden Politikern diesseits und jenseits des Atlantik, in der Bundesrepublik besonders mit Adenauer, Globke und Krone.

DÖRPINGHAUS, Bruno
(1903), Wirtschaftler; während des Zweiten Weltkriegs als Ingenieur tätig; Landesgeschäftsführer der CDU Hessen (1945–47); Generalsekretär der Arbeitsgemeinschaft der CDU/CSU Deutschlands (1947–51); Hrsg. des Deutschland-Union-Dienstes und des „Wirtschaftsbildes“ (1947–51); Auswärtiges Amt (damalige Abteilung für Handels- und Entwicklungspolitik) (1951–68); Vorsitzender der Deutschland-Stiftung (1969–73).
Veröffentl. u. a.: Ursachen der Weltwirtschaftskrise (1931).

DULLES, Eleanor
(1895), Ph.D., LL.D., Dr. Litt., Dr. h.c., Diplomatin und Prof.; Referentin in der Wirtschaftsabteilung des State Department (1942–45); Finanzattaché an der amerikanischen Botschaft in Wien (1945–49); Westeuropaabteilung des State Department (1949–51); Handelsministerium (1951–52); „Special assi-

stant" im Deutschlandreferat des State Department (1952–62); akademische Lehrtätigkeit und Beraterin des Deutschlandreferats des State Department. Veröffentl. u. a.: The French France (1928), The Bank for International Settlements (1932), The Dollar, the Franc, and Inflation (1933), Depressionen and Reconstruction (1936), The Evolution of Reparation Ideas (1936), John Foster Dulles. The Last Year (1965), Détente, Cold War Strategies in Transition (1965), Intervention or Cooperation (1966), Berlin: The Wall is not forever (1967), American Foreign Policy in the Making (1968), One Germany or Two. The Struggle at the Heart of Europe (1970), The Wall: A Tragedy in Three Acts (1972).

ECKARDT, Felix von
(1903), Journalist und Staatssekretär a. D.; Presseattaché an der deutschen Gesandtschaft in Brüssel (1929–32); während der Nazi-Zeit in der Filmbranche; nach dem Krieg Journalist; Leiter des Presse- und Informationsamtes der Bundesregierung (1952–55); Ständiger Beobachter der Bundesregierung bei den Vereinten Nationen im Range eines Botschafters (1955–56); wieder Leiter des Presse- und Informationsamtes der Bundesregierung (1956–62), Staatssekretär (1958); Bundesbevollmächtigter in Berlin (1962–65); MdB/CDU (1965–72).
Veröffentl. u. a.: Ein unordentliches Leben (1967).

FRINGS, Josef
(1887), Dr. theol., Dr. h. c., Kardinal; Erzbischof von Köln (1942–69); Vorsitzender der Fuldaer Bischofskonferenz (1945–65).
Veröffentl. u. a.: Verantwortung und Mitverantwortung in der Wirtschaft. Was sagt die katholische Gesellschaftslehre über Mitwirkung und Mitbestimmung? (1949), Für die Menschen bestellt. Erinnerungen (1973).

GENSCHER, Hans-Dietrich
(1927), Rechtsanwalt; Bundesgeschäftsführer der FDP (1962–64); MdB/FDP (seit 1965); parl. Geschäftsführer der FDP-Bundestagsfraktion (1965–69); Bundesminister des Innern (1969–74); Bundesminister des Auswärtigen und Stellvertreter des Bundeskanzlers (seit 1974); Bundesvorsitzender der FDP (seit 1974).
Veröffentl. u. a.: Bundestagsreden (1972).

GERSTENMAIER, Eugen
(1906), Dr. theol., D., Dr. h.c., Prof., Oberkonsistorialrat a.D.; MdB/CDU (1949–69); Präsident des Deutschen Bundestages (1954–69); Mithrsg. der „Dt. Zeitung/Christ und Welt".
Veröffentl. u. a.: Die evangelische Kirche und ihre Sozialpolitik (1952), Rang und Stand in der modernen Massenwelt (1960), Reden und Aufsätze, 2 Bde. (1956/62), Neuer Nationalismus? (1965).

GLOBKE, Hans
(1898–1973), Dr. jur., Staatssekretär a. D.; Beamter, zuletzt Ministerialrat im

Reichsinnenministerium in Berlin (1928–45); Stadtkämmerer in Aachen (1946–49); Vizepräsident des Landesrechnungshofes von Nordrhein-Westfalen (1949); Ministerialdirektor im Bundeskanzleramt (1949–53); Staatssekretär im Bundeskanzleramt (1953–63).

GOLDMANN, Nahum
(1895), Ph. D., LL. D., Publizist und Politiker; Mitbegründer und Hrsg. der „Encyclopaedia Judaica" in Berlin (1925–33); Emigration; Vertreter der Jewish Agency beim Völkerbund (1935–40); Präsident des Jüdischen Weltkongresses (seit 1949); Vorsitzender des Komitees zur Wahrnehmung jüdischer Wiedergutmachungsansprüche gegenüber Deutschland (seit 1951); wesentlich am Zustandekommen des dt.-israelischen Wiedergutmachungsabkommens von 1952 beteiligt; Präsident der zionistischen Weltorganisation (1956–68).
Veröffentl. u. a.: Reisebriefe aus Palästina (1914), Die Generation der Vernichtung und Erlösung (1966), Staatsmann ohne Staat (1970).

GRADL, Johann Baptist
(1904), Dr. rer. pol.; Mitglied der Zentrumspartei (1926–33); Mitbegründer der CDU in Berlin und der sowjetischen Besatzungszone (1945); Vorstand der Exil-CDU (seit 1949); Mitglied des Bundesvorstands der CDU (1953–71); MdB/CDU-Berlin (seit 1957); stellv. Vorsitzender des Bundestagsausschusses für gesamtdeutsche und Berliner Fragen (1957–65); Bundesminister für Vertriebene, Flüchtlinge und Kriegsgeschädigte, zeitweise zugleich Bundesminister für gesamtdeutsche Fragen (1965–66); Vorsitzender des Bundestagsausschusses für innerdeutsche Beziehungen (1969–72).
Veröffentl. u. a.: Für deutsche Einheit. Zeugnisse eines Engagements (1975).

GREWE, Wilhelm G.
(1911), Dr. jur., Dr. h.c., Prof.; o. Prof. Universität Freiburg (1947); Ministerialdirektor im Auswärtigen Amt (1955); Botschafter in Washington (1958); Botschafter bei der NATO (1962); Botschafter in Tokio (seit 1971).
Veröffentl. u. a.: Ein Besatzungsstatut für Deutschland (1948), Deutsche Außenpolitik der Nachkriegszeit (1960), Spiel der Kräfte in der Weltpolitik. Theorie und Praxis der internationalen Beziehungen (1970).

HALLSTEIN, Walter
(1901), Dr. jur., Dr. h.c., Prof., Staatssekretär a. D.; o. Prof. in Rostock (1930–41); Universität Frankfurt (seit 1941), Rektor (1946–48); Gastprof. in den USA (1948–49, 1968); Präsident der dt. UNESCO-Kommission (1949–50); Leiter der dt. Delegation bei den Pariser Verhandlungen zur Bildung der Montan-Union (1950); Staatssekretär des Bundeskanzleramts (1950–51); Staatssekretär des Auswärtigen Amts (1951–58); Präsident der Kommission der Europäischen Wirtschaftsgemeinschaft (1958–67); MdB/CDU (1969–72); Präsident der Europäischen Bewegung (1968–74), danach Ehrenpräsident; Karlspreis der Stadt Aachen (1961).
Veröffentl. u. a.: Wiederherstellung des Privatrechts (1946), Wissenschaft und Politik (1949), United Europe. Challenge and Opportunity (1962), Wege

nach Europa (1967), Der unvollendete Bundesstaat. Europäische Erfahrungen und Erkenntnisse (1969), Die Europäische Gemeinschaft (1973).

HASE, Karl-Günther von
(1917); Ministerialdirektor im Auswärtigen Amt (1961); Staatssekretär und Leiter des Presse- und Informationsamtes der Bundesregierung (1962–67); Staatssekretär im Bundesministerium der Verteidigung (1967–69); Botschafter in London (seit 1970).

HECK, Bruno
(1917), Dr. phil.; Bundesgeschäftsführer der CDU (1952–58); MdB/CDU (seit 1957); Bundesminister für Familie und Jugend (1962–68); Generalsekretär der CDU (1967–71); Vorsitzender der Konrad-Adenauer-Stiftung (seit 1968).

HENLE, Günter
(1899), Dr. jur., Dr. h.c., Industrieller; Tätigkeit im diplomatischen Dienst; Privatwirtschaft (Klöckner, seit 1937); Mitglied des Frankfurter Wirtschaftsrats (1947–49); MdB/CDU (1949–53); Präsident der Deutschen Gesellschaft für Auswärtige Politik (1955–73), danach Ehrenpräsident; Mitglied zahlreicher Aufsichtsräte; Gründer des G. Henle-Musikverlags für Urtextausgaben, München.
Veröffentl. u. a.: Weggenosse des Jahrhunderts. Als Diplomat, Industrieller, Politiker und Freund der Musik (Autobiographie, 1968).

KIESINGER, Kurt Georg
(1904), Dr. h.c., Rechtsanwalt; MdB/CDU (1949–58 und seit 1969); Vorsitzender des Bundestagsausschusses für auswärtige Angelegenheiten (1954–58); Ministerpräsident von Baden-Württemberg (1958–66); Bundesratspräsident (1962–63); MdL/CDU Baden-Württemberg (1960–66); Bundeskanzler (1966–69); Bundesvorsitzender der CDU (1969); Ehrenvorsitzender (1971).
Veröffentl. u. a.: Ideen vom Ganzen. Reden und Betrachtungen (1964), Stationen. 1949–1969 (1969).

KOHL, Helmut
(1930), Dr. phil.; MdL/CDU Rheinland-Pfalz (seit 1959); Vorsitzender der CDU-Landtagsfraktion (1963); Landesvorsitzender der CDU Rheinland-Pfalz und Mitglied des Bundesvorstands (1965); Ministerpräsident von Rheinland-Pfalz (seit 1969); stellv. Bundesvorsitzender der CDU (1969), Bundesvorsitzender (seit 1973).
Veröffentl. u. a.: Zwischen Ideologie und Pragmatismus (1973), (Hrsg.) Konrad Adenauer 1876/1976 (1976).

KRONE, Heinrich
(1895), Dr. phil.; stellv. Generalsekretär der Deutschen Zentrumspartei und Vorsitzender des Reichsverbandes der deutschen Windthorstbunde (1922–33); MdR/Zentrum (1925–33); Mitbegründer der Berliner CDU (1945); MdB/CDU (1949–69); Vorsitzender der CDU/CSU-Bundestagsfraktion (1955–61); Bun-

desminister für besondere Aufgaben bzw. für die Angelegenheiten des Bundesverteidigungsrates (seit 1964/65, 1961–66).

LALOY, Jean
(1912), Diplomat; Attaché (1937); stellv. französischer Konsul in Genf (1943); Quai d'Orsay (1945); Generalkommissariat für deutsche und österreichische Angelegenheiten (1947); Generalsekretariat des Außenministers (1949); Gesandter (1954); Ministerbüro von Faure und Pinay (1955); Gesandter in Moskau (1955–56); Direktor der Europaabteilung im Außenministerium (1956); stellv. Direktor der politischen Abteilung (1961); diplomatischer Berater der französischen Regierung (1964); Direktor des Archivs und der Dokumentation (1968); Direktor der Abteilung für kulturelle, wissenschaftliche und technische Beziehungen (seit 1974).
Veröffentl. u. a.: Entre guerres et paix (1966), Le Socialisme de Lénine (1967).

LONGFORD, Earl of (Lord Pakenham)
(1905), M. A.; Don am Christ Church College in Oxford (1932–39); persönlicher Referent von Sir William Beveridge (1941–44); parl. Staatssekretär im Kriegsministerium (1946–47); Chancellor of the Duchy of Lancaster, in dessen Zuständigkeitsbereich die britische Besatzungszone fiel (1947–48); Minister für die Zivilluftfahrt (1948–51); First Lord of the Admiralty (1951); Lord Privy Seal (1964–65); Minister für die Kolonien (1965–66); Lord Privy Seal (1966–68); Leader of the House of Lords (1964–68); Verlagstätigkeit.
Veröffentl. u. a.: Peace by Ordeal (1935), Born to Believe (Autobiographie, 1953), Five Lives (1964).

MAJONICA, Ernst
(1920), Dr. rer. pol., Rechtsanwalt; Bundesvorsitzender der Jungen Union (1950–55); MdB/CDU (1950–72); Vorsitzender des außenpolitischen Arbeitskreises der CDU/CSU-Fraktion (1959–69); Präsident des deutschen Rates der europäischen Bewegung (seit 1966).
Veröffentl. u. a.: Deutsche Außenpolitik. Probleme und Entscheidungen (1965), Möglichkeiten und Grenzen der deutschen Außenpolitik (1969), Bonn–Peking (1971).

MCCLOY, John J.
(1895), LL. D., D. C. L., Dr.-Ing., Rechtsanwalt; Berater des amerikanischen Kriegsministers (1940); Unterstaatssekretär im Kriegsministerium (1941–45); Präsident der Weltbank (1947–49); Militärgouverneur der amerikanischen Besatzungszone und amerikanischer Hoher Kommissar (1949–52); private Geschäftstätigkeit.

MENDE, Erich
(1916), Dr. jur.; MdB/FDP (1949–70); Vorsitzender der FDP-Bundestagsfraktion (1957–63); Bundesvorsitzender der FDP (1960–68); Bundesminister für gesamtdeutsche Fragen und Stellvertreter des Bundeskanzlers

(1963–66); MdB/CDU (seit 1970).
Veröffentl. u. a.: Die FDP. Daten, Fakten, Hintergründe (1972).

MERKATZ, Hans-Joachim von
(1905), Dr. jur., Prof.; MdB/DP (1949–60); mit der Wahrnehmung der Geschäfte des Staatssekretärs im Bundesministerium für Angelegenheiten des Bundesrates beauftragt (1949–52); Vorsitzender der DP-Bundestagsfraktion (1953–55); Bundesminister für Angelegenheiten des Bundesrates (1955–57), zugleich Bundesminister der Justiz (1956–57); Bundesminister für Angelegenheiten des Bundesrates und der Länder (1957–62), zugleich Bundesminister für Vertriebene, Flüchtlinge und Kriegsgeschädigte (1960–61); MdB/CDU (1960–69); Vertreter der Bundesregierung im Exekutivrat der UNESCO (1964–68).
Veröffentl. u. a.: In der Mitte des Jahrhunderts. Politische Lebensfragen unserer Zeit (1963).

MERTES, Alois
(1921), Dr. phil., Staatssekretär a. D.; auswärtiger Dienst (1952–71), u. a. Frankreich (1958–63), Sowjetunion (1963–66), USA (1968–69), Leiter des Referats Europäische Sicherheit/Regionale Abrüstung im Auswärtigen Amt (1969–71); Bevollmächtigter des Landes Rheinland-Pfalz beim Bund (1972); MdB/CDU (seit 1972).
Veröffentl. u. a.: Russia, Germany and the West (1969).

MEYERS, Franz
(1908), Dr. jur., Rechtsanwalt; MdL/CDU Nordrhein-Westfalen (1950–70); Oberbürgermeister von Mönchengladbach (Febr.–Okt. 1952); Innenminister von Nordrhein-Westfalen (1952–56); MdB/CDU (1957–58); Ministerpräsident von Nordrhein-Westfalen (1958–66); Präsident des Bundesrates (1960–61).
Veröffentl. u. a.: nato. Politik, Wirtschaft, Technik, Kultur (1960), Anmerkungen (1961).

MÜLLER-ARMACK, Alfred
(1901), Dr. rer. pol., Dr. h.c., Prof., Staatssekretär a. D.; o. Prof. in Münster (1938); Universität Köln (seit 1950), Gründer des dortigen Instituts für Wirtschaftspolitik; Bundesministerium für Wirtschaft (1952–63), dort Staatssekretär für Europapolitik (1958); Mitgestalter des EWG-Vertrags als Mitglied der deutschen Delegation und als zeitweiliger Vorsitzender des Ministerrats.
Veröffentl. u. a.: Ökonomische Theorie der Konjunkturpolitik (1926), Entwicklungsgesetze des Kapitalismus (1932), Genealogie der Wirtschaftsstile (1944), Wirtschaftslenkung und Marktwirtschaft (1946), Das Jahrhundert ohne Gott (1948), Diagnose unserer Gegenwart (1949), Religion und Wirtschaft (1959), Wirtschaftsordnung und Wirtschaftspolitik (1966), Auf dem Weg nach Europa. Erinnerungen und Ausblicke (1971), Genealogie der Sozialen Marktwirtschaft (1974).

NAHM, Peter Paul
(1901), Dr. phil., Staatssekretär a. D.; Ministerialdirektor im hessischen Innenministerium (1949–52); Umsiedlungsbeauftragter der Bundesregierung und Bundesbeauftragter für die Unterbringung der Flüchtlinge aus der sowjetischen Besatzungszone (1953); Staatssekretär im Bundesministerium für Vertriebene, Flüchtlinge und Kriegsgeschädigte (1953–67); Abteilungsleiter im Bundesinnenministerium (1967–70).
Veröffentl. u. a.: ... doch das Leben ging weiter. Skizzen zur Lage, Haltung und Leistung der Vertriebenen, Flüchtlinge und Eingesessenen nach der Stunde Null (1971), Daheim in einer anderen Welt (1975).

OSTERHELD, Horst
(1919), Dr. jur., Botschafter a. D.; Auswärtiger Dienst (seit 1951); Leiter des außenpolitischen Büros im Bundeskanzleramt, zuletzt als Ministerialdirektor (1960–69); Botschafter der Bundesrepublik in Chile (1970–71); Vorstandsmitglied der Stiftung Bundeskanzler-Adenauer-Haus; Berater im Sekretariat der Deutschen Bischofskonferenz.
Veröffentl. u. a.: Konrad Adenauer. Ein Charakterbild (1973), Konrad Adenauer. Leben und Leistung (1976).

RAPP, Alfred
(1903), Dr. phil., Journalist; Bonner Korrespondent (seit 1949) und Leiter des Bonner Büros (seit 1958) der FAZ; Vorsitzender des Presse-Clubs (1953–65).
Veröffentl. u. a.: Glanz und Elend eines Jahrtausends. Die Geschichte der Deutschen (1958), Bonn auf der Waage (1959), Abschied von dreitausend Jahren. Eine Geschichte Europas (1964), Das fanatische Jahrhundert (1970).

ROSENBERG, Ludwig
(1903); Bezirksgeschäftsführer des Gewerkschaftsbundes der Angestellten (GdA) (1931–33); Bundesvorstandsmitglied des DGB (seit 1950); stellv. Vorsitzender (1959) und Vorsitzender des Deutschen Gewerkschaftsbundes (1962–69); Präsident des Wirtschafts- u. Sozialausschusses der Europäischen Gemeinschaften (1960–61); Vizepräsident des Internationalen Bundes Freier Gewerkschaften (1962–69); Vizepräsident der Europa-Union; Mitglied des Monnet-Komitees.
Veröffentl. u.a.: Die wirtschaftliche und gesellschaftliche Funktion der Gewerkschaften (1952), The German Experiences with Inflation (1958), Wirtschaftspolitik als Aufgabe (1959), Entscheidungen für morgen – Gewerkschaftspolitik heute (1969), Genieße die Zeitgenossen. Aphorismen über die Welt um uns (1972), Sinn und Aufgabe der Gewerkschaften (1973).

SCHEEL, Walter
(1919); MdL/FDP Nordrhein-Westfalen (1950–53); MdB/FDP (1953–74); Bundesminister für wirtschaftliche Zusammenarbeit (1961–66); Vizepräsident des Deutschen Bundestages (1967–69); Bundesvorsitzender der FDP (1968–74); Bundesminister des Auswärtigen und Stellvertreter des Bundes-

kanzlers (1969–74); Bundespräsident (seit 1974).
Veröffentl. u. a.: Konturen einer neuen Welt. Schwierigkeiten, Ernüchterung und Chancen der Industrieländer (1965), Zum geistigen Standort der Liberalen in dieser Zeit (1969), Warum Mitbestimmung und wie? Eine Diskussion (1970), Bundestagsreden (1972), Reden und Interviews (1972).

SCHMIDT, Helmut
(1918), Dipl.-Volkswirt; MdB/SPD (1953–62 und seit 1965); Innensenator Hamburg (1961–65); Vorsitzender der SPD-Bundestagsfraktion (1967–69); Bundesminister der Verteidigung (1969–72); Bundesminister für Wirtschaft und Finanzen (1972); Bundesminister der Finanzen (1972–74); Bundeskanzler (seit 1974).
Veröffentl. u. a.: Verteidigung oder Vergeltung. Ein deutscher Beitrag zum strategischen Problem der NATO (1961), Beiträge (1967), Strategie des Gleichgewichts. Deutsche Friedenspolitik und die Weltmächte (1969), Bundestagsreden (1971), Auf dem Fundament des Godesberger Programms (1973), Bundestagsreden und Zeitdokumente (1975), Kontinuität und Konzentration (1975).

SCHRÖDER, Georg
(1905), Journalist; politischer Journalist in Berlin (ab 1928); Tätigkeit in dem für das Ausland arbeitenden Nachrichtenbüro „Transocean", zuletzt als stellv. Chefredakteur (1936–45); politischer Ressortchef der „Deutschen Volkszeitung" Celle (1947); Chefredakteur der „Norddeutschen Zeitung" Hannover (1948–50); Leiter des Hannoverschen Büros der „Welt" (1950–53); Leiter des Bonner Büros der „Welt" (seit 1953).

SCHRÖDER, Gerhard
(1910), Dr. jur., Dr. h.c., Rechtsanwalt; MdB/CDU (seit 1949); Bundesminister des Innern (1953–61), des Auswärtigen (1961–66), der Verteidigung (1966–69); Vorsitzender des evangelischen Arbeitskreises der CDU/CSU (seit 1955); Vorsitzender des Auswärtigen Ausschusses des Deutschen Bundestages (seit 1969).
Veröffentl. u. a.: Wir brauchen eine heile Welt. Politik in und für Deutschland (hrsg. und bearb. von Alfred Rapp, 1963).

SCHULZE-VORBERG, Max
(1919), Dr. jur., Journalist; journalistische Tätigkeit (seit 1948), u.a. Bonner Korrespondent des Bayerischen Rundfunks; MdB/CSU (seit 1965); Vorsitzender der Enquete-Kommission des Deutschen Bundestages für auswärtige Kulturpolitik (seit 1974).

SEYDOUX Fornier de Clausonne, François
(1905), Botschafter Frankreichs; Leiter der Europaabteilung im Quai d'Orsay (1949–55); Botschafter in Wien (1956–58); Botschafter in Bonn (1958–62); Ständiger französischer Vertreter beim NATO-Rat (1962–65); Botschafter in Bonn (1965–70); Staatsrat (1970–76); Diplomatischer Chronist bei „La Revue des deux Mondes" (seit 1970).
Veröffentl. u. a.: Betrachtungen über die deutsch-französischen Beziehungen

von Briand bis de Gaulle (1968), Memoires d'Outre-Rhin, dt.: Beiderseits des Rheins (1975).

SONNEMANN, Theodor
(1900), Dr. rer. pol., Dr. h.c., Staatssekretär a. D.; Staatssekretär im Bundesministerium für Ernährung, Landwirtschaft und Forsten (1949–61); u.a. Präsident des Deutschen Raiffeisenverbandes, Präsident des Deutschen Genossenschafts- und Raiffeisenverbandes, Präsident des Bundesverbandes der Raiffeisen-Warengenossenschaften und Präsident des Bundesverbandes der Deutschen Volks- und Raiffeisenbanken (1961–73); Ehrenpräsident des Deutschen Genossenschafts- und Raiffeisenverbandes (seit 1974); stellv. Sprecher des Deutschen Rates für Landespflege (seit 1962).

STIKKER, Dirk U.
(1897), Dr. jur., Tätigkeit in der holländischen Wirtschaft (bis 1948); Mitgründer der Volkspartei für Freiheit und Demokratie (1948); Außenminister (1948–52); Vorsitzender des Ministerrats der OEEC und Vorsitzender des Europarats (1950–52); Botschafter in London (1952–58); Botschafter beim NATO-Rat und der OEEC (1958–61); NATO-Generalsekretär (1961–64); Direktor der Royal Dutch Shell Group (seit 1964).
Veröffentl. u. a.: Men of Responsibility, dt.: Bausteine für eine neue Welt. Gedanken und Erinnerungen an schicksalhafte Nachkriegsjahre (1966), The Role of Private Enterprise in Investment and Promotion of Exports in Developing Countries (1968).

STRAUSS, Franz Josef
(1915), Dr. h.c., MdB/CSU (seit 1949); Bundesminister für besondere Aufgaben (1953–55), für Atomfragen (1955–56), der Verteidigung (1956–62), der Finanzen (1966–69); Vorsitzender der CSU (seit 1961); wirtschaftspolitischer Sprecher der CDU/CSU-Bundestagsfraktion (seit 1971); Hrsg. des Bayernkuriers.
Veröffentl. u. a.: Entwurf für Europa (1966), Herausforderung und Antwort (1968), Finanzpolitik. Theorie und Wirklichkeit (1969), Bundestagsreden (1969, 1975, Deutschland Deine Zukunft (1975).

STRAUSS, Walter
(1900–1976), Dr. jur., Staatssekretär a. D.; Staatssekretär im hessischen Staatsministerium (1946–47); stellv. Direktor der bizonalen Verwaltung für Wirtschaft (1947–48); Leiter des Rechtsamtes des Vereinigten Wirtschaftsgebiets (1948–49); Mitglied des Parlamentarischen Rates (1948–49); Staatssekretär im Bundesministerium der Justiz (1949–63); Richter am Gerichtshof der europäischen Gemeinschaften in Luxemburg (1963–70); Gründungsmitglied (1952) und stellv. Vorsitzender des evangelischen Arbeitskreises der CDU/CSU (1954–70), danach Ehrenvorstandsmitglied.

THEDIECK, Franz
(1900), Staatssekretär a. D.; Staatssekretär im Bundesministerium für gesamt-

deutsche Fragen (1949–64); Vorsitzender der Konrad-Adenauer-Stiftung (1964–68); Intendant des Deutschlandfunks (1966–72).

WENGER, Paul Wilhelm
(1912), Landgerichtsrat a. D., Journalist; Bonner Redakteur des „Rheinischen Merkur" (seit 1948).
Veröffentl. u. a.: Wer gewinnt Deutschland? (1959), Die Falle. Deutsche Ost-, russische Westpolitik (1971), Bonn-Buch (1971).

WESTRICK, Ludger
(1894), Dr. jur.; Industrieller mit In- und Auslandstätigkeit (bis 1951), Mitglied des Direktoriums der Deutschen Kohlenbergbau-Leitung (1948–51); Staatssekretär im Bundesministerium für Wirtschaft (1951–63); Chef des Bundeskanzleramts (1963–66), zugleich Bundesminister für besondere Aufgaben (ab 1964).

Die Herausgeber

BLUMENWITZ, Dieter
(1939), Dr. jur., o. Prof. für öffentliches Recht, insbesondere Völker- und Europarecht an der Universität Augsburg (seit 1972); Berater der Bayerischen Staatsregierung und der CSU in völker- und staatsrechtlichen Fragen; Prozeßbevollmächtigter des Freistaates Bayern im Grundvertragsstreit.
Veröffentl. u. a.: Die Grundlagen eines Friedensvertrages mit Deutschland (1966), Der Schutz innerstaatlicher Rechtsgemeinschaften beim Abschluß völkerrechtlicher Verträge (1972).

GOTTO, Klaus
(1943), Dr. phil., Leiter des Archivs für Christlich-Demokratische Politik der Konrad-Adenauer-Stiftung e. V., Bonn; Geschäftsführer der Kommission für Zeitgeschichte e. V., Bonn (bis 1975).
Veröffentl. u. a.: Die Wochenzeitung „Junge Front/Michael" (1970), Adenauer, die CDU und die Wahl des Bundespräsidenten 1959, in: Konrad Adenauer. Ziele und Wege (1972), Adenauers Deutschland- und Ostpolitik 1954–1963, in: Adenauer-Studien III (1974), (Hrsg.) Heinrich Krone, Aufzeichnungen zur Deutschland- und Ostpolitik 1954–1969, ebd., Der Globke-Plan zur Wiedervereinigung, ebd.

MAIER, Hans
(1931), Dr. phil., o. Prof. für Politische Wissenschaft an der Universität München (seit 1963); Mitglied des Dt. Bildungsrates (1966–70); Vorsitzender der Dt. Vereinigung für politische Wissenschaft (1970); Bayerischer Staatsminister für Unterricht und Kultus (seit 1970).
Veröffentl. u. a.: Revolution und Kirche (1959, [4]1975), Die ältere deutsche Staats- und Verwaltungslehre (1966), (Hrsg.) Klassiker des politischen Denkens

(1968, [4]1972), Politische Wissenschaft in Deutschland (1969), Kirche und Gesellschaft (1972), Zwischenrufe zur Bildungspolitik (1972, [2]1973), Die Grundrechte des Menschen im modernen Staat (1973, [2]1974).

REPGEN, Konrad
(1923), Dr. phil., o. Prof. für Neuere und Neueste Geschichte an der Universität Saarbrücken (1962–67), Universität Bonn (seit 1967); Mitglied der Historischen Kommission der Bayerischen Akademie der Wissenschaften.
Veröffentl. u. a.: Märzbewegung und Maiwahlen 1848 im Rheinland (1955), Papst, Kaiser und Reich 1521–1644, Teil I/1 und 2 (1962/65), Hrsg.: der Veröffentlichungen der Kommission für Zeitgeschichte (1965 ff.), Hrsg. der Acta Pacis Westphalicae (1962 ff.).

SCHWARZ, Hans-Peter
(1934), Dr. phil., o. Prof. für Politische Wissenschaft an der PH Osnabrück (1963–66), Universität Hamburg (1966–73); Direktor des Forschungsinstituts für Politische Wissenschaft und Europäische Fragen der Universität Köln; Mitglied des Wissenschaftlichen Direktoriums des Forschungsinstituts der Dt. Gesellschaft für Auswärtige Politik, Bonn.
Veröffentl. u. a.: Vom Reich zur Bundesrepublik (1966), (Hrsg.) Handbuch der deutschen Außenpolitik (1975), (Hrsg.) Konrad Adenauer. Reden 1917–1967 (1975).